F. von Ameln

R. Gerstmann

J. Kramer

Psychodrama

F. von Ameln
R. Gerstmann
J. Kramer

Psychodrama

2., überarbeitete und erweiterte Auflage

Mit 61 Abbildungen
und 24 Tabellen

 Springer

Dr. F. von Ameln
Am Diekschloot 11b
26506 Norden
www.vonameln.net

Dipl.-Psych. R. Gerstmann †

Dr. J. Kramer
Sperlingsweg 32
50829 Köln
www.msa-koeln.de

2., überarbeitete und erweiterte Auflage 2009

ISBN 978-3-540-89912-9 Springer Medizin Verlag Heidelberg

Bibliografische Information der Deutschen Nationalbibliothek
Die Deutsche Nationalbibliothek verzeichnet diese Publikation in der Deutschen Nationalbibliografie;
detaillierte bibliografische Daten sind im Internet über http://dnb.d-nb.de abrufbar.

Springer Medizin Verlag
springer.de
© Springer Medizin Verlag Heidelberg 2004, 2009

Planung: Monika Radecki
Projektmanagement: Michael Barton
Copy Editing: Friederike Moldenhauer, Hamburg
Satz: K. Detzner, Speyer
Umschlaggestaltung: deblik Berlin

SPIN 12270163

Gedruckt auf säurefreiem Papier 2126 – 5 4 3 2 1

Geleitwort

Zu meinen frühesten Erinnerungen gehören die an meinen ersten Besuch in Deutschland im Sommer 1957. Ich war 5 Jahre alt und reiste mit meinen Eltern, die zwei Monate lang Psychodrama-Demonstrationen in verschiedenen Städten gaben. Zwei Jahre später besuchten wir Ostdeutschland, ständig unterwegs in einem voll gestopften Volkswagen. Mein Vater, der zu dieser Zeit bereits einigen Leibesumfang hatte, muss sehr gelitten haben. Er hatte sich an übergroße amerikanische Autos gewöhnt. Aber für mich war es ein einziges wundervolles Abenteuer. In diesem Alter war ich besonders beeindruckt von deutschen Comics, von Pez-Spendern, den wundervollen Zügen und von »Kaiserschmarrn«, dem ich in Wien zum ersten Mal »leibhaftig« begegnete.

Deutschland war noch immer dabei, sich vom Krieg zu erholen. Doch wenn Not herrschte, habe ich sie nicht bemerkt – mit einer Ausnahme: Die Schuttberge, die sich nach wie vor in Leipzig auftürmten. Ich erinnere mich besonders an die »gemutlichkeit« und daran, dass ich selbst Jahre später Deutschland als meine zweite Heimat empfand. Bei den vielen Anlässen, zu denen ich Deutschland seitdem besuchte, sind diese Gefühle immer wieder zurückgekehrt. Für die deutsche Sprache, die ich als Kind mit solcher Leichtigkeit erwarb, gilt das unglücklicherweise nicht.

Angesichts dieser tiefen Verbindung zu Deutschland und dem Psychodrama in Deutschland ist es mir eine Ehre und eine Freude, das Geleitwort zu diesem wichtigen Text zu schreiben. Die Autoren haben sich mit diesem Buch darum verdient gemacht, Theorie und Praxis des Psychodramas zu verbinden. Sie haben dringend benötigte Konzepte für die Anwendung des Psychodramas in verschiedenen Bereichen entwickelt und zeigen so die Diversität und Originalität des Verfahrens. Ferner haben sie mit dem Mythos aufgeräumt, dass Psychodrama notwendigerweise ausschließlich in Gruppen stattfinden muss, und dass es lediglich eine kompliziertere Form des Rollenspiels darstellt. Mein Vater wäre besonders erfreut darüber, dass sie seine ursprüngliche Konzeption des Psychodramas als Teil einer therapeutischen Triade mit Gruppenpsychotherapie und Soziometrie nicht außer Acht gelassen haben. Darüber hinaus beinhaltet ihre Übersicht über die empirische Forschung zum Psychodrama den Aufruf zu einer intensiveren empirischen Forschung, sodass das Verfahren auf ein der modernen Wissenschaft angemessenes Niveau gebracht werden kann.

Oft ist die Rede davon, das Psychodrama beinhalte so viele gute Ideen, dass sie von anderen psychotherapeutischen Theorien und Verfahren aufgesogen worden wären. Es kann kein Zweifel bestehen, dass das Psychodrama stets ein reichhaltiger Fundus für Ideen war, die sich gut für die Übertragung in andere Verfahren eignen. Nichtsdestoweniger zeigen die Autoren in überzeugender Weise, dass jede dieser Ideen – z. B. Spontaneität und Kreativität, Erwärmung, das Katharsis-Konzept usw. – in einer ganzheitlichen Konzeption des Psychodramas wertvoller erscheint, als wenn man sie einzeln und von einem solchen systematischen Ansatz abgetrennt einsetzt.

Möge das vorliegende Buch in diesem Geiste zum Wachstum des Psychodramas in einem Land beitragen, das das Psychodrama immer willkommen geheißen hat, und möge es dem Psychodrama zu seinem rechtmäßigen Platz in der Vielzahl der Methoden verhelfen, die dazu dienen, diejenigen zu heilen, die leiden und diejenigen anzuleiten, die sich persönliches Wachstum wünschen.

Jonathan D. Moreno, Ph. D.
Sommer 2003

Foreword

Some of my earliest memories are of my first visit to Germany in the summer of 1957. I was 5 years old, traveling with my parents who were conducting psychodrama demonstrations in several cities over a two-month period. Two years later we visited East Germany, taking to the road in a very cramped Volkswagen. My father, who was by then of some circumference, must have suffered greatly. He had become accustomed to oversize American cars. But to me it was all a marvelous adventure. At that age I was mainly impressed with comic books in German, Pez dispensers, the wonderful trains, and - encountered first in Vienna naturally - »kaiserschmarrn«.

This was of course still a Germany still recovering from the war. But if there were privations they did not come to my notice - with one exception: the piles of rubble that still stood in Leipzig. Mainly I remember the »gemutlichkeit«, and feeling for years afterward that Germany was my second home. On the many occasions I have visited Germany since then, these feelings have always returned to me. Unfortunately, the German language I so easily acquired as a small child has not.

In light of this deep connection to Germany and psychodrama in Germany, I am delighted and honored to write this foreword to this important text. The authors have done a great service in providing a volume that weaves together both psychodrama theory and practice. They have developed much-needed accounts of psychodrama in various settings, showing its diversity and originality. They have also gone far to explode the myths that psychodrama is necessarily practiced only in groups, and that it is simply a more complicated form of role playing. My father would have been especially pleased that they have not left behind his original conception of psychodrama as part of a therapeutic triad with group psychotherapy and sociometry. As well, their survey of empirical research on psychodrama includes a call for much more empirical study, so that the field can be brought to the appropriate modern scientific level.

It is often said that there were so many good ideas in psychodrama that they have been swept up in other psychotherapeutic theories and modes of practice. There can be no denying that psychodrama has been a rich font of ideas that lend themselves to much borrowing by other approaches. Yet the authors implicitly provide a compelling argument that a coherent view of psychodrama renders each of these discrete ideas - such as spontaneity and creativity, the warm-up, the concept of catharsis, and so forth – still more valuable than when they appear discrete and disconnected from a systematic approach.

In that spirit, may this book contribute to the growth of psychodrama in a country that has always welcomed it, and help to give it its right place in the variety of methods intended to heal those who suffer and instruct those who wish to grow.

Jonathan D. Moreno, Ph. D.
Summer of 2003

Vorwort zur zweiten Auflage

Nachdem nun die Erstauflage und ein in gleicher Auflagenstärke produzierter Nachdruck vergriffen sind, erscheint unser Lehrbuch in der zweiten Auflage. Dies freut uns besonders, weil es zeigt, wie groß das Interesse am Psychodrama ist. Leider kann Ruth Gerstmann diese Freude nicht mit uns teilen – sie ist im Sommer 2006 nach langer Krankheit, aber dennoch für viele Freunde, Kollegen und Teilnehmer/innen der Psychodrama-Ausbildung in Heidelberg überraschend, verstorben.

In der zweiten Auflage gibt es – über die Berücksichtigung der neuesten Literatur und Forschungsergebnisse sowie zahlreiche inhaltliche Verbesserungen hinaus – einige bedeutende Änderungen und Erweiterungen:

In ▶ Kap. 3 wurde ein Abschnitt zur **psychodramatischen Aufstellungsarbeit** aufgenommen. Die Aufstellungsarbeit wurde bislang vornehmlich als Teil des systemischen Methodenbaukastens wahrgenommen – ihre Wurzeln stammen jedoch aus dem Psychodrama. Wir zeigen, welche produktiven Möglichkeiten sich gerade aus der Kombination von psychodramatischen und systemischen Arbeitsweisen ergeben.

Das Kapitel zur psychodramatischen **Arbeit auf der Gruppenebene** (▶ Kap. 6) wurde komplett neu strukturiert, die Darstellung der **Erwärmungstechniken** wurden in ▶ Kap. 8 »Die Erwärmungsphase« verschoben.

Dem wichtigen Thema **Soziometrie** haben wir ein eigenes Kapitel gewidmet (▶ Kap. 15).

Ein wichtiges Anwendungsgebiet des Psychodramas ist die **Suchttherapie**. Aus diesem Grund wird diesem Thema im Kapitel »Psychodrama in der Psychotherapie« (▶ Kap. 20) ein eigener Abschnitt eingeräumt.

Der Anwendungsteil wurde um ein Kapitel zum Thema **Coaching** erweitert (▶ Kap. 26).

Schon Moreno hat die vielfältigen Verwendungsmöglichkeiten des Psychodramas in Wirtschaftskontexten betont und in seiner eigenen Arbeit ausgelotet. Dirk Weller und Janine Hartlaub zeigen in ▶ Kap. 28 die Anwendungsmöglichkeiten des Psychodramas in der **qualitativen Markt- und Sozialforschung** auf.

Aus Platzgründen musste dafür leider der Teil »Bausteine für eine integrative Arbeit mit dem Psychodrama« entfallen. Diese Entscheidung war für uns nicht leicht, da uns der kritische Dialog zwischen dem Psychodrama und anderen Verfahren ein besonderes Anliegen ist. Daher haben wir für alle Interessierten den Text aus der Erstauflage in voller Länge unter http://www.organisationen-in-bewegung.com/wordpress/?page_id=70 bereitgestellt, wo er kostenlos abgerufen werden kann.

Wir danken den Autorinnen und Autoren des Anwendungsteils für die Aktualisierung ihrer Beiträge, Frau Radecki, Herrn Coch und Herrn Barton vom Springer Verlag für die Betreuung der zweiten Auflage, Friederike Moldenhauer für heroische Leistungen beim Lektorat und natürlich allen, die zum Erfolg dieses Buches beigetragen haben.

Norden, im Januar 2009
Falko von Ameln, Josef Kramer

Vorwort zur ersten Auflage

»Welches Lehrbuch könnt ihr empfehlen?« – Diese Frage haben uns die Teilnehmerinnen und Teilnehmer unserer Psychodrama-Seminare in den letzten Jahren häufig gestellt. Eine gute Antwort konnten wir ihnen nicht geben. Seit vielen Jahren wird unter Psychodramatikern eine mehr als 20 Jahre alte Dissertation (mittlerweile veröffentlicht unter Zeintlinger-Hochreiter (1996)) als wichtigste Quelle von Hand zu Hand gereicht, die zwar einen gut strukturierten Überblick über die wichtigsten psychodramatischen Konzepte enthält, aber nicht den Charakter eines Lehrwerks aufweist. Um unseren Teilnehmern Hilfestellungen auf ihrem Weg zur Psychodrama-Leitung zu geben, entwickelten wir im Laufe der Jahre umfangreiches Lehrmaterial zu so verschiedenen Themen wie Psychodrama-Theorie und -Methodik, Gruppendynamik, Teamentwicklung und Konfliktbearbeitung bis hin zu psychodramatischer Arbeit mit Märchen und Träumen. Wir durchforsteten Fachbibliotheken, diskutierten mit Kollegen und stellten die Ergebnisse immer wieder in unterschiedlichen Arbeitsfeldern auf den Prüfstein.

Das Ergebnis ist das vor Ihnen liegende Buch. Wir hoffen Ihnen als Leserin oder Leser einen Einblick in die Arbeit mit dem Psychodrama geben zu können. Wenn Sie bereits mit dem Psychodrama vertraut sind, wünschen wir uns, dass dieses Buch Ihnen neue Ein- und Ausblicke bietet. Schließlich hoffen wir dazu beitragen zu können, dass das Psychodrama auf dem Markt der Therapie- und Beratungsverfahren endlich die seinem Potenzial entsprechende Anerkennung bekommt.

Das Psychodrama wird häufig als psychotherapeutisches Verfahren betrachtet. Dabei wird übersehen, dass schon der Begründer des Psychodramas, Jacob Levy Moreno, das Verfahren in einer Vielzahl von Arbeitsfeldern einsetzte – von der Therapie über die Sozialarbeit bis hin zur Organisationsberatung. Die Beiträge in Teil VI des vorliegenden Buchs spiegeln diese Vielfalt der Anwendungsmöglichkeiten wider:

- Jörg Burmeister berichtet über die psychodramatische Psychotherapie,
- Alfons Aichinger erläutert die Psychodrama-Therapie mit Kindern,
- Thomas Wittinger stellt die Möglichkeiten des Psychodramas in der Schule vor,
- Eva Serafin zeigt die Einsatzmöglichkeiten des Psychodramas in der Erwachsenenbildung auf,
- Ferdinand Buer stellt seine Konzeption für die psychodramatische Supervision vor,
- Bernd Fichtenhofer, Tamara Uh-Tückardt und Kerstin Richter berichten aus der Praxis der Konfliktberatung und Mediation,
- Jakob Müller schildert den Einsatz des Psychodramas in der Sozialarbeit,
- Kyrilla Schweitzer beleuchtet die Exerzitienarbeit mit dem Psychodrama und
- Falko von Ameln, Ruth Gerstmann und Josef Kramer diskutieren den Einsatz des Psychodramas in Organisationen.

Angesichts dieser Bandbreite war es nicht möglich, stets alle Facetten und Besonderheiten der verschiedenen Arbeitsfelder in allen Kapiteln zu berücksichtigen, auch wenn wir uns bemüht haben, Möglichkeiten des Transfers so weit wie möglich aufzuzeigen.

Einem Lehrbuch dürfte es nur in den seltensten Fällen vergönnt sein, in seiner Gänze gelesen zu werden. Darum wurden die einzelnen Kapitel so gestaltet, dass sie so weit wie möglich als in sich geschlossene Texte verständlich sind. Trotz der inhaltlichen Geschlossenheit der einzelnen Kapitel schreiten die Texte auch systematisch aufeinander aufbauend fort, von den methodischen und theoretischen Grundlagen des Verfahrens über vertiefende Betrachtungen zu Querschnittthemen wie Widerstand gegen Veränderung und Gruppendynamik bis hin zu konkreten Empfehlungen für die Anwendung des Psychodramas in den verschiedenen Anwendungsfeldern. Somit ist für die Leserinnen und Leser, die ein umfassendes Verständnis der psychodramatischen Praxis erwerben wollen, die Lektüre des gesamten Buchs empfehlenswert. Schließlich sind eine Reihe weiterer »Lesewege« durch das Buch denkbar:

- Für am Psychodrama Interessierte, die ein erstes Grundverständnis der psychodramatischen Methodik erwerben möchten: Einleitung – Teil I;
- für Psychodramatiker, die ihr methodisches Repertoire erweitern möchten – Teil I und II;
- für Therapeuten und Berater, die mit anderen Methoden arbeiten und sich vom Psychodrama eine methodische Erweiterung erhoffen – Teil I und II;
- für die wissenschaftliche Beschäftigung mit dem Psychodrama (z. B. im Rahmen des Psychologiestudiums) – Teil I, III und VII.

Wir haben die Ausführungen mit Fallbeispielen illustriert, so weit der knapp bemessene Rahmen dieses Buchs es zuließ. Zum Abschluss findet sich ein Glossar psychodramatischer Fachbegriffe, das Nichtpsychodramatikerinnen den »Quereinstieg« in die Lektüre erleichtern soll. Verweise auf Glossareinträge sind im Text mit → gekennzeichnet. Der Glossareintrag besteht aus einer kurzen Erläuterung des jeweiligen Begriffs und einem Verweis auf die Passage, in der der Begriff ausführlicher erläutert wird.

Wir haben uns entschlossen, männliche, weibliche und geschlechtsneutrale Formulierungen in loser Folge abwechselnd zu verwenden, um sprachliche Einseitigkeiten zu vermeiden, gleichzeitig aber die Lesbarkeit zu wahren. Geschlechtsspezifische Formulierungen beziehen sich in der Regel auf beide Geschlechter. Zitate aus englischsprachigen Werken haben wir zur besseren Lesbarkeit ins Deutsche übersetzt.

Das Psychodrama ist ein handlungs- und erlebnisorientiertes Verfahren, das schnell ein sehr intensives Erleben auslösen kann. Mit dem Psychodrama Tätige brauchen hohe methodische und beraterische/therapeutische Kompetenzen, um diese Intensität herstellen und steuern zu können, vor allem aber, um sie nicht versehentlich auszulösen, wo sie die Klienten schädigen könnte oder wo sie nicht durch den Kontrakt zwischen Leitung und Klienten abgedeckt ist. Während erfahrene Therapeutinnen, Lehrer, Beraterinnen oder Sozialarbeiter gefahrlos mit einzelnen Psychodrama-Elementen (z. B. Rollentausch, Doppel, leerer Stuhl) experimentieren können, ist eine fundierte Weiterbildung an einem vom Deutschen Fachverband für Psychodrama (DFP) zertifizierten Institut unbedingte Voraussetzung, um alle Möglichkeiten des Verfahrens ausschöpfen zu können. Entsprechende Adressen finden sich im Anhang dieses Buchs. Wir danken

- unseren Beitragsautorinnen und -autoren für die angenehme Zusammenarbeit,
- Jonathan D. Moreno für das persönliche Geleitwort,
- Zerka T. Moreno und Qele Smith für die freundliche Überlassung der Fotos,
- Heike Argstatter für die wundervollen Abbildungen,
- Anja Beyer für ihren Einsatz, für zahlreiche hilfreiche Anregungen und das Ausmerzen inflationärer Satzzeichen und
- Michaela Reinig für den kritischen Blick und die überaus tatkräftige Mitarbeit an Kap. 21.

Nicht zuletzt danken wir dem Springer Verlag – insbesondere Frau Svenja Wahl und Frau Renate Scheddin, die das Erscheinen dieses Buchs erst möglich gemacht haben.

Heidelberg, im Februar 2004

Literatur

Zeintlinger-Hochreiter, K. (1996). *Kompendium der Psychodrama-Therapie. Analyse, Präzisierung und Reformulierung der psychodramatischen Therapie nach J. L. Moreno.* München: inScenario.

Inhaltsverzeichnis

Autorenverzeichnis

Aichinger, Alfons
Weidachweg 29,
89081 Ulm

Ameln, Falko von, Dr.
Am Diekschloot 11b
26506 Norden

Argstatter, Heike
Mannheimer Straße 189,
69123 Heidelberg

Buer, Ferdinand, Prof. Dr.
Alte Schanze 46,
48159 Münster

Burmeister, Jörg, Dr.
Besmerstraße 25,
8020 Kreuzlingen,
Schweiz

Fichtenhofer, Bernd
Manfred-von-Richthofen-Straße 9
12101 Berlin

Hartlaub, Jasmin
psychonomics AG
Berrenrather Straße 154–156
50937 Köln

Kramer, Josef, Dr.
Sperlingsweg 32
50829 Köln

Müller, Jakob
Hauptstraße 70, Reckenwil,
8508 Homburg, Schweiz

Reinig, Michaela
Marbachstraße 2,
81369 München

Richter, Kerstin
Wilhelm-Busch-Straße 18a,
21629 Neuwulmstorf

Serafin, Eva
Sprengelstraße 41,
13353 Berlin

Schweitzer, Kyrilla
Krippackerstraße 6
86391 Stadtbergen

Uh-Tückardt, Tamara
TAKE GmbH,
Gesellschaft für KonfliktKultur
und Mediation,
Badensche Straße 45a,
10715 Berlin

Weller, Dirk
psychonomics AG
Berrenrather Straße 154–156
50937 Köln

Wittinger, Thomas
Samuel-Morse-Straße 9b,
64807 Dieburg

Einführung

Was ist Psychodrama?

> Wenn wir die Menschen nur so nehmen, wie sie sind, so machen wir sie schlechter. Wenn wir sie behandeln, als wären sie das, was sie sein sollten, so bringen wir sie dahin, wohin sie zu bringen sind (Johann Wolfgang von Goethe, Wilhelm Meisters Lehrjahre, VIII, 4).

Das Psychodrama ist ein in der ersten Hälfte des 20. Jahrhunderts von dem Arzt, Psychotherapeuten und Philosophen Jacob Levy Moreno entwickeltes Verfahren der

- handelnden Darstellung … (griech. »drama« = Handlung)
- inneren Erlebens (griech. »psyche« = Seele).

Moreno selbst bezeichnete das Psychodrama als »… diejenige Methode (…), die die Wahrheit der Seele durch Handeln ergründet« (Moreno, 1959, S. 77).

Das Psychodrama ist vorwiegend als gruppenpsychotherapeutisches Verfahren bekannt, jedoch sind seine Anwendungsmöglichkeiten weitaus vielfältiger – so wird in der Organisationsberatung, im Unterricht und in der Sozialarbeit ebenso mit psychodramatischen Methoden gearbeitet, wie im therapeutischen Bereich. Obwohl das Psychodrama im Allgemeinen als Verfahren für die Arbeit mit Gruppen betrachtet wird (und auch als solches konzipiert wurde), ist es mit geringfügigen Modifikationen auch für die Einzelarbeit geeignet (▶ Kap. 5).

Das Psychodrama hat keinen vorrangig künstlerischen Anspruch (wie das Theater), sondern zielt immer auf eine Veränderung der spielenden Person(en) und der ganzen Gruppe ab. Ein innerer Konflikt (etwa die Entscheidung über die eigene berufliche Zukunft) eines im Zentrum der psychodramatischen Darstellung stehenden Thementrägers, des Protagonisten, kann beispielsweise vom Psychodrama-Leiter mithilfe verschiedener psychodrama-spezifischer Arrangements und Techniken auf der Bühne sichtbar gemacht, analysiert und einer Lösung zugeführt werden. Wie dies genau geschieht, wird im Laufe dieses Buches deutlich werden. Der Protagonist durchlebt sein Spiel sowohl für sich selbst als auch stellvertretend für die übrigen Gruppenmitglieder, die durch ihre Identifikation mit dem Protagonisten ebenfalls an den Effekten des Spiels teilhaben.

Gegenüber anderen Simulationsmethoden (Rollenspiel, Fallstudie etc.) zeichnet sich das Psychodrama besonders durch die im Spiel erzeugte Realitätsnähe aus. Wer zum ersten Mal an einem Psychodrama-Spiel teilnimmt, ist danach meist erstaunt, wie realistisch das Geschehen auf der Bühne auf ihn gewirkt hat. Damit soll im Psychodrama kein »Nachspielen«, sondern ein »Wiedererleben« der betreffenden Situation stattfinden. Auf der anderen Seite ermöglicht es das Psychodrama – wiederum im Gegensatz zu alternativen Methoden –, auch über die Realität Hinausreichendes (z. B. das schlechte Gewissen) in der → »Surplus Reality« der Spielsituation real werden zu lassen und zu bearbeiten.

Psychodramatische Arbeit umfasst eine Vielzahl unterschiedlicher Methoden und Arbeitsformen, die nicht immer »im selben Atemzug« dargestellt werden können. Daher erläutern wir hier vorrangig die sogenannte protagonistenzentrierte Arbeit; die gesamte Vielfalt und Komplexität der psychodramatischen Arbeit wird sich dann in den folgenden Kapiteln entfalten.

Psychodrama und Rollenspiel

Anders als das Psychodrama hat das Rollenspiel in Schulungen, in Sprachkursen, in der Verhaltenstherapie und im schulischen Unterricht weite Verbreitung gefunden. Einem Psychodrama-»Neuling« mag ein Psychodrama-Spiel daher zunächst vielleicht wie ein Rollenspiel erscheinen. In der Tat teilen Rollenspiel und Psychodrama gemeinsame historische Wurzeln, wobei das Psychodrama allerdings in einigen bedeutsamen Punkten vom Rollenspiel abweicht bzw. über das Rollenspiel hinausgeht. Psychodramaunkundige Leserinnen und Leser werden im Laufe dieses Buches ein genaues Verständnis dafür erwerben, wie das

Psychodrama »funktioniert« und welche Unterschiede und Vorteile gegenüber dem Rollenspiel bestehen. Wir wollen hier aber vorab die wichtigsten Punkte anreißen, um eine Grundlage für das Verständnis der weiteren Ausführungen zu schaffen.

Das Rollenspiel ist eine Methode, mit deren Hilfe Situationen des realen Lebens in einer Simulationssituation nachgestellt werden können. Ziele sind in der Regel,

1. festzustellen, wie sich einer oder mehrere Spieler in der betreffenden Situation verhalten und
2. die dysfunktionalen Aspekte ihres Verhaltens zu korrigieren.

Die Mitspieler eines Rollenspiels bekommen feststehende Rollenanweisungen (z. B. in schriftlich fixierter Form), die etwa wie folgt aussehen könnten:

> »Sie sind Herr Maier, Chef eines mittelständischen Unternehmens in der Telekommunikationsbranche. Das Geschäft läuft gut – gerade vor einigen Tagen haben Sie einen Großauftrag erhalten, für den alle Kräfte in der Firma mobilisiert werden müssen. In diesem Spiel treffen Sie auf Frau Prota, der die Einkaufsabteilung Ihres Unternehmens untersteht. Frau Prota ist eine kompetente Mitarbeiterin, die Sie allerdings schon mehrfach durch ihren flexiblen Umgang mit den Arbeitszeiten verärgert hat. Frau Prota wird Sie gleich darum bitten, ihr in der nächsten Woche Urlaub zu genehmigen. Sie reagieren ungehalten – den Mitarbeitern ist bekannt, dass Urlaubswünsche mindestens vier Wochen vorab beantragt werden müssen, und Sie sehen den Auftrag in Gefahr, wenn der Einkauf nicht reibungslos funktioniert. Außerdem wollen Sie Frau Prota einmal eine lang verdiente Lektion erteilen, damit sie merkt, dass sie so nicht bei Ihnen durchkommt.«

Die Spieler sind gehalten, ihre Rollen aus dem Stegreif (d. h. improvisiert), aber möglichst getreu der Rollenanweisung auszufüllen. Das Rollenspiel läuft in der Regel ohne Intervention des Leiters ab, anschließend wird das Verhalten der Spieler auf der Basis der vom Leiter festgesetzten Kriterien analysiert; gegebenenfalls werden in einem weiteren Durchlauf neue Verhaltensmöglichkeiten eingeübt.

Das Rollenspiel ist die bekannteste und (z. B. in der Organisationsentwicklung) am häufigsten angewendete Simulationsmethode. Während das Rollenspiel in der Tat gute Möglichkeiten bietet, Verhalten zu analysieren und einzuüben, ist diese Methode als alleinige Intervention doch mit einer Reihe von Nachteilen verbunden:

- Da das »Drehbuch« des Rollenspiels vom Leiter (einem Autor von Trainingsliteratur oder Ähnlichem) verfasst ist, mangelt es den gespielten Situationen häufig an »Lebensweltbezug« – den Teilnehmern fällt es schwer, einen (insbesondere emotionalen) Bezug zur eigenen Person herzustellen. Ferner besteht die Gefahr, dass die gewählten Themen und Situationen konstruierter Rollenspiele in der subjektiven Sicht der Teilnehmer nicht die Relevanz besitzen, die ein externer Leiter ihnen beimisst.
- Die Rollenanweisungen stellen ein einschränkendes Korsett dar, da sie eine Reihe von Verhaltensmöglichkeiten ausschließen. Auf der anderen Seite sind sie wiederum meist zu knapp gehalten, um den Spielern die Sicherheit zu vermitteln, die sie für ein souveränes und überzeugendes Ausfüllen ihrer Rollen benötigen. Dies hat zur Folge, dass die Spieler sich allenfalls in geringem Maße mit ihren Rollen identifizieren können. Außerdem fühlen sich die Teilnehmer häufig durch die Anforderungen des Stegreifspiels überfordert oder glauben, die Rollenvorgaben möglichst exakt und mit perfekter schauspielerischer Leistung umsetzen zu müssen.
- Die implizite oder explizite Vorgabe, die Rollenanweisungen möglichst exakt zu befolgen, schafft eine Quasiprüfungssituation. Die Spieler empfinden das Spiel daher häufig als Test, den man bestehen oder nicht bestehen kann, je nachdem, wie überzeugend man die Rolle spielt. Dies bringt nicht nur Bewertungsangst, Belastung und Verkrampfung für die Teilnehmer mit sich, sondern trägt weiterhin zur Künstlichkeit und Realitätsferne des Spiels bei.
- Die Simulationssituationen beim Rollenspiel enthalten nur eine geringe Anzahl der Fak-

toren, die das Handeln in der Realität beeinflussen würden. Die Realität ist immer komplexer als die Simulation in einer Trainingssituation – das trifft natürlich auch auf das Psychodrama zu, wir werden aber später zeigen, dass das Psychodrama eine erheblich komplexere Darstellung der Realität erlaubt als das Rollenspiel.

- Das Rollenspiel ist, wie bereits erwähnt, eine gute Methode für die Überprüfung und Modifizierung von **Verhalten**. Diesem Verhaltenstrainingsansatz liegt jedoch letztlich ein unbefriedigendes, weil zu stark verkürzendes behavioristisches Modell zugrunde. Will man menschliches **Handeln** verstehen und verändern, muss man neben dem beobachtbaren Verhalten auch Motive, Ziele und andere verhaltenssteuernde »innere Zustände« berücksichtigen. Das findet beim Rollenspiel allerdings nur in geringem Umfang statt (zu empirischen Belegen für diese Kritik vgl. z. B. Weinert, 1987, S. 249).

❗ **Das Psychodrama vermeidet diese Nachteile weitestgehend, denn Thema und Zielsetzung einer Psychodrama-Bühne werden vom Protagonisten und von der Gruppe festgelegt.**

Ein erster bedeutsamer Unterschied zum Rollenspiel besteht darin, dass im Psychodrama Thema und Zielsetzung des Spiels in der Regel nicht vom Leiter, sondern von der Gruppe festgelegt werden. Damit ist nicht impliziert, dass das Psychodrama nicht zielorientiert arbeiten würde: Bei der Arbeit mit dem Psychodrama ist in der Regel nur ein strukturierender thematischer Rahmen vorgegeben (im Falle der Organisationsentwicklung z. B. das Thema des Seminars, etwa »Konfliktmanagement«) und innerhalb dieses Rahmens setzt dann die Protagonistin bzw. die Gruppe fest, welche Situation bearbeitet werden soll. In einem Protagonistenspiel ist kein »Lernziel« vorgegeben (z. B. das Einüben von Gesprächstechniken), sondern die Protagonistin bestimmt selbst, was sie in ihrem Spiel erreichen möchte, beispielsweise Einsichtsgewinnung, Bestärkung ihrer bisherigen Handlungsweise, Erforschen unbewusster Handlungsmotive, Einüben neuer Handlungsmöglich-

keiten oder Hilfestellung bei Entscheidungssituationen. Entsprechend der Bedeutung, die im Psychodrama der Gruppe zukommt, ist die Gruppe nicht allein bei gruppen-, sondern auch bei protagonistenzentrierten Spielen maßgeblich an der Themen- und Protagonistenwahl beteiligt. Die oben angesprochene Gefahr der Fehleinschätzung der Relevanz für die Teilnehmer ist damit im Psychodrama weitestgehend umgangen.

❗ **Im Psychodrama wird nicht mit konstruierten Szenarien, sondern mit Situationen und Themen aus der Realität des Protagonisten/ der Gruppe gearbeitet.**

Das Psychodrama benutzt als Ausgangsmaterial keine konstruierten Szenarien, sondern meist Situationen, die der Protagonist tatsächlich erlebt hat. Es können auch in der Zukunft liegende oder hypothetische Situationen gespielt werden (▶ Abschn. 3.5) – alle diese Möglichkeiten stellen, wie später zu sehen sein wird, die subjektive Wirklichkeit des Protagonisten dar und sind insofern für ihn gleichermaßen realistisch. Der Protagonist setzt nicht ein von außen vorgegebenes »Drehbuch« um, sondern er ist **Schöpfer, Regisseur** und **Akteur seines eigenen Stücks**. Das Gefühl, eine unrealistische Situation ohne Bezug zur eigenen Person zu spielen, kann somit gar nicht aufkommen.

❗ **Psychodrama bedeutet Gegenwärtigsetzung der gespielten Situationen in ihrem raumzeitlichen Kontext.**

Im Psychodrama wird darauf geachtet, die infrage stehende Szene nicht nur gewissermaßen im Vakuum nachzuspielen; vielmehr wird die Situation für Protagonist und Gruppe in Raum und Zeit, im »Hier und Jetzt« verankert. Schon durch das Einrichten der Bühne wird die Atmosphäre, die in der betreffenden Situation geherrscht hat, wachgerufen. Die Distanz zwischen Spielern und Spiel ist aufgehoben. So aktiviert das Psychodrama in weitaus höherem Maße als das Rollenspiel die Gefühle der Beteiligten, die das Handeln oftmals stärker beeinflussen als rationale Überlegungen.

❗ **Die Rollen werden im Psychodrama in der Regel nicht frei improvisiert, sondern vom Thementräger vorgegeben.**

Entsprechend der bislang vorgestellten Prinzipien gibt es im Psychodrama keine feststehenden Rollenanweisungen und keine Vorstrukturierung oder Formalisierung der zu spielenden Situation. Die Rollen werden vom Protagonisten im → Rollentausch detailliert vorgegeben und von den Mitspielern lediglich »nachgespielt«. Leistungsdruck kann kaum entstehen, da der Protagonist die Situation aus seinem Gedächtnis (oder, im Falle zukünftiger Situationen, aus seiner Vorstellung) abrufen kann und die Mitspieler nicht improvisieren müssen. Auf der anderen Seite sind die Spieler im Ausfüllen ihrer Rollen nicht notwendigerweise auf eine mechanische Reproduktion der Vorgaben des Protagonisten festgelegt, sie können auch auf der Basis ihrer Einfühlung spontane Impulse, Interpretationen, Abwandlungen usw. einbringen, die der Protagonist, falls nötig, korrigieren kann. Die Spieler stehen daher weder unter Kreativitäts- noch unter Professionalitätszwang.

❗ **Protagonistenzentrierte Arbeit im Psychodrama ist immer auch Arbeit mit, durch und für die Gruppe.**

Moreno geht davon aus, dass Protagonistenspiele aufgrund von Identifikationsmechanismen nicht nur für den Protagonisten, sondern auch für die übrigen Teilnehmer einen hohen Erlebniswert besitzen; die Spiele werden in der Tat erfahrungsgemäß von allen Teilnehmern als sehr realistisch und gewinnbringend empfunden. Zusammenfassend lässt sich also festhalten, dass die Gefahr der Künstlichkeit im Psychodrama nicht im gleichen Maße gegeben ist wie beim Rollenspiel.

❗ **Psychodrama bildet die Komplexität des Dargestellten besser ab als das Rollenspiel.**

Auf der Psychodrama-Bühne kann die vom Protagonisten gewählte Situation auf einem Komplexitätsniveau rekonstruiert werden, das ausreicht, um die entscheidenden Einflussfaktoren zu berücksichtigen. Beispielsweise ist die Anzahl der im Spiel vorkommenden Personen quasi unbegrenzt, da die entsprechenden Rollen nicht nur durch die Gruppenmitglieder, sondern auch durch Stühle, Tücher, Moderationskarten, in der Therapie mit Kindern durch Stofftiere usw. repräsentiert werden können. Von besonderem Nutzen ist der Umstand, dass auch das Handeln beeinflussende Faktoren wie Motive, Gewissen, abwesende Personen etc. auf der Psychodrama-Bühne durch Mitspieler verkörpert Gestalt annehmen und bearbeitet werden können. Im Psychodrama wird also nicht nur das thematisiert, was im Rollenspiel verkürzt als beobachtbare Realität erscheint. Das psychodramatische Erleben findet vielmehr in einer von Moreno als → **Surplus Reality** bezeichneten Welt statt, die die über das nach außen hin Sichtbare hinausreichende subjektive Realität, die »innere Welt« des Protagonisten, verkörpert. Die Surplus Reality kann als ein zentraler Wirkfaktor des Psychodramas gelten. Sie ermöglicht die systemische Simulation handlungsrelevanter Faktoren auf einer Komplexitätsstufe, die mit dem Rollenspiel unerreichbar ist.

❗ **Psychodrama ist handelndes Erleben der eigenen subjektiven Wirklichkeit.**

Die prägnanteste mögliche Zusammenfassung der Unterschiede zwischen beiden Methoden erhält man, wenn man die Bedeutung der Begriffe hinterfragt: Während man im Rollenspiel eine Rolle (die nicht die eigene sein muss) **spielt**, stellt das Psychodrama ein handelndes (drama = Handlung) Erleben der eigenen inneren Welt (psyche = Seele) dar, das als »gestalthafte Veräußerlichung der eigenen Innerlichkeit« notwendig als relevant, realistisch und auf die eigene Person bezogen erfahren wird.

Definition und Klassifikation des Psychodramas

Das Psychodrama ist ein Verfahren für die szenische Darstellung, Erforschung und Veränderung der subjektiv erlebten Wirklichkeit von Individuen und Gruppen. Die nachfolgende Übersicht stellt den Versuch einer ausführlichen und differenzierten inhaltlichen Definition des Verfahrens Psychodrama dar.

Inhaltliche Definition des Psychodramas
Das konstituierende Prinzip
des Psychodramas

Das methodische Grundprinzip, das das Psychodrama von anderen Verfahren abgrenzt, ist die szenische Umsetzung der immateriellen bedeutungstragenden Sinngehalte des Klienten(systems) (z. B. Erwartungen, Emotionen, Beziehungen) in ein materielles Bühnenarrangement mithilfe dramaturgischer Mittel (z. B. Bühne, Requisiten, Mitspieler). Die symbolischen Elemente des entstehenden Erlebensraums, der sogenannten psychodramatischen Surplus Reality, können von dem/den Klienten – unterstützt durch spezielle psychodramatische Techniken – auf handelnde Weise exploriert und umgestaltet werden, sodass neue Bedeutungsgehalte konstruiert, neue Handlungsimpulse entwickelt und neue Handlungsweisenerprobt werden können.

Die konstituierenden Elemente
des Psychodramas

Das Psychodrama ist Teil der therapeutischen Philosophie J. L. Morenos und Bestandteil der Trias von Psychodrama, Gruppenpsychotherapie und Soziometrie. Es umfasst

- eine Reihe spezifischer Interpretationsfolien für die Deutung von individueller und sozialer Wirklichkeit, darunter insbesondere die Rollentheorie sowie die Spontaneitäts- und Kreativitätskonzepte,
- eine spezifische Praxeologie, d. h. Anweisungen für professionelle Gestaltung psychodramatischer Intervention,
- spezifische Arbeitsformen, z. B. protagonistenzentrierte, gruppenzentrierte, themenzentrierte oder soziodramatische Arbeit,
- spezifische Arrangements (Stegreifspiel, Skulpturarbeit u. a.) sowie
- eine Anzahl spezifischer Techniken wie z. B. Rollentausch, Doppel, Spiegel (◻ Tab. 1).

Der philosophische Hintergrund des Psychodramas ist von humanistischen Werten geprägt.

▼

Das Psychodrama betont die kreativgestalterischen und sozialen Potenziale des Menschen sowie die Möglichkeit zu einer bewussten, verantwortungsvolleren und menschlicheren Gestaltung des Gemeinwesens.

Anwendungsbereiche des
Psychodramas

Das Psychodrama eignet sich für die Anwendung in

- verschiedenen Arbeitsfeldern, wie Psychotherapie, Unterricht, betriebliche und außerbetriebliche Erwachsenenbildung, Sozialarbeit, Supervision, Coaching u. a.,
- verschiedenen Settings, z. B. mit einzelnen Klienten oder Klientengruppen,
- verschiedenen institutionellen Kontexten und
- mit verschiedenen Zielgruppen, z. B. Migrantinnen, Führungskräfte, Schüler, klinische Patienten mit unterschiedlichen Störungsbildern oder alte Menschen (◻ Tab. 1).

Mit diesem Definitionsvorschlag sollen einige Schwächen und Einseitigkeiten bestehender Definitionen korrigiert werden.

Das Psychodrama als Verfahren

Einige Autoren sehen das Psychodrama als Ansammlung von Techniken, deren Anwendung der Hinzuziehung anderer Theorien wie z. B. der Psychoanalyse bedarf. Dies ist eine unhistorische Verkürzung, da das Psychodrama über eine Philosophie, eine Praxeologie und verschiedene Interpretationsfolien verfügt, von denen seine methodischen Bestandteile nicht abgelöst werden können. Damit stellt das Psychodrama »... einen in sich konsistenten Handlungsansatz zur Steuerung anspruchsvoller Beziehungsarbeit« (Buer, 1997, S. 393), d. h. ein Verfahren dar, das methodologisch auf der gleichen Ebene anzusiedeln ist wie die Psychoanalyse, der Gestaltansatz, der systemische Ansatz oder die Verhaltenstherapie (vgl. Buer, 1999).

◼ Tab. 1. Psychodrama im Überblick

Instru-mente	Arrange-ments	Tech-niken	Arbeits-formen	Praxeo-logie	Philo-sophie	Interpre-tations-folien	Surplus Reality	Anwen-dungs-felder
Bühne	Stegreif-spiel	Rollen-tausch	Psychodrama in der Gruppe	Regeln für die Psycho-drama-Leitung		Rollen-theorie	Als zentrales metho-disches Prinzip	Arbeits-felder
Prota-gonist	Skulptur-arbeit	Doppel	Psychodrama in der Einzel-arbeit			Sponta-neitäts-konzept		Settings
Hilfs-Ich	Vignette	Spiegel	Gruppen-zentriertes Soziodrama			Kreativi-tätskon-zept		Institu-tionelle Kontexte
Leiter	Rollen-spiel	u. v. a.	Themen-zentriertes Soziodrama			u. a.		Ziel-gruppen
Gruppe	Zauber-laden u. v. a.		Gesellschafts-politisches Soziodrama					
Kap. 2	Kap. 3	Kap. 4	Kap. 5 und 6	Kap. 7–12	Kap. 13 und 14	Kap. 14	Abschn. 14.5	Kap. 22–30

Konstituierende Merkmale des Psychodramas

Auf die Frage nach dem **konstitutiven Spezifikum** des Verfahrens Psychodrama (»Wodurch wird beispielsweise eine Beratung zu einer psychodra-matischen Beratung?«) wird oft die Technik des Rollentauschs genannt, an prominenter Stelle z. B. bei Zeintlinger-Hochreiter (1996). Diese Antwort kann aus zwei Gründen nicht überzeugen:

– Eine Definition des Psychodramas über den Einsatz des Rollentauschs als konstitutiver Technik bleibt **rein formal** und kann weder die inhaltlichen Gemeinsamkeiten in der Vielfalt der psychodramatischen Arbeit noch deren theoretische Prämissen befriedigend abbilden. Ein vergleichbarer Fehler läge vor, würde man die Verhaltenstherapic über Hausaufgaben statt über die zugrunde liegenden lerntheore-tischen Überlegungen definieren.

– In der Praxis kann auch psychodramatisch ge-arbeitet werden, ohne dass der Rollentausch als Technik eingesetzt wird oder eine große Rolle spielt. Eine Definition, die den Einsatz des Rollentauschs als notwendige Bedingung für psychodramatische Arbeit vorsieht, ist da-mit **zu eng,** um dem Verfahren gerecht zu wer-den – als würde man nur diejenige Arbeit als verhaltenstherapeutisch definieren, in der Hausaufgaben gestellt werden.

Aus unserer Sicht muss sich Psychodrama daher über das Prinzip der szenisch-handelnden Dar-stellung subjektiver Wirklichkeit definieren – eine Definition, die bereits im Namen des Verfahrens (psyche = Seele, drama = Handlung) angelegt ist.

Anwendungsbereiche des Psychodramas

Das Psychodrama wird vielfach als Methode der Gruppenpsychotherapie definiert (z. B. Engelke, 1981; Kellermann, 1996; Leutz, 1979; Petzold, 1978; Zeintlinger-Hochreiter, 1996). Diese Eingrenzung auf den therapeutischen Bereich ist schon historisch nicht zu rechtfertigen, da Moreno das Psychodrama auch in pädagogischen und soziologischen Arbeitsfeldern, in der Sozialarbeit usw. entwickelte. Heute wird das Psychodrama immer stärker auch in nichttherapeutischen Arbeitsfeldern eingesetzt, ohne psychotherapeutische Absichten zu verfolgen. Wenn sich das Psychodrama als Verfahren versteht, muss es daher definitorisch losgelöst von den Arbeitsfeldern (»Formaten«; vgl. Buer, 1997) betrachtet werden, in denen es eingesetzt wird.

Das gleiche gilt für die Settings, in denen Psychodrama zur Anwendung kommen kann: Während das Psychodrama vielfach als reine Gruppenmethode definiert wird (z. B. Cuvelier, 1973), ist die Anwendung im Einzelsetting problemlos möglich und vielfach beschrieben. Die definitorische Bindung an das Gruppensetting sollte daher aufgegeben werden.

Literatur

Buer, F. (1997). Zur Dialektik von Format und Verfahren. Oder: Warum eine Theorie der Supervision nur pluralistisch sein kann. OSC Organisationsberatung - Supervision – *Clinical Management, 4,* 381–394..

Buer, F. (1999). Morenos therapeutische Philosophie. Ihre aktuelle Rezeption und Weiterentwicklung. In F. Buer. (Hrsg.), *Morenos therapeutische Philosophie. Die Grundideen von Psychodrama undSoziometrie* (3. Aufl., 227–258). Opladen: Leske & Budrich.

Cuvelier, F. (1973).Gruppengerichtetes Psychodrama in der Ausbildung von psychiatrischem Pflegepersonal. In H. Petzold (Hrsg.), *Angewandtes Psychodrama in Therapie, Pädagogik, Theater & Wirtschaft* (326–342). Paderborn: Junfermann.

Engelke, E. (1981). *Psychodrama in der Praxis. Anwendung und Therapie, Beratung und Sozialarbeit*. München: Pfeiffer.

Kellermann, P. F. (1996*). Focus on Psychodrama. The Therapeutic Aspects of Psychodrama* (2nd edn.). London: Kingsley.

Leutz, G. A. (1979). Das triadische System von J. L. Moreno. Soziometrie, Psychodrama und Gruppenpsychotherapie. In A. Heigl-Evers (Hrsg.), *Die Psychologie des 20. Jahrhunderts* (Bd. 8, 830–839). Zürich: Kindler.

Moreno, J. L. (1959). *Gruppenpsychotherapie und Psychodrama. Einleitung in die Theorie und Praxis.* Stuttgart:Thieme.

Petzold, H. (1978). Das Psychodrama als Methode der klinischen Psychotherapie. In J. L. Pongratz (Hrsg.), *Handbuch der Psychologie* (Bd.8/2, 2751–2795). Göttingen: Hogrefe.

Weinert, A. B. (1987). *Lehrbuch der Organisationspsychologie* (2. Aufl.). München: Psychologie Verlags Union.

Zeintlinger-Hochreiter, K. (1996). *Kompendium der Psychodrama-Therapie. Analyse, Präzisierung und Reformulierung der psychodramatischen Therapie nach J. L. Moreno*. Köln: in-Scenario.

I

Teil I
Methodische Grundlagen
des Psychodramas

Einführung in das Thema

Das Psychodrama gehört in methodischer Hinsicht zweifellos zu den komplexesten Verfahren der Therapie und Beratung. Der psychodramatische »Methodenkoffer« umfasst ein umfangreiches Repertoire von szenischen Arrangements und Techniken, die nach bestimmten Regeln ausgewählt und eingesetzt werden. In diesem Sinne ist Psychodrama ein Handwerk, das die Beherrschung verschiedener Werkzeuge und Instrumente erfordert. Die sieben Kapitel in diesem ersten Teil des Buches verstehen sich gewissermaßen als »Gebrauchsanweisung« für das psychodramatische Instrumentarium. Sie stellen die verschiedenen methodischen Werkzeuge dar, erklären ihre Funktion und zeigen auf, in welcher Situation welche Technik verwendet werden kann. Sie beantworten häufig gestellte Fragen und weisen auf typische Schwierigkeiten hin, die beim Einsatz einer bestimmten Technik auftreten können. In den ▶ Kap. 5 und 6 wird dargestellt, wie die psychodramatische Methodik auf die Einzeltherapie und -beratung übertragen werden kann und wie man die verschiedenen Formen des Soziodramas einsetzen kann, um auf der Gruppenebene zu intervenieren.

Im Psychodrama ist es möglich und ausdrücklich erwünscht, das vorhandene Instrumentarium je nach Situation und Anfrage der Klienten abzuwandeln oder neue Techniken zu entwickeln. In diesem Sinne ist Psychodrama eine Kunst, die – über die Beherrschung des Handwerks hinaus – ein hohes Maß an Wissen, Sensibilität und Erfahrung voraussetzt. Die Teile II–VI dieses Buches enthalten weitere Hilfestellungen, die den Leser dabei unterstützen, auf der Basis der in Teil I dargestellten Methodik seinen eigenen Weg zur Kunst des Psychodramas zu entwickeln.

Psychodrama im Überblick

> Drama ist ein griechisches Wort und bedeutet »Handlung« (oder etwas, was geschieht). Psychodrama kann darum als diejenige Methode bezeichnet werden, welche die Wahrheit der Seele durch Handeln ergründet (…). Da es unmöglich ist, in die Seele des Menschen direkt einzudringen und das, was sich in ihr abspielt, erkennen und sehen zu können, versucht das Psychodrama den seelischen Gehalt des Individuums nach »außen« zu bringen, und ihn im Rahmen einer greifbaren und kontrollierbaren Welt gegenständlich zu machen (…). Wenn diese Phase des »Objektivmachens« vollendet ist, beginnt die zweite. Es ist die Phase des Wieder-»Subjektivmachens«, Wiederordnens und Wiedereinbeziehens dessen, was objektiviert wurde. In der Praxis gehen beide Phasen Hand in Hand (Moreno, 1959, S. 77; 111).

Das Psychodrama ist ein ausgesprochen komplexes und vielfältiges Verfahren. In diesem Kapitel möchten wir den nicht mit dem Psychodrama vertrauten Leserinnen und Lesern anhand von zwei Fallbeispielen einen ersten Einblick in die wichtigsten und am häufigsten eingesetzten psychodramatischen Arbeitsweisen geben. Die Fallbeispiele beziehen sich auf ein Seminar zum Thema »Umgang mit Konflikten« und einen psychotherapeutischen Prozess, sind aber leicht auch auf andere Anwendungsfelder übertragbar.

1.1   Erste Schritte

»Psychodrama« bedeutet keineswegs immer biografische Selbsterfahrung und intensives emotionales Erleben, sondern auch Bewegung, Leichtigkeit und Kreativität.

> **Organisationsberatung – Erste Schritte**
> Dr. Michael Leibold, Psychodrama-Leiter und Organisationsberater, eröffnet das Seminar im Heidelberger Hotel »Neuenheimer Hof« mit den Worten: »Ich begrüße Sie herzlich zu unserem Seminar 'Konstruktiver Umgang mit Konflikten'. Mein Name ist Michael Leibold, und ich werde die nächsten drei Tage gemeinsam mit Ihnen gestalten. Ich weiß, dass Sie aus ganz unterschiedlichen Bereichen der Intermedia AG kommen und sich untereinander nicht so gut kennen, deswegen schlage ich vor, dass wir uns erst einmal gegenseitig kennenlernen. Ich möchte das nicht in Form einer stei-
> ▼

fen Vorstellungsrunde machen, die Sie alle kennen, sondern etwas offener gestalten. Dafür müssen Sie sich alle einmal erheben. Bitte stellen Sie sich hier im Raum entlang einer imaginären Linie auf, und zwar entsprechend dem Anfangsbuchstaben Ihres Nachnamens. Das heißt, wenn Ihr Name mit A beginnt, würden Sie hier in der Nähe der Tür stehen, und wenn Ihr Name mit Z beginnt, eher dort am Fenster.« Die Teilnehmer stehen auf, gehen durch den Raum und beginnen sich gegenseitig nach ihren Namen zu befragen. Das Eis ist gebrochen.

Der Leiter in dem Fallbeispiel »Organisationsberatung« gestaltet den Seminarauftakt mit einer sogenannten → **aktionssoziometrischen Aufstellung,** die die Teilnehmer gleich zu Beginn in Bewegung bringt, eine erste unverbindliche Kontaktaufnahme ermöglicht und das Behalten der Namen erleichtert.

Auch in der Einzelarbeit lassen sich die ersten Schritte eines Beratungsgespräches mit den szenischen Mitteln des Psychodramas gestalten, wie das nachfolgende Fallbeispiel aus einem psychotherapeutischen Erstgespräch zeigt.

> **Psychotherapie – Erste Schritte**
> Frau Proske ist von ihrem Hausarzt an die Praxis von Manfred Theesen verwiesen worden. Sie leidet unter Schlafstörungen und depressiven Symptomen. Im Erstgespräch exploriert Herr Theesen die Geschichte der Beschwerden der Klientin mit psychodramatischen Mitteln.
> ▼

»Meine Beschwerden haben eigentlich vor etwa zwei Jahren angefangen«, sagt Frau Proske. Herr Theesen legt ein Seil auf die Erde des Therapieraums. »Stellen Sie sich vor, dieses Seil steht für die vergangenen zwei Jahre. Und jetzt möchte ich Sie bitten, eines von diesen Tüchern auszusuchen, das wir als Stellvertreter für Ihre Schlafstörungen nehmen können.« (Frau Proske wählt ein graues Tuch.) »Wann haben die Schlafstörungen begonnen?« »Vor ungefähr einem Jahr, würde ich sagen«, antwortet Frau Proske. »Wenn das Seil für zwei Jahre steht, dann ist ein Jahr also ungefähr in der Mitte des Seils. Bitte legen Sie das Tuch so hin, dass es ungefähr in der Mitte des Seils liegt. Können Sie mir ein wichtiges Ereignis nennen, das sich in dieser Zeit abgespielt hat?« »Ja, kurz davor ist meine Tochter nach Amerika gegangen. Sie studiert dort Biotechnologie.« »Legen Sie bitte ein Symbol für dieses Ereignis neben das Seil und versetzen Sie sich zurück in diese Zeit. Ihre Tochter macht sich auf den Weg nach Amerika …« Frau Proske beginnt schwer zu atmen. Herr Theesen stellt sich neben sie und spricht aus der Rolle von Frau Proske heraus: »Ich merke, ich fange an, ganz schwer zu atmen. Da schnürt mir etwas die Luft ab.«

Herr Theesen hat den Verlauf der Beschwerden mit szenischen Mitteln exploriert und das Erleben der Klientin mit Hilfe der sogenannten → **Doppeltechnik** verbalisiert. Auf diese Weise wird die Gewinnung von anamnestischen Informationen durch den Therapeuten mit einer ersten Gelegenheit zur biografischen Reflexion für die Klientin verbunden.

1.2   Erwärmung

Jede psychodramatische Arbeit beginnt mit einer sogenannten → **Erwärmungsphase**. Sie soll die Klienten – ähnlich wie Aufwärmübungen im Sport – auf die anschließende psychodramatische Aktion vorbereiten.

> **Organisationsberatung – Erwärmung**
> Nachdem die erste Arbeitseinheit mit Kennenlernen, Vorstellung des Seminarprogramms und Erwartungsabfrage abgeschlossen ist, bittet Michael

Leibold die Teilnehmer, sich zu Dyaden zusammenzufinden. Die Aufgabe lautet, sich über typische Konflikte am Arbeitsplatz auszutauschen und die Ergebnisse auf Metaplan-Karten festzuhalten. Auf diese Weise sollen sich die Teilnehmer dem Seminarthema »Konflikt« im geschützten Rahmen der Zweierbeziehung annähern. Herr Leibold plant, die Ergebnisse zunächst präsentieren und sortieren zu lassen, um so einen ersten Überblick über organisationale Konfliktfelder aus der Wahrnehmung der Teilnehmer zu gewinnen. Außerdem möchte Herr Leibold am zweiten Tag eine der Situationen aufgreifen und mit psychodramatischen Mitteln analysieren.

Wie das Beispiel zeigt, dient die Erwärmungsphase auch zu diagnostischen Zwecken und zur vertieften Beziehungsaufnahme der Gruppenmitglieder untereinander. Das Psychodrama verfügt dabei über eine breite Palette von Erwärmungstechniken. Eine der wichtigsten Erwärmungstechniken, das Zeichnen des sogenannten → **sozialen Atoms**, wird in unserem zweiten Fallbeispiel vorgestellt.

> **Psychotherapie – Erwärmung**
> Manfred Theesen hat in der ersten Sitzung den Eindruck gewonnen, dass die depressive Symptomatik der Klientin mit der Veränderung ihrer familiären Situation durch den Weggang der Tochter einsetzte. In der heutigen zweiten Sitzung möchte er die soziale Einbindung von Frau Proske einer näheren Betrachtung unterziehen: »Falls Sie einverstanden sind, würde ich heute gerne einmal mit Ihnen schauen, wie Sie momentan ihre Beziehungen zu anderen Menschen empfinden. Nehmen Sie dafür doch bitte dieses Blatt und zeichnen Sie in die Mitte einen Kreis, der für Sie selbst steht. Darum herum zeichnen Sie bitte alle ihnen momentan nahe stehenden Personen – das können Familienangehörige sein, Freunde, Kollegen, alle, die für Sie momentan wichtig sind. Frauen zeichnen Sie bitte als Kreise, Männer als Dreiecke. Je loser die Beziehung ist, desto weiter rücken Sie das betreffende Symbol an den Rand des Blatts. Wenn Sie eine positive Beziehung zu der Person haben, zeichnen Sie bitte eine durchgezogene Linie, bei
> ▼

1

negativen eine gestrichelte Linie, bei neutralen Beziehungen eine Schlangenlinie. Zeichnen Sie sowohl ein, wie Sie zu der Person stehen als auch wie die Person zu Ihnen steht.«

Eine nähere Darstellung dieser Technik findet sich in ► Abschn. 15.5, das theoretische Modell des sozialen Atoms ist in ► Abschn. 14.2.3 beschrieben.

1.3   Das protagonistenzentrierte Spiel

Das nachfolgende Beispiel macht die sogenannte protagonistenzentrierte Arbeitsweise deutlich, die oft als das klassische psychodramatische Vorgehen schlechthin bezeichnet wird.

> **Organisationsberatung –**
> **Das protagonistenzentrierte Spiel**
> Am zweiten Tag des Seminars steht die genauere Betrachtung einer Konfliktsituation aus dem Arbeitsleben der Teilnehmer auf dem Programm. Die von einer Teilnehmerin vorgestellte Situation – ein Konflikt mit dem Vorgesetzten – wurde von der Gruppe zur Bearbeitung ausgewählt. Michael Leibold betritt mit der Teilnehmerin, Frau Prota, die Seminarbühne und beginnt mit der Exploration des Themas. Frau Prota berichtet, sie sei zu spät zur Arbeit gekommen, da sie ihren 3-jährigen Sohn ins Krankenhaus bringen musste. Im Büro habe sie ihren Vorgesetzten um kurzfristigen Urlaub gebeten, woraufhin dieser sehr ungehalten reagiert habe.
> Der Leiter bittet die Thementrägerin, das Büro mit Tischen, Stühlen und anderen Gegenständen so auf der Bühne nachzustellen, dass die Gruppe sich ein Bild von der Situation machen kann. Die Rollen der an der Situation beteiligten Personen (Chef, Kollegin) werden mit Mitspielern aus der Gruppe besetzt. Dann wird die Situation so nachgespielt, wie die Thementrägerin sie erlebt und wahrgenommen hat – da die Mitspieler die Situation selber nicht kennen, werden ihre Parts im ständigen Rollentausch mit der Thementrägerin vorgestellt. Frau Prota und ihr Chef (gespielt von einer anderen Teilnehmerin, Frau Hingers) stehen sich auf der
>
> ▼

Bühne gegenüber. Frau Prota stellt eine Frage:»Ich würde gerne nächste Woche Urlaub haben. Ist das möglich?«
Der Leiter gibt die Anweisung zum Rollentausch. Frau Hingers wiederholt aus der Rolle von Frau Prota die Frage, und Frau Prota antwortet aus der Rolle des Chefs: »Wer soll denn dann Ihre Arbeit machen?«
Nun werden die Rollen zurückgetauscht. Frau Prota geht zurück in ihre Rolle, Frau Hingers nimmt wieder die Rolle des Chefs ein. Sie wiederholt den letzten Satz des Chefs, und Frau Prota antwortet nun wieder aus ihrer Rolle: »Ich habe schon mit Frau Schlüter gesprochen, und …«
Auf diese Weise wird der gesamte Dialog im Rollentausch rekonstruiert.
Der Leiter bittet nun die Thementrägerin an den Bühnenrand, ihre Rolle wird mit einem weiteren Gruppenmitglied besetzt. Nun wird die gesamte Szene noch einmal nachgespielt, wobei Frau Prota das Geschehen vom Bühnenrand aus beobachten kann. Durch diesen Perspektivenwechsel in eine distanzierte Position kann die Thementrägerin oft bereits erste Erkenntnisse gewinnen, die aus der Situation selbst heraus nicht möglich wären.

Die kurze Fallskizze stellt einige wichtige Elemente der protagonistenzentrierten Arbeit vor:
- Im Zentrum der Darstellung steht eine Thementrägerin, die sogenannte → **Protagonistin,**
- die Rollen der Interaktionspartner werden durch Mitspieler aus der Gruppe verkörpert, die man im Psychodrama als → **Hilfs-Iche** bezeichnet,
- die Szene wird im permanenten → **Rollentausch** entwickelt,
- je nach Zielsetzung kann die Protagonistin die gespielte Situation »aus der Innenperspektive« erleben oder »aus der Außenperspektive« (im sogenannten **psychodramatischen** → **Spiegel**) betrachten.

In dem nachfolgenden Fallbeispiel wird deutlich, dass der Rollentausch die Einfühlung in die Interaktionspartner der Protagonistin fördert und ihr so zu Erkenntnissen verhelfen kann, die ihr aus ihrer eigenen Perspektive nur schwer zugänglich wären.

> **Psychotherapie –**
> **Das protagonistenzentrierte Spiel**
> Herr Theesen möchte heute, in der zweiten Sitzung, die begonnene Arbeit mit dem sozialen Atom von Frau Proske vertiefen. Im Erstgespräch hatte sich gezeigt, dass Frau Proske mit ihrer Tochter die einzige nahe Bezugsperson verloren hatte: Ihr Mann war vor einigen Jahren verstorben und Frau Proske hatte keine enge Freundschaften, die ihr über den Verlust hätten hinweg helfen können. Ferner hat sie keine Idee, wie sie die bestehenden Beziehungen aktiver gestalten könnte. Das soziale Atom wird nun szenisch umgesetzt, indem in der Mitte des Therapieraums ein Stuhl für Frau Proske aufgestellt wird, weitere Stühle für die Bezugspersonen des sozialen Atoms werden um ihn herum gruppiert. Herr Theesen fordert Frau Proske auf, die verschiedenen Rollen einzunehmen, indem sie sich auf den betreffenden Stuhl setzt. »Frau Proske, setzen Sie sich doch bitte einmal hier herüber und wechseln Sie in die Rolle ihres Bruders Kurt. Sie sind also Kurt Proske. Bitte stellen Sie sich doch einmal kurz vor.« (Die Protagonistin stellt den Bruder vor.) »Herr Proske, wie ist das mit dem Kontakt zwischen Ihnen und Ihrer Schwester?« »Also, seit meine Schwester ihren Mann verloren hat, hat sie sich sehr zurückgezogen. Ich höre nur noch selten von ihr.« »Hätten sie gerne mehr Kontakt?« »Wir haben uns ein bisschen auseinandergelebt. Früher haben uns wir häufiger mal getroffen, auch mal für ein Wochenende.« »Würden Sie diese Zeit gerne wiederaufleben lassen, Herr Proske?« »An sich schon – ich habe jetzt ja auch viel Zeit, seitdem ich in Rente bin.«

Außerdem ist erkennbar, wie in der psychodramatischen Einzelarbeit die Technik des → **leeren Stuhls**, bekannt geworden durch die Gestaltarbeit, die diese Technik vom Psychodrama übernahm, die Hilfs-Iche ersetzen kann.

1.4   Die Integrationsphase

Die Integrationsphase hat unter anderem das Ziel, die Protagonistin zu stützen (→ »Sharing«), ihr eine weitere Perspektivenerweiterung anzubieten (→ Rollenfeedback) und alle Teilnehmer, die in unterschiedlichen Rollen (Hilfs-Ich, Zuschauer) am Spiel teilgenommen haben, wieder in einen gemeinsamen Gruppenprozess einzubinden. In der Einzelarbeit gibt der Leiter der Protagonistin Sharing und Rollenfeedback.

> **Organisationsberatung –**
> **Die Integrationsphase**
> Im Anschluss an das Spiel von Frau Prota findet sich die Gruppe im Stuhlkreis zusammen. Der Leiter bittet die Teilnehmer zunächst um ein Sharing, d. h. jeder Teilnehmer berichtet, welche Aspekte des Themas der Protagonistin er aus seinem persönlichen Berufsalltag kennt. Anschließend geben die Teilnehmer, die eine Hilfs-Ich-Rolle innehatten, Frau Prota ein **Rollenfeedback**, d. h. sie spiegeln ihr zurück, wie sie sich in den Rollen (als Chef, als Kollegin usw.) gefühlt haben und wie Frau Protas Verhalten in diesen Rollen auf sie wirkte.

1.5   Arbeit auf der Gruppenebene

Die Aufstellungsarbeit, die heute meist der Familientherapie zugeschrieben wird, hat ihre Ursprünge ebenfalls im Psychodrama. Mit ihrer Hilfe können Strukturen eines Systems szenisch dargestellt und bearbeitet werden.

> **Organisationsberatung –**
> **Aufstellungsarbeit auf der Gruppenebene**
> Am Morgen des dritten Seminartags geht es um das Thema »Intergruppenkonflikte«. Die Teilnehmer sollen für die in den Strukturen des Unternehmens angelegte Konfliktdynamik sensibilisiert werden. Dafür wird auf der Seminarbühne ein »lebendes Organigramm« erstellt, in der Form, dass je ein Teilnehmer eine Organisationseinheit der Intermedia AG repräsentiert. Die Spieler sollen sich dann so aufstellen, wie sie die Stellung »ihrer« Organisationseinheit innerhalb des organisationalen Machtgefüges wahrnehmen: Der Spieler, der eine besonders machtvolle Abteilung repräsentiert, wird auf einem Stuhl platziert, der Spieler, der eine in der Rangordnung niedrig angesiedelte Abteilung verkörpert, geht in die Hocke. Jeder Spieler wird nun über typische Konflikt-Issues in der Zusammenarbeit mit den anderen Abteilungen, über gegenseitige Erwartungen und mögliche Lösungsstrategien befragt.

▼

1

Die Aufstellungsarbeit gehört zur Kategorie der sogenannten → **Arrangements** (► Abschn. 3.7).

In dieser Einheit wurde auf der Gruppenebene gearbeitet – bei dieser sogenannten **soziodramatischen Arbeitsweise** steht nicht eine Protagonistin, sondern die gesamte Gruppe im Mittelpunkt der Intervention. Im Soziodrama unterscheidet man im Wesentlichen folgende Arbeitsformen:

- **themenzentriertes** Arbeit (gemeinsame Arbeit an einem Sachthema),
- **gruppenzentrierte** Arbeit (gemeinsame Arbeit an den Beziehungen der Gruppenmitglieder untereinander) und
- **gesellschaftspolitisches Soziodrama** (Auseinandersetzung mit der gesellschaftlichen Dimension eines Themas).

Die Möglichkeiten der Arbeit auf der Gruppenebene sind in ► Kap. 6 ausführlich beschrieben.

Zusammenfassung

Wie in den Fallbeispielen deutlich wurde, ist die szenische Darstellung das wichtigste methodische Prinzip des Psychodramas, das die psychodramatische Arbeit von anderen Formen der Therapie oder Beratung abgrenzt. Gemäß seiner historischen Bezüge zum Theater findet Psychodrama immer auf einer – häufig nur durch einen Stuhlkreis angedeuteten – Bühne statt. In der **protagonistenzentrierten** Form des Psychodramas steht ein Protagonist im Mittelpunkt der Darstellung, der mithilfe des Leiters sein Anliegen szenisch darstellt, wobei die Gruppenmitglieder (sogenannte Hilfs-Iche) die Rollen wichtiger Bezugspersonen spielen. Im **Soziodrama** stehen nicht das Anliegen eines Einzelnen, sondern Fragestellungen der Gruppe im Mittelpunkt. Bühne, Protagonist, Leiter, Hilfs-Iche und Gruppe bezeichnet man als **Instrumente** des Psychodramas (► Kap. 2).

Um den Prozess vor, während und nach der szenischen Darstellung zu lenken, verfügt das Psychodrama über eine Vielzahl von methodischen Bausteinen und Techniken (► Kap. 3 und 4). Die wichtigsten Techniken sind der **Rollentausch**, die **Doppeltechnik** und die **Spiegeltechnik**.

Literatur

Moreno, J. L. (1959). *Gruppenpsychotherapie und Psychodrama: Einleitung in die Theorie und Praxis*. Stuttgart: Thieme.

Instrumente des Psychodramas

2

Die ganze Welt ist eine Bühne
und alle Frau'n und Männer bloße Spieler.
Sie treten auf und gehen wieder ab,
Sein Leben lang spielt einer manche Rollen
Durch sieben Akte hin …
(Shakespeare, Wie es euch gefällt, 2. Akt, 7. Szene)

Der psychodramatische Handlungsraum wird durch fünf Grundelemente konstituiert, die nachfolgend vorgestellt werden:

1. Die Bühne,
2. der Protagonist,
3. das Hilfs-Ich,
4. die Gruppe,
5. der Leiter.

2.1 Die Bühne

Moreno hat die Psychodrama-Methode aus Theaterexperimenten entwickelt, und die Nähe des Psychodramas zum Theater ist offensichtlich. Insofern ist es nicht erstaunlich, dass die Bühne ein wichtiges Grundelement des Verfahrens ist. Morenos Institut in Beacon Hill verfügte über eine 3-Stufenbühne mit einem Balkon. Auf der ersten, untersten Stufe saß das Publikum, für die Exploration des Themas bewegten sich Protagonist und Leiter auf die mittlere Stufe und die eigentliche psychodramatische Aktion fand auf der obersten Ebene der Bühne statt (vgl. Abb. 2.1). Zwar findet sich dieses 3-stufige Konzept auch heute noch in jeder psychodramatischen Darstellung wieder (▶ Abschn. 9.8.1), doch kommt das Psychodrama auch ohne aufwendige Ausstattung und professionelle Bühnenaufbauten aus. In der alltäglichen praktischen Arbeit mit dem Psychodrama kann jeder ausreichend große Raum als Bühne dienen, den Leitung, Protagonist und Gruppe als solche definieren. In der Regel wird die Bühne in einem Teil des Gruppenraums dadurch eröffnet, dass die Stühle der Teilnehmerinnen jenseits des imaginären Bühnenrandes im Halbkreis aufgestellt werden, der mindestens einen Radius von 3 Meter haben sollte.

Der Abstand zwischen den Zuschauerinnen und dem Protagonisten sollte von diesem selbst bestimmt werden – klein genug, um eine emotional dichte und tragende Atmosphäre zu gewährleisten, groß genug, um den Protagonisten nicht zu bedrängen. Die psychodramatische Bühne bildet einen schützenden Raum, der während des Spieles gewahrt bleiben muss. So sollte in dieser Zeit niemand die Gruppe verlassen oder hinzukommen.

Hinsichtlich der Gestaltung des Gruppenraumes stellt das Psychodrama so gut wie keine Anforderungen. Der Raum sollte lediglich ausreichend beleuchtet und gegebenenfalls abdunkelbar sein, die Bühne sollte frei von störenden Einrichtungsgegenständen (in Seminarsituationen z. B. Overheadprojektoren, Flipcharts etc.) sein.

Beim Betreten der Bühne verlässt der Protagonist die Realität der Gruppensituation und tritt in die → Surplus Reality des Psychodramas ein. In der Surplus Reality werden Situationen aus der inneren Welt des Protagonisten mit wenigen Ausstattungsgegenständen und Requisiten nachgestellt und zum Leben erweckt. In jedem Raum finden sich Gegenstände, die als Ausstattung für ein Psychodrama-Spiel dienen können: Ein Tisch kann eine Insel, ein Schiff oder eine Höhle verkörpern, Stühle können Einrichtungsgegenstände aller Art ersetzen, zum Bau von Mauern und anderen Hindernissen dienen oder sich, im Rechteck aufgestellt, in ein Auto oder ein Zugabteil verwandeln. Obwohl man also schon mit wenigen Mitteln wirkungsvolle Bühnengestaltungen erzielen kann, ist es doch nützlich, wenn zusätzliche Requisiten zur Verfügung stehen. Besonders geeignet sind

⬛ Abb. 2.1. Die Beacon-Bühne. (Mit freundlicher Genehmigung von Moreno, 2003)

hier Kleidungsstücke und bunte Tücher, Seile, einige Bögen Papier, Moderationskarten und Stifte sowie je nach Anwendungsbereich (z. B. in der Therapie mit Kindern) und den methodischen Präferenzen des Leiters Stofftiere, Handpuppen und Ähnliches.

Trotz der angesprochenen Trennung der Realitätsebenen von Spiel (auf der Bühne) und Gruppensituation (außerhalb der Bühne) sollte der Leiter sich stets der Tatsache bewusst sein, dass die auf der Bühne ablaufende Dynamik nicht am Bühnenrand endet, sondern die gesamte Gruppe erfasst. Dadurch kann der Leiter die Gruppe einerseits als zusätzliches Diagnostikum nutzen, andererseits muss er aber auch die Bedürfnisse der Gruppe neben denen des Protagonisten wahrnehmen und wahren.

Die Bühne bildet den Erlebensraum des Protagonisten im realen Raum ab. Somit wird die Di-

mension des Raumes zu einem wichtigen Faktor im Psychodrama: »Ich kann nicht genug betonen, dass in unserem Forschungsansatz die Konfigurationen des Raumes als Teil des therapeutischen Prozesses von höchster Bedeutung sind« (Moreno, 1975, S. 14; vgl. dazu auch Moreno, 1977). Schäfer (1995) hat darauf hingewiesen, dass der Raum für das Psychodrama in drei Facetten relevant ist:

- Als **realer** Raum,
- als **imaginärer** Raum, d. h. als Widerspiegelung des Ortes, an dem sich eine im Psychodrama nachgespielte Szene ereignet hat sowie
- als **sozialer** Raum mit der Bühne als Bestandteil des Gruppengeschehens.

Man hält sich zur gleichen Zeit in allen Räumen auf, so Schäfer (1995), wobei es vielfache Überschneidungen gibt. Daher habe was sich im realen Raum abspielt, Bedeutung auf allen anderen Ebe-

2

nen und so bilde die Psychodrama-Bühne einen Schnittpunkt zwischen innerer und äußerer Welt, wie ihn Winnicott (1953) mit seinem Begriff des »intermediären Bereiches« beschrieben hat.

2.2   Der Protagonist

Im protagonistenzentrierten Psychodrama steht ein Gruppenmitglied, der Protagonist (die Protagonistin), im Zentrum des Spieles. Es sind im Wesentlichen seine Fragestellung und die von ihm eingebrachte Situation, die Ziel und Ablauf des Spieles bestimmen, er ist der Hauptempfänger der therapeutischpädagogischen Effekte des Spiels. Im → Soziodrama gibt es keinen Protagonisten, dort steht die ganze Gruppe im Zentrum des Spieles.

Anders als beim Rollenspiel erhält der Protagonist keine Rollenvorgabe, die ihm vorschreibt, welche Rolle er zu spielen und welchen Text er zu sprechen hat. Stattdessen bringt er unter der methodischen Führung durch den Leiter eine (tatsächliche oder imaginierte) Szene aus seinem eigenen Leben auf die Bühne: Er ist Dichter, Regisseur und Schauspieler in einer Person (Moreno, 1923). Er soll seine eigene Rolle sowie die der übrigen Personen des Spieles (letztere im → Rollentausch mit den Hilfs-Ichen) spontan ausfüllen.

Der Begriff »Protagonist« stammt aus der griechischen Dramentheorie (von »protos« = erster und »agon« = Kampf, Spiel, Held). Im griechischen Drama stand der Protagonist zwar im Mittelpunkt der Handlung, handelte aber gewissermaßen stellvertretend für das gesamte Publikum, das sich mit ihm identifizierte und mit seinen Freuden und Leiden in gleicher Weise mitempfand. Die gleiche Funktion wird dem Protagonisten im Psychodrama zugeschrieben. Man nimmt an, dass jedes Gruppenmitglied im Spiel des Protagonisten einen Aspekt finden kann, den es aus seinem eigenen Leben kennt; die Praxis zeigt, dass diese Annahme in der überwiegenden Zahl der Fälle zutrifft. Insofern ist dann auch der kathartische Prozess, den der Protagonist durchläuft, in gleicher Weise mit Ka-

tharsis und Erkenntnisgewinn seitens der Gruppenmitglieder verbunden. Wie bereits erwähnt, ist daher auch jedes protagonistenzentrierte Spiel letztlich gruppenorientiert.

2.3   Das Hilfs-Ich

Die Mitspieler im protagonistenzentrierten Psychodrama bezeichnet man als Hilfs-Iche[1]. Sie verkörpern meist die Beziehungspersonen des Protagonisten, können aber auch für abstrakte Einheiten, Dingliches usw. stehen:

1. Das Hilfs-Ich in der Rolle einer signifikanten anderen Person (z. B. Frau, Sohn, Arbeitgeber, Freund);
2. das Hilfs-Ich in der Rolle eines generalisierten Interaktionspartners, also als fiktiver oder zumindest dem Protagonisten nicht persönlich bekannter Vertreter eines stereotypen Rollenbildes wie Polizist, Beamter oder Lehrer;
3. das Hilfs-Ich in der Rolle einer fantasierten Figur, z. B. eines idealisierten Elternteils, den der Protagonist nie gehabt hat;
4. das Hilfs-Ich als Stellvertreter für ein unbelebtes Objekt, auf das sich der Protagonist bezieht (z. B. ein Schmuckstück);
5. das Hilfs-Ich als Stellvertreter für ein abstraktes Konzept (z. B. »meine beruflichen Pläne«) oder ein kollektives Stereotyp (beispielsweise »der erfolgreiche Jungmanager«);
6. das Hilfs-Ich als → Doppel des Protagonisten;
7. das Hilfs-Ich als Stellvertreter des Protagonisten (»Stand-In«, z. B. bei der → Spiegeltechnik; vgl. Blatner, 1996).

Moreno verwendete z. T. geschulte Mitarbeiter als Hilfs-Iche. In der heute gängigen Praxis handelt es

---

[1]   Grammatikalisch korrekt wäre laut Duden als Plural die Form »Hilfs-Ichs«. Im Einklang mit dem überwiegenden Teil der Psychodrama-Literatur verwenden wir im Folgenden jedoch die von Moreno geprägte Form »Hilfs-Iche«, die sich auch im mündlichen Sprachgebrauch der Psychodramatiker weitestgehend durchgesetzt hat.

sich um Gruppenmitglieder, die in der Regel vom Protagonisten für die benötigten Rollen ausgewählt werden.

> » Denjenigen, die niemals eine Psycho-
> drama-Sitzung erlebt haben, mag es so
> vorkommen, dass ein Hilfs-Ich über die
> Fähigkeiten eines Oscar-Preisträgers
> verfügen muss, damit ein Protagonist
> daran »glaubt«, dass er mit seiner
> Mutter spricht. Wie kann ein normales
> Gruppenmitglied einer Psychothera-
> pie-Gruppe diese Fähigkeit besitzen?
> (…) In Wirklichkeit geht dies mit großer
> Leichtigkeit, und die Fähigkeit fast jedes
> Hilfs-Ichs, dieses Ziel zu erreichen, ist
> vielleicht einer der überraschendsten
> Aspekte des Psychodramas. Der Prozess
> mag fast magisch erscheinen, und was
> vielleicht so bemerkenswert ist, ist die
> Leichtigkeit und Regelmäßigkeit, mit
> der sich dieses Phänomen in fast jeder
> Sitzung einstellt, unabhängig davon,
> wer in der Gruppe ist. In außerordent-
> lichem Maße kann ein Hilfs-Ich Zugang
> zu dieser Rolle erlangen und sie im
> Psychodrama mit Hilfe der Information,
> die ihm vom Protagonisten gegeben
> wird, und seines Gebrauchs von Tele
> und Empathie spielen (Holmes, 1998,
> S. 140 f.).

Im Einzelsetting stehen keine Hilfs-Iche zur Verfügung, es sei denn, der Leiter wechselt in die Hilfs-Ich-Rolle, wie es bei bestimmten Formen der psychodramatischen Einzelarbeit geschieht (▶ Kap. 5). Ersatzweise kann mit Hilfs-Objekten (näher beschrieben am Ende dieses Abschnittes) gearbeitet werden. Im gruppen- oder themenzentrierten Soziodrama (▶ Kap. 6) ist gewissermaßen jeder des anderen Hilfs-Ich.

Die Hilfs-Iche erhalten ihre Rollenvorgaben im → Rollentausch durch den Protagonisten. Diese Rollenvorgaben sollen grundsätzlich hinsichtlich Text, Tonfall, Körperhaltung und Mimik möglichst exakt wiedergegeben werden. Es ist aber auch möglich (und häufig sogar erwünscht), dass die Hilfs-Iche über diese Vorgaben hinausgehen und so die Rollen entsprechend ihrer Intuition spontan und kreativ erweitern. Hier muss die Leiterin auf der Basis ihrer Einfühlung entscheiden, ob und wann eine Ausschmückung der Rolle durch das Hilfs-Ich angebracht ist. Während eine solche Erweiterung häufig therapeutisch sinnvoll ist, besteht in anderen Fällen doch die Gefahr, dass ein Hilfs-Ich aus einer eigenen Erwärmung heraus und nicht mehr im Sinne des Protagonisten handelt:

> » Wenn die Hilfs-Iche durch 1. eigene
> ungelöste Probleme, 2. Protest gegen
> den Psychodrama-Leiter, 3. mangelhafte
> Vorgabe der ihnen zugewiesenen Rolle,
> 4. Mangel an Vertrauen und negative
> Einstellung gegenüber der verwendeten
> Methode oder 5. interpersonale Kon-
> flikte miteinander gestört sind, erzeugen
> sie eine Atmosphäre, die auf die thera-
> peutische Situation zurückwirkt. Es ist
> somit offensichtlich, dass der therapeu-
> tische Fortschritt schwer beeinträchtigt
> wird, wenn Übertragungs- und Gegen-
> übertragungsphänomene die Bezie-
> hung zwischen den Hilfstherapeuten
> und zum Patienten dominieren (Moreno,
> 1972, S. XVIII).

Hilfs-Iche können nicht nur die Rollen von Beziehungspartnern, sondern auch die Rolle des Protagonisten selbst einnehmen. Dies ist z. B. der Fall
- für die Dauer des Rollentauschs, während sich der Protagonist in der durch das Hilfs-Ich verkörperten Rolle befindet oder
- wenn sich der Protagonist im → Spiegel die Szene von außen anschaut und das Hilfs-Ich ihn für diesen Zeitraum als so genanntes → Stand-In vertritt.

Spielt ein Hilfs-Ich die Rolle eines Konfliktgegners des Protagonisten, bezeichnet man es auch als Antagonisten.

Nach der klassischen Psychodrama-Theorie wählt der Protagonist selbst die Gruppenmitglieder aus, die als Hilfs-Iche eine bestimmte Rolle verkörpern sollen, da auf diese Weise der Mechanismus des → Tele nutzbar wird. Tele ist sicherlich nicht der einzige Faktor, der die Hilfs-Ich-Wahl erklären kann. Es gibt verschiedene andere

2

Gründe, warum der Protagonist ein Gruppenmitglied für eine bestimmte Rolle auswählt:

> » Ein Teilnehmer mag aus offensichtlichen Gründen ausgewählt werden (z. B. weil er das richtige Alter, Geschlecht oder Größe für die Rolle hat) (…) [oder] weil der Protagonist weiß, dass ein bestimmtes Gruppenmitglied eine ähnliche Geschichte oder einen ähnlichen Erfahrungshintergrund hat wie er selbst. Manchmal wird ein Gruppenmitglied dafür bekannt, dass er/sie gut »böse Väter« oder »gute Mütter« spielen kann (Holmes, 1998, S. 134).

Es gibt verschiedene Gründe, bei emotional negativ besetzten Rollen fallweise von der Regel der Auswahl durch den Protagonisten abzuweichen, um Hilfs-Ich und/oder Protagonist zu schützen (diese Gründe werden in ▶ Abschn. 9.7 näher erörtert). In diesen Fällen ist es möglich, dass

- der Leiter das Hilfs-Ich auswählt,
- der Koleiter bzw. die Koleiterin die Rolle übernimmt,
- die Rolle doppelt – also mit zwei Hilfs-Ichen – besetzt wird,
- die Rolle von einem leeren Stuhl oder einem anderen Hilfs-Objekt verkörpert wird oder
- die Rolle gänzlich unbesetzt bleibt.

Während des Spieles erwärmen sich die Hilfs-Iche (in unterschiedlichem Ausmaß) für die Rolle (→ Erwärmung); dadurch gewinnen sie eine Einfühlung dafür, wie die von ihnen verkörperte Person denkt und fühlt. Aufgrund dieser Rollenerwärmung kann das Hilfs-Ich – gemäß der psychodramatischen Theorie – während des Spieles seine Rolle realistisch verkörpern und dem Protagonisten später im → Rollenfeedback eine Rückmeldung darüber geben, wie die betreffende Person ihre Rolle und das Verhalten des Protagonisten erlebt. In die Erwärmung fließen aber nicht nur auf die verkörperte Person bezogene Anteile ein: Die Wahrscheinlichkeit ist hoch (gemäß der oben angesprochenen Annahme der telebasierten Wahl ebenso wie nach der praktischen Erfahrung), dass der in der Hilfs-Ich-Rolle spielende Teilnehmer einen persönlichen Bezug zum Thema hat. Ent-

sprechend können Hilfs-Iche ihre Rolle auch auf persönlicher Ebene als emotional belastend erleben.

In jedem Fall muss – und dies gilt nicht nur in therapeutischen Settings – sorgfältig auf den Schutz des in die Hilfs-Ich-Rolle gewählten Gruppenmitgliedes geachtet werden. Der Gewählte sollte gefragt werden, ob er die Rolle übernehmen möchte, eine Ablehnung ist zu respektieren. Der Leiter sollte in diesem Fall darauf achten, dass das betreffende Gruppenmitglied sich im → Sharing zu seiner Ablehnung äußern kann.

Während des Spieles sollte der Leiter die Spieler aufmerksam beobachten und sich bei entsprechenden Anzeichen nach ihrem Wohlergehen, ihren Gefühlen usw. erkundigen. Es kann dann erforderlich werden, das Hilfs-Ich auszutauschen. Solche starken Rollenerwärmungen müssen nach dem Abschluss des Spiels aufgegriffen und, falls erforderlich, in einer weiteren Arbeitseinheit bearbeitet werden. Die Problematik des Umgangs mit persönlicher Betroffenheit wird in ▶ Kap. 16 ausführlich erörtert. Die Verantwortung des Leiters für das Hilfs-Ich erstreckt sich also von der Rollenwahl über den gesamten Verlauf des Spiels und über das Spielende hinaus.

Hilfs-Objekte

Besonders in der psychodramatischen Einzelarbeit ist es gängige Praxis, Rollen in Abwesenheit von Mitspielern durch Hilfs-Objekte vertreten zu lassen. Dabei kann es sich im Prinzip um alles handeln, was in der jeweiligen Situation verfügbar ist: Tücher, Schuhe, Moderationskarten … Gerne wird mit Stühlen gearbeitet, da diese dem Protagonisten eine leichte Möglichkeit der Rollenübernahme bieten, indem er sich auf den Stuhl setzt. Anders als Objekte, die Bestandteil der Bühnenausstattung sind (z. B. Mobiliar oder Pflanzen, die zum Einrichten der Szene verwendet werden oder Kleidungsstücke, die als Requisiten dienen), wird Hilfs-Objekten hier in diesem Sinne eine symbolische Bedeutung im »inneren Rollenensemble« des Protagonisten zugesprochen. Daher kann es interessant sein, durch eine Rollenübernahme zu explorieren, was die Eigenschaften des Hilfs-Objektes (z. B. die Farbe) über die durch sie verkörperte Rolle, über das Thema oder über den

Protagonisten aussagen. Um diesen Prozess zu unterstützen, werden in therapeutischen Settings auch Hilfs-Objekte mit eindeutig symbolischer Konnotation wie z. B. Puppen oder Stofftiere eingesetzt.

2.4 Die Gruppe

Das Psychodrama ist von Moreno als genuin gruppenpädagogische und -therapeutische Methode konzipiert, und darum ist jedes Spiel, auch wenn ein Protagonist im Fokus steht, immer »… Therapie **in** der Gruppe, **durch** die Gruppe, **für** die Gruppe und **der** Gruppe …« (Moreno, 1956, zitiert nach Leutz, 1974, S. 92, Hervorhebungen durch die Autoren). Wenn hier von Therapie die Rede ist, bezieht sich dies analog auf die Effekte des Psychodramas in nichttherapeutischen Kontexten.

Psychodrama ist Therapie **in** der Gruppe, weil psychodramatische Arbeit im Normalfall in einem Gruppensetting stattfindet. Die spezifische Arbeitsweise des Psychodramas, mit Einsatz von Hilfs-Ichen, Handlungstechniken wie → Doppeln usw., kann sich in diesem Gruppensetting optimal entfalten (wenngleich sie, wie erwähnt, auch in der Einzelarbeit möglich ist).

Psychodrama ist Therapie **durch** die Gruppe, weil die Gruppe als Therapeutikum genutzt wird. Die Gruppe stellt den mitfühlenden und tragenden emotionalen Resonanzboden des Protagonisten dar. Er erhält Solidarität, Ermutigung und Unterstützung aus der Gruppe und kann erfahren, dass andere Menschen ähnliche Gedanken, Gefühle, Ängste und Schwierigkeiten wie er selbst haben. Weiterhin können die von den Gruppenmitgliedern über → Doppeln, → Sharing oder → Rollenfeedback in das Spiel eingebrachten Impulse einen Erkenntnisgewinn für den Protagonisten bedeuten, nicht nur im Sinne der angesprochenen emotionalen Stützfunktion, sondern auch als Verhaltensspiegel und -korrektiv. In all diesen Rollen fungieren die Gruppenmitglieder gewissermaßen als Kotherapeuten des Leiters.

Psychodrama ist Therapie **für** die Gruppe in dem Sinne, dass sich die therapeutischen Effekte in einem Protagonistenspiel nicht nur auf die Akteure auf der Bühne beschränken, sondern aufgrund der während des Spiels ablaufenden Identifikationsmechanismen auch den nicht unmittelbar am Spiel Beteiligten zugute kommen. Die Erfahrung zeigt, dass alle Gruppenmitglieder Spiele in der Regel auch dann als für sie persönlich Gewinn bringend empfinden, wenn sie keine »aktive« Rolle (als Protagonist, Hilfs-Ich etc.) im Spiel übernehmen.

Psychodrama ist Therapie **der** Gruppe, da sich im Zuge der psychodramatischen Arbeit die Gruppenstruktur verändert, z. B. dadurch, dass das intensive gemeinsame emotionale Erleben die Gruppenkohäsion erhöht. In therapeutischen oder anderweitig über längere Zeit intensiv miteinander arbeitenden Gruppen können auch Konflikte oder Probleme der Integration einzelner Mitglieder aufgearbeitet werden.

Wenn Psychodrama in der Gruppe angewendet wird, sollte die Gruppengröße möglichst zwischen 5 und 16 Teilnehmern liegen. Es sind aber auch sehr viel größere Gruppengrößen möglich, z. B. in der Arbeit mit dem → Soziodrama (▶ Kap. 6).

2.5 Der Leiter

Der Leiter (die Leiterin) ist im Psychodrama verantwortlich für den Gruppenprozess sowie für alle beteiligten Personen. Er muss die Gruppe aktivieren (→ Erwärmungsphase) und so fokussieren, dass sie sich am Ende der Erwärmungsphase für ein gemeinsames Thema entscheiden kann. Ausgehend vom Auftrag, den er von der Gruppe bzw. dem Protagonisten erhalten hat, entwickelt er diagnostische Hypothesen und Prozessziele, entwirft einen »roten Faden« für den Spielablauf, eröffnet die Bühne (→ Aktionsphase) und steuert das Spiel mit Hilfe der verschiedenen psychodramatischen Techniken und unter Beachtung

2

der Grundprinzipien der psychodramatischen Arbeit (▶ Kap. 12). Er ist somit Spielleiter, Analytiker und Therapeut in einer Person (Moreno, 1959). In Abstimmung mit dem Protagonisten bzw. der Gruppe beendet er schließlich die Aktionsphase und moderiert die → Integrationsphase mit → Sharing, → Rollenfeedback und → Prozessanalyse.

Um sich nicht in der emotionalen Dynamik des Bühnengeschehens zu verlieren, operiert der Leiter stets aus einer räumlich und emotional distanzierten Position der »Bühnenrandständigkeit«, allerdings nicht ohne menschliche Nähe und Wärme zu vermitteln und stets hoch sensibilisiert für die Befindlichkeit aller Beteiligten zu sein. Seine Verantwortung gilt allen Teilnehmern gleichermaßen. Dies impliziert, dass sich seine Aufmerksamkeit bei der protagonistenzentrierten Arbeit auch auf die Hilfs-Iche und die Zuschauer richten muss, damit er gegebenenfalls schützend und stützend tätig werden kann: »Die größte Verantwortung des Psychodramatikers liegt in der Sicherheit des Protagonisten und der Gruppe« (Casson, 1998, S. 78). Darüber hinaus verfolgt er das Geschehen in der Gruppe mit dem aufmerksamen Blick des Diagnostikers und Gruppendynamikers.

Trotz seiner zahlreichen Aufgaben entspricht das Rollenverständnis des Leiters nicht dem Bild eines steuernden, »allmächtigen« Manipulators, sondern dem eines Prozesshelfers: Er gestaltet das Geschehen nicht nach dem eigenen Bilde und den eigenen Wertvorstellungen, sondern ist lediglich methodischer und psychologisch-pädagogischer Experte, der dem Protagonisten bzw. der gesamten Gruppe die Erreichung ihrer selbst gesetzten Ziele ermöglicht.

Wie aus den Ausführungen deutlich geworden ist, ist die Aufgabe des Leiters im Psychodrama hochgradig komplex und anspruchsvoll. Die von Karp (1998) aufgeführte Liste der Qualitäten eines guten Leiters umfasst Mut, Imaginationsvermögen, Geduld, Neugier, Mitgefühl, Humor, Einfühlungsvermögen und viele andere Qualitäten. In jedem Fall sollten eine fundierte methodische und diagnostische Ausbildung sowie Feldkompetenz und Erfahrung im betreffenden Anwendungsbereich die Grundlagen jeder psychodramatischen Arbeit sein.

Zusammenfassung

Der **Protagonist** steht als Thementräger im Mittelpunkt der psychodramatischen Darstellung. Er bestimmt die inhaltliche Zielsetzung der gemeinsamen Arbeit. Der **Leiter** versteht sich dagegen als methodischer Experte, der den Protagonisten bei der Erreichung seiner Ziele beratend und begleitend unterstützt. Die **Gruppe** dient als Resonanzboden des Protagonisten, als Quelle für Inspiration und Ideen, als korrektive Instanz und Feedbackgeber und nicht zuletzt als Reservoir für die Mitspieler, die **Hilfs-Iche**. In bestimmten psychodramatischen Arbeitsformen steht die Gruppe als Ganzes im Fokus der Intervention. Die **Bühne** ist der Raum, in dem sich die psychodramatische Arbeit abspielt. Mit dem Überschreiten des Bühnenrandes treten die Spieler in die psychodramatische Surplus Reality ein – damit ist die Bühne auch eine Abbildung der subjektiven Wirklichkeit des Protagonisten bzw. der Gruppe.

Weiterführende Literatur

Karp, M., Holmes, P. & Tauvon, K. B. (Eds.)(1998). *The Handbook of Psychodrama*. London: Routledge.
Auf 100 Seiten werden die 5 Instrumente des Psychodramas ausführlich, differenziert, gut strukturiert und für die Praxis sehr hilfreich dargestellt.

Literatur

Blatner, A. (1996). *Acting-In. Practical Applications of Psychodramatic Methods* (3rd edn.). New York: Springer.

Casson, J. (1998). The stage – the theatre of psychodrama. In M. Karp, P. Holmes & K.B. Tauvon (eds.), *The Handbook of Psychodrama* (69–88). London: Routledge.

Holmes, P. (1998). The auxiliary ego. In M. Karp, P. Holmes & K.B. Tauvon (eds.), *The Handbook of Psychodrama* (129–144). London: Routledge.

Karp, M. (1998). The director. Cognition in action. In M. Karp, P. Holmes & K.B. Tauvon (eds.), *The Handbook of Psychodrama* (147–165). London: Routledge.

Leutz, G.A. (1974). *Das klassische Psychodrama nach J.L. Moreno*. Berlin: Springer.

Moreno, J. L. (1923). *Das Stegreiftheater*. Potsdam: Kiepenheuer.

Moreno, J. L. (1956). *Sociometry and the Science of Man*. Beacon: Beacon House.

Moreno, J. L. (1959). *Gruppenpsychotherapie und Psychodrama: Einleitung in die Theorie und Praxis*. Stuttgart: Thieme.

Moreno, J. L. (1972). *Psychodrama* (vol. 1, 4th edn.). Beacon: Beacon House.

Moreno, J. L. (1975). *Psychodrama* (vol. 3). Beacon: Beacon House.

Moreno, J. L. (1977). Die Psychiatrie des Zwanzigsten Jahrhunderts als Funktion der Universalia Zeit, Raum, Realität und Kosmos. In H. Petzold (Hrsg.), *Angewandtes Psychodrama in Therapie, Pädagogik und Theater* (101–112). Paderborn: Junfermann.

Schäfer, G. E. (1995). Der Ort der spontanen Geste. Über Bildungsprozesse in der Pädagogik und im psychodramatischen Rollenspiel. In F. Buer (Hrsg.), *Jahrbuch für Psychodrama, psychosoziale Praxis und Gesellschaftspolitik 1994* (31–43). Opladen: Leske & Budrich.

Winnicott, D. W. (1953). Transitional objects and transitional phenomena. *International Journal of Psychoanalysis, 34 (2)*, 89–97.

Psychodramatische Arrangements

3

> »Psychodramatische Techniken zielen darauf ab, alle Aspekte der internen Erfahrung des Klienten (…) greifbar zu präsentieren (…). Konkretisierung und Umsetzung in Handlung sind die wichtigsten Werkzeuge, um im Psychodrama neue Erfahrung zu produzieren (…)« (Hudgins, 1998, S. 329).

Das wichtigste Arbeitsprinzip des Psychodramas ist die »Übersetzung« psychischer oder sozialer Wirklichkeit in szenisches Handeln auf der Bühne. Dabei muss das Darzustellende für die szenische Bearbeitung in eine »bühnengerechte« Form gebracht werden. Wie können aber immaterielle Phänomene (z. B. der innere Konflikt des Protagonisten mit seinen ambivalenten Anteilen) auf der Psychodrama-Bühne sichtbar gemacht werden?

Den szenischen Rahmen, den das Psychodrama für die Transformation des Darzustellenden in eine bühnengerechte Form bietet, nennen wir mit Buer (1999) Arrangement. Hare u. Hare (1996) sprechen von speziellen Formen des Psychodramas, Petzold (1979) spricht von Rahmentechniken. Dieser Begriff drückt zwar die rahmende Funktion des Arrangements aus, birgt aber die Gefahr einer Vermischung mit der Ebene der psychodramatischen Handlungstechniken: Arrangements stellen übergeordnete »Szenarien« für die Inszenierung bereit und schaffen Erlebensräume für den Protagonisten/die Gruppe, innerhalb derer der Spielverlauf dann mittels der verschiedenen Handlungstechniken gelenkt werden kann. Die Abgrenzung psychodramatischer Arbeitsformen, Arrangements und Techniken ist jedoch nicht immer leicht zu treffen.

3.1 Szenisches Spiel realer oder fiktiver Ereignisse

Das Nachspielen von Ereignissen aus dem Leben des Protagonisten ist das wohl am häufigsten verwendete Arrangement für die psychodramatische Arbeit. Ziel ist es, die Szene so darzustellen, dass die Darstellung der subjektiven Wirklichkeit des Protagonisten entspricht. Auf der Bühne wird mit den verfügbaren Mitteln ein Bühnenbild eingerichtet, die in der Szene vorkommenden Personen werden mit Hilfs-Ichen besetzt, die Szene anschließend »nachgespielt«. Auf die gleiche Weise können auch in der Zukunft liegende Ereignisse und fiktive Situationen in szenischer Form dargestellt werden. Je nach Akzentuierung und Zielsetzung spricht man dann von Rollentraining (▶ Abschn. 3.4), Zukunftsprojektion (▶ Abschn. 3.5) usw. Das szenische Spiel im hier verwendeten Sinne unterscheidet sich dadurch von anderen Arrangements, dass eine Situation in ihrem raumzeitlichen Kontext dargestellt wird – anders als z. B. bei der → Aufstellungsarbeit, bei der die Strukturen eines Systems abgelöst von ihrem raumzeitlichen Kontext betrachtet werden.

3.2 Die Vignette

Mit diesem Begriff bezeichnet man im Psychodrama üblicherweise ein nur aus einer Szene bestehendes und damit zeitlich sehr eng umgrenztes Protagonistenspiel. Vignetten werden meistens eingesetzt, um einen Themenaspekt zu beleuchten, bevor mit anderen Methoden weitergearbeitet wird. In Seminaren kann man Vignetten nutzen, um verschiedene Erfahrungen und Sichtweisen zu einem vorgegebenen Thema in relativ kurzer Zeit deutlich zu machen.

3.3   Das Rollenspiel

Auf das Rollenspiel sind wir bereits in der Einleitung zu diesem Buch eingegangen. Wie so häufig wird auch dieser Begriff in verschiedenen Zusammenhängen gebraucht. Meistens bezeichnet er das Spiel einer Situation, bei dem im Gegensatz zum klassischen Psychodrama die Rollen durch die Spielleitung vorgegeben sind (eine ausführliche Auseinandersetzung mit verschiedenen Rollenspielkonzeptionen findet sich bei Stadler u. Spörrle, 2008).

Im Kontext des Psychodramas wird das Rollenspiel hauptsächlich im Sinne eines Rollentrainings (»role training«, ▶ Abschn. 3.4) eingesetzt. Rollenspiele dienen weniger der Selbsterfahrung als dem Erlernen und Einüben von bestimmten ungewohnten Verhaltensmustern. In einem Verkaufstraining kann z. B. ein Verkäufer in einem Rollenspiel einüben, wie er am besten auf einen Kunden zugeht. Die Rollen (Verkäufer, Kunde) und ihre Eigenschaften sind dabei festgelegt; der Spieler muss also eine vorgegebene Rolle möglichst adäquat ausfüllen statt sie – wie sonst im Psychodrama üblich – gemäß seiner inneren Welt möglichst authentisch auf die Bühne zu bringen. Ferner verzichtet das Rollenspiel auf einen Großteil der psychodramatischen Techniken (z. B. → Doppeln, → Maximierung), verwendet aber gelegentlich die → Spiegeltechnik, um es dem Spieler zu ermöglichen, zu beurteilen, wie adäquat er die Rollenvorgaben erfüllt. Heute wird beim Einsatz von Rollenspielen im Training statt der Spiegeltechnik häufig Videofeedback verwendet.

Rollenspiele dienen nicht nur dem Erlernen und Einüben von Rollen, sondern haben auch den therapeutischen Effekt einer Rollenintegration. Der Spielende kann sich auf in seiner Biografie für ihn neue Rollen (z. B. Ehemann, Mutter) einstimmen und so Rollenkonflikten vorbeugen. Des weiteren nennt Leutz (1974) als therapeutischen Effekt des Rollenspiels die Vermeidung von »Rollenatrophien« – Patienten können nach langen Klinikaufenthalten mit dem Rollenspiel der Patientenrolle »entwöhnt«, an alte, lange ruhende Rollenidentitäten »rückgewöhnt« und auf neue Rollen vorbereitet werden.

3.4   Rollentraining

Beim Rollentraining geht es darum, zuvor im Spiel entworfene Möglichkeiten des Rollenhandelns auf der Bühne einzuüben. Die nachfolgend skizzierten Varianten des Rollentrainings sind bei Blatner (1996) ausführlicher dargestellt.

Die »not me«-Technik. Bei der »not me«-Technik spielt der Protagonist eine bestimmte Szene auf eine ganz andere Weise, als es für ihn typisch wäre. Die so erfahrene Rollenerweiterung soll den Klienten dazu befähigen, auch in der Realität eine breitere Palette an Handlungsmöglichkeiten zur Verfügung zu haben. Wenn der Protagonist bspw. sein schüchternes und zurückhaltendes Verhalten auf Partys ändern möchte, könnte man ihm anbieten, auf der Psychodrama-Bühne eine Partysituation zu inszenieren und ihn im Rahmen der »not me«-Technik verschiedene alternative und stärker extrovertierte Verhaltensmöglichkeiten erproben zu lassen.

Direktes Coaching. Bei dieser Variante des Rollentrainings schlägt die Leiterin dem Protagonisten konkrete Verhaltensmöglichkeiten vor, z. B. den Kontakt mit anderen Partygästen mit einer anderer Stimmlage oder direkterem Blickkontakt aufzunehmen. Der Protagonist kann die betreffende Verhaltensweise zunächst außerhalb, dann in der Szene erproben. Anschließend wird ausgewertet, inwieweit sich durch das neue Verhalten das Erleben des Protagonisten und die Reaktion der Interaktionspartner verändert haben.

»Modeling«. Das »Modeling« ist eine beliebte und häufig verwendete Variante des Rollentrainings. Dabei übernimmt ein Mitglied der Gruppe die Rolle des Protagonisten und demonstriert im Rol-

3

lenspiel, wie es in der betreffenden Situation handeln würde. Anschließend kann der Protagonist, der die Szene aus der → Spiegelposition beobachtet hat, sich zu der von dem Gruppenmitglied eingebrachten Idee äußern und gegebenenfalls zurück in seine Rolle gehen, um das alternative Verhalten selbst zu erproben.

3.5   Die Zukunftsprojektion

In der → Surplus Reality des Psychodramas können, wie bereits angesprochen, Szenen der Vergangenheit so im psychodramatischen »Hier und Jetzt« simuliert werden, dass es dem Protagonisten und der Gruppe erscheint, als würde sich die Szene gerade aktuell ereignen. Das Gleiche gilt für die Darstellung von Ereignissen, die in der Zukunft liegen: Ebenso wie ein Protagonist innere Bilder hat, in die sich seine Erlebnisse in der Vergangenheit eingeprägt haben, hat er auch innere Bilder, in die seine (natürlich aus seinen Erlebnissen der Vergangenheit abgeleiteten) Fantasien, Projektionen, Erwartungen und Ängste hinsichtlich zukünftiger Ereignisse einfließen. Diese inneren Bilder künftiger Situationen können auf die gleiche Weise sichtbar gemacht werden. Die Ausführungen zum Verlauf einer Psychodrama-Sitzung (Erwärmung, Exploration des Themas, Besetzung der Hilfs-Ich-Rollen etc.) gelten in gleicher Weise.

> ❶ Von Zukunftsprojektion spricht man, wenn der Klient auf der Psychodrama-Bühne eine in der Zukunft liegende Szene spielt, um Perspektiven zu entwickeln, die Folgen von Entscheidungen zu überprüfen oder sich mit Zukunftsängsten auseinander zu setzen. Dieses Arrangement kann auch als Realitätsprobe und Transferhilfe für zuvor erarbeitete Verhaltensstrategien dienen. Wichtig ist eine sorgfältige Rückführung des Klienten in die Gegenwart.

Das Arrangement der Zukunftsprojektion kann eingesetzt werden,

- um z. B. im therapeutischen Bereich mit dem Klienten neue Zukunftsperspektiven zu entwickeln oder bestehende auszuarbeiten,
- um die Folgen von Entscheidungen zu verdeutlichen (→ Zeitraffer),
- als Möglichkeit zur Bearbeitung von Angstzuständen,
- als Krisenintervention,
- um im Psychodrama erarbeitete neue Handlungsmöglichkeiten zu erproben oder
- um (z. B. in einem Seminar) erworbene Fähigkeiten wie Konfliktlösungsstrategien, Kommunikationstechniken etc. einzuüben.

Diese in der Praxis besonders häufig verwendete letzte Variante, die auch als Zukunfts- oder Realitätsprobe bzw. als Rollentraining bezeichnet wird, wird wegen ihrer besonderen Bedeutung nachfolgend gesondert behandelt.

Eine ausführliche Abhandlung zum Thema »Zeit im Psychodrama« und zu den verschiedenen Möglichkeiten der Zukunftsprojektion findet sich in Petzolds Buch »Psychodrama-Therapie« (1979, S. 198 ff.), an dem sich auch unsere Darstellung orientiert.

Erarbeitung von Zukunftsperspektiven

Der Blick in eine ungewisse Zukunft ist in therapeutischen und therapieverwandten Kontexten ein häufiges Thema. Fehlende oder unklare Zukunftsperspektiven finden sich häufig bei Depressiven und Drogenabhängigen, aber auch bei Arbeitslosen und bei vielen Jugendlichen. Im Rahmen einer »Zeitreise« lassen sich bei den Teilnehmern Imaginationen und Assoziationen über ihre Zukunft wachrufen, die sich anschließend auf der Psychodrama-Bühne zu konkreten Bildern verdichten lassen. Die Teilnehmer werden gebeten, sich entspannt hinzusetzen (oder hinzulegen) und in Gedanken schrittweise (»1 Monat – 2 Monate – 3 Monate von jetzt an« usw.) in die Zukunft zu reisen und dabei in ihrer Fantasie Bilder zu entwickeln, was in dem betreffenden Zeitraum sein könnte – im Hinblick auf ihre berufliche Situation, auf die Partnerschaft, auf eine Krankheit oder was sonst gerade im Fokus der Arbeit steht. Findet die Zukunftsprojektion in einer Gruppensitzung statt, kann die Leiterin die Teilnehmer bitten, die Hand zu heben, wenn sie ein

Bild vor Augen haben. Wenn alle (oder viele) Hände erhoben sind, wird die Leiterin die Bilder kurz abfragen. Gegebenenfalls kann die Zeitreise in die Zukunft fortgesetzt werden, bis positiv besetzte Bilder auftauchen, die sich für die Weiterarbeit mit dem Psychodrama eignen.

Die durch die Zeitreise erreichte Erwärmung kann für ein unmittelbar anschließendes Spiel am besten genutzt werden, wenn das Hypnoid nicht durch eine Reise zurück in die Gegenwart zurückgenommen wird. Das Bild, das der Protagonist nach der Zukunftsprojektion vor Augen hat, wird gemäß dem normalen Vorgehen auf der Bühne umgesetzt.

Die Zukunftsprojektion als projektive Technik

In einer mehr projektiven Ausrichtung der Technik kann man auf die Vorgabe eines Themas und die zeitliche Strukturierung verzichten, wodurch die von den Teilnehmern entwickelten Fantasien einen surrealen, traumbildhaften Charakter annehmen. In einem anschließenden Spiel können diese Bilder dann auf ihre Bedeutung hin exploriert oder zu konkreten Zukunftsperspektiven ausgearbeitet werden.

Die Zukunftsprojektion als Hilfe bei der Entscheidungsfindung

Mit den Mitteln der Zukunftsprojektion können auf der Psychodrama-Bühne verschiedene Ausgänge einer Entscheidungssituation simuliert werden, um die, in der Zukunft liegenden und momentan noch nicht greifbaren, Auswirkungen für den Protagonisten erfahrbar zu machen. Auf diese Weise kann der Protagonist die zur Entscheidung stehenden Alternativen an ihren Konsequenzen messen. Kann er sich beispielsweise nicht entscheiden, sich von seiner langjährigen Geschäftspartnerin zu trennen, können eine oder beide der Alternativen ausgespielt werden, wobei auch hier die Auswirkungen an verschiedenen Zeitpunkten (nächste Woche, nächster Monat, nächstes Jahr, in 10 Jahren) abgeprüft werden können:

- Der Protagonist trennt sich von der Kollegin – was ist in einem Jahr?
- Der Protagonist trennt sich nicht – was ist dann in einem Jahr?

Die Bearbeitung von Zukunftsängsten mit der Zukunftsprojektion

Bei der Bearbeitung von Angstzuständen kann das befürchtete Ereignis (z. B. eine Prüfung) mithilfe der Zukunftsprojektion auf die Bühne gebracht werden. Der Protagonist kann erfahren, dass

- die angstauslösende Situation in Wirklichkeit gar nicht so bedrohlich ist, wie er sie momentan erlebt,
- das Ereignis keine so hohe Relevanz besitzt und dass
- »das Leben weitergeht«.

Die Zukunftsprojektion als Realitätsprobe

Alle pädagogischen und therapeutischen Methoden zielen letztlich auf eine Veränderung im Erleben und/oder Handeln des Klienten ab. So können auch im Psychodrama neue Verhaltensweisen entwickelt werden – im Hinblick auf das Beispiel mit Frau Prota und ihrem Chef aus Kap. 1 könnte die Protagonistin bspw. beschließen, in Zukunft ihrem Chef bestimmter und mit mehr Mut zum Konflikt gegenüberzutreten. Ob die in der »Laborsituation« der Therapie oder des Seminars gemeinsam entwickelten Verhaltensstrategien aber später auch in der Praxis anwendbar sind oder ob sie an hemmenden Faktoren aus dem Umfeld, z. B. wenn der Chef eine von der Protagonistin unerwartete Abwehrreaktion zeigt, oder der eigenen Person z. B. wenn der Automatismus des gewohnten Rollenverhaltens stärker ist als die guten Vorsätze, scheitern, ist im Voraus gewöhnlich nicht abschätzbar.

Im Psychodrama kann die im Mittelpunkt der Betrachtung stehende Szene (oder eine ähnliche Situation) auf die Bühne gebracht werden, z. B. durch die Anweisung des Leiters:

> »So, Frau Prota, ich schlage Ihnen vor, dass wir jetzt noch einmal in Ihre Firma zurückkehren und dass Sie einmal ausprobieren, wie es ist, wenn Sie Ihrem Chef bestimmter gegenübertreten. Stellen Sie sich vor: Sie kommen vom Seminar zurück, es ist der kommende Montag, 9 Uhr, und Sie begegnen auf dem Flur Ihrem Chef.«

Da eine nach den Psychodrama-Regeln eingerichtete Szene die Realität der Protagonistin wider-

3

spiegelt und somit alle entscheidenden Einflussfaktoren enthalten sollte, lässt sich mit der Zukunftsprojektion überprüfen, inwieweit die im
Spiel gefundene Lösung realistisch ist (Zukunftsprojektion als »Realitätsprobe«) und inwieweit die Protagonistin ihr angestrebtes Rollenverhalten umsetzen kann (Zukunftsprojektion als
»Rollentest«). Des Weiteren kann überprüft werden, ob die Lösung nachgebessert, mit Stützstrate-
gien unterfüttert (z. B. »Holen Sie sich eine Kollegin zur Hilfe« oder »Denken Sie an Ihren Onkel,
den Sie immer wegen seines mangelnden Respekts
vor Autoritäten bewundert haben«) oder im Extremfall verworfen und durch eine andere Lösung
ersetzt werden muss.

(Kontra-)Indikationen und Gefahren der Zukunftsprojektion

Die Zukunftsprojektion sollte nicht angewendet
werden bei psychotischen Klienten oder Menschen, die keine Zukunftsperspektive besitzen
(z. B. unheilbar Krebskranke), es sei denn, das Ziel
der Therapie ist die Auseinandersetzung mit dem
Tod (zu diesem Thema vgl. Petzold, 1979, S. 234 ff.).
Die in der therapeutischen Arbeit mit der Zukunftsprojektion am häufigsten zu erwartenden
Schwierigkeiten liegen in einem möglichen Verlust von Rapport zwischen Therapeut und Klient
und, damit verbunden, in der Gefahr eines Reali-
tätsverlusts seitens der Klienten. Die Zurücknah-
me der hypnotischen Wirkung des Arrangements
ist erforderlich, da sonst Gefühle der Desorientie-
rung zurückbleiben oder der Klient gar in Hypnose fallen kann. In solchen Fällen ist:

> »» … eine klare Ansprache, Fixierung der
> Vorstellung auf einen festen Inhalt
> (z. B. ein Haus, ein Baum, irgendeinen
> konkreten Gegenstand des imaginierten
> Bildes) erforderlich. Danach wird deutlich
> unter direkter Ansprache und Namens-
> nennung Schritt um Schritt zurückge-
> nommen (»Hans, wir gehen jetzt Jahr um
> Jahr zurück. Achte auf meine Stimme!
> Jahr um Jahr, 1975, 1980, 1985 usw.«).
> Petzold, 1979, S. 249).

3.6   Der leere Stuhl

Der leere Stuhl ist als
wichtige Technik der Ge-
stalttherapie   bekannt,
stammt aber aus dem
Psychodrama. Hier wird
der leere Stuhl als **Repräsentant für Rollen** eingesetzt. Die Rollen sind im
Psychodrama an Orte gebunden – zu jeder Rolle
gehört ein spezifischer Ort. Indem dieser Ort
durch den leeren Stuhl (oder auch durch andere
Hilfs-Objekte wie Kisten, Tücher, Moderationskarten usw.) markiert wird, wird die dazugehörige
Rolle auf der Psychodrama-Bühne ins Leben gerufen. Dies gilt für »reale« ebenso wie für »imaginierte« Rollen (z. B. die Mutter, das Aschenputtel,
mein Ehrgeiz, Ich in 20 Jahren). Üblicherweise
werden im Psychodrama Rollen mit Hilfs-Ichen,
d. h. Mitspielern aus der Gruppe, besetzt. Ist eine
Rolle sowohl mit einem leeren Stuhl als auch mit
einem Hilfs-Ich besetzt, kann dieses sich auf den
Stuhl setzen.

Wenn die betreffende Rolle nicht mit einem
Hilfs-Ich besetzt werden kann oder soll, kann der
leere Stuhl aber auch **anstelle von Hilfs-Ichen** verwendet werden. Dies ist beispielsweise der Fall
- bei stark angstbesetzten Rollen, wenn dem
  Protagonisten lediglich eine Übertragungsflä-
  che angeboten werden soll, eine Besetzung der
  Rolle mit einer realen Person aber für den
  Protagonisten ebenso wie für das Hilfs-Ich
  (noch) zu emotionsgeladen erscheint;
- wenn mit aggressiven Impulsen des Protagonisten gegen den Rollenträger zu rechnen ist.
  Die Verwendung eines unbelebten Objekts
  macht es dem Protagonisten leichter Aggressionen zu äußern, die einem Hilfs-Ich nicht zu-
  gemutet werden können;
- wenn keine oder nicht genügend Mitspieler
  zur Verfügung stehen. In dieser Funktion ermöglicht die Technik des leeren Stuhls den
  Einsatz des klassischen Psychodramas in der
  Einzelarbeit (▶ Kap. 5);
- wenn die Rolle nicht wichtig genug erscheint,
  um sie mit einem Hilfs-Ich zu besetzen; bei der
  Darstellung von Situationen mit vielen gleich-

artigen Rollen, die nicht individuell unterschieden werden sollen (z. B. im Klassenzimmer). Stellt man hier die entsprechende Anzahl von Stühlen in einer realistischen Anordnung auf, kann auch ohne Hilfs-Iche eine dichte Atmosphäre entstehen.

Die Arbeit mit dem leeren Stuhl ist also – im positiven wie im negativen Sinne – keine gleichwertige Alternative zur Besetzung der Rollen mit Hilfs-Ichen; der Leiter wird entscheiden, wann dem leeren Stuhl und wann dem Hilfs-Ich der Vorzug zu geben ist. Zu den möglichen Einschränkungen des leeren Stuhls gehört, dass die Interaktion mit einem Hilfs-Ich »aus Fleisch und Blut« eine andere emotionale Qualität als das Spiel mit einem leeren Stuhl aufweist: Das Hilfs-Ich kann eigene Impulse einbringen, die das Spiel bereichern und natürlich kann ein leerer Stuhl, im Gegensatz zu einem Hilfs-Ich, dem Protagonisten im Anschluss an das Spiel kein Feedback geben.

Darüber hinaus gibt es eine Reihe weiterer Anwendungsmöglichkeiten dieses Arrangements. So eignen sich leere Stühle gut, um die Elemente eines Systems darzustellen. In der → Aufstellungsarbeit können leere Stühle beispielsweise für Familienmitglieder, Mitarbeiter einer Organisation oder ganze Organisationseinheiten stehen. Leere Stühle können bei einer anstehenden Entscheidung (z. B. Berufswahl) die verschiedenen Alternativen sowie die damit verbundenen Persönlichkeitsanteile oder widersprüchlichen Standpunkte innerhalb einer Person repräsentieren. Die »inneren Stimmen« des Protagonisten, die sich in Entscheidungssituationen vermischen und nur schwer getrennt voneinander wahrnehmbar sind, werden auf diese Weise isoliert und jeweils einem Stuhl zugeordnet. In einer Berufswahlsituation könnten sich z. B. folgende Standpunkte herauskristallisieren: Eine therapeutische Zusatzausbildung absolvieren und anschließend eine eigene Praxis eröffnen oder auf die Stellenanzeige einer Klinik bewerben oder eine selbstständige Tätigkeit im organisationspsychologischen Bereich anstreben oder eine Doktorarbeit schreiben oder ein zweites Studium beginnen.

Ein zusätzlicher leerer Stuhl könnte für die Stimme des Vaters im Hintergrund stehen: »Du kannst das nicht – mach lieber eine Lehre!«

Der Protagonist kann dann zwischen den Stühlen hin- und herwechseln, die Stühle anders anordnen, Positionen weiter ausdifferenzieren (z. B. den Stuhl »zweites Studium« durch einen Stuhl für »Pädagogikstudium« und einen für »Kunststudium« ersetzen) und schließlich im Rollentausch die mit den Stühlen verbundenen inneren Stimmen in einen Dialog bringen (→ Autodrama).

In seiner Eigenschaft als Ersatz für Hilfs-Iche könnte man den leeren Stuhl auch zu den Instrumenten des Psychodramas (▶ Kap. 2) zählen; gelegentlich wird er auch den Handlungstechniken zugerechnet. Die Einordnung auf der Ebene der Arrangements erscheint uns jedoch angemessener. Eine ausführliche Darstellung der Arbeit mit dem leeren Stuhl aus der Sicht der Gestalttherapie findet sich bei Staemmler (1995).

3.7 Systemaufstellungen und Skulpturen

Systemaufstellungen und Skulpturen schaffen mithilfe von Stellvertretern ein räumliches Strukturbild von Gruppen, Familien, Teams und Organisationen, aber auch von inneren Anteilen eines Klienten. Dabei wird die Beziehungsdynamik zwischen den Teilen des Systems durch die räumlichen Metaphern von Nähe-Distanz, Zu- bzw. Abgewandtheit und Über-/Unterordnung dargestellt, in der Skulpturarbeit darüber hinaus auch durch Körperhaltung, Gesten und Mimik. Anders als die für das Psychodrama typischen bewegten Spielszenen setzen Systemaufstellungen und Skulpturen das Darzustellende in Form von unbewegten Standbildern um: Ein oder mehrere Hilfs-Iche (in der Aufstellungsarbeit als »Stellvertreter« bezeichnet) nehmen eine vom Protagonisten (Fallgeber, »Erbauer«) vorgegebene Position im Raum und Körperhaltung ein, ähnlich wie eine Skulpturengruppe in einem Museum. Die Arbeit mit Systemaufstellungen und Skulpturen ist eine besonders anschauliche Umsetzung des Prinzips der psychodramatischen → Surplus Reality: Die Wirklichkeit der Klienten wird durch Exfiguration im Raum sichtbar, erlebbar und veränderbar gemacht. Das konkrete körperliche Erleben der Stellvertreter im Raum dient dann als Ankerpunkt für die Exploration der Systemdynamik. Aufstellungen können in kurzer Zeit Erklärungen und Prognosen für die Dynamik von Systemen liefern und sind daher im Vergleich zu anderen Methoden potenziell sehr effizient. Obwohl die Stärke dieser Arbeitsweise darin liegt, die Gruppenmitglieder als Visualisierungshilfe und zur Einspiegelung von Fremdwahrnehmung zu nutzen, gibt es auch Konzepte für die Aufstellungsarbeit im Einzelsetting.

3.7.1 Systemaufstellungen

Systemaufstellungen sind räumliche Exfigurationen der Elemente eines Systems sowie der Systemstruktur, die diese Elemente miteinander verbindet. Man kann unterscheiden:

1. die Aufstellung der Gedanken- und Gefühlswelt eines Protagonisten (d. h. seines psychischen Systems) mit Emotionen, Werten, »inneren Stimmen«, Introjekten usw. (Arbeit mit »inneren Anteilen«, ▶ Abschn. 14.5),
2. die Aufstellung einer Familie, Gruppe oder Organisation aus der Perspektive des Protagonisten, wobei die Systemmitglieder durch Stellvertreter repräsentiert werden,
3. eine Systemaufstellung mit den Mitgliedern des Systems selbst.

In Fall 3 geht es darum, die Wirklichkeit der Gruppe über den Abgleich individueller Wirklichkeiten abzubilden – daher ist diese Arbeitsform dem **Soziodrama** zuzurechnen (Systemaufstellungen mit Systemmitgliedern, wie sie z. B. in der Familientherapie oder der Teamentwicklung eingesetzt werden können, werden ausführlicher in ▶ Abschn. 6.3.2 vorgestellt). Fall 1 und 2 entsprechen dem klassisch psychodramatischen Konzept der → Surplus Reality, indem sie die subjektive Wirklichkeit des Protagonisten (psyche) in Aktion (drama) umsetzen. Dennoch werden sie in der Regel nicht als Varianten des Psychodramas wahrgenommen, sondern der systemischen Therapie und Beratung zugeschrieben. Es handelt sich jedoch um Modifikationen einer ursprünglich von Moreno entwickelten Arbeitsweise – auf die psychodramatischen Ursprünge systemischer Aufstellungenweisen weisen z. B. Constantine (1978), Lauterbach u. Pfäfflin (1998) oder Ameln u. Lames (2007) hin. Seit jeher hat die Psychodrama-Community zwar in der Praxis mit Aufstellungen gearbeitet, aber kaum explizite Konzepte in diesem Bereich entwickelt. Erst in jüngster Zeit gibt es angesichts des Booms der systemischen Aufstellungen Bestrebungen, das Terrain der Aufstellungsmethodik mit eigenständigen psychodramatischen Konzeptionen zurückzuerobern (Buer 2005).

Psychodramatische Systemaufstellungen

Nach der Exploration, in der Phase der Stellungsarbeit, sucht der Thementräger Mitspieler für die darzustellenden Rollen aus und positioniert sie so im Raum, wie es seinem Erleben entspricht. Gemäß dem Prinzip der → Surplus Reality können nicht nur die dem System angehörenden Personen, sondern auch Organisationseinheiten, Gruppen und Institutionen aus der Umwelt des Systems (Schule, Kunden …), Ziele, Werte etc. durch Stellvertreter verkörpert und in die Aufstellung integriert werden. Bis hierhin ist die psychodramatische Form der Aufstellungsarbeit mit den systemischen Varianten dieser Technik identisch. Während die Stellvertreter jedoch in der systemischen Aufstellungsarbeit keine nähere Informationen zu den von ihnen vertretenen Personen erhalten, werden die aufgestellten Personen (Gruppen …) im Psychodrama jedoch zunächst im Rollentausch exploriert. Außerdem fordert der Leiter den Thementräger auf, im Rollentausch für jede Rolle

- einen Satz zu benennen, der das situative Erleben in der jeweiligen Rolle zum Ausdruck bringt (»Ich fühle mich an dieser Position bedrängt/mächtig/ …«) und
- einen weiteren an den Thementräger gerichteten Satz zu benennen, der die Beziehung der jeweiligen Rolle zum Thementräger prägnant

zusammenfasst (»Sie sind Luft für mich«) oder eine Handlungsaufforderung an den Thementräger (z. B. »Bleib wo du bist«) beinhaltet.

Sobald alle relevanten Rollen aufgestellt und im Rollentausch exploriert sind (und nicht erst, wie in anderen Varianten, zum Schluss der Aufstellung), nimmt der Thementräger seine Rolle ein. Der Leiter befragt ihn, wie er die dargestellte Konstellation aus seiner Position heraus wahrnimmt und welches persönliche Empfinden damit verbunden ist. Der Leiter erfragt die aus der Sicht des Thementrägers wichtigsten Konfliktfelder und Veränderungsbedarfe, um auf dieser Basis passende Interventionen zu setzen:

- Wenn weitere Informationen über eine Rolle abgefragt werden sollen, die Einfühlung des Thementrägers für die betreffende Rolle verbessert oder eine Beziehungsklärung zwischen dem Thementräger und der Rolle hergestellt werden soll, wird ein **Rollentausch** (► Abschn. 5.3) vorgenommen.
- Die (Selbst-)Wahrnehmung des Thementrägers kann mit Hilfe der **Doppeltechnik** (► Abschn. 5.4) erweitert werden.
- Die **Spiegeltechnik** (► Abschn. 5.5) bringt den Thementräger durch einen Perspektivenwechsel in eine Quasi-Beobachterrolle dem aufgestellten System gegenüber.
- Ein **Zwischenfeedback** (► Abschn. 4.12) der Mitspieler kann Hypothesen über das Erleben und die Erwartungen der aufgestellten Rollen liefern.

Diese Erweiterung der Aufstellung mit psychodramatischen Handlungstechniken stellt die wichtigste Besonderheit der psychodramatischen gegenüber der systemischen Aufstellungskonzeption dar.

In der Phase der Prozessarbeit wird die Aufstellung so lange verändert, bis ein spannungsfreieres Lösungsbild erreicht ist. Die Aufstellung wird dabei zum Möglichkeitsraum, in dem potenzielle Zielzustände und Verbesserungen probehandelnd ausgelotet werden können. Dafür können die Stellvertreter den Ort wechseln (z. B. näher an den Fallgeber heranrücken), die Blickrichtung oder einen ihrer Kernsätze verändern. Vorschläge

für derartige Veränderungen können vom Protagonisten, vom Leiter oder von den Stellvertretern ausgehen. Angeregt durch das systemische Vorgehen nutzt die psychodramatische Aufstellungsarbeit besonders die sogenannte repräsentierende Wahrnehmung der Stellvertreter (d. h. ihre Befindlichkeiten in der Aufstellung werden als Indikatoren für mögliche Befindlichkeiten innerhalb des von Heimatsystems des Fallgebers aufgefasst) für die Entwicklung von Lösungen. Sie werden dazu befragt, welche Wahrnehmungen, Emotionen und Impulse auf ihren Positionen entstehen und wie sich die aufgestellte Konstellation aus ihrer Sicht verändern müsste, um negative Spannungen zu reduzieren. In Rücksprache mit der Leitung können sie eigenen Handlungsimpulsen nachgehen, also z. B. Ortswechsel vornehmen, Fragen an den Thementräger richten oder mit den übrigen Mitspielern in Kontakt treten.

Die psychodramatische Aufstellungsarbeit legt großen Wert darauf,

- dass nur der Fallgeber selbst beurteilen kann, welche Lösung für ihn angemessen ist. Leiter und Mitspieler sind nur Prozesshelfer, die ihn bei der Suche nach möglichen Lösungswegen unterstützen.
- dass am Ende der Aufstellung (z. B. im Dialog zwischen Leitung und Thementräger aus der Regieposition heraus) genau herausgearbeitet werden muss, welche Schritte der Thementräger in der Realität gehen muss, um sich der auf der Bühne bereits symbolisch vollzogenen Lösung anzunähern.

Unterschiede zwischen psychodramatischen, systemischen und »hellingeristischen« Aufstellungen

Das methodische Grundprinzip, die Arbeit mit → Surplus Reality, übernimmt die systemische Aufstellungsarbeit ebenso aus dem Psychodrama wie die Nutzung der Rolleneinfühlung der Mitspieler als Feedback-Quelle und perspektivische Erweiterung für den Thementräger. Der theoretische Überbau des Psychodramas wurde abgestreift, stattdessen wurden Erkenntnisse aus Systemtheorie und Familientherapie integriert. Grochowiak und Castella (2002, S. 19) beschreiben die systemische Aufstellungsarbeit als Reduktion des

3

Psychodramas – dies ist insofern richtig als die Aufstellungsarbeit auf die Darstellung situativer Kontextfaktoren sowie auf ein umfangreiches Repertoire von Techniken verzichtet und die verbale Interaktion zwischen den Stellvertretern stark einschränkt. Dadurch gehen einerseits Möglichkeiten der Darstellung und Dynamisierung von Themen verloren. Auf der anderen Seite bringt diese Reduktion jedoch auch eine neue Nuancierung, Akzentuierung und Straffung der Vorgehensweise. Aufstellungen können Systemdynamiken (z. B. Beziehungsstrukturen und Konflikte) schneller deutlich machen, als die von Ereignissen ausgehende klassisch-psychodramatische Methodik. »Die Aufstellungsarbeit hat das Verdienst, diese Prinzipien und Wirkungen durch eine besondere Kargheit der Mittel sichtbarer gemacht zu haben« (Varga von Kibéd, 2003, S. 58 f.). Diese Neuausrichtung, verbunden mit der unterschiedlichen konzeptuellen Fundierung, verleiht der Aufstellungsarbeit eine eigenständige Geltung als Beratungsinstrument. Mittlerweile liegt eine Vielzahl hilfreicher Einführungen in die systemische Aufstellungsmethodik vor (u. a. König u. Volmer 1994; Varga von Kibéd u. Sparrer 2005; Sparrer 2006; Weber 2002).

Ein Katalysator für den Popularitäts-Boom der Aufstellungsmethodik waren die Seminare, Bücher und TV-Auftritte des Pfarrers **Bert Hellinger**. Heftige Kritik hat dabei nicht nur Hellingers unverhohlene Sympathie gegenüber der Nazi-Ideologie hervorgerufen, sondern auch seine esoterisch verbrämte, selbstherrliche und dirigistische Aufstellungskonzeption. In Hellingers Konzept fungiert der Leiter nicht als neutraler, lösungsoffener Berater in einem gemeinsamen Forschungsprozess mit dem Protagonisten, sondern als Verkünder von angeblich allgemeingültigen Prinzipien und Wahrheiten (z. B. eines patriarchalischen Familienbildes), der im Zuge der Aufstellung das Problem des Fallgebers redefiniert und den einzig möglichen Weg zu dessen Lösung verkündet. Angesichts der Bekanntheit Hellingers werden die systemtheoretisch-konstruktivistische Heidelberger Aufstellungsschule und die psychodramatische Aufstellungskonzeption leider häufig mit der problematischen Arbeitsweise Hellingers gleichgesetzt, obwohl im Hinblick auf Methodik, theore-

tischer Fundierung und Selbstverständnis bedeutsame Unterschiede bestehen (vgl. Simon 2005).

3.7.2 Skulpturen

Die Skulpturarbeit ist methodisch – und auch entwicklungsgeschichtlich – eng mit der Aufstellungsarbeit verwandt. Die wichtigsten Unterschiede liegen darin, dass Skulpturen
- stärker als Ausdrucksmittel des Protagonisten, weniger als Instrument zur Erforschung der Systemdynamik eingesetzt werden,
- nicht nur mit der Position im Raum und der Blickrichtung arbeiten, sondern auch mit dem nonverbalen Ausdruck der Stellvertreter arbeiten.

Bei der Skulpturarbeit nimmt ein Gruppenmitglied die Körperhaltung, Gestik und Mimik ein, die ein Protagonist ihm vorgibt. Auf diese Weise formt der Protagonist als »Bildhauer« eine Skulptur aus dem Hilfs-Ich, die sein inneres Bild von sich selbst oder einer anderen Person ausdrückt. Eine Skulptur zum Thema »meine Angst« könnte beispielsweise so aussehen, dass das Hilfs-Ich sich in einer Ecke des Raums zusammenkauert und das Gesicht in den Händen verbirgt. Bei der Skulptur mit dem Titel »Unsicherheit in exponierten Situationen« könnte der Protagonist das Hilfs-Ich bitten, sich auf einem Bein auf einen Stuhl zu stellen und verkrampft zu lächeln. Ähnlich wie bei einem Kunstwerk geht es dabei nicht um eine realistische Wiedergabe der Emotionen oder Verhaltensweisen des Protagonisten in einer gegebenen Situation, sondern um eine verdeutlichende Überzeichnung des Ausdrucks.

Analog kann eine Skulptur mit mehreren Hilfs-Ichen geformt werden, um das Beziehungsgefüge in einer Gruppe (z. B. der Ursprungsfamilie des Protagonisten) oder auch zwischen verschiedenen inneren Anteilen des Protagonisten auszudrücken.

Bei der Gestaltung der Skulptur kann der Protagonist auf eine Vielzahl erlebnisaktivierender Gestaltungsmöglichkeiten der psychodramatischen → Surplus Reality zurückgreifen (▶ vgl. folgende Übersicht).

Wenn die Skulptur vollendet ist, kann der Protagonist sie von außen im psychodramatischen → Spiegel anschauen. Die Leiterin befragt ihn nach seinem Empfinden beim Betrachten der Skulptur. Häufig ist es dabei sinnvoll, die Assoziationen des Protagonisten auf den Punkt zu bringen indem man ihn bittet, seiner Skulptur einen Titel zu geben, ähnlich wie bei einer Skulptur in einem Museum. Eine weitere Informationsquelle ist die Rückmeldung des Hilfs-Ichs über sein Erleben.

In der Einzelarbeit kann sich die Leiterin als »Baumaterial« für die Skulptur zur Verfügung stellen; anschließend gibt sie dem Klienten ein Feedback.

Zeit- und Realitätsebenen der Skulpturarbeit

Skulpturen können sich auf einen aktuellen »Ist-Zustand« beziehen, etwa die innerfamiliären Beziehungen, so wie sie der Protagonist heute wahrnimmt, aber auch einen Idealzustand darstellen, z. B. die innerfamiliären Beziehungen, so wie der Protagonist sie sich wünscht.

Neben der Möglichkeit der Darstellung und des Vergleichs von Realität und Wunschbild gibt es auch die Möglichkeit, verschiedene Stationen der Geschichte eines Paars, einer Familie oder einer Organisation in Form von Skulpturen auf die Bühne zu bringen, um die Veränderungen zwischen den Bildern zu erkennen und zu reflektieren, z. B.

1. Skulptur: Kennenlernphase,
2. Skulptur: Hochzeit,
3. Skulptur: Geburt des ersten Kindes,
4. Skulptur: Unsere Beziehung in 5 Jahren.

3.8 Szenische Exploration von Prozessverläufen

Die Betrachtung von Prozessen ist neben der Betrachtung von Strukturen die zweite wichtige Perspektive systemtheoretisch orientierter Arbeit. Prozesse spielen im menschlichen Leben eine große Rolle: Entwicklungen und Veränderungen finden in allen Bereichen statt und sind häufig Gegenstand einer Beratung oder Therapie. Imaginäre Zeitreisen in die eigene Vergangenheit mit dem Ziel, das selbst konstruierte Skript des eigenen Lebens umzuschreiben, werden vor allem im NLP eingesetzt (beispielsweise von James u. Woodsmall, 2002). Die szenische Arbeitsweise des Psychodramas kann dabei helfen, solche Prozesse sichtbar und fassbar zu machen, um sie besser zu verstehen und eventuell auch Möglichkeiten der Umgestaltung auf der Bühne zu erproben und vorweg zu nehmen.

Lebenslinie mit Tüchern

Auf der genannten Idee basiert z.. die Technik der »Lebenslinie«, die die Klienten durch eine ganzheitliche Betrachtung ihrer Biografie erwärmt. Die Aufgabe besteht für die Klienten darin, aus verschiedenfarbigen Tüchern ihre »Lebenslinie« zu legen, wobei die einzelnen Tücher die verschiedenen »Lebensphasen« repräsentieren. Ein Beispiel für eine solche Lebenslinie ist in ▪ Abb. 3.1 zu sehen.

Nachdem der Teilnehmer seine Lebenslinie gelegt hat, erläutert er sie kurz.

Ähnlich wie beim szenischen Spiel von Ereignissen ist auch die Exploration der Lebenslinie von einer involvierten (→ Surplus Reality) und einer distanzierten Position (→ Spiegelposition) aus möglich (▶ Abschn. 5.5). Im einen Fall wird der Protagonist gedanklich und emotional in die jeweilige ebensphase zurückversetzt, im anderen Fall geht es darum, die „Adlerperspektive" auf das eigene Leben einzunehmen.

Folgende Kriterien können bei der Betrachtung der Lebenslinie hilfreich sein (▶ vgl. die Bezifferung in ▪ Abb. 3.1):

- Verläuft die Lebenslinie relativ geradlinig (1)? Oder gibt es viele Kurven, Umwege, Wendepunkte etc. (2)?
- Gibt es Brüche, d. h. Lücken zwischen den Tüchern (3)?
- Welche Farben werden für die verschiedenen »Lebensphasen« gewählt und was sagt diese Farbwahl aus?
- Gibt es sich wiederholende Themen (4 und 5)?
- Gibt es »Sackgassen«, also Abzweige vom Hauptentwicklungsstrang, die nicht weitergeführt wurden (6)?

Die »Lebenslinie« kann auch perspektivisch in die Zukunft verlängert werden.

Lauterbachs (2007) in ▪ Abb. 3.2 wiedergegebenes Schema verdeutlicht die unterschiedlichen möglichen Sinnkontexte, die in der Arbeit mit der Lebenslinie erforscht werden können.

Andere Fragestellungen

Prozesse und die Notwendigkeit der Reflexion von Prozessen finden sich, wie bereits erwähnt, in allen Praxisfeldern beraterischer oder therapeutischer Tätigkeit im Überfluss. Das soeben beschriebene Arrangement kann zur Visualisierung und szenischen Exploration von Prozessen aller Art eingesetzt werden, wobei je nach Anwendungsfeld die methodische Ausgestaltung variiert werden muss. Wir geben einige Beispiele, die beliebig erweiterbar sind:

- Behandlung psychosomatischer Beschwerden: Krankheitsgeschichte, »Schmerzbiografie«;
- Therapie/Selbsterfahrung: Diagnostik im Erstgespräch, Verlauf einer Partnerschaft, Verlauf eines Problems (z. B. Angstgefühle) über die Zeit hinweg;
- Konfliktberatung und Mediation: Entwicklung von Konflikten (z. B. zwischen Ehepartnern);
- Organisationsberatung: Berufliche Biografien, Firmengeschichte.

Methodische Variationsmöglichkeiten

Die szenische Darstellung von Prozessverläufen lässt sich methodisch beliebig ausbauen; der Klient kann beispielsweise gebeten werden, wichtige Punkte auf der Lebenslinie mit Symbolen zu besetzen. Zur Vertiefung der verbalen Schilderung

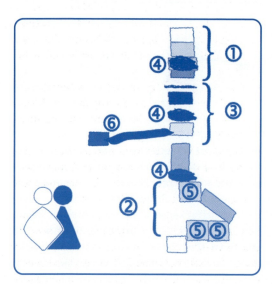

▪ **Abb. 3.1.** Lebenslinie mit Tüchern.

Abb. 3.2. Sinnkontexte für die Arbeit mit der Lebenslinie (aus Lauterbach, 2007, S. 66).

kann die Bedeutung der verwendeten Tücher und Symbole dann im Rollentausch erschlossen werden. Lebensphasen, die besonders vertieft werden sollen, können durch Hilfs-Iche verkörpert werden.

Nicht in allen Fällen ist ein so üppiger Materialeinsatz wie im obigen Beispiel möglich oder überhaupt wünschenswert. In Arbeitsfeldern, in denen nicht mit Tüchern, Symbolen usw. gearbeitet werden soll, kann die Visualisierung des Prozesses auch auf einem Blatt Papier erfolgen, auch wenn dadurch die erlebnisaktivierende Wirkung geschmälert wird und Gestaltungsmöglichkeiten verloren gehen (z. B. können Tücher während der gemeinsamen Arbeit noch verändert, ausgetauscht usw. werden).

3.9 Szenische Bilder

 Mit dem Begriff szenische Bilder« bezeichnen wir szenische Darstellungen, die eine Gruppe entwirft, um bestimmte Themenaspekte auszudrücken. So kann z. B. das Kollegium einer Schule in Kleingruppen szenische Bilder entwickeln, um die Schulkultur, den Umgang mit Disziplinproblemen oder Schwierigkeiten in der Zusammenarbeit mit den Eltern deutlich zu machen. Welche Form das resultierende szenische Bild annimmt (z. B. Rol-

lenspiel, Skulptur), bleibt der erarbeitenden Gruppe in der Regel selbst überlassen. Die Gruppe bekommt eine angemessene Zeit, um das Bild vorzubereiten; anschließend wird das Bild ausgewertet. Arbeitet man mit mehreren Kleingruppen kann es interessant sein, zunächst nach den Assoziationen und Interpretationen der Zuschauer zu fragen, bevor die Gruppe, die das Bild erarbeitet hat, ihre Intentionen veröffentlicht.

Die Arbeit mit szenischen Bildern hat folgende Effekte:

- Bereits in der Vorbereitung des Bildes wird sich die Gruppe über die Thematik klar. Gemeinsame und unterschiedliche Haltungen der einzelnen Teilnehmer gegenüber der zu erarbeitenden Fragestellung werden deutlich; möglicherweise findet auch bereits eine erste Annäherung zwischen den divergierenden Positionen statt.
- Das Ausspielen der Szene hat erlebnisaktivierende Wirkungen, die die kognitive Reflexion in der Vor- und Nachbereitung um eine affektive Komponente ergänzen.
- Das Spiel vermittelt dem außenstehenden Betrachter die für die erarbeitende Gruppe zentralen Aspekte des Themas schneller und prägnanter als verbale Schilderungen.

Szenische Bilder eignen sich daher besonders für eine themenzentrierte Arbeit in der Pädagogik, in der Erwachsenenbildung und in der Personalentwicklung, aber auch in der Supervision und anderen Arbeitsfeldern.

3

3.10 Das Stegreifspiel

Das Stegreifspiel ist ein frei improvisiertes Gruppenspiel, das meist nur auf einer groben thematischen Vorgabe (z. B. »Der Heidelberger Hauptbahnhof am späten Abend«) beruht. Innerhalb dieser Vorgabe können die Teilnehmer ihre Rollen (z. B. der Bahnhofsvorsteher, eine Managerin auf dem Weg zum Frankfurter Flughafen, ein Obdachloser, ein Gigolo, ein sich verabschiedendes Liebespaar, ein Taschendieb, eine Taube) in der Regel frei auswählen und in der Aktion aus der eigenen Fantasie entwickeln. Die »Handlung« ist ebenfalls meist nicht vorgegeben, sondern entwickelt sich spontan aus der Interaktion der Spieler (z. B. der Obdachlose bettelt die Managerin an und wird vom Bahnhofsvorsteher hinausgeworfen). Neben der völlig freien Form der Darstellung kann, wenn es der Leiterin angezeigt erscheint, auch ein Spiel mit höherem Festlegungsgrad gewählt werden – z. B. ein im Stegreif von der Gruppe zu spielendes Märchen, in dem die Rollen der einzelnen Teilnehmer vorab von der Gruppe gewählt werden (▶ Abschn. 3.17).

Das Stegreifspiel kann ausgewertet und als Erwärmung für ein anschließendes Protagonisten- oder Gruppenspiel verwendet werden, indem die Teilnehmer im Anschluss an das Spiel ihre Erfahrungen besprechen und die Rollenwahl sowie das in der Rolle Erlebte zu sich und ihrem Leben in Bezug setzen. Der Verlauf und die kollektive Rollendynamik des Spiels können außerdem daraufhin untersucht werden, ob sich Gruppenthemen und -rollen herausgebildet haben (z. B. stehen Teilnehmer, die Außenseiterrollen wie die Taube gespielt haben, auch in der Gruppe eher am Rande?). Eine Möglichkeit, Stegreifspiele unter diesen soziometrischen Aspekten auszuwerten, ist das sogenannte Akto-Soziogramm, das bei Leutz (1974) erläutert wird.

Stegreifspiele müssen jedoch nicht immer intensiv analysiert werden. Sie können auch – ohne Auswertungsphase – lediglich zur Auflockerung

der Gruppe dienen. Sie eignen sich gut für die erste Gruppensitzung zum unverbindlichen Kennenlernen der Teilnehmer und als erstes »Hereinschnuppern« in die szenische Arbeit oder auch als entspannendes »Bonbon« am Ende eines arbeitsreichen Psychodrama-Wochenendes. Auf der anderen Seite gibt es Gruppen und Phasen der Gruppenarbeit, in denen Stegreifspiele als anstrengend erlebt werden; sie können im Einzelfall mehr Erwärmung hervorrufen als der Leiterin, die eine spielerische Abwechslung von der intensiven Arbeit in der Gruppe vorgesehen hatte, recht ist. Dies ist bei der Wahl des Themas zu berücksichtigen. Insofern sind ein diagnostisch geschultes Auge und therapeutische Interventionskompetenz unbedingte Voraussetzungen für die Durchführung von Stegreifspielen; auch eine Vertrautheit mit der Gruppe wird sich positiv auszahlen.

Für ein Stegreifspiel eignen sich sowohl realistische (Bahnhof) als auch fiktive Szenarien, wie z. B. Märchen (▶ Abschn. 3.17). Die Leiterin kann psychodramatische Techniken anwenden, meist ist es jedoch sinnvoller, die Dynamik der Gruppe sich ohne Beeinflussung entwickeln zu lassen. Allerdings kann die Dynamik durch Interventionen von außen auch in gewissem Maße gelenkt und gesteigert werden: Die Leiterin kann Ereignisse setzen (»Ein Zug fährt ein«), die Zeitraffertechnik einsetzen (»Jetzt ist es 1 Uhr/2 Uhr/ … /langsam wird es hell«) oder auch Bedrohungen von außen (»Achtung, eine Durchsage: Im Bahnhof ist ein Feuer ausgebrochen, die Ausgänge sind versperrt«) einführen, um die Gruppe einem kollektiven → Spontaneitätstest auszusetzen und der Rollendynamik einen neuen Impuls zu geben.

Ausspielen von Wunschrollen

Diese Form des Arrangements eignet sich besonders gut für gruppenzentrierte Spiele. Sie basiert nicht auf einem Szenario im Sinne von »Der Heidelberger Hauptbahnhof am späten Abend«, das bestimmte Rollen nahe legt. Stattdessen werden die Teilnehmer aufgefordert, in die Rolle ihres Selbst-Ideals, d. h. in die Rolle der Person, die sie schon immer sein wollten, zu schlüpfen – das kann ein Astronaut sein, eine Malerin, ein Playboy oder ein irischer Schäfer. Diese Rolle kann in im Stegreifspiel exploriert und anschließend hinsichtlich ihrer biografischen Bedeutung reflektiert werden. Das Ausspielen der Rolle hat nicht nur diagnostischen Wert, sondern bedeutet für die Spieler auch symbolische Wunscherfüllung und damit verbundenes positives Erleben.

Ausspielen von Antagonistenrollen

Eine interessante Variation ist es, die Teilnehmer in eine Antagonistenrolle schlüpfen, d. h. eine Person verkörpern zu lassen, die sie auf keinen Fall sein möchten (vgl. Schneider-Düker, 1992). Aus leicht ersichtlichen Gründen muss die Leiterin in einem solchen Spiel besondere Umsicht walten lassen.

> ❗ Im Stegreifspiel wird meist ein Szenario vorgegeben (z. B. »Hauptbahnhof bei Nacht«), innerhalb dessen die Teilnehmer eine Rolle (z. B. Würstchenverkäufer) wählen und in freier Gruppeninteraktion ausspielen können. Es können aber auch Idealrollen (z. B. »die Heldin meiner Kindheit«) oder Antagonistenrollen (z. B. die Hexe in Hänsel und Gretel) gewählt werden. Der Wert des Stegreifspiels als Erwärmungstechnik beruht auf dem Umstand, dass die im Stegreifspiel verkörperte Rolle – wie ein projektiver Test -häufig starke Bezüge zur Person des Spielers aufweist.

3.11 Das Playbackspiel

Das Playbackspiel ist eine Form der szenischen Arbeit, bei dem die Gruppe eine Sequenz aus dem Leben des Protagonisten nach dessen Vorgaben spielt, während der Protagonist selbst gemeinsam mit der Leiterin abseits steht bzw. sitzt und sich das Geschehen von außen anschaut. Der Protagonist »führt Regie« und korrigiert die Darstellung der Mitspieler, falls sie für sein Empfinden nicht stimmig sind. Seine Rolle wird in der Szene von einem → Stand-In gespielt.

Das Playbackspiel übersetzt Form und Funktion der psychodramatischen Spiegeltechnik in ein Arrangement, das sich für längere Spielsequenzen oder auch eine komplette Bühnengestaltung eignet. Der Nutzen liegt dabei in der Möglichkeit der emotionalen Distanzierung vom Geschehen auf der Bühne: Der Protagonist kann die Situation noch einmal durchleben, ohne selbst Gefahr zu laufen, von bedrohlichen Emotionen überflutet zu werden. Daher eignet sich das Playbackspiel besonders für die Bearbeitung traumatischer Situationen. Ähnlich wie bei der → Spiegeltechnik kann der Protagonist aus der Perspektive des außenstehenden Beobachters neue Erkenntnisse gewinnen und diese durch veränderte Spielanweisungen an die Gruppe unmittelbar umsetzen.

Die Bezeichnung »Playback« für diese Form der psychodramatischen Arbeit hat sich eingebürgert, obwohl sie eigentlich irreführend ist. Das »Playbacktheater«, so wie es von Fox (1991) aus dem Psychodrama entwickelt wurde, hat sich als eigenständige Methode mit festen Abläufen und Regeln etabliert. Das psychodramatische Playbackspiel unterscheidet sich vom Playbacktheater vor allem in der weniger strengen Handhabung des formalen Ablaufs: Der Protagonist kann in die Szene einsteigen und seine (oder eine andere) Rolle übernehmen, wenn er selbst und die Spielleitung eine stärkere emotionale Beteiligung für sinnvoll halten. Ferner kann der Protagonist das Spiel an beliebigen Stellen → einfrieren.

Hilfestellungen für die Anwendung von Playbackelementen im Rahmen des Psychodramas sind rar. Gutermuth-Lissner (1993) hat unter dem Titel »Regiestuhltechnik« eine Playbackvariante für die Arbeit mit psychosomatisch Kranken beschrieben.

> ❗ Im Playbackspiel inszeniert die Gruppe eine Szene aus dem Leben des Protagonisten nach dessen Vorgaben. Der Protagonist führt von einer außenstehenden Position Regie und kann so das Geschehen aus distanzierter Warte erleben, ohne zu stark von Emotionen überrollt zu werden.

3

3.12 Die Aktionssoziometrie

 Den verschiedenen Varianten der Aktionssoziometrie ist gemeinsam, dass sich die Teilnehmer auf Anweisung der Leitung gemäß einem vorgegebenen Ordnungskriterium im Raum aufstellen sollen. Beispiele für solche soziometrischen Kriterien sind Beruf, Geburts- oder Wohnort, Hobbys usw. Das Ziel liegt darin,

- klassisch-soziometrische Gruppenstrukturen (► Abschn. 15.4) sowie
- die Einstellungen der Gruppenmitglieder zu einem für die Gruppe relevanten Thema in Aktion auszudrücken und damit deutlich und bearbeitbar zu machen. Man kann eine Reihe verschiedener Darstellungsformen unterscheiden.

3.12.1 Eindimensionale Darstellungen

Bei dieser einfachsten aktionssoziometrischen Darstellungsform wird die Gruppenstruktur im Hinblick auf ein eindimensionales Kriterium durch Exfiguration im Raum abgebildet.

Einfache soziometrische Kette

Eine einfache soziometrische Kette erhält man beispielsweise durch das Kriterium »Anfangsbuchstabe des Vornamens«: Ein Teilnehmer, dessen Vorname mit »A« beginnt, postiert sich auf der einen, ein anderer, dessen Vorname mit »Z« beginnt, auf der anderen Seite des Raumes. Die übrigen Gruppenmitglieder ordnen sich in alphabetischer Reihenfolge auf dieser imaginären Skala ein. Nach der Anweisung sollte sich die Leiterin aus dem Geschehen zurückziehen und die Aufstellung der Selbstorganisation der Gruppe überlassen, da die Teilnehmer so »gezwungen« sind, sich gegenseitig nach ihrem Namen zu fragen und miteinander ins Gespräch zu kommen. Weitere mögliche Kriterien für die Bildung einer solchen soziometrischen Kette sind z. B. das Dienstalter bei einem firmeninternen Seminar oder die Anzahl der Mitarbeiter in einem Workshop für Führungskräfte.

Eindimensionale Einstellungsabfragen

Bei dieser Variante geht es darum, die Verteilung der Gruppenaussagen in Bezug auf ein Einstellungsobjekt/ein Thema zu erfragen. Das Kontinuum, auf dem das Urteil abgegeben werden soll, wird durch Gegenstände verkörpert (z. B. ein Seil oder zwei leere Stühle an den Extrempolen des Kontinuums). Die Klienten positionieren sich dann so auf diesem Kontinuum, wie es ihrem Empfinden entspricht. Bei dem abgefragten Kriterium kann es sich um einfache Skalierungsfragen handeln (z. B. »Wie stark ist Ihr Wunsch, zu Ihrer Frau zurückzukehren, ausgedrückt als Zahlenwert auf einer Skala von 0-10?«) oder aber um bipolare Skalen wie in dem folgendem Beispiel.

> »Wünschen Sie sich in diesem Seminar eher Wissensvermittlung oder eher praktische Übungen? Je stärker Sie der Ansicht sind, dass Wissensvermittlung im Vordergrund stehen sollte, desto näher stellen Sie sich bitte in Richtung dieses Stuhls; je eher Sie sich praktische Übungseinheiten wünschen, desto näher stellen Sie sich zu jenem Stuhl; wenn Sie keine ausgesprochene Präferenz haben, positionieren Sie sich in der Mitte zwischen beiden Stühlen.«

In jedem Fall werden die Teilnehmer, sobald sie sich positioniert haben, von der Leitung befragt.

3.12.2 Zweidimensionale Darstellungen

In zweidimensionalen Darstellungen gibt es zwei Bezugsachsen, sodass sich ein gedachtes Koordinatensystem ergibt.

Soziometrische Landkarte

Das Kriterium »Wohnort« (oder auch Geburtsort, Firmensitz etc.) lässt sich als Landkarte darstellen: Bei einem Seminar in Heidelberg wird der Leiter zunächst fragen, wer aus Heidelberg kommt und die betreffenden Teilnehmer um sich scharen. Alternativ befragt er einen zufällig ausgewählten Teilnehmer nach seinem Wohnort, die anderen Teilnehmer stellen sich wie auf einer Landkarte um diesen »Kristallisationskern« herum auf. Dabei muss die Gruppe nicht nur die Positionen der

Teilnehmer regeln, sondern auch die geografische Orientierung des Bildes (Wo ist Norden?) und den Maßstab (»Wenn da Frankfurt ist, dann muss ich mich noch weiter weg stellen«).

Zweidimensionale Einstellungsabfragen

In vielen Fällen steht bei Selbsteinstufung mit zwei Begriffen – wie im obigen Beispiel von »Wissensvermittlung vs. Übung« – nicht ein »Entweder-Oder«, sondern ein »Sowohl-als-auch« zur Entscheidung. Wenn über beide Dimensionen gesondert entschieden werden soll, bittet die Leitung die Teilnehmer zunächst um ihr Urteil auf der ersten, in diesem Fall durch ein Seil dargestellten Dimension (»X-Achse«).

> »In welchem Ausmaß legen Sie in diesem Seminar Wert auf Wissensvermittlung? Bitte positionieren Sie sich entlang dieses Seils, wie wenn es eine Skala wäre: Hier vorne ist 0, d. h. der Pol »Wissensvermittlung ist mir überhaupt nicht wichtig«; der Pol »Wissensvermittlung ist für mich extrem wichtig« ist dort drüben, am anderen Ende des Seils bei 10.«

Wenn die Teilnehmer ihre Einschätzung bezüglich des ersten Kriteriums abgegeben haben, legt die Leitung für das zweite Kriterium ein weiteres Seil (als »Y-Achse«) in einem 90° Winkel aus. Die Anweisung an die Teilnehmer, die sich bereits auf der ersten Dimension positioniert haben, könnte wie im nachfolgenden Beispiel lauten.

> »Neben der Wissensvermittlung hat dieses Seminar, wie bereits gesagt, praktische Übungsteile. Ich möchte Sie bitten, sich nun einmal um 90° nach rechts zu wenden, ohne ihre Position neben dem Seil zu verlassen. Stellen Sie sich vor, dass dieses zweite Seil die Frage verkörpert: »Wie wichtig ist mir praktische Übung in diesem Seminar?« Sie stehen jetzt auf dieser Dimension auf 0. Je wichtiger für Sie die praktischen Übungen sind, desto weiter gehen Sie bitte entlang dieses zweiten Seils nach vorne – hier hinten wäre 10, d. h. der Pol »Übung ist mir extrem wichtig«. Wenn für Sie Übungen überhaupt nicht wichtig sind, können Sie am vorderen Ende des Seils stehen bleiben.«

Es ist hilfreich, wenn die Leitung das resultierende Koordinatensystem noch einmal erläutert:

> »Das heißt, wenn Sie sich wenig Wissensvermittlung und wenig praktische Übungen wünschen, stehen Sie in diesem Bereich; wenn Sie sich viel Wissensvermittlung, aber wenig Übungen wünschen, in jenem Bereich und wenn Sie sich sowohl viel Wissensvermittlung als auch viele praktische Übungen wünschen, stehen Sie dort.«

Auf diese Weise lassen sich Stimmungs- und Meinungsbilder von Gruppen schnell erfassen.

Carlson-Sabelli, Sabelli u. Hale (1994) haben den »Diamanten der Gegensätze« entwickelt, bei dem auf einer Dimension (X-Achse) die Einstellung zu einem Kriterium und auf der anderen Dimension (Y-Achse) Ambivalenzen in Bezug auf dieses Kriterium abgefragt werden können. Die Extrempole der Achsen markieren somit vier Felder: »mögen« (links), »nicht mögen« (rechts), »sowohl mögen als auch nicht mögen« (oben) und »weder mögen noch nicht mögen« (unten). Auf einem ähnlichen Modell basieren die Tetralemma-Aufstellungen (Varga von Kibéd u. Sparrer, 2005).

3.12.3 Polare Darstellungen

Auch bei den polaren Darstellungen geht es um die Übersetzung von Klientenaussagen in Nähe-Distanz-Relationen, wobei der Bezugspunkt hier nicht eine Achse bzw. ein Achsenkreuz, sondern ein bestimmter Punkt im Raum ist, dem gegenüber man eine beliebige Position einnehmen kann. In einem Seminar zum Thema »Aggression« wird beispielsweise die Aggression als Objekt (z. B. als rotes Tuch) in der Mitte des Raumes platziert. Die Teilnehmer werden dann aufgefordert, sich zu diesem Symbol so zu positionieren, wie es ihrem Bezug zum Thema entspricht: Ein Teilnehmer könnte z. B. sein Interesse für das Thema dadurch bekunden, dass er sich in die Nähe des Symbols stellt und sich diesem zuwendet; ein anderer Teilnehmer könnte seinen Wunsch nach möglichst weitgehender Vermeidung des Themas ausdrücken, indem er sich mit abgewandtem Gesicht in eine weit entfernte Ecke des Raums stellt.

Multipolare Darstellungen: Soziometrische Gruppenbildung

Gruppen können ebenfalls nach soziometrischen Kriterien gebildet werden, z. B. nach Berufszugehörigkeit oder durch die Frage »Wer arbeitet mit wem zusammen?«. Den entstandenen Gruppen wird dann eine für den weiteren Ablauf relevante Aufgabe gestellt (z. B. »Was erwarten Sie als Mitarbeiter der Einkaufsabteilung von den übrigen Abteilungen?«).Wenn jeder Teilnehmer auf die Frage »Wer kennt in dieser Gruppe wen?« denjenigen, die er bereits kennt, die Hand auf die Schulter legt, entsteht auf diese Art eine anschauliche Abbildung des der Gruppe zu Grunde liegenden sozialen Netzwerks.

Ein weiteres Kriterium für die Gruppenbildung sind die Einstellungen der Teilnehmer zu einem für die Gruppe relevanten Thema.

> **Möglichkeiten für soziometrische Gruppenbildung**
> - Im Musikunterricht gibt die Lehrerin drei Facetten des Themas »außereuropäische Musik« vor (indische, westafrikanische und balinesische Musik).Die Schüler ordnen sich dem Thema zu, das sie am meisten anspricht. Die Gruppen können dann getrennt an »ihrem« Thema weiterarbeiten.
> - In einem Seminar der Psychodrama-Weiterbildung bleibt am Ende des ersten Tages eine Stunde Zeit. Die Teilnehmer können wählen, wie sie diese Stunde füllen möchten, indem sich in verschiedenen Ecken eines Raums positionieren (Gruppe 1: Vignette; Gruppe 2: Stegreifspiel; Gruppe 3: Film zur Geschichte des Psychodramas).Dieses Meinungsbild dient der Leiterin als Impuls für die weitere Gestaltung der Sitzung bzw. des Seminars.

Nicht zuletzt kann eine aktionssoziometrische Gruppenbildung den Ausgangspunkt für eine (z. B. soziodramatische) Weiterarbeit auf der Gruppenebene mit dem Ziel einer Veränderung der Gruppenstruktur bilden. Ein wichtiges Element bei einer solchen Arbeit auf der Gruppenebene ist der Rollentausch zwischen den einzelnen Subgruppen (► Kap. 6).

3.12.4 Einsatzmöglichkeiten der Aktionssoziometrie

Die Aktionssoziometrie dient nicht nur der individuellen Erwärmung sowie dem Kennenlernen und der Gruppenfindung zu Beginn eines Prozesses, sondern hat auch eine diagnostische Funktion: Die Leiterin erhält durch einige wenige Bilder eine Vorstellung der sie interessierenden Aspekte der Gruppenstruktur. Insofern wird sie die Aufstellungskriterien entsprechend ihrer jeweiligen Zielsetzungen wählen.

Aktionssoziometrische Darstellungen wie z. B. die soziometrische Landkarte oder die Namensreihe eignen sich hervorragend für die erste Gruppensitzung, da sie den Teilnehmern die Möglichkeit eröffnen, sich gegenseitig in unverkrampfter Atmosphäre kennenzulernen (sogenannter »Wir«-Pol der themenzentrierten Interaktion (► Abschn. 7.5). Voraussetzung ist jedoch, dass die Leiterin die Kriterien mit Bedacht gewählt hat. So werden Vorschläge wie z. B. »Stellen Sie sich bitte gemäß ihrem Kontostand/ihrem Gewicht etc. auf« in den seltensten Fällen zu einer Lockerung der Atmosphäre beitragen. Die Wahl der Kriterien ist abhängig von der Zielgruppe und dem Setting: Kriterien, die in einem therapeutischen Kontext angemessen und hilfreich sein mögen, können in einem Seminar mit Führungskräften deplatziert wirken und den Gruppenprozess gleich zu Beginn stören.

Auch in der Erwärmungsphase späterer Sitzungen kann aktionssoziometrisch gearbeitet werden, um eine Auflockerung der Gruppe zu erreichen. Bei der Wahl der Kriterien ist jedoch zu beachten, dass soziometrische Aufstellungen Erwärmungstechniken im klassischen Sinne darstellen. Gruppiert man die Teilnehmer beispielsweise nach den Kriterien »Anzahl der Geschwister in der Familie« oder »Stellung in der Geschwisterreihe«, entstehen Kleingruppen (Einzelkind/ein Bruder bzw. eine Schwester/zwei Geschwister usw.; ältestes Kind, jüngstes Kind, zweites von drei Kindern etc.); die Mitglieder dieser Kleingruppen können dann darüber reflektieren, welche Erfahrungen sie in ihrer Rolle als »Älteste«, als »Einzelkind« usw. gemacht haben, worauf anschließend Gruppen-

oder Protagonistenspiele aufgebaut werden können.

Die erwärmenden Wirkungen von soziometrischen Aufstellungen häufig unterschätzt, was dazu führen kann, dass Themen, Erinnerungen, Emotionen und Konflikte angestoßen werden, die unter Umständen bearbeitet werden müssen, bevor man zur »Tagesordnung« übergehen und sich anderen Themen widmen kann.

Die aktionssoziometrische Abfrage von Einstellungen führt dazu, dass die soziometrische Präferenzstruktur für alle Beteiligten sichtbar und erlebbar wird – man steht neben denen, die ähnliche Einschätzungen und Wünsche haben und kann den Abstand zu denen, die anders fühlen und denken, sehen und körperlich spüren. Diese Offenlegung der Gruppenstrukturen kann erwünscht sein, enthält aber auch gruppendynamischen Sprengstoff, der in anderen Situationen unerwünscht sein mag. In den meisten Fällen wird eine solche Intervention erst dann sinnvoll sein, wenn die Zeit und der Raum vorhanden sind, um eventuell sichtbar gewordene Gruppenkonflikte bearbeiten zu können.

Da Aktionssoziometrie Gruppenstrukturen abbildet, kann sie auch leicht zum Instrument der Ausgrenzung werden. Die unbedachte Aufforderung der Leiterin an die Teilnehmer, sich im Raum auf einer imaginären Deutschlandkarte gemäß dem eigenen Geburtsort zu positionieren, kann dazu führen, dass außerhalb Deutschlands Geborene – bei »maßstabsgetreuer« Wiedergabe der geografischen Verhältnisse – eigentlich außerhalb des Raumes stehen müssten. So wird die als Auflockerung gedachte Einstiegsabfrage für Migrantinnen zur schmerzlichen Wiederholung von Erfahrungen der Ausgrenzung und des als »Nicht-als-zugehörig-empfunden-Werdens« (▶ Kap. 19).

❗ Aktionssoziometrie bedeutet wörtlich übersetzt die handelnde Abbildung eines Kriteriums in Bezug auf die Gruppen. Anziehung und Ablehnung zwischen den Gruppenmitgliedern, Koalitionen und Subgruppen, Einstellungen, aber auch die geografische Herkunft der Teilnehmer und vieles mehr kann mit der Aktionssoziometrie im Raum sichtbar und bearbeitbar gemacht werden.

3.13 Spontaneitätstest

Der Spontaneitätstest besteht darin, dass die Gruppe eine kurze Szene entwirft, die dem Protagonisten nicht bekannt ist und die eine Anforderung enthält, auf die er spontan und unvorbereitet reagieren muss. Moreno entwickelte den Spontaneitätstest für die amerikanische Armee, wo er zur Auswahl von Führungskräften diente. Der Test für die Kandidaten bestand darin, dass diese auf der Bühne Menschen aus einem »brennenden Haus« retten mussten. Der Spontaneitätstest dient diagnostischen Zwecken, kann aber auch einfach eine Auflockerung für die Gruppe darstellen. Wenn eine Situation ausgewählt wird, auf die der Protagonist üblicherweise mit einem problematischen Verhalten reagiert (z. B. ein schüchterner Mensch soll auf der Bühne spontan eine kurze Rede halten), kann der Spontaneitätstest allerdings auch sehr intensiv werden. In diesen Fällen ist eine kompetente therapeutische Begleitung erforderlich, die den Protagonisten gegebenenfalls auffangen und den Spontaneitätstest zu einem Rollentraining (▶ Abschn. 3.4) weiterentwickeln kann.

3.14 »Behind your back«

Dieses Arrangement ist eine spezielle Form des Feedbacks, das auf Wunsch des Protagonisten innerhalb einer Spielsequenz oder auch als eigenständige Intervention durchgeführt werden kann. Protagonist und Leiterin setzen sich mit dem Rücken zur Gruppe, die »hinter ihrem Rücken« über den Protagonisten spricht, so als sei dieser nicht anwesend. Der Protagonist bekommt auf diese Weise eine Rückmeldung darüber, was die Gruppe über ihn denkt. Dieses Arrangement eignet sich gut um Teilnehmern, die sehr redegewandt sind und sich üblicherweise sofort verteidi-

3

gen, ein Feedback zu geben; sie kann aber natürlich auch sehr konfrontativ wirken.

Das Feedback bezieht sich nicht auf den Protagonisten als Gesamtperson, sondern stets auf eine konkrete Anfrage wie z. B. »Wie nehmt ihr Manfreds Umgang mit dem Thema »Pünktlichkeit« wahr?«. Die Gruppenmitglieder können über eigene Empfindungen sprechen, die das Verhalten des Protagonisten bei ihnen auslöst, aber auch über die Motive und Hintergründe dieses Verhaltens spekulieren, wenn dies durch die Anfrage des Protagonisten abgedeckt ist (► Beispiel).

> A: »Mich macht es ziemlich wütend, wenn Manfred ständig zu spät kommt. Mir fällt es auch nicht immer leicht, pünktlich zu kommen, aber ich muss meinen inneren Schweinehund ja auch überwinden.«
> B: »Ich habe das Gefühl, dass Manfreds Zuspätkommen auch eine Rebellion gegen uns als Gruppe ist.«
> C: »Ich kann mir vorstellen, dass er sich – vielleicht ohne es zu merken – um die Anfangsrunde drücken will, wo jeder über seine aktuellen Schwierigkeiten spricht.«

Die Rückmeldungen sollten für den Protagonisten hilfreich und nicht verletzend sein. Auch bei Beachtung dieser Regeln ist die »Behind your Back«-Situation konfrontierend und mit Vorsicht einzusetzen.

3.15 Der Zauberladen

 Der Zauberladen (»magic shop«) gilt allgemein als Erwärmungstechnik, die der Einstimmung der Gruppe und der Generierung von Themenmaterial für anschließende protagonistenzentrierte Spiele dient. Damit sind die Möglichkeiten dieses Arrangements aber noch nicht ausgeschöpft – der Zauberladen kann auch

- zu diagnostischen Zwecken,
- als Abschluss therapeutischer Prozesse oder
- als Intervention auf individueller Ebene und auf Gruppenebene eingesetzt werden.

Beim Zauberladen sind in der Regel alle Teilnehmer gleichzeitig aktiv. Die Gruppenmitglieder werden von der Leiterin aufgefordert, sich kraft ihrer Imagination in einen Zauberladen zu versetzen, in dem man »Wirkliches und Phantastisches, Mögliches und Unmögliches, Vergangenes, Gegenwärtiges und Zukünftiges« kaufen kann. Diese Imaginationsleistung kann – falls dies erforderlich scheint –methodisch unterstützt werden durch eine Geschichte, die die Leiterin erzählt, durch eine Fantasiereise oder dergleichen.

Es existieren mehrere Varianten für die Durchführung dieses Arrangements; die »klassische« Variante läuft wie folgt ab:

- Die Gruppe wird zu gleichen Teilen aufgeteilt in eine »Käufer-« und eine »Verkäufergruppe«;
- jeder Verkäufer richtet auf der Bühne seinen persönlichen Zauberladen ein, wobei mit Requisiten gearbeitet werden kann, aber nicht muss;
- die »Käufer« gehen einzeln herum und versuchen, in den verschiedenen Läden die Waren ihrer Wahl zu erwerben.

Dabei soll es sich bei den angebotenen Waren ausschließlich um immaterielle Dinge handeln -Fähigkeiten (z. B. ein Pfund Geschicklichkeit), Talente (z. B. ein Quäntchen Musikalität), Gefühle (z. B. ein Sack Zufriedenheit) usw. Um die Exploration zu vertiefen, sollte es zu den Kaufbedingungen gehören, dass die Käufer ihre Wünsche genau begründen. In welcher »Währung« die Käufer bezahlen, kann zwischen Käufern und Verkäufern ausgehandelt werden: Manche Verkäufer werden Geld verlangen, manche vielleicht gegen andere Waren oder gegen Persönlichkeitsanteile des Käufers tauschen wollen – im Zauberladen ist alles möglich. Abhängig von ihrer Zielsetzung (s. u.) kann die Leiterin aber auch festlegen, dass die Bezahlung »in derselben Währung« zu erfolgen hat, d. h. der Käufer muss eine andere Eigenschaft, eine andere Fähigkeit, ein anderes Gefühl für die erwünschte Ware eintauschen. In diesem Fall ist der Verkäufer natürlich gehalten, nur diejenigen Fähigkeiten zum Tausch anzubieten, die er persönlich für wertvoll hält oder von denen er glaubt, dass sie genügend »Marktwert« besitzen, um sie an einen anderen Kunden weiterzuverkaufen – niemand wird begehrtes Selbstvertrauen abgeben und dafür Depression als Tauschobjekt annehmen wollen – wobei dies in einer anderen, therapeutisch orientierten Variante durchaus erwünscht sein kann. Die weitere Ausgestaltung steht den Teilnehmerinnen frei: Da mehrere Läden parallel nebeneinander existieren, kann man sich z.. im ersten Laden nur umschauen, verhandeln, ohne etwas zu kaufen oder auch ein Gramm Mut erwerben, bevor man in den nächsten Laden geht.

Wenn jeder Käufer jeden Laden besucht hat, werden die Rollen getauscht: Die bisherigen Kunden werden zu Verkäufern, die ehemaligen Verkäufer zu Kunden. Die Kaufprozedur wird mit vertauschten Rollen erneut durchgespielt.

Die Bühne wird dann geschlossen; je nach Zielgruppe und Zielsetzung kann man das Spiel intensiver interpretieren (z. B. in Dyaden) oder auch ganz auf eine Interpretation verzichten.

Der Zauberladen eignet sich gut als **Erwärmung** für die Gruppe oder als → Spontaneitätstest. Das Spiel in der Fantasie ist lustvoll, die Gruppe kann sich auf einer persönlichen, aber symbolisch verschlüsselten Ebene näher kennen lernen.

Der Zauberladen kann auch **diagnostisch** als tiefenpsychologischer projektiver Test dienen: »Es kommt vor, daß man dank des Zauberladens sehr schnell zum Wesentlichen der Existenzfrage eines Individuums gelangt – und zwar gerade durch die Schnelligkeit, die Unvoreingenommenheit, die Distanz und den Symbolismus. Manchmal erklären wir, man könne nur eine einzige Ware erstehen, nämlich das, was man braucht, was einem fehlt: Sicherheit, ein Ausweg aus der Angst oder Einsamkeit usw.« (Schützenberger-Ancelin, 1979, S. 82). Eine mögliche hinter dem Zauberladen stehende Annahme ist also, dass das, was der Protagonist »kaufen« möchte, sein größtes Bedürfnis oder sein größtes Defizit ausdrückt. Interessant ist auch, was der Protagonist von sich eintauscht, d. h. was er von sich aufzugeben bereit ist, um die betreffende Ware zu erwerben. Auf diese Weise kann der Protagonist sich seiner Fähigkeiten und seiner »Wertehierarchie« klar werden: Wo liegen Defizite, was stellt einen hohen Wert dar, welche Eigenschaft ist dagegen so fester Bestandteil der Persönlichkeit, dass man ohne Verlust auf einen Teil davon verzichten könnte.

Schließlich hat das Arrangement einen **therapeutischen Effekt** auf die Teilnehmer: Die Käufer werden zur Reflexion ihrer (mehr oder minder) verborgenen Wünsche angeregt, sie werden sich aber auch ihrer Stärken bewusst, was zur Folge hat, dass im Verhandlungsprozess auch eine ressourcenstärkende Komponente zum Tragen kommt. Eine besondere therapeutische Qualität erhält der Zauberladen durch seine symbolischrituelle Dimension. Der Zauberladen ist, so Petzold (1979), der Ort der symbolischen Wuscherfüllung, an dem jeder Wunsch ausgesprochen, jeder emotionale Druck abgelegt und jede Sehnsucht realisiert werden kann. Seine therapeutische Wirkung im Symbolischen entfaltet der Zauberladen also dadurch, dass hier auf der Ebene der psychodramatischen → Surplus Reality eine Integration der Persönlichkeit stattfinden kann, die in der Realität vielleicht an mancherlei Zwängen scheitern würde.

Trotz aller Spielfreude muss bei einer pädagogischen oder therapeutischen Zielsetzung darauf geachtet werden, dass das Spiel im Zauberladen nicht in oberflächlichmagisches Ausagieren abgleitet.

Weitere Gedanken und Fallbeispiele zum Zauberladen sowie Erweiterungen dieses Arrangements finden sich bei Barbour (1992), Petzold (1971; 1979), Sader (1991) und Verhofstadt-Deneve (2000).

3.16 Die gute Fee

Bei diesem von Sader (1991) vorgeschlagenen Arrangement tritt die sprichwörtliche gute Fee (in Form des Leiters oder der Leiterin) auf, die den Teilnehmern die drei ebenso sprichwörtlichen Wünsche frei stellt. Diese Wünsche können anschließend in Form einer psychodramatischen → Realitätsprobe »erfüllt« und auf ihre Folgen hin überprüft werden. Dabei stellt sich oft heraus, dass das Heißersehnte, zur Realität geworden, oft alles Andere als wünschenswert ist.

3.17 Psychodramatische Arbeit mit Märchen

Märchen eignen sich ausgezeichnet für die Bearbeitung mit den psychodramatischen Mitteln der → Surplus Reality. In ihnen finden wir typische symbolische Darstellungen »innerseelischer Dramen« (Jung, 1946), die auf der Psychodrama-Bühne eine äußere, erleb- und gestaltbare Form annehmen können. Sie liefern durch ihren Symbolreichtum einerseits eine Fülle von Material für die intensive therapeutische Arbeit, andererseits bieten sie sich aufgrund ihres spielerischen Charakters aber auch zur zwanglosen Auflockerung von Gruppenprozessen an. Die Möglichkeiten Märchen einzusetzen dürften sich in der Regel allerdings auf die Bereiche Therapie, Selbsterfahrung und die Arbeit mit Kindern (z. B. in der Schule) beschränken.

Die psychodramatische Arbeit mit Märchen vollzieht sich meistens in folgenden Schritten:

1. Wahl des zu spielenden Märchens
   Das Märchen kann durch die Leitung ausgewählt werden, wenn sich dies aufgrund von therapeutischen Überlegungen oder von vorgegebenen Themen anbietet. Ansonsten wählt die Gruppe das zu spielende Märchen selbst aus.
2. Besetzung der Rollen
   Auch hier kann die Leiterin in therapeutischen Kontexten auf der Basis ihrer Diagnostik entscheiden, wer welche Rolle spielen soll. In anderen Fällen wird das Märchen in der Gruppe zunächst vorgelesen, um die für das Spiel nötigen Rollen zu sammeln. Dann wählen die Teilnehmer ihre bevorzugte Rolle. Eine weitere Variante ist die soziometrische Rollenwahl, bei der die gesamte Gruppe mehrheitlich entscheidet, wer welche Rolle spielen soll.
3. Spielphase
   Nach einer kurzen Vorbereitungszeit, in der die Teilnehmer das Bühnenbild vorbereiten und sich mit Requisiten ausstaffieren können, beginnt das Spiel. Dabei ist die textgetreue Wiedergabe des Märchens weniger bedeutsam als der kreative Umgang mit der Vorlage.
4. Auswertungsphase
   Die Auswertung folgt dem aus Psychodrama-Gruppenspielen bekannten Muster:
   - Plenum: »Wie habe ich (als Teilnehmer) das Spiel erlebt?«
   - Plenum: »Wie habe ich die anderen Teilnehmer erlebt?« (Rollenfeedback).
   - Plenum: Prozessanalyse.
   - Dyaden: Reflexion des Spiels vor dem Hintergrund der eigenen Lebenssituation – »Was haben die Rolle, die ich gespielt habe und die Art, wie ich sie gespielt habe, mit mir, meiner Biografie und meiner aktuellen Situation zu tun?«

In der → Prozessanalyse wird der Spielverlauf einer genaueren Betrachtung unterzogen: Welche Teile des Märchens wurden fokussiert, welche ausgelassen? Wo wurde vom Text abgewichen? Wurden die Absprachen (das »Drehbuch«) eingehalten und, wenn nicht, warum nicht? An welchen Stellen gab es Abstimmungsschwierigkeiten? Welcher Teilnehmer hat welchen Beitrag geleistet? Wer hat die Führung übernommen? usw. Die Deutung des Märchens kann ebenfalls während der Prozessanalyse vorgenommen werden.

Darüber hinaus gibt es eine Vielzahl weiterer Möglichkeiten der psychodramatischen und nicht-psychodramatischen Arbeit mit Märchen, z. B. das freie Stegreifspiel, bei dem die Teilnehmer die Rolle ihrer Lieblingsmärchenfigur einnehmen. Eine gute Übersicht darüber gibt Franzke (1991).

Die Deutung von Märchen sowie die Erklärung ihres therapeutischen Nutzens sind ein weites Feld, das wir in diesem Rahmen nicht vertiefen können. Kast hat zu diesem Thema eine Reihe interessanter Bücher verfasst (zur Einführung s. Kast, 1993).

3.18 Psychodramatische Traumbearbeitung

In der → Surplus Reality bieten sich hervorragende Möglichkeiten für die psychodramatische Bearbeitung von Träumen. Der Protagonist richtet in einer Ecke der Bühne sein

Schlafzimmer ein und legt sich in das Bett. Dann fordert die Leiterin ihn auf sich vorzustellen, im Schlaf das betreffende Traumbild zu sehen. Dieses wird anschließend auf der Bühne eingerichtet und dynamisiert. Träumt der Protagonist z. B. von einer Kirche, wird diese auf dem verbleibenden Teil der Bühne »aufgebaut«. Entsprechend dem Traum des Protagonisten entwickelt sich nun ein »normales« Psychodrama-Spiel, entsprechend den in diesem Kapitel dargestellten Vorgehensweisen. Bei diesem mehrstufigen Konzept (Gruppensituation – Schlafzimmer – Traum) muss die Leiterin in besonderer Weise auf die Trennung zwischen den

Realitätsebenen achten. Sie kann Traum und Realität strikt getrennt halten, aber auch bewusst (!) von einer Ebene in die andere überwechseln: Die psychodramatische Darstellung »… mag an derselben Stelle wie der Traum ihr Ende finden. Oft wird sie darüber hinaus ohne Bruch zwischen Tag und Tagtraum fortgesetzt. Der Traum oder seine Fortsetzung können auf die Realitätsebene hinüberwechseln oder im Symbolischen verbleiben« (Leutz, 1974, S. 121). Für vertiefende Lektüre zu diesem Thema verweisen wir auf Leutz (1974) und Schönke (1980).

Zusammenfassung

Ein psychodramatisches Arrangement ist ein szenischer Rahmen, mit dem die subjektive Wirklichkeit des Protagonisten bzw. der Gruppe in eine manifeste Bühnengestaltung überführt werden kann. Innerhalb dieses szenischen Rahmens können dann verschiedene Handlungstechniken wie Rollentausch, Doppel oder Spiegel zum Einsatz kommen. Im szenischen Spiel werden reale oder fiktive Ereignisse nachgestellt. Mithilfe der Aufstellungsarbeit können Strukturen eines Systems wie z. B. die Beziehungen innerhalb einer Familie oder die widerstreitenden innerpsychischen Anteile in einem Konflikt abgebildet werden. Die szenische Abbildung von Prozessverläufen kann dazu beitragen, die Lebensgeschichte eines Protagonisten, die Entwicklung der Zusammenarbeit in einer Organisation oder einen ähnlichen Ablauf erlebbar zu machen. Weitere wichtige psychodramatische Arrangements umfassen das Stegreifspiel, die Zukunftsprojektion und den Zauberladen. Über die feststehenden Arrangements hinaus ist der Leiter aufgerufen, spontan eigene szenische Entsprechungen der jeweiligen Thematik zu entwickeln.

Literatur

Ameln, F. v. & Lames, G. (2007). Systemaufstellung in Organisationen – Von der Gegenwart zu den Ursprüngen und zurück. In Groth, T. & Stey, G. (Hrsg.), *Potenziale der Organisationsaufstellung. Innovative Ideen und Anwendungsbereiche* (131-153). Heidelberg: Auer.

Barbour, A. (1992). Purpose and strategy behind the magic shop. *Journal of Group Psychotherapy, Psychodrama & Sociometry, 45* (3), 91–101.

Blatner, A. (1996). *Acting-In. Practical Applications of Psychodramatic Methods* (3rd edn.). New York: Springer.

Buer, F. (1999). Morenos therapeutische Philosophie. Ihre aktuelle Rezeption und Weiterentwicklung. In F. Buer (Hrsg.), *Morenos therapeutische Philosophie. Die Grundideen von Psychodrama und Soziometrie* (3. Aufl., 227–258). Opladen: Leske & Budrich.

Buer, F. (2005). Aufstellungsarbeit nach Moreno. Soziometrie, Psychodrama und Gruppenarbeit – die vergessenen Wurzeln. *Personalführung, 38* (5), **24–33.**

Carlson-Sabelli, L., Sabelli, H. C. & Hale, A. E. (1994). Sociometry and sociodynamics. In P. Holmes, M. Karp & M. Watson (Hrsg.), *Psychodrama since Moreno: Innovations in Theory and Practice* (147–185). London: Routledge.

Constantine, L. L. (1978). Family sculpture and relationship mapping techniques. *Journal of Family and Marriage Counseling, 4* (2), 13–23.

Fox, J. (1991). Die inszenierte persönliche Geschichte im Playback-Theater. *Psychodrama, 4,* 31–44.

Franzke, E. (1991). *Märchen und Märchenspiel in der Psychotherapie: Der kreative Umgang mit alten und neuen Geschichten* (2. Aufl.). Bern: Huber.

Grochowiak, K. & Castella, J. (2002). *Systemdynamische Organisationsberatung. Handlungsleitfaden für Unternehmensberater und Trainer* (2. Aufl.). Heidelberg: Auer.

Gutermuth-Lissner, D. (1993). Die Entdeckung der Regiestuhl-Technik für die Behandlung psychosomatisch Kranker. In R. Bosselmann, E. Lüffe-Leonhardt & M. Gellert (Hrsg.), *Variationen des Psychodramas. Ein Praxis-Handbuch* (13–33). Meezen: Limmer.

Hare, A. P. & Hare, J. R. (1996). *J. L. Moreno*. London: Sage.

Hudgins, M. K. (1998). Experiential psychodrama with sexual trauma. In L. S. Greenberg, J. C. Watson & G. Lietaer (eds.), *Handbook of Experiential Psychotherapy* (328-348). New York: Guilford.

James, T. & Woodsmall, W. (2002). *Time Line : NLP-Konzepte zur Grundstruktur der Persönlichkeit* (5. Aufl.). Paderborn: Junfermann.

Jung, C.G. (1946). Zur Phänomenologie des Geistes im Märchen *(Gesammelte Werke, Bd. IX/1*, 223-269). Olten: Walter.

Kast, V. (1993). *Märchen als Therapie* (4. Aufl.). Solothurn: Walther.

Lauterbach, M. (2007). *Wie das Salz in der Suppe. Aktionsmethoden für die Gruppen- und Einzelarbeit.* Heidelberg: Auer.

Lauterbach, M. & Pfäfflin, E. (1998). Familienaufstellung und Psychodrama. In G. Weber (Hrsg.), *Praxis des Familien-Stellens. Beiträge zu systemischen Lösungen nach Bert Hellinger* (2. Aufl., 405–420). Heidelberg: Auer.

Leutz, G.A. (1974). *Das klassische Psychodrama nach J.L Moreno.* Berlin: Springer.

Petzold, H. (1971). Die therapeutischen Möglichkeiten der psychodramatischen »Magic Shop«-Technik. *Zeitschrift für klinische Psychologie und Psychotherapie, 19 (4),* 354–369.

Petzold, H. (1979). *Psychodrama-Therapie. Theorie, Methoden, Anwendung in der Arbeit mit alten Menschen.* Paderborn: Junfermann.

Sader, M. (1991). Realität, Semi-Realität und Surrealität im Psychodrama. In M. Vorwerg & T. Alberg (Hrsg.), *Psychodrama* (44–63). Heidelberg: Barth.

Schneider-Düker, M. (1992). Über die Bedeutung der Gegenrollen im Gefüge von Hilfs-Ich-Rollen, Rollen in Gruppenspielen und der Protagonistenrolle im Psychodrama. In F. Buer (Hrsg.), Jahrbuch *für Psychodrama, psychosoziale Praxis & Gesellschaftspolitik 1992* (57–72). Opladen: Leske & Budrich.

Schönke, M. (1980). Das Traumdrama in der Psychodrama-Gruppentherapie. *Gruppendyn*amik, *11 (2),* 110–121.

Schützenberger-Ancelin, A. (1979). *Psychodrama: ein Abriß; Erläuterung der Methoden.* Stuttgart: Hippokrates.

Simon, F. B. (2005). Zauberer oder Forscher – Klassische systemische Therapie vs. Bert Hellingers Aufstellungsarbeit aus einer konstruktivistischen Perspektive. In G. Weber, G. Schmidt & F. B. Simon (Hrsg.), *Aufstellungsarbeit revisited … nach Hellinger?* (53–70). Heidelberg: Auer.

Sparrer, I. (2006). *Systemische Strukturaufstellungen: Theorie und Praxis.* Heidelberg: Auer.

Stadler, C. & Spörrle, M. (2008). Das Rollenspiel. Versuch einer Begriffsbestimmung. *Zeitschrift für Psychodrama und Soziometrie, 7 (2),* 165–188.

Staemmler, F.-M. (1995). *Der »leere Stuhl«.* München: Pfeiffer.

Varga von Kibéd, M. (2003). Zwischen den Menschen – zwischen den Kulturen. Über die Anwendung Systemischer Strukturaufstellungen auf historische und politische Zusammenhänge. In A. Mahr (Hrsg.), *Konfliktfelder – Wissende Felder. Systemaufstellungen in der Friedens- und Versöhnungsarbeit* (54–64). Heidelberg: Auer.

Varga von Kibéd, M. & Sparrer, I. (2005). *Ganz im Gegenteil. Tetralemmaarbeit und andere Grundformen Systemischer Strukturaufstellungen – für Querdenker und solche, die es werden wollen* (5. Aufl.). Heidelberg: Auer.

Verhofstadt-Deneve, L. M. F. (2000).The »magic shop« technique in psychodrama: An existential-dialectical view. *International Journal of Action Methods – Psychodrama, Skill Training, and Role Playing, 53 (1),* 3–15.

Weber, G. (Hrsg.) (2002). *Praxis der Organisationsaufstellungen. Grundlagen, Prinzipien, Anwendungsbereiche* (2. Aufl.). Heidelberg: Auer.

Psychodramatische Handlungstechniken

»Was verändert werden soll, muß in der Therapie real erlebt werden. Oder: ,Reden ist Silber, real erfahren ist Gold'« (Grawe, 1995, S. 136).

In diesem Abschnitt werden die wichtigsten psychodramatischen Techniken dargestellt, die in der → Aktionsphase zum Einsatz kommen können. In der Psychodrama-Literatur wird zwar gerne darauf hingewiesen, dass eine sehr große Anzahl psychodramatischer Techniken existiert – Moreno (1959) spricht von 351–, in der Regel beschränkt sich die Darstellung dann aber auf wenige »Standardtechniken« (z. B. Rollentausch, Doppeln, Spiegel), die auch die Hauptgrundlage der praktischen Arbeit bilden. Hinzu kommen »größere« Rahmentechniken (→ »Arrangements«) wie beispielsweise das Stegreifspiel, die Skulpturarbeit oder der Zauberladen, die wir in ▶ Kap. 3 beschrieben haben. Eine umfassende Darstellung der seltener benutzten Techniken ist nicht erhältlich – Leutz (1974) kündigt einen ausschließlich den psychodramatischen Handlungstechniken gewidmeten zweiten Band an, der aber nie erschienen ist. Einen kurzen Überblick geben z. B. Treadwell, Stein und Kumar (1990), die wohl ausführlichste Abhandlung findet sich im Anhang des Buches von Schützenberger-Ancelin (1979).

Das Psychodrama ist eine kreative Methode, und es steht dem Leiter frei, je nach Zielsetzung und Anforderungen der Situation bestehende psychodramatische Techniken abzuwandeln, anderen Verfahren entstammende Techniken in seine Arbeit einzuflechten oder auch spontan neue Möglichkeiten der Spielgestaltung zu entwickeln und zur Anwendung zu bringen. Die Fülle von Gestaltungsmöglichkeiten, die das Psychodrama bereithält, darf jedoch nicht zur Beliebigkeit in der Anwendung der Techniken führen. Daher ist es wichtig, über ein theoretisches Konzept zu verfügen, in dem sich Leitungsentscheidungen aus einer begründeten Interventionstheorie ableiten. In Teil II dieses Buches wird ein formaler Rahmen für die Gestaltung psychodramatischer Interventionen dargestellt. Krüger (besonders 1997) hat eine allgemeine Theorie der Psychodrama-Techniken entwickelt, von der sich praktische Anwendungsmöglichkeiten und Indikationen für die wichtigsten Psychodrama-Techniken und -Arrangements im psychotherapeutischen Kontext ableiten lassen. Wir werden Krügers Argumentation in den folgenden Abschnitten immer wieder aufgreifen.

4.1 Das psychodramatische Interview

Das psychodramatische Interview dient zu Beginn der Aktionsphase zur Exploration des Themas (▶ Abschn. 9.3) und zur weiteren Erwärmung der Protagonistin. Im Verlauf und zum Abschluss des Spiels kann diese Technik eingesetzt werden, um den Prozess zu reflektieren. Gegenüber anderen Handlungstechniken zeichnet sich das psychodramatische Interview dadurch aus, dass es die Protagonistin nicht in der → Surplus Reality, sondern auf der Interviewebene (▶ Abschn. 9.3) anspricht.

4.2 Verbalisierungstechniken

Das Psychodrama verfügt über eine Reihe von Techniken zur Verbalisierung üblicherweise verborgener Gedanken und Gefühle, die als Monolog, Selbstgespräch, therapeutisches Selbstgespräch, Zur-Seite-Sprechen usw. bezeichnet werden. Weder in der Literatur noch in der praktischen Arbeit gibt es klare Abgrenzungen zwischen diesen Techniken. In allen Fällen spricht die Protagonistin auf Aufforderung des Leiters auf der Psychodrama-Bühne Gedanken oder Gefühle aus, die sie in der realen Situation nicht geäußert hat.

Dies kann a) in Form eines Monologs oder in Form eines Dialogs zwischen Leiter und Protagonistin geschehen; es kann sich b) um handlungsbegleitende (»Wenn ich meinen Chef so da stehen sehe, dann denke ich mir …«), aber auch um im Vorausblick (»Wenn ich daran denke, dass ich mit dem Chef gleich über die Urlaubspläne reden muss, dann fühle ich mich …«) oder im Rückblick (»Nach dem Gespräch mit meinem Chef ist da ein Gefühl von …«) auf die Szene entstehende Gedanken und Gefühle handeln.

Während die Protagonistin über ihre Gedanken und Gefühle spricht, kann die Szene c) für einen kurzen Moment gestoppt (»eingefroren«) werden oder aber im Hintergrund weiterlaufen. Letztere Möglichkeit bezeichnet man im Allgemeinen als »Zur-Seite-Sprechen«. Schließlich kann die Protagonistin d) durch Fragen des Leiters, aber z. B. auch durch explorierendes → Doppeln dazu angeregt werden, ihre Gedanken und Gefühle zu verbalisieren.

Die Verbalisierung von Gedanken und Gefühlen kann therapeutische Effekte auf mehreren Ebenen bewirken:
- Durch die Aufforderung zur Verbalisierung wird die Protagonistin dazu angehalten, ihre Aufmerksamkeit auf innere Vorgänge zu lenken, die sie bislang womöglich zu wenig beachtet hat. Der therapeutische Nutzen dieses Verweilens bei den eigenen Emotionen kann mittels der → Zeitlupentechnik weiter gesteigert werden;
- die Verbalisierung kann der Klärung zunächst nicht vollständig greifbarer oder verworrener eigener Gedanken und Gefühle dienen, da die Protagonistin gezwungen ist, ihr inneres Erleben in logisch klare sprachliche Formen zu fassen;
- ein weiteres wichtiges Therapeutikum liegt in der Möglichkeit, die eigenen Gedanken und Gefühle auszusprechen und mit der Gruppe zu teilen.

Während also alle Verbalisierungstechniken einerseits Anstöße zur Selbstexploration für die Protagonistin selbst darstellen, dienen sie andererseits auch dazu, dass der Leiter und die Gruppe Informationen gewinnen. Sie machen Hintergründe, Motive, Ziele, aber auch – wie im Fall des Zur-Seite-Sprechens – Unstimmigkeiten und Inkonsistenzen im Verhalten der Protagonistin deutlich.

Bei der Technik des Zur-Seite-Sprechens spricht die Protagonistin aus der Szene heraus Gedanken (über eine auf der Bühne befindliche Person) aus, so als könnte diese Person sie nicht hören. Hierbei ist besonders auf die Ebenentrennung zwischen der zu spielenden Situation in der Vergangenheit und der gegenwärtigen Arbeit auf der Psychodrama-Bühne zu achten. Eine mögliche Leiterintervention könnte z. B. sein: »Frau Prota, was denken Sie über Ihren Chef? Ihr Chef kann das jetzt gerade nicht hören, deshalb können Sie mir ruhig sagen, was Sie wirklich denken.«

Häufig entstehen Kommunikationsprobleme nicht daraus, dass etwas gesagt wurde, sondern dass etwas nicht gesagt wurde. In solchen Fällen kann der Leiter die Protagonistin dazu anregen, ihre im Selbstgespräch klar gewordenen Gedanken in der Szene selbst noch einmal zu wiederholen.

4.3 Rollentausch und Rollenwechsel

Der Rollentausch ist die wichtigste Technik des Psychodramas. Die meisten Autoren sehen den Rollentausch als konstitutives Element der psychodramatischen Methode an, ein sehr formales Kriterium, das wir nicht teilen (▶ vgl. die Einführung zu diesem Buch).

Die Rollen sind im Psychodrama an zwei Elemente gebunden:
- Position im Raum: Die Psychodrama-Theorie geht davon aus, dass die Positionen im Raum sich mit Rollenenergie aufladen, und dass das

4

Einnehmen der betreffenden Position im Raum die Rolleneinfühlung erleichtert.

— Requisiten, Accessoires und Symbole, die für ein typisches Merkmal der Rolle stehen: Diese »Insignien«, z. B. eine Krawatte, die für die Protagonistin die Steifheit des Chefs ausdrückt, dienen dem → Hilfs-Ich und der Gruppe als Hilfsmittel für die Einfühlung in die Rolle und erleichtern darüber hinaus, die Rolle später wieder abzulegen. Die Protagonistin wählt in der Regel ein Symbol für die Hilfs-Ich- und die Antagonistenrollen, seltener für ihre eigene Rolle.

Die Entscheidung, ob eine bestimmte Rolle mit einem Symbol ausgestattet wird oder nicht, trifft der Leiter. Er berücksichtigt dabei u. a. den Charakter der betreffenden Rolle, die Vertrautheit der Spieler mit dem Psychodrama und die Normen von Arbeitsfeld und Setting.

4.3.1 Der »einfache Rollentausch«

Beim Rollentausch tauscht die Protagonistin ihre Rolle mit der Rolle eines Interaktionspartners, der entweder als reale Person anwesend ist (wie z. B. in der Paarberatung) oder durch ein Hilfs-Ich verkörpert wird. Im erstgenannten Fall kann man von »reziprokem Rollentausch«, im letzteren Fall von »stellvertretendem Rollentausch« sprechen (Kellermann, 1994; Pruckner u. Schacht, 2003). Unser Fallbeispiel bezieht sich auf den stellvertretenden Rollentausch.

> **Ausgangssituation**
> Frau Prota und ihr Chef (gespielt von einem Hilfs-Ich, Frau Hingers) stehen sich auf der Bühne gegenüber (❏ Abb. 4.1). Frau Prota stellt eine Frage:»Ich würde gerne nächste Woche Urlaub haben. Ist das möglich? «, die das Hilfs-Ich, da es die Situation nicht erlebt hat, natürlich nicht beantworten kann.

Der Leiter gibt die Anweisung zum Rollentausch (❏ Abb. 4.2), der im

— Wechsel der räumlichen Position und

— im Austausch der Requisiten besteht.

In unserem Beispiel befindet sich Frau Prota nun auf der Position des Chefs, das Hilfs-Ich auf der Position von Frau Prota (❏ Abb. 4.3). Frau Prota

❏ **Abb. 4.1.** Rollentausch Ausgangssituation 1

❏ **Abb. 4.2.** Rollentausch Ausgangssituation 2

❏ **Abb. 4.3.** Rollentausch Ergebnis

übernimmt vom Hilfs-Ich die Krawatte und legt sie an.

Die Anweisung zum Rollentausch besteht in der Regel lediglich aus dem Wort »Rollentausch«. Bei mit dem Psychodrama nichtvertrauten Gruppen ist allerdings zu beachten, dass der Rollentausch zunächst gut angeleitet werden muss, z. B. durch die folgende Anweisung.

❯ Anweisung zum Rollentausch

»So, Frau Prota, kommen Sie doch einmal hier herüber und setzen sich auf den Stuhl Ihres Chefs. Sie, Frau Hingers, spielen jetzt bitte einen Moment lang die Frau Prota.

Frau Prota, versuchen Sie sich bitte einmal vorzustellen, Sie wären Ihr Chef. Wie heißt Ihr Chef? Aha, Sie sind also der Herr Maier. Herr Maier, wie lange sind Sie schon Chef in dieser Firma? … Da vorne steht die Frau Prota, wie lange arbeiten Sie schon mit Ihr zusammen?

Vielen Dank, kommen Sie jetzt bitte heraus aus der Rolle, Sie sind jetzt wieder Frau Prota und Sie Frau Hingers (Hilfs-Ich), sind jetzt wieder der Chef. Haben Sie eine Vorstellung bekommen, wie der Chef von Frau Prota ist? …«

Wichtig ist also, die Spieler von Anfang an in ihren Rollen anzusprechen (d. h. im Beispiel als Chef und nicht mehr als Frau Prota) und ihnen durch eine Rolleneinführung die Gelegenheit zu geben, sich in die neue Rolle einzufühlen.

Nach einigen auf diese Weise angeleiteten Durchgängen genügt dann meist die einfache Anweisung »Rollentausch«.

Die Anweisung zum Rollentausch wird gemäß der Psychodrama-Theorie unmittelbar nach einer Äußerung der Protagonistin gegeben und sollte möglichst **zügig, aber ohne Hektik** vollzogen werden. Nach dem Rollentausch läuft die Aktion sofort weiter. In der Regel sollte der letzte vor dem Rollentausch gesprochene Satz der Interaktion (insbesondere im Fall von Fragen) wiederholt werden, dies kann aber entfallen, wenn dadurch der Handlungsfluss unterbrochen würde.

Wie bereits angesprochen, darf über diesem Primat der Aktion nicht vernachlässigt werden, der Protagonistin und den Hilfs-Ichen in ihren Rollen ein emotional dichtes Erleben zu ermögli-

chen. Ein »Rollentausch-Feuerwerk« beschleunigt zwar die Aktion auf der Bühne, birgt aber die Gefahr, dass das Geschehen an der Oberfläche bleibt. Entsprechend kann es angemessen sein, die Protagonistin dem letzten gesprochenen Satz noch eine Weile nachsinnen zu lassen, bevor die Anweisung zum Rollentausch gegeben wird.

❯
Das Hilfs-Ich wiederholt aus der Rolle von Frau Prota die Frage »Ich würde gerne nächste Woche Urlaub haben. Ist das möglich?« Frau Prota antwortet aus der Rolle des Chefs: »Wer soll denn dann Ihre Arbeit machen?« (◻ Abb. 4.4).

Nun werden die Rollen zurückgetauscht – Frau Prota legt die Krawatte ab und geht zurück in ihre Rolle, das Hilfs-Ich nimmt wieder die Rolle des Chefs ein. Die Ausgangssituation ist damit wiederhergestellt.

Das Hilfs-Ich wiederholt den letzten Satz des Chefs: »Wer soll denn dann Ihre Arbeit machen?« Frau Prota antwortet nun wieder aus ihrer Rolle: »Ich habe schon mit Frau Schlüter gesprochen, und …« (◻ Abb. 4.5) etc.

Auf diese Weise wird die gesamte Handlung der Szene im Rollentausch rekonstruiert.

Der Leiter sollte darauf achten, dass die Hilfs-Iche die Vorgaben der Protagonistin möglichst genau replizieren. Dazu gehören

- der gesprochene Text,
- der Tonfall,
- die Körperhaltung,
- die Gestik und die Mimik.

◻ **Abb. 4.4.** Rollentausch Fortsetzung 1

4

▫ **Abb. 4.5.** Rollentausch Fortsetzung 2

Wichtiger als eine exakte Kopie aller Details ist jedoch, dass das Hilfs-Ich typische Ausdruckselemente der Rolle wiedergibt (z. B. wichtige »Kernsätze« oder besonders auffällige Gesten). Dabei können die Hilfs-Iche über die Vorgaben, die die Protagonistin ihnen im Rollentausch macht, hinausgehen (z. B. durch Überzeichnung bestimmter Gesten). Der Leiter muss auf solche Rollenerweiterungen situationsangemessen unterschiedlich reagieren (→ Hilfs-Ich).

Findet sich die Protagonistin (oder ein Hilfs-Ich) nur schwer in eine Antagonistenrolle ein, kann dies ein Anzeichen für Widerstand sein, auf den der Leiter entsprechend reagieren muss (▸ Kap. 17).

4.3.2 Rollentausch zwischen zwei Hilfs-Ichen

In einer Gesprächssequenz mit mehreren Personen ist es erforderlich, die Protagonistin der Reihe nach mit mehreren Rollen tauschen zu lassen (in unserem Beispiel etwa der Chef und die anwesende Kollegin). Der direkte Rollentausch zwischen zwei Hilfs-Ich-Rollen (etwa P → H$_1$ → H$_2$) ist dabei grundsätzlich zu vermeiden, da dadurch die Hilfs-Iche in die falschen Rollen geraten und Rollenkonfusionen entstehen können. Soll ein Rollentausch zwischen einer Protagonistin, die

sich gerade in einer Hilfs-Ich-Rolle befindet, und einem zweiten Hilfs-Ich stattfinden, muss die Protagonistin zunächst durch einen Rollentausch zurück in ihre eigene Rolle gebracht werden. Von dort aus kann dann ein Rollentausch mit dem zweiten Hilfs-Ich stattfinden (schematisch dargestellt also: P → H$_1$ → P; P → H$_2$ → P; etc. ▸ Beispiel).

▹ **Durchführung eines Rollentauschs zwischen zwei Hilfs-Ichen**
Frau Prota befindet sich nach einem Rollentausch in der Rolle des Chefs, das für den Chef eingesetzte Hilfs-Ich in der Rolle der Protagonistin. Ein zweites Hilfs-Ich spielt Frau Protas Kollegin, Frau Schlüter:

Frau Prota	spielt	Chef
Hilfs-Ich Chef	spielt	Frau Prota
Hilfs-Ich Kollegin	spielt	Kollegin

Nach einem Impuls des Chefs (z. B. »Und was sagt Frau Schlüter dazu?«) soll die Protagonistin einen Rollentausch mit Frau Schlüter vornehmen, um aus deren Rolle auf die Frage zu antworten. Würde nun »direkt« zwischen Frau Prota und ihrer Kollegin getauscht, ergäbe sich folgende **falsche** Konstellation (▫ Abb. 4.6):

Frau Prota	spielt	Kollegin
Hilfs-Ich Chef	spielt	Frau Prota
Hilfs-Ich Kollegin	spielt	Chef

Bei einem **korrekten** Vorgehen tauscht Frau Prota zunächst in ihre eigene Rolle zurück. Die Rollen sind nun wie folgt besetzt:

Frau Prota	spielt	Frau Prota
Hilfs-Ich Chef	spielt	Chef
Hilfs-Ich Kollegin	spielt	Kollegin

Nun findet der Rollentausch zwischen Frau Prota und der Kollegin statt, mit dem gewünschten Ergebnis (▫ Abb. 4.7):

Frau Prota	spielt	Kollegin
Hilfs-Ich Chef	spielt	Chef
Hilfs-Ich Kollegin	spielt	Frau Prota

Ebenso ist darauf zu achten, dass sich beim Schließen der Bühne alle Hilfs-Iche wieder in ihren ursprünglichen Rollen befinden sollten.

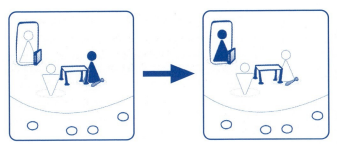

FALSCH!!

◘ **Abb. 4.6.** Hilfs-Iche falsch

RICHTIG!!

◘ **Abb. 4.7.** Hilfs-Iche richtig

4.3.3 Indirekter Rollentausch mit Stand-In

Ähnliche Konfusionen wie im soeben beschriebenen Beispiel können entstehen, wenn in einer Konstellation mit einer Protagonistin, einem Hilfs-Ich und einem → **Stand-In,** das die Protagonistin verkörpert, unsauber getauscht wird.

Frau Prota steht mit dem Leiter am Bühnenrand (► **Spiegel);** sie wird in der Szene, die den Konflikt zwischen ihr und ihrem Chef darstellt, vertreten durch ein Stand-In:

Frau Prota	im Spiegel	außerhalb der Szene
Stand-In	spielt	Frau Prota
Hilfs-Ich Chef	spielt	Chef

In dieser Situation kann es vorkommen, dass der Leiter die Protagonistin in die Rolle des Chefs bringen möchte, z. B. weil das Hilfs-Ich weitere Vorga-

▼

ben und Korrekturen der Protagonistin benötigt, um die Rolle des Chefs authentisch verkörpern zu können. Ein **falscher** direkter Rollentausch würde folgende Situation zur Folge haben:

Frau Prota	spielt	Chef
Stand-In	spielt	Frau Prota
Hilfs-Ich Chef	außerhalb	der Szene

Bei einem **korrekten** Vorgehen tauscht Frau Prota zunächst in ihre eigene Rolle zurück. Die Rollen sind nun wie folgt besetzt:

Frau Prota	spielt	Frau Prota
Hilfs-Ich Chef	spielt	Chef
Stand-In	außerhalb	der Szene

Nun findet der Rollentausch zwischen Frau Prota und der Kollegin statt, mit dem gewünschten Ergebnis:

Frau Prota	spielt	Chef
Hilfs-Ich Chef	spielt	Frau Prota
Stand-In	außerhalb	der Szene

4

Folgende Merkregel kann helfen, solche Konfusionen in Bühnensituationen mit Stand-In zu vermeiden:

❗ **Das Stand-In verbleibt grundsätzlich nur so lange in der Szene, wie die Protagonistin außerhalb der Szene ist – geht die Protagonistin zurück in ihre eigene Rolle, muss das Stand-In aus der Szene herausgenommen werden.**

4.3.4 Rollenwechsel mit Hilfs-Objekten und Symbolen

Anders als in den gängigen Rollenspielkonzepten geht es im Psychodrama nicht bloß um die Simulation sozialer Übungssituationen, sondern um eine umfassende Wiedergabe der subjektiven Wirklichkeit der Protagonistin. In der psychodramatischen → Surplus Reality, die diese subjektive Wirklichkeit nachbildet, sind nicht nur Personen sondern auch unbelebte Objekte (z. B. das Haus, in dem die Protagonistin geboren wurde), Pflanzen und Tiere (z. B. ein geliebtes Haustier) sowie immaterielle Entitäten (Gefühle, Einstellungen, Werte, Symbole) bedeutsam. Diese Elemente können in Form von Rollen auf die Bühne gebracht und von der Protagonistin ausgestaltet werden. In diesem Fall kann man nicht von einem Rollentausch im eigentlichen Sinne sprechen, da ein unbelebtes Objekt den Wechsel in die Rolle der Protagonistin nicht vollziehen kann und der »Tausch« daher einseitig bleibt. Stattdessen spricht man von Rollenwechsel, Rollenübernahme oder Rolleneinnahme. Diese Unterscheidung geht auf Petzold (1979) zurück – im Englischen wird dagegen generell von »role reversal« gesprochen und nicht zwischen Rollentausch und -wechsel differenziert.

4.3.5 Kollektiver Rollentausch

Bei der soziodramatischen Arbeit auf der Gruppenebene gibt es keine Protagonistin – alle Gruppenmitglieder spielen in gleichberechtigten Rollen (z. B. Mitarbeiter der Einkaufs-, der Verkaufs- und der Entwicklungsabteilung) oder Untergruppen (z. B. Täter, Opfer). Ein kollektiver Rollentausch bringt in solchen Gruppenspielen jede Teilneh-

merin – also nicht, wie im protagonistenzentrierten Psychodrama, nur die Protagonistin – in eine neue Rolle: Diejenigen, die zuvor die Täter spielen, werden nun zu Opfern und umgekehrt; die Einkäufer werden zu Verkäufern, die ehemaligen Verkäufer übernehmen die Rolle der Mitarbeiter der Entwicklungsabteilung und diejenigen, die zuvor diese Rolle innehatten, wechseln in die Rolle der Einkäufer.

Die Möglichkeiten der soziodramatischen Arbeit werden in ▶ Kap. 6 näher beschrieben.

4.3.6 Theoretische Hintergründe des Rollentauschs

Der Rollentausch ermöglicht es der Protagonistin, auf der Psychodrama-Bühne probeweise die Perspektive einer anderen Person zu übernehmen und so eine vertiefte Einfühlung für diese Person zu entwickeln. Darüber hinaus eröffnet er

❯❯ die Möglichkeit, Beziehungsmuster in Konflikten zu erkennen und zu verändern […]. Der Protagonist übernimmt im Rollentausch nicht nur wie in einem Rollenspiel die Rolle des anderen, sondern die Rolle des anderen in Beziehung zu sich selbst und auch wieder die eigene Rolle in der Beziehung zu dem anderen. (Krüger, 1997, S. 164)

Aus Morenos Sicht vollzieht sich in der kindlichen Rollenentwicklung (▶ Abschn. 14.3) eine Spaltung zwischen dem eigenen Ich und der Außenwelt (besonders der Mutter), mit der das Kind zunächst noch in ungeschiedener Symbiose lebt. Mit Hilfe des Rollentauschs kann das Kind in einem späteren Stadium der Rollenentwicklung diese Spaltung überwinden. Der Rollentausch auf der Psychodrama-Bühne vollzieht diese Funktion gleichsam auf reiferem Niveau nach – mit seiner Hilfe wird aus Morenos Sicht

❯❯ … die Spaltung, die in der menschlichen Entwicklung den Übergang vom ersten zum zweiten Universum kennzeichnet und sich als Spaltung zwischen dinglich realem Erleben und Vorstellung darstellt, aufgehoben. Es wird wieder real erlebt,

▼

allerdings nicht auf der ersten bis dritten, sondern auf der vierten und fünften Stufe der Rollenentwicklung. Dies bedeutet, dass die mit der Ich-Du-Differenzierung der Sprache eingeleitete Entwicklung nicht rückgängig gemacht, sondern erlebnishaft vertieft wird. Moreno (…) hat dem Erwachsenen nach Durchlaufen des Stadiums der Ich-Du-Differenzierung bzw. der Ich-Objekt-Differenzierung und der Sprachentwicklung sozusagen die Rückkehr in den Bereich ganzheitlich und realen Erlebens ermöglicht, ohne das Ergebnis dieser Entwicklung, nämlich die Bewusstheit im Geringsten zu gefährden. (Leutz, 1974, S. 48).

Lousada (1998) ergänzt diese Überlegungen zur Wirkungsweise des Rollentauschs vor dem Hintergrund der Forschung zur frühen Kindheitsentwicklung.

Krotz zeigt in seinem wichtigen Beitrag, dass der ständige imaginäre Rollentausch mit dem Gegenüber eine wichtige Grundlage jedes Interaktionsprozesses darstellt:

» Weil jeder der Beteiligten dabei auf die Deutungsleistungen und Interpretationen des anderen Bezug nehmen muß, ist für Interaktion eine kontinuierliche wechselseitige Perspektivenverschränkung notwendig, die psychodramatisch als ständig durchzuführender imaginativer Rollentausch begreifbar ist. Die beteiligten Interaktionspartner müssen sich immer wieder in den oder die anderen hineinversetzen und in deren Perspektive die Situation, die Sachverhalte und auch sich selbst zu betrachten und zu rekonstruieren versuchen, und sie müssen immer wieder zu sich selbst zurückkehren, um ihr Handeln auf das oder der anderen zu beziehen: um zu verstehen, was der andere meint, um zu verstehen, wie die eigenen Aktivitäten ankommen bzw. wie sie anzulegen sind, und um zu überprüfen, ob sie in ihrem am anderen orientierten Handeln noch selbst angemessen vorkommen. (Krotz, 1992, S. 310 f.).

Der psychodramatische Rollentausch stellt sich aus dieser Perspektive als Technik dar, mit deren Hilfe die jeder Interaktion zugrunde liegenden Perspektivverschränkungen rekonstruiert, analysiert und ggf. mit einem neuen Skript versehen werden können.

Krüger (1989; 1997; 2003) hat detaillierte Überlegungen zu den tiefenpsychologischen Hintergründen des Rollentauschs angestellt. Seiner Ansicht nach dient die Technik zur Aufhebung von Abwehrtendenzen durch Rationalisierung und durch Identifizierung mit dem Angreifer. Damit sieht Krüger den Rollentausch als besonders geeignet für die Behandlung von depressiven und aggressiv gehemmten Klientinnen: Hier bringt der Rollentausch die Protagonistin in die expansive Rolle (in unserem Fallbeispiel in die Rolle des Chefs) und führt dazu, dass die Protagonistin das expansive Verhalten des Gegenspielers in ihr Ich aufnimmt (Krüger, 1997). So gestärkt kann sie in ihrer eigenen Rolle Möglichkeiten für eine bessere Abgrenzung entwickeln und erproben.

Von verschiedener Seite ist die Nähe des Rollentauschs zu aktuellen systemischen Konzepten herausgestellt worden. Der Rollentausch kann als »eine agierende Spielart des zirkulären Fragens« (Klein, 1989, S. 279) betrachtet werden.

4.3.7 Indikation und Ziele des Rollentauschs

Die Technik des Rollentauschs wird im Psychodrama eingesetzt, um

- dem Hilfs-Ich, der Gruppe und dem Leiter die Einfühlung in eine neu eingeführte Rolle zu ermöglichen,
- dem Hilfs-Ich im Handlungsverlauf Informationen zu geben, die es für das Ausfüllen der Rolle braucht (insbesondere Antworten auf von der Protagonistin gestellte Fragen),
- Empathie und Verständnis der Protagonistin für ihre Interaktionspartner zu erhöhen (A soll erleben, wie man sich in der Rolle des B fühlt),
- der Protagonistin ein Feedback über ihr eigenes Verhalten zu geben (A soll erleben, wie ihr Verhalten aus der Rolle des B wirkt),

4

- die Bedeutung von Symbolen, inneren Anteilen und anderen symbolischen Rollen zu erforschen,
- Abwehrhaltungen der Protagonistin und festgefahrene Situationen durch einen Perspektivenwechsel aufzulockern und
- das Zusammenspiel im Rollenverhalten der Beteiligten zu erkennen und neu zu gestalten (in besonderem Maße ist dies z. B. in der Paartherapie hilfreich).

Der Rollentausch ist zu vermeiden bzw. mit Vorsicht anzuwenden a) bei ich-schwachen Personen (z. B. Psychotikern) und b) wenn mit stark negativen bzw. angstbesetzten Rollen (z. B. Mörder, Tod) oder angstbesetzten Objekten (z. B. bei Phobien) getauscht werden soll. Diese Kontraindikation betrifft auch den Rollentausch mit dem Aggressor in der Therapie mit Traumapatientinnen.

4.3.8 Empfehlungen zum Einsatz des Rollentauschs

Der Rollentausch ist eine konstitutive und sehr leistungsfähige Technik des Psychodramas, deren Möglichkeiten in diesem Abschnitt deutlich geworden sein dürften. Insofern wird sich beim Einsatz in verschiedenen Anwendungsbereichen in der Regel nicht die Frage stellen, ob der Rollentausch zum Einsatz kommt. Es wird aber zu hinterfragen sein, wie das Erleben der Protagonistin in den Rollen ihrer Mitspieler gestaltet wird. Indikation und Grenzen der Anwendung sind dabei vom Setting und von der jeweiligen Zielsetzung des Leiters abhängig. Im Bereich der Erwachsenenbildung, wo der Schwerpunkt in der Regel eher auf Training und kognitiv verankerter Reflexion liegt, ist beispielsweise zu berücksichtigen, dass jeder Rollentausch – und insbesondere der Wechsel in die Antagonistenrolle – zu einem tiefen Erleben führt, das unter Umständen nicht dem Auftrag entspricht.

Auf rein praktischer Ebene ist darauf zu achten, dass der Rollentausch in psychodramaunerfahrenen Gruppen anfangs gut angeleitet werden muss, um die Teilnehmer nicht zu verwirren, und um auftretenden Widerständen zu begegnen.

Der Rollentausch sollte nicht zu häufig eingesetzt werden, da dies Protagonistin und Hilfs-Iche ermüden kann.

4.4 Doppel

Die Doppeltechnik besteht darin, dass ein Gruppenmitglied oder der Leiter für eine kurze Sequenz aus eigenem Antrieb aus der Rolle der Protagonistin heraus, als deren Doppelgänger, alter Ego oder als Veräußerung ihrer »inneren Stimme«, spricht. Dabei findet kein Rollentausch statt, sondern das Doppel tritt – in der Regel für kurze Zeit – seitlich hinter die Protagonistin, sodass es ihre Reaktion beobachten kann. Die Protagonistin bleibt währenddessen in ihrer Rolle. Der Doppelnde spricht immer in der ersten Person, so als wäre er die Protagonistin selbst.

Diese Technik wird eingesetzt, um die Protagonistin emotional zu stützen und/oder sie zur Selbstexploration anzuregen. Es gibt verschiedene Formen des Doppelns, mit denen jeweils unterschiedliche Zielsetzungen verfolgt werden können (zur Vertiefung empfehlen wir Petzold, 1979; Leveton, 1992).

4.4.1 Einfühlendes/ stützendes Doppel

- Die doppelnde Person spricht auf der Basis ihrer Einfühlung Gefühle, Gedanken, Wünsche etc. aus, die sie bei der Protagonistin wahrzunehmen glaubt, die diese aber nicht äußert. Mögliche Effekte des einfühlenden/stützenden Doppels sind: Der Protagonistin wird eine Hilfe zur Wahrnehmung ihrer eigenen Gedanken und Gefühle gegeben,
- der Protagonistin wird ein tragendes Gefühl des Verstandenwerdens vermittelt,
- das Doppel schlägt vielleicht eine Möglichkeit zu denken oder zu handeln vor, die die Protagonistin selbst bislang nicht gesehen hatte oder

— die Protagonistin wird darin unterstützt, ein neues und vielleicht ungewohntes oder mit Scheu verbundenes Verhalten in der geschützten Spielsituation zu erproben.

> **Beispiele für einfühlende Doppel**
> — »Ich fühle mich missachtet, weil mein Chef meine Bedürfnisse nicht ernst nimmt. Außerdem bin ich verletzt von seinem Tonfall.«
> — »Ich wünschte mir, mein Vater würde mich einmal loben.«
> — »Am liebsten würde ich jetzt weglaufen.«
> — »Ich fühle mich allein gelassen. Meine Mutter kümmert sich nie um mich.«

Beim einfühlenden Doppel kann es den wechselseitigen Kontakt zwischen Doppel und Protagonistin fördern, wenn das Doppel der Protagonistin die Hand auf die Schulter legt. Auf einen solchen Körperkontakt sollte natürlich nicht gedrängt werden. Dies gilt gerade für Gruppen, deren Mitglieder noch nicht miteinander vertraut sind. In nichttherapeutischen Anwendungsfeldern ist er in der Regel unangemessen. Nicht zuletzt hängt es sehr von der Protagonistin ab, ob sie die Berührung als mitfühlende und tragende Geste oder aber als Grenzverletzung erlebt, die sie angesichts des sozialen Drucks der Leitung und der Gruppe nicht zurückzuweisen wagt.

4.4.2 Der stützende Doppelgänger

Neben dem Doppeln kurzer Sequenzen hat der Leiter die Möglichkeit, der Protagonistin über längere Zeit (bis hin zur gesamten Dauer des Spiels) einen oder auch mehrere Doppelgänger als Alter Ego an die Seite zu geben. Dies kann ein Doppelgänger sein, der in stark konfrontativen Situationen (z. B. einem Streit mit dem Vater) das Verhalten der Protagonistin kopiert und dieser damit Mut macht oder auch ein schweigender Doppelgänger, der einfach »da ist« und emotionalen Halt vermittelt.

Der schweigende Doppelgänger eignet sich unter anderem dann als Stütze für die Protagonistin, wenn im Spiel mit konfrontativen Techniken (z. B. → Spiegel, → Maximierung, → »Behind your back«) gearbeitet wird.

4.4.3 Explorierendes Doppel

Bei dieser Doppelvariante tritt der Leiter hinter die Protagonistin und spricht aus deren Rolle einen unvollständigen Satz wie beispielsweise »Ich reagiere hier so, weil …« oder »Ich fühle mich gerade …«, um die Protagonistin damit zur Selbstexploration anzuregen. Das explorierende Doppeln kann auch für den Leiter eine Möglichkeit sein, Einblick in die unausgesprochenen Gedanken und Gefühle der Protagonistin zu gewinnen.

Hinter dem explorierenden Doppel steht letztlich eine Frage, z. B. »Warum reagierst Du in dieser Situation so?«, oder eine Aufforderung, z. B. »Versuch' Dir klarzumachen, wie Du Dich gerade fühlst«, die das explorierende Doppel in der Ich-Form formuliert.

> ❗ Der Vorteil des explorierenden Doppels liegt darin, dass die Protagonistin nicht auf einer Ebene des rationalen Dialogs, sondern auf einer Ebene einer »inneren Stimme« angesprochen wird, was die Konzentration auf ihr inneres Erleben lenkt.

4.4.4 Doppeln von Selbstbeobachtungen

Diese Form der Doppeltechnik ähnelt in ihrer Funktion dem explorierenden Doppel: Ein Gruppenmitglied oder der Leiter lenkt die Aufmerksamkeit der Protagonistin auf auffällige emotionale Reaktionen, Gesten und Körperhaltungen, die diese selbst nicht zu bemerken scheint. Das Doppel sollte eine beschreibende, keine deutende Form haben – wobei allerdings die Beschreibung einer Beobachtung ohne Interpretation häufig schwierig ist:

— »Ich merke, wie ich immer angespannter werde« oder
— »Ich wirke äußerlich ganz ruhig, aber in Wirklichkeit zittern mir die Knie«.

4.4.5 Hinterfragendes Doppel

Bei dieser Variante wird eine zuvor von der Protagonistin getroffene Aussage in Form eines Dop-

pels hinterfragt, um die Protagonistin zum Überdenken ihrer Aussage anzuregen oder herauszuarbeiten, was ungesagt blieb:
- »Ich habe gerade gesagt, ich sei mit dem Vorschlag einverstanden – aber bin ich wirklich einverstanden?« oder
- »Fühle ich wirklich so?«

4.4.6 Intensivierendes Doppel

Die Absicht des intensivierenden Doppels liegt darin, Äußerungen der Protagonistin schärfer zu formulieren, um so Unklares »auf den Punkt« zu bringen und Gefühle klarer herauszuarbeiten (▶ vgl. Beispiel).

> Protagonistin: »Ich mag Dich.«
> Doppel: »Ich mag Dich nicht nur, ich brauche Dich auch.«
> Protagonistin: »Ich finde es schade, dass die Arbeiten immer noch nicht erledigt sind.«
> Doppel: »Ich bin ärgerlich und enttäuscht über Ihre Unzuverlässigkeit.«

4.4.7 Persuasives Doppel

Bei dieser Form des Doppelns versucht das Doppel, in der Regel der Leiter, die Protagonistin dazu zu ermutigen, eine bestimmte Handlung auszuführen. Petzold schildert ein persuasives Doppel bei der Behandlung eines 11-jährigen Mädchens, das an einer Hundephobie leidet:

>> Ich sollte es doch einmal versuchen. Was kann denn schon passieren? Vielleicht versuche ich erst einmal einen Schritt und sehe dann weiter. Na also, war ja halb so schlimm. Und jetzt schaue ich den Hund fest an. Er knurrt ja gar nicht. Noch einen Schritt. Ich kann ja wieder zurückgehen. Bin ich denn so ein Angsthase? Ich mache doch noch einen Schritt. (Petzold, 1979, S. 186).

Die Form, in der das Alter Ego im persuasiven Doppel versichernde Impulse gibt, entspricht der Form, in der sich Kinder selbst Mut zusprechen.

4.4.8 Deutendes Doppel

Der Leiter tritt hinter die Protagonistin und spricht seine Interpretation ihres Verhaltens in Form eines Doppels aus: »Ich reagiere hier so, weil mich das Verhalten meines Chefs an die herrische Art meines Mannes erinnert«.

Da die Protagonistin die Deutung sozusagen als aus der »Innenperspektive« kommend und nicht als weise Belehrung von außen erlebt, kann es ihr unter Umständen leichter fallen, die Interpretation zu akzeptieren. Letztlich enthält natürlich jedes Doppel eine Deutung – bis auf den stützenden Doppelgänger, das explorierende Doppel und das soufflierende Leiterdoppel –, der Name der Technik bezieht sich also mehr darauf, dass die Deutung hier auch in expliziter Form ausgesprochen wird.

4.4.9 Paradoxes Doppel

Beim paradoxen Doppeln doppelt der Leiter absichtlich »falsch«, d. h. entgegen seiner eigentlichen therapeutischen Zielsetzung, um die Selbstregulationsfähigkeiten der Protagonistin durch eine → Maximierung der Gegenkräfte zu aktivieren.

> **Paradoxes Doppel am Beispiel von Frau Prota und ihrem Chef**
> Chef: »Ich lasse mir doch nicht von einer Sekretärin sagen, wie ich die Firma zu führen habe!«
> Frau Prota: »Entschuldigung, das sollte nicht so klingen, als wollte ich Ihnen Vorschriften machen, nur …«
> Chef: »Wenn das nicht so klingen sollte, haben Sie das ja gut verborgen.«
> Doppel: »Ja, Chef, Sie haben ja recht, ich bin ein kleines dummes Mäuschen und sollte den Mund halten, denn mein Chef hat immer recht.«
> Frau Prota: »Ich bin überhaupt kein Mäuschen und so viel Mist wie der Typ täglich verbockt …«
> Leiter: »Dann wehren Sie sich doch …«

Paradoxe Interventionen wirken nur dann, wenn sie in der richtigen Situation und richtig nuanciert angewandt werden, ansonsten können sie leicht die gegenteilige Wirkung hervorrufen und die Beziehung zwischen Protagonistin und doppelnder Person (Leiter oder Gruppenmitglied) nachhaltig stören. Daher setzen sie eine intakte, vertrauensvolle Beziehung voraus. Sie werden nur punktuell eingesetzt und dann mit anderen technischen Verfahren weitergeführt.

4.4.10 Geteilte/multiple Doppel

Bislang wurden Doppelsituationen beschrieben, in denen jeweils eine Person die Protagonistin doppelt. Es können aber auch Situationen entstehen, in denen mehrere Doppel gleichzeitig auf der Bühne sind, wie im folgenden Fallbeispiel.

> Ein Teilnehmer einer Selbsterfahrungsgruppe hat einen Handwerker beauftragt, ihm einen Wintergarten zu bauen. Der vereinbarte Fertigstellungstermin ist lange verstrichen, doch dem Handwerker gelingt es – unterstützt durch das mangelnde Durchsetzungsvermögen des Teilnehmers – immer wieder, sich mit allerlei Argumenten herauszuwinden. Auf der Bühne wird ein Telefonat mit dem Handwerker nachgestellt.

Protagonist:	»Ja, guten Abend, Herr Holzkamp, ich hoffe, ich störe Sie nicht um diese späte Stunde?« (Rollentausch)
Protagonist als H.:	»Ach, Herr Krauss, das ist ja schön, dass Sie anrufen. Mir geht's gut, ich fahre morgen mit meiner Frau auf's Land zu unseren Verwandten.« (Rollentausch zurück)
Protagonist:	»Na, das ist ja schön für Sie beide – Sie haben sich also von Ihrer Grippe erholt?«
Doppel A:	»Eigentlich möchte ich lieber so weiter plaudern als diese leidige Sache mit dem Wintergarten anzusprechen. Das liegt mir nicht so, Leuten Druck zu machen.«
Protagonist:	»Ja, ich drücke mich da so ein wenig herum. Na gut: Herr Holzkamp, eigentlich rufe ich wegen dem Wintergarten an.« (Rollentausch)

▼

Protagonist als H.:	»Ja, gut, dass Sie's sagen. Ich war gestern beim Glaser wegen der fehlenden Teile, und da hat sich herausgestellt, dass wir doch noch etwa 15 m² mehr brauchen, für diesen Seitenflügel. Da bräucht' ich dann noch Mal einen Vorschuss von Ihnen, damit ich das dann in Auftrag geben kann.« (Rollentausch zurück)
Doppel B:	»Das ist jetzt schon der vierte Vorschuss, ohne dass ein Handschlag passiert ist! Wenn ich nicht bald mal auf den Tisch haue, ist der Wintergarten in 10 Jahren noch nicht fertig.«
Protagonist:	»Ja, schon richtig. Also, Herr Holzmann, ich würde morgen gerne mal bei Ihnen in der Werkstatt vorbeikommen, um mir die fertigen Teile schon mal anzuschauen.«
H. (Hilfs-Ich improvisiert):	»Morgen sind wir ja, wie gesagt, bei den Verwandten. Aber was halten Sie davon, wenn wir uns am Samstag mal auf ein Bier treffen?«
Protagonist:	»Ja, das können wir natürlich machen.«
Doppel C:	»Eigentlich mag ich den Holzkamp richtig gerne. Wenn ich jetzt mit Vertragserfüllung und solchen Sachen ankomme, mache ich auch was kaputt. Vielleicht ist es mir wichtiger, mit ihm ein Bier trinken gehen zu können – was brauch' ich einen Wintergarten?«
Protagonist:	»Das ist nicht von der Hand zu weisen. Wir kennen uns ja auch schon lange.«
Doppel B:	»Das Bier muss ich ihm wahrscheinlich auch ausgeben. Der Holzkamp lacht sich ja kaputt, wenn ich ihm schon wieder Vorschuss gebe.«

4

Diese Situation, in der mehrere Gruppenmitglieder ambivalente oder widerstreitende innere Positionen der Protagonistin doppeln, wird als »divided double« (Blatner, 1996), von anderen Autoren auch als »multiples Doppel« oder »Ambivalenzdoppeln« bezeichnet. Blatner (1996) verwendet die Bezeichnung »multiples Doppel«, wenn mehrere Gruppenmitglieder die Protagonistin als Gesamtperson doppeln, z. B. um diese in einem Streitgespräch mit dem Antagonisten anzufeuern und in ihrer Meinung zu bestärken. Diese Situation kommt auch im → Soziodrama häufig vor.

4.4.11 Das »soufflierende« Leiterdoppel

Der Leiter kann eine Variante der Doppeltechnik einsetzen, um die Aktion in Gruppen mit Spielhemmungen zu beschleunigen oder zu intensivieren. Wenn ein Hilfs-Ich seinen Part vergisst, wichtige Kernsätze auslässt oder seine Rolle zu ausdruckslos und uneinfühlsam spielt, kann der Leiter die fehlenden Elemente der Rolle (z. B. Text, Tonfall, Gesten) gewissermaßen »soufflieren«. Diese Form des Leiterdoppels intendiert keine Kritik an der Darstellung der Spieler und kein Drängen auf eine perfekte Inszenierung, sondern lediglich eine Hilfestellung für die Beteiligten, die im Dienste des Spiels und der Protagonistin steht. Insofern muss der Leiter darauf achten, dass seine Intervention für die betroffenen Gruppenmitglieder sehr verletzend sein kann, wenn sie nicht in diesem Geiste erfolgt.

4.4.12 Theoretische Hintergründe des Doppels

Die Doppeltechnik verweist für Moreno zurück auf die erste Phase der frühkindlichen Rollenentwicklung, in der sich das Kind noch nicht als von der Umwelt und der Mutter unterschieden erlebt (▶ Abschn. 14.3). Dadurch, dass der Doppelnde verdrängte Gefühle und Gedanken ausspricht, stellt er »… während der Zeitspanne des Doppelns für den Protagonisten, wenigstens in Bezug auf sich selbst, die Geschlossenheit seines ersten Universums wieder her« (Leutz, 1974, S. 46).

Krüger (1997) sieht die Doppeltechnik als Möglichkeit, um Abwehr durch Spaltung oder Introjektion aufzuheben: »Das Doppeln führt bei primärprozesshaft organisiertem Handeln den Sekundärprozess wieder ein. Dadurch wird der Protagonist wieder zu einer eigenständigen, sich selbst organisierenden Person mit eigenem Wollen, Fühlen, Wahrnehmen und Denken (…). Das Doppeln hilft, die Beziehung zu sich selbst wiederherzustellen« (S. 128).

Lousada (1998, S. 222) betrachtet das Doppel als Hilfe für die Verbalisierung von präverbalen Erlebnissen und Emotionen: »Doppeln kann die frühesten Aspekte der präverbalen Kindheit zum Vorschein bringen, die nicht vollständig überwunden wurden: Das frühe Bedürfnis gehalten zu werden und die Angst vor Desintegration zu überleben, Ich-Stärke zu gewinnen, Trennung und Bindung«. Leveton (1991) weist auf die Verwandtschaft der Doppeltechnik mit dem familientherapeutischen Konzept des »Joining« (Minuchin u. Fishman, 1981) und mit dem »Pacing« des NLP (Bandler u. Grinder, 1996) hin.

4.4.13 Indikation und Ziele des Doppels

Die Doppeltechnik wird im Psychodrama eingesetzt, um
- die Protagonistin emotional zu stützen und ihr zu vermitteln, dass andere Verständnis für ihre Situation haben (analog dem »Sharing«, z. B. einfühlendes/stützendes Doppel);
- die Protagonistin zur Selbstexploration anzuregen und ihre Wahrnehmung auf »blinde Flecken« zu richten (z. B. explorierendes Doppel);
- verschiedene Persönlichkeitsanteile der Protagonistin herauszuarbeiten (z. B. geteilte Doppel);
- Klientinnen mit schweren strukturellen Defiziten oder in existenziellen Krisen zu stützen (stützender Doppelgänger; vgl. Krüger, 1997, S. 129);
- Patienten mit Kontaktstörungen den Zugang zum therapeutischen Raum der Gruppe zu eröffnen (vgl. Krüger, 1997, S. 129);

▬ Widerstände und Abwehrhaltungen aufzulösen (z. B. paradoxes Doppel; ▶ Kap. 17). In der Therapie und Beratung von Jugendlichen sind beispielsweise das einfühlende und das hinterfragende Doppel hilfreich, um anfängliches Misstrauen und Schweigsamkeit zu überwinden, wie Leveton (1991) und Pitzele (1991) anschaulich illustriert haben.

Die Doppeltechnik ist bei Ich-schwachen Personen (z. B. Psychotikern) zu vermeiden bzw. mit Vorsicht anzuwenden. Binswanger (1977, S. 46 f.) leitet seine Warnungen aus Morenos Annahme ab, die Doppeltechnik korrespondiere in der kindlichen Entwicklung mit dem Stadium der All-Identität:

> » Die Doppelgängertechnik [gemeint ist die Doppeltechnik im Allgemeinen] setzt also in den frühesten Stadien der Persönlichkeitsentwicklung an. Hat ein Protagonist diese Stadien mehr oder weniger erfolgreich durchlaufen, wird ein Eingreifen auf diesem Niveau anscheinend gut ertragen und als hilfreich empfunden. War diese Phase der Entwicklung traumatisierend, wird der Rückgriff auf die Doppelgängertechnik zur Beeinflussung des Spielverlaufs als bedrohlich empfunden und muss abgewehrt werden. Der Leiter wird dann wie eine symbiotischmanipulative Mutter erlebt, welche im Zustand der All-Identität nicht empathisch die Bedürfnisse des Säuglings erfühlt und befriedigt, sondern diesen nach eigenen Bedürfnissen lenkt oder manipuliert. (…) Die Verwendung der Doppelgängertechnik zum Zwecke der Spielleitung setzt also eine ausreichende Kenntnis der Persönlichkeitsstruktur des Protagonisten voraus.

Dieses Zitat enthält bereits eine Relativierung: Die Doppeltechnik kann manipulativ und übergriffig wirken, wenn die Beziehung zwischen Leiter und Protagonistin (noch) nicht ausreichend tragfähig ist – gerade bei dem von Binswanger (1977) angesprochenen Klientenkreis bestehen in diesem Punkt besondere Schwierigkeiten.

4.4.14 Empfehlungen zum Einsatz des Doppels

Der einfühlsame Einsatz der Doppeltechnik kann einem Spiel entscheidende Impulse geben, emotionale Tiefe in ein bis dahin eher oberflächlich verlaufendes Spiel bringen, der Protagonistin Entlastung und Stütze bieten und gelegentlich kathartisches Erleben einleiten (→ Katharsis). Daher gehört das Doppel – neben dem Rollentausch – zu den intensivsten und bedeutsamsten Techniken des Psychodramas.

❶ **Die Doppeltechnik macht sich den Umstand zunutze, dass Außenstehende häufig eine Einfühlung für Gefühle und Motive der Protagonistin haben, für die diese selbst einen »blinden Fleck« hat; aber auch, dass die Gruppenmitglieder aufgrund ihrer unterschiedlichen Lebenserfahrung der Protagonistin im Doppel Perspektiven eröffnen können, die für sie neu und bereichernd sind.**

Die Form des Doppels gibt der Protagonistin das Gefühl, verstanden zu werden und erleichtert es ihr, unangenehme Erkenntnisse einzugestehen. Schließlich ermöglicht die Technik auch denjenigen Gruppenmitgliedern, die nicht als Hilfs-Ich auf der Bühne sind, eine aktive Teilnahme am Spielgeschehen.

Auf der anderen Seite muss die Doppeltechnik behutsam eingesetzt werden: Sie »… kann Abwehrmechanismen oder Bewältigungsstrategien sehr effektiv schwächen. Gelegentlich kann dies zu schnell geschehen und innerpsychische Fragmentierung aufrecht erhalten oder erhöhen statt die Integration zu verbessern« (Lousada, 1998, S. 211).

Ein weiterer zweischneidiger Aspekt der Doppeltechnik ist sicherlich ihre ausgesprochen suggestive Wirkung: Ein Doppel stellt letztlich – trotz allem zuvor Gesagten und aller subjektiven Überzeugung des Doppelnden – eine Hypothese eines Außenstehenden dar, wobei die Regeln aber vorgeben, dass diese Hypothese als Äußerung einer »inneren Stimme« und im Indikativ zu formulieren ist. Dass es der Klientin in einer therapeutischen Situation, sich ihrer selbst ohnehin unsicher, aufgrund des sozialen Charakters der Situation (zugeschriebene Kompetenz des Leiters,

4

Gruppendruck etc.) schwerfallen dürfte, diese »innersten Wahrheiten« von sich zu weisen, scheint offensichtlich. Suggestionen werden seit alters her zu therapeutischen Zwecken verwendet, heutzutage unter anderem in der systemischen Therapie und in der Hypnotherapie, sie stellen aber auch ein Einfallstor für gewollte und ungewollte Manipulationen zum Schaden der Klientin dar. Gerade mehrfache Wiederholung eines Doppels durch unterschiedliche Gruppenmitglieder kann die Protagonistin dazu drängen, sich dem sozialen Druck der Gruppe (bewusst oder unbewusst) zu beugen und die Meinung der Gruppe als Selbsterkenntnis zu übernehmen. Daher ist eine kritische Distanz des Leiters zu den Doppeln (auch seinen eigenen) unbedingt erforderlich. Dabei ist besonders auf die bereits erwähnte Tendenz der Wiederholung der Dynamik des von der Protagonistin bearbeiteten Themas in der Beziehung zwischen Protagonistin und Gruppe/Leitung zu achten.

In der Arbeit mit der Doppeltechnik gibt es eine Reihe immer wieder auftretender Fragen, die hier diskutiert werden sollen.

Darf der Leiter doppeln?

Einige Psychodramatiker meinen, der Leiter dürfe generell nicht doppeln, da die Protagonistin in dieser Zeit »leiterlos« sei. Für einen einfühlsamen und kompetenten Leiter kann die Doppeltechnik aber ein wichtiges therapeutisches Instrument darstellen, insbesondere bei Protagonistinnen, denen es schwer fällt, Zugang zu den eigenen Emotionen zu finden. Leiterdoppeln ist in unseren Augen daher – außer bei sehr Ich-schwachen Klientinnen – nicht verboten, sondern ausdrücklich empfohlen; verbunden allerdings mit der Warnung, die Leitungsfunktion nicht aus den Augen zu verlieren. Darüber hinaus wird in mit dem Psychodrama unerfahrenen Gruppen die Aufgabe des Doppelns zunächst ohnehin dem Leiter zufallen, da die übrigen Gruppenmitglieder mit der Technik noch nicht vertraut sind oder die mit dem Doppel verbundene Selbstoffenbarung scheuen.

Wer kann gedoppelt werden?

In der Regel wird nur die Protagonistin gedoppelt. Der Leiter kann in besonders gelagerten Einzelfällen – neben der erwähnten Möglichkeit des souff-

lierenden Leiterdoppels – aber auch vermutete Gedanken und Gefühle der Interaktionspartner der Protagonistin doppeln, wenn er glaubt, dass diese dadurch wichtige Erkenntnisse über deren Rollen gewinnt. Dabei sind zwei mögliche »Nebenwirkungen« zu bedenken:

- Ein Leiterdoppel der Antagonistenrolle wird mit hoher Wahrscheinlichkeit als konfrontativ erlebt. Eine solche Konfrontation kann unter Umständen therapeutisch förderlich sein, wenn eine ausreichend tragfähige Beziehung zwischen dem Leiter und der Protagonistin sowie hinreichende Ich-Stärke seitens der Protagonistin gegeben ist; in anderen Fällen kann sie die Beziehung nachhaltig beeinträchtigen.
- Der Leiter zieht durch das Doppel an die gedoppelte Rolle gebundene Übertragungen auf sich, die unter Umständen einer späteren Bearbeitung bedürfen. Diese Arbeit mit Übertragungen auf den Leiter wird aber – anders als beim klassischen psychoanalytischen Vorgehen – im Psychodrama meist nicht als legitimes Mittel der Therapie erachtet.

Meistens kann die gleiche Intention durch andere Mittel erreicht werden, z. B. indem der Leiter das Hilfs-Ich (in seiner Rolle) nach seinen Gedanken und Gefühlen befragt oder seine Deutung der Situation im Gespräch mit der Protagonistin erörtert.

Wann darf gedoppelt werden, wann nicht?

Der Leiter ist nicht notwendigerweise darauf angewiesen, auf Angebote zum Doppeln zu warten, er kann auch von sich aus die Gruppenmitglieder zum Doppeln auffordern. Diese nehmen häufig starken Anteil am Geschehen und haben daher ohnehin Impulse und Ideen, die sie in das Spiel einbringen möchten. Der Leiter sollte aus mehreren Gründen auf solche Impulse aus der Gruppe achten:

1. Die Gruppe stellt sein Kotherapeutikum dar und kann Impulse einbringen, die das Spiel bereichern. Häufig erspürt ein Gruppenmitglied mit seiner Einfühlung einen wichtigen Punkt, den Protagonistin und Leiter bislang noch nicht gesehen haben und kann dadurch dem Spiel eine neue Wendung bringen.

2. Das Doppel kann der Protagonistin das Gefühl vermitteln, dass die Gruppe am Spielgeschehen teilnimmt und Verständnis für ihre Lage aufbringt.
3. Es ist die Aufgabe des Leiters, nicht nur der Protagonistin, sondern auch den übrigen Gruppenmitgliedern Ausdrucksmöglichkeiten zu eröffnen.

Merkt der Leiter, dass ein Teilnehmer doppeln möchte, lädt er ihn durch ein kurzes Signal dazu ein. Auch hierbei ist die Situation zu berücksichtigen: Doppel können eine Bereicherung darstellen, wenn sie auf der Sensibilität und Einfühlung des Doppelnden beruhen. Der Impuls zum Doppeln kann aber auch anderen Motivationen entspringen, beispielsweise persönlichen Befindlichkeiten des Doppels, die sich nicht auf die Situation der Protagonistin beziehen oder der Ungeduld der Gruppe mit der »Langsamkeit« oder dem »Widerstand« der Protagonistin. Wenn der Leiter den Eindruck hat, dass das Doppel den Spielverlauf stören oder die Protagonistin überfordern würde, wird er es ablehnen oder zurückstellen.

In welchem Ausmaß sollte gedoppelt werden?

»Mit dem Doppeln ist es wie beim Salz: Zu wenig ist fad und zu viel ist ungenießbar« (Schaller, 2001, S. 45). Mit Hilfe der Doppeltechnik kann man den Selbstreflexionsprozessen der Protagonistin einen wichtigen Anstoß geben, man sollte es aber auch bei diesem Anstoß belassen. Zu intensives, zu langes oder zu häufiges Doppeln kann die Protagonistin überfordern und sie des »Ownership« über ihre Erkenntnisse berauben.

Der Therapeut ist beim Doppeln Hebamme, d. h. er ist überflüssig, wenn das Kind schon spontan zur Welt kommt oder das Kind schon laufen kann und es nichts mehr zu gebären gibt. Häufig doppeln Therapeuten deshalb zu viel, weil sie die schmerzhaften oder »negativen« Gefühle von Protagonisten selbst nicht aushalten können und meinen, ihnen helfen zu müssen (vgl. Krüger, 1997, S. 119).

Übermäßiges Doppeln kann darüber hinaus ungewollt die Energie aus der Aktion abziehen – Krüger (1997) gibt daher die Empfehlung: »Sze-

nische Aktion so viel wie möglich, Doppeln nur so viel wie nötig« (S. 120). Dem ist entgegenzuhalten, dass gezieltes Doppeln dazu beitragen kann, diejenigen Protagonistinnen, die durch Aktionismus auf der Bühne eigene Gefühle abwehren, zu ihrem eigenen Inneren zurückzuführen. In diesen Fällen können längere Doppelsequenzen hohen therapeutischen Wert haben.

Wie führt man das Doppel in nicht mit dem Psychodrama vertrauten Gruppen ein?

In längerfristig mit dem Psychodrama arbeitenden Gruppen kann der Leiter die Intention der Technik erklären, die Regeln erläutern und den technischen Ablauf demonstrieren. Unterstützend können Übungen durchgeführt werden, mit denen die Teilnehmer die zum Doppeln notwendige Einfühlung »trainieren« – eine solche Übung ist z. B. bei Blatner (1996) beschrieben. In den meisten Fällen wird ein solch aufwendiges Vorgehen jedoch nicht angemessen sein.

Alternativ kann die Leitung in einer Situation, in der die Protagonistin emotionale Unterstützung benötigt oder sich ihrer Gefühle und Motive unklar ist, die Technik in wenigen Sätzen einführen, die Protagonistin zunächst selbst kurz doppeln und dann die Teilnehmer selbst zum Doppeln einladen (▶ vgl. Beispiel).

Protagonist: »Auf der einen Seite freue ich ja, wenn meine Freundin mit ihrem Studium so gut vorwärts kommt, aber andererseits ist da auch so ein komisches Gefühl, tja, ich weiß selber nicht …«

Leiter: »Ich kann mir gut vorstellen, wie es Dir damit geht. Ich möchte jetzt einmal etwas Neues machen, wenn Du einverstanden bist: Statt jetzt darüber zu sprechen, wo dieses Gefühl herkommen könnte, stelle ich mich jetzt gleich hinter Dich und spreche einige Ideen aus, so als wäre ich eine innere Stimme, ein unsichtbarer Teil von Dir, der zu Dir spricht. Ich schlage vor, dass Du Deiner inneren Stimme erst einmal zuhörst und dann für Dich entscheidest, ob das, was die innere Stimme Dir sagt, stimmt.

▼

4

Leiter	Wenn nicht, kannst Du es entsprechend korrigieren. Einverstanden?«
	»Es ist toll, eine so erfolgreiche Freundin zu haben, aber auf der anderen Seite macht als Doppel mir ihr Erfolg auch Druck, denn meine Noten sind nicht so gut. Ich habe Angst, dass meine Freundin mich abhängt, und dass ich ihr dann auch nicht mehr gut genug bin, als Mann.«
Protagonist:	»Ja, da ist vielleicht was dran.«
Leiter:	»Wenn noch jemand anders eine Idee hat, was in Peter vorgehen könnte, wenn seine Freundin so erfolgreich ist, kann er auf die Bühne kommen und als Peters innere Stimme sprechen, so wie ich gerade. Auf diese Weise wird vielleicht einiges klarer, und wir brauchen nicht lange sitzen und darüber reden. Bist Du damit einverstanden, Peter? Denkt daran, dass Ihr hinter ihn tretet und als innere Stimme in der Ich-Form sprecht und nicht über ihn.«

Diese Einladung zum Doppeln sollte natürlich nur dann erfolgen, wenn der Leiter davon ausgehen kann, dass die Gruppenmitglieder tatsächlich Ideen, Motivation und Mut zum Doppeln haben. Dies setzt bereits eine gewisse Vertrautheit und Festigkeit der Gruppe voraus.

Wenn die Gruppenmitglieder – was anfangs zu erwarten ist – gegen die Doppelregeln verstoßen (z. B. indem sie in der dritten Person statt in der Ich-Form sprechen), kann der Leiter dies mit dem soufflierenden Leiterdoppel korrigieren, indem er den korrigierten Satzbeginn vorgibt (Doppel: »Ich kann mir vorstellen, dass Peter auch eifersüchtig ist …« – Leiter: »Ich, Peter, bin vielleicht auch eifersüchtig auf …«).

Wie stellt man die Stimmigkeit des Doppels sicher?

Beim Doppeln besteht immer die Gefahr, dass das Doppel Handlungsimpulse und Deutungen in die Rolle einbringt, die nicht mit dem Erleben der Protagonistin übereinstimmen. Der Leiter ist da-

her gehalten, die Stimmigkeit des Doppels durch Nachfrage an die Protagonistin zu überprüfen, damit diese das Doppel gegebenenfalls zurückweisen kann. Die Nachfrage sollte erst nach einer kurzen Pause erfolgen, um der Protagonistin die Möglichkeit zu geben, das Doppel zu überdenken.

Das wiederholte, »hartnäckige« Zurückweisen von Doppeln kann auf zwei verschiedene Gründe zurückgehen:
- Die Protagonistin wehrt sich (unbewusst) gegen die in den Doppeln enthaltene Erkenntnis (= Deutung als »Widerstand«; ▶ Kap. 17);
- Die Protagonistin wehrt sich (bewusst oder unbewusst) gegen den von der Gruppe auf sie ausgeübten sozialen Druck, nicht stimmige Doppel durch die Gruppe als Selbsterkenntnis anzuerkennen.

Beide Motivationen sind in der Praxis nicht voneinander zu unterscheiden. Unabhängig von der Deutung dürfen in dieser Situation keine weiteren Doppel zugelassen werden; wenn der Leiter das Verhalten als Widerstand deutet, kann er die Strategie wechseln (z. B. Einsatz der → Spiegeltechnik), um seine Hypothese zu überprüfen und gegebenenfalls auf anderer Ebene weiter zu verfolgen (▶ Kap. 17). Das Zurückweisen von Doppeln durch die Protagonistin sollte in jedem Fall nicht als therapeutischer Misserfolg gewertet werden, denn gelegentlich sind es gerade die zunächst heftig zurückgewiesenen Doppel, die der Protagonistin später als wichtigste Erkenntnis erscheinen.

Soll das Doppel die Protagonistin in ihrer Körperhaltung imitieren?

Diese Empfehlung ist im Psychodrama weit verbreitet. Vielen Teilnehmern kann dies die Einfühlung in die Protagonistin erleichtern; häufig machen Teilnehmer (und auch Leiter) die Erfahrung, dass sie durch das Übernehmen der Körperhaltung der Protagonistin Ideen und Erkenntnisse entwickeln, die sie zuvor noch nicht hatten. Auf der anderen Seite kann es beim paradoxen sowie beim persuasiven, ermutigenden Doppeln hilfreich sein, bewusst eine andere Körperhaltung einzunehmen.

4.5 Spiegel

Die Spiegeltechnik kann zum Einsatz gebracht werden, wenn die Protagonistin offensichtlich in starren, eingefahrenen oder sonst wie unangemessenen Verhaltensmustern gefangen ist, dies aber selbst nicht zu bemerken scheint. Der psychodramatische Spiegel eignet sich gut für die Bearbeitung von Widerständen (▶ Kap. 17).

Wenn der Leiter sich entschließt, die Spiegeltechnik anzuwenden, unterbricht er die Szene und fordert die Protagonistin auf, ein Hilfs-Ich zu wählen, das sie als → Stand-In in ihrer eigenen Rolle vertreten kann. Der Leiter kann das Stand-In auch selbst aussuchen. Dann treten Leiter und Protagonistin aus der Szene heraus an den Bühnenrand, von wo aus sich die Protagonistin die Szene aus der Perspektive einer (quasi) außenstehenden Beobachterin anschaut. Die Protagonistin soll Distanz zu ihrem Verhalten gewinnen, daher betrachtet sie die Szene aus einer Position am Bühnenrand, wobei gegebenenfalls ein auf den Boden gelegtes Tuch, ein Stuhl oder Ähnliches die »Grenze« zur Bühne verdeutlichen kann. Die Protagonistin kann sich auch auf einen Stuhl stellen, um die Distanz zu vergrößern, und die Szene von oben betrachten.

Nun wird die Szene erneut durchgespielt, wobei das Stand-In das Verhalten der Protagonistin detailgetreu wiedergibt. Der psychodramatische Spiegel erfüllt damit eine ähnliche Funktion wie ein Videofeedback. Das Psychodrama geht aber über die Möglichkeiten des Videofeedbacks hinaus, da bestimmte Aspekte der Darstellung herausgestellt werden können. So kann es in manchen (aber nicht allen) Situationen einsichtsfördernd wirken, wenn die Spieler ihre Rollen ins Lächerliche überziehen und die Protagonistin dazu gebracht wird, über ihr eigenes Verhalten zu lachen. Leutz (1974) spricht in diesem Zusammenhang von der Möglichkeit, die »Spiegelschärfe« zu dosieren. Ein weiterer wichtiger Vorteil ist die Möglichkeit, das Feedback des Stand-Ins zu nutzen, das die Protagonistin im Spiegel vertritt.

Während oder nach dem Durchspielen der Szene fragt der Leiter die Protagonistin nach ihren Gedanken, Gefühlen, Beobachtungen und Einschätzungen. Hat die Protagonistin noch keine Distanz zu ihrem Verhalten gewonnen, kann die Szene erneut durchgespielt oder gegebenenfalls ein kurzes Zwischenfeedback aus den Rollen eingefügt werden (→ Rollenfeedback). Wenn die Protagonistin die Problematik ihres Verhaltens zwar erkannt, aber noch keine Alternative gefunden hat, kann es hilfreich sein, wenn der Leiter sie in der Rolle eines Ratgebers anspricht, z. B. in der Form: »Was könnte Frau Prota in dieser Situation anders machen?« Wenn der Protagonistin keine Alternative zu ihrem Verhalten einfällt, können wiederum die anderen Mitspieler oder Gruppenteilnehmer befragt werden. Schließlich kann die Protagonistin in die Szene zurückkehren und alternative Verhaltensmöglichkeiten erproben. Zur Verdeutlichung greifen wir noch einmal auf unser Beispiel aus ▶ Abschn. 4.3 zurück.

▷ Wenn der Leiter das Gefühl hat, dass die Diskussion zwischen Frau Prota und ihrem Chef verfahren ist, könnte er die Szene anhalten und folgende Anweisung geben:

Leiter:	»Halt, ich möchte hier einmal unterbrechen. Frau Prota, was für ein Gefühl haben Sie an diesem Punkt des Gesprächs?«
Frau Prota:	»Irgendwie sind die Fronten völlig verhärtet. Ich habe das Gefühl, nicht verstanden zu werden und nicht mit dem durchzukommen, was ich möchte.«
Leiter:	»Ich schlage vor, dass Sie sich die Szene einmal von außen anschauen. Suchen Sie bitte jemanden aus der Gruppe aus, der in dieser Szene Ihre Rolle spielen könnte. Kommen Sie bitte mit mir hier an den Rand der Bühne, und jetzt schauen wir uns das ganze einmal von außen an. (Zum Hilfs-Ich) Können Sie noch einmal anfangen bei 'Ich würde gerne nächste Woche Urlaub haben'?«

An dieser Stelle muss der Leiter gegebenenfalls die Aktion mit »soufflierendem Doppeln« (→ Doppel)

▼

4

wieder in Gang bringen. Während oder nach Ablauf der Szene:

Leiter: »Was denken Sie, wenn Sie das sehen?«

Frau Prota: »Die benehmen sich wie im Kindergarten. Da kann man doch auch vernünftig drüber reden.«

Leiter: »Was genau ist an dem Gespräch unvernünftig?«

Frau Prota: »Der Chef ist völlig verbohrt. Den interessiert gar nicht, was seine Mitarbeiter wollen.«

Leiter: »Der könnte also ein bisschen flexibler sein, meinen Sie. Was denken Sie denn über die Frau Prota?«

Frau Prota: »Na ja, die muss es jetzt ausbaden.«

Leiter: »Glauben Sie, Frau Prota könnte es irgendwie erreichen, dass ihr Chef weniger verbohrt reagiert?«

Frau Prota: »Keine Ahnung. Wohl eher nicht.«

Leiter: »Vielleicht können wir das ja mal den Chef selbst fragen. Herr Maier, warum reagieren Sie so, wie Sie es gerade getan haben?«

Hilfs-Ich Chef: »Ich finde, Frau Prota hätte mich vorher fragen können. Außerdem befürchte ich, dass wir mit unserem Großauftrag in Verzug kommen. Und ich glaube, ich hätte mehr Verständnis, wenn ich wüsste, warum sie gerade in dieser Woche Urlaub will.«

Leiter: »Frau Prota, was meinen Sie zu dem, was Ihr Chef da gerade gesagt hat?«

Frau Prota: »Na ja, ich habe schon etwas spät gefragt. Und es ist mir gar nicht aufgefallen, dass ich ihm nicht gesagt habe, dass es wegen meines kranken Sohnes ist. Und mit dem Auftrag, das hatte ich ja schon geregelt. Das hätte ich vielleicht von Anfang an klarmachen sollen.«

Leiter: »Dann gehen Sie doch einmal zurück in die Szene und schauen, was passiert, wenn Sie Ihrem Chef die Sache mit dem Urlaub anders beizubringen versuchen.«

Der Spiegel kann konfrontativ wirken, daher sollte er insbesondere bei unsicheren Protagonisten erst zum Einsatz gebracht werden sollte, wenn andere Interventionen (z. B. Rollentausch) ohne Erfolg geblieben sind.

Theoretische Hintergründe des Spiegels

Moreno bezieht sich in seiner Erklärung der Wirkungsweise der Spiegeltechnik wiederum auf seine Theorie der kindlichen Rollenentwicklung (▶ Abschn. 14.3). Gegen Ende des ersten psychischen Universums beginnt das Kind seine Wahrnehmung von sich im Gegensatz zur Umwelt auszudifferenzieren. Während es sein eigenes Spiegelbild zunächst für ein anderes Kind hält, beginnt es nun sich selbst im Spiegel zu erkennen. Die psychodramatische Spiegeltechnik nutzt den Erkenntnisgewinn, der durch diese Fähigkeit ermöglicht wird (vgl. Leutz, 1974).

Krüger (1997) sieht die Spiegelfunktion, wie sie in der Spiegeltechnik, aber auch im Rollentausch aktiviert wird, als Mittel zur Aufhebung von Abwehr durch

1. Verleugnung: »Das Spiegeln im Rollentausch und das szenische Spiegeln heben spezifisch die Verleugnung auf und führen zur Realitätserkenntnis über sich selbst, indem sie den Protagonisten die Diskrepanz zwischen seinem inneren Selbstbild und seinem realen Verhalten wahrnehmen lassen« (Krüger, 1997, S. 157 f.);
2. Projektion: Im Spiegel kann die Protagonistin erkennen, dass Schwierigkeiten in der Interaktion, die sie anderen Personen zugeschrieben hat, auch auf ihr eigenes Verhalten zurückgehen.

Aus Sicht der systemischen Ansätze kann man die psychodramatische Spiegeltechnik als Realisierung einer »Beobachtung 2. Ordnung« auffassen, die eine Differenz einführt, mit der der »blinde Fleck« der Beobachtung 1. Ordnung aufgedeckt werden kann.

4.6 Verkörperung von Metaphern

Das Psychodrama zielt darauf ab, »seelische« Zustände der Protagonistin gemäß dem Prinzip der → Surplus Reality nach außen hin sichtbar und bearbeitbar zu machen. Dementsprechend kann der Leiter im Gespräch mit der Protagonistin auf Sprichwörter, Metaphern, innere Bilder oder andere verbale Wendungen achten und diese in konkrete Handlungen umsetzen, so als seien sie wörtlich gemeint. In unserem Beispiel könnte der Leiter Frau Protas Bemerkung, sie fühle sich von ihrem Chef »in die Ecke gedrängt«, aufgreifen und die Spieler bitten, sich in eine Ecke der Bühne zu stellen und in dieser Position weiterzuspielen.

Für weiterführende Hinweise zur beraterischen und therapeutischen Arbeit mit Metaphern empfehlen wir Gans (1993), Gordon (1985) sowie Lakoff und Johnson (2000).

4.7 Verkörperung von Gefühlen

Mit Hilfe des gleichen Exfigurationsprinzips können Gefühle der Protagonistin auf der Bühne verkörpert werden: Man bittet die Protagonistin, einem Interaktionspartner gegenüber eine körperliche Haltung einzunehmen, die ihrem Gefühl dieser Person gegenüber entspricht, z. B. eine zusammengekauerte Position bei einem Unterwürfigkeitsgefühl oder eine zum Schlag ausholende Hand in von Aggression geprägten Situationen. Zusätzlich kann die Protagonistin aufgefordert werden, einen Satz zu finden, der die von ihr eingenommene Haltung und das damit verbundene Gefühl »auf den Punkt bringt«.

> » Über das gezielte und bewusste Ausführen von Haltungen und Bewegungen in der Therapie aktivieren wir unser
> ▼

Körpergedächtnis und lösen emotionale Prozesse aus. In solchen Verkörperungen verdichten sich Empfindungen und Erfahrungen, für deren Erarbeitung man in der rein verbalen Vorgehensweise viele Stunden brauchen würde (Seidel, 1989, S. 199).

4.8 Zeitlupe

In einem Psychodrama-Spiel läuft die Handlung idealerweise in Echtzeit, d. h. in der »Geschwindigkeit« ab, in der auch die betreffende Situation tatsächlich abgelaufen ist bzw. ablaufen würde, wenn es sich um eine nur vorgestellte Situation handelt. Gleichlaufende Zeitebenen zwischen Realität und Nachbildung auf der Psychodrama-Bühne sind aber oft nicht möglich, z. B. aufgrund der Tatsache, dass das Nachstellen auf der Bühne im Rollentausch den Handlungsfluss verlangsamt, und oft auch nicht erwünscht. Viele Situationen, wie beispielsweise Konflikteskalationen, die in der Realität in wenigen Sekunden abliefen, sollen im Psychodrama genau durchleuchtet werden. Zu diesem Zweck wird der Leiter die Handlung verlangsamt ablaufen lassen, indem er z. B. der Protagonistin die Zeit gibt, sich auf die in einem kurzen Moment abgelaufenen Gefühle und Gedanken zu konzentrieren und diese zu verbalisieren.

Wenn diese Verlangsamung des Handlungsflusses als bewusste Technik eingesetzt wird, spricht man von Zeitlupe.

4.9 Zeitraffer

Der Ablauf der Handlung kann nicht nur gedehnt, sondern auch gestrafft werden. In vielen Fällen wird dies geschehen, indem nicht zu dem im Fokus stehenden Hand-

4

lungsstrang gehörige, unwichtig erscheinende Ereignisse oder Zeiträume, die zwischen den Ereignissen eines Handlungsstrangs liegen (z. B. die Mittagspause zwischen dem ersten und dem zweiten Gespräch mit dem Chef), im Psychodrama ausgelassen werden. So kann ein Konflikt, der sich in der Realität über einen langen Zeitraum erstreckte, auf der Bühne so weit »komprimiert« werden, dass er innerhalb einer Psychodrama-Sequenz handhabbar wird.

> ❗ Die Technik, die im Psychodrama üblicherweise als »Zeitraffer« im engeren Sinne bezeichnet wird, ist eine → Maximierungstechnik, mit deren Hilfe die langfristigen Folgen eines Verhaltens der Protagonistin simuliert werden können. Sie kommt insbesondere dann zum Einsatz, wenn das Handeln der Protagonistin nach außen hin erstarrt und nicht zielführend erscheint.

Diese Form der Zeitraffertechnik kann sehr konfrontativ wirken und ist erst einzusetzen, wenn andere Interventionen (z. B. Spiegel) keinen Erfolg gebracht haben.

> ▸ In unserem Beispielszenario könnte der Leiter zur Ansicht kommen, dass ohne ein klärendes Gespräch zwischen Frau Prota und ihrem Chef der schwelende Konflikt möglicherweise langfristig die Arbeitsatmosphäre vergiftet. Wenn Frau Prota auf ihrem Standpunkt beharrt, könnte der Leiter die Zeitraffertechnik einsetzen:
> Leiter: »Tja, Frau Prota, da gibt es ja offensichtlich keine Lösung für den Konflikt mit Ihrem Chef. Ich wüsste gerne, wie Sie sich fühlen, wenn Sie morgen zurück in Ihr Büro gehen. Stellen Sie sich also vor, es ist der kommende Montag, 8 Uhr, Sie gehen ins Büro. – Ah, da ist ja auch der Herr Meier. Wie begrüßen Sie ihn? … Wie fühlen Sie sich dabei? … Sprechen Sie ihn auf den Konflikt an? … Nein? Gut – es ist 1 Woche später, also Montag übernächster Woche. Sie gehen in Ihr Büro. Wie begrüßen Sie Herrn Maier? … 1 Monat später … 1 Jahr später … 10 Jahre später …«

Häufig kommt die Protagonistin nach einem solchen Zeitraffer zu der Überzeugung, dass ihre ak-

tuellen Einstellungen und Verhaltensweisen keine dauerhafte Lösung darstellen. Es kann sich aber auch herausstellen, dass ein für den Leiter (und eventuell auch die Gruppe) vollkommen dysfunktional erscheinendes Verhalten sich im Zeitraffer als für die Protagonistin durchaus brauchbare Strategie erweist. In diesem Fall sollte der Leiter seine Hypothese verwerfen oder allenfalls in der Nachreflexion noch einmal thematisieren, die Protagonistin aber nicht durch weitere Maximierungen zu einer ihm angemessener erscheinenden Lösung »hinmissionieren«.

4.10 Maximierung

Der Begriff der Maximierung bezeichnet die bewusste und zielgerichtete Übersteigerung derjenigen Momente eines Psychodrama-Spiels, die die emotionale Dynamik des Spiels tragen. Aus diesem abstrakten Prinzip können eine Reihe konkreter psychodramatischer Techniken abgeleitet werden. Es gibt eine Reihe von »Standardtechniken«, die das Prinzip der Maximierung nutzen (z. B. → Zeitraffer), die Maximierung kann jedoch in so vielen verschiedenen Situationen eingesetzt werden, dass das Verständnis des zugrunde liegenden Prinzips wichtiger ist als die Kenntnis eines festgeschriebenen Katalogs von Techniken.

> ❗ Die Maximierung wird in der Regel eingesetzt, um durch Einschieben erhöhter Widerstände ein katharisches Erleben einzuleiten.

In einem Spiel, das das Durchsetzungsvermögen eines Lehrers thematisiert, kann der Leiter allen Gruppenmitgliedern die Anweisung geben, lärmende Schüler zu spielen; ein übermächtiger Chef (wie im Spiel von Frau Prota) kann auf einem Stuhl stehend agieren etc. Der Leiter wird daraufhin genau beobachten, auf welche Weise die Protagonistin reagiert und sie nach ihren Gefühlen befragen. Aus offensichtlichen Gründen ist diese Art der Maximierung in nichttherapeutischen Settings nur in Ausnahmefällen und nur mit größter

Vorsicht anzuwenden. Natürlich können auch unterstützende Faktoren maximiert werden, etwa indem der Leiter Protagonistinnen mit geringem Selbstvertrauen von einer erhöhten Position aus (z. B. auf einem Stuhl stehend) spielen lässt oder ihnen einen Doppelgänger mitgibt (→ Doppel: Der stützende Doppelgänger).

Eine gute Möglichkeit zur Erhöhung der emotionalen Dichte in der therapeutischen und quasi-therapeutischen Arbeit ist der Einsatz von Licht und Geräuscheffekten. Durch Regulierung der Helligkeit und/oder der Farbe der Beleuchtung können Stimmungen erzeugt bzw. verstärkt werden. Auch wenn in den wenigsten Psychodrama-Räumen eine professionelle Beleuchtungsanlage zur Verfügung steht, kann oft schon das Öffnen oder Schließen der Jalousien einen beachtlichen Effekt haben. Die Atmosphäre eines Waldes, einer Fabrik oder einer Bar kann realistisch simuliert werden, wenn die Gruppe die entsprechende Geräuschkulisse erzeugt. Dies ist in der Regel mit einfachen Mitteln (Stimme, im Psychodrama-Raum befindliche Gegenstände) möglich.

4.11 Einfrieren

Die Technik des Einfrierens, auch »freeze« oder »stop« genannt, besteht darin, dass die psychodramatische Aktion an einer bestimmten Stelle vom Leiter unterbrochen wird, (vorläufig) ohne dass die Szene geschlossen und abgebaut würde. Die Hilfs-Iche bleiben bewegungslos in ihren Positionen, die Handlung wird »eingefroren«, so als würde bei einem Videorekorder die Pausetaste gedrückt. Bei der Anwendung dieser Technik ist in jedem Fall eine deutliche Anweisung und Erklärung des Leiters vonnöten.

Eine Szene kann im Wesentlichen aus zwei Gründen eingefroren werden:

1. **Der Leiter verliert seinen »roten Faden« und nutzt die durch das Einfrieren der Handlung entstehende Pause, um seine Gedanken zu ordnen; anschließend läuft die Szene weiter.** Auf diese in Ausbildungssituationen häufig

verwendete Technik kann man grundsätzlich auch in der Arbeit »im Feld« zurückgreifen, wenn man der Klientin transparent macht, warum man den Spielverlauf unterbricht. Verwirrung oder Überforderung des Leiters kann unter Umständen auch als Niederschlag von Störungen im Prozess (Widerstand der Protagonistin, Konfusion der Gruppe, Störungen in der Beziehung zwischen Protagonistin und Leiter etc.) betrachtet werden; der Leiter sollte Situationen, die Einfrieren erfordern, auf diese diagnostische Hypothese hin abprüfen und je nach Situationslage entscheiden, ob es sinnvoll ist, auf die Meta-Ebene zu gehen und die Störungen zu thematisieren.

2. **Der Leiter möchte vor dem Abbau der Szene die gerade gespielte Situation als Standbild präsent halten, um mit der Protagonistin über die Szene zu sprechen.** In diesem Fall ähnelt das Szenario der → Spiegeltechnik. Szenen, denen Leiter und Protagonistin besonderen symbolischen Gehalt beimessen, können »im Geiste fotografiert« und im Gedächtnis gespeichert werden. Solchermaßen eingefrorene Szenen können später, im weiteren Verlauf des Spiels oder in einer späteren Sitzung, auf der Basis dieses »Gedächtnisfotos« wieder auf die Bühne gebracht werden. In dieser Funktion eignet sich die Einfriertechnik gut als Schlussintervention bei Themen, die (z. B. aus Zeitgründen) in einer Sitzung nicht zu Ende bearbeitet werden können und später wiederaufgegriffen werden sollen, etwa in einer aus mehreren Sitzungen bestehenden Einzeltherapie.

4.12 Weitere psychodramatische Handlungstechniken

Zwischensharing

Beim sogenannten Sharing, das üblicherweise nach dem Ende der Aktionsphase in der Gruppenrunde stattfindet, teilt jedes Gruppenmitglied der Protagonistin mit, welche Gedanken, Gefühle und Betroffenheiten ihr Thema bei ihm ausgelöst hat und welche Aspekte des Themas es aus seinem Leben kennt. Die Ziele des Sharings bestehen darin, die Protagonistin aus der exponierten Situation im Spiel wieder zurück in die Gruppe zu führen und ihr zu zeigen, dass sie mit ihren im Spiel gezeigten Schwächen nicht allein ist; eine ausführlichere Darstellung des Sharingd erfolgt in ▶ Abschn. 10.2.

Schon während eines Spiels kann der Leiter zu einem Zwischensharing einladen, wenn die Protagonistin in besonderem Maße der Stärkung durch die Anteilnahme der Gruppe bedarf. Dies ist insbesondere dann der Fall, wenn die Protagonistin sich schwach und verletzlich zeigt, oder wenn Gefühle der Scham oder Schuld eine Rolle spielen (zum Umgang mit solchen schwierigen Themen in der Leitung (▶ Kap. 16).

Nach dem Zwischensharing sollte die Protagonistin gefragt werden, ob sie das Spiel weiterführen kann und will; wenn zu diesem Zeitpunkt aber bereits ein katharisches Erleben stattgefunden hat und der Auftrag als erfüllt betrachtet werden kann, kann die Bühne auch beendet werden.

Zwischenfeedback durch die Hilfs-Iche

Im Rollenfeedback, das sich wie das Sharing an die Aktionsphase anschließt, geben die Hilfs-Iche der Protagonistin eine Rückmeldung darüber, wie sie sich in ihren Rollen gefühlt haben und wie das Verhalten der Protagonistin in dieser Rolle auf sie wirkte (▶ Abschn. 10.3).

- In folgenden Situationen ist ein kurzes Rollenfeedback bereits **während des Spiels** sinnvoll: Durch das Rollenfeedback ist eine **Unterstützung und Stärkung der Protagonistin** zu erwarten, die sie in der Situation benötigt: In unserem Fallbeispiel könnte es beispielsweise hilfreich sein, die Kollegin von Frau Prota um ein Feedback zu bitten, das wie folgt aussehen könnte: »Ich als Kollegin kann sehr gut verstehen, dass Sie sich hier schlecht behandelt und abgewertet fühlen. In mir steigt auch der Zorn hoch, wenn ich die Szene beobachte, aber ich traue mich auch nicht, dem Chef kontra zu geben.«
- Die Protagonistin hat offensichtlich nur ein ungenügendes Empfinden für die Adäquatheit und Wirkung ihres eigenen Verhaltens: Durch das eingeschobene Rollenfeedback der Hilfs-Iche kann der Protagonistin dann z. B. aufgezeigt werden, dass sie mit ihrem eigenen Verhalten zur Entstehung und Aufrechterhaltung des auf

der Bühne thematisierten Konflikts beiträgt. Der Vorteil des Zwischenfeedbacks liegt hier darin, dass die Protagonistin noch in der Szene alternative Verhaltensmöglichkeiten entwickeln und erproben kann. In dieser Funktion trägt das Zwischenfeedback auch zur Auflösung von Blockaden und Widerständen bei (▶ Kap. 17).

- Die Protagonistin wünscht ausdrücklich ein Zwischenfeedback: Das Zwischenfeedback kann mit der Technik des »Zur-Seite-Sprechens« (▶ Abschn. 4.2) auch »indirekt« erfolgen – der Leiter bittet die Hilfs-Iche, aus ihren Rollen zu berichten, wie das Verhalten der Protagonistin auf sie wirkt, so als wäre diese nicht im Raum und könnte die Rückmeldung nicht hören.

Das Zwischenfeedback ersetzt nicht das übliche nach Spielende stattfindende Rollenfeedback der Hilfs-Iche.

Zwischenfeedback durch die Gruppe

Auch die »Zuschauer« können der Protagonistin ein Zwischenfeedback geben (▶ Beispiel). Hierfür wird das Spiel »eingefroren« (▶ Abschn. 4.11); die Protagonistin kann sich dann entweder für ein längeres Zwischenfeedback in den Stuhlkreis setzen oder eine kurze Rückmeldung auf der Bühne stehend entgegennehmen.

> Leiter: »Frau Prota, Sie sagen, Sie seien sich unsicher darüber, ob Ihre Haltung gegenüber Ihrem Chef angemessen oder zu fordernd ist. Ich schlage Ihnen vor, dass wir die Gruppe fragen, wie sie Ihre Haltung empfunden hat. Wäre das in Ihrem Sinne? – Dann würde ich Sie bitten, sich noch einmal zurück in die Runde zu setzen.«
>
> A: »Ich fand Ihr Verhalten gegenüber dem Chef nicht zu fordernd, eher noch zu zurückhaltend. Ich wäre in der Situation aus der Haut gefahren.«
>
> B: »Da kann ich mich im Prinzip anschließen – aber an der einen Stelle, wo Sie mit der Kündigung gedroht haben, da bin ich richtig zusammengezuckt und habe gedacht: Jetzt geht sie zu weit.«
>
> C: »…«
>
> Leiter: »Frau Prota, was denken Sie, wenn Sie diese Rückmeldung bekommen?«

Nach dem Zwischenfeedback läuft die Szene weiter, wenn nicht, wie zuvor beim Thema »Zwischensharing« beschrieben, mit dem Zwischenfeedback der Zweck des Spiels erfüllt ist.

»Turn your Back«

In für die Protagonistin peinlichen Spielsituationen spielt die Protagonistin für eine kurze Sequenz mit dem Rücken zur Gruppe. Dadurch wird das Gefühl, eine schambesetzte Szene vor aller Augen zu spielen, abgemildert.

»Gedächtnisfoto«

Diese dem Neurolinguistischen Programmieren (NLP) entlehnte Technik wird im Psychodrama häufig eingesetzt. Vor dem Abbau einer Szene bittet der Leiter die Protagonistin, in die Spiegelposition zu wechseln und gibt eine Anweisung nach folgendem Muster: »Schauen Sie sich die Szene nun noch einmal mit Abstand an. Stellen Sie sich vor, Sie machen im Geiste ein Foto von der Szene, das Sie mit nach Hause nehmen und dort immer wieder hervorholen und betrachten können. Prägen Sie sich alle Details ein. (Pause.) Sind Sie so weit?« Wenn die Protagonistin das Gedächtnisfoto »gespeichert« hat, kann die Szene abgebaut werden. Das Gedächtnisfoto dient als Anker für die in der Szene gewonnenen Erkenntnisse, um diese auch nach dem Ende der Bühne präsent zu halten.

Zusammenfassung

Als wichtigste psychodramatische Handlungstechniken gelten der **Rollentausch**, die Doppeltechnik und der psychodramatische Spiegel. Beim Rollentausch tauscht die Protagonistin mit einem Hilfs-Ich die Rollen, z. B. um ein vertieftes Verständnis für dessen Erleben und Handeln zu gewinnen. Der Rollentausch ist auch die essenzielle Technik, mit der im Psychodrama Dialoge und Interaktionen rekonstruiert werden. Bei der gängigsten Form des Doppelns stellt sich ein Gruppenmitglied hinter die Protagonistin und äußert in der Ich-Form Gedanken und Gefühle, die er bei der Protagonistin wahrnimmt, die diese aber nicht äußert. Neben diesem sogenannten einfühlenden Doppel gibt es eine Reihe von Varianten, die zum Ziel haben, die Wahrnehmung der Protagonistin zu erweitern und/oder ihr ein Gefühl des Verstandenwerdens zu vermitteln. Im psychodramatischen **Spiegel** beobachten Leiter und Protagonistin die Szene vom Bühnenrand aus, während die Gruppe das zuvor von der Protagonistin Dargestellte nachspielt. Durch den Perspektivenwechsel kann die Protagonistin neue Erkenntnisse gewinnen, die ihr in der Befangenheit der Spielsituation nicht möglich waren. Über diese Basistechniken hinaus gibt es eine große Anzahl weiterer Techniken, darunter Zeitlupe und Zeitraffer, die Maximierungstechnik sowie verschiedene Verbalisierungstechniken. Auch hier gilt, dass der Leiter die dargestellten Techniken je nach situativer Erfordernis einsetzen, modifizieren und gegebenenfalls auch spontan eigene Techniken entwickeln kann.

Literatur

Bandler, R. & Grinder, J. (1996). *Patterns – Muster der hypnotischen Techniken Milton Ericksons*. Paderborn: Junfermann.

Binswanger, R. (1977). Die Doppelgängertechnik im Psychodrama: Probleme ihrer Anwendung durch den Spielleiter. *Integrative Therapie, 3,* 45–48.

Blatner, A. (1996). Acting-In. *Practical Applications of Psychodramatic Methods* (3rd. edn.). New York: Springer.

Gans, J. S. (1993). Metaphern in der Gruppentherapie. In M. B. Buchholz (Hrsg.), *Metaphernanalyse* (153-170). Göttingen: Vandenhoeck & Ruprecht.

Gordon, D. (1985). *Therapeutische Metaphern*. Paderborn: Junfermann.

Grawe, K. (1995). Grundriß einer Allgemeinen Psychotherapie. *Psychotherapeut, 40,* 130–145.

Kellermann, P. F. (1994). Role reversal in psychodrama. In P. Holmes, M. Karp & M. Watson (eds.), *Psychodrama since Moreno* (263–279). London: Routledge.

Klein, U. (1989). Praktische Kombinationsmöglichkeiten von Psychodrama und Systemischer Therapie. In E. Kösel (Hrsg.), *Persönlichkeitsentwicklung in beruflichen Feldern auf der Grundlage des Psychodramas* (S. 279–283). Freiburg: Pädagogische Hochschule Freiburg.

4

Krotz, F. (1992). Interaktion als Perspektivverschränkung. Ein Beitrag zum Verständnis von Rolle und Identität in der Theorie des Psychodramas. *Psychodrama, 5 (2)*, 301-324.

Krüger, R. T. (1989). Der Rollentausch und seine tiefenpsychologischen Funktionen. *Psychodrama, 2 (1)*, 45–67.

Krüger, R. T. (1997). *Kreative Interaktion. Tiefenpsychologische Theorie und Methoden des klassischen Psychodramas*. Göttingen: Vandenhoeck & Ruprecht.

Krüger, R. T. (2003). Indikationen und Kontraindikationen für den Rollentausch in der psychodramatischen Psychotherapie. *Zeitschrift für Psychodrama und Soziometrie, 2 (1)*, 91–115.

Lakoff, G. & Johnson, M. (2000). *Leben in Metaphern: Konstruktion und Gebrauch von Sprachbildern* (2. Aufl.). Heidelberg: Auer.

Leutz, G. A. (1974). *Das klassische Psychodrama nach J. L. Moreno*. Berlin: Springer.

Leveton, E. (1992). *Mut zum Psychodrama* (2. Aufl.). Hamburg: iskopress.

Leveton, E. (1991). The use of doubling to counter resistance in family and individual treatment. *The Arts in Psychotherapy, 18*, 241–249.

Lousada, O. (1998). The three-layered cake, butter with everything. In M. Karp, P. Holmes & K. B. Tauvon (eds.), *The Handbook of Psychodrama* (205–228). London: Routledge.

Minuchin, S. & Fishman, H. C. (1981). *Family Therapy Techniques*. Cambridge: Harvard University Press.

Moreno, J. L. (1959). *Gruppenpsychotherapie und Psychodrama: Einleitung in die Theorie und Praxis*. Stuttgart: Thieme.

Petzold, H. (1979). *Psychodrama-Therapie. Theorie, Methoden, Anwendung in der Arbeit mit alten Menschen*. Paderborn: Junfermann.

Pitzele, P. (1991). Adolescents inside out – Intrapsychic psychodrama. In P. Holmes & M. Karp (eds.), *Psychodrama: Inspiration and Technique* (15–31). London: Routledge.

Pruckner, H. & Schacht, M. (2003). Machen Sie bitte einen ???? Zur Begrifflichkeit von Rollenwechsel und Rollentausch. *Zeitschrift für Psychodrama und Soziometrie, 2 (1)*, 7–15.

Schaller, R. (2001). *Das große Rollenspiel-Buch. Grundtechniken, Anwendungsformen, Praxisbeispiele*. Weinheim: Beltz.

Schützenberger-Ancelin, A. (1979). *Psychodrama. Ein Abriß, Erläuterung der* Methoden. Stuttgart: Hippokrates.

Seidel, U. (1989). Psychodrama ohne Gruppe. Basistechniken in der Einzelarbeit. *Psychodrama, 2*, 193–205.

Treadwell, T. W., Stein, S. & Kumar, V. K. (1990). A survey of psychodramatic action and closure techniques. *Journal of Group Psychotherapy, Psychodrama & Sociometry, 43 (3)*, 102–115.

Psychodramatische Arbeit im Einzelsetting

5

»Im therapeutischen Alltag wird häufig die Frage gestellt, ob Psychodrama in der Einzeltherapie Anwendung finden kann. Diese Fragestellung impliziert nicht selten die Unterstellung, dass Psychodrama nur eine Gruppentherapie sei, die sich weder von ihrer Theorie noch ihrem methodischen Ansatz für die Einzeltherapie empfiehlt. Ein Blick in Morenos Schriften zeigt, dass dies eine Polarisierung ist, die eine ungerechtfertigte Engführung bedeutet. Eine Wurzel dieser Fragestellung mag im mehr oder weniger offen geführten Schulstreit der verschiedenen Therapieschulen liegen« (Schmitz-Roden, 1996, S. 18).

Wenn das Psychodrama allgemein als gruppenpsychotherapeutische Methode bekannt ist, liegt dies sicherlich in erster Linie an seinem historischen Hintergrund und an der theoretischen Fundierung durch Moreno selbst. In der Praxis ist der Einsatz des Psychodramas in Einzeltherapie, Einzelberatung und Coaching (zum Coaching ► Kap. 26) hingegen weit verbreitet. Dies ergibt sich häufig schon aus der therapeutischen Indikation und/oder aus pragmatischen Erwägungen (► Übersicht).

Indikationen und Gründe für die Arbeit im psychodramatischen Einzelsetting

- Nicht für alle Klientinnen und für alle Störungsbilder ist eine Arbeit in der Gruppe die beste Wahl.
- Manche Klientinnen benötigen zunächst für eine begrenzte Zeit eine Einzeltherapie, bevor sie in eine Therapiegruppe aufgenommen werden können: »Ein Klient, dessen soziales Atom ihn als isolierten Einzelgänger ohne tragende emotionale Beziehungen erscheinen lässt, wird in dieser Gruppe diese Rolle sehr schnell wieder inszenieren. Ist er aufgrund vorhandener Ich-Stärke in der Lage, mit dieser spezifischen Inszenierung seiner zwischenmenschlichen Beziehungen in der Gruppe konfrontiert zu werden, so ist die Gruppe als therapeutisches Agens ein besonders hilfreiches Mittel. Bei wenig ausgeprägter Ich-Stärke ist eine solche Konfrontation jedoch therapeutisch kontraindiziert« (Weth, 1985, S. 77 f.).
▼

- Für manche in einer Therapiegruppe befindliche Klientinnen sind ergänzende Einzelsitzungen sinnvoll.
- Bei Kriseninterventionen ist schnelle Hilfe erforderlich; um die längere Wartezeit auf einen frei werdenden Gruppenplatz zu überbrücken, werden zunächst Einzelgespräche vereinbart.
- Nicht alle Therapeutinnen haben einen so großen Klientenstamm, dass die Bildung einer Therapiegruppe möglich ist.
- Häufig verhindern auch organisatorische Schwierigkeiten die Teilnahme an einer Gruppe.

Hinzu kommen Anwendungen in »klassischen« Einzelsettings wie etwa beim Coaching von Führungskräften. Schließlich kann das Psychodrama eine wichtige diagnostische und auch bereits therapeutische Hilfe beim Erstkontakt darstellen, der zunächst immer in der Dyade Klientin–Therapeutin/Beraterin stattfindet.

Die Anwendung des Psychodramas in der Einzelarbeit ist aber keineswegs »second best«, auch wenn die stiefmütterliche Behandlung des Themas in der Psychodrama-Literatur diese Annahme nahe legt. Vielmehr ist es so, dass das Psychodrama mit nur leichten Modifikationen ohne Abstriche im Einzelsetting einsetzbar ist. Diese Modifikationen werden im Folgenden dargestellt und mit Fallbeispielen illustriert, wobei eine Vertrautheit des Lesers mit den Grundlagen der psychodramatischen Arbeitsweise vorausgesetzt wird (► Kap. 1–4).

5.1 Gestaltung der Erwärmungsphase

Die Erwärmungsphase gestaltet sich in der Einzelarbeit mit dem Psychodrama unkomplizierter als in der Gruppe, da die Notwendigkeit entfällt, eine Vielzahl von Einzelinteressen zu vereinen und die Gruppe für ein gemeinsames Thema zu motivieren. Häufig bringen Klientinnen in die Beratung oder Therapie bereits ein konkretes Anliegen mit, an dem sie in der entsprechenden Sitzung arbeiten möchten. Ist dies nicht der Fall, kann – je nach Arbeitsfeld – mit allen in ▶ Abschn. 8.3 beschriebenen Arrangements gearbeitet werden: Soziales Atom, Familienbrett, Imaginationen, Fantasiereisen, Arbeit mit kreativen Medien, Puppen, Spielzeugen, alten Fotos usw.

5.2 Gestaltung der Aktionsphase

5.2.1 Arbeit mit einzelnen psychodramatischen Elementen

Die in der Praxis wahrscheinlich am häufigsten anzutreffende Form psychodramatischer Einzelarbeit ist die Verwendung einzelner psychodramatischer Elemente im Rahmen einer ansonsten auf anderen, nichtszenischen Methoden beruhenden Arbeitsweise. So kann beispielsweise eine systemische Therapeutin den Rollenwechsel einsetzen, um unterschiedliche Perspektiven eines »Problems« in einer Familie herauszuarbeiten; eine Supervisorin kann die Technik des → leeren Stuhls verwenden, um verschiedene Entscheidungsmöglichkeiten zu verdeutlichen; ein Sozialpädagoge kann Schülern mit Lernschwierigkeiten helfen, ihre Probleme zu bewältigen, indem er mit dem einfühlenden und dem persuasiven → Doppel arbeitet. Die Arbeit mit einzelnen psychodramatischen Elementen hat eine Reihe von Vorzügen:

- Erheblich geringerer Zeitbedarf als bei einem klassischen Protagonistenspiel;

- hohe Effizienz im Sinne des Verhältnisses von Aufwand (Zeit, Kraft, Material) zu Ertrag (Erkenntnis);
- schrittweise Heranführung an die szenische Arbeitsweise für mit dem Psychodrama unvertraute Klientinnen, bevor in einem späteren Stadium z. B. monodramatisch gearbeitet wird;
- Einsatz in Settings, in denen ein klassisches Protagonistenspiel unangemessen ist;
- »gefahrloser« Einsatz auch durch Leiterinnen, die nicht über eine mehrjährige Psychodrama-Ausbildung und entsprechende Souveränität im Umgang mit der Komplexität der psychodramatischen Arbeitsweise haben.

Ein (gekürzter) Ausschnitt aus einer Coachingsitzung mit einer Führungskraft soll verdeutlichen, wie einzelne psychodramatische Elemente, hier der Rollenwechsel, wirksam in die Beratung eingeflochten werden können.

> Herr K. ist seit einem halben Jahr Leiter der Vertriebsstelle »Südwest« eines international operierenden Unternehmens der Papierindustrie. Zuvor hat er bei einem Mitbewerber auf Abteilungsleiterebene gearbeitet. Ein wiederkehrendes Thema des Coachings ist die Schwierigkeit, in die ihm noch fremde Organisationskultur des neuen Unternehmens hineinzuwachsen. In der hier beschriebenen Sitzung geht es um ein Telefonat mit dem Leiter einer anderen Vertriebsstelle, das Herr K. wenige Tage zuvor geführt hat.
>
> Herr K.: »Vor ein paar Tagen habe ich mit unserer Vertriebsstelle West telefoniert, genau gesagt, mit dem dortigen Leiter, Herrn R. Das war wieder so ein Gespräch, wo ich mir dachte: In welchem Laden bin ich denn hier gelandet?«
>
> Leiterin: »Worum ging es in dem Gespräch?«
>
> Herr K.: »Es ging um eine Vereinfachung in unserer Logistik. Der Vertriebsbezirk Südwest ist erst vor einigen Jahren ausgegliedert worden, zuvor hat das alles die Vertriebsstelle von Herrn R. abgewickelt. Aus dieser Zeit gibt es noch einige größere Kunden, die von Herrn R. betreut und auch beliefert werden, ob-
>
> ▼

wohl sie eigentlich in unseren Bereich fallen. Da dadurch ja unnötige Transportkosten entstehen und gelegentlich auch längere Wartezeiten für den Kunden, hatte ich dem Vorstand vorgeschlagen, dass wir diese Kunden in Zukunft übernehmen. Der Vorstand war auch einverstanden, und nun ging es nur noch darum, die Neuregelung mit Herrn R. abzusprechen.«

Leiterin: »Und wie ist das Gespräch verlaufen?«

Herr K.: »Das Ganze hat ja nur etwa 5 Minuten gedauert. Ich habe Herrn R. gesagt, dass ich mit dem Vorstand über die Neuregelung gesprochen habe, er war sehr kurz angebunden und hat gesagt, er müsse jetzt dringend zu einem Außentermin und er würde mich später zurückrufen. Den Rückruf habe ich bis heute nicht bekommen, dafür eine kurze schriftliche Mitteilung vom Vorstand, dass sie die alte Regelung doch beibehalten.«

Leiterin: »Kennen Sie Herrn R. persönlich?«

Herr K.: »Ja sicher, wir sind uns schon einige Male begegnet. Aber ich kenne ihn natürlich nur oberflächlich.«

Leiterin: »Was genau möchten Sie jetzt in dieser Sitzung klären?«

Herr K.: »Ich stehe staunend vor dieser Sache und frage mich: Wie ist so etwas möglich? Ich würde das gerne verstehen – da werden Sie mir auch nicht helfen können –, aber ich möchte doch zumindest überlegen, wie ich darauf reagieren kann.«

Leiterin: »Gut, dann schlage ich vor, dass wir einfach mal gemeinsam überlegen, was da abgelaufen sein könnte. Dazu möchte ich Sie bitten, sich einmal vorzustellen, dass auf diesem Stuhl (holt einen Stuhl) der Herr R. sitzt. Beschreiben Sie doch bitte mal Herrn R., damit ich ein Bild von ihm bekomme.«

Herr K.: »Herr R. ist etwa Mitte 50, hat schon etwas dünnes Haar, und ist, würde ich sagen, ein Gemütsmensch. Durch nichts aus der Ruhe zu bringen.«

▼

Leiterin: »Jetzt machen wir mal Folgendes: Ich bitte Sie jetzt, sich auf den Stuhl von Herrn R. zu setzen und sich einen Moment lang mal in den Herrn R. hineinzuversetzen. Sie werden jetzt zu Herrn R. Können Sie sich das vorstellen?« (Rollenwechsel) »Herr R., wie lange sind Sie schon bei … beschäftigt?«

Herr K. als
Herr R.: »Na ja, so in etwa 30 Jahre.«

Leiterin: »Da kennen Sie die Firma ja wahrscheinlich ziemlich gut, oder?«

Herr K. als
Herr R.: »Na, das kann man wohl sagen. Ich habe schon viele kommen und gehen sehen.«

Leiterin: »Ich habe gehört, Sie haben vorhin einen Anruf von Herrn K. aus der Niederlassung Südwest bekommen?«

Herr K. als
Herr R.: »Ja, der Herr K. … Hat da einen Vorschlag für eine 'Neuregelung' gemacht, wie er das nennt.«

Leiterin: »Wie nennen Sie das denn?«

Herr K. als
Herr R.: »Ach, wissen Sie, der Herr K. weiß doch gar nicht, wie das hier läuft. Kommt grünschnäbelig daher und plötzlich soll alles anders werden.«

Leiterin: »Wie reagierten Sie denn auf den Anruf?«

Herr K. als
Herr R.: »Den habe ich erstmal auflaufen lassen. Das kann der vergessen mit der 'Neuregelung'.«

Leiterin: »Sie haben schon eine Idee, wie Sie das abwenden?«

Herr K. als
Herr R.: »Hören Sie mal, ich bin jetzt seit 30 Jahren in dem Laden, da lasse ich mir doch nichts aufdrücken. Ich rufe nachher mal meinen Vorstandskollegen H. an, mit dem bin ich neulich auch auf Segeltörn gewesen, und dann läuft das schon.«

Leiterin: »Vielen Dank, gehen Sie bitte wieder zurück in Ihre Rolle.« (Rollenwechsel) »Wie war es für Sie, mal ein paar Minuten lang Herr R. zu sein?«

▼

Herr K.: »Sehr aufschlussreich. Da habe ich vorher nie drüber nachgedacht, dass ich da ja auch gegen alte Traditionen und Seilschaften antrete. Jetzt wird mir Einiges klar … «

5.2.2 Das Monodrama

 Das Monodrama (»Psychodrama für eine Person«) entspricht in seiner Form dem protagonistenzentrierten Psychodrama, so wie es in den vorangehenden Kapiteln dargestellt wurde. Die einzige Modifikation gegenüber der Vorgehensweise im Gruppensetting besteht darin, dass die in der zu bearbeitenden Situation vorkommenden Rollen (z. B. Geschwister, Kollegen, aber auch Gefühle und innere Anteile wie Trauer, Eifersucht, der »innere Richter«) nicht durch → Hilfs-Iche, sondern durch leere Stühle oder andere Symbole repräsentiert werden.

Die Protagonistin spielt im Monodrama alle Rollen selbst, indem sie ständig zwischen den Rollen hin- und herwechselt. In diesem Punkt besteht in methodischer Hinsicht kein grundsätzlicher Unterschied zum Vorgehen in der Gruppe, da die inhaltlichen Rollenvorgaben auch dort von der Protagonistin im → Rollentausch bzw. -wechsel entwickelt werden. Die Erlebensdichte, die durch die sinnlich erfahrbare Präsenz des Hilfs-Ichs zustande kommt, ist bei der alleinigen Arbeit mit Stühlen und Symbolen nicht gegeben; das Gleiche gilt für die Dynamik, die entsteht, wenn das Hilfs-Ich seine Rolle mit eigenen Impulsen erweitert. Dies legt eine andere Arbeitsweise, einen anderen Fokus, nahe, was aber keinen Nachteil darstellen muss.

❗ An die Stelle der Dynamik und Suggestionskraft der dramatischen Gruppeninszenierung treten im Monodrama die Konzentration auf die eigene Innerlichkeit, ruhiges Erspüren der eigenen Gedanken und Gefühle frei von äußeren Einflüssen und Ablenkungen.

Zur Demonstration dieser Form der Arbeit im Einzelsetting greifen wir das in ▶ Kap. 1 begonnene Fallbeispiel wieder auf. In dieser monodramatischen Sequenz wird mit inneren Anteilen gearbeitet, um die Faktoren herauszuarbeiten, die es der Klientin, Frau Proske, erleichtern bzw. erschweren, nach langer Zeit den Kontakt mit ihrer Schwester wieder aufzunehmen.

❯ Monodrama in der Psychotherapie

Leiter: »Frau Proske, wir haben ja für die heutige Sitzung vereinbart, dass wir einmal schauen, was es Ihnen so schwer macht, mit Ihrer Schwester in Kontakt zu kommen, aber auch, was es an Positivem in Ihrer Beziehung gibt. Wann haben die Schwierigkeiten denn begonnen?«

Frau Proske: »Das ist schon viele, viele Jahre her. Damals hatte meine Schwester ihren späteren Mann kennengelernt, ich selbst war ja schon verheiratet, und mein Mann und der Mann meiner Schwester haben sich überhaupt nicht verstanden. Die beiden waren wie Katze und Hund. Von Anfang an war da eine ganz miserable Stimmung, wenn die beiden uns besuchten, und nach einigen Monaten gab es einen Riesenkrach.«

Leiter: »Ich stelle hier mal einen Stuhl hin, der für den Krach zwischen den beiden Männern steht. Könnten Sie hier aus der Kiste noch ein Symbol wählen, das diesen Konflikt in ein Bild bringt?« (Frau Proske wählt ein rotes Tuch.) »Danke. Was trägt noch dazu bei, dass es Schwierigkeiten zwischen Ihnen und ihrer Schwester gibt?«

Frau Proske: »Durch diesen Streit zwischen den Männern haben wir auch immer weniger miteinander zu tun gehabt. Wir sind dann ja auch weggezogen, sodass man sich auch nicht mehr so einfach sehen konnte. Und dadurch haben wir uns auch auseinandergelebt. Meine Schwester weiß heute gar nicht über mich und mein Leben Bescheid.« ▼

5

Leiter: »Gut, dafür nehmen wir diesen Stuhl. Können Sie auch für »Meine Schwester weiß gar nicht über mich und mein Leben Bescheid« ein Symbol aussuchen?« (Frau Proske wählt ein leeres Blatt Papier.) »Gibt es noch mehr, das zwischen Ihnen steht?«

Frau Proske: »Im Moment weiß ich nicht ... Das sind wohl die wichtigsten Punkte.«

Leiter: »Was würde denn dafür sprechen, mit Ihrer Schwester Kontakt aufzunehmen?«

Frau Proske: »Wir haben uns früher immer gut verstanden. Es war immer schön mit ihr, bis zu diesem Krach. Wir brauchten nicht viel zu reden, um uns zu verstehen.«

Leiter: »Auch dafür nehmen wir einen Stuhl und Sie suchen bitte noch ein Symbol dazu.« (Frau Proske wählt ein dünnes blaues Seil.) »Bitte setzen Sie sich einmal auf diesen Stuhl. Erzählen Sie mir genauer, wie das damals war, als Sie sich gut verstanden haben.«

Der Leiter lässt die Protagonistin in die durch den Stuhl verkörperte Rolle wechseln, um Erinnerung als Ressource für eine neuerliche Beziehungsaufnahme erlebbar zu machen. Nach einer Exploration wechselt die Protagonistin zurück in ihre Rolle.

Leiter: »Was gibt es noch an Positivem?«

Frau Proske: »Tja, da ist so wenig übrig geblieben ...«

Leiter: »Haben Sie früher gemeinsam etwas unternommen, wenn Sie sich gesehen haben?«

Frau Proske: »Wir haben häufig lange Spaziergänge gemacht. Oder wir haben gemeinsam gekocht. Das war immer sehr schön.«

Auch dieser Punkt wird durch einen Stuhl und ein Symbol verkörpert und im Rollenwechsel exploriert. Die beiden Stuhlpaare stehen sich nun im Raum gegenüber.

Leiter: »Ich wüsste nun gerne einmal, was Ihre Schwester zu diesem Thema sagen würde. Nun können wir sie im

Moment nicht selbst fragen, deswegen bitte ich Sie, sich vorzustellen, dass auf diesem Stuhl hier Ihre Schwester sitzt. Wie heißt Ihre Schwester?«

Frau Proske: »Gerda Limbach.«

Leiter: »Kommen Sie doch bitte einmal herüber und stellen Sie sich vor, Sie verwandeln sich einen Moment lang in Ihre Schwester Gerda Limbach. Wie steht Gerda Limbach, welchen Gesichtsausdruck hat sie?« (Rollenwechsel) »Frau Limbach, erzählen Sie mir doch bitte, wie Ihr Leben momentan so verläuft.«

Der Leiter interviewt Frau Proske kurz in der Rolle ihrer Schwester, um sie für diese Rolle zu erwärmen.

Leiter: »Frau Limbach, Sie haben ja mitbekommen, dass Ihre Schwester darüber nachdenkt, mit Ihnen Kontakt aufzunehmen, und da hat sie die Punkte auf die Bühne gebracht, die immer gut gewesen sind in Ihrem Verhältnis: Das Verständnis für einander und gemeinsame Aktivitäten wie Spazierengehen oder Kochen. Was meinen Sie dazu?«

Frau Proske als Schwester: »Ja, das ist schon schade, dass wir keinen Kontakt mehr haben. Es war immer sehr schön mit ihr und ich könnte auch im Moment jemanden brauchen, mit dem ich reden kann.«

Leiter: »Nun gibt es ja einige Dinge, die nicht gut gewesen sind in Ihrer Beziehung – der Krach zwischen den Männern und das lange Schweigen zwischen Ihnen. Was meinen Sie dazu?«

Frau Proske als Schwester: »Dieser Streit war schon sehr belastend. Aber das ist ja schon fast 25 Jahre her. Und wir hatten ja auch gar nichts damit zu tun, das war eine Sache zwischen den Männern. Eigentlich ist es albern, dass deswegen immer noch Funkstille zwischen uns herrscht.«

▼   ▼

| Leiter: | »Ihre Schwester hat gesagt, Sie wüssten gegenseitig gar nicht mehr über ihr Leben Bescheid? Was denken Sie darüber?« |
| Frau Proske als Schwester: | »Also, ich wüsste gerne einmal, wie es Inge im Moment geht und was sie so macht.« |

Durch den Rollenwechsel ist deutlich geworden, dass die Schwester einer Wiederaufnahme des Kontakts positiv gegenüber steht. Durch diese Erkenntnis und die Stärkung der positiven Aspekte der Beziehung kann Frau Proske sich entscheiden, eine Kontaktaufnahme zu versuchen.

Im Monodrama können zwei verschiedene Konzeptionen unterschieden werden:
- Die Leiterin doppelt die Protagonistin und gegebenenfalls auch die übrigen Rollen;
- Doppeln durch die Leiterin findet nicht statt.

Grundsätzlich ist es eine Frage der persönlichen Überzeugung und des eigenen Leitungsstils, welchen der beiden Ansätze man bevorzugt. Eine grundlegende Erörterung der Frage, ob die Leiterin doppeln sollte, und was es beim Leiterdoppel zu beachten gilt, findet sich in ▶ Abschn. 4.4.13.

Abgesehen von möglichen Doppeln bleibt die Leiterin im Monodrama stets in der Leitungsrolle (im Gegensatz zum »Psychodrama à deux«, das im folgenden Abschnitt vorgestellt wird), um die strukturellen Grenzen der Situation zu wahren: »Der Therapeut stellt das einzige Bindeglied des Klienten zur Realität dar. Im monodramatischen Setting sollte er diese wichtige Funktion für den Klienten erlebbar machen, indem er nie ganz in das szenische Geschehen eintritt (…).« (Weth, 1985, S. 92).

5.2.3 Das Psychodrama à deux

Ebenso wie das Monodrama kann man auch das Psychodrama à deux – »Psychodrama für zwei«, gelegentlich unter den Begriff »Monodrama« subsumiert – als

leicht veränderte Variante der protagonistenzentrierten Arbeit in der Gruppe betrachten. Der Unterschied zum Monodrama und auch zur klassischen Psychodrama-Arbeit im Gruppensetting besteht darin, dass die Leiterin bei Bedarf Hilfs-Ich-Rollen übernimmt. Sie wechselt damit zwischen folgenden Rollen:
- Begleitende Therapeutin,
- Leitung,
- → Doppel,
- Antagonistin,
- andere Hilfs-Ich-Rollen,
- → Stand-In und
- → Spiegel für die Protagonistin.

Diese Variante erfordert also viel Kompetenz, Flexibilität und Souveränität von der Leiterin: Sie muss die jeweils erforderlichen Hilfs-Ich-Rollen überzeugend spielen können und die Übersicht über die Leitung bewahren, ohne dabei die empathische Nähe zur Klientin zu verlieren.

Frau Proske hat beschlossen, ihre Schwester an ihrem Geburtstag anzurufen und ihr zu gratulieren. Auf der Psychodrama-Bühne spielt sie das erste Telefonat mit ihrer Schwester nach langer Zeit.

Leiter:	»Wir stellen hier jetzt einmal einen Stuhl für Ihre Schwester hin, um zu schauen, wie sie reagieren würde. Sie haben ja schon gesehen, dass wir hier auf der Psychodrama-Bühne mit verschiedenen Situationen experimentieren können, und ich möchte Ihnen vorschlagen, dass wir mal ein Telefonat mit Ihrer Schwester ausprobieren. Ihre Schwester ist ja nicht hier, aber Sie kennen Sie ja ganz gut und können vielleicht einschätzen, wie sie reagieren würde. Was wäre Ihr erster Satz, wenn Sie bei Ihrer Schwester anrufen?«
Frau Proske:	»Vielleicht … »Hallo Gerda? Hier ist Inge. Ich wollte dir zum Geburtstag gratulieren.««
Leiter:	»Jetzt wechseln Sie bitte einmal den Stuhl – ich gehe für einen Moment in Ihre Rolle und Sie reagieren so, wie Sie glauben, dass Ihre Schwester reagieren würde.« ▼

5

Frau Proske wechselt in die Rolle ihrer Schwester, der Leiter übernimmt die Rolle von Frau Proske.

Leiter als Frau Proske (wiederholt):	»Hallo Gerda? Hier ist Inge. Ich wollte Dir zum Geburtstag gratulieren.«
Frau Proske als Schwester:	»Inge? Das kann ich ja gar nicht glauben. Ich weiß gar nicht, was ich sagen soll.« (Rollenwechsel zurück)
Frau Proske:	»Ja, ich dachte, zum 50. Geburtstag gehört sich das, dass man seiner Schwester gratuliert.«
Leiter (doppelt):	»Gerda soll wissen, dass ich nur aus Anstand anrufe. Sie soll auf keinen Fall merken, dass ich gerne wieder Kontakt mit ihr hätte. Das muss ich gut verbergen.« (provozierendes Doppel)
Frau Proske (lacht):	»Na, so schlimm ist es ja auch nicht. Aber ich sehe ein, dass der Satz ein bisschen blöd ist. Vielleicht sollte ich besser sagen: »Ich dachte, wo wir so lange nichts voneinander gehört haben, melde ich mich mal an Deinem 50. Geburtstag und frage, ob Du Lust hast, dass wir mal gemeinsam einen Kaffee trinken gehen. ««

5.2.4 Das Autodrama

 Neben diesen beiden auch in der Praxis häufig wieder zu findenden Formen der psychodramatischen Arbeit im Einzelsetting wird in der Literatur eine dritte Variante beschrieben, die in der Praxis selten anzutreffen ist: Das sogenannte Autodrama (»Selbst-Psychodrama«). Im Autodrama übernimmt die Protagonistin alle Rollen, inklusive der Leiterrolle (!) selbst. Die Protagonistin leitet sich selbst, die Leiterin sitzt als Zuschauerin dabei und greift nur ein, wenn es nötig ist. Ein Vorteil dieses Vorgehens besteht darin, »... dass die szenische Dramatisierung allein aus der Sicht des Kli-

enten geschieht, ohne dass Fremdpsychisches über die Besetzung von Antagonistenrollen einfließt« (Weth, 1985, S. 91).

Das Konzept des Autodramas beschreibt einen Extrempunkt auf einer Skala, den man nie oder nur äußerst selten erreicht. Es kann aber dabei helfen, sich daran zu erinnern, dass Spiele häufig Gewinn bringender verlaufen, wenn man sich als Leiterin gelegentlich mehr zurückhält und seine Interventionen reduziert, sodass die Klientin sich ihren »roten Faden« immer stärker selbst spinnen kann. In solchen Situationen bemerkt man den enormen Einfluss, den die Leiterin auf den Verlauf und das Ergebnis des Spiels hat, wenn man feststellt, dass die Klientin sich »ohne« (bzw. mit weniger dominanter) Leitung unter Umständen ganz andere Fragen stellt, als man sie als Leiterin gestellt hätte.

Dies heißt nicht, dass man das Autodrama im engeren Sinn generell nicht einsetzen könnte. Vorstellbar sind z. B. folgende Anwendungsmöglichkeiten:

- Psychodrama mit Kindern: Die Konzepte, die Aichinger in der Therapie mit Kindern einsetzt, haben zum Teil durchaus autodramatischen Charakter (► Kap. 21);
- Widerstandsbearbeitung: Eine Möglichkeit der Bearbeitung von Widerständen besteht darin, dass man einen Rollentausch zwischen Protagonistin und Leitung vornimmt und die Protagonistin sich nun gewissermaßen selbst leitet (► Kap. 17);
- Klientinnen mit schweren Autoritätskonflikten (Leutz, 1996 nach persönlicher Mitteilung von Zerka Moreno);
- Arbeit mit Klientinnen, die mit dem Psychodrama bereits sehr vertraut sind.

5.3 Gestaltung der Integrationsphase

Wie in ► Abschn. 10.1 ausführlich erörtert wird, dient die Integrationsphase dazu, den schrittweisen Übergang von der → Surplus Reality des Spiels in die Realität des Alltags zu ermöglichen. Im Gruppensetting ist die Gruppe Stütze, Feedbackgeber und Korrektiv der Protagonistin. Im Einzelsetting muss die Leiterin diese Funktionen erfüllen (▶ Übersicht).

Vorgehen bei der Gestaltung der Integrationsphase

1. Die Leiterin befragt die Protagonistin unmittelbar nach Ende des Spiels zu ihren Eindrücken, Gedanken und Gefühlen.
2. Sie stärkt die Protagonistin durch ihre persönliche Anteilnahme. Ob und inwieweit sie im Sinne eines »Sharings« private Bezüge zum Thema des Protagonisten offenbart, ist vom Selbstverständnis der Leiterin und ihrer Beziehung zur Klientin abhängig; in jedem Fall sollte die Anteilnahme der Leiterin authentisch, aber selektiv sein, d. h. wenn sie als Privatperson in Erscheinung tritt, sollte dies wohl bedacht sein (selektive Authentizität).
3. Wenn die Leiterin im Spiel selbst Rollen übernommen hat (Psychodrama à deux), kann sie ein (sensibles!) Feedback aus der Perspektive dieser Rollen geben, analog dem Vorgehen im Gruppensetting. Darüber hinaus ist sie als persönliche Feedbackgeberin gefragt.
4. An dieses Rollenfeedback kann sich ein Identifikationsfeedback anschließen. Auch das Feedback der Leiterin wird stets selektiv sein – schnell können ihre kritischen Rückmeldungen einen konfrontativen Charakter annehmen, was in manchen Fällen gewollt, meistens aber unerwünscht ist.

Im Gruppensetting wird der Übergang von der → Surplus Reality des Spiels in die Realität schon dadurch markiert, dass die Protagonistin die Bühne verlässt und sich zurück in den Stuhlkreis der Gruppe setzt. Diese Rückkehr in die Gruppensituation dient gewissermaßen als »Realitätsanker«; sie gewährleistet, dass die Klientin nicht in den zuvor gespielten Situationen verhaftet bleibt. Im Einzelsetting fehlt die korrektive Funktion der Gruppe – deshalb muss die Leiterin durch eine deutliche Ansprache auf einer anderen Ebene sicherstellen, dass die Klientin »zurück in die Reali-

tät« kommt, sodass »… die innere Szene des Klienten die räumlichzeitliche Orientierung des Klienten im Therapieraum nicht mehr überdeckt« (Weth, 1985, S. 92). Dies gilt in besonderem Maße, wenn mit Fantasiereisen, Zeitreisen oder anderen Hypnoiden gearbeitet wurde oder wenn die Klientin psychotische Züge aufweist.

Zusammenfassung

Für die psychodramatische Arbeit im Einzelsetting stehen drei verschiedene Konzepte zur Verfügung: Das Monodrama, bei dem die Klientin alle Rollen selbst im Rollenwechsel übernimmt, das Psychodrama à deux, bei dem auch die Leiterin Rollen übernehmen kann, sowie das Autodrama, bei dem die Klientin den Spielverlauf weitestgehend ohne Beteiligung der Leiterin selbst gestaltet. Über diese drei Konzepte für die Einzelarbeit hinaus können einzelne psychodramatische Elemente (z. B. Rollenwechsel, leerer Stuhl) innerhalb eines verbal orientierten Beratungskonzept punktuell genutzt werden.

Weiterführende Literatur

Erlacher-Farkas, B.& Jorda, C. (Hrsg.) (1996). *Monodrama: Heilende Begegnung – Vom Psychodrama zur Einzeltherapie.* Wien: Springer (255 Seiten).
Das einzige Buch zum Thema »Psychodrama in der Einzelarbeit« mit methodischen Hinweisen und Berichten aus der Praxis. Darüber hinaus werden die historischen und theoretischen Grundzüge des Psychodramas dargestellt.
Einzelpsychotherapie (1996). *Psychodrama, 9 (1).*
Themenheft der Zeitschrift »Psychodrama« mit konzeptuellen Grundlagen und Praxisberichten unter anderem von Ulrich Schmitz-Roden, Klaus Jensen sowie Agnes Dudler und Eckhart Neumann.

Literatur

Leutz, G.A. (1996). Geleitwort. In B. Erlacher-Farkas & C. Jorda (Hrsg.), *Monodrama: Heilende Begegnung – Vom Psychodrama zur Einzeltherapie* (VII). Wien: Springer.
Schmitz-Roden, U. (1996). Spurensuche nach einer psychodramatischen Grundhaltung. *Psychodrama, 9 (1),* 17–29.
Weth, E.-J.(1985). Monodrama mit Studenten. *Integrative Therapie, 11,* 75–96.

Psychodramatische Arbeit auf der Gruppenebene: Das Soziodrama

6

»In einer psychodramatischen Sitzung ist die Aufmerksamkeit des Leiters und seines Teams auf das Individuum und seine privaten Probleme gerichtet (…). Auch der sog. Gruppen-Ansatz im Psychodrama ist in einem tieferen Sinne auf das Individuum zentriert (…) das Ziel des Leiters besteht darin, jedes Individuum in seiner eigenen Sphäre zu erreichen, getrennt von den anderen (…) Daher sind die Möglichkeiten der psychodramatischen Methode bei der Tatsachenfindung und Lösung zwischenmenschlicher Konflikte begrenzt. Die kollektiven Gründe kann man lediglich in ihrer subjektivierten Form thematisieren (…) Eine besondere Form des Psychodramas war notwendig, die ihr dramatisches Auge auf die kollektiven Faktoren richtet. So wurde das Soziodrama geboren. Das wahre Subjekt des Soziodramas ist die **Gruppe** (…). Soziodrama beruht auf der stillschweigenden Annahme, dass die Teilnehmergruppe bereits durch die sozialen und kulturellen Rollen organisiert ist, die in einem bestimmten Ausmaß alle Träger der Kultur teilen. Es ist daher nebensächlich, wer die Individuen sind, wie die Gruppe zusammengesetzt ist oder wie groß die Anzahl der Teilnehmer ist. Es ist die Gruppe als Ganzes, die auf die Bühne gebracht werden muss, um ihre Probleme zu lösen, weil die Gruppe im Soziodrama mit dem Individuum im Psychodrama korrespondiert« (Moreno, 1972, S. 352 ff.).

Während im Psychodrama die subjektive Wirklichkeit des Protagonisten durch Handeln exploriert wird (psyche = Seele, drama = Handlung), ist das Soziodrama ein Instrument zur Darstellung, Analyse und Veränderung sozialer Wirklichkeit (lat. socius = der Andere). Die zahlreichen Varianten soziodramatischer Arbeitsweise eröffnen damit innerhalb des psychodramatischen Methodenuniversums die Möglichkeit, Strukturen, Dynamiken und Kulturen von Gruppen (bis hin zur gesamtgesellschaftlichen Zusammenhängen) zu thematisieren. Damit ist das Soziodrama prädestiniert für Einsatzfelder wie Teamentwicklung und Teamsupervision, Konfliktmoderation, politische Bildungsarbeit oder Gruppenpsychotherapie.

Wenn man von »Psychodrama« spricht, hat man meist die »klassische« protagonistenzentrierte Arbeit vor Augen, so wie sie in den vorangegangenen Kapiteln vorgestellt wurde: Eine Klientin und ihr Thema stehen im Mittelpunkt des Geschehens, die übrigen Gruppenmitglieder nehmen als Hilfs-Iche oder in der Zuschauerrolle am Spiel teil. Die protagonistenzentrierte Arbeit ist jedoch nur ein Element in dem breit gefächerten methodischen Instrumentarium, mit dem Moreno experimentierte. Im Mittelpunkt seines Interesses stand stets nicht nur der einzelne Mensch, sondern insbesondere der soziale Kontext, der ihn umgibt und mit dem er unauflöslich verbunden ist

– dies wird im ► Abschn. 14.2 noch deutlicher werden. Insofern war es für Moreno nahe liegend, sich auch mit der Struktur und Dynamik von Gruppen, dem Einfluss der Gesellschaft auf den Einzelnen, mit ethnischen Konflikten usw. zu befassen. Es ist offensichtlich, dass für derartige Themenstellungen ein protagonistenzentrierter Ansatz nicht angemessen ist, und so entwickelten Moreno und die Psychodramatiker späterer Generationen das Soziodrama, das ein ganzes System methodischer Möglichkeiten umfasst, um Themen auf der Gruppenebene zu bearbeiten.

Die Unterschiede zwischen dem Soziodrama und dem protagonistenzentrierten Psychodrama liegen zum einen im **Fokus** der Intervention: Im Mittelpunkt des Soziodramas steht nicht mehr der oder die Einzelne, sondern ein Thema (themenzentriertes Spiel), Strukturen und Prozesse der Gruppe (gruppenzentriertes Spiel) oder ein gesellschaftlich relevantes Phänomen (soziokulturelles Soziodrama). Gegenstand der Betrachtung eines Soziodramas ist somit ein kollektives Thema, das jedoch immer auf seine Bezüge zum einzelnen Teilnehmer zurückreflektiert wird. Moreno u. Moreno (1969, S. 270) schreiben dazu:

❯❯ Das Psychodrama beschäftigt sich mit einem Problem, das ein Individuum oder

▼

eine Gruppe von Individuen auf privater Ebene betrifft. Das Soziodrama dagegen beschäftigt sich mit Problemen, bei denen der kollektive Aspekt des Problems in den Vordergrund und die private Dimension des Individuums in den Hintergrund gerückt wird. Beides kann natürlich nicht sauber voneinander getrennt werden.

Oder, an anderer Stelle: »Sobald die einzelnen Personen als kollektive Repräsentanten von Rollen und Rollenbeziehungen der Gemeinschaft behandelt werden und nicht im Hinblick auf ihre privaten Rollen und Rollenbeziehungen, wird das Psychodrama zu einem […] Soziodrama« (Moreno, 1972, S. 325). Damit verbunden verschieben sich die Rollen jedes einzelnen Gruppenmitglieds sowie Form und Ausmaß seiner Beteiligung am Spiel. Die bei der protagonistenzentrierten Arbeit typische Differenzierung in verschiedene Rollen wie Protagonistin, Hilfs-Ich oder Zuschauerin wird in den hier beschriebenen Arbeitsformen aufgelöst: Jedes Gruppenmitglied soll – zumindest im Prinzip – gleichermaßen am Spielgeschehen beteiligt sein, jeder ist sozusagen im gleichen Maße Protagonist.

Im Soziodrama verschiebt sich die **Rolle der Leitung** gegenüber dem protagonistenzentrierten Psychodrama von der Lenkung und Steuerung hin zur allparteiischen Moderation von Selbststeuerungsprozessen. Hier ist der Leiter hauptsächlich als Impulssetzer, Prozessbeobachter, Diagnostiker und Feedbackgeber, in gruppenzentrierten Spielen auch als Schlichter von Konflikten gefordert.

Schließlich gibt es deutliche Unterschiede in der **Methodik**: Zwar können auch in der soziodramatischen Arbeit – wie im protagonistenzentrierten Psychodrama – reale Ereignisse aus dem Erleben der Teilnehmerinnen nachgestellt werden. Vielfach arbeitet das Soziodrama aber mit modellhaften Szenarios (z. B. die Gruppe inszeniert eine Bundestagssitzung), deren Bezug zur Wirklichkeit der Teilnehmer nach dem Spielende reflektiert wird.

Je nach Zielsetzung lassen sich themenzentrierte, gruppenzentrierte und soziokulturelle Soziodramen unterscheiden (▶ Abschn. 6.1). Für die methodische Gestaltung stehen eine Reihe von Ar-rangements (▶ Kap. 3) zur Verfügung. Für das Verständnis soziodramatischer Arbeit ist es wichtig, diesen Unterschied zu verstehen: Die Zielsetzung legt eine Arbeitsform nahe, die aber noch keine konkrete methodische Gestaltung vorgibt. Umgekehrt kann ein und dasselbe Arrangement (z. B. das Stegreifspiel) in allen drei Arbeitsformen eingesetzt werden.

Soziodramatische Arbeit ist nicht mit unverfänglichen »Interaktionsspielen« zu verwechseln. Da es immer um ein szenisch dargestelltes Abbild der Wirklichkeit der Gruppe geht, kann sie sehr intensiv werden. Wer zu früh zu »dichte Themen« in die Gruppe einbringt, läuft Gefahr, dass sich die Teilnehmerinnen nur oberflächlich auf die Methodik einlassen oder gar die Mitarbeit offen verweigern. Soziodrama-Aktionen setzen ein besonders hohes Maß an Offenheit und Vertrauen voraus. Sie stehen daher nie am Anfang eines Seminars oder Workshops, sondern erfordern eine längere Erwärmung. Besonders in Gruppen mit einem hohen Maß an »Widerstand« (z. B. bei der Aufarbeitung von Gruppenkonflikten mithilfe gruppenzentrierter Spiele) muss der Leiter vor Beginn der eigentlichen soziodramatischen Aktion die Voraussetzungen schaffen, die die Teilnehmer für eine Öffnung auf der individuellen und der Gruppenebene benötigen.

> **❶ Soziodramatische Arbeit setzt Kohäsion und Vertrauen in der Gruppe voraus – es besteht die Gefahr von »Widerstand« durch Überforderung der Gruppe!**

Soziodramatische Interventionen können bereits vor Beginn der eigentlichen Arbeit mit den Klientinnen als fester Bestandteil des Ablaufs eingeplant sein. Dann wird man eine Erwärmung wählen, die auf das zu bearbeitende Thema hinleitet:

- In der Teamentwicklung könnte vor einem gruppenzentrierten Spiel eine Kleingruppenarbeit stehen, in der die Teilnehmerinnen Charakteristika eines guten Teams zusammentragen.
- In der Schule können die Schülerinnen und Schüler auf der Grundlage einer Unterrichtsreihe zu Geschichte und Grundlagen der Demokratie im themenzentrierten Spiel eine Bundestagsdebatte inszenieren.

▬ In einem Seminar zum Thema »Umgang mit gesellschaftlichen Randgruppen« könnten sich die Teilnehmerinnen vor einer soziodramatischen Aktion in Dyaden – und anschließend im Plenum – über ihre persönlichen Erfahrungen mit Randgruppen austauschen.

In offener strukturierten Settings kann die Entscheidung für eine Soziodrama-Arbeit auch noch während des Arbeitsprozesses fallen, z. B. wenn im Zuge einer Erwärmungsübung ein gemeinsames Interesse an einem Thema (themenzentriertes Spiel), ein Gruppenkonflikt (gruppenzentriertes Spiel) oder eine gesellschaftliche Dimension einer für die Gruppe relevanten Thematik (soziokulturelles Soziodrama) erkennbar wird.

Das Soziodrama spielt in der psychodramatischen Literatur oft nur eine nebengeordnete Rolle. Es gibt unterschiedliche Definitionen des Begriffs und unterschiedliche Konzepte für die Arbeit mit dem Soziodrama. Wittinger (2005) hat darauf hingewiesen, dass sich zwei »Schulen« herausgebildet haben, von denen die eine mit dem Begriff »Soziodrama« nur das soziokulturelle Soziodrama meint, während die andere den Begriff in einem weiteren Sinne auch für gruppen- und themenzentrierte Arbeit verwendet. »Beide Positionen«, so Kellermann (2007, S. 18), »lassen sich anhand von Morenos früheren Arbeiten begründen, die zwischen der einen und der anderen Akzentuierung hin- und herwechselte«. Darüber hinaus gibt es auch unterschiedliche Auffassungen über das Verhältnis der Begriffe »Psychodrama« und »Soziodrama«. Während der Begriff »Psychodrama« vor allem in den USA oft mit dem protagonistenzentrierten Spiel gleichgesetzt wird, schließt er in Europa in einem weiteren Sinne meist das Soziodrama in seinen unterschiedlichen Arbeitsformen ein. Wir haben uns entschieden, uns (anders als in der ersten Auflage dieses Buches) der letztgenannten der von Wittinger beschriebenen Position anzuschließen und den Begriff Soziodrama für alle Arten der psychodramatischen Arbeit auf der Gruppenebene zu verwenden. Diese Entscheidung ist die Konsequenz unserer These, dass das methodische Grundprinzip von Psychodrama und Soziodrama in der szenischen Darstellung von Wirklichkeiten mittels → Surplus Reality besteht – das

Psychodrama ist dann die Darstellung der Wirklichkeit einer Person (»Psycho-Drama«), während das Soziodrama die Darstellung der Wirklichkeit einer Gruppe oder eines größeren sozialen Systems zum Ziel hat (»Sozio-Drama«). Durch diese Art der Unterscheidung wird somit eine klare Differenzierung der verschiedenen Arbeitsformen entlang der von Moreno gewählten Begriffe Psychodrama und Soziodrama möglich.

6.1   Soziodramatische Arbeitsformen im Überblick

❶ Die drei wichtigsten soziodramatischen Arbeitsformen sind:
▬ das themenzentrierte Soziodrama (▶ Abschn. 6.2),
▬ das gruppenzentrierte Soziodrama (▶ Abschn. 6.3) und
▬ das soziokulturelle Soziodrama (▶ Abschn. 6.4).

Das themenzentrierte Soziodrama

Das themenzentrierte Soziodrama wird in themenbezogenen Veranstaltungen (z. B. im Unterricht, in Fortbildungen oder in der Teamsupervision) eingesetzt, um ein bestimmtes Sachthema mit Aktionsmethoden zu dynamisieren und zu beleuchten. Die intensive, erlebnisaktivierende Auseinandersetzung soll es der Gruppe ermöglichen, sich mit dem Thema nicht nur kognitiv auseinanderzusetzen, sondern auch persönliche Bezüge dazu aufzubauen, zu erkennen und zu nutzen. In der methodischen Gestaltung kann die themenzentrierte Arbeit auf szenische Bilder zurückgreifen (▶ Fallbeispiel), aber auch andere Arrangements nutzen. Das themenzentrierte Soziodrama wird in ▶ Abschn. 6.2 ausführlich dargestellt.

⊙ **VHS-Seminar für Angehörige demenzerkrankter älterer Menschen**
Nach einer ausführlichen Erwärmungsphase mit einer Vorstellungsrunde und einem Kurzvortrag zum Thema Altersdemenz bekommen die Teilnehmerinnen die Aufgabe, in Kleingruppen szenische Bilder zu erarbeiten, die ihren derzeitigen Umgang

▼

mit demenzkranken Angehörigen veranschaulichen. Diese Bilder werden auf der Seminarbühne vorgestellt und anschließend gemeinsam ausgewertet. Die Erkenntnis, wie ähnlich die Schwierigkeiten anderer Menschen im Umgang mit ihren demenzkranken Verwandten sind, hat für die Teilnehmerinnen einen stark entlastenden Effekt. Auf der anderen Seite zeigt sich in der Diskussion über die szenischen Bilder, welche unterschiedlichen Strategien die Teilnehmerinnen sowohl im Umgang mit ihren Angehörigen als auch im Umgang mit den eigenen Emotionen einsetzen. Hieran anschließend werden im weiteren Verlauf des Seminars verschiedene Strategien systematisch erarbeitet und im Rollenspiel erprobt.

Zu einiger Bekanntheit hat es das **Bibliodrama** gebracht, das als Variante des themenzentrierten Spiels angesehen werden kann. Hierbei spielen die Teilnehmerinnen Szenen aus der Bibel nach, meist im Zusammenhang mit einem intensiven Studium der entsprechenden Bibelpassagen. Angestrebt wird dabei ein profundes Verständnis der biblischen Texte, aber natürlich auch ein spiritueller Gewinn für die Spielerinnen.

Das gruppenzentrierte Soziodrama

Beim gruppenzentrierten Soziodrama erforscht die Gruppe nicht ein Sachthema, sondern sich selbst. Das Ziel besteht darin, verfestigte Interaktionsmuster und Rollenzuschreibungen zu erkennen, die Gruppenkultur zu reflektieren und Konflikte zu bearbeiten.

Teamentwicklung
Das Team einer Weiterbildungseinrichtung ist in einem Workshop zusammengekommen, um zu reflektieren, welche Rollen die verschiedenen Teammitglieder in der Zusammenarbeit einnehmen und wie das Zusammenspiel der einzelnen Rollen im Team »funktioniert«. Die Teilnehmerinnen bekommen die Aufgabe, die Rollen von Bankräubern einzunehmen und in einem gruppenzentrierten Stegreifspiel gemeinsam einen Bankraub zu planen und durchzuführen. In der anschließenden Reflexionsphase diskutiert das Team folgende Fragen:

▼

- Wer hat welche Rolle eingenommen und warum?
- Inwieweit entspricht die Rolle jedes einzelnen Teammitglieds im Stegreifspiel seiner Rolle in der Realität des Arbeitsalltags?
- Welches Rollenverhalten war förderlich, welches eher hinderlich?
- Welche Rollen waren überrepräsentiert, welche wichtigen Rollen sind unbesetzt geblieben (z. B. viele Fahrerinnen für den Fluchtwagen, aber niemand, der den Tresor aufschweißt)?
- Wie funktionierte das Zusammenspiel der Rollen?

Eine detaillierte Beschreibung dieses Spiels findet sich in ▶ Abschn. 26.3.

Das soziokulturelle Soziodrama

Im soziokulturellen Soziodrama wird ein gesellschaftlich relevantes Themas (z. B. Jugendkriminalität) mithilfe eines Stegreifspiels simuliert, in dem sich die Dynamik zwischen verschiedenen für das betreffende Thema bedeutsamen Akteuren (verkörpert durch die Teilnehmer) frei entfalten kann. Aus der Analyse der Spieldynamik werden Rückschlüsse auf die Dynamik in der Realität gezogen, das Erleben der Teilnehmer in den Rollen wird als Anstoß für eine Reflexion der eigenen Bezüge zum Thema genutzt. Einsatzmöglichkeiten für das soziokulturelle Soziodrama bestehen in der politischen Bildungsarbeit, aber auch in der Supervision, in der Organisationsentwicklung sowie in anderen Feldern.

Rücktritt eines Politikers kurz vor Beginn der Psychodrama-Ausbildungsgruppe
Vor Beginn eines Wochenendseminars in einer fortlaufenden Psychodrama-Ausbildungsgruppe wird die Nachricht bekannt, dass Oskar Lafontaine (damals SPD-Vorsitzender und Bundesfinanzminister) zurückgetreten ist und sich ohne nähere Erklärung ins Privatleben zurückgezogen hat. Das Thema ist so beherrschend, dass die Leitung ein Soziodrama anregt. Die Teilnehmer übernehmen die Rollen von Medienvertretern, SPD-Parteivorstand, TV-Zuschauern und von Oskar Lafontaine selbst; es entfaltet sich eine Dynamik, die die Entwicklungen der auf das Ausbildungswochenende

▼

folgenden Wochen und Monate in recht realistischer Weise abbildet. In der anschließenden Diskussion werden verschiedene Aspekte unserer »Mediendemokratie« beleuchtet, vor allem aber hat eine Gruppenkatharsis stattgefunden, die es ermöglicht, das Ausbildungswochenende wie geplant fortzusetzen.

Des Weiteren wird in der Psychodrama-Literatur gelegentlich auf das **Axiodrama** verwiesen. Moreno hat diesen Begriff geprägt, um ein Handeln oder eine Lebensweise zu beschreiben, die von den Werten der → Begegnung und der Übernahme von Verantwortung für die Mitwelt – und letztlich für den gesamten Kosmos – geprägt ist. Er versteht das Axiodrama somit als »… Synthese des Psychodramas mit der Wissenschaft der Werte (Axiologie)« (Moreno, 1948, S. 357). Axiodramen können in zweierlei Form stattfinden: Zum einen nimmt jedes Psychodrama, in dem Liebe, Nächstenliebe, Mitleid und Sympathie, Glück, Freude und Verantwortung mit psychodramatischen Methoden initiiert, entwickelt und trainiert werden, den Charakter eines Axiodramas an. Das ultimative Axiodrama findet aber nicht in der Abgeschlossenheit der Bühnensituation statt, sondern in der Realität selbst. Beispielhaft ist das Leben von Mahatma Gandhi, eines von Morenos großen Vorbildern, als exemplarische Beschäftigung mit Ethik und universalen Werten zu nennen (ausführlicher s. Hutter, 2000).

6.2 Das themenzentrierte Soziodrama

❶ Im themenzentrierten Spiel geht es um die Erarbeitung eines für die Gruppenmitglieder relevanten Themas; dabei steht in der Regel eine didaktische oder pädagogische Zielsetzung im Vordergrund.

»Sage es mir und ich werde es vergessen. Zeige es mir und ich werde mich daran erinnern. Lass es mich tun und ich werde es verstehen« – die moderne Lernforschung hat Konfuzius´ alte Weisheit bestätigt. Lernprozesse verlaufen effektiver und nachhaltiger, wenn die Lernenden möglichst aktiv und mit allen Sinnen einbezogen werden. Das themenzentrierte Soziodrama nutzt diese Erkenntnis, um Lernen in unterschiedlichen Anwendungsfeldern handlungs- und erlebnisorientiert zu gestalten. In Unterricht und Erwachsenenbildung können Wissensinhalte szenisch aufbereitet werden, um den Lernprozess zu intensivieren und um persönliches »Involvement« herzustellen (▶ s. Fallbeispiel »VHS-Seminar« in Abschn. 6.1). Im Bereich des sozialen Lernens kann das themenzentrierte Soziodrama genutzt werden, um persönliche Handlungsmuster in Konflikt- und anderen Interaktionssituationen aufzuarbeiten und zu korrigieren, wie Creekmore u. Madan (1981) am Beispiel der Therapie verhaltensauffälliger Jugendlicher zeigen. In der beruflichen Bildung kann das themenzentrierte Soziodrama beispielsweise verwendet werden, um den Umgang der Beschäftigten mit einem gemeinsamen Thema wie Stress am Arbeitsplatz zu durchleuchten. Mit seiner Hilfe können Qualitätsentwicklungsmaßnahmen und andere betriebliche Problemlösungen entwickelt werden (▶ s. Fallbeispiel »Pädagogischer Tag«). Im themenzentrierten Soziodrama kommen häufig szenische Bilder zum Einsatz.

Szenische Bilder im themenzentrierten Soziodrama

Szenische Bilder sind szenische Darstellungen, die eine Kleingruppe erarbeitet, um einen bestimmten Themenaspekt für die Gruppe erlebbar zu machen (▶ Abschn. 3.9). Sie beruhen auf einem von der Kleingruppe erarbeiteten »Drehbuch«, das die Rollen und den groben Handlungsverlauf beschreibt. Die Dynamik der dargestellten Situation kommt in der szenischen Darstellung sehr viel plastischer zum Ausdruck als durch eine rein verbale Beschreibung.

▷ **Pädagogischer Tag mit dem Kollegium einer Realschule**
Das Kollegium einer Realschule ist für einen Tag in einem Tagungshaus zusammengekommen, um Aspekte der Schulkultur zu diskutieren. Für den Einstieg werden acht Moderationswände im Raum

▼

verteilt, die jeweils mit einem Aspekt der Schulkultur betitelt sind (z. B. Atmosphäre im Kollegium, Elternarbeit, pädagogische Werte). Die Teilnehmer wandern zwischen den Wänden hin und her und schreiben ihre Assoziationen zu jedem Aspekt auf das entsprechende Papier. Nach einer Sichtung der Ergebnisse bittet die Leitung die Teilnehmer, sich zu dem Thema zu stellen, das sie an diesem Tag bearbeiten möchten. Die beiden Themen, die höchsten Zuspruch erhalten haben, werden ausgewählt, darunter das Thema »Atmosphäre im Kollegium«. Die Gruppe, die dieses Thema bearbeitet, bekommt den Auftrag, eine Szene zu entwickeln, die den gegenwärtigen Zustand in ein prägnantes Bild bringt (Realbild). Eine weitere Szene soll in einem möglichen Idealbild zeigen, wie sich die Gruppe die Atmosphäre im Kollegium wünscht. Die Bilder lösen große Betroffenheit, aber auch Widerspruch aus. In einer von der Leitung moderierten Diskussion werden die unterschiedlichen Standpunkte herausgearbeitet. Ein kollektiver Rollentausch zwischen den Vertretern der verschiedenen Meinungen vertieft das gegenseitige Verständnis, bevor abschließend konkrete Maßnahmen und Vereinbarungen zur Verbesserung der Atmosphäre im Kollegium beschlossen werden.

Bevor die Gruppe ihre Arbeit aufnimmt, sollte die Leitung klare und ausführliche Instruktionen hinsichtlich des Arbeitsziels und der zur Verfügung stehenden Arbeitszeit geben (▶ Beispiel).

❯ »Heute Vormittag werden wir uns mit Ihrer Schulkultur befassen. Ich würde gerne einen Einblick in Ihre Kultur bekommen, damit ich verstehe, worüber wir sprechen. Wir können das jetzt machen, indem ich Ihnen Fragen zu bestimmten Aspekten stelle und Sie antworten, aber ich glaube, dann reden wir sehr viel und das wäre ziemlich ermüdend. Außerdem glaube ich, dass man nur dann einen wirklichen Eindruck von einer Kultur bekommt, indem man die Kultur erlebt – wenn Sie sich an Ihre letzte Reise ins Ausland erinnern, werden Sie das bestätigen. Ich könnte zu Ihnen kommen und mir ansehen, wie Ihr Arbeitsalltag aussieht. Da das aber heute nicht geht, machen wir es umgekehrt und holen Ihren Alltag und Ihre Kultur hierher. Ich möchte von Ihnen gleich einige kurze

▼

Szenen sehen, so ähnlich wie kleine Filmausschnitte, die einige Kernpunkte Ihrer Schulkultur verdeutlichen. Sie sollen diese Szenen hier auf der Seminarbühne vorstellen. Sie haben reichlich Zeit – 45 Minuten –, um diese Szenen vorzubereiten, indem Sie eine Art kurzes »Drehbuch« schreiben. Die Szene soll so gestaltet sein, dass Sie anschließend sagen können: Wenn Herr von Ameln diese Szene gesehen hat, dann hat er einen wesentlichen Aspekt unserer Schulkultur kennengelernt. Wenn Sie bei der Erarbeitung des Drehbuchs Fragen oder Schwierigkeiten haben, können Sie mich jederzeit ansprechen. Wie gesagt: Sie haben 45 Minuten Zeit für die Vorbereitung, die Präsentation der Szene selbst soll später nicht länger als 5 Minuten dauern. Haben Sie dazu noch Fragen?«

Die Kleingruppen, die die szenischen Bilder erarbeiten, können nach unterschiedlichen Kriterien gebildet werden. Entscheiden die Teilnehmer selbst, werden sich voraussichtlich eher Teilnehmer zusammenfinden, die eine ähnliche Sichtweise haben. Dies ist vor allem dann sinnvoll, wenn man vermutet, dass Subgruppen mit unterschiedlichen Positionen existieren und dies der Gruppe zurückspiegeln möchte. Bei Seminaren mit Angehörigen verschiedener Berufsgruppen, Generationen etc. kann die Gruppenbildung nach (aktions-) soziometrischen Kriterien vorgenommen werden, um die für die Subgruppen spezifischen Perspektiven zum Ausdruck zu bringen. Andererseits kann man Subgruppen bei der Gruppenbildung bewusst durchmischen, um eine Diskussion über Wahrnehmungs- und Bewertungsunterschiede schon in den Kleingruppen anzustoßen.

Es sollte bedacht werden, dass man den Zeitbedarf für die Diskussion und Erarbeitung szenischer Gestaltungen leicht unterschätzt. Wichtig ist, dass die Teilnehmer so vorbereitet zurück ins Plenum kommen, dass sie die Szene mit Dialogen vorstellen können. Bilder, die nur aus einem Standbild mit einer Erläuterung bestehen, bleiben matt. Für die detaillierte Vorbereitung einer 5-minütigen Szene ist eine Erarbeitungszeit von 30 bis 45 Minuten angemessen. Bei komplexen und innerhalb der Gruppe strittigen Themen erhöht sich der Zeitbedarf entsprechend.

❗ Die Erarbeitung von Gruppenaktionen ist sehr zeitaufwendig – daher genügend Zeit vorsehen!

Nach der Präsentation werden die übrigen Teilnehmerinnen zunächst befragt, wie die Szene auf sie gewirkt hat und welche ersten Ideen zur Deutung sie haben. Erst danach erläutert die Gruppe, die das Bild erarbeitet hat, welche Überlegungen ihrer Umsetzung zugrunde liegen und was ausgedrückt werden sollte. Damit wird zur gemeinsamen Diskussion der Frage übergeleitet, was das Bild bzw. die Skulptur über die Realität aussagt. So können, wie in ▶ Abschn. 6.2 beschrieben, von den Teilnehmerinnen in Kleingruppen erarbeitete szenische Bilder zum Thema »Szenen unserer Schulkultur« Anlass zur Reflexion der Frage bieten, wie man im Schulalltag miteinander umgeht und welche Normen, Gewohnheiten und strukturellen Probleme die gemeinsame Arbeit erschweren. Das szenische Bild kann als Aktion für sich stehen, aber auch eine Erwärmung für ein anschließendes Stegreifspiel darstellen.

Weitere Möglichkeiten der Gestaltung themenzentrierter Soziodramen

Natürlich können im Rahmen des themenzentrierten Soziodramas auch andere szenische Mittel eingesetzt werden, die dazu beitragen, das Thema und seine Bezüge zur eigenen Person herauszuarbeiten, z. B. Aufstellungen, Skulpturen, Rollenspiel-Einheiten sowie protagonistenzentriertes Arbeiten. In einem Rhetorikseminar könnte man beispielsweise eine Talkshow zu einem aktuellen Thema im Stegreifspiel inszenieren, um den Teilnehmerinnen viele Möglichkeiten zu Interaktion, freier Rede und Argumentation sowie zur Reflexion ihres eigenen Auftretens in der Öffentlichkeit zu bieten.

Diese szenischen Gestaltungselemente können sich abwechseln mit Vorträgen des Leiters, thematischer Arbeit in Kleingruppen, Gruppendiskussionen usw.

6.3   Das gruppenzentrierte Soziodrama

❗ Ein Spiel, bei dem die sozio-emotionalen Strukturen und Prozesse der Gruppe im Fokus stehen, bezeichnet man als gruppenzentriertes Spiel.

Gruppenzentrierte Soziodramen eignen sich hervorragend für die Teamentwicklung und Gruppensupervision, aber auch für die Familientherapie, da sie die kognitive Reflexion der Gruppenkultur um eine handlungsbezogene Ebene erweitern. Darüber hinaus versteht sich das gruppenzentrierte Soziodrama aber nicht nur als Mittel, die Gruppenkultur sichtbar zu machen, sondern auch als kulturbildende und -verändernde Intervention eigenen Ranges. Mögliche Ziele eines gruppenzentrierten Spiels sind

─ die Reflexion der Rollenstruktur der Gruppe,
─ die Aufdeckung und Klärung gegenseitiger Erwartungen,
─ die Auseinandersetzung mit der Gruppenkultur,
─ die Bearbeitung von Gruppenkonflikten,
─ die Erhöhung der Kohäsion,
─ die Verbesserung der Zusammenarbeit,
─ die Integration von Außenseitern,
─ die Thematisierung von Gruppennormen.

Für die methodische Gestaltung eines gruppenzentrierten Soziodramas gibt es – wie bei der themenzentrierten Arbeit – eine Vielzahl von Möglichkeiten. Die Herausforderung für den Leiter besteht darin, ein Arrangement zu finden, das die Vorgänge, die sich (unsichtbar) auf der gruppendynamischen Ebene abspielen, sichtbar, erlebbar und in der psychodramatischen → Surplus Reality veränderbar macht.

6.3.1 Aktionssoziometrie im gruppenzentrierten Soziodrama

Ein wichtiges Instrumentarium im Rahmen des gruppenzentrierten Soziodramas sind (aktions-) soziometrische Techniken (▶ Abschn. 15.3). Das nachfolgende Fallbeispiel (aus Sternberg u. Garcia, 1989) illustriert, wie das latente Kriterium »Zugehörigkeitsgefühl zur Gruppe« mithilfe von Aktionssoziometrie sichtbar gemacht werden kann.

> **Nähe und Distanz in der Gruppe/ Gruppenzugehörigkeit**
> Ziel der Intervention ist es, randständige Gruppenmitglieder zu stärken, besser zu integrieren und den Gruppenzusammenhalt zu fördern. Dazu positionieren sich die Gruppenmitglieder im Raum auf einer imaginären Skala (deren Endpole z. B. von zwei Stühlen verkörpert werden), die das Kontinuum »innerhalb der Gruppe/außerhalb der Gruppe« abbildet. Dann befragt der Leiter diejenigen Teilnehmer, die sich auf die »außerhalb«-Position begeben haben: »Wodurch fühlt Ihr Euch als einer Gruppe zugehörig? Was braucht Ihr, um Euch von »außerhalb« nach »halb innerhalb« zu bewegen?« Die Antworten der Teilnehmer bilden den Startpunkt für eine Diskussion mit der gesamten Gruppe über Gruppenklima, Vertrauen, Akzeptanz usw. Dabei können die »außerhalb« befindlichen Teilnehmer bereits probeweise erste Schritte in Richtung des »innerhalb«-Pols unternehmen aber auch wieder ein Stück zurückgehen, wenn sie das Gefühl haben, dass die Gruppe sie noch nicht ausreichend trägt, um auf der Position verbleiben zu können.

Das folgende Beispiel aus unserer Praxis zeigt eine weitere von vielen Möglichkeiten, im Rahmen einer gruppenzentrierten Intervention mit Aktionssoziometrie zu arbeiten. In diesem Fallbeispiel kommt der kollektive Rollentausch zum Einsatz (Grundlagen ▶ Abschn. 5.3.5, Fallbeispiele ▶ Kap. 27 und ▶ Abschn. 24.4). Er ist eine der wichtigsten Techniken des gruppenzentrierten Soziodramas, weil er es ermöglicht, Gruppenkonflikte nicht nur aufzudecken, sondern auch gegenseitigen Perspektivenwechsel und Empathie zu fördern.

> **Reflexion der Gruppennormen in einer fortlaufenden Therapie-/ Selbsterfahrungsgruppe**
> Seit einigen Sitzungen gibt es Spannungen in der Gruppe: Einige Teilnehmerinnen, die sich stark mit persönlichen Themen einbringen, werfen den zurückhaltenderen und verschlosseneren Gruppenmitgliedern vor, nichts von sich zu zeigen und so den Gruppenprozess zu blockieren. Die Leitung entscheidet sich für eine gruppenzentrierte Aktion, um die Spannungen zu bearbeiten. Die Teilnehmerinnen postieren sich entlang eines durch ein Seil (möglich sind auch zwei leere Stühle, zwei Symbole etc.) veranschaulichten Kontinuums, dessen Extrempunkte durch die Meinungen »Zur Teilnahme an dieser Gruppe gehört, dass man über alle persönlichen Themen spricht« und »Jeder muss selbst entscheiden, ob und wie weit er sich zeigt« gebildet werden. Nach einem kurzen Austausch von Argumenten findet ein kollektiver Rollentausch zwischen den Vertreterinnen beider Meinungen statt, um das gegenseitige Verständnis zu fördern. Zurück in der Ursprungsposition formulieren die Teilnehmerinnen, was sie von der Gruppe bräuchten, um sich in Zukunft mehr öffnen zu können bzw. wie sie lernen können, selbstbewahrendes und abgrenzendes Verhalten anderer Teilnehmerinnen besser zu akzeptieren.

6.3.2 Systemaufstellungen im gruppenzentrierten Soziodrama

Systemaufstellungen stellen Gruppenstörungen und -konflikte in der psychodramatischen Surplus Reality pointiert dar, indem sich die Systemmitglieder so zueinander im Raum postieren, dass sich ein metaphorisches Abbild der Strukturen und Dynamiken der Gruppe ergibt. Die klassischpsychodramatische Darstellung des situativen Kontextes sowie die Ebene der sprachlichen Interaktion werden dabei unter dem Einfluss systemischer Vorgehensweisen bewusst ausgeblendet. Die Grundlagen der Arbeit mit Systemaufstellungen wurden bereits in ▶ Abschn. 3.7 dargestellt.

In der »klassischen« Vorgehensweise stellt ein Fallgeber in einer Aufstellung das System (z. B. eine Organisation, eine Familie, eine Paarbeziehung) aus seiner Sicht dar, die übrigen Gruppenmitglieder sind nicht Teil des Systems. Wenn die Mitglieder dieses Systems in der Beratungssituation anwesend sind, muss die Vorgehensweise angepasst werden. Der Fokus verschiebt sich von der Erforschung der Wirklichkeit des Fallgebers hin zur soziodramatischen Erforschung der Wirklichkeit der gesamten Gruppe.

Serielle Systemaufstellungen

Eine Person stellt als »Baumeister« ihre Sicht der Beziehungsstrukturen innerhalb der Gruppe (Paarbeziehung, Familie …) dar. Die übrigen Teilnehmer werden gebeten, sich zunächst als »Baumaterial« zur Verfügung zu stellen, auch wenn ihre Position in der Aufstellung nicht ihrer eigenen Wahrnehmung entspricht.

> ### Serielle Aufstellungen in der Arbeit mit Familien
>
> Ein Paar mit einer magersüchtigen Tochter hat sich wegen anhaltender familiärer Streitigkeiten zu einer Familientherapie entschlossen. Die Tochter positioniert die beiden Elternteile in großem räumlichem Abstand zueinander, den Vater auf einem Stuhl stehend, die Mutter sitzend. Sie selbst steht in der Aufstellung ebenfalls weit von den Eltern entfernt, in der Nähe der Tür des Therapieraums, als sei sie gewillt, aus der Situation (und damit aus der Familie) zu fliehen. Die Eltern sind einander abgewandt und haben den Blick auf die Tochter fixiert. Nun werden wiederum die Beteiligten darüber befragt, wie sie sich an ihrer Position fühlen und wie sie die Beziehung zu den anderen Personen in der Aufstellung erleben. An diese Darstellung des gegenwärtigen Zustands kann sich ein »Wunschbild« anschließen, das aufzeigt, welche Veränderungen in der Beziehungsstruktur aus der Sicht des »Erbauers« geschehen sollten.
>
> Auf die Frage der Leitung, wie sich die Tochter die familiäre Situation wünschen würde, stellt diese Vater und Mutter so auf, dass sie eng beieinander auf gleicher Augenhöhe stehen. Sie haben zwar die Tochter noch im Blick, schauen sich nun aber gegenseitig an. Die Tochter steht einen Schritt weit entfernt, sie kann sich aus dieser Position mühelos zu den Eltern, aber auch nach außen hin orientieren, ohne die Eltern aus dem Blick zu verlieren (das Beispiel kann auf andere Gruppen übertragen werden).

Die anderen Gruppen- bzw. »Familien«mitglieder erhalten im Anschluss die Möglichkeit, weitere Aufstellungen zu gestalten, die dann miteinander verglichen werden. Um zu vermeiden, dass die verschiedenen Sichtweisen sich gegenseitig beeinflussen und verfälschen, kann man die Teilnehmer bitten, vor der ersten Aufstellung ihre Wahrnehmung auf Papier zu skizzieren. Bei mehr als fünf Teilnehmern können Kleingruppen gebildet werden, die jeweils eine gemeinsame Aufstellung entwerfen.

Das von Müller (1992) im Anschluss an Satirs Arbeitsweise vorgeschlagene Vorgehen für die Paartherapie verbindet die Erlebnisaktivierung in der Aufstellungsarbeit mit dem psychodramatischem → Spiegel.

> ### Serielle Aufstellungen in der Paartherapie
>
> 1. Klientin A gestaltet eine Aufstellung ihrer Wahrnehmung der Paarbeziehung entsprechend, wobei sie Klient B eine Position zuweist und den Therapeuten als Stand-In für sich selbst verwendet.
> 2. Klientin A schaut sich die Aufstellung von außen an und nimmt gegebenenfalls Korrekturen vor.
> 3. Klientin A nimmt ihre Position in der Aufstellung ein und erlebt sie nun aus der »Innenperspektive«.
> 4. Der Therapeut nimmt als Stand-In die Rolle und Haltung von Klient B an, damit dieser die Aufstellung von außen betrachten kann.
> 5. Klient B geht zurück an seine Position in der Aufstellung.
> 6. Beide Klienten werden gebeten, eine Weile lang den Empfindungen, Gefühlen und Gedanken nachzuspüren, die die Aufstellung in ihnen auslöst.
> 7. Die Aufstellung wird aufgelöst; es folgt eine Feedbackrunde.

Simultane Systemaufstellungen

Alle Beteiligten positionieren sich gleichzeitig zueinander, die Aufstellung wird so lange verändert, bis ein für alle stimmiges Bild entsteht. Da jedes Gruppenmitglied eine individuelle Vorstellung davon hat, wie die Personen angeordnet werden müssen, um die Beziehungsrealität in der Gruppe abzubilden, kann diese Vorgehensweise langwierige Abstimmungsprozesse mit sich bringen: Wenn Person A beispielsweise einen Schritt zurücktritt, um in einen für sie stimmigen Abstand zu Person B zu kommen, kann das zur Folge haben, dass die Aufstellung für Person C nicht mehr »stimmt«; wenn C aber ihre Position verändert, kann das der Wahrnehmung von A widersprechen etc. Diese Schwierigkeit, sich auf eine Wahrnehmung der Gruppenrealität zu einigen, entspricht genau dem Aufdecken und dem Abgleich unterschiedlicher Wirklichkeiten, den man in der Therapie bzw. Beratung anstrebt. Insofern ist hier der Prozess mindestens genauso wichtig wie das Ergebnis.

Systemaufstellungen aus der Sicht des Therapeuten oder Beraters

Schließlich besteht die Möglichkeit, dass der Berater bzw. Therapeut seine Wahrnehmung der Beziehungen zwischen den Gruppenmitgliedern, Ehepartnern oder Familienangehörigen in Form einer Aufstellung darstellt, um den Klienten eine Rückmeldung zu geben.

6.3.3 Das Stegreifspiel im gruppenzentrierten Soziodrama

Das Stegreifspiel ist ein weiteres »klassisches« Arrangement für die gruppenzentrierte Arbeit. Das Stegreifspiel nutzt wie die zuvor beschriebenen Gestaltungsmöglichkeiten → Surplus Reality als Spiegel der Wirklichkeit der Gruppe – allerdings bedient es sich dabei eines methodischen »Tricks«: Statt die Dynamik der Teilnehmergruppe auf der kontroversen und als problematisch erlebten Realebene zu thematisieren, wird sie in der Aktionsphase auf ein scheinbar realitäts- und ich-fernes, lustbetontes Spielszenario (z. B. eine Gruppenreise zum Amazonas) projiziert. Die Teilnehmer agieren nicht – wie z. B. bei einer gruppenzentrierten Aufstellungsarbeit – in ihren eigenen, sondern in den durch das Szenario vorgegebenen Rollen (im Beispiel als Mitglieder der Reisegruppe). Erst in der anschließenden Reflexionsphase wird das abgelaufene Spiel auf mögliche Parallelen zur Realität der Teilnehmer hin analysiert. Die Ar-

beitshypothese des gruppenzentrierten Soziodramas lautet dabei, dass das Surplus-Spiel auch ohne bewusstes Zutun der Teilnehmer Strukturen und Dynamiken entwickelt, die zu den in der Wirklichkeit herrschenden Strukturen und Dynamiken analog sind. Nach dieser Annahme spiegeln Teamkonflikte, starre Rollenzuweisungen, mangelnde Kooperationsbereitschaft, geringe Kohäsion und andere Störungen, die auf der Ebene des Spiels deutlich wurden, diejenigen Störungen wieder, unter denen das Team auch in der Realität leidet.

> **❶** Arbeitshypothese des gruppenzentrierten Stegreifspiels: Das Stegreifspiel ist eine metaphorische Abbildung der Wirklichkeit der Teilnehmergruppe.

Dass das Stegreifspiel im Sinne dieser These »funktioniert«, ist in der Praxis durch zahlreiche Erfahrungswerte belegt (auf derselben selbstherstellenden metaphorischen Dynamik beruhen im Übrigen auch Problemlöseaufgaben in Outdoor-Trainings, die viele Parallelen zum gruppenzentrierten Soziodrama aufweisen; vgl. Ameln u. Kramer, 2007).

Im Folgenden erläutern wir ein mögliches Vorgehen im gruppenzentrierten Soziodrama am Beispiel eines Stegreifspiels im Rahmen einer Teamentwicklungsmaßnahme.

1. Schritt: Wahl eines passenden Szenarios

Die Wahl eines Szenarios ist sicherlich die schwierigste und folgenreichste Entscheidung bei der Planung und Durchführung von Gruppenaktionen. Es gibt keine vorgefertigten Raster, wie man aus einer gegebenen Zielsetzung ein passendes Szenario ableitet. Hier ist der Psychodramatiker in seiner Kreativität gefragt. Das Szenario kann im Vorfeld oder auch gemeinsam mit der Gruppe ausgewählt werden. In unserem Fallbeispiel soll sich die Teilnehmergruppe in eine Gang verwandeln, die auf der Soziodrama-Bühne gemeinsam einen Bankraub plant und durchführt.

2. Schritt: Rollenverteilung

Der nächste Schritt besteht darin, dass man gemeinsam mit der gesamten Gruppe die im Rahmen des Szenarios benötigten Rollen sammelt (z. B. am Flipchart oder auf Moderationskarten).

In dieser Phase beschränkt sich der Leiter klar auf die Moderatorenrolle – er sammelt die Rollen und gibt Regeln für deren Verteilung vor, mischt sich aber kaum in die Entscheidungen der Gruppe ein, auch wenn für den Spielablauf wichtige Rollen ausgelassen wurden. Damit soll die Möglichkeit eröffnet werden, den relativ unbeeinflussten Entscheidungsprozess der Gruppe im Anschluss an das Spiel analysieren zu können: Wie kommt es, dass wir beim Bankraub 15 Strateginnen hatten, aber keine, die den Tresor knackt? Ist die Rollenverteilung im Spiel auch in der Realität typisch für unser Team? Haben die Beteiligten im Spiel ähnliche Rollen übernommen wie im realen Arbeitsleben?

Nachdem die benötigten Rollen zusammengetragen worden sind, werden sie unter den Teilnehmern verteilt. Dafür gibt es verschiedene Möglichkeiten:

- Jede Teilnehmerin übernimmt die Rolle, die ihr am meisten zusagt. Häufig sind die Teilnehmerinnen dabei eher zögerlich. Sternberg u. Garcia (1989) empfehlen in solchen Fällen
  - geduldig abzuwarten (nicht drängen),
  - darauf hinzuweisen, dass Männer auch Frauenrollen und umgekehrt spielen können oder
  - gegebenenfalls erst eine andere Rolle zu besetzen.
- Die Rollen werden durch soziometrische Gruppenentscheidung zugeteilt: Die Gruppe wählt diejenige in eine Rolle, die die meisten Stimmen erhält.
- In therapeutischen Kontexten gibt es auch die Möglichkeit, den Teilnehmerinnen »Gegenrollen« zuzuweisen (sodass z. B. in einem Märchenspiel ein sanftes Kind die Rolle von Aschenputtels böser Stiefmutter spielt, ein eher gehemmtes Mädchen den Frosch aus dem Froschkönig oder das Rumpelstilzchen usw.).

3. Schritt: Strukturierung des Handlungsablaufs

Bevor die Teilnehmer ihre Rollen einnehmen, erläutert der Leiter seine Rolle und die Regeln des Spiels. Wenn die Leitung den Teilnehmerinnen die Möglichkeit eröffnen möchte, während des Spiels die Rolle zu wechseln oder abzulegen, sollte

deutlich gemacht werden, wie dies vonstatten gehen kann: Es können z. B. Stühle am Bühnenrand für diejenigen bereit stehen, die zeitweilig keine Rolle haben oder in der jeweiligen Szene nicht beteiligt sind. Ob ein Wechsel der Rollen während des Spiels erlaubt sein soll, hängt von der Zielsetzung der Leitung ab.

Geisler u. Görmer (1997) schlagen vor, ein Signal zu vereinbaren (z. B. das Klingeln einer Glocke oder ein Gongschlag), auf das hin alle Aktionen eingefroren werden oder – nach entsprechender Ansage – in Zeitlupe weiter laufen. Auf diese Weise kann der Leiter intervenieren, wenn das Spiel aufgrund der hochschlagenden Emotionen »aus dem Ruder« zu laufen droht.

4. Schritt: Einrichtung der Bühne

Auch in Stegreifspielen ist eine zumindest angedeutete Bühneneinrichtung erforderlich. In manchen Situationen mag es genügen, einen Tisch und einige Stühle auf die Bühne zu stellen, in anderen Fällen kann man die Einrichtung der Bühne der Gruppe überlassen, die diese Aufgabe oft mit großer Begeisterung und fantastischen Resultaten übernimmt (gerade bei Kindergruppen). Wenn die Aktion an verschiedenen Schauplätzen stattfindet (z. B. Versteck der Bankräuber-Gang, Straße vor der Bank, Tresorraum), müssen verschiedene Stellen der Bühne für diese Schauplätze vorgesehen und markiert werden, bevor das Spiel beginnt – spätere »Umbaupausen« stören den Spielfluss ungemein. Über diese Hinweise hinaus gelten die Ausführungen in ▶ Abschn. 9.6 über die Einrichtung der Bühne.

5. Schritt: Einstimmung der Teilnehmer

Eine gründliche Einstimmung der Teilnehmerinnen auf die zu spielende Rolle stellt eine wichtige Voraussetzung dar, um die Intensität und Wirklichkeitsnähe der anschließenden Aktionsphase zu gewährleisten. Alle Spielerinnen sollten die Gelegenheit haben, sich einige Minuten lang allein auf ihre Rolle einzustimmen. Diese individuelle Einstimmung sollte jede Teilnehmerin so gestalten können wie es für sie passend erscheint: Wer möchte, kann im Raum herumgehen oder sich still in eine Ecke setzen. Der Leiter kann diesen Prozess der Erwärmung für die gewählte Rolle mit Fragen unterstützen wie z. B.: »Wie alt bin ich in meiner neuen Rolle? Wie sehe ich aus? Was mache ich beruflich? Welche Hobbys habe ich?« Die Auswahl der Fragen richtet sich danach, welche Aspekte der Rolle für das Spiel relevant sind. Als weitere Unterstützung können die Teilnehmerinnen Rollenattribute wählen, die die zu spielende Rolle repräsentieren: Je nach Verfügbarkeit Kleidungsstücke, Schmuck, Werkzeuge, farbige Tücher etc.

❗ **Wichtigste Voraussetzung für die Intensität und Wirklichkeitsnähe des Spiels ist eine gründliche Erwärmung der Spieler.**

6. Schritt: Eingangsinterview

Bei Spielen, die ein hohes Maß an Identifikation mit der Rolle und an Koordination zwischen den Teilnehmerinnen erfordern, ist es sinnvoll, bereits zu Beginn der Aktionsphase alle Teilnehmerinnen kurz in ihrer Rolle zu interviewen. Im bereits angesprochenen »Bankraubspiel« können dies beispielsweise Fragen sein wie:

- »Haben Sie früher schon einmal einen Bankraub ausgeführt?«
- »Welche Rolle übernehmen Sie bei diesem Coup?«
- »Was werden Sie mit dem erbeuteten Geld tun?«

So erhalten die Teilnehmer die benötigten Informationen über die anderen Rollen und erwärmen sich gleichzeitig weiter für ihre eigene Rolle. An dieser Stelle sollten auch schon die Beziehungen zwischen den Rollen erforscht werden:

- »Wie stehen Sie als Panzerknacker zum Bandenchef?«
- »Wie arbeiten Sie als erster Schmieresteher mit dem zweiten Schmieresteher zusammen?«

In anderen Spielen (z. B. dem in unserem folgenden Fallbeispiel »Arbeit an den gruppendynamischen Strukturen einer Schulklasse«) sollte dieses Interview erst stattfinden, nachdem das Spiel begonnen hat, um die Spielmotivation der Teilnehmerinnen nicht durch eine zu stark kognitive Ansprache »auszubremsen«.

7. Schritt: Planung der gemeinsamen Aktion

Im »Bankraub«-Szenario erhält die Gruppe von der Leitung den Auftrag, den »Bankraub« gemeinsam zu planen. Die Teilnehmer agieren dabei bereits in ihren Rollen. Dieses Vorgehen ist dann sinnvoll, wenn die gemeinsame Planungs- und Realisierungskompetenz der Gruppe analysiert werden soll (z. B. in einem Organisationsentwicklungsprozess oder einem Projektmanagement-Workshop). In der Auswertungsphase kann dann hinterfragt werden, wo die Schwachstellen in der Planung lagen und warum gut Geplantes im Spiel nicht erreicht wurde. In anderen Kontexten (etwa beim »Robinsonspiel«, s. unten) verzichtet man auf diese Planungsphase, um die Spontaneität der Aktion nicht zu beeinflussen.

8. Schritt: Freie Interaktion

In der eigentlichen Aktionsphase entwickelt sich das Spiel in freier Interaktion. Motor des Geschehens sind dabei die spontanen Aktionen und Reaktionen der Spieler. Der Leiter tritt dabei nicht als Lenker, sondern als Katalysator der sich weitestgehend frei entfaltenden Gruppenaktion auf. Da Stegreifspiele mit vielen Akteuren schnell unübersichtlich werden, sollte der Leiter die Teilnehmer in Abständen in ihren Rollen interviewen. Dadurch gewinnen alle Beteiligten den Überblick über die parallel zueinander laufenden Entwicklungen. Für das Interview wird die Aktion eingefroren (→ Einfrieren). Es sollte nicht allzu lange ausgedehnt werden, um die Spieldynamik nicht zu sehr zu unterbrechen.

Um innerhalb der ansonsten ohne Leitungseingriffe ablaufenden Aktion gezielte Impulse zur Förderung und Steuerung der Gruppenaktivität zu setzen, kann der Leiter die in ▶ Kap. 4 beschriebenen psychodramatischen Handlungstechniken zum Einsatz bringen. Zu den häufigsten Leitungsinterventionen in Stegreifspielen gehören – neben dem Interview – der Zeitraffer und die Maximierungstechnik.

Die → **Zeitraffertechnik** kann eingesetzt werden, um den Ablauf zu beschleunigen und um die Phasen des Prozesses herauszustellen, die für das Erkenntnisinteresse des Spiels entscheidend sind. Wenn etwa eine Schulklasse die Landung auf einer unbewohnten Insel nach einem Schiffbruch spielt, kann man mit der Zeitraffertechnik deutlich machen, ob die von den Schülerinnen und Schülern erarbeiteten Maßnahmen (z. B. Bau von Hütten, Sammeln von Lebensmittelvorräten) ausreichen, um das Überleben der Gruppe auch mittelfristig sicherzustellen. Daraus lässt sich dann in der Auswertungsphase ablesen, ob die Gruppe als Team gut zusammengearbeitet und vorausgedacht hat.

Mit Hilfe von → **Maximierungstechniken** kann die Leitung Impulse setzen, um die Dynamik in einer Spielsituation zu verstärken. Der Leiter kann beispielsweise ankündigen, dass in zwei Minuten die Polizei vor dem Bankgebäude eintreffen wird. Eine solche maximierende Intervention fordert der Gruppe ein hohes Maß an koordiniertem Handeln ab. Dadurch werden bestehende Schwächen in der Teamarbeit sichtbar, die in der abschließenden Auswertung des Spiels gemeinsam reflektiert werden können. Außerdem eignet sich die Maximierung als Abschlusstechnik, die die Dramatik des Spiels noch einmal einem Höhepunkt zutreibt, bevor die Aktionsphase beendet wird, der Leiter die Teilnehmer zum Ablegen der Rollen auffordert und die Bühne geschlossen wird.

9. Schritt: Integrationsphase

Die Teilnehmer setzen sich in den Stuhlkreis und berichten zunächst aus ihrer Rolle heraus, wie sie das Spiel und die übrigen Rollen erlebt haben. In diesem Schritt geht es noch nicht darum, Deutungen anzustellen oder Parallelen zwischen der → Surplus Reality des Spiels und der Realität der Gruppe zu ziehen. Der Leiter sollte daher darauf achten, dass die Diskussion nicht zu früh die Metaebene erreicht und wenn nötig entsprechend korrigierend eingreifen, z. B.: »Sie sind jetzt schon bei der Deutung. Ich möchte erst einmal dabei bleiben, wie Sie das Spiel in der Rolle des Chefs/ des Bankräubers etc. empfunden haben und die Deutung vorerst zurückstellen, sonst sind wir sehr schnell auf einer abstrakten Ebene.«

10. Schritt: Auswertung

In der Auswertungsphase wird die Surplus-Ebene des Spiels mit der Realitätsebene in Beziehung gesetzt. Hierbei stellt sich die Frage, ob im Stegreifspiel Interaktionsdynamiken, Rollenmuster, Gruppennormen, Konflikte, Koordinationsprobleme oder Verhaltensweisen der Einzelnen aufgetreten sind, die sich auch in der Realität wiederfinden. Die Bankräuber-Gang kann beispielsweise feststellen, dass die Kontaktarmut und Isolation, die im Stegreifspiel zwischen den Spielern herrschte, das »Einzelkämpfertum« des Teams im Arbeitsalltag widerspiegelt. Auf diese Weise kommen oft für die Beteiligten selbst überraschende Erkenntnisse zutage.

Gruppenzentrierte Stegreifspiele in anderen Arbeitsfeldern

Stegreifspiele erfordern, dass die Teilnehmer Spielfreude (psychodramatisch formuliert: »Aktionshunger«) einbringen und den Spannungsbogen über das Spiel hinweg aufrechterhalten. Für die Arbeit mit Kindern ist das Stegreifspiel ausgezeichnet geeignet, da es deren Ausdruckslust aufgreift und dabei das Spiel bereits als Therapeutikum wirken kann (deutlich wird dies beispielsweise in unserem Fallbeispiel »Arbeit an den gruppendynamischen Strukturen in einer Schulklasse« oder in Aichingers Konzept der Nutzung des Stegreifspiels in der therapeutischen Arbeit mit Kindern, ▶ Kap. 21). Aber auch in allen anderen Kontexten, in denen die Teilnehmer eine hohe Eigenmotivation mitbringen (z. B. in der Erwachsenenbildung), kann das Stegreifspiel erkenntnisfördernd und gleichzeitig auflockernd wirken.

> **Arbeit an gruppendynamischen Strukturen in einer Schulklasse**
>
> In der 8. Klasse einer Hauptschule haben Spannungen zwischen Jungen und Mädchen, Cliquenbildung und Ausgrenzung von Außenseitern stark zugenommen. Die Lehrerin möchte mit einer gruppenzentrierten Intervention einen ersten Schritt unternehmen, um die verhärteten Fronten in Bewegung zu bringen. Als Szenario für das Stegreifspiel dient die Ausgangssituation von William Goldings Roman »Herr der Fliegen«, die von der Lehrerin beschrieben und anschließend von den Schülern im Klassenraum szenisch dargestellt wird: Die Schulklasse landet nach einem Schiffsunglück auf einer einsamen Insel im Ozean, wo sie sich ohne Unterstützung von außen »durchschlagen« muss. Die Jungen bauen begeistert Hütten
>
> ▼

(aus Stühlen), während die Mädchen Früchte sammeln und das Essen zubereiten. Im Stegreifspiel und der anschließenden Diskussion wird deutlich, dass so gut wie keine Koordination zwischen Jungen und Mädchen stattfindet und dass gute Ideen von Außenseitern abgeschmettert werden. Im Anschluss an das Spiel machen sich die Klasse und die Lehrerin gemeinsam Gedanken, wie man in Zukunft besser zusammenarbeiten könnte, was Jungen und Mädchen voneinander erwarten und wie Außenseiter besser integriert werden können.

Eine in der Arbeit mit Kindern, aber auch in Selbsterfahrungsgruppen mit Erwachsenen, beliebte Form der gruppenzentrierten Arbeit ist die Arbeit mit Märchen. Das Märchenspiel ist mit viel Spaß verbunden, stellt aber darüber hinaus eine ausgezeichnete Möglichkeit dar, Selbsterfahrung und Reflexionsmöglichkeiten für den Einzelnen mit der Analyse der Gruppenstrukturen zu kombinieren. Wir haben die Arbeit mit Märchen in ▶ Abschn. 3.17 bereits näher vorgestellt.

6.4   Das soziokulturelle Soziodrama

❗ Das soziokulturelle Soziodrama simuliert Dynamiken zwischen verschiedenen gesellschaftlich relevanten Rollen, um das Verständnis für diese Dynamiken und ihre Verflechtung mit dem Erleben und Handeln des Einzelnen zu schärfen.

Wie aus unserer Definition hervorgeht, versteht sich das soziokulturelle Soziodrama (in Teilen der Psychodrama-Literatur die einzige Form, die im engeren Sinne als Soziodrama bezeichnet wird) einerseits als Methode, um soziokulturell relevante Themenbereiche zu simulieren und zu reflektieren. In dieser Funktion wird es beispielsweise in der interkulturellen Bildungsarbeit eingesetzt: Aus der Dynamik des Zusammenspiels verschiedener Rollen (z. B. Migrantin, Mitarbeiterin der Ausländerbehörde, Rechtsradikaler), so wie sie sich auf der Teilnehmergruppe auf der Soziodrama-Bühne zwischen den Teilnehmern entfaltet, werden Erkenntnisse über die Dynamik abgeleitet, die sich möglicherweise auf gesamtgesellschaftlicher Ebene zwischen diesen Rollen entfaltet: Der Mikrokosmos der Gruppe gilt als Spiegel der Gesellschaft als Makrokosmos. Diese recht kühn wirkende Hypothese beruht auf der bereits oben zitierten Annahme Morenos,

> » … dass die Teilnehmergruppe bereits durch die sozialen und kulturellen Rollen organisiert ist, die in einem bestimmten Ausmaß alle Träger der Kultur teilen. Es ist daher nebensächlich, wer die Individuen sind, wie die Gruppe zusammengesetzt ist oder wie groß die Anzahl der Teilnehmer ist (Moreno, 1972, S. 353).

Dass diese Annahme und die aus ihr abgeleiteten Schlüsse zumindest teilweise berechtigt sind, zeigt sich beispielsweise darin, dass es vielfach gelungen ist, mit soziodramatisch angelegten Rollenspielen politische Konflikte und Entscheidungen relativ präzise vorauszusagen (z. B. Armstrong, 2001).

Auf der anderen Seite thematisiert das soziokulturelle Soziodrama über das soziologische Erkenntnisinteresse hinaus immer auch das Zusammenspiel dieser Soziodynamik mit dem Handeln und Erleben des Einzelnen. In dieser Funktion dient das Soziodrama u. a. zur Reflexion von Stereotypen (beispielsweise in Antirassismustrainings), von kollektiven Rollenbildern und ihrer Wirkung auf das Selbstverständnis des Einzelnen (wie z. B. in der Auseinandersetzung weiblicher Führungskräfte mit den eigenen Führungsleitbildern), aber auch als entlastendes Therapeutikum (wie z. B. in der Arbeit mit Berufsgruppen, die sich gegen hohen gesellschaftlichen Druck und negative Zuschreibung abgrenzen müssen, etwa Polizisten oder Lehrer).

⟩ **Suchtprävention in der Schule**
Im Rahmen eines Suchtpräventionsprojekts an einem Gymnasium sollen sich die Schüler mit unterschiedlichen gesellschaftlichen Positionen zum Thema »Drogen« auseinander setzen. Für das
▼

soziodramatische Stegreifspiel nehmen die Schüler verschiedene für das Thema relevante Rollen ein: Drogenabhängiger, seine Eltern, Freunde, Mitarbeiter einer Beratungsstelle, Dealer, Gesundheitsministerin usw. Im Spiel selbst haben die Schüler die Gelegenheit, Rollen einzunehmen, abzulegen und zu tauschen, um so verschiedene Sicht- und Erlebensweisen kennen zu lernen. In der Feedbackrunde berichten die Schüler, wie sie sich in den Rollen gefühlt haben. Dabei kommt die Komplexität der Thematik ebenso zum Ausdruck, wie die Verzweiflung des Drogenabhängigen und seines sozialen Umfelds.

Die Erkenntnisse des Spiels werden in den folgenden Unterrichtsstunden aufgegriffen, vertieft und in Gruppenarbeiten (z. B. zur physiologischen Wirkungsweise verschiedener Drogen) erweitert.

Soziodramatische Arbeit ist stets an einem Thema (wie z. B. Rassismus, Lehrerrolle, Führung) orientiert und somit **themenzentriert**. Gleichzeitig ist das Soziodrama häufig **gruppenzentriert**, wenn die Normen der Gruppe vor dem Hintergrund der im Soziodrama herausgearbeiteten gesellschaftlichen Phänomene reflektiert werden.

Das Konzept des soziokulturellen Soziodramas beruht auf der Annahme, dass der Schlüssel für das Verständnis und die konstruktive Bearbeitung der genannten Themen nicht allein beim Individuum – wie im protagonistenzentrierten Psychodrama – liegen kann, sondern die gesellschaftliche Ebene einbeziehen muss. Es arbeitet daher an der Schnittstelle zwischen dem psychologischen und dem soziologischen Phänomenbereich.

Kellermann hat das soziokulturelle Soziodrama in zahlreichen sozio-therapeutischen Kontexten eingesetzt und dabei entscheidend weiterentwickelt. In seinem wichtigen Buch »Sociodrama and Collective Trauma« (2007) differenziert er fünf Formen der Arbeit mit dem soziokulturellen Soziodrama (■ Tab. 6.1).

Soziodrama als Instrument der sozio-emotionalen Krisenintervention (»Crisis Sociodrama«). In dieser Form des soziokulturellen Soziodramas werden traumatisierende Ereignisse von gesamtgesellschaftlicher Bedeutung (z. B. Terroranschläge, Naturkatastrophen, Ausschreitungen, tiefgreifende sozio-ökonomische Krisen, Ermordung politischer Führer) auf der Soziodrama-Bühne reinszeniert, um der Gruppe und den Einzelnen eine Verarbeitung des Ereignisses und eine Rückkehr zum emotionalen Gleichgewicht zu ermöglichen.

Soziodrama als Instrument politischer Bildungsarbeit (»Political Sociodrama«). In dieser Ausrichtung thematisiert das soziokulturelle Soziodrama gesellschaftliche Konfliktthemen wie soziale Integration, Stratifikation, Macht oder politische Meinungsbildung. Die Grundlage dieser Arbeitsform, die sich vorwiegend an Gewerkschaften, Bürgerrechtsgruppen, politische Parteien, Bildungsinstitutionen usw. richtet, sieht Kellermann (1998) in der marxistischen Konflikttheorie. Beispielhaft für diesen Schwerpunkt des Soziodramas sind die Arbeiten von Ottomeyer (vgl. Goldmann, Krall u. Ottomeyer, 1992; Ottomeyer, 1992).

■ **Tab. 6.1.** Anwendungsformen des soziokulturellen Soziodramas (Kellermann, 2007, S. 64)

Anwendungsform	Fokus	Ideal
sozio-emotionale Krisenintervention	kollektive Traumata	Sicherheit
politische Bildungsarbeit	mangelnde soziale Integration	Gleichheit
Diversity	Vorurteile	Toleranz
Konfliktmanagement	interpersonelle Spannungen	Frieden
Versöhnung nach Konflikten	Gerechtigkeit und Wiedereingliederung	Koexistenz

Die »Haider-Faszination«

Ottomeyer, Sozialpsychologe an der Universität Klagenfurt, ist mit einer Gruppe dem Erfolg des österreichischen Rechtspopulisten Jörg Haider soziodramatisch auf den Grund gegangen. Bei einem Jahrestreffen der österreichischen Psychodramatiker wurde eine Versammlung der Haider-Partei FPÖ inszeniert. Die ca. 200 Teilnehmer spielten Kriegsveteranen, Verbindungsstudenten und Soldaten des Bundesheers, der Moderator des Treffens trug in der Rolle von Jörg Haider einen Haider-Text vor, der die Generation des 2. Weltkriegs von jeglicher historischer Verantwortung freispricht. Ottomeyer (1992, S. 59) beschreibt, wie die gesamte Gruppe »… in eine populistische Stimmung und Spiel-Trance …« geriet, verbunden mit einer Solidarisierung der Beteiligten, einer Stärkung des Selbstwertgefühls und entstehenden Hassgefühlen gegenüber Teilnehmern, die zu spät gekommen waren und sich darum nicht an dem Spiel beteiligt hatten. Durch das intensive Erleben im Spiel konnten die Teilnehmer die Dynamik des Rechtspopulismus am eigenen Leibe spüren und so sehr erlebensnahe Erkenntnisse über die »Haider-Faszination« gewinnen.

Soziodrama als Instrument zur Aufdeckung »blinder Flecken« im Verhältnis von Mehrheiten und Minderheiten (»Diversity Sociodrama«). Mit dem soziokulturelle Soziodrama kann man Stereotypen, Vorurteile, Rassismus, Intoleranz, Stigmatisierung im Verhältnis von Mehrheiten und Minderheiten (z. B. Schwarze vs. Weiße, Reiche vs. Arme, Männer vs. Frauen) aufdecken und ihre Wirkungen im kollektiven Rollentausch aus der Perspektive der Betroffenen erlebbar machen (▶ Kap. 21).

In der Praxis wird die Arbeit mit dem soziokulturellen Soziodrama häufig an den Schnittstellen zwischen diesen Kategorien angesiedelt sein. Die soziodramatische Arbeit, mit der Geisler u. Görmer (1997) nach dem ausländerfeindlichen Brandanschlag am 29.05.1993 in Solingen nach Ursachen und möglichen Auswegen aus rechtsradikaler Gewalt suchten, greift beispielsweise die persönliche Betroffenheit der Teilnehmer auf, thematisiert aber gleichzeitig mögliche ausländerfeindliche Haltungen und soziologisch-politische Hintergründe.

Soziodrama als Konfliktmanagement-Instrument (»Sociodramatic Conflict Transformation«). Als Beispiel für diese Form des Soziodramas nennt Kellermann die Arbeit mit Vertretern verschiedener miteinander in Konflikt stehender Religionsgemeinschaften. Auch dabei wird mit den Mitteln der szenischen Simulation und des kollektiven Rollentauschs gearbeitet, ähnlich wie im gruppenzentrierten Soziodrama (▶ Abschn. 6.3).

Soziodrama als Instrument der Friedensarbeit (»Postconflict Reconciliation«). Das Soziodrama als Instrument der Friedensarbeit nach (z. B. ethnischen) Konflikten durchläuft nach Kellermanns Vorschlag fünf Stadien: emotionalen Ausdruck, innerpsychische Versöhnung, Versöhnung zwischen Gruppen, Versöhnung der Gemeinschaft, friedensstiftendes Ritual. Darüber hinaus ist die methodische Vorgehensweise ähnlich wie bei den anderen Formen des Soziodramas.

Weitere Anwendungsmöglichkeiten des soziokulturellen Soziodramas

— Seminar für Mitarbeiter in der Altenpflege
Die Mitarbeiter teilen sich in Pflegepersonal und Gepflegte auf; nach einiger Zeit erfolgt ein kollektiver Rollentausch. Ziel ist es, die Altenpflege aus der Rolle der Gepflegten zu erleben; erleben wie es ist, »auf der anderen Seite des Systems« zu stehen (vgl. Wiener, 2001).

— Seminar für Mitarbeiter des städtischen Jugendamts
Die Teilnehmer versetzen sich in die Rollen der von ihnen betreuten Familien und erforschen »am eigenen Leibe« die Dynamik in diesen Familien. Ziele sind die Auseinandersetzung mit möglichen Ursachen für Kindesmissbrauch sowie das Erkennen von Präventionsmöglichkeiten (vgl. Wiener, 2001).

— Antirassismustraining für Flugbegleiterinnen
Die Teilnehmerinnen stellen im Rollenspiel typische problematische Interaktionen

▼

6

ihres Berufslebens vor. Durch einen Rollentausch erfolgt das Erleben in den Gegenrollen. Das Ziel hierbei besteht darin, eigene latente Vorurteile zu erkennen und zu reflektieren.

— Geschichtsunterricht
Schülerinnen und Schüler lernen über die Geschichte des 2. Weltkriegs, spielen bestimmte Szenen mit Rollentausch usw. durch und entwickeln alternative Entwicklungsverläufe. Ziel ist es, das Verständnis für und den persönlichen Bezug zu historischen Gegebenheiten zu fördern (vgl. Sternberg u. Garcia, 1989).

— Interkulturelle Studentengruppe
Das Vorgehen zielt darauf ab, die Rolle der Frau in verschiedenen Kulturen zu reflektieren (vgl. Sternberg u. Garcia, 1989).

Arbeit mit dem soziokulturellen Soziodrama

Im Gegensatz zur gruppen- und themenzentrierten Arbeit hat das soziokulturelle Soziodrama eine feste methodische Form. In seinem Mittelpunkt steht ein Stegreifspiel, um das sich thematische Inputs des Leiters, Kleingruppenarbeiten und Diskussionen gruppieren. Der erste Schritt zur Inszenierung eines soziokulturellen Soziodramas besteht darin, die für das zu erforschende Thema relevanten Rollen zusammenzutragen. Für die Dynamik des Spiels ist es förderlich, jede Rolle mit mehreren Spielern zu besetzen, damit sich innerhalb der einzelnen Gruppen eine Dynamik entfalten kann. Je nach Arbeitskonzept, Teilnehmeranzahl und Erkenntnisinteresse kann eine Beobachtergruppe gebildet werden, die das Geschehen in und zwischen den Gruppen nach zuvor festgelegten Kriterien beobachtet. Auf diese Weise können soziokulturelle Soziodramen mit wenigen Personen ebenso inszeniert werden wie mit Großgruppen bis hin zu mehreren hundert Teilnehmern.

Im zweiten Schritt ordnen sich die Teilnehmer den Rollen zu und richten die Bühne ein. Die Bühneneinrichtung in Soziodramen ist nicht so elaboriert wie in der protagonistenzentrierten Psycho-

drama-Arbeit, es genügt häufig, für jede Subgruppe einen Bereich im Raum zu reservieren und mit einem Schild zu markieren. Am Bühnenrand werden einige Stühle für Teilnehmer platziert, die für kurze Zeit aus dem Spiel »aussteigen« möchten.

Dann stimmen sich die Spielgruppen (und ggf. die Beobachter) jeweils unabhängig voneinander auf ihre Rolle ein. Der Leiter kann diesen Prozess durch die Vorgabe einiger Leitfragen unterstützen, z. B.: »Wie heißen Sie in ihrer neuen Rolle? Sind Sie groß, klein, alt, jung …? Welchen Charakter haben Sie in ihrer Rolle? Wie stehen und bewegen Sie sich: aufrecht, eher gebückt, voller Energie, schleppend? Legen Sie sich eine »Mini-Biografie« zu: Was ist Ihr Lebensmotto? Was tun Sie beruflich? Haben Sie Freunde? Was sagen Ihre Freunde über Sie?« usw.

Ähnlich wie in ▶ Abschn. 6.3 im Zusammenhang mit dem gruppenzentrierten Stegreifspiel beschrieben, führt der Leiter zu Beginn ein Eingangsinterview, bevor die freie Interaktion zwischen den Spielgruppen beginnt. Die Aktion läuft weitgehend unbeeinflusst von der Leitung, die das Spiel nur gelegentlich für ein Interview oder eine kurze Intervention (z. B. Zeitraffer, Maximierung) unterbricht. Wenn der Leiter das Gefühl hat, dass die Dynamik innerhalb und zwischen den Gruppen deutlich geworden ist, fordert er die Teilnehmer zum kollektiven Rollentausch auf.

Kollektiver Rollentausch. Der kollektive Rollentausch stellt die wichtigste Intervention im soziokulturellen Soziodrama dar. Er findet nicht, wie in der protagonistenzentrierten Arbeit, zwischen einzelnen Spielerinnen (Protagonistin und Hilfs-Ich), sondern zwischen Personengruppen statt. Hat man beispielsweise in einem Soziodrama zum Thema Schulreform die Rollen Schüler, Lehrer und Eltern mit jeweils vier Spielern besetzt, tauscht man beim kollektiven Rollentausch zwischen diesen Spielergruppen: Die »Eltern« wechseln in die Lehrerrolle, die »Lehrer« in die Schülerrolle und die »Schüler« in die Elternrolle. In diesem Fall dient der kollektive Rollentausch dazu, den Teilnehmerinnen die Erforschung verschiedener gesellschaftlicher Rollen zu ermöglichen; man sollte dann den Rollentausch so oft wiederholen, bis jede Teilnehmerin jede Rolle einmal gespielt hat.

Kellermann (2007, S. 135) relativiert die Möglichkeiten des kollektiven Rollentauschs:

>> Der gegenseitige Rollentausch erzeugt nicht automatisch einen Sinneswandel bei den Konfliktparteien […]. Diese Technik bringt Menschen mit unterschiedlichen Ansichten nur dann zu einer gegenseitigen Annäherung, wenn ihre Ausgangspositionen kompatibel sind. Wenn ihre anfänglichen Einstellungen dagegen inkompatibel sind, werden sich die Parteien weiter auseinander bewegen […]. Wenngleich wir noch zu wenig über die Effekte des gegenseitigen Rollentauschs wissen, um seine blinde Anwendung in allen Konfliktsituationen zu empfehlen, ist es doch wahrscheinlich, dass der gegenseitige Rollentausch in kooperativen Beziehungen effektiver sein wird als in kompetitiven.

Diese Einschätzung basiert auf der persönlichen Erfahrung des Autors – die empirischen Erkenntnisse zu den Wirkungen des Rollentauschs mit realen Personen sind unzureichend und widersprüchlich, wie die Literaturdurchsicht von Carlson-Sabelli (1989) zeigt.

Schließlich beendet der Leiter das Spiel, die Teilnehmer werden »entrollt«, die Bühne abgebaut und die Integrationsphase (▶ Kap. 10) beginnt.

Zusammenfassung

Neben der in den vorangegangenen Kapiteln dargestellten protagonistenzentrierten Arbeitsweise verfügt das Psychodrama über eine breite Palette an Möglichkeiten, um auf der Gruppenebene zu arbeiten. Dabei richtet sich die Intervention nicht auf eine einzelne Klientin, sondern auf eine ganze Gruppe. Unterschiede zur protagonistenzentrierten Arbeit bestehen unter anderem hinsichtlich der Rolle und der Beteiligung der Mitspielerinnen, der Aufgaben der Leitung und nicht zuletzt hinsichtlich der methodischen Gestaltung. Die wichtigsten Formen der Arbeit auf der Gruppenebene sind:

▼

– das **gruppenzentrierte Soziodrama** mit dem Ziel der Bearbeitung sozioemotionaler Strukturen und Prozesse der Gruppe,
– das **themenzentrierte Soziodrama** mit dem Ziel, ein für alle Gruppenmitglieder relevantes Thema zu erarbeiten und
– das **soziokulturelle Soziodrama**, das auf die Reflexion des sozialen und kulturellen Rollengefüges der Gesellschaft sowie gesellschaftlicher Determinanten im Erleben und Handeln der Einzelnen abzielt.

Bei allen drei Arbeitsformen können unterschiedliche Arrangements zum Einsatz gebracht werden, darunter insbesondere das Stegreif- und das Rollenspiel sowie die Arbeit mit szenischen Bildern und Skulpturen.

Weiterführende Literatur

Die Literatur zum Thema Soziodrama ist recht dünn gesät. So finden sich zu diesem Thema im Standardwerk von Leutz (1974) lediglich 10 Seiten (S107-116), bei K. Zeintlinger-Hochreiter (1996) sogar nur 1 Seite. Im englischsprachigen Bereich liegt ein Buch von Sternberg u. Garcia (1989) mit dem Titel *Sociodrama* vor, das aber überwiegend protagonistenzentrierte Arbeit beschreibt. Hilfreich ist dagegen das Bändchen von Ron Wiener (2001) zum Thema Soziodrama.

Wiener, R. (2001). *Soziodrama praktisch. Soziale Kompetenz szenisch vermitteln*. München: inScenario. (75 Seiten). Aufgrund der kompakten Darstellung sehr praxistaugliche Hilfe zur Planung und Gestaltung von Soziodramen. Inhalte: Einführung in das Soziodrama, Planung, Szenenaufbau, Techniken, Fallbeispiele.

Eine recht umfangreiche Palette an Literatur zur Arbeit auf der Gruppenebene bezieht sich auf die psychodramatische Arbeit mit Märchen. Empfehlenswert ist in diesem Bereich besonders das Buch von Franzke (1991).

Franzke, E. (1991). *Märchen und Märchenspiel in der Psychotherapie: der kreative Umgang mit alten und neuen Geschichten* (2. Aufl.). Bern: Huber.

Literatur

Ameln, F. v. & Kramer, J. (2007). *Organisationen in Bewegung bringen. Handlungsorientierte Methoden für die Personal-, Team- und Organisationsentwicklung.* Berlin: Springer.

Armstrong, J. S. (2001). Role playing: A method to forecast decisions. In J. S. Armstrong (ed.), *Principles of Forecasting: A handbook for researchers* and practicioners (15–30). Boston: Kluwer.

Carlson-Sabelli, L. (1989). Role reversal – A concept analysis and reinterpretation of the research literature. *Journal of Group Psychotherapy, Psychodrama & Sociometry, 41(4)*, 139–152.

Creekmore, N. N. & Madan, A. J. (1981). The use of sociodrama as a therapeutic technique with behavior disordered children. *Behavioral Disorders, 7*, 28–33.

Geisler, F. & Görmer, F. (1997). Der Rollentausch mit dem Feind – Morenos Soziodrama zum Thema Gewalt und Rechtsradikalismus. In F. Buer (Hrsg.). *Jahrbuch für Psychodrama, psychosoziale Praxis & Gesellschaftspolitik 1996* (9–26). Opladen: Leske & Budrich.

Goldmann, H., Krall, H. & Ottomeyer, K. (1992). *Jörg Haider und sein Publikum. Eine sozialpsychologische Untersuchung.* Klagenfurt: Drava.

Hutter, C. (2000). *Psychodrama als experimentelle Theologie. Rekonstruktion der therapeutischen Philosophie Morenos aus praktisch-theologischer Perspektive.* Münster: Lit.

Kellermann, P. F. (1998). Sociodrama. *Group Analysis, 31,*179–195.

Kellermann, P. F. (2007). *Sociodrama and Collective Trauma.* London: Kingsley.

Leutz, G. A. (1974). *Das klassische Psychodrama nach J. L. Moreno.* Berlin: Springer.

Moreno, J. L. (1948). The sociodrama of Mohandas Gandhi. *Sociatry, 1,* 357–358.

Moreno, J. L. (1972). *Psychodrama* (vol. 1, 4. edn.). Beacon: Beacon House.

Moreno, J. L. & Moreno, Z.T. (1969). *Psychodrama* (vol. 3). Beacon: Beacon House.

Ottomeyer, K. (1992). Die Haider-Faszination. Psychodrama und Soziodrama in der Politik – Aspekte psychodramapädagogischer Umsetzung. *Psychodrama, 5 (1)*, 53–62.

Sternberg, P. & Garcia, A. (1989). *Sociodrama: Who's in your Shoes?* New York: Praeger.

Wittinger, T. (2005). Editorial. In ders. (Hrsg.), *Handbuch Soziodrama – Die ganze Welt auf der Bühne* (7–14). Wiesbaden: VS.

Zeintlinger-Hochreiter, K. (1996). *Kompendium der Psychodrama-Therapie. Analyse, Präzisierung und Reformulierung der psychodramatischen Therapie nach J. L. Moreno.* München: inScenario.

Teil II
Vorbereitung und Gestaltung
psychodramatischer Prozesse

Einführung in das Thema

Das Psychodrama beinhaltet eine systematische Methodik mit einer klaren Struktur, wiederkehrenden Abläufen und feststehenden Grundprinzipien. Die Entscheidungen der Leiterin müssen auf einem konsistenten Interventionskonzept beruhen, das die für das jeweilige Arbeitsfeld relevanten Wissensbestände berücksichtigt. Diesen auf Logik, Wissenschaft und professionellem Handlungswissen beruhenden Ansatz bezeichnen wir als die **deduktive Strategie** der Psychodrama-Leitung. Nevis (1988) hat diese Vorgehensweise treffend als »Sherlock Holmes-Strategie« bezeichnet: Sherlock Holmes nutzt die ihm zur Verfügung stehenden Informationen, um durch logische Analyse Zusammenhänge aufzudecken und Schlussfolgerungen abzuleiten.

> **Beispiele für ein deduktives Vorgehen**
> Eine Teilnehmerin einer Selbsterfahrungsgruppe berichtet, dass sie sich in Gruppen häufig unwohl fühlt. Dieses Gefühl habe sie z. B. bei einem Betriebsfest gespürt, das wenige Tage zuvor stattgefunden hat.
> Der Leiter stellt auf der Basis eines diagnostischen Modells Hypothesen über die möglichen Ursachen des Problems auf, z. B. negative Erfahrungen mit Gruppen in der Biografie. Er setzt ein Prozessziel fest, beispielsweise die Aktivierung von Assoziationen zum Thema »Ich in Gruppen« aus der primären Sozialisation. Er fragt die Protagonistin nach ihrer ersten Erinnerung an eine Gruppensituation, z. B. mit 4 Jahren bei einem Familientreffen, in ihrer Grundschulklasse etc. Die entsprechende Szene wird aufgebaut, durchgespielt und auf Parallelen mit der Situation beim Betriebsfest hin beleuchtet.

Andererseits ist das Psychodrama ein Verfahren, das stärker als alternative Verfahren (z. B. das Rollenspiel) von der Kreativität der Leitung und dem interaktiven Geschehen im Hier und Jetzt lebt. Die Vielfalt der psychodramatischen Gestaltungsmittel ermöglicht es, jede Bühne flexibel an die jeweilige Themenstellung anzupassen. Somit ist jedes Spiel eine einzigartige Schöpfung des Moments. »Patentrezepte« oder einfache Algorithmen für die Leitung kann es daher nicht geben. Diesen auf Intuition, Einfühlung und Spontaneität beru-

henden Ansatz bezeichnen wir als die **induktive Strategie** der Psychodrama-Leitung.

Im Gegensatz zum analytisch arbeitenden Sherlock Holmes ähnelt der induktiv vorgehende Psychodrama-Leiter eher dem Detektiv Columbo:

> » Anders als Holmes, der planvoll, präzise, scharfsinnig, überlegen in Wahrnehmung und logischem Denken, rational und deduktiv orientiert ist, stellt sich Columbo dar als naiv, planlos, langsam in seinen Bewegungen, scheinbar ungerichtet in seiner Wahrnehmung und unklar, wenn nicht geradezu unlogisch. Er (…) scheint nicht mit einem vorher festgelegten besonderen Leitfaden wichtiger zu überprüfender Variablen zu arbeiten, noch scheint er zu wissen, wohin er von einem Augenblick zum nächsten gehen wird (…) . Man könnte sagen, dass sich Columbo wie ein Schwamm verhält, indem er in seine Umgebung eintaucht, alles aufsaugt und auf wichtige Hinweise wartet, die unweigerlich dabei sein werden (Nevis, 1988, S. 136).

> **Beispiel für ein induktives Vorgehen**
> Der Leiter lässt die Protagonistin das Betriebsfest auf der Bühne aufbauen, zunächst ohne damit eine konkrete Hypothese zu verbinden. Die Protagonistin besetzt die Rollen mit Hilfs-Ichen. Der Leiter stellt fest, dass die Aufmerksamkeit der Protagonistin sich auf eine Kollegin konzentriert. Die Beziehung zwischen der Protagonistin und dieser Kollegin wird daraufhin im Rollentausch ausführlich exploriert, wiederum ohne dass der Leiter eine konkrete Hypothese über die Bedeutung der Kollegin für das zu bearbeitende Thema hätte. Dabei stellt sich heraus, dass die Kollegin der soziometrische Star der Gruppe ist – eine Rolle, die sich die Protagonistin immer gewünscht hat, die sie aber aufgrund ihrer zurückhaltenden Art nie ausfüllen konnte.

Beide Strategien haben spezifische Vor- und Nachteile, die wir in ▢ Abb. II.1 zusammengefasst haben.

Ein Modell, aus dem sich Hypothesen und Interventionsschritte **deduktiv** ableiten lassen, kann

induktiver Zugang explorativ experimentell situationsabhängig	**deduktiver Zugang** strukturiert systematisch modellgeleitet

Vorzüge:
- flexibel
- kreativ
- Möglichkeit, die Methodik an die KlientInnen anzupassen

Vorzüge:
- reflektiert
- Nutzung therapeutischer Erkenntnisse
- gibt Orientierung für die Leitung

Gefahren:
- unprofessionelles Herumexperimentieren
- zu geringe Abstimmung zwischen KlientIn und Leitung
- Verwirrung bei KlientInnen und Leitung
- Leitung übersieht eigene Anteile

Gefahren:
- zu starre Arbeit am Klienten vorbei
- ,Abspulen' von Schemata bei KlientInnen und Leitung
- technokratisch, Vernachlässigung der ,weichen' Faktoren (z.B. Beziehungsaspekte)

■ **Abb. II.1.** Induktiver vs. deduktiver Zugang zur Gestaltung des psychodramatischen Prozesses

Hilfestellungen geben, um die Komplexität der Leitungssituation zu verringern. Es kann theoretische Erkenntnisse anderer therapeutischer Schulen, empirisches Wissen der Sozialwissenschaften sowie praktische Erfahrungen für die psychodramatische Arbeit nutzbar machen und ist damit die Grundlage für ein professionelles Vorgehen. Moreno selbst vertritt diesen Ansatz, wenn er schreibt:

>> Gruppenpsychotherapie (…) ist eine Methode, die auf empirische Untersuchungen gegründet ist und innerhalb eines empirischen Rahmens durchgeführt wird. Es gibt mehrere Variationen, aber die wesentlichen Operationen sind in allen Fällen die selben (…).Ohne logischen Aufbau kann sich keine Metho-
▼

dologie entwickeln. »Unbewusste« Gruppenpsychotherapie wurde seit jeher von charismatischen Führern, Magiern und Lehrern angewandt. Wenn sie nicht auf der Kenntnis der psychologischen und sozialen Probleme der teilnehmenden Individuen beruht, dann ist es nicht Gruppenpsychotherapie (…)
Dagegen ist der Terminus »Gruppenpsychotherapie« nur anzuwenden, wenn die psychotherapeutische Gesundheit der Gruppe und ihrer Mitglieder das unmittelbare und einzige Ziel ist, und wenn dieses Ziel durch wissenschaftliche Mittel, einschließlich Analyse, Diagnose und Prognose erreicht wird. (Moreno, 1959, S. 52 f.)

Darüber hinaus ist unser Handeln immer durch (implizite) Annahmen, Werte, Beurteilungsschemata etc. beeinflusst. Daher hat man »… gar nicht die Wahl zwischen »theoriefrei« und »theoriegeleitet«, sondern nur die Wahl zwischen expliziter und impliziter Theorie« (Sader, 1995, S. 20). Eine dem deduktiven Ansatz verpflichtete Leiterin strebt danach, sich diese üblicherweise unreflektierten Faktoren, die in die eigene Leitung hinein spielen, soweit wie möglich bewusst zu machen. Damit reduziert sie die Gefahr, eigene unreflektierte Anteile statt der Probleme der Klientinnen auszuagieren.

Ein induktiver Leitungsstil bietet allen Beteiligten große Spielräume zur freien Entfaltung von Kreativität und Flexibilität und ist sehr am Klienten orientiert. Dabei ist jedoch die Gefahr gegeben, dass der Leiter sich in unprofessionellem Herumexperimentieren verzettelt, in einer »Sackgasse« endet oder dem Klienten möglicherweise sogar schadet, weil er für die Therapie oder die Beratung wichtiges Wissen unberücksichtigt lässt.

Die quer verlaufenden Linien in ◘ Abb. 1 deuten an, dass die Vorzüge der induktiven Strategie dort liegen, wo die deduktive Strategie Schwächen aufweist, während die Stärken der deduktiven Strategie mit den Schwächen des induktiven Zugangs korrelieren. Dies spricht für eine Kombination beider Strategien. Idealerweise kann die Psychodrama-Leiterin je nach Themenstellung, Auftrag und Anforderung der Situation entsprechend ihrer Einschätzung beide Strategien abwechselnd verwenden bzw. integrieren. Einen ähnlichen Standpunkt vertritt auch Kellermann (1991) in seiner Gegenüberstellung von »behavioralem« (deduktivem) vs. »existenziellem« (induktivem) Psychodrama. Auch Moreno selbst plädiert für die Verbindung beider Positionen:

》 In der therapeutischen Untersuchung sind zwei gegenläufige Prinzipien am Werk. Das eine ist die grundlegend subjektive und existenzielle Situation des Individuums, die andere die objektiven Anforderungen der wissenschaftlichen Methode. Die Frage ist, wie die beiden

▼

Extrempositionen miteinander vereinbart werden können (…) Wissenschaftliche und existenzielle Validierung schließen sich nicht gegenseitig aus, sie können als Kontinuum verstanden werden (1975; S. 216).

Psychodramatisches Tun beginnt für die Leitung nicht erst mit Erwärmungsübungen oder dem Betreten der Bühne, wie es einschlägige Psychodrama-Bücher oft nahe legen, sondern schon im Vorfeld. Aus diesem Grund beginnt unsere Darstellung bereits bei der Kontaktaufnahme mit den (zukünftigen) Klienten und Auftraggebern. Von dort ausgehend werden wir die einzelnen Schritte der Vorbereitung und Gestaltung psychodramatischen Arbeitens anhand von zwei sich abwechselnden und ergänzenden Fallbeispielen erläutern. Eines der Fallbeispiele illustriert die Arbeit in einem therapeutischen Rahmen, das andere Fallbeispiel zeigt die Gestaltung psychodramatischer Interventionen in einem nichttherapeutischen Arbeitsfeld, der Organisationsberatung, auf. Diese Gegenüberstellung soll für die Gemeinsamkeiten, aber auch für die Unterschiede zwischen therapeutischer und nichttherapeutischer Arbeitsweise mit dem Psychodrama sensibilisieren.

Die Ausführungen dieses Kapitels speisen sich nicht alle aus psychodramatischen Quellen, sondern beziehen eine größere Bandbreite an Literatur ein.

Literatur

Kellermann, P. F. (1991). An essay on the metascience of psychodrama. *Journal of Group Psychotherapy, Psychodrama & Sociometry, 44* (1), 19–32.

Moreno, J. L. (1959). *Gruppenpsychotherapie und Psychodrama. Einleitung in die Theorie und Praxis.* Stuttgart: Thieme.

Moreno, J. L. (1975). *Psychodrama* (vol. 2, 2nd edn.). Beacon: Beacon House.

Nevis, E. C. (1988). *Organisationsberatung. Ein gestalttherapeutischer Ansatz.* Köln: Edition Humanistische Psychologie.

Sader, M. (1995). Psychodrama und Psychologie. In F. Buer (Hrsg.), *Jahrbuch für Psychodrama, psychosoziale Praxis und Gesellschaftspolitik 1994* (7–30).Opladen: Leske & Budrich.

Kontaktaufnahme, Kontraktklärung und Zielplanung

> »Voraussetzung ist (…), dass der Rollentausch mit dem Klienten gelingt. Der innere Rollentausch des Therapeuten mit dem Klienten ist (…) die Voraussetzung für die Anwärmung« (Schwehm, 1989, S. 50).

Psychodramatische Arbeit beginnt nicht erst mit dem Gang auf die Bühne. Das Gelingen des psychodramatischen Prozesses hängt wesentlich davon ab, inwieweit im Vorfeld die Ziele und Erwartungen der Klienten hinreichend geklärt und ggf. konkretisiert werden konnten. Auch die professionelle Vorbereitung der Sitzung spielt eine große Rolle. Da dieses Thema in der Psychodrama-Literatur selten besprochen wird, wäre eigentlich eine ausführliche Beschäftigung mit der Phase der Kontaktaufnahme, Kontraktklärung und Zielplanung vonnöten. Wir können im Rahmen dieses Kapitels jedoch nur einige Umrisse skizzieren; für die weitere Einstimmung empfiehlt sich das hervorragende Buch von Langmaack u. Braune-Krickau (2000).

7.1   Menschenbild des Psychodramas und Rollenverständnis der Psychodramatikerin

Das Psychodrama gilt – ebenso wie die Gestalttherapie, die Gesprächspsychotherapie und andere – als humanistisches Verfahren. Das Menschenbild, das den verschiedenen humanistischen Verfahren zugrunde liegt, ist von Optimismus und Respekt geprägt. Die Vertreterinnen und Vertreter humanistischer Positionen sind davon überzeugt, dass jeder Mensch über Möglichkeiten zur Selbstentfaltung und zur Entwicklung eigener Potenziale verfügt, die er nur teilweise realisiert. Entsprechend trägt der »Kranke«, oder, allgemein gesprochen, der vor einem Problem Stehende, die Potenziale zu seiner »Gesundung« immer schon in sich, und es bedarf lediglich der Aktivierung dieser Selbstheilungskräfte, um pathologische Entwicklungen

zu korrigieren. Entscheidend ist dabei der Faktor Beziehung: Menschen verwirklichen sich selbst in Beziehungen, sie sind grundsätzlich soziale Wesen. Ohne offene und authentische Begegnung, ohne vertrauensvolle Kommunikation und gegenseitiges Annehmen kann Veränderung nicht stattfinden, gerade wenn es darum geht, eigene Schwächen in Frage zu stellen und Schutzmechanismen abzulegen. Morenos Entwurf des von → Spontaneität und → Kreativität erfüllten Menschen (▶ Abschn. 14.1) sowie sein → Begegnungskonzept (▶ Abschn. 14.2.2) sind bedeutsame Bausteine des humanistischen Denkens.

Aus diesen humanistischen Grundüberzeugungen lassen sich bereits einige Empfehlungen für die Beziehungsgestaltung ableiten: Grundsätzlich sollte die Beziehung der Leiterin zu ihrem Klienten von Respekt und Zugewandtheit geprägt sein. Nur wenn die Leiterin ihm mit aufrichtigem Interesse, Wertschätzung, Verständnis, Sensibilität und Einfühlungsvermögen entgegentritt, wird es dem Klienten möglich sein, sich zu öffnen, eigene Schwächen zu zeigen, Gefühle zu offenbaren, »Widerstände« abzubauen, neue Lösungen zu entwickeln.

Diese Forderungen stellen nicht nur in therapeutischen, sondern ebenso auch in nicht-therapeutischen Kontexten notwendige Bedingungen für die Herstellung eines Klimas dar, in dem Veränderung überhaupt erst möglich wird.

Übereinstimmend mit dem humanistischen Menschenbild gestaltet sich das Selbstverständnis des Verfahrens Psychodrama und das Rollenbild der psychodramatischen Leitung. Das Psychodrama folgt einem **Prozessberatungsmodell**. Allein der Klient ist inhaltlicher Experte für sich selbst. Er setzt die Ziele, er entscheidet, was ein Problem ist, was veränderungsbedürftig ist und welcher Lösungsvorschlag für ihn brauchbar ist. Die Leiterin dagegen bringt lediglich ihre methodischen, diagnostischen und therapeutischen Kompetenzen ein, um den Klienten in der Erreichung seiner selbst gesetzten Ziele zu unterstützen. Das Gegenbild, von dem sich das Psychodrama absetzt, besteht im Klischee des Arzt-Patienten-Modells: Die Ärztin urteilt über die Befindlichkeit des Klienten und setzt die therapeutische Intervention fest, dem Patienten kommt eine eher passive Rolle zu. Da die Ziele der gemeinsamen psychodramatischen Arbeit in einem dialogischen Prozess zwischen Leiterin und Klient entwickelt werden, ist diese gemeinsame Arbeit auch von der Leiterin mit ihren Einstellungen und Werten beeinflusst. Die letztgültige Entscheidungsinstanz ist aber (zumindest idealerweise) der Klient selbst. Methodische Impulse der Leiterin sollten in Übereinstimmung mit dem besagten Rollenverständnis eingebracht werden, d. h. unter ständiger kritischer Reflexion der eigenen Prämissen und des eigenen Handelns sowie unter Verzicht auf Überlegenheitsansprüche und Machtkämpfe. Weiterführende Überlegungen zur Wertegrundlage der Psychodrama-Leiterin finden sich bei Krüger (1997, S. 259 ff.).

Diese Grundüberzeugungen sind das Fundament jeder psychodramatischen Arbeit. Sie gelten für alle Arbeitsfelder, alle Klientengruppen und alle Zielsetzungen gleichermaßen und werden durch die verschiedenen nachfolgend beschriebenen Randbedingungen der psychodramatischen Arbeit nur spezifiziert, nicht aber grundlegend verändert.

> ❗ Ein humanistisches Menschenbild und das Selbstverständnis des Verfahrens als Form der Prozessberatung bilden die Wertegrundlage jeder psychodramatischen Arbeit.

7.2   Arbeitsfeld und -kontext

Eine erste zentrale Determinante dessen, was später in der psychodramatischen Arbeit einerseits geschehen **kann** und was andererseits nicht geschehen **darf**, ist der Bezugsrahmen, in dem diese Arbeit stattfindet. Dabei spielen zwei Aspekte eine Rolle:

1. Das **Arbeitsfeld**, in dem die psychodramatische Arbeit stattfindet (z. B. Psychotherapie, Supervision, Organisationsberatung oder So-

zialarbeit). Buer (1997) verwendet in diesem Zusammenhang den Begriff **Format**;

2. der **Arbeitskontext**, d. h. »… die konkrete Ausformung einer psychosozialen Dienstleistung nach Adressat, Zeitraum, Frequenz, Ort, Format und Verfahren zur Erreichung eines bestimmten Zieles« (Buer, 1999, S. 276). Bei Buer (1999) wie auch im allgemeinen Sprachgebrauch ist häufig von **Setting** die Rede. So kann sich ein und dasselbe Arbeitsfeld (z. B. Psychotherapie) in einer Reihe unterschiedlicher Arbeitskontexte/Settings ausformen, wie beispielsweise Einzeltherapie in freier Praxis, offene Gruppentherapie in einer psychosomatischen Klinik oder Gruppentherapie in einer Kinderklinik, die zum Teil sehr unterschiedliche Randbedingungen für die psychodramatische Arbeit setzen.

Durch das Arbeitsfeld und den Arbeitskontext werden

- einerseits grobe **Rahmenziele vorgegeben**, die bestimmen, was getan und erreicht werden soll und wie dies zu geschehen hat;
- andererseits bestimmte Klassen von Zielen und Möglichkeiten zu ihrer Erreichung **ausgeschlossen**.

Diese »Dos« und »Don'ts« sind bereits im frühesten Stadium der Planung des eigenen Arbeitsprozesses, beispielsweise beim Erstkontakt mit den Auftraggebern, zu berücksichtigen. Für die Psychodramatikerin ist es entscheidend, sich darüber klar zu werden, in welchem Arbeitsfeld und in welchem Arbeitskontext sie arbeitet, um ihr Vorgehen darauf abstimmen zu können. Dies betrifft die Frage nach möglichen Inhalten, Interventionszielen und -methoden ebenso wie ihren Sprachstil, ihre Kleidung oder ihr allgemeines Auftreten. Wer zu einem Akquisitionsgespräch in der Chefetage einer Bank mit Hawaiihemd und Turnschuhen erscheint, hat wenig Chancen, den Auftrag zu bekommen. In anderen Kontexten, wie z. B. in der Sozialarbeit, wirken dagegen Anzug und Krawatte deplatziert. Die Förderung therapeutischer Regression ist in einer Organisationsentwicklungsmaßnahme ebenso unangemessen wie ein Folienvortrag mit Beamer in einer therapeutischen Kindergruppe.

Auch wenn diese Beispiele plakativ und selbstverständlich erscheinen, gehören Verletzungen der im jeweiligen Arbeitsfeld und -kontext gültigen Normen nicht nur bei Berufsanfängern zu den häufigen Fauxpas. Ein besonders sensibler und bedenkenswerter Punkt sind die je nach Arbeitsfeld unterschiedlichen Grenzen zwischen privater und öffentlicher Sphäre der Teilnehmer: In Kontexten beruflicher Weiterbildung, Supervision etc. ist in aller Regel nur das zu thematisieren, was zur öffentlichen Person gehört. Die Beziehung des → Protagonisten zur Partnerin, zu seinen Eltern usw. fällt in seine Privatsphäre. Diese mag sich zwar in vielen Fällen auch auf sein berufliches Handeln auswirken, jedoch muss es die Leiterin, wenn sich abzeichnet, dass diese Themen berührt werden, bei einem diskreten Verweis belassen (z. B. »Erinnert Sie das Verhalten ihres Chefs an ein Muster, das Sie aus ihrer Biografie kennen? Ich frage das nur als Denkanstoß – hier ist ansonsten nicht der richtige Rahmen, sich damit näher zu befassen«).

Die Normenfrage spitzt sich zu, wenn schambesetzte Themen in die psychodramatische Arbeit hineinspielen. Dies ist der Fall, wenn tabuisierte oder sozial negativ besetzte Themen angeschnitten werden (z. B. Aggression und Autoaggression, Alkoholprobleme, Depression, Versagensängste; zum Umgang mit diesen Themen ▶ Kap. 19).

> ❗ Die Psychodramatikerin muss ihr Vorgehen schon in der Planungsphase auf die meist »ungeschriebenen« Normen abstimmen, die in dem betreffenden Arbeitsfeld und -kontext Gültigkeit besitzen. So gelten beispielsweise für therapeutische und nicht-therapeutische Kontexte unterschiedliche Schwellen dessen, was thematisiert und was nicht thematisiert werden darf (öffentliche vs. private Person).

7.3   Erstkontakt und Kontraktklärung

Der Erstkontakt zwischen Psychodramatikerin und Klienten kann auf sehr unterschiedliche Weise zustande kommen:

- Klienten in der Einzeltherapie oder -beratung kommen häufig auf Empfehlung von Ärzten, Fachkollegen oder Bekannten;

- in der Erwachsenenbildung, Supervision und Organisationsberatung muss die Psychodramatikerin ihre potenziellen Kunden häufig aktiv ansprechen;
- in anderen Kontexten, beispielsweise in der Sozialarbeit, in der schulpsychologischen Beratung sowie im forensischen oder klinischen Bereich, arbeitet die Psychodramatikerin meist im Auftrag einer Trägerorganisation, die ihr ihre Klienten zuweist.

Das Gespräch dient als Forum für das gegenseitige Kennenlernen und als Möglichkeit, erste diagnostische Informationen zu sammeln, auf deren Grundlage beide Seiten entscheiden können, ob eine Zusammenarbeit infrage kommt. Diese Gelegenheit entfällt in der Regel in den letztgenannten Arbeitsfeldern, da hier oft weder der Klient noch die Psychodramatikerin die Möglichkeit einer freien Entscheidung haben. Die Psychodramatikerin wird beim Erstkontakt die Grundzüge ihrer Arbeitsweise erläutern und – falls sich dieses anbietet – auch eine kurze methodische Demonstration geben.

Darüber hinaus hat bereits das Erstgespräch den Charakter einer Intervention, da das explorierende und strukturierende Nachfragen der Therapeutin oder Beraterin schon zu einer ersten Klärung des Anliegens und der dahinter stehenden Problematik beitragen kann.

Das Kontraktgespräch verlangt eine gründliche Vorbereitung. Dabei sollte die Therapeutin/Beraterin folgende Fragen berücksichtigen:

- Wie kam der Kontakt zustande?
- Welches Vorwissen habe ich über den Auftraggeber, die Organisation, das Thema?
- Was weiß der Auftraggeber über mich?
- Was sind die Ziele des Gesprächs?
- Mit welchen Zielen gehe ich in das Gespräch (z. B. Motivationen, Spielregeln für die Zusammenarbeit, Honorar)?

Diese und andere Fragen werden ausführlich bei Langmaack u. Braune-Krickau (2000, S. 15 ff.) diskutiert.

Ein Orientierungsraster, das bei der Rollenklärung im Erstgespräch (hier bezogen auf den therapeutischen Bereich) hilfreich sein kann, stammt von de Shazer (1992), der verschiedene Klienten-typen nach der Art ihres Auftretens im Erstkon-takt unterschieden hat:

Kunden. Der Kunde hat ein klar umrissenes Anlie-gen. Er erwartet, dass die Therapeutin ihn bei der Erreichung seines Ziels unterstützt, weiß aber auch, dass seine aktive Mithilfe im therapeutischen Prozess erforderlich ist. Daher weist er ein hohes Maß an Eigenmotivation auf. Entsprechend klar ist die Rolle der Therapeutin: Sie erfragt das Anlie-gen des Klienten und muss lediglich entscheiden, ob sie den Auftrag annehmen will oder nicht.

Besucher. Diejenigen Klienten, die weder einen als Problem definierbaren Sachverhalt noch eine Kla-ge oder ein Ziel vortragen, bezeichnet de Shazer (1992) als Besucher. Die Therapeutin kann ihnen mögliche lösbare Aufträge vorschlagen, sollte sich aber ansonsten zurückhalten, da keine konkrete Anfrage an sie vorliegt.

Kläger. Der Kläger beschreibt seine Probleme äu-ßerst detailliert. Er sieht sich selbst als Opfer der Umstände oder anderer Menschen, denen er die Schuld an seiner misslichen Lage zuweist. Der Klä-ger besteht darauf, dass diese Anderen, nicht er selbst, die Therapiebedürftigen seien und fordert von der Therapeutin, er möge jene verändern (Fernheilung). Die Empfehlung von de Shazer (1992) an die Therapeutin lautet, den Kläger zu-nächst in seiner Konstruktion der Wirklichkeit anzuerkennen, indem sie z. B. einräumt, dass der Kläger keinen Anlass für eine Therapie hätte, wenn sich der »Täter« adäquat verhalten würde. Im nächsten Schritt kann erfragt werden, wie hoch der Kläger die Wahrscheinlichkeit einschätzt, dass sich das Verhalten des »Täters« ändert. Daraufhin kann als »zweitbeste Lösung« angeboten werden, den Auftrag so umzuformulieren, dass er sich auf das Handeln des Klägers bezieht. Gelingt dies, ist der Kläger zum Kunden geworden. Weitere hilf-reiche Hinweise zum Umgang mit dem Typus »Kläger« finden sich bei Mücke (2001, S. 222 ff.).

Kotherapeuten bzw. Supervisoren. Schmidt hat de Shazers Schema um einen vierten Typus, den der Kotherapeuten bzw. Supervisoren ergänzt

(nach Mücke, 2001). Dabei handelt es sich um Fa-milienmitglieder, die den Therapeuten beaufsich-tigen und ihm vorschreiben, wie er sich zu verhal-ten hat. Die Gefahr für die Therapeutin besteht hierbei darin, eine unbewusste Koalition mit den »Kotherapeuten« einzugehen. Um Personen dieses Typus in den therapeutischen Prozess einzubin-den, sollte die Therapeutin sich so verhalten, als handele es sich um Klienten vom Typ »Kläger«.

Diese Typologie lässt sich auf nicht-therapeu-tische Arbeitsfelder übertragen: Auch in der Sozi-alarbeit, der Organisationsberatung usw. ist das Anliegen der Klienten häufig zunächst unklar oder von Klagen über von der Beraterin nicht beein-flussbare Instanzen geprägt.

Kommt die Psychodramatikerin (oder die ihn beschäftigende Organisation) mit dem Kunden überein, wird zwischen ihnen ein so genannter **Kontrakt** geschlossen. Dabei handelt es sich um eine Zielvereinbarung für eine zeitlich und inhalt-lich möglichst wohl definierte Dienstleistung. Der Kontrakt kann verschiedene Formen haben, vom detaillierten Vertrag in Schriftform bis hin zur einfachen mündlichen Absprache. Mögliche Kon-trakte können wie folgt aussehen:

- Das Team einer psychologischen Beratungs-stelle wünscht eine regelmäßige Supervision, um die interne Kommunikation und die Aufga-benverteilung zu verbessern. Team und Psy-chodramatikerin einigen sich nach einem ers-ten Termin zum Kennenlernen zunächst auf weitere fünf Doppelstunden. Danach entschei-den beide Seiten, ob weitere Termine verein-bart werden sollen.
- Herr Wenzel hat sich auf Anraten seines Thera-peuten für einen 2-monatigen Aufenthalt in einer psychosomatischen Klinik entschieden. Bestandteil der Behandlung ist eine 2-mal wö-chentlich stattfindende Psychodrama-Gruppe. Sie soll durch die Aufarbeitung der Hintergrün-de der Beschwerden, durch Ressourcenaktivie-rung und die soziale Einbindung der Patienten den Heilungsprozess unterstützen. Durch die Anmeldung in der Klinik wird ein Kontrakt zwi-schen der Klinik und Herrn Wenzel geschlos-sen, der auch die Teilnahme an der Thera-piegruppe beinhaltet. ▼

▬ Ein großes Unternehmen der Musikbranche plant für seine Belegschaft einen 1-Tages-Workshop zum Thema »Mobbing«. Die Psychodrama-Beraterin verständigt sich mit der Personalleitung des Unternehmens auf die Ziele der Veranstaltung: Sensibilisierung für Ursachen und Folgen von Mobbing, Möglichkeiten der Prävention, Information über betriebliche Unterstützungssysteme und Rechtsmittel.

Bestandteil des Kontrakts sind also nicht nur die zeitlichen, organisatorischen und finanziellen Rahmenbedingungen sowie eine grobe Rollendefinition der Beteiligten, sondern vor allem die **Rahmenziele** des Therapie- oder Beratungsprozesses. Sie legen auf allgemeiner Ebene fest, welche Lernergebnisse und Veränderungen am Ende des gesamten Prozesses erreicht sein sollen.

▶ Organisationsberatung

Herr Leibold, ein im Bereich Organisationsberatung tätiger Psychodramatiker, erhält eine telefonische Anfrage von der Interpharma AG, einem großen Pharmaunternehmen in einer süddeutschen Großstadt. Im Rahmen des regulären Fortbildungsprogramms für die Mitarbeiterinnen und Mitarbeiter soll erstmals eine Seminarreihe zum Thema »konstruktiver Umgang mit Konflikten« angeboten werden. Der Kontakt zu Herrn Leibold ist auf Empfehlung einer bereits seit einiger Zeit für die Interpharma AG tätigen Kollegin zustande gekommen. Am Telefon vereinbart Herr Leibold einen persönlichen Gesprächstermin mit Frau Peters, Personalleiterin bei der Interpharma AG.

In diesem Gespräch stehen das gegenseitige Kennenlernen und die Kontraktklärung auf dem Programm. Herr Leibold stellt sich, seinen beruflichen Werdegang und seine Arbeitsprinzipien vor. Frau Peters ist mit dem Psychodrama vertraut, da einige für die Interpharma AG tätige Trainerinnen und Trainer psychodramatische Elemente verwenden. Sie berichtet, dass zwei Anlässe maßgeblich für die Entscheidung waren, das Konfliktseminar anzubieten. Zum einen nehmen Vorstand und Personalabteilung wachsende Spannungen zwischen den Mitarbeitern wahr. Zum anderen sind in jüngster Zeit auch aus den Reihen der Mitarbeiter ver-

▼

stärkt Nachfragen nach Fortbildungsmaßnahmen zu diesem Thema gekommen.

Herr Leibold erfragt den Kontext dieser Entwicklung, um mögliche »Fußangeln« für seine Seminarplanung ausfindig zu machen und ggf. auf angemessenere Interventionen hinweisen zu können (z. B. Führungstrainings, Teamentwicklung, Organisationsentwicklungsmaßnahmen). Das Unternehmen plant eine Reihe von drei Seminaren à drei Tagen. Die im Kontrakt festgehaltenen Ziele sind:

1. Die Teilnehmer sollen Basiswissen über die Dynamik von Konflikten erwerben.
2. Die Teilnehmer sollen Konfliktpotenziale an ihrem Arbeitsplatz erkennen lernen.
3. Die Teilnehmer sollen konstruktive Formen des Umgangs mit Konflikten erlernen.
4. Im zweiten und dritten Seminar soll der Transfer überprüft und unterstützt werden.

Psychotherapie

Herr Theesen ist Psychotherapeut in freier Praxis. Er bietet eine Therapiegruppe an, die viele seiner Klienten in Anspruch nehmen. Frau Proske hat über ihren Hausarzt von diesem gruppentherapeutischen Angebot erfahren. Sie leidet unter Schlafstörungen, Niedergeschlagenheit und ihrem Mangel an persönlichen Beziehungen. Das erste Gespräch mit Herrn Theesen dient dem gegenseitigen Kennenlernen, einer ersten Anamneseerhebung und der Kontraktklärung.

Herr Theesen vereinbart am Ende des Gesprächs mit Frau Proske zunächst drei Probesitzungen, in denen die Klientin Gelegenheit hat, seine Arbeitsweise kennenzulernen. Sollte Frau Proske sich entscheiden, die Therapie weiterzuführen, sollen zunächst zehn weitere Sitzungen vereinbart werden.

Im idealen Fall besteht das für die Kontraktklärung relevante System aus zwei Beteiligten: Dem Psychodramatiker und dem Klienten. In dieser »heilen Welt« des Ideals sind die Erwartungen des Klienten transparent, eindeutig, konsistent und allein ausschlaggebend. Im »wirklichen Leben« ist der durch den Kontrakt festgelegte Rahmen dagegen meist eher grob abgesteckt oder er existiert nur implizit auf der Ebene des Unausgesprochenen. Überdies zeigen die Beispiele, dass die Vertragsparteien, die den Kontrakt schließen, nicht notwendigerweise dieselben Personen sind, die später in der Beratung oder Therapie zusammen arbeiten.

Um die daraus resultierenden Schwierigkeiten zu minimieren, sollten folgende Fragen bedacht und so weit wie möglich geklärt werden:

Inwieweit kommen meine Klienten freiwillig zu mir und welche Konsequenzen hat das für meine Arbeit?

In vielen Fällen kommen die Klienten nicht oder nicht vollständig aus freien Stücken. Die Palette reicht hier von der Tochter, die mit ihren Eltern in die Familientherapie kommt, über den vom Vorgesetzten zum Seminar geschickten Mitarbeiter bis hin zu amtlich sanktionierten Maßnahmen seitens der Arbeitsämter oder im Strafvollzug. In einigen, wie z. B. den letztgenannten Settings, ist dieser Umstand von vornherein bekannt; in anderen Fällen (z. B. dem Fall des Seminars) ist er weniger augenfällig und wirkt sich erst im Verlauf der Arbeit in Form von »Widerständen« aus. Partner, Freunde und Ärzte, die dem Klienten eine Psychotherapie angeraten haben, haben oft großen Einfluss auf den Behandlungsverlauf, auch wenn in diesen Fällen kein unmittelbarer Zwang ausgeübt wird. Mücke (2001) bezeichnet solche Hintergrundfiguren als »Überweiser«. Er empfiehlt, ihre Erwartungen bereits zu Beginn des therapeutischen Prozesses zu klären, z. B. mit Fragen wie: »Angenommen, Sie wollten Ihren Überweiser misstrauisch gegenüber der Therapie machen, was müssten Sie sagen/tun?« oder »Was wäre Ihrer Ansicht nach das beste Ergebnis für Ihren Überweiser?« Häufig stellt sich dabei heraus, dass dieses »bestmögliche Ergebnis« das Scheitern der Therapie darstellt, einen Fall, den Mücke (2001) als »feindselige Überweisung« bezeichnet.

Inwieweit (und wofür) sind meine Klienten motiviert?

Die Problematik der Motivation ist eng mit der Problematik der Freiwilligkeit verbunden, aber nicht 1 : 1 übertragbar: Auch vom Arbeitsamt geschickte Teilnehmer können motiviert sein, wohingegen auch bei freiwillig in die Therapie kommenden Klienten die Motivationslage unklar sein kann. Insofern gilt es immer wieder zu reflektieren, welche Ziele die Klienten eigentlich verfolgen – und dies nicht nur im Hinblick auf die Klärung der eigenen Leitungsrolle und der Beziehung zu den Klienten, sondern auch im Hinblick auf die methodische und inhaltliche Abstimmung der eigenen Arbeit auf die Wünsche und Bedürfnisse der Klienten.

Für wen besteht welches Problem?

Wenn die Teilnahme nicht vollständig freiwillig erfolgt, stellt sich die interessante Frage, wer der Beteiligten eigentlich das Problem hat: Ist es die von den Eltern zur Therapie geschickte Tochter oder sind es womöglich die Eltern selbst, die ihre eigenen Schwierigkeiten auf die Tochter abschieben? Von der Antwort auf diese Frage hängt dann auch der Fokus der Intervention ab: Wenn man aus systemischem Blickwinkel das Problem (z. B. Magersucht der Tochter) nicht als Folge einer individuellen Pathologie sieht, sondern als Folge der Verschränkung der im System ablaufenden Prozesse, sagt das Problem nicht primär etwas über den Problemträger (Tochter), sondern über das System als Ganzes (Familie) aus. Das Coaching, das der Führungskraft von ihrem Abteilungsleiter »verordnet« wurde, ist nicht unbedingt Ausdruck einer Führungsschwäche, sondern kann auch ein Versuch des Abteilungsleiters sein, seine Konflikte mit der Kollegin an den Berater zu delegieren. Das angemeldete Problem ist aus dieser Sicht lediglich »Anzeiger« einer Pathologie des Gesamtsystems – daher spricht die systemische Therapie nicht vom »Patienten«, sondern vom »Indexpatienten«. Der Fokus der Intervention liegt dann entsprechend nicht auf der Indexpatientin, sondern auf der gesamten Familie (der gesamten Abteilung usw.).

Wer erwartet was?

Gerade wenn mehrere Personen zum Beratungs- oder Therapiesystem gehören (z. B. in der Familientherapie oder Organisationsentwicklung), ist die Leiterin oft mit widersprüchlichen Erwartungen der verschiedenen Beteiligten konfrontiert. Doch auch einzelne Klienten verhalten sich häufig inkonsistent. Im Spannungsfeld von berechtigter Angst und Zurückhaltung auf der einen Seite gegenüber übertriebenen Ansprüchen und Heilserwartungen auf der anderen Seite ist die Leiterin Ambivalenzen ausgesetzt, die von Schlippe (1995, S. 28) in seiner pointierten »Stellenausschreibung« für einen Familientherapeuten auf den Punkt bringt:

>> Gesucht wird jemand, der zum einen die Sichtweise teilt, dass das Problem Ausdruck der Krankheit, Dummheit oder Bosheit eines oder einiger Familienmitglieder ist, der aber zum anderen trotzdem dafür sorgt, dass es weggeht, ohne dass man sich dafür irgendwie verändern müsse.

🛈 In der Anfangsphase der Arbeitsbeziehung muss sich die Psychodramatikerin mit den Klienten/Auftraggebern über die im Laufe des gemeinsamen Prozesses zu verfolgenden Rahmenziele, die zeitlichen, finanziellen und sonstigen Rahmenbedingungen dieses Prozesses abstimmen. Die wichtigsten Fragen in dieser Phase des Prozesses lauten:
- Welche Personen und Personengruppen spielen direkt oder indirekt für meine Arbeit eine Rolle?
- Welche Erwartungen richten diese Personen (gruppen) an mich?
- Welche Konsequenzen haben ihre Erwartungen für meine Arbeit?
- Gibt es widersprüchliche Erwartungen und wie gehe ich damit um?
- Welche Erwartungen kann und will ich erfüllen; wie gehe ich mit Erwartungen um, denen ich nicht entsprechen kann oder will?
- Welche Probleme bestehen für wen?

7.4 Konzeption

Der nächste Schritt für die Psychodramatikerin besteht darin, ein Konzept für die Umsetzung der im Kontrakt festgelegten Rahmenziele zu entwickeln. Für diesen Prozess lassen sich keine »Rezepte« formulieren, da Art und Aufwand der Vorbereitung je nach Arbeitsfeld, Setting und Kontrakt sehr unterschiedlich ausfallen werden. In den meisten Bildungskontexten gibt der Kontrakt ein relativ klar umrissenes Rahmenziel vor: Es sollen Geschichte und Theorie der Musik vermittelt, Führungskompetenzen gestärkt und trainiert oder Vorurteile gegenüber Randgruppen aufgedeckt und reflektiert werden. In diesen Fällen wird die Psychodramatikerin die Schritte im Lernprozess, der zur Erreichung dieses Rahmenziels führen soll, im Rahmen einer Seminarplanung oder Ähnlichem vorab festlegen. Hierfür müssen die im Kontrakt definierten Rahmenziele so weit »heruntergebrochen« werden, dass sich hieraus erreichbare Lernziele und methodische Schritte ableiten lassen, um diese Ziele zu verfolgen. In unserem Beispiel des Kommunikationsseminars könnte die Operationalisierung von Lernzielen wie folgt aussehen:

Ebene	Zielformulierung
Leitziel	Störungsfreie und respektvolle Kommunikation im Unternehmen
Rahmenziel	Verbesserung der kommunikativen Kompetenz
Grobziel	Inhalts- und Beziehungsebene der Kommunikation unterscheiden können
Feinziel	Modell der »4 Seiten der Nachricht« (Schulz von Thun) kennen und verstehen

Dieses Prozedere erleichtert die Planung, birgt aber die Gefahr einer Zersplitterung der zu lernenden komplexen Inhalte. Die psychodramatische Philosophie des ganzheitlichen Lernens sollte auch hier im Vordergrund stehen. Darüber hinaus müssen die geplanten Interventionsziele und -methoden ggf. prozessabhängig modifiziert werden.

Bei der Planung muss berücksichtigt werden, dass die mit den Klienten vereinbarten Rahmenziele in vielen Fällen nicht im Zuge einer Sitzung zu erreichen sind. Was in der zur Verfügung stehenden Zeit erarbeitet werden kann, hängt unter anderem auch von der Gruppengröße ab. Für die psychodramatische Arbeit ist eine Gruppengröße von 8–16 Teilnehmern ideal, man kann aber auch mit wesentlich größeren oder kleineren Gruppen arbeiten.

In Therapie, Selbsterfahrung, Sozialarbeit und anderen Arbeitsfeldern ist oft nur das Leitziel klar umrissen, fest definierte Lerninhalte treten zugunsten eines offenen gruppendynamischen Lernprozesses eher in den Hintergrund.

Fokus der Intervention

Der nächste wichtige Schritt in der Planung des psychodramatischen Arbeitsprozesses besteht darin, sich den Fokus der Intervention zu vergegenwärtigen, der sich aus den festgesetzten Grobzielen ergibt. In der Einzelpsychotherapie oder Einzelberatung stellt die **einzelne Klientin** den Fokus der Intervention dar. In der Paarberatung oder -therapie, d. h. auf der **dyadischen Ebene**, betrachtet man weniger die Befindlichkeit des Einzelnen, sondern die Verschränkung der Interaktions- und Kommunikationsprozesse zwischen den Partnern. Diese Denkweise, nicht Personen, sondern Prozesse zu betrachten, so als hätten diese eine von den beteiligten Personen unabhängige Geltung, mag ungewohnt und metaphysisch erscheinen. Für systemische Therapeutinnen und Organisationsberaterinnen ist dieser Blick nicht auf, sondern »zwischen« die Personen vertraut und zum Kern ihrer Diagnostik und Intervention geworden. Das Gleiche gilt für die **Gruppenebene**: Hier richtet sich der Blick auf die Strukturen und Prozesse in einer Gruppe (soziometrische Strukturen, Rollen, Normen usw.). Schließlich kann man die Beziehungen zwischen Gruppen fokussieren, z. B. in der Organisationsberatung. Auf dieser **Intergruppenebene** oder **Ebene der Organisation** geht es beispielsweise um Organisationskultur und Unternehmensleitbilder, um Konflikte zwischen mehreren Abteilungen oder um die Qualität der Zusammenarbeit zwischen verschiedenen Organisationseinheiten.

7.5   Prozessorientierte Arbeit

»Wir arbeiten prozessorientiert« – dieses Credo ist nicht nur aus dem Munde von Psychodramatikerinnen häufig zu hören. Was genau damit gemeint ist, bleibt jedoch gelegentlich im Unklaren. Cohn (1991) hat mit dem Ansatz der themenzentrierten Interaktion (TZI) einen wichtigen Grundstein der prozessorientierten Arbeit gelegt. Die TZI befasst sich mit den Voraussetzungen dafür, den Gruppenprozess so zu gestalten, dass Störungen und Blockaden weitestgehend vermieden werden. Sie nennt die nachfolgend vorgestellten vier Dimensionen, die in der Interaktion in Gruppen eine Rolle spielen und die, soll die gemeinsame Arbeit zu einem produktiven Ergebnis führen, in Balance gehalten werden müssen (◘ Abb. 7.1).

Das einzelne Gruppenmitglied, seine Ziele, Wünsche und Befindlichkeiten (»Ich«)

Im Hinblick auf jeden einzelnen Teilnehmer sollte sich die Psychodrama-Leiterin zu Beginn des Prozesses beispielsweise folgende Fragen stellen:

- In welcher Situation (z. B. allgemeinen Lebenssituation, beruflichen Situation) befindet sich jeder Teilnehmer?
- Aus welcher Motivation heraus kommt er in die Gruppe (z. B. Wissenserwerb, praktische Übungen, Kontakte knüpfen)?
- Was möchte er über das Thema/über die Gruppe/über sich selbst erfahren?
- Welche Voraussetzungen bringt er mit (z. B. Vorwissen, Erfahrungen, Kompetenzen)?
- Welche Emotionen bewegen ihn (zu Beginn z. B. Unsicherheit hinsichtlich der anderen Teilnehmer, hinsichtlich der Inhalte und des Ablaufs der gemeinsamen Arbeit)?
- An welche Arbeitsweise ist er gewöhnt (ist ihm beispielsweise psychodramatische Arbeit vertraut)?

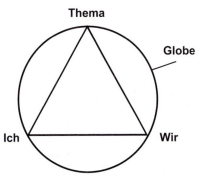

◘ Abb. 7.1. Das TZI-Dreieck

Der Interaktionsprozess und die Dynamik in der Gruppe (»Wir«)

Eine Gruppe ist nicht nur eine Ansammlung von Einzelindividuen. »Das Ganze ist mehr bzw. etwas anderes als die Summe seiner Teile« sagt ein bekannter Leitsatz der Systemtheorie, und getreu diesem Grundsatz entwickelt sich in Gruppen eine Dynamik, die nur zum Teil aus den Eigenschaften ihrer Mitglieder erklärt werden kann. Mögliche Leitfragen in Bezug auf das komplexe Thema »Gruppendynamik« sind z. B.:

- Formiert sich die Gruppe neu oder arbeitet sie schon länger zusammen? Kennen sich die Teilnehmerinnen untereinander?
- Inwieweit ist die Gruppe homogen (z. B. hinsichtlich Alter oder vertretener Berufsgruppen)? Gibt es Untergruppen? Was bedeutet das für die gemeinsame Arbeit?
- Gibt es bereits etablierte Normen in der Gruppe? Welche?
- Gibt es »wunde Punkte« oder Tabuthemen?
- Wie ist die soziometrische Struktur/Rollenverteilung innerhalb der Gruppe (wer ist Wortführer, wer Sündenbock etc.)?
- Gibt es kulturelle Unterschiede, Sprachbarrieren oder Ähnliches? Wie ist darauf zu reagieren?

Der Prozess der Erwärmung im Vorfeld der Gruppensitzung ist nicht nur bei neuen, sondern auch bei fortlaufenden Gruppen wichtig. Hier stellen sich folgende Fragen:

> » Was geschah letzte Woche? Wer spielte Hilfs-Ich-Rollen? Drückten sich in diesen Rollen persönliche Themen aus? Was teilten einzelne Teilnehmer im Sharing mit? Wer hat in jüngster Zeit nicht gearbeitet? Wer scheint in der Gruppe isoliert, wer ein Gruppenstar zu sein? Wie gestalten sich momentan die Beziehungen zwischen den Teilnehmern? Wer hat ein Thema angemeldet, das nicht gewählt wurde, und was könnten die Gründe hierfür sein? An welchen Themen wurde (nicht) gearbeitet? Wie sind die Beziehungen der (Ko-)Leitung zur Gruppe? (…) Welche Übertragungsthemen gibt es? (Taylor, 1998, S. 53)

Das Thema

Die TZI geht davon aus, dass eine konstruktive Arbeit auf der Sachebene erst dann stattfinden kann,

- wenn die Teilnehmer einen persönlichen Bezug zum Thema hergestellt haben und
- wenn die gruppendynamischen Voraussetzungen für eine solche Sacharbeit geschaffen wurden.

In psychodramatischen Begriffen formuliert: Voraussetzung für die Arbeit auf der Sachebene ist die **Erwärmung** der Gruppe auf der einen Seite wie auch jedes Einzelnen (inklusive der Leiterin) auf der anderen Seite.

Kontextbedingungen (»Globe«)

Der »Globe«, im TZI-Dreieck (◻ Abb. 7.1) als Kreis dargestellt, verkörpert die situativen, historischen, materiellen und sozialen Kontextbedingungen der gemeinsamen Arbeit, die bei der Erarbeitung von Problemlösungen etc. berücksichtigt werden müssen. Einige auf den Globe bezogene Leitfragen (vgl. Langmaack, 1996) lauten:

- Was kennzeichnet den Alltag der Teilnehmer und welchem Impuls folgend kommen sie hierher?
- Mit welcher Wirklichkeit draußen müssen die Arbeitsschritte hier korrespondieren?
- Wie groß soll der nächste Schritt der Veränderung im Arbeitsfeld sein und welches Teilziel soll erreicht werden?
- Wer im Umfeld kann die Zielerreichung unterstützen?
- Wie kommt dieses neue Vorgehen unter Umständen mit den Überzeugungen und Gewohnheiten der Umgebung in Konflikt?

Vor dem Hintergrund dieses Modells umfasst Prozessorientierung aus unserer Sicht die nachfolgend ausgeführten Punkte, an denen sich die Leiterin zu jedem Zeitpunkt des Gruppenprozesses orientieren sollte:

Flexibilität in der Umsetzung des eigenen Konzepts

Prozessorientierung bedeutet, sich je nach Maßgabe der konkreten Situation von seiner Vorplanung bezüglich der Ziele und des methodischen Vorgehens distanzieren zu können, um einen den Anforderungen der Teilnehmer angemesseneren Weg einzuschlagen. Dies erfordert nicht nur Improvisationstalent und die Bereitschaft, sich von vorgefassten Überzeugungen zu lösen, sondern auch ein großes methodisches Repertoire.

Fokus auf die Bedürfnisse der Einzelnen

Wenn sich Psychodrama – in welchem Arbeitsfeld auch immer – als Dienstleistung versteht, bedeutet dies, dass die Wünsche der Kunden oberste Priorität besitzen. Die Leiterin hat dann die Aufgabe, diese Wünsche und Bedürfnisse immer wieder neu zu erfragen und ihr Vorgehen darauf abzustimmen.

Fokus auf die Beziehungsdynamik und andere latente Phänomene in der Gruppe (»Wir«)

In einem prozessorientierten Vorgehen muss die Leiterin nicht nur die inhaltliche Ebene des Lernprozesses, sondern auch die Ebene der Gruppendynamik im Blick halten. Sie muss auf die Integration der Gruppe achten, die Einhaltung elementarer Normen und Grenzen einfordern sowie Konflikte klären helfen. Dazu muss unter Umständen an bestimmten Stellen des Prozesses von der Ebene der Sacharbeit auf die Ebene der Beziehungsklärung gewechselt werden. Die Entscheidung, ob und zu welchem Zeitpunkt dieser Wechsel stattfindet und welche Methodik zur Bearbeitung der Gruppenbeziehungen eingesetzt wird, fällt dabei nicht immer leicht; sie ist auch von dem Arbeitsfeld, dem Auftrag der Leiterin und dem aktuellen Stand des Gruppenprozesses abhängig (► Kap. 18).

Fokus auf das Thema

Bei aller nötigen Anpassung des Leitungskonzepts an die Bedürfnisse des Einzelnen und die Dynamik der Gruppe darf der durch den Kontrakt vorgegebene thematische Bezug nicht verloren gehen. Die Kunst der Leitung besteht daher gerade darin, die Arbeit mit den Belangen der Einzelnen und der Gruppe so zu gestalten, dass sie immer auch thematische Bezüge berücksichtigt und inhaltliches Lernen ermöglicht.

Fokus auf die Pluralität in der Gruppe

Prozessorientierte Arbeit bedeutet auch, Unterschiede zwischen den Gruppenteilnehmern wahrzunehmen und angemessen zu berücksichtigen, z. B. hinsichtlich der sozialen, sprachlichen und kulturellen Hintergründe der Teilnehmer. Die Verantwortung gegenüber allen Teilnehmerinnen und Teilnehmern, das Gebot des Minderheitenschutzes und die Philosophie des Psychodramas gebieten der Leiterin, Minderheiten in der Gruppe vor offener oder latenter Diskriminierung durch die Mehrheit zu schützen. Solche Tendenzen stellen sich in Gruppen sehr schnell ein, da die soziometrischen Strukturen der Gruppe sich auch entlang der gesellschaftlichen Verteilung von Status und Macht konfigurieren. Weiterführende Überlegungen zu diesem Aspekt finden sich in ► Kap. 19.

Fokus auf eigene Haltungen und Befindlichkeiten

Die hohe Sensibilität, die eine prozessorientierte Arbeitsweise der Leiterin abverlangt, ist nur dann zu erreichen, wenn die Leiterin immer auch die eigenen Bezüge zum Thema, das eigene Beziehungsangebot und die eigenen emotionalen Reaktionen auf den Prozess wahrnimmt, reflektiert und daraus gegebenenfalls Schlüsse für ihr weiteres Vorgehen zieht.

> **❶ Psychodramatische Arbeit versteht sich als prozessorientierte Arbeit: Die Leiterin muss zu jedem Zeitpunkt des Prozesses die Befindlichkeiten des Einzelnen, die Dynamik der Gruppe, die Erfordernisse des Themas und ihre eigenen Anteile am Gruppengeschehen im Auge behalten und in Balance bringen. Sie muss ihr Vorgehen so auf die verschiedenen Facetten des Prozesses abstimmen, dass die Arbeitsfähigkeit der Beteiligten optimal gefördert und die humanistischen Werte und Potenziale des Psychodramas ausgeschöpft werden.**

7

Zusammenfassung

Das Psychodrama geht grundsätzlich von einem Prozessberatungsmodell und einem humanistischen Menschenbild aus: Die Leiterin hat die Aufgabe, mit Hilfe ihrer methodischen und psychologischen Kompetenz die Selbstheilungskräfte des Klienten zu aktivieren, der die Lösung seiner Probleme stets schon in sich trägt. Die inhaltlichen Ziele des Prozesses werden vom Klienten selbst bestimmt, die Leiterin hat lediglich unterstützende Funktion. Dies schließt eine aktive Hilfe und Rat bei der Problemlösung nicht aus. Rolle und Beziehungsangebot der Leiterin müssen an das jeweilige Arbeitsfeld (z. B. Psychotherapie, Sozialarbeit) und den Arbeitskontext (z. B. institutionelle Einbindung, Gruppen- vs. Einzelsetting) angepasst werden. Grundlage der gemeinsamen Arbeit ist ein Kontrakt zwischen Leiterin und Klienten (bzw. Auftraggeber), der Rahmenziele des Prozesses sowie gegenseitige Erwartungen definiert. Der Kontrakt bildet – vor allem in Bildungskontexten – die Basis für die Planung des eigenen Vorgehens, die allerdings stets mit dem aktuellen Prozessverlauf abgeglichen werden muss. Prozessorientierte Arbeit orientiert sich an dem zu bearbeitenden Thema, dem einzelnen Teilnehmer sowie an der Rollenstruktur und der Beziehungsdynamik der Gruppe.

Weiterführende Literatur

Langmaack, B. & Braune-Krickau, M. (2000).Wie die Gruppe *laufen lernt. Anregungen zum Planen und Leiten von Gruppen. Ein praktisches Lehrbuch* (7. Aufl.). Weinheim: PVU (262 Seiten).
Langmaack u. Braune-Krickau beziehen sich nicht auf das Psychodrama. Dennoch handelt es sich bei »Wie die Gruppe laufen lernt« um eine auch für Psychodramatikerinnen hilfreiche, ausgezeichnet geschriebene und kompakte Einführung in die Planung und Durchführung von Gruppenprozessen, vom Erstkontakt bis zur Schlussintervention. Schwerpunkte des Buches sind das TZI-Modell, Grundlagen der Gruppendynamik und Kommunikation.

Literatur

Buer, F. (1997). Zur Dialektik von Format und Verfahren. Oder: Warum eine Theorie der Supervision nur pluralistisch sein kann. *OSC Organisationsberatung - Supervision – Clinical Management, 4 (4),* 381–394.

Buer, F. (1999). Glossar. In F. Buer (Hrsg.), *Lehrbuch der Supervision* (176-300). Münster: Votum.

Cohn, R. C. (1991). *Von der Psychoanalyse zur Themenzentrierten Interaktion* (15.Aufl.). Stuttgart: Klett-Cotta.

Krüger, R. T. (1997). *Kreative Interaktion. Tiefenpsychologische Theorie und Methoden des klassischen Psychodramas.* Göttingen:Vandenhoeck & Ruprecht.

Langmaack, B. (1996). *Themenzentrierte Interaktion. Einführende Texte rund ums Dreieck.* Weinheim: Beltz.

Langmaack, B. & Braune-Krickau, M. (2000). *Wie die Gruppe laufen lernt. Anregungen zum Planen und Leiten von Gruppen. Ein praktisches Lehrbuch* (7. Aufl.). Weinheim: PVU.

Mücke, K. (2001). *Probleme sind Lösungen. Systemische Beratung und Psychotherapie – ein pragmatischer Ansatz* (2. Aufl.). Potsdam: Mücke ÖkoSysteme.

Schlippe, von A. (1995). »Tu was Du willst.« – Eine integrative Perspektive auf die systemische Therapie. *Kontext, 26 (1),* 19–32.

Schwehm, H. (1989). Die Scene auf der Bühne. In M. Heide & H. Wünschel (Hrsg.), *Widerstand, Bereitschaft, Zusammenarbeit* (19-*57*). Saarbrücken: Dadder.

de Shazer, S. *(1992). Wege der erfolgreichen Kurzzeittherapie* (4. Aufl.). Stuttgart: Klett-Cotta.

Taylor, S. (1998). The warm-up. In M. Karp, P. Holmes & K. B. Tauvon (eds.), *The Handbook of Psychodrama* (49–66). London: Routledge.

Die Erwärmungsphase

»Der therapeutische Prozess im Psychodrama kann ohne eine vollständige Einbeziehung von Erwärmungstechniken nicht verstanden werden. Wie wir aus einfachen sportlichen Aktivitäten, z. B. Laufen, Schwimmen oder Boxen wissen, hat die Fähigkeit des Athleten zum leichten und ungestörten Aufwärmen viel mit seiner Form und Leistung zu tun (…). In der Spontaneitätsarbeit und im Psychodrama hat die Psychopathologie des Erwärmungsprozesses, so weit dies möglich ist, eine noch größere Bedeutung als in der Körperkultur« (Moreno, 1972, S. 223 f.).

8

8.1 Funktionen der Erwärmungsphase und Aufgaben der Leitung

Die Erwärmungsphase dient dazu, bei den Beteiligten Motivation, Offenheit und Bereitschaft für eine konzentrierte Zusammenarbeit zu schaffen und ein Thema zu finden, das sich für die weitere psychodramatische Bearbeitung eignet. In dem bekannten Modell von Lewin (1951), der Veränderungsprozesse als Abfolge der drei Phasen »Auftauen« (»unfreezing«), Verändern (»changing«) und »Wiedereinfrieren« (»refreezing«) beschreibt, dient die **Erwärmungsphase** dem »Auftauen« der Strukturen des Systems.

In der Erwärmungsphase stehen vier verschiedene Ziele im Vordergrund:
- Emotionale Aktivierung der einzelnen Gruppenmitglieder,
- emotionale Fokussierung auf ein weitestgehend einheitliches Aktivationsniveau der Gruppe (entfällt bei der Arbeit im Einzelsetting),
- Auffindung und Fokussierung eines Themas, das möglichst alle Gruppenmitglieder anspricht und von allen getragen wird,
- Kennenlernen, Interaktion und Begegnung ermöglichen, damit sich Kohäsion und Ver-

trauen zwischen den Gruppenmitgliedern entwickeln können (▶ vgl. das in Abschn. 7.5 vorgestellte Modell der themenzentrierten Interaktion von Cohn).

Darüber hinaus dient die Erwärmungsphase dem Leiter
- zur Gewinnung wichtiger diagnostischer Informationen und Hypothesen über einzelne Teilnehmer und/oder über die Rollendynamik der Gruppe (z. B. Stegreifspiel) sowie
- zu seiner eigenen Erwärmung.

> **Ziele der Erwärmungsphase**
> - Individuelle Aktivierung
> - Fokussierung der Aktivierung auf ein gemeinsames Niveau
> - Themenfindung und Einigung auf ein Thema
> - Begegnung, Aufbau von Gruppenkohäsion

Dieser ersten Phase liegt die Überzeugung zugrunde, dass alle Beteiligten (die Gruppenmitglieder ebenso wie die Leitung) zunächst einer Erwärmung auf der psychischen, sozialen und auch körperlichen Dimension bedürfen, bevor sie sich auf eine intensive gemeinsame Arbeit einlassen können. Die Analogie zu Aufwärmübungen im Leistungssport zeigt anschaulich, warum das Psychodrama eine Erwärmung der Beteiligten für unerlässlich hält – ohne Aufwärmphase führen (in diesem Fall psychische) Anstrengungen zu Blockaden, Verletzungen oder sonstigen unerwünschten Folgen; bestimmte Leistungen, die besondere Flexibilität und Beweglichkeit erfordern, sind von vornherein gar nicht möglich. Entsprechend ist gerade in der Erwärmungsphase besondere Sorgfalt und Aufmerksamkeit der Leitung – und oft mehr Zeit als ursprünglich geplant – vonnöten, wenn die spätere Arbeit nicht durch Hemmungen, inhaltliche Unklarheiten und »Widerstände« aller Art (▶ Kap. 17) erschwert werden soll.

Auf der anderen Seite beugen Erwärmungsübungen nicht immer dem Widerstand vor, sondern rufen ihn unter Umständen selbst hervor: Wenn man bereits länger und intensiver mit dem Psychodrama arbeitet, gerät man leicht in Gefahr zu vergessen, dass szenische Arbeit für viele Menschen unsicheres und sogar beängstigendes Neuland darstellt. Es bedarf daher einiger Zeit und großer Behutsamkeit, um mit dem Psychodrama nichtvertraute Gruppen an szenisches Arbeiten heranzuführen. Eine kurze Demonstration der eigenen Arbeitsweise, z. B. mit der Technik des → leeren Stuhls, kann dabei hilfreich sein.

Der Begriff Erwärmungsphase legt zwei Missverständnisse nahe, deren Auswirkungen auch in der praktischen Arbeit mit dem Psychodrama häufig spürbar sind:

1. Die Erwärmungsphase gilt als erste Phase der psychodramatischen Arbeit, die (in der Regel) mit der Protagonistenwahl und dem Übergang zur szenischen Aktion endet. Wenn man die Erwärmungsphase in diesem Sinne als nach »vorne« und »hinten« abgeschlossene Phase versteht, läuft man Gefahr zu übersehen, dass Erwärmung im Sinne Morenos nicht ein einmalig auftretendes, zeitlich begrenztes Ereignis ist, sondern ein kontinuierlicher **Prozess**: Die Teilnehmer sind bereits zu Beginn eines Gruppenprozesses in unterschiedlichem Maße für unterschiedliche Themen erwärmt. Sie sind häufig mit einer Vielzahl von Gedanken, Themen und Problemen ihres Alltags beschäftigt; manche Teilnehmer mögen ein drängendes Problem in die Sitzung mitbringen, andere wären vielleicht lieber zu Hause geblieben und sind noch nicht auf eine emotional dichte Arbeit eingestimmt. Entsprechend findet Erwärmung nicht in einer »Tabula rasa«-Situation statt, sondern beginnt bereits vor der Psycho-

drama-Sitzung und setzt sich während der Aktionsphase, nach der Aktionsphase und nach Ende der Sitzung fort.

2. Der Begriff Erwärmungsphase ist auch in einer anderen Hinsicht irreführend: Klassische Erwärmungstechniken wie → Zauberladen oder → soziales Atom bereiten nicht nur die eigentliche Intervention vor, sondern sind selbst bereits Interventionen – Lernen, Reflexion und Therapie finden nicht erst in der Aktionsphase, sondern bereits in der Erwärmungsphase statt. So kann eine Sitzung, in der mit diesen Arrangements gearbeitet wird (z. B. in der Einzeltherapie), bereits eine vollwertige Therapiestunde ergeben, in der der Klient viele Einsichten gewinnt, emotionale Stärkung erfährt, Lösungsmöglichkeiten entwickelt usw.

Aus diesen beiden Gründen sind die Grenzen zwischen Erwärmungs- und Aktionsphase in der Praxis fließend.

Zu beachten ist auch, dass eine Erwärmung (im Sinne von Dynamisierung und Emotionalisierung) nicht immer angebracht ist. So ist unter Umständen, z. B. in der Arbeit mit Konflikten oder akuten emotionalen Belastungssituationen, zunächst eine »Abkühlung« erforderlich, um Distanz zum Geschehen zu schaffen und die Ich-Funktionen zu stärken.

Der **Leiter** sollte in gerade in der Erwärmungsphase besondere Präsenz zeigen. Er sollte auf die Teilnehmer zugehen, sich interessiert zeigen und durch persönliche Ansprache einen menschlichen Bezug herstellen. Er sollte seine Aufmerksamkeit gleich verteilen, gegebenenfalls noch den einen oder anderen Stuhl verrücken, auf die Gegebenheiten des Raums hinweisen, wenn diese der Gruppe noch nicht bekannt sind (z. B. wo es Kaffee, Tee usw. gibt). Ein zurückhaltendes, Kontakt vermeidendes und verschlossenes Auftreten des Leiters fördert die Entstehung einer Übertragungsneurose ▶ Abschn. 16.2.2).

Taylor (1998) hat die verschiedenen Dimensionen beschrieben, auf der der Leiter selbst einer Erwärmung bedarf:

- Erwärmung für den Akt des Leitens,
- Erwärmung für die Gruppe vor Beginn der Gruppensitzung,

- Erwärmung für die Gruppe in der Gruppensitzung und
- Erwärmung für den Protagonisten.

❗ Die Erwärmungsphase schafft den emotionalen, den gruppendynamischen und den thematischen Boden für die weitere intensive, gemeinsame Arbeit. Dabei ist die schon vor dem eigentlichen Beginn der psychodramatischen Arbeit gegebene Erwärmung der Teilnehmer zu berücksichtigen: Erwärmung ist kein in einer Phase zu erledigender Programmpunkt, sondern ein Prozess, der über den Beginn und das Ende der psychodramatischen Situation hinausreicht. Ein behutsames Vorgehen und genügend Zeit stellen wichtige Voraussetzungen dar, um Störungen und Widerstände in späteren Phasen des Prozesses zu vermeiden.

8.2 Gestaltung der Erwärmungsphase

Die Erwärmungsphase kann je nach Arbeitsfeld, Setting und Themenstellung sehr unterschiedlich verlaufen. Zur Erreichung der genannten Ziele bedient sich das Psychodrama verschiedener spezifischer Arrangements, die üblicherweise als »Erwärmungstechniken« bezeichnet werden. Wir ziehen den Begriff Arrangements (Buer, 1999) vor, da er die Unterscheidung von den psychodramatischen Handlungstechniken erleichtert, die in der Aktionsphase zum Einsatz kommen (▶ Kap. 4).

Kriterien für die Auswahl geeigneter Arrangements

Ein gelungener Einstieg in einen Gruppenprozess ist häufig »die halbe Miete«, da die adäquate Erwärmung der Teilnehmer erst die Voraussetzungen für eine kognitiv und emotional intensive Arbeit schafft. In Kontexten, in denen themenzentriert gearbeitet wird (z. B. in der Erwachsenenbildung) kann man Arrangements mit einem **thematischen Fokus** wählen (▶ Abschn. 8.3.7 bis 8.3.10, 8.3.21 und 8.3.22, 3.8, 3.9 und 3.12) oder selbst entwickeln, die gruppendynamische Auflockerung mit einem eleganten Einstieg in das zu durch den

Auftragskontext vorgegebene Thema verbinden. Die Neigung, »Anwärmspiele« völlig losgelöst vom übrigen inhaltlichen Kontext einzusetzen, hat in der gruppendynamischen Szene eine lange Tradition. Schaller (2001, S. 121) beschreibt diesen Mechanismus mit wohltuender Selbstkritik:

> » Es besteht die Gefahr, dass die Leitung beim gewohnten Griff in die Spieltrickkiste versucht, die Teilnehmer von außen her zu erwärmen: »Und wirst du nicht warm, so schalte ich den Heizstrahler an.« Es passiert mir persönlich leider allzu oft, dass ich auf eine Übung, die ich toll finde und die im letzten Seminar so wirkungsvoll war, ganz automatisch zurückgreife: unabhängig davon, ob sie angebracht ist. Meine Begeisterung kann dabei »ansteckend« wirken, die Gruppe steigt auf das Angebot ein – im Nachhinein stellen wir aber fest, dass die Übung im Lernprozess ein Fremdkörper bleibt.

Die Erwärmung sollte also inhaltlich, aber auch hinsichtlich der Arbeitsform mit dem weiteren Gruppenverlauf korrespondieren: Eine Übung, die vornehmlich auf kognitiver Ebene erwärmt, erleichtert nicht unbedingt eine emotionale Auseinandersetzung mit dem Thema im nächsten Schritt. Eine Erwärmung, die die Teilnehmer in den Kontakt mit ihren Emotionen, biografischen Themen usw. bringt, kann Betroffenheiten hervorrufen, die aufgefangen und bearbeitet werden müssen, bevor man auf kognitiver Ebene am Thema weiter arbeiten kann.

Erwärmungsübungen können demnach einen Gruppenprozess anregen und intensivieren; sie können aber auch leicht das Gegenteil des Beabsichtigten bewirken, wenn bei der Auswahl geeigneter Arrangements die **Erfordernisse des Arbeitsfelds, des Settings** und der **konkreten Gruppe** vernachlässigt werden: Ein plakatives Beispiel ist hier der Psychodrama-Leiter, der in einem Führungstraining mit Körper- und Gestaltübungen einsteigt, die er aus seiner eigenen Psychodrama-Ausbildung kennt. Viele ausdrucksfördernde Übungen, die mit dem Körper oder der Stimme arbeiten, können **Scham** auslösen. Ein besonders sensibles Thema sind körperliche Berührungen, die selbst im therapeutischen Bereich mit Vorsicht gehandhabt werden müssen.

In diesen und ähnlichen Fällen kann die Erwärmung **Widerstände hervorrufen**, statt sie abzubauen. Schwinger (1994) hat nachdrücklich darauf hingewiesen, dass die Erwärmung genau auf die Gruppensituation abgestimmt sein muss. Der Rückgriff auf die im Psychodrama beliebten Erwärmungstechniken »aus der Konserve« biete dem Leiter zwar Sicherheit und Angstreduktion, könne aber dazu führen, dass die ausgewählte Technik im Vordergrund steht und nicht mehr der Gruppenprozess (Schwinger, 1994). Eine Vorausplanung des Gruppeneinstiegs mit einem für die Erwärmung passenden Arrangement ist natürlich legitim, der Leiter sollte aber die Flexibilität aufbringen, seine Planung gegebenenfalls entsprechend der situativen Gegebenheiten zu verändern.

Weiterhin dürfe die Erwärmung nicht den Charakter einer **Leistungsüberprüfung** annehmen (Schwinger, 1994). Die Teilnehmer dürfen nicht den Eindruck vermittelt bekommen, es gehe um Perfektion oder um Tempo. Auch sollte das durch die Übung angeregte Verhalten **authentisch** ausgeführt werden können, d. h. es sollte nicht zu einer Nachahmung stereotyper Muster oder zu einer Hemmung durch Selbstbeobachtung eingeladen werden.

Den Teilnehmern sollte immer die Möglichkeit eingeräumt werden, nicht an einer Gruppenaktion teilzunehmen.

8.3 Arrangements für den Einsatz in der Erwärmungsphase (»Erwärmungstechniken«)

Einige der gängigsten Arrangements für die Erwärmungsphase werden nachfolgend dargestellt; sie sind teils psychodramaspezifisch, teils aus anderen Kontexten übernommen. Eine Reihe der in ► Kap. 3 dargestellten psychodramatischen Arrangements können auch in der Erwärmungsphase verwendet werden. Dazu gehören unter anderem das Stegreifspiel, die Skulpturarbeit und die Arbeit mit szenischen Bildern.

Auch Pantomime, Tanz und Bewegungsspiele werden häufig zu den Erwärmungstechniken gezählt, ebenso wie Übungen aus der Theaterpädagogik etc. Wenngleich sich diese Möglichkeiten zweifellos für einen Einsatz in der Erwärmungsphase eignen, werden sie hier nicht ausführlich dargestellt, da sie zwar der Aktivierung dienen, aber in der Regel keine Erwärmung für ein in der Aktionsphase zu bearbeitendes Thema zur Folge haben.

Wir unterscheiden:

▬ **Arrangements mit Fokus auf die Einzelperson vs. Arrangements mit Fokus auf die Gruppenebene:** Während sich die letztgenannten nur für die Arbeit in der Gruppe eignen, und häufig den Aspekt der Interaktion und Begegnung in den Vordergrund stellen, regen die erstgenannten Arrangements die Erwärmung individueller (z. B. biografischer) Themen an und sind daher eher auf die einzelne Person bezogen. Sie eignen sich jedoch für Einzel- und Gruppensetting gleichermaßen.

▬ **Offene vs. themenbezogene Arrangements:** Natürlich können auch die offenen Arrangements auf ein Thema hinführen; im Gegensatz zu den themenbezogenen Arrangements ist dieses Thema jedoch nicht durch die Technik vorgegeben. Offene Arrangements erzeugen im Gruppensetting also eine Vielzahl verschiedener Themen, sodass sich in stärkerem Maße als bei den themenbezogenen Arrangements die Notwendigkeit stellt, die Themen der einzelnen Teilnehmer zu einem gemeinsamen Gruppenthema zusammenzuführen.

◻ Tab. 8.1 enthält eine nach diesen beiden Kriterien geordnete Übersicht über die hier und in ► Kap. 3 dargestellten Arrangements für den Einsatz in der Erwärmungsphase.

Weitere Anregungen für die Gestaltung der Erwärmungsphase in verschiedenen Anwendungsfeldern finden sich in Teil VI dieses Buchs, Hinweise zur Erwärmungsphase in der Arbeit mit Organisationen in Ameln u. Kramer (2007, S. 61 ff.).

◘ Tab. 8.1. Arrangements für den Einsatz in der Erwärmungsphase

	offene Arrangements	themenbezogene Arrangements
Arrangements mit Fokus auf die Einzelperson	Imaginationen (► Abschn. 8.3.1) Fantasiereisen (► Abschn. 8.3.2) Identifikationen (► Abschn. 8.3.3) Arbeit mit kreativen Medien (► Abschn. 8.3.4) Arbeit mit Puppen, Stofftieren und Spielzeugen (► Abschn. 8.3.5) Arbeit mit alten Fotos (► Abschn. 8.3.6)	Arbeit mit dem sozialen Atom (► Abschn. 8.3.7) Arbeit mit dem Scenotest und verwandten Arrangements (► Abschn. 8.3.8) Zeitreise (► Abschn. 8.3.9) Panoramatechnik (► Abschn. 8.3.10) Szenische Exploration von Prozessverläufen (► Abschn. 3.8)
Arrangements mit Fokus auf die Gruppenebene	Blitzlicht / Eingangsrunde / Abschlussrunde (► Abschn. 8.3.11) Vorstellung aus einer anderen Rolle heraus (► Abschn. 8.3.12) Lügeninterview (► Abschn. 8.3.13) Gemeinsamkeiten finden (► Abschn. 8.3.14) Zuschreibungen (► Abschn. 8.3.15) Fiktive Geschichten (► Abschn. 8.3.16) Innenkreis / Außenkreis (► Abschn. 8.3.17) Dialog mit offenem Ende (► Abschn. 8.3.18) Szene mit offenem Ende (► Abschn. 8.3.19) Museumsspiel (► Abschn. 8.3.20) Stegreifspiel (► Abschn. 3.10)	Lebendige Zeitung (► Abschn. 8.3.21) Locus nascendi (► Abschn. 8.3.22) Skulpturarbeit (► Abschn. 3.7) Arbeit mit szenischen Bildern (► Abschn. 3.9) Aktionssoziometrie (► Abschn. 3.12)

8.3.1 Imaginationen

Die Leiterin bittet die Teilnehmer, sich für einige Minuten schweigend ein bestimmtes Bild oder eine bestimmte Situation vorzustellen (z. B. ein Foto aus dem Familienalbum). Die Imaginationen der Teilnehmer werden anschließend ausgewertet (Wer ist auf dem Foto zu sehen? Wer ist nicht abgebildet? Wie stehen die Personen zueinander? Vor welchem Hintergrund spielt sich die Szene ab? usw.). Weitere mögliche Imaginationsobjekte sind

— ein Haus, real oder fantasiert (Wie sieht das Haus aus? Wo steht es? Wer wohnt darin?),
— eine Kiste, in die man alles hinein packen kann, das man gerne loswerden möchte (Was wird in die Kiste gepackt?),
— ein Brief oder ein Geschenk, das man erhält (Was steht in dem Brief? Von wem ist der Brief/das Geschenk?),
— ein Umzug auf den Mond (Was kommt ins Gepäck?),
— eine imaginäre Reise mit freier Wahl des Ziels (Wohin geht und wie lange dauert die Reise? Gibt es Reisebegleiter?).

Für die Imaginationstechnik »leerer Stuhl« wird auf der Bühne oder im Stuhlkreis der Teilnehmer ein leerer Stuhl aufgestellt. Die Teilnehmer werden aufgefordert sich vorzustellen, auf dem Stuhl säße eine Person ihrer Fantasie. Nach einem Moment des Schweigens stellen die Teilnehmer ihre Figuren vor, mit denen man dann psychodramatisch weiterarbeiten kann.

8.3.2 Fantasiereisen

Reisen in der Fantasie können auf bunte Frühlingswiesen führen – zur Entspannung der Teilnehmer nach einer anstrengenden Arbeitseinheit –, in ein Märchenland – zur Einstimmung in einem Märchenseminar –, an die Stätten der eigenen Kindheit (z. B. in der Psychotherapie) oder an andere zur Zielsetzung des Leiters passende Orte. Die Teilnehmer sollten die Fantasiereise möglichst entspannt antreten, beispielsweise auf einer weichen Unterlage liegend oder in einer bequemen Sitzposition. Eine vorherige Reise durch den eigenen Körper kann die Entspannung unterstützen. Fantasiereisen können so gestaltet werden, dass die Teilnehmer bestimmte Möglichkeiten des Erlebens in der Fantasie angeboten bekommen (▶ Beispiel). Mit dem während der Fantasiereise aufgestiegenen Material kann dann weitergearbeitet werden (Wer ist die Figur? Was hat sie zu dir gesagt? Welche Bedeutung hat sie in deinem Leben?).

> »Mitten auf der Wiese steht ein Baum … und unter dem Baum sitzt eine Figur … Du gehst näher und Ihr begrüßt Euch … nun verabschiedest Du Dich wieder von der Figur und gehst langsam über die Wiese zurück …«

8.3.3 Identifikationen

Die Teilnehmer stellen sich vor, sie seien ein Gegenstand, ein Tier, eine Pflanze, eine Insel, ein Haus oder etwas Ähnliches. Die gewählten Objekte können real oder fantasiert sein, die Wahl der Teilnehmer wird anschließend entsprechend dem Vorgehen bei den Imaginationen ausgewertet.

8.3.4 Arbeit mit kreativen Medien

In der Therapie lassen sich Gestaltungsmedien wie Ton, Knetmasse, Malutensilien usw. als thematischer Einstieg nutzen. Der Kreativität der Klienten wird dabei keine Beschränkung auferlegt. Manche Klienten entwickeln schnell eine Vorstellung davon, was sie darstellen möchten und setzen diese Vorstellung dann mit den zur Verfügung stehenden Materialien um. Andere Klienten gehen eher intuitiv und ohne klares Ziel vor. Zu den Bildern und Figuren, die auf diese Weise entstehen, entwickeln die Klienten Assoziationen, die über ihre subjektive Wirklichkeit Aufschluss geben sollen, ähnlich wie bei einem projektiven Test. Der Bedeutungsgehalt der kreativen Produkte der Klienten wird dann im Interview und in der szenischen Exploration erschlossen.

8.3.5 Arbeit mit Puppen, Stofftieren und Spielzeugen

Zur Ausstattung der therapeutischen Praxis gehörende Puppen und Stofftiere können verschiedene methodische und therapeutische Funktionen einnehmen. In der Arbeit mit Kindern können sie als Hilfsobjekte die Therapeutin zumindest teilweise von der Aufgabe, selbst als Hilfs-Ich zur Verfügung stehen zu müssen, entlasten. Sie können aber auch als Trostspender oder Gesprächspartner zum Anvertrauen von Sorgen und Ängsten dienen, die man der Therapeutin nicht direkt mitteilen möchte.

Mögliche Explorationsfragen bei der Arbeit mit Puppen, Stofftieren und anderen Spielzeugen umfassen:

- Wann/von wem wurde mir das Spielzeug geschenkt?
- Was habe ich über das Spielzeug zu sagen?

- Was hat das Spielzeug über mich zu sagen?
- Was haben wir beide zusammen erlebt?

8.3.6 Arbeit mit alten Fotos

Eine weitere nützliche Technik in der psychodramatischen Einzeltherapie ist die Arbeit mit alten Fotos. Der Klient wird gebeten, vor der folgenden Sitzung ein altes Foto herauszusuchen und zur Therapiestunde mitzubringen. Einstiegsfragen könnten dann sein:

- Warum wurde das Bild ausgesucht?
- Wer ist auf dem Bild zu sehen, wer nicht?
- Was war in der Zeit, als das Foto entstand, mit meinen Eltern/mit anderen Beteiligten?
- Mit wem bin ich am meisten/am wenigsten identifiziert?

Auf der Basis der Antworten kann anschließend ein Spiel entwickelt werden.

8.3.7 Arbeit mit dem sozialen Atom

Diese psychodramatische Erwärmungstechnik basiert auf dem Konzept des sozialen Atoms, das Moreno im Rahmen seiner Theorie sozialer Netzwerke entwickelte. Das soziale Atom eines Menschen repräsentiert die Gesamtheit der für ihn relevanten Beziehungen zu seinen Bezugspersonen (Verwandte, Freunde, Kollegen). Eine Visualisierung des sozialen Atoms kann beispielsweise Aufschluss geben über die soziale Eingebundenheit des Menschen, die Qualität seiner Beziehungen oder Veränderungen dieser Beziehungen über die Lebensspanne hinweg. Das soziale Atom wird durch eine spezielle Form des Soziogramms dargestellt, das Vorgehen läuft wie folgt ab:

1. In die Mitte eines größeren Papierbogens wird ein Symbol gezeichnet, das den Klienten repräsentiert. Dabei stehen üblicherweise ein Dreieck für einen Mann und ein Kreis für eine Frau.
2. Die Beziehungspersonen des Klienten werden um dieses Symbol herum gezeichnet, wobei die Entfernung emotionale Nähe und Distanz ausdrückt.
3. Entsprechend der Qualität der jeweiligen Beziehung werden der Klient und die anderen Personen mit Linien verbunden. Durchgezogene Linien stehen für positive, gestrichelte Linien für negative Beziehungen. Die Stärke der Linie kann die Stärke der Emotion ausdrücken. Berücksichtigt wird nicht nur die Beziehung des Klienten zu seinen Bezugspersonen, sondern mit einer zweiten Linie auch die wahrgenommene reziproke Beziehung der betreffenden Person zum Klienten.

Das soziale Atom ist eine gerade für die Einzeltherapie hervorragend geeignete diagnostische Technik, die in zahlreichen Varianten angewendet werden kann (▶ Übersicht in ▶ Abschn. 15.5).

Die Darstellung des sozialen Atoms kann unter mehreren Blickwinkeln ausgewertet werden, z. B.
- Anzahl der Bezugspersonen
- Qualität der Beziehungen (positiv / negativ)
- Entwicklung des sozialen Atoms über die Zeit hinweg

Ausführliche Hinweise zu den theoretischen Grundlagen des sozialen Atoms in ▶ Abschn. 14.2.3 sowie zur Durchführung und Auswertung in ▶ Abschn. 15.5.

8.3.8 Arbeit mit dem Scenotest und verwandten Arrangements

Der Scenotest wurde von von Staabs für den Einsatz in der Kinderpsychotherapie entwickelt. Der Scenokasten enthält kleine Figuren verschiedenen Geschlechts, Alters und Aussehens, Tierfiguren sowie diverse Gegenstände, mit denen sich das Alltagsleben einer Familie nachspielen lässt. Mit dem Material können für die Therapie relevante Erlebnisse als »Psychodramen en miniature« nachgespielt werden. Die nahe liegenden Bezüge zwischen dem Scenotest und dem Psychodrama wurden von Oberborbeck (1979) und Dold (1989) herausgearbeitet.

In der Auswertungsphase sollte die Leiterin die positiven Ereignisse aufgreifen und in ihrem Wert betonen, aber auch auf die Zahl und den Charakter der imaginierten Bilder achten. Besonders aufschlussreich können Erinnerungslücken sein. Hier sollte nachexploriert werden, indem man mit dem Teilnehmer »Fixpunkte« sucht, an denen er sich beim Wiedererinnern orientieren kann.

8.3.9 Zeitreise

Die von Iljine stammende Technik führt die Teilnehmer zurück in ihre eigene Vergangenheit. Die Teilnehmer sollen zunächst, um sich auf die Methode einzustellen, in ihrer Vorstellung auf die vergangene halbe Stunde, dann auf den vergangenen Tag, die vergangene Woche und den vergangenen Monat zurück blicken. Danach gibt die Leiterin die Anweisung, Jahr um Jahr (oder gegebenenfalls jeweils um 2 oder 3 Jahre) zurückzugehen und sich in jedem Jahr an zwei angenehme und zwei unangenehme Ereignisse und die jeweils damit verbundenen Stimmungen und Emotionen zu erinnern. Am Ende der Übung müssen die Teilnehmer in die Gegenwart zurückgeführt werden, zum Beispiel mit folgender Instruktion:

> »Wir halten jetzt in der Zeitreise an und beginnen, Jahr um Jahr zurückzugehen. Wir zählen dabei innerlich jedes Jahr. Stück für Stück gehen wir zurück, verweilen nirgendwo, bis wir in der Gegenwart angekommen sind. Wir halten die Augen noch geschlossen, versuchen uns jetzt, am 23. Oktober 1974 zu orientieren. Was war heute Morgen? … Was war vor einer Stunde? … Wir befinden uns wieder hier und jetzt in diesem Raum, spüren uns auf unseren Stühlen, nehmen unseren Körper deutlich wahr, öffnen die Augen und orientieren uns im Raum … Ist irgendjemand noch nicht ganz hier? … Alle? Gut, dann wollen wir anfangen, über unsere Erfahrungen zu sprechen. Wer beginnt?« (Petzold, 1979, S. 208 f.).

8.3.10 Panoramatechnik

Bei dieser von Petzold (1981) beschriebenen Technik werden Szenenfolgen zu einem Thema wie »Wichtige Stationen meines Lebens«, »Geschichte meiner Partnerschaft«, »Abschied«, »Leistung« etc. zu Papier gebracht und später psychodramatisch umgesetzt.

8.3.11 Eingangsrunde/ Abschlussrunde/Blitzlicht

Eingangs- bzw. Abschlussrunde

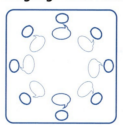

Bei dieser schon mehrfach angesprochenen Technik, die häufig als Blitzlicht bezeichnet wird – einige Psychodramatiker verwenden auch den Begriff »Befindlichkeitsrunde« –, äußert sich jeder Teilnehmer kurz zu seinem momentanen Befinden und dazu, was ihn aktuell bewegt. Die anderen Teilnehmer haben die Möglichkeit, nachzufragen. Das »Blitzlicht« kann in so gut wie allen Arbeitsfeldern als Einstieg oder auch als Abschluss dienen, der die Teilnehmer vor oder nach der konzentrierten Sacharbeit auf einer persönlichen Ebene zusammen führt.

Im »Einstiegsblitzlicht« vorgebrachte Themen können in Protagonistenspielen vertieft werden. Häufig werden auch thematische Bezüge zwischen den Aussagen verschiedener Teilnehmer sichtbar, die anschließend aufgegriffen und auf der Gruppenebene bearbeitet werden können. Dies kann wiederum mit psychodramatischen Mitteln geschehen. In vielen Fällen wird man die in der Eingangsrunde angeschnittenen Themen nicht weiter verfolgen, sondern an einem Sachthema arbeiten.

Trotz ihrer Beliebtheit ist die Eingangsrunde in einer fortlaufenden Gruppe nicht immer die Methode der Wahl. Eine routinemäßige Durchführung kann dazu führen, dass nur noch eingeschliffene Phrasen – etwa nach dem Muster »Ich bin müde, aber kann mich auch auf die Gruppe einlassen« oder »Ich habe mich wie immer auf unser Treffen gefreut« – wiederholt werden. Statt der erwünschten Öffnung der Gruppensituation wird dann die Vielfalt der Möglichkeiten auf das rituell Vorgegebene reduziert, weil die Gruppenmitglieder auf diese Weise

> » … vor allem ihren Ist-Zustand mit zahlreichen Worten beschreiben (und damit auch verfestigen), aber kaum Anregung oder gar Freiraum für neue (Handlungs-) Impulse erhalten. Sprache, die eigentlich Kommunikation ermöglicht, kann auch vor Kontakt schützen, ihn abwehren, wenn sie nicht im Dienste der Begegnung steht, sondern zur (distanzierenden) Selbstbeschreibung dient (Frohn, 1994, S. 91).

Die Eingangsrunde dient der Leiterin unter diesem Blickwinkel auch als erste Informationsquelle für mögliche im weiteren Verlauf zu erwartende Widerstände.

Eine Variante ist die szenische Gestaltung des Blitzlichts: Die Teilnehmer bewegen sich im Raum und drücken ihre momentane Stimmung gestisch oder mit kurzen verbalen Äußerungen aus. Auf dieser Basis finden sich Kleingruppen zusammen, die ein gemeinsames szenisches Bild entwerfen, das ihr Befinden ausdrückt (► Abschn.3.9).

Blitzlicht

Die Bezeichnung »Blitzlicht« für die Eingangs- und Abschlussrunde hat sich eingebürgert, wenngleich der Begriff eigentlich für eine andere Technik reserviert ist. Diese Technik eignet sich nicht als Erwärmungstechnik und wird hier nur kurz erwähnt, um die Unterschiede zwischen den beiden Formen des »Blitzlichts« deutlich zu machen. Die Teilnehmer äußern sich in einem Satz zu einer konkreten Fragestellung (z. B. »Sollten wir die Sit-

zung für heute beenden?«). Dieses (eigentliche) Blitzlicht eignet sich gut zur Erfassung der Meinung oder der allgemeinen Stimmungslage der Gruppe. Es soll im Gegensatz zur Eingangs- oder Abschlussrunde nur ein kurzes Meinungsbild zeigen und keine ausführliche Erörterung des eigenen Befindens zum Ziel haben oder in eine Diskussionsrunde abgleiten. Daher kann es sinnvoll sein, Regeln zu vereinbaren:
- Beschränkung der Redezeit (auf einen Satz, 30 Sekunden oder Ähnliches je nach Gruppengröße);
- die Statements werden nicht kommentiert.

8.3.12 Vorstellung aus einer anderen Rolle heraus

Diese Technik ist als psychodramatisch erweiterte Variante der Vorstellungsrunde zu Beginn einer Gruppe zu verstehen. Die Teilnehmer verlassen nacheinander ihre Stühle, um die Rolle einer Bezugsperson ihrer Wahl einzunehmen (Bruder, Freund, Kollege usw.).Sie treten hinter den nun leeren Stuhl und stellen sich aus der gewählten Rolle heraus selbst vor, etwa nach folgendem Muster:

> Herr Fuhr erhebt sich und stellt sich aus der Rolle seiner Frau heraus vor:
> »Darf ich vorstellen? Hier sitzt mein Mann, Andreas Fuhr. Andreas ist 34 Jahre alt und arbeitet in einem Forschungsunternehmen. Er muss häufig beruflich ins Ausland – das gefällt mir dann nicht besonders gut, besonders wegen unserer beiden kleinen Kinder: Matthias, 2 Jahre, und Sabine, 4 Jahre. Andreas ist ein guter Vater und mag seine Kinder sehr (usw.).«

Diese Vorgehensweise bringt nicht nur eine Abwechslung zu den schon üblichen, »abgedroschenen« Vorstellungsrunden, sondern eröffnet den Teilnehmern neue Sichtweisen auf sich selbst und bereitet gleichzeitig auf die weitere Arbeit mit dem Psychodrama vor.

Eine von Leutz (1980) entwickelte Variante ist die Technik des »psychodramatisch-kollegialen Bündnisses«: Die Gruppenmitglieder werden von der Therapeutin in der Rolle eines Therapeutenkollegen angesprochen. Aus dieser Rolle heraus sollen sie berichten, wie es ihren Patienten (d. h. ihnen selbst) gerade geht, was ihnen fehlt, was zu empfehlen wäre usw. Durch dieses Rollenspiel erzählen die Teilnehmer häufig mehr über sich selbst, als sie dies üblicherweise aus ihrer eigenen Rolle heraus tun würden.

8.3.13 Lügeninterview

Diese Erwärmung verläuft zweistufig: Zunächst werden die Teilnehmer aufgefordert, sich gegenseitig jeweils einige Minuten zu interviewen. Die Fragen sind dabei beliebig und der Intuition des Fragenden überlassen, die Antworten hingegen – das ist die »Spielregel« – müssen gelogen sein. Nach Ende der festgesetzten Zeit wird getauscht, sodass beide Teilnehmer einmal in der Rolle des Interviewers und einmal in der Rolle des Interviewten waren. Die Annahme hinter der Vorgabe ist, dass der Interviewte nicht beliebig und unzusammenhängend »das Blaue vom Himmel herunter lügt«, sondern eine kohärente Rolle vor Augen hat, an der er sich bei seinen Antworten orientiert; das kann eine real existierende Person, aber auch ein fiktiver Charakter sein. Diese im Lügeninterview entwickelten Rollen werden in einem anschließenden Stegreifspiel auf die Bühne gebracht. Die Erfahrungen der Teilnehmer können dann in einer Reflexionsphase oder in vertiefenden Protagonistenspielen bearbeitet werden.

Eine Variante dieser Technik besteht darin, dass bei den Paarinterviews ein dritter Stuhl für die »Lügenrolle« reserviert ist – auf diesem Stuhl, und nur auf ihm, wird gelogen, um Person und Rolle stärker gegeneinander abzugrenzen.

In einer dritten Variante können die Teilnehmer zwischen erlogenen und wahrheitsgemäßen Antworten abwechseln. Die »Interviewer« sammeln die Antworten auf Plakaten, die anschließend im Plenum vorgestellt werden; dann muss erraten werden, welche Antworten stimmen und welche erlogen sind (vgl. Rachow, o. J.).

8.3.14 Gemeinsamkeiten finden

Die Teilnehmer finden sich zu Paaren oder Triaden zusammen und suchen im Gespräch nach Gemeinsamkeiten, die sie teilen. Diese Gemeinsamkeiten sollten keine Äußerlichkeiten wie »blonde Haare« betreffen, sondern etwas, das nicht sichtbar ist, z. B. »gerne kochen«. Je nach Zielsetzung und Themenstellung kann man auch nach gemeinsamen Problemen suchen lassen (in bereits länger bestehenden Gruppen), nach gemeinsamen Arbeitserfahrungen, gemeinsamen Haltungen gegenüber Familie, Umwelt etc. (Sternberg u. Garcia, 1989).

8.3.15 Zuschreibungen

Die Teilnehmer gehen durch den Raum, begegnen sich und teilen sich – je nach Vorgabe der Leitung – gegenseitig mit, welche Persönlichkeitseigenschaften, Hobbys, Wohnungseinrichtung oder Ähnliches der andere in ihrer Fantasie besitzt. Nach einigen Minuten wird die Übung beendet und in Zweiergruppen bzw. im Plenum ausgewertet. Häufig entdecken die Teilnehmer, dass viele der Zuschreibungen zutreffend, aber mit Unbehagen oder Widerstand verbunden sind. Insofern erfordert auch diese Erwärmungstechnik besondere Kompetenzen seitens der Leiterin. Außerdem sollte bedacht werden, ob die Beziehungen innerhalb der Gruppe und zur Leiterin bereits ausreichend tragfähig sind.

Die Arbeit mit Zuschreibungen eignet sich gut für den Einstieg in eine längerfristig zusammenarbeitende (z. B. Selbsterfahrungs-)Gruppe. Sie kann aber auch zu Verletzungen und zu – berechtigter – Verweigerung führen, wenn das Ziel der Übung unklar ist. Die Leiterin sollte ihre Intentionen also im Voraus transparent machen, ohne der Übung ihren spontanen Charakter zu rauben und sensibel mit der Thematik von Nähe und Distanz umgehen – was ist schon benennbar, welche Themen sind (noch) tabu? Entscheidend sind hier wiederum Setting und Kontrakt: In einer Veranstaltung der politischen Bildung, in der es um die Thematisierung und Bearbeitung von Vorurteilen geht, kann es durchaus sinnvoll und für die Teilnehmer erkenntnisreich sein festzustellen, wie schnell Etikettierungen bei der Hand sind, wie verletzend diese Etikettierungen aber auch sein können. Wenn sich jedoch die Teilnehmer eines Sprachkurses gegenseitig die Frage »Welches Tier assoziiere ich mit dir?« beantworten sollen, wird man statt der vermeintlichen »Auflockerung zum Einstieg« berechtigte Widerstände und eine gruppendynamische Bauchlandung erleben.

8.3.16 Fiktive Geschichten

Die Gruppe (oder Untergruppe) erfindet gemeinsam eine Geschichte, z. B. ein Märchen, die sie anschließend spielt (► Abschn. 3.17).

8.3.17 Innenkreis – Außenkreis

Die Teilnehmer stellen sich kreisförmig in einem Innen- und in einem Außenkreis auf, wobei sich jeweils zwei Teilnehmer gegenüberstehen und sich anschauen. Nun hat jeder Teilnehmer aus dem Innenkreis 1 Minute Zeit, um etwas über seinen Partner aus dem Außenkreis herauszufinden. Dabei kann die zu stellende Frage entweder zuvor von der Leitung festgelegt werden (z. B. »etwas Lustiges, das dir in deiner Kindheit

passiert ist«) oder den Teilnehmern selbst überlassen bleiben. Nach Ablauf der Minute rotiert einer der beiden Kreise, der andere bleibt stehen, sodass sich nun jeweils neue Paare gegenüberstehen, die die Übung wiederholen. Sobald die beiden Kreise in die ursprünglichen Paarungen zurück rotiert sind, werden die Rollen getauscht, so dass die im Außenkreis Stehenden die Gelegenheit erhalten, im zweiten Rotationsdurchlauf etwas über die Teilnehmer im Innenkreis zu erfahren (Sternberg u. Garcia, 1989).

8.3.18 Dialog mit offenem Ende

Diese Erwärmung ist sehr anspruchsvoll und nur für bereits länger zusammenmenarbeitende Gruppen mit hoher Kohäsion geeignet. Zwei Teilnehmer sprechen mit verteilten Rollen einen Dialog, dessen Beginn festgelegt ist, dessen Ende dagegen offen ist. Die Aufgabe der Teilnehmer besteht darin, nach Ende des »vorgeschriebenen« Textes weiter zu improvisieren. Bei der anschließenden Auswertung können unter anderem folgende Fragen gestellt werden: Wer waren die Figuren, die sich in dem Dialog entwickelt haben? In welcher Beziehung stehen sie zueinander? Welche Emotionen haben sich entwickelt? Die im Beispiel zusammengestellten, von Sternberg u. Garcia (1989) empfohlenen Dialogfragmente können als Anregung zur Entwicklung eigener Geschichten dienen.

> **Dialogfragmente nach Sternberg u. Garcia (1989)**
> **Beispiel 1**
> A: »Ich bin nicht zufrieden mit meiner Situation.«
> B: »Was meinst Du damit?«
> A: »Ich fühle mich gehemmt … beschränkt.«
> B: »Was beschränkt Dich?«
> A: »Du!«
> B: »Ich? Wie kannst Du so etwas sagen?«
> A: »Du gibst mir nicht genügend Raum.«
> ▼

B: »Raum? Was für einen Raum?«

A: »…«

Beispiel 2

A: »Sollen wir ausgehen?«

B: »Ja, das ist eine gute Idee.«

A: »Okay, lass' uns zu Dinty's gehen.«

B: »Ich mag Dinty's nicht.«

A: »Ich dachte, Du wolltest ausgehen.«

B: »Ich will schon, aber nicht da hin.«

A: »Okay, vergiss' es.«

B: »Warum bist Du so zu mir?«

A: »…«

Beispiel 3

A: »Ich brauche Hilfe.«

B: »Was willst Du mir damit sagen?«

A: »Ich brauche Deine Hilfe.«

B: »Ich habe Dir alles gegeben, was ich kann.«

A: »Du kannst mich nicht so verlassen, jetzt, wo ich dich brauche.«

B: »Nicht? Du siehst doch, dass ich es kann.«

A: »Das kannst Du nicht machen.«

B: »Ich kann Dir nicht helfen. Du musst einen anderen Weg finden.«

A: »Wie?«

B: » … «

8.3.19 Szene mit offenem Ende

Zwei Teilnehmer beginnen damit, eine Szene zu improvisieren, wobei der thematische Ausgangspunkt vorher festgelegt werden kann (z. B. ein Gespräch zwischen einem Touristen und einem Einheimischen am Bahnhof). Nach und nach stoßen die übrigen Teilnehmer in einer von ihnen gewählten Rolle hinzu, bis alle Teilnehmer einbezogen sind. Mit jedem hinzukommenden Teilnehmer erhält die Szene einen neuen Impuls: Der Teilnehmer kann versuchen, sich auf passende Art und Weise in die Handlung einzufügen oder auch das Geschehen in eine neue Richtung lenken.

8.3.20 Museumsspiel

Die Gruppenmitglieder erhalten die folgende Instruktion:

> **Instruktion für das Museumsspiel**
>
> »Gleich wird sich dieser Raum in ein Museum verwandeln und Ihr verwandelt Euch in die Exponate. Das Museum enthält die vielfältigsten Objekte: Bilder, Skulpturen, alte Meister, moderne Kunst usw. Im Moment hat das Museum geschlossen, es herrscht also kein Publikumsverkehr. Überlegt bitte, was für ein Exponat Ihr seid – wie seht Ihr aus, aus welchem Material besteht Ihr, wie alt seid Ihr usw.? Überlegt auch, wo Ihr Euch befindet – im zentralen Ausstellungsraum oder eher in einem Seitenflügel, im Untergeschoss, hell angestrahlt oder in einer dunklen Ecke? Außerdem gibt es in Museen immer eine kleine Plakette mit dem Titel des Kunstwerks. Überlegt also auch, welchen Titel Ihr tragt.«

Der Gruppe wird dann einige Minuten Zeit gegeben, sich in ihre Rollen einzufinden und sich entsprechend mit Requisiten auszustaffieren. Wenn alle »Exponate« an ihrem Platz sind, geht die Leiterin herum (z. B. in der Rolle des Museumswärters) und führt Kurzinterviews (Welche Kunstform? Welches Material? Wie alt? Wo platziert?).

Woerner (1993), von dem die Idee zu diesem Spiel stammt, schlägt vor, die Exponate nach dem Interview zum Leben zu erwecken, um die Gruppenmitglieder in Interaktion zu bringen. Dies ist allerdings im Rahmen der Rollenvorgaben eine schwierige Aufgabe. Nach dem Ende des Spiels können die Teilnehmer ihre Erfahrungen und die Gründe für die Rollenwahl in Dyaden reflektieren. Darüber hinaus bietet das Museumsspiel der Leiterin wichtige diagnostische Hinweise über die Persönlichkeit der einzelnen Gruppenmitglieder sowie über die Gruppenstruktur, da die Positionierung der Exponate im Raum häufig mit der soziometrischen Stellung der Teilnehmer korreliert.

8.3.21 Lebendige Zeitung

Bei dieser bereits von Moreno in den Anfängen des Psychodramas eingesetzten Erwärmung bringt die Leiterin eine Zeitung mit in die Gruppe; die eine Schlagzeile für die gemeinsame szenische Umsetzung auswählt. Man kann das betreffende Thema so spielen, wie es in der Zeitung dargestellt ist, man kann im Stegreifspiel aber auch mit Optionen experimentieren, wie sich die Situation weiter entwickeln könnte. Da sich die Teilnehmer auf diese Weise dafür erwärmen, sich auf anderer Ebene mit dem inszenierten Thema auseinanderzusetzen, eignet sich die lebendige Zeitung gut für die themenzentrierte Arbeit beispielsweise in der Erwachsenenbildung oder dem Politik-, Gesellschaftskunde- oder Geschichtsunterricht.

Das Arrangement ist bis heute als »lebendige Zeitung« bekannt, auch wenn Moreno selbst den Begriff »living newspaper« durch »dramatized newspaper« (»dramatisierte Zeitung«) ersetzte (vgl. Moreno, 1972, S. 356, Fußnote 8).

8.3.22 Locus nascendi

Bei dieser Erwärmung geht es darum, die Teilnehmer nicht nur – wie der Name sagt – an den Ort, sondern auch in den gesamten familiären, zeitgeschichtlichen und beziehungsdynamischen Kontext ihrer Geburt zurückzuführen. Hintergrund ist die vielen tiefenpsychologischen Schulen gemeinsame Annahme, dass Gegebenheiten und Ereignisse in der frühesten Kindheit oft unbewusst in das spätere Erwachsenenleben hineinreichen und das Denken und Handeln entscheidend prägen können. Das Arrangement »Locus nascendi« versucht diese Einflüsse auf der Bühne in Form von szenischer Darstellung zu vergegenwärtigen.

Zunächst tauschen sich die Teilnehmer in Dyaden über folgende Aspekte ihrer Geburt aus:
- Geburtsort (In welchem Land? Zu Hause? Im Krankenhaus?);
- Zeitlicher Kontext der Geburt (Welche Stimmung herrschte in dem Jahr? Wie war die politische und soziale Situation? Welche Mode wurde getragen? Was bedeutete es in dem Jahr, ein Kind zu bekommen?);
- Familiäre Struktur (Wer gehörte zur Familie? Wer war wichtig? Wer war bei der Geburt anwesend? Wer war warum abwesend?);
- Soziale Situation der Eltern (Beruf, Einkommen);
- Erwartungen an das neugeborene Kind (War das Kind erwünscht? Welche Erwartungen, Hoffnungen, Ängste, Projektionen knüpfen die Eltern an das Kind? Welche unerfüllten Lebensaufgaben der Eltern soll es bewältigen?);
- Warum hat die Person ihren Namen erhalten?

Im Anschluss an dieses Gespräch bilden die Teilnehmer Kleingruppen, denen jeweils nur ein Partner einer Gesprächsdyade angehört. Der Auftrag lautet, für jeden Teilnehmer eine Szene zu entwerfen, die seine Geburt im jeweiligen räumlich-zeitlich-familiären Kontext nachzeichnet. Dabei sollen die Faktoren besonders herausgehoben werden, die nach Ansicht der Gruppe den späteren Lebensweg des Protagonisten geprägt haben könnten. Die Partner aus den dyadischen Gesprächen sind dabei die Experten und Regisseure für das »Drehbuch« der zu entwerfenden Szene, aktive und kreative Ideen und Impulse der anderen Teilnehmer sind aber erwünscht und erforderlich.

Es geht bei diesem szenischen Entwurf nicht darum, die Situation bei der Geburt so nachzustellen, wie sie tatsächlich stattgefunden hat – schon allein deshalb nicht, weil bereits die Schilderung des Protagonisten keine objektive Erinnerung, sondern ein subjektives Bild seiner Vorstellung darstellt, die in den meisten Fällen auf Erzählungen von Eltern oder anderen Familienangehörigen beruht. Vielmehr wird die subjektive Wahrnehmung, Empathie und Interpretation der Gruppe zur Gewinnung neuer Informationen und Hypothesen genutzt. Unbekannte Fakten können aus der Fantasie und Einfühlung der Gruppe ergänzt werden.

Eine tiefenpsychologische These geht davon aus, dass Eltern ihren Kindern – bewusst oder unbewusst – zentrale »Lebensbotschaften« mit auf den Weg geben, die sich später zu einem bedeutsamen Lebensthema entwickeln und das Lebensgefühl der betreffenden Person auch im Erwachsenenalter noch prägen. Häufig nehmen diese Botschaften die Form eines Auftrags an, etwa »Du sollst später einmal die Tradition unserer Familie fortführen« oder »Jetzt, wo Papa tot ist, bist du mein Sonnenschein und musst ganz für mich da sein«, es kann sich aber auch um Beziehungsbotschaften handeln, die das spätere Selbstwertgefühl entscheidend mit prägen (z. B. »Du bist nicht gewollt und störst nur«). Natürlich kann es auch positive, stärkende Botschaften geben (»Geh deinen eigenen Weg – wir unterstützen dich, wenn du uns brauchst«). Die Gruppe kann den Auftrag erhalten, aus der Erzählung des Protagonisten eine solche zentrale Botschaft »herauszufiltern«, die in die szenische Umsetzung einfließt.

Die Szene wird von den Gruppenmitgliedern auf der Bühne inszeniert; der Protagonist sitzt im Publikum und schaut sich das Geschehen von außen an (► Abschn. 3.11).

- Nachdem alle Szenen durchgespielt wurden, gehen die Teilnehmer zurück in die anfänglichen Dyaden und tauschen sich über das Gesehene aus. Im Vordergrund der Reflexion stehen drei Aspekte: Habe ich mich in der Szene, so wie sie von der Gruppe gespielt wurde, wiedergefunden?
- Was beschäftigt mich, was hat mich betroffen gemacht, welche neuen Erkenntnisse habe ich gewonnen? Hat das Spiel eine neue (oder auch alte) Frage aufgeworfen, die ich im Rahmen eines Protagonistenspiels bearbeiten möchte?
- Hätte ich mir die Situation des »Locus nascendi« anders gewünscht?

8.4 Wahl der Arbeitsform und Protagonistenwahl

8.4.1 Wahl der Arbeitsform

In vielen Fällen wird die Arbeitsform (protagonistenzentriertes Psychodrama, gruppenzentriertes,

themenzentriertes oder gesellschaftspolitisches Soziodrama) schon vorab festgelegt worden sein, wie in unserem Beispiel »Seminar«. Ist dies nicht der Fall, besteht der nächste Schritt in der Wahl der Arbeitsform, die sich für die Bearbeitung des in der Erwärmungsphase erarbeiteten Materials am besten eignet:

- Soll ein gruppenzentriertes Spiel folgen, kann in der Regel sofort zur Aktionsphase übergegangen werden;
- soll ein themenzentriertes oder gesellschaftspolitisches Soziodrama folgen, schließt sich die Konkretisierungsphase an. Nähere Ausführungen zu diesen Formen der Arbeit auf der Gruppenebene finden sich in ► Kap. 6;
- soll protagonistenzentriert gearbeitet werden, muss die Gruppe sich für das Thema eines Teilnehmers entscheiden, der sein Thema dann als Protagonist auf die Bühne bringt.

8.4.2 Protagonistenwahl

Im hier beschriebenen Fall der Entscheidung für die protagonistenzentrierte Arbeitsweise wird der Leiter zunächst nach Spielwünschen fragen. Bei der Protagonistenwahl müssen zwei Faktoren berücksichtigt werden:

- Die Erwärmung der potenziellen Protagonisten und
- die Erwärmung der Gruppe für deren Themen.

Als weitere Randbedingungen sind Festlegungen durch Arbeitsfeld und Setting, Art und Größe der Gruppe, durch den Zeitrahmen und die Qualifikationen des Leiters zu beachten (Kumar u. Treadwell, 1986).

Es gibt mehrere Möglichkeiten für die Wahl eines Protagonisten.

Nur ein Gruppenmitglied möchte sein Thema darstellen

Wenn nur ein Gruppenmitglied sein Thema auf die Bühne bringen will, überprüft der Leiter, ob die Gruppe den Protagonisten und sein Thema akzeptiert, die Protagonistenwahl entfällt.

Mehrere Gruppenmitglieder möchten ihr Thema darstellen

Wenn mehrere Gruppenmitglieder die Themen, für die sie sich erwärmt haben, in einem Protagonistenspiel auf die Bühne bringen wollen, muss gemeinsam ein Protagonist bestimmt werden. Dies geschieht in der Regel durch soziometrische Wahl der Gruppe. Dazu gibt es folgende Möglichkeiten:

- Die Spielwilligen stellen sich im Raum auf und fassen für die Gruppe, wenn nötig, noch einmal in einem Satz ihr Thema zusammen. Die Gruppenmitglieder stellen sich dann hinter den Protagonisten, dessen Thema sie am stärksten interessiert. Der Leiter sollte zur Entlastung der nicht gewählten Teilnehmer betonen, dass die Wahl der Gruppe nicht als Personen-, sondern als Themenwahl zu verstehen ist – wenngleich persönliche Sympathien und Antipathien die Wahl natürlich ebenfalls beeinflussen. Weitere Spielwünsche können im Anschluss berücksichtigt werden, wenn die Zeit es zulässt.
- Wenn so viele Anmeldungen bestehen, dass voraussichtlich keine klare Entscheidung zustande kommt, kann eine Variante dieser Technik zum Einsatz kommen. Hierzu stellen sich alle Teilnehmer dicht beieinander im Raum auf und jeder legt demjenigen, von dem er glaubt, dass er spielen sollte, eine Hand auf die Schulter. Jeder Teilnehmer hat zwei Wahlen (= zwei Hände), die er auf einen oder zwei Spielwillige verteilen kann; die Spielwilligen selbst wählen sich mit einer Hand selbst, die andere Stimme vergeben sie an ein anderes Gruppenmitglied. Die Leiterin zählt dann aus, welcher Teilnehmer die meisten Stimmen auf sich vereinigt. Dabei lässt sich der Überblick am leichtesten wahren, indem die wählenden Teilnehmer während des Auszählens die bereits »abgezählten« Hände von der Schulter des Gewählten wegnehmen.
- Gibt es viele Spielwillige, kann auch die »Energiethermometertechnik« bei der Vorauswahl des Protagonisten helfen: Hierzu werden zwei Stühle an den entgegengesetzten Enden der Bühne aufgestellt, die Strecke zwischen ihnen

wird als Skala eines Thermometers gedacht, auf dem die Teilnehmer sich entsprechend ihrer Erwärmung positionieren sollen: Nahe bei (oder auf) dem einen Stuhl für »Ich möchte unbedingt mein Thema auf die Bühne bringen«, nahe bei (oder auf) dem anderen Stuhl für »Ich möchte mein Thema auf keinen Fall auf die Bühne bringen«, in der Mitte für »unentschieden«. Für den (ersten) Bühnengang werden dann die Teilnehmer (gegebenenfalls wieder soziometrisch, wie bereits beschrieben) ausgewählt, die dem »sehr erwärmt«-Stuhl am nächsten stehen.

Die Protagonistenwahl kann in allen psychodramatischen Arbeitsfeldern, also auch in nicht-therapeutischen Settings, ohne Bedenken nach dem beschriebenen soziometrischen Vorgehen durchgeführt werden. Es sind aber auch, wie in unserem Seminarbeispiel, anwendungsspezifische Modifikationen vorstellbar.

> **Beispiel Seminar**
>
> Nachdem alle Teilnehmer des Konfliktmanagementseminars ihre Themen vorgestellt und die dazugehörigen Karten aufgehängt haben, werden Klebepunkte ausgeteilt. Jeder Teilnehmer hat drei Punkte zur Verfügung, die er nach Belieben auf die Themen verteilen kann, die ihn am meisten interessieren: Er kann drei verschiedene Themen wählen, er kann alle drei Punkte auf eine Themenkarte kleben usw. Auch eigene Themen sind wählbar. Die Auszählung der Punkte ergibt, dass die Teilnehmer das Thema von Frau Prota favorisieren, bei dem es um eine Auseinandersetzung mit ihrem Vorgesetzten geht. Bereits bei der Vorstellung der Situationen war deutlich geworden, dass Frau Prota dieser Konflikt sehr beschäftigt, zumal sie erst wenige Tage vor dem Seminar stattgefunden hat. Frau Prota nimmt die Wahl an, und die Exploration des Themas kann beginnen.

In Gruppen, die mit einem Koleiter arbeiten (z. B. Psychodrama-Weiterbildung), gibt es unter Umständen auch die Möglichkeit, durch Aufteilung der Gruppe in zwei Untergruppen zwei Protagonistenspiele parallel durchführen zu können. Zu beachten ist allerdings, dass dies negative Auswirkungen auf den Gruppenprozess haben kann. Eine Zusammenführung der Gruppe, indem sich die Teilnehmer der beiden Kleingruppen über das Erlebte austauschen, ist erforderlich.

Einschränkend ist darauf hinzuweisen, dass sich die im Psychodrama übliche soziometrische Bestimmung des Protagonisten zwar an der Präferenz der Mehrheit der Gruppe orientiert, aber auch Konflikte und Kränkungen der Nichtgewählten hervorrufen kann. Wenn mehrere Spielwünsche bestehen, die in einer Sitzung nicht erfüllt werden können, müsste daher in einer streng prozessorientierten Arbeit diese Konfliktsituation selbst thematisiert und bearbeitet werden, mit dem Ziel, einen Konsens zu erreichen: »Soziometrische Wahlen sind keine Parlamentsabstimmung, Mehrheiten können die Suche nach dem Konsens **nicht** ersetzen« (Schwinger, 1994, S. 13).

Die Gruppe wählt den Protagonisten

Die Protagonistenwahl kann in länger miteinander arbeitenden, meist therapeutischen, Gruppen auch vollständig der Gruppe überlassen werden, ohne dass zuvor Spielwünsche geäußert werden. Hierfür bietet sich die bereits vorgestellte soziometrische Technik an: Alle Teilnehmer stellen sich dicht beieinander im Raum auf und wählen mittels »Handauflegen« das Gruppenmitglied, von dem sie glauben, dass es als Protagonist auf die Bühne gehen sollte. Manche Psychodramatiker nehmen die Themenfindung über Zuschreibungen in der Gruppenrunde vor (z. B.: »Ich finde, dass Du, Thomas, ein Spiel zu Deinem Umgang mit Alkohol machen solltest«). Dieses Vorgehen ist natürlich ausgesprochen konfrontativ.

Gerade – aber nicht nur – bei der Protagonistenwahl durch die Gruppe ohne vorhergehende Anmeldung muss der Leiter sicherstellen, dass einerseits die »Sieger« der Wahl nicht durch den Gruppendruck gegen ihren Willen zum Spielen genötigt werden und dass andererseits Teilnehmer, die nur wenige oder gar keine Wahlen erhielten, sich von der Gruppe nicht in eine Außenseiterrolle gedrängt fühlen.

Der Leiter bestimmt den Protagonisten

Die Bestimmung des Protagonisten qua Leiterentscheidung, wie sie Moreno praktizierte, erscheint

heute den meisten Psychodramatikern zu autoritär, zu wenig am Gruppenprozess orientiert und nur ausnahmsweise anzuraten.

Ist die Protagonistenwahl abgeschlossen, geht man mit der Eröffnung der Bühne zur Aktionsphase über ► Kap. 9). Zwischen Erwärmungs- und Aktionsphase sollte es keine Pause geben, da dies zu einem Bruch in der Erwärmung des Protagonisten, der Leitung und der Gruppe führen würde.

> **Zusammenfassung**
> Die Erwärmungsphase dient
> - der emotionalen Aktivierung der einzelnen Gruppenmitglieder,
> - der emotionalen Fokussierung der Gruppe und
> - der Fokussierung der Gruppe auf ein Thema, wodurch die Klienten auf die intensive szenische Arbeit eingestimmt werden.
>
> Dabei ist die schon vor dem eigentlichen Beginn der psychodramatischen Arbeit gegebene Erwärmung der Teilnehmer zu berücksichtigen: Erwärmung ist kein in einer Phase zu erledigender »Programmpunkt«, sondern ein **Prozess**, der über den Beginn und das Ende der psychodramatischen Situation hinausreicht. Ein behutsames Vorgehen und genügend Zeit stellen wichtige Voraussetzungen dar, um Störungen und Widerstände in späteren Phasen des Prozesses zu vermeiden. Für die Gestaltung der Erwärmungsphase steht eine breite Palette an psychodramatischen und nichtpsychodramatischen Erwärmungstechniken zur Verfügung. Die Erwärmungsphase kann auf eine vorausgeplante Intervention hinleiten, sie kann aber auch ergebnisoffen gestaltet werden. In diesem Fall muss zum Abschluss eine Arbeitsform und, sofern die Wahl auf das protagonistenzentrierte Spiel fällt, ein Protagonist gewählt werden.

8

Weiterführende Literatur

Langmaack, B. & Braune-Krickau, M. (2000). *Wie die Gruppe laufen lernt. Anregungen zum Planen und Leiten von Gruppen. Ein praktisches Lehrbuch* (7. Aufl.). Weinheim: PVU (262 Seiten).

> *Sehr umfassende, aber dennoch kompakte Darstellung der Arbeit mit Gruppen, von der Seminarvorbereitung bis zur Durchführung, mit besonderem Bezug auf das Modell der themenzentrierten Interaktion.*

Görlitz, G. (1998). *Körper und Gefühl in der Psychotherapie – Basisübungen.* München: Pfeiffer. (277 Seiten)

Görlitz, G. (1998). *Körper und Gefühl in der Psychotherapie – Aufbauübungen.* München: Pfeiffer. (277 Seiten)

> *Der Titel der beiden Bände verrät ihre Ausrichtung: Es geht um erlebnisorientierte und körperorientierte Übungen, die sich für den Einsatz in der Therapie eignen, außerhalb des therapeutischen Bereichs aber sicherlich nur in Ausnahmefällen eingesetzt werden können. Die Übungen sind anschaulich beschrieben, am Ende jedes Bandes steht ein Konzept für die Integration der Übungen in ein übergreifendes psychotherapeutisches Behandlungskonzept.*

Rachow, A. (o. J.). *Ludus & Co. Didaktische Spiele für alle, die in und mit Gruppen arbeiten).* Künzell: Neuland. (Karteikarten)

> *Nach Themen geordnete Sammlung von Übungen im handlichen Karteikarten-Format, jeweils mit Angaben zu benötigtem Material, Dauer, Vorbereitung und Wirkungen. Themen: Warming-up, thematische Arbeit, Kooperation und Kommunikation, Motivation und Auflockerung, Sensibilisierung und Wahrnehmung sowie Auswertung und Abschluss.*

Stevens, J. O. *Die Kunst der Wahrnehmung.* Gütersloh: Gütersloher Verlagshaus. (268 Seiten)

> *Handbuch mit über 100 gestalttherapeutischen Übungen.*

Vopel, K. (2000 ff.). *Interaktionsspiele.* Hamburg: iskopress. (6 Bände)

> *Der Klassiker unter den Übungssammlungen. Unzählige Übungen zu allen erdenklichen Themenbereichen (Wahrnehmung, Kommunikation, Vertrauen, Kooperation, Angstabbau …).*

Literatur

Ameln, F. v. & Kramer, J. (2007). *Organisationen in Bewegung bringen. Handlungsorientierte Methoden in der Personal-, Team- und Organisationsentwicklung.* Berlin: Springer.

Buer, F. (1999). Morenos therapeutische Philosophie. Ihre aktuelle Rezeption und Weiterentwicklung. In ders. (Hrsg.), *Morenos therapeutische Philosophie. Die Grundideen von Psychodrama und Soziometrie* (3. Aufl., 227–258). Opladen: Leske & Budrich.

Dold, P. (1989). *Sceno-Familientherapie.* München: Reinhardt.

Frohn, E. (1994). Der Anfang ist die Hälfte des Ganzen. Erwärmung in ambulanten Psychodrama-Gruppen. *Psychodrama, 7 (1),* 73–94.

Kumar, V. K. & Treadwell, T. W. (1986). Identifying a protagonist: Techniques and factors. *Journal of Group Psychotherapy, Psychodrama & Sociometry, 38 (3),* 155–164.

Leutz, G. A. (1980). Das psychodramatisch-kollegiale Bündnis. *Gruppenpsychotherapie und Gruppendynamik, 15,* 176–187.

Lewin, K. (1951). *Field Theory in the Social Sciences.* New York: Harper & Row.

Moreno, J. L. (1972). *Psychodrama* (vol. 1, 4th edn.). Beacon: Beacon House.

Oberborbeck, K. W. (1979). Über den diagnostischen Wert von Rollenspiel- und Psychodramaelementen im Sinne der »Grenzsituation« nach Argelander bei der analytischen Anamneseerhebung. *Praxis der Kinderpsychologie, 28 (8),* 284–293.

Petzold, H. (1979). *Psychodrama-Therapie. Theorie, Methoden, Anwendung in der Arbeit mit alten Menschen.* Paderborn: Junfermann.

Petzold, H. (1981). Integrative Dramatherapie – Überlegungen und Konzepte zu einem integrativen Ansatz erlebnisaktivierender Therapie. *Integrative Therapie, 1,* 46–61.

Schaller, R. (2001). *Das große Rollenspiel-Buch. Grundtechniken, Anwendungsformen, Praxisbeispiele.* Weinheim: Beltz.

Schwinger, T. (1994). Erwärmung aus der Konserve. *Psychodrama, 7 (1),* 5–16.

Sternberg, P. & Garcia, A. (1989). *Sociodrama: Who's in your Shoes?* New York: Praeger.

Taylor, S. (1998). The warm-up. In M. Karp, P. Holmes & K. B. Tauvon (Hrsg.), *The Handbook of Psychodrama* (49–66). London: Routledge.

Woerner, C. (1993). Starthilfe für Anfänger in der Leitung von Psychodramagruppen. In R. Bosselmann, E. Lüffe-Leonhardt & M. Gellert (Hrsg), *Variationen des Psychodramas. Ein Praxis-Handbuch* (137–159). Meezen: Limmer.

Die Aktionsphase

> »Der Mensch spielt nur, wo er in voller Bedeutung des Wortes Mensch ist, und
> er ist nur da ganz Mensch, wo er spielt«
> (Friedrich Schiller, Über die ästhetische Erziehung des Menschen in einer Reihe
> von Briefen).

In der Aktionsphase findet die eigentliche szenische Psychodrama-Arbeit statt. Es ist nicht einfach, mit dem Psychodrama nichtvertrauten Leserinnen und Lesern einen allgemeingültigen Eindruck vom Geschehen in der Aktionsphase zu vermitteln. Die Inszenierung eines realen Ereignisses aus dem Leben des Protagonisten, die wir hier darstellen, ist zwar klassisch für das Psychodrama, aber nur eine von unzähligen Gestaltungsmöglichkeiten, die – je nach Arbeitsfeld, Thema, Auftrag, Prozesszielen und technischer Ausgestaltung – zu ganz unterschiedlichen Verläufen führen können:

- Rollentraining ▶ Abschn. 3.4),
- Aufstellungs- und Skulpturarbeit ▶ Abschn. 3.7),
- Playbackspiel ▶ Abschn. 3.11),
- Arbeit mit inneren Anteilen ▶ Abschn. 14.5) sowie
- die verschiedenen Varianten der Arbeit auf Gruppenebene ▶ Kap. 6).

Einige dieser Möglichkeiten haben wir in ▶ Kap. 1 im Überblick skizziert.

9.1 Funktion der Aktionsphase und Aufgaben der Leitung

Die Aktionsphase schafft den Rahmen für die eigentliche therapeutische oder beraterische Intervention. Ziel ist es dabei, das System, das in der Erwärmungsphase »aufgetaut« wurde, zu verändern. In der Arbeit mit dem Psychodrama gibt es eine Fülle von Möglichkeiten, die Aktionsphase zu gestalten, z. B. mit themen- oder gruppenzentrierten Spielen, die sich hinsichtlich der Vorgehensweise erheblich vom hier beschriebenen protagonistenzentrierten Psychodrama unterscheiden ▶ Kap. 6).

In der Regel wird der Leiter zunächst das Thema explorieren und den Auftrag, d. h. das inhaltliche Ziel der → Protagonistin, herausarbeiten. Dann wird die Protagonistin durch verschiedene szenische → Arrangements geführt, in denen ihre Wirklichkeit nachgezeichnet und umgestaltet werden soll. Dabei steuert der Leiter das Spiel auf der Basis seiner Hypothesen, seines methodischen »roten Fadens« und der grundlegenden Arbeitsprinzipien des Psychodramas, wobei er spezifische Handlungstechniken (→ Rollentausch, → Doppel, → Spiegel usw.) einsetzt, um Selbsterfahrungs- und Reflexionsprozesse anzustoßen. Ist das Ziel der Protagonistin erreicht und der Auftrag damit erfüllt, wird die Aktionsphase beendet.

Die Anforderungen, die in der Aktionsphase an den Leiter gestellt werden, sind außerordentlich komplex:

- Er muss die Protagonistin im Sinne der humanistischen Grundhaltung stützend begleiten,
- er muss diagnostische Hypothesen formulieren und revidieren sowie
- Prozessziele und -schritte festlegen, aus denen sich konkrete Interventionen ableiten lassen.

Dabei können neben psychodramatischen Konzepten auch Interpretationsfolien, Praxeologien und methodische Elemente aus anderen Theorien und Schulen eingesetzt werden, sofern dies im Rahmen eines konsistenten integrativen Konzeptes begründbar ist.

Jedoch darf der Leiter sich im Sinne des obersten Grundsatzes der Prozessorientierung nicht an vorgefertigten Konzepten festklammern, sondern muss sein Vorgehen von Moment zu Moment immer wieder neu auf die Situation der Protagonistin und der Gruppe kalibrieren. Er muss der Protagonistin bereits zu Beginn der Bühne ein Beziehungsangebot machen, dass ihrer individuellen Persönlichkeit und Situation gerecht wird, z. B.:

- Welches Maß an körperlicher Nähe bzw. Distanz braucht die Protagonistin?
- Welches Maß an verbaler Nähe bzw. Distanz braucht die Protagonistin?
- Wie ängstlich bzw. schutzbedürftig ist die Protagonistin?
- Inwieweit neigt die Protagonistin zu Reaktionen sozialer Erwünschtheit?
- Neigt die Protagonistin eher zum Reden oder eher zum Agieren?

Die Beantwortung dieser Fragen erfordert Menschenkenntnis, Wissen über die Protagonistin, diagnostische Kenntnisse, Erfahrung und hohe Sensibilität für die szenische Information, die in der Situation sichtbar wird.

Der Leiter muss einen schützenden Rahmen für die Spieler bieten. Er muss die Protagonistin, die → Hilfs-Iche und die Zuschauer ebenso aufmerksam beobachten wie seine eigenen Reaktionen auf das Geschehen (z. B. im Hinblick auf Übertragungs- und Gegenübertragungsphänomene). Schließlich muss er den Zeitrahmen beachten und parallel zu all diesen Anforderungen das Spiel auf der Basis seiner Einfühlung, des Auftrags und der psychodramatischen Grundregeln souverän leiten. Das Ideal einer gelungenen psychodramatischen Arbeit ist eine optimale Passung der Intervention mit Protagonistin, Anfrage, gegebenenfalls Störungs- oder Krankheitsbild und Gruppenkontext.

9.2   Eröffnung der Bühne

Die Aktionsphase beginnt mit der Eröffnung der Bühne. Wenn keine Bühne im engeren Sinne zur Verfügung steht, wird der Bühnenraum dadurch markiert, dass eine freie Fläche geschaffen wird, in

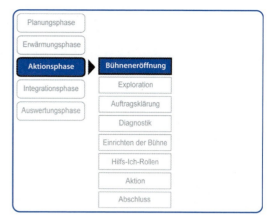

dem die Gruppe ihre Stühle im Halbkreis aufstellt. Leiterin und Protagonistin betreten die Bühne. Dabei findet ein erster Rollenwechsel statt: Die von der Gruppe gewählte Thementrägerin wechselt aus dem Handlungsraum der Gruppe in den Handlungsraum des psychodramatischen Interviews ► Abschn. 9.8.1, ► Abschn. 9.4).

9.3   Exploration des Themas

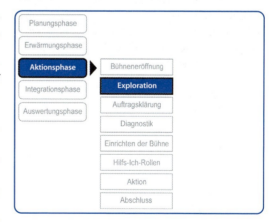

Nun beginnt die Exploration des Themas, die in Form eines Interviews stattfindet: Die Protagonistin berichtet, in etwas ausführlicherer Form als bei der Vorstellung ihres Themas vor der Protagonistenwahl, über den Hergang des Ereignisses, das sie bearbeiten möchte; über ihre Motive, Emotionen und Reaktionen in der Situation usw. Der Leiter fragt nach und strukturiert das Gespräch so, dass die Anfrage der Protagonistin deutlich wird. Wir

9

veranschaulichen das Vorgehen wiederum mithilfe der in ▶ Kap. 1 begonnenen Fallbeispiele.

⟩ **Beispiel Organisationsberatung –**
Exploration des Themas

Frau Prota: »Also, der Tag hat schon so schrecklich angefangen. Mein Sohn – ich habe einen Sohn, der ist gerade 3 Jahre alt geworden – mein Sohn hat mich am frühen Morgen aufgeweckt und hat gesagt, er hätte solche Halsschmerzen. Da der Hals wirklich ganz rot war und er auch Fieber hatte, bin ich gleich morgens vor der Arbeit mit ihm ins Krankenhaus gefahren. Ich kann ihn ja so nicht zu den Großeltern bringen. Im Krankenhaus haben sie gesagt, die Mandeln seien ganz vereitert, die müssten noch in den nächsten Tagen raus. Also habe ich ihn dann doch zu den Großeltern gebracht, vorher noch zur Apotheke, und dann zur Arbeit. Ich hasse es ja, zu spät zu kommen, aber was sollte ich machen. Dann bin ich später meinem Chef begegnet, den habe ich gefragt, ob ich Urlaub bekomme, ich muss mich ja um mein Kind kümmern. Und der hat mich gleich niedergemacht.«

Herr Leibold: »Das konnten Sie wahrscheinlich am wenigsten brauchen, nachdem der Tag so angefangen hat?«

Frau Prota: »Ja, allerdings. Ich wusste auch überhaupt nicht, wie ich reagieren soll. Am liebsten hätte ich einfach gesagt: Macht Euren Kram doch alleine.«

Herr Leibold: »Wie stehen Sie sonst zu Ihrem Chef, mal abgesehen von der Situation vor ein paar Tagen?«

Frau Prota: »Na ja, er hat auch sonst so eine Art, dass ich dem nichts entgegensetzen kann.«

Herr Leibold: »Das heißt, es könnte jetzt in der nächsten Stunde darum gehen, wie Sie Ihrem Chef in solchen Situationen etwas entgegensetzen können?«

Frau Prota: »Genau, besonders wenn ich ohnehin schon gestresst bin …«

Funktionen der Exploration

Die Exploration hat verschiedene Funktionen:
- Beziehungsaufbau zwischen Protagonistin und Leiter,
- erste Auftragsklärung,
- Erwärmung für Protagonistin, Gruppe und Leiter,
- Gewinnung von Informationen über das zu bearbeitende Thema im situativen, lebensgeschichtlichen oder sozialen Kontext,
- Bildung erster diagnostischer Hypothesen,
- Entwicklung von Ideen für das methodische Vorgehen (»roter Faden«) und
- Auffinden darstellbarer Einstiegsszenen.

Über ihre diagnostischen Funktionen hinaus ist die Exploration selbst bereits als Bestandteil der Intervention zu betrachten. Die Exploration kann der Protagonistin beispielsweise dabei helfen,
- ihre Gedanken besser zu strukturieren,
- bislang unbeachtete Emotionen zu entdecken,
- ein Problem klarer zu formulieren,
- erste Lösungswege zu entwickeln oder auch
- im Laufe des Gesprächs zu einer teilweisen Neubewertung des Themas zu kommen.

Der Leiter sollte diesen Prozess der Selbstreflexion und -strukturierung durch die Art seiner Fragen und gegebenenfalls auch bereits mit psychodramatischen Gestaltungsmitteln unterstützen.

Informationsquellen in der Exploration

Dem Leiter stehen grundsätzlich vier verschiedene Quellen zur Verfügung, denen er Informationen über das Thema und die Befindlichkeit der Klientin entnehmen kann (vgl. Heigl-Evers, Heigl u. Ott, 1997):

Objektive Informationen. Hierzu gehören unter anderem Angaben über Symptome, Verhaltensweisen und Besonderheiten der Persönlichkeit der Klientin sowie medizinische, biografische und soziale Fakten, die der Leiter den Aussagen der Klientin, klinischen Dossiers usw. entnehmen kann.

Subjektive Informationen. Für die Diagnostik und Interventionsplanung ist es wichtig, dass der Leiter in der Exploration nicht nur die objektiven »harten Fakten« des Themas erfragt, sondern erforscht, welche Bedeutung, welchen Sinn die Protagonistin dem Geschilderten zumisst. Ein und derselbe Sachverhalt (z. B. ein Konflikt mit dem

Vorgesetzten) kann für unterschiedliche Protagonistinnen

- ganz Unterschiedliches bedeuten,
- mit ganz unterschiedlichen Emotionen verbunden sein,
- Leidensdruck in unterschiedlicher Qualität und Quantität hervorrufen und
- daher auch ganz unterschiedliche Anfragen an die Bühne zur Folge haben.

Der von der Mutter an die Tochter gerichtete Satz »Du bist immer noch meine liebe Tochter« kann für einen Menschen positiv bewerteter Ausdruck einer intakten Mutter-Tochter-Beziehung, für einen anderen hingegen vorrangig Einengung und Bedrängnis bedeuten. Abhängig von diesem Bedeutungsgehalt wird dann die psychodramatische Aktion einen ganz unterschiedlichen Verlauf nehmen. Die **Rekonstruktion von Sinn- und Bedeutungszusammenhängen,** auf die die psychodramatische Arbeit insgesamt abzielt, beginnt also bereits in der Exploration.

Szenische Informationen. Szenische Informationen entnimmt der Leiter aus der Interaktion mit der Klientin mit ihren verbalen, gestisch-mimischen, affektiven und körperlich-vegetativen Anteilen (z. B. Rückschluss von der Körperhaltung der Klientin auf innere Befindlichkeiten).

Eigene vorbewusste Wahrnehmungs- und Denkprozesse. Die Reaktionen des Leiters während der Exploration können als Hinweise auf die Befindlichkeit der Klientin genutzt werden. So kann ein Gefühl der Scheu, bestimmte Themen anzusprechen, auf ein Tabu oder ein Schutzbedürfnis seitens der Klientin hindeuten. Diese Reaktionen des Leiters, die Moreno als → Tele, Freud als Gegenübertragung bezeichnen würde, sind nur schwer von Empfindungen zu trennen, die allein auf eigenen Befindlichkeiten des Leiters beruhen und die keine Entsprechung bei der Klientin haben. Daher muss der Leiter bei dieser Kategorie in besonderem Maße auf eine kritische Selbstdistanz achten: Es handelt sich nicht um objektive Informationen, sondern um Hypothesen, die überprüft und gegebenenfalls aufgegeben werden müssen.

Inhaltliche Gestaltung der Exploration

Ein einfach zu handhabendes Modell für die inhaltliche Gestaltung der Exploration ist das sogenannte Thomann-Modell (◘ Abb. 9.1), das Schulz von Thun in seinem Buch »Praxisberatung in Gruppen« (2001) empfiehlt. Der Leiter sollte die vier Felder des »Hauses« abfragen (◘ Abb. 9.1) und, falls es dem jeweiligen Arbeitsfeld angemessen erscheint, auf einem Blatt Papier oder am Flipchart festhalten:

1. Wie ist der systemische Kontext des Themas bzw. des Problems? Wer ist beteiligt? Unter welchen Umständen tritt das Problem auf? Unter welchen nicht?
2. Welche konkrete Schlüsselsituation gibt es, in der das Thema anschaulich sichtbar wird? (Hinweis auf eine mögliche Einstiegsszene für die anschließende psychodramatische Bearbeitung)
3. Wie stellt sich die innere Situation der Protagonistin dar? Welche »inneren Teammitglieder«/«inneren Stimmen« gibt es? (▶ Abschn. 14.5);
4. Was ist das genaue Anliegen/der genaue Auftrag? Der Auftrag sollte möglichst prägnant formuliert sein (▶ Abschn. 9.4).

Schließlich sollte die Klientin als »Dach des Hauses« eine Überschrift formulieren, die den Kern ihres Themas zusammenfasst. Dies dient der nochmaligen Fokussierung und Eingrenzung des Auftrags. Wenn die Klientin beispielsweise an einer Konfliktsituation arbeiten möchte, ergeben sich bei derselben Situation mit unterschiedlichen »Überschriften« jeweils unterschiedliche Schwerpunktsetzungen:

- »Warum habe ich in dieser Situation so reagiert?« – Klärung dieser einzelnen Situation.
- »Warum reagiere ich so auf diese Person?« – Beziehungsklärung.
- »Warum reagiere ich in derartigen Konfliktsituationen immer auf ähnliche Weise?« – Klärung der Hintergründe eines Handlungsmusters.

Bei der Suche nach Ursachen und Lösungsmöglichkeiten ist es hilfreich, möglichst viele Unterschiede ausfindig zu machen, die den Problembe-

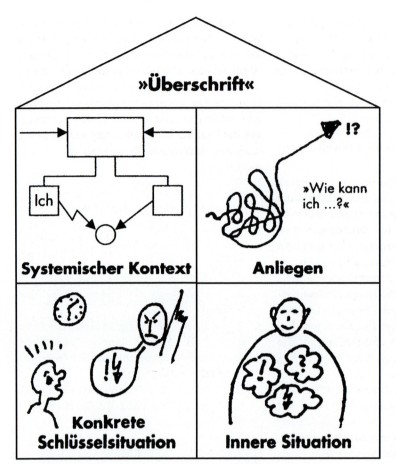

◻ **Abb. 9.1.** Thomann-Schema zur intensiven Vorklärung des Anliegens (Schulz von Thun, 2001)

reich eingrenzen und Ressourcen sichtbar machen können. Hierzu eignen sich unter anderem folgende Fragen:

- »Wann ist das Problem zum ersten Mal aufgetaucht bzw. zum Problem geworden?«
- »In welchen Situationen tritt das Problem auf, in welchen nicht?«
- »Was haben die Situationen, in denen das Problem (nicht) auftritt, gemeinsam?«
- »Welche Lösungsversuche haben Sie bisher unternommen, mit welchem Erfolg?«
- »Was müsste geschehen, damit das Problem gelöst werden kann?«
- Vorausgesetzt, die Protagonistin hat einen Lösungsvorschlag präsent: »Was hält Sie davon ab, diese Lösungsidee umzusetzen?«
- »Was würde sich ändern, wenn das Problem gelöst wäre?«

- »Woran würden andere Menschen erkennen, dass Sie das Problem gelöst haben?«

In vielen Fällen, etwa wenn es um das Einüben eines Rollenverhaltens geht, wird die Exploration der inneren Situation der Klientin weniger von Belang sein.

Methodische Gestaltung der Exploration

Hinsichtlich der konkreten methodischen Gestaltung der Exploration gibt es keine verbindlichen Vorschriften. Jedoch sollte sich der Leiter, wie in ▶ Abschn. 7.5 beschrieben, in seinem Beziehungsangebot und in seinem Kommunikationsstil nach der Protagonistin richten. Diese Forderung bezieht sich z. B. auf das Sprachniveau, auf die Dimension von Nähe vs. Distanz oder auf die Grenzen dessen, was die Protagonistin im Kontext der jeweiligen (Gruppen-)Situation offenbaren möchte. Das Interview sollte auf der Bühne (nicht in der Gruppenrunde) stattfinden, ob Protagonistin und Leiter dabei aber beispielsweise gehen oder sitzen, ist von den Wünschen der Protagonistin, den Absichten des Leiters, vom Arbeitsfeld und vom Setting abhängig.

Möglichkeiten der szenischen Erweiterung der Exploration

Das Grundprinzip der psychodramatischen Arbeit ist die Umsetzung psychischer und sozialer – also nicht sichtbarer – Phänomene in eine sichtbare sowie handelnd erlebbare und veränderbare Bühnengestaltung. Dieses Prinzip kann bereits in der Exploration, also vor der eigentlichen Eröffnung der Psychodrama-Bühne genutzt werden, um das von der Protagonistin Geschilderte zu veranschaulichen und zu strukturieren. Es kann sich beispielsweise in der Exploration herausstellen, dass verschiedene Gefühle, innere Anteile usw. an der Entstehung eines Problems (z. B. Konflikt mit dem Vorgesetzten) beteiligt sind. Diese können mithilfe von leeren Stühlen, Tüchern oder Ähnlichem auf die Bühne gebracht werden, z. B.:

- Rotes Tuch: Wut,
- graues Tuch: fehlendes Selbstbewusstsein,
- schwarzes Tuch: generelle Neigung, Konflikten auszuweichen.

Auf diese Weise kann die Protagonistin eine erste Ordnung in noch verworrene Gefühlslagen bringen. Mit diesen einzelnen Aspekten können verschiedene Anfragen an die Bühne verbunden sein, die unter Umständen nicht in einer einzigen Sitzung bearbeitbar sind:

- Wie kann ich mit meiner Wut umgehen?
- Warum bin ich so wenig selbstbewusst?
- Welche Erfahrungen habe ich mit Konflikten gemacht? Wie kann ich mich aus lebensgeschichtlich erworbenen Handlungsmustern lösen?

Die szenische Verkörperung der verschiedenen thematischen Aspekte kann der Protagonistin dabei helfen, sich für einen Aspekt zu entscheiden, den sie im Verlauf des Spiels vertiefen möchte (▶ Abschn. 9.4).

Auch die Arbeit mit Aufstellungen (▶ Abschn. 3.7) kann in der Exploration eingesetzt werden, z. B. bei der Klärung komplexer Familienverhältnisse oder Organisationsstrukturen. Zu beachten ist, dass die Exploration durch eine solche szenische Erweiterung die Erwärmung der Protagonistin steigert und unter Umständen hinsichtlich der Intensität der Bearbeitung und des Zeitbedarfs eine Intervention für sich darstellt.

> **❶ Die Exploration dient einerseits dazu, Informationen und diagnostische Hypothesen zu gewinnen sowie Ideen für die weitere methodische Gestaltung des Spiels zu generieren. Auf der anderen Seite kann das Explorationsgespräch selbst bereits erste Einsichten und therapeutische Effekte vermitteln. Voraussetzung hierfür ist ein strukturiertes Vorgehen seitens der Leitung, verbunden mit einer interessierten Haltung und einem positiven Beziehungsangebot.**

9.4 Auftragsklärung

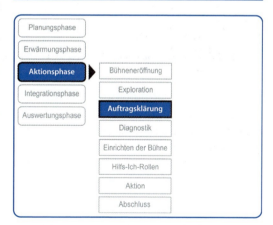

Aus dem Selbstverständnis der psychodramatischen Methode und dem Rollenverständnis der Leitung (▶ Abschn. 7.1) ergibt sich, dass das Ziel der gemeinsamen Arbeit von der Protagonistin gesetzt wird – der Leiter ist lediglich ein Prozesshelfer, der seine Kompetenzen einsetzt, um diese Ziele zu erreichen. Auch wenn allgemeine Rahmenziele durch den Kontrakt zwischen Leitung und Auftraggeber festgelegt sind, ist es jedoch unerlässlich, zu Beginn jeder psychodramatischen

Arbeitseinheit zu konkretisieren, welches Ziel in der betreffenden Sitzung erreicht werden soll. Dies gilt in allen Arbeitsfeldern, besonders aber dann, wenn Auftraggeber und Klientinnen nicht identisch sind. Diese Konkretisierung wird im protagonistenzentrierten Psychodrama erreicht, indem die Protagonistin einen konkreten **Arbeitsauftrag** formuliert, der jeweils für die aktuelle Arbeitseinheit Bestand hat. Ziel ist es, am Ende der Sitzung das in diesem Auftrag formulierte Ziel zu erreichen. Der Auftrag ist am Ende der Exploration vom Leiter explizit zu erfragen.

> ### Beispiel Organisationsberatung – Auftragsklärung

Der Unterschied zwischen Kontrakt und Auftrag lässt sich an unserem Fallbeispiel gut verdeutlichen: Der **Kontrakt** besteht zwischen dem Berater und der Personalabteilung des auftraggebenden Unternehmens; er bezieht sich auf die Vermittlung von Fähigkeiten zur konstruktiven Konfliktlösung im Rahmen des Seminars. Den **Auftrag** hingegen erhält der Leiter von der Protagonistin, Frau Prota; er bezieht sich nicht auf die globalen Seminarziele, sondern nur auf die Ziele der psychodramatischen Bühne (z. B. die Suche nach alternativen Handlungsmöglichkeiten im Umgang mit dem Vorgesetzten).

Kriterien für die Formulierung des Auftrags

Die Notwendigkeit, die (häufig eher impliziten) Rahmenziele durch explizite und präzise formulierte Aufträge zu konkretisieren, besteht nicht nur in therapeutischen Kontexten, sondern auch in der Sozialarbeit, in der Supervision usw. Durch die Formulierung eines Auftrags soll einerseits gesichert werden, dass die Intervention tatsächlich an den aktuellen Zielen der Protagonistin ausgerichtet ist; zum anderen soll der Gefahr entgegnet werden, dass der zu bearbeitende Themenkomplex so allgemein, die zu erreichenden Ziele so abstrakt bleiben, dass am Ende kein greifbares Ergebnis erzielt werden kann. Die Anfrage der Protagonistin muss also entsprechend »heruntergebrochen« werden. Eine Formulierung wie »Ich möchte besser kommunizieren können« ist hierfür zu unkonkret, zumal hier der Transfer in die Praxis außerhalb des psychodramatischen Set-

tings schon impliziert ist. Angemessenere Aufträge lauten z. B. »Ich möchte in dieser Sitzung besser verstehen lernen, warum ich Schwierigkeiten habe, mich anderen gegenüber verständlich auszudrücken« oder »Ich möchte in dieser Sitzung Möglichkeiten erarbeiten, Kritik an meinem Chef selbstbewusster vorzubringen«.

Bereits bei der Formulierung des Auftrags ist der Leiter in seiner Rolle als Moderator, Strukturgeber und Experte für den psychodramatischen Prozess gefragt. Er sollte im Gespräch mit der Protagonistin sicherstellen, dass der von ihr formulierte Auftrag

- für Leitung und Gruppe verständlich,
- eindeutig und
- widerspruchsfrei sowie
- innerhalb der zur Verfügung stehenden Zeit und
- von den Anwesenden, d. h. (weitestgehend) ohne Beteiligung Dritter, erfüllbar ist (❏ Tab. 9.1).

> ### Beispiel Organisationsberatung – Formulierung des Auftrags

Herr Leibold: »Gut, ich glaube, ich habe jetzt ungefähr verstanden, wie sich die Situation abgespielt hat. Der nächste Schritt bestünde jetzt darin, dass wir diese Szene hier auf der Seminarbühne noch einmal zum Leben erwecken und dann schauen, wie sich der Konflikt genau zugetragen hat. Bevor wir das tun, möchte ich Sie aber noch fragen, was Sie genau erreichen möchten in unserer gemeinsamen Arbeit. Stellen Sie sich vor: Wir arbeiten jetzt hier etwa 1 Stunde zusammen – was muss in dieser Stunde passieren, damit Sie anschließend sagen 'das hat sich gelohnt, das hat meine Fragen beantwortet'?«

Frau Prota: »Hm, was muss da passieren? Ich denke, ich würde gerne erst einmal verstehen, warum das Ganze so explodiert ist, warum da so eine schlechte Stimmung entstanden ist. Und dann wäre es natürlich gut, wenn das nicht noch mal vorkäme.«

▼

Tab. 9.1. Kriterien für die Formulierung des Auftrags

Kriterium	Erfüllbarer Auftrag	Nichterfüllbarer Auftrag
Eindeutigkeit	»Ich möchte mir anschauen, was mich in dem gestrigen Gespräch mit meinem Chef so aus der Fassung gebracht hat.«	»Ich möchte mir die Situation mit meinem Chef mal anschauen.«
Widerspruchsfreiheit	»Ich möchte mich mit meiner größten Angst auseinandersetzen, auch wenn das sicherlich belastend wird.«	»Ich möchte mich mit meiner größten Angst auseinandersetzen und das Spiel soll nicht so anstrengend sein.«
Innerhalb der zur Verfügung stehenden Zeit (z. B. 1 Stunde Spielzeit) erfüllbar	»Ich möchte sammeln, welche Aspekte an meinem derzeitigen Beruf mich stören und welche ich als positiv empfinde.«	»Ich möchte auf der Bühne drei neue berufliche Perspektiven entwickeln und erforschen, wie es mir in jedem dieser Berufe in 10 Jahren geht.«
Erfüllung nicht von Dritten abhängig	»Ich möchte wissen, was ich tun kann, um das Arbeitsklima in unserer Abteilung zu verbessern.«	»Ich möchte, dass das Arbeitsklima in unserer Abteilung besser wird.«

Herr Leibold: »Also die erste Frage ist die Frage nach dem Verstehen: Warum hat sich die Situation so entwickelt? Als Zweites haben Sie gesagt, es wäre gut, wenn das nicht noch mal vorkäme. Das können wir natürlich nicht ausschließen. Was wir hier tun können, ist zu schauen, welchen Beitrag Sie leisten können, damit solche Situationen nicht entstehen oder was Sie tun können, um sie zu entschärfen, wenn sie doch entstehen. Wäre das eine Fragestellung, die in Ihrem Sinne ist?«

Ist eines der oben genannten Kriterien für die Formulierung des Auftrags nicht erfüllt, kann dies zu Störungen des Prozesses führen. In der Praxis ist es häufig so, dass es der Klientin schwerfällt, überhaupt einen konkreten Auftrag zu formulieren. In längerfristigen Beratungs- oder Therapieprozessen kann dann das Ziel der gemeinsamen psychodramatischen Arbeit darin bestehen, am Ende der Bühne einen Auftrag für die nächste Sitzung zu formulieren. In diesem Fall empfiehlt es sich, am Bühnenrand ein Symbol als Platzhalter für den noch nicht geklärten Auftrag zu platzieren. Dieses wird im Spielprozess durch weitere Symbole für die erarbeiteten Aufträge ersetzt, die in zukünftigen Sitzungen bearbeitet werden sollen.

Der Auftrag als Ansatz für eine erste methodische Einstimmung

Auf der einen Seite ist die Leitung aufgerufen, für jeden Auftrag eine genau zu dieser Fragestellung passende individuelle methodische Gestaltung zu entwickeln. Auf der anderen Seite kann es für die methodische Einstimmung der Leitung hilfreich sein, den Auftrag einer der folgenden Grobkategorien zuzuordnen:

- biografische Arbeit,
- Hilfe bei der Entscheidungsfindung,
- Entwicklung von Zukunftsperspektiven,
- Entwicklung von Möglichkeiten, mit einem Konflikt umzugehen,
- Rollentraining.

Die Orientierung an diesen Kategorien ist insofern hilfreich, als sie bestimmte Möglichkeiten der szenischen Darstellung und bestimmte Prozessziele (▶ Abschn. 9.5.2) nahelegt und somit die Planung der Intervention erleichtert. So wird man bei einer biografischen Arbeit überwiegend mit Szenen aus dem Leben der Protagonistin arbeiten, bei der

Entscheidungsfindung Pro und Kontra der verfügbaren Alternativen explorieren usw.

9.4.1 Erfüllung des Auftrages als Erfolgskriterium?

Die psychodramatische Aktion endet (idealerweise), wenn der zu Beginn des Spiels erteilte Auftrag erfüllt ist – ob bzw. inwieweit dies der Fall ist, sollte noch einmal explizit erfragt werden.

In der Praxis ist die stringente Formulierung und Verfolgung des Auftrags allerdings nicht immer möglich oder auch nur wünschenswert: Zum einen sind Klientinnen nicht immer in der Lage, ihre gelegentlich diffusen Anfragen an die Bühne in Form eines klaren Auftrags zu formulieren, zum anderen kann sich der zu Beginn erteilte Auftrag während des Spiels verändern, erweitern oder wegfallen. Schließlich machen während des Spiels auftretende Probleme es gelegentlich unmöglich, den Auftrag in der zur Verfügung stehenden Zeit zu erfüllen. In diesen Fällen müssen Leiter und Protagonistin am Ende des Spiels Wege finden, mit der Situation konstruktiv umzugehen (▶ Abschn. 9.9).

> ❗ Zum Abschluss der Exploration fragt der Leiter die Protagonistin nach ihrem konkreten Auftrag an die Bühne. Dieser Auftrag legt – im Gegensatz zu den im Kontrakt festgelegten Rahmenzielen, die für den gesamten gemeinsamen Arbeitsprozess längerfristige Gültigkeit besitzen – fest, was in der aktuellen Arbeitseinheit erreicht werden soll. Kriterien, die bei der Formulierung des Auftrags berücksichtigt werden müssen, sind
> - Klarheit,
> - Eindeutigkeit,
> - Widerspruchsfreiheit und
> - Umsetzbarkeit im gegebenen Rahmen.

9.5 Diagnostik und Interventionsplanung

Die Themen Diagnostik und Interventionsplanung, die in den Lehrbüchern anderer Verfahren meist den größten Raum einnehmen, sind in der

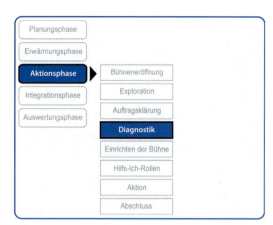

Psychodrama-Literatur praktisch unauffindbar oder allenfalls zwischen den Zeilen auszumachen. Diese Tatsache hat historische Gründe: Moreno wandte sich zeitlebens gegen pathologisierende Diagnosen, wobei die → Soziometrie durchaus als soziodiagnostisches Messverfahren angelegt ist. Auch einem Begriff wie »Interventionsplanung« hätte er als Verfechter spontanen und kreativen Handelns sicherlich nicht positiv gegenübergestanden. Dieser historisch gewachsenen Abneigung steht die Praxis vieler Psychodramatikerinnen und Psychodramatiker gegenüber, die um eine Klassifikation der Störungsbilder ihrer Therapieklienten nach der »International Classification of Diseases« (ICD) zwecks Abrechnung mit den Krankenkassen gar nicht herumkommen. Wenn wir andererseits mit Diagnostik nicht nur die Klassifikation von »Störungen« nach nosologischen Kriterien, sondern ganz allgemein den Prozess bezeichnen, der einem Berater oder Therapeuten Informationen über die Verfassung der Klientin sowie über die Hintergründe ihres Erlebens und Handelns liefert (Diagnostik von griech. diagignoskein = durch und durch erkennen, beurteilen), ist auch das, was die Psychodramatiker als → Tele bezeichnen, ein diagnostisches Mittel. Die Frage lautet dann nicht mehr, ob diagnostische Hypothesen formuliert werden, sondern nur noch, welche diagnostischen Mittel man einsetzt, um sich der Situation der Klientin zu nähern. Auf ähnliche Weise lässt sich die Spannung zwischen psychodramatischen Überzeugungen und dem Begriff »Interventionsplanung« auflösen, wenn man diesen Begriff so ausweitet, dass er für diejenigen

Prozesse steht, die den Berater oder Therapeuten dazu bringen, zwischen zwei methodischen Möglichkeiten (beispielsweise einfühlendes oder provozierendes → Doppel) eine begründbare Entscheidung zu treffen. Legt man dieses weite Begriffsverständnis zugrunde, kann man also mit gutem Grund behaupten, dass jeder professionell arbeitende Psychodramatiker ständig auf beide Prozesse zurückgreift. Unterschiede bestehen dann nur darin,

- welche diagnostischen Mittel zum Einsatz kommen,
- wie die Entscheidungen über das methodische Vorgehen getroffen werden und
- wie bewusst dieser Prozess der Diagnostik und Interventionsplanung vonstatten geht.

Insofern ist auch eine vermeintliche Wahlmöglichkeit zwischen »theoriegeleitetem« und »freiem, unbefangenem« Leiten illusorisch: »Ich habe als Therapeut also gar nicht die Wahl zwischen 'theoriefrei' und 'theoriegeleitet', sondern nur die Wahl zwischen expliziter und impliziter Theorie« (Sader, 1995, S. 20).

9.5.1 Formulierung diagnostischer Hypothesen

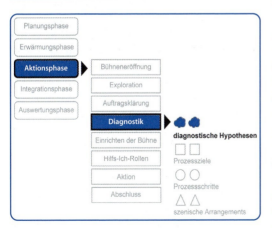

Um Hypothesen über die Hintergründe der Problematik der Klientin sowie Ansätze zu ihrer Behebung zu entwickeln, bezieht sich der Psychodramatiker auf theoretisch und konzeptuell fundierte Deutungshilfen, die Buer (1997) als **Interpretati**

onsfolien bezeichnet. Solche Interpretationsfolien enthalten zum einen Annahmen über die ursächlichen Hintergründe der infrage stehenden Phänomene, zum anderen legen sie daraus ableitbare Zielzustände und Lösungsmöglichkeiten nahe. Das Psychodrama kann sich verschiedener solcher Interpretationsfolien bedienen. Moreno selbst hat mit seiner therapeutischen Philosophie eine Reihe von Interpretationsfolien beigesteuert, die für den Psychodramatiker sicherlich zentrale Bedeutung haben, nicht zuletzt, weil sie eng mit den methodischen Aspekten des Verfahrens Psychodrama korrespondieren. Die wichtigsten psychodramatischen Interpretationsfolien sind

- die Rollentheorie (▶ Abschn. 14.3) sowie
- die Spontaneitäts- und Kreativitätstheorie (▶ Abschn. 14.1).

Häufig rekurrieren Psychodramatiker aber auch auf psychoanalytische, gestalttherapeutische, lerntheoretische, systemische und andere Interpretationsfolien.

Die verschiedenen psychotherapeutischen Schulen sind natürlich nicht die einzigen Quellen, um Hypothesen über die Entstehung des von der Protagonistin geschilderten Problems zu entwickeln; es können auch persönlichkeits-, entwicklungs- und sozialpsychologische Theorien, Kommunikationsmodelle, arbeitsfeldspezifische Modelle (z. B. Führungsmodelle, pädagogische Theorien) und andere herangezogen werden. Die verschiedenen (auch untereinander widersprüchlichen) diagnostischen Systeme können dabei nebeneinander verwendet werden; sie sind als legitime und potenziell valide Instrumente zu betrachten, um Hypothesen und Interventionen zu entwickeln, die jedoch keinen Alleingültigkeitsanspruch erheben können. Entscheidend ist daher, dass der Leiter ihnen gegenüber eine skeptische Distanz wahrt – sonst läuft er Gefahr, dass die Hypothesen sich verselbstständigen und er die Klientin, zumindest unbewusst, in Richtung dieser Hypothesen beeinflusst. Dies bedingt, dass sich der Leiter seine stets implizit oder explizit vorhandenen eigenen Hypothesen bewusst macht.

Ein vielversprechender und mögliche Einseitigkeiten nivellierender Ansatz ist die integrative Kombination verschiedener Interpretationsfolien nach Maßgabe der vorliegenden Problemstellung im Einzelfall. So werden sich im Fall eines Klienten, der unter seinen aggressiven Reaktionen in Partnerkonflikten leidet,

- eine Ausdeutung im Sinne der Tiefenpsychologie – Aggression als Folge einer unbewussten Identifikation mit den strafenden Anteilen des Vaters auf die Partnerin –,
- kommunikationspsychologische Annahmen – mangelnde Übernahme der Perspektive der Konfliktpartnerin –,
- rollentheoretische bzw. soziologische Erklärungen – die männliche Aggressorrolle als gesellschaftlich vorgeformtes Verhaltensmuster – und
- verschiedene andere Thesen, z. B. mangelnde Selbstwahrnehmung des eigenen Verhaltens,

nicht nur nicht ausschließen, sondern sogar ergänzen.

Bei der Entscheidung für eine Interpretationsfolie, die zur Grundlage für die erste Intervention gemacht wird, stellen Intuition, Einfühlung und Lebenserfahrung des Leiters wichtige Hilfen dar. Auch die Nutzung von Gegenübertragungsreaktionen des Leiters, die ein zentrales diagnostisches Hilfsmittel der Psychoanalyse darstellen, kann wichtige Aufschlüsse liefern und muss dabei nicht der ▶ Telebeziehung zur Klientin widersprechen. Bei einer längerfristigen Zusammenarbeit kann der Leiter bei der Hypothesenbildung sein Vorwissen über die Klientin und ihren Lebenshintergrund einbeziehen.

> **Beispiel Organisationsberatung –**
> **Formulierung diagnostischer Hypothesen**
> Frau Protas Konflikt mit ihrem Vorgesetzten lässt sich aus der Sicht der Rollentheorie wie folgt analysieren: Durch sein dominantes Verhalten kommuniziert der Chef seine Rollenerwartung, Frau Prota möge sich ihrer Rolle als Angestellte gemäß unterwerfen. Frau Prota reagiert dieser Rollenerwartung gemäß gleichsam automatisiert aus der Kindrolle heraus, die ihr aus der Interaktion mit dem Vater vertraut ist. Die Rolle der für sich selbst eintretenden, selbstbewussten Erwachsenen ist dagegen unterentwickelt. Mit der Festlegung auf die Kindrolle geht ein Mangel an Spontaneität ein-
> ▼

her: Das Spektrum der Verhaltensmöglichkeiten ist reduziert und lässt eine situations- und bedürfnisadäquate Reaktion nicht zu.

Alternativ könnte Frau Protas Verhalten als Ausdruck irrationaler Ängste, als inadäquate rhetorische Taktik etc. interpretiert werden.

9.5.2 Ableitung von Prozesszielen

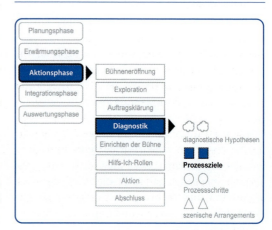

Diagnostische Hypothesen implizieren Annahmen über die Ursachen und das Zustandekommen des infrage stehenden Problems und legen daher auch bestimmte Lösungsmöglichkeiten nahe:

- Vermutet man hinter der Aggression einer Klientin gegenüber ihrem Partner eine Projektion, bestünde ein Behandlungsansatz in der Aufdeckung dieser Projektion und einer Aufarbeitung z. B. der Vater-Tochter-Beziehung,
- sieht man einen Ansatz im mangelnden Vermögen zur Selbstwahrnehmung oder zum Perspektivenwechsel, liegt es nahe, der Klientin ein Feedback ihres eigenen Verhaltens bzw. ein Erleben der jeweiligen Gegenrolle zu ermöglichen usw.

Auf diese Weise lassen sich von den jeweils gewählten diagnostischen Modellen ausgehend operational definierte Ziele (z. B. »Förderung der Einfühlung in den Partner«) ableiten, die vorgeben, was auf der Psychodrama-Bühne getan werden muss, damit die im Auftrag umrissenen inhaltlichen Ziele (z. B. »Erarbeiten konstruktiver Handlungsmöglichkeiten im Konflikt mit dem Partner«) der Klientin erreicht werden können. Diese Ziele nennen wir **Prozessziele**.

Definition

Prozessziele sind operational definierte Ziele, die vor dem Hintergrund bestimmter Interpretationsfolien angeben, welche Prozesse die Klientin auf der Psychodrama-Bühne durchlaufen muss, um sich ihrem im Auftrag festgelegten inhaltlichen Ziel zu nähern.

Prozessziele stehen in einem Ziel-Mittel-Verhältnis zu den inhaltlichen Zielen des Auftrags. Sie beschreiben funktionale Schritte auf dem Weg, die im Auftrag formulierten Ziele zu erreichen. Des Weiteren unterscheiden sie sich von den Zielen des Auftrags insofern, als die Klientin in der Regel Prozessziele nicht als Ziel per se formulieren würde. Deutlich wird dies vor allem bei Prozesszielen, bei denen man mit Abwehr und »Widerständen« rechnen kann (z. B. »Erleben der schädigenden Auswirkungen des eigenen Verhaltens« als Prozessziel in der Konfliktbearbeitung).

Ein erschöpfender Katalog von Prozesszielen ist unmöglich. Daher muss an dieser Stelle eine exemplarische Auflistung grober Klassen von Prozesszielen genügen (▶ Übersicht).

> **Beispiel Therapie –**
> **Ableitung von Prozesszielen**
> Legt man bei Frau Proskes Thema eine rollentheoretische Interpretationsfolie zugrunde, könnten sich daraus folgende Prozessziele ableiten lassen:
> ▬ Frau Proske sollte erkennen, dass die Mutterrolle nach dem Wegzug ihrer Tochter einer Neudefinition bedarf.
> ▬ Frau Proske sollte erkennen, dass die Mutterrolle in ihrem Rollenrepertoire sehr dominant ist und dass sie andere Rollen (Freundin, Schwester) stärker aktivieren muss, um nicht allein zu sein.
> ▬ Frau Proske sollte Möglichkeiten für ein der neuen Situation angepasstes Rollenverhalten gegenüber ihrer Tochter entwickeln.
> ▬ Frau Proske sollte eine dieser Möglichkeiten auf der Bühne erproben.

Bei der Auswahl der Prozessziele müssen unbedingt die Thematisierungsschwellen des betref-

Klassen von Prozesszielen

Rollenanalyse	Beispiel: Erkennen verschiedener »innerer Anteile«, die in einen Konflikt hineinspielen
Stärkung bestimmter Rollenanteile	Beispiel: Stärkung der selbstbewahrenden Seite der eigenen Persönlichkeit
Rollenerweiterung	Beispiel: Entwicklung einer bislang nicht gelebten kämpferischen Seite der eigenen Persönlichkeit
Rollentraining	Beispiel: Erproben einer selbstbewussten Haltung gegenüber dem Konfliktgegner
Empathieförderung	Beispiel: Perspektivenwechsel mit dem Konfliktgegner
Bewertung	Beispiel: Auseinandersetzung mit Vor- und Nachteilen der Entscheidung für eine bestimmte Umgangsweise mit dem Konflikt
Umdeutung	Beispiel: Erkennen, dass das eigene Unwohlsein in Konflikten ein sensibles »Messinstrument« für die eigenen Bedürfnisse ist
Zielentwicklung	Entwicklung von Strategien zur Zielerreichung

fenden Arbeitsfelds und Settings beachtet werden. Die Grenzen dessen, was thematisiert werden kann, werden durch Arbeitsfeld, Setting, Kontrakt und Auftrag vorgegeben. So mögen die sexuellen Probleme einer Klientin zwar im Kontext einer Paartherapie relevant sein, in einem Rhetoriktraining sind sie es aber sicher nicht. Selbst wenn sie es nach Ansicht des Rhetoriktrainers sein sollten, ist die Arbeit an solchen Themen sicherlich nicht Bestandteil des Kontrakts. Auch die Tatsache, dass in eine Paartherapie die Thematisierung der sexuellen Schwierigkeiten einer Partnerin durchaus durch Setting und Kontrakt gedeckt sein können, legitimiert erst dann zu einer Arbeit an dieser Thematik, wenn ein entsprechender Auftrag ausdrücklich vorliegt. Letztlich bleibt aber in jedem Fall die Klientin selbst stets die maßgebliche Instanz; sie kann jederzeit entscheiden, was Bestandteil der gemeinsamen Arbeit sein soll und was nicht.

9.5.3 Ableitung von Prozessschritten: Der »rote Faden« der Psychodrama-Leitung

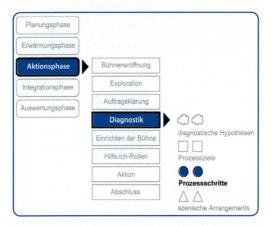

Das ausgewählte Prozessziel lässt sich in eine Abfolge von Prozessschritten zerlegen, die die Protagonistin gehen muss. Das Prozessziel »Erarbeitung von Möglichkeiten, die Beziehung zur Schwester neu zu gestalten« in unserem Fallbeispiel mit Frau Proske erfordert beispielsweise folgende Prozessschritte:

Prozessziel: »Neugestaltung der Beziehung zur Schwester«

Prozessschritt 1: Durchspielen einer Szene, die für die bisherige Ausgestaltung der Rolle typisch ist

Prozessschritt 2: Herausarbeiten der Beziehungswünsche gegenüber der Schwester

Prozessschritt 3: Entwickeln von Möglichkeiten, diese Beziehungswünsche auszudrücken

Prozessschritt 4: Rollentraining: Erprobung und Korrektur der neuen Verhaltensmöglichkeiten

---

Definition

Die Prozessschritte legen die methodischen Stationen fest, die im Spiel durchlaufen werden müssen, um die festgelegten Prozessziele zu erreichen.

Die Planung der Abfolge von Prozessschritten wird im Psychodrama häufig als »roter Faden« der Leitung bezeichnet (◘ Abb. 9.2). Dieser rote Faden stellt das methodische Gerüst dar, gleichsam das »Drehbuch«, an dem sich die Leitung während des Spiels orientiert. Gerade in Momenten, in denen auf der Bühne methodische Verwirrung entsteht oder die Leitung aufgrund eigener Involviertheit den Überblick verliert, ist es hilfreich, diesen roten Faden zu erinnern und fortzuführen.

❗ Der »rote Faden« der Leitung legt die Abfolge der Prozessschritte fest. Gemäß dem psychodramatischen Grundprinzip der handelnden Erschließung subjektiver Wirklichkeit umreißt er die Dramaturgie für den äußeren Prozess, mit dem der innere Prozess der Protagonistin gestaltet werden soll.

Der Leiter darf nicht das Bewusstsein dafür verlieren, dass die Festlegung von Prozesszielen, -schrit-

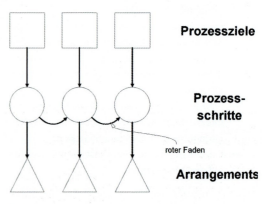

◘ **Abb. 9.2.** Der rote Faden der Psychodrama-Leitung

ten, Arrangements und rotem Faden vollständig auf seinen diagnostischen Hypothesen beruht. Sollten sich diese Hypothesen als unhaltbar erweisen, muss der Spielablauf entsprechend geändert werden. Daher muss der Leiter die Verzweigungspunkte im Auge behalten, an denen sich herauskristallisiert, ob eine bestimmte Hypothese als tragfähige Arbeitsgrundlage für den weiteren Verlauf bestehen bleiben kann oder nicht (▶ Abschn. 9.8.3).

Bei der Entwicklung des roten Fadens muss der Leiter den zur Verfügung stehenden zeitlichen Rahmen berücksichtigen. Es ist besser nur eine längere und intensivere Szene zu spielen, als eine Fülle hektischer Szenen, die der Protagonistin zuwenig Erlebensmöglichkeiten bieten.

Prozessmodelle für die Aktionsphase

Der rote Faden muss für jedes Spiel individuell entworfen werden. Er muss auf das Setting, den Auftrag, die diagnostischen Hypothesen und Prozessziele des Leiters, auf die verfügbare Zeit usw. zugeschnitten sein. Allgemeingültige Psychodrama-Prozessmodelle erleichtern die Interventionsplanung, engen aber die Möglichkeiten einer diffe-

renziellen Anpassung an die spezifischen Anforderungen der jeweiligen Bühne ein.

In der klassischen Psychodrama-Theorie von Moreno steigt das emotionale Aktivierungs- und Erregungsniveau der Protagonistin (und der Gruppe) an, bis es schließlich im Moment der → Katharsis seinen Höhepunkt erreicht. Hollander (1969) hat diesen idealtypischen Verlauf in einem bekannt gewordenen Prozessmodell als Leitlinie für die Leitung formuliert (◘ Abb. 9.3). Auch dieses Modell kann nur eingeschränkte Gültigkeit beanspruchen, denn nicht für jede Problematik ist ein kathartischer Verlauf günstig. Überdies kann die Protagonistin auch ohne ein emotionales »Aha-Erlebnis« neue Einsichten in die Hintergründe ihres Verhaltens gewinnen, Zugang zu ihren Emotionen erlangen oder neue Handlungsmöglichkeiten erkennen (zum Katharsiskonzept und seiner Kritik (▶ Abschn. 31.2.2).

Das von Goldman u. Morrison (1988) entwickelte **Spiralmodell** des psychodramatischen Prozesses geht im Sinne der Tiefenpsychologie davon aus, dass ungelöste Probleme und Konflikte in der Gegenwart unbewusste Fortführungen eines in der Kindheit angelegten Musters darstellen. Die

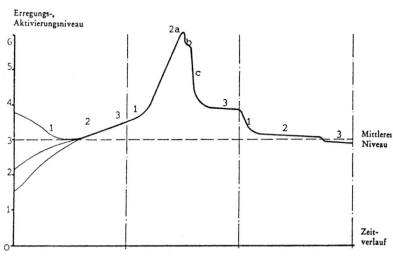

Phase I.
Phase der Erwärmung.
1. Begegnung
2. Aktivierung und
   Gleichlauf
3. Soziometrischer Prozeß

Phase II.
Phase der Aktion.
1. Exploration
2. Katharsis
   a) des Gefühls
   b) der Einsicht
   c) der Neuordnung
3. Realitätsprobe

Phase III.
Phase der Gruppentherapie.
1. Selbstbericht
   Rollenfeedback
2. Gruppengespräch
3. Zusammenfassung

◘ **Abb. 9.3.** Die Hollander-Psychodrama-Kurve. (Nach Hollander, 1969)

Aufgabe des Psychodramas in diesem Modell ist es,

- die Protagonistin von der Gegenwart schrittweise zur kindlichen Ursprungsszene zurückzuführen,
- dort ein kathartisches Erleben zu ermöglichen – im Sinne von Morenos Ausspruch »… jedes wahre zweite Mal ist die Befreiung vom ersten …« (Moreno, 1923, S. 77) – und dann
- gegenwarts- und zukunftsbezogen neue Verarbeitungsmöglichkeiten zu erarbeiten und einzuüben.

Demgemäß könnte ein roter Faden für die therapeutische Bearbeitung von Konflikten am Arbeitsplatz etwa wie folgt aussehen:

1. Szene	Gegenwart	Durchspielen des Konflikts mit dem Vorgesetzten
2. Szene	Jüngere Vergangenheit	Konflikt mit einem Bekannten
3. Szene	Frühere Kindheit	Konflikt mit dem Vater
4. Szene	Zukunft	Rollentraining

Dieses Konzept kann in einer tiefenpsychologisch ausgerichteten Arbeit eine gute Strukturhilfe darstellen, falls ausreichend Zeit für das intensive Ausspielen von mindestens drei Szenen zur Verfügung steht. Als allgemeines Modell ist die psychodramatische Spirale dagegen nicht geeignet, da die eingebaute Zwangsläufigkeit zu tiefer Regression und Katharsis – es sollen »Wut, Tränen, Urschrei« stattfinden, wie Goldman u. Morrison (1988, S. 33) schreiben – nicht für alle Themen, Protagonistinnen und Arbeitsfelder angemessen ist.

Holmes (1992) und Burmeister (Kap. 20 in diesem Band) unterscheiden eine **horizontale** und eine **vertikale Ebene der Prozessplanung**:

- Auf der horizontalen Ebene arbeitet man rein gegenwartsbezogen an der Klärung aktueller Themen und Konflikte. In unserem Fallbeispiel könnte dies bedeuten, die gegenseitigen Rollenerwartungen von Frau Prota und ihrem Vorgesetzten zu klären;

- Auf der vertikalen Ebene wird dagegen die Genese dieser Themen und Konflikte im Kontext der Biografie der Klientin betrachtet und bearbeitet. Die vertikale Ebene kommt ins Spiel, sobald der Fokus des Spiels sich von der Auseinandersetzung mit dem Chef hin zum Konflikt mit dem Vater und seinen Folgen für die Gegenwart verschiebt.

❗ **Gemäß dem Grundsatz »von der Peripherie ins Zentrum« sollte man sich angstbesetzten Szenen behutsam nähern; auch ist es in der tiefenpsychologisch ausgerichteten Arbeit mit biografischen Themen häufig sinnvoll, in der Gegenwart zu beginnen und von dort aus in die Vergangenheit fortzuschreiten.**

9.5.4 Auswahl geeigneter szenischer Arrangements

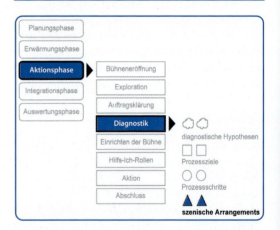

Im nächsten Schritt muss für die jeweiligen Prozessschritte eine passende methodische Umsetzung gefunden werden. Der szenische, handlungsorientierte und erlebnisaktivierende Zugang ist das Wesensmerkmal des Psychodramas – es muss jedoch nicht für jeden Prozessschritt ein psychodramatisches Arrangement gewählt werden. Die konkrete Umsetzung des Prinzips der szenischen Arbeit kann sehr unterschiedlich aussehen: Neben dem »klassischen« Protagonistenspiel, das häufig für die psychodramatische Arbeitsweise schlechthin gehalten wird, können Stegreifspiele, Rollenspiele, Skulpturarbeit und vieles andere zum Einsatz kommen. Buer (1999) bezeichnet diese Möglichkeiten szenischer Gestaltung als **Arrangements,** Petzold (1979) als **Rahmentechniken.** Ein Ausschnitt aus der Fülle möglicher szenischer Arrangements wird in ▶ Kap. 3 präsentiert.

Definition

Szenische Arrangements dienen zur Schaffung eines Erlebensraums für die Protagonistin bzw. die Gruppe, der einen relevanten Ausschnitt der psychischen und sozialen Dynamik ihrer Wirklichkeit sichtbar und bearbeitbar macht. In der Auseinandersetzung mit dieser Dynamik soll es der Protagonistin / der Gruppe möglich werden, die für die Erreichung der Prozessziele bedeutsamen Erkenntnis-, Lern- und Veränderungsschritte zu vollziehen.

In den verschiedenen szenischen Arrangements eines Protagonistenspiels wird die (innere) Wirklichkeit der Protagonistin in der (äußeren) psychodramatischen → Surplus Reality »repliziert«. Damit soll es der Protagonistin ermöglicht werden, sich mit einigen zentralen Aspekten ihrer Thematik handelnd auseinander zu setzen. Dabei geht es nicht um eine 1:1-Transformation im Sinne einer möglichst »realistischen« Wiedergabe aller Emotionen, Beziehungen usw., sondern um die **symbolische Verdichtung des Bedeutungsgehalts** der subjektiven Wirklichkeit der Protagonistin (→ Surplus Reality). Da die »Innenwelten« der Klientinnen jeweils einzigartig und damit in ihrer Gesamtheit unendlich variationsreich sind, gibt es auch unendlich viele Möglichkeiten für szenische Arrangements. Somit kann es weder eine erschöpfende Auflistung noch »Patentrezepte« für die Konstruktion und Auswahl eines szenischen Arrangements geben.

In jedem Fall richtet sich die Wahl eines geeigneten Arrangements nach den gewählten Prozessschritten. Bei einer Themenstellung, wie sie in unserem Beispiel Organisationsberatung vorliegt, wird der erste Prozessschritt häufig (aber nicht unbedingt) in der Analyse der aktuellen Konfliktsituation mit dem Chef bestehen. In diesem Fall wird man sich für das realistische Nachspielen der Situation entscheiden, so wie sie sich in der Erinnerung der Protagonistin abgespielt hat. Wenn der erste Prozessschritt darin besteht, den institu-

tionellen Kontext des Konflikts zu verdeutlichen, kann die Struktur der Organisation von Frau Prota mithilfe einer psychodramatischen Aufstellung auf die Bühne gebracht werden. Die folgende exemplarische Darstellung verschiedener Arrangements soll die wichtigsten Möglichkeiten verdeutlichen.

▶ **Beispiel Therapie – Auswahl geeigneter szenischer Arrangements**
Prozessziel: Frau Proske soll erkennen, dass die Mutterrolle in ihrem Rollenrepertoire sehr dominant ist und dass sie andere Rollen (Freundin, Schwester) stärker aktivieren muss, um nicht allein zu sein. Herr Theesen lässt die Klientin ihr ▶ soziales Atom zeichnen. Das entstandene Bild wird als Aufstellungsarbeit auf die Bühne gebracht. Die Klientin positioniert die Tochter in der Aufstellung unmittelbar vor sich. Als der Therapeut die Rolle der Tochter einnimmt wird deutlich, dass diese den Blick auf andere Bezugspersonen (Verwandte, Freunde) versperrt.
Prozessziel: Frau Proske soll Möglichkeiten für ein der neuen Situation angepasstes Rollenverhalten gegenüber ihrer Tochter entwickeln. Herr Theesen entscheidet sich für eine Arbeit mit dem ▶ leeren Stuhl. Dieser steht für die Tochter, mit der die Klientin einen Dialog führt, indem sie abwechselnd ihre eigene Rolle und die Rolle der Tochter einnimmt. Auf diese Weise können Beziehungserwartungen angesprochen und neue Umgangsformen entwickelt werden.

Szenische Bearbeitung realer oder fiktiver Ereignisse aus dem Leben der Protagonistin

Ein häufig gewähltes Arrangement ist **das szenische Spiel von Situationen,**

- die in der **Vergangenheit** so (oder ähnlich) stattgefunden haben,
- die möglicherweise in der **Zukunft** so (oder ähnlich) stattfinden werden oder
- die zumindest **prinzipiell** so (oder ähnlich) stattfinden könnten.

Die Reinszenierung biografischer Ereignisse ist zumindest in therapeutischen Kontexten das wohl am häufigsten eingesetzte psychodramatische Arrangement.

9

Häufig – wie in unserem Beispiel Organisationsberatung – ergibt sich eine passende Einstiegsszene unmittelbar aus der Anfrage: Die Protagonistin möchte das Streitgespräch mit ihrem Vorgesetzten analysieren. In vielen Fällen wird ein möglicher Einstieg aber nicht so offensichtlich sein und der Leiter muss gemeinsam mit der Protagonistin nach einer sinnvollen Einstiegsszene suchen, die die zu bearbeitende Problematik am besten ausdrückt. Welche Szene sich am besten eignet, kann der Leiter in der Exploration explizit erfragen (z. B. »Wann tauchte die Angst, von der Sie sprechen, zum ersten Mal auf?«). Häufig kann dann die Protagonistin die »Schlüsselszene« zu ihrem Konflikt selbst benennen. Wenn die Protagonistin, wie es gelegentlich geschieht, eine Fülle von Szenen »anbietet«, muss der Leiter die passende »zwischen den Zeilen« heraushören, z. B. indem er darauf achtet,

- welche Szene zuerst genannt wird,
- über welche Szene die Protagonistin am längsten spricht oder
- bei welcher Szene sich die stärkste emotionale Reaktion zeigt.

Die Protagonistin kann mitentscheiden, welche Szene gespielt werden soll.

Gemäß dem psychodramatischen Grundsatz »von der Peripherie ins Zentrum« sollte das Spiel nicht bereits mit einer traumatischen Szene beginnen, da dies zu Abwehrreaktionen führen würde. Wenn der Leiter weiß oder abschätzen kann, dass in dem Spiel ein negativ besetztes Ereignis berührt wird, sollte er daher als Einstieg eine Szene wählen, die diesem Ereignis vorgelagert ist. Wenn das Prozessziel in der Erprobung einer neuen Handlungsweise (→ Rollentraining) oder im Ausloten der Konsequenzen einer bestimmten Entscheidung (→ Zukunftsprojektion) besteht, können auf die gleiche Weise **in der Zukunft liegende Szenen** inszeniert werden. Im Rollenspiel, wie es z. B. in der Erwachsenenbildung eingesetzt wird, können auch gänzlich **fiktive Szenen** gespielt werden. In allen Fällen geht es aber um eine weitestgehend realistische Darstellung dessen, was geschehen ist, noch geschehen wird oder geschehen könnte.

Arbeit mit surrealen Arrangements

Bei den Arrangements, die wir als »surreal« bezeichnen, wird die Ebene der Realität verlassen. Der Erlebensraum der Protagonistin / der Gruppe ist hier nicht ein Abbild einer realen Situation, sondern ein rein metaphorischer. Ein solcher metaphorischer Erlebensraum wird beispielsweise mit der schon von Moreno verwendeten Gerichtstechnik aufgespannt: Auf der Psychodrama-Bühne wird eine »Gerichtsverhandlung« mit Richter, Zeugen, Staatsanwalt und Verteidiger inszeniert, die die inneren Anteile im Schuldkonflikt der »angeklagten« Protagonistin verkörpern. Die Szenerie auf der Bühne ist – gemessen an äußeren Kriterien – vollkommen unrealistisch, da eine solche Verhandlung ja nie zustande kommen könnte. In ihrer Surrealität stellt sie jedoch ein treffendes metaphorisches Abbild der inneren Wirklichkeit der Protagonistin dar, das durch die Anklänge an den Symbolismus des Jüngsten Gerichts noch verstärkt wird.

Bei den surrealen Arrangements geht es also nicht darum, eine zu dem zu bearbeitenden Thema passende reale oder fiktive Situation des Alltagslebens zu entwerfen, sondern darum, die »innere Wirklichkeit« der Protagonistin in eine szenische Metapher zu übersetzen, die – ähnlich einem Traumbild – die prägenden Elemente dieser Wirklichkeit in verdichteter Form enthält. Darüber hinaus muss das ausgewählte Arrangement an dem gewählten Prozessziel orientiert sein.

Die Entwicklung stimmiger surrealer Arrangements stellt hohe Anforderungen an die Kreativität und Spontaneität des Leiters. In der Exploration muss er den Empfindungen und Bildern folgen, die bei den Ausführungen der Protagonistin in ihm aufsteigen. Er muss bei der Auswahl des zu spielenden Bildes hohe Treffsicherheit beweisen, da die Protagonistin leicht »aus der Szene fallen« kann, wenn diese an ihrem Erleben vorbei geht. Auch die saubere szenische Gestaltung ist oft schwierig. Schließlich muss es dem Leiter gelingen, am Ende der betreffenden Szene den Rückbezug auf die Realität der Protagonistin herzustellen. Lakoff u. Johnsons (2000) »Leben in Metaphern« kann bei der »Übersetzung« von Alltagssprache in Metaphern wichtige Anregungen bieten.

«Klassische» Felder für die Arbeit mit surrealen Arrangements sind die psychodramatische Arbeit mit Märchen und Träumen (▶ Abschn. 3.17 und 3.18).

Szenische Umsetzung von Strukturen

Ein Arrangement, das sich für die szenische Umsetzung der Strukturen eines Systems hervorragend eignet, ist die Aufstellungsarbeit (▶ Abschn. 3.7). Die Elemente des Systems (z. B. Familienmitglieder, verschiedene Abteilungen einer Organisation, innere Stimmen und Persönlichkeitsanteile) werden durch → Hilfs-Iche, leere Stühle oder andere Repräsentanten verkörpert, die Relationen zwischen diesen Elementen durch die räumliche Anordnung der Repräsentanten (bei der Arbeit mit Hilfs-Ichen auch durch Handlungen, Gesten oder Sätze). Die Übertragung der abzubildenden Struktur in ein szenisches Bild ist hier unproblematisch.

Szenische Umsetzung von Prozessen

Prozessverläufe können im Psychodrama leicht dargestellt werden, indem die verschiedenen Prozessstadien in Form von Seilen, Tüchern, Moderationskarten oder anderen Gegenständen auf die Bühne gebracht werden. Beispiele hierfür sind in ▶ Abschn. 3.8 beschrieben.

❗ Nach der Exploration und der Auftragsklärung erfolgt die Entscheidung für ein geeignetes szenisches Arrangement. Dabei kann es sich z. B. um die Darstellung eines Prozessverlaufs, die szenische Wiedergabe von Strukturen mittels Aufstellungsarbeit, um »surreale« Arrangements oder um die Arbeit an einer fiktiven oder einer realen Situation aus dem Leben der Protagonistin handeln. Im letzteren Fall muss eine darstellbare Einstiegsszene gefunden werden.

9.6   Einrichten der Bühne

Nach Abschluss der Exploration eröffnet der Leiter die Bühne mit dem für den Einstieg ausgewählten Arrangement (unsere Darstellung unterstellt, dass die Entscheidung auf die für das Psychodrama typische Arbeit an einer konkreten Szene ge-

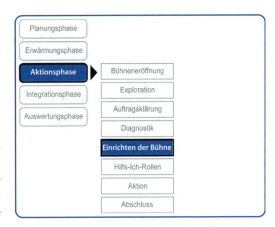

fallen ist; alternative Spielverläufe sind in ▶ Kap. 1 skizziert).

Die Protagonistin richtet mit der Hilfe des Leiters die Einstiegsszene ein, wobei – z. B. beim Nachstellen eines Büros – weniger auf Vollständigkeit der gesamten Einrichtung zu achten ist als darauf, dass eine Atmosphäre geschaffen wird, die für Protagonistin, Leiter und Gruppe ein stimmiges Bild der »Gestalt« des Raums wiedergibt. Zunächst wird der Leiter nach der Orientierung des Raums fragen, z. B. wo Fenster und Türen sind. Dann werden weitere relevante Merkmale des Raumes erfragt, z. B.: »Was ist wichtig in Ihrem Büro?« oder »Was müssen wir jetzt noch auf die Bühne stellen, damit wir uns Ihr Büro vorstellen können?« In der Regel wird die Protagonistin nun Einrichtungsgegenstände wie Tisch, Stühle, Schränke etc. nennen. Diese sind so aufzubauen, dass ihre Orientierung auf der Bühne der realen Situation entspricht. Dabei muss der Gruppe ein Einblick in die Szene gewährt werden. Kann das Publikum beispielsweise das Gesicht der Protagonistin nicht sehen, weil diese mit dem Rücken zur Gruppe an ihrem Schreibtisch sitzt, muss das gesamte auf der Bühne aufgebaute Büro um 180° gedreht werden.

Diagnostisch bedeutsam können an dieser Stelle Gegenstände sein, die von dem, was man in einem Büro erwarten kann, abweichen. Legt die Protagonistin in ihren Schilderungen bereits früh Wert auf unwichtig erscheinende Details oder spricht sie wiederholt bestimmte Gegenstände an, kann der Leiter diese Hinweise aufgreifen und die betreffenden Gegenstände durch Requisiten auf die Bühne holen. Es kann für den späteren Spielverlauf interessant sein, die Bedeutung dieser symbolischen Gegenstände im Rollenwechsel zu erforschen, was aber in der Regel einem therapeutischen oder quasitherapeutischen Zugang vorbehalten bleiben wird. Die Rolle kann gegebenenfalls sogar durch ein Hilfs-Ich verkörpert werden, wobei darauf zu achten ist, dass »… Gegenstände (…) im Szenenaufbau nur dann mit Personen zu besetzen [sind], wenn sie in dem vom Protagonisten vorgegebenen Konflikt strukturell und energetisch bedeutsam sind und die tiefere Wahrheit des speziellen Konflikts nicht ohne Rollentausch mit diesem Gegenstand erarbeitet werden kann« (Krüger, 1997, S. 92).

In der Regel wird man durch einige wenige Einrichtungsgegenstände bereits eine dichte, realistische Stimmung erzeugen können. Möchte man die Szene mit noch mehr Leben füllen, kann man die Protagonistin fragen, welche Farbe die Wände haben, ob womöglich Dinge auf dem Boden verstreut oder auf dem Tisch liegen, ob der Raum eher hell oder eher dunkel wirkt – und in einer therapeutischen Situation gegebenenfalls die Bühne, wenn möglich, entsprechend beleuchten oder abdunkeln – etc. Ob die Protagonistin die Szene als realistisch erlebt, kann man durch eine Nachfrage wie »Ist Ihr Büro so vollständig oder fehlt noch etwas?« überprüfen. Bei der Schaffung der nötigen Atmosphäre kann die Gruppe sehr hilfreich sein. Die passende Stimmung und Geräuschkulisse für eine Szene in der Kneipe lässt sich beispielsweise erzeugen, indem alle Gruppenmitglieder die Rolle von Kneipenbesuchern einnehmen und sich laut unterhalten, zuprosten usw.

Die Atmosphäre, die man beim Einrichten der Szene erzeugt, ist mitentscheidend für das Ausmaß an in dieser Szene erreichbarer emotionaler Tiefe. Der Leiter sollte sich dieser Tatsache bewusst sein, um bei bestimmten Themen oder bestimmten Protagonistinnen durch ein stärkeres Setzen von Kontextreizen in das emotionale Erleben »hineinzuhelfen«; in anderen Situationen mag im Gegenteil eine zu große emotionale Dichte gerade nicht erwünscht sein.

Schließlich sei erwähnt, dass es Protagonistinnen gibt, die sich bei der Einrichtung der Szene in detailverliebten, langatmigen Schilderungen verlieren und mit dem Resultat nie zufrieden scheinen. Dies kann unter Umständen darauf hindeuten, dass die Protagonistin nicht zur eigentlichen Aktion fortschreiten möchte und kann als Anzeichen für Widerstand gedeutet werden.

In jedem Fall ist bei der Einrichtung der Bühne darauf zu achten, dass die verwendeten Requisiten keine Gefahr für die Spieler darstellen. Messer und andere spitze oder scharfkantige Gegenstände gehören ebenso wenig auf die Bühne wie offenes Feuer. Die Aufbauten müssen stabil gestaltet werden – in mehreren Ebenen übereinander getürmte Möbelstücke können herunterfallen und die Spieler verletzen. Auch das Klettern auf Türmen aus Tischen und Stühlen ist gefährlich.

> **❶** Im Psychodrama kann mit wenigen Mitteln – einem Tisch, einigen Stühlen und anderen Einrichtungsgegenständen – eine Atmosphäre geschaffen werden, die von den Beteiligten als recht realistisch erlebt wird. Die Einrichtung der Bühne ist für die Leitung somit ein Gestaltungsmittel, das bewusst eingesetzt werden sollte, um je nach gewählter Zielsetzung eine hohe Erlebnisdichte zu erreichen oder zu vermeiden.

9.7 Besetzen der Hilfs-Ich-Rollen

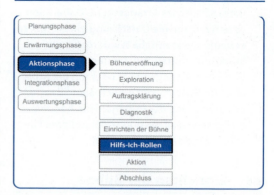

Wenn in der Einstiegsszene Interaktionspartner der Protagonistin vorkommen, werden nun die zu Beginn der Szene erforderlichen Hilfs-Ich-Rollen besetzt. Die Protagonistin wählt unter den Teilnehmern diejenigen, die ihr für die jeweiligen Rollen geeignet erscheinen. Es gibt jedoch verschiedene Gründe, fallweise von dieser Regel abzuweichen:

Soziometrische Erwägungen

Gerade die Tatsache, dass die Rollenwahl von persönlichen Faktoren – von Sympathie bis hin zur Projektion negativer Attribute nach dem Muster »Ich wähle X, weil sie die gleichen kalten Augen hat wie meine verhasste Mutter« – beeinflusst ist und die Rollenwahl der Protagonistin von den gewählten Personen auch als soziometrische Entscheidung zugerechnet wird, kann störend wirken, wenn negativ besetzte oder mit Erotik und Sexualität verbundene Rollen besetzt werden sollen. Hier muss die Protagonistin fürchten, dass ihre Wahl die Beziehung zu dem betreffenden Gruppenmitglied auch über das Ende des Spiels hinaus belastet. In diesen Fällen kann der Leiter die Rolle durch Freiwillige besetzen lassen.

Schutz vor negativen Emotionen

Ein weiteres Problem ist die Besetzung von Rollen, die mit heftigen negativen Emotionen (z. B. starke Aggression, Hass, Angst) verbunden sind. Das Ausspielen solcher Rollen kann für das Hilfs-Ich schädigend wirken und es kann sinnvoll sein, die Rolle mit zwei Hilfs-Ichen zu besetzen, um die Belastung zu verteilen. Auf der anderen Seite hat eine solche Doppelbesetzung für die Protagonistin den Charakter einer → Maximierung, die nicht in allen Situationen zumutbar ist. In vielen Fällen kann bereits die leibhaftige Präsenz einer stark negativ besetzten Figur (z. B. »der Tod«) in Form eines einzigen Hilfs-Ichs für die Protagonistin überwältigend sein. Solche besonders problematischen, negativ belegten und konfliktträchtigen Rollen können von einem Koleiter übernommen, durch einen Stuhl repräsentiert (→ leerer Stuhl) oder in Extremfällen gar nicht besetzt werden.

Therapeutische Erwägungen

Der Leiter kann aus therapeutischen Erwägungen heraus selbst bestimmte Gruppenmitglieder für eine Rolle auswählen, z. B. wenn er hofft, dass ein schüchterner Teilnehmer davon profitieren wird, die Rolle des Verführers zu spielen.

Moreno weist darauf hin, dass die Hilfs-Ich-Rollen erst dann besetzt werden sollten, wenn sie benötigt werden, um die Erwärmung der Mitspieler nicht durch längere Untätigkeit vor dem Beginn der Aktion zu beeinträchtigen:

> **»** Hole die Hilfs-Iche nicht auf die Bühne bevor der Zeitpunkt gekommen ist, sie in die Szene einzubeziehen. Stelle die an einer Szene beteiligten Rollen zunächst vor, in dem du den Protagonisten einen Rollentausch machen lässt. Lege nicht fest, welche Mitspieler aus der Gruppe Hilfs-Iche für die einzelnen Rollen sein sollen, bevor du bereit bist, sie mit der Aktion starten zu lassen. (Moreno, o. A., zitiert nach Dayton, 2005, S. 31).

Es ist in der Regel ratsam, die Protagonistin die Rollen mit charakteristischen Rollenattributen ausstatten zu lassen: Dabei kann es sich um Kleidungsstücke (in unserem Beispiel eine Krawatte für Frau Protas Chef) oder um Gegenstände handeln (z. B. einen Aktenordner für Frau Protas Kollegin); sehr universell verwendbar, wenngleich nicht in jedem Setting, sind auch verschiedenfarbige Tücher. Diese Rollenattribute erleichtern es den Hilfs-Ichen, sich mit der Rolle zu identifizieren und die Tatsache, dass die Rollenerwärmung sich teilweise an äußere Attribute bindet, erleichtert es auch, sie am Ende des Spiels mit diesen Attributen wieder abzulegen. Darüber hinaus besteht die Möglichkeit, bei entsprechender Fragestellung den symbolischen Gehalt der Rollenattribute zu explorieren, indem man die Protagonistin einen Rollenwechsel mit diesen Attributen vornehmen lässt. Die beschriebenen Vorteile sollen aber nicht dazu veranlassen, die Ausstaffierung mit Rollenattributen zur generellen Regel zu erheben. Wenn jedes Hilfs-Ich in jedem Spiel mit Rollenattributen hantiert, wird dies für die Teilnehmer schnell zur inhaltsleeren Pflichtübung. Auch hier gilt also: Technische Entscheidungen werden aus inhaltlichen, nicht aus ideologischen Gründen getroffen.

Nun findet ein → Rollentausch statt, die Rollenattribute werden beim Tausch ebenfalls zwischen Protagonistin und Hilfs-Ich gewechselt, und die Protagonistin stellt das Hilfs-Ich aus seiner Rolle heraus vor. Dabei kann der Leiter durch Fragen wie »Wie heißen Sie?«, »Wie alt sind Sie?«, »Wie sehen Sie aus?« usw. die Exploration steuern.

**Beispiel Organisationsberatung –
Besetzen der Hilfs-Ich-Rollen**

Herr Leibold:	»Jetzt, wo wir Ihren Arbeitsplatz auf der Bühne haben, können wir fast schon anfangen. Um die Szene realistisch nachstellen zu können, brauchen wir nur noch jemanden, der für uns Ihren Chef verkörpern kann. Vielleicht schauen Sie mal in die Runde, wer das am ehesten sein könnte.« (An die Gruppe gerichtet:) »Keine Sorge, Sie müssen nicht improvisieren oder toll schauspielern oder so etwas, es geht nur darum, dass wir die ganze Situation ein bisschen anschaulich machen.«
Frau Prota:	»Ich könnte mir vorstellen, dass Herr Hilb das macht.«
Herr Leibold:	»Herr Hilb, würden Sie uns als Chef zur Verfügung stehen?« (Herr Hilb ist einverstanden.) »Dann machen wir jetzt Folgendes: Damit Herr Hilb und wir natürlich auch eine Vorstellung bekommen, was für ein Mensch Ihr Chef ist, machen wir jetzt einen Rollentausch, d. h., Sie, Frau Prota, verwandeln sich jetzt für einen Moment in Ihren Chef, und Sie, Herr Hilb, stellen sich einfach ganz entspannt hier hin und schauen zu. So, ich frage Sie jetzt mal als Chef: Wie heißen Sie?«
Frau Prota:	»Maier. Herr Maier.«
Herr Leibold:	»Herr Maier also. Wie dürfen wir Sie uns vorstellen? Beschreiben Sie sich doch einmal ein wenig. Wie sehen Sie aus, wie alt sind Sie?«
Frau Prota:	»Ich würde sagen, Herr Maier ist so etwa …«
Herr Leibold:	»Denken Sie daran, Sie sind jetzt gerade Herr Maier. Also: Ich, Herr Maier, bin etwa …«
Frau Prota:	»Ich bin etwa 50 Jahre alt, ein bisschen untersetzt …«

Je nach Situation kann an dieser Stelle mit der Frage »Was halten Sie von Frau Prota?« bereits eine erste Beziehungsklärung stattfinden. Wenn Leiter, Gruppe und Hilfs-Ich einen Eindruck von der Rolle bekommen haben, wechselt die Protagonistin zurück in ihre Rolle.

Wahl eines Stand-Ins für die Protagonistin

Viele Psychodramatikerinnen und Psychodramatiker arbeiten mit einem permanenten Stand-In in der Rolle der Protagonistin. Nachdem die Hilfs-Ich-Rollen besetzt sind, wählt die Protagonistin ein Gruppenmitglied, das für die gesamte Dauer der Szene ihre Rolle übernimmt. Die Protagonistin verbleibt während des Spiels auf der Interviewebene und übernimmt nur in denjenigen Passagen ihre eigene Rolle, in denen eine direkte Interaktion mit einer der anderen Rollen stattfindet. In kürzeren Spielpassagen bleibt das Stand-In in der Nähe der Protagonistin (z. B. in der → Doppelposition). Bleibt die Protagonistin dagegen länger in ihrer Rolle, kann das Stand-In am Bühnenrand Platz nehmen.

Diese Arbeitsweise empfiehlt sich vor allem, wenn eine allzu große Erwärmung der Protagonistin für das Thema unerwünscht ist, z. B. beim Spielen angstbesetzter Szenen. Der direkte Rollentausch mit der Antagonistenrolle wird vermieden. Generell eröffnet die Betrachtung des Geschehens aus der Distanz der ständigen → Spiegelposition heraus andere Perspektiven und Erkenntnisse als das Verbleiben in der Rolle. Hier gilt im Wesentlichen das in Abschn. 4.5 zur Spiegeltechnik Gesagte.

Andere Psychodramatiker setzen das Stand-In nur punktuell ein und lassen die Protagonistin im Regelfall in ihrer Rolle in der → Surplus Reality agieren. Hier verhalten sich die Vorteile komplementär zu der zuvor beschriebenen Arbeitsweise: Die erlebnisaktivierenden Wirkungen sind stärker, die Protagonistin ist stärker involviert. Der Rollentausch mit einer Hilfs-Ich-Rolle erfordert nur einen statt zwei technischer Schritte, was gerade in Szenen mit häufigem Rollentausch sehr erleichternd und kräfteschonend wirken kann. Andererseits muss ein Stand-In, das erst im Verlauf der Szene ausgewählt wird, sich zunächst für die Rolle der Protagonistin erwärmen, was bei der Arbeit mit einem permanenten Stand-In entfällt.

Beide Arbeitsweisen haben spezifische Vor- und Nachteile, sodass die Entscheidung über den Einsatz des Stand-Ins (über individuelle Präferenz und Leitungsstil hinaus) je nach Indikation fallweise flexibel gehandhabt werden sollte. Wir beschreiben im Folgenden, insbesondere aufgrund der einfacheren Darstellung, die Arbeit ohne permanentes Stand-In.

❶ Im Anschluss an das Einrichten der Bühne werden die zu Beginn der Szene erforderlichen Rollen besetzt. Üblicherweise sucht die Protagonistin selbst die Mitspieler aus; die Rollen können aber auch von Freiwilligen gespielt, von der Koleitung übernommen oder nur mit Hilfs-Objekten (z. B. Stühlen) besetzt werden. Letzteres ist insbesondere bei angst- oder aggressionsbesetzten Rollen zu empfehlen, deren Ausspielen Hilfs-Iche wie Protagonistin überfordern könnte.
Wenn mit einem permanenten Stand-In gearbeitet werden soll, muss für diese Funktion vor Beginn der psychodramatischen Aktion ebenfalls ein Gruppenmitglied ausgesucht werden.

9.8 Die psychodramatische Aktion

9.8.1 Eintritt in die psychodramatische Surplus Reality

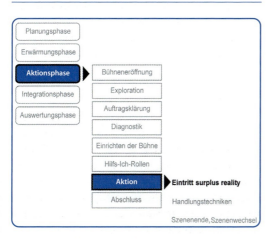

An dieser Stelle des Spielverlaufs ist durch die Einrichtung der Bühne und die Besetzung der Hilfs-

Ich-Rollen bereits ein Erlebensraum in der psychodramatischen → Surplus Reality geschaffen worden. Die Protagonistin steht aber bislang noch außerhalb dieses Erlebensraums. Indem die Protagonistin ihren Platz in der Szene einnimmt, sich z. B. an den Tisch setzt, der in der Bühneneinrichtung ihren Schreibtisch im Büro verkörpert, verlässt sie den Handlungsraum des psychodramatischen Interviews und taucht in die Surplus Reality des Spiels ein. In der psychodramatischen Surplus Reality soll die Protagonistin alle Szenen so erleben, als würden sie sich im Hier und Jetzt ereignen – entsprechend dem Ziel des Psychodramas, Szenen nicht nachzuspielen, sondern wiederzuerleben. Es findet also ein erneuter Rollen- und Ebenenwechsel statt:

Rollenwechsel:	Frau Prota steht nun nicht mehr als Teilnehmerin des Konfliktmanagementseminars (Realität) auf der Psychodrama-Bühne, sondern in der Rolle als Mitarbeiterin ihres Chefs (Surplus Reality)
Ortswechsel:	Die Aktion findet im Büro statt (Surplus Reality), der Seminarraum (Realität) rückt in den Hintergrund
Wechsel der Zeitebene:	Frau Prota wird aus der Realität des Seminars in der psychodramatischen Surplus Reality an den Zeitpunkt des Konflikts mit ihrem Chef zurückversetzt

Die in ❏ Abb. 9.4 dargestellten Handlungsebenen des Psychodramas korrespondieren mit den drei Stufen von Morenos historischer Bühne in Beacon (▶ Kap. 2, ❏ Abb. 2.1).

Um allen Beteiligten diesen raumzeitlichen Wechsel und die Einfühlung in die Szene zu erleichtern, sollte der Leiter die neue Situation »markieren«. Hierfür gibt es folgende Möglichkeiten:

— Deutlicher Ortswechsel von der Stelle, an der die Exploration stattgefunden hat, zum Spielort;
— den Kontext der Situation erfragen (z. B. »Welcher Tag ist heute?«, »Wie viel Uhr ist es?«, »Wie ist ihr Arbeitstag bisher verlaufen?«, »Wie fühlen sie sich?«);

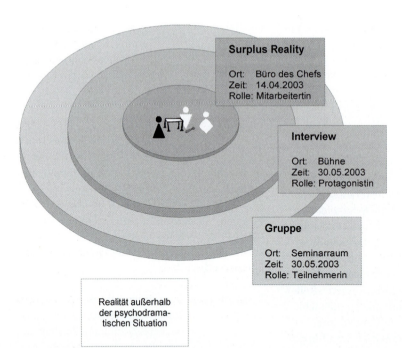

Surplus Reality

Ort: Büro des Chefs
Zeit: 14.04.2003
Rolle: Mitarbeitertin

Interview

Ort: Bühne
Zeit: 30.05.2003
Rolle: Protagonistin

Gruppe

Ort: Seminarraum
Zeit: 30.05.2003
Rolle: Teilnehmerin

Realität außerhalb
der psychodrama-
tischen Situation

9

— die Protagonistin so ansprechen, als würde sie nicht mehr im Seminarraum, sondern in ihrem Büro stehen (»Was sind Ihre Aufgaben hier in der Firma? Wie lange arbeiten Sie schon hier? Wie verstehen Sie sich mit ihren Kollegen?« etc.).

❯ **Beispiel Organisationsberatung – Eintritt in die Surplus Reality**

Herr Leibold: »Jetzt möchte ich Sie bitten, sich innerlich in die Situation zurückzuversetzen, in der Sie an dem Tag des Streits mit Ihrem Chef waren. Vielleicht fangen wir ein bisschen früher an, nämlich auf Ihrem Weg zur Arbeit. Sie haben ja eben schon erzählt, dass Sie mit dem Auto unterwegs waren. Wo haben Sie das Auto an diesem Tag abgestellt?«

Frau Prota: »Auf dem Firmenparkplatz, ein Stück vom Gebäude entfernt, weil fast alle Parkplätze schon belegt waren.«

Herr Leibold: »Gut, wir sind also jetzt auf dem Firmenparkplatz, ein Stück vom Ge-

bäude entfernt. Welcher Tag ist heute?«

Frau Prota: »Ein Montag, der 14. April.«

Herr Leibold: »Heute ist also Montag, der 14. April – wie viel Uhr ist es gerade?«

Frau Prota: »Schon halb neun.«

Herr Leibold: »Sie sind also schon zu spät? Was geht Ihnen durch den Kopf, als Sie das Auto abstellen?«

Frau Prota: »Ich bin total gestresst von der ganzen Aktion mit meinem Sohn, und vom Berufsverkehr. Ich hasse es, zu spät zu kommen.«

Herr Leibold: »Sie sind also in Eile und in Stress. Lassen Sie uns mal ganz eilig und gestresst in Ihr Büro gehen …« (Sie gehen gemeinsam auf die Bühne).

Es ist zu erwarten, dass Protagonistin und Hilfs-Iche im Verlauf des Spiels immer wieder »aus der Rolle fallen«, d. h. sich formal in einer bestimmten Rolle und einer bestimmten psychodramatischen Handlungsebene befinden, aber auf einer anderen Rolle bzw. Handlungsebene agieren:

> Leiter (gerichtet an die Rolle der Mitarbeiterin, Surplus Reality):
»Was geht Ihnen auf dem Weg zum Büro durch den Kopf?«

Protagonistin (Antwort als Seminarteilnehmerin, Ebene des psychodramatischen Interviews):
»Ich denke, ich habe noch an meinen kranken Sohn gedacht.«

Es gibt verschiedene Möglichkeiten, mit dieser Situation umzugehen:

1. Falls es sich nur um einen kurzen »Lapsus« handelt, kann der Leiter die Protagonistin zurück in ihre Rolle bringen, indem er sie erneut in dieser Rolle anspricht (z. B. »Sie machen sich also Sorgen um Ihren Sohn. Machen Sie sich auch schon Gedanken darüber, was Sie Ihrem Chef gleich sagen werden?«);

2. wenn die Protagonistin erkennbar Schwierigkeiten hat, ihre Rolle zu halten, sollte der Rollenwechsel, den die Protagonistin innerlich bereits vorgenommen hat, auch äußerlich nachvollzogen werden, d. h. die Protagonistin wechselt von der Ebene der Surplus Reality zurück in die Ebene des psychodramatischen Interviews (z. B. »Ich möchte Sie bitten, noch einmal aus der Rolle herauszukommen – wie ist es für Sie, diese Rolle zu spielen?«).

❗ Der Wechsel in die Protagonistinnenrolle ist mit einem Wechsel in eine andere Situation und damit mit einem Wechsel auf eine andere räumliche und zeitliche Ebene verbunden. Dieser Ebenenwechsel sollte auf der Psychodrama-Bühne durch einen entsprechenden Ortswechsel vollzogen werden; der Leiter sollte die Protagonistin nicht mehr als Seminarteilnehmerin, sondern in der Rolle ansprechen, die sie in der Situation innehat.

Die Szene wird nun angespielt, bis die erste Interaktion mit einem Hilfs-Ich stattfindet. Der Dialog wird im Rollentausch entwickelt (▶ Abschn. 4.3; s. Beispiel).

> **Beispiel Organisationsberatung – Dialogentwicklung**

Frau Prota:
»… und dann habe ich bei meinem Chef angeklopft, bin in sein Zim-

mer gegangen und habe gefragt, ob ich Urlaub haben kann.«

Herr Leibold:
»Lassen Sie uns das doch gleich so nachstellen, wie es sich abgespielt hat, damit wir genau wissen, was Sie und Ihr Chef gesagt haben. Also, es ist Montag, der 14. April, gegen 11 Uhr, und Sie stehen gerade vor der Tür von Herrn Maier.«

Frau Prota:
»Ja. Ich gehe dann rein und sage: 'Guten Tag, Herr Maier. Ich würde gerne nächste Woche Urlaub haben. Ist das möglich?'«

Rollentausch

Frau Prota als Chef:
»Wer soll denn dann ihre Arbeit machen?«

Rollentausch zurück

Frau Prota:
»Ich habe schon mit Frau Schlüter gesprochen und …«

Auf diese Weise kann die gesamte Handlung im ständigen Rollentausch nachgestellt werden.

9.8.2 Auswahl von Handlungstechniken

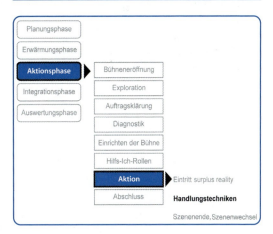

Abhängig vom jeweiligen Prozessziel bringt der Leiter in der Aktionsphase verschiedene psychodramatische Handlungstechniken zum Einsatz:

- Förderung von Verständnis für die Rollen der Interaktionspartner: → Rollentausch;
- Erweiterung der Selbstwahrnehmung der Protagonistin: → Doppel;
- Feedback über eigenes Verhalten: → Spiegel.

Details über Indikationen und Kontraindikationen sowie Hinweise zum Einsatz der verschiedenen Handlungstechniken haben wir in ▶ Kap. 4 diskutiert. Der Leiter ist jedoch nicht an die dort dargestellten oder überhaupt an einen fixen Kanon von Techniken gebunden; er ist vielmehr aufgerufen, seine Vorgehensweise kreativ an die Erfordernisse der Situation anzugleichen. Die einzige Richtschnur für das Vorgehen sind die Grundregeln der psychodramatischen Darstellung

(▶ Kap. 12). Wir haben den gesamten Prozessverlauf vom Auftrag über die Diagnostik bis hin zur Ableitung von Handlungstechniken in ◘ Abb. 9.5 im Überblick dargestellt.

Wir haben zwei Sequenzen aus unserem Fallbeispiel herausgegriffen, um zu veranschaulichen, auf welche Weise mit der psychodramatischen Arbeitsweise Erkenntnisse gewonnen werden können.

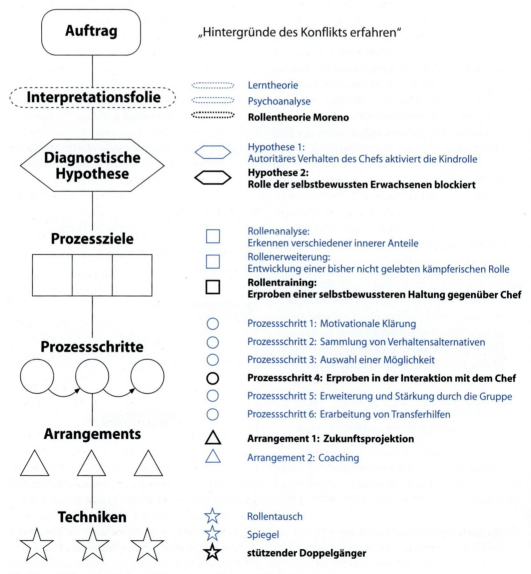

◘ **Abb. 9.5.** Prozessverlauf in der deduktiven Strategie der Psychodrama-Leitung

> **Beispiel Organisationsberatung –**
> **Auswahl von Handlungstechniken**

Rollentausch

Frau Prota:	»Guten Tag, Herr Maier. Ich würde gerne nächste Woche Urlaub haben. Ist das möglich?«

Rollentausch, Frau Prota ist jetzt in der Rolle des Vorgesetzten; Hilfs-Ich wiederholt die Frage.

Herr Leibold:	»Einen Moment, Herr Maier. Bevor Sie jetzt antworten, möchte ich Sie etwas fragen. Was denken Sie, wenn Frau Prota Sie fragt, ob sie Urlaub haben kann?«
Frau Prota (als Chef):	»Tja, das kommt ja ein bisschen unvermittelt, die Frage. Ich fühle mich ein wenig überfallen. Ich glaube, ich finde die Frage auch irgendwie unverschämt, so wie Frau Prota sie gestellt hat.«
Herr Leibold:	»Warum empfinden Sie die Frage als unverschämt?«
Frau Prota (als Chef):	»Ich weiß selbst nicht so recht. Dieser drängende Tonfall vielleicht. Und sicher auch, weil ich überhaupt nicht weiß, worum es eigentlich geht, warum Frau Prota Urlaub haben will.«
Herr Leibold:	»Frau Prota ist ja heute auch eine halbe Stunde zu spät zur Arbeit erschienen – haben Sie das mitbekommen?«
Frau Prota (als Chef):	»Hmm … ja, sie ist mir auf dem Flur begegnet, um halb neun.«

Rollentausch zurück

Herr Leibold:	»Wir gehen jetzt mal ein wenig aus der Szene heraus – Ihr Chef hat die Situation ja ganz anders erlebt als Sie?«
Frau Prota:	»Ja, das habe ich in der Situation gar nicht gemerkt, dass der sich ziemlich überfallen gefühlt haben muss.«
Herr Leibold:	»Was könnte das bedeuten für das nächste Gespräch dieser Art, das Sie mit Ihrem Chef führen?«

▼

Frau Prota:	»Dass ich mir vorher überlege, wie ich in das Gespräch reingehe. Ich denke, wenn ich am Anfang gesagt hätte, dass mein Sohn krank ist und operiert werden muss, wäre das Gespräch ganz anders verlaufen. «

Spiegel

Chef (gespielt von Herrn Hilb):	»Ich lasse mir doch nicht von einer Sekretärin sagen, wie ich die Firma zu führen habe!«
Frau Prota:	»Entschuldigung, das sollte nicht so klingen, als wollte ich Ihnen Vorschriften machen, nur … na ja, es wird auch schon ohne Urlaub gehen, es wäre halt privat wichtig gewesen.«
Herr Leibold:	»Frau Prota, ich möchte Sie bitten, jetzt einmal aus der Szene herauszukommen und jemanden aus der Gruppe auszuwählen, der Sie für einen Moment in dieser Szene vertreten kann; dann schauen Sie sich das Ganze einmal von außen an.«

Wahl eines Stand-Ins, Leiter und Protagonistin gehen an den Bühnenrand. Stand-In und Hilfs-Iche spielen die Szene erneut durch.

Herr Leibold:	»Ich sehe, Sie kämpfen richtig, wenn Sie die Situation von außen sehen.«
Frau Prota:	»Ja, das ist so typisch für mich, dass, wenn mich in einem Konflikt jemand so anblafft, dass ich dann ‚einknicke‘.«
Herr Leibold:	»Erinnern Sie sich an die Konfliktlösungsstrategien, die wir gestern besprochen haben?«
Frau Prota:	»Ja, das ist die Strategie „Flucht". Das ist mir aber gerade erst klar geworden, dass ich ja in dem Moment auch aufgegeben habe und den Rückzug angetreten habe.«

Allgemeines zur Technik des Rollentauschs findet sich in ► Abschn. 4.3, zur Spiegeltechnik in ► Abschn. 4.5.

9.8.3 Szenenende und Szenenwechsel

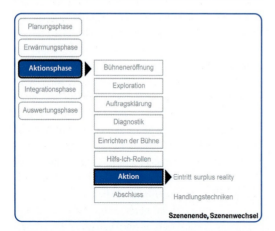

Wenn die Szene bzw. das Arrangement ausgeschöpft erscheint, wechselt die Protagonistin zurück in den Handlungsraum des **psychodramatischen Interviews**. Nun werden Erleben und Erkenntnisse des abgelaufenen Prozessschritts reflektiert und kognitiv integriert. Leiter und Protagonistin blicken auf den Prozess und entscheiden gemeinsam, welche weiteren Schritte für die Erfüllung des Auftrages notwendig sind – dies erfordert unter Umständen eine Revision des roten Fadens. Ist ein weiterer Prozessschritt vorgesehen, leitet der Leiter zum nächsten Arrangement über – Kipper (1986) bezeichnet diese Phasen des psychodramatischen Interviews als »Verbindungsszenen« zwischen den »Kernszenen«, Leveton (1991) spricht von »Brücken«. Wenn die Protagonistin eine Einsicht erlangt hat, kann das Ziel des Spiels bereits erreicht und der Auftrag erfüllt sein. Es kann sich aber auch eine Wiederholung der Szene anschließen, in der die Protagonistin neue Möglichkeiten des Umgangs mit der Situation erprobt und einübt.

> **Beispiel Organisationsberatung – Szenenende und Szenenwechsel**
> Frau Prota hat den Verlauf des Konflikts mit ihrem Vorgesetzten in Form einer Konfliktbiografie mit Tüchern (▶ Abschn. 3.8) auf die Bühne gebracht. Es wird deutlich, dass sich das Verhältnis seit dem letzten Mitarbeitergespräch deutlich verschlechtert hat. Der Leiter beschließt, dieses Gespräch
> ▼

und seine Folgen näher zu explorieren und beendet die Szene mit einer ▶ Spiegelsequenz.

Herr Leibold: »Ich möchte Sie bitten, einmal aus der Szene herauszukommen und sich das entstandene Bild von außen anzuschauen.«

Wechsel in die Spiegelposition

Herr Leibold: »Schauen Sie sich noch einmal den Verlauf des Konflikts an, so wie Sie ihn beschrieben haben. Ist das Bild so für Sie stimmig?«

Frau Prota: »Ja, so ungefähr hat es sich abgespielt.«

Herr Leibold: »Dann schließen wir dieses Bild zunächst ab und ich möchte Sie bitten, die Bühne wieder abzubauen.«

Abbau der Bühne, Wechsel aus der ▶ Surplus Reality in den Handlungsraum des psychodramatischen Interviews.

Herr Leibold: »Welches ist für Sie, jetzt aus der Außenposition betrachtet, der entscheidende Wendepunkt in diesem Konflikt?«

Frau Prota: »Ich denke schon, dieses Mitarbeitergespräch lastet mir noch ziemlich auf der Seele. Ich habe damals meinen Ärger ziemlich runtergeschluckt und sitze da heute, glaube ich, noch drauf, wenn ich mit meinem Chef zusammenkomme.«

Herr Leibold: »Ich schlage Ihnen vor, dass wir uns dieses Gespräch noch einmal näher anschauen mit der Frage, was da genau passiert ist. Sie hätten dann auch die Möglichkeit, Ihrem Chef das zu sagen, was Sie damals runtergeschluckt haben.«

Frau Prota: »Ja, das kann ich mir vorstellen.«

Herr Leibold: »Wann und wo hat das Gespräch stattgefunden?«

Frau Prota: »Das war ein Donnerstag, Ende November, im Büro von meinem Chef.«

Einrichtung der Szene

Herr Leibold: »Dann möchte ich Sie bitten, sich mal an diesen Donnerstag Ende November zurückzuversetzen.«

Wechsel in die psychodramatische Surplus Reality

Herr Leibold: »Heute ist also der – sagen wir mal der 14. November –, und Sie sind gerade auf dem Weg zu dem Mitarbeitergespräch. Mit welchem Gefühl gehen Sie in das Gespräch?

❗ **Indikationen für Beendigung einer Szene / Szenenwechsel**
- **Prozessziel erreicht**
- **Vertiefung eines Aspekts in einer weiteren Szene**
- **Das Spiel steckt in einer »Sackgasse« und benötigt neue Impulse**
- **Aufhebung der Regression (wie sie z. B. in einer Kindheitsszene stattfindet) durch Wechsel in den Handlungsraum des psychodramatischen Interviews oder durch Wechsel in eine zweite Szene auf einer anderen Zeitebene (in die Gegenwart)**
- **Widerstandsbearbeitung: Die Protagonistin soll mit Themen, die sie in der ersten Szene durch Verdrängung /Verleugnung abwehrt, in einer zweiten Szene erneut konfrontiert werden (Krüger, 1997, S. 201; s. auch die nachfolgenden Ausführungen zur »Arbeit mit Neben-/Parallelbühnen«)**
- **Zeitlimit erreicht**

In allen Fällen, insbesondere wenn eine Szene aus Zeitgründen beendet wird, ist auf einen sauberen Abschluss zu achten: Die Bühne sollte abgebaut, die Hilfs-Iche aus ihren Rollen entlassen und auch die verwendeten Requisiten »entrollt« werden (»… wenn ein Tisch gerade als Podest für den Sarg in einem Leichenschauhaus benutzt wurde, könnte es schwierig sein, sich in der nächsten Szene zum Abendessen daran zu setzen«; Casson, 1998, S. 80). Die Protagonistin sollte in der Lage sein, die Szene nicht nur äußerlich, sondern auch »innerlich« abzuschließen, beispielsweise indem man negative Erfahrungen in der Szene thematisiert und ressourcenstärkend arbeitet.

Arbeit mit Neben-/Parallelbühnen

In bestimmten Situationen kann sich der Leiter dafür entscheiden, eine zweite Bühne zu eröffnen, ohne die erste Szene abzubauen. Das Bühnenbild der ersten Szene wird lediglich so weit zur Seite geräumt, dass auf der Bühne Platz für die zweite Szene entsteht. Auf der zweiten Bühne wird dann ein mit der ersten Szene verbundener Themenaspekt mit anderem Prozessziel inszeniert, bevor das Spiel wieder zurück auf die erste Bühne wechselt. Beide Bühnen sollten mit einem Seil, mit Stühlen etc. deutlich voneinander abgegrenzt werden. Die Eröffnung von Nebenbühnen bietet folgende Möglichkeiten:

- Die Handlung der ersten Szene kann nach Abschluss der zweiten Szene ohne langwieriges Neueinrichten der Bühne wieder aufgenommen werden;
- die Protagonistin kann in der → Spiegelposition beide Parallelbühnen gleichzeitig betrachten und so Gemeinsamkeiten leichter erkennen. Wird mit szenischem Spiel gearbeitet, wird die Szene auf Bühne A durchgespielt und eingefroren; dann wechselt der Fokus wie ein wandernder Scheinwerfer zu Bühne B. In dieser Funktion werden Parallelbühnen beispielsweise genutzt, um wiederkehrende biografische Themen bewusst zu machen oder um Widerstände zu bearbeiten.

Wenn die Handlung für mehr als ein kurzes Schlaglicht zu Bühne B wechselt, müssen die Hilfs-Iche aus Szene A entlassen werden. Man sollte dann allerdings die Spieler darauf hinweisen, dass sie eventuell später noch einmal in derselben Szene benötigt werden. In besonderen Fällen können die verschiedenen Zeit- und Handlungsebenen auf den Parallelbühnen in der psychodramatischen → Surplus Reality zu einer gemeinsamen Handlung verschmelzen, z. B. indem die Spieler auf Bühne A mit den Spielern auf Bühne B in Dialog treten.

❗ **Eine Szene wird beendet, wenn**
- **das Prozessziel, das in einer Szene verfolgt wurde, erreicht ist,**
- **wenn das Zeitlimit erreicht ist oder**
- **wenn die in der Szene erfolgte Regression aufgehoben werden soll. Für den nächsten Prozessschritt wird eine zweite Szene**

eröffnet. Wenn bereits absehbar ist, dass die erste Szene noch einmal aufgenommen werden soll, kann für die zweite Szene eine Parallelbühne eingerichtet werden.

9.9   Abschluss

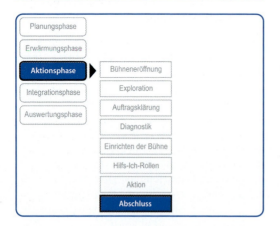

Schließlich beendet der Leiter das Spiel, nachdem er sich bei der Protagonistin versichert hat, dass diese den Auftrag als erfüllt ansieht.

> **Beispiel Organisationsberatung –
> Abschluss des Spiels**
>
> Herr Leibold: »Unsere Zeit neigt sich langsam dem Ende, und ich möchte noch einmal auf die Frage zurückkommen, mit der Sie hier auf die Bühne gegangen sind. Da waren zwei Aspekte: Einmal haben Sie gesagt, Sie möchten verstehen, warum sich das Gespräch so negativ entwickelt hat. Die andere Frage war, welchen Beitrag Sie leisten können, um in Zukunft solche Situationen zu vermeiden oder zumindest zu entschärfen. Was hat Ihnen die Arbeit hier auf der Seminarbühne in Bezug auf diese beiden Fragen gebracht?«
>
> Frau Prota: »Ich denke, ich habe verstanden, dass ich einfach angespannt und schlecht vorbereitet in das Ge-
> ▼

spräch hineingegangen bin und dass sich dann da etwas sehr schnell hochgeschaukelt hat. Und ich habe gesehen, welche Strategie ich da eingesetzt habe – Flucht – und dass mir das auch nicht weiterhilft. Tja, und damit ist die zweite Frage ja auch schon klar: Ich werde versuchen, mir demnächst vorher zu überlegen, was ich sagen will und wie, und ich muss mal darüber nachdenken, wie ich Konflikte in Zukunft einfach austragen und aushalten kann.«

Herr Leibold: »Das wäre vielleicht schon wieder Stoff für eine weitere Bühne. Ich verstehe Sie jetzt aber so, dass wir hier erst einmal einen Schnitt machen können – wir werden uns gleich noch auf anderer Ebene weiter mit dem Thema befassen. Wären Sie damit einverstanden, wenn wir diese Szene jetzt abbauen? Dann möchte ich Sie bitten, Ihre Mitspieler wieder aus ihren Rollen zu entlassen.«

Die Protagonistin entlässt die Hilfs-Iche aus ihren Rollen, die Szene wird abgebaut, die Bühne geschlossen und die → Integrationsphase beginnt. Wie in den Ausführungen bereits angeklungen, muss beim Abschluss des Spiels und in der anschließenden Integrationsphase das Aktivitätsniveau der Beteiligten wieder auf einen »alltagsverträglichen Ruhepegel« zurückgeführt werden (◘ auch Abb. 9.3). Ziel ist es also gewissermaßen, einen »umgekehrten« Erwärmungsprozess einzuleiten, der es der Protagonistin, den Hilfs-Ichen und in gewissem Maße auch den Zuschauern ermöglicht, die während der Erwärmungs- und Aktionsphase aufgebaute Erwärmung wieder abzulegen. Darum muss der **Prozess der Rollenentlassung** mit Sorgfalt vollzogen werden, auf keinen Fall darf er vergessen werden. Auch wird häufig die Empfehlung gegeben, die Protagonistin solle die Bühne selbst abbauen. Im Psychodrama ist für diesen Abschluss eine ritualisierte Form üblich, bei der die Protagonistin die Hilfs-Iche einzeln mit einem passenden Satz verabschiedet, etwa »Vielen Dank, du bist jetzt wieder Stefan«. Wichtig ist auch, dass die Hilfs-Iche ihre Rollenattribute (z. B. Kleidungsstücke, Requisiten) ablegen, die die Protagonistin ihnen zu Beginn zugewiesen hatte. Während das Ritual **an sich** auf jeden Fall sinnvoll ist, schon allein deswegen, weil das sorgfältige Ablegen der Rollen im Zuge der allgemeinen Erleichterung am Ende des Spiels leicht vergessen wird, wird man im Einzelfall entscheiden müssen, welche im jeweiligen Kontext angemessene **Form** man für die Rollenentlassung findet.

Der Idealfall, dass die Protagonistin (und ebenso der Leiter) mit dem Verlauf des Spiels zufrieden ist und den Auftrag als erfüllt betrachtet, tritt nicht immer ein. Es kommt vor, dass

- die Komplexität des Themas,
- Zeitmangel,
- mangelnde Energie aller Beteiligten,
- der »Widerstand« der Protagonistin,
- unzureichendes Können und mangelnde Inspiration der Leitung

oder andere Faktoren einen befriedigenden Abschluss im Sinne des ursprünglichen Auftrags unmöglich machen. Möglicherweise hat die Protagonistin am Ende des Spiels dann mehr Fragen als zuvor. Dies muss theoretisch zwar nicht schlecht sein, in der Praxis ist es jedoch nicht leicht, mit einer solchen Situation umzugehen: Die Bühne muss, so oder so, zu einem Abschluss gebracht werden und die Beteiligten (Protagonistin, Gruppe und Leitung) müssen mit Unzufriedenheit, Versagensgefühlen und häufig auch gegenseitiger Aggression fertig werden. In einer solchen Situation gibt es folgende Möglichkeiten:

- Protagonistin, Leitung und Gruppe vereinbaren eine Verlängerung der Zeit;
- Protagonistin und Leitung vereinbaren, die Fragen, die aktuell nicht zu klären waren, in einer späteren Sitzung (eventuell auch in einem Einzelgespräch) zu bearbeiten;
- der Leiter legt der Protagonistin nahe, das Thema in einem anderen Kontext weiter zu verfolgen (z. B. im Gespräch mit Freunden, in einer Beratung oder Therapie);
- die verbleibende Zeit wird genutzt, um auf der Metaebene zu reflektieren, warum der Auftrag nicht erfüllt werden konnte;

- die verbleibende Zeit wird genutzt, um ein »Sofortprogramm« zu erarbeiten, das es der Protagonistin ermöglicht, zumindest die dringlichsten Probleme vorläufig in den Griff zu bekommen (▶ Abschn. 16.4);
- die verbleibende Zeit wird für ein Abschlussritual genutzt (z. B. die Protagonistin findet für jeden auf der Bühne befindlichen inneren Anteil einen Satz, der es ihr erleichtert, das Spiel vorläufig abzuschließen).

❗ Die Bühne ist abgeschlossen, wenn der Auftrag der Protagonistin erfüllt ist. In manchen Situationen ist ein befriedigender Abschluss nicht möglich – am Ende eines solchen Spiels kann eine Sicherung des Erreichten, eine Sammlung des zu einem späteren Zeitpunkt zu Klärenden, eine Prozessklärung auf der Metaebene oder eine kurze Krisenintervention zur Stabilisierung der Protagonistin stehen.
Am Ende des Spiels werden die Hilfs-Iche aus ihren Rollen entlassen und die Bühne abgebaut. Auch wenn das »Problem« der Protagonistin bereits gelöst ist und sich Erschöpfung breit macht, muss Sorgfalt auf den Abschluss verwendet werden, um die noch vorhandene Rollenerwärmung abzubauen.

Zusammenfassung

In der Aktionsphase wird das Thema der Protagonistin bzw. der Gruppe szenisch dargestellt und bearbeitet. Je nach Arbeitsfeld, Setting und Arbeitsform kann die Aktionsphase sehr unterschiedlich verlaufen. Im hier beschriebenen Fall des protagonistenzentrierten Spiels eröffnet der Leiter zu Beginn der Aktionsphase die Bühne, exploriert das Thema und klärt den Auftrag für die folgende Bühnenarbeit. Während der Auftrag als inhaltliches Ziel der gemeinsamen Arbeit von der Protagonistin formuliert wird, ist es die Aufgabe des Leiters, auf der Basis des Auftrags und seiner diagnostischen Hypothesen Prozessziele und -schritte zu entwerfen, mit deren Hilfe das inhaltliche Ziel erreicht werden kann. Der Leiter wählt – in
▼

Absprache mit der Protagonistin – ein Arrangement aus, das die zu bearbeitende Thematik szenisch umsetzt. Wenn die Bühne eingerichtet ist und die Hilfs-Ich-Rollen besetzt sind, beginnt die eigentliche Aktion in der psychodramatischen Surplus Reality. Der Leiter steuert den Spielverlauf auf der Basis seines »roten Fadens«, seiner diagnostischen Hypothesen sowie seiner Spontaneität und Einfühlung. Dabei bringt er diejenigen Handlungstechniken zum Einsatz, die die Dynamik des Spiels in die gewünschte Richtung lenken. Wenn das im Auftrag festgelegte Ziel erreicht ist, werden die Hilfs-Iche entlassen, die Bühne wird geschlossen und die Integrationsphase beginnt.

Literatur

Buer, F. (1997). Zur Dialektik von Format und Verfahren. Oder: Warum eine Theorie der Supervision nur pluralistisch sein kann. *OSC Organisationsberatung – Supervision – Clinical Management, 4 (4)*, 381–394.

Buer, F. (1999). Glossar. In F. Buer (Hrsg.), *Lehrbuch der Supervision* (176–300). Münster: Votum.

Casson, J. (1998). The stage the theatre of psychodrama. In M. Karp, P. Holmes & K. B. Tauvon (eds.), *The Handbook of Psychodrama* (69–88). London: Routledge.

Dayton, T. (2005). *The Living Stage. A Step-by-Step Guide to Psychodrama, Sociometry and Experiential Group Therapy.* Deerfield Beach: Health Communications.

Goldman, E. E. & Morrison, D. S. (1988). Die Psychodrama-Spirale. *Psychodrama, 1,* 29–37.

Heigl-Evers, A. , Heigl, F. S. & Ott, J. (1997). Abriss der Psychoanalyse und der analytischen Psychotherapie. In A. Heigl-Evers, F. S. Heigl, J. Ott & U. Rüger (Hrsg.), *Lehrbuch der Psychotherapie* (3–131). Lübeck: Fischer.

Hollander, C. E. (1969). *A Process for Psychodrama Training: The Hollander Psychodrama Curve.* Denver: Snow Lion Press.

Holmes, P. (1992). *The Inner World Outside: Object Relations Theory and Psychodrama.* London: Routledge.

Kipper, D. A. (1986). *Psychotherapy Through Clinical Role Playing.* New York: Brunner/Mazel.

Krüger, R. T. (1997). *Kreative Interaktion. Tiefenpsychologische Theorie und Methoden des klassischen Psychodramas.* Göttingen: Vandenhoeck & Ruprecht.

Lakoff, G. & Johnson, M. (2000). *Leben in Metaphern: Konstruktion und Gebrauch von Sprachbildern* (2. Aufl.). Heidelberg: Auer.

Leveton, E. (1991). *A Clinician's Guide to Psychodrama.* New York: Springer.

Moreno, J. L. (1923). *Das Stegreiftheater.* Potsdam: Kiepenheuer.

Petzold, H. (1979). *Psychodrama-Therapie. Theorie, Methoden, Anwendung in der Arbeit mit alten Menschen.* Paderborn: Junfermann.

Sader, M. (1995). Psychodrama und Psychologie. In F. Buer (Hrsg.), *Jahrbuch für Psychodrama, psychosoziale Praxis und Gesellschaftspolitik 1994* (7–30). Opladen: Leske & Budrich.

Schulz von Thun, F. (2001). *Praxisberatung in Gruppen.* Weinheim: Beltz.

9

Die Integrationsphase

»Sharing findet unmittelbar nach dem Psychodrama statt (…). Dies ist gewöhnlich ein Augenblick ruhiger Erleichterung für den Protagonisten wie den Leiter, die gemeinsam gearbeitet und viele, höchst emotionale Ereignisse miteinander geteilt haben. Gewöhnlich spricht als erstes der Leiter, indem er den Protagonisten fragt, wie er sich mit seinem jetzt zu Ende geführten Psychodrama fühlt. Nach den Äußerungen des Protagonisten (…) offenbart jedes Mitglied des Publikums dem Protagonisten ausdrucksvoll, was dessen Psychodrama für sein eigenes Leben bedeutet, an Assoziationen hervorgerufen oder ihm zu erkennen gegeben hat. Der Leiter teilt ebenfalls seine Gefühle zu des Protagonisten Psychodrama mit – nicht nur als Leiter, sondern als ein fühlendes und hoffentlich einfühlsames, menschliches Wesen. Der Geist der Sharing-Phase ist der einer nicht kritischen, stützenden Gegenwart der Zuschauer dem Protagonisten gegenüber und keine Zeit des Fragens, warum er dies oder das tat oder nicht tat« (Hofrichter, 1973 zitiert nach Herbold, 1990, S. 50 f.).

10

10.1 Funktionen der Integrationsphase und Aufgaben der Leitung

In der Integrationsphase geht es vornehmlich darum, alle Beteiligten stufenweise von der → Surplus Reality des Spiels zurück in die Realität zu führen. Diese Rückführung beginnt bereits in der Abschlussphase des Spiels (▶ Abschn. 9.9) mit der Entlassung der Hilfs-Iche aus ihren Rollen und dem Abbau der Bühne.

Nach Beendigung der intensiven Spielphase stellt sich die Situation wie folgt dar:

— Die Gruppe hat in unterschiedlichem Maße und in unterschiedlichen Rollen am Spiel partizipiert – als Protagonistin, als Hilfs-Ich oder als Zuschauer –; in diesen unterschiedlichen Rollen haben die Teilnehmer unterschiedliche Erfahrungen gemacht. Die Integration dieser Erfahrungen in den Gruppenprozess steht noch aus;

— die Hilfs-Iche sind noch mit dem in ihrer Rolle Erlebten beschäftigt – sie haben sich über das

Verhalten der Protagonistin geärgert, möchten sich von den ungeliebten Aspekten ihrer Rolle abgrenzen usw.;

— die Protagonistin hat eine geraume Zeit im Mittelpunkt der Gruppe gestanden – sie schämt sich womöglich für die gezeigten Schwächen oder fürchtet, die Gruppe mit ihren Problemen gelangweilt zu haben.

Zur Bearbeitung dieser Situation hat das Psychodrama zwei Instrumente entwickelt, die die wichtigsten Elemente der Integrationsphase darstellen: Sharing und Rollenfeedback.

In Lewins Modell »unfreezing – changing – refreezing« dient die Integrationsphase dem »Wiedereinfrieren« des Systems, d. h. der Auflösung von Regression und der Wiederaufrichtung der Ich-Grenzen der Beteiligten (Lewin, 1951).

Sharing und Rollenfeedback enthalten Rückmeldungen an die Protagonistin. Punktuelle Rückfragen sind dabei möglich, Rechtfertigungen und Diskussionen sollten aber ebenso vermieden werden wie ein »Rückfall in die Aktionsphase« im Sinne eines Neuaufflammens der Spieldynamik.

Der Leiter hat in dieser Phase vor allem die Aufgabe, die Einhaltung der nachfolgend beschriebenen Sharing- und Feedbackregeln zu überwachen. Er darf seine besondere Verantwortung der Protagonistin gegenüber nicht als beendet ansehen, sondern sollte weiterhin Präsenz zeigen, indem er sich neben die Protagonistin setzt und ihre Reaktionen genau verfolgt.

10.2 Sharing

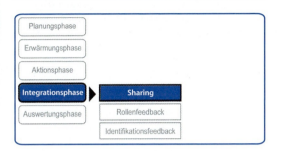

Die Protagonistin hat während des Spiels unter Umständen sehr intime Seiten ihrer Persönlichkeit offenbart. Sie hat das Gefühl, ihre Schwächen, Hilflosigkeit, Ängste und wunden Punkte der Gruppe gegenüber offengelegt zu haben und benötigt nun Akzeptanz, Rückhalt und Bestätigung von den anderen Teilnehmern. Dazu dient der erste Teil der Integrationsphase, das **Sharing**. Im Sharing (abgeleitet von to share (engl.) = teilhaben an, teilen mit), das im geschlossenen Stuhlkreis stattfindet, berichten die Teilnehmer der Protagonistin zunächst über eigene Gefühle während des Spiels und über ähnliche Erlebnisse aus der eigenen Lebensgeschichte (▶ Beispiel). So wird der Protagonistin das Gefühl vermittelt, dass andere Menschen ihr Denken, Fühlen und Handeln verstehen.

❶ Gerade in mit dem Psychodrama unerfahrenen Gruppen muss der Leiter beim Sharing darauf achten, dass sich keine Bewertungen in die Rückmeldungen der Teilnehmer mischen – das Sharing soll
– eine persönliche Aussage in der Ich-Form darstellen,
– weder wertend noch deutend sein und
– keine Ratschläge an die Protagonistin enthalten,
auch wenn implizite Bewertungen, Deutungen und Ratschläge gewollt oder ungewollt immer hineinspielen.

❯ Regelkonforme Sharings
– »Die Strategie, Konflikte durch Flucht zu vermeiden, kenne ich auch von mir. Ich war vorher bei einem anderen Arbeitgeber beschäftigt, da bin ich mit meiner Kollegin nicht klar gekom-
▼

men. Ich habe das aber nie angesprochen und habe irgendwann einfach gekündigt.«
– »Ich konnte gut nachvollziehen, wie sehr Sie die Krankheit Ihres Sohnes belastet hat. Mir wäre es, glaube ich, auch schwergefallen, in so einer Situation ruhig in ein Gespräch mit meinem Chef zu gehen. Wenn mit meiner Familie etwas nicht stimmt, dann bin ich im Büro nicht zu gebrauchen an dem Tag.«

Regelverstöße
– »Kennen Sie dieses Buch von … da geht es auch um einen Streit im Betrieb …«
(Keine persönliche Aussage)
– »Als ich das Spiel angeschaut habe, habe ich mir gedacht: Warum bespricht sie das Thema nicht zuerst mit einer Kollegin? Ich kann mir vorstellen, dass das eine ganz gute Strategie wäre.«
(Ratschlag)
– »Dass Sie vor dem Konflikt weglaufen, finde ich nicht gut. Man sollte sich den Dingen stellen, alles andere bringt ja auch nicht weiter.«
(Bewertung)
– »Ich glaube, Ihre Unsicherheit gegenüber dem Chef geht auf einen unbewältigten Vaterkonflikt zurück.«
(Deutung, keine persönliche Aussage)

Verstößt ein Teilnehmer gegen die Regeln des Sharings, sollte der Leiter ihn darauf hinweisen und die Gründe erläutern, warum der Beitrag zurückgewiesen wird (▶ Beispiel).

❯ Mögliche Intervention bei Regelverstößen im Sharing
»Ich möchte Sie bitten, Ratschläge zunächst noch einmal zurückzustellen – wir werden uns gleich mit weiteren Lösungsmöglichkeiten beschäftigen. Zunächst möchte ich Sie bitten, einmal zu schauen, ob Sie möglicherweise ähnliche Erfahrungen gemacht haben wie Frau Prota, von denen Sie berichten können.«

Die Rückmeldungen im Sharing sollten – mit einer treffenden Formulierung von Schaller (2001) – »authentisch und selektiv« sein, d. h. wer keine Rückmeldung geben kann oder will, gibt auch keine. Je nach Setting und eigenem Selbstverständnis kann auch der Leiter ein Sharing geben. Dabei ist darauf zu achten, dass Beiträge ausgesucht werden, die die Schwächen des Leiters nicht in einem Maße herausstellen, das seine Autorität in der Gruppe gefährden würde.

10.3   Rollenfeedback

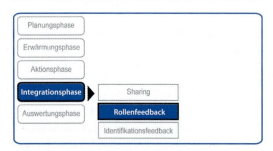

In dem auf das Sharing folgenden **Rollenfeedback** geben die Hilfs-Iche eine Rückmeldung darüber, wie sie sich in ihren Rollen gefühlt haben. Die Protagonistin gewinnt durch das Rollenfeedback – über die Aufschlüsse hinaus, die sie in der Aktionsphase (z. B. durch den Rollentausch) erhalten hat – Einsicht in die Dynamik der Beziehungen zu ihren Mitmenschen; sie erfährt, wie sie und ihr Verhalten auf ihre Beziehungspartner wirken. Das Rollenfeedback kann somit eine wichtige Hilfe im Abgleich von Selbst- und Fremdbild sein.

Auch das Rollenfeedback soll eine persönliche Aussage ohne allzu große Psychologisierung sein. Anders aber als im Sharing
– kann das Rollenfeedback durchaus den Charakter eines Ratschlags annehmen, sofern dieser aus der Rolle des Hilfs-Ichs und nicht aus der Rolle des Gruppenmitglieds heraus gegeben wird (▶ folgendes Fallbeispiel) und
– sollte die Thematisierung biografischer Bezüge im Rollenfeedback auf ein Maß reduziert werden, das dem Spiel angemessen und für den Protagonisten im Rahmen eines Feedbacks bedeutsam ist.

Regelkonformes Rollenfeedback
- Hilfs-Ich Chef: »Ich als Chef konnte mich nicht anders durchsetzen als mit dieser aggressiven
▼

Art. An sich hatte ich nichts gegen Sie als Mitarbeiterin, aber ich hatte das Gefühl, wenn ich jetzt einfach Urlaub gewähre, geht meine Führungsautorität verloren.«
- Hilfs-Ich Kollegin: »Ich habe Sie bewundert, als Sie dem Chef mal die Meinung gesagt haben – ich als Kollegin habe da nicht den Mut zu.«
- Hilfs-Ich Chef: »Ich hatte den Eindruck, dass Sie bei mir als Chef mehr erreichen können, wenn Sie mich mit solchen Gesprächen nicht überfallen, sondern einen Termin vereinbaren.« (Ratschlag in Form eines Feedbacks aus der Rolle heraus)

Regelverstöße
- Hilfs-Ich Chef: »Meine Rolle war ein klassisches Beispiel für einen Vorgesetzten des Typs X nach der Führungstheorie von Meyer u. Schulze …« (Keine persönliche Aussage)
- »In meiner Rolle sind mir einige Bezüge zu meinem eigenen Leben aufgefallen. Hier zunächst ein kurzer Abriss meiner Biografie: Ich wurde am 17.04.1953 in Bad Bergzabern geboren. Die damalige Zeit war geprägt von …« (Zu ausschweifend, kein Bezug zum Thema des Protagonisten erkennbar)

Das Rollenfeedback dient jedoch nicht nur der Protagonistin, sondern auch den Mitspielern. Diese waren während des Spiels emotional beteiligt und haben nun das Bedürfnis, ihre Erwärmung auszudrücken. Diese Erwärmung ist umso größer, je größer die subjektiv erlebten Parallelen zwischen der gespielten Rolle und dem eigenen Leben sind. Insofern sollte der Leiter darauf achten, dass allen Teilnehmern ausreichend Gelegenheit gegeben wird, ihre eigene Involviertheit zu thematisieren, um eventuelle Spannungen etc. abzubauen. Der Klärungsbedarf mag dabei über das im Rahmen des Rollenfeedbacks Leistbare (der Fokus bleibt beim Protagonisten) hinausgehen und ein anschließendes Gespräch erfordern oder auch in die Erwärmung für ein weiteres Protagonistenspiel münden. In der Praxis werden jedoch häufig die Restriktionen des Zeitrahmens eine relativ kurze Klärung erforderlich machen.

Überlegungen zur Abfolge von Sharing und Rollenfeedback

Einige Psychodramatiker (z. B. Leutz, 1974) schlagen vor, die Reihenfolge von Sharing und Rollenfeedback zu vertauschen, d. h. unmittelbar im Anschluss an das Spiel zunächst das Rollenfeedback und erst dann das Sharing folgen zu lassen. Sie argumentieren, dass durch das Spiel bei den Hilfs-Ichen Erwärmungen entstanden seien, die erhalten blieben, wenn die Rolle noch nicht vollständig abgelegt wurde. Das sofortige Rollenfeedback ermögliche es den Hilfs-Ichen dann, ihre Erwärmung für die Rolle zu thematisieren und gegebenenfalls abzulegen.

Binswanger (1980) argumentiert aus psychoanalytischer Position gegen ein unmittelbar an das Spiel anschließendes Rollenfeedback: Zu diesem Zeitpunkt befände sich der Protagonist noch in der Regression, seine Erkenntnis- und Einsichtsfähigkeit sei noch nicht voll vorhanden. Aufgrund der noch bestehenden Übertragung erlebe er das Rollenfeedback dann nicht als Rückmeldung des Hilfs-Ichs, sondern

>> ... aus der Position des Introjektes heraus (...). Dies kann aber vom sich noch in der Regression befindenden Protagonisten nicht durchschaut werden. Die Worte des Hilfs-Ichs im Rollen-Feedback erhalten dadurch ein besonderes Gewicht und verstärken zweifelsohne die Macht der Introjekte des Protagonisten, mit der Gefahr der Charakterpanzerung und der »Perfektionierung« der Neurose. (Binswanger, 1980, S. 234).

Durch das vorgelagerte Sharing erlange der Protagonist seine Ich-Funktionen und seine Kritikfähigkeit zurück, wodurch die potenziell schädigende Wirkung des Rollenfeedbacks vermieden würde.

Wir meinen, dass die Entscheidung für eine der beiden Varianten vom Leiter in Abhängigkeit von der Situation und vom Spielverlauf getroffen werden kann:

▬ Wurde der Protagonist in eine tiefe Regression gebracht oder hat der Protagonist ein schambesetztes Thema auf die Bühne gebracht, mag es angemessener sein, mit dem Sharing zu beginnen,

▬ sind starke Erwärmungen bei den Hilfs-Ichen vorhanden, kann das Rollenfeedback vorgezogen werden.

10.4 Identifikationsfeedback

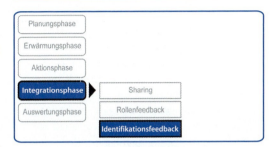

Der Umstand, dass das Spiel Erwärmungen bei den Beteiligten hervorruft, gilt nicht nur für die unmittelbar auf der Bühne Agierenden. Über die Identifikation der Zuschauer mit der Protagonistin und der der Hilfs-Iche mit ihren Rollen hinaus gibt es häufig starke Identifikationen mit einer oder mehreren der dargestellten Rollen. Ein Identifikationsfeedback, in dem die Teilnehmer diese Gefühle ausdrücken können (z. B. »Wenn ich mich in Ihren Chef hineinversetze, dann denke ich ...« oder »Ich kann mir vorstellen, dass ich als Ihre Kollegin ein Problem damit hätte, dass ...«), kann einerseits die vorhandenen Erwärmungen der Teilnehmer aufgreifen und andererseits der Protagonistin weitere wichtige Hinweise über die Motive ihrer Interaktionspartner geben. Auch hier gilt, dass starke emotionale Verwicklungen aufgegriffen werden und, wenn nötig und möglich, in einem anschließenden weiteren Protagonistenspiel (oder auch Gruppenspiel) geklärt werden sollten. Viele Psychodramatiker lassen das Identifikationsfeedback in der Regel aus.

An dieser Stelle kann der Prozess zum ersten Mal für eine längere Pause unterbrochen werden.

> **Zusammenfassung**
> Die Integrationsphase dient dazu,
> ▬ die Teilnehmer schrittweise aus der → Surplus Reality des Spiels in die Alltagsrealität zurückzuführen,

- die in der Aktionsphase gemachten Erfahrungen zusammenzufügen und zu erweitern,
- überschüssige Erwärmung abzubauen sowie gegebenenfalls
- die Gruppe wieder zusammenzuführen.

Im **Sharing** teilen die Gruppenmitglieder (bzw. der Leiter) der Protagonistin mit, welche Anteile ihrer Thematik sie aus eigenen Lebensbezügen kennen. Im **Rollenfeedback** geben die Hilfs-Iche (bzw. der Leiter) der Protagonistin eine Rückmeldung darüber, wie sie ihre Rolle und die Interaktion dieser Rolle mit der Protagonistin empfunden haben. Wenn sich einzelne Teilnehmer mit Rollen identifiziert haben, die sie selbst im Spiel nicht innehatten, können sie diese Identifikationen im **Identifikationsfeedback** benennen.

Literatur

Binswanger, R. (1980). Widerstand und Übertragung im Psychodrama. *Gruppenpsychotherapie und Gruppendynamik, 15 (3/4)*, 222–42.

Herbold, W. (1990). Die Gemeinschaftserfahrung im psychodramatischen Sharing als Ansatz zur Vermittlung gesellschaftlichen Bewusstseins. *Psychodrama, 1 (1)*, 49–60.

Leutz, G.A. (1974). *Das klassische Psychodrama nach J. L. Moreno*. Berlin: Springer.

Lewin, K. (1951). *Field Theory in Social* Science. New York: Harper & Row.

Schaller, R. (2001). Das große Rollenspiel-Buch. Grundtechniken, Anwendungsformen, Praxisbeispiele. Weinheim: Beltz.

10

Die Auswertungs- und Vertiefungsphase

»Moreno beschrieb das Psychodrama als Chance, wieder zu träumen. Einige würden sagen, dass die Prozessanalyse vom Reichtum und der Magie der Erfahrung ablenkt. Sie fürchten, dass in der Prozessanalyse etwas verloren geht oder weggenommen wird. Im Gegensatz zu dieser Angst bin ich der Meinung, dass die Prozessanalyse mit einem Spiegelkabinett verglichen werden kann, in dem die beobachteten Phänomene für alle Beteiligten widergespiegelt werden, wodurch eine andere Dimension hinzugefügt wird statt etwas von der Erfahrung abzuziehen« (Jefferies, 1998, S. 190).

Die Auswertungs- und Vertiefungsphase wird häufig nicht mehr als Bestandteil des eigentlichen psychodramatischen Prozesses betrachtet. Ein bekannter Vorschlag zur Erweiterung der klassischen 3-phasigen Struktur des Psychodramas stammt von Petzold (1978), der als vierte Phase eine »Neuorientierungsphase« mit vorwiegend übendem Charakter vorsieht. Aufgrund des entstehenden 4-phasigen Aufbaus bezeichnet er sein Konzept als »tetradisches System«.

11.1 Funktionen der Auswertungs- und Vertiefungsphase und Aufgaben der Leitung

→ Rollenfeedback und → Sharing haben nach Ende der Aktion zum Abbau von Erwärmung und zu einem »Wiedereinschwingen« des Gruppenprozesses beigetragen. Eine bewusste kognitive Reflexion des unter Umständen hochemotionalen Geschehens in der Aktionsphase, ein »Reden über« hat noch nicht stattgefunden, da es durch die Regeln für die Integrationsphase ausgeklammert wird. Bedeutung und Konsequenzen des in der psychodramatischen Surplus Reality Erlebten für die Realität der Teilnehmer sind noch nicht in vollem Maße deutlich geworden. Dies gilt besonders – aber nicht ausschließlich – für stark symbolische Aktionen (z. B. Märchenspiele). Je nach Ar-

beitsfeld, Setting, Auftrag und Zeitbudget kann sich eine Auswertungs- und Vertiefungsphase anschließen, in der das Erlebte kognitiv und verbal bearbeitet wird. Der Leiter kann sich allerdings auch bewusst gegen eine solche Reflexionseinheit entscheiden: In bestimmten Fällen

>> … kann es mitunter sinnvoll sein, ein Symbol nicht zu deuten, sondern als **ausdrucksstarkes, vom Unbewussten des Patienten geschaffenes Bild stehen zu lassen.** Eine Deutung würde in diesen Fällen keine Bereicherung für den Patienten bedeuten, sondern eher eine Verarmung, ein »Zerreden« von etwas, das in seiner Tiefe mit Worten nicht auslotbar ist. (Rauchfleisch, 1988, S. 211)

In den Begrifflichkeiten der Gestaltpsychologie gesprochen: Der Leiter muss einschätzen, ob der Transfer des Erlebten in die Praxis eher durch die Schließung der szenischen Gestalt mittels Reflexion oder aber durch eine bewusste Offenhaltung dieser Gestalt erleichtert wird.

11.2 Prozessanalyse

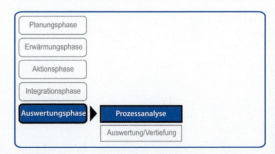

In der Prozessanalyse können das Spiel und seine Dynamik noch einmal aus »höherer Warte« reflektiert werden. Da hier die emotionale und akzeptierende Atmosphäre des Spiels zurücktritt und eine stärker kognitive und normative Komponente in den Vordergrund rückt, sollte die Prozessanalyse erst nach einer angemessenen Pause beginnen, die es allen Beteiligten ermöglicht, Distanz zu dem zuvor abgelaufenen Geschehen zu gewinnen.

Zum Einstieg kann der Leiter seine Hypothesen, sein methodisches Vorgehen und seine Entscheidungen während des Spiels erläutern, bevor er sich den Fragen und auch der Kritik der Teilnehmer stellt. Die Prozessanalyse dient dazu, das Spiel für die Gruppe transparent zu machen, zu »entmystifizieren« und alternative Deutungsmöglichkeiten zu eröffnen. So ist das Geschehen im Psychodrama aus der Sicht des Konstruktivismus (vgl. Ameln, 2004) kein Abbild der Realität sondern eine Konstruktion, die so aber auch anders möglich wäre. In der Prozessanalyse geht es auch darum, das Ergebnis des Spiels mit diesen anderen möglichen Wirklichkeiten zu kontrastieren (Beobachtung 2. Ordnung, vgl. Luhmann, 1990). Zu hinterfragen sind beispielsweise:

- die kausalen Annahmen über das Zustandekommen des Problems – z. B. kann das, was im Spiel als mangelndes Durchsetzungsvermögen der Protagonistin gewertet wurde, auch eine Folge der hierarchischen Abhängigkeiten sein;
- die Art und Weise, wie die beteiligten Personen dargestellt wurden – inwieweit sind z. B. sexistische Klischees in die Darstellung der Frauenrollen eingeflossen;
- die im Spiel herrschende Gruppendynamik – inwieweit haben wir als Gruppe das Ergebnis des Spiels in unserem Sinne beeinflusst, z. B. durch → Doppeln.

Die Prozessanalyse hat in Psychodrama-Ausbildungsgruppen einen offensichtlichen Lerneffekt für die Teilnehmer. Sie ist aber auch in bestimmten anderen Arbeitsfeldern sinnvoll, wobei ihre Form dem jeweiligen Arbeitsfeld angeglichen werden muss. In vielen Fällen, z. B. in der Arbeit mit Kindergruppen, wird man die Prozessanalyse fallen lassen. Weiterführende Überlegungen zu dieser Anwendung finden sich bei Jefferies (1998) und Kellermann (1992); bei letzterem findet sich unter anderem ein ausführlicher Katalog von Leitfragen für die Prozessanalyse.

11.3 Auswertung und Vertiefung

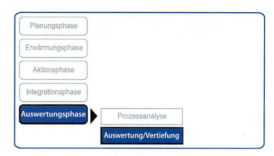

In Lerngruppen (z. B. in der betrieblichen und außerbetrieblichen Erwachsenenbildung, beim Einsatz in der Schule) kann die Prozessanalyse durch eine im klassischen Psychodrama nicht vorgesehene **kognitive Phase** ergänzt oder ersetzt werden, in der die Psychodrama-Einheit in den Kontext des Seminars oder der Unterrichtseinheit eingebettet wird. In einer solchen Phase könnte der Konflikt der Protagonistin beispielsweise mithilfe der im Seminar erarbeiteten Konfliktmodelle noch einmal analysiert werden. Dabei muss sensibel darauf geachtet werden, dass diese weiterführenden Betrachtungen für die Protagonistin selbst als Bereicherung und nicht als herabsetzendes »Herumbohren« in persönlichen Schwächen und Defiziten erlebt werden. Auch dürfen die Emotionen des Spiels, die im Zuge der Integrationsphase bereits verarbeitet worden sind, nicht erneut aufgewühlt werden. Über diese theoretische Einbettung des Spiels hinaus könnten beispielsweise weitere Konfliktmanagementtechniken vorgestellt und gegebenenfalls in Kleingruppen eingeübt werden. Die kognitive Phase entspräche somit einer intensivierten Auswertung einer Rollenspieleinheit.

> **Zusammenfassung**
> Im Rahmen der **Prozessanalyse** diskutieren Teilnehmer und Leitung den Spielverlauf vor dem Hintergrund möglicher alternativer Verläufe. Schließlich kann man auf den Inhalten des Spiels aufbauend am jeweiligen Thema weiterarbeiten, etwa im Sinne einer theoretischen Vertiefung.

Literatur

Ameln, F. von (2004). *Konstruktivismus* (UTB Wissenschaft). Tübingen: Francke.

Jefferies, J. (1998). The processing. In M. Karp, P. Holmes & K. Bradshaw Tauvon (eds.), *The Handbook of Psychodrama* (189-201). London: Routledge.

Kellermann, P. F. (1992). Processing in psychodrama. *Journal of Group Psychotherapy, Psychodrama and Sociometry, 45 (2),* 3-73.

Luhmann, N. (1990). Sthenographie. In N. Luhmann, H. R. Maturana, M. Namiki, V. Redder & F. J.Varela (Hrsg.), *Beobachter: Konvergenz der Erkenntnistheorien* (120-137). München: Fink.

Petzold, H. (1978). Das Psychodrama als Methode der klinischen Psychotherapie. In J. L. Pongratz (Hrsg.), *Handbuch der Psychologie,* (Band 8/2, 2751-2795). Göttingen: Hogrefe.

Rauchfleisch, U. (1988). Die Verwendung des Symbols in der psychoanalytischen Psychotherapie. In G. Benedetti & U. Rauchfleisch (Hrsg.), *Welt der Symbole: Interdisziplinäre Aspekte des Symbolverständnisses* (200-213). Göttingen: Vandenhoeck & Ruprecht.

11

Grundregeln
der Psychodrama-Leitung

»Der Pluralität des Menschen und seiner Lebenssituationen steht eine Pluralität der Interventionsmethoden gegenüber. Letztlich handelt es sich bei der situativen Interventionswahl um einen schöpferischen Akt, bei dem die individuelle Indikation im Vordergrund steht.« (Benien, 2002, S. 251).

12

Safety first!

Psychodrama ist eine erlebnisaktivierende Methode, die bei Protagonisten, Hilfs-Ichen und Zuschauern starke Emotionen, schlimmstenfalls bis zur Labilisierung der Persönlichkeitsgrenze, auslösen kann. Als mit dem Psychodrama Erfahrene neigen wir häufig dazu, die Wirkungen unserer Interventionen auf die Klienten, die mit dem Psychodrama weniger vertraut sind, zu unterschätzen. Umso wichtiger ist es, die Wirkungen einer bestimmten Intervention vorab erwägen zu können, um nicht in unkontrollierbare Situationen zu geraten. Die Leiterin muss die Grenzen des Settings, des Kontrakts, des Gruppenprozesses, der verfügbaren Zeit und vor allem ihrer methodischen und psychologischen Kompetenz genau beachten. Dies verlangt eine qualifizierte Ausbildung und die Arbeit unter ständiger begleitender Supervision.

Verantwortung für alle Beteiligten

Die Leiterin muss während des Spiels nicht nur den Protagonisten, sondern auch die Mitspieler sowie die zuschauenden Gruppenmitglieder ihre Aufmerksamkeit widmen. Dies hat zwei Gründe:

1. Auch wenn die Verantwortung für den Protagonisten während des Spiels im Mittelpunkt steht, muss die Leiterin ihrer Verantwortung für **alle** Teilnehmer gerecht werden. Wenn während des Spiels bei einem Zuschauer oder einem Hilfs-Ich starke Betroffenheit auftritt, sollte die Leiterin diejenige Person ansprechen und versuchen, sie in aller Kürze zu stabilisieren, ohne dabei das Spiel einschneidend zu unterbrechen. In solchen Situationen erweist sich wiederum die Anwesenheit einer Koleitung als ausgesprochen hilfreich, die sich im Einzelgespräch um das Gruppenmitglied kümmern kann, während das Spiel weiterläuft.

2. Hilfs-Ichen, die bereits seit geraumer Zeit stehen, sollte man einen Stuhl anbieten. Die Zu-

schauer sollten das Geschehen auf der Bühne sehen und hören können – die Leiterin muss daher darauf achten, dass der Protagonist nicht längere Zeit mit dem Rücken zur Gruppe spielt und leise gesprochene Passagen gegebenenfalls noch einmal lauter für die Gruppe wiederholen, falls es sich nicht um vertrauliche Informationen handelt.

Das sensible Erspüren der Gruppenbefindlichkeit (Aufmerksamkeit, Müdigkeit, Aggression, Albernheit) ist ein wichtiges Diagnostikum, das aber von weniger erfahrenen Leiterinnen häufig nicht genug genutzt wird. Wenn die Leiterin den Eindruck hat, dass die Gruppe emotional sehr beteiligt ist, kann sie beispielsweise aktiv zum → Doppeln auffordern. Auch über Zwischensharings und Zwischenfeedbacks kann die Leiterin die Erwärmung und Einfühlung der Gruppe nutzen.

Allparteilichkeit und Minderheitenschutz

Die Leiterin hat die Aufgabe, Minderheiten in der Gruppe zu schützen, ohne parteiisch zu sein. Mit dem Begriff »Minderheit« sind diejenigen Gruppenmitglieder gemeint, die in besonderem Maße von Diskriminierung betroffen sind oder die in dieser Hinsicht in besonderer Gefahr sind. Jede Gruppe tendiert dazu, Herrschaftsstrukturen, Machtgefälle und repressive Normen als Bedingungen für Macht und Diskriminierung über soziometrische Wahlen herzustellen. Besonders vulnerabel sind Teilnehmer, die aufgrund

- ihrer geografischen und kulturellen Herkunft,
- ihrer Geschlechts- oder Religionszugehörigkeit bzw.
- aufgrund von Sprachbarrieren oder anderen Faktoren

auch außerhalb der Gruppe Opfer von Diskriminierung sind (▸ Kap. 19).

Das Primat der Aktion

Das Psychodrama ist, gerade im Vergleich zu anderen, den Schwerpunkt auf verbale Mittel legende Methoden, sehr stark handlungsorientiert. Nach der Exploration des Themas soll agiert, nicht (nur) gesprochen werden. Durch das handelnde Erleben (griech. »drama«) seiner Innenwelt (griech. »psyche«) kann der Protagonist zu Einsichten gelangen, die ihm durch bloße Verbalisierung verschlossen blieben. Eine kurze psychodramatische Szene kann Problemkonstellationen und mögliche Lösungswege prägnanter, augenfälliger machen als eine langwierige verbale Analyse.

Die starre Anwendung dieser Regel bringt allerdings die Gefahr eines Abgleitens in ein oberflächliches »Over-Acting« mit sich. Intensives, meditatives Erleben der eigenen Emotion ist in einem ruhelosen, aktionsgeladenen Spiel nicht möglich. Gerade Protagonisten, die nur schwer Zugang zu ihren eigenen Gefühlen finden, sollte die Leiterin durch Anwendung der → Zeitlupentechnik die Möglichkeit eines längeren Verweilens im Augenblick ermöglichen. In der Praxis plädieren wir daher für ein flexibles Vorgehen, d. h. die Leiterin sollte auf der Basis der jeweiligen konkreten Situation entscheiden, ob ihrer Intervention momentan eher Dramatik oder eher Besinnung förderlich ist.

Die Regel der Non-Direktivität der Leiterin

Im Psychodrama ist der Protagonist Autor und Regisseur seines Stückes. Seine Realität, nicht die der Leitung oder der Gruppe, wird auf die Bühne gebracht, und er ist die einzige Autorität für das, was auf der Bühne geschieht. Die Leitung hat lediglich die Funktion, dem Protagonisten dabei zu helfen, seiner subjektiven Wirklichkeit auf der Bühne Gestalt zu geben. Die Leiterin sollte sich an den Vorgaben des Protagonisten orientieren und ihre Methodik stets als Vorschlag und Angebot, nicht aber als starre Vorgabe verstehen. Entsprechend hat der Protagonist jederzeit das Recht, eine Szene abzubrechen oder zu verändern.

Die Regel der Spontaneität

Gerade der Protagonist, letztlich aber alle Spieler, sollten nicht vorgegebene »Rollenkonserven« (etwa im Sinne eines vorgefertigten Drehbuchs) reproduzieren, sondern ihren eigenen Handlungsimpulsen spontan und schöpferisch folgen können. Die Leiterin hat die Aufgabe, die Rahmenbedingungen zu schaffen, die für eine freie Entfaltung der Spontaneität der Beteiligten erforderlich sind.

Dies bedeutet auch einen sensiblen Umgang mit »Widerstand« gegen Veränderung. Während Widerstände seitens der Spieler zu respektieren sind und der Protagonist »… so unspontan oder unexpressiv sein darf wie er zum jeweiligen Zeitpunkt gerade ist …« (Moreno, 1965, S. 76*), muss die Leiterin andererseits auch die angstfreie Bearbeitung widerstandsbesetzter Themen ermöglichen (für Hinweise hierzu ▶ Kap. 17).

Die Regel des Hier und Jetzt

Im Psychodrama sollten alle Spieler die gespielte Szene als gegenwärtig ablaufende Realität erleben, unabhängig davon, ob ein Ereignis der Vergangenheit, der Zukunft oder eine phantasierte Szene gespielt wird. Die Leiterin sollte dafür Sorge tragen, dass alle Spieler in der Gegenwart und aus der Rolle heraus sprechen, die sie in dem betreffenden Moment innehaben. Es ist zu erwarten, dass der Protagonist im Verlauf des Spiels immer wieder »aus der Rolle fällt«, d. h. aus seiner Rolle als Seminarteilnehmer spricht statt aus der Situation heraus, in der sich das bearbeitete Ereignis abspielte, z. B.:

Leiterin:	»Was geht Ihnen durch den Kopf, jetzt wo Sie die Kirche betreten?«
Protagonist:	»Ich weiß nicht mehr genau, was mir damals durch den Kopf gegangen ist.«

In einer solchen Situation sollte die Leiterin den Protagonisten aus der Szene herausnehmen.

Die Regel der Konkretisierung realer oder illusorischer Inhalte

Die Leiterin sollte das Spiel so inszenieren, dass es so weit wie möglich der inneren Welt des Protagonisten entspricht. Gedanken, Gefühle, innere Bilder und innere Stimmen sollten so anschaulich und konkret wie möglich auf die Bühne gebracht werden. Die Technik der Verkörperung von Gefühlen (▶ Abschn. 4.7) ist ein Beispiel für eine Umsetzung dieses Prinzips.

»Be with your protagonist«

Die Leiterin sollte während des Spiels und in der Integrationsphase dem Protagonisten ständig ihre Aufmerksamkeit, ihre emotionale Nähe und ihren Beistand signalisieren. Sie sollte stets wachsam für die Gedanken und Gefühlsregungen des Protagonisten sein und das Spiel gemäß seinen Bedürfnissen steuern.

»Von der Peripherie ins Zentrum«

Zur Vermeidung von Widerstand und Belastungsreaktionen sollte die Leiterin bei stark negativ besetzten Themen (z. B. der Reinszenierung eines Verkehrsunfalls) eine Einstiegsszene wählen, die sich in der Peripherie des Problems befindet (z. B. das Aufstehen an dem betreffenden Tag). Auf die eigentliche »Kernszene« (d. h. den Unfall selbst) muss die Leiterin dann langsam und vorsichtig hinführen.

Die Regel der Wiederherstellung der Ich-Funktionen am Ende des Spiels

Bei der therapeutischen Aufarbeitung biografischer Themen wird der Klient absichtsvoll in einen Zustand der Regression und der Intensivierung emotionalen Erlebens gebracht, der in der klassischen Psychodrama-Konzeption auf die → Katharsis hinsteuert. In diesem Zustand der Regression und Destabilisierung darf der Klient nicht entlassen werden. Stattdessen müssen gegen Ende des Spiels Ich-stärkende Interventionen, Aufhebung der Regression, kognitive Integration, Transferelemente und Stabilisierung der Abwehr stehen. Die Rückführung ins Hier und Jetzt der Gegenwart ist in der Regel durch die Integrationsphase gewährleistet, sollte aber unter Umständen noch während des Spiels eingeleitet werden, beispielsweise durch eine kurze Abschlussszene aus der Gegenwart bzw. der jüngeren Vergangenheit (vgl. das Modell der »psychodramatischen Spirale«, ► Abschn. 9.5.3).

Die Regel des Einbezogenseins aller Gruppenmitglieder

Auch ein protagonistenzentriertes Spiel ist letztlich ein Spiel (auch) für die Gruppe. Leiterin, Protagonist, Hilfs-Iche und Zuschauer müssen stets in engem Kontakt zueinander stehen. Die Leiterin sollte die Gruppe nicht nur aus einem Gefühl der Notwendigkeit heraus einbeziehen, sondern sie als wichtiges Diagnostikum und Therapeutikum nutzen, das ihre Arbeit erleichtert. In der Praxis bleiben diese »kotherapeutischen« Ressourcen der Gruppe zu oft ungenutzt.

Die Regel der Transparenz

Die Leiterin sollte ihr Vorgehen der Gruppe gegenüber so transparent wie möglich machen; speziell diesem Zweck dienendes psychodramasches Instrument ist die → Prozessanalyse. Auch die auf der Bühne und innerhalb der Gruppe ablaufende Dynamik sollte, z. B. bei Störungen, offen gelegt und gegebenenfalls bearbeitet werden, sofern dies nicht die Grenzen des Kontrakts überschreitet.

Weitere Regeln für den Rahmen der psychodramatischen Arbeit

Eine weitere wichtige Regel für die Arbeit in Gruppe, die in der ersten Sitzung explizit vereinbart werden sollte, ist die Regel der Diskretion, auch wenn in der Praxis natürlich nicht zu verhindern ist, dass Gruppenmitglieder persönliche Informationen über den Protagonisten aus der Gruppe hinaustragen. Ferner ist es in längerfristig miteinander arbeitenden Gruppen wichtig, dass möglichst alle Teilnehmer zu allen Treffen kommen, da wiederholte Abwesenheit einzelner Teilnehmer den Gruppenprozess stört.

Schließlich möchten wir Kanfers »11 Gesetze der Therapie« wiedergeben (Kanfer, Reinecke u. Schmelzer, 2005, S. 479 ff.), die auch für die Arbeit mit dem Psychodrama in therapeutischen und nichttherapeutischen Arbeitsfeldern Gültigkeit beanspruchen dürfen:

» 1. Verlange niemals von Klienten, gegen ihre eigenen Interessen zu handeln!
2. Arbeite zukunftsorientiert, suche nach konkreten Lösungen und richte die Aufmerksamkeit auf die Stärken von Klienten!
3. Spiele nicht den »lieben Gott«, indem Du Verantwortung für das Leben von Klienten übernimmst!

▼

4. Säge nicht den Ast ab, auf dem die Klienten sitzen, bevor Du ihnen geholfen hast, eine Leiter zu bauen!
5. Klienten haben immer Recht!
6. Bevor Du ein problematisches Verhalten nicht plastisch vor Augen hast, weißt Du nicht, worum es eigentlich geht!
7. Du kannst nur mit Klienten arbeiten, die anwesend sind!
8. Peile kleine, machbare Fortschritte von Woche zu Woche an und hüte Dich vor utopischen Fernzielen!
9. Bedenke, dass die Informationsverarbeitungskapazität von Menschen begrenzt ist!
10. Wenn Du in der Therapiestunde härter arbeitest als Deine Klienten, machst Du etwas falsch!
11. Spare nicht mit Anerkennung für die Fortschritte von Klienten!

Literatur

Benien, K. (2002). *Beratung in Aktion. Erlebnisaktivierende Methoden im Kommunikationstraining.* Hamburg: Windmühle.

Kanfer, F. H., Reinecker, H. & Schmelzer, D. (2005). *Selbstmanagement-Therapie: Ein Lehrbuch für die klinische Praxis* (4. Aufl.). Berlin: Springer.

Moreno, Z.T. (1965). Psychodramatic rules, techniques and adjunctive methods. *Group Psychotherapy, 18 (1–2),* 73–86.

Zusammenfassung

Das Psychodrama ist ein Verfahren, das sich sehr flexibel handhaben und variieren lässt. Dennoch gibt es eine Reihe von Grundregeln, die in jeder Psychodrama-Arbeit berücksichtigt werden sollten:

- Safety first!
- Verantwortung für alle Beteiligten
- Allparteilichkeit und Minderheitenschutz
- Das Primat der Aktion
- Die Regel der Non-Direktivität der Leiterin
- Die Regel der Spontaneität
- Die Regel des Hier und Jetzt
- Die Regel der Konkretisierung realer oder illusorischer Inhalte
- »Be with your protagonist«
- Von der Peripherie ins Zentrum
- Die Regel der Wiederherstellung der Ich-Funktionen am Ende des Spiels
- Die Regel des Einbezogenseins aller Gruppenmitglieder
- Die Regel der Transparenz

Teil III
Theoretische Grundlagen
des Psychodramas

Einführung in das Thema

Jacob Levy Moreno, der Begründer von Psychodrama, Soziometrie und Gruppenpsychotherapie, war ohne Zweifel der Erste, der eine konsistente Konzeption für die professionelle Nutzung szenischen Spiels entwickelte.

Die Wurzeln des Psychodramas gehen jedoch sehr viel weiter zurück.

Die Nutzung des dramatischen Spiels zum Zwecke der psychischen und sozialen Läuterung findet sich bereits in den Ritualen der Naturvölker, wie Petzold (1978) angemerkt hat. Das → Katharsiskonzept des Psychodramas lässt sich als Fortführung dieser rituellen Dimension des Dramatischen auffassen. Dramatische Elemente, wie z. B. die Inszenierungen von Wahnvorstellungen, werden in der Medizin bereits um die Zeitenwende von Galenus und Soranus genutzt. Im 17. und 18. Jahrhundert verwenden Muratori, Sauvage, Hülshorff und Lusitanus das dramatische Spiel als Heilmethode (vgl. Burkart u. Zapotoczky, 1974; Petzold, 1978). So berichtet Lusitanus von der Heilung eines Melancholikers, der sich wegen seiner Sünden verdammt fühlte: Als man einsah, dass man ihn nicht mit vernünftigen Argumenten überzeugen konnte, ging man auf seinen Wahn ein, indem man einen Engel mit einem Schwert in der Hand auftreten ließ, der ihm mitteilte, seine Sünden seien ihm erlassen (Burkart u. Zapotoczky, 1974). Erwähnenswert ist in diesem Zusammenhang auch der Marquis de Sade, der in seinem Schloss in Charenton Geisteskrankheiten mit Theater- und Tanzaufführungen behandelt. Heindl (2007) zeichnet eine Entwicklungslinie vom mittelalterlichen Theater als Instrument der Konfliktregelung bis hin zu Psychodrama, Aufstellungsarbeit und anderen theaternahen Interventionsformen der Moderne. Bereits 1803 schlug Reil, Universitätsprofessor für Psychiatrie und Gehirnanatomie in Halle, vor, dass jedes »Tollhaus« ein

>> … besonders eingerichtetes Theater haben könnte, das mit allen nöthigen Apparaten, Masquen, Maschinerien und Decorationen versehen wäre. Auf demselben müßten die Hausofficianten hinlänglich eingespielt seyn, damit sie jede Rolle eines
▼

Richters, Scharfrichters, Arztes, vom Himmel kommender Engel, und aus den Gräbern wiederkehrender Todten, nach den jedesmaligen Bedürfnissen des Kranken, bis zum höchsten Grad der Täuschung vorstellen könnten. (zitiert nach Burkart u. Zapotoczky, 1974, S. 10)

Reils Vorschlag weist verblüffende Ähnlichkeiten mit der Konzeption des Psychodramas auf, wenngleich Reils Schriften Moreno vermutlich nicht bekannt waren. In jedem Fall wurde die Forderung nach einer Bühne als feststehender Einrichtung in der psychotherapeutischen Praxis auch von Moreno vertreten und schließlich in seinem Sanatorium in Beacon, NY realisiert.

Auch in der frühen Entwicklung der Psychoanalyse sind Ansätze für die Nutzung dramatischer Elemente zu finden; schon Breuer hatte in der Therapie mit seiner Patientin Berta von Pappenheim Szenen einrichten lassen, um ihr Erinnerungsvermögen zu stimulieren (Breuer u. Freud, 1895). Schließlich ist unter den Vorläufern des Psychodramas das therapeutische Theater von Iljine (1972) zu nennen.

Moreno setzte mit dem Psychodrama diese lange Tradition fort und entwickelte erstmals ein Konzept, das die Möglichkeiten des dramatischen Spiels für Psychotherapie, Beratung und andere Arbeitsfelder systematisch erschließt. Seine facettenreiche Lebensgeschichte, die wir in ▶ Kap. 13 schildern, bildet einen wichtigen Schlüssel zum Verständnis der in ▶ Kap. 14 dargestellten Basiskonzepte des Psychodramas: Spontaneität und Kreativität, Tele, Begegnung und die Theorie sozialer Netzwerke sowie die Rollentheorie. Hinzu kommt Morenos »triadisches System« mit Gruppenpsychotherapie und Soziometrie, der ein eigenes Kapitel (▶ Kap. 15) gewidmet ist.

Literatur

Breuer, J. & Freud, S. (1895). Studien über Hysterie. In S. Freud, *Gesammelte Werke* (Bd. I, S. 75–312). Frankfurt/M.: Fischer.

Buer, F. (1991). Rolle und Identität. Von Psychodramatikern und Psychodramatikerinnen in unserer Zeit. *Psychodrama, 4 (2)*, 255–272.

Burkart, V. & Zapotoczky, H.-G. (1974). *Konfliktlösung im Spiel*. Wien: Jugend und Volk.

Heindl, A. (2007). *Theatrale Interventionen. Von der mittelalterlichen Konfliktregelung zur zeitgenössischen Aufstellungs- und Theaterarbeit in Organisationen*. Heidelberg: Carl-Auer.

Iljine, V. N. (1972). Das therapeutische Theater. In H. Petzold (Hrsg.), *Angewandtes Psychodrama in Therapie, Pädagogik, Theater & Wirtschaft* (238-246). Paderborn: Junfermann.

Kellermann, P. F. (1991). An essay on the metascience of psychodrama. *Journal of Group Psychotherapy, Psychodrama & Sociometry, 44 (1)*, 19–32.

Moreno, J. D. (1996). Foreword. In P. F. Kellermann (ed.), *Focus on Psychodrama. The Therapeutic Aspects of Psychodrama* (2nd edn., 7–9). London: Kingsley.

Petzold, H. (1978). Das Psychodrama als Methode der klinischen Psychotherapie. In J. L. Pongratz (Hrsg.), *Handbuch der Psychologie* (Band 8/2, 2751–2795). Göttingen: Hogrefe.

Das Leben J. L. Morenos und die Entstehung des Psychodramas

> »Moreno bezog sich oft auf das Jahr 2000 und meinte, obwohl seine Ideen für das 20. Jahrhundert verfrüht seien, würde das nächste Jahrhundert ihm gehören (…). Die Zukunft der Ideen Morenos wird durch die Wiederentdeckung von Moreno 'als Ganzem' gefördert werden, als eines Philosophen, der seine Philosophie in der konkreten Existenz jedes menschlichen Wesens verankerte. Die große Herausforderung der Zukunft liegt darin, so erscheint es mir, (…) auf Morenos Fundamenten in kohärenter, systematischer und allumfassender Weise aufzubauen und sie umzugestalten. Nichtsdestoweniger ist es nach wie vor schwierig, alle Facetten und Widersprüchlichkeiten dieses Mannes zu erfassen (…)« (Marineau, 1989, S. 153).

Jacob Levy Moreno (1889–1974), der Begründer des Psychodramas, hat in seinem bewegten Leben viele Rollen gespielt: Therapeut, Arzt, Dichter, Theater und Sozialrevolutionär. Moreno war ein genialer Vordenker vieler heute als selbstverständlich betrachteter psychologischer und soziologischer Konzepte, aber auch ein streitbarer Exzentriker. Daher richtet sich ein Teil der Vorbehalte gegenüber dem Psychodrama wohl weniger gegen die Methode als gegen ihren Schöpfer. Wie auch immer man zu Moreno als Person stehen mag, sein Leben, seine Rollenvielfalt, seine Philosophie und seine Visionen haben das Psychodrama nachhaltig geprägt. Stärker als es in anderen Therapieformen der Fall ist, ist der Facettenreichtum des psychodramatischen Ansatzes eigentlich nur vor diesem lebens- und zeitgeschichtlichen Hintergrund zu verstehen. Daher soll dieses Kapitel auch denjenigen Leserinnen und Lesern empfohlen sein, die den in Lehrbüchern obligaten historischen Abriss ansonsten überblättern.

1889: Geburt eines Mythos – Mythos einer Geburt

Jacob Levy Moreno wird am 18.05.1889 in Bukarest unter dem Namen Jacov Moreno Levy geboren. Dass er später den ursprünglichen Familiennamen Levy mit dem Vornamen seines Vaters, Moreno Nissim Levy vertauscht, ist Ausdruck seines intensiven, aber auch ambivalenten Verhältnisses zum Vater, der als reisender Kaufmann häufig abwesend ist. Der Vater entstammt ebenso wie die Mutter, Paulina Iancu, einer Familie sephardischer Juden, die 1492 von Isabella von Kastilien und Ferdinand von Aragon aus Spanien vertrieben wor-

den und im Laufe mehrerer Generationen über die Türkei schließlich nach Rumänien gelangt waren.

Moreno selbst nennt als Geburtsdatum den 20.05.1892 – eine Angabe, die später anhand des Geburtsregisters der Stadt Bukarest widerlegt wurde. In seiner Autobiografie beschreibt er eine Version der Umstände seiner Geburt, die bis zum heutigen Zeitpunkt für Verwirrung sorgt und zum »Mythos Moreno« beiträgt:

>> Ich wurde in einer stürmischen Nacht geboren, unterwegs mit einem Schiff auf dem Schwarzen Meer vom Bosporus nach Konstanza in Rumänien (…) Niemand kannte die Nationalität des Schiffes. War es ein griechisches, türkisches, rumänisches oder spanisches Schiff? (…) Als der 1. Weltkrieg ausbrach, wusste niemand, ob ich Türke, Grieche, Rumäne, Italiener oder Spanier war, da ich keine Geburtsurkunde besaß. (…) Ich wurde als Weltbürger geborenem Seefahrer auf der Reise von Meer zu Meer, von Land zu Land, bestimmt, eines Tages im New Yorker Hafen zu landen (Moreno, 1995, S. 14 f.).

Die Schaffung dieses Mythos mag man als Morenos Versuch ansehen, das gleichsam in der Familiengeschichte begründete und vielleicht auch durch die Unerreichbarkeit des Vaters hervorgerufene Gefühl der Entwurzelung durch neue Bedeutungsgebungen zu kompensieren; das von Moreno angegebene Geburtsdatum »20.05.1892« verweist auf das Datum der Entdeckung Amerikas und das Jahr der Vertreibung der sephardischen

Juden aus Spanien. Mithilfe des selbstgeschaffenen Mythos distanziert sich Moreno von seiner unsicheren familiären und nationalstaatlichen Verwurzelung und definiert sich als »Weltbürger«, der sich das gesamte Universum zur neuen Heimat erwählt – eine Idee, die uns im Laufe von Morenos weiterer Lebensgeschichte noch mehrfach begegnen wird. Auch wenn sein Bericht der Ereignisse nicht historisch korrekt ist, wie er selbst an anderer Stelle einräumt, bringt er uns doch Morenos persönlicher, subjektiv empfundener »Wahrheit« näher – Moreno spricht von »psychodramatischer und poetischer Exaktheit« (Moreno, Moreno u. Moreno, 1964, S. 7).

1890–1894: Morenos Kindheit in Bukarest und der Rollentausch mit Gott

Moreno verbringt die ersten fünf Lebensjahre in Bukarest. Mit 4 Jahren besucht er die sephardische Bibelschule, wo man ihm von Gott erzählt. Mit den Nachbarskindern spielt er das Gehörte nach: Ein Tisch mit mehreren übereinander geschichteten und notdürftig festgebundenen Stuhlreihen fungiert als Himmel, auf dessen Spitze Jacob in der Rolle als Gott Platz nimmt. Von den unter ihm kreisenden Engeln gefragt, ob er nicht auch fliegen wolle, breitet Jacob die Arme aus … landet wenig später auf dem Fußboden und bricht sich den Arm. Diese Begebenheit war, so schreibt Moreno in seiner Autobiografie (Moreno, 1995), die erste Psychodrama-Sitzung, die er jemals geleitet habe. Die Idee, einen »Rollentausch mit Gott« zu machen und sich so mit den schöpferischen Kräften des Universums zu verbinden, die er in sich und in seiner Umwelt spürte, begleitet Moreno durch sein weiteres Leben und fließt in die Entwicklung des Psychodramas ein.

1895–1909: Die Vision in Chemnitz und die Geburt der therapeutischen Philosophie

Die Familie geht um 1895 von Rumänien nach Wien und von dort um 1905 über Berlin nach Chemnitz. Zu diesem Zeitpunkt zeichnet sich das Scheitern der elterlichen Ehe ab. Die Streitgespräche und familiären Spannungen belasten Jacob sehr. Von Frustration und Selbstzweifeln geplagt, sucht er in den Schriften Nietzsches und Kierkegaards, in der Bibel und den Büchern der

Heiligen (Paulina Iancu hatte eine katholische Schule besucht und ihre Begeisterung für Jesus Christus an den Sohn weitergegeben) nach Antworten auf seine Fragen nach dem Sinn des Lebens und seiner Existenz. Vor einer Christusstatue in einem Chemnitzer Park erlebt er eine Vision, die sein Leben verändert und sicherlich auch eine erste Inspiration für die spätere Entwicklung seiner therapeutischen Philosophie und des Psychodramas darstellt:

>> In der Intensität dieses seltsamen Moments richtete ich meinen gesamten Willen darauf, die Statue möge lebendig werden, zu mir sprechen. (…) Dann schien mir, dass die Statue zu sprechen begann und ich lauschte aufmerksam. (…) Dies war der Moment meiner Entscheidung. Die Frage war, wie ich mich entscheiden würde: War meine Identität das Universum, oder lag sie in der Familie oder dem Clan, dem ich entsprungen war? Ich entschied mich für das Universum (…), weil ich im Dienste des größeren Zusammenhangs leben wollte, zu dem jedes Mitglied meiner Familie gehörte (…) Meine Entscheidung bedeutete, dass alle Männer und Frauen meine Brüder und Schwestern sein würden, dass alle Mütter und Väter meine Mütter und Väter sein würden, dass alle Kinder, wer auch immer ihre Eltern sein mochten, meine Kinder und dass alle Frauen meine Frauen sind, dass alles Eigentum im Universum mein Eigentum sei und umgekehrt all mein Eigentum das Eigentum der ganzen Welt. (…)
Von dieser Zeit an gab es ein neues Mehr an Bedeutung in allem was ich tat und in allem was um mich herum geschah. Es gab einen Exzess von Gefühl, von Freude oder Depression, von Liebe oder Angst. Es war so wie Liebende sich fühlen in der ersten Erregung des Sich-Findens. Die Sonne, die Sterne, der Himmel, die Bäume schienen größer. Die Farben schienen leuchtender. Alle Ereignisse erschienen

▼

mir dynamischer als sie Anderen erschienen. Wenn ein Kind geboren wurde, ein Mann starb, ein Feuer ausbrach oder ein Fremder über die Schwelle trat, alles schien von so tiefer Bedeutung und zum Bersten mit Rätseln und Fragen erfüllt, eine Herausforderung für mein innerstes Wertempfinden. (Moreno, 1985 zitiert nach Marineau, 1989, S. 23 f.)

Jacob bleibt nur kurze Zeit in Deutschland und kehrt mit 16 Jahren nach Wien zurück, wo er bei Freunden der Familie wohnt. Von nun an lebt er ohne seine Eltern, die sich wenig später trennen.

1910–1914: Begegnungen in Wien und die Geburt der Gruppenpsychotherapie

1910 nimmt Moreno ein Medizinstudium an der Wiener Universität auf, nachdem er zunächst Kurse in Philosophie belegt hat. Seinen Lebensunterhalt verdient er sich als Privatlehrer für die Kinder wohlhabender Familien.

Zu dieser Zeit liegt der Geist des »Fin de Siecle« über Wien. Die k. u. k.-Epoche neigt sich ihrem Ende entgegen, der 1. Weltkrieg wirft seine dunklen Schatten voraus. Gesellschaftliche Strukturen, Wissenschaft, Kunst, Religion und Technik sind im Umbruch. An die Stelle des schwindenden Alten tritt die Sehnsucht nach neuer Welterfahrung und neuem Selbstausdruck – die Epoche des Expressionismus bricht an. Buer (1999a) zeichnet ein ausführliches Portrait dieser Zeit, von den
- Neuerungen in der Musik (z. B. Mahler, Schönberg) über
- die gesellschaftlichen Reformbewegungen (z. B. Gartenstadtbewegung, Lebensreformbewegung, Freikörperkultur),
- die Beschleunigung des Lebensgefühls durch Automobil, Eisenbahn und Telefon bis hin zu
- neuen Entwicklungen in Literatur (z. B. Storm, Rilke, Kafka, Mann), Philosophie (z. B. Nietzsche, Kierkegaard) und Malerei (z. B. Kokoschka, Beckmann, Munch).

Ein großer Teil dieser Strömungen, die Kreativität, das Abstreifen von Konventionen und den Glauben an die Schöpferkraft Gottes im Menschen zu ihrem obersten Kredo machen, nimmt in Wien ihren Ausgangspunkt – und so erstaunt es nicht, dass auch der junge Moreno von dieser Welle des expressionistischen »Zeitgeists« erfasst wird. Viele Aspekte von Morenos Leben und Werk, die aus heutiger Sicht befremdlich wirken, sind vor dem Hintergrund dieser historischen Orientierungspunkte leichter einzuordnen und zu verstehen.

Unter dem Eindruck des Erlebnisses in Chemnitz und im Einklang mit der Stimmung der Zeit eifert Moreno zunehmend danach, die Rolle eines Propheten einzunehmen. Mit wallendem, rotblondem »Christusbart« und einem langen grünen Mantel, den er nahezu ständig trägt und der zu seinem Erkennungszeichen wird, gibt er eine Erscheinung ab, die im bürgerlichen Umfeld Wiens sicherlich Aufsehen und Anstoß erregt. Moreno sammelt einen Zirkel Gleichgesinnter um sich, mit denen er philosophische und theologische Wertfragen diskutiert und konsequent in die Praxis umsetzt. Im Vordergrund stehen Ideale wie Authentizität, Begegnung und christliche Nächstenliebe. Um persönliche Eitelkeiten hinter dem gemeinsamen Ansinnen zurücktreten zu lassen, treten die Freunde in der Öffentlichkeit anonym auf:

◻ **Abb. 13.1.** Moreno als junger Mann

>> Wir hatten uns alle der Anonymität, der Liebe, dem Geben und einem direkten, konkreten Leben mit allen, die wir in der Gemeinde trafen, verpflichtet. Wir verließen Heim und Familie und begaben uns auf die Straßen. Wir waren namenlos, konnten aber leicht an unseren Bärten und unserer warmen, menschlichen und fröhlichen Zuwendung für alle, die zu uns kamen, erkannt werden. (Moreno, 1995, S. 48 f.)

Die Gruppe mietet ein Haus, in dem jeder willkommen ist und bleiben kann, ohne Miete zahlen zu müssen. »An den Wänden gab es farbig gemalte Inschriften mit folgender Verkündigung: 'Kommt zu uns aus allen Ländern. Wir werden euch Unterkunft geben'« (Moreno, 1995, S. 49). Was als Vorläufer der Encountergruppe beginnt, wächst sich zu einem Asyl für Flüchtlinge des sich ankündigenden 1. Weltkriegs aus. Moreno und seine Freunde helfen den Flüchtlingen, Arbeit zu finden und organisieren medizinische Betreuung.

In diesem Geist der Begegnung und des sozialrevolutionären Engagements baut Moreno gemeinsam mit einem Arzt und einem Journalisten eine Gruppe für Prostituierte am Spittelberg auf, die man aus heutiger Sicht vielleicht als erste Selbsthilfegruppe der Geschichte bezeichnen könnte: Moreno organisiert regelmäßige Treffen, in denen die Frauen sich über Diskriminierungen, Krankheiten und andere Probleme austauschen können; er sorgt für medizinische Hilfe und juristischen Beistand für die Prostituierten und richtet einen Hilfsfonds ein, in den die Frauen selbst einzahlen. Damit ist ein erster Grundstein für die Entwicklung der Gruppenpsychotherapie gelegt (▶ Abschn. 14.4.2). Morenos Arbeit mit den Prostituierten am Spittelberg ist von den marxistischen Ideen inspiriert, die zu dieser Zeit »in der Luft liegen«. Gleichzeitig wendet sich Moreno mit der Ansicht, dass eine Verbesserung der Verhältnisse nur von der kleinsten gesellschaftlichen Einheit, der zwischenmenschlichen Beziehung, ausgehen kann, gegen die rein ökonomische Orientierung des Marxismus (zu den Beziehungen zwischen den Ansätzen von Marx und Moreno vgl. Buer, 1999b).

Der Begegnungsgedanke inspiriert Moreno auch bei seinen häufigen Spaziergängen durch die Parks und Gärten von Wien. Mit Begeisterung beobachtet er die Spontaneität und Spielfreude von Kindern und beginnt ihnen Märchen zu erzählen und Stegreifspiele zu inszenieren, die Kinder (und Erwachsene) in großer Zahl anziehen:

>> Es schien mir, als wären sie körperlich aus ihrer trostlosen Umgebung entführt und in ein Märchenland versetzt worden. Es war nicht so sehr das, was ich ihnen erzählte, die Geschichte an sich, sondern es war der Akt, die Atmosphäre des Geheimnisses, das Paradoxe, das Wirklichwerden des Unwirklichen. (Moreno, 1995, S. 45)

Die Idee der psychodramatischen → Surplus Reality und der Nukleus für die Weiterentwicklung des → Stegreifspiels sind geboren, ebenso wie das erste soziometrische Experiment in actu: Moreno hatte den Kindern vorgeschlagen, sich »neue Eltern« zu suchen, die ihren Wünschen entsprächen. Zum Entsetzen der Eltern begannen die Kinder tatsächlich mit der Suche. Am Abend hatten alle Kinder ihre eigenen Eltern gewählt, sodass Kinder wie Eltern beglückt und mit gefestigten Familienbanden nach Hause gehen konnten.

Morenos Arbeit mit den Kindern endet, als Polizei und Schulbehörden die aus ihrer Sicht suspekten Aktivitäten unterbinden.

Im Jahr 1914 fasst Moreno seine Philosophie (Moreno spricht auch von »Religion«) der Begegnung in drei Büchlein zusammen, die als »Einladung zu einer Begegnung« unter dem Namen »Jacob Levy« erscheinen; der Philosoph Martin Buber, der heute als Begründer des Begegnungskonzepts gilt, veröffentlicht sein Werk »Ich und Du« erst 9 Jahre später. Es ist – neben der Aktionsforschung und dem Rollenkonzept – nur eines von vielen Konzepten, auf dessen Urheberschaft Moreno Anspruch erhebt. Dass sich Buber von Morenos Arbeiten beeinflussen ließ, ist angesichts der späteren Kontakte zwischen den beiden Männern auch recht wahrscheinlich.

1915–1916: Morenos Arbeit in Mittendorf und die Geburt der Soziometrie

Was als erster Funke soziometrischen Denkens im Wiener Augarten begann, kann Moreno während seiner 2-jährigen Tätigkeit als Amtsarzt im Flüchtlingslager Mittendorf bei Wien ausbauen. Er stellt fest, dass viele soziale Probleme im Lager auf Konflikte zwischen verschiedenen Nationalitäten und politischen Haltungen, Männern und Frauen oder Flüchtlingen und Personal zurückgehen und empfiehlt der Regierung, das Lager auf der Basis soziometrischer Kriterien neu zu ordnen. Auf der Basis der Ergebnisse einer Befragung werden Wohn- und Arbeitsgruppen mit denjenigen Bewohnern gebildet, die füreinander Sympathie empfinden. Auch wenn ein Großteil der schwierigen Lebensbedingungen bestehen bleibt, kann die soziometrische Neuordnung doch einen Teil der Probleme im Lager lindern.

1917–1920: Das Cafe Museum und die Geburt des Psychodramas

Während seiner Tätigkeit in Mittendorf verbringt Moreno einen großen Teil seiner Freizeit in den Wiener Kaffeehäusern, besonders im Cafe Museum und im Cafe Herrenhof. Beide Häuser sind bei Künstlern und Intellektuellen der Stadt beliebt. Hier kommt Moreno mit Martin Buber, Robert Musil, Arthur Schnitzler und anderen in Kontakt. Er gründet 1918 eine Zeitschrift für existenzielle Philosophie mit dem Titel »Der Daimon«, 1919 umbenannt in »Der neue Daimon« und 1920 in »Die Gefährten«. Die Zeitschrift wird von einem Genossenschaftsverlag herausgegeben, der von bedeutenden Persönlichkeiten des Wiener Geisteslebens getragen wird: Alfred Adler, Albert Ehrenstein, Fritz Lampl, Hugo Sonnenschein und Franz Werfel – letzterer ist in dieser Zeit einer von Morenos engsten Freunden. Moreno selbst ist leitender Herausgeber und schreibt zahlreiche Beiträge. Neben den Genossenschaftlern publizieren Martin Buber, Max Brod, Alfred Döblin, Oskar Kokoschka, Heinrich Mann und viele andere in der neuen Zeitschrift.

Im Oktober 1919 nimmt Moreno eine Stelle als Gemeindearzt der Stadt Bad Vöslau an, gleichzeitig arbeitet er als Werksarzt der dort ansässigen Kammgarnfabrik. Durch das doppelte Gehalt materiell abgesichert, entscheidet sich Moreno – ganz im Geiste des früheren Hauses der Begegnung in Wien – anonym und für die Patienten unentgeltlich zu praktizieren: »Ich ging mit der Idee der Anonymität bis zum äußersten. In Vöslau war ich nur als der Doktor bekannt. Ich hatte weder ein Schild an der Tür, noch hatte ich einen Rezeptblock.« (Moreno, 1995, S. 92). Eine junge Vöslauerin, Marianne Lörnitzo, wird zu seiner Assistentin, Geliebten und Muse. Durch sie findet Moreno zurück zu der Mission, auf die er sich nach dem Erlebnis vor der Christusstatue in Chemnitz begeben hatte:

> » Ich fühlte mich wie neu geboren, ich begann Stimmen zu hören, nicht Stimmen, wie sie ein psychisch Kranker hört, sondern wie einer der spürt, dass er eine Stimme hören kann, die alle Lebewesen erreicht und zu allen Lebewesen in derselben Sprache spricht, eine Sprache, die von allen Menschen verstanden wird, die uns und unserem Kosmos Hoffnung und Orientierung gibt. Das Universum ist (…) unendliche Kreativität. Und diese unendliche Kreativität (…) bringt uns zusammen. Wir sind alle aneinander gebunden durch die Verantwortung für alle Dinge. Es gibt keine begrenzte, partielle Verantwortung. Und unsere Verantwortung macht uns automatisch zu Mit-Schöpfern der Welt (…) (Moreno, 1985 zitiert nach Marineau, 1989, S. 62)

In dieser »Stimmung äußerster Inspiration« (Marineau, 1989) erlebt Moreno eine zweite Vision: In einer Nacht schreibt er die Botschaft, die die Stimmen ihm einflüstern, mit rotem Stift an die Wände seines Hauses in Vöslau. Es entsteht ein langes expressionistisches Gedicht, das 1920 veröffentlichte »Testament des Vaters«, das Moreno als sein wichtigstes Werk betrachtet und das viele spätere, auch für das Psychodrama bedeutsame Konzepte in poetischer Form vorwegnimmt:

- → Surplus Reality,
- → Spontaneität,
- gemeinsame Verantwortung und
- gemeinsame Schöpfung,
- → Begegnung (Marineau, 1989).

Die erste psychodramatische Therapie führt Moreno in Vöslau mit einem Patienten durch, der Suizid begehen möchte.

>> Wochenlang sprachen sie über die Planung des Todes: Der Mann fasste seinen letzten Willen ab, diskutierte ausführlich verschiedene Möglichkeiten sich umzubringen, aß mit erneuertem Appetit in dem Bewusstsein, es könnte sein letztes Mahl sein und agierte verschiedene Szenarios aus. Er tat dies mit der Hilfe von Moreno und Marianne; sie war was im Psychodrama später als **Hilfs-Ich** bezeichnet werden sollte. Der Patient war der **Protagonist** und Moreno der **Leiter**. Moreno bezeichnete diesen Patienten als ersten »stationären Patienten«. (…) Der Patient verbrachte viele Wochen in Vöslau, in einem örtlichen Hotel wohnend. (Marineau, 1989, S. 68)

Durch den Erfolg der Behandlung fühlt Moreno sich in seinem handlungsorientierten Vorgehen bestätigt, das im Gegensatz zur gängigen psychoanalytischen Doktrin seiner Zeit stand, das »Ausagieren« von Symptomen habe neurotischen Charakter und sei für den Patienten schädlich. Die eigentliche Weiterentwicklung dieser Ansätze zur Methode des Psychodramas fand allerdings erst Jahre später statt.

1921–1924: Das Stegreiftheater in der Maysedergasse und die Geburt des Soziodramas

Neben seiner Tätigkeit als Gemeindearzt in Vöslau und seiner Tätigkeit als Herausgeber bildet die Beschäftigung mit dem Theater und seiner Erneuerung einen Schwerpunkt von Morenos Interesse. Die Beschäftigung mit diesem Aspekt ist für das Verständnis des Psychodramas hilfreich, denn es ist das Stegreiftheater – nicht die Psychotherapie –, das historisch gesehen am Anfang seiner methodischen Entwicklung stand. Moreno war der Überzeugung, dass das freie Spiel, wie er es bei den Kindern im Wiener Augarten erlebt hatte, die kreativen Potenziale des Menschen freisetzen und ihn zu Freiheit und Schöpfertum zurückführen kann. Stereotype Verhaltensmuster müssten dagegen durchbrochen und mittels Freisetzung von Spontaneität durch authentischen Selbstausdruck erweitert werden. Vor dem Hintergrund dieser Phi-

losophie verwundert es nicht, dass Moreno das traditionelle Theater mit seinen festgelegten Rollen, die den Schauspieler in ein unauthentisches Korsett zwängen, ablehnte. Verschiedentlich sollen er und seine Freunde während der Vorstellung die Bühne gestürmt haben, um die Starre des herkömmlichen Theaters anzuprangern, eine Vorgehensweise, die in ihrer Radikalität an die späteren Experimente von Brecht erinnern mag (vgl. Buer, 1999a, S. 41, ▶ Fußnote 3). Moreno berichtet in seiner Autobiografie über eine Aufführung von »Also sprach Zarathustra«:

>> Es war unsere Absicht, die Schauspieler und die Zuschauer aus ihrem »theatralischen Schlaf« zu wecken. (…) Mein Begleiter trat als der wirkliche (…) Zarathustra auf. (…) Der »wirkliche« Zarathustra befahl dem Schauspieler, er selbst zu sein, nicht Zarathustra. Nachdem mein Freund den Schauspieler und den Autor konfrontiert hatte, betrat ich die Bühne und stellte meine radikale Philosophie vor. Ich verlangte den Abriss der Institution Theater, um ein neues Theater zu schaffen, das nicht nur »die Leiden fremder Dinge widerspiegeln (…) sondern unser eigenes Leid spielen würde.« Gemäß meiner Arbeit, die ich mit den Kindern in den Wiener Parks machte, wollte ich ein Theater des Genius, der totalen Imagination, ein Theater der Spontaneität, erschaffen. (Moreno, 1995, S. 79)

Um seine Vision in die Realität umzusetzen, mietet Moreno am 1.04.1921 das Komödienhaus. Als sich vor mehr als 1000 Zuschauern der Vorhang hebt, ist die Bühne leer, es gibt keine Schauspieler und kein Skript, lediglich einen Thron, eine Krone und einen purpurnen Mantel. Morenos Ziel in der Nachkriegssituation politischer Orientierungslosigkeit ist die Suche »… nach dem König der Welt, dem König, der nicht gewählt werden kann, sondern erkannt werden muss, da er als Idee existiert und seine Heimat im Herzen der Menschheit hat .« (Moreno, 1995, S. 81).Seine Aufforderung an die Anwesenden, diese Rolle einzunehmen, führt jedoch zu keinem befriedigenden Ergebnis: »… die Prüfung muss zu schwierig gewesen sein. Niemand bestand sie. Gegen Ende der Vorführung war niemand für wert befunden worden, König zu sein. Die Welt blieb führungslos« (Moreno, 1995, S. 80). Dieser Versuch, »… das Publikum in Akteure zu verwandeln, in Akteure ihres eigenen kollektiven Dramas, des kollektiven Dramas sozialer Konflikte, in das sie in der Tat täglich verwickelt waren …« (Moreno, 1995, S. 80), bildet die Blaupause für die später ausgearbeitete Konzeption des → Soziodramas.

Frustriert von den negativen Reaktionen auf seine provokanten öffentlichen Experimente, gründet Moreno 1922 eine Stegreiftheatertruppe in der Wiener Maysedergasse. Gespielt werden neben Sketchen vor allem aktuelle Tagesereignisse; die Themen werden aus Zeitungsartikeln entnommen (Ursprung der Technik der lebendigen Zeitung, ▶ Abschn. 9.3.21) und gemeinsam mit dem Publikum ausgewählt. Anschließend kann das Publikum die Entstehung der Bühnenbilder durch Schnellmaler sowie das Schminken der Schauspieler verfolgen. Als Konflikte zwischen zwei miteinander verheirateten Schauspielern entstehen, entscheidet sich Moreno, die häuslichen Streitszenen auf der Bühne auszuspielen – ein weiterer Schritt zur Weiterentwicklung der psychodramatischen Methoden. Die Instrumente des Psychodramas (Protagonist, Leiter, Bühne, Zuschauer, Hilfs-Iche; ▶ Kap. 2) sind ebenso erkennbar wie Vorformen des → Rollentauschs und des → Doppels.

Moreno fasst seine Erfahrungen 1923 in »Das Stegreiftheater« zusammen. Er schlägt vier Formen des revolutionären Theaters vor:

1. Das Konflikttheater, nach dem Modell des Vorfalls in der Vorstellung von »Also sprach Zarathustra«;
2. das Stegreiftheater, nach dem Modell der Stegreifspiele im Augarten und in der Maysedergasse;
3. das Weihetheater, eine Form der Familientherapie in situ: Familienmitglieder spielen einen Konflikt, um sich durch die Wiederholung vom Geschehen zu distanzieren;
4. das Theater des Schöpfers, nach dem Modell des Lebens von Jesus von Nazareth.

Dieses Buch, so Marineau (1989, S. 81), »… enthält die meisten Bestandteile der Morenoschen Philosophie. Im fehlt es noch an Einheitlichkeit, aber die Grundlagen der Soziometrie, der Gruppenpsychotherapie und des Psychodramas sind in ihm enthalten«.

1925–1934: Morenos Arbeit in New York und die Entwicklung der Soziometrie

Moreno verlässt am 21.12.1925 Wien, um nach Amerika zu emigrieren. Über die wahren Gründe dieser Entscheidung kann nur spekuliert werden:

- Vielleicht sind es die Hoffnungen in seine Erfindung, die »selbsttätige magnetelektrische Lautsprechvorrichtung«, ein Entwurf eines Geräts für die Tonaufzeichnung und -wiedergabe,
- vielleicht die selbst verursachten Skandale, die ein Leben in Wien immer schwieriger machen,
- vielleicht auch antisemitische Anfeindungen oder
- die Vorwürfe, die er sich nach dem Selbstmord eines Mitglieds der Stegreiftruppe macht.

Morenos eigene Angaben, er habe einen Vertrag mit der »General Phonograph Corporation« abgeschlossen, wurden durch Recherchen von Marineau (1989, S. 180, Anmerkung 3) widerlegt. Die ersten Jahre in New York stellen jedenfalls eine schwierige Phase in Morenos Leben dar. Zwar gründet er eine Stegreiftheatergruppe und hält Vorträge in Schulen und Universitäten, doch bleiben ihm Erfolg und Anerkennung versagt. Um die Aufenthaltserlaubnis in den USA zu erlangen, geht er eine Proforma-Ehe ein, die zum frühestmöglichen Zeitpunkt wieder geschieden wird. Die Beziehung mit Marianne, die in Vöslau zurückgeblieben ist, zerbricht.

Erst 1932 scheint Moreno wieder Fuß fassen zu können. Er hält einen Vortrag beim Jahrestreffen der »American Psychiatric Association«, wo er sein Konzept der Gruppenpsychotherapie vorstellt – ein neuer Begriff und eine bis dahin unbekannte Therapieform, die in den frühen Wiener Jahren Gestalt annahm, erblicken hier »offiziell« das Licht der Welt.

Moreno erhält den Auftrag, eine Untersuchung der Beziehungen zwischen den Insassen des Sing Sing-Gefängnisses durchzuführen, deren Ergebnisse bei der Verbesserung des Rehabilitationsprozesses helfen sollen. Durch diese Studie wird die »New York State Training School for Girls« in Hudson auf Moreno aufmerksam und ernennt ihn zum Forschungsdirektor. Moreno befragt die ca. 10.000 Schülerinnen danach, mit wem sie am liebsten zusammen wohnen und arbeiten möchten und setzt die Ergebnisse in grafischer Form als Soziogramme um. Es bleibt jedoch nicht bei der Forschung allein: Die Schulgemeinschaft wird tatsächlich gemäß der ermittelten soziometrischen Präferenzen umgestaltet; darüber hinaus führt Moreno Rollenspiele und Psychodramen durch, um die Einstellungen und das Sozialverhalten der Schülerinnen zu verändern und zu trainieren, ein frühes Beispiel für die Methode der Aktionsforschung, die – wie Petzold (1980) dargelegt hat – von Moreno entwickelt und von Lewin lediglich bekannt gemacht wurde. Die neu entwickelte soziometrische Methode wird 1934 in »Who Shall Survive?« vorgestellt, einem Buch, das international große Aufmerksamkeit erregt und auf deutsch unter dem Titel »Die Grundlagen der Soziometrie« veröffentlicht wird. Ferner gründet Moreno zwei

Fachzeitschriften, »Sociometric Review« und »Sociometry«, bevor sich sein Interesse zum Psychodrama hin verschiebt.

Doch die Arbeit in Hudson trägt für Moreno nicht nur in beruflicher Hinsicht Früchte: Florence Bridge, eine Studentin, die an der Mädchenschule ein Praktikum absolviert, wird in den darauf folgenden Jahren seine Frau und Mutter der gemeinsamen Tochter Regina.

1935–1974: Morenos Arbeit in Beacon und die Entwicklung des Psychodramas

Im Jahr 1935 kauft Moreno ein Haus in Beacon, New York, etwa 100 km nördlich von Manhattan in der Nähe des Hudson River. Hier wird im darauf folgenden Jahr das »Beacon Hill Sanatorium« eröffnet. Das Wiener Haus des anonymen Zirkels um Moreno und die Stegreifbühne in der Maysedergasse haben für Beacon und sein therapeutisches Konzept erkennbar Modell gestanden: Patienten wie Personal wohnen gemeinsam auf dem Gelände und teilen das Alltagsleben miteinander, in das auch die Familien der Patienten einbezogen werden. Den Mittelpunkt der Aktivitäten bildet

◻ **Abb. 13.2a, b.** Moreno gestikulierend

eine speziell für psychodramatische Zwecke eingerichtete 3-stufige Bühne (▸ Abb. 13.3). Im Mittelpunkt der Philosophie des Sanatoriums stehen
nicht professionelle Distanz und kühles Effizienz-
denken, sondern Kreativität und Begegnung. Jedoch war Beacon für Moreno nicht nur eine therapeutische Klinik, sondern auch

❯❯ … ein Labor, um seine Hypothesen über
geistige Gesundheit, seine Theorie der
Dyade Kreativität/Begegnung, die zahlreichen Techniken des Psychodramas und
die Grenzen der Gruppenpsychotherapie
zu testen. Schrittweise setzte sich die
allgemeine Verwendung des Begriffes
»Psychodrama« durch, die Rolle des Leiters, des Hilfs-Ichs und des Protagonisten
wurden geklärt und die Techniken ver-
feinert: es war in Beacon, wo die wahre
Geburt des Psychodramas stattfand.
(Marineau, 1989, S. 134)

Beacon ist auch der Ort einer weiteren Geburt: Im
Sommer 1941 beginnt er hier eine Beziehung mit
Celine Zerka Toeman, die an die Stelle seiner zer-
rütteten Ehe mit Florence tritt. Mit Zerka verbindet ihn eine tiefe Seelenverwandtschaft. Sie wird
zu seiner neuen Muse und zweiten Ehefrau. Ein
gemeinsames Kind, Jonathan, wird 1953 geboren.
Zerka Toeman Moreno hat maßgeblichen Einfluss
auf die Entwicklung des Psychodramas, der sich
unter anderem in zahlreichen gemeinsamen Publikationen niederschlägt und der bis in unsere
Zeit hinein weiterwirkt.

Parallel zu seiner Tätigkeit als Therapeut in
Beacon beginnt Moreno, in der Rolle des Dozenten
und Trainers seine Erkenntnisse an die interessierte Fachwelt weiterzugeben. Er gründet die Gesellschaft für Psychodrama und Gruppenpsychotherapie und zwei Trainingsakademien in Beacon
und New York.

Im 2. Weltkrieg entwickelt die britische Regierung großes Interesse an Morenos Arbeiten. Ein

◻ **Abb. 13.3.** Bühnensituation

1-monatiger Aufenthalt eines britischen Majors in Beacon führt dazu, dass Soziometrie, Psychodrama und Gruppenpsychotherapie Eingang in das Auswahlverfahren, in die Ausbildung und in die Rehabilitation der britischen Armee finden.

Moreno stellt 1944 seine Ideen beim Jahrestreffen der American Psychiatric Association vor, 12 Jahre nach seinem ersten Vortrag über Gruppenpsychotherapie.

> » Aber 1944 gab es bei dem Treffen immer noch Leute, die sich der Bedeutung der Gruppentherapie nicht bewusst waren. Für die Versammlung wurde ein Symposium zur Gruppentherapie geplant und einem kleinen Raum zugewiesen, der nur 70 Menschen fassen konnte. Es meldeten sich jedoch so viele Menschen für das Symposium an, dass es in den größten Versammlungsraum des Hotels verlegt werden musste. (Moreno, 1995, S. 142)

Im Jahr 1946 erscheint »Psychodrama, Band 1« in Morenos eigenem Verlag »Beacon House«. Es ist das erste eigenständige Buch über Psychodrama, wenngleich es sich eher um eine zum Teil schwer verständliche Sammlung verschiedener philosophisch-literarischer Schriften handelt – am Anfang steht Morenos »Einladung zu einer Begegnung« von 1914 –, als um eine systematische Einführung in die Methode. Ein Jahr später wird eine neue Zeitschrift gegründet: »Sociatry«, später mehrfach umbenannt und heute als »The International Journal of Action Methods – Psychodrama, Skill Training, and Role Playing« verlegt. Im Jahr 1951 erscheint »Sociometry, Experimental Method and the Science of Society« (deutsch: »Soziometrie als experimentelle Methode«). Der zweite Band von »Psychodrama« folgt 1959, eine Auseinandersetzung mit anderen Formen der Psychotherapie und Diskussionsforum für Kritiker und Befürworter der psychodramatischen Methode. Zwei Jahre später wird die »Weltakademie für Psychodrama, Gruppenpsychotherapie und Soziometrie« gegründet, um die internationale Verbreitung des Ansatzes von Moreno in Lehre und Anwendung zu koordinieren.

Ausbildung, wissenschaftliche Aktivitäten und Vortragsreisen nehmen Moreno zunehmend in Anspruch, sodass die Klinik in Beacon 1967 geschlossen werden muss. Von nun an widmet er sich ganz den Trainingsprogrammen und Publikationen. Im Jahr 1969 erscheint der dritte Band von »Psychodrama«, der sich insbesondere der Darstellung der verschiedenen psychodramatischen Techniken widmet.

Im Jahr 1974 erleidet Moreno mehrere kleine Schlaganfälle. Mit den zurückbleibenden Lähmungserscheinungen will er, der zeitlebens vor

☐ **Abb. 13.4.** Moreno als alter Mann mit seiner Frau Zerka

Agilität und Aktivität gestrotzt hatte, sich nicht abfinden. Er setzt seinem Leben selbst ein Ende, indem er die Essensaufnahme verweigert; Moreno stirbt am 14.05.1974.

Im Jahr 1993 wurden Morenos sterbliche Überreste auf den Wiener Zentralfriedhof zurückgeführt und dort beigesetzt. Die Inschrift auf seinem Grabstein lautet: »Hier ruht der, der das Lachen in die Psychiatrie gebracht hat«. Wenige Jahre vor seinem Tod erhielt Moreno zwei Ehrendoktorwürden von den Universitäten Wien und Barcelona. Moreno muss sich darüber besonders gefreut haben, denn mit dieser Anerkennung schließt sich die symbolische Reise, die über Wien und die Neue Welt wieder zurück an den Ort der Vertreibung seiner Ahnen im Jahre 1492 führte und der für ihn der Geburtsort des »Mythos Moreno« war.

Weiterführende Literatur

Moreno, J. L. (1995). Auszüge aus der Autobiographie. Köln: inScenario (159 Seiten).
Ein faszinierender, bewegender und stellenweise auch skurriler Einblick in das Leben Morenos und die Entstehung des Psychodramas.

Literatur

Buer, F. (1999a). Morenos therapeutische Philosophie. Eine Einführung in ihre kultur- und ideengeschichtlichen Kontexte. In F. Buer (Hrsg.), *Morenos therapeutische Philosophie. Die Grundideen von Psychodrama und Soziometrie* (3. Aufl., 13–45). Opladen: Leske & Budrich.

Buer, F. (1999b). Morenos Philosophie und der Marxismus. In F. Buer (Hrsg.), *Morenos therapeutische Philosophie. Die Grundideen von Psychodrama und Soziometrie* (3. Aufl., 167–186). Opladen: Leske & Budrich.

Marineau, R. F. (1989). *Jacob Levy Moreno, 1889–1974. Father of Psychodrama, Sociometry, and Group Psychotherapy.* London: Tavistock.

Moreno, J. L. (1923). *Das Stegreiftheater.* Potsdam: Kiepenheuer.

Moreno, J. L., Moreno, Z. T. & Moreno, J. D. (1964). *The First Psychodramatic Family.* Beacon: Beacon House.

Moreno, J. L. (1995). *Auszüge aus der Autobiographie.* Köln: inScenario.

Petzold, H. (1980). Moreno – nicht Lewin – der Begründer der Aktionsforschung. *Gruppendynamik, 2,* 142–160.

13

Theoretische Basiskonzepte des Psychodramas

> »Moreno schätzte Erfahrung mehr als Bücher, Handlung mehr als Worte, und er hatte eine Antipathie gegen das, was er **Kulturkonserven** nannte; dass er überhaupt schrieb, ist bloß ein weiterer Widerspruch, mit dem wir zurechtkommen müssen« (Marineau, 1989, S.44 f.).

Jacob Levy Moreno war ein kreativer Geist, der viele Entwicklungen im Bereich der Gruppenpsychotherapie und der Gruppenforschung anstieß – Entwicklungen, die häufig später von anderen übernommen und weitergeführt wurden. Der Name Moreno selbst findet sich in psychologischen Lehrwerken dagegen meist nur als Randnotiz. Der Grund für diese mangelnde wissenschaftliche Anerkennung liegt wohl primär darin, dass Moreno seine Kreativität – gemäß seiner eigenen Lebenseinstellung und Philosophie – mehr in das experimentelle Tun lenkte, als in die Strukturierung und Validierung seiner theoretischen Konzepte. Er schenkte der Nachwelt einen umfangreichen Praxisentwurf für die Erschließung menschlicher »Innenwelten« und Beziehungsstrukturen, hinterließ in wissenschaftlicher Hinsicht aber ein Erbe, das selbst in Psychodrama-Kreisen als schwer zugänglich gilt. Morenos Werke zeichnen sich durch einen Stil aus, der zwar vom kreativen Genius ihres Verfassers zeugt, aus der Distanz der heutigen Wissenschaftslandschaft aber eher befremdlich erscheint. Es ist von »Spontaneität«, »Kreativität«, einer »therapeutischen Weltordnung«, »Begegnung«, »Gottgleichheit« und »telischen Beziehungen« die Rede, Begriffe, die dem Psychodrama vielerorts zu Unrecht den Ruf einer esoterischen Heilsgemeinschaft eingebracht haben. Betrachtet man diese Begrifflichkeiten in ihrem zeitgeschichtlichen Kontext, zeichnet sich jedoch ein anderes Bild ab – dass ein literarisch veranlagter Mensch, Moreno war Herausgeber einer Zeitschrift für Philosophie und Literatur, im Umfeld des aufkeimenden Expressionismus sich anders ausdrückt als ein Wissenschaftler des 21. Jahrhunderts, liegt dann auf der Hand. Gleiches gilt für den oft kritisierten konzeptuellen Status von Morenos Überlegungen: Vergleicht man beispielsweise eine Ausgabe des »Psychological Review« von 1934 mit einer aktuellen

Ausgabe, kann man feststellen, in welchem Zustand sich Psychologie und Sozialwissenschaften befanden, als Moreno mit der Entwicklung von Soziometrie und Psychodrama begann.

Es hätte also einiger Systematisierung, Fortentwicklung und vor allem »Übersetzungsarbeit« bedurft, um Morenos Konzepte für die heutigen sozial- und geisteswissenschaftlichen Diskurse anschlussfähig zu machen, was auch immer man von diesen Diskursen halten mag. Diese Weiterentwicklung der theoretischen Fundamente ist jedoch von vielen seiner Erben vernachlässigt worden. So sind »… die (recht wenigen), die daran weiter gearbeitet haben, unser Verständnis psychodramatischer Prozesse zu erweitern, (…) die Ausnahme geblieben, und im Psychodrama hat sich ein gewisses Ausmaß an konzeptueller Stagnation eingestellt …« (J. D. Moreno, 1996, S. 8).

Daher ist auch die heutige Psychodrama-Literatur noch von einer eigentümlich anachronistisch wirkenden Semantik, ausschweifenden Fallbeschreibungen und wenig aussagekräftigen Begriffshülsen geprägt – »… ein Mischmasch unverbundener Gedanken …«, wie Kellermann (1991, S. 19) giftig feststellt. Solcher Spott ist aus den Reihen konkurrierender Verfahren häufiger zu hören, dass diese Kritik aber aus der Feder von einem der bedeutendsten Psychodramatiker der Gegenwart stammt, muss nachdenklich stimmen.

Die Aufgabe heutiger und zukünftiger Generationen von Psychodramatikern wird also darin liegen, Morenos Konzepte nicht als Kulturkonserve zu betrachten, sondern sie zu systematisieren (besonders verdienstvoll ist hier der Moreno-Reader von Hutter u. Schwehm, in Druck), auszubauen, weiterzuentwickeln und ihre Verbindungen zum aktuellen Diskurs aufzuzeigen. Diese Verbindungen sind ohne Zweifel vorhanden. Morenos Ideen sind in ihrem Kern hochaktuell. Viele der von ihm entwickelten theoretischen Ansätze sind von anderen Forschungsrichtungen aufgegriffen und weitergeführt worden, darunter die Aktionsforschung, die Rollentheorie oder die Soziometrie, um nur einige zu nennen. So finden sich in vielen Bereichen der Psychologie und der Soziologie Theorien und Modelle, die auf Morenos geistigem Erbe aufbauen und mit ihm kompatibel sind, die aber durch die wissenschaftlichen Fortschritte der vergangenen 50–100 Jahre an Gehalt und Differenziertheit gewonnen haben. Die psychodramatische Theoriebildung hat den Anschluss an diese Entwicklung leider in weiten Bereichen verloren. Die Arbeiten von Autoren wie Buer, Sader oder Schacht zeigen, dass das Psychodrama von der Kontrastierung mit neueren Ansätzen nach außen und nach innen profitieren kann, ohne seine Identität aufzugeben. Buer (1991) sieht das Psychodrama sogar »… als Prototyp einer »postmodernen« Wissenschaft… « (S. 268) mit ethischem Fundament.

Darum sollten sich die Psychodramatiker nicht davor scheuen, die Rolle des »Dolmetschers« zwischen den verschiedenen Begriffskulturen einzunehmen, denn »… wenn das Psychodrama nicht schließlich von anderen theoretischen Strömungen zersplittert und der Geistesgeschichte lediglich als Kuriosität in Erinnerung bleiben soll, ist es wichtig, dass es seinen überdauernden Wert als Quelle anregender neuer Ideen und Möglichkeiten beweist« (J. D. Moreno, 1996, S. 8). Wir können diese Aufgabe in dem hier verfügbaren Rahmen nicht vollständig erfüllen, dies bleibt einer gesonderten Publikation vorbehalten.

Bei unserer Darstellung der wichtigsten theoretischen Basiskonzepte des Psychodramas nach Moreno (mit einigen Erweiterungen) beziehen wir uns, neben der Originalliteratur, vornehmlich auf Leutz (1974), Zeitlinger-Hochreiter (1996) und die äußerst hilfreiche Studie von Hutter (2000).

Übersicht über die Inhalte dieses Kapitels

Im Zusammenhang mit dem Menschenbild Morenos ist immer wieder die Rede davon, dem Psychodrama liege keine Krankheits-, sondern eine Gesundheitstheorie zugrunde (▶ Abschn. 20.2.2). In der Tat war es Morenos Anliegen, den Menschen nicht durch die pathologisierende Brille zu betrachten, eine Haltung, die er der Psychoanalyse

vorwarf. Stattdessen soll der Blick auf die Potenziale für spontanes, kreatives und authentisches Handeln gerichtet werden, mit dem Ziel, diese im Psychodrama zu aktivieren. »Krankheit« ist für Moreno letztlich nur eine Kategorie der sozialen Zuschreibung: »Vom Standpunkt des Universums gibt es keine »Pathologie«, nur vom Standpunkt der menschlichen Wissenschaften. Gemeint sind Abweichungen von kulturellen Normen und sozialer Gesetzgebung oder seelischer Leere, die vielfach zur Verschlechterung des soziometrischen »Status« der Individuen beitragen« (Moreno, 1959, S. 53). Nichtsdestoweniger formuliert Moreno auch ein Gegenbild zu seinem Gesundheitskonzept.

Dieses Kapitel widmet sich den Annahmen über die Natur des Menschen, über Gesundheit und Fehlentwicklungen, die die theoretische Grundlage der psychodramatischen Arbeit bilden. Dabei wird es insbesondere um die Konzepte gehen, die Moreno selbst als Hauptprinzipien des Psychodramas bezeichnete:

- Kreativität,
- Spontaneität,
- Begegnung,
- Tele,
- Kobewusstes und Kounbewusstes,
- Rolle,
- Rolle vs. Ego,
- das Prinzip der Erwärmung und
- Rollentausch (Greenberg, 1974, S. 122).

Spontaneität und Kreativität. Der gesunde Mensch zeichnet sich für Moreno durch Spontaneität und Kreativität aus (▶ Abschn. 14.1). Auf intrapsychischer Ebene manifestieren sich Störungen in Form eines Spontaneitätsdefizits (Moreno, 1972), einer Spontaneitätsblockade bzw. einer »Kreativitätsneurose«. Die Freisetzung von Spontaneität und die Behebung von Kreativitätsneurosen ist ein wichtiges Anliegen des Psychodramas.

Tele, Begegnung und die Theorie sozialer Netzwerke. Der Mensch ist für Moreno seiner Natur nach ein grundlegend soziales Wesen (▶ Abschn. 14.2). Daher stellt sich eine psychodramatische Pathologiekonzeption im Wesentlichen als eine Konzeption der Pathologie sozialer Beziehungen dar, so wie sie sich im Beziehungsnetz des Einzelnen, seinem sozialen Atom, darstellen. Das Psychodrama bezweckt die Stärkung der zwischen den Menschen wirkenden positiven Kräfte, die Moreno mit dem Begriff Tele bezeichnet.

Morenos Rollentheorie. Rollen bilden die Grundlage allen sozialen Handelns und den Kern der Persönlichkeit schlechthin (▶ Abschn. 14.3). Um sich in sozialen Situationen angemessen bewegen zu können, muss der Mensch in der Lage sein, adäquates Rollenhandeln zu entwickeln und auszuüben. Psychodramatische Arbeit hat zum Ziel, unangemessenes Rollenhandeln des Einzelnen zu analysieren und zu verändern.

Das »triadische System« von Psychodrama, Soziometrie und Gruppenpsychotherapie. Das Psychodrama ist nur ein Baustein in Morenos anspruchsvollem Projekt, dessen Ziel nicht nur in der Gesundung des Einzelnen, sondern in der Gesundung der Gesellschaft als ganzer liegt (▶ Abschn. 14.4). Daher wird die Konzeption des Psychodramas in vollem Umfang erst im Kontext von Morenos triadischem System aus Gruppenpsychotherapie, Soziometrie und Psychodrama verständlich.

14.1 Der Mensch als kosmisches Wesen: Spontaneität und Kreativität

Der Ausgangspunkt für das Verständnis des psychodramatischen Menschenbilds ist Morenos holistisches Weltverständnis. Das Individuum wird nicht als isolierte Monade, sondern als integraler Bestandteil des Kosmos als umfassendem System konzipiert. Entsprechend sieht Moreno (1977) »... eine größere Welt hinter der Psycho- und Soziodynamik der menschlichen Gesellschaft, nämlich die »Kosmodynamik«. Der Mensch ist ein kosmischer Mensch, nicht nur ein sozialer oder individueller Mensch« (S. 108). Der wichtigste Bestandteil des Kosmos ist für Moreno die Kreativität: »Wenn es eine allerhöchste kreative, nukleare Struktur des Universums gibt, gleich ob wir sie »x«, »Gott« oder bei irgendeinem anderen Namen

nennen, so vermuten wir, dass diese nichts ist als reine Kreativität, das mysterium aeternum et illuminosum« (Moreno, 1991, S. 20). Kreativität ist die »Ursubstanz« (Moreno, 1996, S. 12), die allen schöpferischen Prozessen im Universum zugrunde liegt.

Um dieses kreative Potenzial des Kosmos nutzbar zu machen, ist Spontaneität erforderlich. Spontaneität wirkt als Katalysator, der die Kreativität des Universums in Fluss bringt (Moreno, 1996). Moreno sieht im Zusammenwirken beider Kräfte letztlich die »Quelle aller Existenz« – Spontaneität und Kreativität sind die Grundlage »... für die Gesetze der Gravitation ebenso wie für die Gesetze der biologischen Evolution (...), für das Entstehen der menschlichen Gesellschaft ebenso wie für das Phänomen der Kreativität im Menschen« (Moreno, 1991, S. 24).

Wie im Zitat angedeutet, sind Spontaneität und Kreativität aus der Sicht Morenos auch im Menschen angelegt, da dieser ein kosmisches Wesen ist, ein mikrokosmisches Abbild des Universums und der in diesem wirkenden Kräfte. Modell des spontanen und kreativen Menschen ist einerseits das Kind, andererseits der Protagonist auf der Stegreifbühne (Hutter, 2000).

Allerdings kann der vom Universum und von sich selbst entfremdete Mensch den Kontakt mit diesen Kräften verlieren, was zu psychischen und sozialen Fehlentwicklungen führen kann. Der Zugang des Menschen zu den kosmischen Kräften der Kreativität und der Spontaneität kann durch Verharren in eingefahrenen Mustern (sog. »Rollenkonserven«) blockiert sein. Auch sind beide Kräfte nicht per se konstruktiv, sondern bedürfen der konstruktiven Umformung durch das Individuum. So führte Moreno die Krisen seiner Zeit unter anderem auf fehlgeleitete Spontaneität zurück.

Der »kreative Zirkel«

Der »kreative Zirkel«, von Moreno auch »Kanon der Kreativität« genannt, umschreibt den Prozess spontanen und kreativen Handelns mit seinen Vorbedingungen und Auswirkungen, hier dargestellt in Anlehnung an Hutter (2000; ◻ Abb. 14.1). Ausgangspunkt ist eine bestimmte Situation (1), in die die immer bereits kulturelle Vorprägungen (8)

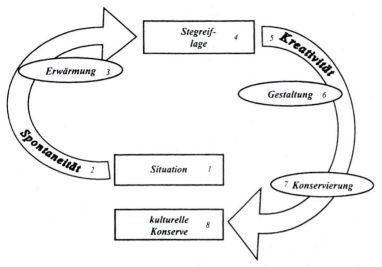

◼ **Abb. 14.1.** Der kreative Zirkel. (Hutter, 2000)

eingehen. Wenn beispielsweise eine Person in einem Zugabteil mit einer anderen zusammentrifft, wird ein Teil ihrer Kommunikation durch existierende gesellschaftliche Normen der Kontaktaufnahme geregelt. Ein anderer Teil der Situation erfordert jedoch die Aktivierung von Spontaneität (2). Es kommt ein Erwärmungsprozess (3) zustande, der –zumindest nach Morenos Idealbild – die Akteure in eine Stegreiflage bringt (4). In der Stegreiflage wird Kreativität (5) aktiviert, die eine neuartige und situationsadäquate Gestaltung ermöglicht (6). Im Beispiel unserer Konversation im Zug könnten die beiden Passagiere feststellen, dass sie in der gleichen Stadt wohnen und gemeinsame Interessen haben. Es entwickeln sich in einem Prozess der Konservierung von Kreativität (7) neue Strukturen und Handlungsweisen (z. B. eine Freundschaft), die schließlich zu kulturellen Konserven kristallisieren (8, z. B. ritualisierte Formen des Umgangs der Freunde miteinander). Diese sind ihrerseits die Grundlage für die neuerliche Aktivierung von Spontaneität und ein erneutes Durchlaufen des Zirkels: »Kreativität ist das Universum selbst, Spontaneität ist der Schlüssel zu seiner Tür und Konserven sind die Möbel, die Ausstattung, die es füllt« (Moreno, 1956b, S. 130).

Kritische Würdigung

Spontaneität und Kreativität gehören zu den wichtigsten, aber auch schwächsten Säulen des Theoriegebäudes von Moreno. Die beiden Begriffe werden in Morenos Schriften nur mangelhaft expliziert und darüber hinaus widersprüchlich verwendet – so konnte Zeintlinger-Hochreiter (1996) in ihrer »Analyse, Präzisierung und Reformulierung der psychodramatischen Therapie« acht verschiedene Bedeutungen des Begriffs »Spontaneität« und vier verschiedene Bedeutungen des Begriffes »Kreativität« nachweisen. Dieser »… begriffliche (…) Gemischtwarenhandel …« (Waldow, 2001, S. 3) steht im Vordergrund der Kritik an den beiden Konzepten (Waldow, 2001; Hutter, 2000; Schacht, 1992). Darüber hinaus sieht Petzold (1982b) ein Defizit »… in der mangelnden Ausarbeitung von Zielen für seine [Morenos] differenzierte Interventionspraxis. Die Förderung von Kreativität, Spontaneität und Rollenflexibilität reichen nicht. Es müssen die Fragen gestellt werden: Wozu, in wessen Interesse und um welchen Preis?« (S. 126).

Auf der anderen Seite haben verschiedene Psychodramatiker, darunter besonders Krüger (1997) und Schacht (2003, in Druck), den Nutzen der beiden Konzepte für die therapeutische Arbeit im Allgemeinen und das Psychodrama im Besonderen belegt. Waldow (2001) hat in einem bemerkenswerten Artikel daran gearbeitet, das Spontaneitätskonzept fortzuentwickeln und für aktuelle Diskurse der wissenschaftlichen Psychologie anschlussfähig zu machen. Er betrachtet Spontaneität im Sinne Morenos als Antonym zum Begriff der automatisierten Handlungen, und zwar nicht nur in der engeren Begriffsverwendung der Allgemeinen Psychologie, sondern auch im Sinne von Übertragungen in der Psychoanalyse oder »Standardreaktionen« in der Verhaltenstherapie. Demgemäß ließe sich »… die **eigenständige therapietheoretische Stellung des Psychodramas** [unter anderem] an dem Spontaneitätskonzept als einem eigenständigen Deautomatisierungskonzept …« (Waldow, 2001, S. 10) festmachen. Weiterhin sieht er Schulz von Thuns bekanntes Konzept der Stimmigkeit von Kommunikation »… in Übereinstimmung mit der Wahrheit der Gesamtsituation, zu der neben meiner inneren Verfassung und meiner Zielsetzung auch der Charakter der Beziehung (auch Rollen-Beziehung), die innere Verfassung des Empfängers und die Forderungen der Lage gehören …« (Schulz von Thun, 1981, S. 121) als Beispiel für das Konzept spontanen Handelns. Er leitet aus seiner Analyse auch psychologische Mechanismen ab, die spontanem Handeln entgegenstehen:

- Vorzeitige rationalanalytische Bewertung,
- Imponier- und Fassadentechniken,
- hohe Selbstaufmerksamkeit,
- Angst vor einer fertigen Gestalt,
- Selbstoffenbarungsangst und
- Angst vor dem Verlust der Selbstkontrolle.

Schacht (1992) reinterpretiert Morenos Verständnis von Spontaneität und Erwärmung vor dem Hintergrund der Selbstorganisationstheorie (Theorie dissipativer Strukturen nach Prigogine). Danach bildet jedes System zum Erhalt seiner eigenen Struktur stabile Strukturen aus, Abweichungen von diesem stabilen Zustand werden durch Dämpfung absorbiert. Spontaneität äußert sich darin, dass Fluktuationen (d. h. Abweichungen von einem stabilen Zustand) in einem System zunehmen und schließlich einen Bifurkationspunkt erreichen, an dem das System in einen neuen stabilen Zustand wechseln kann. Und Schaller (2001, S. 187) weist auf Parallelen zwischen Morenos Konzeption der Spontaneität und Golemans (1997) mittlerweile sehr verbreitetem Konzept der emotionalen Intelligenz hin, das die übergeordnete Fähigkeit bezeichnet, situationsadäquat zu denken, zu planen, zu handeln und Probleme zu lösen.

Bedeutung für die psychodramatische Praxis

Wird Spontaneität unterdrückt und blockiert, wird der natürliche Ablauf des kreativen Zirkels unterbrochen. Dann kann es zur Ausbildung von »Kreativitätsneurosen« kommen, sodass Individuum und Gesellschaft in dysfunktionalen Fixierungen erstarren. Dennoch geht es in der Arbeit mit dem Psychodrama nicht um eine willkürliche Freisetzung von Spontaneität, sondern um eine Nutzung der Potenziale der Spontaneität für eine kreative, d. h. konstruktive kreative Gestaltung:

>> Spontaneität und Kreativität stellen trotz ihrer intimen Verbindung zwei verschiedene Prinzipien dar. Die Spontaneität des Menschen kann seiner Kreativität diametral entgegengesetzt sein. Ein Individuum mit hoher Spontaneität kann ein völlig unschöpferischer Mensch, ein spontaner Irrer sein. Einem anderen Menschen mag es trotz großer Kreativität an Spontaneität fehlen; er ist »ein Schöpfer ohne Arme«. Eine Ausnahme macht Gott. In ihm ist alle Spontaneität Kreativität geworden; bei ihm sind Spontaneität und Kreativität identisch. (Moreno, 1996, S. 11)

Moreno sieht im konstruktiven Umgang mit Spontaneität und Kreativität die letztlich über Leben und Tod entscheidende Möglichkeit des Menschen, den Anforderungen seiner Umwelt durch »kreative Anpassung« zu begegnen – dies drückt sich auch im Titel seines Werks »Who shall survive?« aus (deutsche Version »Grundlagen der Soziometrie«;Moreno, 1996).

Die Arbeit mit dem Psychodrama will also individuelle und gesellschaftliche Erstarrungen auflösen, um neue (spontane) und dem Kontext adäquate (kreative) Reaktionen auf gegebene Problemstellungen zu entwickeln – »… ihr Ziel ist (…), die menschliche Spontaneität freizusetzen und gleichzeitig in das gesamte Lebensgefüge des Menschen sinnvoll zu integrieren« (Leutz, 1974, S. 56).

❶ **»Ziel des Psychodramas ist die Aktivierung und Integration von Spontaneität und Kreativität. Konstruktives spontanes Handeln ist zustande gekommen, wenn der Protagonist**

für eine neue oder bereits bekannte Situation eine neue und angemessene Reaktion findet.« (Moreno, 1959, S. 34)

Dem Modell des Stegreifspielers als spontanem und kreativem Menschen folgend, soll der Protagonist im Psychodrama einen Erwärmungsprozess durchlaufen, der ihn in eine Stegreiflage bringt. Hier wird er frei von den Konventionen der Konserve und zu ultimativer Innovation fähig. Aus der Stegreiflage heraus kann das Spiel, ähnlich wie beim Kind als Modell für den spontanen und kreativen Menschen, seine heilenden Potenziale entfalten.

Die Wirkungen der Psychodrama-Arbeit gehen allerdings über den Augenblick heraus, denn die Psychodrama-Bühne ist ein Ort, an dem Spontaneität trainiert wird:

>> Wenn man Spontaneität in einer imaginären Situation und mehr und mehr auch in einer lebensnahen Situation angemessen mobilisieren kann, wird man allmählich lernen, wie man sie jederzeit abrufbar machen kann, insbesondere in ungeprobten Augenblicken des Lebens. (Moreno, 1981, S. 257)

Die Implikationen Morenos Konzept von Spontaneität und Kreativität für die psychodramatische Arbeit gehen weit über das hinaus, was sich im Rahmen dieses Theoriekapitels darstellen lässt. Burmeister zeigt in ▶ Abschn. 20.2 die Bedeutung von Spontaneität und Kreativität im Rahmen eines psychodramatischen Gesundheitskonzepts, Schacht (in Druck) baut auf Morenos Überlegungen ein ausgearbeitetes Störungsmodell (mit Fokus auf Borderline-Persönlichkeitsstörung, Depressionen und Angststörungen) sowie ein Prozessmodell der psychodramatischen Therapie auf.

14.2 Der Mensch als soziales Wesen: Tele, Begegnung und die Theorie sozialer Netzwerke

Ebenso wie der Mensch nicht abgelöst von seiner Bindung an den Kosmos betrachtet werden kann, ist er stets Bestandteil eines sozialen Systems. Moreno, für den der Begegnungsgedanke stets eine wichtige Leitlinie sowohl seiner eigenen Lebensführung als auch seiner therapeutischen und wissenschaftlichen Arbeit war, hat sich daher besonders für die Kräfte interessiert, die das soziale Band zwischen dem Menschen und seinen Mitmenschen knüpfen.

14.2.1 Tele, Einfühlung und Übertragung

Für Moreno ist der Mensch ein kosmisches, aber auch ein grundlegend soziales Wesen. Beide Dimensionen spielen ineinander, denn entsprechend seiner Annahme wirken zwischen den Individuen »kosmische Kräfte« der Anziehung und Abstoßung, die zur physiologischen und sozialen »Grundausstattung« des Menschen gehören. Alle sich im Zwischenmenschlichen abspielenden Emotionen wie Hass, Liebe, Eifersucht, Sympathie, Antipathie, freundschaftliche Gefühle usw. sind für Moreno letztlich nur unterschiedliche Erscheinungsformen dieser elementaren kosmischen Kräfte:

>> Man kann daher annehmen, dass die Anziehungen und Abstoßungen trotz der Verschiedenheit ihrer Derivate wie Angst, Ärger, Sympathie oder komplizierter kollektiver Faktoren, wie Wertsystem und ökonomische Lebensformen, ebenfalls soziophysiologisch verankert sind. (Moreno, 1996, S. 177).

❶ **Diesen »gemeinsamen Nenner«, die Basis allen zwischenmenschlichen Beziehungsgeschehens, nennt Moreno Tele.**

Da sich dieser Begriff außerhalb der Psychodrama-Literatur nicht etablieren konnte, erscheint uns eine Annäherung über die geläufigeren Begriffe »Einfühlung« und »Übertragung«, die Moreno als unvollständige Unterformen von Tele beschreibt, am einfachsten.

Den Begriff der **Einfühlung** streift Moreno nur am Rande, da er ihm zu einseitig erscheint. Er hebt die Wechselseitigkeit des Prozesses hervor: Wenn

A sich in B einfühlen kann, besteht in der Regel auch eine Einfühlung von B für A. Angesichts dessen, so Moreno, müsse man eher von »Zweifühlung« (Moreno, 1959, S. 54) sprechen. Diese »Zweifühlung« ist es, die den Teleprozess ausmacht. Vollständiges, also nicht auf einseitige Einfühlung reduziertes und positives Tele ist »... ein augenblickliches gegenseitiges Innewerden der Persönlichkeit des anderen und seiner gegenwärtigen Befindlichkeit ...«« (Leutz, 1974, S. 20). Es »... beruht auf dem Gefühl und der Erkenntnis für die **wirkliche** Situation der anderen Personen« (Moreno, 1959, S. 29), beinhaltet aber auch eine kognitive Komponente im Sinne eines ganzheitlichen Erfassens der Mitmenschen. Das Telekonzept geht aber über eine einfache »Verdopplung« der Einfühlung hinaus, denn positives Tele beinhaltet auch

- eine motivationale Komponente, wie man in Begriffen der Psychologie sagen könnte, sowie
- eine grundlegende liebende Akzeptanz von anderen Menschen (oder auch von unbelebten Objekten).

In diesem Sinne ist Tele

> » ... ein elementares Verhältnis (...), das sowohl zwischen Individuen, als auch zwischen Individuen und Gegenständen bestehen kann und im Menschen von der Geburt an allmählich einen Sinn für zwischenmenschliche Beziehungen entwickelt. Tele kann daher als die Grundlage aller gesunden zwischenmenschlichen Beziehungen (...) angesehen werden. (Moreno, 1959, S. 29)

Tele ist verantwortlich für die häufigere Interaktion zwischen Menschen und für Prozesse der Gruppenkohäsion. Es ist durch → soziometrische Tests messbar. Moreno unterscheidet unter anderem

- **einfaches** Tele – die Anziehung von A zu B wird durch eine Anziehung von B zu A beantwortet,
- **einfaches kongruentes** Tele – A und B geben sich im soziometrischen Test die erste Wahl,
- **einfaches inkongruentes** Tele – A wählt B mit hoher Präferenz, B erwidert die Wahl mit niedrigerer Präferenz,

- **symbolisches** Tele – A fühlt sich nur von einer bestimmten Rolle von B angezogen und
- **Infratele** – A wird von B angezogen, die Anziehung wird aber nicht erwidert (vgl. Moreno, 1996, S. 169 f.).

Infratele ist identisch mit Einfühlung. Während aber Infratele / Einfühlung auf »... realistische[n] Anziehungen zu einem wirklichen Ich oder einer wirklichen Rolle ...« (Moreno, 1996, S. 169) beruht, fühlt sich beim Prozess der Übertragung A von einer Rolle angezogen, die B gar nicht innehat. Moreno (1959, S. 30) bezeichnet demgemäß Übertragung als »psychopathologische« und Einfühlung als »psychologische Abzweigung« des elementaren Teleprinzips.

Hutter (2000, S. 94 ff.) weist in Morenos verschiedenen Definitionsversuchen fünf Kerneigenschaften des Teleprozesses nach:

- Intersubjektivität: Tele kann nicht von den jeweiligen Personen abgetrennt werden;
- Reziprozität: die durch im Begriff der »Zweifühlung« angesprochene Wechselseitigkeit des Teleprozesses;
- Veränderbarkeit: vor Beginn der Beziehung existiert potenzielles Tele, das sich mit jeder Interaktion entwickelt, wodurch sich die Wahrnehmung des Gegenübers immer weiter ausdifferenziert;
- Realitätsgehalt: Tele ist »... Erkenntnis für die **wirkliche** Situation der anderen Personen ...« (vgl. Moreno, 1959, S. 29);
- Bindung an ein Kriterium: Tele, so wie es im soziometrischen Test erfasst wird, bezieht sich stets auf ein Kriterium, etwa sexuelle Attraktion,– eine Annahme, die mit dem unter dem Schlagwort »Realitätsgehalt« angesprochenen »holistischen Tele« schwer vereinbar ist, wenn man dieses nicht, wie Hutter (2000), als Bündel von mehreren auf verschiedene Kriterien bezogenen Telekräften versteht.

Die Tiefenstruktur, die die Psyche der am Teleprozess Beteiligten verbindet und damit dessen »materielle« Grundlage darstellt, bezeichnet Moreno als »Kounbewusstes«. Mit diesem Konzept grenzt er sich gegen Jungs Theorie des kollektiven Unbewussten ab, das sich zu stark vom Individuum entferne, gleichzeitig aber auch gegen Freud, dem er vorwirft, seine Theorie des individuellen Unbewussten greife zu kurz und könne das interpersonelle telische Geschehen nicht abbilden.

Bedeutung für die psychodramatische Praxis

Der Teleprozess als alle sozialen Beziehungen tragender Mechanismus durchwirkt für Moreno das gesamte psychodramatische Geschehen: Vollständiges Tele ist für die gelingende, gestörtes Tele ist für die misslingende therapeutische Beziehung verantwortlich. Tele ermöglicht den → Rollentausch als wichtigste psychodramatische Intervention und wirkt bei der Auswahl geeigneter → Hilfs-Iche (das erstaunliche Einfühlungsvermögen der meisten Hilfs-Iche in ihre Rolle ist ein jedem Psychodrama-Leiter vertrautes Phänomen). Tele liegt den Beziehungen zugrunde, die mit Hilfe soziometrischer Methoden »vermessen« und mit den Mitteln von Psychodrama und Gruppenpsychotherapie umgestaltet werden können. Tele ist also in diagnostischer Hinsicht, aber auch als Leitvorstellung des therapeutischen und beraterischen Handelns von Bedeutung.

Vollständiges Tele bezeichnet Moreno als »Zweifühlung«, während Einfühlung und Übertragung unvollständige Formen der Telebeziehung darstellen. Im Psychodrama wird Tele genutzt (z. B. für die → Doppeltechnik), aber auch gefördert (z. B. durch den → Rollentausch).

> ❗ Tele ist für Moreno die elementare Grundlage allen zwischenmenschlichen Beziehungsgeschehens, auf der alle Formen der Anziehung und Abstoßung zwischen Personen bzw. Rollen basieren.

14.2.2 Begegnung

Der für das Psychodrama zentrale Begriff der → Begegnung steht mit dem Telekonzept in enger Beziehung. In einigen Schriften Morenos werden die beiden Begriffe synonym verwendet, ebenso wie in Teilen der Sekundärliteratur (z. B. bei Leutz, 1974). Am plausibelsten ist die an anderen Stellen belegbare Annahme, Moreno habe den Begegnungsbegriff als Beschreibung eines sich in einer

konkreten Situation ereignenden Interaktionsgeschehens und den Telebegriff als Beschreibung für die diesem Geschehen zugrunde liegende Kraft konzipiert (vgl. Hutter, 2000).

Die Konnotationen des Begegnungskonzepts im Sinne von Moreno beschränken sich nicht auf das bloße körperliche Zusammentreffen von Menschen, sondern reichen weit in die existenziell-philosophische und kosmische Dimension hinaus: Begegnung

> » … bedeutet Zusammentreffen, Berührung von Körpern, gegenseitige Konfrontation, zu kämpfen und zu streiten, zu sehen und zu erkennen, sich zu berühren und aufeinander einzugehen, zu teilen und zu lieben, miteinander auf ursprüngliche, intuitive Art und Weise zu kommunizieren, durch Sprache oder Geste, Kuss und Umarmung, Einswerden – una cum uno (…). Es ist nicht nur eine emotionale Beziehung wie das berufliche Zusammentreffen eines Arztes oder Therapeuten mit dem Patienten, oder ein intellektueller Kontakt wie zwischen Lehrer und Schüler, oder ein wissenschaftlicher Kontakt, wie zwischen einem teilnehmenden Beobachter und seinem Subjekt. Es ist ein Treffen auf dem intensivst möglichen Kommunikationsniveau (…). Es ist ein intuitiver Tausch der Rollen, eine Verwirklichung des Selbst durch den anderen; es ist Identität, die seltene, unvergessliche Erfahrung völliger Gegenseitigkeit. (Moreno, 1956a, S. 27 f.)

Bedeutung für die psychodramatische Praxis

Das Begegnungsideal, so Hutter (2000), fungiert als »… **wegweisendes Vorbild** für das psychodramatische Setting …« und als »… zentrale Richtschnur für die **Beurteilung der Qualität** psychodramatischen Vorgehens …« (S. 87). Seine kaum zu unterschätzende Bedeutung für die Psychodrama-Philosophie wird darin erkennbar, dass Moreno (1956a, S. 28) das Psychodrama als »Essenz der Begegnung« bezeichnet. Der → Rollentausch, die zentrale Technik des Psychodramas, stellt die konsequente methodische Umsetzung dieses Konzepts dar: Einerseits vollzieht er den »intuitiven Tausch der Rollen« (Moreno, 1965a, S. 28) zwischen den in der Begegnung aufeinander treffenden Individuen nach, andererseits ermöglicht er Begegnung durch Förderung vollständigen Teles.

Morenos Begegnungskonzept, das enge Bezüge zum Ich-Du-Konzept Bubers (vgl. Buber, 1923) aufweist, fungiert jedoch nicht nur als Leitkonzept des Psychodramas, sondern wurde zur Grundlage der gesamten Encounterbewegung und beeinflusst bis heute die gruppendynamische Praxis in der Arbeit mit Gruppen aller Art. Ein Themenheft der Zeitschrift für Psychodrama und Soziometrie (in Vorbereitung) beleuchtet das Begegnungskonzept und seine Relevanz in verschiedenen psychodramatischen Kontexten.

Kritische Würdigung

Die Begriffe »Tele« und »Begegnung« sind für das Psychodrama nicht weniger zentral, leider aber auch nicht weniger unscharf als die Begriffe »Spontaneität« und »Kreativität«. Zusammenhänge und Abgrenzungen zwischen beiden Begriffen sind problematisch. Ein Aspekt, der den wissenschaftlichen Diskurs behindert, sind die metaphysischen Anklänge des Telekonzepts. So schreibt Moreno (1924): »Es gibt Spieler, die durch eine geheime Korrespondenz miteinander verbunden sind. Sie haben eine Art Feingefühl für die gegenseitigen inneren Vorgänge; eine Gebärde genügt und oft brauchen sie einander nicht anzusehen. Sie sind füreinander hellseherisch. Sie haben eine Verständigungsseele« (S. 57). Auch wenn Psychodramatiker diesem Phänomen eine Augenscheinvalidität zubilligen mögen, sind »geheime Korrespondenzen« als Erklärungsmodell in der heutigen Zeit problematisch. Darüber hinaus verstellen sie die Sicht auf eine kritische, sozialpsychologisch fundierte Analyse des Telekonzepts, die auch den Einfluss von sozialer Urteilsbildung, sozialer Erwünschtheit, der Rollenmacht des Therapeuten etc. auf das Denken, Fühlen und Handeln des Klienten berücksichtigt.

❗ **Vollständiges und positives Tele realisiert sich für Moreno in der Begegnung, der Erfah-**

rung des »intuitiven Rollentauschs« und der »völligen Gegenseitigkeit« zweier Menschen. Das Begegnungskonzept ist das wichtigste Leitbild für die therapeutische / beraterische Beziehung.

14.2.3 Das soziale Atom und die Theorie sozialer Netzwerke

Mit den Konzepten von Tele und Begegnung entwirft Moreno den Menschen als soziales Wesen, das mit seinen Mitmenschen durch fundamentale telische Prozesse sowie gemeinsame unbewusste Zustände verbunden ist und daher nicht unabhängig von seiner Sozialität betrachtet werden kann. Jedes Individuum ist stets eingebunden in einen »Nukleus von Beziehungen«, den Moreno als »soziales Atom« bezeichnet. Das soziale Atom beinhaltet die Gesamtheit der in einer bestimmten Situation oder Lebensphase relevanten Beziehungen eines Menschen – in der Regel die Kernfamilie, Lebenspartner, enge Freunde, evtl. Kollegen: »Das soziale Atom umfasst den Kern aller Individuen, mit denen eine Person in einer emotionalen Beziehung steht oder die (…) mit ihm in Beziehung stehen« (Moreno, 1977, S. 184). Entsprechend der Intensität dieser Beziehungen kann man sich das soziale Atom als Mehrschichtenmodell vorstellen (▶ Kap. 14.2). Entscheidend ist dabei nicht das Ausmaß der tatsächlichen Interaktion, sondern die psychologische Relevanz der Beziehungen. So gehören zum sozialen Atom einer Person auch die Menschen, mit denen sich diese Person eine Beziehung wünscht:

> ❯❯ Wir können sagen, dass in dem Augenblick, in dem ich mir wünsche, dass ein bestimmter Bekannter, den ich gerade kennengelernt habe oder schon eine Zeit lang kenne, mir näher rückt, eine mehr oder minder dauerhafte Beziehung in bezug auf ein bestimmtes Kriterium (Arbeit, Liebe oder was auch immer) mit mir eingeht, diese Person die soziale Schwelle meines sozialen Atoms überschritten hat. (Moreno, 1981, S. 86)

Aus demselben Grund können auch weit entfernt lebende Menschen, ehemalige Partner oder Verstorbene zum sozialen Atom einer Person gehören.

Da die Teleprozesse, die dem sozialen Atom zugrunde liegen, stets an ein bestimmtes Kriterium gebunden sind, verfügt jedes Individuum auch über verschiedene kriterienabhängige soziale Atome – so sind beispielsweise für die Arbeitsbeziehungen eines Menschen andere Personen relevant als in seinem Freizeitbereich. Das soziale Atom enthält positive Telebeziehungen (Anziehung) ebenso wie negative (Abstoßungen) und neutrale Beziehungen.

Für Moreno stellt das soziale Atom, nicht das Individuum, die kleinste Analyseeinheit der Psychologie und Soziologie dar:

» Vom Standpunkt einer phänomenologischen Betrachtungsweise aus akzeptierten die Soziologen stillschweigend eine Stufenleiter, die mit dem Individuum begann und mit dem ganzen Universum aufhörte. Wir Soziometriker stellen diese Annahme in Frage. Für uns ist nicht das Individuum, sondern das soziale Atom die kleinste Einheit. (Moreno, 1981, S. 93)

»Der Mensch hat kein Sozialatom, er ist es und existiert losgelöst von ihm nicht« (Hutter, 2000, S. 179; vgl. auch Petzold, 1982a). Seine Zusammensetzung wandelt sich über die Zeit hinweg, weswegen das soziale Atom, so wie man es zu einem gegebenen Zeitpunkt erfassen kann, stets nur eine Momentaufnahme ist, »… ein äußerst bewegliches

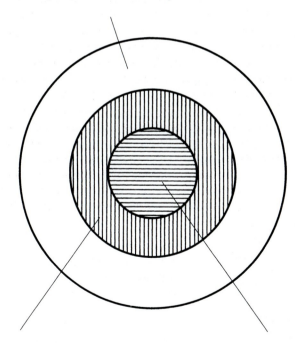

Das soziale Atom
Kern der Personen, die mit dem Individuum eine emotionale Beziehung unterhalten (äußerer und innerer Kern)

Äußerer Kern:
Kern der Personen, mit denen Beziehungen gewünscht werden

Innerer Kern:
Kern der Personen, mit denen Beziehungen unterhalten werden

◻ **Abb. 14.2.** Das soziale Atom. Mit freundlicher Genehmigung aus: J. L. Moreno (1981), Soziometrie als experimentelle Methode. Paderborn: Junfermann

und komplexes Gebilde, das sich durch den Aufbau und Verlust sozialer Kontakte und Bindungen ständig verändert …« (Hutter, 2000, S. 180). Auf der anderen Seite besitzt das soziale Atom ein relativ hohes Ausmaß struktureller Konstanz. Sein Umfang bestimmt sich durch das Ausmaß der emotionalen Kontaktfähigkeit, die wiederum durch die Reichweite des persönlichen Tele begrenzt ist (Moreno, 1959). Es ist regenerationsfähig, nimmt aber in der Regel im Alter oder in Zeiten von Lebenskrisen ab. Dann ist das Individuum vom »sozialen Tod« bedroht.

Die sozialen Atome in einer Gruppe oder Gesellschaft sind miteinander verknüpft. Die aus dieser Verknüpfung resultierende größere soziale Einheit nennt Moreno ein soziales Netzwerk, die Gesamtheit aller sozialen Netzwerke das soziale Universum (Moreno, 1981). Grundlage dieser Netzwerke sind wiederum die telischen Kräfte der interpersonellen Anziehung bzw. Abstoßung. Auch jede Psychodrama-Gruppe stellt ein Netzwerk dar, das insbesondere im themen- oder gruppenzentrierten Soziodrama aktualisiert werden kann.

Bedeutung für die psychodramatische Praxis

Da das Psychodrama grundsätzlich mit und an sozialen Beziehungen arbeitet, ist Psychodrama immer auch Arbeit am sozialen Atom. Mit Hilfe der diagnostischen Technik desselben Namens (▶ Abschn. 15.5) kann das soziale Atom erfasst werden. Dabei können eine Reihe von Besonderheiten auffallen, die Hypothesen über defizitäre oder konflikthafte Beziehungen des Individuums ermöglichen. Eine ressourcenorientierte Arbeit mit dem sozialen Atom, die den Klienten beispielsweise für die Rolle wichtiger Bezugspersonen sensibilisiert, ist besonders nach Brüchen im sozialen Netz des Klienten (z. B. Tod des Lebenspartners, Scheidung, Umzug) und in der Arbeit mit alten Menschen therapeutisch wertvoll (Petzold, 1979). Allgemein kann die Arbeit mit dem sozialen Atom aber auch auf Ambivalenzen, Konflikte und andere Störungen in den sozialen Bezügen des Klienten aufmerksam machen und Anstöße zu einer Beziehungsklärung liefern. Detailliertere Anregungen zum Einsatz des sozialen Atoms finden sich in ▶ Abschn. 15.5.

❗ Das soziale Atom eines Menschen umfasst den Kern seiner relevanten Beziehungen. Für Moreno stellt das soziale Atom die kleinste Einheit, in der der Mensch überleben kann, und die kleinste Analyseeinheit der Psychologie und Soziologie dar. In der Arbeit mit dem sozialen Atom können Defizite und Störungen im Beziehungsnetz des Klienten aufgedeckt und bearbeitet sowie Ressourcen gestärkt werden.

Kritische Würdigung

In den letzten Jahren hat sich eine systemische Sicht in Therapie, Beratung, Sozialarbeit und anderen Feldern immer stärker durchgesetzt, und dies nicht nur innerhalb der eigentlichen systemischen Verfahren. Morenos Theorie sozialer Netzwerke erscheint als früher Entwurf einer solchen konsequent systemischen Sichtweise. Übereinstimend mit dieser Einschätzung nennen Compernolle (1981), Schlippe u. Schweitzer (2002, S. 18), Varga von Kibéd (2003) und andere Moreno als einen der Pioniere systemischen Denkens. So weist sich Moreno bereits 1937 als früher Vertreter systemischen Denkens aus, wenn er über die Therapie einer Frau schreibt, in die später ihr Ehemann und dessen Geliebte einbezogen wurden: »Je weiter ich mit der Arbeit voran kam, desto mehr wurde mir klar, dass ich nicht die eine oder die andere Person, sondern eine interpersonale Beziehung behandelte« (Moreno, 1937a, S. 236). In einem Artikel unter dem Titel »Interpersonale Therapie und die Psychopathologie interpersonaler Beziehungen« führt Moreno mit Bezug auf denselben Fall (Frau A.) diesen Gedanken weiter:

> ❱❱ Je größer die Kette der Individuen, deren Beziehungsbalance gestört ist, desto schwieriger ist die Aufgabe für den Psychiater, den sie mit der Behandlung beauftragt haben (…) In einigen Fällen (…) ist die Empfindlichkeit für kontroversen Fluss von Tele (d. h. Konfliktpotenziale, FvA/RG/JK) durch die Personen des Netzwerkes groß, und die Ängste des Patienten gehen auf einen Netzwerk-»Schock« zurück. Zu einem solchen Netz-
> ▼

werk können zahlreiche Menschen gehören (…) Das bedeutet, dass die Arbeit
des Hilfs-Ichs weiter als im Fall von Frau A.
ausgedehnt werden muss, obwohl das
Vorgehen im Grundsatz dasselbe ist – die
wechselnde Hinwendung des Psychiaters
von einer Person des Netzwerkes zur anderen, mit dem Ziel, ihre Beziehung zum
Patienten zu rekonstruieren. Die heilende
Wirkung kommt aus dem Netzwerk, der
Quelle der Störung, eine Netzwerk-Ka-
tharsis (…)
Die Situation kann sich so darstellen, dass
die Klasse der miteinander in Beziehung
stehenden Individuen so groß ist, dass
die Behandlung ihres Netzwerkes bedeuten würde, die Gemeinschaft als Ganze zu
behandeln. (Moreno, 1937b, S. 18 f.)

Heute findet eine Rückbesinnung auf Morenos
fundamental beziehungs- und gemeinschaftsori-
entierte Sichtweise statt, beispielsweise auch im
sozialen Konstruktionismus: »Betrachten wir das
Individuum als grundlegendes Atom einer Gesellschaft, fördern wir dadurch eher Trennung als Gemeinschaft« (Gergen, 2002, S. 31). Moreno beschreibt das soziale Atom als weitestgehend perso-
nenunabhängig und kommt damit neueren
systemtheoretischen Perspektiven nahe: »Wenn
ein Mitglied es verlässt, tritt ein anderes Individuum, das eine ähnliche Rolle einnimmt, an seine
Stelle. (…) Soziale Regeneration scheint fast automatisch einzusetzen« (Moreno, 1981, S. 94) oder:
»Die einzelnen Mitglieder mögen wechseln, die
Konstellation bleibt (…) ungefähr gleich« (Moreno, 1996, S. 370). In besonders pointierter Weise
zeigt sich diese systemische Ausrichtung der therapeutischen Philosophie Morenos in dessen Wiener Zeit sowie in seinen soziometrischen Arbeiten
z. B. in Hudson, wo er immer eine Therapie des
gesamten Systems, nicht lediglich des einzelnen
Individuums anstrebte (▶ Kap. 13 und 15). Diese
soziale Fundierung stellt das Menschenbild des
Psychodramas und damit auch die praktische psychodramatische Arbeit auf eine originär systemische Grundlage.

14.3 Der Mensch als Rollenwesen: Morenos Rollentheorie

Moreno ist einer der Begründer und Vordenker
der soziologischen und sozialpsychologischen
Rollentheorie. Seine Arbeiten wurden zeitgleich
mit und in Abgrenzung von der Rollentheorie von
Mead entwickelt, die seine Pionierleistung heute
in der öffentlichen Wahrnehmung bei weitem
überschattet.

Für das Psychodrama ist Morenos Rollentheorie schon allein deshalb von zentraler Bedeutung,
da alles psychodramatische Handeln an Rollen gebunden ist. Zum Zweiten leitet sich die theoretische Fundierung der zentralen psychodramatischen Handlungstechniken (→ Doppel, → Rollentausch, → Spiegel) aus der Theorie der Rollenentwicklung ab. Schließlich stellt sie eine wichtige
Interpretationsfolie für die psychodramatische
Diagnostik dar. Entsprechend viel Raum nimmt
dieser Ausschnitt innerhalb des Gesamtwerks von
Moreno ein. Wir müssen die Darstellung hier aus
Platzgründen relativ knapp halten, für eine einge-
hende Beschäftigung mit Morenos Rollentheorie
steht mittlerweile aber umfangreiche Literatur zur
Verfügung (z. B. Frankl, 1992; Hochreiter, 2004;
Hutter, 2000; Leutz, 1974; Zeintlinger-Hochreiter,
1996 und nicht zuletzt der allein diesem Thema ge-
widmete Band von Petzold u. Mathias 1982, der
auch die bedeutendsten Schriften Morenos zu diesem Thema in deutscher Übersetzung enthält).

Morenos Rollenbegriff

Ebenso wie die zuvor dargestellten Arbeiten zur
Interaktion und zur Spontaneität/Kreativität weist
auch Morenos Rollenbegriff eine Vielzahl zum
Teil recht disparater Bedeutungsfacetten und Ver-
wendungskontexte auf, die sich hier jedoch insgesamt zu einem konsistenten Gesamtbild zusam-
menfügen. Zeintlinger-Hochreiter (1996) arbeitet
vier verschiedene Dimensionen des Rollenbegriffs
sensu Moreno heraus.

Rollen als kollektive soziokulturelle Stereotypen

In dieser soziologisch orientierten Begriffsfassung
sind Rollen durch soziokulturelle Normierungen
standardisiert und bleiben unabhängig von Per-

sonen und Situationen bestehen, wie z. B. bei Berufsrollen. Von einem Bürgermeister oder einem Feuerwehrmann werden bestimmte Handlungen erwartet, unabhängig von der Person, die das Amt bekleidet. Moreno nutzt den Rollenbegriff in diesem Sinne

> » ... als Hintergrund für seine Persönlichkeitstheorie (Persönlichkeit entwickelt sich in der Konfrontation mit Rollenstereotypen) und um sie im Rollenspiel als Bezugsrahmen dafür zu verwenden, zu messen, wie weit jemand fähig ist, bestimmte Rollenstereotypen a) zu übernehmen und auch b) sich von ihnen zu lösen. (Zeintlinger-Hochreiter, 1996, S. 125)

Rollen als vorgegebene individuelle Handlungsmuster

Hier ist insbesondere die Theaterrolle im engeren Sinne gemeint, die bezüglich Situation und Text festgelegt ist. Moreno bezeichnet diese Form der Rolle – mit der er sich im Rahmen seiner Theorie ebenfalls nicht ausführlich befasst – als »Rollenkonserve« (vgl. Moreno, 1982b, S. 281).

Rollen als individuell gestaltete, abrufbare Handlungsmuster

Diese Facette, die Zeintlinger-Hochreiter (1996) als sozialpsychologische Dimension des Rollenbegriffs bezeichnet, stellt heraus, dass das Individuum die im Laufe seiner Sozialisation erlernten soziokulturellen Stereotypen individuell ausgestaltet. In diesem Sinne sind individuelle Rollenmuster »... eine Fusion privater und kollektiver Elemente ...« (Moreno, 1982d, S. 298). Auch wenn ein Bürgermeister auf bestimmte Handlungen festgelegt ist, bleibt ihm doch ein gewisser persönlicher Gestaltungsspielraum. Die verschiedenen, jeweils individuell ausgestalteten Rollen die eine Person spielt (Bürgermeister, Vater, Bruder, Vorsitzender des Rudervereins), fließen zusammen und bilden gemeinsam das Selbst der Person: »... das Selbst ist also ein Rollensystem mit über- und untergeordneten, dominanten und weniger dominanten Rollen ...« (Zeintlinger-Hochreiter, 1996, S. 131). Für Moreno ist die soziale Natur des Menschen konstitutiv für dessen Existenz, sein Wesen und

sein Handeln müssen daher vornehmlich in sozialen, weniger in individualpsychologischen Kategorien beschrieben werden: »Rollen entstehen nicht aus dem Selbst, sondern das Selbst kann sich aus Rollen entwickeln« (Moreno, 1982b, S. 280). Diese rollenbasierte Anlage des Selbst impliziert eine deutliche Abgrenzung von Freuds psychoanalytischem Strukturmodell der menschlichen Psyche, wie in folgendem Zitat deutlich wird:

> » Die greifbaren Kristallisierungspunkte dessen, was wir das Ich nennen, sind die Rollen, in welchen es sich manifestiert. Rollen und die Beziehungen zwischen ihnen sind die wichtigsten Erscheinungen innerhalb einer bestimmten Kultur. Es ist methodisch einfacher, von den »Rollen« einer Person zu sprechen als von seinem Ich oder »Ego«; Ego hat mysteriöse, metapsychologische Nebenbedeutungen. (Moreno, 1959, S. 33)

Rollen als tatsächliches Handeln in einer aktuellen Situation

Rollen manifestieren sich in bestimmten sozialen Situationen, in denen Raum, Zeit, Anwesende etc. von Bedeutung sind – »Rolle in diesem Sinn ist die Manifestation der Persönlichkeit in der Handlung« (Zeintlinger-Hochreiter, 1996, S. 128). Moreno unterscheidet:

- **Rollenübernahme:** die Übernahme einer vollständig vorgegebenen Rolle ohne individuelle Freiheit zur Variation (»role-taking«, vgl. Moreno, 1982c oder »role-enactment«, vgl. Moreno, 1972 sowie Moreno u. Moreno, 1982);
- **Rollenspiel:** das Spiel einer vorgegebenen Rolle unter Ausnutzung eines gewissen Ausmaßes an freier Gestaltung der Rolle (»role-playing«, vgl. Moreno, 1982c; 1975);
- **Rollenkreation:** die spontane Schöpfung neuen Rollenverhaltens mit einem hohen Grad an Gestaltungsfreiheit, wie es z. B. im Stegreifspiel der Fall ist (»role-creating«, vgl. Moreno, 1982c).

Zeintlinger-Hochreiter (1996, S. 128 f.) fasst die vier beschriebenen Dimensionen zu einer synthetischen Definition zusammen:

14

» Rollen sind Systeme, die verschiedene Handlungen miteinander in Beziehung setzen und dadurch bestimmte Handlungsklassen von anderen Handlungsklassen abgrenzen. Jede Rolle hat einen Zweck. Die Handlungen, die als System zusammengefasst sind, sind den Zwecken zugeordnet als geeignet, den Zweck zu erreichen, und alle ungeeigneten Handlungen wurden aus der Rolle ausgeschlossen.
An jede Rolle knüpfen sich kollektive Erwartungen, und diese scheinen Normen für Handlungen (Handlungsvorschriften) zu sein. Rollen sind mehr oder weniger stark genormt (…). Je weniger genormt eine Rolle ist, umso größer ist der Anteil Anhandlungen, die das Individuum frei gestalten kann.

Rollenhandeln als Interaktion

Der Rollenbegriff ist kein individualistischer, sondern ein grundlegend sozialer Begriff. Rollen sind die Analyseeinheiten eines ineinander verschränkten Interaktionszusammenhangs. Wenn das Individuum mit anderen in Kontakt tritt, geschieht dies immer über eine in der jeweiligen Situation aktualisierte Rolle. Das Gegenüber muss eine entsprechende **Komplementärrolle** einnehmen, damit sinnvolle Interaktion zustande kommen kann. Ein Mensch an einem Fahrkartenschalter agiert in der Rolle des Kunden, der einen Fahrschein kauft, die Person am Schalter hat die Rolle des Verkäufers inne. Würde einer der Beteiligten in diesem Gefüge eine nichtkomplementäre Rolle einnehmen, z. B. die Arztrolle, entstünde Konfusion, da der Reisende keine Blutdruckmessung, sondern einen Fahrschein benötigt. Auf der anderen Seite wäre ein Arzt in seiner Praxis sicherlich irritiert, wenn der Patient – statt der Patientenrolle gemäß zu handeln – eine Fahrplanauskunft verlangen würde. Entsprechende Paarungen von Rolle und Komplementärrolle finden sich in den unterschiedlichsten Kontexten:

- Mutter–Kind,
- Lehrer–Schüler,
- Vorgesetzte–Untergebene,
- Täter–Opfer,
- Überlegene–Unterlegene usw.

»Wir sprechen demgemäß von Rolle als dem funktionellen Verhalten, mit dem der Mensch in einem bestimmten Augenblick auf eine bestimmte Situation reagiert, an der andere Menschen oder Objekte beteiligt sind« (Moreno, 1979, S. 16). Adäquates soziales Handeln setzt also auch die Kenntnis und Beherrschung der betreffenden Rollen und Komplementärrollen voraus: »Jeder Mensch hat, ebenso wie er jederzeit eine Anzahl von Freunden und eine Anzahl von Feinden hat – auch eine Anzahl von Rollen und Gesichtern und eine Anzahl von Gegen-Rollen« (Moreno, 1940, S. 20).

❶ Interaktion besteht im Zusammenspiel von Rollen und Komplementärrollen.

Rollenhandeln im Spannungsfeld zwischen kultureller Prägung und individueller Gestaltung

Rollen sind, wie bereits erwähnt, »… eine Fusion privater und kollektiver Elemente …« (Moreno, 1982d, S. 298). Rollen als kollektive Handlungsmuster verkörpern symbolisch repräsentierte und normierte Erwartungsmuster, die eine Gesellschaft bzw. eine Kultur hervorbringt. Die Soziologie hat sich vornehmlich mit diesem Aspekt des Rollenbegriffs befasst, den Petzold (1982b) als **kategoriale Rolle** bezeichnet.

Das Verhalten eines Menschen ist aber nie allein durch die kategoriale Rolle bestimmt, sondern Folge einer jeweils individuellen Interpretation dieser Rolle: Man ist nie der Vater oder der Vorgesetzte schlechthin, sondern ein bestimmter, einzigartiger Vater oder Vorgesetzter (vgl. Moreno, 1972). Rollen haben also auch einen persönlichen Anteil, den Petzold (1982b) **aktionale Rolle** nennt. Während die kategoriale Rolle Verhaltenssicherheiten vermittelt, eröffnet die aktionale Rolle Spielräume für kreative Entwicklungen.

Konkretes Rollenhandeln entsteht aus dem Zusammenspiel von kategorialen und aktionalen Rollen. Die Art und Weise, wie man beispielsweise die Vaterrolle ausfüllt, ist nicht allein eine normenkonforme Reaktion auf ein kollektiv vorgeprägtes Verhaltensmuster, sondern Resultat all derjenigen Erfahrungen, die man als Vater (und als Sohn!) gemacht hat. Rollenhandeln ist Ausdruck einer privaten Interpretation und einer biografischen Transformation sozial und kulturell vorgegebener Elemente (Petzold, 1982b). Moreno drückt diesen Umstand mit dem Bild einer Zwiebel aus: Im Zentrum steht ein kollektiver Rollenkern, um den herum sich mal mehr, mal weniger Schalen biografisch oder situativ geprägter privater Rollenanteile gruppieren.

Bis Ende der 1930er-Jahre nimmt Moreno an, dass zwischen den kollektiven und den privaten Rollenanteilen eine Spannung in Form des **primären Rolle-Person-Konflikts** bestehe. Moreno entwickelt diese Annahme aus seiner Kritik am konventionellen Theater: Der Schauspieler, der den Hamlet gibt, muss seine private Persönlichkeit unterdrücken, um der vorgegebenen Rolle gerecht zu werden (Moreno, 1982b). Diese Annahme wird durch das spätere Postulat, dass sich das Selbst vollständig aus Rollen entwickelt, obsolet.

❗ **Rollenhandeln steht immer in einem Spannungsfeld von kulturellen vorgeprägten und individuell ausgestalteten Anteilen der jeweiligen Rolle.**

Das kulturelle Atom

Während der Begriff → **soziales Atom** die Gesamtheit der bedeutsamen **Telebeziehungen** des Menschen beschreibt, umfasst das **kulturelle Atom** die Gesamtheit der **Rollenbeziehungen,** in denen er lebt.

>> Jeder Mensch ist (…) der Brennpunkt zahlreicher Rollen, die mit den Rollen anderer Menschen verbunden sind. Jeder Mensch hat (…) eine Reihe von Rollen, und sieht sich einer Reihe von Rollen gegenüber. Sie sind in verschiedenen Entwicklungsstadien. Die erfassbaren Aspekte dessen, was als »Ich« bekannt ist, sind die Rollen, in denen der Mensch handelt. Das Netz von Rollenbeziehungen um ein bestimmtes Individuum herum wird sein kulturelles Atom genannt. (Moreno, 1982a, S. 305).

Eine gute und kompakte Illustration für die Analysemöglichkeiten, die das kulturelle Atom eröffnet, geben die Schaubilder aus Moreno (1982a), die in ◘ Abb. 14.3 wiedergegeben sind. Wie im Fall des sozialen Atoms ist das Individuum nicht von seinem kulturellen Atom abzulösen und da soziales und kulturelles Atom Manifestationen einund derselben sozialen Realität darstellen, könnte man somit sagen: »Der Mensch **ist** ein soziokulturelles Atom«.

Auf die umfangreichen Möglichkeiten, die sich durch die grafische Darstellung und Analyse des kulturellen Atoms ergeben, hat insbesondere Roesler (1991) hingewiesen. Die Arbeit mit dem kulturellen Atom bietet sich beispielsweise bei intra- und interpersonellen Rollenkonflikten an oder wenn Interessen, Fähigkeiten und Bedürfnisse des Klienten nicht zufriedenstellend realisiert werden.

>> Das kulturelle Atom kann zu Beginn einer therapeutischen Arbeit einen Überblick über die allgemeine oder spezifische Lebenslage verschaffen. Für Klienten, die eine sehr diffuse Unzufriedenheit schildern und keine konkreten Anhaltspunkte finden, gibt das kulturelle Atom, auch im Sinne einer metaphorischen Verdichtung, einen Zugang zu möglichen Spannungsfeldern. (Roesler, 1991, S. 195)

Rollen, Spontaneität und Tele

Hier zeigt sich der Zusammenhang von Rollentheorie, Spontaneitätstheorie und Telekonzept in seiner Bedeutung für das Gesundheitskonzept des Psychodramas. Morenos Leitbild des gesunden, »rollenmächtigen« Menschen ist die Person, die in einer bestimmten sozialen Situation

1. eine der Situation angemessene Rolle aus ihrem kulturellen Atom aktivieren oder
2. spontan eine neue angemessene Rolle kreieren kann. Voraussetzung hierfür ist die Fähigkeit, eine Telebeziehung zu dem betreffenden Interaktionspartner, genauer zu der in der Situation aktualisierten Rolle aus seinem Rollenrepertoire, herstellen zu können. Das Psychodrama bietet einen experimentellen Rahmen, in dem

    -   das Zusammenspiel von Rollen und Komplementärrollen analysiert werden kann,
    -   neue Rollen geschaffen und trainiert werden können und
    -   das für das adäquate Rollenhandeln erforderliche Tele gefördert werden kann.

Entwicklung des kulturellen Atoms,
Wechselbeziehungen von Rollen in der Ehe

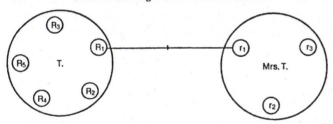

Rollendiagramm I
Vorehelicher Stand

R1: Rolle des Geliebten   r1: Rolle der Geliebten
R2: Rolle des Versorgers   r2: Rolle der Hausfrau
R3: Rolle des Ehemannes   r3: Rolle der Ehefrau
R4: Rolle des Dichters
R5: Rolle des Abenteurers

Mr. und Mrs. T. fühlen sich in den Rollen der Geliebten voneinander angezogen. Die anderen Rollen kommen in diesem Stadium ihrer Beziehung noch nicht vor.

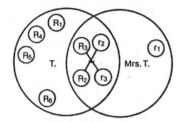

Rollendiagramm II
Ehestand, Anfangsphase

R6: Rolle des Vaters

Die Rollen des Ehemannes und des Versorgers finden in Mrs. T. in den Rollen der Ehefrau und der Hausfrau ihre Erfüllung. Die Rollen des Dichters und Abenteurers sind unerfüllt, und eine neue unerfüllte Rolle ist hinzugekommen, des Rolle des Vaters. Beide Geliebten-Rollen sind in den Hintergrund getreten.

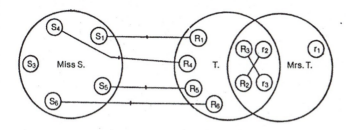

Rollendiagramm III
Ehestand, spätere Phase.
Eine dritte Person ist hinzugekommen.
Miss S.

S1: Rolle der Geliebten   S5: Rolle der Abenteurerin
S3: Rolle der Ehefrau   S6: Rolle der Mutter
S6: Rolle der Dichterin

Wir sehen jetzt, daß in T. die Geliebter-Rolle in bezug auf Miss. S. wieder geweckt wurde, während er zu seiner Frau die gleiche Beziehung hat wie zuvor. Miss S. befriedigt seine Dichter- und Abenteurerrollen und wir sehen auch, daß sie mit ihrer Mutterrolle die ideale Person für die Erfüllung seiner Vaterrolle zu sein scheint.

☐ **Abb. 14.3.** Entwicklung des kulturellen Atoms am Beispiel der Wechselbeziehungen von Rollen in einer Ehe. (Aus Moreno, 1982a, S. 306 f.)

> ❗ Das Ziel des Psychodramas besteht darin, den Menschen als Akteur in einer sozialen Situation in die Lage zu versetzen, das Rollengefüge in der Beziehung zu den Interaktionspartnern zu verstehen und mit spontanem, adäquatem Rollenhandeln reagieren zu können.

Rollenkategorien

Moreno (1946) unterscheidet drei Rollenkategorien, in denen der Mensch seine Natur als körperliches, denkendes und fühlendes sowie als soziales Wesen realisiert:

- Die **psychosomatischen** Rollen, z. B. die Rolle des Essenden, des Schlafenden oder des Atmenden;
- die **psychodramatischen** Rollen, die auf den psychosomatischen Rollen aufbauen – zur Rolle des Essenden gesellt sich nun z. B. die Rolle des Genießenden;
- die **soziodramatischen** Rollen im Sinne des gängigen soziologischen Rollenbegriffs, z. B. die gesellschaftlich vorgegebene und von dem jeweiligen Rollenträger abgelöste Rolle des Sohnes, des Bruders usw.

Diese Rollenkategorien spielen eine wichtige Rolle für Morenos im nächsten Abschnitt dargestellte Theorie der Rollenentwicklung.

Bustos (1994) spricht von drei Rollenclustern:

- Cluster 1: die frühesten, passiv-abhängigen und einverleibenden Rollen, die insbesondere mit der Mutter zusammenhängen;
- Cluster 2: aktive Rollen, die im Zusammenhang mit Arbeit, Selbstvertrauen und Machtausübung stehen, die insbesondere mit dem Vater zusammenhängen;
- Cluster 3: Rollen, die insbesondere mit den Geschwistern zusammenhängen (z. B. Spiel, Konkurrenz, Teilen, Grenzen ziehen, sich verteidigen).

Clayton (1994) unterscheidet

- ein System von **fragmentierten** und **dysfunktionellen Rollen;**
- ein System von **Bewältigungsrollen,** die in Situationen eingesetzt werden, in denen sich der Organismus bedroht fühlt und
- ein **progressives, funktionales Rollensystem**.

Diese und ähnliche Kategorisierungen können zu diagnostischen Zwecken herangezogen werden um zu ermitteln, welche Anteile des Rollensystems eines Klienten entwicklungsbedürftig und welche Anteile als therapeutische Ressourcen nutzbar sind.

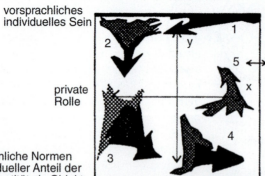

erstes psychisches Universum
unmittelbares nichtsprachliches „Sein".
psychosomatische und psychodramatische Rolle (Phantasierolle)
„role-playing"

vorsprachliches individuelles Sein

das kollektive Unbewusste, der Rollenkern

drittes psychisches Universum

private Rolle

kollektive Rolle

persönliche Normen individueller Anteil der Ich-Identität als Objekt

kollektiv geprägte Haltungen, Sitten und Werte

zweites psychisches Universum
sprachlich vermitteltes Sein.
soziale Rolle
„role-taking"

🔲 **Abb. 14.4.** Die Phasen der Rollenentwicklung nach J. L. Moreno. (Frankl, 1992)

Morenos Theorie der Rollenentwicklung

Moreno, für den sich – wie bereits dargestellt – die Persönlichkeit des Menschen aus Rollen zusammensetzt, konzipiert seine Entwicklungstheorie der Persönlichkeit konsequent als Theorie der Rollenentwicklung über vier Stufen hinweg (◘ Abb. 14.4 sowie zu den folgenden Ausführungen Moreno, 1972; Leutz, 1974; Mathias, 1982).

In der Zeit vor der Geburt bis etwa zum Ende des 3. Lebensjahrs, dem »ersten psychischen Universum«, lebt das Kind vornehmlich in psychosomatischen Rollen, die in einem symbiotischen Verhältnis von der Mutter mitgestaltet werden, die es aber noch nicht bewusst erlebt. Diese Rollen erhalten in der Interaktion zwischen Mutter und Kind bereits eine individuelle Prägung, die unter Umständen das ganze Leben lang beibehalten werden. Das erste psychische Universum umfasst zwei Entwicklungsphasen:

— In der »Phase der All-Identität« vor und unmittelbar nach der Geburt (Schritt 1 der Rollenentwicklung) differenziert das Kind noch nicht zwischen Ich und Du, zwischen sich selbst und seiner Umgebung, zwischen leblosen Gegenständen und lebendigen Personen und existiert ausschließlich in der Gegenwart;
— hierauf folgt die »Phase der All-Realität« (auch »differenzierte All-Identität«; Schritt 2 der Rollenentwicklung). In dieser Phase beginnt das Kind einen Unterschied zwischen sich und seiner Umwelt zu erleben, kann aber weiterhin nicht zwischen Realem und Imaginiertem unterscheiden.

Sobald dieses möglich ist (mit ca. 3 Jahren), beginnt das »zweite psychische Universum«. Das Kind beginnt nun zu erkennen, dass die Mutter eine eigenständige, von ihm unabhängige Existenz besitzt (»role perception« / »role recognition«; Schritt 3 der Rollenentwicklung). Der nächste Schritt (Schritt 4 der Rollenentwicklung) bringt eine weitere bedeutsame Neuentwicklung: »Das Kind nimmt die Rolle des anderen Menschen (der Mutter) nicht nur wahr, sondern kann sich jetzt aktiv in dessen Rolle hineinversetzen (»role-taking«) und sie spielen (»role-playing«)« (Leutz, 1974, S. 43; Schritt 4 der Rollenentwicklung). Wenn das Kind in der Lage ist, einen vollständigen Rollentausch mit seinem Gegenüber (= der Mutter)

durchzuführen, »… kann es sich erstmals selbst von außen wahrnehmen, d. h. es wird sich nun auch seiner eigenen (psychosomatischen und sozialen) Rollen, die es schon länger unbewusst ausgeübt hat, bewusst« (Zeintlinger-Hochreiter, 1996, S. 176; Schritt 5 der Rollenentwicklung).

Die jeweils neu erworbenen Rollen lösen die vorherigen nicht ab, sondern die drei Stufen (die körperliche, die psychische und die soziale Entwicklung) bauen aufeinander auf, integrieren frühere Rollen und entwickeln sie weiter.

Leutz (1974) hat auf der Grundlage von Morenos Überlegungen zur Rollenentwicklung ein Modell der rollengebundenen Psychopathologie entwickelt. Sie nimmt an, dass Störungen der Rollenentwicklung sich auf dreierlei Weise als psychische Störungen niederschlagen können: »… 1. durch weitgehendes Überspringen gewisser Entwicklungsmöglichkeiten bei unverändert progredienter Entwicklungsrichtung, 2. durch Stau der Entwicklung, 3. durch Regression, d. h. durch teilweisen oder völligen Rückzug von bereits erreichten Rollenebenen« (S. 155). Schacht (2003) hat in einer sehr fundierten und durchdachten Arbeit zur Persönlichkeitstheorie und -entwicklung des Psychodramas dargelegt, wie sich das Selbst auf den von Moreno beschriebenen Rollenebenen entwickelt und wie die drei Rollenebenen im Denken, Fühlen und Handeln des Erwachsenen zusammenwirken. Morenos Überlegungen werden dabei mit Forschungsergebnissen der neueren Entwicklungspsychologie untermauert. Eine kurze Zusammenfassung findet sich bei Schacht (2004).

> ❗ Moreno betrachtet die kindliche Entwicklung als aufeinander aufbauende Entwicklung verschiedener Rollenkategorien: Im sogenannten »ersten psychischen Universum«, in dem das Kind in einer symbiotischen Beziehung zur Mutter lebt, nimmt dieses psychosomatische Rollen ein (z. B. das schlafende, das saugende Kind), die später durch soziale/soziodramatische Rollen (Sohn, Bruder etc.) und psychodramatische Rollen (beispielsweise der Entdecker der Umgebung) ergänzt werden. Störungen in diesem Entwicklungsablauf können zur Entstehung psychischer Störungen beitragen.

Rollenkonflikt, -ambiguität und -überlastung

Unterschiedliche Rollen können miteinander in Konflikt stehen. Auch diesen Aspekt, über den in der sozialpsychologischen Forschung Einigkeit besteht, hat für das Psychodrama insbesondere Leutz (1974) herausgearbeitet. Die verschiedenen Formen von Störungen im Zusammenhang mit Rollen sind dem Modell in ◻ Abb. 14.5 zu entnehmen:

- »Intra-Sender-Konflikt«: ein und dieselbe Bezugsperson stellt in sich widersprüchliche Forderungen an den Rolleninhaber;
- »Inter-Sender-Konflikt«: zwei verschiedene Bezugspersonen stellen unvereinbare Erwartungen an den Rolleninhaber;
- »Inter-Rollen-Konflikt«: Widersprüche zwischen zwei verschiedenen Rollen eines Individuums (z. B. »Ich als Führungskraft« vs. »Ich als Familienvater«);
- »Person-Rollen-Konflikt«: Widersprüche zwischen den Rollenerwartungen und dem Selbst;
- »Rollenambiguität«: unpräzise oder mehrdeutige Rollenerwartungen;
- »Rollenüberlastung«: Überforderung des Rolleninhabers durch widersprüchliche Rollenerwartungen.

Implikationen dieses Modells für die Arbeit mit dem Psychodrama werden im Folgenden besprochen.

Bedeutung für die psychodramatische Praxis

Die Rollen, in denen Menschen handeln, stellen im Psychodrama die elementare Einheit für die Analyse und die Veränderung der Persönlichkeit dar. »Rollen entstehen nicht aus dem Selbst, sondern das Selbst kann sich aus Rollen entwickeln«, sagt Moreno (1982b, S. 280),und so läuft jede Entwicklung des Selbst über die Entwicklung des Rollenrepertoires des Individuums, jede Neugestaltung der zwischenmenschlichen Interaktion über eine Neugestaltung des Ineinandergreifens von Rollenhandeln.

Erweiterung des Rollenrepertoires

Der Mensch ist im Lauf seines Lebens mit den unterschiedlichsten sozialen Anforderungen konfrontiert. Immer wenn wir in eine neue Situation kommen (z. B. neue Partnerschaft, neuer Arbeitsplatz, Vaterschaft), werden wir in einer neuen Rolle gefordert. Diese müssen wir in unser kulturelles Atom aufnehmen und der neuen Situation angemessen ausfüllen. Auf der Psychodrama-Bühne können diese neuen Rollen entwickelt (Rollenkreation), erprobt und schließlich im Rollentraining eingeübt werden.

Kriterium ist aber nicht nur die Quantität der verfügbaren Rollen, sondern auch die **Qualität** des mit einer spezifischen Rolle verbundenen Erlebens, d. h. die Intensität, mit der die betreffende Rolle ausgefüllt wird und die Befriedigung, die aus ihr erwächst. Dieses Kriterium kann durchaus in

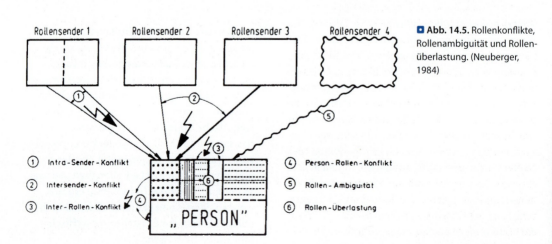

◻ **Abb. 14.5.** Rollenkonflikte, Rollenambiguität und Rollenüberlastung. (Neuberger, 1984)

einem Spannungsverhältnis zur Erweiterung des Rollenrepertoires stehen (Hutter, 2000).

Elastizität des Rollenhandelns

Rollen sind einerseits kollektiv vorgeprägt, eröffnen aber andererseits Spielräume für die individuelle Ausgestaltung. Diese Flexibilität der persönlichen Ausgestaltung einer Rolle kann eingeengt werden, wenn ihr kollektiver Anteil zur Rollenkonserve erstarrt. In diesen Fällen kann das Psychodrama dazu beitragen, neue Spielräume für die Ausgestaltung der betreffenden Rolle aufzuzeigen und so die Elastizität des Rollenhandelns zu erhöhen. So können auch Fixierungen aufgehoben werden, die entstehen, wenn sich bestimmte Rollen (z. B. die des hilflosen Kindes) eingeprägt haben und die Persönlichkeit dominieren, ohne in der jeweils aktuellen Situation angemessen zu sein (Jorda, 1996). Auf der anderen Seite sind viele Formen eingeschränkten Erlebens dadurch geprägt, dass bestimmte Rollen nicht mehr aktiv erlebt und genutzt werden. Mit diesem Aspekt des Rollenverlusts hat sich Jorda (1994) näher befasst: »Rollenverlust bedeutet keinen Mangel an Rollenrepertoire, sondern das Fehlen der Möglichkeit, dieses Rollenrepertoire zugänglich zu machen und in Realität umzusetzen« (S. 229). Ein solcher Rollenverlust ist sowohl bei neurotischen Störungen (z. B. Zwangsstörungen, hysterischen Formen) und narzisstischen Störungen (z. B. Borderline) als auch bei psychotischen Störungen zu beobachten.

Rollenkonflikt

Das Psychodrama kann bei der Bearbeitung von Rollenkonflikten dazu beitragen, dem Individuum die konfligierenden Rollenanforderungen bewusst zu machen, indem die einzelnen Teilrollen »getrennt« und durch jeweils ein ▶ Kap. Hilfs-Ich (oder einen leeren Stuhl) verkörpert werden. Der Protagonist kann dann im → Rollentausch die Anforderungen der Teilrollen getrennt formulieren, was gegebenenfalls durch multiples Doppeln (▶ Abschn. 4.4.10) unterstützt werden kann. Über diesen Aspekt der Erkenntnisgewinnung hinaus kann der Protagonist dann zu einer Neuordnung der einzelnen Teilrollen kommen, indem er die Gruppierung der Hilfs-Iche bzw. Stühle im Raum verändert oder mit den Verkörperungen der Rollenas-

pekte eine verbale Auseinandersetzung führt. So könnte sich z. B. ein Dialog zwischen der Rolle »Ich als Führungskraft« und der Rolle »Ich als Familienvater« entspinnen, in dem nach einem Ausgleich der beiden Anforderungen gesucht wird.

Kritische Würdigung

Morenos Arbeiten zum Rollenkonzept können »… als der früheste Ansatz einer konsistenten Rollentheorie betrachtet werden …« (Petzold, 1982b, S. 122), auch wenn sie von »… Brüchen, terminologischen und inhaltlichen Unstimmigkeiten …« (Hutter, 2000, S. 153) geprägt sind. Petzold (1982b) weist darauf hin, dass Morenos Beschäftigung mit der Genese und Entwicklung von Rollen eine Ausnahmeerscheinung innerhalb der Rollentheorie darstellt und schon früh Perspektiven für eine Psychologie der Lebensspanne eröffnete, die sich ansonsten erst Mitte der 1960er-Jahre zu entwickeln begann. Durch Morenos Betonung des interaktiven Charakters von Rollen, so Petzold (1982b) weiter, ergeben sich Bezüge, z. B. zum Konzept der Interaktionskompetenz (Habermas), wenngleich die gesellschaftstheoretische Dimension der Rollentheorie von Moreno nicht ausreichend ausgearbeitet wurde. Insgesamt sieht Petzold Morenos Rollentheorie als Theorie mittlerer Reichweite, die in ihrer Bedeutung zu würdigen sei, aber durch die Verbindung mit dem symbolischen Interaktionismus und anderen soziologischen Arbeiten an theoretischem und praktischem Potenzial gewinne (Petzold, 1982b).

14.4 Das »triadische System« von Psychodrama, Soziometrie und Gruppenpsychotherapie

In den vorangegangenen Abschnitten ist deutlich geworden, dass Moreno den Menschen nicht als isolierte eigenständige Einheit, sondern als integralen Bestandteil seiner sozialen Lebenswelt sieht. Gesundheit und Pathologie des Menschen sind stets Niederschlag der Gesundheit oder Pathologie der Beziehungen, in denen er lebt. Das Projekt, das menschliche Sein zu verstehen und zur Gesundung des Individuums beizutragen, kann daher in Morenos Augen nicht beim Einzelnen haltmachen, sondern muss die Gesundung seines gesamten sozialen Netzwerks zum Ziel haben. Mit dieser ökosystemischen Perspektive formuliert Moreno einen sozialrevolutionären Anspruch, der nicht nur abstraktes Programm bleibt, sondern sein Leben gerade in der Wiener Zeit ganz konkret geprägt hat.

Das **Psychodrama** erscheint vor diesem Hintergrund als Teil eines Systems von Instrumenten zur Verwirklichung einer gesellschaftlichen Utopie. Für dieses System, zu dem auch Stegreiftheater, Rollenspiel, Soziodrama und andere Methoden zählen, prägte Moreno den Begriff **Soziatrie**, den man etwas unbeholfen mit »Gesellschaftsheilkunde« übersetzen könnte (Moreno, 1996, S. 385).

Auf dem Weg zu einer Verbesserung der gesellschaftlichen Verhältnisse spielt für Moreno die Wissenschaft eine zentrale Rolle. Um soziale Systeme verändern zu können, muss man ihre Strukturen und Prozesse verstehen und erfassen können. Die Wissenschaft, die sich mit der theoretischen Beschreibung von sozialen Strukturen und Prozessen befasst, bezeichnet Moreno als **Soziodynamik**. Etablierte Wissenschaften, die an diesem Ziel arbeiten, sind beispielsweise die Sozialpsychologie, die Soziologie und die Anthropologie. Zur empirischen Messung sozialer Strukturen und Prozesse hat Moreno selbst die **Soziometrie** entwickelt. Soziometrie ist »die Wissenschaft der Messung zwischenmenschlicher Beziehungen« (Moreno, 1959, S. 19; aus lat. »socius« = Partner und griech. »metrein« = messen). Sie befasst sich

> » … mit dem mathematischen Studium psychologischer Eigenschaften der Bevölkerung, mit den experimentellen Methoden und den Ergebnissen, die aus der Anwendung qualitativer Prinzipien resultieren. Sie beginnt ihre Untersuchung mit der Erforschung der Entwicklung und Organisation der Gruppe und der Stellung der Individuen in ihr. Eine ihrer Hauptaufgaben ist es, die Zahl und die Ausdehnung psychosozialer Strömungen, wie sie in der Bevölkerung verlaufen, zu ermitteln. (Moreno, 1996, S. 28 f.)

Nach Moreno besitzt jede Gruppe, von der Familie bis hin zur Gesellschaft als Ganzer, eine »Tiefenstruktur«, die nicht identisch mit den formalen Strukturen dieser Gruppe (wie z. B. den hierarchischen Beziehungen in einem Unternehmen) ist. Hiermit ist nicht nur die in der Psychologie gängige Unterscheidung zwischen formellen und informellen Gruppenstrukturen gemeint. Vielmehr entsteht diese Tiefenstruktur durch die emotionale Dynamik zwischen den Gruppenmitgliedern:

❗ **Die soziometrische Struktur einer Gruppe ist der Niederschlag der telischen Anziehungs- und Abstoßungskräfte zwischen den Gruppenmitgliedern.**

In allen Gesellschaften wirken Kräfte der Anziehung und der Abstoßung zwischen den Individuen, die in der Regel ihre Wirkung ausüben, ohne den Beteiligten bewusst zu werden. Dieser Mechanismus, den Moreno als »soziale Gravitation« bezeichnet, wirkt nicht nur innerhalb einer Gruppe, sondern auch zwischen Gruppen. Im Bereich zwischenmenschlicher Beziehungen stellen sich diese Kräfte als Wahl bzw. Nichtwahl (Ablehnung) dar. Im Rahmen der Soziometrie wurde eine Reihe von Verfahren entwickelt, um diese Wahlen zu erfassen und der Gruppe zurückzuspiegeln.

❗ **Ein klassisches Verfahren zur Erfassung und Analyse soziometrischer Wahlen ist der soziometrische Test (▶ Abschn. 15.2).**

Die theoretischen Hintergründe der Soziometrie sowie die Arbeit mit soziometrischen Methoden werden in ▶ Kap. 15 näher beschrieben.

Gruppenpsychotherapie ist heute ein weit verbreitetes Konzept. Dass diese bedeutsame Errungenschaft der modernen Psychotherapie von Moreno begründet wurde, ist dagegen kaum bekannt. In der Tat war Moreno der erste Vordenker der Psychotherapie in Gruppen, der Erste, der den Begriff »Gruppenpsychotherapie« in die Diskussion einführte – erstmals 1932 beim Jahrestreffen der American Psychiatric Association sowie in einer Publikation aus demselben Jahr –, und der Erste, der konkrete gruppenpsychotherapeutische Konzepte und Techniken entwickelte. Zuvor war Psychotherapie nicht anders als im psychoanalytischen Einzelsetting denkbar gewesen.

Die Gruppenpsychotherapie ist als dritte Säule des »triadischen Systems« eng mit Soziometrie und Psychodrama verbunden, aber weder mit dem Psychodrama gleichzusetzen noch als diesem über- oder untergeordnet anzusehen. Der Unterschied liegt vor allem darin, »… dass in der Gruppenpsychotherapie die Beziehungen zwischen den Mitgliedern durch Diskussionen und deren Analyse bearbeitet werden« (Moreno, 1959, S. 70), während im Psychodrama die Aktion gegenüber der Diskussion im Vordergrund steht. Die Teilnehmer sitzen im Kreis und dieser Sitzkreis, nicht die Psychodrama-Bühne, bildet das therapeutische Medium (vgl. Moreno, 1959, S. 63). Die Teilnehmer folgen der Regel der freien Interaktion, das Pendant zur psychoanalytischen Grundregel der freien Assoziation, d. h. sie sollen sich frei und ungezwungen so verhalten, wie sie es wünschen. Dabei entsteht eine Dynamik in der Gruppe, die einerseits die Strukturen und Prozesse der Familie, andererseits die Strukturen und Prozesse der Gesellschaft repliziert. Moreno meint daher, dass die therapeutische Gruppe daher »… a) als Miniaturfamilie, b) als Miniaturgesellschaft …« wirkt (Moreno, 1959, S. 56). Das Ziel des Therapeuten ist, die soziometrische Struktur der Gruppe zu analysieren und umzugestalten. Die therapeutischen Effekte erwachsen aus

- der durch diese Umgestaltung erreichten Steigerung der Gruppenkohäsion,
- der veränderten soziometrischen Position der Teilnehmer und
- dem Prinzip der Begegnung (▶ Abschn. 14.2.2).

Diese von Moreno aufgestellten Prinzipien besitzen noch in heutigen gruppenpsychotherapeutischen Konzeptionen, wie etwa der von Yalom (2001), Gültigkeit.

Die gruppentherapeutische Umgestaltung der Gemeinschaft, basierend auf soziometrischen Daten und realisiert mithilfe des Psychodramas, stellt sich somit als 5-stufiger Prozess dar (Moreno 1932, nach Leutz (1979, S. 831):
1. Der soziometrische Test,
2. Erstellung und Analyse des Soziogramms,
3. das soziometrische Interview,
4. Psychodrama,
5. Soziometrische Rekonstruktion der Gemeinschaft.

14.5 Surplus Reality als Grundprinzip psychodramatischer Arbeit

> **Definition**
>
> Das Grundprinzip des Psychodramas besteht darin, einen symbolischen Erlebensraum zu schaffen, der die subjektive Wirklichkeit der Protagonistin in ihren wesentlichen Elementen abbildet. Diesen Erlebensraum bezeichnen wir als Surplus Reality.

Das Konzept der → Surplus Reality ist von Moreno und seinen Nachfolgern nur sehr schemenhaft ausgearbeitet worden. Dennoch handelt es sich um das zentrale methodische Konzept, das das Psychodrama von anderen Verfahren abgrenzt. Morenos Ausgangspunkt für die Entwicklung von Surplus Reality und Psychodrama war die Kritik an den gängigen psychotherapeutischen Methoden seiner Zeit, denen er vorwarf, durch ihre Beschränkung auf die verbale Ebene wichtige Dimensionen der Realität außer Acht zu lassen: »Was immer den Patienten bewegen mag, z. B. eine suizidale Idee oder sonst ein Fluchtplan, wird nicht in direkter Aktualisation oder Konfrontation aufgegriffen, sondern verbleibt auf der Ebene des Denkens, Fühlens, Befürchtens« (Moreno, 1977, S. 104). Moreno sprach daher z. B. im Zusammenhang mit der psychoanalytischen Behandlung von »reduzierter Realität« oder »Infrarealität« (Moreno, 1977). Sein Ziel war es, eine Therapie in der Realität des Protagonisten – in situ – zu entwickeln, die alle diejenigen Einflussfaktoren berücksichtigt, die im Kraftfeld der Situation eine Rolle spielen und für die Entstehung und Aufrechterhaltung eines bestimmten dysfunktionalen Handelns verantwortlich sind. Doch:

> ❱❱ Wie sollte dies psychotherapeutisch zu verwirklichen sein? Konnte der Patient in den meisten Fällen schon nicht in seiner realen Umgebung behandelt werden, so galt dies noch mehr für die Behandlung weit zurückliegender pathogener Ursachen und irrealer Zukunftsphantasien
> ▼

(…). War ihm [Moreno] als Therapeut der Lebensraum des Patienten nicht zugänglich, so musste er wenigstens einen Weg finden, den Patienten im Sprechzimmer handeln zu lassen. Ohne einen zur Aktion passenden Raum kann allerdings keine Handlung vollzogen werden. In diesem Dilemma kam Moreno die menschliche Fähigkeit der Imagination zur Hilfe.
(Leutz, 1974, S. 77)

Er konzipierte das Psychodrama als Verfahren, das – wo es nicht auf die Realität des Klienten zugreifen kann – eine »verabredete Scheinwelt« (Sader, 1991, S. 49) erschafft, die die Realität des Klienten nachbildet. Dieses Prinzip bezeichnet Moreno als Surplus Reality: »»Surplus-reality« (…) besagt (…), dass gewisse unsichtbare Dimensionen unserer Lebensrealität nicht voll erlebt oder dargestellt werden und wir sie daher mit »Überschuss-Methoden« und Instrumenten in die therapeutische Situation hineinholen müssen« (Moreno, 1977, S. 105). Es ist für das Psychodrama so zentral, dass es dem Verfahren seinen Namen gegeben hat:

- psyche = Seele;
- drama = Handlung;
- Psychodrama = handelnde Auseinandersetzung mit der eigenen seelischen Wirklichkeit.

Die immateriellen Faktoren, die unsere innere Wirklichkeit ausmachen (z. B. Wahrnehmungen, Bewertungen, innere Repräsentationen, Projektionen und Fantasien), in Morenos Worten die »… imponderablen, unsichtbaren Dimensionen unseres intra- und extrapsychischen Lebens …« (Moreno, 1977, S. 105), werden mit den Mitteln einer materiellen Bühnengestaltung so konkretisiert, dass sie für den Klienten erlebbar, begreifbar und veränderbar werden. »Mit der Hilfe von Hilfs-Ichen bietet die psychodramatische Bühne ein außerordentlich leistungsfähiges Medium zur Externalisierung von (…) internalisierten mentalen Bildern; dort werden sie zum Leben erweckt und dazu gebracht, in einem dreidimensionalen Raum in Erscheinung zu treten« (Kellermann, 1996, S. 98). Psychodrama findet also an der Schnittstelle zwischen innerer Wirklichkeit und äußerer Re-

alität statt – Winnicott (1995) hat diese Schnittstelle in seinen Arbeiten zum Spiel als »intermediären Bereich« beschrieben.

Surplus Reality kann die Wirklichkeit des Klienten(systems) abbilden, sie kann aber auch mögliche Zukünfte zeigen und mit möglichen Wirklichkeiten experimentieren. Ein Beispiel dafür ist die Technik der → Zukunftsprojektion. Das Psychodrama ist damit nicht nur Instrument der Rekonstruktion von Wirklichkeit, sondern auch ein Möglichkeitsraum, in dem Wirklichkeit neu konstruiert werden und in dem der »Möglichkeitssinn« (Musil) entwickelt werden kann.

Viele Psychodramatiker, darunter Leutz, verstehen Surplus Reality als Darstellung von »… Phantasien und Träume[n] aller Art, Imaginationen, Halluzinationen und Dejà-vu-Erfahrungen« (Leutz, 1974, S. 119). Folgte man diesem Verständnis des Begriffs, hieße das, dass etwa Zukunftsprojektionen in der Surplus Reality stattfinden, Spiele, die keine phantasierten, geträumten, imaginierten oder halluzinierten Ereignisse auf die Bühne bringen – wie z. B. die im Psychodrama häufigen Aktualisierungen tatsächlich erlebter Konfliktsituationen – jedoch nicht (sondern in der Realität?).

Moreno hat das Konzept der Surplus Reality jedoch in einem sehr viel weiteren Sinne angelegt: An keiner Stelle spricht Moreno davon, dass Psychodrama auch in der Realität stattfinden könne oder dass Surplus Reality mit »Phantasien und Träumen, Imaginationen, Halluzinationen und Dejà-vu-Erfahrungen« gleichzusetzen sei. Auch Morenos Auflistungen psychodramatischer »Surplustechniken« zeigen, dass es sich dabei nicht nur um Techniken für die Darstellung von Phantasiertem handelt, sondern dass letztlich alle psychodramatischen Elemente auf dem Prinzip der Surplus Reality beruhen:

- Rollentausch,
- Hilfs-Ich,
- leerer Stuhl und Zukunftsprobe (Moreno, 1977) sowie
- Doppel,
- Spiegel und
- Selbstgespräche (Moreno, 1996),

um nur einige zu nennen. Moreno selbst äußert sich über den universellen Charakter der Surplus Reality wie folgt:

>> Es ist ein häufiges Missverständnis, Psychodrama bestehe nur aus dem Ausspielen von vergangenen, gegenwärtigen und zukünftigen Episoden, welche im Rahmen der Realität erfahren und verstanden werden. Es gibt im Psychodrama einen **Modus der Erfahrung**, der über die Realität hinausreicht und der dem Einzelnen eine neue und erweiterte Erfahrung der Realität ermöglicht (…) (Moreno, 1965, S. 212; Hervorhebung durch die Autoren).

Sader (1991) bezeichnet diesen Modus der Erfahrung als Semirealität, als »verabredete Scheinwelt«, die in jeder psychodramatischen Arbeit erschaffen wird. (Tag-)Träume, Fantasien und Imaginationen, wie von Leutz (1974) angesprochen, sind in seinem Konzept dagegen auf der Ebene der »Surrealität« angesiedelt.

>> Mit **Surrealität** wird eine Denkebene benannt, die auch in der Semirealität als jenseits der Realität liegend gesehen wird: Ein Auto aus vier Stühlen ist semireal, also im Psychodrama »gewissermaßen« real; ein Zauberer, ein plötzlich erscheinender Gott oder Moreno selbst, sind surreal. (Sader, 1991, S. 50)

Surplus Reality/Semirealität im Sinne von Sader (1991) ist demnach ein Überbegriff zu Surrealität. Psychodrama-Spiele können, müssen aber nicht surreal sein, wenn z. B. eine verstorbene Person auf der Bühne verkörpert wird; sie sind allerdings in jedem Fall semireal, unabhängig vom dargestellten Inhalt. Daraus folgt:

Definition

Surplus Reality ist der **jeder** psychodramatischen Darstellung eigene Modus des Erlebens der Wirklichkeit und das konstitutive Grundprinzip der psychodramatischen Darstellung schlechthin.

So wird die Bühne wird zum metaphorischen Abbild der eigenen Persönlichkeit, die äußere Handlung im Psychodrama zum Abbild des »inneren Dramas« der Protagonistin.

Das wohl bekannteste Praxiskonzept zur Umsetzung dieses Gedankens stammt paradoxerweise nicht von einem Psychodramatiker. Schulz von Thun hat auf der Basis seines Modells des »inneren Teams« (Schulz von Thun, 1998) einen stark psychodramatisch beeinflussten Beratungsansatz (Schulz von Thun, 1996) entwickelt. Er entwirft das Selbst als Konglomerat verschiedener innerer Anteile – eine Vorstellung, die er auch als innere Pluralität, innere Uneinigkeit, als inneren Dialog / Streit oder als innere Gruppendynamik bezeichnet. Diesen inneren Streit verdeutlicht er am Beispiel einer Studentin, die von einem Kommilitonen um ein Skript gebeten wird: Ein hilfsbereiter und ein solidarischer Anteil konkurrieren mit inneren Anteilen, die die Bitte des Kommilitonen als Grenzüberschreitung und Verletzung der Intimität einstufen (◻ Abb. 14.6).

◻ **Abb. 14.6.** »Innere Pluralität«. Mit freundlicher Genehmigung aus: Schulz von Thun (1998), Miteinander reden 3. Reinbek: Rowohlt

Auch das Psychodrama geht von einem pluralistischen Selbstkonzept aus. Schon Moreno wies darauf hin, dass das Selbst »ein Rollensystem mit über- und untergeordneten, dominanten und weniger dominanten Rollen« (Zeintlinger-Hochreiter, 1996, S. 131) ist. Die Überzeugung, dass das Selbst kein monolithisches Gebilde ist, sondern eine Vielzahl unterschiedlicher und zum Teil widersprüchlicher Anteile enthält, hat sich in der modernen, konstruktivistisch orientierten Selbstkonzeptforschung mittlerweile durchgesetzt (vgl. Gergen, 1971; Markus u. Wurf, 1987). Dieses Bild eines multidimensionalen und partiell inkohärenten Selbst ist auch mit psychoanalytischen Vorstellungen vereinbar. So stellt sich die »innere Welt« des Menschen, die sein Denken, Fühlen und Handeln beeinflusst, stets als konfliktäre Gemengelage unterschiedlichster Rollen, Impulse, Motive, Ziele, Ansprüche und Ängste dar. Schulz von Thun (1998) verdeutlicht dies mithilfe der Metapher eines Theaterensembles auf einer Bühne: Es gibt »Hauptdarsteller« und Nebenrollen, leisere Stimmen im Hintergrund und in den Keller verbannte (d. h. verdrängte und abgespaltene) Gegenspieler (◘ Abb. 14.7). Welche Rolle die einzelnen Anteile spielen, ist jeweils situativ bestimmt. Die Bezüge zur Psychodrama-Bühne sowie zur Rollentheorie sind hier besonders deutlich.

Das Psychodrama kann diese inneren Anteile in Form von Hilfs-Ichen auf die Bühne bringen, ihnen eine Stimme verleihen und sie in Interaktion treten lassen, um einen Klärungsprozess einzuleiten. Genau dies geschieht in Schulz von Thuns Modell vom »inneren Team«: Die einzelnen Anteile werden personifiziert; sie bekommen einen Namen und eine Botschaft. Zur ausführlichen Beschäftigung mit dem Modell empfehlen wir die beiden erwähnten Bücher von Schulz von Thun (1996; 1998).

Die »…**Externalisierung** der psychischen Inhalte…« (Shearon, 1996, S. 135) in der Surplus Reality bietet den Klienten die Möglichkeit, sich mit unerwünschten Anteilen auseinanderzusetzen und sich von ihnen zu distanzieren sowie positive Anteile zu stärken, um auf diese Weise ihr Rollen selbst neu zu konstruieren. Das Prinzip der Externalisierung wird auch von der systemisch-konstruktivistischen Therapie genutzt. Retzer (2003, S. 103) schlägt beispielsweise vor, sowohl das Problem (vom Klienten z. B. als »Wahnsinn« bezeichnet) als auch die andere Seite der Unterscheidung (Lösung, Gesundheit, Normalität …) zu externalisieren und folgenden Fragen zu explorieren wie:

Wenn der Wahnsinn / die Normalität eine Person wäre, wäre sie ein Mann oder eine Frau? Beschreiben Sie das Aussehen dieser Person!

◘ **Abb. 14.7.** Die »innere Bühne« mit Vordergrund, Hintergrund und Untergrund. Mit freundlicher Genehmigung aus: Schulz von Thun (1998), Miteinander reden 3. Reinbek: Rowohlt

14

Wo genau im Raum befindet sich der Wahnsinn (die Normalität etc.)

Was müssten Sie tun, um die Distanz zum Wahnsinn (…) zu verringern / vergrößern?

Angenommen, der Wahnsinn würde eine Reise nach Mallorca machen, welche Auswirkungen hätte das auf Ihr Leben mit der Normalität/auf die Beziehung zu Ihren Eltern, zu mir …?

Angenommen, Sie wollten den Wahnsinn dazu bewegen, möglichst bald wieder eine zentrale Stellung in Ihrem Leben einzunehmen, wie könnten Sie das am besten erreichen?

Retzer (2003, S. 101 f.) erklärt den besonderen therapeutischen Wert der Externalisierung wie folgt:

>> Die Externalisierung verändert die Topografie der Ursache der beobachteten Phänomene. Sie wird von innen nach außen verlegt. Die zugrundeliegende Prämisse der Externalisierung lautet: Die Person ist nicht das Problem, sondern das Problem ist das Problem und die Person ist die Person. Durch eine imaginäre Personalisierung der verdinglichten Krankheit findet eine Art von Exorzismus statt, der die Beziehung zwischen dem Patienten und seiner Krankheit grundlegend verändert.

Während die Externalisierung in der systemischen Therapie in der Imagination des Klienten verbleibt, bezieht das Psychodrama seine besondere Intensität und Wirkung durch die szenische Externalisierung in der Surplus Reality.

14.6 Psychodrama nach Moreno

Die Entwicklung des Psychodramas in Deutschland, Österreich und der Schweiz

In Deutschland etablierte sich das Psychodrama in organisierter Form ab 1970, als die Sektion Psychodrama in der »Deutschen Arbeitsgemeinschaft für Gruppenpsychotherapie und Gruppendynamik« (DAGG) gegründet wurde. In der Mitte der 1970er-Jahre entstanden die ersten Psychodrama-Weiterbildungsinstitute in Überlingen (Grete

Leutz) und Stuttgart (Helga Heike Straub). Es folgten weitere Institute, die nach den Richtlinien des »Deutschen Fachverbands für Psychodrama« (DFP) ausbilden.

Grete Leutz war auch maßgeblich am Aufbau der Psychodrama-Weiterbildung in der Schweiz beteiligt, die später insbesondere von Ellynor und Helmut Barz, Ralf Binswanger, Elisabeth Pfäfflin, Anja Puhlmann und Jürg Scheidegger weitergeführt wurde. Auch in sein Ursprungsland Österreich ist das Psychodrama zurückgekehrt, wo es mittlerweile als Psychotherapieverfahren anerkannt ist. Der »Österreichische Arbeitskreis für Gruppenpsychotherapie und Gruppendynamik« (ÖAGG) ist sehr aktiv und Ursprung für ein wichtiges Grundlagenwerk zur Psychodrama-Therapie (Fürst, Ottomeyer u. Pruckner, 2004).

Psychodrama etablierte sich an mehreren Hochschulen in Deutschland, Österreich und der Schweiz (unter anderem Aachen, Bielefeld, Bochum, Frankfurt am Main, Freiburg, Hannover, Klagenfurt, Lüneburg, Münster, Zürich) sowie in einigen therapeutischen Kliniken, die auf der Basis psychodramatischer Therapiekonzepte arbeiteten (vor allem die Hardtwaldklinik in Bad Zwesten).

Gerade im deutschsprachigen Bereich haben zahlreiche Autorinnen und Autoren zur Systematisierung und zum Ausbau der theoretischen Grundlagen des Psychodramas sowie der Psychodrama-Methodik beigetragen.

Grete Leutz. Selbst Schülerin und enge Vertraute Morenos, verfasste sie ein Grundlagenwerk (Leutz, 1974), in dem sie Morenos Psychodrama-Theorie in der Gesamtschau darstellte, aber auch durch eigene Beiträge – vor allem zur Rollentheorie – ausbaute.

Hilarion Petzold. Er ergänzte die 3-phasige Struktur des Psychodramas um eine vierte Phase, in der vor allem kognitiv-analytische und übende Aspekte zum Tragen kommen. Das resultierende Konzept nannte er »tetradisches Psychodrama« (vgl. Petzold, 1974; 1978). Mit Ulrike Mathias verfasste Petzold einen wichtigen Band zur Rollentheorie Morenos (Petzold u. Mathias, 1982). Seine umfassende Beschäftigung mit den Bezügen des

Psychodramas zu anderen Verfahren (Psychoanalyse, Verhaltenstherapie, Gestalttherapie, Transaktionsanalyse und andere) mündete schließlich in die Entwicklung eines eigenständigen Verfahrens, der integrativen Therapie.

Karoline Zeintlinger-Hochreiter. Sie verfasste 1981 eine Dissertation, in der sie Morenos Arbeiten zur Psychodrama-Theorie »analysierte, präzisierte und reformulierte«. Das Übersichtswerk galt lange als wichtigste Arbeitsgrundlage in der Psychodrama-Ausbildung, wurde allerdings erst 1996 veröffentlicht.

Ferdinand Buer. Von 1991 bis 1996 erschien das »Jahrbuch für Psychodrama, psychosoziale Praxis und Gesellschaftspolitik«, ein anspruchsvolles Forum für den psychodramatischen Diskurs unter der Herausgeberschaft von Ferdinand Buer. Buer hat darüber hinaus weitere wertvolle Beiträge zur wissenschaftlichen Fundierung und ideengeschichtlichen Verortung des Psychodramas geleistet (insbesondere Buer, 1999). In jüngster Zeit hat Buer einige Arbeiten zur psychodramatischen Supervision veröffentlicht, darunter zwei Lehrbücher (▶ Kap. 25).

Reinhard T. Krüger. Er hat die Theorie und die Methodologie des Psychodramas aus tiefenpsychologischer Perspektive rekonstruiert und damit einen wichtigen Anstoß zur Diskussion um die Rollen-, Spontaneitäts- und Kreativitätstheorie geliefert (Krüger, 1997). Auf einige seiner Thesen zur Wirkungsweise der wichtigsten psychodramatischen Handlungstechniken wird in ▶ Kap. 4 eingegangen.

Michael Schacht. Schacht hat mit seinen Publikationen die Persönlichkeitstheorie des Psychodramas dargestellt und entscheidend weiterentwickelt. Eine neue Veröffentlichung (Schacht, in Druck) baut auf diesen Vorarbeiten ein strukturiertes Störungsmodell sowie ein Prozessmodell für die psychodramatische Psychotherapie auf.

Christoph Hutter. Sein umfassendes Werk (Hutter, 2000, Hutter u. Schwehm, in Druck) ist ein wichtiger Beitrag zur Theorie und Praxis des Psychodramas, da es Morenos schwer zugängliche Arbei-

ten in gut strukturierter, kritischer Weise zusammenfasst, sodass die Gestalt von Morenos therapeutischer Philosophie in bislang unerreicht klarer Weise deutlich wird.

Weitere prägende Autoren. Weitere wichtige Anregungen erhält das Psychodrama von

- Alfons Aichinger (▶ Kap. 21) und Hildegard Pruckner, die differenzierte Konzepte für die psychodramatische Arbeit mit Kindern entwickelten,
- Jörg Burmeister, der sich um die weitere Etablierung des Psychodramas als psychotherapeutisches Verfahren verdient gemacht hat (▶ Kap. 20),
- Barbara Erlacher-Farkas und Michael Jorda, die erstmalig eine umfassende Darstellung der psychodramatischen Einzelarbeit herausgaben,
- Klaus Ottomeyer, der viel beachtete soziodramatische Arbeiten zum Thema Fremdenfeindlichkeit durchführte sowie von
- Manfred Sader, der zwischen Psychodrama und Sozialpsychologie vermittelt, um nur einige zu nennen.

Seit 2002 erscheint halbjährlich die »Zeitschrift für Psychodrama und Soziometrie« sowohl als Print-Ausgabe (VS Verlag) aus auch als Online-Ausgabe (▶ Anhang A), die der deutschsprachigen Psychodrama-Szene neue Impulse gegeben hat. In den zurückliegenden Jahren wurden Themen aus dem psychotherapeutischen Kontext (z. B. Trauma, Störung, Ressource oder Sucht) ebenso behandelt wie Themen aus anderen Anwendungsfeldern (beispielsweise Sozialarbeit oder Supervision, Beratung, Coaching) sowie Grundlagenthemen (z. B. Rollentausch/Rollenwechsel, Rollenspiel, Szenenaufbau und Aufstellungen).

Die Entwicklung des Psychodramas in anderen Ländern

Auch in anderen Ländern, vor allem in den USA, Großbritannien, Australien und Neuseeland, Skandinavien, Osteuropa und Lateinamerika, entwickelten sich lebhafte Psychodrama-Communitys. Weltweit ist es besonders Zerka T. Moreno gewesen, die durch Workshops, Vorträge und Publikationen das Werk ihres Mannes fortgeführt hat. In den englischsprachigen Ländern kamen für das Psychodrama wichtige Anstöße vor allem von Adam Blatner, Marcia Karp und Paul Holmes. Sie haben »Acting-In« (Blatner, 1996), das hervorragende »Handbook of Psychodrama« (Karp, Holmes u. Bradshaw-Tauvon, 1998) und gemeinsam mit Michael Watson den Band »Psychodrama since Moreno« (Holmes, Karp u. Watson, 1994) herausgegeben. Anthony Williams unternahm in mehreren Publikationen (z. B. Williams, 1989) den Brückenschlag zwischen Psychodrama und systemischer Arbeit. Ron Wiener trug dazu bei, dass das Soziodrama nicht in Vergessenheit geriet.

In Frankreich begründeten Didier Anzieu, Michel Basquin, Evelyne Kestemberg, Serge Lebovici, Gennie und Paul Lemoine, Daniel Widlöcher und andere eine eigenständige psychoanalytische Psychodrama-Schule, besonders für die psychodramatische Arbeit mit Kindern.

Von Israel aus erhielt das Psychodrama vor allem durch Peter Felix Kellermann und David A. Kipper Anstöße, deren Arbeiten weit über die Grenzen Israels hinaus wirken. Kellermann verfasste eines der bedeutsamsten Werke über Psychodrama-Therapie (Kellermann, 1996) sowie weitere bemerkenswerte Beiträge über

- die Relevanz psychoanalytischer Konzepte im Psychodrama (Kellermann, 1980; 1981; 1984a; 1984b),
- Wirkfaktoren des Psychodramas (Kellermann, 1987),
- die psychodramatische Traumabehandlung (Kellermann, 2007; Kellermann u. Hudgins, 2000)

sowie über verschiedene andere Themen.

Zusammenfassung

Das Psychodrama kann nur auf der Basis einer fundierten Kenntnis der theoretischen Grundkonzepte Morenos verstanden und professionell angewendet werden. Dem Psychodrama liegt ein humanistisches Menschenbild zugrunde: Spontaneität und Kreativität als Schlüssel zur vollen Realisierung des eigenen Potenzials sind dem Menschen immer schon

▼

gegeben und bedürfen nur der Aktivierung und Förderung, um individuelle und zwischenmenschliche Fehlentwicklungen korrigieren zu können. Diese Aktivierung von Spontaneität und Kreativität gehört zu den Hauptzielen des Psychodramas. Konzepte wie Tele und Rolle prägen das Verständnis sozialer Beziehungen, das Begegnungskonzept fungiert als Leitbild psychodramatischer Arbeit. Die kleinste Betrachtungseinheit des Psychodramas ist nicht das isolierte Individuum, sondern der Mensch als Bestandteil sozialer Beziehungen. Entsprechend hat Moreno das Psychodrama nicht nur als Psychotherapie, sondern als Bestandteil eines soziotherapeutischen Systems angelegt, zu dem auch Soziometrie und Gruppenpsychotherapie gehören. Das methodische Grundprinzip des Psychodramas besteht darin, die subjektive Wirklichkeit von Individuen und Gruppen in ein szenisches Bühnenarrangement innerhalb der sogenannten Surplus Reality umzusetzen.

Weiterführende Literatur

Hutter, C. (2000). *Psychodrama als experimentelle Theologie. Rekonstruktion der therapeutischen Philosophie Morenos aus praktisch-theologischer Perspektive.* Münster: Lit (420 Seiten).
Hutter gelingt es – vielleicht zum ersten Mal –, sämtliche Schriften Morenos so zu systematisieren, dass die Essenz seiner therapeutischen Philosophie und die Funktion des Psychodramas vor diesem Hintergrund deutlich werden. Als theoretische Standortbestimmung der psychodramatischen Methodik und der eigenen Identität als Psychodramatiker(in) unentbehrlich.

Hutter, C. & Schwehm, H. (Hrsg.) (in Druck). *J. L. Morenos Gesamtwerk in Schlüsselbegriffen.* Wiesbaden: VS Verlag.
In diesem Reader finden sich eine Vielzahl von Moreno-Originaltexten, von den Herausgebern ausgezeichnet systematisiert und kommentiert.

Leutz, G. (1974). *Das Psychodrama nach J. L. Moreno.* Berlin: Springer (215 Seiten).
Grete Leutz stellt die wichtigsten Grundrisse des Verfahrens vor und bringt dabei zahlreiche eigene Impulse ein, die das Verständnis des Psychodramas in Deutschland entscheidend mitgeprägt haben. Ebenso wie Hutter konzentriert sich Leutz auf theoretische Aspekte – methodische Fragen werden allenfalls am Rande behandelt.

Literatur

Blatner, A. (1996). *Acting-In. Practical Applications of Psychodramatic Methods* (3rd edn.). New York: Springer.

Buber, M. (1923). *Ich und Du.* Leipzig: Insel.

Buer, F. (1991). Rolle und Identität. Von Psychodramatikern und Psychodramatikerinnen in unserer Zeit. *Psychodrama, 4 (2),* 255–272.

Buer, F. (Hrsg.) (1999). *Morenos therapeutische Philosophie. Zu den Grundideen von Psychodrama und Soziometrie* (3. Aufl.). Opladen: Leske & Budrich.

Bustos, D. (1994). Wings and roots. In P. Holmes, M. Karp & M. Watson (eds.), *Psychodrama since Moreno: Innovation in Theory and Practice* (63-75). London: Routledge.

Clayton, M. (1994). Role theory and its application in clinical practice. In P. Holmes, M. Karp & M. Watson (eds.), *Psychodrama since Moreno: Innovation in Theory and Practice* (121–144). London: Routledge.

Compernolle, T. (1981). J. L. Moreno: Ein unbekannter Wegbereiter der Familientherapie. *Integrative Therapie, 8 (2),* 166–172.

Frankl, H. (1992). Über Mead hinaus: Morenos Theorie des alltäglichen und des psychodramatischen Rollenspiels. In F. Buer (Hrsg.), Jahrbuch *für Psychodrama, psychosoziale Praxis & Gesellschaftspolitik* 1992 (19–55). Opladen: Leske & Budrich.

Fürst, J., Ottomeyer, K. & Pruckner, H. (Hrsg.) (2004). *Psychodrama-Therapie. Ein Handbuch.* Wien: Facultas.

Gergen, K. J. (1971). *The Concept of the Self.* New York: Wiley.

Gergen, K. J. (2002). *Eine Hinführung zum sozialen Konstruktionismus.* Stuttgart: Kolhhammer.

Goleman, D. (1997). *Emotionale Intelligenz.* München: dtv.

Greenberg, I. (1974). *Psychodrama Theory and Therapy.* New York: Behavioural Publications.

Hochreiter, K. (2004). Rollentheorie nach J. L. Moreno. In J. Fürst, K. Ottomeyer & H. Pruckner (Hrsg.), *Psychodrama-Therapie. Ein Handbuch* (128–146). Wien: Facultas.

Holmes, P., Karp, M. & Watson, M. (eds.) (1994). *Psychodrama since Moreno.* London: Routledge.

Hutter, C. (2000). *Psychodrama als experimentelle Theologie. Rekonstruktion der therapeutischen Philosophie Morenos aus praktischtheologischer Perspektive.* Münster: Lit.

Hutter, C. & Schwehm, H. (Hrsg.) (in Druck). *J. L. Morenos Gesamtwerk in Schlüsselbegriffen.* Wiesbaden: VS.

Jorda, C. (1994). Rollenverlust und psychodramatische Möglichkeiten. In R. Hutterer-Krisch (Hrsg.), *Psychotherapie mit psychotischen Menschen* (229–238). Wien: Springer.

Jorda, C. (1996). Die Rollentheorie. In B. Erlacher-Farkas & C. Jorda (Hrsg.), *Monodrama: Heilende Begegnung – Vom Psychodrama zur Einzeltherapie* (74–83). Wien: Springer.

Karp, M., Holmes, P. & Bradshaw-Tauvon, K. (eds.) (1998). *Handbook of Psychodrama.* London: Routledge.

Kellermann, P. F. (1980). Übertragung, Gegenübertragung und Tele – eine Studie der therapeutischen Beziehung in Psychoanalyse und Psychodrama. *Gruppenpsychotherapie & Gruppendynamik, 15,* 188–205.

Kellermann, P. F. (1981). Widerstand im Psychodrama. In H. Petzold (Hrsg.), *Widerstand – ein strittiges Konzept in der Psychotherapie* (385–405). Paderborn: Junfermann.

Kellermann, P. F. (1984a). Acting out in psychodrama and in psychoanalytic group psychotherapy. *Group Analysis, 17,* 195–203.

Kellermann, P. F. (1984b). The place of catharsis in psychodrama. *Journal of Group Psychotherapy, Psychodrama & Sociometry, 37,* 1-13.

Kellermann, P. F. (1987). Outcome research in classical psychodrama. *Small Group Behavior, 18 (4),* 459–469.

Kellermann, P. F. (1991). An essay on the metascience of psychodrama. *Journal of Group Psychotherapy, Psychodrama & Sociometry, 44 (1),* 19–32.

Kellermann, P. F. (1996). *Focus on Psychodrama. The Therapeutic Aspects of Psychodrama* (2nd edn.). London: Kingsley.

Kellermann, P. F. (2007). *Sociodrama and Collective Trauma.* London: Kingsley.

Kellermann, P. F. & Hudgins, M. K. (eds.) (2000). *Psychodrama with Trauma Survivors: Acting out your Pain.* London: Kingsley.

Krüger, R.T. (1997). *Kreative Interaktion. Tiefenpsychologische Theorie und Methoden des klassischen Psychodramas.* Göttingen: Vandenhoeck & Ruprecht.

Leutz, G.A. (1974). *Das klassische Psychodrama nach J. L. Moreno.* Berlin: Springer.

Leutz, G.A. (1979). Das triadische System von J. L. Moreno. In A. Heigl-Evers (Hrsg.), *Die Psychologie des Jahrhunderts* (Bd. VII: Lewin und die Folgen – Sozialpsychologie, Gruppendynamik, Gruppentherapie, 830–839). München: Kindler.

Marineau, R. F. (1989). *Jacob Levy Moreno, 1889-1974. Father of Psychodrama, Sociometry, and Group Psychotherapy.* London: Tavistock.

Markus, H. & Wurf, E. (1987).The dynamic self-concept: A social psychological perspective. *Annual Review of Psychology, 38,* 299–337.

Mathias, U. (1982). Die Entwicklungstheorie J. L. Morenos. In H. Petzold & U. Mathias (Hrsg.), *Rollenentwicklung und Identität. Von den Anfängen der Rollentheorie zum sozialpsychiatrischen Rollenkonzept Morenos* (191–256). Paderborn: Junfermann.

Moreno, J.D. (1996). Foreword. In P. F. Kellermann (ed.), *Focus on Psychodrama. The Therapeutic Aspects of Psychodrama* (2nd edn., 7–9). London: Kingsley.

Moreno, J. L. (1924). *Das Stegreiftheater.* Potsdam: Kiepenheuer.

Moreno, J. L. (1932). *The First Book of Group Psychotherapy.* Beacon: Beacon House.

Moreno, J. L. (1937a). Inter-personal therapy and the psychopathology of inter-personal relations. *Sociometry, 1,* 9–37.

Moreno, J. L. (1937b). Intermediate (in situ) treatment of a matrimonial triangle. *Sociometry, 1,* 124–163.

Moreno, J. L. (1940). Psychodramatic treatment of marriage problems. *Sociometry, 1,* 1–23.

14

Moreno, J. L. (1956a). Philosophy of the third psychiatric revolution, with special emphasis on group psychotherapy and psychodrama. In F. Fromm-Reichmann & J. L. Moreno (eds.), *Progress in Psychotherapy* (vol. 1, 24–53). New York: Grune & Stratton.

Moreno, J. L. (1956b). System of Spontaneity-Creativity-Conserve. *Sociometry, 18 (4)*, 382–392.

Moreno, J. L. (1959). *Gruppenpsychotherapie und Psychodrama. Einleitung in die Theorie und Praxis.* Stuttgart: Thieme.

Moreno, J. L. (1965). Therapeutic vehicles and the concept of surplus reality. *Group Psychotherapy and Psychodrama, 18*, 211–216.

Moreno, J. L. (1972). *Psychodrama* (vol. 1, 4th edn.). Beacon: Beacon House.

Moreno, J. L. (1975). *Psychodrama* (vol. 2, 2nd edn.). Beacon: Beacon House.

Moreno, J. L. (1977). Die Psychiatrie des Zwanzigsten Jahrhunderts als Funktion der Universalia Zeit, Raum, Realität und Kosmos. In H. Petzold (Hrsg.), *Angewandtes Psychodrama in Therapie, Pädagogik und Theater* (101–112). Paderborn: Junfermann.

Moreno, J. L. (1979). Das Rollenkonzept, eine Brücke zwischen Psychiatrie und Soziologie. *Integrative Therapie, 1/2*,14–23.

Moreno, J. L. (1981). *Soziometrie als experimentelle Methode.* Paderborn: Junfermann.

Moreno, J. L. (1982a). Ein Bezugsrahmen für das Messen von Rollen. In H. Petzold & U. Mathias (Hrsg.), *Rollenentwicklung und Identität. Von den Anfängen der Rollentheorie zum sozialpsychiatrischen Rollenkonzept Morenos* (301–309). Paderborn: Junfermann.

Moreno, J. L. (1982b). Definition der Rollen. In H. Petzold & U. Mathias (Hrsg.), *Rollenentwicklung und Identität. Von den Anfängen der Rollentheorie zum sozialpsychiatrischen Rollenkonzept Morenos* (277–285).Paderborn: Junfermann.

Moreno, J. L. (1982c). Rolle. In H. Petzold & U. Mathias (Hrsg.), *Rollenentwicklung und Identität. Von den Anfängen der Rollentheorie zum sozialpsychiatrischen Rollenkonzept Morenos* (259–266). Paderborn: Junfermann.

Moreno, J. L. (1982d). Soziodrama. In H. Petzold & U. Mathias (Hrsg.), *Rollenentwicklung und Identität. Von den Anfängen der Rollentheorie zum sozialpsychiatrischen Rollenkonzept Morenos* (297–300). Paderborn: Junfermann.

Moreno, J. L. (1991). Globale Psychotherapie und Aussichten einer therapeutischen Weltordnung. In F. Buer (Hrsg.), *Jahrbuch für Psychodrama, psychosoziale Praxis & Gesellschaftspolitik 1991* (11–44).Opladen: Leske & Budrich.

Moreno, J. L. (1996). *Die Grundlagen der Soziometrie. Wege zur Neuordnung der Gesellschaft* (4. Aufl.). Opladen: Leske & Budrich.

Moreno, F. B. & Moreno, J. L. (1982). Rollentests und Rollendiagramme von Kindern. Ein psychodramatischer Ansatz zu einem anthropologischen Problem. In H. Petzold & U. Mathias (Hrsg.), *Rollenentwicklung und Identität. Von den Anfängen der Rollentheorie zum sozialpsychiatrischen Rollenkonzept Morenos* (331–348). Paderborn: Junfermann.

Neuberger, O. (1994). *Führen und geführt werden. Basistexte Personalwesen* (Band 4, 4. Aufl.). Stuttgart: Enke.

Petzold, H. (1974). Die diagnostischen und therapeutischen Möglichkeiten des Psychodramas im »tetradischen System«. *Dynamische Psychiatrie, 7,* 151–181.

Petzold, H. (1978). Das Psychodrama als Methode der klinischen Psychotherapie. In J. L. Pongratz (Hrsg.), *Handbuch der Psychologie* (Band 8/2, 2751-2795). Göttingen: Hogrefe.

Petzold, H. (1979). *Psychodrama-Therapie. Theorie, Methoden, Anwendung in der Arbeit mit alten Menschen.* Paderborn: Junfermann.

Petzold, H. (1982a). Der Mensch ist ein soziales Atom. *Integrative Therapie, 1/2,*161–165.

Petzold, H. (1982b). Die sozialpsychiatrische Rollentheorie J. L. Morenos und seiner Schule. In H. Petzold & U. Mathias (Hrsg.), *Rollenentwicklung und Identität. Von den Anfängen der Rollentheorie zum sozialpsychiatrischen Rollenkonzept Morenos* (13–189). Paderborn: Junfermann.

Petzold, H. & Mathias, U. (Hrsg.) (1982). *Rollenentwicklung und Identität. Von den Anfängen der Rollentheorie zum sozialpsychiatrischen Rollenkonzept Morenos.* Paderborn: Junfermann.

Retzer, A. (2003). *Passagen – Systemische Erkundungen.* Stuttgart: Klett-Cotta.

Roesler, M. (1991). Das kulturelle Atom nach J. L. Moreno. Ein psychodramatisches Instrument zur Erfassung der Persönlichkeit. *Psychodrama, 4 (2)*, 187–200.

Sader, M. (1991). Realität, Semi-Realität und Surrealität im Psychodrama. In M. Vorwerg & T. Alberg (Hrsg*.), Psychodrama* (44–63). Heidelberg: Barth.

Schacht, M. (1992). Zwischen Ordnung und Chaos. Neue Aspekte zur theoretischen und praktischen Fundierung der Konzeption zwischen Spontaneität und Kreativität. *Psychodrama, 5 (1)*, 95–130.

Schacht, M. (2003). *Spontaneität und Begegnung. Zur Persönlichkeitsentwicklung aus der Sicht des Psychodramas.* München: inScenario.

Schacht, M. (2004). Entwicklungstheoretische Skizzen. In J. Fürst,, K. Ottomeyer & H. Pruckner (Hrsg.), *Psychodrama-Therapie. Ein Handbuch* (114–127). Wien: Facultas.

Schacht, M. (in Druck). *Das Ziel ist im Weg. Störungsverständnis und Therapieprozess im Psychodrama.* Wiesbaden: VS.

Schaller, R. (2001). *Das große Rollenspiel-Buch. Grundtechniken, Anwendungsformen, Praxisbeispiele.* Weinheim: Beltz.

Schlippe, A. v. & Schweitzer, J. (2002). *Lehrbuch der systemischen Therapie und Beratung* (8. Aufl.). Göttingen: Vandenhoeck & Ruprecht.

Schulz von Thun, F. (1981). *Miteinander Reden 1. Störungen und Klärungen. Allgemeine Psychologie der Kommunikation.* Reinbek: Rowohlt.

Schulz von Thun, F. (1996). *Praxisberatung in Gruppen. Erlebnisaktivierende Methoden mit 20 Fallbeispielen zum Selbsttraining für Trainerinnen, Trainer, Supervisoren und Coachs.* Weinheim: Beltz.

Schulz von Thun, F. (1998). *Miteinander Reden 3. Das »innere Team« und situationsgerechte Kommunikation.* Reinbek: Rowohlt.

Shearon, E. M. (1996). Surplus Reality in der Einzeltherapie. In B. Erlacher-Farkas & C. Jorda (Hrsg.), *Monodrama: Heilende Begegnung – Vom Psychodrama zur Einzeltherapie* (135–151). Wien: Springer.

Varga von Kibéd, M. (2003). Zwischen den Menschen – zwischen den Kulturen. Über die Anwendung Systemischer Strukturaufstellungen auf historische und politische Zusammenhänge. In A. Mahr (Hrsg.), *Konfliktfelder – Wissende Felder. Systemaufstellungen in der Friedens- und Versöhnungsarbeit* (54–64). Heidelberg: Auer.

Waldow, M. (2001). Zur grundlagentheoretischen Kategorie der Spontaneität von J. L.Moreno. *Gruppenpsychotherapie und Gruppendynamik, 37,* 1–28.

Williams, A. J. (1989). *The Passionate Technique – Strategic Psychodrama with Individuals, Families, and Groups.* London: Tavistock.

Yalom, I. D. (2001). *Theorie und Praxis der Gruppenpsychotherapie. Ein Lehrbuch* (6.Aufl.). Stuttgart: Pfeiffer.

Zeintlinger-Hochreiter, K. (1996). *Kompendium der Psychodrama-Therapie. Analyse, Präzisierung und Reformulierung der psychodramatischen Therapie nach J. L. Moreno.* München: inScenario.

Zeitschrift für Psychodrama und Soziometrie (in Vorbereitung). *Themenheft „Begegnung, Tele, Beziehung", 9 (2).* (erscheint 2010)

14

Teil IV
Soziometrie

IV

Einführung in das Thema

Morenos Blick war nie nur auf die Einzelperson gerichtet, sondern immer auf das Individuum als Teil eines sozialen Netzwerkes (▶ Abschn. 14.2). Nach seiner Überzeugung ist die Veränderung des Einzelnen nie ohne eine Veränderung der Gemeinschaft möglich. Jedes Interaktionsgeschehen wird seiner Ansicht nach von latenten Beziehungsstrukturen (z. B. → Tele) und Gruppendynamiken geprägt, die die soziale Einbindung des Einzelnen beeinflussen und so auch auf die psychische Verfassung des Individuums zurückwirken. Um diese Zusammenhänge erklären und erfassen zu können, entwickelte Moreno Annahmen und Instrumente, die eine Beschreibung, Messung und Veränderung von Gruppenstrukturen und -dynamiken ermöglichen. Moreno (1959) unterschied

- die **Soziodynamik** als System zur Erforschung der Strukturen und Funktionen von Gruppen,
- die **Soziometrie** als »Wissenschaft der Messung zwischenmenschlicher Beziehungen« (Moreno, 1959, S. 19; aus lat. »socius« = Partner und griech. »metrein« = messen) und
- die **Soziatrie** als System zur Veränderung sozialer Beziehungen,

die er zusammen unter den Begriff der **Sozionomie** als Wissenschaft sozialer Beziehungen fasst. Da diese Unterscheidungen (wie schon Moreno selbst bemerkt) nicht trennscharf sind, verwenden wir – entsprechend dem allgemeinen Sprachgebrauch im Psychodrama – in diesem Kapitel den Begriff Soziometrie als Sammelbegriff sowohl für die theoretische Beschreibung (▶ Abschn. 15.1) als auch für die Messung von Beziehungen (▶ Abschn. 15.2 bis 15.6).

Da zu Morenos Zeit die Gruppenforschung noch in den Kinderschuhen steckte, stellten Morenos Arbeiten in diesem Bereich einen entscheidenden theoretischen und methodischen Fortschritt dar (wenngleich Moreno sich dabei auf eine Reihe von seit dem Ende des 19. Jahrhunderts geleisteten Vorarbeiten beziehen konnte, vgl. Bjerstedt, 1956). Die Soziometrie stellt als eine der drei Säulen von Morenos triadischem System aus Psychodrama, Soziometrie und Gruppenpsychotherapie einen der Kernbestandteile psychodramatischen Denkens dar, der auf der wissenschaftlichen Ebene in der sozialpsychologischen Kleingruppenforschung und in der Netzwerkforschung (Jansen, 2006) aufging und auch in der heutigen Praxis des Psychodramas vielfach in den Hintergrund getreten ist.

Literatur

Bjerstedt, A. (1956). *Interpretations of Sociometric Choice Status.* Lund: Gleerup.

Jansen, D. (2006). *Einführung in die Netzwerkanalyse. Grundlagen, Methoden, Forschungsbeispiele* (3. Aufl.). Wiesbaden: VS.

Moreno, J. L. (1959). *Gruppenpsychotherapie und Psychodrama. Einleitung in die Theorie und Praxis.* Stuttgart: Thieme.

IV

Soziometrie

> Menschen sind nicht nur Träger vorgeschriebener und vorgeformter sozialer Rollen, sie werden auch von Gefühlen beeinflusst. Sie schätzen andere Menschen hoch oder gering ein und werden selbst hoch oder gering geschätzt. Sie treffen eine Wahl, mit welchen Menschen sie zusammen arbeiten wollen, wenn es eben möglich ist. Sie neigen dazu, für ihre Freunde zu stimmen und ihre Partei zu ergreifen; und das hat vielleicht größere Bedeutung als die jeweilige Streitfrage. Diese verborgene Struktur von Zu- und Abneigungen, von Wählen und Ablehnen versucht die Soziometrie zu erforschen. (Nehnevajsa, 1955, S. 121)

Die Möglichkeiten, mit einer Gruppe – ob es sich um eine Therapiegruppe, eine Schulklasse oder ein Arbeitsteam handelt – zu arbeiten, werden von soziometrischen Verwerfungen beeinflusst und begrenzt. Schwelende Konflikte, konkurrierende Subgruppen oder Außenseiterdynamiken können die Arbeit torpedieren und nicht nur dem Ergebnis, sondern auch den Beteiligten nachhaltig schaden. Insofern ist Gespür für und Wissen über soziometrische Phänomene wichtig – und zwar auch für die Gruppenleiter, Therapeuten, Supervisoren und Berater, die nicht beabsichtigen, die Beziehungsstruktur der Gruppe zu verändern. Wenn die Aufgabe an die Gruppe in einem Organisationsentwicklungs-Workshop beispielsweise darin besteht, die aktuelle Situation der Organisation zu bewerten, werden bei nach freier Präferenz der Teilnehmer zusammengestellte Gruppen erheblich andere Ergebnisse produzieren als solche, bei denen die soziometrische Wahl durch ein Zufallsverfahren (z. B. Abzählen) ausgeschlossen wurde. Daher gehören das Wissen um, die Sensibilität für und grundlegende Methoden zum Umgang mit soziometrischen Dynamiken zu den Grundqualifikationen jeder Gruppenleiterin und jedes Gruppenleiters.

In vielen Fällen gehört die gemeinsame Reflexion und Veränderung von soziometrischen Dynamiken zum Auftrag der Leitung. Hierfür bieten Soziometrie, Psychodrama und Soziodrama einen umfangreichen Katalog von Analyse- und Interventionsmöglichkeiten an. Soziometrisch inspirierte Methoden werden heute beispielsweise in der Teamentwicklung (Pischetsrieder, 2005), in Schulen (Brüggen, 1974; Krüger, 1976) oder in Ausbildungsgruppen eingesetzt. Auch im Einzelsetting kann soziometrisch gearbeitet werden – Beispiele hierfür sind die Nutzung des sozialen Atoms (▶ Abschn. 15.5) und des sozialen Netzwerk-Inventars (▶ Abschn. 15.6) in der Psychotherapie oder die Arbeit mit perzeptuellen Soziogrammen im Coaching (Gebhardt u. Ameln, 2008).

Die Soziometrie in ihren theoretischen wie in ihren praktischen Dimensionen ist ein äußerst umfangreiches Feld, das in einem Lehrbuchkapitel nicht vollständig »abgehandelt« werden kann. Ein großer Teil von Morenos Arbeiten beschäftigt sich mit diesem Thema (z. B. Moreno, 1981, 1989, 1996). Gute Einführungstexte finden sich bei Pruckner (2004), Hutter (2000, S. 263 ff.) sowie Höhn u. Seidel (1969).

15.1 Theoretische Grundannahmen der Soziometrie

Dass zwischen formaler Gruppenstruktur (wie sie sich z. B. in den hierarchischen Strukturen in einer Organisation oder den formalen Rollen in einer Familie manifestiert) und einer »hinter« dieser formalen Struktur liegenden informellen Ebene eine Differenz besteht, gehört in der Gruppenforschung mittlerweile zum Common Sense. Moreno war einer der ersten, der sich um eine Beschreibung dieses Phänomens bemüht hat. Er unterschied die Oberflächen- von der Tiefenstruktur, der »soziometrischen Matrix« der Gruppe, die durch die affektiven Beziehungen der Gruppenmitglieder gebildet wird. Oberflächenstruktur und soziometrische Matrix sind in aller Regel nicht deckungsgleich, woraus Konflikte entstehen können.

Die Wechselwirkung beider Ebenen und die potenziell daraus resultierenden Konflikte prägen unsere soziale Realität (Moreno, 1981, S. 175 ff.; 1991, S. 25).

Bestimmend für die in der Tiefendimension herrschende Beziehungsdynamik sind Prozesse der emotionalen Hin- bzw. Abwendung in Bezug auf eine Person oder eine Gruppe, die Moreno als Wahlen bezeichnet. Sie stellen die Grundlage dafür dar, jegliche Beziehungen und Gruppen entstehen zu lassen und aufrechtzuerhalten. Gegenseitige Wahlen bestimmen die Bildung von Kleingruppen innerhalb einer Seminargruppe ebenso wie die Wahl des Lebenspartners. Grundlage für diese Wahlen, die wir in sozialen Situationen permanent und meist unbewusst vornehmen, ist nach Moreno der in allen zwischenmenschlichen Beziehungen wirksame Mechanismus des → Tele (▶ Abschn. 14.2.1). Je mehr positives Tele zwischen den Mitgliedern einer Gruppe besteht, desto höher ist nach Moreno die Kohäsion dieser Gruppe.

Die Beziehungsnetze von Anziehung und Abstoßung in einer Gruppe unterscheiden sich, je nachdem, ob es beispielsweise um erotische oder um intellektuelle Attraktivität geht. Die Präferenzstrukturen in Gruppen, die durch soziometrische Untersuchungen erfasst werden sollen, unterscheiden sich daher je nach den Kriterien, die den Wahlen der Gruppenmitglieder zugrunde liegen. Die Anzahl der Kriterien, die die Beziehungsstrukturen in unseren sozialen Netzen bestimmen, ist unermesslich, und es sind die spezifischen Bedürfnisse (bzw. deren Überschneidungen) der Menschen, die uns in verschiedenen Gruppenkonstellationen mit unterschiedlichen Wahlkriterien zusammenkommen lassen.

Nach dem von Moreno formulierten soziodynamischen Gesetz ist »die Anzahl der Wahlen, d. h. der affektiven gegenseitigen Beziehungen eines Individuums, (…) ungleich unter den Mitgliedern eines Kollektivs verteilt, unabhängig von der Größe oder Art der Gruppe. Gruppen sind hinsichtlich relevanter soziometrischer Kriterien geschichtet« (Moreno, 1991, S. 25). Bestimmte Personen haben daher einen höheren »soziometrischen Status« – sie rangieren in der Beliebtheitsskala vor anderen. Die Forschung hat gezeigt, dass der soziometrische Status von Personen recht sta-

bil ist. Des Weiteren postuliert Moreno ein soziogenetisches Gesetz, nach dem Gruppen mit zunehmender Entwicklung komplexere Strukturen ausbilden und sich ihre innere Kohäsion erhöht, sowie ein Gesetz der sozialen Gravitation, nach dem sich Gruppen proportional zu den positiven bzw. negativen Wahlen ihrer Mitglieder aufeinander zu bzw. voneinander wegbewegen.

Moreno ist der Überzeugung, dass Abweichungen zwischen formeller und soziometrischer Gruppenstruktur von den Gruppenmitgliedern als belastend erlebt werden und zu Konflikten, Spannungen, Minderung der Gruppenleistung etc. führen. Daher, so Moreno (1996), würden sich Menschen, wenn sie die Wahl hätten, entsprechend ihrer soziometrischen Präferenzen zu Gruppen zusammenfinden. Ziel der Tätigkeit des soziometrisch und soziatrisch arbeitenden Forschers ist daher die reale Umgestaltung von Gruppen – und letztlich der gesamten Gesellschaft – auf der Basis ihrer soziometrischen Tiefenstrukturen. Gerade in der Anfangsphase seines Schaffens hat Moreno diese Utopie der Schaffung soziometrisch harmonischer Gemeinschaften aktiv verfolgt. Sein Experiment in den Wiener Augärten, bei dem er Kinder aufforderte, ihre »wahren« Eltern zu wählen (und sich schließlich alle Kinder nach einer hochemotionalen Suche für ihre eigentlichen Eltern entschieden, ▶ Kap. 13) kann nach Hutter (2000, S. 264)

>> als Urszene der Soziometrie interpretiert werden. Geradezu lehrbuchgemäß finden sich darin eine von den Betroffenen formulierte Fragestellung (der Konflikt des Mädchens), die die soziometrische Untersuchung initiiert, der Akt einer durch ein Kriterium strukturierten soziometrischen Wahl (…), die mit dem soziometrischen Test verbundene Offenlegung der sozialen Tiefenstruktur, die Initiative, Beteiligung und Handlungskompetenz der Forscher (Kinder und Eltern), die gleichzeitig Forschungsobjekt sind und die Veränderung der sozialen Realität durch den soziometrischen Test (…).

Später gestaltete Moreno das Flüchtlingslager Mitterndorf nach soziometrischen Kriterien um, d. h. die Bewohner wurden soweit als möglich nach gegenseitiger Zuneigung den Wohn- und Arbeitsgruppen zugeordnet. Es folgten soziometrische Projekte u. a. im Sing-Sing-Gefängnis und an der New York State Training School for Girls in Hudson, NY (▸ Kap. 13). Die Mädchen wurden befragt, mit wem sie am liebsten in einer Hausgruppe wohnen wollten, ihre Antworten wurden erfasst und ausgewertet, anschließend wurden die Gruppenstrukturen mit Rollenspielen, Psychodrama und anderen Methoden aufgearbeitet und schließlich die Gruppen nach soziometrischen Kriterien neu zusammengestellt.

Die Soziometrie zielt also letztlich darauf ab, »… die alte soziale Ordnung in eine neue soziale Ordnung umzuwandeln und falls nötig, die Gruppe so umzugestalten, dass die formelle Oberflächenstruktur soweit wie möglich der Tiefenstruktur entspricht« (Moreno, 1981, S. 60). Moreno suchte mit seinem theoretischen und praktischen Wirken stets »Wege zur Neuordnung der Gesellschaft«, so der deutsche Untertitel seines Buchs »Die Grundlagen der Soziometrie«. Hier schreibt er:

>> **Ziel der Soziometrie** ist die Entwicklung einer Welt, die jedem Menschen ungeachtet seiner Intelligenz, Rasse, Religion oder ideologischen Gebundenheit die Möglichkeit zur Entfaltung seiner Spontaneität und Kreativität gibt, die Möglichkeit zu leben oder die gleichen Rechte zu genießen. Diesem Ziel nähern wir uns durch revolutionäre soziometrische Aktion. Der Psychiater mag in ihm eine die ganze Menschheit umfassende kreative Gesellschaft sehen, in der alle Teile harmonisch aufeinander abgestimmt sind und allen Menschen die Möglichkeit zur Entfaltung ihrer Fähigkeiten und Verfolgung konstruktiver sozialer Ziele gegeben wird. Dieses Ziel bleibt so lange Utopie, als die Umwandlung ganzer Gemeinden oder der ganzen Menschheit durch eine einzige revolutionäre Maßnahme erreicht werden soll. Es rückt jedoch in den Bereich des Erreichbaren, sobald von den Wurzeln, den sozialen Atomen her gearbeitet und das »soziometrische Bewusstsein« des Menschen entwickelt wird. (Moreno, 1996, S. 391)

Von vielen ist Morenos utopisches Projekt als vermessen und naiv bezeichnet worden – Dollase (1976, S. 309) meint beispielsweise:

>> Zweifellos ist der Ansatz der soziometrischen Revolution von sehr humanen Zielsetzungen ausgegangen: Es galt den Menschen aus den subjektiv so erlebten „Verkrustungen" einer Formalisierung seiner zwischenmenschlichen Beziehungen zu »befreien«, und jedwede Organisationsform nach den informellen Wünschen umzugestalten. Als politisches Konzept verstanden, sind jedoch die Ziele der soziometrischen Revolution unklar, und der Weg dorthin politisch naiv. Solange niemand weiß, wie die Tiefenstruktur aussieht, ob es in der Tiefenstruktur etwa auch Außenseiter gibt, Rangordnungskämpfe, Cliquen und Ähnliches (…), solange wird man auch kaum jemanden für die Durchsetzung einer Tiefenstruktur begeistern können. Eine Veränderung der Gesellschaft andererseits an den informellen Beziehungen ansetzen zu wollen, ohne eine Änderung der Gesetze, die die Struktur unserer Gesellschaft bestimmen, ist eine unrealistische Hoffnung aus der Frühzeit der Morenoschen Soziometrie gewesen, die Moreno wohl in späteren Lebensjahren auch in dieser Form nicht mehr geteilt hat (…)

Auf der anderen Seite bewertet er 20 Jahre später angesichts der zunehmenden Bedeutung sozialer Netzwerke, der wachsenden kulturellen Vielfalt in der Gesellschaft und der immer stärkeren Tendenz zur Teambildung in der Arbeitswelt

>> Morenos Kernidee der soziometrischen Umordnung von Gemeinschaften (als) heute hochaktuell (…) Warum aber Moreno mit seiner konkreten, handfesten, begründeten und sogar evaluierten Grundidee der Umgestaltung einer Gemeinschaft nach den soziometrischen Beziehungen so vernachlässigt und verschwiegen wird, müsste wohl eher von einem wissenschaftspsychologischen

▼

Forschungsprojekt beantwortet werden. Mit Forschungslogik hat das nichts zu tun. (Dollase, 1996, S. XXVI)

15.2 Der soziometrische Test

Soziometrie ist immer dann die Methode der Wahl, wenn es darum geht, latente Beziehungsstrukturen in einer Gruppe zu erfassen, an die Gruppe zurückzuspiegeln und im Hinblick auf die Verbesserung der Gruppenbeziehungen zu reflektieren. Der Kern der soziometrischen Methodik ist der soziometrische Test, der die gegenseitigen Präferenzen bzw. Ablehnungen von Gruppenmitgliedern mit Hilfe eines Papier-und-Bleistift-Verfahrens erfasst. Die Durchführung eines soziometrischen Tests setzt zunächst voraus, dass die Gruppe Kriterien festlegt (z. B. »Mit wem möchtest du ein Wochenende auf einer einsamen Berghütte verbringen?«), zu denen sie sich befragen möchte. Die Befragten tragen ihre Präferenzen (Wahlen) in Datenblätter ein, die anschließend ausgewertet werden. (Anzumerken ist hier, dass in der Soziometrie für die operationalen Konstrukte »Kriterium« und »Wahl« auf der einen Seite und für die latenten Konstrukte »Kriterium« und »Wahl« im Sinne von ▶ Abschn. 15.1, die damit gemessen werden sollen, auf der anderen Seite dieselben Begriffe verwendet werden. Hier tut sich auch ein Validitätsproblem auf: Inwieweit entspricht das für den soziometrischen Test definierte Kriterium dem latenten Kriterium, das gemessen werden soll? Inwieweit geben die von einer Person im Test abgegebenen Wahlen ihre tatsächlichen Wahlen wieder?)

Die Ergebnisse des soziometrischen Tests werden in Form von Soziogrammen dargestellt (◘ Abb. 15.5a) und der Gruppe zurückgespiegelt. Dabei werden Subgruppen, Gruppenkonflikte, Außenseiter und andere gruppendynamische Phänomene erkennbar. Auf diese Weise erhält die Gruppe einen Spiegel ihrer eigenen soziometrischen Struktur. Durch den Vergleich von erwarteten und tatsächlich erhaltenen Wahlen können Selbstbild und Fremdbild miteinander abgeglichen werden. Die Gruppe ist beim soziometrischen Test ihr eigener Forschungsgegenstand, die Daten werden zurückgespiegelt und für die Veränderung

des Systems genutzt – damit ist die Soziometrie ein klassisches Beispiel für den Aktionsforschungsansatz. Persönlicher Reflexionsbedarf, Klärungsbedarf in Zweierbeziehungen sowie Gruppenkonflikte, die durch den soziometrischen Test deutlich wurden, werden im Anschluss bearbeitet.

Beim Vergleich der Daten aus verschiedenen Gruppen und Untersuchungen lassen sich einige relativ stabile gruppendynamische Phänomene erkennen: Gruppen tendieren bzgl. ihrer soziometrischen Struktur meist zu:

- **Reziprozität** – wenn A B positiv wählt, ist die Wahrscheinlichkeit größer, dass B A ebenfalls positiv wählt;
- **Transitivität** – wenn A B positiv wählt und B C positiv wählt, ist die Wahrscheinlichkeit größer, dass C auch A positiv wählt;
- **Bildung von homophilen Clustern**, d. h. von Subgruppen, deren Mitglieder sich untereinander mehr ähneln als den übrigen Gruppenmitgliedern (vgl. Forsyth, 1999, S. 136 ff.).

Indikationen und Anwendungsmöglichkeiten

In jedem sozialen System existieren Beziehungsstrukturen, die im Regelfall latent, d. h. aus der Kommunikation innerhalb des Systems ausgeblendet bleiben. Dies hat die Funktion, unerwiderte Beziehungswünsche und damit verbundene Enttäuschungen, Konfliktpotenziale und andere für den Bestand des Systems potenziell bedrohliche Tendenzen zu verdecken. Der soziometrische Test führt zur Aufdeckung dieser Beziehungsstrukturen, woraus tiefe Verunsicherungen und Kränkungen der einzelnen Personen sowie eine Beeinträchtigung der Zusammenarbeitsfähigkeit der Gruppe resultieren können. Der Einsatz des soziometrischen Tests ist daher nur indiziert in Gruppen,

- die über einen längeren Zeitraum intensiv miteinander interagieren,
- die ihr Beziehungsgefüge reflektieren wollen und bereit sind, sich den entstehenden Konflikten zu stellen,
- die dem Leiter auf der Basis gründlicher Informationen über Ziele, Ablauf, Möglichkeiten und Risiken einen expliziten Auftrag zur

Durchführung des soziometrischen Tests erteilt haben (»informed consent«),

- bei denen die (z. B. zeitlichen) Rahmenbedingungen gegeben sind, um die Ergebnisse des Tests aufzuarbeiten.

Der soziometrische Test sollte nur auf der Grundlage einer klaren Indikation und mit ausdrücklicher Zustimmung aller (!) Beteiligter durchgeführt werden. Selbst dann sollte der Leiter sorgfältig abwägen, ob die aktuelle Gruppensituation für die Durchführung des soziometrischen Tests günstig ist (vgl. z. B. die in ▶ Abschn. 18.2 beschriebenen Phasen der Gruppenentwicklung). Hale (1985, S. 31, gekürzt) listet einen Katalog mit Fragen auf, die sich jeder Gruppenleiter stellen sollte, bevor er sich für den soziometrischen Test entscheidet:

> » Kann ich benennen, was es war und was in der Gruppe passierte, das mich dazu bewegte, den soziometrischen Test in Erwägung zu ziehen?
> Welche Vorteile sehe ich in seiner Anwendung? Für mich? Für die Gruppe?
> Welche Nachteile sehe ich in seiner Anwendung? Für mich? Für die Gruppe?
> Gibt es einen Aspekt in der Vorgehensweise, dessen ich mir unsicher bin? Was muss ich wissen, und wo kann ich eine Antwort auf meine Fragen finden?
> Welche Alternativen zum soziometrischen Test habe ich im Kopf, die für die Gruppe in ihrer gegenwärtigen Entwicklungsphase und Bereitschaft förderlich wären?

Im Vorfeld ist eine ausführliche Information über den Ablauf des soziometrischen Tests erforderlich. Wichtig ist dabei auch, mit der Gruppe darüber zu sprechen, was im Anschluss an den Test geschieht: Sollen durch den Test aufgedeckte Konflikte bearbeitet werden, und wenn ja in welcher Form? Soll die Gruppe auf der Basis der Ergebnisse umgestaltet werden (beispielsweise durch eine Trennung oder durch eine Neuzusammensetzung von Untergruppen)? Die Durchführung eines soziometrischen Tests erfordert von der Leitung eine fundierte soziometrische Ausbildung, höchste Sensibilität, Erfahrung und Verfügung über Methoden der Konfliktbearbeitung, um mit der angespannten Gruppenatmosphäre und möglichen heftigen emotionalen Reaktionen einiger Gruppenmitglieder umgehen zu können.

Festlegung der soziometrischen Kriterien

Die Beziehungsnetze von Anziehung und Abstoßung in einer Gruppe unterscheiden sich gemäß der jeweiligen Kriterien (▶ Abschn. 15.1), d. h. je nachdem, ob es beispielsweise um persönliche Sympathie oder um die Zuschreibung fachlicher Kompetenz geht. In Arbeitsgruppen spielt im Hinblick auf die gegenseitigen Präferenzen die zugeschriebene Kompetenz eher eine Rolle als in einer Familie. Insofern ist bei einer soziometrischen Untersuchung auch immer die Funktion der Gruppe zu berücksichtigen. Wenn man die Tiefenstruktur einer Gruppe mithilfe des soziometrischen Tests erforschen will, muss zuvor entschieden werden, in Bezug auf welche Kriterien dies geschehen soll.

In der Regel werden diese Kriterien im Sinne des Aktionsforschungsansatzes gemeinsam mit der Gruppe festgelegt. Sie bestimmen, was der soziometrische Test misst. Man sollte mehrere unterschiedliche Kriterien in den soziometrischen Test aufnehmen, um ein möglichst umfassendes Bild der Gruppe zu bekommen, aber auch, um denjenigen, die bei einem Kriterium negative Bewertungen von der Gruppe erhalten, die Gelegenheit zu geben festzustellen, dass sie bei einem anderen Kriterium u. U. einen höheren soziometrischen Status haben. Maßgeblich für die Wahl der Kriterien sind der Auftrag und das Erkenntnisinteresse der Gruppe: In einem Projektteam wird man die Auswahl der Kriterien auf arbeitsbezogene Aspekte wie Vertrauen und Zuverlässigkeit eingrenzen, in Ausbildungs- oder Therapiegruppen ist es dagegen sinnvoll, die Kriterien so streuen zu lassen, dass sie verschiedene Beziehungsdimensionen (z. B. emotionale Nähe, Kompetenz, gemeinsamer Humor) abdecken.

❗ Soziometrische Daten können nur auf der Basis spezifischer Kriterien gewonnen werden. Die Verwendung unterschiedlicher Kriterien erbringt unterschiedliche soziometrische Strukturen.

Der Nutzen eines soziometrischen Tests steht und fällt mit der Güte der Kriterien. Schon Moreno warnt vor zur der Verwendung zu pauschaler Kriterien wie »Freundschaft« (etwa in der Formulierung »Wer sind Ihre Freunde in dieser Gruppe?«): »Freundschaft ist in Wirklichkeit ein Bündel von Kriterien. Eine soziometrische Untersuchung der Freundschaft ist möglich, erfordert aber eine theoretische Vorbereitung und Analyse der mannigfaltigen Kriterien, die am sozialen Phänomen Freundschaft beteiligt sind« (Moreno, 1981, S. 178). Daher sollte man sich ausreichend Zeit nehmen, um

- die Gruppe über die Bedeutung von Kriterien für die soziometrische Untersuchung aufzuklären,
- zu diskutieren, was man genau messen möchte,
- mögliche Kriterien mit der Gruppe zu sammeln,
- gemeinsam darüber zu reflektieren, wie die Kriterien formuliert werden müssen, um das zu »messen«, was sie messen sollen,
- weitestgehende Einigkeit darüber herzustellen, welche Konnotationen mit einem Kriterium verbunden sind (z. B. kann das Kriterium »gemeinsame Urlaubsreise« kann bei einer Person erotische Assoziationen hervorrufen, bei einer anderen Person aber eher mit Vorstellungen wie »intensive Gespräche«, »zusammen sportlich aktiv sein«, »gemeinsames Interesse an einer fremden Kultur« oder dergleichen verbunden sein.

Daher sollten die Kriterien möglichst konkret und trennscharf formuliert sein. Ein Kriterium wie »Mit wem würde ich eine gemeinsame Urlaubsreise unternehmen« ist zu allgemein. Besser sind Formulierungen wie

- »Mit wem würde ich ein Wochenende in New York verbringen?«,
- »Mit wem würde ich gerne eine Woche in einer eingeschneiten Berghütte verbringen?« oder
- »Mit wem würde ich mich einer Kamelkarawane durch die Sahara anschließen?«.

Festlegung der Dimensionen und des Ablaufs des soziometrischen Tests

Je nach Zielsetzung kann man den Test auf positive Wahlen beschränken oder die Gruppe dazu ermuntern, auch negative Wahlen abzugeben (die natürlich erheblich höheres Konfliktpotenzial beinhalten). Abhängig von der Gruppengröße muss man entscheiden, wie viele Wahlen pro Person vorgesehen sein sollen.

Eine Vollerhebung (d. h. jede Person wählt jede andere Person) ergibt die größtmögliche Information, ist aber auch am aufwendigsten, was die Auswertung und Aufbereitung der Ergebnisse angeht. Die Wählenden müssen die zu wählenden Personen dabei in eine Rangfolge bringen. Mit zunehmender Anzahl verlieren die Wahlen dabei allerdings an Aussagekraft: so kann eine sehr schwach positive Wahl (z. B. A wählt B in einer 12-Personen-Gruppe auf Rang 11) auch als neutrale oder gar negative Wahl aufgefasst werden kann.

Alternativ dazu kann eine feste oder maximale Anzahl an Wahlen vorgegeben und/oder auf die Rangfolge verzichtet werden. Man kann sich in einer »Minimalversion«, wie sie beispielsweise in einem Teamentwicklungsworkshop sinnvoll sein könnte, auf zwei Kriterien mit je zwei Wahlmöglichkeiten beschränken (Beispiel »Einfluss und Vertrauen im Team« in ▶ Abschn. 15.3).

Einige Autoren haben die der Soziometrie häufig zugrunde gelegte Annahme kritisiert, dass Wahlen entweder positiv (Anziehung), negativ (Ablehnung) oder neutral sind. Bereits die Alltagserfahrung lehrt, dass diese Kritik berechtigt ist: Anziehung und Ablehnung sind keine sich ausschließenden Kategorien bzw. Extrempole auf einem Kontinuum. Carlson-Sabelli, Sabelli u. Hale (1994) haben positive und negative Wahlen als unabhängige Dimensionen konzipiert – so kann man eine Person nicht nur anziehend *oder* abstoßend, sondern *sowohl* anziehend *als auch* abstoßend erleben. Ihr »Diamant der Gegensätze« macht es möglich, verschiedene Ausprägungen der Kombination von Anziehung und Ablehnung in einem zweidimensionalen Raum zu betrachten. Zur Nutzung des »Diamanten der Gegensätze« im Rahmen von Aktionssoziometrie ▶ Abschn. 15.3.

Besonders interessant ist es, über diese sogenannten »objektiven Wahlen« hinaus auch die

Selbsteinschätzung der Wählenden zu erfassen, d. h. die Teilnehmer geben nicht nur Wahlen, sondern auch eine schriftliche Einschätzung ab, welche Gruppenmitglieder sie zu den jeweiligen Kriterien positiv bzw. negativ wählen werden (und ggf. mit welcher Begründung). Diese subjektive Einschätzung, die auch als **soziometrischer Perzeptionstest** bezeichnet wird, wird im Anschluss mit den tatsächlich abgegebenen Wahlen verglichen.

In Ausbildungsgruppen kann man natürlich noch weiter gehen und jeden Teilnehmer notieren lassen, welche wichtigen soziometrischen Strukturen sie in der Gruppe wahrnehmen (soziometrische Stars, Außenseiter, Cliquenbildungen etc.), um so das eigene gruppendynamische Gespür zu testen.

Durchführung

Zu jedem Kriterium werden Datenblätter nach folgendem Muster vorbereitet:

1. Kriterium (z. B. »Mit wem würdest Du gerne ein innovatives Projekt im Bereich XY entwerfen?«)
2. Name (des ausfüllenden Teilnehmers)
3. »Wen aus der Gruppe möchtest Du/möchten Sie in Bezug auf dieses Kriterium wählen (bitte nach Rangordnung durchnummerieren)? Name – stichwortartige Begründung«
4. »Wen aus der Gruppe wählst Du in Bezug auf dieses Kriterium nicht (negative Wahl, bitte nach Rangordnung durchnummerieren)? Name – stichwortartige Begründung«

Zusätzlich sollten die Instruktionen noch einmal ausführlich erklärt und der Zeitrahmen angegeben werden. Dabei ist es

>> ganz besonders wichtig, die Anweisungen für das Ausfüllen (…) und die weiteren Arbeitsschritte langsam und präzise zu geben, da sich oftmals in der Gruppe ein Phänomen der »affektiven Verdummung« einstellt: Anweisungen des Leiters werden überhört, Hektik bricht aus (…), es gibt 1000 Nachfragen, ehe die Arbeitsanweisung klar ist, etc. (Gellert, 1993, S. 299)

Die Datenblätter und ggf. die Selbsteinschätzung werden in Einzelarbeit ausgefüllt.

Auswertung

Für die Auswertung werden die Daten zunächst in eine so genannte **Soziomatrix** (◘ Abb. 15.1) einge-

	Empfangene Wahlen	A	B	C	D	E	F	G	H	Pos. Spannweite	Neg. Spannweite
Abgegebene Wahlen											
A		X	1	3	2			①	②	3	2
B		2	X			1		3		3	0
C		1		X		2			①	2	1
D		1	3	2	X					3	0
E		2	1			X			①	2	1
F			2	1		①	X			2	1
G				1	2	3		X	①	3	1
H		2					1	①	X	2	1
Empfangene positive Wahlen		5	5	4	2	2	1	1	0		
Empfangene negative Wahlen		0	0	0	0	1	0	2	4		
Positive Übereinstimmungen		4	3	1	1	1	0	1	0		
Negative Übereinstimmungen		0	0	0	0	0	0	0	1		

◘ **Abb. 15.1.** Soziomatrix (vgl. das dazugehörige Soziogramm in Abb. 15.6)

■ Tab. 15.1. Soziometrische Kennwerte

Kennwert ...	... lässt Rückschlüsse zu auf:
1. Anzahl der positiven Wahlen, die eine Person in Bezug auf das Kriterium erhalten hat	Beliebtheit
2. Anzahl der negativen Wahlen, die eine Person in Bezug auf das Kriterium erhalten hat	Ablehnung
3. Summe *aller* Wahlen, die eine Person in Bezug auf das Kriterium erhalten hat	Aufmerksamkeit, die die Gruppe der Person entgegenbringt
4. Summe der positiven/negativen Wahlen, die eine Person in Bezug auf das Kriterium abgegeben hat	Wünsche nach Kontakt/Distanzierung (nur wenn die Anzahl der Wahlen frei wählbar war)
5. Verhältnis von abgegebenen zu erhaltenen Wahlen	Integration in die Gruppe
6. Summe der übereinstimmenden positiven Wahlen	Fähigkeit zu adäquater Selbst-/Fremd-Wahrnehmung und Beziehungsgestaltung
7. Summe der übereinstimmenden negativen Wahlen	dto.
8. Summe der Inkongruenzen (positive trifft auf negative Wahl)	misslingende Beziehungsgestaltung, mangelnde Integration in die Gruppe
9. Summe der nicht erwiderten Wahlen	mangelnde Integration in die Gruppe

tragen. Aus dieser Soziomatrix lassen sich durch einfache Addition einige wichtige Kennwerte ablesen (■ Tab. 15.1, Zeile 1–4). Weitere Kennwerte erhält man durch den Vergleich abgegebener und erhaltener Wahlen (■ Tab. 15.1, Zeile 5–9). Darüber hinaus sind für Forschungszwecke natürlich die Bildung zahlreicher komplexer Indizes und die Auswertung mit statistischen Verfahren – von der Clusteranalyse bis hin zu grafentheoretischen Modellen – möglich. Eine Übersicht gibt das Handbuch von Dollase (1976), wo sich auch eine Diskussion von Validitäts- und Reliabilitätsfragen findet.

Im nächsten Schritt kann auf Grundlage der Daten aus der Soziomatrix ein **Soziogramm** erstellt werden ▶ Abschn. 15.5), das das Geflecht der Wahlen grafisch umsetzt und so Subgruppenbildungen, soziometrische Stars, Außenseiter, Vergessene und Isolierte (■ Tab. 15.2) leicht erkennbar macht. Mit der Anzahl der Wahlen steigt jedoch auch die Unübersichtlichkeit der Darstellung. Es ist daher oft sinnvoll, die Komplexität zu reduzieren, beispielsweise durch Beschränkung auf die Wahlen mit Rangordnung 1 bis 3 oder

durch die Erstellung von Soziogrammen zu ausgewählten Aspekten, z. B.

- nur positive Übereinstimmungen,
- nur negative Übereinstimmungen,
- nur inkongruente Wahlen,
- nach Geschlechtern getrennt,
- nur Subgruppen.

Die Rückmeldung der Ergebnisse des soziometrischen Tests kann natürlich für die Gruppenmitglieder, die nur wenige positive und überwiegend

■ Tab. 15.2. Wichtige soziometrische Strukturen

Soziometrische Stars	hohe Anzahl positiver Wahlen
Außenseiter	hohe Anzahl negativer Wahlen
Vergessene	wählen, aber werden kaum selbst gewählt
Isolierte	erhalten keine Wahlen und geben keine ab

negative Wahlen erhalten haben, sehr hart, belastend und kränkend sein, um so mehr, wenn sie eine solche Rückmeldung nicht erwartet hatten. In dieser Situation hat der Leiter die Aufgabe, diese Gruppenmitglieder zu stützen. Wichtig ist z. B. der Hinweis, dass es sich bei den Ergebnissen des soziometrischen Tests immer nur um ein durch die Kriterienwahl beeinflusstes Schlaglicht – andere Kriterien führen zu anderen Ergebnissen – und um eine Momentaufnahme handelt (wenngleich soziometrische Daten über die Zeit hinweg oft eine hohe Stabilität aufweisen).

⚠ **Soziometrie darf nicht der Selbstwertsteigerung oder gruppendynamischen Abstrafung der Gruppenmitglieder dienen. Wenn der Eindruck entsteht, die Ergebnisse des soziometrischen Tests seien der Niederschlag einer objektiven und unveränderlichen »Gruppen-Wahrheit«, wurde das eigentliche Ziel verfehlt. Dieses besteht darin, mit der Gruppe herauszuarbeiten, welche latenten Beweggründe, Dynamiken und »Grundannahmen« (Bion, 2001) sich in den Wahlen manifestieren.**

Das Verfahren darf daher auf keinen Fall so aufgefasst werden, dass mit der Rückmeldung der Daten aus dem soziometrischen Test der Prozess beendet wäre – die eigentliche Arbeit beginnt an dieser Stelle erst.

Interventionen auf der Basis soziometrischer Daten

Der erste Schritt bei der Aufarbeitung soziometrischer Daten besteht darin, der Gruppe zu ermöglichen, die Begründungen für die Wahlen einzusehen und untereinander abzugleichen. Dazu werden die Datenblätter für alle zugänglich ausgelegt. Nun hat jeder Teilnehmer die Gelegenheit, in den Datenblättern nachzulesen, warum er von der betreffenden Person (nicht) gewählt wurde. In einigen Fällen ist die entstandene Verunsicherung damit bereits geklärt, häufig besteht weiterer Gesprächsbedarf, der im Anschluss in mehreren Runden von Zweiergesprächen »abgearbeitet« wird.

Die Soziometrie stellt für jedes einzelne Gruppenmitglied eine → Erwärmung dar. Möglicherweise wird aus der eigenen Biografie bekanntes

schmerzhaftes Erleben (z. B. ich werde als humorlos erlebt) durch die Rückmeldungen reaktiviert. Solcher individueller Klärungsbedarf kann beispielsweise im Rahmen von protagonistenzentrierten Psychodrama-Bühnen thematisiert werden.

Darüber hinaus ist es wichtig, die Ergebnisse auch auf Gruppenebene noch einmal zu hinterfragen. Je nach Arbeitsfeld und Zielsetzung können dabei folgende Blickwinkel interessant sein:
- Was sagen uns die Ergebnisse über unsere Gruppenkultur?
- Wie wirkt sich die soziometrische Struktur unserer Gruppe auf unsere gemeinsame Arbeit aus?
- Welche Entwicklungsmöglichkeiten, -notwendigkeiten und -richtungen werden durch die soziometrischen Ergebnisse nahe gelegt?
- Welche Eigenschaften/Verhaltensweisen werden in unserer Gruppe positiv bewertet und warum? Was wird in unserer Gruppe vermieden? Wofür stehen die Personen, die negative Wahlen erhalten haben? Welche kollektiven Bedürfnisse und Ängste drücken sich in den Wahlen aus? Was folgt daraus für uns (Teilnehmer, Leitung) bezogen auf unseren Umgang mit bestimmten Themen und Gruppenmitgliedern?

Im Hinblick auf die letzte Fragestellung kann es sehr erhellend sein, gemeinsam mit der Gruppe die Gruppenkultur mit dem Konzept der Gruppenmentalität nach Bion, dem Modell der Rangdynamik nach Schindler (1971) und/oder dem Modell des fokalen Gruppenkonflikts von Stock Whitaker (alle dargestellt in ▶ Abschn. 18.4) zu analysieren. Als möglichen Einstieg in eine solche tiefenanalytische Reflexion der eigenen Gruppenkultur eignet sich z. B. der Vorschlag von Buchanan (1984), anhand von Beispielen zu zeigen, dass Soziometrie kein »Schönheitswettbewerb« (Buchanan) ist, sondern meist unbewusste Präferenzen und überindividuelle soziale Dynamiken widerspiegelt – Buchanan nennt Jesus Christus in Jerusalem als Beispiel für einen soziometrischen Negativ- und Adolf Hitler als Beispiel für einen soziometrischen Positivstar:

» Studenten seien gewarnt, Isolation oder Nichtgewähltwerden für ungünstig oder häufiges Gewähltwerden für günstig zu halten. Solche Gedankengänge können leicht zu einer soziometrischen Astrologie führen. Soziometrische Ergebnisse sind Schlüssel und Ausgangspunkte für weitere Untersuchungen. Sie beruhen nicht auf unabänderlichen Verhältnissen, wie dies in manchen Tiergesellschaften der Fall ist. (Moreno, 1996, S. 375)

Schließlich sollte der Leiter noch einmal herausstellen, dass es sich bei den Ergebnissen nur um eine von mehreren möglichen Wirklichkeiten der Gruppe handelt, und eine Diskussion über andere mögliche Wirklichkeiten anregen, die sich mit anderen Bewertungskriterien gezeigt hätten (→ Prozessanalyse).

Eine differenzierte Kritik des soziometrischen Tests findet sich bei Dollase (1975).

15.3 Alternativen zum soziometrischen Test

Der soziometrische Test ist in seiner »Urform« ein aufwendiges und leistungsfähiges Verfahren, das heute nur noch in seltenen Fällen zum Einsatz kommen wird. Bei der Offenlegung gruppendynamischer Phänomene ist es unvermeidlich, dass persönliche Betroffenheiten entstehen, die den Blick auf die eigentlich zu untersuchenden Gruppenstrukturen verstellen können, und deren Bearbeitung sehr zeitaufwendig bzw. in vielen Settings vollkommen unmöglich ist. In den meisten Fällen greift die soziometrische Arbeit daher auf kleinere soziometrische und aktionssoziometrische Arrangements (→ Aktionssoziometrie) zurück. Eine unaufwendige Variante des klassischen soziometrischen Tests ist im Beispiel »Einfluss und Vertrauen im Team« beschrieben.

> **Einfluss und Vertrauen im Team**
> Diese Variante des soziometrischen Vorgehens wird bei Gellert (1993) und bei Wangen (2003) dargestellt. Mit ihrer Hilfe kann man die Verteilung von Einfluss und Vertrauen im Team reflektieren (Gellert), aber auch Feedbackkultur im Team üben
> ▼

(Wangen). Jeder Mitarbeiter erhält je zwei »Vertrauenskarten« (z. B. grüne Moderationskarten) und zwei »Einflusskarten« (z. B. rote Moderationskarten). Jeder beschriftet die Karten mit den Namen der Personen, die diese Kriterien ihrer Ansicht nach am meisten verkörpern, und legt ihr die Karte auf den Stuhl. Eine Feedback- und Auswertungsrunde schließt sich an, z. B. mit folgenden Fragestellungen:
- Feedback, warum man (nicht) gewählt wurde
- Wem habe ich Karten gegeben? Von wem hätte ich Karten erwartet?
- Wie ist die Gewichtung zwischen Einfluss- und Vertrauenskarten?

Der »Diamant der Gegensätze«

Carlson-Sabelli, Sabelli u. Hale (1994) haben mit dem »Diamanten der Gegensätze« ein Instrument entwickelt, mit dem sich die Einstellungen einer oder mehrerer Personen zu einem Thema auf den Dimensionen »Anziehung«, »Ablehnung«, »weder Anziehung noch Ablehnung« und »sowohl Anziehung als auch Ablehnung« erfassen lassen (◘ Abb. 15.2). Das Instrument ist anpassbar, indem andere Kriterienpaare (z. B. »Harmonie/Konflikt«, »emotional/rational«, »fühle mich der deutschen Kultur/der Kultur meines Herkunftslandes zugehörig«) verwendet werden. In der Einzelarbeit kann der »Diamant der Gegensätze« auf Papier gezeichnet werden, oder man arbeitet mit der Positionierung im Raum. Dabei kann z. B. ein »interpersonales Profil« erstellt werden, indem man den Klienten bittet, die Mitglieder einer Bezugsgruppe (z. B. seines sozialen Atoms, ▶ Abschn. 15.5, oder eines Arbeitsteams) in dem Diamanten zu verorten. Bezogen auf ◘ Abb. 15.2 würde das beispielsweise heißen, dass der Klient die Zusammenarbeit mit Andrea, Berthold, Cindy und David als eher harmonisch erlebt, wobei sich bei Andrea und Berthold ein Konfliktanteil in das Empfinden mischt, während der Klient bei Cindy und David leicht in Richtung Indifferenz tendiert.

Carlson-Sabelli, Sabelli u. Hale (1994) zeigen in ihrem Artikel eine Reihe von Auswertungsmöglichkeiten, darunter eine Verlaufskurve, aus der sich die Bewertungen einer Person über die Zeit hinweg ablesen lassen. ◘ Abb. 15.3 zeigt beispiels-

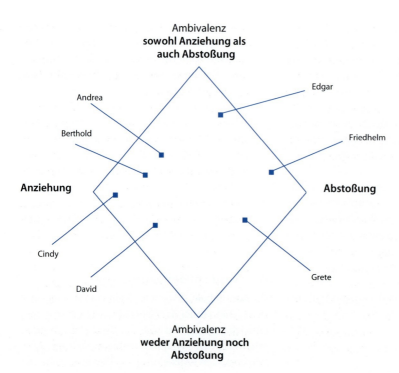

Abb. 15.2. Der »Diamant der Gegensätze«. (Nach Carlson-Sabelli, Sabelli u. Hale, 1994)

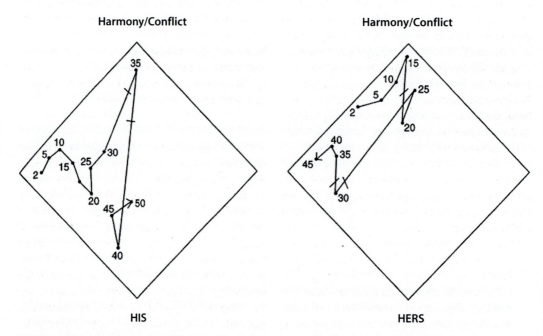

Abb. 15.3. Verlaufskurve für Bewertungen eines Ehepaars über verschiedene Erfassungszeitpunkte hinweg. (Aus Calson-Sabelli, Sabelli u. Hale, 1994, S. 177)

weise, wie sich die Bewertungen zweier Ehepartner auf den Dimensionen »Harmonie/Konflikt« über verschiedene Erfassungszeitpunkte hinweg verändern. Eine solche Kurve kann auch als Evaluationsinstrument für in einem Therapie- oder Beratungsprozess erzielte Veränderungen dienen.

Schließlich eignet sich der »Diamant der Gegensätze« auch für die aktionssoziometrische Arbeit mit einer Gruppe, wie wir in folgendem Abschnitt zeigen.

Aktionssoziometrie

Der Grundgedanke der Aktionssoziometrie besteht darin, Gruppenstrukturen statt mit Papier und Bleistift durch Positionierung der Gruppenmitglieder im Raum sichtbar zu machen. Natürlich gehen dabei im Vergleich zum soziometrischen Test Differenzierungsmöglichkeiten verloren, aber der Vorteil für die Praxis liegt auf der Hand: Aktionssoziometrie ist niedrigschwelliger und wesentlich zeitsparender einzusetzen als ein soziometrischer Test.

In der Psychodrama-Szene hat es sich durchgesetzt, immer dann von Aktionssoziometrie zu sprechen, wenn sich die Gruppenmitglieder zu einem Kriterium im Raum aufstellen. Dabei werden einige Varianten dieser Arbeitsweise, die wir in ▶ Abschn. 3.12 ausführlich dargestellt haben, eigentlich zu Unrecht als Aktionssoziometrie bezeichnet, da sie nicht der Erfassung der latenten Beziehungsstrukturen der Gruppe dienen. Ein Beispiel hierfür ist die alphabetische Namensreihe zu Beginn eines Gruppenprozesses. In diesen Fällen sollte man aus Gründen der begrifflichen Klarheit eher andere Bezeichnungen verwenden, z. B. »Skalierung im Raum«. Als diagnostisches Instrument zur Erforschung der Beziehungsstruktur von Gruppen kann Aktionssoziometrie zum Beispiel wie folgt eingesetzt werden:

- Im ersten Modul eines mehrteiligen Programms zum Thema »Führung in Veränderungsprozessen« wird das »Dienstalter« der teilnehmenden Führungskräfte aktionssoziometrisch abgefragt. Es werden drei weitestgehend homogene Gruppen mit weniger als 5, zwischen 5 und 10 sowie mit mehr als 10 Jahren Führungserfahrung gebildet. Im Anschluss diskutieren die Kleingruppen zunächst untereinander, dann mit den anderen Gruppen über die Frage, wie sich Führung aus ihrer Sicht darstellt und welche Ansätze zur Bewältigung von Veränderungen es zum Zeitpunkt ihres Dienstantritts gab.

- Der vom Leiter einer kirchlichen Arbeitsgruppe angefragte Berater beginnt den ersten Termin mit der Arbeitsgruppe mit einer aktionssoziometrischen Skalierung zum Thema »wie erfolgversprechend ist der heutige Termin?« Auf diese Weise kann die Polarisierung zwischen der von einem kleinen Kreis gestützten Leitung und der Mehrheit der Gruppe schon zu Beginn des Prozesses erkannt und bearbeitet werden.

- Aktionssoziometrische Arbeit mit dem »Diamanten der Gegensätze«: Die Begrenzungen des »Diamanten« können mit Hilfe von auf dem Boden befestigtem Klebeband oder mit Seilen markiert werden, die vier Pole mit Stühlen, beschrifteten Papierbögen etc. Dann positionieren sich die Teilnehmer innerhalb des solchermaßen markierten Raumes zu einem vorgegebenen Thema (z. B. »Wie habt Ihr die bisherige Arbeit dieser Gruppe empfunden?« auf den Dimensionen produktiv/harmonisch).

Wimmer (2007) beschreibt, wie mit aktionssoziometrischen Skalierungen verschiedene Perspektiven in einem organisationalen Veränderungsprozess herausgearbeitet werden können.

Soziometrisches Fragen

Williams (1991) hat soziometrisches Denken und systemisches zirkuläres Fragen zu einer Arbeitsweise verbunden, die er als »strategische Soziometrie« bezeichnet. Williams Fragetechnik dient dazu, Interaktionsdynamiken in einer Gruppe und ihre Hintergründe gemeinsam mit der Gruppe zu analysieren. Statt beispielsweise bei einem Streit zwischen zwei Gruppenmitgliedern eine Beziehungsklärung zwischen den Widersachern anzuleiten, fragt der Leiter in Williams' Konzept, wie die Gruppenmitglieder in einer Streitsituation agieren. Dabei kann jedes beliebige Gruppenmitglied – nicht nur die beiden unmittelbar Streitenden – befragt werden: »Bob, wenn Judith wütend wird, schließt sich Cindy dann mehr mit Lucy zusammen oder distanziert sie sich mehr von ihr? Carol, wer merkt zuerst, dass jemand in der Gruppe wütend wird? Jim, wer ist am meisten erleichtert, wenn jemand seinem Ärger Luft macht? Wer ärgert sich am meisten? Was macht X, wenn sie/er sich ärgert? Wer fühlt am stärksten mit ihr? Wer fühlt sich am schuldigsten?« etc.

15.4 Das Soziogramm

Das Soziogramm (▫ Abb. 15.5a) wird auch in unserer Zeit als »ein geniales Instrument, soziale Beziehungen transparent zu machen« (Königswieser u. Pelikan, 2006, S. 31) wahrgenommen. Mit seiner Hilfe lassen sich kriterienbezogene Wahlen (Anziehung/Abstoßung), Nähe/Distanz und die auffälligsten soziometrischen Strukturen der Gruppe, z. B. Subgruppen (▫ Abb. 15.5b), Gruppenkonflikte (▫ Abb. 15.5c) oder Außenseiter (▫ Abb. 15.5d), leicht erkennen. Die Symbole der klassischen Darstellungsweise sind in ▫ Abb. 15.4 veranschaulicht. Übersichtlich ist auch das »Ampel«-System, bei dem positive Wahlen in grüner Farbe, negative Wahlen in roter Farbe und Ambivalenz in gelber Farbe dargestellt werden. Mittlerweile existieren verschiedene EDV-Programme für die Erstellung von Soziogrammen (z. B. unter http://www.babst-soft.com/Soziogramm/service.htm, http://www.suedwest-pc.de/soziogramm_editor-Download-395.html oder http://www.berg.heim.at/anden/420971/Soziogramm/Download.htm (08.02.2009)).

Eine etwas übersichtlichere Darstellungsweise bietet das Zielscheiben-Soziogramm, in dem die Symbole für die Gewählten je nach Anzahl der erhaltenen Wahlen in konzentrischen Kreisen angeordnet werden (▫ Abb. 15.6: A erhält 5, B und C je 4, D und E je 2 bis 3 und F, G und H je 0 bis 1 Wahlen).

Klassischerweise dienen Soziogramme dazu, die Ergebnisse des soziometrischen Tests visuell zu veranschaulichen. Dies ist jedoch bei Weitem nicht die einzige Anwendungsmöglichkeit. Das Soziogramm kann auch in der **Einzelarbeit** eingesetzt werden, um die wahrgenommene Einbindung des Klienten in ein soziales Referenzsystem

△	= Mann
○	= Frau
□	= Gruppe, Organisation, Objekt, …
△ (gestrichelt)	= verstorbene Person (Mann)
○ (gestrichelt)	= verstorbene Frau (Person)
→	= einseitige Zuneigung (positive Wahl)
- - →	= einseitige Ablehnung (negative Wahl)
- - → (mit ?)	= Rangfolge (hier: negative Wahl an 2. Stelle)
─┃─	= gegenseitige Zuneigung
─┋─	= gegenseitige Ablehnung
─┼--	= inkongruente Wahl (positivetrifft auf negative Wahl)
∿∿	= Ambivalenz

▫ **Abb. 15.4.** Symbole zur Erstellung von Soziogrammen

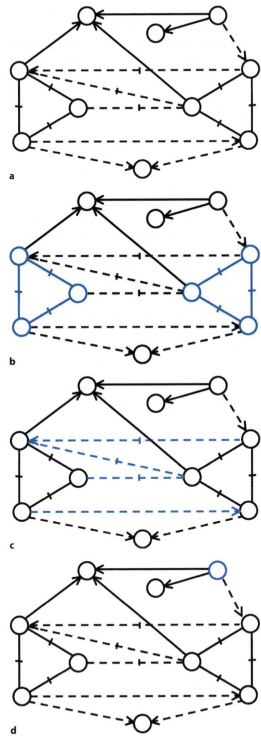

a

b

c

d

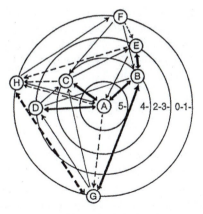

□ Abb. 15.6. Beispiel für ein Zielscheiben-Soziogramm. (Aus Höhn u. Seidel, 1969, S. 381, Daten aus der Soziomatrix in **□ Abb. 15.1** ohne Berücksichtigung der Rangfolgen)

□ Abb. 15.5.a–d Soziometrische Gruppenstrukturen. a Soziogramm, b Subgruppen, c Gruppenkonflikt, d Außenseiter.

darstellen zu lassen und gemeinsam zu reflektieren. Ein klassisches Beispiel dafür ist das soziale Atom (▸ Abschn. 15.5), das z. B. anamnestisch in der Einzeltherapie verwendet werden kann. In der Beratung von Führungskräften, Projektmanagern, Gruppenleitern etc. kann das Soziogramm als Klärungshilfe genutzt werden, um die eigene Wahrnehmung der komplexen Beziehungsdynamik in der Organisation (Jugendgruppe …) strukturiert zu reflektieren und zu visualisieren, um Koalitionen und Konfliktherde identifizieren usw. (Gebhardt u. Ameln 2008).

Verschiedene Autoren haben Möglichkeiten vorgeschlagen, mit denen der eher rationale Zugang der klassischen Soziogramm-Arbeit (und speziell des sozialen Atoms) um weitere erlebnisorientierte Dimensionen erweitert werden kann. Denn »die an geometrischen Formen orientierte Form der Darstellung legt eher eine rationale als eine emotionale Form der Auseinandersetzung nahe und verlangt zudem einen Abstraktionsgrad, für den bestimmte Zielgruppen (z. B. Kinder und Jugendliche) nur schwer zu motivieren sind« (Lammers, 1994, S. 208 f.). Statt die Personen, wie nach der Konvention üblich, durch Kreise und Dreiecke darzustellen, können Symbole wie Wolken, Sonnen, Strichmännchen etc. verwendet werden (Seeger, 1991) oder das Bild mit verschiedenfarbigen / verschiedenartigen Linien angereichert werden (Straub, 1991). Noch weiter reichende Möglichkeiten ergeben sich, wenn man die Papierzeichnung als Skulptur oder Aufstellung (▶ Abschn. 3.7) im Raum animiert (Lammers, 1994).

15.5   Das soziale Atom

Das Konzept des sozialen Atoms (▶ Abschn. 14.2), das Moreno im Rahmen seiner Theorie sozialer Netzwerke entwickelte, beschreibt die Gesamtheit der für eine Person relevanten Beziehungen zu ihren Bezugspersonen. Die spezielle Form des Soziogramms, mit der man das soziale Atom einer Person visualisiert und analysiert, wird ebenfalls als »soziales Atom« bezeichnet. Sie kann beispielsweise Aufschluss geben über die soziale Eingebundenheit des Menschen, die Qualität seiner Beziehungen oder Veränderungen dieser Beziehungen über die Lebensspanne hinweg. Das soziale Atom ist eine gerade für die Einzeltherapie hervorragend geeignete diagnostische Technik, die sich leicht durchführen lässt:

1. In die Mitte eines größeren Papierbogens wird ein Symbol gezeichnet, das den Klienten repräsentiert.
2. Die Beziehungspersonen, die der Klient als für sich und sein Leben am bedeutsamsten empfindet (Verwandte, Freunde, Kollegen; es können auch Verstorbene, Haustiere usw. einbezogen werden) werden um dieses Symbol herum gezeichnet, wobei die Entfernung emotionale Nähe und Distanz ausdrückt.
3. Entsprechend der Qualität der jeweiligen Beziehung werden der Klient und die anderen Personen mit Linien verbunden. Dabei wird die in ▶ Abschn. 15.4 beschriebene Darstellungsweise verwendet (durchgezogene Linien stehen für positive, gestrichelte Linien für negative Beziehungen, die Stärke der Linie kann die Stärke der Emotion ausdrücken etc.). Die Selbstwahrnehmung (wie stehe ich zu den dargestellten Bezugspersonen) sollte, ähnlich wie im perzeptuellen Soziogramm, durch die eingeschätzte Fremdwahrnehmung (»Was glaube ich, wie die dargestellten Bezugspersonen zu mir stehen?«) ergänzt werden.

Neben diesem »klassischen« Vorgehen gibt es zahlreiche mögliche **Varianten** (▶ Übersicht).

— Das Netzwerk-Coaching-System (NCS): Stimmer u. Stimmer (2008) stellen eine Software vor, mit denen sich soziokulturelle Atome gemeinsam mit dem Klienten am Computer entwickeln und verändern lassen. Die Netzwerkdarstellungen verschiedener Sitzungen lassen sich abspeichern, vergleichen und nach verschiedenen Kriterien auswerten (eine Demo-Version ist unter www.netzwerk-coaching-system.de abrufbar).

— Soziales Atom mit Münzen: Für jede Bezugsperson wird eine Münze gewählt, wobei sich in der Münzenwahl der emotionale Wert niederschlagen kann. Der Vorteil dieser Variante liegt in der Beweglichkeit der Münzen – Nähe und Distanz können solange für jede Beziehung ausprobiert werden, bis sie alle emotional stimmen.

— Kulenkampff (1991) schlägt vor, mit einem in drei konzentrische Zonen eingeteilten Kreisdiagramm von 60 cm Durchmesser zu arbeiten. Die Bezugspersonen werden mit farbigen Haftnotizen dargestellt, so dass Veränderungen leicht durch Hin- und Herschieben vorgenommen werden können. Dabei wird zwischen Familie, Beruf, Nachbarschaft, Sexualität und Kultur/Freizeit unterschieden.

— Soziales Atom mit Stühlen: Hier symbolisieren Stühle die Repräsentanzen. Von Vorteil ist bei dieser Variante, dass die Erstellung des sozialen Atoms nahtlos in die psychodramatische Arbeit übergehen kann, weil der → Rollentausch mit den durch die Stühle repräsentierten Personen möglich ist.

— Das soziale Atom kann als »Aktions-Soziogramm« in Form einer Aufstellungsarbeit auf die Bühne gebracht werden, wobei der Protagonist die Gelegenheit bekommt, durch Rollentausch, spontane Dialoge mit den dargestellten Personen, die Spiegeltechnik usw. die Beziehungen in seinem

▼

> sozialen Atom zu explorieren (Dayton,
> 2005, S. 93 f.).
> — Weitere Variationen:
> Auch Schuhe und Ähnliches eignen sich;
> der Fantasie kann hier freien Lauf gelassen
> werden (Zeintlinger-Hochreiter, 1996).

Um die Entwicklung der sozialen Beziehungen über die Zeit hinweg zu beleuchten, kann das soziale Atom, das die gegenwärtige Situation des Klienten darstellt, mit einem retrospektiven sozialen Atom der Kindheit verglichen werden, und/oder es kann ein in die Zukunft projiziertes soziales Atom erstellt werden, das Wünsche oder Befürchtungen des Klienten darstellt (Dayton, 2005, S. 89 ff.). Weitere Varianten sind das »Eltern-Kind-Atom« (der Klient, dessen Kind sich in einer schwierigen Phase befindet, erstellt ein soziales Atom, das seine eigene soziale Situation in derselben Altersstufe zeigt), das »Nüchtern vs. nicht-nüchtern-Atom« oder das »Vor und nach dem Trauma-Atom« (Dayton, 2005).

Die Darstellung des sozialen Atoms kann unter mehreren Blickwinkeln ausgewertet werden. Die Therapeutin/Beraterin kann dabei die Darstellung als projektive Zeichnung verstehen und eigene Hypothesen entwickeln (z. B. weit entfernt dargestellte Bezugspersonen weisen auf soziale Isolation des Zeichnenden hin), die im Gespräch mit dem Klienten überprüft und als Reflexionsanstoß genutzt werden sollten. Nachfolgend werden die wichtigsten Kriterien zur Auswertung des sozialen Atoms erläutert.

Quantität der Bezugspersonen

> » Weist das soziale Atom einer Person
> extrem wenige Bezugspersonen auf, so
> ist die betreffende Person stark isoliert
> (…). In diesem Fall sollten die Ursachen
> der Isolation erkundet werden: Wird die
> Person vorwiegend abgelehnt oder weist
> sie selbst ab? Warum? Sind wichtige Be-
> zugspersonen durch Tod oder Weggehen
> verloren und nicht wieder ersetzt wor-
>
> ▼

> den? Ist eine Person deshalb isoliert, weil
> sie sich auf einer anderen sozialen, emoti-
> onalen oder intellektuellen Entwicklungs-
> stufe befindet als die übrigen Personen
> seiner Umgebung? Möglicherweise ist
> die betreffende Person nur in einem
> Bereich, z. B. im engeren privaten Kreis,
> isoliert, nicht aber z. B. in seinen beruf-
> lichen Kontakten. (Zeintlinger-Hochreiter,
> 1996, S. 185)

Aber auch ein soziales Atom mit extrem vielen Personen kann pathologische Züge aufweisen, wenn z. B. die Quantität der Beziehungen deren Qualität und Intensität ersetzt. In jedem Fall muss ermittelt werden, ob die Person sich emotional beeinträchtigt fühlt, dann kann gegebenenfalls ein Psychodrama-Spiel anschließen, das die Beziehungen im sozialen Atom thematisiert.

Qualität der Beziehungen

Zunächst kann untersucht werden, mit wie vielen der dargestellten Personen der Klient regelmäßigen Kontakt hat, welche Personen bereits verstorben sind, wie das Verhältnis von Freunden zu Verwandten ist und wie sich die Bezugspersonen auf die beiden Geschlechter verteilen. Viele negative Beziehungen (Ablehnungen) innerhalb des sozialen Atoms können darauf schließen lassen, dass das Individuum in keinem tragfähigen sozialen Netzwerk eingebettet ist. Von besonderer Relevanz ist das Verhältnis kongruenter (gegenseitige Anziehungen bzw. Ablehnungen), inkongruenter (A wählt B positiv, B wählt A aber negativ) und unerwiderter Beziehungen innerhalb des sozialen Atoms. Buchanan (1984) nennt weitere Fragen zur Diskussion mit dem Klienten: »Mit welcher Person besteht der größte Klärungsbedarf? Welche Beziehung möchten Sie am ehesten verändern? Welche Person ist Ihnen am ähnlichsten? Wen empfinden Sie als Vorbild?«

In der Regel sind die Personen des sozialen Atoms gleichmäßig auf den inneren und den äußeren Kern verteilt. Eine Konzentration auf den inneren Kern kann zu einer Überforderung der betreffenden Bezugspersonen führen, ein Fehlen von intimen Bezugspersonen kann mit Gefühlen von Bindungs- und Heimatlosigkeit einhergehen.

Kohäsion

Stehen die Personen des sozialen Atoms kaum zueinander in Verbindung, kann auch dies auf das Fehlen eines funktionierenden sozialen Netzwerks hindeuten.

Leutz (1974, S. 147 f.) listet einige Kriterien zur Analyse des sozialen Atoms auf:

» 1. Welche Schicht des sozialen Atoms ist beim Klienten am stärksten ausgeprägt?
   a) die äußere Schicht oder das Bekanntschaftsvolumen?
   b) der äußere Kern, die Schicht der einseitig gewünschten Beziehungen? Oder
   c) der Kern, d. h. die Schicht der verwirklichten Beziehungen?
2. Entsprechen sich die Konfigurationen des sozialen Atoms in Bezug auf verschiedene soziometrische Kriterien oder bestehen auffällige Unterschiede?
3. Stehen die im sozialen Atom des Klienten in Erscheinung tretenden Menschen zueinander
   a) in positiven Beziehungen, sodass der Klient durch seine Beziehungen zu ihnen in ein tragfähiges psychosoziales Netzwerk eingefügt ist oder
   b) in negativen Beziehungen, sodass es etwa deren Konflikte sind, die sein Leben belasten?
   c) Beeinträchtigt oder verunmöglicht die positive Beziehung zu einem Menschen seines sozialen Atoms seine Beziehung zu einem anderen Menschen?
4. Sind die Bezugspersonen des Klienten untereinander und auch sonst isoliert, sodass bei einer Auflösung der Beziehung zu ihnen der Klient in keiner soziometrischen Konfiguration mehr steht bzw. zu keinem psychosozialen Netzwerk relativ leichten Zugang hat?

▼

5. Ist das soziale Atom des Klienten regenerationsbedürftig?
6. Ist es durch Einwirkung des sozialen Todes geschrumpft?
7. Ist es infolge des soziodynamischen Effekts unterentwickelt geblieben?
8. Betrifft eine Besonderheit des sozialen Atoms nur die Gegenwart?
9. Wird sie auch für die Zukunft imaginiert?
10. Bestand sie bereits in der Vergangenheit?
11. Wieso?

Weitere Auswertungsmöglichkeiten finden sich bei Petzold (1979, S. 440 ff.), Buchanan (1984) und Taylor (1984): Wie groß zeichnet der Klient das Symbol für sich selbst (möglicher Hinweis auf Selbstwertgefühl oder Rückzugstendenzen)? Verteilen sich die Bezugspersonen gleichmäßig über das Blatt oder sind sie an den Rand »gequetscht«? Nimmt der Klient Korrekturen/Radierungen vor? etc.

15.6 Das soziale Netzwerk-Inventar (SNI)

Das soziale Netzwerk-Inventar wurde von Treadwell et al. entwickelt, um einige in der praktischen Arbeit auftretende Nachteile des sozialen Atoms (z. B. uneinheitliche Handhabung, Notation und Interpretation) zu kompensieren. Das SNI (Treadwell, Leach u. Stein, 1993) erhebt vier soziale Atome des Klienten (von den Autoren als »Quadranten« bezeichnet), die mit Hilfe von Fragebögen (◘ Abb. 15.7) erfasst werden:

1. **der psychologische Quadrant:** signifikante Personen, Haustiere oder Objekte, die das Leben des Klienten beeinflussen;
2. **der kollektive Quadrant:** Gruppen, denen der Klient angehört und die sein Leben beeinflussen;
3. **der psychologische Quadrant:** Menschen aus dem kollektiven Quadranten, zu denen der Klient eine Freundschaft entwickelt;
4. **der Wunschtraum-Quadrant:** die kleinste Anzahl von Personen, die nach der Einschätzung des Klienten sein Leben »perfekt« machen würden.

Das soziale Netzwerkinventar (SNI)

Der **Gruppen-Quadrant** ist definiert als die kleinste Anzahl von Gruppen, die Ihr Leben beeinflussen. Zum Beispiel: Die Gruppe – Ihre Familie, – am Arbeitsplatz, – im Sportverein, – in der Psychotherapie. Diese Gruppen stehen Ihnen am nächsten. Auch Gruppen, denen sie nicht mehr angehören, können unter diese Kategorie fallen.

Bitte schreiben Sie den Namen dieser Gruppen und Ihre Beziehung zu Ihnen auf. Schätzen Sie jede Gruppe auf beiden Skalen neben dem jeweiligen Namen ein. Die erste Spalte gibt an, wie nahe Sie der betreffenden Gruppe stehen. In der zweiten Spalte versetzen Sie sich für einen Augenblick in die Rolle der anderen Gruppenteilnehmer und schätzen Sie, wie nahe die andere Gruppe glaubt Ihnen zu sein. Der Wert 1 in der ersten Spalte zeigt extreme Nähe an während der Wert 7 extreme Distanz signalisiert. Es gibt für die Anzahl der von Ihnen gewählten Gruppen keine Begrenzung.

Name	Beziehung zu Ihnen	Wie nahe sind Sie der Gruppe	Wie nahe glaubt die Gruppe Ihnen zu sein
		Nah Entfernt	Nah Entfernt
1 _____	_____	1 2 3 4 5 6 7	1 2 3 4 5 6 7
2 _____	_____	1 2 3 4 5 6 7	1 2 3 4 5 6 7
3 _____	_____	1 2 3 4 5 6 7	1 2 3 4 5 6 7
4 _____	_____	1 2 3 4 5 6 7	1 2 3 4 5 6 7
5 _____	_____	1 2 3 4 5 6 7	1 2 3 4 5 6 7
6 _____	_____	1 2 3 4 5 6 7	1 2 3 4 5 6 7
7 _____	_____	1 2 3 4 5 6 7	1 2 3 4 5 6 7
8 _____	_____	1 2 3 4 5 6 7	1 2 3 4 5 6 7

a Name: Alter: Geschlecht: Datum:

Abb. 15.7a–c. Soziales Netzwerkinventar (SNI) a) Gruppen-Quadrant, b) psychologischer Quadrant, c) Wunschtraum-Quadrant. (Deutsche Version mit freundlicher Genehmigung von Burmeister, 2004)

Das soziale Netzwerkinventar (SNI)

Der **psychologische Quadrant** ist definiert als die kleinste Anzahl von bedeutsamen Personen, Lebewesen oder Gegenständen die Ihr Leben beeinflussen. Zum Beispiel Familienangehörige oder enge Freunde. Diese Personen stehen Ihnen am nächsten. Zu dieser Gruppe können auch Tiere, Gegenstände oder verstorbene Personen gehören.

Bitte schreiben Sie den Namen dieser Personen und Ihre Beziehung zu Ihnen auf. Schätzen Sie jede Person auf beiden Skalen neben dem jeweiligen Namen ein. Die erste Spalte gibt an, wie nahe Sie der betreffenden Person stehen. In der zweiten Spalte versetzen Sie sich für einen Augenblick in die Rolle der anderen Person und schätzen Sie, wie nahe die andere Person glaubt Ihnen zu sein. Der Wert 1 in der ersten Spalte zeigt extreme Nähe an während der Wert 7 extreme Distanz signalisiert. Es gibt für die Anzahl der von Ihnen gewählten Personen keine Begrenzung.

Name	Beziehung zu Ihnen	Wie nahe sind Sie dieser Person	Wie nahe glaubt die andere Person Ihnen zu sein
		Nah Entfernt	Nah Entfernt
1 _____ _____		1 2 3 4 5 6 7	1 2 3 4 5 6 7
2 _____ _____		1 2 3 4 5 6 7	1 2 3 4 5 6 7
3 _____ _____		1 2 3 4 5 6 7	1 2 3 4 5 6 7
4 _____ _____		1 2 3 4 5 6 7	1 2 3 4 5 6 7
5 _____ _____		1 2 3 4 5 6 7	1 2 3 4 5 6 7
6 _____ _____		1 2 3 4 5 6 7	1 2 3 4 5 6 7
7 _____ _____		1 2 3 4 5 6 7	1 2 3 4 5 6 7
8 _____ _____		1 2 3 4 5 6 7	1 2 3 4 5 6 7

15

b Name: Alter: Geschlecht: Datum:

◻ **Abb. 15.7a–c.** Fortsetzung

Das soziale Netzwerkinventar (SNI)

Der **Wunschtraum-Quadrant** ist definiert als die kleinste Anzahl von Personen, die Ihr Leben "perfekt" machen würden. Zum Beispiel Personen aus Filmen, aus der Vergangenheit, der Nachbarschaft. Diese Personen stehen Ihnen in einer "idealen" Beziehungsform am nächsten. Auch verstorbene Personen können zu dieser Kategorie von Personen gehören.

Bitte schreiben Sie den Namen dieser Personen und Ihre Beziehung zu Ihnen auf. Schätzen Sie jede Person auf beiden Skalen neben dem jeweiligen Namen ein. Die erste Spalte gibt an, wie nahe Sie der betreffenden Person stehen. In der zweiten Spalte versetzen Sie sich für einen Augenblick in die Rolle der anderen Person und schätzen Sie, wie nahe die andere Person Ihnen sein würde, wenn diese Person selbst die Nähe zu Ihnen festlegen würde. Der Wert 1 in der ersten Spalte zeigt extreme Nähe an während der Wert 7 extreme Distanz signalisiert. Es gibt für die Anzahl der von Ihnen gewählten Personen keine Begrenzung.

Name	Beziehung zu Ihnen	Wie nahe sind Sie dieser Person	Wie nahe glaubt die andere Person Ihnen zu sein
		Nah Entfernt	Nah Entfernt
1 _____	_____	1 2 3 4 5 6 7	1 2 3 4 5 6 7
2 _____	_____	1 2 3 4 5 6 7	1 2 3 4 5 6 7
3 _____	_____	1 2 3 4 5 6 7	1 2 3 4 5 6 7
4 _____	_____	1 2 3 4 5 6 7	1 2 3 4 5 6 7
5 _____	_____	1 2 3 4 5 6 7	1 2 3 4 5 6 7
6 _____	_____	1 2 3 4 5 6 7	1 2 3 4 5 6 7
7 _____	_____	1 2 3 4 5 6 7	1 2 3 4 5 6 7
8 _____	_____	1 2 3 4 5 6 7	1 2 3 4 5 6 7

c Name: Alter: Geschlecht: Datum:

◾ **Abb. 15.7a–c.** Fortsetzung

Der Klient bewertet auf einer 7-stufigen Likert-Skala,

- wie nahe er den in den einzelnen Quadranten benannten Personen ist,
- wie nahe er der Person in deren Einschätzung ist.

Treadwell, Leach u. Stein (1993, S. 174) empfehlen den Einsatz des SNI

- anamnestisch anlässlich der Aufnahme eines Klienten;
- zur Beurteilung von Veränderungen über den Therapieverlauf hinweg (z. B. Vergleich der Ergebnisse aus der 1., 8. und 14. Sitzung);
- als Teil einer psychologischen Testbatterie, zur Entwicklung von therapeutischen Zielen und Teambehandlungsplänen;
- für formative und summative Evaluationen.

Die Autoren gehen besonders auf die Anwendung des SNI im Familienkontext ein: Danach hilft das SNI,

>> den Therapeuten mit Informationen über die Familienstruktur einer Person zu versorgen, die Wahrnehmungen der Klienten oder Patienten darüber zu ermitteln, wie sie sich als Teil der Familienorganisation und ihrer Unterstützungssysteme fühlen und wie sie sich im idealen oder erwünschten Familiensystem sehen. SNI-Daten, die (üblicherweise eine Woche) vor einer Sitzung mit einer Familie gesammelt werden, geben dem Therapeuten Zeit, die Familiendynamik zu verstehen. Diese Daten können den Familienmitgliedern und dem Patienten während der Therapie vorgelegt werden, um Ähnlichkeiten und Unterschiede zu diskutieren. (Treadwell, Leach u. Stein, 1993, S. 172 f.)

Burmeister (▶ Kap. 20) stellt dar, wie das SNI als Teil eines Systems zur Dokumentation und Evaluation von Psychodrama-Sitzungen eingesetzt werden kann.

Zusammenfassung

Die Soziometrie ist ein von Moreno begründetes und später weiterentwickeltes System zur theoretischen Beschreibung und empirischen Messung von Gruppenstrukturen. Moreno geht davon aus, dass in jeder Gruppe eine »Tiefenstruktur« existiert, die von emotionaler Anziehung bzw. Abstoßung getragen wird und die Dynamik der Gruppe beeinflusst. Das klassische Instrument der zwischenmenschlichen Wahlen, in denen sich die Anziehungs- bzw. Abstoßungstendenzen manifestieren, ist der soziometrische Test, bei dem sich die Gruppe im Rahmen eines Aktionsforschungsansatzes zu Kriterien wie »Mit welchem Gruppenmitglied würde ich am ehesten einen Vortrag auf einem wissenschaftlichen Kongress vorbereiten?« befragt. Als weniger aufwendiges und konfrontatives soziometrisches Instrument steht z. B. die Aktionssoziometrie zur Verfügung. Weitere soziometrisch inspirierte Techniken sind beispielsweise das soziale Atom und das soziale Netzwerk-Inventar, die auch in der Einzelarbeit einsetzbar sind.

Weiterführende Literatur

Moreno, J. L. (1981). *Soziometrie als experimentelle Methode.* Paderborn: Junfermann (282 Seiten).
  Aufsatzsammlung mit einigen grundlegenden Texten zu Soziometrie, Gruppenbildung und sozialer Dynamik, aber auch einigen recht abgelegenen Themenaspekten.
Moreno, J. L. (1996). *Die Grundlagen der Soziometrie. Wege zur Neuordnung der Gesellschaft* (4. Aufl.). Opladen: Leske & Budrich (464 Seiten).
  Grundlagenwerk mit eingehender Behandlung der theoretischen Fundierung der Soziometrie, Morenos Theorie der Gruppenentwicklung und ausführlicher Dokumentation von Morenos soziometrischen Untersuchungen in der Hudson-Schule.
Dollase, R. (1976). *Soziometrische Techniken. Techniken der Erfassung und Analyse zwischenmenschlicher Beziehungen in Gruppen.* Weinheim: Beltz (417 Seiten).
  Sehr differenzierte Darstellung einer Vielzahl von Erhebungs-, Darstellungs- und Auswertungstechniken, Diskussion von Validitäts- und Reliabilitätsaspekten. Eher für die wissenschaftliche Beschäftigung als für die praktische Anwendung hilfreich.

15

Hale, A.E. (1985). *Conducting Clinical Sociometric Explorations.* Roanoke: Royal Publishing (196 Seiten).
Enthält eine Fülle von Hinweisen, Gruppenübungen, Arbeitsblättern, Katalogen mit Explorationsfragen usw. zu soziometrischen Untersuchungen und zur Arbeit mit dem sozialen Atom. Ausführliche Hinweise zur Vorbereitung, Durchführung und Auswertung von soziometrischen Untersuchungen.
Psychodrama (1991). Themenheft „Soziales Atom". Heft 4 (1).
Psychodrama (1994). Themenheft „Soziometrie". Heft 7 (2)
Artikelsammlungen mit vielen praktischen Hinweisen.

Literatur

Bion, W. R. (2001). *Erfahrungen in Gruppen und andere Schriften* (3. Aufl.). Stuttgart: Klett-Cotta.
Brüggen, G. (1974). *Möglichkeiten und Grenzen der Soziometrie. Ein Beitrag zur Gruppendynamik der Schulklasse.* Neuwied: Luchterhand.
Buchanan, D. R. (1984). Moreno´s social atom: A diagnostic and treatment tool for exploring interpersonal relationships. *The Arts in Psychotherapy, 11,* 155–164.
Burmeister, J. (2004). Psychodrama in der Psychotherapie. In F. v. Ameln, R. Gerstmann & J. Kramer, *Psychodrama* (1. Aufl., S. 375–411). Berlin: Springer.
Carlson-Sabelli, L., Sabelli, H. & Hale, A.E. (1994). Sociometry and sociodynamics. In P. Holmes, M. Karp & M. Watson (Hrsg.), *Psychodrama since Moreno. Innovations in Theory and Practice* (147–185). New York: Routledge.
Dayton, T. (2005). *The Living Stage. A Step-by-Step Guide to Psychodrama, Sociometry and Experiential Group Therapy.* Deerfield Beach: Health Communications.
Dollase, R. (1975). Soziometrie als Interventions- und Meßinstrument. *Gruppendynamik, 6 (2),* 82–92.
Dollase, R. (1976). *Soziometrische Techniken* (2.Aufl). Weinheim: Beltz.
Dollase, R. (1996). Wege zur Überwindung der Asozialität des Menschen. In J. L. Moreno, *Die Grundlagen der Soziometrie. Wege zur Neuordnung der Gesellschaft* (4. Aufl., S. XI–XXIX). Opladen: Leske & Budrich.
Forsyth, D. R. (1999). *Group Dynamics* (3rd ed.). Belmont: Wadsworth.
Gebhardt, R. & Ameln, F. v. (2008). The Loneliness at the Top. Wider die Einsamkeit in Changeprozessen. http://www.profil-concept.net/images/stories/Downloads/einblick%20profcon%20change_loneliness_at_top%202008_07.pdf (Stand 24.11.2008)
Gellert, M. (1993). Lebendige Soziometrie in Gruppen. In R. Bosselmann, E. Lüffe-Leonhardt & M. Gellert (Hrsg.), *Variationen des Psychodramas. Ein Praxishandbuch* (286–301). Meezen: Limmer.
Hale, A. (1985). *Conducting clinical sociometric explorations.* Roanoke: Royal Publishing.

Höhn, E. & Seidel, G. (1969). Soziometrie. In C. F. Graumann (Hrsg.), *Handbuch der Psychologie* (Band 7/1, 375–397). Göttingen: Hogrefe.
Hutter, C. (2000). *Psychodrama als experimentelle Theologie. Rekonstruktion der therapeutischen Philosophie Morenos aus praktisch-theologischer Perspektive.* Münster: Lit.
Königswieser, R. & Pelikan, J. (2006). Anders – gleich – beides zugleich. Unterschiede und Gemeinsamkeiten in Gruppendynamik und Systemansatz. In M. Hillebrand, E. Sonuç & R. Königswieser (Hrsg.), Essenzen der systemischen Organisationsberatung. Konzepte, Kontexte und Kommentare (26–57). Heidelberg: Auer.
Krüger, H.-P. (1976). *Soziometrie in der Schule : Verfahren und Ergebnisse zu sozialen Determinanten der Schülerpersönlichkeit.* Weinheim: Beltz.
Kulenkampff, M. (1991). Das Soziale Netzwerk Inventar – SNI. *Psychodrama, 4 (2),* 173–184.
Lammers, K. (1994). Bildnerische und dramatische Soziogramme. Netzwerkarbeit mit Hilfe psychodramatischer und kunsttherapeutischer Verfahren. *Psychodrama, 7 (2),* 197–216.
Leutz, G. A. (1974). *Das klassische Psychodrama nach J. L. Moreno.* Berlin: Springer.
Moreno, J. L. (1981). *Soziometrie als experimentelle Methode.* Paderborn: Junfermann.
Moreno, J. L. (1982). Ein Bezugsrahmen für das Messen von Rollen. In H. Petzold & U. Mathias (Hrsg.), *Rollenentwicklung und Identität. Von den Anfängen der Rollentheorie zum sozialpsychiatrischen Rollenkonzept Morenos* (301–309). Paderborn: Junfermann.
Moreno, J. L. (1989). *Psychodrama und Soziometrie. Essentielle Schriften.* Köln: EHP.
Moreno, J. L. (1991). Globale Psychotherapie und Aussichten einer therapeutischen Weltordnung. In F. Buer (Hrsg.), *Jahrbuch für Psychodrama, psychosoziale Praxis & Gesellschaftspolitik 1991* (11–44). Opladen: Leske & Budrich.
Moreno, J. L. (1996). *Die Grundlagen der Soziometrie. Wege zur Neuordnung der Gesellschaft* (4. Aufl.). Opladen: Leske & Budrich.
Nehnevajsa, J. (1955). Soziometrische Analyse von Gruppen, Teil I. *Kölner Zeitschrift für Soziologie und Sozialpsychologie, 7 (1),* 119–157.
Petzold, H. (1979). *Psychodrama-Therapie. Theorie, Methoden, Anwendung in der Arbeit mit alten Menschen.* Paderborn: Junfermann.
Pischetsrieder, J. (2005). Teamentwicklung in Form einer Zukunftskonferenz mit soziometrischen Verfahren. *Zeitschrift für Psychodrama und Soziometrie, 4 (1),* 115–130.
Pruckner, H. (2004). Soziometrie. Eine Zusammenschau von Grundlagen, Weiterentwicklungen und Methodik. In J. Fürst, K. Ottomeyer & H. Pruckner (Hrsg.), *Psychodrama-Therapie. Ein Handbuch* (161–192). Wien: Facultas.
Psychodrama (1991). Themenheft Soziales Atom. Heft 4(1).
Psychodrama (1994). Themenheft Soziometrie. Heft 7(2).
Schindler, R. (1971). Die Soziodynamik in der therapeutischen Gruppe. In A. Heigl-Evers (Hrsg.), *Psychoanalyse und Gruppe* (21–32). Göttingen: Vandenhoeck & Ruprecht.

Schwehm, H. (1994). Soziometrie – die Methode der Wahl. *Psychodrama, 7 (2)*, 165–178.

Seeger, U. (1991). Die Angst des Drachentöters. Praxis und Konzept des sozialen Atoms in der psychodramatischen Therapie. *Psychodrama, 4 (2)*, 229–253.

Stimmer, F. & Stimmer, E. (2008). Soziokulturelle Atome computergestützt? Das Netzwerk-Coaching-System (NCS). *Zeitschrift für Psychodrama und Soziometrie, 7 (2)*, 281–290.

Stock Whitaker, D. & Liebermann, M.A. (1976). Methodologische Ansätze zur Beurteilung von Gesamtgruppenprozessen. In G. Ammon (Hrsg.), *Analytische Gruppendynamik* (226-239). Hamburg: Hoffmann & Campe.

Straub, H. (1991). Das soziale Atom als Mittel zur Diagnose und Therapie von Partnerkonflikten. *Psychodrama, 4 (2)*, 221–228.

Taylor, J. A. (1984). The diagnostic use of the social atom. *Journal of Group Psychotherapy, Psychodrama and Sociometry, 37 (2)*, 67–84.

Treadwell, T. W., Leach, E. & Stein, S. (1993). The Social Networks Inventory: A diagnostic instrument measuring interpersonal relationships. *Small Group Research, 24 (2)*, 155–178.

Treadwell, T. W., Kumar, V.K., Stein, S.A. & Prosnick, K. (1998). Sociometry: Tools for research and practice. *International Journal of Action Methods: Psychodrama, Skill Training and Role Playing, 51 (1)*, 23–40.

Wangen, K. (2003). Den Wandel erleben. Change Management, psychodramatisch. *Zeitschrift für Psychodrama und Soziometrie, 3 (2)*, 269–292.

Williams, A.J. (1991). Strategische Soziometrie. *Psychodrama, 4 (2)*, 273–289.

Wimmer, R. (2007). Lösungsorientierte Strategieentwicklung – Der Einbau handlungsorientierter Methoden in die Bearbeitung von Businessthemen. In F. v. Ameln & J. Kramer, *Organisationen in Bewegung bringen. Handlungsorientierte Methoden für die Personal-, Team- und Organisationsentwicklung* (334–336). Berlin: Springer.

Zeintlinger-Hochreiter, K. (1996*). Kompendium der Psychodrama-Therapie. Analyse, Präzisierung und Reformulierung der psychodramatischen Therapie nach J. L. Moreno*. München: inScenario.

15

Teil V
Querschnittsthemen in der Arbeit mit dem Psychodrama

Einführung in das Thema

Zu einer professionellen Psychodrama-Leitung gehören nicht nur profunde Kenntnisse der psychodramatischen Theorie und Methodik. Es gibt eine Reihe von Fragen, für die auf der methodischen Ebene allein keine professionelle Antwort zu finden ist, z. B.:

- Wie gehe ich mit emotionaler Verletzung und Schamgefühlen um?
- Wie gehe ich damit um, wenn Aggression auf die Bühne kommt?
- Wie gehe ich mit Widerständen in Veränderungsprozessen um?
- Wie kann ich auf gruppendynamische Phänomene reagieren?

- Wie reagiere ich auf Ausgrenzungs- und Diskriminierungstendenzen z. B. angesichts unterschiedlicher kultureller, religiöser, sozialer Zugehörigkeiten der Beteiligten?

Diese Fragen berühren nur einige unter vielen Querschnittsthemen, die in allen Arbeitsfeldern – in der Psychotherapie ebenso wie in der Supervision, der Bildungs- und Sozialarbeit – eine Rolle spielen. In diesem Teil des Buches möchten wir den Leserinnen und Lesern einige allgemeine Hinweise zum Umgang mit diesen Querschnittsthemen geben.

V

Emotionale Verletzung, Scham und »Tabuthemen«

> Da sie an Handlung gebunden sind und Defizite im verbalen Bereich aufweisen, können diese Patienten [Traumapatienten] ihre inneren Zustände häufig besser in Form von körperlichen Bewegungen oder Bildern artikulieren als mit Hilfe von Worten. Die Verwendung von (…) Psychodrama kann ihnen helfen, eine Sprache zu entwickeln, die entscheidend ist für effektive Kommunikation und für die symbolische Transformation, die in der Psychotherapie vonstatten gehen kann« (Kolk, 1996, S. 195).

Aggression, Scham, Sexualität und emotionale Kränkung gehören zu den Grundthemen des menschlichen Lebens. So ist es nur natürlich, dass diese Themen auch im Psychodrama immer wieder eine mehr oder minder große Rolle spielen. Die Arbeit mit diesen und ähnlichen Themen stellt selbst für erfahrene Psychodramatikerinnen einen Drahtseilakt dar, bei dem es

- methodische Aspekte,
- die besondere Verletzlichkeit der → Protagonistin,
- sensible Gruppenprozesse und möglicherweise auch
- persönliche Lebensthemen und Schwachpunkte der Leiterin auszubalancieren gilt.

In einer solchen Situation muss zunächst entschieden werden, ob das Thema im Rahmen von Arbeitsfeld, Setting, Kontrakt und eigener Qualifikation bearbeitet werden kann. Gerade in nichttherapeutischen Feldern wird eine psychodramatische Bearbeitung der Thematik häufig nicht angemessen sein, da sie die Grenzen des jeweiligen Kontextes überschreiten würde. Die Leiterin sollte in diesen Fällen die Grenzen des Möglichen verdeutlichen. Wenn sich etwa in einer Supervisionssitzung andeutet, dass private Verletzungen – beispielsweise aus einer Liebesbeziehung – für die Thematik der Supervisandin eine Rolle spielen, könnte das in folgender Form geschehen: »Ich habe den Eindruck, dass wir hier ein sehr persönliches Thema berühren, das wir im Rahmen der Supervision nicht bearbeiten können. Mein Vorschlag ist, dass wir im weiteren Verlauf schauen, welche alternativen Möglichkeiten Sie haben, sich in Zukunft stärker gegenüber ihren Schülern abzugrenzen.« Gegebenenfalls können außerhalb des Gruppensettings stützende Ersatzangebote gemacht werden.

Doch auch in therapeutischen Arbeitsfeldern kann die Inszenierung von Gewalterfahrungen oder anderen Traumata die Gruppe überfordern und gegebenenfalls sogar eine **sekundäre Traumatisierung** der Teilnehmer bewirken. Hier ist die Verantwortung gegenüber der Protagonistin auf der einen und gegenüber den übrigen Gruppenmitgliedern auf der anderen Seite sorgfältig abzuwägen. Oft ist es für alle Beteiligten schonender, solche Themen im Einzelsetting zu bearbeiten, sofern das Ausmaß der Problematik schon vor Spielbeginn erkennbar ist. Die Gruppe kann aber auch eine wichtige Ressource darstellen, vor allem, wenn die Teilnehmer einen ähnlichen Erfahrungshintergrund haben. Professionalität in der Leitungsrolle besteht hier vor allem darin, die Grenzen des Möglichen zu kennen und zu beachten.

In der Mehrzahl der Fälle wird allerdings eine Verlagerung des Themas aus der Gruppensituation hinaus nicht gerechtfertigt erscheinen. So können schon bei der Bearbeitung eines Ehekonflikts Themen wie Aggression und Gewalt, Sexualität, Scham und emotionale Verletzung eine Rolle spielen, ohne dass man von einer traumatischen Situation im engeren Sinne sprechen könnte. Doch auch bei der Arbeit mit solchen »Minimaltraumatisierungen« entstehen emotional hochaufgeladene Bühnensituationen, die Sensibilität sowie fundiertes psychologisches Wissen und methodisches Handwerkszeug erfordern, um Protagonistin und Gruppe nicht in Gefahr zu bringen. In diesem Kapitel möchten wir eine solche psychologische und methodische Grundlage schaffen, so weit dies angesichts der Komplexität der Thematik in dem gegebenen Rahmen möglich ist. Eine qualifizierte Fortbildung, in der das eigene Leitungshandeln in schwierigen Situationen erprobt und der kritischen kollegialen Reflexion ausge-

16

setzt werden kann, wird dadurch selbstverständlich nicht ersetzt.

16.1 Umgang mit Scham und »Tabuthemen«

Körperliche und seelische Krankheiten, körperliche und geistige Behinderung, sexuelle Orientierung und Geschlechtsleben, Unfruchtbarkeit, Abtreibung, Inzest, Vergewaltigung, eigene Täterschaft, Ehebruch, Suchtverhalten, sozialer Status, Religion, Terrorismus, Verhalten im Krieg, Migration, Selbstmord, Tod – dies sind nur einige Bereiche, deren Thematisierung mit mehr oder weniger starken gesellschaftlichen Tabus belegt ist. In der therapeutischen Arbeit, aber auch in anderen psychodramatischen Arbeitsfeldern, begegnen uns diese Themen häufig, da sie in seelischen und sozialen Konflikten häufig eine große Rolle spielen. Eine wesentliche Begleiterscheinung bei der Arbeit mit diesen Themen ist das Schamgefühl, das sie bei der Protagonistin und unter Umständen auch bei den anderen Beteiligten auslösen.

❶ **Schamgefühle können aus einer Verletzung der Intimität und Privatsphäre der Protagonistin resultieren. Sie entstehen aber vor allem dann, wenn die Protagonistin ihrem Empfinden nach den sozialen Normen nicht gerecht werden kann, die festlegen, was als moralisch gut, als schön, wünschenswert, erfolgreich usw. zu gelten hat.**

Die Leiterin muss in solchen Spielsituationen eine Möglichkeit finden, wie die Protagonistin die Bühne ohne allzu große Spielhemmungen und Entblößungen fortsetzen kann. Sie muss zunächst einschätzen, inwieweit die anderen Gruppenmitglieder ähnliche Erfahrungen mit der von der Protagonistin eingebrachten schamvollen Thematik haben. Dies ist zu erwarten bei Themen, die Bestandteil der allgemeinen Lebenserfahrung der meisten Menschen sind, z. B. die ersten intimen Erfahrungen mit dem Partner oder der Partnerin. Wenn mit einem gemeinsamen Erfahrungshintergrund zu rechnen ist, bietet sich folgende Möglichkeit an:

Zwischensharing. Um der Protagonistin das Gefühl zu nehmen, sie stehe mit ihrem schamvollen Thema allein da, kann die Leitung die Gruppe zu einem Zwischensharing ($\rightarrow$ Sharing) einladen, sofern die Protagonistin dies wünscht. Die Leiterin fordert die Teilnehmerinnen auf, sich in den Gruppenkreis zu setzen und zu berichten, welche Erfahrungen sie mit dem Thema der Protagonistin in ihrem eigenen Leben gemacht haben. Nach Abschluss des Zwischensharings geht das Spiel weiter. Das Zwischensharing ersetzt nicht die reguläre Sharingrunde am Ende des Spiels. Wenn zu erwarten ist, dass die Gruppe kein Sharing geben kann (oder möchte) und in der Gruppenrunde niemand über ähnliche Erfahrungen sprechen würde, sollte vom Sharing im Sinne des Berichtens vergleichbarer Erfahrungen Abstand genommen werden, um das Exponiertheitserleben der Protagonistin nicht noch weiter zu steigern. Dies gilt sowohl für ein mögliches Zwischensharing als auch für das an die Aktionsphase anschließende Sharing. Wenn keine ähnlichen Erfahrungen berichtet werden können, sollte das Sharing den Gruppenmitgliedern stattdessen einen Raum eröffnen, in dem sie die während des Spiels erlebte Betroffenheit ausdrücken können. Dabei muss jedoch darauf geachtet werden, dass eine in dieser Phase mögliche Gruppenkatharsis für die Protagonistin ein Zeichen stützender Solidarität und keine zusätzliche Belastung darstellen sollte. Schambesetzte Themen können im Gruppensetting aufgrund ihres Tabucharakters und ihrer Bindung an soziale Normen eine besondere Brisanz gewinnen. Die Psychodrama-Leiterin muss dann sensibel auf das Empfinden der Protagonistin eingehen und sie vor dem Druck der Gruppe schützen. Diese Gruppendynamik kann sich – gerade wenn es um Sexualität geht – unter anderem in Form von $\rightarrow$ Doppeln äußern, die den Voyeurismus der Gruppe bedienen (z. B. »Wenn ich ehrlich bin, geht es mir in dem Gespräch mit Thomas gar nicht um geistigen Austausch – am liebsten würde ich ihm die Kleider vom Leib reißen«) oder die moralischen Druck auf die Protagonistin ausüben. Um diese Tendenzen zu reduzieren, gibt es folgende Möglichkeiten:

»Turn your back«/»Blackout«. Die »Turn your back«-Technik besteht darin, dass die Protagonistin bei schambesetzten Szenen der Gruppe den Rücken zuwendet und so weiter spielt, als sei sie allein. Bei der Blackout-Technik wird das Spiel bei abgedunkelter Bühne fortgesetzt. Obwohl beide Techniken in der Psychodrama-Literatur gelegentlich empfohlen werden (z. B. Blatner, 1996), besteht die Gefahr, dass die Peinlichkeit für die Protagonistin nicht reduziert, sondern weiter gesteigert wird.

Aufmerksamkeitsfokus der Gruppe verschieben. Sinnvoller ist es, die Aufmerksamkeit der Gruppe von der Protagonistin abzulenken, indem man der Gruppe eine selbstständig zu bearbeitende Aufgabe gibt, während die Protagonistin die schambesetzte Szene spielt. Eine elegante Lösung ergibt sich dann, wenn die Aktivität der Gruppe als atmosphärisches Element für die zu spielende Szene genutzt werden kann. Wenn es in der Szene beispielsweise um ein intimes Gespräch in einem Restaurant geht, das die Gruppe nicht mithören soll, kann das Restaurant mit Tischen, Stühlen und anderen Requisiten auf der Bühne eingerichtet werden; die übrigen Gruppenmitglieder spielen Restaurantbesucher, die sich miteinander unterhalten. Auf diese Weise entsteht ein Geräuschpegel, der der Protagonistin die Sicherheit gibt, die Szene ohne Zuhörer – abgesehen natürlich von der Leiterin und gegebenenfalls dem → Hilfs-Ich, das den Gesprächspartner spielt – fortsetzen zu können. Darüber hinaus trägt die durch die Gruppe geschaffene Atmosphäre weiter zur → Erwärmung der Protagonistin bei. Schließlich wird die Gruppe durch dieses Vorgehen aktiviert und kann die Impulse, die sich sonst in destruktiver Form geäußert hätten, im Spiel »abarbeiten«. In unserem Beispiel des intimen Gesprächs im Restaurant können die Gruppenmitglieder nun selbst, geschützt durch ihre Rollen der Restaurantbesucher, miteinander flirten, statt ihre Erwärmung in Form von voyeuristischen Doppeln auf die Protagonistin zu projizieren.

Eine organische Einbindung der Gruppe in dieser Form ist jedoch nicht immer möglich. Die Aufforderung an die Gruppenmitglieder, sich in Dyaden zusammenzufinden und darüber zu unterhalten, welche Erfahrungen sie selbst mit dem schamvollen Thema gemacht haben, ist dagegen eine in allen Spielsituationen praktikable Möglichkeit. Wurde die Gruppe durch andere Aktivitäten abgelenkt, ist es wichtig, sie nach dem Ende der Szene grob, d. h. unter Auslassung der schambesetzten Details, darüber zu informieren, wie sich das Spiel der Protagonistin weiterentwickelt hat, damit die Gruppe dem Spiel wieder folgen kann.

In manchen Arbeitsfeldern, z. B. in der Bildungsarbeit oder der Supervision, ist Schamerleben gewissermaßen systembedingt vorprogrammiert. Die Teilnehmer bewegen sich in einem Spannungsfeld zwischen den paradoxen Aufforderungen »Zeige deine Schwächen und Fehler« und »Du solltest alles richtig machen«. Die Leiterin sollte dieses Spannungsfeld genau beobachten und gegebenenfalls mit der Gruppe thematisieren.

❗ Spielblockaden, die durch das Schamerleben der Protagonistin ausgelöst werden, können häufig durch ein Zwischensharing aufgelöst werden. Eine weitere Möglichkeit besteht darin, die Gruppe mit einer Aufgabe zu beschäftigen, die den Aufmerksamkeitsfokus von der Protagonistin ablenkt.

16.2 Umgang mit Sexualität und Aggression

Während der vorangegangene Abschnitt den Schutz der Protagonistin behandelte, geht es im Folgenden um Situationen, in denen die → **Hilfs-Iche** besonders geschützt werden müssen. Würde man sexuelle, zärtliche oder aggressive Erlebnisse auf der Bühne realistisch inszenieren, käme es zu einem intensiven Körperkontakt zwischen den Beteiligten. Dies stellt einen Eingriff in die körperliche Integrität der Teilnehmerinnen dar und überschreitet die Grenzen des Settings. Daher müssen die betreffenden Szenen

- entweder in ein geschütztes Setting außerhalb der Gruppe verlegt oder
- zumindest so verändert werden, dass sie der Protagonistin ein realistisches Erleben ermöglichen und gleichzeitig den Schutz aller Beteiligten garantieren.

Dies betrifft nicht nur die Protagonistin und die Hilfs-Iche, sondern auch die Zuschauerinnen.

In jedem Fall bedürfen Szenen mit aggressivem und sexuellem Gehalt einer klaren und vor Spielbeginn deutlich formulierten **Grenzziehung** seitens der Leiterin. Sie muss die Spielerinnen deutlich und mehrmals darauf hinweisen, dass sie die Möglichkeit haben, jederzeit ein Signal zu geben, das die Szene unterbricht. Ein solches nonverbales Signal sollte zuvor vereinbart werden. Bestimmte Handlungen (z. B. Küssen auf der Bühne) sollten in keinem Setting zugelassen werden. Darüber hinaus ist dafür Sorge zu tragen, dass sich keine scharfen, spitzen, zerbrechlichen oder heißen Gegenstände auf der Bühne befinden, die die Spielerinnen gefährden könnten. Dies gilt in besonderem Maße für Szenen mit aggressivem Gehalt, aber auch als grundsätzliche Regel. Unter Umständen sollte am Bühnenrand ein »sicherer Ort« (▶ Abschn. 16.3.3) eingerichtet werden, an den sich die Spielerinnen in Belastungssituationen zurückziehen können. Bei belastenden Spielszenen ist die Anwesenheit einer Koleiterin besonders wichtig.

Bei der Inszenierung von Erlebnissen, bei denen die Protagonistin Opfer von Gewalt wurde, gelten die hier aufgeführten methodischen Hinweise analog; zusätzlich ist allerdings der Aspekt der Traumatisierung zu beachten, den wir in ▶ Abschn. 16.3 behandeln.

16.2.1 Schutz der Spielerinnen in Aggressionsszenen

Aggressionsszenen kommen bei der Inszenierung von Gewalterfahrungen vor, bei denen die Protagonistin entweder die Aggressorin oder das Opfer ist. In der psychodramatischen → Surplus Reality können jedoch auch aggressive Impulse ausagiert werden, die in vielen Konflikten eine Rolle spielen, aber in der Realität nicht zugelassen werden, z. B. die Wut gegenüber der Mutter oder dem Ex-Freund. Dieses kathartische Ausagieren von Aggressionen kann dann einen Wert haben, wenn es in ein Therapiekonzept eingebettet ist, das auch ein verbales Durcharbeiten der Wut vorsieht. Eine reine Abreaktion, wie sie in bestimmten Psychodrama-Konzeptionen üblich ist, wird heute skeptisch betrachtet (vgl. dazu auch die Ausführungen zum Katharsiskonzept in ▶ Abschn. 31.2.2).

Zum Schutz der Spielerinnen in solchen Aggressionsszenen gibt es eine Reihe von Möglichkeiten, die auch miteinander kombiniert werden können. Je nach Ausmaß der Aggression, Setting, Belastbarkeit der Teilnehmerinnen und Leitungsstil gelangt man so zu einem abgestuften Konzept:

Stufe 1. Zum Schutz der Spielerin in der Opferrolle – das kann ein → Hilfs-Ich, aber auch die Protagonistin sein – werden häufig Schaumstoffschläger, so genannte Batakas, eingesetzt, mit denen der Aggressor auf das Opfer einschlagen kann. Falls keine Batakas zur Verfügung stehen, können alternativ zusammengerollte Zeitungen oder dergleichen verwendet werden.

Stufe 2. Die Leiterin sollte sich bewusst sein, dass selbst Schläge mit weichen Gegenständen für viele Menschen eine bedrohliche Grenzüberschreitung darstellen. Daher sollte man die Abgrenzung des Opfers gegen die Aggression verstärken, indem man es mit Kissen, Tüchern oder Ähnlichem ausstattet, die die Schläge abfangen.

Stufe 3. Bei Szenen, in denen das Aggressionsniveau die Grenzen dessen überschreiten, was den Spielerinnen zumutbar ist, sollten die Hilfs-Iche gegen **Hilfs-Objekte** (z. B. Stühle) ausgetauscht werden. Eine Alternative ist der Einsatz von geschulten Hilfs-Ichen, sofern diese zur Verfügung stehen. Allerdings sollte beachtet werden, dass schon das Betrachten von extremen Gewalthandlungen gegen einen Menschen, selbst wenn es sich um ein geschultes Hilfs-Ich handelt, für die Gruppenmitglieder traumatische Effekte haben kann.

Stufe 4. Zum weiteren Schutz des Opfers kann die Szene **verfremdet** werden, z. B. indem sie in → Zeitlupe durchgespielt wird. Dieses Vorgehen ist besonders dann empfehlenswert, wenn die Protagonistin in der Opferrolle ist.

Auch hier gilt der Leitsatz: »Safety first«. Sofern es sich nicht um eine sehr belastbare und erfahrene, therapeutisch arbeitende Gruppe handelt, sind Aggressionsszenen in den meisten Fällen zu vermeiden oder stark abzuschwächen.

16.2.2 Schutz der Spielerinnen in Sex- oder Zärtlichkeitsszenen

In Sex- oder Zärtlichkeitsszenen ist der Schutz der Spielerinnen ebenso wichtig wie bei aggressionsgeladenen Szenen, wenngleich hier das Eindringen in die Intimsphäre der Hilfs-Iche eher ein Problem darstellt als die körperliche Grenzüberschreitung. Anders als bei Aggressionsszenen, in denen ein Ausdruck der Emotion beabsichtigt ist, wird es bei Sex- und Zärtlichkeitsszenen häufig gar nicht notwendig sein, die prekären Ausschnitte des Geschehens im Detail zu inszenieren. Wenn die Protagonistin einwilligt, können sie mit der → Zeitraffertechnik übersprungen werden. Erscheint das Ausspielen der Szene doch notwendig, kann auch hier das Hilfs-Ich durch ein unbelebtes Objekt ausgetauscht werden. Die Entscheidung für diesen Schritt sollte gegenüber Hilfs-Ich und Protagonistin begründet werden. Um die Peinlichkeit für die Protagonistin zu reduzieren, kann der betreffende Szenenausschnitt mit dem Rücken zur Gruppe (»Turn your back«, ▶ Abschn. 16.1) gespielt werden. Auch bei Spielen, die das Thema Sex und Zärtlichkeit berühren, muss die Dynamik der Gruppe stets berücksichtigt werden.

> ❶ Bei Aggressions- oder Sexszenen muss die Leiterin besonders auf den Schutz der Beteiligten achten. Dies betrifft mögliche körperliche Übergriffe, die durch Einsatz von Schaumstoffschlägern, Kissen oder den Austausch der Mitspieler durch unbelebte Objekte abgemildert werden können, aber auch die Verletzung der Gefühle von Hilfs-Ichen und Gruppe. Auch hier gilt die Maxime, gemäß der Regel »Safety first« Aggressions- oder Sexszenen eher auszusparen als Grenzüberschreitungen zu riskieren.

16.3 Umgang mit emotionaler Verletzung und Trauma

Nicht nur in therapeutischen Arbeitsfeldern beschäftigt sich das Psychodrama mit Erlebnissen, in denen die Klientinnen eine emotionale Verletzung erfahren haben. Das Ausmaß der »seelischen Wunden«, die durch diese Erfahrungen zurückgeblieben sind, kann sehr unterschiedlich sein. Krieg, Folter, sexueller Missbrauch und Vergewaltigung können schwerste psychische Schäden mit gravierenden Langzeitwirkungen auslösen. Solche extremen, leider aber nicht seltenen, Erfahrungen werden als (Psycho-)Traumata bezeichnet. Die Arbeit mit Traumatisierungen ist ein sensibler und hochkomplexer Prozess, der

- fundierte Kenntnisse,
- hohe Belastbarkeit
- große Erfahrung und
- eine gezielte Fortbildung

seitens der Therapeutin voraussetzt. In vielen Fällen ist eine begleitende medikamentöse Therapie der Klientin indiziert. Fragen des Umgangs mit Scham, Sexualität und Gewalt, die wir in den vorangegangenen Abschnitten behandelt haben, treten in der Arbeit mit Traumata wieder auf. Zu diesem Thema haben sich mittlerweile intensive Forschungsaktivitäten, Diskussionen und die Traumatherapie als eigenständige, integrativ arbeitende Therapieform entwickelt.

In vielen Fällen werden wir es mit emotionalen Verletzungen zu tun haben, die weniger extrem sind. Doch bereits die öffentliche Bloßstellung durch den Vorgesetzten, die Nachricht vom Seitensprung des Ehemanns, der Tod eines Freundes oder ein Verkehrsunfall können – je nach Persönlichkeit, Konstitution und Vorgeschichte der Klientin – traumatische Symptome in unterschiedlichen Ausprägungen auslösen. In diesen Fällen kann man von »Minimaltraumatisierung« sprechen.

> ❶ Minimaltraumatisierungen, aber auch Traumata im engeren Sinne, sind in allen Arbeitsfeldern häufig anzutreffen, bleiben aber oft unbeachtet oder für die Gestaltung der Intervention folgenlos. Dies ist gerade in der Arbeit mit dem Psychodrama besonders problematisch, weil die psychodramatische Erlebnisaktivierung alte emotionale Verletzungen aufreißen und sogar intensivieren kann.

Dieses Kapitel soll die Leser für die Erscheinungsformen von Minimaltraumata sensibilisieren, über Hintergründe informieren und Behandlungsmöglichkeiten aufzeigen. **Wir betonen ausdrück-**

lich, dass eine Bearbeitung von traumatischen Erfahrungen, die über eine Minimaltraumatisierung hinausgehen, zum Schutze der Klientinnen nur im therapeutischen Setting geschehen kann und speziell dafür ausgebildeten Therapeutinnen vorbehalten bleiben muss. Wir werden darstellen, wie die Leiterin reagieren kann, wenn sich das Vorliegen traumatischer Erlebnisse erst während des Spiels abzeichnet (▶ Abschn. 16.4).

Die besonderen Möglichkeiten des Psychodramas für die Behandlung traumatischer Erfahrungen

Erlebnisaktivierende Methoden können einen wichtigen Bestandteil der Behandlung von Traumata darstellen. Diese These wird immer häufiger vertreten und auch durch empirische Befunde belegt (Elliott, Davis u. Slatick, 1998; Greenberg, Watson u. Lietaer, 1998). Gerade der Wert des Psychodramas für die Traumabearbeitung wird in jüngster Zeit zunehmend erkannt.

Erfreulicherweise ist auch unter Psychodramatikerinnen in den letzten Jahren eine intensive professionelle Diskussion über die Möglichkeiten und Besonderheiten psychodramatischer Behandlungskonzepte in der Traumatherapie geführt worden. Schon in den 1970er- und 1980er-Jahren behandelten Ploeger u. Schmitz-Gielsdorf (1980) die in der Lufthansamaschine »Landshut« Entführten mit psychodramatischen Methoden; Baumgartner (1986) therapierte Veteranen des Vietnamkriegs. In den letzten 15 Jahren sind dann zu dem Thema »Psychodrama und Trauma«

- das sehr wertvolle Grundlagenwerk von Kellermann (2007), das vor allem auf die kollektive Dimension von Traumata und ihre soziodramatische Bearbeitung fokussiert,
- ein Herausgeberwerk mit 17 Beiträgen (Kellermann u. Hudgins, 2000), von dem Krüger (2002a) eine deutsche Zusammenfassung erstellt hat,
- zwei Themenhefte (International Journal of Action Methods, 1998; Zeitschrift für Psychodrama und Soziometrie, 2002), sowie
- zahlreiche Einzelbeiträge (z. B. Carbonell u. Parteleno-Barehmi, 1999; Davis, 1990; Dhawan & Eriksson Söder, 1999; Hudgins, 1998; Kipper, 1998; Mennen u. Meadow, 1992; Otto-

meyer, 2004; Perret-Catipovic u. Ladame, 1999; Verhofstadt-Denève, 1999; Zaidi u. Gutierrez-Kovner, 1995)

entstanden. Besonders anschaulich wird die psychodramatische Traumabearbeitung in der eindrucksvollen Falldarstellung von Karp (2000) geschildert.

16.3.1 Entstehung und Symptomatik von Traumata

Traumata können entstehen, wenn Menschen
- Opfer von Kriegshandlungen, Folter, Vergewaltigung, Überfällen, Naturkatastrophen und anderen Extremsituationen oder
- Zeugen traumatischer Ereignisse werden. Die eigentliche physische Gewalt muss also nicht am eigenen Körper erlebt werden. In solchen Fällen spricht man von **Sekundärtraumatisierung**.

Traumatisierenden Situationen sind folgende Faktoren gemeinsam:
- Das Individuum wird von Emotionen (z. B. Angst, Hilflosigkeit, Schock) oder von physischem Schmerz überwältigt;
- das Individuum steht unter extremem Stress;
- die Situation weicht stark von etablierten Schemata und mentalen Modellen für erwartbare Ereignisse ab;
- die Kapazität des kognitiven Systems reicht nicht aus, um die sensorischen Informationen zu verarbeiten;
- das Ereignis ist mit einer negativen Bedeutungszuschreibung verbunden (z. B. Gefühl des Verlusts, Betrogenwerdens, Verlassenwerdens; Siegel,1995).

Erinnerungen an das traumatische Ereignis werden charakteristischerweise teilweise oder vollständig unterdrückt. Häufig jedoch brechen die unterdrückten Erinnerungen in Form von Albträumen, Flashbacks und dissoziativen Zuständen für die Klientinnen unkontrollierbar in das Bewusstsein ein. Somatische, kognitive und emotionale Prozesse werden »eingefroren«, der Zustand während der Traumatisierung wird gleichsam konserviert.

Das Verhalten der Klientinnen ist von Abwehrmechanismen und Wiederholungszwängen bestimmt, so meiden beispielsweise Missbrauchsopfer häufig intime Partnerschaften und gehen stattdessen zahlreiche unbefriedigende, sexuell dominierte Beziehungen von kurzer Dauer ein.

Die Klientinnen klagen über »emotionale Dumpfheit«, das Erleben, »hinter einem Vorhang« oder einer »Glaswand« zu leben; gerade bei Missbrauchs- und Vergewaltigungsopfern ist das Selbstwertgefühl, das Identitätsempfinden und die Fähigkeit zu intimen Bindungen dauerhaft beeinträchtigt.

Weitere klinische Anzeichen und Komorbiditäten sind
- vegetative Übererregungssymptome,
- gesteigerte Wachsamkeit,
- Schlafstörungen,
- chronische Depression,
- Drogen- und Alkoholmissbrauch,
- selbstverletzendes Verhalten und
- Suizidversuche.

Zusammengenommen ergeben diese Symptome das klinische Bild der posttraumatischen Belastungsstörung (»Post Traumatic Stress Disorder« PTSD; ICD-10: F 43.1; zum Symptombild und anderen allgemeinen Aspekten der PTSD vgl. Langkafel, 2000). Die PTSD gehört zu den häufigsten psychischen Störungen (vgl. Langkafel, 2000).

Jedoch können Dissoziationen, Intrusionen und Stimmungsveränderungen auch bei Minimaltraumatisierungen auftreten.

Trauma, Gedächtnis und Erlebnisaktivierung

Das Gedächtnis für traumatische Erinnerungen zeichnet sich durch einige Besonderheiten aus. Normalerweise werden verschiedene Dimensionen des Erlebens (sensorisch, muskulärmotorisch, emotional, physiologisch, kognitiv) in Form von konzeptuellen Netzwerken aus untereinander verbundenen Stimulus-, Reaktions- und Bedeutungselementen gespeichert (Siegel, 1995). Im Fall traumatischer Erinnerungen sind diese Verbindungen zum Teil unterbrochen, der Zugang des Bewusstseins zur traumatischen Erfahrung ist eingeschränkt.

Die Wahrscheinlichkeit, dass die gespeicherte Erinnerung reaktiviert wird, erhöht sich gemäß dem Prinzip der Kodierungsspezifität (Tulving u. Thomson, 1973) dann, wenn eine starke Ähnlichkeit zwischen Lern- und Abrufzustand besteht. Die Klientin wird dann durch eine bestimmte Konstellation von Hinweisreizen gewissermaßen in die traumatische Situation zurückversetzt. Traumatische Erinnerungen können daher ohne bewusstes Zutun der Person durch Situationen aktiviert werden, die starke Ähnlichkeit mit der ursprünglichen affektiven und physiologischen traumatischen Erfahrung haben (vgl. van der Kolk u. van der Hart, 1989). Entsprechend vermeiden traumatisierte Personen häufig Situationen, die eine Verbindung zur auslösenden Situation aufweisen. Da bei traumatischen Erinnerungen die Nutzung linguistischer Pfade herabgesetzt, die Nutzung sensomotorischer Pfade dagegen erhöht wird (Brenneis, 1998), ist der Zugang über das »Körpergedächtnis« dabei besonders effektiv (vgl. Kramers Überlegungen zur Kategorie der »somatischen Erinnerung« in Kramer, 1990; weitere Befunde zum Traumagedächtnis bei Brenneis, 1998; Christianson u. Loftus, 1990; Siegel, 1995).

Dieser Umstand ist besonders für die Arbeit mit dem Psychodrama von Bedeutung: Erlebnisaktivierende Arbeit in der → Surplus Reality kann dissoziierte und unterdrückte Erinnerungen wachrufen und therapeutisch nutzbar machen, sie kann aber auch zu massiven Flashbacks und damit zu einer ungewollten Retraumatisierung führen.

16.3.2 Grundprinzipien der Traumatherapie

Zur Traumatherapie liegt mittlerweile umfangreiche Literatur vor (z. B. Fischer u. Riedesser, 1998; Langkafel, 2000; Reddemann, 2001; Reddemann u. Sachsse, 1996, 1999; Sachsse, 1998a, 1998b). Die Traumatherapie ist eines der wenigen Felder der Psychotherapie, in dem ein integratives, multimethodales Vorgehen nicht nur in seiner Bedeutung erkannt, sondern auch praktiziert wird. Einzelne (auch psychodramatische) Interventionen können schaden, wenn sie nicht in ein umfassendes Therapiekonzept eingebunden sind.

16

Besonders in der Behandlung akuter Traumata liegt das Therapieziel in der Konfrontation, im Durcharbeiten und in der Integration des auslösenden Traumas unter geschützten therapeutischen Bedingungen. Dabei werden drei Phasen durchlaufen:

1. Stabilisierung;
2. Traumaexposition unter der Voraussetzung, dass die Klientin ausreichend stabil ist und keine weitere Traumaeinwirkung sowie kein Täterkontakt während der Behandlung zu erwarten ist;
3. Integration in die Persönlichkeit.

In der Arbeit mit Minimaltraumatisierungen folgt man im Prinzip demselben Schema.

Bei einer länger bestehenden Symptomatik (z. B. langjähriger Missbrauch, Kriegstraumata) gelingt eine Symptombefreiung nur selten. Daher sollte man in diesen Fällen erwägen,

- von der Traumaexposition Abstand zu nehmen,
- die Integration des Erlebten in das Selbstbild der Klientin zu fördern und
- im Hier und Jetzt an der Erarbeitung einer konkreten Zukunftsperspektive zu arbeiten.

Ein Therapieansatz, der den traumatischen Komplex strikt vermeidet, indem er die Klientin beispielsweise durch Gedankenstopp von der traumatischen Erfahrung weglenkt, ist dagegen nicht zielführend, da er die Verleugnung und die Gefahr von Intrusionen verstärkt (Olio u. Cornell, 1993).

Ob die traumatische Erfahrung durchgearbeitet werden kann, ist nicht zuletzt eine Frage des Settings: Stationär ist dies eher möglich als im ambulanten Setting.

16.3.3 Psychodramatische Traumabearbeitung

Wir können im Rahmen dieses Kapitels kein umfassendes Konzept für den therapeutischen Einsatz des Psychodramas mit Traumatisierten entwerfen. Die hier dargestellten Grundzüge eines solchen Konzepts sollen Praktikerinnen und Praktiker aus verschiedenen Arbeitsbereichen als erste Handreichungen für den Umgang mit Minimaltraumatisierungen dienen; für psychotherapeutisch Tätige kann der nachfolgende Abriss allenfalls ein Anstoß für eine sehr viel fundiertere Beschäftigung mit dem Thema (z. B. im Rahmen einer Fortbildung durch ein spezialisiertes Fortbildungsinstitut) sein.

Manchen Leserinnen und Lesern mag es übertrieben erscheinen, für die Bearbeitung minimaler Traumata wie etwa einen Ehestreit einen derartig komplexen Bühnenaufbau zu empfehlen. Unsere Erfahrung zeigt jedoch, dass ein solcher sicherer Rahmen von den Klientinnen auch in solchen Fällen als wichtig und hilfreich erlebt wird. Wir erachten daher ein traumatologisch fundiertes Konzept für die psychodramatische Arbeit auch mit Minimaltraumata als wichtigen Bestandteil professionellen Leitungshandelns.

Phase 1: Stabilisierung

In der Stabilisierungsphase arbeitet man vorwiegend abwehrstärkend und ressourcenorientiert. Sie darf keinesfalls als → Erwärmungsphase mit dem Ziel der Regressionsförderung missverstanden werden. Vielmehr sollen die Ich-Grenzen der Klientin so aufgerichtet werden, dass die Auseinandersetzung mit bis dato unzugänglichem Material möglich wird, ohne eine Retraumatisierung zu riskieren. Die Voraussetzungen dafür sind, dass

- Dissoziationen, Intrusionen und Regression für die Klientin kontrollierbar werden und dass
- die Abwehrmechanismen der Klientin nicht mehr habitualisiert ablaufen, sondern in einem gewissen Ausmaß variabel gestaltet werden können.

Diese Ziele werden auf drei Wegen verfolgt:

1. Analyse des Rollenspektrums im Hinblick auf Rollen und Ressourcen, die der Klientin in der Expositionsphase Sicherheit und Stärkung vermitteln könnten (Krüger, 2002b): In der Betrachtung ihrer Fähigkeiten (z. B. Feinfühligkeit oder Fantasie) soll die Klientin eine »… traumainkompatible Kompetenzperspektive …« (Zarbock, 1994, S. 125) einnehmen. Dabei kann es sich um vortraumatische Ressourcen, aber durchaus auch um Rollen und Fähig-

keiten handeln, die der Klientin bei der Bewältigung der traumatischen Erfahrung geholfen haben. So sollte die Leiterin die bisherigen Bewältigungsversuche der Klientin als verzweifelten und mutigen Kampf gegen den Schrecken würdigen und darauf hinweisen, was die Klientin trotz der Beeinträchtigung durch das Trauma geschafft hat (»Trotzdem-Perspektive«; Zarbock, 1994, S. 125);

2. Etablierung/Stärkung dieser positiven Rollen und Ressourcen im gegenwärtigen Rollenspektrum der Klientin;

3. Aufbau von Kohäsion, Vertrauen und interpersonaler Unterstützung im Kontext der Gruppe und in der Beziehung zur Leitung. Stadler (2002) schreibt: »Traumatisierte Menschen haben die Erfahrung gemacht, dass früher im entscheidenden Moment zu **wenig** Sicherheit da war. Daher brauchen sie heute in der Auseinandersetzung mit diesem Thema **mehr** Sicherheit« (S. 185).

Die Therapeutin sollte durch ihre Rückmeldung signalisieren, dass sie die Gefühle der Klientin nachvollziehen kann und Erfahrungen mit der Bearbeitung traumatischer Erfahrungen hat; sie sollte ohne zu relativieren und natürlich ohne die Schweigepflicht zu verletzen aus ihrer Praxis berichten, dass andere Menschen ähnliche Erfahrungen gemacht haben, dass die Klientin mit dem traumatischen Erlebnis nicht allein ist (Zarbock, 1994, S. 125 f.).

Der Erfolg der Stabilisierungsphase misst sich daran, ob die Klientin genug positive Rollen und adaptive Kapazität zur Verfügung hat, um bei einer szenischen Bearbeitung der Traumaszene nicht vollständig mit der Traumarolle zu verschmelzen.

In allen Phasen, besonders aber vor dem Eintritt in die Expositionsphase, sollte das methodische Vorgehen bei der Traumabearbeitung erklärt und durch einen expliziten Auftrag der Klientin abgesichert werden (»informed consent«). Dabei sollte genau besprochen werden, was bearbeitet werden soll und welche Aspekte nicht berührt werden sollen.

Phase 2: Exposition

Der Übergang zur Auseinandersetzung mit der eigentlichen traumatischen Erfahrung darf erst dann geschehen, wenn eine ausreichende Stabilisierung stattgefunden hat. »Solange eine sexuell missbrauchte Patientin nicht eine stabile kreative Beziehung zu sich selbst entwickelt hat, ist das realitätsnahe Nachspielen der Gewalterfahrung erneut traumatisierend« (Krüger, 1997, S. 228). Eine mögliche Suizidgefährdung muss abgeklärt werden und stellt eine absolute Kontraindikation für die szenische Arbeit dar.

Für die Traumaexposition hat sich ein stark strukturiertes Vorgehen mit drei Elementen bewährt:

1. Die Arbeit auf verschiedenen Realitätsebenen;

2. der Einsatz spezifischer Traumaexpositionstechniken;

3. ein therapeutisch begründetes Interventionskonzept.

Grundsatz der psychodramatischen Traumabearbeitung: Spiel auf mehreren Realitätsebenen

Ein wichtiger Grundsatz für die psychodramatische Traumaarbeit, auf den besonders Pruckner (2002) und Krüger (2002b) hingewiesen haben, ist der bewusste Einsatz von vier verschiedenen Realitätsebenen, die auch im konkreten Bühnenaufbau räumlich besonders sauber voneinander getrennt werden müssen:

Die Ebene des psychodramatischen Interviews. Auf dieser Ebene (▶ Abschn. 9.8.1) berichtet die Protagonistin zu Beginn der Inszenierung aus heutiger Sicht über die Erfahrungen, die sie in der Vergangenheit gemacht hat. Die raumzeitliche Distanz in der Formulierungsweise (»dort-und-damals«) sowie die Verankerung in der Gegenwart durch den Kontakt mit der Leiterin bieten ein relativ hohes Maß an Schutz. Jedoch kann es auch hier schon zu Angstzuständen, starken somatischen Reaktionen, Flashbacks etc. kommen. In diesem Fall stellt die Leiterin durch Ankertechniken (z. B. das »haltende Doppel«) den Kontakt zur Gegenwart wieder her.

16

Die Regiestuhl-/Beobachtungssituation. Ist die Klientin stabil genug, wechselt sie in die Regiestuhlposition am Bühnenrand. Es ist dringend zu empfehlen, die Traumaszene zunächst im → Playbackspiel zu inszenieren. Dabei wird die Szene ohne Beteiligung der Protagonistin von der Gruppe gespielt; die Protagonistin sitzt oder steht am Bühnenrand, gibt der Gruppe Spielanweisungen und schaut sich das Geschehen wie in einem Film an. Falls das Spiel der Gruppe nicht den Vorstellungen der Protagonistin entspricht, kann sie von außen Korrekturen vornehmen und die korrigierte Szene erneut spielen lassen. Auch in dieser Situation sollte die Leiterin Distanzierungsmöglichkeiten schaffen, z. B. durch eine Barriere zwischen dem Regiestuhl und der restlichen Bühne und durch wiederholte sichernde Anweisungen, z. B.: »Was Sie hier sehen, ist nur ein Film, den Sie jederzeit stoppen können, indem Sie die Hand heben. Sie sind hier im Gruppenraum, Sie sind in Sicherheit, und ich bin immer bei Ihnen«. Dieses psychodramatische Konzept weist enge Bezüge zu der von Sachsse (1998b) beschriebenen Bildschirmtechnik auf, die zu den Standardtechniken der Traumatherapie gehört.

Die Surplus Reality als Handlungsraum, in dem die Traumaszene inszeniert wird. Die Protagonistin kann aus der Distanz der Regiestuhlposition in die Traumaszene wechseln. Sie kann ihre eigene Rolle, aber auch beispielsweise die Rollen von anderen Beteiligten, von fiktiven Figuren, Gegenständen oder Ähnlichem einnehmen. Für den Wechsel auf die Surplusebene muss in der Traumabearbeitung eine besondere Begründung vorliegen. Krüger (2002b) schreibt dazu:

> » Bei relativ akut traumatisierten Menschen mit schon vorhandenem dissoziierten (sic) Bewusstseinszustand ist es natürlicherweise kontraindiziert, den Protagonisten bei der Traumaverarbeitung die eigene Rolle im Handlungsraum der Traumaszene übernehmen zu lassen (…). Bei länger zurückliegenden Traumen aber, wenn die Patienten schon entsprechende Selbststabilisierungs- und Reak-
> ▼

tionsbildungen entwickelt haben, um zu überleben, kann es erforderlich sein, dass die Traumaüberlebenden in die Interaktionen der Traumaszene miteintreten, dies entweder durch Übernahme der Rolle eines Mitopfers (…) oder dadurch, dass sie wenigstens einmal für kurze Zeit sogar ihre eigene Rolle einnehmen. (S. 140)

Der Wechsel in die eigene Rolle, so Krüger (2002b) weiter, sollte so schonend wie möglich erfolgen, beispielsweise indem die Protagonistin an einer Stelle der Handlung den Ort des Geschehens betritt, an der ihn der Täter bereits verlassen hat. Wenn die Protagonistin von Emotionen überwältigt wird, kann sie sofort wieder zurück in die Regiestuhlposition oder an den »sicheren Ort« (► nächster Abschn.) wechseln.

Der »sichere Ort«. Diese Technik zählt zu den Traumaexpositionstechniken und wird nachfolgend erklärt.

Traumaexpositionstechniken

Die nachfolgend beschriebenen Traumaexpositionstechniken dienen dazu, positive innere Rollen und Zustandsbilder so zu »ankern«, dass sie während der Traumaexposition für die Protagonistin verfügbar sind. Wenn unkontrollierbare Regressionen, Dissoziationen oder Ängste einsetzen, kann die Leiterin mithilfe des zuvor verankerten Reizes die Klientin zurück in das Hier und Jetzt der therapeutischen Situation holen und die Grenzen des Ichs wieder aufrichten. Zusätzlich ist häufig eine körperliche Stabilisierung (z. B. Vermeidung von Hyperventilation durch Anweisungen zum bewussten Atmen) erforderlich.

Der »sichere Ort«. Die Leiterin fragt vor Beginn der Traumaexposition nach einem (realen oder imaginierten) Ort, an dem die Klientin sich absolut sicher und geborgen fühlt. Der sichere Ort kann eine Berghütte, eine Blumenwiese, eine einsame Insel, eine Festung oder ein Ort sein, der noch nicht einmal der Leiterin bekannt ist. Die Leiterin sollte sich allerdings vergewissern, dass sich das Vorstellungsbild der Klientin eignet – eine dunkle Höhle voller Spinnen ist sicherlich kein geeigneter Fluchtort. Die Vorstellung des sicheren Ortes sollte möglichst detailreich imaginiert und mit Ankern auf mehreren Sinnesmodalitäten verknüpft werden: Wie sieht es dort aus, wie riecht es, welche Geräusche sind zu hören? Die Technik, die bei Sachsse (1995) und Reddemann (2001) ausführlicher beschrieben ist, wird in der Traumatherapie allein über die Imagination der Klientinnen aktiviert. Im Psychodrama kann man dagegen den sicheren Ort real auf der Bühne einrichten und aufsuchen. Dabei ist allerdings Sorge dafür zu tragen, dass der sichere Ort gut gegen die Traumaszene abgegrenzt ist und nicht vom Geschehen auf der Bühne überrollt werden kann – eventuell sollte man den sicheren Ort im Zuschauerraum einrichten (Stadler, 2002). Als weiterer Anker kann ein Hilfs-Objekt installiert werden, das symbolisch für den sicheren Ort steht (z. B. ein Tuch in der Lieblingsfarbe der Klientin, ein Stein). Krüger (2002b) empfiehlt, die Protagonistin eine Mitspielerin auswählen zu lassen, die eine zur Opferrolle komplementär stabilisierende Gegenrolle (Schutzengel oder Ähnliches) verkörpert. Allein das Wissen der Klientin, dass der sichere Ort vorhanden ist, übt oft bereits eine stabilisierende Wirkung aus, die ausreicht, um die Konfrontation mit den traumatischen Erlebnissen zu wagen und zu bestehen.

Die »inneren Helfer«. Auch diese bei Sachsse (1998a) beschriebene »klassische« Traumaexpositionstechnik lässt sich ausgezeichnet psychodramatisch ausgestalten (Stadler, 2002). Die Technik wird mit einer Körperfokussierungsübung (z. B. entspanntes Sitzen, Reise durch den Körper) eingeführt, während der die Protagonistin »innere Helfer« (oder Helferinnen) imaginiert, die für sie eine stützende Funktion haben. Der innere Helfer kann ein Zauberer, ein Schutzengel, ein Stofftier aus der Kindheit oder ein anderes Wesen sein. Wenn die Begegnung mit dem inneren Helfer stattgefunden hat, soll sich die Klientin für sein Kommen bedanken und ihn zunächst wieder gehen lassen. In besonders belastenden Momenten kann der innere Helfer dann als Stütze »gerufen« werden.

Im Psychodrama kann diese Rolle mit einem (möglichst gleichgeschlechtlichen) Hilfs-Ich oder Symbol besetzt und im → Rollentausch exploriert

werden. Wichtig ist dabei, dass das Hilfs-Ich nicht direkt hinter der Protagonistin steht und körperliche Berührungen vermeidet, da diese als Trigger für Flashbacks wirken können.

Der »stützende Doppelgänger«. Auch die klassische Psychodrama-Methodik bietet Elemente zur Stützung der Protagonistin. Bei der Technik des stützenden Doppelgängers (▶ Abschn. 4.4.2) wählt die Protagonistin ein Mitglied der Gruppe aus, das während der gesamten Szene als Verstärkung bei ihr bleibt. Der Doppelgänger wirkt bereits durch seine Präsenz, kann aber auch Rat und Trost spenden, falls die Protagonistin dies wünscht. Anders als in der Arbeit mit dem »inneren Helfer« resultiert der Nutzen des Doppelgängers weniger aus der Aktivierung einer ressourcenorientierten Rolle im inneren Ensemble der Klientin als aus der realen → Telebeziehung zwischen Protagonistin und Gruppenmitglied.

Ziele der psychodramatischen Bearbeitung traumatischer Szenen

Synthetisierung von Erinnerungsfragmenten. Dissoziierte, fragmentierte Erinnerungen sollen zu einer sinnhaften Gestalt zusammengefügt werden. Pruckner hat diesen Aspekt für das Psychodrama mit Kindern beschrieben. Traumata, so Pruckner (2002), zerstören die Fähigkeit zur sinnvollen Organisation von Erfahrungen. Traumatisierte Kinder seien daher in vielen emotional bedeutsamen Kontexten nicht fähig, sinnvolle Erfahrungseinheiten (Szenen) zu konstruieren. Im Psychodrama lernen sie, wieder sinnvolle Ganzheiten zu bilden. Pruckner (2002) beschreibt sehr anschaulich, wie das szenische Spiel auf der Symbolebene diesen Gestaltbildungsprozess unterstützt.

Rückgewinnung des »Ownership« über die Erfahrung. In der psychodramatischen → Surplus Reality kann das »Drehbuch« der traumatischen Situation verändert werden, sodass die ursprünglich erlebte Machtlosigkeit der Klientin durchbrochen wird. So können Personen in die Szene eingefügt werden, die in der Ursprungssituation nicht anwesend waren, die aber in der Spielsituation die Protagonistin als Helfer oder zumindest als Zeugen unterstützen. Traumatherapie ist unter diesem Blickwinkel nicht vorrangig ein Prozess der Bewusstmachung unbewussten Materials, sondern ein Prozess, der Differenzen in ein bis dahin starres System einführt.

Zulassen von Schmerz. Die Klientin soll in die Lage versetzt werden, emotionalen Schmerz zuzulassen. Emotionaler Schmerz, so Greenberg u. Paivio (1998), kann adaptiven Wert haben (z. B. in der Trauerarbeit), wird aber häufig vermieden. Ziel des Psychodramas ist es, diese Vermeidung zu überwinden.

Erfahrung, dass eine Auseinandersetzung mit dem Trauma ausgehalten werden kann. Die Klientin soll erfahren, dass die traumatische Erfahrung und der dadurch hervorgerufene Schmerz nicht verdrängt und abgespalten werden müssen, sondern bewältigt werden können. Das Durchleben des Schmerzes allein ist hier nicht ausreichend, sondern es muss eine Herauslösung aus dem Schmerz durch distanzierte Betrachtung und Reflexion geschehen (Greenberg u. Paivio, 1998; ▶ Phase 3).

Auflösung innerer Konflikte zwischen guten und bösen Introjekten. Die Klientin soll in die Lage versetzt werden, die traumatisierenden Instanzen durch handelnde/verbale Verteidigung, Gegenwehr oder Bestrafung des Täters aus ihrem Selbst »herauszuwerfen«. Im Psychodrama kann diese »Verteidigung post hoc« szenisch durchgespielt werden. Gerade in Fällen frühen sexuellen Missbrauchs durch eigene Familienmitglieder (besonders den Vater) werden »gute« (liebevolle, geliebte) und »böse« (verletzende, strafende, Angst einflößende) Anteile des Täters aufgespalten und in dieser Polarität introjiziert. In der therapeutischen Arbeit geht es darum, das eigene Selbst gegenüber den »bösen« Objektanteilen des Täters abzugrenzen, ohne in einen inneren Loyalitätskonflikt gegenüber dessen »guten«, nach wie vor geliebten Anteilen zu geraten. Ein Rollentausch mit dem Aggressor ist in solchen Fällen kontraindiziert (Pruckner, 2002). In diesem Zusammenhang ist auch das Thema Schuld zu thematisieren, das bei Traumatisierten häufig eine große Rolle spielt.

Entwicklung neuer, progressiver Rollen. Das Rollenrepertoire traumatisierter Patientinnen ist häufig auf dem Stand der traumatischen Erfahrung »eingefroren«. Dann müssen zukunftsorientierte, positive Rollen (z. B. für die Gestaltung sozialer Beziehungen) neu entwickelt werden. Dies kann – langsam und schrittweise – im psychodramatischen → Rollentraining geschehen.

Phase 3: Integration

In der dritten Therapiephase soll es der Klientin ermöglicht werden, implizite und fragmentarische Erinnerungen in expliziter Weise zu verarbeiten und so das Ownership über Erfahrungen zu gewinnen, die zuvor außerhalb ihrer Kontrolle lagen: »Der Patient sollte nicht dem bloßen Wiedererleben dieser Erinnerungen überlassen, sondern gegenwartsbezogen ermutigt werden, dieses neu zusammengesetzte Bündel von Wahrnehmungen, Emotionen und Gedanken aus der Vergangenheit kognitiv zu verarbeiten« (Siegel, 1995, S. 118). Die Geschehnisse und Bilder der Traumaszene müssen verstehbar und somit Teil einer Geschichte werden, die im Lebenskontext der Klientin einen Sinn ergibt. Siegel (1995) bezeichnet diesen Prozess als »Narrativisierung« (»narrativization«, S. 96). Das Sprechen über das Erlebte ist somit ein wichtiger Teil des Verarbeitungsprozesses. Zusätzlich kann der Übergang zu einem Leben nach dem Trauma durch Rituale markiert werden (vgl. Imber-Black, Roberts u. Whiting, 1995). Allerdings sollte dabei deutlich werden, dass die Folgen der traumatischen Erfahrung langfristig bestehen bleiben und dass die Konfrontation in der therapeutischen Situation lediglich den Beginn eines längeren Bewältigungsprozesses darstellen kann.

16.4 Umgang mit destabilisierten Klientinnen und mit drohender Selbst- und Fremdschädigung

Eine zumindest minimale, vorübergehende Erschütterung des Selbst- und Weltverständnisses findet wohl in jedem Veränderungsprozess statt, ob es sich dabei um Therapie, Beratung oder einen anderen Lernprozess handelt. Gewohnheiten, Ideologien und Abwehrmechanismen müssen aufgeweicht werden (»unfreezing«), bevor neues Handeln entwickelt (»changing«) und in die Persönlichkeit integriert werden kann (»refreezing«). Das Ausmaß der Destabilisierung reicht dabei von der notwendigen und sinnvollen Infragestellung des Althergebrachten, die die Klientin im Rahmen ihrer Ressourcen problemlos auffangen kann, bis hin zur Suizidabsicht oder Mordfantasie.

Wie kann man dafür sorgen, dass Störungen im Prozess der Integration verunsichernder und selbstwertbedrohender Erfahrungen aufgefangen werden können? Was kann man tun, wenn durch die psychodramatische Arbeit ungewollt eine Destabilisierung entsteht, die im jeweiligen Setting nicht aufgefangen werden kann? Wie geht man damit um, wenn sich während der Arbeit herausstellt, dass »hinter« dem vordergründigen Anliegen der Klientin ein Trauma steht? Und was passiert, wenn die Klientin bereits so destabilisiert in die Therapie kommt, dass die Gefahr einer Selbst- oder Fremdschädigung besteht?

Diese Fragen sind – in unterschiedlichem Ausmaß – für alle Arbeitsfelder relevant und bedürfen einer abgestuften Interventionskette.

Stufe 1: Ressourcenaktivierung

Zeichnet sich eine Destabilisierung ab, sollte die Leiterin natürlich zuerst versuchen, die Klientin im Rahmen der Psychodrama-Sitzung zu stabilisieren. Falls dies die Grenzen der verfügbaren Zeit oder des Settings sprengt, sollte in der Abschlussphase der Sitzung die Aktivierung der Ressourcen der Klientin zur Problembewältigung im Vordergrund stehen. Zum Abschluss eines Protagonistenspiels können stützende Rollen im Rollenrepertoire der Klientin gestärkt werden, indem man sie in eine positiv besetzte Rolle bringt, bevor das Spiel abgeschlossen wird. Hilfs-Objekte in stärkender Funktion können der Protagonistin als Symbole mitgegeben werden. Wenn dies nicht möglich ist, sollten sie zumindest so in der Imagination »geankert« werden, dass sie später in schwierigen Alltagssituationen für die Protagonistin verfügbar sind, z. B. mit der Technik des »Gedächtnisfotos« (▶ Abschn. 4.12).

Darüber hinaus kann die Leiterin gemeinsam mit der Protagonistin ein stützendes Netz von externen Ressourcen knüpfen, das diese nach Abschluss der Sitzung in Anspruch nehmen kann: »An wen können Sie sich heute oder in den nächsten Tagen wenden, um über das belastende Thema zu sprechen (Freunde, Verwandte, Therapeutin)?«

Ressourcenorientierte Krisenintervention bedeutet nicht, die Probleme der Klientin durch Kommentare wie »Sie schaffen das schon« oder »Sie werden sehen, es ist alles gar nicht so schlimm« zu verharmlosen. Auch Appelle wie »Sie dürfen ihr Leben nicht wegwerfen« sind wenig hilfreich. Solche Haltungen stören den Rapport zur Klientin und sind eher ein Ausdruck der Hilflosigkeit der Leiterin, als dass sie therapeutisch zielführend sind. ◻ Tab. 18.1 gibt einen Überblick über therapeutisch wirksame und therapeutisch unwirksame Reaktionen für verschiedene Symptombilder (nach Mücke, 2001, S. 72 f.).

Stufe 2: Hilfsangebote

Wenn sich bei dieser Abklärung des sozialen Netzes herausstellt, dass die Klientin nicht über ausreichende Ressourcen zur Problembewältigung verfügt, sollte die Leiterin selbst konkrete Hilfsangebote machen. Ein solches Hilfsangebot kann in einem unmittelbar an das Spielende anschließenden Gespräch mit der Koleiterin oder in einer Einzelberatung am folgenden Tag bestehen. In schwereren Fällen, insbesondere wenn mit selbstverletzendem Verhalten zu rechnen ist, hat sich ein Kontrakt zwischen Klientin und Therapeutin bewährt, der mit Handschlag besiegelt wird und folgende Punkte enthält:
- Die Klientin verpflichtet sich, gravierende Selbstverletzungen zu unterlassen;
- die Klientin verpflichtet sich, die Therapeutin anzurufen, falls sie den Impuls nach Selbstverletzung verspürt;
- bei Missachtung dieser Vereinbarung bricht die Therapeutin die Therapie ab.

Stufe 3: Schutz vor Selbst- und Fremdschädigung

Wenn die Klientin nicht mehr in der Lage ist, die Verantwortung für sich und andere zu übernehmen und Suizidgefahr und/oder Fremdschädigungsgefahr besteht, ist die Leiterin verpflichtet, eine Zwangseinweisung der Klientin in eine ge-

◘ **Tab. 16.1.** Unterscheidung zwischen sozial erwartetem, nichttherapeutischem und deviantem therapeutischen Verhalten. (Mücke, 2001, S. 72 f.)

Symptom bzw. problematisches Verhalten	Therapeutisch nicht bzw. negativ wirksame, sozial erwartete Reaktionen	Auswirkungen der sozial erwarteten Reaktionen	Therapeutisch wirksame, deviante Reaktionen	Auswirkungen der therapeutisch-devianten Reaktionen
Depression	Mitleid, Hilfe, Unterstützung, Abnahme von Tätigkeiten, Anbieten von Entlastung, Abnahme von Verantwortung	Vertrauen in die eigenen Fähigkeiten schwindet, Abhängigkeit von anderen steigt, das Gefühl der eigenen Nutz- und Wertlosigkeit vergrößert sich, Schuldgefühle werden verstärkt, das Erleben von Hilflosigkeit wird stärker	a) »Es ist offensichtlich verdammt schwer für Sie, aber nachdem, was Sie mir erzählt haben, wundere ich mich, dass es Ihnen nicht noch viel schlechter geht. Manche Menschen in Ihrer Situation hätten noch nicht einmal die Kraft, zu einem Psychotherapeuten zu gehen. Wie erklären Sie sich, dass Sie das geschafft haben?« b) (…) c) »Was müssten Sie tun, damit es Ihnen noch schlechter geht?« (Diese Frage setzt allerdings ein spürbares Wohlwollen voraus)	a) Stärkung des Selbstwertgefühls und des Vertrauens in die eigenen Kompetenzen, Aufwertung b) (…) c) Aus einem Problemopfer wird ein/e Problemtäter/in, damit steigt das Gefühl, die Situation beeinflussen zu können
Suizidversuch	Mut machen, Optimismus verbreiten	Fühlt sich nicht ernst genommen, wertet sich ab	»Was wollten Sie durch den Anschlag auf sich selbst erreichen?«, »Was waren Ihre Absichten dabei?«	Aktivierung einer lebendigen Lösungsvision, Nutzung für positive Lebensziele
Angst- und Panikreaktionen	Schnelle Hilfestellungen, Druck, hektische Aktivität	Erleben des Ausgeliefertseins, Verstärkung der Angst- und Panikreaktionen	Ruhe und Gelassenheit ausstrahlend:»Angenommen, Sie würden gerade Angst- und Panikreaktionen zeigen, welche Auswirkungen hätte das?«	Ruhe, Gelassenheit, Abnahme des Handlungsdrucks
Verrücktes, nicht-intentionales Verhalten	Freisprechen und Abnahme von Verantwortung, Übergehen des verrückten Verhaltens als nicht ernst zu nehmen, Absprechen von Intentionalität, Unterstellung der Unfähigkeit, klar zu kommunizieren	Verstärkung des Gefühls, für das eigene Verhalten nicht verantwortlich, fremdbestimmt zu sein, Verlust der Achtung vor sich selbst, Bestätigung der Unverständlichkeit des eigenen Seelenlebens, Erleben eigener Inkompetenz	a) (…) b)»Sie haben sicherlich gute Gründe, sich so zu verhalten, obwohl ich im Moment Ihre Motive noch nicht nachvollziehen kann« (…) c) (…)	a) (…) b) Ernstnehmen des verrückten Verhaltens als intentional und prinzipiell verstehbar, Aufhebung der Exkommunikation c) (…)

schlossene psychiatrische Abteilung zu veranlassen. Diese Maßnahme geschieht nicht nur zum Schutz der Klientin, sondern auch aufgrund der Fürsorgepflicht und der (auch juristischen) Verantwortung der Therapeutin.

> ❗ Bei Klientinnen, bei denen die Gefahr einer gravierenden Selbst- oder Fremdschädigung besteht, sollte die Leiterin zunächst die stabilisierenden Ressourcen fokussieren, über die die Klientin selbst verfügt (z. B. Freunde, professionelle Beratung oder Therapie). Ist dies nicht ausreichend, sollte die Leiterin selbst Hilfsangebote formulieren. Wenn sich abzeichnet, dass die Klientin nicht in der Lage ist, die Verantwortung für ihre eigene Sicherheit zu übernehmen, muss im Extremfall eine Einweisung in eine geschlossene psychiatrische Abteilung erwogen werden.

Zusammenfassung

Bei der Arbeit mit schwierigen Themen stehen drei Grundsätze im Vordergrund:

1. Es wird grundsätzlich **ressourcenaktivierend** gearbeitet, d. h. der Fokus liegt nicht auf Defiziten, Problemen und Regression, sondern auf Stärken, Bewältigungsmöglichkeiten und Zukunftsorientierung.
2. **Safety first!** Der körperliche und seelische Schutz aller Beteiligten hat absoluten Vorrang. Die methodischen Leitlinien zur Umsetzung dieses Grundsatzes wurden in diesem Kapitel eingehend erläutert.
3. Die Leiterin sollte sich der **Grenzen des Settings und ihrer Kompetenz** bewusst sein. Gegebenenfalls muss die Protagonistin mit ihrem Spielwunsch auf ein anderes Setting oder eine spezialisierte Fachkollegin verwiesen werden. Ein laufendes Spiel kann vor (!) einem kritischen Punkt beendet werden – dann sind stabilisierende Maßnahmen zu treffen.

Gerade in der Arbeit mit Traumata, die über eine in vielen Anfragen gegebene »Minimaltraumatisierung« hinausgehen, ist fundierte Erfahrung der Leiterin und eine über die Lektüre eines Lehrbuchkapitels hinausgehende Qualifizierung eine unerlässliche Voraussetzung.

Weiterführende Literatur

Fischer, G. & Riedesser, P. (1998). *Lehrbuch der Psychotraumatologie.* München: Reinhardt (383 Seiten).
　　Dieses Grundlagenwerk zur Traumatherapie bietet eine ebenso übersichtliche wie fundierte Einführung in die Genese, Symptomatik und Behandlung traumatischer Erlebnisse. Aufgrund seines einführenden Charakters ist es auch für die nichttherapeutische Arbeit mit Minimaltraumatisierungen lehr- und hilfreich.

Reddemann, L. (2001). *Imagination als heilsame Kraft.* Stuttgart: Klett-Cotta (215 Seiten).
　　Reddemann, eine der führenden Traumatherapeutinnen, stellt in diesem Buch eine Auswahl von Übungen dar, die das innere Erleben der Patientinnen fokussieren und die gut in ein psychodramatisches Therapiekonzept eingebunden werden können. Eine gute, praxisorientierte Ergänzung zum Grundlagenwerk von Fischer u. Riedesser.

Kellermann, P. F. (2007). *Sociodrama and Collective Trauma.* London: Kingsley. (215 Seiten).
　　Kellermann beschreibt die soziodramatische Arbeit mit Traumatisierten als genuines gruppentherapeutisches Konzept. Dabei unterscheidet er verschiedene Konzepte, die zur Aufarbeitung von kollektiven Traumata, politischen Verwerfungen in der Gesellschaft, interkulturellen Spannungen und zwischenmenschlichen Konflikten sowie in der Versöhnungsarbeit nach Konflikten eingesetzt werden können.

Zeitschrift für Psychodrama und Soziometrie (2002). *Themenheft »Trauma, Störung und Ressource«, 1 (2).* Opladen: Leske & Budrich (220 Seiten).
　　Krüger stellt in seinem Beitrag die Grundzüge der psychodramatischen Traumabearbeitung auf der Grundlage der Rollen- und der Kreativitätstheorie dar. Pruckner erläutert ihr Konzept für die Therapie traumatisierter Kinder, das sich auch für die Arbeit mit Erwachsenen eignet. Stadler erklärt ausführlich die Traumaexpositionstechniken »sicherer Ort« und »innerer Helfer«. Einen sehr guten Überblick bietet auch Krügers Zusammenfassung des Sammelbands von Kellermann u. Hudgins (2000) zum Thema Trauma (▶ Literatur).

Literatur

Baumgartner, D. D. (1986). Sociodrama and the Vietnam combat veteran: A therapeutic release for a wartime experience. *Journal of Group Psychotherapy, Psychodrama & Sociometry, 39 (1),* 31–39.

Blatner, A. (1996). *Acting-In. Practical Applications of Psychodramatic Methods* (3rd edn.). New York: Springer.

Brenneis, C. B. (1998). Gedächtnissysteme und der psychoanalytische Abruf von Trauma-Erinnerungen. *Psyche, 52 (9/10),* 801–823.

Carbonell, D. M. & Parteleno-Barehmi, C. (1999). Psychodrama groups for girls coping with trauma. *International Journal of Group Psychotherapy, 49 (3),* 285–306.

Christianson, S.-A. & Loftus, E. F. (1990). Some characteristics of peoples traumatic memories. *Bulletin of the Psychonomic Society, 28* (3), 195–198.

Davis, S. (1990). Helping young girls come to terms with sexual abuse. *British Journal of Occupational Therapy, 53 (3),* 109–111.

Dhawan, S. & Eriksson Söder, U.-S. (1999). Trauma und Psychodrama. *Zeitschrift für Politische Psychologie, 7 (1+2),* 201–220. (Download unter http://www.ai-aktionsnetz-heilberufe.de/docs/texte/texte/politische_traumatisierung_1999/tdhawan.pdf, Stand 24.11.2008)

Elliott, R., Davis, K.L. & Slatick, E. (1998). Process-experiential therapy for posttraumatic stress difficulties. In L.S. Greenberg, J.C. Watson & G. Liataer (eds.), *Handbook of Experiential Psychotherapy* (249–271). New York: Guilford.

Fischer, G. & Riedesser, P. (1998). *Lehrbuch der Psychotraumatologie.* München: Reinhardt.

Greenberg, L. G. & Paivio, S. C. (1998). Allowing and accepting painful emotional experiences. *International Journal of Action Methods: Psychodrama, Skill Training & Role Playing, 51 (2),* 47–61.

Greenberg, L. S., Watson, J. C. & Liataer, G. (eds.) (1998). *Handbook of Experiential Psychotherapy. New York:* Guilford.

Hudgins, M. K. (1998). Experiential psychodrama with sexual trauma. In L. S. Greenberg, J. C.Watson & G. Lietaer (eds.), *Handbook of Experiential Psychotherapy* (328–348). New York: Guilford.

Imber-Black, E., Roberts, J. & Whiting, R. A. (Hrsg.) (1995). *Rituale: Rituale in Familien und Familientherapie* (2. Aufl.). Heidelberg: Auer.

International Journal of Action Methods: Psychodrama, Skill Training & Role Playing (1998). *Trauma, 51 (2).*

Karp, M. (2000). Psychodrama of rape and torture. A sixteen-year follow-up case study. In P. F. Kellermann & M. K. Hudgins (eds.), *Psychodrama with Trauma Survivors: Acting out your Pain* (63–82). London: Kingsley.

Kellermann, P. F. (2007). *Sociodrama and Collective Trauma.* London: Kingsley.

Kellermann, P. F. & Hudgins, M. K. (eds.) (2000). *Psychodrama with Trauma Survivors: Acting out your Pain.* London: Kingsley.

Kipper, D. A. (1998). Psychodrama and trauma: Implications for future interventions of psychodramatic role-playing modalities. *International Journal of Action Methods – Psychodrama, Skill Training, and Role Playing, 51 (3),* 113–121.

Kolk van der, B. A. (1996). The complexity of adaptation to trauma: Self-regulation, stimulus discrimination, and characterological development. In B. A. van der Kolk, A. C. McFarlane & L. Weisaeth (eds.), *Traumatic Stress: The Effects of Overwhelming Experience on Mind, Body, and Society* (182–213). New York: Guilford.

Kolk, B. A. van der & Hart, O. van der (1989). Pierre Janet and the breakdown of adaption in psychological trauma. *American Journal of Psychiatry, 146,* 1530–1540.

Kramer, S. (1990). Residues of incest. In H. Levine (ed.), *Adult Analysis and Childhood Sexual Abuse* (149–170). New York: Analytic Press.

Krüger, R. T. (1997). *Kreative Interaktion. Tiefenpsychologische Theorie und Methoden des klassischen Psychodramas.* Göttingen: Vandenhoeck & Ruprecht.

Krüger, R. T. (2002a). Buch-Essay »Psychodrama with Trauma Survivors« (Kellermann & Hudgins). *Zeitschrift für Psychodrama und Soziometrie,1 (2),*187–214.

Krüger, R. T. (2002b). Psychodrama als Aktionsmethode in der Traumatherapie und ihre Begründung mit den Konzepten der Rollentheorie und der Kreativitätstheorie. Zeitschrift *für Psychodrama und Soziometrie, 1 (2),* 117–146.

Langkafel, M. (2000). Die posttraumatische Belastungsstörung. *Psychotherapie im Dialog, 1 (1),* 3-12.

Mennen, F. E. & Meadow, D. (1992). Process to recovery: In support of longterm groups for sexual abuse survivors. *International Journal of Group Psychotherapy, 42 (4),* 29–44.

Mücke, K. (2001). *Probleme sind Lösungen. Systemische Beratung und Psychotherapie – ein pragmatischer Ansatz* (2. Aufl.). Potsdam: Mücke ÖkoSysteme.

Naar, R., Doreian-Michael, C. & Santhouse, R. (1998). Shortterm psychodrama with victims of sexual abuse. *International Journal of Action Methods: Psychodrama, Skill Training & Role Playing, 51 (2),* 75–82.

Olio, K. A. & Cornell, W. F. (1993).The therapeutic relationship as the foundation for treatment with adult survivors of sexual abuse. *Psychotherapy, 30,* 512–523.

Ottomeyer, K. (2004). Psychodrama und Trauma. In J. Fürst, K. Ottomeyer & H. Pruckner (Hrsg.), *Psychodrama-Therapie. Ein Handbuch* (348–362). Wien: Facultas.

Perret-Catipovic, M. & Ladame, F. (1999).The psychodrama of trauma and the trauma of psychodrama. In M. Sugar (Ed.), *Psychic Trauma in Adolescence* (75–90). Madison: International Universities Press.

Ploeger, A. & Schmitz-Gielsdorf, R. (1980).Tiefenpsychologisch fundierte Psychdramatherapie bei den Geiseln der in Mogadischu befreiten Lufthansamaschine »Landshut«. *Gruppenpsychotherapie und Gruppendynamik, 15 (3/4),* 353–361.

Pruckner, H. (2002). »Du sollst nicht fragen, das Kind will nicht reden …« Psychodramatherapie mit traumatisierten Kindern. *Zeitschrift für Psychodrama und Soziometrie, 1 (2),* 147–175.

Reddemann, L. (2001). *Imagination als heilsame Kraft.* Stuttgart: Klett-Cotta.

Reddemann, L. & Sachsse, U. (1996). Imaginative Psychotherapieverfahren zur Behandlung in der Kindheit traumatisierter Patientinnen und Patienten. *Psychotherapeut, 41,* 169–174.

Reddemann, L. & Sachsse, U. (1999). Trauma first! *PTT Persönlichkeitsstörungen – Theorie und Therapie, 3,* 16–20.

Sachsse, U. (1995). *Selbstverletzendes Verhalten.* Göttingen: Vandenhoeck & Ruprecht.

Sachsse, U. (1998a). Traumasynthese durch Traumaexposition. *PTT Persönlichkeitsstörungen – Theorie und Therapie, 2,* 77–87.

Sachsse, U. (1998b). Traumaexpositionstechniken: Die Bildschirm-Technik. *PTT Persönlichkeitsstörungen – Theorie und Therapie, 2,* 77–87.

Siegel, D. J. (1995). Memory, trauma, and psychotherapy. A cognitive science view. *Journal of Psychotherapy Practice and Research, 4*, 93–122.

Stadler, C. (2002). Von Sicheren Orten und Inneren Helfern. Psychodramatherapie mit traumatisierten Menschen. *Zeitschrift für Psychodrama und Soziometrie, 1 (2)*, 177–186.

Tulving, E. & Thompson, D.M. (1973). Encoding specificity and retrieval processes in episodic memory. *Psychological Review, 80*, 352–373.

Verhofstadt-Denève, L.M.F. (1999). Action and drama techniques with adolescent victims of violence: A developmental therapeutic model. *International Journal of Adolescent Medicine & Health, 11 (3/4)*, 351–367.

Zaidi, L. Y. & Gutierrez-Kovner, V. M. (1995). Group treatment of sexually abused latency-age girls. *Journal of Interpersonal Violence, 10* (2), 215–227.

Zarbock, G. (1994). Emotional-imaginative Umstrukturierung traumatischer Episoden. *Verhaltenstherapie, 4*, 122–129.

Zeitschrift für Psychodrama und Soziometrie (2002). *Themenheft »Trauma, Störung und Ressource«, 1 (2)*. Opladen: Leske & Budrich.

16

»Widerstand«[1] gegen Veränderung

---

[1]   Aufgrund seiner problematischen Konnotationen wurde der Begriff Widerstand zu Beginn in Anführungszeichen gesetzt. Im weiteren Verlauf werden die Anführungszeichen aus Gründen der Lesbarkeit weggelassen.

> »Wir reißen dem Protagonisten nicht die Wände ein, wir versuchen einfach an den verschiedenen Türen, welche sich öffnen«. (Moreno, o. A., zitiert nach Petzold, 1978, S. 2778)

Psychodramatische Prozesse verstehen sich als Anstöße zu einer **Veränderung** des Verhaltens, der Bewertungen, der Kommunikation in der Familie oder im Team usw. und jede Praktikerin kennt das Phänomen, dass dieser Veränderungsprozess phasenweise nicht so reibungslos fortschreitet, wie man es erwartet hätte. Klienten stellen die Ziele oder Methoden der Arbeit in Frage, weichen der Leiterin (und sich selbst?) aus, schweigen oder erscheinen nicht zu den vereinbarten Terminen. In Trainingsmaßnahmen gelernte Methoden werden in der Praxis nicht angewendet, in Workshops getroffene Entscheidungen nicht umgesetzt. Diese Phänomene, die man als Widerstand gegen Veränderung oder kurz als Widerstand bezeichnet, sind Thema dieses Kapitels. Wir werden zunächst einige Manifestationen derartiger Phänomene beschreiben, um dann Deutungsmöglichkeiten und Möglichkeiten der Widerstandsbearbeitung zu diskutieren.

Wenn man ein bestimmtes Verhalten des Klienten, z. B. Unbehagen bei der Beantwortung einer Frage, als Widerstand bezeichnet, ist darin meist die implizite oder explizite Unterstellung enthalten, der Klient sperre sich – bewusst oder unbewusst – gegen die Intervention der Leitung, z. B. um einer für ihn unangenehmen Konfrontation mit seinen Gefühlen aus dem Weg zu gehen. Diese weit verbreitete Neigung, die Quelle des Widerstands vorzugsweise im Klienten zu lokalisieren, ist ein Erbe der klassisch-psychoanalytischen Widerstandskonzeption. Anhand einer Kritik dieser Auffassung zeigen wir in ▶ Abschn. 17.3 und 17.4 weitere Deutungsmöglichkeiten auf, die zu einer differenzierteren Sicht des Phänomens Widerstand und damit auch zu einer breiteren Palette von Handlungsmöglichkeiten für die Leitung beitragen sollen.

In der Literatur zum Thema wird Widerstand – entsprechend der vorwiegend psychoanalytischen Geschichte des Widerstandskonzepts – meistens in Bezug auf die Verhaltensweisen eines Klienten in einer therapeutischen Situation beschrieben. Nichtsdestoweniger kann man auch in anderen Arbeitsfeldern und in größeren sozialen Systemen Widerstandsphänomene ausmachen, wenn man das Widerstandskonzept auf Organisationen (Unternehmen, Vereine, Universitäten etc.) oder gar auf ganze Nationen und Kulturen ausweitet. Wir werden die Erscheinungsformen, Hintergründe und Möglichkeiten der Bearbeitung von Widerständen vorwiegend am Beispiel des Individuums und im (quasi-) therapeutischen Kontext illustrieren und unsere Ausführungen stellenweise um die überindividuelle Perspektive und in Richtung auf andere Arbeitsfelder erweitern.

17.1   Erscheinungsformen von Widerstand

Der Prozess der Widerstandsanalyse und -bearbeitung beginnt damit, dass ein bestimmtes Verhalten des Klienten oder ein gruppendynamisches Phänomen beobachtet und als Widerstand klassifiziert wird. Diese Klassifikation ist eine Konstruktion des Leiters, die nicht unbedingt eine Entsprechung in der Wirklichkeit des Klienten voraussetzt. Entsprechend gibt es keinen erschöpfenden Katalog, aus dem hervorginge, was ein Widerstand »ist« und was nicht. Die nachfolgende Übersicht fasst mögliche Erscheinungsformen von Widerstand zusammen, wie sie vor allem im therapeutischen Setting auftreten können.

Widerstand auf der Ebene des Individuums (nach Greenson, 1995)
- nonverbale Ausdruckformen, z. B. Schweigen, Erröten
- Affekte, die Widerstand anzeigen, z. B. Zittern, Schwitzen
- Fehlen von Affekten
▼

Auch aus dem Fehlen von Affekten kann auf Widerstand geschlossen werden, etwa »… wenn der Patient sich verbal mitteilt, aber dabei keine Affekte zeigt. Seine Bemerkungen sind trocken, flach, monoton und apathisch. Man hat den Eindruck, der Patient sei unbeteiligt und distanziert von dem, was er berichtet.« (Greenson, 1995, S. 74)

- Körperhaltung, z. B. Starrheit, über die gesamte Sitzung durchgehaltene Schutzhaltungen, übermäßiger Bewegungsdrang
- Fixierung in der Zeit, beispielsweise spricht der Klient ausschließlich über die Gegenwart, ohne auf die Vergangenheit zurückzugreifen oder umgekehrt
- Sprechen über Triviales oder äußere Ereignisse, Wiederholung von Inhalten ohne Amplifikation / Affekt / Vertiefung der Einsicht
- Vermeiden bestimmter Themen
- Routinehandlungen
- Vermeidende Sprache – Phrasen, Klischees, Fachwörter
- Zuspätkommen, Versäumen von Stunden, Vergessen zu bezahlen
- Häufige »fröhliche« Stunden – Ausbleiben von Symptomen und Leidensdruck als Abwehrmechanismus
- der Klient ändert sich nicht
- Verdrängung – dem Klienten fallen keine wesentlichen Erinnerungen ein
- Isolierung – Abspaltung z. B. der rationalen Erinnerung an traumatische Ereignisse von ihrem emotionalen Bezug
- Widerrufen zuvor ausgedrückter Einsichten
- pauschale Zweifel an der Fähigkeit des Therapeuten, den Klienten zu verstehen
- Aggressionsäußerungen in verschiedener Form
- Rückfälle ins Symptomverhalten, z. B. Substanzmissbrauch
- Somatisierung
- Speziell für das Psychodrama die lange Teilnahme an einer Gruppe ohne Anmeldung von Themen oder der vorzeitige Abbruch des Spiels durch den → Protagonisten

Die Abgrenzung zwischen Widerstand und Verhalten ohne Widerstandswert ist häufig keine Frage der **Qualität** des betreffenden Verhaltens, sondern eher ein quantitatives Problem: Als »widerständig« empfinden wir häufig die extremen Ausprägungen einer ansonsten als völlig normal betrachteten Handlungsweise. So kommt es, dass sich Widerstand oft an den entgegengesetzten Extrempunkten eines Kontinuums findet:

hartnäckiges Schweigen   vs.   Redeschwall
Es kommt keine Aktion   vs.   »Overacting«,
in Gang   Ausagieren
Fehlen von Affekten   vs.   hysterische
                                                Emotionalität

Die nachfolgende Übersicht stellt mögliche Erscheinungsformen von Widerstand zusammen, die vor allem in Gruppen und Organisationen auftreten können.

Widerstände in Gruppen und Organisationen
- Verschiebung – Stellvertreterdiskussionen statt Auseinandersetzung mit dem eigentlichen Thema
- Verschiebung vermiedener Themen auf Einzelne (Sündenbockphänomen) oder auf die Leitung
- Schuld und Verantwortung wird nach außen verschoben – »Wenn die mal so ein Seminar machen würden …«
- kollektive Verhaltensmuster: Müdigkeit, Albernheit bei problematischen Themen, Harmoniestreben etc.
- Verständnisschwierigkeiten und Lernhemmungen
- andauernde Konflikte zwischen den Teilnehmern
- beständige Konfliktvermeidung
- Zuspätkommen, Disziplinlosigkeit
- kollektive Vermeidung bestimmter Themen
- Kernfragen werden nur »hinter vorgehaltener Hand« besprochen
- Beschäftigung mit Formalia statt mit Inhalten
- Reden statt Handeln
- Arbeitsverweigerung, Blockaden

Moreno war einer der Ersten, die das klassische, auf die einzelne Person bezogene Widerstandskonzept auf die überindividuelle Ebene übertragen haben – er bezeichnet derartige Phänomene in Gruppen als »zwischenmenschliche Widerstände« (z. B. Moreno, 1977).

17.2 Grundlagen des Widerstandkonzepts

Der psychoanalytische Widerstandsbegriff ist eng verbunden mit dem Begriff der **Abwehr** und nur im Zusammenhang mit diesem verständlich.

Definition

Abwehr ist ein innerpsychischer Prozess, der dazu dient, einen unangenehmen Affekt (z. B. Angst, Schuldgefühle, Scham), hervorgerufen beispielsweise durch einen für das Über-Ich nicht akzeptablen Triebimpuls oder eine biografische Traumatisierung, von der Bewusstwerdung fernzuhalten und somit die Psyche vor Gefahr und Schmerz zu schützen. Derartige Abwehrmechanismen umfassen beispielsweise Verdrängung, Projektion, Introjektion, Isolierung, Rationalisierung, Intellektualisierung.

Diejenigen Prozesse, die innerhalb der Psyche eines Menschen (sozusagen »nach innen hin«) als Abwehr wirken, treten in der therapeutischen Situation (»nach außen hin«) als Widerstand in Erscheinung. Die Psychoanalyse definiert Widerstand wie folgt: »Was immer die Fortsetzung der Arbeit stört, ist ein Widerstand« (Freud, 1900, S. 521), oder in einer Formulierung von Greenson (1995):

>> All jene Kräfte im Patienten, die sich den Verfahren und Prozessen der Analyse entgegenstellen, d. h. das freie Assoziieren des Patienten behindern und die Versuche des Patienten stören, sich zu erinnern, Einsicht zu gewinnen und sie sich zu eigen zu machen, die Kräfte also, die gegen das vernünftige Ich des Patienten arbeiten und gegen seinen Wunsch, sich zu ändern, all diese Kräfte sind als Widerstand anzusehen. (S. 71).

Die Psychoanalyse unterscheidet folgende Formen von Widerstand:

1. »Es-Widerstand«;
2. »Über-Ich-Widerstand«;
3. »Ich-Widerstände«:
   a) Widerstand gegen die Aufhebung der Verdrängung,
   b) Übertragungswiderstand,
   c) Widerstand aus dem sekundären Krankheitsgewinn.

Eine wichtige psychoanalytische Unterscheidung, die auf Greenson (1995) zurückgeht, ist die Unterscheidung zwischen sogenannten ich-fremden und ich-syntonen Widerständen. **Ich-fremde Widerstände** sind für den Patienten wahrnehmbar. Er merkt, dass er sich »widerständig« (z. B. aggressiv gegenüber dem Analytiker) verhält, findet dies aber selber erstaunlich und unerklärlich. Er empfindet sein Verhalten so, als würde es ihm von einer von ihm unkontrollierbaren Instanz außerhalb seiner selbst aufgezwungen. **Ich-syntone Widerstände** hingegen sind für den Patienten nicht wahrnehmbar. Obwohl sein Verhalten nach außen hin als Widerstand erscheint, empfindet er selbst seine Handlungsweisen als zweckmäßig und rational. Manchmal werden sie sogar durch sein Wertesystem hochgradig gestützt – z. B. »Es ist gut, dass ich in Konflikten immer nachgebe, denn Aggressionen **sind** ja auch schlecht«. Ich-syntone Widerstände sind von Verleugnung, Rationalisierung und Bagatellisierung geprägt. Daher ist es erheblich schwieriger mit ihnen umzugehen, als mit ich-fremden Widerständen. Ein wichtiger Schritt bei den meisten Verfahren der Widerstandsbearbeitung ist die Umwandlung ich-syntoner in ich-fremde Widerstände.

Zur Vertiefung der psychoanalytischen Widerstandslehre bieten sich – neben der umfangreichen Originalliteratur von Freud – vor allem Anna Freuds Standardwerk »Das Ich und die Abwehrmechanismen« (1984) sowie die entsprechenden Kapitel bei Greenson (1995) sowie Sandler, Dare u. Holder (1996, S. 116–138) an.

An Freuds Widerstandskonzeption entzünden sich drei Kontroversen:

1. Verschiedene Kritiker haben der Auffassung widersprochen, dass Widerstand notwendig

und ausschließlich auf Abwehrprozesse zurückzuführen sei. Ihr Argument lautet, dass die Gleichsetzung von Widerstand und Abwehr zu einer pauschalen Pathologisierung von Phänomenen führe, die auch auf andere Ursachen zurückgeführt werden und durchaus im Sinne des »vernünftigen Ichs« des Klienten sein könnten.

2. Freuds Theorie verlegt die Quelle des Widerstands grundsätzlich in den Klienten. Damit werde, so die Kritik, der interaktionelle Charakter der therapeutischen Situation und der Anteil des Therapeuten am Interaktionsgeschehen vernachlässigt.

3. Freuds Definition spiegelt implizit die Asymmetrie der psychoanalytischen Beziehung wider, die den Analytiker allein zur legitimen Instanz für die Deutung des in der therapeutischen Situation Erscheinenden erklärt. Eine Deutung als Widerstand kann nicht widerlegt werden, denn wenn der Klient die Deutung des Analytikers ablehnt, kann dies wiederum als Widerstand interpretiert werden. Somit verlegt Freuds Definition die Quelle des Widerstands ausnahmslos in den Patienten selbst (»All jene Kräfte **im Patienten** …«). Von dieser aus humanistischer Sicht sehr problematischen Auffassung der Klient-Therapeut-Beziehung und des ihr hinterlegten Menschenbilds zeugt auch ein Zitat von Freud, in dem er die Rolle des Analytikers bei der Widerstandsbearbeitung beschreibt:

> » Man wirkt, so gut man kann, als Aufklärer, wo die Ignoranz eine Scheu erzeugt hat, als Lehrer, als Vertreter einer freieren oder überlegenen Weltauffassung, als Beichthörer, der durch die Fortdauer seiner Teilnahme und seiner Achtung nach abgelegtem Geständnisse gleichsam Absolution erteilt (…). (Breuer u. Freud, 1895, S. 285)

Die Möglichkeit, dass auch der Analytiker und sein Vorgehen Anteil an der Entstehung von Widerstand haben, wird zwar in Form des Übertragungs-Gegenübertragungs-Konzepts angesprochen, jedoch lässt das Konzept in der von Freud vorgelegten Form zu wenig Raum für eine selbstkritische Betrachtung des Eigenanteils des Analytikers.

Freuds Nachfolger haben diese Kritikpunkte überwiegend aufgegriffen und legen ihrer Arbeit ein Konzept zugrunde, das Widerstand auch als interaktionelles Phänomen betrachtet. Über verschiedene psychoanalytische Standpunkte zum Thema Widerstand informiert Will (1999).

17.3 Widerstand im Psychodrama

In der Psychodrama-Literatur wird die Problematik von Widerstandsphänomenen gelegentlich auf recht einfache Weise abgehandelt – so meint z. B. Leutz: »**Widerstände** treten während des Spielverlaufs praktisch nicht in Erscheinung« (Leutz, 1983, S. 95), denn »… durch die besondere Seinsweise des Spiels werden Widerstände gegen Therapie, Aufrichtigkeit, Lernen, Arbeit oder Ruhen (…) aufgehoben. Widerstand wird im Allgemeinen von einem Teil der Persönlichkeit geleistet. Das Spiel hingegen erfasst den ganzen Menschen auf (…) vollkommene Weise (…)« (Leutz, 1974, S. 28). Wenngleich sich durchaus plausible Argumente für eine widerstandsdämpfende Wirkung der szenischen Psychodrama-Arbeit finden lassen, so handelt es sich doch um eine Idealisierung des Verfahrens, anzunehmen, dass dadurch Widerstände a priori ausgeschaltet seien. Dies gilt schon allein deswegen, weil verschiedene Menschen unterschiedlich auf die Arbeit mit dem Psychodrama reagieren und unter Umständen gerade gegen das szenische Spiel Widerstände entwickeln, die bei einer anderen Arbeitsweise nicht offen zutage treten würden.

Moreno selbst hat die Existenz von Widerständen im Psychodrama allerdings durchaus zugestanden. Für ihn entsteht Widerstand dadurch, dass der freie Fluss der → Spontaneität des → Protagonisten gehemmt wird: »Der Widerstand ist eine Funktion der Spontaneität, er ist auf ihre Veränderung oder ihren Verlust zurückzuführen« (Moreno o. A., zitiert nach Kellermann, 1981, S. 388). Damit ist jedoch noch keine negative Konnotation verbunden: Widerstand ist für Moreno kein Indikator für Abwehr (wie bei Freud), sondern lediglich ein beschreibendes Konstrukt: »Der

Begriff »Widerstand« wird hier in einem operationalen Sinne verwendet. Er bedeutet lediglich, dass der Protagonist sich nicht an der Produktion beteiligen möchte« (Moreno, 1977, S. 8). Dies kann mit dem Protagonisten selbst, aber auch mit einem unangemessenen Vorgehen des Leiters zu tun haben: »Übertragungsschwierigkeiten sind nicht immer ein Teil der Neurose des Patienten, sie erwachsen oft aus der Unfähigkeit des Therapeuten, den an ihn gestellten Anforderungen gerecht zu werden« (Moreno, 1959, S. 58 f.).

Aus dem humanistischen Menschenbild des Psychodramas folgt der grundsätzliche Respekt vor den Haltungen und Entscheidungen des Protagonisten – der »Widerstand« des Protagonisten muss daher nicht gedeutet oder gar gebrochen werden, sondern »… der Patient darf so unspontan oder unexpressiv sein wie er gerade ist« (Moreno, 1965, S. 76). Einen entscheidenden Beitrag zur Dämpfung von Widerständen leistet der Leiter, indem er in der → Erwärmungsphase behutsam und sorgfältig dafür sorgt, die Gruppenmitglieder auf ein Thema und die intensive gemeinsame Arbeit einzustimmen. Treten dann doch Widerstände auf, so lautet die Maxime, »mit dem Widerstand zu gehen« statt sich gegen ihn zu stellen: »Wir reißen dem Protagonisten nicht die Wände ein, wir versuchen einfach an den verschiedenen Türen, welche sich öffnen« (Moreno, o. A., zitiert nach Petzold, 1978, S. 2778). Die eigentliche Bearbeitung des Widerstands erfolgt dann mit den verschiedenen Techniken des Psychodramas (→ Spiegel, → Maximierung etc.; ▶ Kap. 4).

17.4 Widerstand als multidimensionales Phänomen

Freuds Definition des Widerstandsbegriffs ist zu eng für eine differenzierte Berücksichtigung der komplexen interaktionellen Faktoren, die zur Entstehung von Widerstand beitragen. Sie kann daher nur beanspruchen, eine Facette des facettenreichen Phänomens »Widerstand in Veränderungsprozessen« zu beschreiben. Das »klassische« psychoanalytische Widerstandskonzept bildet einen Baustein in einem größeren Mosaik, das nur in seiner Gesamtheit eine adäquate Erklärung und Bearbeitung von Widerstandsphänomenen im weitesten Sinne ermöglicht. Wir möchten hier einige Teile für ein solches Mosaik zusammentragen und nachfolgend Deutungsmöglichkeiten darstellen, die das analytische Verständnis von Widerstand als Abwehr gegen Einsichtsgewinnung und Veränderung ergänzen.

Als Grundlage dienen uns insbesondere Ammon, Ammon u. Griepenstroh (1981), Sandler et al. (1996) und Schneider (1981), die wir zur vertiefenden Lektüre empfehlen.

17.4.1 Funktionaler Widerstand

Widerstände der psychischen Instanzen

Funktionale Widerstände entspringen dem Klienten und erfüllen für ihn – daher der Begriff – eine bestimmte Funktion. Der funktionale Wert kann dabei in der Abwehr negativer Emotionen, in der Erhaltung von Vorteilen oder in der Beibehaltung gewohnter Denk- und Verhaltensmuster liegen. Die verschiedenen Erklärungen funktionalen Widerstands kreisen im Wesentlichen um die Annahme, dass jegliche bedeutsame Veränderung eine Störung des Gleichgewichtszustands darstellt, um den die menschliche Psyche kontinuierlich bestrebt ist.

In diese Kategorie fallen die bereits zuvor besprochenen Formen von Widerstand:
- Es-Widerstand;
- Über-Ich-Widerstand;
- Ich-Widerstände (z. B. Verdrängungswiderstand, Übertragungswiderstand, Widerstand aus dem sekundären Krankheitsgewinn). Analog zum sekundären Krankheitsgewinn in der Therapie können in Veränderungsprozessen in Organisationen (oder auch in Familien) Widerstände aus der Motivation entstehen, Statusvorteile zu wahren. Gerade bei Umstrukturierungsmaßnahmen, die von den Mitarbeitern und Mitarbeiterinnen selbst mitgetragen werden sollen, gibt es oft Widerstände, weil Statusverluste befürchtet werden – vom Umzug in ein kleineres Büro über neue Budgetierungspläne bis hin zu Veränderungen in der hierarchischen Struktur des Unternehmens.

- Charakterwiderstände

  Als Charakterwiderstände werden in der Psychoanalyse habitualisierte Widerstände bezeichnet, bei denen sich die Abwehr gegen unerwünschte Triebimpulse oder Veränderungen hinter Eigenschaften verbergen, die der Klient in seinem eigenen Wertsystem positiv bewertet, da sie nach außen hin als Tugend erscheinen (z. B. wenn die Flucht vor der eigenen Aggression durch eine betont friedfertige Haltung oder die Unterdrückung eigener sexueller Impulse durch strenge Moralvorstellungen verdeckt wird). Sie treten nicht als auffälliges, von situativen Bedingungen abhängiges Einzelphänomen, (wie z. B. ein Versprecher oder eine ähnliche Fehlleistung, sondern unter den verschiedensten Bedingungen in Erscheinung und sind gewissermaßen mit der Charakterstruktur des Klienten verschmolzen.

Widerstände gegen die Aufgabe eines Gleichgewichtszustands

Eine Eigenschaft, die die Psyche mit anderen komplexen Systemen teilt, ist ihre Tendenz, sich auf einen Gleichgewichtszustand (Homöostase) einzupendeln. Jeder signifikante innere oder äußere Einfluss stellt aber das Gleichgewicht – schlimmstenfalls die gesamte Existenz – des Systems infrage. Widerstände gegen Veränderung dienen dann der Erhaltung einer fragilen Homöostase oder anders formuliert: »Alle Kräfte, die zur Stabilität der individuellen Persönlichkeit oder sozialer Systeme beitragen, kann man auch als Kräfte des Widerstandes gegen Veränderungen betrachten« (Watson, 1975, S. 415). Dieser theoretische Rahmen ist mit psychoanalytischen Vorstellungen ebenso kompatibel wie mit den systemtheoretischen Auffassungen, die der systemischen Therapie und Organisationsberatung zugrunde liegen.

Widerstände gegen das Aufgeben von Gewohnheiten

Allport (1937) hat die Tatsache, dass Tätigkeiten allein durch ihre Ausführung einen intrinsischen Belohnungswert erhalten können, als »funktionale Autonomie« bezeichnet. Verhaltensweisen, die ursprünglich einmal einen bestimmten Sinn gehabt haben, können sich von diesem Sinn lösen und zur Gewohnheit werden, die man nur schwer wieder aufgeben kann. Auf diese Weise können sich Rituale entwickeln, die das Leben der Einzelnen wie der Gruppe regeln. Solche Rituale werden oft auch dann beibehalten, wenn sie zu einem bestimmten Zeitpunkt beginnen unsinnig zu werden.

Widerstände gegen das Aufgeben neurotischer Konfliktbewältigungsstrategien

Nach der psychoanalytischen Neurosenlehre entwickeln Menschen in einer Situation unlösbaren Konflikts adaptive Bewältigungsstrategien, die einen Kompromiss zwischen Impuls und Angstabwehr darstellen. Diese adaptiven Bewältigungsstrategien wurden mühsam erarbeitet und lange erprobt; ihre Aufgabe zugunsten alternativer, weniger vertrauter Handlungsmuster ist widerstandsbesetzt (vgl. Sandler et al., 1996). Ein Widerstand infolge derartiger neurotischer Konfliktbewältigungsformen zeichnet sich dadurch aus, dass er nach außen (und unter Umständen auch nach innen) in seiner Starrheit irrational und starr wirkt; »… erst wenn wir die Biographie, den Lebenshintergrund, die Reihe unbeendeter Situationen durchschauen, tritt seine Folgerichtigkeit hervor« (Schneider, 1981, S. 246). Widerstände, die Ausdruck neurotischer Konflikte sind, manifestieren sich in regressivem, also ich-schwachem Verhalten, während das Verhalten bei aus anderen Quellen gespeisten Widerständen häufig eher ich-stark wirkt.

Widerstände aus Angst vor dem Verlust der Therapeutin am Ende der Behandlung

Gerade im Zuge längerfristiger therapeutischer Prozesse bauen die Klienten enge Bindungen zur Therapeutin auf. In vielen Fällen kommt es dann kurz vor dem vereinbarten Ende der Behandlung zu plötzlichen und unerklärlichen Rückfällen, die als Widerstände in Folge von Angst vor dem Verlust der Therapeutin interpretiert werden können. Gerade depressiv strukturierte Charaktere sind besonders »anfällig« dafür, diese Form des Widerstands zu entwickeln.

Widerstände, die dazu dienen, ein konsistentes Selbstbild aufrechtzuerhalten

Festingers Theorie der kognitiven Dissonanz geht davon aus, dass Widersprüche zwischen zwei gleichzeitig existierenden Kognitionen einer Person zu einer Spannung führen, die darauf drängt, den Widerspruch durch Angleichen der Kognitionen oder durch Addition einer dritten Kognition zu beheben, die die Dissonanz zwischen den beiden anderen Kognitionen aufhebt. In der Psychotherapie und allgemein in jedem Lern- und Veränderungsprozess ist die Entstehung zahlreicher solcher Dissonanzen unvermeidlich (▶ Beispiel).

> Ein Klient begibt sich in eine Therapie, weil er seit vielen Jahren Probleme hat, Kontakt zum weiblichen Geschlecht herzustellen. Er selbst wird in dieser Situation Annahmen entwickelt haben, mit der er diesen Umstand erklärt, z. B.:»Alle Frauen lehnen mich sowieso ab, weil ich humple«. Sein Selbstbild hat sich teilweise um dieses Erklärungsmuster zentriert. Wenn ihm eine Therapie nun aufzeigt, dass er trotz seiner Behinderung Erfolg beim anderen Geschlecht haben kann, entsteht eine Dissonanz zwischen der Überzeugung »Mein Körper ist abstoßend« und dem Wissen »Ich kann attraktiv auf Frauen wirken«. Ein Aufgeben der ersten Überzeugung würde das lang gehegte Selbstbild des Klienten ins Wanken bringen und ihn darüber hinaus unter anderem damit konfrontieren, dass er eine bequeme Attribution (»Weil ich an meinem Gebrechen nichts ändern kann, bin ich nicht für meine Situation verantwortlich«) aufgeben und durch eine ihn stärker herausfordernde Einstellung (»Wenn ich über meinen Schatten springe, kann ich Erfolg haben«) ersetzen muss.

Diese Destabilisierung des Selbstbilds und die Notwendigkeit, Kognitionen zur Abweisung von Verantwortung aufzugeben, können zu Widerstandsphänomenen führen. Diese Konstellation ist nicht nur in therapeutischen Situationen zu finden, sondern auch in sich verändernden Organisationen (»Wir, der Einkauf, können nichts für die Misere des Unternehmens – die Kollegen vom Verkauf sollten mal hier sitzen!«).

Widerstände gegen mögliche Beeinträchtigungen des Selbstwertgefühls

In einer Therapie können Emotionen zutage treten, die das Selbstwertgefühl des Klienten stören (z. B. Scham wegen nicht altersgerechten Wünschen). Ein unspezifischer Widerstand kann sich gegen die selbstwertbedrohende Tatsache richten, Therapie, Schulung oder Ähnliches überhaupt nötig zu haben. Diese Form des Widerstands tritt verstärkt auf, wenn die Klienten zur Teilnahme verpflichtet werden.

Widerstände, um ein konsistentes Fremdbild aufrechtzuerhalten / um Schwierigkeiten im sozialen Kontext zu vermeiden

Menschen definieren sich nicht nur über das Bild, das sie sich von sich selbst haben, sondern auch über das Bild, das sie nach außen hin verkörpern. Die soziale Identität, das »Image« bei Kollegen, Freunden und der Familie, übt wichtige Orientierungsfunktionen für das eigene Denken und Handeln aus; daher sind Menschen bestrebt, die Rollen, die sie nach außen hin verkörpern, weitestgehend konstant zu halten. Auch in dieser Hinsicht können eine Therapie, ein Seminar usw. bedeutsame Veränderungen initiieren – man hat etwas gelernt und müsste nun anders kommunizieren, in der gewohnten Gesellschaft auf Alkohol verzichten usw. Damit ist allerdings die Angst verbunden, »nicht mehr der Alte zu sein« und eine neue Rolle finden und erkämpfen zu müssen – gegebenenfalls gegen den Druck von Kollegen (»Guck mal, die war auf einem Seminar«) und Freunden (»Der Heinz ist ein richtiger Spaßverderber geworden«); eine Angst, die in Form von Widerstand in den Veränderungsprozess hineinwirkt.

>> Wenn ein Problem schon seit langer Zeit besteht und sich bereits viele Menschen eingesetzt haben, um es zu lösen, dieser Einsatz aber bisher noch nicht zu dem gewünschten Resultat geführt hat, wäre der Gesichtsverlust für alle Beteiligten besonders groß, wenn von heute auf morgen das Problem verschwinden würde. (Mücke, 2001, S. 151)

17.4.2 Technischer Widerstand

Technischer Widerstand als Folge eines für die Klientin unpassenden Vorgehens

Einer der genannten Kritikpunkte gegen die Psychoanalyse und ihr Widerstandsverständnis bezieht sich darauf, dass sie den Klienten pauschal zur Quelle von Widerstandsphänomenen ernennt. Diese Haltung lässt sich in der These »Widerstände sind kein Kunstprodukt der Analyse, sie sind nichts Neugeschaffenes, sondern Wiederholungen, Neuauflagen früherer Ereignisse« (Greenson, 1995, S. 129) zusammenfassen. Damit wird vorausgesetzt, dass die therapeutische Situation im Allgemeinen oder die Intervention des Therapeuten im Speziellen nichts zur Entstehung von Widerstand beiträgt. Die Annahme, das methodische Vorgehen sei im Hinblick auf den Widerstand des Klienten bedeutungslos, verhindert jedoch die selbstkritische Überprüfung, die am Einzelfall orientierte Anpassung und die kreative Weiterentwicklung der eigenen Arbeitsweise. Wenn z. B. Greenson (1995) meint, wenn der Klient sich langweile, bedeute dies, dass er das bewusste Bemerken seiner Impulse abwehrt, ist dieses nur noch – psychoanalytisch gesprochen – als Abwehr gegen das Eingestehen der eigenen Fehlbarkeit zu werten. Warum sollte die Leitung einer Therapie, eines Seminars, einer Schulstunde nicht auch einmal berechtigt als langweilig empfunden werden können? Zumindest in der Therapie dürfte aber nicht Langeweile, sondern Überforderung das häufigere Problem sein, das zumindest teilweise auch auf eine methodische Schwierigkeit hindeutet. Daher ist es

>> … wichtig (…), die Forderung nach Kontakt auf seine [des Klienten] eingeschränkten Handlungsmöglichkeiten abzustimmen. Weder darf [man] sie überbeanspruchen, weil Arbeitsverweigerung droht, noch darf sie unterhalb seines Potenzials liegen, sonst bleibt die persönliche Betroffenheit aus. Nichteingehen-Können auf ein Kontaktangebot wirft die Frage auf, wie sich das Angebot verändern lässt, sodass es annehmbar wird. (Greenson, 1995, S. 228)

Ein Aphorismus, der dem französischen Psychoanalytiker Lacan zugesprochen wird, sagt: »**Widerstand ist die Zeit, die der Analytiker braucht, um den Patienten zu verstehen**« (Wünschel, 1989, S. 17). Das Verfehlen der gemeinsamen Arbeitsebene kann auch auf Ängste und unbearbeitete Eigenanteile der Therapeutin zurückgehen. Einige Anregungen, um technische Widerstände zu vermeiden und zu beheben, stellen wir in ◘ Abschn. 17.5.1 vor.

Widerstand gegen die szenische Arbeitsweise im Psychodrama

Entgegen den in ▶ Abschn. 17.3 zitierten optimistischen Annahmen von Leutz und anderen Psychodramatikern ist die szenische Arbeitsweise im Psychodrama kein Garant für eine widerstandsfreie Arbeit, sondern im Gegenteil ein möglicher Auslöser spezifischer methodeninduzierter Widerstände. Nicht jeder Klient fühlt sich auf der Psychodrama-Bühne von vornherein wohl. Die exponierte Rolle des → Protagonisten kann zu Gefühlen des Beobachtetwerdens, der Exponiertheit, der Peinlichkeit und der Angst, die ungewohnte Arbeitsweise zu Irritationen und Unsicherheiten führen. Derartige Widerstände finden sich insbesondere bei »Psychodrama-Neulingen«. Was einer Klientin durch den Kopf gehen mag, die zum ersten Mal zu einer bestehenden Psychodrama-Gruppe hinzustößt, beschreibt Leveton (1992, S. 29 f.) im imaginären Rollentausch mit der Teilnehmerin:

>> Muss man da Theater spielen können? Ich bin kein Schauspieler. Ich kann mich nicht verstellen und so tun, als wäre ich jemand anders. Muss man da was vorführen? Vor einem Publikum? Die werden mich auslachen. Sie werden mich dazu bringen, meine Probleme auszupacken und sich dann über mich lustig machen. Diese Frau ist neu hier. Ist sie eine Patientin? Ah, sie ist die Leiterin. Was hat sie mit uns vor? Ich habe gehört, dass die Leute hier letzte Woche echt betroffen waren – Anne ist weinend nach Hause gegangen. Ich will nicht, dass mir so etwas auch passiert. Nicht vor der ganzen Gruppe. Ich werde einfach ganz ruhig dasitzen, hoffentlich sieht sie mich nicht an.

17.4.3 Widerstand als rationale Handlungsweise

Widerstand als situativ optimale Strategie

Der problematische Begriff »Widerstand« legt es nahe, dem Klienten stillschweigend zu unterstellen, er **wolle** nicht kooperieren. König (1995) hat auf die Notwendigkeit hingewiesen, diese Form des Widerstands von Situationen zu unterscheiden, in denen der Klient nicht kooperieren **könne**. In diesem Sinn geht das Psychodrama mit seinem humanistischen Menschenbild davon aus, dass der Klient das in seinen Möglichkeiten Stehende tut, um sich einzubringen: »Widerstand ist, wenn er auftritt, die beste augenblickliche Antwort. Der Klient würde sich nämlich anders verhalten, wenn es im Bereich seiner Alternativen läge« (Schneider, 1981, S. 232). Diese Auffassung steht zwar nicht im Widerspruch zu den Annahmen der Psychoanalyse, beinhaltet jedoch eine Akzentverschiebung, die den pathologisierenden Charakter der psychoanalytischen Begriffsbestimmung abschwächt.

In dieser Interpretation kann Widerstand
- als optimale Reaktion auf die gegenwärtige Situation oder
- als Perpetuierung einer in einer früheren Situation optimalen Reaktion

gedeutet werden. Die letztere Deutung erschließt einen Zugang zum Verständnis der biografischen Erfahrungen des Klienten:

> Der Klient erzählt in seinem Widerstandsverhalten einiges von seinem Lebenshintergrund und bewahrt den Therapeuten vor einer sträflich vereinfachenden Sicht seines Wesens. Was bis vor kurzem vorwiegend als störender Widerstand gewertet wurde, gibt in Wirklichkeit kostbare Hinweise aus der persönlichen Entwicklungsgeschichte. In seiner individuell gestalteten Art sich zu sträuben, sich zurückzunehmen, seine Energie nicht auszuleben, ist man einmalig. Die Erhellung des Widerstands gibt notwendige Hintergrundinformation für die Struktur des Bezogenseins auf sich und die Welt (…) und das Verständnis seiner existentiellen Situation. (Schneider, 1981, S. 231)

Mit der Würdigung des Widerstands als beste Wahl unter den aktuellen und biografisch gelernten Verhaltensmustern werden dem Widerstandskonzept die pathologischen Konnotationen des klassisch-analytischen Begriffsverständnisses genommen, wie in folgenden Zitaten anschaulich wird:

> In dem, was wir Widerstand nennen, gibt es beträchtliche Energie, Schlauheit und gewieftes Wissen, wie man sich selbst schützt, eine Art von Weisheit des Überlebens. Der Einblick in die Dynamik von Widerstand führt zu Hochachtung vor der Energie und vor dem Einfallsreichtum, welche darin investiert sind. Wir dürfen nicht die Tatsache vergessen, dass fraglich ist, welche Unterstützung jemand noch hätte, wenn er versuchte, seinen Widerstand aufzugeben. Was könnte den Platz des erforderlichen Widerstands einnehmen? In diesem Fall wüsste keiner, was passiert, wenn er dieses Verhaltensmuster fallen ließe. (Schneider, 1981, S. 231)
> Wenn wir von zwei Impulsen einem nachgeben und den anderen zurückhalten, hat es seine guten Gründe. Zwischen zwei Impulsen unentschieden zu schwanken, führt zwar dazu, dass wir abwarten, aber es bringt uns die Sicherheit, nichts Falsches zu tun. Zurückhalten und Unentschiedenheit haben uns geholfen, am Leben zu bleiben, haben uns vor Gefahren gerettet. Sie sind unsere Rettungsaktionen, deren Konsequenzen wir leichter ertragen als das, was uns droht, wenn wir sie aufgeben. (Schneider, 1981, S. 229 f.)
> Es liegt ein gesunder Aspekt im Widerstand, der bei genauem Hinsehen zu engster Berührung mit der individuellen Biographie führt. (Schneider, 1981, S. 231)

Petzold (1981) schmiedet diese Haltung zum Widerstand in einen Satz, den er seinem Grundlagenwerk als Widmung voranstellt: »Meinem Widerstand – er hat mir oftmals gute Dienste geleistet« (S. 4).

Widerstand als legitime Wahrung von Grenzen (z. B. der Privatsphäre)

In der klassischen Psychoanalyse wird erwartet, dass der Klient seine Innenwelt ausnahmslos offen legt. So wertet es Greenson (1995) bereits als Widerstand, wenn der Klient dem Therapeuten gegenüber ein Geheimnis hat. An anderer Stelle berichtet Greenson (1995) von einem Klienten, der von einem »ehelichem Erlebnis« spricht, auf die Bitte des Analytikers, dieses »eheliche Erlebnis« doch zu konkretisieren, aber zögert – auch dieses Zögern wird als Widerstand gedeutet.

Wir meinen, dass bei aller in der Therapie bestehenden Notwendigkeit für eine möglichst umfassende Offenheit gegenüber der Therapeutin der Klient sein Recht auf Privatsphäre nicht an der Eingangstür zur Praxis abgibt. Vielmehr ist immer darauf zu achten, worauf sich der Kontrakt bezieht und welche Grenzen die Leiterin zu beachten hat. Die Forderung, auf die Grenzen des Klienten Rücksicht zu nehmen, und nach der Sensibilität für entsprechende Widerstandsreaktionen gilt für nichttherapeutische Settings natürlich in besonderem Maße.

17.4.4 Widerstand als Kommunikationsform

König (1995) weist in einer interessanten Überlegung (anschließend an einen Beitrag von Cremerius) darauf hin, dass Widerstand – im Speziellen in Form von Schweigen – »... nicht immer ein Verweigern von Kommunikation ist. Schweigen ist eine andere Form von Kommunizieren als das sich Mitteilen über die Sprache, also nicht **Nicht-Kommunizieren**, sondern **Anders-Kommunizieren**« (S. 75). In diesem Fall erscheint Schweigen als eine Kommunikationsform, die gewählt wird, weil die Worte fehlen, um sich auszudrücken und mitzuteilen; vielleicht auch, weil der Klient die Beziehung zur Leiterin noch nicht für ausreichend tragfähig hält, um intime Themen anzusprechen. Die Deutung von Widerstand als Kommunikationsform lässt sich über das Schweigen hinaus auch auf andere Ausdrucksformen von Widerstand übertragen.

17.4.5 Widerstand als Beiprodukt der sozialen Situation

Widerstand als Reaktion auf Normendruck

Zu wenig Aufmerksamkeit wird unserer Ansicht dem Umstand zuteil, dass auch die von den Klienten antizipierten Erwartungen der Leiterin und die wahrgenommenen Normen des Verfahrens bzw. der therapeutischen Situation einen Druck ausüben, sich konform zu verhalten, das durchaus Widerstandscharakter gewinnen kann. Während sich in einem Fall Widerstand gegen das szenische Spiel entwickeln mag (→ Ausführungen zu »Widerstand gegen die szenische Arbeitsweise im Psychodrama«), kann auf der anderen Seite des Kontinuums auch ein zu buntes, theatralisches Spiel Widerstandscharakter annehmen. Das Psychodrama verleitet gerade Protagonisten, Gruppenmitglieder und Leiterinnen mit starken hysterischen Anteilen zu oberflächlichem, theatralischem Agieren, das durch seinen »Als-ob-Charakter« die eigentlichen Gefühle der Beteiligten nur scheinbar oder kurzfristig erreicht. Ein solches Spiel wirkt wie eine intensive, dramatische Theateraufführung und kann die Mitwirkenden durchaus bewegen, es hinterlässt aber keinen bleibenden Eindruck. Ein falsches Verständnis von Morenos → Spontaneitäts- und → Kreativitätskonzepten kann ein solches Abgleiten in das »Als-ob-Agieren« begünstigen.

Hier folgt der Widerstand den Normen des szenischen Spiels – ein Beispiel, das sich auch auf andere Normen übertragen lässt. Protagonisten können sich in ihrem Spiel – bewusst oder unbewusst – an den Normen der Gruppe (z. B. »Aggression ist tabu«) orientieren. In diesem Fall mag ihr Spiel nach außen hin als »widerständig« erscheinen, doch ist dieser Widerstand nicht vorrangig auf der individuellen Ebene (z. B. als Abwehr), sondern auf der Gruppenebene zu interpretieren.

Reaktanz

Die psychologische Reaktanztheorie nimmt an, dass Menschen, die sich von außen in ihrer Handlungsfreiheit eingeschränkt fühlen, danach streben, diese Handlungsfreiheit, faktisch oder in ihrem subjektiven Erleben, wiederherzustellen. Wird die (therapeutische, sozialarbeiterische usw.) Intervention von den Klienten als Machtausübung verstanden, erscheint Widerstand als »Gegenmacht« (Thiel, 2000). Gerade in Arbeitsfeldern, bei denen Menschen unfreiwillig Veränderungsprozessen unterworfen sind, kann sich Reaktanz in massiven Widerstandsreaktionen äußern. Doch auch wenn eine Person freiwillig teilnimmt, dürfte dieser Mechanismus in bestimmten Situationen eine Rolle spielen. In diesen Fällen werden die von der Leitung initiierten Veränderungsvorschläge schon deshalb nicht aufgenommen, weil sie »von außen« kommen. Das Auftreten von Reaktanz in Veränderungsprozessen ist ein weiteres Argument für ein Konzept des selbstbestimmten Lernens, wie es das Rollenverständnis der Leitung als Prozessbegleitung beinhaltet (► Abschn. 7.1).

Widerstand als notwendiges Stadium in Lern- und Veränderungsprozessen

Anderson u. Stewart vertraten 1938 zuerst die These, dass Widerstand eine notwendige Phase in Lern- und Veränderungsprozessen darstellt: Wenn sich Bedeutungsvolles verändert, ruft dies Emotionen bei den Beteiligten hervor, die nach außen als Widerstände in Erscheinung treten. In dieser Tradition bemüht sich z. B. die Gestalttherapie, Widerstand als natürliches Phänomen zu betrachten und ihn nicht zum tiefenpsychologisch begründeten Ausdruck neurotischer Abwehr hoch zu stilisieren – »… wir brauchen kein Aufhebens von ihm [dem Widerstand] zu machen (…). Widerstand besitzt den Stellenwert eines den Selbsterfahrungsprozess begleitenden Merkmals, er ist Erfahren und Überwinden von Begrenzung und Übergangsmoment im persönlichen Wachstum« (Schneider, 1981, S. 242). In diesem Verständnis ist Widerstand nicht eine unerwünschte Störung; auf eine Störung ließe sich eher dann schließen, wenn sich wichtige Veränderungen ohne Widerstand ereigneten. Wittmann u. Wittmann (1986, S. 226) meinen, »… dass **am Widerstand entlang** gelernt wird«. Sie empfehlen daher, die eigene Intervention so abzustimmen, dass sie nicht das »Risiko« von Widerständen minimiert, sondern bewusst Widerstände provoziert, die Klienten an den widerstandsbesetzten Punkt der optimalen Lernmöglichkeiten führt, ohne diesen zu schädigen oder längerfristige Meidungen auszulösen.

Widerstand als Problem in spezifischen Phasen der Beziehung zwischen Leitung und Klient

Therapie, Beratung und Supervision sind sensible Prozesse, die großes Vertrauen der Klienten in die Leitung voraussetzen. Der Aufbau dieses Vertrauens braucht Zeit und zu Beginn der gemeinsamen Arbeit kann sich fehlendes Vertrauen in Widerstandsreaktionen niederschlagen. Solche Anfangswiderstände sind typische Begleiterscheinungen

- bei Seminareröffnungen,
- in den ersten Sitzungen einer Therapie,
- bei der Kontaktaufnahme der Lehrerin mit einer neuen Klasse usw.

Ferner durchläuft jede feste Gruppe bestimmte Entwicklungsphasen (»forming – storming – norming – performing«, Tuckman, 1965), in denen es zu jeweils spezifischen Widerstandsäußerungen kommt (► Kap. 18).

17.4.6 Widerstand als Konstruktion

Nach der Darstellung der unterschiedlichen Erklärungsmodelle möchten wir das Gesagte in einen größeren Interpretationsrahmen stellen, um zu einer Gesamtschau auf das Wesen und die Entstehung von Widerstand zu gelangen. Ausgangspunkt unserer Überlegungen ist die Frage, wie es dazu kommt, dass die Leiterin bei einem Klienten in einer Therapiesitzung, in einem Seminar oder Ähnlichem »Widerstand« diagnostiziert.

«Widerstand« ist ein Konstrukt, d. h. man kann ihn nicht sehen oder anfassen, so wie man einen Tisch sehen und anfassen kann. »Widerstand« ist auch kein beschreibender Begriff, wie z. B. »Zögern« oder »Schweigen«, sondern eine Interpretation, eine Zuschreibung, die die Leiterin in bestimmten Situationen vornimmt. Diese Situationen zeichnen sich dadurch aus, dass das Verhalten der Klienten von den Erwartungen der Leiterin abweicht: Die Leiterin hat – mehr oder minder bewusst – eine bestimmte Vorstellung davon, was sie erreichen möchte (idealerweise sind dies die von den Klienten selbst gesetzten Ziele) und eine Strategie zur Umsetzung dieser Ziele. Sie hat – wiederum mehr oder minder bewusst – die therapeutische / beraterische Situation kognitiv vorstrukturiert in Form eines Skripts, das einen groben Entwurf für den Handlungsablauf in der von ihr erwarteten Form enthält. Dieses Skript steuert ihr eigenes Handeln einerseits sowie ihre Erwartungen an das Verhalten der Klienten andererseits. Weicht nun das Verhalten der Klienten so weit von ihren Erwartungen ab, dass es sich nicht mehr in ihr Skript einfügt, kommt es zu einer Störung: Die Erreichung der gesetzten Ziele scheint gefährdet, der Weg zum Ziel unklar, die Handlungsmöglichkeiten eingeschränkt. Um die Handlungsfähigkeit zurückzuerlangen, muss die Abweichung zwischen Erwartung und Realität erklärt werden, d. h. die Leiterin muss Gründe finden, warum der Prozess nicht so verlaufen ist, wie erwartet. Den Ansatz hierfür bietet die Etikettierung des Klientenverhaltens als »Widerstand«.

Die Forschung zum psychologischen Mechanismus der Attribution hat das Augenmerk darauf gerichtet, dass Kausalfaktoren wie in unserem Beispiel nicht unmittelbar beobachtet, sondern nur in einem relativ komplexen Prozess erschlossen werden können. Die auftretenden Störungen in diesem Prozess können von der Leiterin auf verschiedene Kategorien attribuiert werden:

- Attribution auf Einstellungen und Motive der Klienten (funktionaler Widerstand);
- Attribution auf Einstellungen und Motive der Leiterin (Leiterwiderstand);
- Attribution auf Inkongruenz zwischen den Zielen der Leiterin und den Zielen der Klienten;
- Attribution auf Inkongruenz zwischen den eingesetzten Methoden und den Bedürfnissen der Klienten (technischer Widerstand);
- Attribution auf sozialpsychologische Mechanismen (Widerstand als Beiprodukt der sozialen Situation);
- Attribution auf Umfeldfaktoren wie z. B. Einfluss von Familie und Freunden, Organisationsstrukturen (systemischer Widerstand).

Wenn die Leiterin den auftretenden »Widerstand« auf eine dieser Kategorien zurückführt, ist diese Attribution eine subjektive **Konstruktion**, wie auch Wittmann u. Wittmann (1986, S. 225) betonen: »Der Therapeut rekonstruiert Widerstand hypothetisch, somit ist »Widerstand« ein Produkt seiner interpretierenden Tätigkeit. Ereignissen aus der Interaktion wird durch die therapeutische Denktätigkeit erst eine Bedeutung verliehen.« Diese Konstruktion kann allenfalls den Wert einer Hypothese beanspruchen. Der unvoreingenommene Umgang mit dieser Hypothese wird aber durch die der therapeutischen / beraterischen Situation inhärente Asymmetrie der Beziehung zwischen Klient und Leitung erschwert. Unter Umständen kann das Benennen eines in der therapeutischen / beraterischen Situation auftretenden Ereignisses als Widerstand auch ein Zeichen für den Widerstand der Leiterin sein: Sie wehrt die Verunsicherung, die mit dem Infragestellen ihres eigenen Vorgehens verbunden wäre, ab und nutzt ihre Rollenmacht, um die Quelle der Verunsicherung in den Klienten zu projizieren. Durch diese Verkehrung der Verhältnisse liegt die Verantwortung für das Stocken der gemeinsamen Arbeit nicht mehr bei der Leiterin, sondern beim Klienten und er ist es, der therapie- oder zumindest reflexionsbedürftig ist.

Allgemein formuliert kann man sagen, dass die Wirklichkeit in Therapie und Beratung eine gemeinsame Konstruktion von Klient und Leitung ist, wobei die Beeinflussungsmöglichkeiten seitens der Leitung nicht unterschätzt werden dürfen. Daher ist die Gefahr gegeben, dass die Leiterin willentlich oder unwillentlich eine Situation herstellt, in der sich ihre Widerstandsdeutung im Sinne einer Selffulfilling Prophecy selbst bestätigt.

> Der kritische Umgang mit dem Widerstandskonzept setzt die Berücksichtigung mehrerer Faktoren voraus:
> - keine voreilige Attribution von »Widerstand«;
> - die eigene Interpretation ist lediglich eine **Deutung**, keine Wahrheit!
> - Hinterfragen der eigenen Kausalerklärung (welche alternativen Erklärungsmöglichkeiten gibt es noch?);
> - selbstkritische Reflexion des Einflusses der eigenen Intervention auf die Entstehung von »Widerstand« (Gefahr eines »blinden Flecks«!);
> - Reflexion der eigenen Wahrnehmungs- und Bewertungsmuster;
> - die Reaktion auf »Widerstand« sollte auf verschiedenen Dimensionen erfolgen.

Eine solch kritische und differenzierte Vorgehensweise wird dem Charakter von Widerstand als **multidimensionalem Phänomen** am besten gerecht.

17.5 Strategien im Umgang mit Widerstand

17.5.1 Widerstand vorbeugen

Wenn man einräumt, dass die Intervention durch die Leiterin mitentscheidend für die Entstehung von Widerstand ist, kann man sich bemühen, diese Intervention so zu gestalten, dass technischer Widerstand gar nicht erst aufkommt oder zumindest minimiert wird. Dabei sollte man jedoch berücksichtigen, dass Widerstände in Lern- und Veränderungsprozessen nicht vermeidbar, unter Umständen sogar für den Fortschritt des Prozesses sinnvoll sind (▶ Abschn. 17.4 »Widerstand als notwendiges Stadium in Lern- und Veränderungsprozessen«).

Das Prozessberatungsmodell und die Haltung der Leiterin

Hinsichtlich der Haltung der Leitung nennt Schneider (1981) einige Grundregeln zur Vermeidung und Behebung von technischen Widerständen, die mit den Idealen der humanistischen Arbeitsweise in Einklang stehen:

- Prinzip der differenziellen Arbeitsweise: Passe dein Vorgehen der Lebenswirklichkeit der Klienten an, z. B. hinsichtlich Vorwissen und Vorerfahrung mit der Methode, Sprachgebrauch, kulturellem und sozialem Hintergrund der Klienten;
- Prinzip der situativen Arbeitsweise: Was in einem gegebenen Moment für den Klienten passend ist, kann in einer anderen Situation als überfordernd, unterfordernd oder sonst wie unangemessen wahrgenommen werden;
- Prinzip der Selbstentdeckung und der selbstverantwortlichen Sinnfindung: Die Kompetenz für Ziele, Inhalte und Deutungen liegt beim Klienten.

Auch negative Einstellungen und subjektive Theorien des Leiters können im Sinne einer Selffulfilling Prophecy Widerstandsverhalten des Klienten auslösen: »Ein Therapeut, der Widerstände des Patienten **auch** als nützlich ansieht, wird (...) weniger Widerstände hervorrufen als einer, der Widerstände **nur** als hinderlich betrachtet« (König, 1995, S. 40 f.).

Kontextsensibilität

Ein für die Vorbeugung von Widerstand zentraler Faktor bei der Vorbereitung und Gestaltung der psychodramatischen Arbeit ist die Anpassung der eigenen Vorgehensweise an das Arbeitsfeld und das Setting. So sind z. B. in der Organisationsberatung andere Normen zu berücksichtigen als in der Therapie oder in der Schule. Dies betrifft insbesondere den Umgang mit den Grenzen zwischen öffentlicher und privater Person (▶ vgl. Abschn. 7.2). Auch den konkreten Gegebenheiten der Gruppe zum jeweiligen Zeitpunkt muss man Rechnung tragen: Vorwissen der Teilnehmer, berufliche und altersmäßige Zusammensetzung, Stand im Gruppenprozess usw. An dieser Stelle ist das Modell der themenzentrierten Interaktion als Orientierung sehr hilfreich (▶ vgl. Abschn. 7.5). Auch ungeeignete Räumlichkeiten oder ein zu enger Zeitplan können Widerstände hervorrufen.

Erwärmung

Hinsichtlich der Vermeidung von Widerstand enthält die Prozesstheorie des Psychodramas eine fundamentale Erkenntnis: Wenn intensive Prozesse mit hoher emotionaler Beteiligung angestoßen werden sollen, bedarf es einer gründlichen → Erwärmung der Beteiligten und ein langsames Vorgehen gemäß der Regel »von der Peripherie ins Zentrum«. Über die emotionale Einstimmung hinaus ist es zur Vorbeugung von Widerständen wichtig, dass die Leiterin ihr Vorgehen schon im Vorfeld der Intervention verständlich erklärt und transparent macht.

Zielklärung

Hadler (1989) sieht aus verhaltenstherapeutischer Sicht die Widerstandsproblematik vornehmlich als Problem der Motivierung des Klienten zum Gespräch, zur Durchführung und zur Aufrechterhaltung der Verhaltensänderung. In diesem Motivierungsprozess können aus verschiedenen Gründen Blockaden auftreten, wobei Hadler (1989) gerade auf die Bedeutung der Zielklärung abhebt. Technischer Widerstand erwächst nach Hadler (1989) häufig daraus, dass die für die gemeinsame Arbeit gesetzten Ziele

- widersprüchlich sind,
- unrealistisch hoch oder zu niedrig, um wirklich zu motivieren, bzw.
- unklar, unkonkret oder negativ formuliert sind.

17.5.2 Widerstand ignorieren

Diese »Strategie« ist wohl die unbeholfenste und am wenigsten Erfolg versprechende Möglichkeit, mit Widerstand umzugehen. Der Leiter, der die Widerstände der Klienten ignoriert und an seinem einmal eingeschlagenen Vorgehen festhält, läuft Gefahr, sich selbst aufzureiben, ohne einen Fortschritt zu erzielen; stattdessen droht eine Verhärtung des Widerstands, die ein Fortkommen immer unwahrscheinlicher macht.

17.5.3 Widerstand durchbrechen

Der Versuch, die Widerstände des Klienten zu durchbrechen, stand am Anfang der therapeutischen Bemühungen um das Thema Widerstand. Freud versuchte etwa mit Hypnose oder Druck auf die Schläfen des Patienten widerstandsbesetzte Erinnerungen wachzurufen. Auch in der heutigen psychotherapeutischen Praxis ist der Versuch, Widerstände mit hypnotischer Induktion, suggestiven Fragetechniken, Provokation, Körperarbeit usw. zu durchbrechen, noch anzutreffen. Ob ein Durchbrechen von Widerstand überhaupt gelingen kann, ist unserer Ansicht nach fraglich. Vielmehr halten wir es für wahrscheinlich, dass der vermeintlich gebrochene Widerstand sich an anderer Stelle und in anderer »Verkleidung« wieder zeigt. Stellt man die Schutzfunktion des Widerstands in Rechnung, ist bei einem gewaltsamen Brechen von Widerstand auch eine Schädigung des Klienten zu befürchten. Ein weiteres Problem

dieser Strategie besteht in der Gefahr eines verdeckten Machtmissbrauchs der Therapeutin.

17.5.4 Widerstand deuten

Die Auflösung des Widerstands durch die deutende und verstehende Tätigkeit des Klienten und der Leiterin ist – gerade in der Psychoanalyse, aber auch in anderen Therapieformen – meist die Methode der Wahl. Ziel der Widerstandsanalyse ist es, »… den Patienten dazu zu bringen, dass er versteht: **Dass** er Widerstand leistet, **warum** er Widerstand leistet, **wogegen** er Widerstand leistet und **auf welche Weise**« (Greenson 1995, S. 116). Die Analyse von Widerständen kann auf verschiedene Weisen geschehen. Freud und seine Schüler entwickelten ein Verfahren in vier Schritten, die in der Praxis nicht notwendigerweise in dieser strengen Trennung und Abfolge durchlaufen werden (► Übersicht).

Die vier Schritte der Widerstandsanalyse
1. Konfrontation
   Der Widerstand wird bewusst gemacht.
2. Klärung
   Das besondere Muster des Widerstands wird herausgeschält / isoliert.
3. Deutung
   Der unbewusste Sinn, die unbewusste Quelle, Vorgeschichte, Art und Weise oder Ursache des Widerstands werden bewusst gemacht.
4. Durcharbeiten
   Wiederholtes, progressives und ausführliches Explorieren der Widerstände, die verhindern, dass eine Einsicht zu Veränderungen führt.

Die gemeinsame Analyse von Widerständen ist gerade in der dargestellten Art und Weise vornehmlich der Psychotherapie vorbehalten. Auch werden diejenigen Psychodramatiker und -dramatikerinnen, die nicht über eine zusätzliche, fundierte psychoanalytische Ausbildung verfügen, das psychoanalytische Prozedere in der hier beschriebenen Intensität und Ausführlichkeit weder durchführen können noch wollen. Die Widerstandsanalyse kann in entsprechend angepasster Form aber auch in der Organisationsberatung, in der Sozialarbeit und besonders in der Supervision eine legitime Strategie darstellen und zum Fortschritt der gemeinsamen Arbeit beitragen.

Konfrontation

Wenn die Analytikerin glaubt, einen Widerstand erkannt zu haben, geht es zunächst einmal darum, dem Klienten diesen für ihn unbewussten und zunächst nicht erkenntlichen Widerstand zu demonstrieren. Dies kann auf verschiedene Arten geschehen:

a) Die Analytikerin wartet verschiedene Manifestationen des gleichen Phänomens ab und weist den Klienten dann auf die Gemeinsamkeit hin, z. B. wenn aus dem Bericht des Klienten hervorgeht, dass er in verschiedenen Situationen offensichtlich aggressiv reagiert hat, dies aber für die einzelnen Situationen abstreitet.

b) Die Analytikerin kann versuchen, das Vorhandensein von Widerstand dadurch zu demonstrieren, indem sie ihn z. B. über die Bitte an den Klienten um eine ausführlichere Darstellung der »neuralgischen« Aspekte so steigert, dass er auch für den Klienten offensichtlich und unleugbar wird – ein Prinzip, das sich in den psychodramatischen Techniken der → Maximierung wiederfindet.

c) In der Gestalttherapie werden auffällige Manifestationen von Widerstand durch Experimente aufgedeckt (bei einem depressiven Klienten, der nicht richtig durchatmet, z. B. durch Atemübungen).

d) Die gesamte Palette paradoxer und provozierender Interventionen eignet sich für die Konfrontation mit dem Widerstand. Leveton (1991) beschreibt beispielsweise, wie sie in der Arbeit mit Jugendlichen, die die persönliche Ebene durch eine betont »coole« Haltung vermeiden, deren saloppe Sprache kopiert, um Gegenwiderstände zu provozieren.

In der szenischen Arbeit mit dem Psychodrama kann man versuchen, die Konfrontation mit dem Widerstand so zu gestalten, dass der Klient selbst

sein Widerstandsverhalten erkennt, ohne von der Seite der Leitung explizit darauf hingewiesen zu werden. Diese Form der Konfrontation mit dem Widerstand, wie sie z. B. bei der psychodramatischen → Spiegeltechnik stattfindet, hat – ähnlich wie in der ursprünglichen psychoanalytischen Konzeption – eine Stärkung der Funktionen des »vernünftigen Ichs« gegenüber den widerstandsgeprägten Anteilen von Ich, Es und Über-Ich zum Ziel, wobei versucht wird, diese Stärkung über das humanistische Grundprinzip, die Selbstheilungskräfte des Klienten zu aktivieren, zu erreichen.

Die Konfrontation ist auch eine Frage des Zeitpunkts. Eine Konfrontation beispielsweise in einer Phase der Regression kann nicht nur negative Folgen haben, sondern sie ist auch ineffektiv, denn, so Greenson (1995, S. 118), »... man kann nur einem vernünftigen Ich etwas beweisen – man muss warten, bis ein vernünftiges Ich erscheint, oder bis die Beweise so überwältigend sind, dass selbst das winzigste vernünftige Ich sie zugeben muss« (S. 118). Auch König (1995) betont, der Therapeut solle den Klienten zu einem Zeitpunkt und in einer Formulierung mit dem Widerstand konfrontieren, die der Klient vertragen kann. Dabei könne der Widerstand selbst eine Hilfe sein: »Widerstand hilft dem Therapeuten bei der Dosierung und beim Timing, denn er signalisiert Unverträglichkeiten« (König, 1995, S. 35).

Bei alldem muss berücksichtigt werden, dass es sich bei der Diagnose »Widerstand« zunächst um eine Hypothese der Leitung handelt, die der Überprüfung bedarf. Der psychoanalytische Begriff der Konfrontation darf also nicht zu der Meinung verleiten, man wisse per se besser als der Klient über dessen »Widerstand« Bescheid und müsse ihn nur noch, notfalls gegen seine eigene Haltung, von seinem Widerstand überzeugen. So warnen Wittmann u. Wittmann (1986) vor der Gefahr, den Wechsel auf die Metaebene zu missbrauchen, um den eigenen Ärger über den Klienten in Form einer Zurechtweisung oder eines Vorwurfs loszuwerden.

Das Aufzeigen von Widerstand soll einen therapeutischen Fortschritt ermöglichen; gleichzeitig muss aber auch möglichen Gefühlen der Hilflosigkeit oder der Beschämung entgegengewirkt werden. Wenn man also dem Klienten einen Widerstand aufzeigt, sollte man ihm gleichzeitig deutlich machen, dass Widerstand kein Irrtum, kein Fehler und keine Schwäche ist (vgl. Greenson, 1995).

Klärung

Im zweiten Schritt geht es darum, gemeinsam herauszufinden, welcher schmerzliche Affekt den Klienten zu seiner Widerstandsreaktion veranlasst und welches Bedürfnis in diesem Augenblick diesen Affekt hervorruft. Fragen, die sich für die Klärung von Widerständen eignen, umfassen nach Mücke (2001, S. 124 f.) z. B.

- »Was könnte schlimmstenfalls passieren, wenn Sie meine Frage beantworten würden?«
- »Was wäre der Vor- / Nachteil, wenn Sie meine Frage nicht beantworten würden?«
- »Wie würde Ihr Mann / Kollege usw. reagieren, wenn er wüsste, dass Sie meine Frage beantwortet haben?«

Psychodramatische Möglichkeiten, eine Klärung in diesem Sinn herbeizuführen, umfassen die verschiedenen Verbalisierungstechniken (Selbstgespräch, Monolog, Sprechen zur Seite) und insbesondere das → Doppel.

Deutung

Im dritten Schritt sollen die Fantasien oder Erinnerungen ermittelt werden, die die zuvor gefundenen Affekte und Triebimpulse hervorbringen. Wenn etwa ein aggressiver Klient in der Klärungsphase seine Aggression auf das Gefühl »Ich muss mir etwas erkämpfen, das mir sonst versagt bleibt« zurückführen und dahinter sein unbefriedigtes Nähebedürfnis spüren konnte, kann man sich nun im nächsten Schritt auf die Suche nach Situationen aus der Vergangenheit des Klienten machen, aus denen dieser das Gefühl unbefriedigter Nähewünsche kennt. Dadurch kommt man zu den abgewehrten Inhalten des Unbewussten, die sich in der therapeutischen Situation als Widerstand manifestieren.

In der vertikalen Regieführung mit dem Psychodrama (▶ Abschn. 20.3.5) macht man dem Klienten Deutungsangebote, indem Szenen aus seiner Vergangenheit auf die Bühne gebracht werden, in denen der in der Gegenwart prävalente Konflikt angelegt scheint. Eine andere häufig angewendete

Möglichkeit in der Arbeit mit inneren Anteilen ist, Mutter- oder Vaterintrojekte in Form von → Hilfs-Ichen in die aktuelle Konfliktszene (z. B. Auseinandersetzung mit der Chefin) »einzubauen«, um so das »Nachwirken« der Elternbotschaften in die Gegenwart zu verdeutlichen. Diese Beispiele beziehen sich auf eine tiefenpsychologisch orientierte Arbeit. In anderen Formen des Psychodramas kann man gemeinsam mit den Klienten Deutungsansätze in der »Metakommunikation« über die zuvor dargestellte Szene entwickeln.

Die Schritte der Klärung und der Deutung »… sind eng miteinander verwoben. Sehr oft führt die Klärung zu einer Deutung, die wieder zu einer weiteren Klärung zurückführt .« (Greenson, 1995, S. 53). Wenn der Klient einer Deutung zustimmt,

> ❯❯ … heißt das noch nicht, dass sie wirksam ist. **Zustimmung** kann lediglich bedeuten, dass der Patient die Deutung verstanden hat. Zustimmung kann bedeuten, dass der Patient über die Deutung nicht sprechen will und hofft, sich das zu ersparen, indem er ihr einfach zustimmt. Zustimmung kann auch bedeuten, dass der Patient Meinungsverschiedenheiten mit dem Therapeuten zu vermeiden sucht. Einer Deutung zuzustimmen, die er nicht versteht oder für falsch hält, ist dann das kleinere Übel. (König, 1995, S. 46)

Auch eine zu schnelle Zustimmung ist verdächtig, da eine zutreffende Deutung immer auch emotionale Gegenreaktionen hervorruft. Diese Reaktion kann auch »zeitversetzt« erfolgen, d. h. ein Widerstand kann Tage nach einer vermeintlich »reibungslosen« Sitzung auftreten oder sich einige Zeit nach einer problematischen Sitzung legen (König, 1995).

In Abgrenzung von einer rein psychoanalytischen Perspektive muss betont werden, dass die Widerstandsdeutung der Leiterin stets nur den Charakter von Hypothesen aufweist. Diese Hypothesen müssen im Zuge des weiteren Vorgehens immer wieder kritisch hinterfragt und gegebenenfalls korrigiert werden.

Durcharbeiten

Konfrontation, Klärung und Deutung sind noch keine Gewähr dafür, dass der Widerstand bewältigt ist. Er wird sich stattdessen im weiteren Verlauf der gemeinsamen Arbeit immer wieder zeigen. Die Phase des Durcharbeitens besteht daher in einer stetigen erneuten Konfrontation, Klärung und Deutung des Widerstandsverhaltens, um so die Motive des Widerstands immer stärker bewusst zu machen und zu bearbeiten.

17.5.5 Mit dem Widerstand gehen

Technische Widerstände können durch Anpassung der Ziele oder Methoden ausgeräumt werden. Diese oft als »mit dem Widerstand gehen« bezeichnete Strategie ist ein häufig anzutreffendes Charakteristikum der psychodramatischen Arbeitsweise: Sperrt der Klient sich gegen eine Frage, eine Szene oder eine bestimmte Richtung des Spielverlaufs, wählt man – meist in Absprache mit dem Klienten – eine andere und weniger widerstandsbesetzte Frage, Szene oder Interventionsrichtung. Dieses Vorgehen lässt sich kaum besser charakterisieren als in dem bereits erwähnten Zitat Morenos, dass der Leiter nicht dem Protagonisten die Wände einreißen, sondern verschiedene Türen öffnen wolle. Als allgemeine Regel für den behutsamen Umgang mit Widerständen empfehlen sich drei bei Doppler u. Lauterburg (1995, S. 303) beschriebene Schritte:

1. Druck wegnehmen (dem Widerstand Raum geben);
2. Antennen ausfahren (in Dialog treten, Ursachen erforschen);
3. gemeinsame Absprachen (Vorgehen neu festlegen).

Widerstand stärken

Diese Strategie ist dem Durchbrechen von Widerständen diametral entgegengesetzt. Die Idee, auftretende Widerstände stärken zu wollen, mag zunächst widersinnig erscheinen, ist aber plausibel, wenn man den Widerstand des Klienten auch als Ressource zur Bewahrung der eigenen Integrität und Schutzbedürftigkeit versteht. Die Stärkung des Widerstands zielt auf eine Stärkung der Ich-

Funktionen: »In (...) Situationen, in denen Widerstände aufgrund des Verlustes von Ichfunktionen verschwinden (...) haben wir die Aufgabe, die Entwicklung eines gewissen Grades von Widerstand zuzulassen und sogar zu fördern« (Greenson, 1995, S. 159). Die situative Stärkung von Widerstand ist besonders wichtig für Therapieklienten, deren Störungsbild eine für sie gefährliche Schwächung ihrer Grenzen und Widerstandsfunktionen beinhaltet, wie es z. B. bei Psychotikern oder Borderline-Patienten der Fall ist. Stärkung von Widerstand bedeutet dabei nicht, diejenigen Ängste und Konflikte, auf die sich der Widerstand bezieht, zu ignorieren oder zuzudecken, sondern daran zu arbeiten, dass der Klient gerade durch die bewusste Wahrnehmung der eigenen Grenzen zu einem für ihn konstruktiveren Umgang mit diesen Ängsten und Konflikten gelangen kann.

17.6 Psychodramatische Widerstandsbearbeitung

Das klassische Psychodrama fasst Widerstand als Ausdruck blockierter → Spontaneität auf. Entsprechend liegt das Ziel der psychodramatischen Widerstandsbearbeitung in der Auflösung dieser Spontaneitätsblockaden mit Hilfe von → Rollentausch, → Doppel, → Spiegel und anderen Interventionen.

Widerstandsbearbeitung mit der Doppeltechnik

Mit der → Doppeltechnik kann die Leiterin den Abwehranteil im Verhalten des Klienten verbalisieren, um ihm seinen Widerstand zu verdeutlichen. Dazu eignen sich

- das Doppeln von Selbstbeobachtungen (z. B. »Ich fühle mich ganz starr und unbeweglich ...«);
- das einfühlende Doppel (z. B. »Es ist, als würde sich etwas in mir sträuben ...«);
- das multiple Doppel (z. B. »Einerseits möchte ich schon gerne das Thema XY bearbeiten, andererseits habe ich aber auch Angst ...«).

Solche konfrontierenden Doppel sollten erst nach einer gründlichen Abklärung möglicher technischer Widerstände eingesetzt werden, sonst besteht die Gefahr, dass die Leiterin die ihr zugeschriebene Deutungsmacht missbraucht, um Widerstände durch eigene methodische Fehler auf den → Protagonisten zu attribuieren. Widerstandsdeutungen haben, auch in Form von Doppeln, stets hypothetischen Charakter!

Die Doppeltechnik kann, wie zuvor beschrieben, zur **Konfrontation** mit dem Widerstand, aber auch zu seiner **Deutung** eingesetzt werden. Hierfür eignen sich besonders

- das explorierende Doppel – die Leiterin beginnt einen Satz wie z. B. »Ich sträube mich gegen diese Idee, weil …«, den der Protagonist zu Ende führen soll;
- das deutende Doppel (z. B. »Ich sträube mich deswegen so gegen den Rollentausch mit meiner Mutter, weil ich mich nicht mit ihrer Traurigkeit auseinander setzen möchte«).

Pitzele (1991) schildert anschaulich sein Konzept der psychodramatischen Widerstandsbearbeitung mit Hilfe der Doppeltechnik. Sein Fallbeispiel geht von einem Teilnehmer in einer Gruppe von Jugendlichen aus, der regelmäßig in der Eingangsrunde sagt, er sei gelangweilt. Der Leiter bittet den Teilnehmer, sich auf einen Stuhl zu setzen, hinter den ein zweiter Stuhl gestellt wird. Die anderen Teilnehmer werden eingeladen, sich auf diesen zweiten Stuhl zu setzen und auszusprechen, was hinter der Maske der Langeweile vor sich gehen könnte (z. B. »Ich bin nicht gelangweilt, ich habe Angst«). Aus den Doppeln kann sich ein Spiel ergeben. Alternativ kann der Teilnehmer ein → Stand-In wählen und die Interaktion zwischen Stand-In auf dem ersten Stuhl und Doppel auf dem zweiten Stuhl aus der → Spiegelposition betrachten. Pitzele (1991) geht davon aus, dass sich die Äußerungen auf dem zweiten Stuhl aus Projektionen speisen, die die Teilnehmern ihren eigenen Widerstandshaltungen entnehmen (z. B. wird der ärgerliche Willie hinter Emilys Maske Ärger fantasieren, die um Aufmerksamkeit ringende Paula wird Aufmerksamkeitsbedürfnisse auf sie projizieren usw.).

Auch die ganze Gruppe kann eine Widerstandshaltung, etwa kollektives Schweigen, aufweisen. In diesem Fall stellt der Leiter einen Stuhl für die Stille auf und fordert jemanden (gegebenenfalls den Koleiter) auf, sich auf den Stuhl zu setzen. Ein zweiter Stuhl wird hinter den ersten gesetzt, auf dem sich die Gruppenmitglieder aus der Doppelposition zur Frage »Was sagt die Stille?« äußern können. Hier werden möglicherweise Äußerungen wie »Lass uns in Ruhe, wir hatten einen anstrengenden Morgen«, »Niemand vertraut hier dem Anderen. Ich bin das Schweigen des Misstrauens« oder »Ich bin die hinter dem Schweigen verborgene Hoffnungslosigkeit« kommen. Wenn auf diese Weise keine produktiven Fortschritte erzielt werden, kann der Leiter die Frage »Was braucht das Schweigen?« in den Raum stellen und eigene Antworten imaginieren: »Ich muss mich sicher fühlen«; »Ich könnte schreien« etc.

Widerstandsbearbeitung mit der Technik des Rollentauschs

Körperempfindungen, Ängste und Blockierungen des Klienten können externalisiert, durch → Hilfs-Iche oder Hilfs-Objekte konkretisiert und im → Rollentausch exploriert werden. Der Rollentausch kann dazu beitragen, dass der Klient seinen Widerstand erkennt und besser versteht (Binswanger, 1980; Tauvon, 1998). Dieses Ziel entspricht der **Klärungsphase** bei der psychoanalytischen Widerstandsanalyse.

Die Externalisierung mittels Hilfs-Ichen oder Hilfs-Objekten verlagert den Widerstand symbolisch aus der Person heraus und erleichtert es dem Klienten daher, sich ihm gegenüber abzugrenzen. Dem Widerstand entgegenlaufende Persönlichkeitsanteile (Veränderungswunsch, Ressourcen) können ebenfalls externalisiert und im Rollentausch exploriert werden. Anschließend können diese positiven Anteile auf der Bühne in ein »Streitgespräch« mit dem Widerstandsanteil eintreten. So erlebt der Klient, dass der Widerstand nur einen Anteil in seinem inneren Rollenensemble darstellt.

Widerstandsbearbeitung mit der → Spiegeltechnik

Zeigen sich ich-syntone Widerstände (z. B. an der Körperhaltung des → Protagonisten), kann die Leiterin den Protagonisten an den Bühnenrand bitten, um die Szene von dort aus zu betrachten und zu kommentieren. Der Protagonist selbst wird durch ein → Stand-In ersetzt, das das Verhalten des Protagonisten kopiert, eventuell auch zur Verdeutlichung überzieht. Aus der Distanz der Spiegelposition kann der Protagonist den Widerstand erkennen, in einen ich-fremden Widerstand umwandeln und gemeinsam mit der Leiterin deuten. In einem nächsten Schritt können Möglichkeiten zur Überwindung des Widerstands entwickelt werden. Hat der Protagonist selbst Schwierigkeiten, eine umsetzbare Lösung zu finden, können andere Gruppenmitglieder seine Rolle einnehmen und Verhaltensalternativen demonstrieren.

Weitere Möglichkeiten der psychodramatischen Widerstandsbearbeitung

Die Arbeit in der → Surplus Reality eröffnet eine Vielzahl von Möglichkeiten für die Konkretisierung und Auflösung von Widerständen. So kann eine Metapher für die innere Situation des Protagonisten gefunden und auf der Bühne dargestellt werden. Häufige Metaphern für Widerstand und Abwehrhaltungen sind z. B. Mauern oder Festungen, in denen der Protagonist gefangen ist. Bei der Exploration der Festungsdarstellung können folgende Fragen gestellt werden:
- Welche Funktion haben die einzelnen Gebäudeteile (Mauern, Gräben, Zugbrücke)?
- Wie fühlt sich der Protagonist in der Festung?
- Was kann der Protagonist tun, um die Abwehr zu flexibilisieren?

Pseudolösungen wie das Sprengen der Festung sind dabei zu vermeiden.

Man kann den Protagonisten bitten, seine Befürchtungen darüber darzustellen, was im schlimmstmöglichen Fall im Spiel passieren könnte. Meistens stellt sich dabei heraus, dass der befürchtete Ausgang gar nicht so schlimm wäre.

Schließlich kann man, wie Tauvon (1998) bemerkt, mit dem Widerstand gehen und die Szene, gegen die der Protagonist sich sträubt, einfach abbauen. Eine weitere Klärung dieser Szenen findet häufig im → Sharing statt.

Weitere Hinweise zur psychodramatischen Arbeit mit Widerstand finden sich bei Binswanger (1980), Kellermann (1981), Krüger (1980), Leveton (1991), Pitzele (1991) und Strauss (1974).

Möglichkeiten der psychodramatischen Widerstandsbearbeitung

Technik	Ziel
Spiegel/ Selbstgespräch	Ich-syntonen in ich-fremden Widerstand verwandeln (Konfrontation oder Deutung)
Monolog	Informationen über Gedanken und Gefühle des Protagonisten gewinnen (Klärung)
Doppel	Doppeln von Selbstbeobachtungen: Widerstand explorieren (Klärung)
Deutendes Doppel	Deutungsangebote machen (Deutung)
Maximierung	Widerstand durch Übertreibung der auslösenden Faktoren bewusst machen
Zukunftsprojektion	Was passiert, wenn der Widerstand »siegt«?
Darstellen der zugrunde liegenden Befürchtung	Abbau von Ängsten
Interview	Ansprechen und Stärken der Ich-Funktionen
Rollentausch mit der Leitung	Konfrontation des Widerstandes mit den Ich-Funktionen

Eine Beispielstrategie für die Widerstandsbearbeitung

Ein modellhaftes Vorgehen für die Widerstandsbearbeitung ist in ◘ Abb. 17.1 dargestellt. Nimmt die Leiterin ein bestimmtes Verhalten als Widerstand wahr, sollte sie zunächst in Erwägung ziehen, dass es sich um eine Reaktion auf ein für den Klienten unangemessenes Vorgehen handelt. Möglicherweise stimmen auch die Ziele von Leitung und Protagonist nicht überein, z. B. weil der Auftrag nicht ausreichend geklärt wurde. Kommt

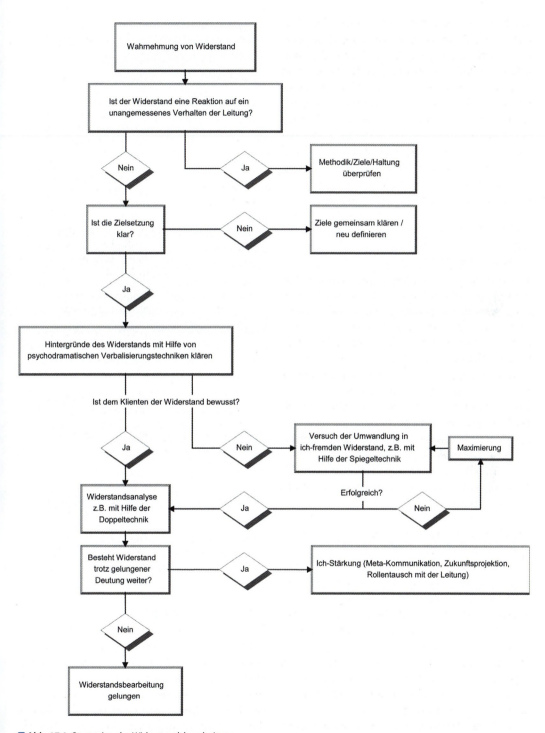

◘ **Abb. 17.1.** Strategien der Widerstandsbearbeitung

die Leiterin zu der Annahme, dass es sich nicht um technische Widerstände handelt, kann sie mithilfe der psychodramatischen Verbalisierungstechniken die Gefühle, Gedanken und Motive des Protagonisten explorieren, um zu klären, ob dieser seinen Widerstand wahrnimmt. Vermutet die Leiterin ich-syntone, also für den Protagonisten nicht wahrnehmbare Widerstände, kann die → Spiegeltechnik eingesetzt werden, gegebenenfalls unterstützt durch eine → Maximierung, um dem Protagonisten eine neue Perspektive auf sein Verhalten zu ermöglichen. Die eigentliche Aufarbeitung der Widerstände kann beispielsweise mit der → Doppeltechnik geschehen. Kommt die Leiterin nicht zu einer Lösung, die für sie und / oder den Klienten befriedigend ist, kann dies daran liegen, dass sie unbewusst eigene Ziele und Haltungen auf den Protagonisten projiziert. Solche Situationen sollte sie in ihrer Supervision näher beleuchten.

17.7 Widerstand in Gruppen und in nichttherapeutischen Arbeitsfeldern

Widerstände in sozialen Systemen (Familien, Gruppen, Organisationen) können sich auf drei Betrachtungsebenen manifestieren:

Ebene 1: Verhalten einzelner Individuen. Wenn sich in einer Gruppe Widerstand gegen die Intervention regt, lässt sich dies am Verhalten der einzelnen Individuen ablesen: Einzelne Schüler einer Klasse unterhalten sich mit ihren Tischnachbarn, essen Chips, werfen mit Papierfliegern usw. Ähnliches kann sich in einer Teamsitzung, einer Therapiegruppe oder einem Volkshochschulkurs ereignen. Die zahlreichen Möglichkeiten der Deutung dieser Verhaltensweisen haben wir in ► Abschn. 17.4 aufgeführt. Alle dort beschriebenen Widerstandsphänomene von der Reaktanz über den technischen Widerstand bis hin zum Widerstand zur Aufrechterhaltung des inneren und äußeren Gleichgewichts lassen sich auch in nichttherapeutischen Arbeitsfeldern wiederfinden. Auch die Deutung von Widerstand als Ausdruck von individuell motivierter Abwehr ist dabei nicht, wie es zunächst scheinen mag, auf den Bereich der Therapie beschränkt, wie Brocher (1999) in einer Analyse von Widerstandsphänomenen in Gruppen der Erwachsenenbildung demonstriert.

Ebene 2: Gruppenspezifische Verhaltensmuster und Gruppendynamik. Gruppen weisen sogenannte »emergente« Eigenschaften auf, die nicht aus den Eigenschaften ihrer Mitglieder allein erklärbar sind und deren Beschreibung eine andere Ebene und andere Konstrukte erfordern (»Das Ganze ist etwas anderes als die Summe seiner Teile«; ► Abschn. 18.1 »Gruppendynamik als Emergenzphänomen«). Auf der Ebene der Gruppendynamik manifestieren sich Widerstände beispielsweise in kollektiven Verhaltensmustern wie allgemeiner Müdigkeit oder Albernheit der gesamten Gruppe, die etwas über den Zustand des gesamten Interventionssystems (Gruppe und Leitung) aussagen, aber nicht unbedingt Rückschlüsse auf Abwehrhaltungen oder Ähnliches der einzelnen Teilnehmer zulassen. Weiterhin können auch besondere Auffälligkeiten in der soziometrischen Gruppenstruktur als Widerstand aufgefasst werden, z. B. wenn die Teilnehmer kollektiv ein bestimmtes Thema (z. B. Depression) vermeiden, indem sie das Thema gewissermaßen an ein depressiv auftretendes Gruppenmitglied »delegieren« und dieses Gruppenmitglied ausgrenzen. Das solchen Prozessen zugrunde liegende Schema lautet etwa: »Hannelore ist depressiv und ich nicht. Wenn ich nicht mit Hannelore rede, dann brauche ich nicht zu spüren, dass ich in mir auch einen depressiven Anteil trage«.

Ebene 3: Systemweite Widerstände. Für die Beraterin, die beispielsweise in einem Führungscoaching mit Widerstand konfrontiert wird, kann es zum Verständnis dieses Widerstands hilfreich sein zu überprüfen, inwieweit sich die Abwehrstrategien des Klienten in ähnlicher Form auch auf der Ebene der Gesamtorganisation wiederfinden. Unter Umständen werden so konsistente Muster und Regeln des Widerstands in der betreffenden Organisation erkennbar. Während beim Übergang von der individuellen Ebene auf die Gruppenebene der Fokus von konkreten Verhaltensweisen auf gruppendynamische Phänomene wechselt, deren Wahrnehmung und Deutung bereits ein besonderes Gespür seitens der Leitung erfordern, manifestieren sich Widerstände auf der Ebene der Gesamtorganisation in noch subtileren Phänomenen wie z. B. in der Organisations-, Kommunikations- und Führungskultur, die entsprechend schwer zu deuten sind. So weist Thiel (2000) auf den Abwehrcharakter »institutioneller Mythen« (z. B. »Wir bei XY-Com sind alle eine große Familie«) hin, die dazu dienen, tabuisierte Themen und Konflikte (z. B. Konkurrenz, Missgunst) zu kaschieren. Widerstände in Organisationen haben oft »historische Gründe«, die zum Teil viele Jahrzehnte zurück reichen. Daher ist, so Thiel (2000, S. 243), »… im Hinblick auf das Entstehen, den Verlauf und die Auswirkungen von Widerstand (…) – neben der Bearbeitung von Mythen, Leitbildern, Unternehmenskulturen, Tabus und dysfunktionalen Regeln einer Einrichtung – manchmal eine Betrachtung der Institutionsgeschichte aufschlussreich«.

Die historische Prägung von sozialen Systemen macht sich nicht nur in Organisationen, sondern auch in Familien bemerkbar, wo bestimmte Konfliktthemen und die dazugehörigen Mechanismen der Abwehr und des Widerstands über viele Generationen hinweg konstant bleiben. Die systemische Therapie widmet dieser Mehrgenerationenperspektive besondere Aufmerksamkeit. Weitere Hinweise zu kollektiven Widerständen finden sich bei König (1997).

Widerstand in nichttherapeutischen Arbeitsfeldern: Beispiel Organisationsentwicklung

Wenn man in der Psychoanalyse davon spricht, dass Widerstände sich gegen die »… Verfahren und Prozesse[n] der Analyse (…), d. h. das freie Assoziieren des Patienten (…) und die Versuche des Patienten (…) sich zu erinnern …« richtet (Greenson, 1995, S. 71), lässt sich dies natürlich nicht ohne Weiteres auf das Arbeitsfeld Organisationsentwicklung (OE) übertragen. OE hat – wie der Name sagt – den Anspruch, Veränderungen und Entwicklung in Organisationen einzuleiten, wobei die Klienten nicht nur die Betroffenen, sondern auch die Träger dieses Prozesses sind. Widerstände äußern sich entsprechend meist darin, dass die Beteiligten die angestrebten Veränderungen boykottieren. Widerstände im OE-Prozess fallen auch dadurch auf, dass sie sich durch ihre (scheinbare) Irrationalität von den sonst weitestgehend rational angelegten Maßnahmen abheben. Doppler u. Lauterburg (1995) formulieren:

> » Von Widerstand kann dann gesprochen werden, wenn vorgesehene **Entscheidungen** oder getroffene **Maßnahmen**, die auch bei **sorgfältiger Prüfung** als sinnvoll, »**logisch**« oder sogar **dringend** notwendig erscheinen, aus zunächst nicht ersichtlichen Gründen bei einzelnen Individuen, bei einzelnen Gruppen oder bei der ganzen Belegschaft auf diffuse Ablehnung stoßen, nicht unmittelbar nachvollziehbare Bedenken erzeugen oder durch passives Verhalten unterlaufen werden. (zitiert nach Thiel, 2000, S. 229)

In Seminaren schlägt sich Widerstand häufig darin nieder, dass die Teilnehmer

- schon zu Beginn nach dem genauen Zeitpunkt für das Seminarende fragen,
- sich um die Pausenregelung sorgen,
- immer wieder Anrufe entgegennehmen,
- sich in eine passive Rezeptionshaltung begeben,
- Konkurrenz und Aggression gegenüber den Seminarleiterinnen aufbauen,
- zu spät kommen oder
- dem Seminar ganz fernbleiben.

Typisch sind auch Ablehnung und Abschiebung von Verantwortung (»Das sollten Sie besser mal meinem Chef sagen«, »die von der Marketingabteilung sollten mal hier sitzen, wir haben damit ja gar nichts zu tun« etc.) und der Widerstand gegen Neuerungen in Form von sogenannten Killerphrasen (z. B. »Das geht nicht«, »Das haben wir noch nie so gemacht«, »Das haben wir alles schon versucht« etc.). Insbesondere Neuerungen, die nicht aus dem eigenen Unternehmen kommen, werden blockiert (»Not-invented-here-Syndrom«).

Widerstand in OE-Prozessen kann oftmals durchaus im psychoanalytischen Sinn als Abwehr unangenehmer Impulse und Gefühle der Beteiligten verstanden werden. In vielen anderen Fällen geht es aber vorrangig

- um die Wahrung eigener Interessen und Besitzstände,
- um Reaktanz gegen von außen (z. B. durch die Geschäftsleitung) aufgezwungene Maßnahmen sowie
- um die Verteidigung der Sicherheit in den eigenen Arbeitsprozessen, die man im Laufe langjähriger Berufstätigkeit erworben hat.

Auslöser von Widerstand sind
- unterschiedliche Wahrnehmungen und Informationsverarbeitungen der Beteiligten,
- divergierende Beurteilungen von Ursachen und Zielen,
- konfligierende Vorstellungen über Handlungskonsequenzen und -strategien oder
- kontroverse Einschätzungen der zeitlichen, betriebswirtschaftlichen, arbeitsrechtlichen oder personalen Rahmenbedingungen von Veränderungsprozessen (Thiel, 2000).

Die Widerstände, mit denen OE-Beraterinnen in ihrer Arbeit konfrontiert werden, reichen meist weit in die Organisation hinein. Die Intervention bewegt sich im Spannungsfeld verschiedener Akteure mit sehr unterschiedlichen Interessen und Machtbefugnissen. Thiel (2000) rät, im Stadium der Ausgangssituation eines Veränderungsprozesses eine Kraftfeldanalyse vorzunehmen, um die Pro- und Kontrakräfte im Umfeld der Intervention zu identifizieren. Mögliche Leitfragen hierfür lauten: »**Wer** (mit wem) leistet Widerstand gegen **wen** oder welche **Veränderung**, aus welchen **Gründen** und mit welchem **Ziel, wann** und auf welcher **Ebene**, mit welchen **Mitteln / Strategien** und mit welcher (erhofften) **Wirkung**?« (Thiel, 2000, S. 240). Weitere Analysefragen finden sich bei Watson (1975, S. 428 f.):

>> - Von wem geht die Änderung aus?
> - Haben die Betroffenen das Projekt zu ihrer Sache gemacht?
> - Gibt es Unterstützung aus der Hierarchie?
> - Welche Art von Änderung hat Erfolg?
> - Reduziert oder vermehrt der Widerstand die gegenwärtige Belastung der Betroffenen?

▼

- Steht das Projekt mit den Werten und Idealen der Beteiligten in Einklang?
- Vermittelt das Projekt neue Erfahrungen, die für die Beteiligten von Interesse sind?
- Inwieweit fühlen die Betroffenen sich durch das Projekt in ihrer Autonomie und Sicherheit bedroht?
- Wie wird die Änderung am besten durchgeführt?
- Inwieweit wurden die Betroffenen in den Diagnose- und Zielplanungsprozess einbezogen?
- Inwieweit besteht über das Projekt Konsens in der Gruppe?
- Inwieweit bestehen Möglichkeiten der Annäherung zwischen Befürwortern und Gegnern des Projekts?
- Inwieweit ist der Veränderungsprozess für die Betroffenen transparent?
- Inwieweit erfahren die Beteiligten Akzeptanz, Unterstützung und gegenseitiges Vertrauen?
- Inwieweit werden Widerstände gegen das Projekt aufgegriffen und berücksichtigt?

Auch hier ist zwischen technischen und anders begründeten Widerständen zu unterscheiden, um zu ermitteln, ob sich der Widerstand gegen die Ergebnisse bzw. das Produkt der Intervention richtet oder gegen die Art der Durchführung.

Bei der Bearbeitung von Widerständen in der Organisationsentwicklung muss man sehr vorsichtig vorgehen. Eine gemeinsame Deutung ist z. B. nur dann möglich, wenn eine etablierte und vertrauensvolle Beziehung zwischen Beraterin und Klienten besteht. In vielen Fällen wird es akzeptabler sein, die eigene Wahrnehmung des Widerstands in Form eines Feedbacks zu kommunizieren.

Weiterführende Überlegungen zum Thema »Widerstand in der Organisationsentwicklung« finden sich bei Bauer u. Grohs-Schulz (1999), Becker u. Langosch (1995), Schreyögg (1996) und Thiel (2000). Eine Analyse von Widerstandsphänomenen in der Supervision nimmt Steiner (1991) vor.

Zusammenfassung

Widerstand ist in Veränderungsprozessen ein häufiges Phänomen. Die Gründe und Interpretationsmöglichkeiten sind vielfältig: Von der Abwehr im klassisch psychoanalytischen Sinne über Reaktanz bis hin zur Wahrung von Macht, Besitzständen und dem eigenen Gesicht in sozialen Kontexten. Eine Hauptquelle von Widerstand dürfte jedoch in einem unangemessenen methodischen Angebot der Leiterin sowie in divergenten bzw. unklaren Zielen der gemeinsamen Arbeit bestehen. Jede Arbeit mit Widerstand muss selbstkritisch an diesem Punkt ansetzen. Die Hypothese, dass es sich um einen im Klienten liegenden funktionalen Widerstand handelt, sollte erst dann weiterverfolgt werden, wenn technische Widerstände ausgeschlossen wurden. Ein abgestuftes Konzept für die psychodramatische Widerstandsbearbeitung vor allem mit Rollentausch, Doppel und Spiegel wurde in diesem Kapitel entwickelt. Die Grundhaltung lautet dabei, mit dem Widerstand zu gehen, d. h. die Selbstbestimmung des Klienten zu respektieren und das eigene Vorgehen auf seine Wünsche abzustimmen.

Weiterführende Literatur

Greenson, R. R. (1995). *Technik und Praxis der Psychoanalyse* (7. Aufl.). Stuttgart: Klett-Cotta (450 Seiten).
Greensons leicht zu lesendes und mit vielen praktischen Fallbeispielen angereichertes Buch bietet einen Überblick über die wichtigsten theoretischen und methodischen Grundlagen der Psychoanalyse. Gegenüber vergleichbaren Werken wird dem Thema Widerstand sehr viel Raum eingeräumt – ein über 90 Seiten langes Kapitel widmet sich allein diesem Aspekt.

König, K. (1995). *Widerstandsanalyse.* Göttingen: Vandenhoeck & Ruprecht (120 Seiten).
König schreibt in seinem fast telegrammstilartig kurzen, dafür aber sehr schnell erfassbaren Buch über zahlreiche verschiedene Kategorien von Widerstand (Schweigen, Verborgene Widerstände, Agieren als Widerstand usw.) und Möglichkeiten der Analyse. Ergänzend gibt es vom selben Autor die Titel »Abwehrmechanismen«, »Übertragungsanalyse« und »Gegenübertragungsanalyse«.

Petzold, H. (Hrsg.) (1981). *Widerstand – ein strittiges Konzept in der Psychotherapie.* Paderborn: Junfermann (470 Seiten).
Das wohl einzige Werk, das eine breite Übersicht über Begründung von und Umgang mit Widerstand aus der Sicht so verschiedener Therapieschulen wie Jungs Tiefenpsychologie, der Logotherapie, der Themenzentrierten Interaktion, der Verhaltenstherapie und des NLP bietet. Besonders interessant sind die Beiträge von Kellermann, der an einigen Beispielen anschaulich illustriert, wie Widerstände mit den verschiedenen psychodramatischen Techniken bearbeitet werden können, sowie von Schneider, die auf der Basis einer Kritik des psychoanalytischen Widerstandskonzepts einen sehr lesenswerten Gegenentwurf entwickelt, der eine unangemessene Methodik als Auslöser von Widerstand in den Fokus stellt.

Literatur

Allport, G. W. (1937). The functional autonomy of motives. *American Journal of Psychology, 50,* 141–156.

Ammon, G., Ammon, G. & Griepenstroh, D. (1981). Psychoanalytische Aspekte des Widerstandes. In H. Petzold (Hrsg.), *Widerstand – ein strittiges Konzept in der Psychotherapie* (39-93). Paderborn: Junfermann.

Anderson, C. M. & Stewart, S. (1938). *Mastering Resistance.* New York: Guilford.

Bauer, A. & Grohs-Schulz, M. (1999). Symbole – Mythen – Rituale. Zugänge zum Unbewußten der Organisation und in der Organisation. *Forum Supervision, 13,* 5–25.

Becker, H. & Langosch, I. (1995). *Produktivität und Menschlichkeit: Organisationsentwicklung und ihre Anwendung in der Praxis* (4. Aufl.). Stuttgart: Enke.

Binswanger, R. (1980). Widerstand und Übertragung im Psychodrama. *Gruppenpsychotherapie und Gruppendynamik, 15 (3/4),* 222–242.

Breuer, J. & Freud, S. (1895).Studien über Hysterie. In S. Freud, *Gesammelte Werke* (Bd. I, 75-312). Frankfurt a. M.: Fischer.

Brocher, T. (1999*). Gruppenberatung und Gruppendynamik.* Leonberg: Rosenberger.

Doppler, K. & Lauterburg, C. (1995). *Change Management. Den Unternehmenswandel gestalten* (4. Aufl.). Frankfurt a. M.: Campus.

Freud, A. (1984). *Das Ich und die Abwehrmechanismen.* Frankfurt a. M.: Fischer.

Freud, S. (1900). Die Traumdeutung. *Gesammelte Werke* (Bd. II/III, 1–642). Frankfurt a. M.: Fischer.

Greenson, R. R. (1995). *Technik und Praxis der Psychoanalyse* (7. Aufl.). Stuttgart: Klett-Cotta.

Hadler, P. (1989). Widerstand und Veränderungsbereitschaft aus verhaltenstherapeutischer Sicht. In M. Heide & H. Wünschel (Hrsg.), *Widerstand, Bereitschaft, Zusammenarbeit – Beiträge des dritten Landauer Symposions* (Schriften des Fachverbands Sucht e. V., Bd. 2, 93–120). Saarbrücken: Dadder.

Kellermann, P. .F. (1981). Widerstand im Psychodrama. In H. Petzold (Hrsg.), *Widerstand – ein strittiges Konzept in der Psychotherapie* (385–405). Paderborn: Junfermann.

König, K. (1995). *Widerstandsanalyse.* Göttingen: Vandenhoeck & Ruprecht.

König, K. (1997). Anmerkungen zur Wahrnehmung von Widerständen in Gruppen und zum therapeutischen Umgang mit ihnen. *Gruppenpsychotherapie und Gruppendynamik, 33,* 296–307.

Krüger, R. T. (1980). Gruppendynamik und Widerstandsbearbeitung im Psychodrama. *Gruppenpsychotherapie und Gruppendynamik, 15* (3/4), 243–270.

Leutz, G A. (1974). *Das klassische Psychodrama nach J. L. Moreno.* Berlin: Springer.

Leutz, G. A. (1983). Widerstand und Übertragung im Psychodrama. *Psychotherapie, Psychosomatik, medizinische Psychologie, 33 (Sonderheft 2),* 93–96.

Leveton, E. (1991). The use of doubling to counter resistance in family and individual treatment. *The Arts in Psychotherapy, 18,* 241–249.

Leveton, E. (1992). *Mut zum Psychodrama* (2. Aufl.). Hamburg: iskopress.

Moreno, J. L. (1959). *Gruppenpsychotherapie und Psychodrama. Einleitung in die Theorie und Praxis.* Stuttgart: Thieme.

Moreno, J. L. (1977). *Psychodrama* (vol. 1, 5th edn.). New York: Beacon.

Moreno, Z. T. (1965). Psychodramatic Rules, Techniques and Adjunctive Methods. *Group Psychotherapy, 18,* 73–86.

Mücke, K. (2001). *Probleme sind Lösungen. Systemische Beratung und Psychotherapie – ein pragmatischer Ansatz* (2. Aufl.). Potsdam: Mücke ÖkoSysteme.

Petzold, H. (1978). Das Psychodrama als Methode der klinischen Psychotherapie. In J. L. Pongratz (Hrsg.), *Handbuch der Psychologie* (Bd.8/2, 2751–2795). Göttingen: Hogrefe.

Petzold, H. (Hrsg.) (1981). *Widerstand – ein strittiges Konzept in der Psychotherapie.* Paderborn: Junfermann.

Pitzele, P. (1991). Adolescents inside out – Intrapsychic psychodrama. In P. Holmes & M. Karp (eds.*), Psychodrama: Inspiration and Technique* (15–31). London: Routledge.

Sandler, J., Dare, C. & Holder, A. (1996). *Die Grundbegriffe der psychoanalytischen Therapie* (7. Aufl.). Stuttgart: Klett-Cotta.

Schneider, K. (1981). Widerstand in der Gestalttherapie. In H. Petzold (Hrsg.), *Widerstand – ein strittiges Konzept in der Psychotherapie* (227–253). Paderborn: Junfermann.

Schreyögg, G. (1996). *Organisation: Grundlagen moderner Organisationsgestaltung.* Wiesbaden: Gabler.

Steiner, S. (1991). Widerstand und Abwehr in der Supervision. *Psychotherapie, Psychosomatik und medizinische Psychologie, 41,* 401–406.

Strauss, R. (1974). Widerstand und Abwehrmechanismen in der Psychodramatherapie. *Gruppenpsychotherapie und Gruppendynamik, 8,* 88–92.

Tauvon, K. B. (1998). Principles of psychodrama. In M. Karp, P. Holmes & K. B. Tauvon (eds.), *The Handbook of Psychodrama* (29–45). London: Routledge.

Thiel, H.-U. (2000). Widerstand gegen Veränderungen in Supervision und Organisationsberatung. In H. Pühl (Hrsg.), *Supervision und Organisationsentwicklung* (228–245). Opladen: Leske & Budrich.

Tuckman, B. W. (1965). Developmental sequences in small groups. *Psychological Bulletin, 63,* 384–399.

Watson, G. (1975). Widerstände gegen Veränderungen. In W. G. Bennis, K. D. Benne & R. Chin (Hrsg.), *Änderung des Sozialverhaltens* (415–429). Stuttgart: Klett.

Will, H. (1999). Ist Widerstand eine Tatsache, eine Interpretation oder eine Interaktion? Zum Widerstandskonzept in der klassischen Psychoanalyse. *Psychotherapie und Sozialwissenschaft, 1* (2), 105–130.

Wittmann, L. & Wittmann, S. (1986). Widerstand als Chance. Zur Rekonzeptualisierung des Widerstandsbegriffs in der Verhaltenstherapie. *Zeitschrift für klinische Psychologie, Psychopathologie und Psychotherapie, 34 (3),* 217–233.

Wünschel, H. (1989). Einführung: Widerstand, Bereitschaft, Zusammenarbeit – Etappen einer Begegnung. In M. Heide & H. Wünschel (Hrsg.*), Widerstand, Bereitschaft, Zusammenarbeit: Beiträge des dritten Landauer Symposions* (Schriften des Fachverbands Sucht e. V., Bd. 2, 9–18). Saarbrücken: Dadder.

17

Gruppendynamische Prozesse

»Stellen Sie sich ein rundes, abschüssiges, mit mehreren Toren versehenes Fuß-
ballfeld vor, auf dem Menschen Fußball spielen. Viele verschiedene (aber nicht
alle) Menschen können zu verschiedenen Zeitpunkten in das Spiel einsteigen
oder es verlassen. Einige Menschen können Bälle auf das Spielfeld schießen
oder sie aus dem Spiel heraus nehmen. Während sie am Spiel teilnehmen, versuchen die einzelnen Personen den Ball, der gerade in ihre Nähe kommt, in
Richtung der Ziele zu schießen, die sie bevorzugen und von den Zielen weg, die
sie vermeiden wollen.« (March u. Olsen, 1986, S. 17)

Als Psychodramatikerinnen und Psychodramatiker fühlen wir uns in der Gruppe zuhause und
wenn die Rede auf das Thema »Gruppendynamik«
kommt, wissen wir, dass es sich hier nur um ein
Heimspiel handeln kann: Das Psychodrama versteht sich vorwiegend als Gruppenmethode; Moreno ist einer der Mitbegründer der Gruppenforschung (man denke nur an die → Soziometrie
oder seine Forschungen zu Führungsstilen), der
Urvater der Gruppenpsychotherapie und vielleicht
sogar – wie Schwendenwein (1991) meint – der
»Erfinder« des Begriffs Gruppendynamik. Vor
diesem Hintergrund ist es erstaunlich, dass sich
die Psychodrama-Literatur zu Gruppenprozessen
und ihrer Dynamik weitestgehend ausschweigt,
wenn man die soziometrische Literatur einmal
ausklammert, die eher den strukturellen als den
dynamischen Aspekt von Gruppen hervorhebt.
Hier besteht eine eklatante Lücke und beträcht-
licher Nachholbedarf.

Psychodrama ist – zumindest in den meisten
Fällen – Arbeit mit Gruppen und es gibt viele gute
Gründe, sich als Psychodrama-Leiter ein tieferes
Wissen und Verständnis der psychologischen
Prozesse in Gruppen zu erarbeiten:

- Aus **diagnostischer** Sicht ist es von größter
  Wichtigkeit, bei der Leitung einer Gruppe auftretende gruppendynamische Phänomene, sowohl in den Beziehungen der Gruppenmitglieder untereinander als auch in der Beziehung zum Leiter, zu erkennen und zu verstehen, um darauf angemessen reagieren zu können. Dies gilt besonders – aber nicht nur – in
  der Teamsupervision.
- Bei der **Planung der eigenen Intervention**
  sollte man das Wissen um die Dynamik von
  Gruppen von vornherein berücksichtigen

(z. B. Phasen der Gruppenentwicklung), um
nicht unversehens in »gruppendynamische
Minenfelder« zu geraten oder anderweitig
Schaden anzurichten.

- In vielen Fällen gehört es zum Auftrag und zu
  den Aufgaben des Leiters, sein **Wissen** über
  gruppendynamische Prozesse an die Teilnehmer **weiterzugeben**, z. B. in der Teamentwicklung, in der Führungsberatung oder in verschiedenen anderen Feldern der Erwachsenenbildung. In diesen Situationen ist nicht nur
  Intuition und Erfahrung im Umgang mit
  Gruppen gefragt, sondern auch strukturierte
  Wissensvermittlung.

Dieses Kapitel soll eine Wissensbasis über psychologische Prozesse in Gruppen schaffen, die für alle
drei »Anwendungsbereiche« gleichermaßen hilfreich ist. Es soll den Blick der Leserinnen und Leser für gruppendynamische Phänomene schärfen
und so zur Ausbildung und Vertiefung der beiden
erwähnten Faktoren beitragen, die über das kognitive Wissen hinaus für die Leitung von Gruppen unerlässlich sind: Intuition und Erfahrung.

Wir erläutern die Darstellungen anhand eines
Fallbeispiels, das sich aus unseren praktischen Erfahrungen mit unterschiedlichen Gruppen in verschiedenen Arbeitsfeldern speist.

18.1 Was ist Gruppendynamik?

Abhandlungen über psychologische Prozesse in
Gruppen beginnen nahezu unweigerlich mit der
Frage, was eine Gruppe ist und was sie von einer
bloßen Menschenansammlung unterscheidet. Die
Psychologie hat sich mit dieser Frage traditionell

18

schwer getan. So sah der sonst so akribisch analysierende Freud keinen Anlass, sich intensiver mit eigenständigen Gruppenphänomenen zu befassen, da sich die Gruppenpsychologie direkt aus der Individualpsychologie ableiten lasse (Freud, 1921). Und auch sein Kollege Allport, eine der wichtigsten historischen Figuren der Psychologie überhaupt, vertrat einige Jahre später die These, dass sich Psychologen nicht mit dem Studium von Gruppen beschäftigen und sich stattdessen auf das Individuum als angestammte Domäne ihrer Disziplin (Psychologie = Seelenlehre) konzentrieren sollten (Allport, 1924). Da Gruppen über kein Bewusstsein verfügen, so Allports Argumentation, sei das »Gruppenhandeln« nichts anderes als die Handlungen jedes einzelnen Individuums zusammen. Entsprechend gibt es für ihn »… keine Gruppenpsychologie, die nicht in ihrem Kern und zur Gänze eine Psychologie des Individuums ist. Sozialpsychologie (…) ist Teil der Psychologie des Individuums« (Allport, 1924, S. 6). Spätestens Lewin, mit Moreno einer der Begründer der Gruppenforschung, machte in seiner Feldtheorie deutlich, dass das Verhalten des Individuums nicht nur von dessen Persönlichkeit, sondern auch von der Umwelt abhängt – und diese ist immer und notwendig sozialer Natur (vgl. z. B. Morenos Theorie sozialer Netzwerke, ▶ Abschn. 14.2.3).

Gruppendynamik als Emergenzphänomen

Eine Gruppe zeichnet sich gegenüber einer bloßen Ansammlung von Menschen dadurch aus, dass die einzelnen Individuen interagieren und sich gegenseitig in ihrem Handeln beeinflussen. Da hierfür die bloße Anwesenheit von Menschen genügt, ist damit – streng genommen – jede Ansammlung von Menschen eine Gruppe. Gruppen im engeren Sinne zeichnen sich durch weitere Kriterien aus, z. B. die Ausbildung von Rollen und Normen, die an dieser Stelle jedoch keine Rolle spielen und später abgehandelt werden.

Durch diese Interaktion und gegenseitige Beeinflussung entsteht ein System mit Eigenschaften, die sich durch die Eigenschaften der einzelnen Teile dieses Systems nicht vollständig erklären lassen. Die Gestaltpsychologie hat diesen Sachverhalt prägnant in dem bekannten Diktum »Das Ganze

ist mehr als die Summe seiner Teile« zusammengefasst. Da Systeme in ihren Eigenschaften nicht nur quantitativ, sondern auch qualitativ über die Eigenschaften ihrer Elemente hinausgehen, müsste man aber eigentlich präziser sagen: »Das Ganze ist **etwas anderes** als die Summe seiner Teile«. Diese Phänomene, die entstehen wenn Systeme eine »kritische Masse« an Komplexität überschreiten, bezeichnet man in der Systemtheorie als **Emergenzphänomene** (von lat. emergere = hervorgehen, auftauchen; vgl. Willke, 1996). Diese emergenten Eigenschaften sind für die Entwicklung der **Gruppendynamik** verantwortlich.

Wenn man von »Gruppendynamik« spricht, meint man in der Regel die Ausbildung von Normen, Werten, Koalitionen und ihre Auswirkungen auf das Handeln der Gruppe und der Individuen, also ein Geschehen, das man nicht ohne Weiteres sehen kann, so wie man Gegenstände sehen kann. In der Psychologie wird zur Veranschaulichung derartiger Sachverhalte häufig der von Freud geprägte Vergleich mit einem Eisberg herangezogen: Das, was sichtbar ist, ist nur ein kleiner Teil dessen, was tatsächlich relevant ist; der größte und wichtigste Teil ist dagegen unter der Oberfläche verborgen (◘ Abb. 18.1). Dies stellt die Leitung gelegentlich vor Schwierigkeiten.

Um das Geschehen in der Gruppe interpretieren, Konflikte moderieren und ungewollten Entwicklungen entgegenwirken zu können, ist der Leiter darauf angewiesen, die »hinter« diesem Geschehen verborgene Dynamik zu beobachten und zu interpretieren. Dabei geht es nicht um das objektive Erkennen der »Wahrheit« der Gruppe – denn Wirklichkeit in Gruppen ist immer auch von der Perspektive abhängig –, sondern um das Sammeln plausibler und unter Umständen konkurrierender Interpretationen, die dem Leiter ein begründetes Handeln erst ermöglichen.

Gruppendynamik als multidimensionales Phänomen

Mit der Erforschung von Gruppendynamik haben sich vor allem zwei Teildisziplinen der Psychologie beschäftigt,
- die Sozialpsychologie und
- die Psychoanalyse.

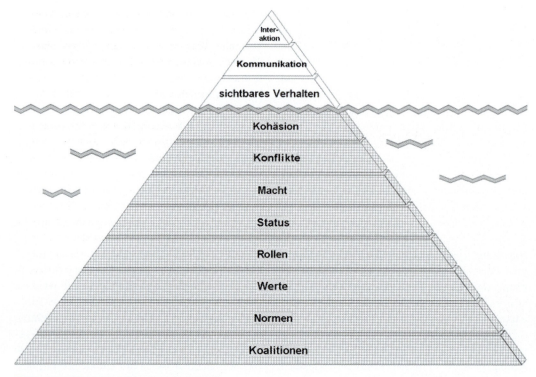

◻ Abb. 18.1. Eisberg-Modell der Gruppendynamik

Innerhalb der sozialpsychologischen Gruppenforschung werden gruppendynamische Phänomene im Rahmen verschiedener Forschungsansätze behandelt (Forschung zu Gruppenstrukturen, Gruppenentwicklung, Rollentheorie usw.). Auch in der psychoanalytischen Theorie gibt es verschiedene Modelle, die Gruppenphänomene jeweils unterschiedlich erklären, wobei, wie erwähnt, dabei die klassische freudianische Richtung aufgrund ihrer individualistischen Orientierung weitestgehend auszuklammern ist. Wie so oft in der Wissenschaft entsteht durch diese unterschiedlichen Perspektiven ein buntes Nebeneinander von Theorien und Modellen mit jeweils unterschiedlichen Akzentuierungen und Begrifflichkeiten, die sich gegenseitig nicht widersprechen, sondern eher ergänzen. Daher kann man jede Beobachtung, jedes Ereignis und jede Situation im Gruppengeschehen von verschiedenen theoretischen Blickwinkeln aus zu erklären versuchen:

━ Welche **Struktur** hat die Gruppe zum gegenwärtigen Zeitpunkt und welche Auswirkungen hat diese Struktur?

━ Welche **Rollen** nehmen die Gruppenmitglieder ein und wie spielen diese Rollen dynamisch zusammen?

━ In welcher **Entwicklungsphase** befindet sich die Gruppe und wie beeinflusst dies das Geschehen?

━ Welches Ausmaß an **Gruppenkohäsion** besteht zurzeit?

━ Welche interpersonellen **Themen** sind gerade aktuell?

━ Welche bedeutsamen **Ereignisse** haben die Gruppenentwicklung bis zum gegenwärtigen Zeitpunkt geprägt (vgl. MacKenzie, 1990)?

Gruppendynamik als Ausdruck tiefenpsychologischer Prozesse

Folgt man dem Gedanken, dass Gruppendynamik ein zunächst »unsichtbares« Phänomen ist, so ist das (unmittelbar beobachtbare) Verhalten von Individuen und Gruppen nur verständlich, wenn der Beobachter die »in der Tiefe« ablaufenden, also nicht unmittelbar beobachtbaren, Prozesse erschließt. Umso wichtiger ist es, sich ein Raster für die Beobachtung bzw. Erschließung des Geschehens »unter der Oberfläche« zu erarbeiten, wie wir es in Anlehnung an Schattenhofer (1995) wiedergeben (▶ Übersicht).

Ebenen der Analyse gruppendynamischer Prozesse nach Schattenhofer (1995)

Ebene 1: Aufgabenbezogene Aktivitäten, Sachebene (sichtbar)

- Wie bestimmt die Gruppe Arbeitsziel und -auftrag?
- Wie plant die Gruppe das gemeinsame Vorgehen?
- Wie verläuft die Durchführung?
- Welche Gefühle / Konflikte etc. werden benannt?

Ebene 2: Ebene der sozialen Interaktion, soziodynamische / gruppendynamische Ebene (teilweise sichtbar, z. B. mit soziometrischen Verfahren erfassbar)

- Nach welchen Normen und Regeln richtet sich das Handeln?
- Welche Autoritäts- und Beliebtheitsstrukturen bilden sich aus?
- Welche Untergruppen und Koalitionen gibt es?

Ebene 3: »Psychische Ebene«

Es wird von der Annahme ausgegangen, dass durch die Teilnahme an der Gruppe beim Individuum unbewusste Wünsche und Ängste, intrapsychische Konflikte und individuelle Grundmuster der Beziehungsaufnahme aktiviert werden, wie sie z. B. in der Primärsozialisation erlernt wurden. Diese unbewältigten Wünsche, Emotionen und Konflikte werden auf die Gruppe, die Leiter und die anderen Mitglieder übertragen. Mit diesem Modell sind z. B. Ausgrenzungsprozesse und Sündenbockphänomene in Gruppen beschreibbar.

Ebene 4: »Das gemeinsame Unbewusste«

Hierbei wird angenommen, dass sich in Gruppen ein latentes Gruppenproblem oder ein zentraler Konflikt entwickelt, den die Gruppe

▼

---

zwar nicht bemerkt, der aber ihr Verhalten bestimmt. Die verschiedenen Äußerungen und Handlungen der einzelnen Gruppenmitglieder stehen miteinander in einem latenten Zusammenhang, der sich durch den gemeinsamen Bezug auf diesen sogenannten »Gruppenfokalkonflikt «ergibt (Stock Whitaker u. Liebermann, 1976; ▶ Abschn. 18.4.3). Einige wenige Teilnehmer tragen den Konflikt dann aus – und zwar nicht primär für sich, sondern stellvertretend für die ganze Gruppe. Als Beispiel nennt Schattenhofer (1995) die Fehlentscheidung der Kraftwerksbelegschaft, die zur Katastrophe von Tschernobyl führte: Die Mitarbeiter hatten ihre Angst vor dem Versagen verdrängt und kompensierten den dadurch entstehenden Konflikt durch die Entwicklung eines irrationalen Glaubens an die eigene Unfehlbarkeit. Die Führungsrolle wurde in der Situation an (wenig selbstkritische) Gruppenmitglieder übertragen diesen Wert der eigenen Unfehlbarkeit glaubhaft verkörperten.

Jedes beobachtbare Verhalten in der Gruppe (z. B. ein Konflikt zwischen zwei Teilnehmern) kann auf diesen vier Ebenen gedeutet werden:

- Konflikt als Ausdruck unvereinbarer Interessen (Ebene 1),
- Konflikt als Ausdruck von Rivalitäten in der Gruppe (Ebene 2),
- Konflikt als Ausdruck innerer Konflikte der Beteiligten (Ebene 3) oder
- Konflikt als Ausdruck kollektiver Ängste (Ebene 4).

Begriffsklärung

Vorab sei noch erwähnt, dass sich in der Literatur drei verschiedene Verwendungen des Begriffs »Gruppendynamik« finden, als

- psychologische Prozesse in Gruppen,
- Forschungsgebiet, das sich mit psychologischen Prozessen in Gruppen befasst und
- Sammelbezeichnung für Methoden der Erwachsenenbildung, die auf Persönlichkeitsveränderungen im sozialen Kontext abzielen (»angewandte Gruppendynamik«; z. B. Antons, 2000; König, 1995).

Während wir uns vorwiegend auf die erste Bedeutung beziehen, ist die letzte Begriffsverwendung (zumindest in Deutschland) am weitesten verbreitet. Beim Kauf von Büchern, deren Titel den Begriff »Gruppendynamik« enthalten, sollte man sich also informieren, welche Inhalte behandelt werden.

> ❗ Der Begriff »Gruppendynamik« bezeichnet diejenigen Prozesse, die beobachtbares Verhalten in einer Gruppe in einen Sinnzusammenhang stellen. Diese Prozesse emergieren im Zuge der Interaktionen der Gruppenmitglieder, sind durch die Eigenschaften der Individuen allein aber nicht erklärbar. Gruppendynamik ist ein Konstrukt eines Beobachters (z. B. des Gruppenleiters). Dieser kann sich der verborgenen Dynamik der Gruppe allenfalls mit Hilfe von Hypothesen nähern, er kann aber niemals ihre objektive Realität erfassen.

18.2 Phasen der Gruppenentwicklung

Jeder, der bereits einmal Mitglied oder Leiter einer über längere Zeit bestehenden Arbeitsgruppe war, weiß aus eigener Erfahrung, dass sich die Arbeit in der Gruppe zu unterschiedlichen Zeiten anders gestaltet, anders »anfühlt«:

- Während beim ersten Zusammentreffen gegenseitiges Erkunden, Vorsicht und Zurückhaltung vorherrschen, kommen später zunehmend persönliche Themen zur Sprache;
- Konflikte entstehen, schwelen eine Weile, bevor sie »auf den Tisch gebracht« und schließlich bewältigt werden und vieles andere mehr.

In der gruppendynamischen Forschung hat man die Entwicklungsverläufe verschiedener Gruppen miteinander verglichen und dabei eine in den meisten Gruppen annähernd parallel verlaufende Dynamik mit bestimmten Phasen gefunden, die in quasi gesetzmäßiger Reihenfolge durchlaufen werden. Das bekannteste Gruppenentwicklungsmodell stammt von Tuckman (1965, ◨ Tab. 18.1), wohl nicht zuletzt aufgrund der prägnanten Betitelung der einzelnen Phasen:

- »Forming« = Orientierungsphase,
- »Storming« = Konfliktphase,
- »Norming« = Strukturphase,
- »Performing« = Phase der konstruktiven Zusammenarbeit,
- »Adjourning« = Auflösungsphase.

Bei dem vorgestellten Modell von Tuckman handelt es sich – wie bei allen Modellen – um eine vereinfachende Abbildung der realen Verhältnisse. In realen Gruppen zeigen sich komplexere Verläufe: Einige Gruppen vermeiden einzelne Stadien oder kürzen sie sehr ab, andere verharren in einer bestimmten Phase (z. B. in der Konfliktphase). Manche Gruppen mögen zwischen verschiedenen Phasen hin- und her fluktuieren, andere sich in »spiralförmigen« Verläufen bewegen und wieder andere sich in Abläufen entwickeln, die nicht anhand von Tuckmans Modell beschrieben werden können. Auch die Abgrenzung zwischen den Phasen ist idealtypisch und in der Realität sicher nicht so eindeutig zu beobachten.

Kenntnis und Berücksichtigung der gruppendynamischen Besonderheiten der einzelnen Phasen ist für den Psychodrama-Leiter insofern von Bedeutung, als dieselben Verhaltensweisen eines Gruppenmitglieds vor dem Hintergrund des aktuellen Gruppenprozesses in verschiedenen Phasen ganz unterschiedliche Bedeutung erlangen und ganz andere Interventionen erforderlich machen können. Dies gilt z. B. für die Themenbereiche Intimität, Nähe und Konflikt: So kann etwa in der Orientierungsphase »… die Mitteilung eines intimen Details aus dem Leben eines Gruppenmitglieds (…) ein Hinweis auf Distanzlosigkeit sein, während dasselbe Verhalten während der Vertrauens- und Intimitätsphase völlig adäquat ist« (Rubner u. Rubner, 1992, S. 231). Des Weiteren kann das Bewusstsein für die Mechanismen der Gruppenentwicklung dem Leiter helfen, durch sein Verhalten dem jeweiligen Entwicklungsstand entsprechende Bedingungen für eine konstruktive Arbeit zu schaffen.

Wir geben im Folgenden einen kurzen Abriss über die Entwicklungsphasen sowie über die Aufgaben und Probleme der Leitung in den einzelnen Phasen. Zur weiteren Lektüre über die Rolle der Leitung in den verschiedenen Phasen der Grup-

◘ Tab. 18.1. Tuckmans Modell der Gruppenentwicklung. (Nach Forsyth, 1999)

Phase	Wichtige Prozesse	Charakteristika
1. Orientierung (»Forming«)	Mitglieder machen sich miteinander und mit der Gruppe vertraut Aushandeln von Abhängigkeit und Inklusion (wer gehört dazu, wer nicht) Akzeptanz des Gruppenleiters, Gruppenkonsens	Vorsichtige, zurückhaltende Kommunikation Auseinandersetzung mit Mehrdeutigkeit und Gruppenzielen Aktiver Leiter, »folgsame« Mitglieder
2. Konflikt (»Storming«)	Uneinigkeit über Verfahrensweisen Ausdruck von Unzufriedenheit Spannungen unter den Mitgliedern Widersetzen gegen den Leiter	Kritik an Ideen Einzelner Geringe Beteiligung Feindseligkeit Polarisierung und Koalitionsbildung
3. Struktur (»Norming«)	Kohäsion und Einigkeit nimmt zu Ausbildung von Rollen, Standards und Beziehungen Wachsendes Vertrauen Mehr Kommunikation	Einigung über Verfahrensweisen Rollenambiguität sinkt Verstärktes »Wir-Gefühl«
4. Konstruktive Arbeit (»Performing«)	Zielerreichung Hohe Aufgabenorientierung Betonung auf Leistung und Produktivität	Entscheidungsfindung Problemlösung Gegenseitige Kooperation
5. Auflösung (»Adjourning«)	Auflösung von Rollenstrukturen Beendigung der anstehenden Aufgaben Abhängigkeit / Zusammengehörigkeitsgefühl sinkt	Zerfall und Rückzug Verstärkte Unabhängigkeit Trauer

penentwicklung empfiehlt sich der kurze, aber interessante psychodynamisch orientierte Artikel von Rubner u. Rubner (1992).

18.3 Die Orientierungsphase (»Forming«)

❯ Erste Sitzung der Praxisreflexionsgruppe für Studentinnen und Studenten sozialer Berufe an der Fachhochschule Rheinau. Die 12 Teilnehmerinnen und Teilnehmer sind unter der Leitung von Bernd Koppenbach, Sozialpädagoge und Psychodramatiker, zu ihrem zweiwöchentlichen Treffen zusammengekommen, um über ihre Praxiserfahrungen zu diskutieren. Die Studierenden stammen aus verschiedenen Semestern, Studiengängen (Sozialpädagogik, Sozialarbeit, Sozialmanagement) und Standorten der Fachhochschule (FH) und kennen sich daher bislang nicht. ▼

8:50 Uhr – in 10 Minuten soll es losgehen
Fast alle Teilnehmer sind schon eingetroffen und unterhalten sich in kleinen Grüppchen. Inga wieselt vom einen zum anderen, um erste Kontakte zu knüpfen. Martin dagegen steht etwas abseits und wühlt in seiner Aktentasche – er hat beschlossen, erst einmal den offiziellen Beginn abzuwarten. Beate, die bereits seit 20 Minuten da ist, steht mit Evelyn zusammen und berichtet von ihrer Lebenssituation: »Ich habe gerade mein Medizinstudium abgeschlossen und habe auch schon eine Promotionsstelle zum Thema Demenz in Aussicht. Sozialmanagement studiere ich eigentlich nur, weil ich mich für die Leitung eines Pflegeheims interessiere. Ich wohne in Kornbach am Niedsee mit meinem Mann und zwei Kindern.« Evelyn wird mulmig – sie ist im Moment arbeitslos, 5 Jahre älter als Beate, aber noch mitten im Studium, ledig und kinderlos. Mit Beates glanzvoller Selbstdar- ▼

stellung kann sie nicht mithalten, und sie bricht das Gespräch schnell ab. Tina und Jochen haben festgestellt, dass sie sich beide an derselben Universität für ein Zweitstudium in Psychologie eingeschrieben haben und fachsimpeln nun über die Studienordnung. Josef stellt einen selbst gebackenen Kuchen auf den Tisch und verkündet in den Raum hinein, dass sich jeder bedienen könne. Antonia ist in der Küche verschwunden, um Kaffee und Tee zu kochen.

9:10 Uhr – die Sitzung beginnt

Der Leiter stellt sich kurz vor und bittet die Teilnehmer, sich nach dem Anfangsbuchstaben ihres Vornamens in eine Reihe zu stellen. In diesem Moment öffnet sich die Tür und Heiner kommt mit einer gemurmelten Entschuldigung herein. Alle Blicke sind auf Heiner gerichtet und Jochen kann sich eine spitze Bemerkung nicht verkneifen.

Das erste Zusammentreffen der Gruppenmitglieder findet in einer Situation statt, die weitgehend von Unstrukturiertheit, Unsicherheit und inneren Konflikten geprägt ist. Man kennt einander nicht und weiß nicht, was man voneinander zu erwarten hat. Auf der einen Seite haben die Gruppenmitglieder das Bedürfnis nach Kontaktaufnahme und gegenseitigem Kennenlernen, auf der anderen Seite sucht man die Nähe vertrauter Bezugspersonen (Freunde, Bekannte), was Cliquenbildung fördert und die Kontaktaufnahme mit Unbekannten hemmt. Man versucht, Informationen über das Wesen und die Persönlichkeit der anderen zu erhalten, wobei in massiver Weise Attributionen zum Tragen kommen (z. B. Försterling u. Stiensmeier-Pelster, 1994). Ebenso ist man daran interessiert, (selektiv) Informationen über sich preiszugeben. Man möchte sich so positiv, aber auch so authentisch wie möglich darstellen und versucht jeden Lapsus zu vermeiden (Einsatz von sogenannten »Impression Management«-Strategien; z. B. Schlenker, 1980). Jeder wartet darauf, dass der/die Andere den ersten Schritt macht und tastet das Verhalten des Gegenübers sorgfältig auf Hinweise ab, wie er/sie sich selbst verhalten könnte.

Diese »Pattsituation« beschreibt Luhmann (1984) in Anlehnung an Parsons mit dem Begriff

doppelte Kontingenz. Am Anfang steht eine Situation, in der kaum Festlegungen, kaum Strukturen, kaum für diese Situation dienliche Orientierungspunkte existieren, wenngleich natürlich in jeder Situation kulturelle Normen, z. B. Höflichkeit, eine Rolle spielen. Durch einen Vorstoß, ein Beziehungsangebot, einen Themenvorschlag von A (z. B. »Alter bestimmt in einer noch unklaren Situation sein Verhalten versuchsweise zuerst. Er beginnt mit einem freundlichen Blick, einer Geste, einem Geschenk – und wartet ab, ob und wie Ego die vorgeschlagene Situationsdefinition annimmt«; Luhmann, 1984, S. 150) werden die Freiheitsgrade der Situation reduziert, denn As Vorschlag legt nun bestimmte Reaktionen von B nahe und macht andere unwahrscheinlicher, die zuvor ebenso gut möglich gewesen wären: »Jeder darauf folgende Schritt ist dann im Lichte dieses Anfangs eine Handlung mit kontingenzreduzierendem, bestimmendem Effekt – sei es nun positiv oder negativ« (Luhmann, 1984, S. 150). Je weiter aber die gemeinsame Interaktion fortschreitet, desto mehr legen sich die Beteiligten auf eine Art der Beziehungsgestaltung fest – die Gruppe entwickelt eine Geschichte.

Auf diese Weise entstehen erste Gewohnheiten, Normen und Verhaltensregeln. Bevor sich die Gruppe jedoch auf verbindliche Normen einigen kann, müssen diese ausgehandelt und »umkämpft« werden. Diese Auseinandersetzung findet in der zweiten Phase der Gruppenentwicklung, der Phase des Konflikts, statt (▶ Abschn. 18.4).

18.3.1 Aufbau von Gruppenkohäsion

Ein wichtiger Schritt in Richtung Arbeitsfähigkeit der Gruppe ist dann erfolgt, wenn die Gruppe ein gewisses Ausmaß an Kohäsion erlangt hat. Der Leiter hat gerade in der Orientierungsphase die Aufgabe, die Entstehung von Gruppenkohäsion zu fördern.

Moreno führte das Konzept der Gruppenkohäsion 1938 in die Psychologie ein, wo es durch die Arbeiten von Lewin zu Popularität gelangte – allgemein gilt Lewin als der Schöpfer des Konzepts der Gruppenkohäsion, Petzold hat jedoch darauf hingewiesen, dass Moreno den Begriff bereits vier Jahre früher als Lewin verwendet (vgl. Petzold,

1980). Lewin benutzt den Begriff, um die Kräfte zu beschreiben, die Gruppen intakt halten, indem sie ihre Mitglieder zusammenschweißen und Kräften entgegenwirken, die sie auseinandertreiben. Über die genaue Natur dieser Kohäsionskräfte gibt es, wie so häufig in der Psychologie, keine Einigkeit.

Eine häufig vertretene Annahme ist, dass die Essenz der Gruppenkohäsion in einem **Gefühl der Zusammengehörigkeit** und Verbundenheit, einem »Wir-Gefühl« liegt. Andere Forscher sehen Gruppenkohäsion als Sonderform interpersonaler **Attraktion** – so könnte man einen »Gruppenkohäsionsindex« bilden, indem man die Anzahl aller positiven Wahlen in einer soziometrischen Untersuchung (► Abschn. 14.4.1) aufaddiert und mit der Anzahl der negativen Wahlen in Beziehung setzt. Dabei dürfen konfliktäre soziometrische Substrukturen jedoch nicht übersehen werden. Eine dritte Position vertritt die These, Kohäsion sei nicht auf geteilte soziale Identität oder Attraktion zurückzuführen, sondern schlicht ein **»Beiprodukt« von Teamarbeit** und entstehe aus dem Willen zusammenzuarbeiten.

Das Ausmaß an Kohäsion in einer Gruppe ist aber nicht nur das Produkt individueller Variablen wie Attraktion, sozialer Identität oder Ähnlichem; Kohäsion entwickelt sich auch während der gemeinsamen Zusammenarbeit im Zuge eines gruppendynamischen Prozesses. Damit sich in einer längerfristig zusammenarbeitenden Gruppe hohe Kohäsion entwickeln kann, muss nach dieser Ansicht die Gruppe bestimmte Themen »abarbeiten«, z. B. das Aushandeln gemeinsamer Normen, das Austragen und Bewältigen von Konflikten zwischen den Gruppenmitgliedern usw.

Die Folgen von Gruppenkohäsion beschreibt Forsyth (1999) wie folgt:

> » Menschen, die kohäsiven Gruppen angehören – Kohäsion in diesem Fall definiert als starkes Gefühl der Zugehörigkeit zu einer integrierten Gemeinschaft –, sind aktiver in ihren Gruppen involviert, zeigen mehr Enthusiasmus über ihre Gruppen und leiden sogar unter weniger sozialen und interpersonalen Problemen. (S. 150)

Dies hat zur Folge, dass die Mitglieder kohäsiver Gruppen eine höhere Arbeitszufriedenheit, weni-

ger Angst und Spannungen und effektivere Möglichkeiten der Stressbewältigung haben (vgl. Forsyth, 1999). In Anbetracht dieser positiven Begleiterscheinungen ist es nicht weiter verwunderlich, dass die Mitgliedschaft in kohäsiven Gruppen im Allgemeinen längeren Bestand hat als in nichtkohäsiven Gruppen. Dieser Effekt ist am stärksten, wenn die Attraktion sich auf die Gruppe als Ganzes, weniger auf die einzelnen Mitglieder als Individuen, bezieht.

Auf der anderen Seite kann hohe Gruppenkohäsion jedoch auch negative Effekte haben: In stark kohäsiven Gruppen besteht unter Umständen ein hoher Anpassungs- und Konformitätsdruck. Mitglieder, die von der Gruppenmeinung abweichen, werden mit psychologischem Ausschluss, Abbruch der Kommunikation, offener und in Scherze verpackter Feindseligkeit bestraft; dagegen schließen sich in weniger kohäsiven Gruppen Mitglieder mit unterschiedlichen Ansichten eher in Subgruppen zusammen. Diese Tendenzen können dazu führen, dass

- die Selbstständigkeit und Eigenverantwortung der Mitglieder in kohäsiven Gruppen zu kurz kommen,
- die Entwicklung der eigenen Identität gehemmt wird,
- aufgrund der eingeschränkten Meinungsvielfalt einseitige oder riskante Entscheidungen getroffen werden oder
- dass die Arbeitsleistung der Gruppe sinkt.

❶ Der Begriff der Gruppenkohäsion bezeichnet die Kräfte, die eine Gruppe zusammenhalten, indem sie die Mitglieder aneinander und an die Gruppe binden. Die Entstehung von Kohäsion geht einerseits auf Attraktionsmechanismen und Bindungsbedürfnisse zurück, wächst andererseits aber auch durch gemeinsame Aktivitäten, Erfahrungen und Erfolgserlebnisse. Die Förderung der Gruppenkohäsion ist gerade im Entstehungsprozess einer Gruppe eine wichtige Leitungsaufgabe. Es sollte jedoch berücksichtigt werden, dass unter Umständen auch Minderleistungen aufgrund von zu hoher Kohäsion auftreten können, wodurch eine Reflexion und Korrektur der Gruppenprozesse nötig werden kann.

18.3.2 Aufgaben der Leitung in der Orientierungsphase

Die Aufgabe der Leitung in der Orientierungsphase besteht häufig darin, mit ihrer Intervention Gruppenkohäsion zu fördern. Kohäsionsaufbau kann ein expliziter Auftrag der Gruppe an die Leitung (z. B. in der Teamentwicklung, ▶ Abschn. 24.3), aber auch ein gruppendynamisches Erfordernis sein, das sich aus den Zielen der Gruppe ergibt, wie z. B. in der Psychodrama-Weiterbildung, wo ein gewisses Maß an Gruppenkohäsion Voraussetzung ist, um in Selbsterfahrungsprozesse eintreten und konstruktiv zusammenarbeiten zu können.

Der Leiter muss der Gruppe einerseits Orientierung geben, Begegnung und Beziehungsaufnahme zwischen den Teilnehmern ermöglichen, andererseits aber auch Raum für die Entwicklung und Selbstorganisation der Gruppe lassen. Ein nützliches Hilfsmittel für die Gestaltung der Intervention in dieser Phase ist das Modell der Themenzentrierten Interaktion (TZI). Das TZI-Modell beschreibt vier Dimensionen, die in der Interaktion in Gruppen eine Rolle spielen und die im Dienste einer befriedigenden und erfolgreichen Zusammenarbeit in Balance gehalten werden müssen:

- das Thema,
- das einzelne Gruppenmitglied, seine Ziele, Wünsche und Befindlichkeiten (»Ich«),
- der Interaktionsprozess und die Dynamik in der Gruppe (»Wir«) und
- situative, historische, materielle, soziale und weitere Kontextbedingungen (»Globe«; Näheres zum TZI-Modell und den Konsequenzen für die Leitung in der Orientierungsphase ▶ Abschn. 7.5).

Rubner u. Rubner (1992) erläutern die Problematik, die sich in dieser Phase aus psychoanalytischer Sicht für die Beziehungsgestaltung zwischen Gruppe und Leitung ergibt:

» In dieser als so bedrohlich und gefährlich erlebten Anfangssituation richten sich alle Hoffnungen auf den Leiter. Da ▼

die Gefühle des Ausgeliefert- und des Kleinseins überwältigend sind, muss der Leiter, um diese abzuwehren und Schutz vor ihnen zu gewähren, als überdimensional groß phantasiert werden. Er wird entsprechend idealisiert und als allwissende, omnipotente, gerechte, allen alles gebende, gütige und »nur gute« Mutter erlebt, die alle gleichermaßen ernähren und schützen kann und will. Der Einzelne will mit diesem guten, befriedigenden und allmächtigen Objekt verschmelzen und es in sich aufnehmen, um dadurch an dessen phantasierter Grandiosität teilzuhaben und die eigene Kleinheit auszugleichen. (S. 235)

Es ist offensichtlich, dass sich daraus eine Reihe von Anforderungen ergeben, die der Leiter in sensibler Weise miteinander in Einklang bringen muss:

- Er muss als Person erkennbar werden und in Beziehung zu den Teilnehmern treten, ohne der Gefahr der Verführung durch die an ihn herangetragenen Idealisierungen zu erliegen;
- er muss »… einen Abstand finden, der (…) die (noch) notwendigen Idealisierungen (…) ermöglicht« (Rubner u. Rubner, 1992, S. 236), andererseits aber auch die Eigenentwicklung der Teilnehmer fördert und keine regressiven Abhängigkeiten entstehen lässt.

Eine zu große Offenheit kann dazu führen, dass die Autorität der Leitungsrolle bereits im Frühstadium verloren geht, weil die Teilnehmer die durch die Abwesenheit von Führung und Orientierung drohenden Ängste dadurch abwehren müssen, dass sie »… ein unrealistisches 'Größenselbst' (…) mit Selbstüberschätzung und hohem Leistungsdruck bei gleichzeitiger Abwertung von Autoritäten entwickeln [müssen]« (Rubner u. Rubner, 1992, S. 236).

Auf der anderen Seite kann auch eine zu autoritäre und direktive Haltung des Leiters kontraproduktive Wirkungen haben:

» Bleibt ein Leiter unvermindert direktiv, so geschieht es leicht, dass ein Teil der Grup- ▼

penmitglieder in infantiler Abhängigkeit von ihm verharrt und dass ein anderer Teil, nämlich diejenigen, die zu größerer Selbstständigkeit und Verantwortlichkeit im Tun drängen, massive Aggressionen gegen den Gruppenleiter entwickeln, welche ihnen die Gelegenheit zum Selbstständiger-Werden vorenthalten (Straub, 1975, S. 107)

Eine zu große Distanzierung kann auch darauf hinauslaufen, »… dass die Teilnehmer ein 'idealisiertes Elternbild' (…) mit gleichzeitiger Abwertung des eigenen Selbst entwickeln, an das sie fixiert bleiben« (Rubner u. Rubner, 1992, S. 236).

Der Versuch, durch allzu große Selbstöffnung negative Übertragungen zu vermeiden, so Krüger (1997), führt dagegen nur dazu, dass sich eine andere Übertragungsbeziehung herausbildet (z. B. statt negativer Vater- positive Mutterübertragung) und der Therapeut in die Alpha-Position kommt: »Der Versuch, zu vermeiden, konstelliert dann das zu Vermeidende mit umgekehrtem Vorzeichen« (Krüger, 1997, S. 256). Daher könne es nicht um Vermeidung, sondern nur um einen angemessenen Umgang mit Übertragungsbeziehungen gehen. Dieser Umstand sollte gerade angesichts des psychodramatischen Ideals einer übertragungsfreien → Telebeziehung zwischen Leiter und Klient berücksichtigt werden.

18.4 Die Konfliktphase (»Storming«)

Praxisreflexionsgruppe an der FH Rheinau, 7. Sitzung. In den zurückliegenden Sitzungen sind erste Konflikte zwischen den Teilnehmern, z. B. über das Thema »Pünktlichkeit«, deutlich geworden. Heute meldet sich Martin in der Eingangsrunde zu Wort: »Ich habe heute sehr gezweifelt, ob ich überhaupt kommen soll. Diese Treffen bringen doch überhaupt nichts. Alle reden von Offenheit und Selbsterfahrung, aber niemand setzt sich wirklich offen mit sich und den anstehenden Themen auseinander. Ihr tragt doch alle Masken. Ich finde das so verlogen, armselig und zum Kotzen.«

▼

In der Gruppe herrscht Schweigen. Antonia hat Tränen in den Augen. In Inga arbeitet es sichtlich, aber sie bleibt stumm. Der Leiter fordert die Teilnehmer auf, sich zu Martins Beitrag zu äußern. Zögerlich meldet sich Jochen: »Ich finde das ziemlich hart, wie du das sagst. Also, natürlich kannst du deine Meinung sagen, klar, aber ich fühle mich da schon so ein bisschen angegriffen. Ich denke, es gibt ganz unterschiedliche Menschen in der Gruppe, die sich auf unterschiedliche Weise mit sich selbst auseinander setzen – der eine hochdramatisch, der andere vielleicht weniger dramatisch, aber genauso intensiv.« Andere Teilnehmer schließen sich an – in der Gruppe entsteht eine lange Diskussion darüber, »wie man hier über sich selbst reden darf und muss«. Nach einer Stunde sind alle – inklusive des Leiters – recht genervt. In der Pause wendet sich Jochen an die Leitung und beschwert sich darüber, dass Martin mit seinem Thema so viel Raum eingenommen hat. Martin selbst ist bereits mit Heiner und Evelyn in die Pause gegangen. In einer Ecke tuscheln Inga, Antonia und Tina über Martin und seinen unverschämten Einwurf.

Wenn die Gruppe die Orientierungsphase überwunden hat, weichen die Zurückhaltung und die Freundlichkeit im Umgang miteinander und es entstehen zunehmend Konflikte zwischen den Mitgliedern. Dabei dreht es sich einerseits um die Durchsetzung persönlicher inhaltlicher Interessen (welchen Themen wird Platz eingeräumt, welche Aspekte sollten mehr Gewicht erhalten, was sollte in Zukunft anders gemacht werden?), andererseits aber auch um den Konkurrenzkampf um Anerkennung, Status, Macht und Führung. Vorherrschende Gefühle in dieser Phase sind

- Wut,
- Aggression,
- Angst,
- Feindseligkeit,
- Neid,
- Eifersucht,
- Macht und
- Ohnmacht (Rubner u. Rubner, 1992, S. 238).

Jede Gruppe entwickelt ihre eigene Strategie, mit Konflikten und der dahinterstehenden Aggression umzugehen (◨ Tab. 18.2). So gibt es beispielsweise

Tab. 18.2. Strategien im Umgang mit Konflikten. (Nach Forsyth, 1999)

	Negativ	Positiv
Passiv	Vermeidung: Ausharren, Rückzug, »lose-lose«-Strategien, »Abwarten-und-Teetrinken«-Haltung, Verleugnung, Ausweichen, Verlassen der Gruppe, Minimierung eigener Verluste, »low concern« für sich selbst und andere	Nachgeben: Akzeptieren, Glätten, Maximierung der Gewinne anderer, »low concern« für sich selbst, »high concern« für andere
Aktiv	Kampf: Konkurrenz, Einsatz von Macht, Dominanz, »Win-lose«-Strategien, Maximierung eigener und Minimierung fremder Gewinne, »high concern« für sich selbst, »low concern« für andere	Kooperation: Teilen, Zusammenarbeit, Problemlösung, »Win-win«-Strategien, Synthese, Verhandlung, Maximierung gemeinsamer Gewinne, »high concern« für sich selbst und andere

Gruppen, die nach außen hin ein Bild perfekter Harmonie abgeben, während unter der Oberfläche ein hohes Maß an Aggression brodelt und den Fortgang der Arbeit blockiert.

18.4.1 Konflikt

Eine konstruktive Bewältigung von Konflikten stellt eine Chance für Verständnis und Weiterentwicklung dar. Andererseits können Konflikte die Gruppe in ihrer Arbeitsfähigkeit beeinträchtigen und unter Umständen sogar zerstören. Daher bedürfen sie der besonderen Aufmerksamkeit der Leitung. Der Umgang mit latenten, unter der Oberfläche schwelenden Konflikten ist dabei meist schwieriger als der Umgang mit Konflikten, die sehr emotional ausgetragen werden.

Sader (1991) meint, dass Konflikte in der zweiten Phase der Gruppenentwicklung nicht zwangsläufig auftreten müssen: Ein dominanter und autoritärer Leiter, so Sader (1991), könne Konflikte unterbinden, ein sehr gruppenzentrierter Leiter dagegen könne Konflikte entbehrlich machen. Gegen das letztere Vorgehen – das unserer Meinung nach ohnehin wenig Chancen auf Erfolg haben dürfte – spricht auch die empirische Forschung, die gezeigt hat, dass Konflikte in längeren Gruppenprozessen nicht nur unvermeidbar sind, sondern sogar ein notwendiges Mittel zur Herstellung von Gruppenkohäsion darstellen:

» Wenn ein Konflikt außer Kontrolle gerät, kann er eine Gruppe zerstören. Häufiger aber haben Konflikte positive Folgen. Mitglieder kohäsiver Gruppen müssen die Perspektiven ihrer Gegenüber verstehen, und ein solches Verständnis kann sich nicht vertiefen bevor Feindseligkeit nicht an die Oberfläche gekommen, bearbeitet und gelöst worden ist (…) Des Weiteren helfen Konflikte Gruppen dabei, ihre Ziele zu klären, indem sie ihre Mitglieder dazu zwingen, Wahlen zu treffen, die die von der Gruppe ausgehandelten Präferenzen widerspiegeln. Konflikte bieten sogar die Möglichkeit, persönliche Feindseligkeiten abzureagieren. Wenn Feindseligkeiten niemals ausgedrückt werden, können sie sich bis zu einem Punkt aufstauen, wo die Gruppe als Einheit nicht mehr weiter bestehen kann. (Forsyth, 1999, S. 157)

Ein niedriges Konfliktniveau ist daher nicht unbedingt ein Anzeichen für besonders positive interpersonelle Beziehungen, sondern kann z. B auf Gruppennormen, die Aggression tabuisieren, auf mangelndes Interesse der Gruppenmitglieder am Thema oder aneinander etc. hindeuten.

Das Thema Konflikt und Konfliktbearbeitung wird in ▶ Kap. 27 umfassend diskutiert.

18.4.2 Macht und Einfluss

Macht

Konflikte in Gruppen sind immer auch Konflikte um die Ansammlung und Erhaltung von Macht. Als Mittel der Machtausübung fungiert dabei nicht körperliche Gewalt, sondern der (bewusste oder unbewusste) Einsatz kommunikativer Taktiken, die auf den Gesprächspartner Druck ausüben (▶ Übersicht).

Strategien der Machtausübung in Gruppen

- Tyrannisieren – ich schreie ihn an
- Sich auf Wissen berufen – ich überschwemme sie mit technischen Details
- Sich beschweren – ich klage über meine Kopfschmerzen
- Kritisieren – ich weise auf die Fehler in ihrer Arbeit hin
- Verlangen – ich gebe die Anweisung, weiterzumachen
- Diskutieren – ich erkläre, warum ich den Plan favorisiere
- Engagement einstellen – ich rede nicht mehr mit ihr
- Ausweichen – ich wechsel das Thema
- »Fait accompli« – ich tue es einfach
- Humor – ich ziehe ihn mit seinen Schwächen auf
- Einschmeicheln – ich mache ihm ein Kompliment bezüglich seines Aussehens
- Anspornen – ich erinnere sie an ihre positiven Qualitäten
- Instruieren – ich erkläre ihm, wie man es macht
- Kräfte vereinen – ich hetze die Gruppe gegen sie auf
- Manipulieren – ich lüge
- Verhandeln – ich schlage einen Kompromiss vor
- Insistieren – ich nerve so lange, bis er zustimmt
- Überreden / überzeugen – ich bringe ihn auf meine Seite
- Versprechen – ich biete ihr einen Bonus an
  ▼

- Strafen – ich nehme ihr ihr Spielzeug weg
- Schlechtmachen – ich mache mich vor ihren Freunden über sie lustig
- Bitten – ich bitte ihn um einen Gefallen
- Belohnen – ich schenke ihr etwas
- Flehen – ich weine
- Drohen – ich drohe ihm mit dem Rausschmiss (nach Forsyth, 1999, S. 219)

Welche Taktik jemand wählt, so Forsyth (1999), hängt von der Gruppensituation, dem Status bzw. Hierarchieverhältnis der Beteiligten, persönlichen Vorlieben, der Persönlichkeit und dem Geschlecht ab.

Einfluss

Die Psychologie hat das Thema »Einfluss« hauptsächlich im Hinblick auf die Möglichkeit einer Mehrheit oder Minderheit, die gesamte Gruppe in ihrer Entscheidung zu beeinflussen, untersucht. In »echten« Gruppen spielen diese Prozesse eine große Rolle, wenngleich sie häufig eher verdeckt wirken.

Minderheiten stehen häufig unter dem Druck, sich der Mehrheitsmeinung anzuschließen. Asch (1952) wies diesen Einfluss des Gruppendrucks nach, indem er die Probanden bei der Einschätzung der Länge von Linien durch bewusst falsche Schätzungen von instruierten Mitarbeitern des Versuchsleiters beeinflusste. Bei drei oder mehr anders lautenden Meinungen war ein deutlicher Konformitätseffekt zu erkennen. Die empirische Forschung hat eine Reihe von Persönlichkeitsfaktoren ermittelt, die nachgewiesenermaßen mit (Non-)Konformität in Zusammenhang stehen:

- Autoritarismus:
  Menschen, bei denen dieser Faktor stärker ausgeprägt ist, respektieren und gehorchen Autoritäten und sozialen Konventionen; halten den Status Quo aufrecht.
- Abhängigkeit:
  Stark abhängige Menschen zeigen erhöhte Konformität und Suggestibilität.
- Individuation:
  Menschen mit hohem Bedürfnis, sich in der Öffentlichkeit von anderen zu unterscheiden, sind eher bereit, abweichende Meinungen auszudrücken.

━ Selbstwert:
Menschen mit niedrigem Selbstwert und Individuen, die sich ihrer Fähigkeiten unsicher sind, zeigen stärkeres konformes Verhalten als Menschen mit mittlerem und hohem Selbstwert.

Einfluss der Minorität

Zu Meinungsänderungen führender Einfluss muss nicht immer von der Mehrheit initiiert werden, sondern kann unter bestimmten Umständen auch von Minderheiten ausgehen. Die Randbedingungen, die dafür verantwortlich sind, wann und in welchem Ausmaß dieser Einfluss wirksam wird, lassen sich wie folgt zusammenfassen:

❗ **Minoritäten haben nur dann einen nennenswerten Einfluss auf die Mehrheit, wenn sie konsistentes Verhalten und selbstbewusstes Auftreten zeigen sowie überzeugende Argumente für ihre Position vorbringen können. Die Einflussmöglichkeiten der Minderheit steigen, wenn**
- **sich die Mehrheit ihrer Position unsicher ist,**
- **die Vertreter der Minderheit der Mehrheit kleine Zugeständnisse machen, statt rigide auf ihrer Position zu beharren,**
- **die Minorität einen hohen Status in der Gruppe genießt, der in der Regel nur durch konformes Verhalten im Vorfeld zu erlangen ist, und**
- **die Mehrheit der Minderheit hohe Kompetenz zuschreibt.**

Minoritäten können jedoch »… profunde und andauernde Änderungen von Einstellungen und Wahrnehmungen [herbeiführen], die auf neue Settings und über die Zeit hinweg generalisieren (…) während Mehrheiten mit höherer Wahrscheinlichkeit Compliance hervorrufen, die auf die ursprüngliche Einflusssituation begrenzt ist« (Forsyth, 1999, S. 187).

Die »Social Impact Theory« von Latane

Latane (1981) formuliert die Hypothese, dass sozialer Einfluss zwischen Mehrheit und Minderheit in beide Richtungen wirkt: Die Mehrheit beeinflusst die Minderheit und umgekehrt. In seiner

Social Impact Theory bestimmt Latane den Einfluss einer Gruppe als Funktion der Variablen Stärke (S = »strength«), Unmittelbarkeit (I = »immediacy«) und Anzahl (N = »number«) der Einflussquellen (Personen) in einer gegebenen Situation. Das Zusammenspiel dieser Variablen erläutert Latane (1981) am Beispiel von Glühbirnen: Neue Gruppenmitglieder haben in der Gruppe zunächst einen niedrigen Status, d. h. im Bezug auf ihre Einflussmöglichkeiten eine geringe Stärke (S) – schaltet man eine 25 Watt Glühbirne in einem Raum ein, in dem bereits mehrere 100 Watt Birnen brennen, wird die 25 Watt Glühbirne nur eine geringe Änderung der Gesamthelligkeit bewirken. Einen ähnlichen Effekt hat die Anzahl der Personen (N) in der Mehrheit / Minderheit: Schaltet man in einem Raum, in dem bereits 100 Lampen brennen, die 101. Lampe ein, trägt dies wesentlich weniger zur Änderung der Helligkeit bei als in einem Raum, in dem erst 3 Lampen brennen. Schließlich haben Menschen in der unmittelbaren Umgebung (z. B. im gleichen Wohnort, in derselben Arbeitsgruppe) einen stärkeren Einfluss auf die Meinungsbildung als Menschen in weiter entfernten Bezügen – ebenso wie eine nur wenige Meter vom Betrachter entfernte Glühbirne wesentlich heller erscheint, als ein Licht in weiter Ferne (Variable Unmittelbarkeit = I).

In seiner 1997 publizierten Revision der Theorie stellt Latane vier für die Meinungsbildung relevante Tendenzen in Gruppen heraus:
- Zusammenschluss (»consolidation«):
In längerfristig interagierenden Gruppen besteht die Tendenz, dass die Mehrheit wächst, während die Minderheit schwindet.
- Clusterbildung (»clustering«):
Da aufgrund des Unmittelbarkeitseffekts Menschen stärker von ihrer direkten Umgebung beeinflusst werden, besteht insgesamt eine Tendenz zur Herausbildung von Clustern ähnlicher Meinungen, d. h. es ist auf längere Sicht keine Konvergenz der gesamten Gruppe auf eine Position zu erwarten, sondern eine Polarisierung von Subgruppen mit konträren Meinungen.
- Korrelation (»correlation«):
Die Meinungen über verschiedene Themenbereiche tendieren dazu, im Laufe der Zeit zu

konvergieren, d. h. es entsteht nicht nur Einigkeit über das Kernthema, sondern auch über nicht aktiv diskutierte Themen.
- fortbestehende Diversität (»continuing diversity«):

Der Clusteringeffekt schirmt Minoritäten vom Einfluss der Mehrheit ab; das hat zur Folge, dass die Meinungsdiversität der Gruppe weiterbesteht – aber nur so lange, wie die Mehrheit nicht allzu groß ist, die Angehörigen der Minderheit räumlich nicht allzu sehr voneinander isoliert sind und die Minorität den Beeinflussungsversuchen der Mehrheit widersteht.

18.4.3 Das rangdynamische Positionsmodell von Schindler

Schindler, wie Moreno aus Österreich stammend, hat ein Modell entworfen, um die Konfliktdynamik von Therapiegruppen zu erklären. Schindlers Überlegungen hatten bei der Publikation 1957 wegweisenden Charakter und sind auch heute noch ein wichtiges Analyseinstrument, denn, so urteilt Pritz (1983), »… dieses Modell stellt gewissermaßen eine Brücke dar zwischen Feldtheorie, wie sie in der Gruppendynamik angewendet wird, und der Tiefenpsychologie der Gruppe und weist zugleich auf die kommende Systemtheorie und Systemische Therapie hin« (S. 88). Schindler postuliert vier Rangordnungspositionen, die sich in jeder Gruppe herausbilden (☐ Abb. 18.2):

- die Alpha-Position, die die Initiative der Gruppe trägt (der »Führer«),
- die Beta-Position, die zwar in positiver Beziehung zu Alpha steht, ansonsten aber eine eher randständige Stellung innehat (der »Spezialist«),
- die Gamma-Position, das Gros der Gruppe, das sich mit Alpha identifiziert und seine Initiative mitträgt (»das einfache Mitglied«),
- die Omega-Position (»Prügelknabe / schwarzes Schaf«), die die Schwäche und Ohnmacht der Gruppe repräsentiert; sie verkörpert die potenzielle Gegenbewegung zu Alpha.

Schindlers Grundannahme lautet, dass sich jede Gruppe dadurch konstituiert, dass sie sich gegen einen Gegner abgrenzt. Ähnliche Annahmen hat die Sozialpsychologie in Form der Forschung zur Unterscheidung von »ingroup« und »outgroup« entwickelt. Die Alpha-Position steht für diese Abgrenzung, in der Identifikation mit ihr erlebt sich die Gruppe als machtvoll. Die Omega-Position identifiziert sich dagegen mit dem Gegner. Dadurch wenden sich die Gamma-Mitglieder gegen Omega, gleichsam als »Stellvertreterkrieg« für den Kampf zwischen der Identifikationsfigur in der Alpha-Position und dem (für Gamma unerreichbaren) Gegner. So kommt es, »… dass die Gruppe (Gamma-Element) an Omega den Stil exekutiert, von dem sie träumt, dass Alpha ihn gegenüber dem Gegner zur Geltung bringen werde« (Schindler, 1971, S. 25). Dieses Phänomen ist besonders für therapeutische Gruppen relevant, da es gerade die ich-schwachen Teilnehmer sind, die schnell in die Omega-Position geraten können.

An dieser Stelle weisen wir daraufhin, dass die rollenbezogenen Bezeichnungen, die sich für Schindlers Positionen eingebürgert haben, streng genommen nicht korrekt sind, so kann die Führung beispielsweise nicht nur aus der Alpha-Position heraus ausgeübt werden (Schindler, 1971).

> In unserem Fallbeispiel befindet sich Jochen als »Meinungsführer« der Gruppe in der Alpha-Position. Martin agiert mit seinem Angriff gegen die Gruppe aus der Omega-Position heraus.

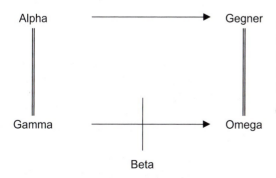

☐ **Abb. 18.2.** Das rangdynamische Positionsmodell von Schindler. (Nach Schindler, 1971, S. 24)

In schwierigen Gruppensituationen kann der Leiter wichtige Informationen über den zentralen

Gruppenkonflikt aus der Dynamik zwischen Alpha und Omega entnehmen, denn: »Der Patient in der Alpha-Position verdrängt, was der in der Omega-Position offen agiert, und umgekehrt« (Krüger, 1997, S. 242). Der Teilnehmer in der Omega-Position verweist durch sein Handeln auf die abgewehrten Anteile der Gruppe und protestiert so gegen die Position von Alpha aus einer Position der Schwäche heraus. → Protagonist für eine Gruppensitzung, so Krüger (1997) weiter, werde häufig der Teilnehmer in der Alpha-Position, da dieser in seinem Handeln die Abwehr der Gruppe, d. h. ihre mehr oder weniger offenen Aktionen gegenüber dem von Omega vertretenen Gegenimpuls, verdichtet.

Hinweise zur Bearbeitung von Gruppenkonflikten mit dem Modell von Schindler finden sich in ▶ Abschn. 18.4.5.

18.4.4 Das Modell des fokalen Gruppenkonflikts von Stock Whitaker

Das Modell des fokalen Gruppenkonflikts betrachtet die Gruppensituation als Ausdruck einer kollektiven Strategie zur Lösung eines Konflikts zwischen gemeinsamen Wünschen und Ängsten. Es basiert auf dem Modell des nuklearen Konflikts von French (1958), das die Entstehung von Kompromisslösungen auf der individuellen Ebene beschreibt. Danach verspüren alle Personen in bestimmten Situationen Impulse, deren Befriedigung einer Reaktion seitens der Umwelt bedarf (z. B. der Wunsch des Kindes nach körperlicher Nähe mit der Mutter). Da diese Impulse den Organismus in ein Ungleichgewicht bringen, bezeichnet sie French als »Störmotiv« (»disturbing motive«). Der Realisierung des verstörenden Motivs kann ein Realitätsfaktor entgegenwirken, beispielsweise Depression oder Unsicherheit der Mutter, die es an einer für das Kind befriedigenden Kontaktgestaltung hindert. Wenn sich diese Frustration des Störmotivs wiederholt, entsteht eine Blockade, die als »reaktives Motiv« (»reactive motive«) internalisiert wird, z. B. kann das Kind als reaktives Motiv auf die fehlende Zuneigung der Mutter Angst oder Schuldgefühle entwickeln.

Störmotiv und reaktives Motiv zusammen bilden den sogenannten nuklearen Konflikt. Um diesen (ursprünglich externen, später internalisierten) Konflikt zu lösen, entwickelt das Individuum »Lösungen«, etwa indem das Kind zum Clown wird, weil es gelernt hat, dass es auf diese Weise die Depression der Mutter durchdringen kann.

Stock Whitaker überträgt Frenchs Annahmen auf die Gruppenebene. Sie geht von der Beobachtung aus, dass alle, auf den ersten Blick unverbunden wirkenden, verbalen Äußerungen und Verhaltensweisen der verschiedenen Gruppenmitglieder durch unterschwellige Themen miteinander in Beziehung stehen. Die Grundannahme ihres Modells lautet,

> » … dass diese sich entwickelnden und variierenden Themen in Form eines geteilten Wunsches (analog zu Frenchs Störmotiv) ausgedrückt werden können, der in Konflikt steht mit einer geteilten Angst (Frenchs reaktives Motiv); dass die geteilten Wünsche und Ängste einen fokalen Gruppenkonflikt konstituieren; und dass die Ereignisse, die man in der Gruppe beobachten kann, Bemühungen darstellen, mit dem fokalen Gruppenkonflikt fertig zu werden, indem sich geteilte Lösungen herausbilden. Die geteilte Lösung erfüllt für die Gruppe dieselbe Funktion wie für das Individuum: Sie reduziert reaktive Ängste oder dämmt sie ein, wobei sie es gelegentlich zulässt, den geteilten Wunsch auszudrücken, gelegentlich aber auch nicht. (Stock Whitaker, 1982, S. 325 f.)

Aufgrund dieses Konflikts erleben die Teilnehmer einer (Therapie-)Gruppe die Gruppe als einen potenziell bedrohlichen Ort. Sie fürchten, dass sie Emotionen ausdrücken sollen, die sie normalerweise verbergen und versuchen, die Gruppensituation so zu gestalten, dass sie sicher genug ist, um in ihr verbleiben zu können und dabei ein angemessenes Ausmaß an Selbstoffenbarung zu zeigen. Der auf dieses Spannungsfeld bezogene fokale Gruppenkonflikt könnte sich wie folgt darstellen (vgl. Stock Whitaker, 1982):

Störmotiv: Wunsch, durch Enthüllung eigener Gefühle und Probleme Hilfe zu erlangen

Reaktives Motiv: Angst vor Kritik (Spott, Ablehnung, Verlassenwerden); Angst davor, von den eigenen Gefühlen überwältigt oder krank zu werden

Geteilte Lösung: nur in abstrakten Begriffen über Probleme sprechen

Erlebt die Gruppe den Leiter nicht als Hilfe bei der Lösung dieses Konflikts, kann sich ein weiterer, auf ihn bezogener fokaler Gruppenkonflikt entwickeln (vgl. Stock Whitaker, 1982):

Störmotiv: Ärger auf den Leiter

Reaktives Motiv: Furcht vom Leiter verlassen zu werden, sollte er diesen Ärger entdecken

Geteilte Lösung: Der Ärger wird gegenüber Abwesenden ausgedrückt, von denen man sich Hilfe erwartet, sie aber nicht bekommen hat (z. B. Behörden)

Der Gruppenprozess über die Zeit hinweg kann in diesem Modell wie folgt betrachtet werden:

- Bildung eines fokalen Gruppenkonflikts,
- Etablierung einer oder mehrerer geteilter Lösungen und
- Entstehen weiterer fokaler Gruppenkonflikte.

Nach den Annahmen der Psychoanalyse ist das Verhalten des einzelnen Gruppenmitglieds durch seine Sozialisation im Kindesalter geprägt. Die Gruppensituation löst Übertragungsprozesse aus, die beim Individuum Kindheitserinnerungen, Erfahrungen aus der Primärfamilie, Ängste sowie lebensgeschichtlich erworbene Strategien und Abwehrmuster zu ihrer Bewältigung usw. ansprechen. Die Folge ist, dass der Einzelne seinen biografischen Grundkonflikt und die dazugehörige Abwehrmechanismen in der Gruppe reinszeniert. Es kommt zu einer Wechselwirkung zwischen dem Beitrag des Einzelnen und der Rückwirkung der Gruppe: Einerseits trägt der Einzelne mit seinem durch Wünsche und Ängste geprägten Verhalten zur Ausbildung von Gruppenkonflikten

bei, andererseits aktiviert der Gruppenkonflikt wiederum individuelle nukleare Konflikte.

Binswanger (1985) setzt das Modell des fokalen Gruppenkonflikts in Beziehung zu dem Modell von Schindler (▶ Abschn. 18.4.3). Aus der Annahme heraus, dass Alpha grundsätzlich das reaktive Motiv, Omega dagegen das Störmotiv vertritt, resultiert folgende Wechselwirkung zwischen individuellen und Gruppenkonflikten:

> » Relativ unbeteiligt wird der bleiben, dessen aktualisierter individueller Konflikt wenig mit dem gerade aktuellen Gruppen-Fokalkonflikt zu tun hat. Im Schindlerschen Modell wird er die Gamma-, evtl. die Beta-Position einnehmen. Hauptsprecher des reaktiven Motivs wird ein Gruppenmitglied, dessen aktualisierter individueller Konflikt so ist, dass das reaktive Motiv der Abwehrseite, das Störmotiv der Triebseite seines individuellen Konflikts entspricht. Es wird die Alpha-Position einnehmen. Umgekehrt liegen die Verhältnisse beim Hauptsprecher des Störmotivs (Omega-Position): Das Störmotiv entspricht bei ihm nicht der Trieb-, sondern der Abwehrseite seines individuellen Konflikts, wobei das reaktive Motiv der Triebseite entsprechen kann, aber nicht muss. (Binswanger, 1985, S. 28).

18.4.5 Soziometrie und Gruppenkonflikt

> Praxisreflexionsgruppe an der FH Rheinau, 12. Sitzung. Bei den vergangenen Treffen sind die Differenzen innerhalb der Gruppe immer wieder sichtbar geworden. Der Leiter entscheidet sich in Absprache mit der Gruppe für eine soziometrische Arbeitseinheit. Damit sollen die unterschiedlichen Positionen und Koalitionen deutlich sichtbar und bearbeitbar gemacht werden. Darüber hinaus sollen die Teilnehmer auf diese Weise »am eigenen Leib« etwas über gruppendynamische Phänomene und über Möglichkeiten zu ihrer Bearbeitung erfahren – Aspekte, die auch für ihre praktische Arbeit mit Klientengruppen bedeutsam sind. Zu der Frage: »Von wem erfahre ich in dieser

Gruppe Unterstützung?« stellen sich die Teilnehmer im Raum auf. Es wird deutlich, dass zwei Subgruppen existieren, deren jeweilige Mitglieder sich untereinander positiv wählen, während zwischen diesen Subgruppen ausschließlich negative Wahlen vorliegen:

— Subgruppe 1: Beate, Inga, Jochen, Tina sowie drei weitere Teilnehmer;
— Subgruppe 2: Evelyn, Heiner, Martin. Antonia und Josef stehen soziometrisch eher am Rand der Gruppe: Sie senden insbesondere zur Subgruppe 1 und in geringerem Maße auch zur Subgruppe 2 positive Wahlen aus, die aber nicht erwidert werden (❑ Abb. 18.3).

Soziometrische Verfahren können dazu beitragen, konfliktäre Strukturen einer Gruppe aufzudecken und bearbeitbar zu machen. In welcher Form soziometrisch gearbeitet wird, hängt dabei von dem Arbeitsfeld, dem Setting und dem Auftrag ab. Die Aufarbeitung der Ergebnisse kann mit psychodramatischen Mitteln erfolgen (▶ Kap. 27).

Die vorgestellten psychoanalytischen Modelle bieten eine Interpretationsfolie für das Geschehen in der Gruppe, so wie es sich in der Soziometrie offenbart.

> Der in der Soziometrie zutage getretene Konflikt zwischen beiden Subgruppen der Praxisreflexionsgruppe lässt sich im Modell des fokalen Gruppenkonflikts wie folgt interpretieren:

— Von den Teilnehmern der ersten Subgruppe (Beate, Inga, Jochen, Tina und andere) ist bekannt, dass ihre Eltern entweder früh gestorben sind, durch Krankheit belastet oder mit dem Kind überfordert waren. Das starke Leistungsverhalten, das sie an den Tag legen, ist als kompensatorische Reaktion auf diesen Mangel an Zuwendung in der Kindheit erklärbar. Gleichzeitig fällt diese Subgruppe durch ein hohes Harmoniebedürfnis auf, das sich z. B. in der verhaltenen Reaktion auf Martins provokante Äußerung in der 7. Sitzung zeigt.
▼

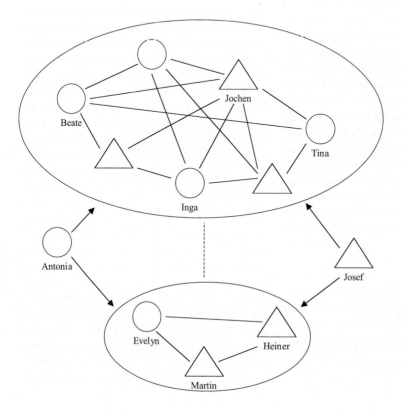

18

❑ **Abb. 18.3.** Soziogramm zum Fallbeispiel. Durchgezogene Linie = positive Wahl; gestrichelte Linie = negative Wahl; Pfeil = einseitige Wahl

Geteilter Wunsch:	Nachträgliche Erlangung der in der Kindheit fehlenden elterlichen Liebe (die Gruppe als Mutter)
Geteilte Angst:	Verlust der Gruppenharmonie (in der Übertragungssituation als Verlust der Mutterliebe erlebt)
Geteilte Lösung:	Tabuisierung von Aggression, Vermeidung von Konflikt

- Die Mitglieder der zweiten Subgruppe (Martin, Heiner, Evelyn) fallen durch Provokationen, betont ambivalente Haltung gegenüber der Gruppe und durch Zurückhaltung in Bezug auf die Offenbarung persönlicher Themen auf.

Geteilter Wunsch:	Verbergen eigener Schwächen
Geteilte Angst:	Verlust der Distanz
Geteilte Lösung:	Wahrung der Distanz durch Provokation und aggressives Verhalten

Hier wird erkennbar, dass die geteilte Lösung, die Subgruppe 1 entwickelt hat (Verschmelzen im Gruppen-Wir), exakt die geteilte Angst von Subgruppe 2 (Distanzverlust) trifft. Umgekehrt löst das Verhalten, das Subgruppe 2 als geteilte Lösung entwickelt hat (Aggression) die geteilte Angst von Subgruppe 1 aus (Verlust der Harmonie). Die geradezu »spiegelbildlichen« Fokalkonflikte bilden einen Teufelskreis. In der Gegenübertragung entwickelt der Leiter das Bild einer Familie, in der die pubertierenden Teenager (Subgruppe 2) gegen die Harmoniewünsche der Mutter (Subgruppe 1) revoltiert, ausgedrückt beispielsweise in Martins Protestäußerung in der 7. Sitzung. Er kommt zu dem Schluss, in der Gruppe stärker eine Grenzen setzende Vaterfunktion einnehmen zu müssen.

18.4.6 Aufgaben der Leitung in der Konfliktphase

Gerade in der Konfliktphase werden dem Leiter besondere Qualifikationen abverlangt: Er benötigt

- fundierte Kenntnisse der psychologischen Konfliktdynamik und einen geschulten Blick, um Konflikte zwischen den Teilnehmern zu erkennen (diagnostische Kompetenz);
- ein Repertoire an Interventionen zur Bearbeitung und konstruktiven Lösung von Konflikten (methodische Kompetenz);
- ein hohes Ausmaß an Sensibilität, Flexibilität, Toleranz, Kommunikationsfähigkeit und Belastbarkeit (soziale Kompetenz), insbesondere im Hinblick darauf, dass der Leiter der Gruppe in der Rolle als Beteiligter an Konflikten auch als Modell für kompetente Möglichkeiten des Umgangs mit Konflikten dient;
- professionelle Distanz und Selbstreflexion, um sich nicht selbst in den Konflikt zu verstricken und die Leitungsrolle zu verlieren. Begleitende Supervision ist daher gerade in der Konfliktphase ein wichtiges Merkmal professioneller Arbeit.

Dem Leiter kommt in der Konfliktphase die Aufgabe zu, aufkommende Konflikte zu moderieren und dabei darauf zu achten, dass aufgestauter Unmut freigesetzt und eine akzeptable Lösung erreicht werden kann, ohne dass neue Verletzungen und Kränkungen auftreten. Praxisbezogene Überlegungen zur Analyse und Bearbeitung von Konflikten finden sich in ▶ Kap. 27.

Wichtig ist, dass sich der Leiter nicht für die Rivalitäten der Gruppenmitglieder instrumentalisieren lässt, sondern eine klar erkennbare unparteiische Position bewahrt. In den Begriffen des Modells von Schindler bietet sich für den Leiter einer Arbeits- und insbesondere einer Therapiegruppe die Beta-Rolle an, da sie von der Dynamik zwischen Alpha, Gamma und Omega relativ unberührt bleibt und somit eine Unterstützung sowohl der Alpha- als auch der Omega-Position möglich ist. Diese Rolle zu wahren ist nicht immer einfach, da auch der Leiter Teil der Gruppendynamik ist und leicht der Versuchung erliegt, sich unbewusst mit der Alpha-Position zu solidarisieren. Auf diese Weise besteht nicht nur die Gefahr, im Sinne der Konfliktdynamik der Gruppe zu agieren und die Steuerungsmöglichkeiten zu verlieren, auch eine wichtige Ressource für die Weiterentwicklung der Gruppe bleibt ungenutzt. Außenseiter spiegeln den blinden Fleck und die Schwächen der Gruppe, sie können Kreativität, Spontaneität und Innovation einbringen. Daher, so Gellert (in Gellert u. Klein, 1994, S. 246),

> » wäre es wichtig, dass der Leiter auch mal die Koalition mit der Omega-Position eingeht. Wir leiten ja oft gerade mit dem Alpha und haben den Blick für den Omega nicht parat, weil er unbequem ist. Weil er aufhält; weil er Konflikte produziert, die auch unbeliebt sind; weil er uns als Leiter zu einer Standortbestimmung nötigt; all das haben wir aus der Alpha-Position heraus natürlich einfacher. Aber das Potential – also auch der gesellschaftsverändernde Teil – wird stärker vom Omega gesteuert. Aber es ist natürlich auch nicht so ganz einfach, den Blick dafür zu kriegen.

Er muss die Leiterrolle souverän bewahren, was jedoch nicht ausschließt, dass er gelegentlich zum »Blitzableiter« für die Konfliktaustragung der Gruppe wird. Von den in der Konfliktphase ausgetragenen Kämpfen ist der Leiter keineswegs ausgenommen – ganz im Gegenteil: Der Konflikt zentriert sich oft auf den Leiter, wobei die Verhaltensweisen zwischen

- Kampf und offener Rivalität – Mitglieder fordern den Leiter heraus – und
- Flucht – Mitglieder minimieren den Kontakt mit dem Leiter –

wechseln. Der Leiter muss sich den Konflikten stellen, die die Gruppe mit ihm austrägt. Leiter, die sich in den ersten beiden Phasen besonders liebenswürdig, wohlwollend und bemüht zeigen, um auf diese Weise jegliche Angriffsfläche für Konfliktpotenzial zu vermeiden, bewirken damit eine Hemmung: Man will dem »lieben Leiter« gegenüber keinen Missmut, Kritik oder Aggression äußern. Diese Hemmung verhindert letztlich die Auseinandersetzung mit Konflikten insgesamt und damit die Entwicklung der Selbstständigkeit der Gruppe.

Rubner u. Rubner (1992) erläutern die psychodynamischen Hintergründe des Konflikts zwischen Teilnehmern und Leitung:

> » Das Erleben, dass der Leiter nicht omnipotent und der Einzelne und die Gruppe nicht hilflos und ohnmächtig sind und bleiben müssen, führt zur Rebellion gegen den Leiter und gegen seine »Schwächen«. Je mehr der Leiter zuvor idealisiert wurde, umso heftiger wird er jetzt demontiert und abgewertet, wobei nun wiederum seine guten Seiten verleugnet werden. Dadurch werden sowohl der Einzelne als auch die Gruppe aufgewertet (»Größenselbst«), die eigenen Fähigkeiten und Stärken werden denen des Leiters bzw. denen der anderen entgegengesetzt. (S. 238 f.)

Natürlich gewinnt der Kampf um Autorität und Macht in Gruppen ohne formalen Leiter an besonderer Schärfe.

In der Konfliktphase etablieren und festigen sich die Machtverhältnisse in der Gruppe. Gerade in multikulturellen Gruppen geschieht es leicht, dass sich Gruppenkonflikte entlang gesellschaftlich vorgegebener Konfliktlinien konstellieren, und dass die hieraus resultierende Machtstruktur der Gruppe die Machtverhältnisse der Mehrheitsgesellschaft widerspiegelt. Aufgabe der Leitung ist in diesem Fall, dafür zu sorgen, dass die Rechte der Minderheit trotz gruppendynamischen Drucks gewahrt werden (▶ Kap. 19).

Aufgaben der Leitung aus der Sicht des Rangordnungmodells von Schindler

Zur Bearbeitung von Gruppenkonflikten empfiehlt Krüger (1997), der Leiter solle den Gruppenkonflikt auf die Beziehung zwischen zwei Kontrahenten zentrieren, optimalerweise auf die Teilnehmer in der Alpha- und Omega-Position, und ihn als Beziehungsklärung zwischen diesen beiden austragen lassen:

1. Im ersten Schritt erfolgt ein → Rollentausch zwischen den Kontrahenten, beide äußern sich aus der Gegenrolle: »Es geht mir ...«.
2. Die Rollen werden zurückgetauscht, dann fragt der Leiter die Teilnehmer, was sie in der Gegenrolle erlebt haben: Teilnehmer A berichtet darüber, wie er in der Rolle von B das Ver-

halten von A erlebt hat, z. B.: »Mich als B hat As leise Stimme aufgeregt«.

3. Wenn der Teilnehmer im Rollenfeedback Übertragungsanteile erkannt und benannt hat, stellt der Leiter eine Übertragungsfrage, z. B. Frage an A: »Kennst du das aus anderen Situationen, dass jemand ärgerlich wird, weil du zu ruhig bist in einer Auseinandersetzung?«

4. Spiegelfrage an B: »Wie hast du selbst dich aus As Rolle heraus gesehen?«

5. Nach dem Spiel wird die Realitätsfrage gestellt: »A, wo ähnelt B deiner Schwester und wo erlebst du sie anders?«

Aufgaben der Leitung aus der Sicht des Modells des fokalen Gruppenkonflikts von Stock Whitaker

Stock Whitaker (1982) empfiehlt dem Leiter / Therapeuten, auf mögliche Gruppenthemen und -verhaltensmuster zu achten. Wenn er solche bemerkt, sollte er sich folgende Fragen stellen (vgl. Stock Whitaker, 1982, S. 332):

- Warum wird dieses Thema / Verhalten in dieser Situation gezeigt?
- Auf welche zugrunde liegenden Wünsche und Ängste könnte die Gruppe mit diesem Thema / Verhalten reagieren?
- Welche Ängste werden durch dieses Thema / Verhalten angesprochen oder symbolisch ausgedrückt?

In einer Situation, in der dies angemessen erscheint, kann er einen Kommentar an die Gruppe richten, um die Anwesenden zu ermutigen, geteilte Ängste auszudrücken, etwa in der Form: »Ich habe den Eindruck, es fällt euch noch schwer, über das Thema X zu sprechen – wie seht ihr das? Woran kann das liegen? Was müsste geschehen, um es für euch leichter zu machen?« Gelingt es, auf diese oder ähnliche Weise, die reaktiven Ängste im geteilten fokalen Gruppenkonflikt zu reduzieren, können sich auch die mit diesem Gruppenkonflikt in Resonanz stehenden Ängste der Einzelnen mindern.

Vermutet der Leiter, dass das Geschehen in der Gruppe (z. B. ein Streit zwischen zwei Gruppenmitgliedern) bei einzelnen Teilnehmern besondere Reaktionen auslöst, kann er die Gruppe

Stellung nehmen lassen (»A und B hatten gerade einen heftigen Streit – ich frage mich, wie das auf die Anderen gewirkt hat«) oder auch Einzelne direkt ansprechen (»Wie hast du dich gefühlt, als sich A und B gestritten haben?«).

Das Konfliktgeschehen sollte auf jeden Fall als gruppendynamisches Phänomen und nicht vorrangig als Ausdruck individueller Defizite oder Fehler interpretiert werden, da dies die Abwehr verstärken würde (Binswanger, 1985).

In jedem Fall sollte die Leitung darauf hinarbeiten, der Gruppe korrektive emotionale Erfahrungen in Bezug auf den Gruppenkonflikt zu ermöglichen, wobei dies nicht unbedingt bedeutet, dass die Gruppenmitglieder auf intellektueller Ebene eine Einsicht in die Mechanismen des fokalen Gruppenkonflikts (so wie der Leiter sie wahrnimmt) erlangen müssen.

18.5 Die Strukturierungsphase (»Norming«)

Praxisreflexionsgruppe an der FH Rheinau, 12. Sitzung. Nach der Diskussion der soziometrischen Ergebnisse, die die Gruppenkonflikte deutlich gemacht haben, sammeln die beiden Subgruppen sowie Antonia und Josef in einer Zweiergruppe gegenseitige Erwartungen für die weitere Zusammenarbeit. Diese Erwartungen werden unter Moderation des Leiters im Plenum veröffentlicht und diskutiert. Die Gruppe einigt sich per Mehrheitsentscheid auf einen Katalog von Gruppenregeln, der unter anderem folgende Punkte beinhaltet:
- Pünktlichkeit,
- die Bearbeitung und Diskussion persönlicher Anliegen unterliegt einer Zeitbegrenzung,
- in Konfliktsituationen wird das weitere Vorgehen per Mehrheitsentscheid festgelegt.

In der dritten Phase nimmt die Konflikthäufigkeit wieder ab und die Kooperation zwischen den Mitgliedern wieder zu. Meinungsverschiedenheiten werden nun vorwiegend konstruktiv auf der Sachebene diskutiert; wenn Lösungen ausgehandelt werden, sind die Mitglieder um Konsens bei den Gruppenentscheidungen bemüht. Noch vorhandene Unklarheiten hinsichtlich der Ziele der Gruppe, der Leitung und der Rollen der Beteiligten werden beseitigt. Es entwickelt sich eine Atmosphäre, die von Vertrauen und gegenseitiger Unterstützung geprägt ist, die Gruppenkohäsion steigt an.

Das wachsende »Wir-Gefühl« in der Gruppe wird durch die Ausbildung gemeinsamer Normen und Symbole gefördert. Tuckmans Bezeichnung »norming« ist nach Ansicht von Sader (1991) irreführend, da Normenbildung ständig, nicht nur in dieser Phase der Gruppenentwicklung, stattfindet.

18.5.1 Normen

Normen entstehen als » ... emergente konsensuale Standards, die das Verhalten von Gruppenmitgliedern regulieren« (Forsyth, 1999, S. 121), wenn die Situation von Unsicherheit geprägt ist. Je mehr Freiheitsgrade eine Situation enthält, umso stärker wird die Tendenz, durch Normen Orientierung und Strukturen zu schaffen, an denen man sich ausrichten kann. Sherif (1936) ließ seine Versuchspersonen in einem abgedunkelten Raum schätzen, welche Strecke ein projizierter Lichtpunkt zurücklegt – in Wirklichkeit bewegte sich der Lichtpunkt überhaupt nicht, die scheinbare Bewegung war das Resultat einer optischen Täuschung. Die Schätzungen variierten interindividuell sehr stark zwischen 2,5 cm und 25 cm. Als Sherif aber die Probanden ihre Schätzungen in Zweier- oder Dreiergruppen abgeben ließ, konvergierten die Schätzungen schnell auf einen gemeinsamen Mittelwert, der sich als Gruppennorm herausgebildet hatte (Sherif, 1936). Die erworbenen Standards wurden auch dann beibehalten, wenn die Probanden nach den Gruppenexperimenten wieder alleine urteilen sollten.

Dieses Phänomen der Internalisierung von Normen tritt nicht nur auf der individuellen, sondern auch auf der Gruppenebene auf. In einer Versuchsreihe wurde jeweils eine Versuchsperson einer Dreiergruppe durch einen Assistenten des Versuchsleiters ersetzt, der beharrlich die vom Lichtpunkt zurückgelegte Strecke auf etwa 40 cm schätzte – was in Anbetracht des Durchschnitts der Schätzungen von 8-10 cm eine deutliche Übertreibung darstellte. Sobald sich die Gruppennorm

an diese Extremschätzung angeglichen hatte, wurde der Assistent durch eine »naive« Versuchsperson ersetzt.

> » Die verbleibenden Gruppenmitglieder behielten dennoch die überhöhte Norm bei und die neu hinzugekommene Versuchsperson passte sich allmählich dem höheren Standard an. Die Forscher tauschten weiter Gruppenmitglieder gegen neue Versuchspersonen aus, aber die neuen Mitglieder fuhren fort, ihre Schätzungen in Richtung der Gruppennorm zu korrigieren. Mit der Zeit verschwand diese willkürliche Gruppennorm, und die Distanzschätzungen sanken auf einen Durchschnittswert von 3,5 inches [entspricht 8,8 cm, Anmerkung der Autoren] ab, aber in den meisten Fällen entwickelte sich diese vernünftigere Norm nicht bevor die Gruppenmitglieder 5 oder 6 Mal gewechselt hatten. Die Gruppen korrigierten sich selbst, aber es dauerte mehrere Generationen bis sich eine vernünftigere Norm bildete ... (Forsyth, 1999, S. 123)

❶ An diesem Beispiel lässt sich nicht nur die »Hartnäckigkeit« von Gruppennormen zeigen, sondern auch eine weitere Eigenart von Gruppen, die gerade für die Organisationsberatung von großer Bedeutung ist: Soziale Systeme und die in ihnen etablierten Normensysteme ändern sich nicht ohne weiteres, indem man ihre Mitglieder austauscht.

Aus der psychologischen Forschung stammt die Unterscheidung zwischen **deskriptiven Normen**, die beschreiben, wie sich Menschen in einer bestimmten Situation **üblicherweise** verhalten (z. B. nach dem Duschen abtrocknen, bevor man die Kleider anzieht), deren Verletzung aber keine schwer wiegenden Folgen hat, und **präskriptiven Normen**, die beschreiben, wie sich Menschen verhalten **sollten** und bei deren Verletzung Sanktionen drohen (z. B. nach dem Duschen anziehen, bevor man das Haus verlässt). Deskriptive und präskriptive Normen in Gruppen können voneinander abweichen, wie Sader (1991) an einem Beispiel zeigt:

- Präskriptive Norm (erwartetes Verhalten) – wir können nur dann vernünftig arbeiten, wenn die Gruppenmitglieder pünktlich sind;
- deskriptive Norm (faktisch übliches Verhalten) – die Hälfte der Gruppenmitglieder kommt zu spät.

Weiterhin listet Sader (1991) zu Normen eine Reihe von Eigenschaften auf, die ebenfalls für eine differenzierte Betrachtung der Thematik sprechen (▶ Übersicht).

Eigenschaften von Normen nach Sader (1991)

- »Nur ein ziemlich kleiner Teil der Normen in Gesellschaft und Gruppen ist explizit und für alle sichtbar ausformuliert. Die bei weitem meisten Normen sind lediglich und bleiben zumeist unthematisch, undiskutiert und werden als nicht bezweifelbare Selbstverständlichkeiten erlebt. Viele werden erst bei Übertretungen überhaupt sichtbar.« (Sader, 1991, S. 198 f.)
- Was Menschen als Normen empfinden, kann bei den Beteiligten inter- und intraindividuell variieren: Normen passen sich dem Verhalten an, nicht notwendigerweise umgekehrt; was A als unverrückbare Norm betrachtet, empfindet B als nicht einmal wünschenswert.
- Normen können dauerhaft / massiv oder kaum greifbar / flüchtig sein. Manche Normen halten sich, obgleich sinnlos geworden, über Jahrhunderte hinweg (z. B. die Gepflogenheit, die Dame rechts gehen zu lassen, damit sie nicht über den Säbel des Herrn stolpert).
- »Das Geschehen in der Gruppe wird nicht durch eine einheitliche Norm, sondern zumeist durch eine Vielfalt von Normen gleichzeitig geregelt. Diese können
  - miteinander vereinbar / unvereinbar sein;
  - für alle oder nur für Einzelne gelten, unterschiedlichen Verbindlichkeitscharakter haben;
  - dauerhaft oder unstabil sein, gleich bleiben oder sich gesetzmäßig oder zufällig ändern;
  - direkt am Verhalten orientiert sein (vor dem Essen Hände waschen) oder abstrakteren Charakter haben wie die Norm der distributiven Gerechtigkeit, die in der Gruppe gewahrt werden soll.« (Sader, 1991, S. 199)
- Der Druck zur Befolgung einer gegebenen Norm hängt vom Status der handelnden Person ab, z. B. können Mitglieder mit hohem Status besondere Freiheiten haben oder auch zur besonders sorgfältigen Einhaltung von Normen verpflichtet sein

---

Sader (1991) schließt mit einer interessanten Betrachtung zum Thema »Entstehung von Gruppennormen«:

> » Normen in Gruppen entstehen, grob gesprochen, auf vier Arten: Erstens werden Normen (…) aus anderen, im günstigen Fall als analog erlebten, Situationen übertragen. (…) Normen (…) entstehen zweitens durch relevante oder auch irrelevante Ereignisse im Gruppengeschehen selbst. Redebeteiligung und Sitzplatzwahl, Zuspätkommen oder Blickkontakt sind dabei besonders häufige Ausgangspunkte. Drittens entstehen Normen (…) über Wissensvermittlung und Medien im weitesten Sinn. (…) Viertens schließlich übernehmen wir nicht einfach Normen (…) unterschiedslos von allen Leuten um uns herum, sondern bevorzugt von Bezugspersonen und Bezugsgruppen, die wir in Grenzen selbst wählen können oder die durch Familie, Beruf oder Freizeit für uns besonders relevant sind. (S. 203 f.)

Uns erscheint es wichtig zu ergänzen, dass Normen nicht nur einfach »entstehen«, sondern auch umkämpft werden, um bestimmte Interessen durchzusetzen. Wir kommen in der folgenden Zusammenfassung darauf zurück.

18.5.2 Rollen

Die Rolle ist eine Grundkategorie psychodramatischer Analyse. Die Grundzüge der Rollentheorie wurden bereits in ▶ Abschn. 14.3 vorgestellt.

Im Zusammenhang mit Gruppendynamik ist besonders die **informelle Rollendifferenzierung** von Bedeutung, die sich in allen Gruppen herausbildet. Die verschiedenen Mitglieder nehmen Rollen ein (oder lassen sich Rollen zuschreiben), die miteinander in einem funktionalen Zusammenhang stehen. Dabei kann man

- **aufgabenbezogene Rollen** (z. B. Führerin, Moderatorin, Umsetzerin),
- **sozioemotionale Rollen**, also Rollen, die zum emotionalen Zusammenhalt der Gruppe beitragen (z. B. die Rolle der Ersatzmutter, der verständnisvollen Zuhörerin, der Ratgeberin in persönlichen Fragen) und
- **individuelle Rollen**, worunter Rollen mit einer inhärenten Handlungsdynamik verstanden werden, die nicht in direkter Beziehung zu den Aufgaben der Gruppe stehen (z. B. Aggressorin, Blockiererin, Playboy usw.; vgl. Forsyth, 1999; ▢ Tab. 18.3) unterscheiden. Die in ▢ Tab. 18.3 wiedergegebene Auflistung verschiedener Rollen in Gruppen kann als Anregung und Beobachtungshilfe bei der Identifikation informeller Rollen dienen. Auch wenn man dieser differenzierten Kategorisierung nicht folgen möchte, ist es doch in vielen Fällen sinnvoll, zumindest auf den Dimensionen »Aufgabenorientierung vs. sozioemotionale Orientierung« und »förderlich vs. hinderlich« zu unterscheiden und die Führungsrollen zu identifizieren.

In Organisationen (Unternehmen, Schulen, Verwaltung, Kliniken, Vereinen etc.) existiert darüber hinaus eine **formale Rollenverteilung**, die häufig quer zu den zu beobachtenden informellen Rollen steht. So muss beispielsweise die Person, die im informellen Bereich den stärksten Einfluss auf die Entscheidungen der Gruppe hat, nicht unbedingt die formale Führungsrolle innehaben.

18.5.3 Status

Die zentrale Rolle, die der Faktor »Status« in Gruppen spielt, ist im Tierreich noch offensichtlicher als bei den Menschen: Das prominenteste Beispiel ist die »Hackordnung« auf dem Hühnerhof. Tiere erwerben Status in der Regel durch Kampf und verteidigen die erworbene Position durch Drohgebärden; Menschen hingegen »… knurren sich selten an, um ihren Status zu signalisieren, sondern benutzen nonverbale Signale wie z. B. einen festen Händedruck, einen selbstbewussten Blick, (…) einen dunklen Anzug, eine teure Uhr …« (Forsyth, 1999, S. 132) etc. Auf der Basis dieser Signale und anderer sogenannter Statuscharakteristika findet die **Attribution von Status** statt. Diese Statuscharakteristika bestehen in persönlichen Qualitäten einer Person, die nach Ansicht der Gruppenmitglieder die Fähigkeit dieser Person zur Erfüllung bestimmter Aufgaben anzeigen. Dabei gilt es, zwischen spezifischen und diffusen Statuscharakteristika zu unterscheiden: Während spezifische Statuscharakteristika unmittelbar messbare Relevanz für die Aufgabenerfüllung besitzen (z. B. Größe eines Basketballspielers, Sprachkenntnisse eines Dolmetschers), handelt es sich bei den diffusen Statuscharakteristika um Merkmale, die die Gruppenmitglieder für relevant halten, die aber auf die Fähigkeit zur Aufgabenerfüllung keinen systematischen Einfluss haben (z. B. Geschlecht, Alter, ethnische Zugehörigkeit, Status in anderen Gruppen). Die als Statusgeneralisierung bezeichnete Tatsache, dass sich Gruppenmitglieder in ihren Erwartungen durch diffuse Statuscharakteristika beeinflussen lassen, bietet eine Erklärungsmöglichkeit dafür, warum in vielen Gruppen Frauen und Migranten weniger Status und Autorität haben.

18.5.3 Aufgaben der Leitung in der Strukturierungsphase

Normen können in der praktischen Tätigkeit von Psychodramatikern auf verschiedene Weise relevant werden. In Teamentwicklung, Supervision etc. besteht der Auftrag des Leiters häufig darin, die Normen einer Gruppe auf ihre Angemessen-

◼ **Tab. 18.3.** Rollen in Gruppen. (Forsyth, 1999)

Rolle	Funktion
Aufgabenbezogene Rollen	
Initiator / Beisteuerer	Zeigt neue Möglichkeiten, über ein bestehendes Problem nachzudenken, neue Zugänge zu dem Problem oder Lösungsmöglichkeiten für das Problem auf
Informationssucher	Hilft bei der Faktensammlung, indem er Hintergrundinformationen von anderen Gruppenmitgliedern erfragt
Meinungssucher	Fragt nach »qualitativen Daten« wie Einstellungen, Werten und Gefühlen
Informationslieferant	Stellt Daten / Expertenwissen für die Entscheidungsfindung zur Verfügung
Meinungslieferant	Stellt Meinungen, Werte und Gefühle zur Verfügung
Ausarbeiter	Steuert zu den Beiträgen anderer zusätzliche Informationen (Beispiele, Umformulierungen, Implikationen) bei
Koordinator	Zeigt die Relevanz jeder Idee und ihre Beziehung zu dem Gesamtproblem auf
Orientierer	Bringt, wenn nötig, die Information zurück zu dem Thema
Evaluierer / Kritiker	Bewertet die Qualität der Arbeitsmethoden, der Logik und der Ergebnisse der Gruppe
»Energizer«	Stimuliert die Gruppe zur Weiterarbeit, wenn die Diskussion abstirbt
Techniker	Kümmert sich um operationale Details wie Materialien und Gerätschaften
Aufzeichner	Macht Notizen und verwaltet Aufzeichnungen
Sozioemotionale Rollen	
Ermutiger	Belohnt andere durch Zustimmung, Wärme und Lob
Harmonisierer	Vermittelt in Konflikten zwischen Gruppenmitgliedern
Kompromissbereiter	Ändert seine Meinung zu einem Thema, um Gruppenkonflikte zu vermeiden
»Gatekeeper«	Erleichtert die Kommunikation durch Aufstellen von Regeln und Sicherstellung gleicher Beteiligung aller Mitglieder
Standardfestleger	Setzt Standards zur Bewertung der Gruppenleistung fest oder fordert Diskussion darüber
Gruppenbeobachter	Zeigt positive und negative Aspekte der Gruppendynamik auf und drängt, wenn nötig, auf Veränderungen
Befolger	Akzeptiert die Ideen anderer und dient der Gruppe als Zuhörer
Individuelle Rollen	
Aggressor	Drückt Missbilligung gegenüber Handlungen, Ideen und Gefühlen anderer aus; greift die Gruppe an
Blockierer	Negativistisch, widersetzt sich dem Einfluss der Gruppe; unnötiger Widerstand gegen die Gruppe
Dominierer	Beansprucht Autorität oder Überlegenheit; manipulativ
Ausweicher	Spricht über persönliche Interessen, Gefühle, Meinungen, die nichts mit dem Gruppenziel zu tun haben
Hilfesucher	Drückt Unsicherheit, Verwirrung, Selbstabwertung aus
Nach Anerkennung Strebender	Lenkt die Aufmerksamkeit auf sich; selbstverherrlichend
Playboy/Playgirl	Uninvolviert, zynisch, nonchalant
Lobbyist	Bleibt außerhalb der Gruppe und agiert als Repräsentant einer anderen sozialen Gruppe oder Kategorie

heit / Funktionalität für die Gruppe selbst zu überprüfen, z. B. vor dem Hintergrund eines gemeinsam zu erreichenden Ziels. Jedoch muss der Leiter in jeder Gruppe ein hohes Maß an Sensibilität für die gruppendynamischen Prozesse besitzen, die zur Herausbildung von Normen führen, um die Arbeitsfähigkeit der Gruppe zu erhalten und Minderheiten zu schützen.

> Dabei sind Mehrheitsentscheide unter Moderation der Leitung nicht unbedingt geeignet, um Fairness gegenüber allen Teilnehmern zu gewährleisten, wie in unserem Fallbeispiel deutlich wird. Die von der Gruppe in Sitzung 12 vereinbarte Regel, in Konfliktsituationen per Mehrheitsentscheid zu verfahren, stellt für die Konfliktpartei in der Minderheit (hier Martin, Heiner und Evelyn) eine systematische Benachteiligung dar.

Der Leiter hat mit seinem Verhalten erheblichen Einfluss darauf, welche Normen sich in der Gruppe ausbilden und verfestigen können. Er dient mit seinem Verhalten den Gruppenmitgliedern als Modell. Sein Handeln signalisiert, was als erwünscht gelten darf und was besser unterbleiben sollte. Er setzt die Maßstäbe für den Umgang miteinander und bestimmt weitestgehend über die Themen, die besprochen oder vermieden werden. Neben dieser »Vorbildfunktion« fördert oder hemmt der Leiter die Entstehung »deskriptiver Normen«, indem er bestimmte Verhaltensweisen der Gruppenmitglieder verstärkt oder »bestraft« (im lerntheoretischen Sinne). Diese Sanktionierung von faktischem normentsprechenden oder -widersprechenden Verhalten gewinnt eine besondere Akzentuierung dadurch, dass jede Einhaltung zur Normverfestigung, jede Zuwiderhandlung zur Ausbildung deskriptiver Normen führt, die mit den präskriptiven Normen in Widerspruch stehen. Insofern sollte der Leiter seine Aufmerksamkeit stets für die Frage sensibilisieren, welche Normen durch bestimmte Verhaltensweisen etabliert werden können, und er sollte frühzeitig eingreifen, wenn die Entwicklung in eine unerwünschte Richtung geht.

Normen sind auch bei der Zuweisung von **Status** entscheidend. Eine kritische Reflexion der soziometrischen Gruppenstruktur sowie der Normen, auf deren Basis die Gruppe einzelnen Mitgliedern Status zuschreibt, ist besonders, aber nicht nur, in Konfliktsituationen Bestandteil einer kritischen Leitungshaltung, wobei wiederum Arbeitsfeld, Setting und Auftrag berücksichtigt werden müssen. Dies gilt insbesondere dann, wenn die Statusverteilung in der Gruppe gesellschaftliche Machtverhältnisse widerspiegelt. Für diese Zwecke ist besonders die Arbeit mit dem Soziodrama geeignet.

Das **Rollenkonzept** fungiert in der praktischen psychodramatischen Arbeit in Gruppen als wichtiges diagnostisches Modell. Einblicke in die Rollenverteilung innerhalb der Gruppe können einen wichtigen Beitrag zum Verständnis von Gruppenkonflikten, von Störungen bei der Zielerreichung und anderen gruppendynamischen Prozessen leisten. Eine Analyse des Zusammenspiels der Rollen, der Diskrepanzen zwischen formalen und informellen Rollen etc. kann der Gruppe helfen, Konflikte zu lösen und Aufgaben effektiver zu erfüllen. Daher ist das Rollenkonzept auch ein wichtiger Lerninhalt in Supervision, Teamentwicklung, Führungstraining und Personalentwicklung.

18.6 Die Phase der konstruktiven Arbeit (»Performing«)

> Praxisreflexionsgruppe an der FH Rheinau, 18. Sitzung. Dieses Treffen steht unter der Überschrift »schwierige Situationen in der Leitung von Gruppen«. Evelyn, Jochen, Antonia und Beate haben sich in einer Kleingruppe zusammengefunden, um ein Fallbeispiel aus ihrer Praxis szenisch vorzustellen. Jochen und Evelyn haben beide in jüngster Zeit kritische Leitungssituationen erlebt: Jochen in der Leitung einer Jugendgruppe, Evelyn in der Paarberatung. Bei der kurzen Debatte um die Frage, wessen Thema den Vorrang haben soll, stellen beide fest, dass ihre Themen sehr ähnlich sind. Jochen lässt Evelyn daher den Vortritt. Nachdem Evelyn die Situation geschildert hat, geht es um die szenische Gestaltung. Auch hier gibt es unterschiedliche Vorstellungen. Als die Arbeit über die Diskussion ins Stocken gerät, übernimmt Beate die Moderation, sodass in kurzer Zeit eine gemeinsame Umsetzung gefunden ist.

Die Gruppe ist nun so weit gefestigt, dass sie optimale Leistungen entfalten kann, die Kohäsion ist auf ein Höchstmaß gestiegen.

> » Die Mitglieder fühlen sich selbstsicher, stark und vergleichen sich mit anderen Gruppen, die der eigenen natürlich unterlegen sind. Es bildet sich deutlich das Autostereotyp (Gruppenselbstbild) und das Heterostereotyp (»Die anderen«, Fremdbilder) heraus, wobei das Autostereotyp sich meist deutlich von den Heterostereotypen abhebt, sodass manchmal auch eine euphorische Stimmung in den Gruppen entsteht (…). Als Regel kann hier gelten: Je größer die Distanz zu anderen Gruppen, desto enger ist der Zusammenhalt in der eigenen und umgekehrt. (Wellhöfer, 1993, S. 12)

Nicht jede Gruppe erreicht die Performingphase – in einer Studie über Nachbarschaftskomitees in den USA scheiterten 11 von 12 Gruppen in den früheren Phasen (Zurcher, 1969).

Insgesamt muss die Leiterin in der Performingphase besonders darauf achten, nicht mit dem wachsenden »Gruppen-Wir« zu verschmelzen, um den Verlust der Leitungsrolle nicht zu riskieren. Stattdessen sollte sie darum bemüht sein, die Gruppe nach der Phase der Beschäftigung mit den eigenen Konflikten wieder stärker auf die anstehende Aufgabe zu fokussieren, indem sie Ziele verdeutlicht und neuen inhaltlichen Input gibt. Ansonsten sind externe Leitungsaufgaben in dieser Phase nahezu entbehrlich, da die Gruppe die Fähigkeit entwickelt hat, sich selbst zu steuern. Der Leiter wird lediglich gelegentlich moderierend und supervidierend eingreifen sowie bei der Weiter- oder Neuentwicklung von Zielen helfen.

18.7 Die Auflösungsphase (»Adjourning«)

Dem Leiter kommt in dieser Phase die Aufgabe zu, mit der Gruppe

- entweder neue Impulse (z. B. neue Ziele) zu erarbeiten, die es der Gruppe ermöglichen, in modifizierter personeller Zusammensetzung oder mit unterschiedlicher Zielsetzung weiter zu arbeiten, bzw.
- den Ablösungsprozess der Mitglieder von der Gruppe zu begleiten.

Dies beinhaltet das Zulassen von Trauer, eine abschließende Bewertung der gemeinsamen Arbeit sowie Hilfen für den Transfer des Erarbeiteten in die Praxis.

Zusammenfassung
Die Dynamik einer Gruppe ist ein komplexes Phänomen, das von

- den individuellen Lerngeschichten der Teilnehmer,
- Rollenkonfigurationen,
- sozialen Normen,
- dem aktuellen Stand im Gruppenprozess und vielen anderen Faktoren beeinflusst ist. Gruppendynamik lässt sich jedoch nicht nur als Summe der Beiträge der einzelnen Teilnehmer erklären. Daher entwickelt jede Gruppe Eigengesetzlichkeiten, die den Leiter vor immer neue Herausforderungen stellen:
- In der **Orientierungsphase** hat er die Aufgabe, Sicherheit und Orientierung zu vermitteln, damit Gruppenkohäsion als Voraussetzung produktiver Zusammenarbeit entstehen kann;
- in der **Konfliktphase** fungiert er als Diagnostiker, Moderator und Rollenmodell;
- in der **Strukturierungsphase** müssen Normen, Rollen und Status reflektiert und in Balance gehalten werden;
- in der **Phase der konstruktiven Arbeit** sind nur minimale, aufgabenorientierte Impulse nötig
- in der **Auflösungsphase** muss er schließlich die Ablösung der Teilnehmer von der Gruppe ermöglichen.

Weiterführende Literatur

Sader, M. (1991). *Psychologie der Gruppe* (3. Aufl.). München: Juventa (320 Seiten).

> *»Wir sollten in unseren Lehrbüchern (…) nicht wie ein Bundesbahnfahrplan um Vollständigkeit bemüht sein, sondern Wesentliches stärker hervorheben und Belangloses streichen.« Seiner eigenen Empfehlung folgend stellt Sader ausgewählte Probleme der Gruppenpsychologie (Gruppenstruktur, Attraktion und Kohärenz, Informationsverarbeitung, Konformität und Autonomie, Entscheidungsprozesse) dar, diese allerdings in kritischer und erfrischender Distanz zur Laborforschung. Saders an vielen Stellen hervorscheinende Vorlieben für Psychodrama und Gestalttherapie machen das Buch für Psychodramatiker und Psychodramatikerinnen zusätzlich interessant. Eine gute Ergänzungslektüre zur dagegen eher bundesbahnfahrplanhaft wirkenden Informationsfülle vieler sozialpsychologischer Lehrbücher.*

Wellhöfer, P. R. (1993). *Gruppendynamik und soziales Lernen.* Stuttgart: Enke (160 Seiten).

> *Kompaktes und für die Arbeit mit Gruppen hilfreiches Buch über Gruppendynamik. Beachtlich ist das sehr breite Spektrum der behandelten Themen (Phasen der Gruppenentwicklung, Rollentheorie, Kommunikationstheorie, Gruppennormen, Kooperation und Konflikt, Gruppenstruktur und -klima, Führung), wobei angesichts der Straffheit der Darstellung natürlich nur die wichtigsten Grundlagen abgehandelt werden. Guter Praxisteil (Lernprozesse, themenzentrierte Interaktion, Planung und Durchführung von Gruppenprogrammen), viele Beispiele und Übungen.*

Literatur

Allport, F. H. (1924). *Social Psychology.* Boston: Mifflin.

Antons, K. (2000). *Praxis der Gruppendynamik* (8. Aufl.). Göttingen: Hogrefe.

Asch, S. E. (1952). *Social* Psychology. Englewood Cliffs: Prentice Hall.

Binswanger, R. (1985). Versuch einer Konzeptualisierung des psychodramatischen Prozesses. *Integrative Therapie, 11,* 26–38.

Försterling, F. & Stiensmeier-Pelster, J. (Hrsg.) (1994). *Attributionstheorie.* Göttingen: Hogrefe.

Forsyth, D. R. (1999). *Group Dynamics* (3rd edn.). Belmont: Wadsworth.

French, T. M. (1958). *The Integration of Behavior* (vol. 3). Chicago: University of Chicago Press.

Freud, S. (1921). Massenpsychologie und Ich-Analyse. *Gesammelte Werke* (Bd. VIII, 71–161). Frankfurt a. M.: Fischer.

Gellert, M. & Klein, U. (1994). Soziometrie: mehr als nur eine Standortbestimmung. *Psychodrama, 7 (2),* 239–251.

König, O. (Hrsg.) (1995). *Gruppendynamik: Geschichte, Theorien, Methoden, Anwendungen, Ausbildung.* München: Profil.

Krüger, R. T. (1997). *Kreative Interaktion. Tiefenpsychologische Theorie und Methoden des klassischen Psychodramas.* Göttingen: Vandenhoeck & Ruprecht.

Latane, B. (1981). The psychology of social impact. *American Psychologist, 36,* 343–356.

Latane, B. (1997). Dynamic social impact: The social consequences of human interaction. In E. Witte & J. Davis (eds.), *Understanding Group Behavior: Consensual Actions by Small Groups* (vol.1, 193–219). Mahwah: Erlbaum.

Luhmann, N. (1984). *Soziale Systeme: Grundriß einer allgemeinen Theorie.* Frankfurt a. M.: Suhrkamp.

MacKenzie, K. R. (1990). Bedeutsame interpersonelle Ereignisse – Der Hauptansatz für therapeutischen Effekt in der Gruppenpsychotherapie. In V. Tschuschke & D. Czogalik (Hrsg.), *Was wirkt in der Psychotherapie? Zur Kontroverse um die Wirkfaktoren* (323–348). Berlin: Springer.

March, J. G. & Olsen, J. P. (1986). Garbage can models of decision making in organizations. In J. G. March & R. Weissinger-Baylon (eds.), *Ambiguity and Command. Organizational Perspectives on Military Decision Making* (11–35). Massachusetts: Pitman.

Petzold, H. (1980). Moreno – nicht Lewin – der Begründer der Aktionsforschung. *Gruppendynamik, 2,* 142–160.

Pritz, A. (1983). Bemerkungen zu Raoul Schindlers wissenschaftlichem Werk. *Gruppenpsychotherapie und Gruppendynamik, 19 (1),* 88–94.

Rubner, A. & Rubner, E. (1992). Die Entwicklungsphasen einer Gruppe – Grundkonflikte, Einstellungen dem Leiter gegenüber und Leiterinterventionen. In C. Löhmer & R. Standhardt (Hrsg.), *TZI: Pädagogisch-therapeutische Gruppenarbeit nach Ruth C. Cohn* (230–251). Stuttgart: Klett-Cotta.

Sader, M. (1991). *Psychologie der Gruppe* (3. Aufl.). München: Juventa.

Schattenhofer, K. (1995). Was ist eine Gruppe? Gruppenmodelle aus konstruktivistischer Sicht. In O. König (Hrsg.), *Gruppendynamik: Geschichte, Theorien, Methoden, Anwendungen, Ausbildung* (117–142). München: Profil.

Schindler, R. (1957). Grundprinzipien der Psychodynamik in der Gruppe. *Psyche, 11,* 308–314.

Schindler, R. (1971). Die Soziodynamik in der therapeutischen Gruppe. In A. Heigl-Evers (Hrsg.), *Psychoanalyse und Gruppe* (21–32). Göttingen: Vandenhoeck & Ruprecht.

Schlenker, B.R. (1980). *Impression Management: The self-concept, social identity, and interpersonal relations.* Monterey: Brooks/Cole.

Schwendenwein, J. (1991). Gruppendynamik. In G. Stumm & B. Wirth (Hrsg.), *Psychotherapie – Schulen und Methoden. Eine Orientierungshilfe für Theorie und Praxis* (272–278). Wien: Falter.

Sherif, M. (1936). *The Psychology of Social Norms.* New York: Harper & Row.

Stock Whitaker, D. (1982). A nuclear conflict and group focal conflict model for integrating individual and group-level phenomena in psychotherapy groups. In M. Pines (ed.), *The Individual and the Group. Boundaries and Interrelations* (vol.1, 321–338). New York: Plenum.

Stock Whitaker, D. & Liebermann, M.A. (1976). Methodologische Ansätze zur Beurteilung von Gesamtgruppenprozessen. In G. Ammon (Hrsg.), *Analytische Gruppendynamik* (226–239). Hamburg: Hoffmann & Campe.

Straub, H. H. (1975). Vom Leiterverhalten abhängige Entwicklungsprozesse in Psychodrama-Gruppen. *Gruppendynamik, 6,* 104–108.

Tuckman, B. W. (1965). Developmental sequences in small groups. *Psychological Bulletin, 63,* 384–399.

Wellhöfer, P. R. (1993). *Gruppendynamik und soziales Lernen.* Stuttgart: Enke.

Willke, H. (1996). *Systemtheorie I: Grundlagen – Eine Einführung in die Grundprobleme der Theorie sozialer Systeme* (5. Aufl.). Stuttgart: Lucius & Lucius (UTB).

Zurcher, L. A. jr. (1969). Stages of Development in Poverty Program Neighborhood Action Comitees. *Journal of Applied Behavioral Science, 15,* 223–258.

Die interkulturelle Dimension in der Arbeit mit dem Psychodrama[1]

---

[1]   Unter Mitarbeit von Michaela Reinig

»Zusammen zu leben ist bereits für zwei Menschen schwierig, von 200 Millionen ganz zu schweigen. Weil wir uns voneinander unterscheiden und es noch nicht gelernt haben, diese Unterschiede zu akzeptieren, wird es schwierig sein, eine Gesellschaft so aufzubauen, dass wir uns unsere Autonomie, unsere Wahlfreiheit und unsere Chancen der vollständigen Menschwerdung erhalten, und unter diesen Umständen wird der bestmögliche Kompromiss niemals vollständig befriedigen«. (Maslow, 1977, S. 20)

Das freie und gleichberechtigte Zusammenleben von Mehrheiten und Minderheiten ist für Moreno und das Psychodrama nicht bloß eine abstrakte Vision. Morenos beruflicher Werdegang nahm in der Arbeit mit Flüchtlingen und Prostituierten ihren Ausgangspunkt (▶ Kap. 13), und er sah das Psychodrama nicht nur als Heilmethode zum Wohle des Individuums, sondern auch als Instrument gesellschaftlicher Veränderung im Rahmen seiner Konzeption der Soziatrie (▶ Abschn. 14.4). Wo wir heute von Randgruppen oder Minderheiten sprechen würden, sprach Moreno von »soziometrischem Proletariat« – »… das »soziometrische Proletariat« (…) besteht aus allen Menschen, die unter der einen oder anderen Art von Elend leiden: physisches Elend, psychologisches Elend, soziales Elend, ökonomisches Elend, politisches Elend, rassisches Elend oder religiöses Elend« (Moreno, 1991, S. 28). Wo er von Elend spricht, würden wir heute den Begriff »Diskriminierung« verwenden. Morenos Ziel war eine »therapeutische Revolution«, die die Aufhebung der soziometrischen Spaltung der Gesellschaft anstrebte. Die Kräfte dieser therapeutischen Revolution sollten

》 … die Menschheit zu einer wachsenden Vereinigung und Integration ziehen (…) Diese neue Gesellschaft wird über die soziometrischen Möglichkeiten hinausgehen; sie wird versuchen, eine »soziatrische Atmosphäre« zu schaffen, die unmerklich alle Dimensionen des Lebens durchdringt, von den höchsten ethischen Ansprüchen über die Jurisprudenz und die Ökonomie zu Gebräuchen und den täglichen Verrichtungen des Menschen. (Moreno, 1991, S. 29)

Moreno sah das Psychodrama – zusammen mit der Gruppenpsychotherapie und vor allem der Soziometrie – als ein Instrument, diese neue Ordnung zu erreichen. Seine Arbeit dürfe »… nicht nur als akademische Disziplin klassifiziert und abgetan werden. Von Anfang an war sie [die Soziometrie] eine revolutionäre Wissenschaft, die der Umwandlung der Gesellschaft dienen sollte« (Moreno, 1996, S. 430). Entsprechend äußert sich auch Woodward (2001): »Moreno legte immer Wert darauf, mit den sozialen und politischen Dimensionen menschlichen Leidens zu arbeiten« (S. 55).

Der sozialrevolutionäre Anspruch, den Moreno in seiner therapeutischen Philosophie formuliert und zunächst auch intensiv verfolgte, ist im Laufe der Jahre sowohl in seinem eigenen Schaffen als auch in der Praxis vieler heutiger Psychodramatikerinnen in den Hintergrund getreten. Die Thematik an sich ist dagegen aktueller und drängender als zuvor, denn ungeachtet einer rechtlichen Gleichstellung, wie sie z. B. die meisten nationalen Verfassungen oder die UN-Menschenrechtscharta als Anspruch formulieren, bleibt die faktische Ausgrenzung von Minderheiten und benachteiligten Gruppen bestehen. So ist der Zugang zu gesellschaftlichen Ressourcen und Möglichkeiten der gesellschaftlichen Mitgestaltung für Migranten und Migrantinnen, Angehörige religiöser Minderheiten sowie für Menschen mit körperlichen oder geistigen Behinderungen nach wie vor eingeschränkt. Zu ihren Alltagserfahrungen gehören neben dieser strukturellen Benachteiligung aber auch die Erfahrungen des Nichtverstandenwerdens, der Ablehnung und verschiedener Formen der Diskriminierung, die von (möglicherweise unbedacht) verletzenden Bemerkungen über abfällige Witze bis hin zu rassistischer, sexistischer, religiös oder anders motivierter physischer und psychischer Gewalt reichen.

Die benannten Themen sind nur einige der augenfälligsten Ausdrucksformen für die Konstituierung von Macht- und Dominanzverhältnissen entlang einer gesellschaftlich konstruierten Trennlinie (AG »Gegen Rassismus und Antisemitismus in der psychosozialen Versorgung«, 1995). Weitere solcher imaginären Trennlinien verlaufen zwischen den Geschlechtern, sozialen Schichten, zwischen Menschen mit unterschiedlichem Bildungsbiografien usw.

Die verschiedenen Angebote psychosozialer Versorgung richten sich in besonderer Weise an solchermaßen Benachteiligte, um sie zu stützen, zu beraten und zu begleiten. In dem Maße, in dem sich jedoch die Haltungen, Vorurteile und strukturellen Benachteiligungen der Mehrheitsgesellschaft in der psychosozialen Versorgung widerspiegeln, laufen die Klientinnen Gefahr, hier erneut missverstanden, nicht ernst genommen, abgelehnt und bevormundet zu werden. In der Zusammenarbeit von Klientinnen und Therapeutinnen bzw. Beraterinnen mit unterschiedlichen kulturellen Hintergründen sind es beispielsweise Differenzen

- in der alltäglichen Lebenswelt,
- in den »kulturellen Identitäten«,
- in den Normen bezüglich Kommunikationsstil und Selbstoffenbarung,
- in den Vorstellungen darüber, was als »normal« empfunden wird,

häufig aber auch latente Vorurteile, die den professionellen Umgang mit den Belangen der Klientinnen erschweren. Gerade hinsichtlich des letztgenannten Punkts steht die Praxis in Therapie und Beratung häufig in scharfem Kontrast zum Selbstbild und Selbstideal der in psychosozialen Feldern Tätigen, denn: »Wer ist denn schon rassistisch … ???« (Rehbock, 1995).

Vor dem Hintergrund der Selbstverständlichkeit, mit der Angehörige der Mehrheit ihre Perspektive als »normal« empfinden, werden die Forderungen von Minderheiten nach einer Berücksichtigung ihrer Belange leicht als überempfindliche Ansprüchlichkeit empfunden, was die Betroffenen unter einen zusätzlichen Rechtfertigungsdruck setzt. Zu einem Perspektivenwechsel,

der für das Verständnis der Situation der Minderheit erforderlich wäre, gibt es aus der Sicht der Mehrheitsangehörigen in der Regel keinen Grund (während Angehörige der Minderheit ihn ständig vornehmen müssen). Daher möchten wir Sie als Leserin bzw. Leser, sofern Sie Angehörige(r) der dominanten gesellschaftlichen Mehrheit Ihres Landes sind, – in Deutschland würde dies bedeuten: Sie sind in Deutschland geboren und aufgewachsen, weißer Hautfarbe, besitzen einen deutschen Pass und Deutsch ist Ihre Muttersprache –, zu einem kleinen Gedankenexperiment einladen. Nehmen Sie sich bitte einige Minuten Zeit, um sich in folgende Situation zu versetzen:

Stellen Sie sich vor, dass Sie aus beruflichen Gründen zusammen mit Ihrer Partnerin / Ihrem Partner in ein außereuropäisches Land auswandern. Der Aufbau einer neuen Existenz in Ihrer neuen Heimat gestaltet sich als schwierig: Die Bevölkerung steht Ausländern nicht sehr aufgeschlossen gegenüber und aufgrund der steigenden Spannungen zwischen Christen und der andersgläubigen Bevölkerungsmehrheit schlägt ihnen vielerorts zusätzlich Misstrauen und Ablehnung gegenüber. Nach 5 Jahren haben Sie zwar die Sprache gelernt, aber natürlich fällt es Ihnen nach wie vor wesentlich leichter, komplexe oder persönliche Sachverhalte in Ihrer Muttersprache auszudrücken. Ihr Denken, Fühlen und Handeln bewegt sich in einem Spannungsfeld zwischen Ihrer kulturellen und emotionalen Verbundenheit mit Deutschland und dem Sich-Zubewegen auf die Kultur Ihrer neuen Heimat. Im 6. Jahr geraten Sie in eine Ehekrise, die viele Fragen über Ihre Ursprungsfamilie, über das Verhältnis von Partnerschaft und Beruf und über das Gefühl der Zugehörigkeit anstößt. In dieser Situation suchen Sie einen Therapeuten auf. Der Therapeut spricht die Landessprache, gehört der religiösen Mehrheit des Landes an und hat nur wenig Wissen über die Lebensumstände in Deutschland. In den ersten Sitzungen sprechen Sie über Ihre aktuellen Eheprobleme, aber auch über Ihre Kindheit in Deutschland,

▼

über frühere Beziehungen usw. Welche Schwierigkeiten können in dieser Situation in Ihrem Erleben auftreten? Denken Sie an Stichworte wie Sprache, Verständigung, Partnerschaftskonzepte, kulturelle Normen, kulturelle Stereotypen und gegenseitige Voreingenommenheit.

Aus diesem Gedankenexperiment wird vielleicht im Ansatz deutlich, auf welch schwierigem Terrain sich Verständigung im Spannungsverhältnis von Mehrheiten und Minderheiten in der Situation von Beratung und Therapie bewegen kann, auch wenn es die Realität von Migrantinnen in Deutschland sicherlich nicht in der nötigen Differenziertheit abbildet. Dieses Kapitel wird der Leserin nicht als Landkarte dienen, mit dem alle Hindernisse in diesem schwierigen Terrain elegant umgangen werden können, sondern allenfalls als Kompass, der sie in ihren »Suchbewegungen« (Castro Varela et al. 1998) unterstützt. Professionalisierung im Umgang mit den hier angesprochenen Themen ist eben nur durch eigene Bewegung, d. h. durch eine aktive Auseinandersetzung mit den eigenen Werten, Einstellungen, Haltungen und blinden Flecken zu erreichen. Der Text selbst versteht sich ebenfalls als Teil einer solchen »Suchbewegung« der Autorinnen und Autoren, die selbst Angehörige der deutschen Mehrheitskultur sind und sich in ihren Arbeitsfeldern um einen kritischen Umgang mit Macht und Dominanz im Verhältnis von Minderheiten und Mehrheiten bemühen.

Wir stellen hier das Thema Interkulturalität in den Vordergrund. Die dabei angesprochenen Aspekte sind teilweise auf die Arbeit mit Klientinnen übertragbar, die beispielsweise aufgrund ihrer Religion oder ihrer sexuellen Orientierung marginalisiert werden; zum Teil sind hier aber auch andere Aspekte relevant, die wir hier nicht vertiefen können.

19.1 Die interkulturelle Dimension in der psychosozialen Arbeit

»Das Thema Interkulturalität und Migration betrifft mich erst dann, wenn ich mit Flüchtlingen arbeite.« Dieses weit verbreitete Missverständnis beruht auf der Annahme, dass das Thema »Interkulturalität« nur denjenigen Ausschnitt psychosozialer Arbeit beträfe, der sich ausdrücklich an Migrantinnen wendet. Doch diese einfache Definition eröffnet keinen Ausweg aus der Verantwortung für eine Auseinandersetzung mit dem Thema:

- Jede in Beratung und Therapie Arbeitende muss damit rechnen, dass ihr Angebot auch von Klientinnen mit Migrationserfahrung wahrgenommen wird;
- Klientinnen, die in bikulturellen Partnerschaften leben, bringen die Thematik in die Beratung oder Therapie ein;
- in der Schule gehören Klassen ohne Schülerinnen mit (eigenem oder elterlichem) Migrationshintergrund zu den Ausnahmen, sodass Unterricht ebenso wie Elternarbeit immer potenziell auch interkulturelle Arbeit darstellen;
- »interkulturelles Management« ist zum zentralen Thema in international operierenden Organisationen avanciert;
- die Reflexion der Zusammenarbeit in multiethnischen Teams bzw. zwischen Mitarbeiterinnen und Klientinnen mit unterschiedlichen kulturellen Hintergründen stellt eine der Aufgaben einer professionell arbeitenden Supervisorin dar;
- schließlich kann die Leiterin auch in kulturell »homogenen« Gruppen mit dem Thema Diskriminierung konfrontiert sein, wenn sie gegenüber rassistischen Bemerkungen und Witzen von Teilnehmerinnen Position beziehen muss.

Kurz: »Multikulturelle« und »monokulturelle« Arbeit lassen sich heute nicht mehr ohne Weiteres gegeneinander abgrenzen. In einem weiten Begriffsverständnis ist »… jede menschliche Begegnung eine interkulturelle Begegnung – und so zeigt sich unter der Perspektive Interkulturalität wie unter einem Vergrößerungsglas häufig das, was menschliche Kommunikation allgemein auszeichnet, schwierig und faszinierend macht« (Mecheril, 1996, S. 19). Interkulturelles Handeln bezeichnet damit nicht ein Arbeitsfeld (Beratung von Migrantinnen, interkulturelle Trainings etc.), sondern ein Querschnittsthema, eine **Dimension**, die sich in allen psychosozialen Arbeitsfeldern wiederfindet. Wir möchten im Folgenden anhand einiger zentraler Themen des interkulturellen Diskurses beispielhaft aufzeigen, was es hinsichtlich dieser Dimension in der Praxis zu berücksichtigen gilt.

19.1.1 Sprache

»Sprache ist ein Medium der Verständigung, und Sprache ist ein Medium, das Verständigung – sei es beabsichtigt oder gedankenlos – verhindert« (Mecheril, 1996, S. 21). In interkulturellen Kontexten kann Sprache die Verständigung in mehrfacher Hinsicht erschweren. Zum einen ist eine von Klientinnen und Beraterinnen geteilte Sprache eine Voraussetzung für den Aufbau einer vertrauensvollen Beziehung. Die Kenntnis der Muttersprache der Klientinnen ist besonders in der Phase der Kontaktaufnahme sowie bei der Thematisierung emotionaler Erlebnisse und Befindlichkeiten von besonderer Bedeutung: »Denn es ist keine Kleinigkeit, die zu ignorieren wäre, wenn z. B. Kindheitserlebnisse in einer Sprache vermittelt werden müssen, die nicht identisch mit der Sprache des Erlebten ist« (Frey u. Kalpaka, 1999, S. 594). In vielen Situationen ist es daher notwendig und hilfreich, fachspezifisch geschulte Dolmetscherinnen hinzuziehen, wobei nicht nur diese, sondern auch die Beraterinnen für den Umgang mit dieser Kommunikationssituation gezielt ausgebildet sein sollten (vgl. Dhawan, 1992).

Sprachkompetentes Handeln im interkulturellen Arbeitsfeld bedeutet zudem, Sprache in einer Weise zu thematisieren, die die muttersprachlichen Kompetenzen bestärkend wahrnimmt und »monolinguale Selbstverständlichkeiten« (Frey u. Kalpaka, 1999, S. 594) in der beraterischen Situation problematisiert, anstatt den Klientinnen unter Umständen fehlende Ressourcen in der Mehrheitssprache als Defizit zuzuschreiben.

Sprache ist aber auch ein Medium der Konstruktion von Wirklichkeit. Dies bedeutet beispielsweise, dass eine Klientin einen Sachverhalt in verschiedenen Sprachen unter Umständen unterschiedlich darstellt (Hinz-Rommel, 1994). Andererseits heißt dies, dass die Art und Weise, wie wir über Differenzen und Schwierigkeiten in der interkulturellen Arbeit sprechen, diese Differenzen und Schwierigkeiten möglicherweise erst konstruiert und zementiert. Im interkulturellen Diskurs verwendete Begriffe wie Kultur, kulturelle Identität, Ethnie, Rassismus, Multikulturalität, Ausländer etc. haben nicht rein beschreibenden Charakter, sondern werden auch von verschiedenen Seiten als politische »Kampfbegriffe« instrumentalisiert. Der Begriff »Gastarbeiter« impliziert z. B. gleichzeitig eine Reduktion der Person, von der die Rede ist, auf ihre volkswirtschaftliche Funktion (»-arbeiter«) und eine Markierung als fremd und nicht bleibeberechtigt (»Gast-«). Ein kritischer Umgang mit derartigen Begriffen darf sich auf diese impliziten Festschreibungen nicht einlassen, sondern sollte sich um eine Sprache bemühen, die die Betroffenen nicht als herabwürdigend erleben. Dies bedeutet, so Mecheril (1996), in der Regel diejenigen Ausdrücke zu benutzen, die die Betroffenen in ihrer Selbstbeschreibung verwenden würden.

19.1.2 Auseinandersetzung mit Migrations- und Diskriminierungserfahrungen und dem gesellschaftspolitischen Kontext

Beziehungen zwischen Mehrheiten und Minderheiten sind – auch in interkulturellen Begegnungen im Kontext psychosozialer Arbeit – nicht losgelöst von den bestehenden Ungleichheiten der gesellschaftlichen Machtverhältnisse zu sehen, sondern sind durch diese mit geprägt. So werden Angehörige von Minderheiten nach wie vor

- rechtlich und politisch diskriminiert, z. B. durch eine restriktive Einbürgerungspraxis und Ausländergesetzgebung, die Kategorien von »Wir« vs. »Andere« festschreibt und die als nicht dazugehörig definierten Gruppen in ihren Möglichkeiten an gesellschaftlicher Teilhabe erheblich einschränkt,

- sozial marginalisiert, z. B. müssen Flüchtlinge in »Sammelunterkünften« leben und können nur sehr begrenzt eine Arbeit aufnehmen, und darüber hinaus
- mit rassistischen Zuschreibungen konfrontiert, die sie psychisch entwerten, beispielsweise in Form von Bildern über »die gewalttätigen türkischen Jugendlichen« (vgl. Mecheril, 1998; Castro Varela et al., 1998).

Professionelle in der psychosozialen Arbeit müssen die gesellschaftlich herrschenden Praxen von Ausgrenzung und struktureller Ungleichheit erkennen und reflektieren können und sowohl das eigene Handeln und Erleben als auch das der anderen in diesem Kontext sehen lernen. Für Mehrheitsangehörige bedeutet dies, die eigene – sowohl persönliche als auch professionelle – Verstrickung in die gesellschaftlichen Machtverhältnisse zu reflektieren:

>> Mehrheitsangehörige, die in dieser Gesellschaft aufgewachsen sind, konstituieren ihre Identität entlang der vorherrschenden Machtverhältnisse und reproduzieren sie in sozialen Situationen. Die Reproduktion von Machtverhältnissen steht im Widerspruch zu den Idealen von Gleichheit und Gerechtigkeit. Werden diese Widersprüche abgewehrt, äußert sich dies etwa in dem Versuch, den anderen aus dem Weg zu gehen, sowie darin, die eigene Zugehörigkeit zur Mehrheitskultur, z. B. als Weiße oder als Deutsche, zu leugnen. (AG »Gegen Rassismus und Antisemitismus in der psychosozialen Versorgung«, 1995, S. 604)

Mögliche Folgen dieser Abwehr für die psychosoziale Praxis – in der Konstellation »professionelle Mehrheitsangehörige und Hilfe suchende Minderheitenangehörige«, die in der interkulturellen Beratung derzeit vorherrscht – können beispielsweise so aussehen, dass die Beraterinnen Rassismus und Diskriminierungserfahrungen bagatellisieren, psychologisieren und die davon Betroffenen selbst aufgrund ihrer jeweiligen Ver-

arbeitungsformen dieser Erfahrungen als problematisch konstruieren. Die Abwehr der Beraterinnen kommt darin zum Ausdruck, dass

- Professionelle in der psychosozialen Praxis Kompetenzen von Minderheitenangehörigen ignorieren oder als Bedrohung wahrnehmen und abwehren, weil sie nicht dem Bild des ohnmächtigen Opfers entsprechen,
- Ressourcen in der Lebenssituation von Minderheitenangehörigen nicht wahrgenommen werden, weil Professionelle die gängige defizitorientierte Perspektive in Bezug auf »die Ausländer« einnehmen,
- Minderheitenangehörige für Schwierigkeiten und Missverständnisse in der Interaktion verantwortlich gemacht werden und eigene, unzureichende interkulturelle Kompetenzen von den Mehrheitsangehörigen nicht in Erwägung gezogen werden, weil die eigene zur Norm erklärte Position zur Grundlage von Wahrnehmung und Interpretation gemacht wird,
- Mehrheitsangehörige sich entweder gekränkt zurückziehen oder sich um den Beweis der eigenen Integrität bemühen, wenn Minderheitenangehörige ihnen aus ihrer Erfahrung heraus begründetes Misstrauen entgegenbringen (vgl. Mecheril, 1996; AG »Gegen Rassismus und Antisemitismus in der psychosozialen Versorgung«,1995).

Professionelles Handeln für Mehrheitsangehörige im interkulturellen Kontext bedeutet daher nicht nur die Auseinandersetzung mit der eigenen soziokulturellen Prägung (z. B. in Hinblick auf erworbene Bilder von sich selbst und den »anderen«) und eine kritische Überprüfung eigener professioneller Handlungskonzepte (z. B. hinsichtlich der Frage, für wen und aus welcher Perspektive sie entwickelt worden sind), sondern erfordert auch ein Bewusstsein über Machtverhältnisse und die eigene privilegierte Position. Dies beinhaltet für Mehrheitsangehörige auch anzuerkennen, dass sie von Minderheitenangehörigen als »… Repräsentantin eines diskriminierenden Systems …« (Castro Varela u. Vogelmann, 1998, S. 238) betrachtet werden können, auch unabhängig von individuellen konkreten Handlungsweisen. »Eine Folge davon ist, dass die Professionelle in der Beratungsarbeit ihren Nutzerinnen glaubhaft vermitteln muss, dass sie sich der bestehenden Unterdrückungsverhältnisse bewusst ist und sich mit anderen Lebenswelten, Normen und Wertvorstellungen beschäftigt hat« (Castro Varela u. Vogelmann, 1998, S. 238).

Darüber hinaus ist interkulturelles psychosoziales Handeln immer auch »parteiische Arbeit« (Mecheril, 1996, S. 30), da eine wesentliche Dimension immer auch die ».Verbesserung der Partizipation von strukturell Benachteiligten …« (Mecheril, 1996, S. 30) ist. Diese Notwendigkeit ergibt sich vor dem Hintergrund der individuellen Belastungen, deren Entstehung im Kontext eingeschränkter Möglichkeiten an gesellschaftlicher Teilhabe zu sehen ist (z. B. schlechtere Bildungschancen, Wohnverhältnisse, rechtlicher Status). Wenn auch die Veränderung der gesellschaftlichen Bedingungen im Rahmen politischer Zuständigkeiten liegt, geht es doch in der interkulturellen Praxis darum, die »… Benachteiligungen ihrer Klientel durch Einsatz für ihre Klientel positiv zu verändern …« (Mecheril, 1996, S. 30). Der Fokus kann dabei nur auf den Ressourcen der Klientinnen liegen, um bereits vorhandene Handlungsspielräume und Möglichkeiten der gesellschaftlichen Teilhabe zu analysieren und somit »… Partizipationsgewohnheiten in dem Sinne zu verändern, dass Partizipationsfähigkeiten und bestehende Partizipationsmöglichkeiten aufgezeigt werden .« (Mecheril, 1996, S. 31). Neben individuenbezogenen Ansätzen haben dabei stadtteil- und gemeinwesenorientierte Ansätze, die selbstorganisiertes Handeln in sozialen Zusammenhängen unterstützen, einen fast noch größeren Stellenwert.

Die praktische parteiische Arbeit im Sinne der Klientinnen, die Moreno mit sozialen Randgruppen leistete, kann dabei auch als Modell auch für heutiges psychodramatisches Handeln gelten.

19.1.3 »Kulturelle Identität«

Die Rede von Kultur und kultureller Identität tritt im Migrationskontext immer wieder auf, ist aber nicht unproblematisch. Die Attribution von Erlebens- und Handlungsweisen, die nicht in das Bewertungsschema der Mehrheitskultur passen, auf

eine vermeintliche kulturelle Identität kann zu einer »Kulturalisierung« (Mecheril, 1996) führen.

> » Kulturalisierung« findet dann z. B. statt, wenn Angehörige diskriminierter Minderheiten mit ihrem Anliegen ganz auf ihre kulturelle Herkunft festgelegt werden und Belastungen ausschließlich als bedingt durch die kulturelle Identität des Gegenübers und als Konsequenz von Kulturkonflikten verstanden werden. (Mecheril, 1996, S. 22 f.)

Darüber hinaus kann die Rede von einer feststehenden kulturellen Identität irreführend sein, denn für die Wirklichkeit von Menschen in unserer Gesellschaft (und insbesondere von Migrantinnen) ist es charakteristisch, dass ihr Erleben gleichsam durch mehrere koexistierende und im Fluss begriffene kulturelle Identitäten geprägt ist. Statt von kultureller Identität zu sprechen – und damit die Kultur des Herkunftslands zu meinen –, sollte man daher eher von multiplen Identitäten sprechen.

> » Multiple Identitäten bedeutet, dass niemand entweder nur Frau oder nur Mann ist, schwarz oder weiß, Deutsche oder Türkin, arm oder reich, sondern Frau und weiß oder Deutsche und Türkin zugleich; und je nachdem in welchem Kontext sich frau bewegt, tritt mal der eine, mal der andere Aspekt in den Vordergrund. Das Selbst ist als ein offenes System zu begreifen, in dem unterschiedliche Identitätselemente gleichzeitig wirksam sind, sich gegenseitig beeinflussen und ständig gegeneinander verschieben. (Rommelspacher, 1995, S. 32)

Dieses Denken ist im psychodramatischen Konzept des Selbst als Rollensystem angelegt (► Abschn. 14.3).

19.1.4 Normen der Psychotherapie / Beratung

Die in psychosozialen Arbeitsfeldern beispielsweise in Mitteleuropa geltenden Normen sind in der

Regel »kaukasische Normen« (Tsui u. Schultz, 1988). Das bedeutet, dass sich die Standards dafür, wie und in welchem Maße Selbstreflexion und -thematisierung erwünscht sind, welchen Regeln die Kommunikation zu folgen hat, welche Krankheits- und Gesundungskonzepte angelegt werden etc., an den kulturellen Normen der Mehrheitsgesellschaft orientieren. Wenn diese Normen in Beratung und Therapie nicht explizit benannt und infrage gestellt werden, kann dies Teilnehmerinnen mit anderem kulturellen Hintergrund von der aktiven Mitgestaltung der Arbeit ausschließen. Gerade in Gruppen kann das Gefühl, einer unbekannten oder unverständlichen Gruppennorm folgen zu müssen (etwa »Wir sprechen hier offen darüber, was uns an den anderen stört«), Irritation verursachen. Der von der Mehrheit ausgehende Anpassungsdruck kann Gefühle des Allein- und Ausgeschlossenseins auslösen, die auch bedrohlichen Charakter annehmen können. Therapeutische Konzepte, die Abreaktion und Abgrenzung in den Vordergrund stellen (z. B. »Hier auf der Psychodrama-Bühne kannst du deiner Mutter sagen, wie sehr du sie für ihren Alkoholismus verabscheust«), widersprechen unter Umständen Werten, die in anderen kulturellen Zusammenhängen als fundamental und unverletzlich gelten, wie Respekt vor den Eltern, Schutz der Privatsphäre. Hier ist ein sensibler und respektvoller Umgang mit den Grenzen der Klientinnen erforderlich, wobei diese Forderung in besonderem Maße für die interkulturelle Arbeit, aber auch für den Umgang mit Angehörigen der eigenen Kultur gilt. Auch in dieser Hinsicht ist es notwendig, sich entsprechende Kenntnisse über die soziokulturellen Normensysteme unterschiedlicher (Herkunfts-)Kulturen anzueignen.

19.1.5 Interkulturalität und Gruppendynamik

Diskriminierung von Minderheiten und Ausgrenzung von »Sündenböcken« sind gruppendynamische Phänomene, die in so gut wie allen Gruppen auftreten. In multiethnischen Gruppen (z. B. in Therapie oder der Erwachsenenbildung) besteht allerdings die zusätzliche Gefahr, dass die Grup-

pendynamik die ohnehin bestehende Diskriminierung von Migrantinnen und anderen Minderheiten repliziert. Dies geschieht teils durch Unachtsamkeit der Leitung, teils durch unbewusste Solidarisierung der Leiterin mit der Mehrheit der Gruppe. Auf diese Weise werden die Ausgrenzungserfahrungen der Betroffenen reaktiviert und die bestehenden gesellschaftlichen Polaritäten konsolidiert. Mit den Worten von Tsui u. Schultz (1988):

» So lange »rassische«[1] und kulturelle Differenzen in unserer Gesellschaft als bedeutsame und emotional aufgeladene Themen empfunden werden, werden wir Stereotypenbildung, Sündenbockphänomene, Verschiebung, Intellektualisierung und schließlich Polarisierung entlang kultureller und »rassischer« Linien erleben – alles im Dienste der Vermeidung von Selbstreflexion und kritischer Analyse schmerzhafter bedeutsamer Themen. Aufgrund der intensiven und intimen Natur der Interaktionen ihrer Mitglieder findet in einer Therapiegruppe lediglich eine Widerspiegelung, Akzentuierung und Amplifikation dieses Prozesses statt. (S. 140)
Weil ethnische und »rassische« Gruppen, die kulturellen Minderheiten angehören, auch zahlenmäßige Minderheiten in den meisten Therapiegruppen bilden, werden letztere zu Mikrokosmen der Gesamtgesellschaft; in ihnen werden die Machtverhältnisse zwischen verschiedenen »rassischen« und ethnischen Gruppen dynamisch reinszeniert. (…) Daher müssen die Machtverhältnisse zwischen Minderheit

▼

---

[1] Da der Begriff »racial« im Englischen nicht die gleichen Assoziationen hervorruft wie der Begriff »rassisch« im Deutschen, wird er in der Übersetzung in Anführungszeichen gesetzt. Aufgrund einer fehlenden Entsprechung von »mixed-racial« im Deutschen wird dieser Begriff in der Übersetzung mit »Gruppen, in denen sich Teilnehmerinnen unterschiedlicher kultureller Herkunft befinden« umschrieben. Die Autoren folgen hier der Vorgehensweise von Bose, Lottje u. Weiß bei der Übersetzung eines Artikels von Phoenix (1998, S. 17).

und Mehrheit verstanden werden, bevor die therapeutische Arbeit mit Gruppen, in denen sich Teilnehmerinnen unterschiedlicher kultureller Herkunft befinden, beginnt. (S. 136 f.)

Tsui u. Schultz (1988) beschreiben das Zusammenspiel von durch die Mehrheitskultur geprägten Gruppennormen und gruppendynamischen Prozessen in multiethnischen Therapiegruppen am Beispiel von Klienten asiatischer Herkunft. Diese, so die Autoren, sind häufig von der in der Gruppentherapie üblichen Betonung von Verbalisierung, Konfrontation und Austragung innerer und interpersonaler Konflikte verwirrt. Auf der einen Seite wird von ihnen erwartet, in der Gruppe neues Verhalten zu zeigen, auf der anderen Seite werden diese Erwartungen aber vom Therapeuten meist nicht näher erläutert. So bleiben diese Klienten – auch wenn sie die Verkehrssprache der Gruppe sicher beherrschen – häufig still und zurückgezogen und verbergen ihre Gefühle der Frustration, des Ärgers und der Entfremdung von der Gruppe.

Gruppenmitglieder und Gruppenleiter neigen in dieser Situation leicht dazu, das Rückzugsverhalten der Klienten auf »kulturelle Unterschiede« zurückzuführen und die Anwesenheit des »merkwürdigen« Klienten nur noch zu tolerieren, statt sich ihrerseits um gegenseitige Verständigung zu bemühen. Asiatische Männer werden in dieser Situation häufig als dumm abklassifiziert, von anderen bevormundet und zum Thema abwertender Scherze gemacht (z. B. »Du weißt, ich mach nur Spaß!«). Frauen werden in die Rolle der »Puppe« gedrängt, mit der man zwar flirten, aber nicht auf gleicher Ebene reden kann. Die Betroffenen selbst gestehen sich negative Gefühle und Reaktionen auf diese Behandlung häufig nicht zu, weil sie eine Verschärfung der Konfrontation befürchten.

Tsui u. Schultz (1988) interpretieren die Reaktionen der Gruppenmitglieder gegenüber den asiatischen Teilnehmern aus psychoanalytischer Perspektive als Ausdruck verschiedener Abwehrmechanismen:

Projektion. Der »Abweichler« wird von den anderen Teilnehmern als krank, inkompetent, ablehnend oder dergleichen etikettiert und damit zum »identifizierten Patienten«. Auf diese Weise können die Teilnehmer unerwünschte eigene Anteile (Inkompetenz, Ablehnung etc.) von sich fern halten.

Intellektualisierung. Als Versuch, die entstehenden negativen Gefühle gegenüber dem asiatischen Klienten auf intellektueller Ebene abzuhandeln und damit gleichsam zu »neutralisieren«, entsteht eine Diskussion über das Schweigen des Klienten. Man beginnt den Teilnehmer über seine Kultur (über landestypische Gerichte, Eigenheiten der Sprache usw.) auszufragen. Der Widerstandswert dieses Verhaltens sei, so Tsui u. Schultz (1988), für die Gruppenleitung an ihrer intellektualisierenden, vermeidenden Qualität der Gespräche zu erkennen.

Verschiebung. Wenn der asiatische Klient in die Rolle des Außenseiters und Sündenbocks geraten ist, wird er zum Objekt negativer Gefühle aller Art. Frustration über zäh laufende Gruppenprozesse oder Ärger auf den Therapeuten wird ihm zugeschrieben, ohne dass diese Verschiebung den übrigen Gruppenmitgliedern bewusst würde.

Die Leiterin kann diesem Prozess entgegenwirken, indem sie eine Auseinandersetzung mit den solchermaßen abgeschobenen Themen der Gruppe und der Einzelnen anregt und einfordert.

19.1.6 Selbstverständnis und Aufgaben der Leitung in unterschiedlichen Rollenkonstellationen

Die Kompetenzen, die ein professioneller Umgang mit interkulturellen Fragestellungen der Leiterin abverlangt, sind zahlreich. Genannt werden beispielsweise

- sprachliche Kompetenz,
- Empathie,
- Ambiguitätstoleranz,
- Fehlerfreundlichkeit,
- die Fähigkeit zur Metakommunikation,
- Kenntnisse über die sozialen, rechtlichen, ökonomischen etc. Aspekte der Lebenslagen der Klientengruppen oder

— die Kenntnis von kulturspezifischen Begriffen und Konzepten, z. B. in Bezug auf Normalität, Krankheit, Belastung, Gesundheit, Intimität, Individualität und soziale Verpflichtung (Mecheril, 1996).

Neben diesen spezifischen Kompetenzen stellt die Bereitschaft zur Selbstreflexion und Infragestellung der eigenen Normen, Weltbilder und Selbstverständlichkeiten sowie des eigenen gesellschaftlichen Status, zum kontinuierlichen Perspektivenwechsel und zu immer wieder neuer Flexibilität im Eingehen auf die Befindlichkeiten und Belange der Klientinnen die vielleicht entscheidende Voraussetzung für kompetentes interkulturelles Handeln dar.

Hinsichtlich der Aufgaben der Leitung muss nach Kontexten differenziert werden.

Angehörige(r) der Mehrheitskultur berät Angehörige(n) der Minderheitskultur

Da Angehörige benachteiligter gesellschaftlicher Gruppen (z. B. Migrantinnen) in ihrem Alltag häufig von Verständnislosigkeit und mangelnder Sensibilität ihrer Mitmenschen, Ablehnung und Abwertung betroffen sind und möglicherweise die (begründete) Befürchtung hegen, diese negativen Erfahrungen in der beraterischen oder therapeutischen Situation erneut zu machen, gilt es hier zunächst, ein Klima von Offenheit, Verständnis und Annahme herzustellen. Das Beziehungsangebot der Beraterin muss authentisch sein, was voraussetzt, dass sie ihre eigenen »blinden Flecken« hinsichtlich interkultureller Themen bearbeitet hat und in der Lage ist, die Unterschiedlichkeit der Lebenswelten und die daraus resultierenden Verunsicherungen nicht als Bedrohung der eigenen Person zu erleben. Sie muss die Einzigartigkeit der Lebenserfahrung von Minderheiten anerkennen können, statt sie auf ihre vermeintliche kollektive kulturelle bzw. ethnische Identität zu reduzieren (▶ Abschn. 19.1.3).

Entscheidend ist auch, die bislang umrissenen Spannungsfelder der interkulturellen Zusammenarbeit (Sprache, kulturelle Identität usw.) und die möglicherweise hieraus resultierenden Schwierigkeiten zu Beginn und im weiteren Prozess immer wieder zu benennen. So kann ein offener und flexibler Umgang mit dem Thema ermöglicht und Verfestigungen entgegengewirkt werden. Wie Frey u. Kalpaka (1999) anmerken, sind dies an sich keine Forderungen, die »von außen« an die psychosoziale Arbeit herangetragen werden müssten, sondern Selbstverständlichkeiten einer prozess- und klientenorientierten Arbeitsweise (▶ Abschn. 7.5). Wie die Erfahrungen zeigen, finden sie in Bezug auf die interkulturelle Dimension jedoch häufig keinen Eingang in die psychosoziale Praxis.

Angehörige(r) der Minderheitskultur berät Angehörige(n) der Mehrheitskultur

Professionelle, die einer Minderheit angehören, sehen sich oft mit damit konfrontiert, dass ihre fachliche Kompetenz im Allgemeinen und ihre Zuständigkeit für Mehrheitsangehörige im Besonderen infrage gestellt wird – dies nicht nur von Klientinnen, sondern z. B. auch von Teamkolleginnen. Dies kann sich beispielsweise darin äußern, dass Klientinnen, die der Mehrheit angehören, anzweifeln, ob die Beraterin ihre Lebenssituation verstehen kann – »... »Fremdheit« wird in den Vordergrund der Beziehung gerückt ...« (AG »Gegen Rassismus und Antisemitismus in der psychosozialen Versorgung, 1995, S. 604). Den professionell Tätigen begegnen häufig durch diskriminierende oder rassistische Haltungen motivierte Macht- und Autoritätskonflikte seitens der (weißen) Klientinnen, die sie mit diesen durcharbeiten müssen (vgl. Raburu, 1998, S. 219).

Minderheitenangehörige als Professionelle werden oft als Expertinnen für Minderheiten betrachtet. »Gleichzeitig wird ihnen jedoch vielfach eine zu große Nähe zur »eigenen« Gruppe vorgeworfen, kulturelle Voreingenommenheit, zu parteilich – nicht objektiv« (Wachendorfer, 1998, S. 52).

Aufgaben in der Leitung multiethnischer Gruppen

Tsui u. Schultz (1988) haben die Aufgabe der Leitung in multiethnischen Gruppen in einer einfachen Formel zusammengefasst: Gruppenleiter sollten mit den Minderheitsangehörigen dasselbe tun, was sie auch mit anderen Teilnehmern tun, nämlich

19

das Verständnis der Gruppe für den Einzelnen fördern,

Konflikte vor dem Hintergrund des gruppendynamischen Geschehens deuten,

Begegnung und Integration ermöglichen.

>> Der Begegnung im existenziellen Sinn haftet (…) etwas Zufälliges an, sie ist weder planbar noch voraussehbar, wohl aber gibt es für sie günstige und weniger günstige Bedingungen. Bildung hätte somit die Aufgabe, für Begegnung günstige Voraussetzungen zu schaffen, und das heißt, Ausgrenzungen zu vermeiden, Unterschiedlichkeiten zu thematisieren, Kontakte zu ermöglichen, zu Bewegung zu motivieren. (…) Sie setzt sowohl voraus, dass man sich in Bewegung setzt, also **aufeinander zugeht**, als auch, dass man den anderen, das Gegenüber, als anderen akzeptiert. Deshalb soll es in einer Begegnung auch nicht zur Verschmelzung der Standpunkte, der Identitäten kommen, sondern das jeweilige Ich bleibt unverwechselbar bestehen. Es geht gestärkt, bewährt – und **verunsichert** – aus einer Begegnung hervor. (Hinz-Rommel, 1994, S. 124 f.)

Psychodramatikerinnen ist die Orientierung an einem positiven Menschenbild und am Begegnungskonzept als Leitbild für die Gestaltung menschlicher Beziehungen in der Gruppe vertraut. Dabei ist allerdings darauf zu achten, dass Unterschiede und Konfliktpotenziale im Bestreben um eine (falsch verstandene) Gruppenharmonie nicht verdeckt werden. Die Leiterin soll Gemeinsamkeiten, Unterschiede und Dissense zwischen den verschiedenen Teilnehmerinnen benennen und auf einen (immer wieder neu auszuhandelnden) Konsens über Gruppennormen und Kommunikationsregeln hinarbeiten, der die verschiedenen kulturellen Hintergründe und persönlichen Erwartungen der Teilnehmerinnen berücksichtigt. Sie selbst ist dabei nicht nur als Moderatorin, sondern auch als Normengeberin und Rollenmodell für kompetentes Konfliktlösungsverhalten gefragt.

Aufgaben in der Supervision in Bezug auf interkulturelle Themen

Die bereits dargestellten Überlegungen zu professionellem interkulturellen Handeln, wie Sprache als Medium der Konstruktion von Wirklichkeit, Auseinandersetzung mit Migrations- und Diskriminierungserfahrungen und dem gesellschaftspolitischen Kontext, »kulturelle Identität« und »Kulturalisierung«, Normen, Gruppendynamik und Rollenmuster, sind in der Supervision auf zwei Ebenen zu berücksichtigen: Sie können

als Leitlinien der Beziehungsgestaltung zwischen Supervisorin und Supervisandinnen mit unterschiedlichem kulturellen Hintergrund sowie

als Erklärung für Konflikte in der zu supervidierenden Beziehung zwischen Supervisandinnen und Klientinnen fungieren. Ein differenziertes Konzept interkultureller Supervision fehlt allerdings bis heute (vgl. Frey u. Kalpaka, 1999).

In Bezug auf die interkulturelle Dimension von Supervision ist es entscheidend, das eigene Angebot im Hinblick auf Rollenverständnis, Beziehungsangebot und Methodik flexibel auf die jeweilige Supervisionsgruppe und die betreffenden Herkunftskulturen abstimmen zu können. Nach Rütz-Lewerenz (2001, S. 220 f) beeinflussen kulturspezifisch erworbene Einstellungen,

ob ein konfrontatives Vorgehen durch die Supervisorin vor der Gruppe als »normal« oder als Gesichtsverlust erlebt wird,

ob die Auseinandersetzung mit der Leitung einer Organisation als selbstverständlicher Bestandteil von Supervision oder als Tabu betrachtet wird,

inwieweit von der Supervisorin eher aufgabenorientiertes, direktives Vorgehen oder ein nondirektiver Leitungsstil erwartet wird usw.

Die Notwendigkeit einer flexiblen Handhabung der jeweils verwendeten Methoden, deren Kulturgebundenheit häufig hinter einer scheinbaren Allgemeingültigkeit »verschwindet«, illustrieren Frey u. Kalpaka (1999, S. 598) am Beispiel eines Konflikts in einem interkulturell zusammengesetzten Team über die Form, wie Supervisionsergebnisse am Flipchart visualisiert werden. Die gesetzte Regel lautete, möglichst knapp und stichpunktartig zu formulieren. Die Teilnehmerinnen mit Migrationshintergrund fanden sich in den Formulierungen und in der Art der Darstellung nicht wieder, ihre Kritik an der Vorgehensweise wurde als Ausdruck von Widerstand und Inkompetenz gedeutet. Die Supervisorin, selbst Mehrheitsangehörige, hielt an der Vorgehensweise unverändert fest, ohne ihren eigenen Standpunkt zu relativieren und solidarisierte sich somit mit ihresgleichen. Dies bedeutete für die Migrantinnen in der Gruppe, in eine abgewertete Randposition gedrängt zu sein, sich nur noch den Spielregeln der Mehrheit unterwerfen zu können und stellte damit eine Wiederholung alltäglicher ausgrenzender Erfahrungen außerhalb der Supervision dar.

Beim Auftreten solcher und ähnlicher interkultureller Konflikte innerhalb der Supervision sollte immer wieder der Wechsel in eine Metaposition erfolgen, um eigene unausgesprochene Erwartungen und Vorstellungen über die jeweils anderen sowie gesellschaftliche und institutionelle Bedingungen der eigenen Arbeit zu reflektieren.

Für bestimmte Themen und Settings der Supervision ist es nach Frey u. Kalpaka (1999) überdies sinnvoll, sich an Supervisorinnen zu wenden, die selbst Migrationshintergrund haben bzw. einer Minderheit angehören. Damit können Migrantinnen einen geschützten Rahmen für die Formulierung ihrer eigenen Fragen und Anliegen erhalten, in dem ihre Bedürfnisse nicht aus der Mehrheitsperspektive infrage gestellt werden. Auf der anderen Seite kann die Arbeit mit einer Supervisorin mit Migrationshintergrund zur interkulturellen Professionalisierung von der Mehrheitskultur angehörenden Therapeutinnen beitragen (Hügel-Marshall, 1998). Allerdings, so Frey u. Kalpaka (1999), steht der großen Nachfrage eine sehr kleine Zahl von Supervisorinnen mit Migrationshintergrund gegenüber.

Aufgaben der Leitung in monokulturellen Gruppen

Auch in monokulturellen Gruppen ohne Beteiligung von Migrantinnen kann das Thema Diskriminierung präsent sein, z. B. in Form von rassistischen Bemerkungen oder Witzen. Besonders wenn solche Bemerkungen oder Witze an die Leiterin gerichtet werden, um ein positives Beziehungsangebot zu markieren (Mecheril, 1996), ist die Leiterin im Zugzwang: Bezieht sie deutlich Stellung, um die Norm »Hier ist kein Raum für Diskriminierungen« zu unterstreichen, eröffnet sie einen kritischen Dialog mit dem betreffenden Teilnehmer oder schweigt sie aus Furcht vor den negativen Konsequenzen der Auseinandersetzung für den Gruppenprozess?

19.2 Die interkulturelle Dimension in der Arbeit mit dem Psychodrama

19.2.1 Psychodrama – ein Gegenentwurf gesellschaftlicher Verhältnisse?

Am Anfang von Morenos beruflichem Werdegang stand sein gesellschaftspolitisches Engagement in der Arbeit mit gesellschaftlichen Randgruppen. Mit der Entwicklung des Psychodramas als einer nicht nur auf das Individuum bezogenen Heilmethode, sondern darüber hinaus als Instrument gesellschaftlicher Veränderung (▶ die Ausführungen zu Beginn dieses Kapitels) verband Moreno einen sozialrevolutionären Anspruch, eine soziale Utopie, die auch das gleichberechtigte Zusammenleben von Mehrheiten und Minderheiten als Ziel formulierte.

Diese Anfänge der psychodramatischen Praxis wie auch Morenos Vision sozialer Veränderung durch das Psychodrama weisen darauf hin, dass dem Psychodrama grundsätzlich Möglichkeiten innewohnen, soziale und politische Kontexte einzubeziehen, diese Aspekte zu thematisieren, zu reflektieren und im Sinne einer Veränderung gesellschaftlicher (Macht-)Verhältnisse – mithin auch der Asymmetrien in den Beziehungen von Mehrheiten und Minderheiten – wirken zu können. Auch wesentliche Konzepte des Psychodramas wie → Begegnung oder → Tele sowie Techniken wie der → Rollentausch, dessen konstitutives Element der Perspektivenwechsel ist, lassen das Psychodrama für die Arbeit im interkulturellen Kontext geeignet erscheinen. Rütz-Lewerenz

(2001) sieht beispielsweise im Rollentausch einen wichtigen Ansatz in der interkulturellen Supervision, da er einen »… Weg in die Rolle eines anderen und seine kulturelle Identität …« (S. 227) und damit multiperspektivisches Sehen und Erleben ermögliche. Auch für Dhawan (1992) ist der Rollentausch wesentlicher Bestandteil interkultureller Begegnung:

> » Ursachen für die Barrieren zu Menschen aus anderen Kulturkreisen liegen meiner Meinung nach nicht an der Kultur. Barrieren sind da, wenn ich, psychodramatisch gesprochen, keinen Rollentausch mit dem Anderen machen kann, nicht in der Lage bin, in die Welt des anderen zu gehen, sie mit seinen Augen zu sehen und zu erleben. (S. 39)

Psychodramatische Interventionsziele und ebenso Ausbildungscurricula für Psychodramatikerinnen umfassen unter anderem die Erweiterung der Fähigkeit zu differenzierter Selbst- und Fremdreflexion sowie zur Rollen- und Perspektivenübernahme. Betrachtet man die Fähigkeit zum Perspektivenwechsel als einen wichtigen Baustein interkultureller Kompetenz, bieten sich auch hier konkrete Ansatzpunkte, die interkulturelle Dimension in das psychodramatische Arbeiten einzubeziehen. Auch die Handlungs- und Erlebnisorientierung des Psychodramas wird von einigen Autorinnen als Vorteil für interkulturelle Kontexte gewertet, da sie eine Fixierung auf rein sprachliche Ausdrucksformen vermeidet (vgl. Dhawan, 1992 S. 45; Rütz-Lewerenz, 2001, S. 227).

19.2.2 Psychodrama – ein Spiegel gesellschaftlicher Verhältnisse?

Die genannten »Pluspunkte« allein bieten noch keine Gewähr für einen interkulturell sensitiven Ansatz psychodramatischer Praxis. Der sozialrevolutionäre Anspruch Morenos scheint sowohl im Verlauf seiner eigenen psychodramatischen Arbeit als auch in der Praxis vieler heutiger Psychodramatikerinnen in den Hintergrund getreten zu sein. Auch Psychodrama-Leiterinnen und Gruppenteilnehmerinnen haben bestimmte (Mehrheits-)Nor-

men verinnerlicht, die oft ohne hinterfragt zu werden Grundlage eigenen Handelns und Erlebens bleiben. Ebenso bilden sich gesellschaftliche Machtverhältnisse im »Mikrokosmos« von Psychodrama-Gruppen ab, die häufig nicht thematisiert und infrage gestellt werden. Schließlich implizieren auch psychodramatische Konzepte und Vorgehensweisen bestimmte Normen und Werte, deren spezifische historische, kulturelle und gesellschaftliche Prägung – insbesondere hinsichtlich ihrer Verwendung im interkulturellen Kontext – es erst noch gründlich zu analysieren gilt:

> » Zurzeit scheint es sehr wenig aktuelle psychodramatische Literatur über Themen wie Kultur und Ethnizität zu geben, und trotz zahlreicher interkultureller Aktivitäten liegt wenig Schrifttum über interkulturelle Praxis oder Aspekte kultureller Unterschiede vor. (Woodward, 2001, S. 56)

Die psychodramatische Praxis scheint häufig eher Spiegel denn Gegenentwurf gesellschaftlicher Verhältnisse zu sein. So zeigen z. B. Erfahrungsberichte von Ausbildungsteilnehmerinnen, dass der Anwendung psychodramatischer Methoden zumeist ein monokulturelles Selbstverständnis zugrunde liegt, welches die »… Kulturgebundenheit von Methoden und Didaktiken …« (Frey u. Kalpaka, 1999, S. 606) sowie die unterschiedlichen Hintergründe der Teilnehmerinnen ausblendet und somit Mechanismen gesellschaftlicher Ausgrenzung nicht infrage stellt, sondern repliziert.

> Als ein Beispiel lässt sich hier die oft angewendete aktionssoziometrische Erwärmung anführen, bei der die Leiterin die Teilnehmerinnen auffordert, sich im Raum gemäß ihrem Herkunftsort auf einer imaginären Deutschlandkarte zu postieren. Die Anweisung impliziert, dass Herkunftsorte außerhalb Deutschlands nicht vorkommen bzw. nicht vorgesehen sind und dadurch Teilnehmerinnen, die sich innerhalb dieses ethnozentrisch konstruierten Rahmens nicht platzieren können, ausgrenzt (vgl. Frey u. Kalpaka, 1999, S. 592).

Obwohl sich Märchen aufgrund ihrer universellen Elemente eigentlich für die Arbeit in interkulturellen Kontexten anbieten würden, grenzt eine unreflektierte Textauswahl und Vorgehensweise diejenigen Teilnehmer aus, die wegen eines anderen kulturellen Hintergrunds z. B. zu deutschen Märchen einen anderen Zugang haben (vgl. Frey u. Kalpaka, 1999, S. 593). Gegenstand der Reflexion und Kritik in der Gruppe werden dabei häufig nicht die ethnozentrisch begrenzten Methoden und ihre Umsetzung seitens der Mehrheitsangehörigen, sondern das Verhalten derjenigen, die von einer solchen Aufgabenstellung von vornherein ausgeschlossen oder an den Rand gedrängt werden (Frey u. Kalpaka, 1999).

Auch die im Psychodrama häufig verwendeten Symbole, d. h. Zeichen oder Sinnbilder, die »... eine bestimmte, nicht ohne Kenntnis des Zusammenhangs ersichtliche Bedeutung ...« (Zeintlinger-Hochreiter, 1996, S. 205) ausdrücken, erfordern insbesondere unter interkultureller Perspektive eine differenzierte und (selbst-)reflexive Vorgehensweise, um nicht wiederum einen ausgrenzenden Normalitätsdiskurs zu verfestigen. Bedeutungen von Symbolen sind gesellschaftlich tradiert, daher gewinnen die Kenntnis sowie die kritische Reflexion ihres gesellschaftlichen und kulturellen Entstehungszusammenhangs einen besonderen Stellenwert für eine interkulturell sensible Vorgehensweise.

Diese genannten, sich zumeist auf das Ausbildungssetting beziehenden Beispiele Methoden des Psychodramas einzusetzen, sind nur ein Hinweis darauf, dass in der gegenwärtigen psychodramatischen Praxis noch viel Handlungsbedarf besteht, wenn sie der gesellschaftlichen Pluralität gerecht werden will.

19.2.3 Alternativen

Es bedarf noch intensiver Arbeit, um sowohl die bestehende Praxis als auch die Konzepte des Psychodramas im Hinblick auf die Einbeziehung der interkulturellen Dimension, also von Aspekten der Kultur und Ethnizität, der Macht und Differenz, weiterzuentwickeln. Es gibt jedoch in der Literatur bereits einige veröffentlichte Konzepte, die beschreiben, wie Psychodrama und Soziodrama im interkulturellen Kontext konstruktiv angewendet werden könnten:

- in der Bildungsarbeit (Kalpaka, 1995; Kalpaka u. Wilkening, 1997; Rehbock, 1995),
- in der Supervision (Rütz-Lewerenz, 2001),
- in der psychotherapeutischen Arbeit im Einzel- und Gruppensetting (Dhawan, 1992; Dhawan u. Eriksson-Söder, 1999; Lind, 2006; Woodward, 2001) sowie
- in der soziodramatischen Arbeit mit Gruppen in verschiedenen Praxisfeldern (Wiener, 2001).
- Fürst (2006) beschreibt, wie sich das Psychodrama in verschiedenen Ländern und Kontinenten von den regionalen Kulturen hat beeinflussen lassen.

Leitungshaltung

Viele der genannten Autorinnen betonen zunächst einige schon im Vorfeld der eigentlichen Leitung zu bedenkende Aspekte hinsichtlich der Haltung, Wahrnehmung und Selbstreflexion der Leiterinnen. Woodward (2001) verweist dabei für die psychodramatische Arbeit in interkulturellen therapeutischen Gruppen – wobei sie sich in erster Linie auf Therapeutinnen bezieht, die selbst Mehrheitsangehörige sind – auf die Bedeutung, das eigene Bewusstsein kontinuierlich hinsichtlich eigener Vorurteile und blinder Flecken zu erweitern, ohne sich jedoch in lähmende Schuldgefühle zu verstricken. Auch Wiener (2001), mit einem etwas anderen Fokus, hält bei der Vorbereitung auf die Leitung von interkulturellen Soziodramagruppen eine Klärung des eigenen sozialen und kulturellen Standorts für unabdingbar:

- Ist die Leiterin selbst Mehrheitsangehörige (z. B. weiß, aus der Mittelschicht, heterosexuell)?
- Welche Verzerrungen in der eigenen Wahrnehmung könnten daraus resultieren, wenn Minderheitenangehörige (z. B. schwarze Teilnehmerinnen, Teilnehmerinnen aus der Unterschicht, homosexuelle Teilnehmerinnen) in der Gruppe sind?

Zur Vorbereitung auf die Leitung gehört nach Wiener (2001) z. B. auch die Frage, wie die Sprache der Leiterin von ihrem sozialen oder kulturellen Hintergrund beeinflusst sein könnte und wie Teilnehmerinnen mit anderem sozialem oder kulturellem Hintergrund die Leiterin möglicherweise erleben. Wiener (2001) schlägt vor, dass die Leiterin

- im Vorfeld einen imaginären Rollentausch mit Gruppenmitgliedern, die einer Minderheit angehören, vollzieht und sich dabei die Frage stellt, was sie bei der Teilnahme an der Gruppe möglicherweise empfinden,
- sich vorab vergegenwärtigt, welche Mehrheiten-Minderheiten-Konstellationen es in der Gruppe gibt und
- wie die Leitung dazu beitragen kann, dass sich alle sicher fühlen und einen Zugang zur Gruppe bekommen.

Woodward (2001) betont den Stellenwert, den das Wissen und die Sensitivität der Leiterin sowohl in Bezug auf positive Aspekte und Ressourcen als auch mögliche Belastungen hat, die mit dem Minderheitenstatus von Teilnehmerinnen einhergehen können. Nur auf diese Weise, so Woodward (2001), kann es gelingen, beide Aspekte im Blick zu behalten. Besondere Aufmerksamkeit der Leiterin sollte zudem gruppendynamischen Strukturen gelten, die sich entlang von Differenz und Macht etablieren.

Interkulturelle Zusammensetzung des Leiterinnenteams

Viele Gründe sprechen auch für eine interkulturelle Zusammensetzung der Leiterinnenteams: Zum einen können sich Minderheitenangehörige somit auch auf Leitungsebene repräsentiert sehen, zum anderen wird dadurch gezeigt, dass und wie es möglich ist, dass Mehrheiten- und Minderheitenangehörige gleichberechtigt zusammenarbeiten (Kalpaka u. Wilkening, 1997, S. 8).

Abbau von Ängsten und Spannungen

Woodward (2001) betont die Notwendigkeit, für die Bearbeitung von Themen der Differenz und Ethnizität in (therapeutischen) Gruppen, insbesondere in der Erwärmungsphase, eine Atmosphäre zu schaffen, die es den Teilnehmern ermöglicht, sich auf die häufig angstbesetzte Auseinandersetzung mit Unterschieden und deren psychologischer und sozialer Bedeutung einlassen zu können. Dabei kann es hilfreich sein, soziodrama-

tische Techniken dafür zu nützen, diese Aspekte zunächst allgemein und in einem thematischen Kontext, der außerhalb der Gruppe selbst angesiedelt ist – beispielsweise anhand einer aktuellen politischen Situation – zu erforschen. Insbesondere bei hoher Anspannung in der Gruppe kann nach Woodward (2001, S. 58) so vermieden werden, dass sich die Gruppenmitglieder untereinander in Konflikte verstricken.

Verdeutlichen von Pluralität

Einen anderen Zugang zum Thema Differenz beschreiben Kalpaka u. Wilkening (1997) für die Einstiegsphase in Bildungsseminare für Pädagoginnen aus der interkulturellen Jugendarbeit. Bei einer aktionssoziometrischen Übung (z. B. »Wie viele Wirs sind in einem Wir?«, Kalpaka u. Wilkening, 1997, S. 11), ordnen sich dabei die Teilnehmerinnen auf persönliche oder themenbezogene Fragen der Leiterin hin verschiedenen Orten im Raum zu. Die Fragen der Leiterin können beispielsweise lauten:

- Wer fährt Auto?
- Wer ist ein Einzelkind?
- Wer arbeitet als Sozialpädagogin?
- Wer hat einen Universitätsabschluss?
- Wer ist hier geboren?
- Wer hat im Laufe seines Lebens das Land (oder das Bundesland, die Stadt, die Wohngegend etc.) einmal (oder zweimal, mehrmals) gewechselt?
- Wer ist zwei- oder mehrsprachig?

Dies lässt die Teilnehmerinnen sehen und erleben, dass Zugehörigkeiten zu und innerhalb von Gruppen vielfältig sein und nach unterschiedlichen Kriterien gebildet werden können, dass Einzelne sich zu unterschiedlichen »Wirs« zugehörig fühlen können (Kalpaka u. Wilkening, 1997, S. 11).

Arbeit auf der Gruppenebene

Ottomeyer (2004) weist darauf hin, dass protagonistenzentrierte Arbeit in Flüchtlingsgruppen gerade in der Stabilisierungsphase nicht immer indiziert ist. Eine gute Möglichkeit, um Vertrauen und Gruppenkohäsion aufzubauen und gleichzeitig in die inhaltliche Arbeit einzusteigen, bieten Gruppenspiele. Lind (2006) schildert, wie sie mit traumatisierten Asylbewerberinnen einen Besuch von Behördenvertreterinnen und einer herablassenden Dolmetscherin inszeniert, um den Frauen zu ermöglichen, aus der Opferrolle herauszutreten, aktive Rollen und neue Handlungsmöglichkeiten zu erproben und um die Würde der Klientinnen zu stärken.

Rollentausch

Die Bedeutung des Perspektivenwechsels und der -vielfalt im interkulturellen Kontext ist bereits an anderer Stelle erwähnt worden. Woodward (2001) sieht im Rollentausch eine psychodramatische Methode, die sich gut dazu eignet, Verständnis für den jeweils Anderen zu ermöglichen – und zwar sowohl im imaginären Rollentausch als auch bei der tatsächlichen Übernahme der Rolle einer Person aus einem anderen kulturellen Kontext. In Bezug auf die Arbeit mit Protagonistinnen macht Woodward (2001, S. 58) allerdings darauf aufmerksam, dass die Leiterin über eine gute Einschätzung der Protagonistin verfügen sollte, um das Risiko einer Verfestigung vorhandener Vorurteile zu vermeiden.

In einem anderen Zusammenhang klinisch-therapeutischen Arbeitens mit dem Psychodrama geht Dhawan (1992) auf die Technik des Rollentauschs ein. Für die Arbeit mit politisch Verfolgten, also Klientinnen, bei denen sowohl aufgrund extremer traumatisierender Erfahrungen im Herkunftsland als auch aufgrund massiv einschränkender Lebensbedingungen im Exilland »… das Erleben von Ohnmacht, Erstarrtsein so vorherrschend ist, bietet der Rollentausch eine gute Möglichkeit durch das Einfühlen in »mächtige, starke, warme, liebevolle Andere« aus dem eigenen Verfangensein herauszutreten und mit anderen Sicht- und Erlebensweisen in Kontakt zu kommen« (Dhawan, 1992, S. 46). An den Anfang einer Therapie stellt Dhawan (1992) aus diesem Grund häufig den Rollentausch mit der Therapeutinnenrolle; dies ermöglicht den Klientinnen nicht nur eine Erweiterung des eigenen Erlebensspektrums, sondern auch eine Erweiterung in Hinblick auf eigene Handlungsmöglichkeiten. Dhawan u. Eriksson-Söder (1999) lassen ihre Klientin, die in Angst vor dem Beamten erstarrt ist, der das Interview zur Asylanerkennung durchführt, einen Rollentausch mit einer Sozialarbeiterin vornehmen, die in einem Verein für iranische Frauen arbeitet. Aus dieser Rolle heraus berät die Klientin gleichsam sich selbst und kann auf diesem Wege erleben, dass sich ihr Rollenspektrum nicht nur aus hilflosen, sondern auch aus kompetenten Rollen zusammensetzt.

Skulpturen

Kalpaka u. Wilkening (1997) haben ein Seminarkonzept »Pädagogisches Handeln in der Einwanderungsgesellschaft« für die Bildungsarbeit mit Pädagoginnen entwickelt, die Jugendliche in der Berufsausbildung unterstützen. In ihrer umfassenden Seminarkonzeption bildet die Arbeit mit Skulpturen (▶ Abschn. 3.7) einen elementaren Baustein. Das Ziel liegt darin, den Teilnehmerinnen eine veränderte Perspektive auf ihr professionelles Handeln in interkulturellen Lerngruppen zu ermöglichen. Die Darstellung der von den Seminarteilnehmerinnen eingebrachten Situationen (z. B. aus dem beruflichen Alltag einer deutschen Sozialpädagogin, die eine türkische Auszubildende als zwischen Familie und Ausbildung hin- und hergerissen wahrnimmt) in Form einer Skulptur ermöglicht es zum einen, die Innenperspektive der beteiligten Spielerinnen durch Befragung in ihrer Rolle zu erkunden. Zum anderen wird eine Außenperspektive auf die dargestellte Situation ermöglicht, in dem die Antagonistinnen in ihrer Rolle befragt und während der Skulpturarbeit die Zuschauerinnen mit ihren Wahrnehmungen und Deutungen der Situation einbezogen werden (z. B. durch im Plenum geäußerte Vermutungen über die dargestellte Situation oder durch Doppeln der verschiedenen Rollen in der Skulptur). Somit und durch die anschließende Auswertung in der Gruppe differenzieren sich die Innen- und Außenperspektiven zunehmend, die Protagonistin wie auch die anderen Teilnehmerinnen können ihre eigene Perspektive und ihre eigene Interpretation des Geschehens als eine von vielen möglichen erkennen und andere Sichtweisen als gleichermaßen sinnvoll wahrnehmen (vgl. Kalpaka u. Wilkening, 1997, S. 21). Als entscheidend sehen es die Autorinnen an, dass durch die Auseinandersetzung in der Gruppe die Mitbedingtheit unterschiedlicher Wahrnehmungs- und Erlebensmöglichkeiten durch unterschiedliche Erfahrungen und Interessen deutlich wird und dass eigene Interpretationen und bisherige professionelle Handlungsweisen hinterfragt werden können. Auch entstehen dabei allgemeinere Fragen, die über die konkrete bearbeitete Situation hinausgehen (z. B. nach dem eigenen Selbstverständnis und der eigenen Position als deutsche Sozialpädagogin gegenüber türkischen Auszubildenden; Kalpaka u. Wilkening, 1997, S. 22), deren Beantwortung wiederum wichtige Anhaltspunkte für eine zu verändernde berufliche Praxis liefern kann. Zur genaueren inhaltlichen und chronologischen Seminargestaltung siehe Kalpaka u. Wilkening (1997).

Kalpaka (1995) beschreibt die Arbeit mit Statuen und szenischer Aktion am Beispiel von Theaterworkshops in der Bildungsarbeit. Die Workshops sollen selbstreflexives Lernen in Bezug auf das Thema »Macht-Ohnmacht-Alltagsrassismus« (S. 225) ermöglichen, »… Aufschluss über die eigene Eingebundenheit in rassistische Strukturen geben und Mut machen, Handlungsmöglichkeiten zu erproben, um sich aus diesen herauszuarbeiten« (Kalpaka, 1995, S. 226). Zu Beginn werden dabei von den Seminarteilnehmerinnen aus dem eigenen Körper und dem Körper der Mitspielerinnen Statuen modelliert, die subtile oder offene Diskriminierungssituationen zeigen. Dadurch sollen

— Zugänge zu den Gefühlen und Erinnerungen in der betreffenden Situation ermöglicht,
— das jeweilige Verständnis von Rassismus bei den einzelnen Teilnehmerinnen erforscht und
— Sichtweisen der eigenen Rolle (z. B. als Opfer, Zeugin, Täterin) angesprochen werden (vgl. Kalpaka, 1995, S. 227).

Bei der Deutung der Statuen durch die Zuschauerinnen wird die Möglichkeit völlig unterschiedlicher Wahrnehmungen und Interpretationen einer Situation deutlich. Dadurch ergibt sich ein Ansatzpunkt, stereotype Bilder von anderen schrittweise zu verändern. Andererseits lässt sich anhand von Gemeinsamkeiten in den Wahrnehmungs- und Interpretationsweisen aufzeigen, dass diese nicht nur von individuell unterschiedlichen Erfahrungen, sondern auch von bestimmten gesellschaftlichen Strukturen mit geprägt sind (vgl. Kalpaka, 1995, S. 228).

Im nächsten Schritt werden aus den Statuen szenische Bilder entwickelt, die wiederum als Vorlage für die nachfolgende Arbeit mit Forumszenen nach Boal dienen. In diesen Forumszenen können mögliche Handlungsstrategien gegen Unterdrückung erprobt werden (vgl. Kalpaka, 1995, S. 229 ff). Die Auswertung der Forumszenen findet über Rollenfeedback und Gruppendiskussion sowie in einem zweiten Schritt in einer theoretischen Reflexion statt, die entstandene Fragen und Sichtweisen der Teilnehmerinnen aus der Arbeit an den konkreten Szenen aufgreift und in einen größeren Zusammenhang stellt (z. B. Rassismustheorien; Kalpaka, 1995, S. 240 f).

Strukturelle Aspekte der interkulturellen Arbeit

Voraussetzungen für eine psychosoziale Versorgung zu schaffen, in der sich Migrantinnen wiederfinden und aufgehoben fühlen, kann nicht allein durch die Sensibilisierung und Qualifizierung der Beraterinnen / Therapeutinnen oder durch methodische Angebote gelingen, sondern setzt eine entsprechende Ausrichtung des Angebots auf institutioneller Ebene voraus. Entsprechende strukturelle Maßnahmen bestehen z. B. in der Einrichtung dezentraler Beratungsstellen, die aufsuchende Arbeit mit konkret lebenspraktischen Angeboten betreiben (z. B. Beistand bei arbeitsrechtlichen Fragen, Hilfe bei Behördengängen; Mecheril, 1996), sowie in der Arbeit in multiethnischen Teams. Diese erschöpft sich aber nicht darin, dass beispielsweise eine besonders häufig von Türkinnen frequentierte Beratungsstelle eine türkische Fachkraft einstellt, die dann »für die Türken« zuständig ist (Mecheril, 1996). Stattdessen sollten sich sämtliche Mitarbeiterinnen sowohl individuell durch kontinuierliche Fortbildung, als auch im Team in Form von Supervision und Teambesprechungen mit der interkulturellen Dimension ihrer Arbeit auseinander setzen.

In der Praxis gehen hier Anspruch und Wirklichkeit auseinander, wie Hinz-Rommel (1994) bei einer Befragung von Beratungsinstitutionen mit interkulturellem Angebot feststellte: Während auf der einen Seite die Forderung nach interkulturel-

Abb. 19.1. Dimensionen interkultureller Handlungskompetenz.
(Hinz-Rommel, 1994, S. 99)

ler Öffnung der Einrichtung steht, wird die Einlö-
sung dieses Anspruchs auf der anderen Seite durch
mangelnde Zusammenarbeit und geringes Engagement der Mitarbeiterinnen erschwert. Da das
Interesse an interkulturellen Themen besonders
auf Seiten der deutschen Mitarbeiterinnen gering
ist, sind die Fortbildungsangebote entsprechend
rar. So ist insgesamt ein Mangel an professioneller
Ausbildung interkultureller Kompetenzen zu be-
klagen. Entsprechend richtet sich die Forderung
an die Weiterbildungsinstitute, interkulturelles
Handeln als feststehenden Inhalt in den Curricula
zu verankern.

Das in ◘ Abb. 19.1 wiedergegebene Anforderungsprofil von Hinz-Rommel (1994) zeigt, dass es
hier viel nachzuholen gilt. Auch wenn dieser Anspruch von den meisten Institutionen sicherlich
nicht kurzfristig einzulösen sein wird, liegt es doch
in der Verantwortung der Akteure, auf die wachsende Diversifizierung unserer Gesellschaft mit
»Suchbewegungen« hin zu einer eigenen Diversifizierung zu reagieren.

Zusammenfassung

Moreno verfolgte in seinen Schriften wie in
seinem konkreten Tun einen sozialrevolutionären Anspruch. Er entwarf sein System von
Psychodrama, Soziometrie und Gruppenpsychotherapie als Gegenentwurf zu bestehenden gesellschaftlichen Herrschaftsverhältnis-
sen. Sowohl im wissenschaftlichen Diskurs als
auch in der herrschenden Praxis des Psychodramas ist dieser Anspruch jedoch häufig
kaum wiederzufinden. Durch unreflektierte
Anwendung kann das Psychodrama zum Spiegel gesellschaftlicher Verhältnisse werden und
dazu beitragen, bestehende Macht- und Do-
minanzverhältnisse im Verhältnis von Mehrheiten und Minderheiten zu festigen. Ein Lei-
tungskonzept, das z. B. der Pluralität der Lebenswelten in der interkulturellen Arbeit
Rechnung trägt und die Gefahr einer Reproduktion von Rassismus und Diskriminierung
vermeidet, bedarf einer kontinuierlichen Reflexion eigener kulturellen Prägungen und der

▼

eigenen Eingebundenheit in gesellschaftliche Machtstrukturen sowie einer Sensibilität für die kulturellen Implikationen psychodramatischer Normen und Vorgehensweisen. Verschiedene konzeptuelle Überlegungen für die interkulturelle Arbeit mit dem Psychodrama wurden in diesem Kapitel referiert – es ist allerdings noch viel zu leisten, um diese Bausteine zu einem umfassenden und differenzierten Konzept zusammenzufügen.

Weiterführende Literatur

Attia, I., Basque, M., Kornfeld, U., Magiriba Lwanga, G., Rommelspacher, B.,Teimoori, P., Vogelmann, S. & Wachendorfer, U. (Hrsg.) (1995).
Multikulturelle Gesellschaft – Monokulturelle Psychologie? Antisemitismus und Rassismus in der psychosozialen Arbeit. Tübingen: dgvt (300 Seiten).

Castro Varela, M., Schulze, S., Vogelmann, S. & Weiß, A. (Hrsg.) (1998). *Suchbewegungen. Interkulturelle Beratung und Therapie.* Tübingen: dgvt (316 Seiten).
Zwei Bücher, die Reflexionen über psychosoziale Arbeit in einer multikulturellen Gesellschaft mit konkreten Anregungen für die Praxis verbinden und sowohl Nutzerinnen als auch Therapeutinnen und Beraterinnen zu Wort kommen lassen. Das Buch von Attia et al. umfasst vier große Bereiche: 1) Folgen des Nationalsozialismus, 2) Erfahrungen mit Rassismus, Migration und Flucht, 3) therapeutische Arbeit mit Folterüberlebenden, 4) Konzepte für die Arbeit in der Praxis. »Suchbewegungen« vertieft unterschiedliche Konstellationen der Arbeit im interkulturellen Bereich (z. B. schwarze Klientinnen in Therapie und Beratung bei weißen Therapeutinnen), diagnostische Aspekte, Frühförderkonzepte und bestehende Konzeptionen für die therapeutische Praxis und Weiterbildung unter interkultureller Perspektive.

Literatur

AG »Gegen Rassismus und Antisemitismus in der psychosozialen Versorgung« (1995). Thesen zur psychosozialen Arbeit in einer pluralen Gesellschaft. *Verhaltenstherapie und psychosoziale Praxis, 27 (4)*, 603–607.

Castro Varela, M. & Vogelmann, S. (1998). Zwischen Allmacht und Ohnmacht – Überlegungen zur psychosozialen Beratung mit weiblichen Flüchtlingen. In M. Castro Varela, S. Schulze, S. Vogelmann & A. Weiß (Hrsg.), *Suchbewegungen. Interkulturelle Beratung und Therapie* (233–246). Tübingen: dgvt.

Castro Varela, M., Schulze, S., Vogelmann, S. & Weiß, A. (1998). Wer? Wo? Wohin? – Interkulturelle Beratung und Therapie. In M. Castro Varela, S. Schulze, S. Vogelmann & A. Weiß (Hrsg.), *Suchbewegungen. Interkulturelle Beratung und Therapie* (11–13). Tübingen: dgvt.

Dhawan, S. (1992). Psychodrama in der Arbeit mit politisch Verfolgten. *SysThema,6 (2)*, 37-49.

Dhawan, S. & Eriksson-Söder, U.-S. (1999). Trauma und Psychodrama. *Zeitschrift für Politische Psychologie, 7 (1+2)*, 201–220. (Download unter http://www.ai-aktionsnetzheilberufe.de/docs/texte/texte/politische_traumatisierung_1999/tdhawan.pdf, Stand 24. November 2008)

Frey, S. & Kalpaka, A. (1999). Weiterbildung in der Einwanderungsgesellschaft. Potentiale und Hindernisse auf dem Weg zu einer Interkulturalisierung am Beispiel »Weiterbildungsstudiengänge Supervision«. *Verhaltenstherapie und psychosoziale Praxis,31 (4)*, 589–614.

Fürst, J. (2006). Psychodrama ... Psykodrama ... psicodrama ... Das Psychodrama im Einfluss von Kulturen. *Zeitschrift für Psychodrama und Soziometrie, 5 (2)*, 207–223.

Hinz-Rommel, W. (1994). *Interkulturelle Kompetenz: Ein neues Anforderungsprofil für die soziale Arbeit.* Münster: Waxmann.

Hügel-Marshall, I. (1998). Schwarze KlientInnen in Therapie und Beratung bei weißen TherapeutInnen. In M. Castro Varela, S. Schulze, S. Vogelmann & A. Weiß (Hrsg.), *Suchbewegungen. Interkulturelle Beratung und Therapie* (109–116). Tübingen: dgvt.

Kalpaka, A. (1995). Theaterworkshops zum Thema »Macht-Ohnmacht-Alltagsrassismus« als selbstreflexive Lernform. In I. Attia, M. Basque, U. Kornfeld, G. Magiriba Lwanga, B. Rommelspacher, P. Teimoori, S. Vogelmann & U. Wachendorfer, U. (Hrsg.), *Multikulturelle Gesellschaft – Monokulturelle Psychologie? Antisemitismus und Rassismus in der psychosozialen Arbeit* (225–247). Tübingen: dgvt.

Kalpaka, A. & Wilkening, C. (1997). *Multikulturelle Lerngruppen – Veränderte Anforderungen an das pädagogische Handeln. Ein Seminarkonzept.* Heidelberg: hiba.

Lind, M. (2006). Dolmetscherunterstütztes Psychodrama mit traumatisierten Asylbewerberinnen. Begegnung und Stabilisierung. *Zeitschrift für Psychodrama und Soziometrie, 5 (2)*, 225–238.

Maslow, A. H. (1977). Politics 3. *Journal of Humanistic Psychology, 17*, 5–20.

Mecheril, P. (1995). Rassismuserfahrungen von anderen Deutschen – einige Überlegungen (auch) im Hinblick auf Möglichkeiten der psychotherapeutischen Auseinandersetzung. In I. Attia, M. Basque, U. Kornfeld, G. Magiriba Lwanga, B. Rommelspacher, P. Teimoori, S. Vogelmann & U. Wachendorfer (Hrsg.), *Multikulturelle Gesellschaft – Monokulturelle Psychologie? Antisemitismus und Rassismus in der psychosozialen Arbeit* (99–111). Tübingen: dgvt.

Mecheril, P. (1996). Auch das noch ... Ein handlungsbezogenes Rahmenkonzept interkultureller Beratung. *Verhaltenstherapie und psychosoziale Praxis, 28 (1)*, 17–35.

Mecheril, P. (1998). Angelpunkte einer psychosozialen Beratungsausbildung unter interkultureller Perspektive. In M. Castro Varela, S. Schulze, S. Vogelmann & A. Weiß (Hrsg.),

Suchbewegungen. Interkulturelle Beratung und Therapie, (287-311). Tübingen: dgvt.

Moreno, J. L. (1991). Globale Psychotherapie und Aussichten einer therapeutischen Weltordnung. In F. Buer (Hrsg.), *Jahrbuch für Psychodrama, psychosoziale Praxis & Gesellschaftspolitik 1991* (11–44). Opladen: Leske & Budrich.

Moreno, J. L. (1996). *Die Grundlagen der Soziometrie. Wege zur Neuordnung der Gesellschaft* (4. Aufl.). Opladen: Leske & Budrich.

Ottomeyer, K. (2004). Psychodrama und Trauma. In J. Fürst, K. Ottomeyer & H. Pruckner (Hrsg.), *Psychodrama-Therapie. Ein Handbuch* (348–362). Wien: Facultas.

Phoenix, A. (1998). »Rasse«, Ethnizität und psychologische Prozesse. In M. Castro Varela, S. Schulze, S. Vogelmann & A. Weiß (Hrsg.), *Suchbewegungen. Interkulturelle Beratung und Therapie* (17–38). Tübingen: dgvt.

Raburu, M. (1998). Interkulturelle Teams. Sprachlosigkeit und verwobene Machtstrukturen. Zum Rassismus im Alltag feministischer Frauenprojekte. In M. Castro Varela, S. Schulze, S. Vogelmann & A. Weiß (Hrsg.), *Suchbewegungen. Interkulturelle Beratung und Therapie* (287–311). Tübingen: dgvt.

Rehbock, A. (1995). Wer ist denn schon rassistisch …??? Psychodrama und Soziodrama in der gewerkschaftlichen Bildungsarbeit. *Psychodrama, 8 (2),* 43–64.

Rommelspacher, B. (1995). *Dominanzkultur. Texte zu Fremdheit und Macht.* Berlin: Orlanda.

Rütz-Lewerenz, G. (2001). Interkulturelle Supervision in der Migrationsarbeit. In F. Buer (Hrsg.), *Praxis der Psychodramatischen Supervision. Ein Handbuch* (217–230). Opladen: Leske & Budrich.

Tsui, P. & Schultz, G.L. (1988). Ethnic factors in group process: Cultural dynamics in multiethnic therapy groups. *American Journal of Orthopsychiatry, 58 (1),* 136–142.

Wachendorfer, U. (1998). Soziale Konstruktionen von Weiß-Sein. Zum Selbstverständnis Weißer TherapeutInnen und BeraterInnen. In M. Castro Varela, S. Schulze, S. Vogelmann & A. Weiß (Hrsg*.),Suchbewegungen. Interkulturelle Beratung und Therapie* (49–60). Tübingen: dgvt.

Wiener, R. (2001). *Soziodrama praktisch. Soziale Kompetenz szenisch vermitteln.* München: inScenario.

Woodward, G. (2001). Issues of cultural difference with a focus on ethnicity. *The British journal of psychodrama and sociodrama, 16,* 47–64.

Zeitlinger-Hochreiter, K. (1996). *Kompendium der Psychodrama-Therapie. Analyse, Präzisierung und Reformulierung der Aussagen zur psychodramatischen Therapie nach J. L. Moreno.* Köln: inScenario.

Teil VI
Psychodrama in der Anwendung

Einführung in das Thema

In der Wahrnehmung der Öffentlichkeit ist das Psychodrama vorwiegend ein Verfahren für den Einsatz in psychotherapeutischen Arbeitsfeldern. In der Tat bietet das Psychodrama für die psychotherapeutische Arbeit mit Kindern, Jugendlichen und Erwachsenen zahlreiche Möglichkeiten, es ist jedoch auch für den Einsatz in vielen anderen Kontexten geeignet, wie die Beiträge in diesem Teil zeigen.

In den folgenden Kapiteln stellen Experten, die in ihren Praxisfeldern seit vielen Jahren mit dem Psychodrama arbeiten, Konzepte für die psychodramatische Arbeit in Psychotherapie, Bildungsarbeit, Personal-, Team- und Organisationsentwicklung, Supervision, Coaching, Konfliktberatung, qualitativer Markt- und Sozialforschung, Sozialarbeit und Exerzitienarbeit vor. Sie machen dabei deutlich, welche Fragestellungen für das jeweilige Arbeitsfeld typisch sind und welche Möglichkeiten das Psychodrama anbieten kann, um auf diese Fragestellungen zu reagieren.

Wenn 15 Autorinnen und Autoren über das Psychodrama schreiben, kommen unterschiedliche Auffassungen, Überzeugungen und Vorgehensweisen, gelegentlich auch gegensätzliche Standpunkte zum Ausdruck. Wir empfinden diese Unterschiedlichkeit der Perspektiven als Bereicherung und als Chance für den Leser, einen Überblick über die Vielfalt des Psychodramas zu gewinnen und dabei einen eigenen Standpunkt zu entwickeln. Auch für diesen Teil des Buches gilt, dass die Texte nur einen ersten Eindruck in die psychodramatische Praxis gewähren können – die jeweils am Kapitelende aufgeführte Ergänzungsliteratur, arbeitsfeldspezifische Fortbildungsangebote an den verschiedenen Psychodrama-Instituten und nicht zuletzt die praktische Erfahrung stellen Schritte auf dem Weg zur Professionalisierung im jeweiligen Arbeitsfeld dar.

VI

Psychodrama in der Psychotherapie

J. Burmeister

»Moreno nahm dich in deiner Ganzheit, mit deinem Potential, nicht nur mit deinen Fehlern wahr. Er glaubte nicht daran, dass ein Begriff wirklich eine wesentliche therapeutische Hilfe darstellt. Er glaubte nicht daran, dass Sprache den Königsweg zur Psyche darstellt und dass Sprache all das vermitteln kann, was man zu wissen hat. Du kennst die Muster eines Menschen, aber wenn sich diese bestimmte Person dir gegenüber offenbart, siehst du etwas völlig anderes« (Moreno, 1996, unveröffentlichtes Arbeitspapier).

20.1 Einführung

Trotz der visionären Leistungen, die Moreno, der Begründer des Psychodramas, mit der Etablierung eines eigenständigen gruppenpsychotherapeutischen Modells, eines Prinzips mitmenschlicher Begegnung als Basis jeder psychotherapeutischen Intervention oder der erstmaligen bewussten Ausarbeitung von Lösungskompetenz und Handlungsfähigkeit als psychotherapeutischen Leitvorstellungen vorgelegt hat, bleibt das Psychodrama als psychotherapeutisches Verfahren auch heute hinter seinen Möglichkeiten zurück. Der dem Verfahren eigenen Virtuosität bei der Gestaltung therapeutischer Prozesse und der Evidenz, die sich über Jahrzehnte hinweg in unzähligen Behandlungsverläufen gezeigt hat, steht ein deutlicher Mangel an wissenschaftlicher Systematik und empirischer Forschung entgegen. So kommt es, dass sich das Psychodrama als eines der ältesten Modelle der neuzeitlichen Psychotherapie in Deutschland bisher nur in Teilen des Gesundheitssystems etablieren konnte.

Konzepte der allgemeinen Psychotherapie

Eine der am meisten verbreiteten Definitionen von Psychotherapie hat Strotzka (1975) vorgelegt:

》 Psychotherapie ist ein bewusster und geplanter interaktioneller Prozess zur Beeinflussung von Verhaltensstörungen und Leidenszuständen, die in einem Konsensus (möglichst zwischen Patient, Therapeut und Bezugsgruppe) für behandlungsbedürftig gehalten werden, mit psychologischen Mitteln (durch Kommunikation) meist verbal, aber auch nonverbal, in Richtung auf ein definiertes, nach Möglichkeit gemeinsam erarbeitetes Ziel (Symptomminimalisierung und/oder Strukturveränderung der Persönlichkeit) mittels lehrbarer Techniken auf der Basis einer Theorie des normalen pathologischen Verhaltens. In der Regel ist dazu eine tragfähige emotionale Bindung notwendig. (S. 3)

Psychotherapie kann unmittelbar darauf abzielen,

1. das Leiden des Betroffenen zu beseitigen (Symptomfreiheit) oder
2. eine Einstellungsänderung herbeizuführen, die dieses Leiden lindert.

Dabei kann das Ziel auch dadurch erreicht werden, eine »tiefergehende« Problematik (z. B. einen familiären Konflikt), die der Klient mithilfe seines Symptoms unter Umständen unbewusst zu bewältigen sucht, bewusst zu machen und aufzuarbeiten.

Der für die Psychotherapie relevante und über Jahrhunderte diskutierte Leib-Seele-Dualismus (sind psychische Phänomene »reine biologische« Tatsachen?) ist durch die neuesten neurobiologischen Forschungsergebnisse zugunsten einer integrativen Perspektive endgültig überholt worden (vgl. Roth, 1997). Dabei gilt das so genannte **biopsychosoziale Modell** (Uexküll u. Adler, 1996) als hermeneutische Grundlage für alle Formen menschlichen (und damit auch psychischen) Leidens: Leiden erklärt sich aus und betrifft alle Dimensionen menschlicher Existenz gleichzeitig. Der »körperlose Seelenmensch« und der »seelenlose Körpermensch« verfehlen die ganzheitliche

Intention des Modells. Der allgemeine Zusammenhang zwischen Genetik und lebensgeschichtlichen Einflüssen wird durch das **Diathese-Stress-Modell** überzeugend beschrieben: Eine individuell unterschiedliche, biologisch determinierte Anfälligkeit für bestimmte psychische Störungen (Vulnerabilität) wird lebensgeschichtlichen Belastungen (»life events«, Stress) ausgesetzt, aber auch durch Schutzmechanismen gestützt. Störungen treten dann auf, wenn der durch die Vulnerabilität definierte individuelle Schwellenwert überschritten wird.

20.2 Die Theorie der psychodramatischen Psychotherapie

Die Rollentheorie Morenos und ihre Weiterentwicklungen bilden den Kern des hier vertretenen Erklärungsmodells. Die Grundzüge der Rollentheorie wurden bereits in ▶ Abschn. 14.3 dargestellt, sollen hier aber noch einmal in ihrer spezifischen Bedeutung für die psychodramatische Psychotherapie dargestellt werden (▶ Übersicht).

Überblick über die Grundannahmen der psychodramatischen Psychotherapie

1. Menschliche Entwicklung ist untrennbar gebunden an zwischenmenschliche Beziehungen eine interpersonale Matrix (z. B. die Mutter-Kind-Beziehung).
2. Die in der Beziehung wirksame Interaktion vollzieht sich vor allem im Handeln. Handeln ist für die menschliche Entwicklung konstitutiv.
3. Spontaneität, die als energetisches Potenzial Handlungen auslösen kann (Handlungsbereitschaft, beim Neugeborenen sogenannter Aktionshunger), erzeugt die Möglichkeit neuer Erfahrung. Sie ist für kreative, neuartige Handlungen konstitutiv.
4. Das Beziehungsgeschehen hat szenischen Charakter. Die im szenischen Handeln erfahrene intersubjektive Dynamik wird in
▼

Form von spezifischen Vorstellungs-, Gefühls- und Handlungsmustern im Inneren konserviert. Im Psychodrama werden diese Muster als Rollenmuster bezeichnet. Rollen sind zielbezogen und funktional. Sie dienen den Lebensinteressen.

5. Die theoretisch vorhandene endlose Komplexität von Rollen wird durch den Rückgriff auf bekannte Muster reduziert, die sich bei der Bewältigung von Realität bewährt haben. Das ausgesuchte Muster bzw. die ausgesuchte Rolle korrespondiert mit der subjektiven Wahrnehmung, der emotionalen Bewertung und der kognitiven Deutung der Situation.
6. Für eine angemessene Wahrnehmung muss der Klient Gewissheit über die eigene Existenz erlangt haben und in der Lage sein, Fantasie und Realität zu unterscheiden. Diese Fähigkeiten erfordern die Ausbildung spezifischer Rollenkompetenzen: Rollenhandeln, Rollenwahrnehmung, Rollenausübung und Rollentausch (◻ Tab. 20.1). Phasenabhängig werden dabei während der menschlichen Entwicklung jeweils bestimmte Dimensionen des Rollenhandelns ausgestaltet:
   a) Die somatisch-motorische Dimension der Rolle,
   b) die phantasie- und vorstellungsgetragene Dimension der Rolle,
   c) die sozial und kognitiv konstruierte Dimension der Rolle.
7. Rollen ermöglichen im Idealfall eine Koordination von somatomotorischer Aktivität, affektiver Gestimmtheit sowie kognitiv und interpersonal vermittelter situativer Einschätzung der »Stimmigkeit« des eigenen Verhaltens. Sie bleiben im Idealfall derartig flexibel, dass sie auf Veränderungen im Beziehungsgeschehen durch Verhaltensanpassungen adäquat antworten können.
8. Diese Oszillation des Rollenverhaltens wird als Bündelung einzelner »Responses« um einen bestimmten »Rollenkern« be-
▼

schrieben. Dabei werden als Organisationsprinzip soziale Rollenkategorien betont (z. B. Mutter, Freund, Lehrer), die durch bestimmte Attribute intrapsychisch weiter aufgefächert werden (z. B. die gute Mutter, die böse Mutter, die liebenswürdige Mutter, die erfolgreiche Mutter). Je nach situativer Anforderung werden dann bestimmte Rollenattribute für angemessene Rollenkonstellationen ausgewählt.

9. Das für die psychodramatische Psychotherapie grundlegende Phänomen spontaner szenischer Wechsel, das z. B. auftritt, wenn eine Ausgangsszene die Erinnerung an die nächste, genetisch frühere Szene anstößt (vgl. das Modell der psychodramatischen Spirale, ► Abschn. 9.5.3) kann über »innere Resonanzvorgänge« erklärt werden. In der aktuellen Szene werden bestimmte Merkmale aktiviert (z. B. bestimmte Gefühle und Körpersensationen), die auch mit der früheren Szene verbunden sind (etwa durch »neuronale Attraktoren« oder »Knotenpunkte«). Dadurch kann diese wieder ins Gedächtnis treten.

10. Rollenmuster tendieren in unterschiedlichen Bezugssystemen zur Wiederholung. Als Ausgangspunkte für die szenische Wiedergabe von interaktionalen Mustern werden in der psychodramatischen Psychotherapie
    a) die aktuelle therapeutische Beziehung, insbesondere ihre multiple Auffächerung in Gruppen,
    b) die Realbeziehungen in familiären und / oder anderen sozialen Systemen,
    c) die rekonstruierten Beziehungen innerhalb psychodramatischer Handlungssequenzen und die Beziehungsäquivalente auf leiblicher und / oder symbolisch-imaginativer Ebene verwendet.

20

20.2.1 Gesundheits- und Störungsbegriff im Psychodrama

Die Frage, was als Störung bzw. Krankheit betrachtet wird und was nicht, wirft in der Psychotherapie Probleme auf. Anders als im medizinischen Bereich, wo ein mehr oder weniger objektivierbares körperliches Krankheitsgeschehen vorliegt, hängt die Einstufung eines psychischen Phänomens als »Störung« in entscheidendem Maße ab

- von soziokulturellen Konventionen (was in einer Kultur als psychische Störung aufgefasst wird, kann in einer anderen Kultur als normal gelten),
- von gesellschaftlichen Machtverhältnissen,
- von den Interessen des »Auftraggebers« (von Familienangehörigen bis hin zu juristischen Instanzen) und nicht zuletzt
- von der Bewertung des Betroffenen selbst.

Entsprechend ist in der Internationalen Klassifikation psychischer Störungen (ICD-10) der Krankheitsbegriff aufgegeben worden. Die kritische Reflexion der Diagnose »psychische Störung« als sozialer Konstruktion in jedem Einzelfall gehört daher zur Professionalität des Therapeuten.

Gesundheit erscheint aus psychodramatischer Sicht als Vorhandensein von Spontaneität und interpersonaler »Rollenkompetenz«, die sich als Fähigkeit äußern, auf interpersonale und situative Anforderungen mit jeweils aktualisierbaren Rollen angemessen reagieren zu können. Dies schließt die Neuschöpfung von Rollen oder die neue Bewertung bisheriger Rollen aufgrund von → Spontaneität mit ein. Denn spontane Handlungen setzen Anforderungen voraus, die durch automatisierte Handlungsmuster nicht angemessen beantwortet werden können. Die Angemessenheit von Handlungen steht in Bezug zu subjektiven Zielkriterien (Funktionalität und »Stimmigkeit« des Handelns) und zu sozialen Normen, zwischen denen das Handeln koordiniert werden muss.

Störung wird umgekehrt sichtbar in einem Misslingen dieses Adaptationsvorgangs. So unterschiedlich die je individuell wirksamen Ursachen sind (biologische Defekte, erworbene Malformati-

◘ Tab. 20.1. Rollenkompetenz als Ziel der psychodramatischen Psychotherapie

Rollendimension	Rollenkompetenz	Vorherrschender Erlebnismodus	Vorherrschender Rollenmodus
Psychosomatische Rollendimension	Kompetenzziel: Klare Unterscheidung Ich / Du, Innen / Außen	Direkt zugängliches, sensoaffektomotorisches Erleben	**»Role enactment«:** Rollenhandeln, Rollenausübung
Psychodramatische Rollendimension	Kompetenzziel: Unterscheidung Phantasie / soziale Realität	Imaginativ-magisches Erleben, Einpersonenerspektive: Präsentativsymbolische Dimension	**»Role perception«:** Rollenwahrnehmung **»Role taking«:** Rollenübernahme
Soziodramatische Rollendimension	Kompetenzziel: Integration von Ethik / Normen, überindividuellen Zielvorstellungen	Reflektierbares Erleben, sozial modifizierende Perspektivenübernahme: Diskursiv-symbolische Dimension	**»Role reversal«:** Bidirektionale Rollenübernahme

onen, soziokulturelle Pathogenese), so einheitlich ist das Pathologieverständnis psychischer Phänomene des Psychodramas: Pathologie im Sinne des Psychodramas ist immer Beziehungspathologie, d. h. misslingende Beziehungskoordination des Individuums mit seiner Umwelt. »Das Abgeschnittensein vom intermediären Raum der Beziehung (der Inter-Psyche) impliziert den Verlust vom eigenen Inneren, vom Zutrauen in dieses Innere« (Rohde-Dachser, 1980, S. 278).

20.2.2 Szene und Rollen: Das Arbeitsmodell für Beziehungen im therapeutischen Psychodrama

Das Psychodrama sieht Beziehungserfahrungen als szenische Erfahrungen an. Szenen entstehen im Zusammenspiel komplementärer Rollen (◘ Abb. 20.1, R1 und R2), die in einer bestimmten »Lage« / Situation realisiert werden. Die verschiedenen (somatischen, psychischen, sozialen) Rollendimensionen der aktiven Rollen differenzieren die szenische Erfahrung weiter (◘ Abb. 20.1, S-P-S; intrapsychisches Rollensystem). Gleichzeitig wirken aus dem Hintergrund sozioemotional wichtige Beziehungen auf die Beziehungsgestaltung ein (◘ Abb. 20.1, interpersonales Rollensystem; SNI =

soziales Netzwerkinventar). Die für die Szene charakteristische »Lage« schafft durch ihre Einflüsse eine je individuelle Ausgangssituation, die in die Beurteilung und Bewertung des Beziehungsverhaltens einbezogen wird. Die in einem bestimmten Augenblick gegebene Beziehungsdynamik, d. h. das Zusammenspiel von Lage und Rollenverhalten, spiegelt schließlich das individuelle Spontaneitätsniveau in der Beziehung für R1 und R2 wider.

> Wenn ein männlicher Angestellter mit seinem männlichen Chef eine Gehaltsverhandlung führt, kann die Begegnung als Begegnung zwischen zwei Männern (soziale Rollenkategorie: Mann) und / oder als Begegnung zwischen Vorgesetztem und Untergebenen (soziale Rollenkategorie: Untergebener / Vorgesetzter) registriert werden. In der szenischen Erfahrung der Beteiligten werden beide Rollen des Rollensets symbolisch und emotional bewertet und vor dem Hintergrund bestehender Rollenmuster wahrgenommen (Verbindung zum SNI). Genetisch frühere Szenen beeinflussen die aktuelle Szene: Merkmale wie etwa Beherrschtwerden vs. Beherrschung oder Angst plus unterdrückte Wut vs. Schadenfreude könnten etwa den involvierten Rollen zugeordnet, die aktualisierten Rollendimensionen wie Verkörperung,

▼

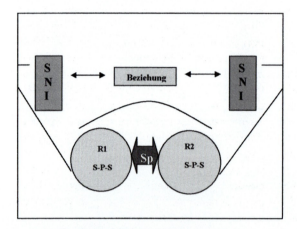

„Lage" – Situation:
z.B. Tageszeit, Ort, Geräusche/Gerüche,
kulturelle Normen, aktuelles Zeitgeschehen,
interpersonales Umfeld, konkrete Vorerfahrungen

Ebene
Interpersonales
Rollensystem

Ebene
Intrapsychisches
Rollensystem

Ebene Spontaneitätsniveau (Sp *von R1/R2*)
In Bezug auf *Energetisierung,*
Affekt und Bedeutung

▫ **Abb.20.1.** Arbeitsmodell für Beziehungen in der Psychodrama-Therapie

emotionale oder kognitive Besetzung der Rolle (S-P-S) und der Szene entsprechend »ausgerichtet« werden. Je nach Lage, z. B. atmosphärischer Einhüllung der Szene beispielsweise durch Kontakte im unmittelbaren Vorfeld der Begegnung, variieren Rollenausübung und Spontaneität zusätzlich.

Interpsychischer und intrapsychischer Rollenstatus sind Ausdruck der individuellen Beziehungserfahrung. Kompetenzen und Störungen gehen in beide ein und beide können als Zugangswege der psychodramatischen Psychotherapie genutzt werden. Dabei werden Rollen systematisch gesammelt, ausgewertet und in Verbindung zum Therapieziel gebracht: Progressive oder dysfunktionale Rollen. Die Handlungs- und Lösungskompetenz bleibt mit dem jeweilig verfügbaren Spontaneitätsniveau verbunden.

20.2.3 Spontaneität und Kreativität: Lösungsorientierung der psychodramatischen Psychotherapie

Kreative Handlungsbereitschaft beruht auf → Spontaneität. Handlungsbereitschaft sinkt, wenn Kontrollverlustängste und – damit eng verbunden – Angst vor negativer Bewertung durch die Umwelt vorliegen. Handlungsbereitschaft steigt,
- wenn Vertrauen sich selbst gegenüber,
- Vertrauen anderen und der Situation gegenüber,
- aber auch Erfahrung von eigener Wirksamkeit,
- Glaube an die Beeinflussbarkeit der Situation und der eigenen Lösungskompetenz in der Situation

vorhanden sind. Dieser enge Zusammenhang zwischen Rollenentwicklung und Spontaneität lässt sich am Beispiel der Behandlung chronischer psychischer Erkrankungen verdeutlichen. So engen z. B. schizophrene oder demenzielle Prozesse sowie Erkrankungen mit rigiden Handlungsmustern (z. B. Zwangserkrankungen, Depressionen oder schwere traumatische Erkrankungen) das aktualisierte Rollenrepertoire stark ein. Es kommt zur Rollenfixierung und einer starken Hemmung von Spontaneität. In diesen Fällen kann die gezielte Stimulierung von »günstigen«, emotional positiv besetzten Rollenerfahrungen im Erwärmungsprozess und die Aktivierung gegenwärtig nicht mehr genutzter Rollenkategorien (z. B. Fantasierollen) eine Flexibilisierung des Verhaltens und eine Zunahme von Spontaneität einleiten. Selbst bestätigendes Erleben kann dabei sowohl auf der psychischen (z. B. durch Imaginationsübungen, durch Stimulierung von Hoffnung) als auch auf der kognitiven (z. B. durch »positives Denken«) und der somatischen Rollendimension (z. B. durch Körperübungen und andere körperliche Aktivitäten) stimuliert werden. Jede Rollendimension verfügt also über spezifische »Interaktionszonen«, die selbst bestätigendes Erleben stimulieren können. Die Frage, über welche Interaktionszonen das Spontaneitätsniveau »gestartet« werden kann, bildet eine der Kernfragen für die psychodramatische Psychotherapie. Die Vorgänge, die erforderlich sind, um sich ungenutzte Rollenkategorien wieder anzueignen, müssen dabei jeweils störungsspezifisch gestaltet werden.

Anders als beim klassischen sozialen Rollentraining geht es dabei zunächst nicht um die Bearbeitung der spezifischen Konfliktlage, sondern um die allgemeine Erweiterung des Handlungs- und Lösungspotenzials des Klienten. Im Rollenhandeln erlebt der Klient eine Erweiterung der eigenen Handlungsmöglichkeiten; dieser erlebte Zuwachs der eigenen Selbstwirksamkeit führt zu einem Zuwachs an Spontaneität. In der einmal erreichten Spontaneitätslage wird das schöpferische Potenzial für alternative Handlungsmuster frei: Interpersonales Rollenverhalten kann – einmal aus seiner Automatisierung gelöst – in der Therapie um neue Rollenkonfigurationen erweitert werden, die erlebte und erfahrene Beziehung erhält eine neue Bewertung, da sich der emotionale Bezug zum Anderen und / oder zur eigenen Person in der Beziehung verändert hat.

20.2.4 Die Bühne: Die besondere Arbeitsebene der psychodramatischen Psychotherapie

Psychodramatische Psychotherapie zeichnet sich durch die Hinzunahme einer besonderen therapeutischen Arbeitsebene aus, die für das Verfahren spezifisch ist. Es handelt sich dabei um einen intermediären Übergangs- oder Übungsraum (Winnicott, 1985), die psychodramatische → Bühne, die eine neue Kategorie von Realität in die Therapie einführt und der Umsetzung des psychodramatischen Handlungs- und Gestaltungsprinzips dient (→ Surplus Reality). Die Stimulierung von Spontaneität und Spiel eröffnet im Idealfall einen Möglichkeitsraum, in dem Klienten therapeutisch sinnvolle Veränderungen vornehmen und erproben können.

Die Bühne bietet »… ideale Vorbedingungen, präsymbolische oder nie ins Bewusstsein des Patienten gelangte Bilder in eine echte Symbolsprache zu überführen, indem sie eine in den psychischen Außenraum verlagerte und damit auch visuell erfahrbare szenische Aktion entstehen lässt« (Rohde-Dachser, 1980, S. 298). Diese Externalisierung der »Innenwelt« (Holmes, 1992) schafft Distanz, die schöpferisch genutzt werden kann. »Psychodrama lässt mit Hilfe des Klienten die intrapsychischen Vorgänge in der Gestalt annehmen, um sie in einem greifbaren [!] und kontrollierbaren [!] Universum zu objektivieren« (Moreno, 1964, S. XXI f.). Der reversible Charakter der Spielrealität verstärkt das schöpferische Potenzial des Verfahrens. Gleichzeitig wirkt die implizite Verwendung von Imagination und »präsentativer Symbolik« im Rahmen von Konfliktbearbeitungen schützend und kränkungsvermeidend (Franzke, 1985). Die Erlebnisdichte führt dabei zu Erlebnissen vitaler Evidenz, die Einsicht und neue Perspektiven zugänglich macht und den Idealbedingungen der Problemaktualisierung (Grawe, 1995) nahekommt. Der szenische Symbolgehalt geht aber über die einfache Abbildung von Interaktionen hinaus. Gerade in der Auswahl einzelner Gegenstände und in der atmosphärischen Einhüllung der Szene spiegeln sich häufig latente Beschreibungsansätze, die das manifeste Thema der Szene entscheidend konturieren und weiter entwickeln können (s. auch Delius u. Hüffer, 1996 zur besonderen Wirkung von Bildern auf den Gruppenprozess).

20.2.5 Externalisierung und Katharsis: Ausgesuchte Wirkprinzipien der psychodramatischen Psychotherapie

Das Psychodrama gehört zu den emotionszentrierten Ansätzen der Psychotherapie. Es ist in der Lage, die emotionale Repräsentanz und Verarbeitung von Beziehung besonders darzustellen und im Rahmen eines therapeutischen Prozesses systematisch verfügbar zu machen. Sie führt dabei die Ressourcen von Spiel, Handlung und symbolischer Darstellung in die Praxis der Psychotherapie ein.

Unterdrückte Gefühle können angemessenes Rollenverhalten erschweren oder unmöglich machen. Gerade dadurch können schwerwiegende Störungen des Beziehungsverhaltens mit hohem Leidensdruck entstehen oder aufrechterhalten werden. Als Beispiele können depressive, psychosomatische oder Suchtstörungen dienen, bei denen trotz aller individuellen Unterschiede häufig bestimmte Gefühle (z. B. Aggressionen, Bindungswünsche), die in zwischenmenschlichen Situationen entstehen, nicht im Rahmen dieser Beziehungen artikuliert werden. Stattdessen werden diese Gefühle auf andere Situationen übertragen und indirekt »artikuliert«. Die Emotionsforschung hat die Bedeutung des angemessenen Umgangs mit Affekten eindrücklich belegt.

Affekte gefährden die Möglichkeit, die Kontrolle und damit die Sicherheit als Grundbedürfnis über eine interpersonale Situation zu behalten. Um Affekte ausdrücken zu können, muss deshalb einerseits Vertrauen und Sicherheit in die äußere Situation und die beteiligten Personen bestehen. Andererseits können die betroffenen Gefühle mit dem eigenen Selbstbild unvereinbar sein oder sie können als potenziell nicht begrenzbar und deshalb schädigend eingeschätzt werden. Bevor Affekte ausgedrückt werden können, ist deshalb häufig die Arbeit am Selbstbild (intrapsychisches Rollenrepertoire) oder an der Begrenzung von Gefühlen (Rollenhandeln mit gestuften Übungen) Voraussetzung. Damit der kathartische Ausdruck unterdrückter Gefühle auch zu Wachstum und kreativer Veränderung führen kann, muss er in Verbindung zu den auslösenden Beziehungserfahrungen gebracht und in ein neues Beziehungsverhalten eingefügt werden können. Dieses mitunter mehrschrittige Vorgehen führt zur Integrationskatharsis: Die durch die → Katharsis freigesetzte Energie hebt den bis dahin niedrigen Spontaneitätsgrad an und ermöglicht dadurch Handlungskorrekturen, die den Prozess zur integrativen Handlungskatharsis vervollständigen (zu den Wirkfaktoren ▶ auch Kap. 31).

20.2.6 Zielvorstellungen der psychodramatischen Psychotherapie

Die Ziele der psychodramatischen Psychotherapie werden im Einzelfall durch den Klienten vorgegeben. Im Allgemeinen bestehen die Ziele
1. in der Stimulierung von → Spontaneität und → Kreativität, mit der notwendige Veränderungen eingeleitet werden können;
2. in der Identifizierung von pathogenen, inadäquaten Handlungs- und Rollenmustern, ihren Voraussetzungen und ihrer lebensgeschichtlichen Bedeutung;
3. in der Anbahnung und Erprobung neuer Interaktionsformen (Erweiterung des Rollenrepertoires).

20.3 Verlauf und Prozessparameter der psychodramatischen Psychotherapie

In der psychodramatischen Psychotherapie werden vier Prozessparameter unterschieden, die jeweils spezifische Funktionen für den therapeutischen Prozess erfüllen: die therapeutische Beziehung, die → Erwärmungsphase, die → Aktionsphase und die → Integrationsphase (◌ Tab. 20.2).

20

◻ **Tab. 20.2.** Prozessparameter der psychodramatischen Psychotherapie

Parameter	Funktion
Therapeutische Beziehung	Aufbau einer Telebeziehung Dokumentation des Rollenstatus in der Gestaltung sozialer Beziehungen
Erwärmungsphase	Vorbereitungsphase: Identifizierung und Aktivierung von Ressourcen Gestufter Aufbau der Übungen nach Interventionsziel und Interaktionszonen Dokumentation des Rollenstatus in der Gestaltung sozialer Beziehungen
Aktionsphase	Gezielte Problemaktualisierung mit szenischer Externalisierung Problemklärung mit lösungsorientierten Interventionen Ziel: Verbesserung von Einsicht (»Integrationskatharsis«) und Management des Problems Dokumentation des Rollenstatus in der Gestaltung sozialer Beziehungen
Integrationsphase	Interpersonale Problemklärung Ziel: Entwicklung eines differenzierten Störungs- und Lösungsmodells Ziel: Entwicklung eines »Sense of coherence« Dokumentation des Rollenstatus in der Gestaltung sozialer Beziehungen

20.3.1 Die therapeutische Beziehung

Unabhängig von der verwendeten Methode kommt der Qualität der therapeutischen Beziehung in der Psychotherapie eine wesentliche Bedeutung zu. Die Beziehungskoordination, die als Leitmotiv des interpersonalen Psychodramas gelten kann, muss sich hier besonders bewähren. Einerseits beruhen Störungen des psychischen Wohlbefindens auf gestörten Beziehungen, was die Gefahr der Wiederholung auch im Rahmen

der therapeutischen Beziehung birgt. Andererseits setzt gerade die Offenbarung mitunter intimer Aspekte der eigenen Lebensgeschichte besonderes Vertrauen und eine besonders gelungene Beziehungskoordination voraus. Adäquate Einfühlung und Wahrnehmung der Befindlichkeit des Klienten können nur auf der Basis des → Teleprozesses zwischen Therapeut und Klient entstehen, der die adäquate Wahrnehmung der konkreten Lage des Klienten sowie die Erfassung der dahinter liegenden Beziehungskonstellationen (interpersonale Tiefendimension) ermöglicht.

> Das Idealbild der therapeutischen Beziehung in der psychodramatischen Psychotherapie besteht nicht (wie im Idealbild der Psychoanalyse) in einer Haltung der Abstinenz und Neutralität, sondern in einem wechselseitigen Teleprozess zwischen Therapeut und Klienten.

Dabei gilt, dass sowohl Therapeut wie Klient im Rahmen der therapeutischen Beziehung verschiedene Positionen einnehmen und aus verschiedenen Rollenkonstellationen heraus die Beziehung gestalten können (◻ Tab. 20.3).

Je mehr Rollencluster die Telebeziehung umfasst, umso tiefgreifender wird die intersubjektive Verständigung erlebt. Je geringer das Rollenrepertoire eines Menschen ist und je weniger Rollen damit aktiviert werden und für Einfühlung und Rol-

◻ **Tab. 20.3.** Positionen in der therapeutischen Beziehung

Position in der Beziehung	Funktion
Regisseur	Aktive Gestaltung der Szene Garantie von Regeln und Grenzen
Beobachter von außen	Distanz: Reflexive Bewertung Einfühlung: Anteilnahme
Hilfs-Ich	Rollenträger im Spiel Übernahme von komplementären Rollen, besonders als empathisches, konvalidierendes Doppel

lenwahrnehmung zur Verfügung stehen, umso geringer ist auch die Kompetenz für Telebeziehungen entwickelt. Der Gegenbegriff zur Telebeziehung ist die abgekapselte, durch Entfremdung charakterisierte Beziehung. Entfremdung und Verlust telischer Beziehungen bedingen sich gegenseitig; sie stehen im Zusammenhang mit dem Verlust an Ressourcen und einer Verringerung an Spontaneität.

Für die therapeutische Anwendung bedeutet dies, dass der Therapeut insbesondere bei solchen Klienten und Klientinnen komplementäre Rollen aktiv aufsuchen und herstellen können muss, die über eine eingeschränkte Telefunktion verfügen; dies trifft z. B. auf die Behandlung von psychotischen Störungen zu, wo im Versuch des Therapeuten, sich auf die verzerrte eigenlogische Wahrnehmung des Klienten einzulassen und an seiner Sicht der Welt zu partizipieren, das Potenzial zur Telebeziehung und damit zur Begegnung möglichst schöpferisch aufgegriffen werden soll. Damit dieser Versuch gelingt, muss sich der Therapeut so weit in die angebotenen Rollenanteile einfühlen können, dass er in einem Prozess der Rückkoppelung und Resonanz mit eigenen Rollenclustern das intendierte Rollenangebot bestätigt und fehlende oder neue Elemente als komplementäres Rollenverhalten ergänzt. Die psychodramatische Psychotherapie umfasst besondere Techniken der Förderung von Einfühlung (z. B. → Doppeln), mit denen die Bestätigung der Erfahrung des Klienten bewusst aufgesucht werden kann.

Die Förderung von Telebeziehungen und die damit implizierte Förderung von Empathie und adäquater Rollenwahrnehmung geschehen in der psychodramatischen Psychotherapie besonders nachhaltig im Gruppensetting. Neben den Interventionsformen, die das Psychodrama mit anderen Formen von Gruppentherapie teilt (z. B. offene Interaktionsrunden in der Gruppe oder Übungen / Spielvorlagen für die ganze Gruppe) wird im Psychodrama die Überprüfung und Adaptation der eigenen Rollenwahrnehmung besonders durch das → Sharing und das → Rollenfeedback vollzogen. Die Förderung der Selbstwahrnehmung kann durch die systematische Nutzung von Doppelgängern und die »Verschreibung« von → Identifikationsfeedback induziert werden, die Verbesserung der Fremdwahrnehmung dagegen durch Rollenfeedback und → Rollentausch.

Eine Variante des einfühlsamen Beobachters, der die Selbstwahrnehmung verbessert, ist die von Leutz entwickelte Technik des »psychodramatisch-kollegialen Bündnisses« (Leutz, 1981). Dabei wird der Klient ermutigt, die Rolle des Experten für seine eigene Problematik zu übernehmen. In dieser Rolle wird er durch den Therapeuten als Kollege angesprochen und zum weiteren Vorgehen befragt. Diese Technik kann auch bei der Bearbeitung von Widerstandsphänomenen erfolgreich verwendet werden.

Am Anfang der Behandlung sollte immer die Vermittlung

- plausibler medizinischer und psychologischer Modelle für die Entstehung der Beschwerden,
- eines Modells der Wirkungsweise der psychodramatischen Psychotherapie und
- eines Modells der Problembewältigung stehen. Diese Vorgehensweise spricht ganz allgemein soziale Kompetenzen an. Sie ergänzt das Gespräch, weist aber auch individuelle Grenzen auf. Risiken werden vorher besprochen.

20.3.2 Die Erwärmungsphase

Da eine allgemeine Darstellung bereits in ▶ Kap. 8 erfolgt ist, soll hier eine kurze Zusammenfassung genügen:

> » In der **Erwärmungs- oder Initialphase** wird über eine aktive Förderung interaktiver Prozesse in der Gruppe oder über aktive Vorgaben der Leitung im Einzelsetting wie in der Gruppe ein Ansteigen von Spontaneität und Handlungsbereitschaft intendiert. Dazu können einerseits auf verschiedene Rollendimensionen zugeschnittene Übungen dienen (körperorientierte, imaginativ-symbolische, soziale Rollenbezüge als »Starter« der Spontaneität), andererseits aber auch der verbale Austausch und die wechselseitige verbale Bezugnahme, den die therapeutische Leitung im Psychodrama aktiv in
>
> ▼

der Gruppe unterstützt. Allgemein gilt, dass bei zunehmender Störungsschwere die Erwärmungsphase ebenfalls länger andauert. Im Extremfall können bei schwersten psychischen Erkrankungen ausschließlich Erwärmungselemente verwendet werden, die dann aber auch bereits in sich selbst ein eigentliches therapeutisches Wirkprinzip entfalten. Die Erwärmungsphase wird durch die Wahl des Protagonisten oder des Themas der Gruppenarbeit beendet. (Burmeister, 2001, S. 372)

Im psychodramatischen Entwicklungsmodell bauen die unterschiedlichen Rollendimensionen und die zeitgleich erworbenen Rollenkompetenzen aufeinander auf. Deshalb können z. B. die Imagination und das Vorstellungsvermögen sehr viel besser durch sinnliche und motorische Reize / Interaktionszonen »gestartet« werden. Sowohl erkennbare Ressourcen wie auch ungenügend repräsentierte Rollendimensionen eines Klienten können gezielt angesprochen werden, z. B. mit den in ◻ Tab. 20.4 aufgeführten Übungen. Letztlich wird mit allen Interventionen in der Erwärmungsphase das »… Aufgehobensein in der Gruppe als Voraussetzung des Spielens …« (Portmann, 1976 zit. nach Leutz, 1981, S. 335) oder in der Einzelbehandlung ein »Klima der Geborgenheit« angestrebt.

20.3.3 Die Aktionsphase

Einstiegssequenz und Kontraktphase. Das Anliegen des Klienten ist zunächst in Form einer Zielvereinbarung zu präzisieren (vgl. die Überlegungen zum Kontrakt in ▸ Abschn. 6.3). Für den Einstieg empfiehlt es sich, keine vorgefertigten Szenen zu verwenden. Stattdessen sollte der Leiter bereit sein, sich gegenüber neuen, erstmaligen Perspektiven zu öffnen und alternative Einstiegssequenzen zu entwickeln. In besonderer Weise eignen sich dabei:

- symbolische und metaphorische Bezüge, die während der Erwärmungsphase aufgetreten sind oder die beim Therapeuten während der therapeutischen Abklärung evoziert worden sind (▸ Fallbeispiel in Abschn. 20.5.5);
- Szenen aus der Lebenswelt des Klienten;
- → Vignetten oder Aufstellungen, die einen Überblick bei komplexen Ausgangslagen verschaffen.

Die Wahl des Einstiegs liegt immer beim Protagonisten.

◻ **Tab. 20.4.** Warming-up: Nach Interaktionszonen gestufte Übungen

Verwendete Übung	Aktivierte Thematik
Soziale Rollen (kategoriale Rollen: Liebhaber, Mutter, Sohn, Polizist, Lehrer, Arzt etc.)	Soziokulturelle Normen
Kunst-Rollen (individuell gewählte Rollen aus Schauspiel, Film, Geschichte, Politik, Märchen, Fantasie)	Kognitive Einschätzungen im Sinne von Grundannahmen Wertvorstellungen Habituelle Erwartungen
Imaginierte Bilder und Szenen	Vorstellungsvermögen
Symbole und Objekte	Fantasierte Erwartungen
Affekte	Emotionale Einschätzungen
Sinnliche Wahrnehmungen, Körpererleben und Motorik	Somatische Energetisierung, Lust / Unlusteinschätzung Neugierde / Angsteinschätzung Unmittelbares Rollenerleben

Überblick über die szenische Arbeit auf der Bühne. In der Regel wird die Einstiegssequenz durch eine Abfolge von Szenen weitergeführt, bei denen Erinnerungen, unerledigte Konflikte, innere Dramen, Phantasien, Träume oder Vorbereitungen für zukünftige Handlungsschritte auf der Bühne sichtbar gemacht und mithilfe verschiedener Techniken exploriert und verändert werden können. Diese Szenen können sich an reale Situationen anlehnen oder sie können innere Vorgänge / Gefühle / Sensationen mittels Externalisierungstechniken nach außen treten lassen. Der Klient, der zunächst aus der Position des Regisseurs die Szene anleitet, erfährt durch das damit verbundene Gestaltungsprinzip Selbsteffizienz und Selbstregulation. Es kommt zu einer Pendelbewegung zwischen erlebnisintensivierenden und distanzierenden Spiel- und Explorationsphasen, die über den Handlungsbezug emotionale und/oder kognitive Neuerfahrungen und -bewertungen ermöglichen. Durch den Einsatz soziometrischer und soziodynamischer Elemente wird im Gegensatz dazu ein klärender Überblick über interaktionale Zusammenhänge vermittelt. Diese soziometrische Perspektive ist besonders für die Analyse und Bearbeitung des aktuellen Gruppengeschehens wichtig (vgl. z. B. Carlson-Sabelli, Sabelli u. Hale, 1994).

20.3.4 Die Integrationsphase

Die verbale Reflexion und der Austausch in der Gruppe während der Integrationsphase unterstützen gezielt die Auffächerung und Differenzierung der Perspektive (z. B. durch die Rückmeldungen aus den Rollen), aber auch die Reintegration der externalisierten Rollenaspekte des Protagonisten. Hier wird die mögliche Verbindung zur gruppenanalytischen Praxis besonders augenfällig. Der Transfer in den Lebensraum des Klienten kann schließlich durch Probehandeln und Rollentraining wirkungsvoll gefördert werden. Gleichzeitig kann gerade das Rollentraining aber auch erst die Grundlagen für die weitere Einzelarbeit schaffen. Sowohl störungsspezifische Einzelfallarbeit als auch gruppendynamisch orientierte Interventionen kommen in der psychodramatischen Gruppentherapie vor. Üblicherweise dominiert die Einzelfallarbeit (»Protagonistenzentrierung«; Fiedler, 1995).

20.3.5 Regieprinzipien für die szenische Arbeit auf der Bühne

Der horizontale Prozessansatz. Die horizontale Regieführung in der psychodramatischen Psychotherapie zielt auf die Aufklärung und Lösung von Konflikten im Hier und Jetzt ab. Dabei werden intrapsychische und interpersonale Konflikte durch den Einsatz der psychodramatischen Techniken zugänglich und veränderbar gemacht, ohne auf die biografische Genese der Konflikte einzugehen. Veränderungen werden durch neue Perspektiven und neue Handlungsansätze erreicht.

Der vertikale Prozessansatz. Die Rekonstruktion der Entstehungsbedingungen einer Störung (vertikale szenische Arbeit; ◘ Tab. 20.5) wird über Vorgänge szenischer Resonanz eingeleitet. Dabei liefert die aktuelle Szene Merkmale, die maximiert werden (z. B. bestimmte Körpergefühle, die von außen verstärkt werden). Durch die dadurch erreichte Aktivierung des szenischen Gedächtnisses werden dann genetisch frühere Szenen erinnert. Die Erkenntnis der Bedeutungszusammenhänge der aktuellen Lage mit lebensgeschichtlich früheren interpersonalen Rollenerfahrungen führt zu einer »Transparenz« der Rolle, zu einer Verbindung der relevanten Lebensszenen untereinander, die den bedeutsamen Faktor des »sense of coherence« stimuliert (► Fallbeispiel in Abschn. 20.5.3).

Der soziodramatische und mythodramatische Prozessansatz. Die bereits im psychodramatischen Rollenbegriff angelegte soziokulturelle Perspektive im interpersonalen Handeln wird durch die Bearbeitung sozialer Rollenkategorien (überindividuelle Normen und Konventionen einer Rolle; ◘ Tab. 20.5) aufgegriffen. Durch die Untersuchung des gesellschaftlichen Kontextes von Rollen mit Stereotypen des Verhaltens (sogenannte Rollenkonserven) wird die individuelle Perspektive aufgeweitet und entlastet, gemeinsames »Rollenschicksal« wird erfahrbar. Dies bietet sich besonders dann an, wenn Protagonisten aufgrund von Scham- und Schuldgefühlen ihre eigene Verantwortung unangemessen stark betonen. Solidarisierung und gesellschaftliche Fragestellungen können insbesondere in Form des → Soziodramas

20

Tab. 20.5. Regieprinzipien der szenischen Arbeit

	Einzelarbeit in der Gruppe	Gruppe als Ganzes
Therapeutische Beziehung: Komplementäre Beziehungs-gestaltung Konvalidierung, Authentizität Entwicklung von Telebeziehung Förderung von Selbstausdruck und Selbstwirksamkeit Aktive Präsenz	**Einstiegssequenz:** Leiborientierte und imaginative szenische Arbeit Konkrete Szene aus der Lebenswelt Fiktive Szene: Vignette, Skulptur	**Warming-up:** Gestufte Übungen: Interaktions-zonen **Gruppenspiel:** Energetische und affektive Ka-tharsis Sichtbarmachung der Gruppen-dynamik über Themenwahl und Gestaltung
Leitungsfunktionen: Hermeneutische Funktion Ästhetische Funktion Transformative Funktion Soziale Funktion	**Horizontale szenische Arbeit:** Vom Symptom zum aktuellen Kon-flikt **Vertikale szenische Arbeit:** Vom Symptom zur Genese Genosoziogramm: Axiomatik Surplus Reality: Zukunftsprobe	**Soziometrie:** Informationsvermittlung Beziehungsklärung Themenzentrierte Erwärmung
Gruppenfunktionen: Sharing: Solidarität Rollenfeedback: Modelllernen, Perspektivenwechsel Lösungsorientierung: Hoffnung	**Soziokulturelle szenische Arbeit:** Von der Einzelszene zur soziokultu-rellen Szene: Rollenerwartung / Rol-lennorm, Stereotyp **Transzendente szenische Arbeit:** Von der Einzelszene zur univer-sellen Szene: Mythos, Archetypus	**Soziodrama:** Wertklärung Kollektive Rollendimension Soziale, gesellschaftliche Dimension

thematisiert werden. Schließlich kann auch die universelle Ebene in Konflikten durch den ge-zielten Rückgriff auf mythische oder archetypische Vorlagen ergänzt und ausgeweitet werden.

20.3.6 Differenzielle Indikationen und Kontraindikationen

Kontraindikationen des Psychodramas, so Leutz (1974, S. 336), ergeben sich in erster Linie »… durch eine mangelhafte Rollenkoordination des Therapeuten, in der die komplementäre Bezie-hungsgestaltung nicht gelingt (mögliche Gründe: mangelnde Empathie, mangelnde Erfahrung)«. Psychodramatische Arbeit ist kontraindiziert, wenn der Klient deutliche Strukturschwächen auf-weist, wie sie z. B. in manischen oder akuten psy-chotischen Phasen vorliegen. Diese Struktur-schwächen äußern sich in einer Fragmentierung von Rollenkompetenzen und -koordination, z. B. in einer mangelhaften Fähigkeit zur Unterschei-dung zwischen sich selbst und anderen.

Psychodramatische Psychotherapie betont be-sonders die emotionalen Prozesse von Wahrneh-mung und Kommunikation. Aus diesem Grund muss das Vorgehen für die Arbeit mit Menschen, die besonders stark auf Struktur und Kontrolle angewiesen sind (Klienten mit emotionaler Labili-tät), modifiziert werden. Dies trifft im Allgemei-nen auf die Behandlung von dissozialen, Border-line- und schizotypen Persönlichkeitsvarianten (Cluster 3) zu. Modifikationen mit umgekehrten Vorzeichen betreffen dagegen die Behandlung von Menschen mit dependenter, zwanghafter und schizoider Persönlichkeitsorganisation. Diese müssen überhaupt erst für das expressive Arbeits-modell des Verfahrens gewonnen werden. Bei den beschriebenen Persönlichkeitsvarianten liegen al-so keine idealen Voraussetzungen vor, die psychodramatische Psychotherapie einzusetzen. Umso mehr sollten in Probesitzungen die Indikation und die individuelle Passung von Person und Verfahren bewertet werden.

In der psychodramatischen Psychotherapie werden durch die Verwendung unterschiedlicher Techniken die Rollenpositionen innerhalb der Gruppe multipel aufgefächert. Durch die Einführung der Bühne als intermediären Raum oder Ort der Handlung mit den Qualitäten der Semi-Realität und der → Surplus Reality werden die interaktionelle Matrix der Gruppe und die sie bildenden individuellen Rollencluster vielfältig stimuliert. Relative Kontraindikationen für dieses Vorgehen ergeben sich

1. durch ein erhöhtes soziales Kontrollbedürfnis, das die »freie Entfaltung« interpersonaler Szenen blockiert sowie
2. durch Defizite bei der Informationsverarbeitung oder der Wahrnehmung komplexer sozialer Situationen, was zu Angst und Verunsicherung führt.

Klinisch erfüllen das erste Kriterium z. B. Klientinnen und Klienten mit traumatisch ausgelösten Störungen (z. B. emotional instabile Borderline-Persönlichkeitsstörungen), aber auch mit schweren depressiven Psychosen oder Zwangserkrankungen. Das zweite Kriterium betrifft vor allem demenzielle Erkrankungen oder schizophrene Prozesse. Dies macht eine angemessene Vorbereitung auf Gruppensituationen mit der Abklärung der Eignung und der Auswahl von Unterstützung und Hilfs-Ich-Funktionen erforderlich. Dabei ist individuell abzuklären, inwieweit die Stimulierung und das Modelllernen in heterogenen Gruppen Entwicklungsprozesse in Gang setzt oder fixierte negative Rollensets weiter verfestigt. Eine auch in anderen Methoden übliche »Prä-Therapie« im Einzelsetting kann unter Umständen die Eignung für die Gruppe ermöglichen.

Grenzen und relative Kontraindikationen bei der Nutzung des Gruppensettings in der psychodramatischen Psychotherapie ergeben sich durch pathologische Gruppenphänomene, die verzerrte Normen und damit auch verzerrte Wahrnehmungen schaffen können. Dies ist vorwiegend in homogenen Störungsgruppen mit starker antisozialer oder dissozialer Prägung der Fall, wie sie z. B. in Gefängnissen anzutreffen sind. In diesen Gruppen stellen die Norm und die Normgebundenheit selbst in der Regel den zentralen Fokus der Arbeit dar.

Bei der Behandlung von Klienten mit traumatischer Vorschädigung sind eine sorgfältige Vorbereitung der Gruppensituation und eine anfänglich sehr aufmerksame Begleitung innerhalb der Gruppe erforderlich. Da sich solche Klienten häufig selbst aus der Gruppe ausschließen oder durch ihr Verhalten von Ausstoßung aus der Gruppe bedroht werden können, muss sich der Leiter darauf einstellen, durch Identifizierung und vorübergehende Übernahme der randständigen Position (Omega-Position) Halt und Bindung an die Gruppe zu verbessern (▶ Abschn. 18.4.3).

20.4 Psychodramatische Diagnostik

Moreno hat sich stets gegen die Etikettierung von Menschen mit psychiatrischen Diagnosen gewendet. Er rückte das Einmalige, Individuelle und den Zustand des Gesundseins in den Mittelpunkt und zog Fragen der Bewältigung von Störungen und Leid der Frage der Psychopathologie vor. Im diagnostischen Prozess der psychodramatischen Psychotherapie gehören Erkenntnisinteresse, handelnde Selbstexploration und selbstwirksame Veränderung zusammen. Diese Position der humanistischen Subjektzentrierung muss in der Praxis dennoch um die Anforderungen an eine moderne Psychotherapie im ärztlich-therapeutischen Feld ergänzt werden. Nur so lassen sich Integration und sinnvolle Verständigung über das Verfahren erreichen.

20.4.1 Grundlagen der Diagnostik im Rahmen der psychodramatischen Psychotherapie

Da biologische, psychologische und soziale Faktoren bei der Entstehung und Aufrechterhaltung psychotherapeutisch relevanter Störungen eine Rolle spielen, ist auch in der psychodramatischen Psychotherapie eine ganzheitlich ausgerichtete

Diagnostik und Behandlung erforderlich. Da die biologischsomatische Diagnostik und Behandlung durch Medizin und Psychiatrie geleistet werden muss, geht es im Folgenden hauptsächlich um psychosoziale Faktoren.

Die Diagnostik psychischer Störungen sollte unter Zuhilfenahme einschlägiger psychopathologischer Klassifikationssysteme bzw. strukturierter Interviews erfolgen, z. B. mit dem AMDP-System der Arbeitsgemeinschaft für Methodik und Dokumentation in der Psychiatrie (2000) und der ICD-10 (Dilling, Mombour u. Schmidt, 1991). Diese haben allerdings den Nachteil, dass die psychosozialen Anteile und die unterschiedlichen Formen der Bewältigung der Beschwerden nicht ausreichend berücksichtigt werden.

Der Fokus bei der Diagnostik sollte nicht nur auf die Beteiligung psychosozialer Faktoren an der Genese der therapierelevanten Beschwerden gerichtet werden, sondern auch auf deren symptomaufrechterhaltende Funktion. Dies hat vor allem zwei Gründe:

1. Eine Kenntnis der psychosozialen Auslösebedingungen ist für den Therapieerfolg nicht immer relevant oder notwendig; zudem sinken mit dem Fortschreiten der Erkrankungsdauer die Chancen für eine exakte Rekonstruktion;
2. die Analyse der die Beschwerden aufrechterhaltenden Bedingungen ist dagegen für die Therapieplanung unmittelbar handlungsrelevant.

20.4.2 Zielvorstellungen psychodramatischer Diagnostik im Überblick

Psychodramatische Diagnostik fokussiert auf die für die Therapie relevanten Aspekte des Rollensystems und des Spontaneitätsniveaus des Klienten (▶ Kap. 20.6). Es werden folgende Ansätze für die Diagnostik und die individuelle Planung von Interventionen verwendet:

1. **Das Profil aktualisierter Rollen in Verbindung zum intrapsychisch gespeicherten Rollenrepertoire inklusive idealisierter Rollen.**
2. **Die Beschaffenheit des interpsychischen, sozioemotionalen Netzwerks des Individuums mit der Identifizierung protektiver und konflikthafter Beziehungen.**
3. **Die sich im jeweiligen Spontaneitäts- und Kreativitätsniveau zeigende Handlungs- und Lösungskompetenz (präferierte Interaktionszonen, Rollenkompetenz).**
4. **Die Unterstützung herkömmlicher Diagnostik in den Bereichen:**
   a) **Anamnese und konfliktbezogene Exploration;**
   b) **spezifische Motivations-, Ziel- und Werteklärung mit dem Einsatz projektiv-imaginativer Elemente sowie psychodramatischer Basistechniken.**

◻ **Tab. 20.6.** Diagnostische Dimensionen des Psychodrama

Dimension	Zielvorgaben	Instrumente
Rollenstatus	Rollenrepertoire Rollenkompetenzen	Rollendiagramm / Soziometrie Probevignetten
Interpersonaler Status	Beziehungskompetenz	Soziales Netzwerk Inventar Soziometrische Aufstellungen
Spontaneitäts- und Kreativitätsstatus	Lösungskompetenz	Auswahl präferierter Interaktionszonen
Ergänzung herkömmlicher Diagnostik	Anamnese Störungsbeschreibung Werte- und Motivationsklärung	Zeitleiste, »Lebenszug« Szenische Aktualisierung Symbolische Präsentation Genosoziogramm, Zauberladen, leerer Stuhl

20.4.3 Ablauf und Zugangswege psychodramatischer Diagnostik

Die Diagnostik im Rahmen der psychodramatischen Psychotherapie erfolgt in drei Phasen.

Phase I: Aufbau der therapeutischen Beziehung als gelingende komplementäre Beziehung; Klärung von Motivation und Therapiezielen

In der ersten Phase der diagnostischen Abklärung steht neben der Etablierung der therapeutischen Beziehung die Exploration der Symptome und damit der Symptomszene mit »Lage« und Rollenstatus im Zentrum. Das Störungsmodell und die mit der Behandlung verbundenen Ängste, Hoffnungen und Wünsche werden exploriert (Motivationslage). Hier können bereits erste Symbole als Hilfsmittel eingeführt werden: »Welche Farbe würden Sie für Ihre Hoffnungen und Wünsche, welche für Ihre Ängste und Befürchtungen wählen, wie groß sind diese, wo sind sie in einem »Zukunftsraum« – mit dem auch die Dauer der Therapie abgesteckt werden kann – angesiedelt?« In dieser Phase der spontanen Interaktion manifestieren sich auch wichtige Rollenaspekte, die der Klient in die Behandlung hineinträgt und die auf die fantasierten Rollenerwartungen des Therapeuten treffen. Diese Rollenmuster können für die Erhebung des Rollenstatus (Phase II) nutzbar gemacht werden.

Phase II: Exploration von Ressourcen, Rollenstatus und interpersonalem Netzwerk

Das beobachtbare szenische Rollenverhalten in der therapeutischen Beziehung oder in Erwärmungs- und Spielsequenzen (Körpersensationen, Gefühle, Bilder und Gedanken) legt die Oberfläche der vorhandenen Rollenmuster und des Rollenrepertoires eines Individuums frei. Die auf diese Muster einwirkenden relevanten Beziehungserfahrungen sowie die ebenfalls in ihnen wirksamen soziokulturellen Normen bilden die Tiefenstruktur des Verhaltens (welche Erfahrungen und Erwartungen liegen diesen Körpersensationen, Gefühlen und Gedanken zugrunde?).

Angesichts ihrer eingeschränkten Verbalisierbarkeit werden diese Aspekte in der psychodramatischen Psychotherapie am besten durch szenisches Handeln erfahrbar und durch Externalisierung und Konkretisierung – z. B. in Form von → Hilfs-Ichen oder Symbolen – emotional zugänglich gemacht. Die Tiefenbezüge der Rollenmuster können durch die szenische Aufbereitung des sozialen Netzwerkinventars (SNI, z. B. zu verschiedenen Lebenszeiten; instrumentelle Form des SNI ▶ Abschn. 20.4.4) oder mittels soziodramatischer Techniken (Untersuchung kollektiver Normen) dargestellt und auf die individuelle Lage zurückbezogen werden.

Diese Perspektive wird durch die instrumentelle Erfassung und die systematische Nutzung des Rollenstatus ergänzt. Die verschiedenen Formen des → sozialen Atoms (SNI) ermöglichen eine Vergegenständlichung der emotional relevanten Tiefenstruktur von Beziehungen. Sie zeigen Quantität, Intensität, Qualität, Kohäsion und Konnektierung des individuellen Beziehungsfelds an und können szenisch genauer untersucht werden. Das Gleiche gilt für die selbst- oder fremdreferenzielle Erfassung und Dokumentation individuell relevanter Rollensets (Rolle und komplementäre Rolle: Rollenstatus; instrumentelle Form als Rollendiagramm ▶ Abschn. 20.4.4). In ihnen kann die Ausprägung der unterschiedlichen Rollendimensionen (somatomotorisch, emotional, kognitive Attribution, sozialer Prototyp) und Rollenkompetenzen überprüft und für den Behandlungsfokus eine Unterteilung in progressive und dysfunktionale Rollen angewendet werden (instrumentelle Form ▶ Abschn. 20.4.4). Andererseits können Stärken, z. B. idealisierte Rollen oder Rollen aus den Bereichen Kompetenz oder soziale Bewältigung, aber auch konflikthafte Anteile einer Persönlichkeit im Rollenstatus abgebildet und szenisch weiter exploriert werden.

Phase III: Symbolische und szenische Proben

Durch symbolische und szenische Proben lassen sich bereits am Anfang der Behandlung die Eignung des Klienten für das Verfahren prüfen und einzelne Aspekte punktuell vertiefen. Dabei kann die herkömmliche Diagnostik durch spezielle psychodramatische Arrangements ergänzt werden, z. B. Auslegen einer Zeitleiste und handlungsgestützte Erhebung wichtiger anamnestischer Daten (▶ Abschn. 3.8), der Zauberladen (▶ Abschn. 3.16), der »sichere Ort« (▶ Abschn. 16.3.3), Imaginationsübungen (z. B. der letzte Tag im Leben) und Projektionsübungen (z. B. der leere Stuhl, Exit-Drama).

20.4.4 Instrumente zur Dokumentation und Evaluation von Psychodrama-Sitzungen

Der interpersonale Beziehungsstatus als zentraler Gegenstand des diagnostisch-therapeutischen Prozessansatzes des Psychodramas lässt sich auch durch wissenschaftliche Standardinstrumente erfassen. Dazu zählt z. B. das Inventar Interpersoneller Probleme (IIP; Horowitz, Strauss u. Kordy, 1994). Andererseits sind aber auch methodisch spezifische Instrumente entwickelt worden, mit deren Hilfe Eingangsvoraussetzungen der Therapie und der Therapieverlauf, insbesondere Behandlungsplanung und die Evaluation einzelner Behandlungsschritte, aufgezeichnet und ausgewertet werden können. Die Erfassung der Daten und die Dokumentation von Therapieprozess und -ergebnis erfolgt in der Regel mit dem Klienten gemeinsam nach dem Prinzip des »Informed Consent«.

Für die Dokumentation von Sitzungen im Gruppen- und Einzelsetting stehen Stundenbögen zur Verfügung, die die komplexe Praxis der psychodramatischen Psychotherapie unter Einschluss von symbolischen und Handlungselementen wiedergeben (◘ Abb. 20.2a-c).

Für die Analyse und fortführende Dokumentation des intrapsychischen Rollenstatus haben sich verschiedene Formen des sogenannten Rollendiagramms (»role chart«) bewährt, die die einzelnen Aspekte des psychodramatischen Rollenbegriffs einschätzen (◘ Abb. 20.3).

Für die therapeutische Nutzung des Rollenstatus hat sich weiterhin die Zuordnung einzelner Rollen zu funktionalem und zu dysfunktionalem Verhalten in Bezug auf die therapeutischen Zielsetzungen international durchsetzen können. Gleichzeitig werden hier auch wichtige Bewältigungsstrategien auf Rollengrundlage aufgelistet und für die weitere Behandlung nutzbar gemacht. Dieses Instrument hat den Vorteil, dass es den therapeutischen Prozess methodisch angemessen und kontinuierlich abbilden kann (◘ Abb. 20.4).

Bei den verschiedenen Formen zur Dokumentation und Evaluation des interpersonalen Status zeichnet sich das Modell des sogenannten sozialen Netzwerkinventars (SNI) von Treadwell durch seine testpsychologisch validierte Form aus. Es wird in ▶ Abschn. 15.6 vorgestellt.

Psychodramatische Diagnostik

Die psychodramatische Diagnostik bedient sich der situativen (Symptomszene inklusive Spontaneitätsniveau, Rollenstatus) und kontextuellen (SNI) Einschätzung der Beschwerden.
Zentrale Inhalte der **situativen Einschätzung** der Beschwerden sind:

- Genaue Beschreibung der Beschwerden auf der körperlichen, vorstellungs- und verhaltensmäßigen Ebene zusammen mit den unmittelbar vorausgehenden Bedingungen oder ihnen folgenden Konsequenzen: Symptomszene
- Schilderung des bisherigen Umgangs mit den Beschwerden, beispielsweise in Form einer Probevignette
- Schilderung der ursprünglichen Entwicklung der Beschwerden in Form einer Zeitleiste
- Analyse des subjektiven Krankheitsmodells (»Health-Belief-Model«)
- Motivation für die Behandlung (»intrinsisch« und »extrinsisch«), Angstinhalte in Bezug auf die Behandlung
- Symbolische Repräsentanz der Beschwerden und der Behandlung: Hoffnung und Zielvorstellung
- Erstellung eines Rollenstatus und einer Rollenanalyse mit progressiven, dysfunktionalen und idealisierenden Anteilen

Zentrale Inhalte der **kontextuellen Einschätzung** der Beschwerden sind:

- Handlungsgestützte Exploration der Lebensgeschichte und der Krankheitsanamnese
- Jetziges SNI mit symbolischer Darstellung
- Frühere SNI. Wenn indiziert: Untersuchung überdauernder Grundannahmen (Botschaften und Wertvorstellungen, Loyalität und Delegationen)

Psychodrama Einzeltherapie	Sitzungsbogen
Klient/Klientin	Datum:
Alter/Geschlecht:	Sitzungsnummer:

Ausgangssituation/Erwärmung:

Thema:

Szene/n:

Rollen	Symbole/Farben etc.	Bemerkungen

Verlauf/Bemerkungen:

Nachbesprechung: (Feedback, Sharing, Abmachungen)

Leitungsnachbesprechung/Prozess:

a

■ **Abb. 20.2a–c.** Stundenbögen. a Einzeltherapie, b Gruppenleitung allgemein, c Gruppenleitung Gruppenspiel / Protagonistenspiel

20

| Psychodrama Stundenbogen Gruppenleitung Allgemein |

Allgemein   Gruppe: ....
                                   Datum: ....
                                   Leitung: ....

Anwesende Gruppenmitglieder

Abwesende Gruppenmitglieder:
Wer?   Warum?

Gruppenbeginn -- Themen und Dynamik:

Angewendete Techniken während des Warming-up   Ziel

Angewendete Techniken während der Spielphase   Ziel

Rollenspieler/   Kurze Beschreibung der Rolle   Hauptinteraktion mit wem/wie
Rollenspielerin

Emotional bewegt während des Sharings oder während des Rollenfeedbacks/des Identifikationsfeedbacks?
Warum?

b   Nicht emotional bewegt während des Sharings und/oder des Rollenfeedbacks:

◘ **Abb. 20.2a–c.** Fortsetzung

Stundenbogen Psychodrama Gruppenleitung

Gruppenspiel/Protagonistenspiel   Gruppe: ....
                                                   Datum: ....
                                                   Leitung: ....

Welche Inhalte traten während der Erwärmungsphase auf (Stichworte)?

Wenn es Alternativen gab/wenn es andere Kandidatinnen oder Kandidaten gab:
Welche/wer?   Vermutetes Thema:

Wie und durch wen wurde die Entscheidung für das Spiel (Gruppe oder Protagonist) herbeigeführt?

Thema zu Spielbeginn:

Thema bei Spielende (Rückschau auf den ganzen Prozess):

Kurzbeschreibung des Spiels:

Dauer des Spiels (ungefähr):

Das bearbeitete Thema war für die Gruppe/den Protagonisten: wichtig   unwichtig

Die Gruppe hat vom Spiel profitiert: sehr   etwas   gar nicht

c   Die Leitung des Spiels war: einfach   mittelmäßig   schwer

◘ **Abb. 20.2a–c.** Fortsetzung

20

Rollendiagramm

Beziehung	Titel/Symbol für Rolle R1 und Gegenrolle R2	Situation/Kontext „Lage"	Energetisierung, Körpergefühl R1/R2	Affekt R1/R2	Soziale R R1/R2	Bedeutung/Funktion (gemäß Therapieziel)

◨ **Abb.20.3.** Rollendiagramm

Zukunftsgerichtetes, funktionales Rollensystem		Bewältigungs-Rollensystem			Fragmentierendes, dysfunktionales Rollensystem	
Gut entwickelt	In Entwicklung	„Charme" Nähe	„Rückzug" Distanz	„Aktive Klärung" Konfrontation	In Veränderung	Unverändert

◨ **Abb. 20.4.** Therapieziel und -prozess

20.5 Spezielle Anwendungen

Das Psychodrama eignet sich für eine Vielzahl therapeutischer Indikationen im Gruppen- und Einzelsetting. Wir geben zunächst eine Übersicht und stellen nachfolgend einige Anwendungsmöglichkeiten detaillierter dar.

Störungsspezifische Ziele im therapeutischen Psychodrama	
F0 Demenz, Hirnverletzung	Arbeit mit einfachen, leicht wieder erkennbaren Objektbezügen
	Sharing und Feedback in der Gruppe
F1 Suchterkrankung	Symbolische Inszenierung der Beziehung zum Suchtmittel Sobriety-Shop (Rustin u. Olsson,1994)
	Suchtspezifisches Soziodrama
F2 Schizophrenie	Hilfswelttechnik, Konkretisierung wahnhafter Inhalte Realitätsprobe, Ressourcenorientierung mit Stabilisierung der Wahrnehmung und Rollenkompetenz
F3 Depression	mit Flexibilität Gestützter Szenenaufbau, Rollentausch, gestützte Konfliktklärung, Bearbeitung pathologischer Trauer
F3 Manie	Ausbau des interpersonellen Bezugs
	Einbindung der Energie
F4 Zwang	Ressourcenorientierung, Defokussierung, Fantasiespiele
F4 Angst	Externalisierung der Angst, Annäherung, Rollentausch Symbolische Wunscherfüllung
▼	
F4 Posttraumatische Belastungsstörung (PTSD) sowie Anpassungsstörung	Abgestufte Erwärmung; objektgestützte, imaginative Arbeit mit dem »sicheren Ort« Reorganisation der traumatischen Sequenz
	Rekonnexion mit dem Alltag, inklusive soziales Atom
F5 Psychosomatose	Soziales Atom, Märchen- und Fantasiespiele
	Inszenierung der Organwelt/des Körperinnern
F5 Essstörung	Rollentausch mit dem Nahrungsmittel
	Arbeit mit Identitätswünschen / -bildern, familiären Aufstellungen
F6 Borderline-Persönlichkeitsstörung	Sicherheit und Halt gebende Erwärmung mit Ambivalenzspaltung
	Einrichtung identitätssichernder Plätze und Personen
	Tausch in wenig relevante Objekte
F9 Kinder und Jugendliche	Symbol- und Surplus Reality-Spiel
	Soziodrama, Märchenspiele, Dekonstruktion von Wirklichkeit

20.5.1 Abhängigkeits- und Suchterkrankungen

Das Psychodrama nimmt im Bereich der ambulanten und stationären Versorgung suchtkranker Menschen seit vielen Jahren eine herausragende Stellung ein. Seit den ersten Erfahrungen mit dem Verfahren im Bereich der Suchtbehandlung durch Moreno in den 1940er-Jahren zeigt sich der Vorteil einer realitätsnahen, handlungsorientierten

20

Vorgehensweise, die den Bedürfnissen von suchtkranken Menschen an eine störungsssspezifische Behandlung entgegenkommt. Trotz oder gerade wegen des multifaktoriellen Bedingungsgefüges, das der Suchterkrankung heute zugrunde gelegt wird (Schwehm, 2004), kann die psychodramatische Methode im Einzelfall ein individuelles Erklärungsmodell generieren, das die postulierte zentrale Störung der Handlungskoordination (Schwehm, 2004) von Suchtkranken auch für die Betroffenen selbst plausibel und nachvollziehbar macht. Beispielhaft sei hierbei auf die Fallvignette bei Schwehm (2004) verwiesen, der die erste Gruppenarbeit einer Betroffenen in einem institutionellen Setting minutiös rekonstruiert und kommentiert hat.

Die Rolle des Suchtmittels, das als Beziehungsäquivalent in die bereits häufig prämorbid vulnerablen Beziehungsformen des Suchtkranken »hinein«geclustert wird, kann psychodramatisch ebenso »vor-bildlich« veranschaulicht werden wie die gestörten zwischenmenschlichen Interaktionen, die die Frustrationstoleranz von Betroffenen in kritischen Momenten übersteigen. Dabei wirken bereits sowohl das Spiel als »schöpferische Ressource« an sich, die unterschiedlichen Expositions- und Teilhaberollen im psychodramatischen Rollenspiel (Bremer, 1993), spezifische Interventionsformen (Sobriety-Shop, Exit-Drama: Rustin u. Olson, 1993) wie auch die Inszenierung innerer Zustände im Surplus-Bereich der Methode als angstmindernde Interventionen. Sie können im Gruppenprozess modellhaft eine weitergehende Ermutigung zur Konfrontation mit der eigenen Suchterkrankung fördern.

Krüger (2004) plädiert in seinem Modell für eine Differenzierung der »therapeutischen Räume«, die sich für die Auseinandersetzung mit der Suchterkrankung eignen und die sich für ihn aus der »Grundszene« der Suchterkrankung ableiten lassen. Neben der Empfehlung, für die Behandlung Suchtkranker auch das selbststärkende Setting des »Sicheren Ortes« anzuwenden (► Abschn. 16.3.3) – eine Empfehlung, die der anamnestisch häufig nachweisbaren Nähe zu traumatischen Störungen Rechnung trägt –, betont er vor allem den Wiedergewinn der Selbststeuerung des Suchtkranken als vorrangiges Therapieziel. Er verwendet hierzu das Schema einer Identitätsspaltung, in dem der süchtige Anteil gegen den Gesundheit verlangenden Ich-Anteil szenisch aufgestellt wird. Diese für die Prognose entscheidende Ambivalenzspaltung bei Suchtkranken wird von Voigt (2004), aber auch von Trapp (1993) systematisch für die Klärung innerer Befindlichkeit und des weiteren therapeutischen Prozederes (insbesondere bei der Bearbeitung von Rückfällen) mit psychodramatischen Mitteln aufgegriffen.

Für den Bereich der Suchtprävention verknüpft Fellöcker (2004) die zentralen Aufgaben suchtvorbeugender Maßnahmen mit den bekannten und belegten Stärken bei der Anwendung der psychodramatischen Methode: Förderung von willentlichem, aus Spontaneität erwachsendem Handeln, Flexibilität in der Anpassung an Alltaganforderungen einerseits, Wahrnehmung und Vertretung eigener Bedürfnisse andererseits (»Selbstfürsorge«) und schliesslich die soziometrische »Reifung« und der Schutz vor späterer Marginalisierung durch die kompromisslose Ausrichtung auf die Lebensbedingungen Betroffener und deren »Vergemeinschaftung« (Fellöcker, 2004). Dies soll die Teilhabe an gemeinschaftlichem Leben bahnen, eines der für die Suchtprävention fundamentalen Anliegen.

Das folgende Fallbeispiel demonstriert die konkrete Anwendung der Rollentheorie auf die Behandlungsplanung im Einzel- und im Gruppensetting.

❯ Fallbeispiel: Therapieplanung bei Suchtproblematik

Anamnese. Der Klient X, 22 Jahre alt, kommt nach 6-monatiger ambulanter Betreuung durch die Sucht-Fachstelle und Selbstanmeldung in eine Fachklinik zur freiwilligen qualifizierten Suchtbehandlung bei mehrjährigem massivem Cannabis-Abusus. Anamnestisch lassen sich folgende Daten aus dem Zuweisungsschreiben und vom Patienten selbst erheben: ältester Sohn von vier Kindern einer italienischen Immigrantenfamilie der dritten Generation. Unauffällige Geburt und frühkindliche Entwicklung. Ein Bruder (– 2 Jahre), eine Schwester (– 8 Jahre) und eine Schwester (– 15 Jahre). Der Vater ist seit zwei Jahren arbeitslos. Bei eher einzel-

▼

gängerischer Beziehungsgestaltung unauffälliger Schulbesuch mit Ablegen der mittleren Reife. Ab 16 dann beginnender, zunehmend eskalativer Cannabis-Abusus. Verschiedene Lehren scheitern schon nach kurzer Zeit an mangelnder Motivation und Durchhaltevermögen. Von 17 bis 21 4-jährige Partnerschaft, in den letzten drei Jahren mit eigener Wohnung, die die Eltern des Klienten finanzieren. Im Rahmen der Partnerschaft häufig Streit, den der Klient mit dem Cannabiskonsum subjektiv erträglich machen möchte.

Er beschreibt die Zeit so, dass es neben dem Cannabis nur »Sex« mit der Partnerin gegeben habe. Ansonsten soziale Kontakte einzig mit Dealern und sporadisch mit Angehörigen. Am Ende der Paarbeziehung psychiatrische Hospitalisierung der Partnerin wegen Psychose. Im Vorfeld der Hospitalisierung bereits Trennung, die durch die Hospitalisierung definitiv wird. Im Familiengespräch vor Eintritt wird vom Therapeuten eine unterschwellige Gewaltbereitschaft beim Vater konstatiert, die Mutter wirkt depressiv unterwürfig, anamnestisch mehrere depressive Episoden, die Kinder wirken still und wenig spontan mitteilsam. Die Angaben des Vaters, der die familiäre Exploration beherrscht, wirken formelhaft und in bezug auf die tatsächliche Lage des Sohnes oberflächlich und abstrakt.

Bei Eintritt hochmotivierter, appelativ um Hilfe nachsuchender Klient von athletischer Statur, der sich von Anfang an nicht nur allen Regeln und Normen der Klinik bedingungslos unterwirft, sondern auch kleinste Regelverstösse anderer Patientinnen und Patienten umgehend selbst meldet. Seine eigenen Zielvorstellungen in der Behandlung betreffen Vermehrung von Selbstbewusstsein, Abbau von »paranoiden« Ängsten (Selbstbeschreibung des Klienten) sowie Verbesserung des Gemeinschafts- und Sozialkontaktes der bei Eintritt praktisch gänzlich zum Erliegen gekommen ist. Durch die übertriebene Regelkonformität ergibt sich in der Gruppe schnell eine randständige Position für ihn, da er die »pathologische Gruppennorm« (Verschweigen von Regelverstössen und Rückfälligkeit) aktiv infrage stellt.

Die Gestaltung der therapeutischen Beziehung. Die therapeutische Beziehung bildet das

Modell, an dem herkömmliche Beziehungsmuster überprüft und probatorisch gemeinsam erweitert werden können. Die in der Beziehung deutliche Idealisierung des Therapeuten mit einem Verhältnis von »Herr und Diener« wiederholt das auch subjektiv zugängliche Störungsmodell der unzureichenden Autonomieentwicklung. Gleichzeitig spaltet es negative Affekte und potenzielle Enttäuschungen von der Beziehung ab, was zwar den emotionalen »Gewinn« für den Therapeuten verführerisch attraktiv macht, was aber andererseits die Beziehung in einer »unwirklich« fiktiven und damit einer unreifen Beziehungsform festhält. Nach einer ersten komplementären Phase der Beziehungsgestaltung, in der Führung und Anleitung durch den Therapeuten nicht infrage gestellt werden, wird aber schon bald das Thema potenzielle Enttäuschung und der Umgang mit dieser Enttäuschung thematisiert. Damit relativiert der Therapeut auch den »unerfüllbaren« Anspruch auf Unfehlbarkeit und Perfektion, der dem hohen Sicherheitsbedürfnis des Klienten entspricht.

Ausgangslage für die Therapieplanung. Im vorliegenden Fall wird anamnestisch auffällig stark die psychosomatische Rollendimension betont, was auch gut mit der klinischen Erfahrung mit Suchterkrankungen im Allgemeinen korreliert (Bedeutung von Sport, »Körperlichkeit« für Klienten). Ebenfalls ist die intellektuelle Kompetenz differenziert verfügbar. Die psychodramatische Rollendimension (Imagination und Fantasiebildung) bleibt dagegen sowohl subjektiv wie in der Fremdwahrnehmung praktisch ausgespart. Diese Konstellation, die früher mit der Bezeichnung Alexithymie (»Seelenblindheit«) belegt worden ist, deutet auf eine mögliche traumatische Vorgeschichte hin. Hierzu passen die Angaben und der Hinweis auf die unterschwellige Gewaltbereitschaft des Vaters des Klienten, was insgesamt für die weitere Therapieplanung als Arbeitshypothese berücksichtigt werden muss. Die vom Klienten demonstrierte starke Identifizierung mit den Regelungen der Institution (Rolle des »Ordnungshüters« und der Idealisierung väterlicher Autorität) muss vor der Folie der Gestaltung der therapeutischen Beziehung einerseits, andererseits aber auch mit der Frage nach der subjektiven Bedeutung, d. h. in der biografisch angelegten und verankerten Rollenkonfiguration »Ordnungshüter« – »Gesetzesbrecher« psychodramatisch weiter untersucht werden. Auch hier lässt sich hypothetisch die mögliche traumatische Gewalterfahrung in der Lebensgeschichte zuordnen (gewalttätige Übergriffe als Ausdruck von fehlendem »Gesetz und Ordnung«).

Therapieplanung als entwicklungszentriertes Rollenhandeln und spezifische Rollenklärung. Die Schrittmacherfunktion des Therapeuten besteht nun darin, dass er im psychodramatischen Rollenverständnis die Position des Regisseurs zunehmend zugunsten eines einfühlsamen Beobachters mit Hilfs-Ich-Funktion verlässt und das gezeigte Rollenangebot des Klienten in der Fantasie zu komplementären Rollenpaaren ergänzt. Da bei dem Klienten die Dimension der psychodramatischen Rollenausübung (unter Umständen aufgrund einer traumatischen Schädigung) nicht oder nur sehr begrenzt verfügbar erscheint, wird die vorgeschaltete Entwicklungsstufe des Rollenhandelns systematisch für den Wiederanschluss an die psychodramatische Rollenfunktion verwendet. Dabei geht es darum, probatorisch noch erhaltene psychodramatische Anteile zu entwickeln, indem verschiedene Rollenmodalitäten durchgespielt und auf ihre psychodramatische Besetzung hin entwickelt werden.

Hierzu eignen sich insbesondere Rollen und szenische Vignetten, die besonders affektbetont sind und eine besonders starke psychosomatische Erwärmung zulassen. Beispiel: Der Klient läuft, um einen Zug zu erreichen, in dem die von ihm geliebte Frau seines Lebens sitzt. Er erreicht den Zug und kann endlich wieder mit ihr reden. Oder: Der Patient rennt, um in letzter Sekunde ein Kind aus einem brennenden Haus zu retten. Er rettet das Kind und nimmt es in seine Arme. Im letzten Beispiel wird bereits die fallspezifische Rolle des »Ordnungshüters« angestoßen. Für die gezielte Exploration dieser Rolle sind Szenen wichtig, in denen »Ordnungshüter« und »Gesetzesbrecher« aufeinandertreffen. Dabei entstehen durch die gestufte horizontale Regieführung von der protagonistenzentrierten Rolle (Gesetzeshüter) über die Beobachterposition mit Hilfs-Ich-Charakter und das Ausspielen der Gegenrolle im Rollenhandeln eine Auffächerung der Perspektive und der unterschiedlichen damit zusammenhängenden subjektiven Bewertungs- / Bedeutungssetzungen.

Da es sich im konkreten Fall um eine hypothetische traumatische Szene handelt, ist die Vorbereitung der szenischen Exploration durch kompetenzfördernde Techniken (Aufbau eines »sicheren Ortes« mit schützenden Symbolen und idealisierten Helferfiguren) und die Einübung relaxierender Techniken (Atemtechniken, leibbezogene Deeskalationstechniken) sicherzustellen. Falls sich die traumatische Genese bestätigt, kann hier die horizontale in eine vertikale Regieführung des psychodramatischen Prozesses übergehen. Neben den verschiedenen vorgängig beschriebenen unspezifischen Maßnahmen zur Empathieförderung (Weckung und Ausbau der psychodramatischen Rollendimension) kommt dieser spezifischen »kausalen« Intervention für die Therapieplanung hohe Bedeutung zu. Auch wenn sich die traumatische Genese nicht bestätigen sollte, so können Hypothesen über den Ursprung und die Funktion der auffälligen Aussparung des psychodramatischen Rollensegmentes dann weiterführen, wenn die ressourcen- und konfliktorientierte therapeutische Ausrichtung im Einzelfall nicht genügt.

Interventionen auf Gruppenniveau. Die durch das beschriebene Beziehungsmuster des Klienten ausgesprochen konflikthafte Beziehung mit der Restgruppe der Therapie wird durch die vorbereitende und begleitende Gestaltung der therapeutischen Beziehung im Einzelkontakt wie auch durch die ersten rollenbezogenen Explorationsschritte abgestützt. Dabei empfiehlt es sich – neben einer Doppelleitung, die die Neutralität des Therapeuten durch die Möglichkeit einer Konfliktklärung seitens der Co-Leitung für die gesamte Gruppe deutlich macht – auch eine soziodramatische Regieperspektive zur Verfügung zu stellen. Denn die forcierte Betonung von Regeln und »Gesetzen« durch den Klienten verschärft den Druck auf die Gesamtgruppe, diese Norm einzuhalten und tabuisiert das Phänomen von Rückfällen und Regelverstössen, was eine sinnvolle Auseinandersetzung gerade mit diesen wichtigen Aspekten die Gesamtbehandlung erschwert.

▼

▼

Durch die gemeinsame Bearbeitung des soziodramatischen Rollensets Gesetzes- / Ordnungshüter und Gesetzesbrecher und den damit einhergehenden Szenen des Rückfalls und der Bildung antisozialer Subgruppen wird die Polarisierung der Gesamtgruppe abgeschwächt. Gleichzeitig wird aber auch die unter Umständen pathologische Gruppennorm der Gruppe im Hier und Jetzt (Gruppenidentität über soziale Randständigkeit und Riten der Zugehörigkeit: Schweigegelübde, Tabus etc.) bewusstseinsfähig. Positive und negative Aspekte werden thematisiert, die Marginalisierung des Protagonisten vor diesem Hintergrund kann klarer zugeordnet werden (Wie sieht das individuelle Thema der Zugehörigkeit aus? Wie sehen die dazugehörigen interpersonalen Rollenkonfigurationen im Sinne relevanter Identitätsaspekte aus?). Der soziodramatische Regieansatz hat auch den Vorteil, dass er persönliche Exposition vermeidet und über → Sharing und Identifikationsprozesse neue Aspekte der Gruppenbildung zur Verfügung stellt.

20.5.2 Schizophrenie

In der Behandlung von Klienten mit psychotischen Störungen demonstriert Moreno bereits in den 1930er- und 1940er-Jahren neben sehr modern wirkenden Auffassungen den ihm eigenen tiefen Respekt vor der Einzigartigkeit des Individuums und seiner auch in der Störung sichtbaren »schöpferischen« Anpassungsleistung. Konkret empfiehlt er die Wirklichkeit der Störung zu akzeptieren, sich als Hilfs-Ich aktiv an den Vorstellungen und Bildern des Klienten zu beteiligen und damit die ihm eigene Selbstverwirklichung seiner möglichen Kontrolle zuzuführen. Weiterhin plädiert er dafür, »… gesellschaftliche »Nischen« der Akzeptanz und Toleranz (z. B. in Familiensystemen) zu suchen, in denen sich der Betreffende trotz seines von der Norm abweichenden Benehmens wieder in Kultur und Gesellschaft einreihen kann« (Moreno, 1973 zitiert nach Buer, 1992, S. 258). Moreno beschreibt sein Konzept der psychodramatischen Psychosebehandlung in Moreno (1945).

Beschreibung des Störungsbilds aus der Sicht der psychodramatischen Psychotherapie

In der Psychose kommt es zum vollständigen oder partiellen Zusammenbruch / zur Brüchigkeit der Realitätskontrolle mit Aufhebung von Selbst- bzw. Rollendistanz. Gleichzeitig nimmt die Integration der Rollendimensionen ab, die sich vermischen können. Als Folge kommt es zu einer Neuschöpfung von Rollen mit mangelhafter sozialer Rollenkoordination. Dies führt zusammen mit der mangelnden Rollendistanz zu einem erschwerten Rollenwechsel. Dadurch nehmen → Telefunktionen und damit verbunden die soziale Integration ab, das sozioemotionale Netzwerkleidet. Auch die gegen die hohe sozioemotionale Vulnerabilität eingesetzte Selbstfixierung verstärkt die Isolation.

Instrumente und Ziele der psychodramatischen Psychosebehandlung

Zunächst sollte der Therapeut in der Einzeltherapie durch die aktive Anwendung des Hilfsweltprinzips mit dem »Einstieg« in die Konstruktion der Realität des Klienten die Beziehung primär so ausrichten, dass er optimal auf die Weltsicht des Klienten eingehen kann. Im Einzelnen kann das z. B. bedeuten, die Behandlung im Zimmer des Patienten auszuführen, wenn dieser sein Zimmer nicht mehr verlässt. Es impliziert aber auch, wahnhafte Inhalte symbolisch oder szenisch zu konkretisieren. Dadurch werden sie mitteilbar und können aus der Distanz heraus in ihrer Bedeutung verändert werden (Entdramatisierung, »Sinnbildung«). Insbesondere kann ihr Realitätsgrad durch Klient und Therapeut gemeinsam überprüft werden. Symbolisch angedeutete Erlebnisformen (z. B. der apokalyptisch anmutende »innere Untergang«) können zusätzlich validiert und als Ausdruck der realen Begegnung zwischen Therapeut und Klient aufbewahrt werden (vgl. z. B. Benedetti, 2002; Krüger, 1997; Burmeister u. Portmann, 1996). In idealisierten Rollen werden schützende Wertvorstellungen wach, die für die weitere Therapieplanung wichtig sind.

In der Gruppenbehandlung ist vor allem an Rollenspielansätze zu denken, die schöpferische

Rollendistanz durch »Kunstrollen« (Dramatherapie) oder die Nutzung von Ressourcen durch den Einsatz von körperbetonten Rollen oder soziodramatischen Rollen (Psychoedukation) ermöglichen. Gerade bei psychodramatischen Interventionen zur Verbesserung von sozialer Kompetenz und Rückfallprophylaxe profitiert man von der methodischen Flexibilität der Darstellung im Rollenspiel. Hier können der letzte Rückfall genauso wie der Umgang mit der Medikation oder die gewünschte Ausgestaltung von Beziehungen Thema werden. Gegen die Isolation kann zunächst versucht werden, die vorhandenen Beziehungen insbesondere in der Primärfamilie zu verbessern und auszubauen. Dabei können auch bestimmte Rollenaspekte systematisch in Gruppen trainiert und vermittelt werden.

In Gruppen mit schwer chronisch erkrankten schizophrenen Klienten oder Menschen mit demenziellen Abbauprozessen bewähren sich vor allen Dingen ritualisierte Gruppenübungen, die auf einfachem Körperniveau und auf einfachem symbolischen Niveau Handlungsvollzüge, d. h. Rollenausübungen gestatten, die das häufig ausgesprochen verarmte Rollenrepertoire beleben und anregen können.

> **Psychodramatische Behandlung schwer chronisch erkrankter Menschen mit schizophrener Psychose**
>
> In einer Gruppe mit schizophrenen Langzeitpatienten wird einmal wöchentlich eine handlungsorientierte interaktionelle Gruppe angeboten. In der Mitte des Raums befindet sich ein großer Tisch mit einer weißen Tischdecke. Alle Teilnehmerinnen und Teilnehmer legen am Anfang einen Gegenstand auf die Tischdecke, den sie bei sich tragen und der ihre »Visitenkarte« für die jeweilige Sitzung sein soll. Die Gegenstände werden von der betreffenden Person benannt. Der Rest der Gruppe wiederholt das Wort. Auch die Leitung beteiligt sich an diesem Eröffnungsritual. Wegen der teilweise eingeschränkten körperlichen Beweglichkeit werden nur wenige Körperübungen eingeschaltet (z. B. Übungen im Sitzen oder langsamen Gehen). Aus einer Reihe freier Spielvorlagen (z. B. Bauernhof, Ausflug, Dorffest, Zirkus) wählt die
>
> ▼

Gruppe das Motiv aus, das in der jeweiligen Sitzung ausgestaltet werden soll. Gruppenmitglieder, die sich nicht selbst in Rollen wählen, erhalten durch andere Rollen zugeschrieben, die sie aber auch ablehnen können. In der Sitzung mit dem Thema Zirkus erhält z. B. ein mutistischer, sozial sehr zurückgezogener 80-jähriger Mann (anamnestisch mehr als 40 Jahre Unterbringung in der Klinik) die Rolle des Zirkusdirektors durch die anderen Gruppenmitglieder. Im Augenblick der Rollenübernahme geht ein Ruck durch den gebückten Körper, der Mann richtet sich auf, schaut umher und geht erstmals mit festeren Schritten durch den Raum. Er redet tatsächlich einige Worte, was schon seit Jahren nicht mehr vorgekommen sein soll. Nach Beendigung des Spiels bleibt bei ihm ein Teil der in der anderen Rolle erfahrbaren größeren Flexibilität verfügbar. Eine katamnestische Nachuntersuchung belegt sowohl bei der Fremd- wie auch bei der Selbsteinschätzung eine Zunahme sozialer Handlungsfähigkeit und emotionalem Ausdrucksvermögen. Dieser Effekt hält bei dem beschriebenen Gruppenteilnehmer bis 3 Monate nach Beendigung der Gruppe an.

20.5.3 Angsterkrankung

Zusammenfassend sieht die therapeutische Schrittfolge bei der Angstbehandlung durch die psychodramatische Psychotherapie wie folgt aus:
1. Gestaltung der therapeutischen Beziehung mit komplementärer Beziehungsgestaltung;
2. Vermittlung eines Informationsmodells über Angststörungen: Angststörungen stellen häufig einen Bewältigungsversuch bei schwierigen intrapsychischen oder sozialen Konfliktlagen dar. Häufig kommt es zu einem Konflikt zwischen Erwartungen und Bedürfnissen, die von innen oder außen stammen können und die sich durch neue Herausforderungen (Entwicklungsaufgaben) ergeben. Enge Verbindungen zwischen Körper, Affekt und Bewertung von Situationen sind typisch, ebenso die Entkopplung von Körper und Affekt einerseits und Bedeutungssetzung andererseits. Deshalb ist es wichtig, sowohl Ressourcen mit dem habituellen Bewältigungsstil und günstigen Rollen-

mustern aufzusuchen als auch eine genaue Abklärung der jeweils vorhandenen Erwartungen und Bedürfnisse vorzunehmen;

3. Netzwerk- und Lebensbereichanalyse mit Aufsuchen angstfreier Beziehungen und damit zusammenhängender Rollenmuster (Bewältigungsverhalten):
   Aufsuchen von Idealrollen. Einschätzung von Rollenentwicklung und Rollenkompetenzen. Probatorische Abklärung von Symbolisierung und Handlungsbereitschaft;

4. Rekonstruktion der auslösenden Lage (Realszene) mit Abklärung von inneren Rollenkonflikten (Unvereinbarkeit zwischen Bedürfnis und Erwartung an sich selbst, fehlender Mut »über den eigenen Schatten zu springen«) oder intrapsychischer Rollenkonflikt (Widerspruch zwischen Bedürfnis und Erwartung von anderen in der Beziehung: Angst vor Beziehungsverlust, Schuldgefühle). Eventuell Annäherung über Symbole (Puppen etc.). Leitfragen für den Therapeuten:
   - Wie sehen die Konsequenzen für die Beziehungsgestaltung aus (Rollensets in der manifesten Szene)?
   - Welche möglichen anderen Beziehungsmuster werden dadurch aktiv verhindert (Rollensets in der latenten Szene)?
   - Welche Affekte werden durch die Störungsszene »umgelenkt«?
   - Welche Bewertung und Bedeutung haben die involvierten Rollenmuster: Hier und Jetzt (horizontale Perspektive), in Bezug auf die Vergangenheit (vertikale Perspektive, genetische Szene)?

5. Horizontale Regieführung im Rollenspiel mit Klärung des Konflikts und Unterstützung für eine »neue Lösung« durch die Beobachterfunktion im psychodramatischen → Spiegel;

6. wenn dieses Vorgehen nicht genügt, vertikale Regieführung mit Identifizierung genetischer Ursprungsszenen und Einbezug von Idealrollen;

7. Transfer in die reale Lebenswelt und Abklärung der Auswirkungen auf bestehende Beziehungen (Paar- oder Familiengespräche).

▸ Psychodramatische Behandlung einer Angststörung

Eine kinderlose erfolgreiche Dozentin an einer pädagogischen Hochschule erleidet insgesamt zum dritten Mal innerhalb von 20 Jahren schwere Angstanfälle, wenn der als Unternehmensberater tätige Ehemann das Haus verlässt. Dies führt dazu, dass der Ehemann seine sonst übliche ganztägige Abwesenheit nur noch mit schlechtem Gewissen antreten kann und schließlich für eine Woche bei seiner Frau zu Hause bleibt. Dies bessert den Zustand. Nach einer anschließenden Arbeitswoche durch den Ehemann verschlimmert sich die Symptomatik erneut. Neben den schweren Angstzuständen, die dazu führen, dass die Klientin nicht mehr alleine zu Hause bleiben kann und schließlich in die Klinik eintreten muss, zeigen sich deutliche Durchschlafstörungen mit immer wiederkehrenden Alpträumen. Obwohl die Klientin sich in einem deutlich angeschlagenen psychischen und körperlichen Zustand befindet, drängt sie auf raschmögliche Entlassung, um »ihren Verpflichtungen« nachkommen zu können.

Unter verschiedenen angebotenen symbolischen Beschreibungen wählt die Klientin den Satz »wie vor einem Berg stehen, der jedes Mal neu erklommen werden muss, wo die Kräfte aber versagen« als für sich als stimmig aus. Bei zwei früheren schweren Krisen mit Angstzuständen sind zusätzliche Belastungsmomente rekonstruierbar: 1.) Die Schwangerschaft der Schwester, verbunden mit dem eigenen Thema der unerfüllten Mutterschaft – und damit indirekt der Auseinandersetzung mit der eigenen Mutter und 2.) der Tod der eigenen Mutter. Der für die Klientin in der szenischen Aufbereitung (horizontale Arbeit) schnell erkennbare Konflikt zwischen Erwartungen an sich selbst (stetes Leistungsvermögen) und dem eigentlichen Bedürfnis (zur Ruhe kommen, sich erholen) kann durch korrigierende Eingriffe aus der Beobachterposition nicht wirkungsvoll beigelegt werden. Die Klientin gibt an, sie könne sich einfach keine Ruhe gönnen, da sie solche Angst habe.

→ Doppeln und → Maximieren der Körpersensationen wird während der szenischen Exploration auf die »Übertragungsfrage« hin eine Szene mit der Mutter erinnert, in der diese der Klientin bitte-

▼

re Vorwürfe macht, da sie ihren Pflichten (Kirschen auflesen im Garten) in »schwerer Zeit« nicht nachgekommen sei. Die Klientin ist zu diesem Zeitpunkt 7 Jahre alt und hat aufgrund einer Erkältung Fieber, nimmt sich jedoch »die Worte der Mutter zu Herzen«. Beim → Rollentausch mit der Mutter wird deutlich, dass diese noch ganz unter den schockierenden Erlebnissen des 2. Weltkriegs leidet, von denen sie ihren beiden Mädchen immer wieder erzählt. In der vorbereitenden Einzelarbeit hat die Klientin in der Exploration zur Rolle der Genießenden, der sich Ruhe Gönnenden eine alte Indianerin als »Stammmutter« ausgewählt. Diese wird nun als Surplusvariante in einem abgetrennten Bereich des Bühnenraums einbezogen. Im Rollentausch mit der weisen Indianerin kann die Klientin ihre eigene Anfrage so beantworten, dass sie ihrer »Natur« vertrauen und dem Bedürfnis, dass sie deutlich in sich wahrnimmt, folgen darf. Bezüglich der Rolle der eigenen Mutter erklärt die weise Indianerin, dass diese in dieser schwierigen Situation Hilfe und Beistand braucht, da sie selbst ihre eigene Mutter, (d. h. die Großmutter der Klientin), im Krieg verloren habe. Gleichzeitig bekräftigt sie aber auch das Recht der Klientin auf ein eigenes Leben. Durch diese Intervention ermutigt geht die Klientin zunächst in eine klärende Auseinandersetzung mit der eigenen »inneren« Mutter, der gegenüber sie sich besser behaupten und abgrenzen kann (sie coacht aus der Beobachterposition das kleine 7-jährige Mädchen, das in der Ursprungsszene der Mutter gegenübersteht und wechselt schließlich als Erwachsene in diese Surplusszene). Im Anschluss daran gelingt es, die Erwartungen an sich selbst so zu verändern, sodass sich auch Ruheaktivitäten und Genuss zumindest in ersten Ansätzen planen lassen. Gleichzeitig schließt sich aber auch die Auseinandersetzung mit dem Ehemann an, der sie durch seine eigenen Erwartungen scheinbar auch an die hohe Leistungsbereitschaft und Leistungsbezogenheit bindet.

20.5.4 Depression

Psychotherapie

Aus psychodramatischer Sicht zeigt sich im depressiven Zustandsbild ein Mangel an Spontaneität (fehlende Hoffnung, Erlöschen von Vitalität und Energetisierung) sowie eine massive Reduktion des Rollenrepertoires. Die Beziehungsgestaltung wird mitunter durch mangelndes Interesse an oder Beschämung durch zwischenmenschliche Beziehungen belastet. Als erster Schritt steht besonders die Gestaltung und Etablierung der therapeutischen Beziehung im Mittelpunkt der psychodramatischen Psychotherapie. Da die Störung durch eine Beeinträchtigung des Rollenhandelns in einem frühen Entwicklungsstadium geprägt ist, kann zunächst keine eigentliche Handlungsorientierung stattfinden. Dies wirkt sich auf die Beziehungsaufnahme zu Beginn der Therapie aus. Hier kommt es darauf an, die therapeutische Beziehung über die noch vorhandenen Ressourcen (vor allen Dingen im Bereich der verbal diskursiven Rollendimension) zu etablieren. Dabei werden die nonverbale Haltung der Klientin, ihre Bewegungs- und Körpermuster und die Atmosphäre der Szene als metaphorischer Ausdruck der »Lage« der Klientin auf existentiellem Niveau verstanden.

> ❗ Das konvalidierende → Doppeln und die empathische Gewinnung von Metaphern und Narrativen für die jeweilige Situation bleiben in der ersten Behandlungsphase der schweren depressiven Verstimmung die Leitmotive der therapeutischen Beziehung.

Obwohl die Depression mit ihrer starken Hemmung von Spontaneität und Vitalität als besondere Herausforderung der psychodramatischen Psychotherapie gelten kann, kann durch die phasenhafte Gestaltung der therapeutischen Beziehung und eine Gestaltung des therapeutischen Raums eine adäquate Behandlung angeboten werden, die sich an das Entwicklungsmodell der psychodramatischen Anthropologie anlehnt.

Einfluss der Persönlichkeit auf die Gestaltung der Beziehung

Je stärker die Depression mit einer narzisstisch strukturierten Persönlichkeit kombiniert ist, desto eher und deutlicher muss die Position des Regisseurs an den Klienten übertragen werden. Gleichzeitig müssen alle Erfolge oder erreichten gemeinsamen Fortschritte in der Behandlung dem Klienten zuerkannt werden. Obwohl in der Depression gerade der Leistungsaspekt durch die depressive Verstimmung und die verallgemeinerte Erfahrung des Fehlschlags oder des Scheiterns kontaminiert ist, müssen gerade auch die in der oben beschriebenen Form der Beziehungsgestaltung schrittweise gemachten Erfahrungen neuen Leistungsvermögens angelegt und abgesichert werden.

Differenzierte Beurteilung: Interpersonale Psychotherapie und Psychodrama

Die Modellvorstellungen der interpersonalen Psychotherapie zur Genese depressiver Verstimmungen sind empirisch breit abgesichert. Die unterschiedlichen Konfliktebenen, die für die Genese und die Aufrechterhaltung depressiver Verstimmungen konstruiert werden, eignen sich auch für die differenzierte Ausrichtung der psychodramatischen Psychotherapie. Denn sowohl pathologische Trauer wie auch Defizite in der interpersonalen Konfliktlösung oder beim Rollenwechsel in lebensgeschichtlichen Schwellensituationen können mithilfe des psychodramatischen Rollenmodells und psychodramatischer Techniken angemessen nachvollzogen und spezifisch behandelt werden.

Pathologische Trauerprozesse

Pathologische Trauerprozesse werden in der psychodramatischen Psychotherapie durch drei aufeinander abgestimmte Interventionsfolgen bearbeitet. Zum einen wird die Bedeutung der verloren gegangenen Beziehung im Zusammenhang mit dem sozioemotional bedeutsamen Beziehungsgeflecht der Person untersucht. Wie sehen Quantität und Qualität der nach wie vor vorhandenen Beziehung aus? Hat sich das Netzwerk unabhängig vom aktuellen Verlust schon vorher ungünstig verändert?

Als weiterer Schritt wird die besondere Bedeutung der verloren gegangenen Beziehung in einzelnen → Vignetten veranschaulicht und definiert.

Welche Rollensets haben die Beziehung bestimmt, welche Bedeutung haben sie für das Selbsterleben und das Erleben der Umwelt bekommen?

Schließlich werden in einer psychodramatischen Surplusszene eine Wiederbegegnung und ein Dialog mit der verstorbenen Person arrangiert. Dadurch können die Bedeutung des Verlusts für das jetzige Leben und die Zukunft noch einmal rekonstruiert und neu bestimmt werden. In aller Regel führt eine solche Wiederbegegnung zu einer Entlastung von Schuldgefühlen (»survivor guilt«) und einer Aufforderung, das Leben auch im Andenken des Verstorbenen fortzusetzen.

Aufgrund der ersten beiden Behandlungsschritte lässt sich im Anschluss gemeinsam genauer planen, welche vorhandenen Beziehungen und Ressourcen weiterentwickelt werden können und wie die verloren gegangenen Rollenaspekte auf anderem Wege ausgeglichen werden können.

Unzureichende Konfliktbewältigung oder Rollenwechsel

Das Thema der unzureichenden Konfliktbewältigung eignet sich in besonderer Weise für die Anwendung der Rollenkonzepte in der psychodramatischen Psychotherapie. Hier kann gerade durch den Einsatz der verschiedenen Techniken der Aspekt der sozialen Kompetenz und Kommunikation mit tiefer liegenden Schichten der Persönlichkeit, kulturellen Normvorgaben und eigener biografischer Geschichte verschränkt werden. Gerade der Rollenbegriff leistet in der konkreten Interaktion eine plastische Beschreibung der Konflikte und ermöglicht eine angemessene Verarbeitung (Oberflächen- und Tiefenstruktur der interaktionellen Rollenmuster). Auch beim Thema des gestörten Rollenwechsels liegt eine enge Verknüpfung mit dem Rollenkonzept des Psychodramas nahe. In der Tat orientiert sich die Behandlung dann auch an einer genauen Analyse der Aspekte, die durch den Rollenwechsel verloren gegangen sind, sowie an Befürchtungen und Hemmungen, die die Übernahme neuer Rollen blockieren können.

⊕ Psychodramatische Behandlung einer schweren Depression (»major depression«)

Die sich im Kontakt sofort ausbreitende atmosphärische »bleierne Schwere«, die die Beziehung mit der Klientin bereits nonverbal prägt, wiederholt sich im verbalen Rapport als Gefühl von Hoffnungslosigkeit, Sinnlosigkeit, fehlender Vitalität, fehlenden Antriebs sowie gedanklicher Blockierung oder Leere. Das Interesse an der Umwelt scheint erlahmt, der mangelnde Rapport bestätigt auch nonverbal die Äußerungen der Klientin. Das gesamte innere Erleben wirkt auf wenige Inhalte eingeengt, fantasielos und pessimistisch resignativ. Die atmosphärische Anmutung in der Begegnung mit der Klientin führt zu den Bildern »in einem tiefen dunklen Loch hocken, ohne Aussicht nach oben zu kommen« und »mit bleierner Schwere beladen sein«. Beide Bilder werden auf Nachfrage durch die Klientin bestätigt, was eine gelungene »Einfühlung« und damit den ersten Gestaltungsschritt in der therapeutischen Beziehung darstellt. Die Vorstellung, verstanden zu werden und nicht mehr alleine zu sein, baut Druck und Anspannung ab. Gleichzeitig ist aber auch der Schritt von der kognitiv-diskursiven auf die symbolisch-präsentative Ebene vollzogen worden, die eine der wichtigen Arbeitsmedien der psychodramatischen Psychotherapie bildet.

Ausgehend von diesen Bildern werden einzelne, die augenblickliche Situation belastende, Bereiche identifiziert und zusammengestellt. Die Analyse ergibt eine ungewöhnliche Häufung von Konflikten im engsten Beziehungsfeld (Partnerschaftsprobleme, Probleme in der Erziehung und bei der Berufsfindung der Kinder) in einer Phase der erstmalig angestrebten größeren Verselbstständigung. Gleichzeitig ist mit der einsetzenden Menopause auch ein biologisches Signal gesetzt worden, das einen neuen Lebensabschnitt und damit eine Veränderung im wechselnden Rollengefüge ankündigt. Hier zeigen sich Aspekte, die sowohl zum Thema der insuffizienten Konfliktbewältigung wie auch zum Thema des insuffizienten Rollenwechsels passen. Bei der Abklärung des Rollenspektrums auf der Surplusebene erlebt die Klientin eine Kontaktaufnahme mit der Rolle der »Mutter Natur«. Sie hat diese idealisierte Rolle aus der Re-

flexion ihrer Gartenarbeit gewonnen und verlagert in sie alle guten mütterlichen Aspekte hinein. Gestützt durch diese Erfahrungen kann nun die Bearbeitung der Rollenkonflikte im Einzel- wie im Gruppensetting beginnen.

Im Einzelgespräch zeigt sich eine lebensgeschichtlich nach wie vor wirksame Prägung durch die Beziehung mit der Mutter, die sie abgewertet und für »aggressives Aufbegehren« stets bestraft hat. Dadurch fehlt der Klientin in der Auseinandersetzung mit dem Ehemann die aggressive Ausgestaltung ihrer Rolle als Ehefrau (Intrarollenkonflikt). Gleichzeitig wird aber auch deutlich, wie der Ehemann sie durch seine Erwartung an das bisher bestehende Rollenarrangement in ihrem Prozess der Verselbstständigung behindert und fesselt (interpsychischer Rollenkonflikt). Die Erkenntnis, dass die frühere Erfahrung in der Mutterbeziehung die Rollengestaltung einseitig belastet, gelingt durch den gezielten Einsatz psychodramatischer Techniken und der Regieführung während der psychodramatischen Bühnenarbeit. Durch den Wechsel von identifizierendem Doppeln, Beobachterposition und Rollentausch mit dem Ehemann schafft es die Klientin, eigene und von außen an sie herangetragene Erwartungen besser zu trennen. Das in der Gruppentherapie aufbereitete Thema der sozialen Rollenerwartungen an Frauen im Allgemeinen (»Wie aggressiv darf eine Frau sein, wenn sie ihre gesellschaftliche Reputation nicht verspielen will?«) unterstützt den Klärungsprozess der Klientin.

Das angesprochene Thema des Rollenwechsels durch die Menopause wird auf Wunsch der Klientin im Einzelsetting fortgeführt. Hier gelingt es einerseits, über den Miteinbezug der Figur »Mutter Natur« die Natürlichkeit der Vorgänge, aber auch das Recht auf eigene Bedürfnisse, die mit dem Körper zusammenhängen (z. B. Sexualität), zu bekräftigen. Andererseits werden dadurch aber auch neue Themen für die Klärung in der Paarbeziehung eröffnet. In den flankierenden Paargesprächen und im Anschluss daran in den Gruppengesprächen werden neue Rollenaspekte ausgearbeitet und während der Beurlaubung vor Ort erprobt. Es zeigt sich, dass der Ehemann auch Interesse an einer neuen Definition des Rollenarrangements

▼

mit seiner Ehefrau hat, da er selbst durch eine schwerere körperliche Erkrankung eine Neuorientierung braucht. Nach ca. 8-wöchiger Gesamtbehandlungszeit ist die schwere depressive Verstimmung fast vollständig remittiert.

Die verschiedenen Veränderungen im Rahmen des therapeutischen Prozesses haben sich sowohl in der Konfiguration des sozialen Netzwerks (vermehrtes Bekanntheitsvolumen) wie auch in der Rollengestaltung im Besonderen (mit dem Ehemann und den Kindern) niedergeschlagen. Das Selbstbild hat sich an den neuen Lebensabschnitt so weit adaptieren können, dass die anstehenden »Anpassungsleistungen« handhabbar erscheinen. Insbesondere hat sich aber der intrapsychische Konflikt mit der verweigernden Mutter in der psychodramatischen Einzelarbeit so weit korrigieren lassen, dass die Klientin nun selbst stärker auch aggressive Formen der Selbstbehauptung nutzen kann. Die bisherige Bewältigungsstrategie (Bewältigung durch Charme, vermehrte Nähe oder vermehrte Leistung) bleibt weiterhin verfügbar und wird validiert.

20.5.5 Psychosomatische Störungen

In der psychodramatischen Psychotherapie psychosomatischer Störungen steht das Zusammenspiel zwischen der Verarbeitung körperlicher Beschwerden und der Art und Ausprägung psychischer Konfliktbereiche im Mittelpunkt der Behandlung. Das Symptom wird nicht automatisch mit der Ausdrucksgebung psychischer Konflikte gleichgesetzt. Auch wenn diese bestehen, ist die organische Komponente immer separat zu beurteilen. Für die Gestaltung der therapeutischen Beziehung bewährt sich häufig die Übertragung der Position des Regisseurs an den Klienten und die Einnahme der einfühlsamen Beobachter- und Hilfs-Ich-Funktion durch den Therapeuten. Gleichzeitig ergänzt der Therapeut auf der Basis der Analyse der Rollensets im sozialen Netzwerkinventar aktiv einzelne Fragmente zu einer kompletten Szene des Symptoms. Dabei übt die Ausgestaltung einer Symbolszene als erster Schritt der Behandlung eine Schrittmacherfunktion aus. Von ihr aus lassen sich dann in der Regel relevante Be-

ziehungsmuster aus dem Hier und Jetzt oder aus der Biografie des Klienten rekonstruieren. Mit psychosomatischen Beschwerden gehen häufig traumatische Vorerfahrungen einher, die spezifisch bearbeitet werden müssen. Durch die explizite Verschreibung der Position des Regisseurs auch während der psychodramatischen Inszenierung, die es dem Klienten ermöglicht, das szenische Geschehen aus sicherer Entfernung von außen zu beobachten, wird dem häufig vorhandenen Sicherheits- und Kontrollbedürfnis der Klienten Rechnung getragen.

Ein weiterer Arbeitsansatz für die psychosomatische Psychodrama-Therapie ergibt sich durch die Inszenierung der Symptome selbst, die mit Hilfs-Ichen in das symbolisch angeordnete Körperbild des Klienten im Raum als Rollen eingesetzt und auf der Körperebene mit Interaktionsmustern lebendig gemacht werden können. Auch hier kann die Symbolszene in reale zwischenmenschliche Szenen überführt werden (Prinzip der szenischen Resonanz). In leichteren Fällen kann es aber auch durchaus genügen, die psychosoziale Kompetenz und das Konfliktlösungsverhalten durch gezielte Rollenanalysen und das entsprechende Rollentraining auszuarbeiten. Selbst wenn insuffiziente Bewältigungsstrategien für Konflikte nicht immer die **Auslöser** der psychosomatischen Beschwerden sein können, so haben sie doch für den **Umgang** und die Gestaltung der Beschwerden prognostisch einen hohen Stellenwert.

> **Psychodramatische Behandlung einer psychosomatischen Störung**
> Der knapp 40-jährige Klient leidet seit über 20 Jahren an einer hartnäckigen Migräne, die sich in den letzten Monaten intensiviert hat. Gleichzeitig bestehen »seit er zurückdenken kann« Schlafstörungen: Er erwacht mehrfach in der Nacht und kommt insgesamt auf maximal 4 Stunden Schlaf. Dabei entwickeln sich bereits schwere Angstgefühle, wenn er in eine tiefere Schlafphase abzugleiten droht. Nachdem er sich selbst intensiv mit verschiedenen Ratgebern zur Selbstbehandlung von Migräne beschäftigt hat, kommt er schließlich zur ambulanten psychotherapeutischen Abklärung. Im Rahmen dieser Abklärung entscheidet er sich
> ▼

bewusst für eine emotionszentrierte psychodramatische Psychotherapie, da er Zusammenhänge zwischen seiner intensiv andrängenden Innenwelt und der Symptomatik vermutet.

Der Patient stammt aus einer Gebirgsregion in den Alpen und ist von Beruf Skilehrer. Er hat eine 5-jährige Tochter und erlebt in den letzten Monaten zunehmende Angstvorstellungen, gegenüber seiner Tochter »brutale Gewalt« einsetzen zu müssen, die »tief in seinem Inneren« stecke. Diese Vorstellungen hätten sowohl die Kopfschmerzen wie auch die Schlafstörungen in den letzten Wochen so sehr verschärft, dass er seinen Beruf kaum noch ausüben könne. Er gibt an, häufig zu träumen, sich allerdings an die Inhalte der Träume kaum erinnern zu können. Am meisten erschrecke ihn, dass er in Bezug auf Gewalt und das fantasierte Blutvergießen »in sich gar nichts fühle, eine Leerstelle habe«. Er fürchte sich deshalb vor sich selbst. Er beschreibt seine Kinderzeit als älterer von zwei Brüdern als »streng aber gerecht«. Er habe – »wie in den Bergen üblich« – keine große Geselligkeit gepflegt, sei deshalb aber nicht grundsätzlich ein Menschenfeind.

Von betont athletischer Statur vermittelt sich durch seinen Gesichtsausdruck, seine Bewegungen und seinen gesamten Auftritt dennoch »etwas Weiches«, »Kindliches«, was mit der klar strukturierten rationalen Gesprächsführung kontrastiert. Die vom Klienten berichtete Gewaltbereitschaft und die sich symbolisch auch in chronischem Kopfschmerz zeigende »Destruktivität« lassen sich atmosphärisch nur unterschwellig im Laufe der Begegnung mit dem Klienten wahrnehmen. Offensichtlich besteht eine starke Hemmung im emotionalen Selbstausdruck, während kognitive und somatomotorische Kompetenzen gut entwickelt und verfügbar sind.

Die Analyse des Rollenspektrums anhand des sozialen Netzwerkinventars und des Rollendiagramms in relevanten Lebensbereichen zeigt ein vergleichsweise durchschnittliches Bekanntschaftsvolumen bei gleichzeitig kaum vorhandenen emotional tiefer reichenden, vertrauensvollen Beziehungen. Der Klient zeigt sich emotional vereinsamt und pflegt in Beziehungen oberflächlich angepasste Rollenmuster. Konflikte schaffen

»Schmerzen« und werden durch Distanzierung bzw. Vermeidung von Beziehung oder Beziehungsabbruch bewältigt. Im Bereich der idealisierten Rollen (Projektion von Kraft und Stärke bei gleichzeitig ausgeprägtem Vertrauensverhältnis) gibt der Klient als Ideal die Rolle eines mythischen Löwenkönigs aus einem Märchen an, der »seine Getreuen nie verlassen habe«. Häufig deutet die Wahl der idealisierten Rollen bereits auf besonders stark besetzte Themenbereiche hin: Hier das Thema der Treue, des Nichtverlassenwerdens durch eine »gute Autorität«. Gleichzeitig handelt es sich um eine mythischmagische Märchenfigur mit Betonung von Fantasiebildung und Bezug zum psychodramatischen Abschnitt der Rollenentwicklung. In der therapeutischen Szene bietet sich der Klient zwiespältig an. Einerseits wird das Gespräch rational / kognitiv immer wieder »beherrscht« und »abgesichert«, andererseits offenbart der Klient im nonverbalen Rapport eine sehr passiv anhängliche, zuweilen »sprachlose« Seite. Für die Rollengestaltung heißt das, dass der Therapeut einerseits die Rolle des Hilfs-Ichs übernehmen und geduldig auf die vorgegebene Strukturierung durch den Patienten eingehen, anderseits aber auch während nonverbaler Passagen aus der Rolle des Regisseurs schützende Präsenz zeigen muss.

Nach verschiedenen somatomotorisch orientierten Erwärmungsübungen wird der Klient eingeladen, sich aus einem Stapel Postkarten diejenige Karte auszusuchen, die am besten seine innere Verfassung wiedergibt. Dabei kann er zwischen der »guten Seite« und der »schlechten Seite« wählen. Diese Intervention spricht die vorhandene rege Phantasietätigkeit an, schützt aber gleichzeitig durch die symbolische Einhüllung. Der Klient wählt eine Postkarte in Schwarz-Weiß aus, auf der ein kleines Mädchen auf dem Rücken eines Esels liegt und sich an ihn anschmiegt. Gleichzeitig wird der Esel von einem anderen Esel am Hals liebkost. Die ganze Szene findet in einer öden, offenen Landschaft statt. Bei der Einrichtung der Szene fügt der Klient aus seiner eigenen Wahrnehmung folgende »neue Rollen« in die Szene ein: Die Rolle der Fotografin, die das Bild aufnimmt und die Rollen der »beiden Seiten der Welt«, die die Szene einrahmen. Bei der Rolleneinführung verändert

▼

▼

der Klient spontan die Zuschreibungen. Aus dem kleinen Mädchen wird er selbst als kleiner Junge, aus dem Esel wird sein Hund, die Fotografin erhält die Züge seiner Mutter und der »böse Teil der Welt« die Züge seines Vaters. Diese »Resonanz« zwischen symbolischer Szene und genetischer Szene im Sinne einer virtuellen Beziehungskomposition erfolgt spontan und ist bei der Auswahl des Bildmotivs auch nicht bewusst zugänglich. Hier wird auch der Satz Morenos, dass Stegreiflage und Spontaneität das »Unbewusste unversehrt in das Bewusstsein aufsteigen lassen«, plastisch nachvollziehbar.

Der Klient beschreibt sich selbst in der Rolleneinführung als kleinen Jungen, der in diesem Augenblick die Wärme und Zuwendung eines anderen lebendigen Wesens erfährt, die aber schon im nächsten Augenblick abhanden kommen könne. Der Hund des Jungen fühlt sich bei ihm wohl, hat aber Angst vor den Schlägen des Vaters. Die Fotografin gibt Kommandos, um das Bild »schön« aufzustellen. Ihr gehe es darum, sich mit dem Foto und dem Abbild des Jungen »schmücken zu können, ohne sich wirklich für ihn zu interessieren«. Der »böse Teil der Welt« äußert in sadistischer Manier, dass er dem Jungen schon noch beibringen werde, dass die Welt schlecht sei und man durch Schmerzen lernen müsse, dass das Schöne auf Illusionen beruhe. Der »gute Teil der Welt« versichert dem Jungen, dass er dennoch das Glück des Augenblicks auskosten solle, selbst wenn dieses wieder vergehe. Durch verschiedene Rollenwechsel zwischen den Positionen des Darstellers, des Beobachters und des Regisseurs entscheidet sich der Klient schließlich für eine Klärung mit dem »bösen Teil der Welt«. Er nähert sich dem Rollendarsteller schrittweise, wobei die Rolle des Gegenübers zwischen symbolischer Besetzung und Vaterfigur oszilliert. Zwischenzeitlich immer wieder in Sprachlosigkeit versinkend, die durch → Doppeln und die Annäherung der Gruppe an den Protagonisten mit Chorusfunktion angegangen werden kann, konfrontiert er schließlich das Gegenüber mit der immer lauter werdenden Frage: »Was hast Du mir angetan?« Schließlich wird der Klient von Weinkrämpfen geschüttelt und berichtet, umgeben und gehalten von den übrigen Gruppenmitglie-

dern, wie ihn sein Vater früher auf brutale Weise geprügelt und gequält habe. Ob er »mehr getan habe«, wisse er nicht.

Das einfühlsame → Doppeln der Leitung, dass er mit dieser Erfahrung immer alleine gewesen wäre und niemand zu seinem Schutz gehabt hätte, bestätigt der Klient unter Tränen. Den Zuspruch und Trost, den die »gute Seite der Welt« anbietet, wehrt er entschieden ab: Er habe selbst auch Gewalt angewendet und nichts dabei gefühlt. Er berichtet von einer Szene als 4-Jähriger, in der er zusammen mit seinem Cousin einen um ein halbes Jahr jüngeren Buben mit einem Hammer auf den Kopf geschlagen habe, sodass dieser blutüberströmt ins Spital eingeliefert werden musste. Er habe dabei gar nichts »gefühlt«.

Während der Reinszenierung dieser Szene, in der der etwas ältere Cousin durch den Rollenträger »des bösen Teils der Welt« dargestellt wird, schlägt er tatsächlich auf den jüngeren Knaben ein »ohne dabei etwas zu empfinden«. Erst im Rollentausch mit dem Opfer kann er Schmerz und Tränen erleben. Auf die Frage, wer ihn denn hätte beschützen können, fällt der Name des mythischen Märchenkönigs. Dieser kniet sich neben den Jungen und verspricht ihm, ihn zu beschützen und ihn nicht mehr alleine zu lassen. Immer wieder spricht er diese Sätze aus, bis der Protagonist ihm schließlich in die Augen schauen kann und, wie er später berichtet, zum ersten Mal, seit er denken könne, Vertrauen und Schutz erlebt habe. Aus dem Körper sei erstmalig die »immer während Spannung« für eine kurze Zeit gewichen. Schließlich kehrt der Klient zum Abschluss in seine heutige Rolle zurück und betrachtet die Szene von außen. Er wählt als Symbol der Erinnerung an die Erfahrung eine grüne Glasgemme aus, die er auch nach Abschluss des Spiels in seiner Hand festhält.

In einer anschließenden Einzelsitzung geht er in einen imaginären Dialog mit seiner Tochter und übt als Zukunftsprobe ein Gespräch mit ihr ein, in dem er ihr ihr Lieblingsmärchen vorliest und über seine Sicht der Welt berichtet. Es fällt auf, dass er ihr gegenüber ausgesprochen friedfertig und in keiner Weise gewalttätig wirkt, sondern sich vielmehr nach jeder auch nur angedeuteten Aggressivität von seiner Seite aus sich selbst kritisiert. Vor dem Hintergrund der eigenen biografischen Erfahrung, kann er dieses Verhalten jedoch aus der Beobachterposition neu einordnen und es selber versuchsweise relativieren. Nach sechs Gruppensitzungen und zwölf Einzelsitzungen hat sich die Symptomatik der chronischen Kopfschmerzen gebessert. Die Schlafstörungen persistieren, werden aber besser toleriert. Ihre Behandlung erfolgt in der ambulanten Anschlusstherapie. Im Rahmen einer 2. Therapiephase wird die Bedeutungsrekonstruktion der früheren Gewalterfahrungen vor dem Hintergrund der jetzigen realen Situation geleistet und eine emotionale Korrektur ermöglicht.

20.6 Rahmenbedingungen der Ausübung von Psychotherapie

20.6.1 Gesetzliche Rahmenbedingungen Deutschland

Seit 1999 regelt ein Gesetz die Zulassung zur Psychotherapie für Psychologinnen und Psychologen. Dabei wird ein qualifizierender Abschluss in einem sogenannten Richtlinienverfahren (analytisch oder verhaltenstherapeutisch orientierte Psychotherapie) als Voraussetzung zur Ausübung des Berufs im Rahmen der gesetzlichen Krankenversicherung verlangt. Das Gesetz legt Maßnahmen zur Sicherung der Qualität von Ausbildung und Praxis von Psychotherapeuten fest. Gleichzeitig definiert es die sogenannten »Quellenberufe«, die zur Ausübung von Psychotherapie berechtigen: Ärzte und Psychologen. Es steht mit dieser Auffassung im Widerspruch zur Praxis in anderen europäischen Ländern.

Die wissenschaftliche Anerkennung im Sinne des Psychotherapiegesetzes ist dem Psychodrama in Deutschland bislang verweigert worden. Dies wird vor allem mit der unzureichenden empirischen Forschungslage begründet, was auch für viele andere Psychotherapieverfahren gilt. Obwohl das damit verbundene Wissenschaftsverständnis keinesfalls unumstritten ist, muss die psychodramatische Psychotherapie im Forschungsbereich sicher vermehrte Anstrengungen unternehmen,

um die Lücke schließen zu können (zur empirischen Psychodrama-Forschung ▶ Kap. 31).

In Deutschland ist die psychodramatische Psychotherapie für die ärztliche und die psychologische Weiterbildung im Bereich Psychotherapie in den meisten Bundesländern als Zweitverfahren zugelassen worden. Im Bereich der humanistischen Psychotherapie ist mit dem Modell der prozessorientierten emotionalen Therapie (PET) eine Weiterentwicklung vorgelegt worden, die auch für die psychodramatische Psychotherapie interessante Impulse liefert. Es besteht ein Arbeitskreis verschiedener Kliniken in Deutschland, der derzeitig die systematische Umsetzung dieser Konzepte für den stationären Versorgungsbereich prüft.

Österreich

In Österreich ist die psychodramatische Psychotherapie als eigenständiges und wissenschaftlich fundiertes Psychotherapieverfahren zusammen mit vielen anderen Verfahren nach einer eingehenden Prüfung seit Jahren anerkannt. Das in Österreich geltende Psychotherapiegesetz sieht zudem eine Loslösung von den klassischen Quellenberufen für Psychotherapie vor (Medizin und Psychologie). Es führt ein 1-jähriges spezifisches Propädeutikum an der Universität für Angehörige aus sozialen Berufen ein, das die Voraussetzungen für die Aufnahme einer qualifizierenden psychotherapeutischen Weiterbildung auch für diese Berufsgruppen schaffen soll. Psychodrama wird als eigenständiger Studiengang unter anderem am Institut für Kommunikation im Berufsleben und Psychotherapie (Universität Innsbruck, Dr. Fürst) und an der Donau Universität Krems (ÖAGG, Fachsektion Psychodrama) angeboten.

Schweiz

In der Schweiz gibt es keine einheitliche nationale, wohl aber eine Vielzahl kantonaler Regelungen für den Bereich Psychotherapie. Diese Regelungen lehnen sich an die Empfehlungen der großen Berufsverbände zur psychotherapeutischen Weiterbildung in der Schweiz an – für Mediziner die Federatio Medicum Helveticum (FMH), für Psychologen die Föderation der Schweizer Psychologinnen und Psychologen (FSP) und der Schweizer Psychotherapeuten Verband (SVP) »Charta«. Neben den drei sogenannten »Grundorientierungen« der Psychotherapie im ärztlichen Bereich (Psychoanalyse, Verhaltenstherapie und systemische Therapie) wird Psychodrama als Zusatzverfahren in einzelne Ausbildungsgänge integriert. Im psychologischen Bereich ist das Verfahren mittlerweile vom SVP anerkannt, das Anerkennungsverfahren im Rahmen der FSP ist weiterhin anhängig, eine Vielzahl psychodramatischer Einzeltherapeutinnen haben aber bereits kantonale Zulassungen erhalten.

20.6.2 Ethische Prinzipien

Die nachfolgenden ethischen Prinzipien müssen unabhängig vom Verfahren von allen Psychotherapeuten angewendet und befolgt werden. Ein Verstoß gegen sie (z. B. Verletzung der Schweigepflicht) hat zum Teil juristische Konsequenzen zur Folge.

Respekt vor der Autonomie/ Selbstbestimmung und Würde des Anderen

Für die Psychotherapie ergibt sich daraus die Verpflichtung, den Klienten – wo immer möglich – an allen wesentlichen Entscheidungen zu beteiligen. Das bedeutet unter anderem auch, dass die angewendete Methode und einzelne Interventionen vorab besprochen sein und eine Zustimmung des Klienten zum gewählten Vorgehen vorliegen sollten (»informed consent«). Die Abhängigkeit des Klienten im Rahmen der Psychotherapie bedingt ferner Persönlichkeitsschutz (Schweigepflicht) und den Umgang mit schamvollen Themen besonders verantwortungsvoll zu gestalten.

Gebot der Schadensvermeidung (primum non nocere)

Dazu gehört die Einhaltung von Diskretion und Schweigepflicht aus Gründen des Persönlichkeitsschutzes ebenso wie die sorgfältige Abwägung aller psychotherapeutischen Interventionen (insbesondere Konfrontationen). Risiken und Kontraindikationen für einzelne Techniken müssen gekannt, Grenzen für die Ausübung des Berufs bei

persönlichen Schwierigkeiten des Therapeuten beachtet werden. In unübersichtlichen oder unklaren Behandlungssituationen gebietet dieser Grundsatz den Beizug von Hilfe (Supervision, »second opinion«).

Verpflichtung zur Hilfe (Paternalismus)

Aufgrund der besonderen Verantwortung, die sich aus der Kenntnis vieler persönlicher Details für den Therapeuten in Bezug auf Klienten ergibt, bestehen auch hohe Anforderungen an seine Sorgfaltspflicht. Falls er selbst die notwendige Hilfe nicht mehr leisten kann oder will, muss er um eine adäquate Lösung der Situation besorgt sein. Dieses Gebot wird z. B. bei akuter Suizidalität mit in die Therapie hineingetragenen Todeswünschen auf die Probe gestellt (vernachlässigte Sorgfaltspflicht bis hin zu passiver oder aktiver »Sterbehilfe«).

Prinzip der Gerechtigkeit (Ressourcenverteilung)

Bei der Zuteilung von Zeit und Können soll der Therapeut nicht nur einzelne Behandlungen separat, sondern die Gesamtheit der von ihm zu erbringenden Leistungen angemessen berücksichtigen. Vorhandene Ressourcen (Zeit, Methoden) müssen gerecht verteilt, einseitige Bevorzugungen zum Nachteil anderer Klienten vermieden werden.

20.6.3 Psychotherapie als Profession: Anforderungen und Risiken

Zur Pflicht jedes Therapeuten gehört es, die eigene Geschichte und die eigene momentane Realität im Rahmen von Selbsterfahrung und Supervision kennenzulernen und beantworten zu können, um die therapeutische Beziehung nicht unreflektiert in den Dienst eigener Bedürfnisse zu stellen. Folgende Themen bedürfen dabei besonderer Aufmerksamkeit:

Macht. In der therapeutischen Beziehung wird die Dimension der Macht durch das Machtgefälle zum Klienten und durch dessen besondere Sensibilität zum Thema. Die zwei möglichen Extrempositionen seitens des Therapeuten – die gut gemeinte Leugnung und die unkontrollierte Handhabung von Macht – müssen vor dem Hintergrund der eigenen Erfahrungen mit Macht angesprochen und geklärt werden. Gleiches gilt für den Bereich der Sexualität.

Sexualität. Erotische Gefühle kommen auf natürliche Weise in jeder Beziehung vor. Dabei existiert eine natürliche Verbindung zum Thema Nähe, Intimität sowie Vertrauen und nicht nur zum Thema Geschlechtlichkeit! Grenzverletzungen von beiden Seiten sind deshalb häufig gerade auch mit diesen Themen legiert.

Gewalt und Aggression. Sie gehören ebenfalls zu den natürlichen Grunderfahrungen des Menschen. Durch das vorgegebene Rollenprofil beim Therapeuten wird einerseits ihr freier, spontaner Ausdruck blockiert. Andererseits muss zum Schutz eigener Grenzen dennoch Feindseligkeit ausgehalten und angemessen beantwortet werden können.

Narzisstische Dimension. Die narzisstische Dimension der Rollenwahl und die in ihr angelegten Bedürfnisse sind rollenbedingt tabuisiert. Das mangelnde Zuwendungsbedürfnis kann unter Umständen über das Thema der Behandlungsdauer ausgelebt werden (narzisstische Kollusion). Die aus narzisstischen Gründen stattfindende Leugnung von Misserfolgen oder Schwierigkeiten und das daraus resultierende »Einzelkämpfertum« kann ernsthafte Konsequenzen haben.

Erwartungen. Zu häufig überhöhten rollenbedingten Erwartungen trägt ein unrealistisch positives Selbstbild mit Gleichsetzung von gewünschten Kompetenzen und eigenem Selbstbild (»Selbst-Idealisierung«) bei. Im Kontrast dazu stehen
- objektiv unsichere Erfolgsaussichten (z. B. unbeeinflussbare gesellschaftliche Genese psychischer Störungen; geringe »Heilungschancen«),
- »secondary victimization« (bei der Behandlung von Traumaopfern kann über die Position des Zeugen – langfristig – eine sekundäre Traumatisierung einsetzen),

- Umgang mit Feindseligkeit,
- Grenzbedrohungen und
- Konfrontation mit eigenen Erinnerungen.

Als Folge zeigen sich bei Therapeuten häufig eine Leugnung von Therapieversagen, eine Leugnung eigener Aggression sowie eine sekundär hohe Inzidenz von Depression, Suchterkrankungen und Suizid. Da die habituellen Bindungsmuster des Therapeuten in die intersubjektive therapeutische Beziehung eingehen, ergibt sich auch hier die Notwendigkeit zu Supervision und Selbsterfahrung, insbesondere in Bezug auf den Umgang mit schwierigen Situationen.

> ### Zusammenfassung
>
> Der Artikel fasst theoretische und methodische Voraussetzungen für die Anwendung des Verfahrens Psychodrama in der Psychotherapie zusammen. Vor dem Hintergrund allgemeiner Modellvorstellungen zur Psychotherapie werden die spezifischen Kennzeichen psychodramatischer Psychotherapie entwickelt:
> - Handlungs- und Lösungsorientierung,
> - Beziehungsorientierung mit Betonung leibnaher, emotionaler und symbolischer Prozesse und Ressourcen,
> - Gruppenorientierung mit Betonung soziokultureller und universeller Behandlungsaspekte.
>
> Ziel ist die selbstwirksame und selbstverantwortete Neugestaltung von Beziehungen und Beziehungssystemen oder der Einstellung zu ihnen. Dabei werden die notwendigen störungsspezifischen Modifikationen im Vorgehen sowohl methodisch wie auch anhand praxisnaher Beispiele verdeutlicht. Hinweise zur Diagnostik, zu Indikation und Kontraindikation wie auch zu ethischen und rechtlichen Aspekten der Profession des psychodramatischen Psychotherapeuten vervollständigen den Beitrag.

Literatur

Arbeitsgemeinschaft für Methodik und Dokumentation in der Psychiatrie (Hrsg.) (2000). *Das AMDP-System* (7. Aufl.). Göttingen: Hogrefe.

Benedetti, G. (2002). *Die Todeslandschaften der Seele* (6. Aufl.). Göttingen: Vandenhoeck & Ruprecht.

Bremer, B. (1993). Wieder Mitspielen. Oder: die Chance zum Selbstbild-Wandel bei Alkoholikern in der Position des psychodramatischen Hilfs-Ich. *Psychodrama, 6 (2)*, 223–233.

Buer, F. (1992). Der Prozess menschlichen Lebens zwischen Kreation und Konserve. Über Gesundheit und Krankheit aus psychodramatischer Sicht. In A. Pritz & H. Petzold (Hrsg.), *Der Krankheitsbegriff in der modernen Psychotherapie* (253–283). Paderborn: Junfermann.

Burmeister, J. (2001). Psychodramatische Gruppenpsychotherapie. In V. Tschuschke (Hrsg.), *Praxis der Gruppenpsychotherapie* (372). Stuttgart: Thieme.

Burmeister, J. & Portmann, E. (1996).The drum, the mouse and the boy in the glass palace. Brief dramatherapeutic intervention with chronic catatonic schizophrenia. In S. Jennings (ed.), *The Handbook of Dramatherapy* (vol. 2, 36–49). London: Routledge.

Carlson-Sabelli, L., Sabelli, H. & Hale, A. (1994). Sociometry and sociodynamics. In P. Holmes, M. Karp & M. Watson (eds.), *Psychodrama since Moreno* (147–185). London: Routledge.

Delius, P. & Hüffer, M. (1996). Scenic imagining of memory images. A group psychotherapeutic concept for the elderly. *Psychotherapeut, 41*, 163–168.

Dilling, H., Mombour, W. & Schmidt, M. H. (Hrsg.) (1991). *Internationale Klassifikation psychischer Störungen (ICD-10), Kapitel V (F). Klinisch diagnostische Leitlinien*. Bern: Huber.

Fellöcker, K. (2004). Suchtprävention und Psychodrama in Österreich. *Zeitschrift für Psychodrama und Soziometrie, 3 (2)*, 215–228.

Fiedler, P. (1995). Verhaltenstherapie in Gruppen. *Psychotherapeut, 40*, 43–50.

Franzke, E. (1985). *Märchen und Märchenspiel in der Psychotherapie*. Bern: Huber.

Grawe, K. (1995). Grundriß einer Allgemeinen Psychotherapie. *Psychotherapeut, 40*, 130–145.

Holmes, P. (1992). *The Inner World Outside. Object Relations Theory and Psychodrama*. London: Routledge.

Horowitz, L. M., Strauss, B. & Kordy, H. (1994). *Das Inventar zur Erfassung interpersonaler Probleme IIP – Deutsche Version*. Weinheim: Beltz Test Gesellschaft.

Krüger, R. T. (1997). *Kreative Interaktion. Tiefenpsychologische Theorie und Methoden des klassischen Psychodramas*. Göttingen: Vandenhoeck & Ruprecht.

Krüger, R. T. (2004). Zwei Seelen in der Brust haben – Theorie und Praxis der störungsspezifischen Psychodramatherapie mit suchtkranken Menschen. *Zeitschrift für Psychodrama und Soziometrie, 4 (2)*, 161–194.

Leutz, G. A. (1974). *Psychodrama. Theorie und Praxis*. Berlin: Springer.

Leutz, G. A. (1981). Das Psychodramatisch-kollegiale Bündnis. *Schleswig-Holsteinisches Ärzteblatt, 10*, 472–477.

Moreno, J. L. (1945). *Psychodramatic Treatment of Psychosis* (Psychodrama Monographs, vol. 5). Beacon: Beacon House.

Moreno, J. L. (1964). *Die Grundlagen der Soziometrie*. Opladen: Leske & Budrich.

Rohde-Dachser, C. (1980). Loslösungs- und Individuationsprozesse in der psychoanalytisch orientierten Psychodrama-Therapie. *Gruppenpsychotherapie und Gruppendynamik, 15 (3/4)*, 271–306.

Roth, G. (1997). *Das Gehirn und seine Wirklichkeit*. Frankfurt a. M: Suhrkamp.

Rustin, T. A. & Olsson, P. A. (1994). Der »Sobriety-Shop«. Eine Variante des Zauberladens zur therapeutischen Arbeit mit Abhängigen. *Psychodrama, 6 (2)*, 235–247.

Schwehm, H. (2004). Wirkung des Psychodramas bei der Behandlung Abhängigkeitskranker. *Zeitschrift für Psychodrama und Soziometrie, 4 (2)*, 133–160.

Strotzka, H. (1975). Was ist Psychotherapie? In H. Strotzka (Hrsg.), *Psychotherapie: Grundlagen, Verfahren, Indikationen* (2. Aufl., 3-6). München: Urban & Schwarzenberg.

Trapp, v. P. F. (1993). Angst und Antrieb – Das innere Psychodrama eines Alkoholkranken. *Psychodrama, 6 (2)*, 270–274.

Uexküll, T. von & Adler, R. (Hrsg.) (1996). *Psychosomatische Medizin* (5. Aufl.). München: Urban & Schwarzenberg.

Voigt, R. (2004) Produktives therapeutisches Arbeiten mit Ambivalenzen in der Suchtbehandlung. *Zeitschrift für Psychodrama und Soziometrie, (2)*, 195–206.

Winnicott, D. W. (1985). *Vom Spiel zur Kreativität*. Stuttgart: Klett-Cotta.

Psychodrama in der Psychotherapie mit Kindern

A. Aichinger

In der 30. Therapiesitzung, als die Kotherapeutin wegen Krankheit fehlt, bearbeiten die vier 10-jährigen Mädchen ihre negativen Erfahrungen mit ihren Vätern. Sie beschließen, gefürchtete Piratinnen zu spielen. Mir teilen sie die Rolle eines reichen Kaufmanns zu, der mit Schätzen nach Hause segelt. In der Nacht schwimmen sie mit ihren Säbeln zwischen den Zähnen zu meinem Schiff, überfallen mich und schleppen mich nach einem heftigen Kampf gefesselt auf ihr Piratenschiff. Sie beraten, ob sie mich den Haien vorwerfen oder als Sklave halten sollen. Ich bettle um Gnade, ich sei doch ein ehrbarer Händler. Empört rufen die Piratinnen, ich hätte die Schätze den Inkas geraubt und wollte Sklavinnen kaufen. Jetzt solle ich mal spüren, wie schön das Sklavenleben sei. Und unter Gekicher befehlen sie mir, mit der Zunge ihr Klo zu putzen. Sie kacken von oben herunter und lassen mich ihre Scheiße aufschlecken. Bei jedem Ekel- und Klagelaut oder Schimpfen ritzen sie mir mit einem Messer auf Brust und Rücken ein Stück eines Totenkopfs. Über mein Jammern machen sie sich lustig und drohen mir mit schlimmeren Strafen. Als ich vor mich hin klage, das Kloputzen hätten immer meine Dienerinnen übernommen, holen sie die – imaginierten – Dienerinnen herbei, 40 an der Zahl. Dann befehlen sie mir, deren mit Hundekacke beschmierten Füße abzuschlecken und ihre Zehennägel abzubeißen und zu schlucken. Sie setzen sich dazu und genießen lachend den Triumph, mich auf dem Boden kriechen, die Füße ablecken und die Nägel beißen und hinunterwürgen zu sehen. Bei jedem Ton der Klage oder Wut, so ohnmächtig ihrer Willkür ausgesetzt zu sein und brav gehorchen zu müssen, vervollständigen sie den Totenkopf auf meiner Haut. Zum Schluss schneiden sie mir die Hände ab, streuen Salz darauf und schlingen sie gemeinsam hinunter.

Diese Mädchen sind keineswegs, wie zu vermuten wäre, wegen Aggressivität oder Verwahrlosung angemeldet. Ganz im Gegenteil, sie wurden wegen depressiver Verstimmung, Gehemmtheit, sozialem Rückzug, Ängstlichkeit, ein Mädchen sogar wegen selektivem Mutismus in die Gruppe aufgenommen. Bei allen sind die Eltern geschieden oder haben massive Ehekonflikte. Und in den ersten Stunden brachten sie kaum einen Ton heraus und spielten kleine Kätzchen, die wir als Bauern zu umsorgen hatten.

Diese beeindruckende Kreativität von Kindern, in einer leidvollen Situation im Symbolspiel das Lustvolle herauszuholen und sich als aktiv gestaltendes, das Geschehen im Griff habendes Wesen zu erleben, faszinierte schon Moreno, als er vor dem 1. Weltkrieg als junger Mediziner auf seinen Spaziergängen in den öffentlichen Gärten Wiens mit Kindern spielte. Dabei beobachte er, wie diese sich im Laufe des Spiels wandelten, wie sie sich freispielten, im Rollentausch Ängste ablegten, neue Verhaltensweisen zeigten und durch alte Konfliktlösungen und Symptombildung gebundene Kreativität in freie Kreativität umwandelten.

21.1 Kindertherapie benötigt eine eigene Methode

Das Spiel von Kindern ist der Ursprung des Psychodramas. Die Mechanismen des Spiels hat Moreno zu einer therapeutischen Praxis, aber nur für Erwachsene, zusammengefasst und erweitert. Wie selbstverständlich wurde, wie auch in den meisten klassischen therapeutischen Schulen, über einen langen Zeitraum das grundlegende Konzept und die Strategien der Erwachsenentherapie in den ganz anderen Tätigkeitsbereich der Kinderbehandlung übertragen. Dieses »miniaturisierende« Vorgehen erinnert an die Kunst im Mittelalter, als Kinder stets als klein geratene Erwachsene dargestellt wurden. Die Kindertherapie unterscheidet sich jedoch grundlegend von der Erwachsenentherapie, sowohl von der Methode als auch von den Anforderungen an den Therapeuten. So verwenden Kinder andere Kommunikationsformen und -strukturen als Erwachsene. Das Spiel ist ihr Medium, in dem sie sich vorwiegend ausdrücken und ihre innere Wirklichkeit inszenieren.

Im Spiel, dem »Königsweg« der Kinder, geschieht auch Aneignung und Gestaltung der Wirklichkeit auf eine Weise, die Kindern Spaß macht. Die bedeutsamste Wirkung der Spieltätigkeit sah Moreno (1946, S. 28) gerade darin, dass das Kind im Spiel seinem eigenen Leben gegenüber wieder die Perspektive des schöpferisch Tätigen gewinnt und Zugang zu seiner Kreativität findet.

Die »heilenden Kräfte des kindlichen Spiels« müssen in der Kindertherapie genützt und auf die jeweilige Altersstufe und Spielkultur zugeschnitten werden. Wenn in der Spieltherapie mit Kindern 93% der Zeit gespielt wird, so eine Untersuchung von Schmidtchen, Acke u. Hennies (1995), wird der große Unterschied der Kinder- zur Erwachsenentherapie deutlich. Inzwischen besteht auch innerhalb aller kindertherapeutischer Schulen eine hohe Konvergenz hinsichtlich dieser Spielzentriertheit. Dem Kindertherapeuten kommt daher die zentrale Aufgabe zu, diese symbolisch-spielerische Kompetenz der Kinder zu entwickeln und zu fördern und ihre Interventionen auf der Spielebene zu gestalten.

Kindertherapeuten müssen aber nicht nur die Kommunikationsformen und Spielkulturen von Kindern beherrschen, sondern auch mit Kindern auf verschiedenen Altersniveaus mit dem individuellen kognitiven, emotionalen und sozialinteraktiven Entwicklungsstand umgehen können. Daher kann keine Kindertherapie auf die Erkenntnisse der Entwicklungspsychologie, der neueren Säuglings- und Bindungsforschung (vgl. Schacht, 2003) und der Sozialisationsforschung verzichten. Deren Ergebnisse müssen in die Praxis umgesetzt und in Behandlungsstrategien transformiert werden.

Des Weiteren zeichnet sich die Kindertherapie dadurch aus, dass die Behandlung von Kindern nur unter Einbeziehung ihrer Familie bzw. Bezugspersonen und, wann immer dies notwendig und auch möglich ist, unter Einbeziehung ihrer Lebenswelten wie Kindergarten oder Schule gelingen kann.

❗ **All diese wesentlichen Unterschiede der Kindertherapie zur Erwachsenentherapie verlangen neben einer eigenen Methode (vgl.**
▼

Aichinger 2003a, 2003b, 2006, 2007, 2008; Aichinger u. Holl, 1997; 2002; Pruckner, 1996; 2001) auch eine eigene therapeutische Ausbildung für Kindertherapeuten, wie sie z. B. das Moreno-Institut Stuttgart und das Szenen-Institut Bonn anbieten.

21.2 Indikation

Die Psychodrama-Kindertherapie hat neben der Förderung seelischer Wachstumspotenziale und Hilfe zur Bewältigung von Entwicklungsaufgaben den Abbau von Verhaltensstörungen zum Ziel. Die Einzeltherapie eignet sich zur Behandlung von Kindern im Alter von 2–12 Jahren, die Gruppentherapie zur Behandlung von Kindern im Alter von 4–12 Jahren bzw. bis zur Pubertät.

Indiziert ist sie besonders zur Behandlung internalisierter Störungen wie Ängste, soziale Hemmung, depressive Störungen und verringertes Selbstwertgefühl, aber auch bei externalisierten Störungen wie Störungen des Sozialverhaltens und Störungen mit oppositionellem Trotzverhalten.

❗ **Die Psychodrama-Kindertherapie kann nur dann als Breitbandverfahren zur Behandlung unterschiedlichster psychischer Störungen von Kindern angesehen werden, wenn das Behandlungskonzept an den Störungsbildern orientiert ist.**

Eine erfolgreiche Kinderpsychotherapie ist nicht ohne ein differenziertes Interventionskonzept durchzuführen ist. Die frühere Auffassung vieler humanistischer Therapieschulen, der Therapeut könne sich auf die Selbstheilungskräfte der Kinder verlassen, ist ein Mythos und vernachlässigt die Tatsache, dass Kindern auch Bewältigungshilfen im Sinne von Grawe, Donati u. Bernauer (1994) zu geben sind. Wir entwickelten daher ein differenziertes Strategieangebot, um unsere Interventionen in störungsspezifischer Weise auf die jeweiligen Störungen des Kindes auszurichten, z. B. setzen wir den stützenden Doppelgänger bei impulsiven und aggressiven Kindern ein, das Spiegeln des inneren Arbeitsmodells bei Informationsverarbeitungsstörungen oder mehr Struktur bei Steuerungsmangel.

Ob im Einzelfall die Psychodrama-Kinderpsychotherapie indiziert ist und ob ein Kind in Einzel- oder Gruppentherapie aufgenommen wird, hängt jeweils von einer ausführlichen Diagnostik ab. In die diagnostischen Überlegungen müssen der aktuelle Zustand des Kindes, seine Ressourcen und Potenziale, aber auch sein Lebenskontext mit Familie und Netzwerken eingehen.

21.3 Psychodrama-Gruppentherapie mit Kindern

Über einen langen Zeitraum haben alle Schulen der Kinderpsychotherapie die Bedeutung der Gleichaltrigengruppe für die Entwicklung des Kindes wenig beachtet und genutzt. Erst in den letzten Jahren wurde die prägende Kraft von Peer-Einflüssen auf das Leben der Kinder in der wissenschaftlichen Diskussion hervorgehoben, und das Interesse an Gruppentherapie mit Kindern stieg. Die Lebensweltähnlichkeit, die zwischen der Lebenssituation der Kinder und der Gruppensituation besteht, macht die Gruppe zu einem wichtigen Erfahrungsfeld. Der Gruppentherapie kommt daher die bedeutsame Aufgabe zu, Kindern bei der Bewältigung ihrer Entwicklungsaufgaben zu helfen und sie in ihrer Beziehungs- und Konfliktfähigkeit zu fördern.

Im Folgenden stelle ich unsere Methode dar, wie wir sie im Laufe von 34 Jahren Erfahrung mit über 150 Kindergruppen an der Psychologischen Beratungsstelle für Eltern, Kinder und Jugendliche der Caritas Ulm entwickelt haben.

21.3.1 Setting

Raum

Der Gruppenraum sollte Kindern genügend Bewegungsfreiheit gewähren. Die Ausstattung ist zu begrenzen, um Kinder auf ihre Fantasie und die Beziehung untereinander zu zentrieren. In unserem Gruppenraum haben wir
- Schaumstoffpolster, die sich gut zum Bauen eignen und die Kinder vor Verletzungen schützen,
- Kissen,
- verschiedenfarbige große und kleine Tücher zum Einrichten von Landschaften und zum Verkleiden,
- Hüte,
- weiche Seile und
- Baufixmaterial, das zum Bauen von Waffen, für Schätze, Futter- und Operationsmaterial gut zu verwenden ist.

Zeit

Wir bieten Kindern wöchentlich, außer in den Ferien, eine Sitzung von 60 Minuten an. Die Therapie erstreckt sich meist über 1 Jahr mit ca. 40 Sitzungen. Von kürzerer Therapiedauer sind meist themenspezifische Gruppen, wie Gruppen für Kinder im Trennungs- und Scheidungskonflikt, für Kinder psychisch kranker Eltern oder für Kinder aus suchtbelasteten Familien.

Größe und Zusammensetzung der Gruppe

Wir nehmen in unsere Gruppen höchstens sechs, bei Vorschulkindern sogar nur vier Kinder auf. Bei der Zusammenstellung suchen wir Kinder mit gleichem Entwicklungsstand aus, damit es um die Bewältigung gleicher Entwicklungsaufgaben geht und die gespielten Themen für alle Gruppenteilnehmer eine ähnliche Bedeutung haben.

Damit die Kinder voneinander profitieren können, wählen wir Kinder mit unterschiedlicher Symptomatik aus und achten auf eine möglichst ausgewogene Zusammenstellung von gehemmten und aggressiven Kindern und, wenn es geht, auch auf eine ausgeglichene Mischung beider Geschlechter.

Geleitet wird die Gruppe immer von einem gegengeschlechtlichen Therapeutenpaar, was das Ausspielen von Familienszenen begünstigt.

Mit den Eltern ist sorgfältig abzuklären, ob sie genügend motiviert sind, ihr Kind regelmäßig und über einen langen Zeitraum zur Therapie zu bringen bzw. zu schicken und an begleitenden Familien- oder Elterngesprächen teilzunehmen.

21

21.3.2 Der Ablauf einer Gruppentherapiesitzung

Jede Sitzung wird durch drei Phasen strukturiert: Die Erwärmungs-, die Spiel- und die Abschlussphase.

Erwärmungsphase

Ziel der Erwärmungsphase zu Beginn jeder Sitzung ist es, mit den Kindern ein gemeinsames Symbolspiel zu entwickeln. Bei Kindern ist diese Phase meist kurz. Sie kommen häufig in den Gruppenraum gestürzt und möchten am liebsten gleich, ohne große Absprachen, losspielen.

1. Schritt: Einleitung der Gruppensitzung und Themenfindung

In einer Stuhlrunde fragen wir die Kinder, welche Geschichte sie heute zusammen spielen möchten. Die verschiedenen Beiträge der Kinder versuchen wir mit den Kindern zusammen zu einem Symbolspiel zu entwickeln. Den Prozess der Konsensfindung müssen die Therapeuten begleiten und unterstützen. Ihn durchzustehen und nicht gleich den erstbesten Spielvorschlag aufzugreifen und den zum Spiel drängenden und herumzappelnden Kindern nachzugeben, ist oft der schwierigste und stressreichste Prozess der Gruppenstunde.

Kinder bleiben im Unterschied zu Erwachsenen nicht ruhig auf ihren Polstern sitzen und warten die Themenfindung und den Einigungsprozess nicht ab.

Drohen diese Handlungen aber zu entgleisen und in ein Chaos auszuarten, und ist daher eine Themenfindung auf der Gesprächsebene nicht mehr zu erreichen, ohne in einen Machtkampf zu geraten, versuchen wir mit folgenden Interventionen das Ausagieren der Kinder von der Real- auf die Symbolebene zu überführen:

Interventionen auf der verbalen Ebene. Die Therapeuten versuchen die Handlungen der Kinder und den ablaufenden Gruppenprozess szenisch zu erfassen, den Sinn zu verstehen, in eine Symbolhandlung zu überführen und Ideen zu säen, die die Kinder zu einem Symbolspiel anregen.

> Eine gemischte Gruppe von 10-Jährigen hängt lässig in den Polstern herum. Auf unsere Eingangsfrage antworten sie, sie hätten heute keinen Bock, nach Spielideen zu suchen. Sie gähnen und lassen sich noch tiefer in die Sessel sinken. Auf meine Intervention: »Ich komm' mir vor wie ein Steward auf dem Traumschiff, der den erlesenen und berühmten Gästen alle Wünsche von den Augen ablesen muss«, werden sie lebhafter und greifen das Bild auf. Wir Therapeuten müssen dann in dieser Spielstunde als Stewardess und Steward auf dem Schiff hin- und herhetzen, um den weltberühmten Filmschauspielerinnen, Sängerinnen, Fußballspielern und Rennfahrern ihre Wünsche zu erfüllen. Wir schaffen es aber nie, sie zufriedenzustellen, werden kritisiert, beschimpft und mit Entlassung bedroht.

Interventionen auf der Handlungsebene. Die Therapeuten versuchen in der Symbolsprache auf das Gruppengeschehen einzuwirken und nehmen dazu eine Position ein, die sie entweder aus therapeutischen Überlegungen aufsuchen oder die sie sich von den unbewussten Rollenerwartungen der Kinder zuweisen lassen. Die Interventionen sind ausführlich in Aichinger u. Holl (1997, S. 139 ff.) dargestellt.

Eine Möglichkeit ist z. B., **aus der Gegnerposition** zu intervenieren, um in der Anfangsphase des Verlaufs die Gruppenkohäsion bei heftigen gruppeninternen Aggressionen zu stärken. Ein Therapeut übernimmt gezielt eine Rolle, mit der er die Aggressionen auf sich lenkt und von der Gruppe ablenkt. Die Bedrohung durch den Therapeuten verbindet die Kinder untereinander, sodass der Gruppenzusammenhalt wächst und die Spannung sinkt. So können konstruktive Interaktionen unter den Kindern wieder in Gang kommen, auch wenn sie sich zunächst nur gegen die Außenbedrohung richten.

> In einer gemischten Gruppe von 10-Jährigen einigen sich die Kinder zunächst auf ein Urwaldspiel. Die Jungen wollen Kannibalen sein, die Mädchen wilde Indianerinnen, und wir Therapeuten sollen Forscher sein. Beim Aufbau der Kulisse entsteht jedoch zwischen Jungen und Mädchen ein Streit,

▼

wer im Erker des Gruppenraums sein Lager aufbauen darf. Obwohl die Jungen dem Lösungsvorschlag der Mädchen, darüber zu knobeln, zustim-
men, weichen sie nicht mehr aus der Ecke, als sie
verlieren. Außerdem versuchen sie, die Hütten der
Mädchen zu zerstören. Ich nehme die Rolle eines
Beamten der Regierung an, komme zu den Indianerinnen und sage, ein Spitzel habe gemeldet, sie
hielten Kannibalen in ihrem Lager versteckt. Dies
habe jedoch die Regierung strengstens verboten,
ein Zuwiderhandeln würde mit 10 Jahren Zwangs-
arbeit bestraft. Da ja in der Nähe ein Touristenhotel
gebaut würde und für Touristen Kannibalen gefährlich und unzumutbar seien, habe die Regierung beschlossen, diese im tiefen Urwald in ein
Reservat zu stecken. Auf diese Intervention hin
stellen sich die Mädchen schützend vor die Jungen und sagen, dies müsse ein Irrtum sein. In ihrem Dorf seien noch nie Kannibalen gesichtet worden. Während die Indianerinnen mich ablenken,
schleichen die Kannibalen weg. Im späteren Verlauf des Spiels werde ich dann als Beamter von
beiden Gruppen überfallen und verspeist.

2. Schritt: Rollenwahl

Haben sich die Kinder auf ein gemeinsames Spiel-
thema geeinigt, lassen wir sie die Rollen, die sie im
Spiel übernehmen möchten, wählen und kurz beschreiben. Danach entscheiden die Kinder (als
»role giver«) gemeinsam, welche Rollen die beiden
Therapeuten (als »role receiver«) spielen sollen.
Bei sich sehr chaotisch oder destruktiv verhalten-
den Kindern hat es sich bewährt, wenn ein Therapeut die Rolle eines Hilfs-Ichs übernimmt, um
diese Kinder zu stützen und ihnen Halt zu geben.
So kann der Therapeut bei Jungen, die aufgrund
ihrer Impulsivität und Hyperaktivität ihre Handlungen kaum planen und einen Spielspannungs-
bogen nicht halten können, sich als Ausbilder der
Dragonball-Kämpfer anbieten, um sie im Trai-
ningslager auf den Kampf gegen die Bösewichte
C 19 und C 20 vorzubereiten. In dieser Rolle bietet
er Hilfestellungen an, wie sie ihre Größenfantasien
und ihre Kampfkunst wie »Kame-Hame-Ha«, »Su-
per-Ghost-Kamikaze« oder zweifachen »Kaioken«
im Spiel umsetzen und die Grenzen des So-tun-
als-ob einhalten können.

3. Schritt: Aufbau der Szene

Nach der Rollenwahl richten wir mit den Kindern
zusammen den Ort der Handlung, die Spielbühne,
ein. Wir ermuntern die Kinder auch, sich mit Tüchern und Hüten zu verkleiden und fordern sie
auf, mit Baufixelementen Requisiten herzustellen.
Für diese Bauphase nehmen sich Kinder oft viel
Zeit. Indem auch die Therapeuten mitbauen, sich
verkleiden und Requisiten zusammenstellen, können sie Struktur schaffen oder auch neue Spielhandlungen eröffnen.

> ❗ Bei dieser ersten Phase kommt den Thera-
> peuten die schwierige Aufgabe zu, sich
> einerseits nicht zu schnell mit unklaren
> Spielentwürfen oder Rollenwahlen zufrie-
> denzugeben, was sich in einem chaotischen
> Spiel rächen könnte. Andererseits dürfen sie
> auch nicht zu viel vorbesprechen, weil sie
> dadurch mit den Kindern, die nicht so viel
> reden, sondern spielen möchten, schnell in
> einen Machtkampf geraten.

Wir konnten in vielen Gruppen beobachten, dass
gerade aggressive und impulsive Kinder in der Er-
wärmungs- wie Abschlussphase ihr ganzes problematisches Verhaltensrepertoire auffahren, in der
Spielphase dagegen viel eher ihre Ressourcen und
Entwicklungsmöglichkeiten zum Vorschein kommen. Daher empfiehlt es sich, gerade bei diesen
Kindern möglichst rasch mit der Spielphase zu beginnen, die alternative und neue Beziehungsmuster fördert. Der ressourcenorientierte Ansatz des
Kinderpsychodramas kann damit das Prinzip der
»role creation« nützen, worauf Moreno (1943,
S. 438) sehr früh hingewiesen hat.

Spielphase

Ist die »Spielbühne« aufgebaut, kann die Spielphase beginnen. Während des Spiels stehen den Therapeuten verschiedene Interventionsmöglichkeiten zur Verfügung,
- den Handlungsablauf zu strukturieren,
- das symbolische Geschehen zu intensivieren,
- Ressourcen zu aktivieren und
- aktive Hilfen zur Problembewältigung und zur
  Klärung zu geben.

Neben der Einstimmung ins Spiel und der Anstiftung durch das ernsthafte Mitspielen der Therapeuten kommt der Strukturierung in Kindergruppen große Bedeutung zu. Ausgehend von der Säuglingsforschung haben Forscher wie Stern (1999) die »haltende Umgebung«, den »sicherheitsgebenden Rahmen« als grundlegenden Faktor jeder Psychotherapie hervorgehoben. Die Therapeuten müssen immer wieder Struktur schaffen, indem sie auf die Regeln des Symbolspiels hinweisen und für die Einhaltung sorgen, ungerichtete Impulsivität der Kinder lenken und gegebenenfalls begrenzen, bei Grenzüberschreitungen eingreifen und Aushandlungsprozesse anregen.

🛈 Dieses pädagogisch-therapeutische Moment des permanenten Aushandelns von Grenzen ist der mühsamste Teil der Kinderpsychotherapie. Da sich Störungsbilder in diesen Bereichen vermehrt zeigen, werden Kindertherapeuten gerade diese Fähigkeiten zunehmend abverlangt, um Kinder vor überflutenden, destruktiven Aggressionen zu schützen.

Neben diesen strukturierenden Interventionen, die meist auf der Leiterebene erfolgen, gibt es spielerische Interventionen, deren allgemeine Indikation die Aktivierung und Förderung der Kreativität in der Gestaltung von Prozessen ist. Die zentralen Psychodrama-Techniken verwirklichen gezielt die vier kreativen Grundbedürfnisse von Kindern:

> 1. Das Bedürfnis, selbst in der Situation und in der Welt existent zu sein, sich zugehörig zu fühlen und sich einen angemessenen Rahmen zu schaffen oder zu finden.
> 2. Das Bedürfnis, aktiv zu handeln und dabei einen Weg zu finden oder einen gangbaren Weg zu schaffen.
> 3. Das Bedürfnis, eine angemessene Wirkung zu erzielen beim anderen, in einen Wirkungszusammenhang zu stehen und gebraucht zu werden.
> 4. Das Bedürfnis, eine angemessene Lösung zu entwickeln oder zu finden und Schöpfer zu sein.
> (Krüger, 2002, S. 276)

Wie die psychodramatischen Handlungstechniken in der Spielphase des Kinderpsychodramas eingesetzt werden können, möchte ich an einem Beispiel darstellen. Weitere Interventionen werden in Aichinger u. Holl (1997, S. 49 ff.) beschrieben.

Beziehungsstiftende Interventionen

Eine wesentliche Indikation für Gruppentherapie besteht gerade für die Verhaltensstörungen, die auch auf den Mangel an sozialen Fähigkeiten zurückzuführen sind. Im Unterschied zu Pruckner (2001) bauen wir dabei nicht nur auf die der Gruppe innewohnenden positiven Kräfte. Da Gruppen auch sehr destruktive Entwicklungen nehmen können und die meisten Gewalthandlungen von Gruppen ausgehen, sehen wir die Notwendigkeit, unsere Behandlungsstrategien auch als Förderung von sozialer Kompetenz und Performanz auszurichten. Über Interventionen eröffnen wir Möglichkeiten, dass Kinder in Beziehung zueinander treten, Solidarität und hilfreiche Beziehungen untereinander entwickeln und damit einen wichtigen Schutzfaktor aufbauen können. Denn je belastender die Familien- und Lebenssituation für Kinder ist, desto wichtiger wird die Fähigkeit, mit Gleichaltrigen Freundschaften zu entwickeln (vgl. Rahm u. Kirsch, 2000). Gerade Moreno (1973) hat schon früh darauf hingewiesen, dass diese Erfahrungen des sich-gegenseitig-helfen-Könnens, die kooperative gegenseitige Hilfe als ein wesentlicher Faktor der Gruppentherapie zu sehen ist.

> In einer Gruppe von 9-jährigen Jungen sind wir seit einigen Stunden Pokemonfänger. Wir jammern und klagen, wenn wir von Gluraks Feuerstrahl angesengt, von Arktos eingefroren und von Simsala weggefegt werden. Mit letzter Kraft und schwer verletzt fliehen wir. In einem Zwiegespräch sehen wir ein, dass wir keine Chance haben, je einen Pokemon zu fangen. Die seien zu mächtig und zu schlau. Außerdem ergebe es keinen Sinn, immer wieder in diesen aussichtslosen Kampf zu gehen. Wir hätten ja großes Glück, mit dem Leben davongekommen zu sein. Wir widersetzen uns dann den Aufforderungen der Kinder, es nochmals zu versuchen, und verändern unsere Rolle. Wir erkennen, dass es falsch wäre, so prächtige Wesen in
> ▼

Gefangenschaft zu führen, wo sie vielleicht ihre Lebendigkeit und Kraft verlieren. Eigentlich möchten wir am liebsten Freundschaft mit ihnen schließen. Da kommt Turtok näher. Als wir ihn bewundern und ich sage: »Wäre ich stolz, den zum Freund zu haben«, lehnt er sich an mich. Ich frage mich, ob man Pokemons wohl streicheln dürfe. Er nickt, und ich streichle ihn über seinen Rücken und bestaune seine gewaltigen Muskeln. Da lassen sich auch die anderen streicheln und bewundern. Jonas, der eine depressive allein erziehende Mutter hat, fällt plötzlich zu Boden und sagt, er sei schwer krank. Wir sollten ihn untersuchen und würden feststellen, dass er von einem Riesenbienenstich vergiftet sei. Besorgt untersuchen wir ihn, entdecken den Stachel, der tief im Fleisch sitzt, und fragen, wie wir ohne Operationsbesteck dieses prächtige Pokemon retten können. Da bräuchten wir so scharfe Klingen, wie sie Bisaflor besitzt. Ob dieser wohl zu Hilfe komme. Phillip schaut uns verdutzt an, kommt dann als Bisaflor und schneidet vorsichtig mit seinen Messern die Wunde auf, sodass wir den riesigen Stachel entfernen können. Bewundernd kommentieren wir, mit welchem Geschick und welcher Vorsicht er operiert. Welches Glück, dass er so feine Messer besitzt, die Leben retten können. Wir pflegen die Wunde und legen die Heilkräuter auf, die Glurak aus einem Vulkan herbeischafft. Da werden auch die anderen krank und wetteifern, wer den längsten Giftstachel in sich hat – bis zu 100 Meter werden sie lang. Bisaflor leiht uns seine Messer, sodass wir alle operieren können. Friedlich liegen die Pokemons nebeneinander und genießen unsere Sorge.

Abschlussphase

Ziel dieser Phase ist es, die Spielhandlungen abzuschließen, den emotionalen Prozess abklingen zu lassen und eine kurze Rückschau auf das Spiel zu ermöglichen. Fünf bis zehn Minuten vor Sitzungsende beenden wir die Spielphase. Wir bitten die Kinder ihre Rollen abzulegen, die Kulissen abzubauen und sich in einen Stuhlkreis zu setzen.

> ❗ **Die sich anschließende Gesprächsphase ist im Vergleich zur Erwachsenentherapie viel kürzer.**

Da Kinder eine verbale Aufarbeitung ablehnen, äußern sie meist nur sehr kurz, was ihnen gefallen oder missfallen hat. Die Therapeuten dagegen geben ein kurzes Rollenfeedback, z. B. dass sie in ihren Rollen gespürt haben, wie schlimm es ist, ausgelacht zu werden. Und sie können neues Verhalten von Kindern hervorheben.

Gerade für Kinder mit einer Bindungsproblematik ist die Abschluss- wie die Anfangsphase eine Stresssituation, die ihr Bindungsbedürfnis aktiviert. Um hier unnötige Machtkämpfe zu vermeiden, empfiehlt es sich, das Stundenende in einer knappen, ritualisierten Form ablaufen zu lassen.

21.4 Psychodrama-Einzeltherapie (Monodrama)

Auch in der Einzeltherapie behalten wir den Aufbau mit Anwärmphase (Entwurf der Geschichte, Rollenwahl und Aufbau der Szene), Spiel- und Abschlussphase sowie die Spielinterventionen bei (vgl. Aichinger u. Holl, 2002; Holl, 1993; 1995). Da aber anders als in der Gruppentherapie andere Kinder und ein gegengeschlechtliches Therapeutenpaar fehlen, muss ein Kind im Monodrama zur Bearbeitung seiner Probleme auf Tier- und Menschenfiguren und Handpuppen zurückgreifen oder dem Therapeuten im Rollenspiel mehrere Rollen zuweisen.

An folgendem Beispiel zeige ich auf, wie die bewährten Interventionen der Gruppentherapie auf die Einzeltherapie übertragen werden können.

> ◗ Eine geschiedene Mutter kommt auf Anraten der Kinderpsychiatrie mit ihrem 9-jährigen Sohn Peter wegen oppositionellem Trotzverhalten zur 1. Stunde. Sie beklagt, wie gewalttätig und provozierend er zuhause sei. Er sei unberechenbar, ja, er habe sogar angedroht, das Baby, das in einem Monat zur Welt komme, umzubringen. Auf die Nachfrage, was sie an ihm möge, antwortet sie, er könne auch ganz lieb sein, aber nur, wenn sie sich ihm ganz zuwende. Sobald aber ihr neuer Lebenspartner oder erst recht dessen 12-jährige Tochter auftauche, benehme er sich unmöglich, ja, er habe ihn schon verletzt, sodass dieser sich weigere, unter
> ▼

diesen Umständen mit ihr zusammenzuziehen. Ich bitte Peter, der sich weggedreht hat, für die Seite an sich, die lieb und zärtlich sein kann, ein Tier aus meiner Ostheimer-Tiersammlung zu wählen. Er holt sich eine kleine Katze. Dann fordere ich ihn auf, für die andere Seite, die die Mutter beklagt, ein Tier zu finden. Er wählt einen großen Tiger mit aufgerissenem Rachen. Um sein soziales Atom zu erkunden, lasse ich ihn Tiere für die Menschen aufstellen, mit denen er zusammenlebt und die ihm wichtig sind. Für die Mutter nimmt er einen großen Hirsch, für den Vater ein Känguru, für dessen neue Partnerin eine grüne Schlange, für den neuen Partner der Mutter einen Geparden, für dessen Tochter einen kleinen Geparden, für das ungeborene Geschwister einen großen schwarzen Panther. Ich bitte ihn, die Tiere in der Nähe oder Entfernung aufzustellen, wie sie zur kleinen Katze stehen. Ganz nahe zur Katze stellt er den Hirsch, auf der anderen Seite, etwas entfernter, das Känguru, alle anderen Tiere sind weit entfernt.

Dann frage ich ihn, ob er mir zeigen könne, wann der große Tiger auftauche und seine Krallen und Zähne zeigen müsse. Peter nimmt die Schlange, steckt sie in den Beutel des Kängurus und fällt dann als Tiger über die Schlange her. Um explorierend doppeln zu können, nehme ich eine kleine Eule, fliege damit zum Tiger und sage: »He Tiger, das scheint dir gar nicht zu passen, dass sich die Schlange so gemütlich im Beutel des Kängurus einrichtet«. Der Tiger entgegnet: »Die beiß ich, bis sie abhaut«. Als Eule zeige ich mein Verständnis: »Als ich mein Nest verlor, da war ich auch ganz traurig und wurde furchtbar wütend«. Da nimmt Peter das Känguru und verjagt den Tiger, worauf die Mutter, die bisher interessiert zuschaute, einwirft, dass Peter seit 5 Wochen wegen seiner Unverschämtheiten nicht mehr zum Vater darf. Ich frage den Tiger, wann er weitere Kämpfe auszufechten habe. Da lässt Peter den Hirsch von der Katze weggehen und zu den Geparden gehen. Er stellt den schwarzen Panther auf den Hirsch und den kleinen Geparden auf den großen Geparden. Dann greift er mit dem Tiger an und beißt die Geparden. Als Eule dopple ich einfühlend:»Der Tiger kämpft ja um sein Leben. Vielleicht glaubt er, nirgends einen Platz zu haben, wo er gemocht und

willkommen ist. Immer zu kämpfen, das muss wahnsinnig anstrengend sein.« Der Tiger entgegnet: »Ich geb' nicht auf!« »Nur gut«, sagt die Eule,»dass du Tiger so stark bist, ohne dich müsste das Kätzchen viel mehr Angst haben und sich verloren vorkommen«. Er: »Das kann ich schon beschützen«, und er fällt alle Tiere an. Als Eule spreche ich vor mich hin: »Der arme Tiger, jetzt sind alle zu Feinden geworden und er hat keinen Freund mehr«.

In der 1. Spielstunde, nachdem beim letzten Beratungsgespräch auch Beratungen mit den beiden Familien vereinbart wurden, frage ich Peter, ob er mit den Tieren weiterspielen möchte. Als er zustimmt, lasse ich ihn Tiere wählen, mit denen er spielen möchte, und mir dann Tiere geben, die ich übernehmen soll. Für sich holt er große Raubtiere, Tiger, Löwe, Panther, Gepard und teilt mir die entsprechenden Raubtierkinder zu. Ich frage ihn dann, ob ihm dazu eine Geschichte einfällt, worauf er nur sagt: »Die kämpfen«. Meine Frage, worum es bei diesem Kampf geht, beantwortet er: »Die Kleinen fressen im Revier der Großen alle Beutetiere weg«. Nach dieser Themenfindung baut er mit Tüchern ein fruchtbares Weideland mit Urwald auf, wo sich seine Tiere versteckt halten. Auf dem Weideland grasen Rehe, Antilopen, Pferde und Schweine. In seinem Urwald entspringt auch ein Fluss, den er mit einem blauen Tuch baut. Ich soll auf meiner Seite eine Wüste (ein gelbes Tuch) mit Felsen bauen. Dort leben nur zwei kleine Hasen und eine Maus. Hinter den Felsen sollen sich die kleinen Raubtiere verstecken.

Nach dem Aufbau dieser Landschaft, die auch als Seelenlandschaft gedeutet werden kann, beginnt das Spiel. Gemäß seiner Spielvorgabe schleiche ich mit den kleinen Raubtieren in der Nacht heimlich in sein Revier und fresse einen Großteil seiner Beutetiere. Als die großen Tiere am anderen Morgen aufwachen, bemerken sie sofort den Schwund ihres Fleischvorrats. Sie erklären den Räubern den Krieg und fallen über sie her. Nach einem heftigen Kampf müssen die Kleinen – so seine Anweisung – fliehen und sich in ihrer Höhle verstecken. In der Nacht sollen sie aber wieder hinüber schleichen und die letzte Beute auffressen, dann noch alles Gras abgrasen und den ganzen Fluss austrinken.

▼

Als dies die großen Raubtiere entdecken, greifen sie voller Wut die Kleinen an, wobei die Hälfte aller Tiere umkommt. Mit der Eule spiegle ich diesen erbitterten Kampf: »Es ist ja schrecklich, dass die mächtigen Raubtiere trotz heftigem Widerstand alles verloren haben. Die werden ja an Hunger und Durst sterben. Kein Wunder, dass sie so verzweifelt um ihr Leben kämpfen. Hätte ich nur eine Idee, diesen tödlichen Kampf zu beenden und dieses schreckliche Ende zu verhindern«. Dieses Thema führt Peter in den folgenden Stunden in verschiedenen Variationen weiter, bis die Tiere Lösungen für ein friedliches Zusammenleben finden.

21.5   Begleitende Familien- oder Elternberatung

Für eine erfolgreiche Kindertherapie ist es eine conditio sine qua non, die Eltern in einer Familientherapie oder Elternberatung mit einzubeziehen. Nur so können

- die Ressourcen und Potenziale der Familie erfasst und genutzt,
- die Probleme, dysfunktionale Kommunikationsformen und pathologische Interaktionsmuster bearbeitet und
- ein Transfer von der Kindertherapie in die Familie umgesetzt werden.

Früh hat Moreno (1981) mit seiner Theorie der sozialen Netzwerke und seinem anthropologischen Konzept des sozialen Atoms eine systemische Sichtweise psychischer Störungen entwickelt und vom Therapeuten die Einbeziehung des jeweils relevanten Kontextes und die Wiederherstellung des geschädigten sozialen Atoms gefordert (vgl. Petzold, 1982). Trotz dieser frühen systemischen Sicht Morenos waren lange Zeit in der psychodramatischen Literatur kaum Ansätze zu finden, die das reale soziale Atom des Kindes direkt in die Therapie miteinbezogen. Erst ab den 1990er-Jahren wurden Beiträge veröffentlicht, die eine Verbindung psychodramatischer Theorie und Praxis mit systemischen Ansätzen herstellten (z. B. Knorr, 1992). Sie gehen aber, wie viele familientherapeutische Interventionen, häufig an den Kindern, »… ihrer 'Sinnerfassungskapazität' ihren altersspezi-

fischen …'interaktiven und kommunikativen Kompetenzen und Performanzen' vorbei« (Petzold, 1996, S. 190). Außerdem muss familientherapeutische Arbeit für jüngere Kinder spannend und lustig sein, sonst stören oder quengeln sie.

> **❶ Wenn die Familientherapie entwicklungspsychologisch ausgerichtet ist, muss sie die Sprache, die Ausdrucks- und Verarbeitungsweise von Kindern benutzen: Das Spiel.**

Gerade das Kinderpsychodrama mit seinen vielen Möglichkeiten des spielerischen Umgangs mit Systemen kann die Arbeit mit Familien bereichern (vgl. Aichinger u. Holl, 2002). Die Arbeit mit Tierfiguren, mit Handpuppen und die Familienspieltherapie lassen auch jüngere Kinder von familientherapeutischen Maßnahmen unmittelbar profitieren. Sie führt zu einer positiven Veränderung des Familienklimas und zur Entwicklung einer Spielkultur, womit sich die familientherapeutische Literatur noch wenig beschäftigt hat.

> Eine alleinerziehende Mutter kommt mit ihrer 5-jährigen Tochter wegen oppositionellem Trotzverhaltens. Als Judith in mein Zimmer gekrochen kommt, frage ich mich, was denn da für ein prächtiges Tier hereinkriecht. Judith entgegnet, sie sei ein kleiner Löwe. Als die Mutter loslegt, wie unmöglich und frech sich Judith Erwachsenen gegenüber verhält, nimmt diese aus meinem Korb mit Handpuppen die kleine Löwenpuppe heraus und beißt mich dann. Ich frage den Löwen, ob er wohl sauer wird und es nicht leiden kann, wenn über Judith Schlechtes geredet wird. Judith nickt. Ich danke dem Löwenkind, dass es mich daran erinnert, dass Kinder Lob und nicht Kritik brauchen. Judith nickt heftig. Dann legt sie mir die Handpuppe einer großen Hexe in die Hand und nimmt sich den großen Wolf. Das Löwenkind tritt mit dem Wolf der Hexe entgegen und streckt ihr die Zunge heraus. Als ich leise nachfrage: »Was tät die Hexe jetzt machen?«, gibt sie die Regieanweisung: »Sie tät sich furchtbar aufregen und schimpfen«. Kaum komme ich ihrer Rollenvorgabe nach, da beißt mich der Wolf. Die Hexe klagt und jammert. Dann gibt sie mir eine neue Anweisung: »Die Hexe tät jetzt drohen und sagen, sie sperre den frechen Lö-
> ▼

21

wen in den Käfig«. Ich schimpfe als Hexe, so freche Tiere dürfen nicht frei herumlaufen, die müssen in einen Käfig gesperrt werden. Als ich den Löwen zu fangen versuche, flüchtet sich Judith mit der Löwenpuppe auf den Schoß der Mutter. Damit bietet sich eine gute Chance, die Mutter, die – halb belustigt, halb entsetzt – unserem Spiel zugeschaut hat, in das Spiel miteinzubeziehen. Als Hexe schimpfe ich vor mich hin: »Mist noch mal, jetzt hat sich dieses freche Löwenkind in den Schoß der starken Löwenmutter verkrochen. Jetzt muss ich vorsichtig sein, sonst wird es gefährlich für mich«. Sofort nimmt die Mutter dieses Rollenangebot auf, faucht mich an und schlägt mich mir ihren »Pranken« in die Flucht. Judith lacht und freut sich über den Beistand der Mutter. Wieder hole ich mir ihre Spielanweisung ein. Sie gibt mir die Regieanweisung, die Hexe müsse der Löwenmutter sagen, dass ihr Kind in den Käfig gesteckt und dressiert werden müsse. Als Hexe fordere ich von der Löwenmutter die Herausgabe ihres Kindes. Diese Intervention als Außenfeind schweißt Mutter und Kind zusammen. So lehnt die Löwenmutter diese Forderung ab und sagt, sie gäbe nie und nimmer ihr Kind her. Eine Löwenmutter schaffe es selbst, ihr Kleines zu erziehen. Als die Hexe widerspricht, kommt Judith mit dem Wolf und beißt mich heftig. Dann zeigt sie als Löwenkind, wie sie der Löwenmutter aufs Wort gehorcht. Ich rege mich als Hexe auf, dass die Löwenmutter Recht bekommt, dass Drohungen und Strafen bei Löwenkindern nichts nützen, diese dann erst recht das Gegenteil machen, und dass Drohen nur bissige Wölfe auf den Plan ruft. Als ich Judith frage, wie die Geschichte weitergeht, verlangt sie, dass die Hexe nicht aufgeben und das Löwenkind heimlich zu fangen versuchen solle. Wieder genießt sie es, wie die Löwenmutter um sie kämpft und die Hexe verjagt. Auch die Mutter zeigt zunehmend ihren Spaß und verteidigt ihr Kind heftiger.

Ich betone zum Schluss, dass ein Löwenkind bei einer so starken Löwenmutter gut aufgehoben sei und alles lernen könne, was es braucht, um zu einer starken Löwin heranzuwachsen. In den nächsten Stunden variiert Judith dieses Spiel. So muss ich z. B. als böse Hexe das Löwenkind locken, mit ihr zusammen Blödsinn zu machen. Und Löwen-

mutter und Kind kämpfen gemeinsam gegen diese Verführerin an.

Nach Moreno muss die Arbeit mit dem realen sozialen Atom über die Familie hinausgehen und die Lebenswelten von Kindern, wie den Kindergarten oder die Schule, miteinbeziehen. Diese weitere systemische Sicht vermeidet die Gefahr, Familien zu pathologisieren, und berücksichtigt auch neuere Erkenntnisse über den starken Einfluss der Netzwerke auf Kinder. So kann es z. B. bei einem Kind, das in der Schule in eine Außenseiterposition geraten ist, neben der Stärkung seiner sozialen Kompetenz in einer Spieltherapie notwendig sein, über beziehungsstiftende Spiele – wie wir es bei unserer Arbeit mit Schulklassen beschrieben haben (vgl. Aichinger, 1995; 1999; Aichinger u. Holl, 2002) seine Integration in die Klasse zu fördern.

Zusammenfassung

Die therapeutische Arbeit mit Kindern unterscheidet sich grundlegend von der Arbeit mit Erwachsenen. Medium der Kinder ist das Spiel, in dem sie ihre Alltagsrealität nach- und umgestalten und ihr Leben bewältigen. Daher benötigt die Kindertherapie eine eigene Methode und eine spezifische Ausbildung. Ausführlich dargestellt wird die Methode der Psychodrama-Gruppentherapie, die Aichinger u. Holl seit 1975 entwickelt haben.

In der Einzeltherapie können diese differenzierten spielerischen Interventionen, wenn auch etwas abgewandelt, ebenfalls eingesetzt werden. Da hier die Gruppe der Gleichaltrigen fehlt, sind zur Inszenierung der Konflikte Hilfsmittel wie Tier- oder Menschenfiguren, Handpuppen oder unterschiedliches Material notwendig.

Zur Behandlung von Kindern gehört die Einbeziehung der Eltern in einer Elternberatung oder Familientherapie und, wenn nötig, die Einbeziehung der sozialen Netzwerke wie Kindergarten und Schule. Bei dieser systemischen Arbeit ermöglicht das Kinderpsychodrama dem kindlichen Entwicklungsniveau angemessene spielerische Interventionen.

▼

Weiterführende Literatur

Aichinger, A.& Holl, W.(1997). *Psychodrama-Gruppentherapie mit Kindern*. Mainz: Grünewald (192 Seiten).

Das Standardwerk zur Gruppentherapie stellt an Fallbeispielen die Struktur, Therapietechniken, störungsspezifische und gruppenprozessorientierte Interventionen ausführlich dar und bietet viele Anregungen für den Umgang mit Schwierigkeiten, die in Kindergruppen auftauchen.

Aichinger, A. & Holl, W.(2002). *Kinder-Psychodrama in der Familien- und Einzeltherapie, im Kindergarten und in der Schule*. Mainz: Grünewald (255 Seiten).

In ihrem zweiten Buch zeigen die Autoren, wie ihre Methode der Gruppentherapie in der Einzeltherapie und in der Familientherapie modifiziert eingesetzt werden kann. Sie beschreiben auch, wie sie mit dieser Methode in der Prävention in Kindergärten und Schulen arbeiten.

Pruckner, H. (2001). *Das Spiel ist der Königsweg der Kinder*. München: inScenario (166 Seiten).

Die ganze Bandbreite der psychodramatischen Arbeit mit Kindern wird vorgestellt: Praktisch von der alltäglichen Gestaltung des Unterrichts bis hin zur ambulanten und stationären Einzel- und Gruppentherapie; methodisch vom Rollenspiel über das Symbolspiel bis hin zu Soziometrie und Soziodrama.

Literatur

Aichinger, A. (1995). Der Gewalt begegnen – Psychodrama mit Schulklassen. *Psychodrama, 8,*189–208.

Aichinger, A. (1999). Präventive psychodramatische Arbeit mit Kindern in der Schule. In G. Romeike & H. Imelmann (Hrsg.), *Hilfen für Kinder* (131–148). Weinheim: Juventa.

Aichinger, A. (2003a). Auf der Suche nach einer Wildkatzenmutter. Mit Kindern Kreativität wagen. *Zeitschrift für Psychodrama und Soziometrie, 2 (2),* 253–267.

Aichinger, A. (2003b). Pokémon, Powerrangers, Spiderman und Terminator in der Gruppentherapie. *Informationen für Erziehungsberatungsstellen, 2,* 14–22.

Aichinger, A. (2006). Die Sehnsucht des kleinen Bären – ein psychodramatischer Interventionsansatz mit Tierfiguren bei Kindern im Scheidungskonflikt. *Informationen für Erziehungsberatungsstellen, 1,* 16–25.

Aichinger, A. (2007). Warum der kleine Löwe immer bissiger wird – frühe Intervention bei einem aggressiven Kind. *Zeitschrift für Psychodrama und Soziometrie, 6 (1),* 67–82.

Aichinger, A. (2008). Sie beißen und zerfetzen, sie wollen gefüttert und gestreichelt werden. Der Einsatz des Körpers im Psychodrama mit Kindern. *Zeitschrift für Psychodrama und Soziometrie, 7 (1),* 63–79.

Aichinger, A.& Holl, W.(1997).*Psychodrama-Gruppentherapie mit Kindern*. Mainz: Grünewald.

Aichinger, A. & Holl, W. (2002). *Kinder-Psychodrama in der Familien- und Einzeltherapie, im Kindergarten und in der Schule*. Mainz: Grünewald.

Grawe, K., Donati, R.& Bernauer, F.(1994). *Psychotherapie im Wandel*. Göttingen: Hogrefe.

Holl, W. (1993). Psychodrama-Einzeltherapie zur Verarbeitung traumatischer Operationserlebnisse. *Jugendwohl, 74,* 32–41.

Holl, W. (1995). Der Gorilla, der Bär, der Rabe und Ralf. *Psychodrama, 8,* 239-251.

Krüger, R.T. (2002). Wie wirkt Psychodrama? *Zeitschrift für Psychodrama und Soziometrie, 2 (2),* 273–317.

Knorr, M. (*1992*). *Psychodrama und systemische Familientherapie* (Skripten zum Psychodrama, Bd. 5). Stuttgart: Moreno-Institut.

Moreno, J. L. (1943). The concept of sociodrama. *Sociometry, 4,* 434–449.

Moreno, J. L. (1946). *Psychodrama* (vol.1). Beacon: Beacon House.

Moreno, J. L. (1973). *Gruppenpsychotherapie und Psychodrama*. Stuttgart: Thieme.

Moreno, J. L. (1981). Die Organisation des sozialen Atoms. In J. L. Moreno, *Soziometrie als experimentelle Methode* (85–92). Paderborn: Junfermann.

Petzold, H.(1982). Der Mensch ist ein soziales Atom. *Integrative Therapie, 8 ,*161–165.

Petzold, H. (1996). Integrative Eltern- und Familientherapie bzw. -beratung (IFT) – einige Kernkonzepte. In B. Metzmacher, H. Petzold & H. Zaepfel (Hrsg.), *Praxis der Integrativen Kindertherapie* (Bd. 2, 189–198). Paderborn: Junfermann.

Pruckner, H. (1996). »Löwe Bernhard« – Monodramaarbeit mit Kindern. In B. Erlacher-Farkas & C. Jorda (Hrsg.), *Monodrama* (171–183). Wien: Springer.

Pruckner, H. (2001). *Das Spiel ist der Königsweg der Kinder*. München: inScenario.

Rahm, D. & Kirsch, C. (2000). Entwicklung von Kindern heute. *Beratung aktuell, 1,* 17–40.

Schacht, M. (2003). *Spontaneität und Begegnung*. München: inScenario.

Schmidtchen, S., Acke, H. & Hennies, S. (1995). Heilende Kräfte im kindlichen Spiel. Prozessanalyse des Klientenverhaltens in der Spieltherapie. *GwG-Zeitschrift, 97,* 25–30.

Stern, D. N. (1999). Wie das Gewebe der Seele geknüpft wird. *Psychologie heute, 26 (12),* 38–44.

21

Psychodrama in der Schule

T. Wittinger

»Wahrscheinlich gibt es nicht viele Berufe, an die die Gesellschaft so widersprüchliche Ansprüche stellt: Gerecht soll er sein, der Lehrer, und zugleich menschlich und nachsichtig, straff soll er führen, doch taktvoll auf jedes Kind eingehen, Begabungen wecken, pädagogische Defizite ausgleichen, Suchtprophylaxe und AIDS-Aufklärung betreiben, auf jeden Fall den Lehrplan einhalten, wobei hoch begabte Schüler gleichermaßen zu berücksichtigen sind wie begriffsstutzige. Mit einem Wort: Der Lehrer hat die Aufgabe, eine Wandergruppe mit Spitzensportlern und Behinderten bei Nacht durch unwegsames Gelände in nordsüdlicher Richtung zu führen, und zwar so, dass alle bei bester Laune und möglichst gleichzeitig an drei verschiedenen Zielorten ankommen«. (Müller-Limmrot, Die Weltwoche, 02.06.1988)

Seit der Veröffentlichung der Analysen und Ergebnisse der TIMMS- und PISA-Studien ist die Bildung an deutschen Schulen – endlich – ein öffentliches Thema. Denn die Studien legen einige grundlegende Schwächen des deutschen Schulwesens offen. Demnach scheinen die öffentlichen Schulen nicht zu halten, wozu sie in ihren Lehrplänen beauftragt sind. Die Ergebnisse der Studien überraschten die Fachwelt aber nicht wirklich. Mangelnde Fähigkeiten in der Lese- und Schreibkompetenz und der Mathematik, aber auch Defizite der sozialen Kompetenz wurden von Lehrern und Ausbildungsbetrieben immer wieder beklagt. Bis zur Veröffentlichung der Studien wurde die Kritik aber weitgehend ignoriert. Nun hat die Kritik ein wissenschaftliches Fundament. Der Reformdruck stieg so an, dass eine Vielzahl von Reformen im Schulwesen auf den Weg gebracht wurde. Signifikant sind die Einführung einer verkürzten Schulzeit an Gymnasien (G 8), ein verbreitetes Angebot einer pädagogischen Mittagsbetreuung und die Bemühungen um eine flächendeckende Einführung von gebundenen Ganztagsschulen. Zunehmend unterliegt auch die konkrete Unterrichtspraxis Veränderungen. Neben der fächerspezifischen Wissensvermittlung wird vermehrt die Bildung der ganzen Persönlichkeit in den Schulen gefordert. Das schließt nicht nur aber auch die Ausbildung sozialer Kompetenzen mit ein. Dazu gehören z. B. Fähigkeiten

- zur Konfliktbearbeitung in einem fairen Verfahren,
- zur adäquaten Selbst- und Fremdwahrnehmung,
- zur Empathie und
- zur Zusammenarbeit.

Diese Lernziele sind schon immer in den Lehrplänen aller deutschsprachigen Länder und der BRD-Bundesländer über die Fächergrenzen hinweg festgehalten, in der Praxis mangelt es aber häufig an Konzepten, wie diese Ziele von Lehrern im Rahmen des Unterrichts realistischerweise umgesetzt werden können. Eher gibt es verschiedene Präventionsprogramme, die von Anbietern von außen »eingekauft« werden.

Hier machen Psychodramatiker mit Recht ein gutes Angebot. Denn das Psychodrama bietet mit seinem Konzept der situationsangemessenen → Kreativität und → Spontaneität, seinen Arrangements wie → Soziometrie, → Aufstellungen und → Soziodrama und mit seinen Aktionen des → Rollenwechsels und des → Rollentauschs eine Reihe von Arrangements und Techniken, die genau diese intendierten Kompetenzen fördern. Dieses Kapitel zeigt die Möglichkeiten des Psychodramas sowohl für die Wissensvermittlung als auch für soziales Lernen innerhalb und außerhalb des Unterrichts exemplarisch auf.

Besonderer Berücksichtigung bedarf dabei der institutionelle Kontext der psychodramatischen Arbeit, weil er mit Nachdruck darauf hinweist, wie sehr sich die psychodramatische Arbeit in der Pädagogik im Allgemeinen und in der Schule im Besonderen von einer im weitesten Sinne beraterisch verstandenen Arbeit unterscheidet. Deshalb wird im folgenden Abschnitt dieser Kontext kurz skizziert.

22.1 Kontextfaktoren für den Einsatz des Psychodramas in der Schule

22.1.1 Bildungspolitische Rahmenbedingungen

Die TIMMS- und PISA-Studien haben viele strukturelle, konzeptionelle und pädagogische Reformen eingeleitet. Sie werden als notwendige Reaktion auf die Ergebnisse der Studien begründet. Ein genauer Blick zeigt: Im Mittelpunkt der Reformanstrengungen seitens der übergeordneten Behörden stehen Wissensvermittlung und -erwerb im Unterricht. So werden die Lehrpläne in Hessen mit Inhalten noch voller als bisher gepackt und mit dem Versprechen einer Qualitätssteigerung und -sicherung begründet. Hinzu kommen mehr Leistungsnachweise und Abschlussprüfungen. Beispielsweise werden seit 2003 in Hessen auch die ersten Lernschritte der Grundschüler im Englischunterricht benotet. Faktisch steht damit die Auslese, nicht die Förderung, im Vordergrund. Dies obwohl die Studien gerade hier für Kinder und Jugendliche aus bildungsfernen Milieus den größten Bedarf diagnostizierten. Manche Schulen haben auch ihr Gesamtkonzept geändert und erweitert, andere wie z. B. die Helene-Lange-Schule in Wiesbaden konnten sich aufgrund ihrer Testergebnisse in ihrer Arbeit bestätigt fühlen. Für Reformpädagogen, die nach Montessori oder Petersen arbeiten, war und ist das nicht überraschend. Buer (2000) hat mit Recht aufgezeigt, dass Moreno in diese Reihe einzuordnen ist. Eine erste Liste (nicht mehr!) von Grundprinzipien der Lernstoffvermittlung, die den Schüler als ganze Persönlichkeit ansprechen will, erstellte Moreno 1946 (▶ Abschn. 22.2).

Aus alledem ergibt sich: Die Möglichkeiten und Grenzen der Anwendung des Psychodramas werden durch die jeweilige Schulform und dort noch einmal durch die Schulprofile mit den jeweiligen pädagogischen Konzepten bestimmt. Trotz aller berechtigten und ernstzunehmenden Einwände ergeben sich drei Anwendungsbereiche für die psychodramatische Bildungsarbeit mit Jugendlichen an der Schule:

1. **Programme des sozialen Lernens.** Sowohl der pubertätsbedingt schwindende erzieherische Einfluss der Eltern als auch Berichte über lernunwillige und gewaltbereite und -tätige Kinder und Jugendliche unterstreichen die Berechtigung dieser Ziele. Angesichts verdichteter Lehrpläne insbesondere in den G 8-Gymnasien ist diese Forderung realitätsfernes Wunschdenken, solange die sozialen Kompetenzen im Rahmen des regulären Unterrichts vermittelt werden sollen. Des Weiteren gleicht die inhaltliche Füllung der sozialen Kompetenzen einem willkürlichen Sammelsurium. Nach Guggenbühl (2002) ist diese Forderung aus psychologischer Sicht sogar naiv, weil dies eben nur schwer zu operationalisieren sei und enorm viele Kompetenzen und psychologisches Wissen der Leitung voraussetze. Genau diese Forderung erfüllen Psychodramatiker aufgrund ihrer Weiterbildung.

2. **Der Einsatz psychodramatischer Arrangements und Techniken in der Fachdidaktik des Unterrichts.** Ein Hinweis darauf sind die Lehrpläne von Baden-Württemberg, die ausdrücklich handlungsorientierten Unterricht verlangen. Beispiele der Anwendung innerhalb des Unterrichts zur Vermittlung von Lernstoff (▶ Abschn. 22.3.2) gibt es bis auf wenige Ausnahmen (vgl. Wittinger, 2000, S. 30 ff; Springer, 1995, S. 191 ff.) nur in Abschlussarbeiten der Psychodrama-Weiterbildung.

3. In kleinem Umfang kann in der Beratungsarbeit psychodramatisch gearbeitet werden.

22.1.2 Kosmos Schule

Es gibt nicht die Schule, sondern eine ganze Fülle verschiedener Schulformen (Grund-, Gesamt-, Haupt- und Realschulen, Gymnasien, Berufs-, Sonder-, Ganztags-, Privatschulen, Internate etc). Auch wenn dies eine Allerweltsweisheit ist, muss darauf hingewiesen werden, weil manche Schulformen über Formate verfügen, die in anderen Schulformen – wenn überhaupt – nur begrenzt vorgesehen sind. Dies gilt besonders für Angebote, die über den Wissenserwerb und die Wissensvermittlung hinausgehen.

Alle Schulformen sind hochstrukturierte Systeme. Manche Lehrer sprechen kritisch gar von einem Korsett. Der Verlauf eines Schuljahrs ist in hohem Maße ritualisiert durch

- die Abfolge der Lehrstoffvermittlung,
- Konferenzen,
- Koordinationssitzungen,
- unterrichtsbegleitende Projekte in verschiedenen Fächern,
- Lehrbesuche,
- Terminvorgaben für Klassenarbeiten,
- Tests und Lernkontrollen,
- außerunterrichtliche Maßnahmen wie z. B. Erste-Hilfe-Kurse und vieles mehr.

Die Berücksichtigung solcher in Bezug auf den eigenen Unterricht fremdbestimmender Vorgaben ist bei der Planung und Durchführung psychodramatischer Arbeit insbesondere in der Fachdidaktik von großer Bedeutung. Manche dieser Vorgaben (z. B. Lehrausflüge in anderen Fächern) greifen direkt in die eigenen Vorhaben ein, indem der eigene Unterricht oder AGs bis zu zwei Wochen hintereinander ausfallen können. Dies erschwert es zusätzlich, an den Prozess der letzten Sitzung anzuschließen. Oder: In der letzten Stunde vor einer Klassenarbeit wollen Schüler (ganz besonders Oberstufenschüler) nochmals eine Vergewisserung der Stoffinhalte, die in diesem Leistungsnachweis thematisiert werden. Dies kann natürlich psychodramatisch geschehen. Aber die Terminvorgabe zwingt zu diesem und keinem anderen, geschweige denn neuen Lerninhalt.

Der Schulvormittag ist in fast jeder Schulform vorgegeben, sehr stark durchgeplant und durchläuft sehr viele Wechsel mit harten Einschnitten. Arbeitsmediziner vergleichen die Belastung eines Lehrers während eines Vormittags mit dem Stress eines Formel-1-Fahrers. (Ich denke, für die Jugendlichen ist das nicht anders.) Es gibt für den Lehrer letztlich kaum wirkliche Pausen, sondern nur Unterbrechungen des Unterrichts, in denen er z. B. Aufgaben am System, Kopieren von Arbeitsblättern und anderes mehr wahrnimmt. Der Psychodramatiker braucht hier professionelle Routine, um die Planung und den Einsatz des Psychodramas in einer Klasse nicht mit dem Preis eines höheren Stresses zu bezahlen.

Weitreichende Veränderungen sind von den entstehenden gebundenen Ganztagsschulen zu erwarten. Sie arbeiten nach einem komplett neuen Konzept. Sie sind als Jugendbildungseinrichtungen anzusehen, in denen auch außerschulische Anbieter (Sportvereine, Musikschulen, Jugendhäuser) kooperativ als gleichberechtigte Partner tätig sein werden und zum Teil schon sind. Bis in den späten Nachmittag wechseln sich hier Unterricht, selbstbestimmte Lerneinheiten und die Bildung in weiteren Angeboten ab.

22.1.3 Räumliche Bedingungen

Leider sind die Räume in weiterführenden Schulen manchmal so klein, dass noch nicht einmal ein Overheadprojektor verwendet werden kann, geschweige denn Platz für eine Bühne vorhanden ist, weil er mit 33 Schülerinnen und Schülern belegt wird (dies ist keine Schreckensvision, sondern ganz alltäglicher schulischer Wahnsinn!). Jedes Umräumen für eine Bühne und die Wiederherstellung der Sitzordnung nimmt innerhalb einer 45-Minuten-Stunde so viel Zeit in Anspruch, dass hier kaum mehr als Rollenidentifikationen in Form von Imaginationen bei szenischen Texten vorstellbar sind.

22.1.4 Der Lehrer als Beziehungsarbeiter

Die eingangs zitierte Satire der Erwartungen an das pädagogische Handeln der Lehrer birgt in der Überzeichnung auch eine Menge an Wahrheit. Sie legt zentrale Widersprüche offen, denen ein Lehrer nicht nur diffus durch Eltern, Jugendliche und »die Gesellschaft«, sondern auch tatsächlich institutionell ausgesetzt ist; Widersprüche, die in der oben erwähnten Bildungsdebatte öffentlich diskutiert werden und in den verschiedenen Lehrplänen schriftlich fixiert sind. Demnach soll er die Jugendlichen bilden in dem Sinne, dass sie adäquate Beziehungen zu sich und zur Mit- und Umwelt aufbauen, mit dem Ziel der Mündigkeit gegenüber den vielfältigen Ansprüchen, Herausforderungen und Einschränkungen der Gesellschaft. Andererseits hat der Lehrer einen Erziehungsauftrag, z. B. im Sinne einer Bewältigung des Generationenunterschieds. Dieser Widerspruch wird nicht nur von außen an Lehrer herangetragen, sondern sie tragen ihn auch – oft unbewusst – in sich selbst. In der Schule zeigt sich dieser Widerspruch als Spannung von

- Erwachsenenwelt vs. Kinderwelt,
- Selektion vs. Förderung der Schüler,
- Eingehen auf den Einzelnen vs. nivellierender Beschulung,
- Förderung sozialer Kompetenzen vs. reiner Stoffvermittlung,
- Isolation vs. Anerkennung und Austausch,
- individueller Autonomie vs. bürokratischer Kontrolle (Buer, 2000).

Psychodramatische Bildungsarbeit in der Schule löst diese Spannung nicht auf. Vielmehr drückt sich im schulischen Alltag die Wahrnehmung dieser Spannung in einer Vielzahl von Rollen aus (z. B. Polizist, Vater bzw. Mutter, Freund, Berater). Ein oft unterschätzter oder sehr ungeliebter Aspekt ist die Ausübung von Macht und Kontrolle, in besonders ausgeprägter Form in der Notengebung und der damit verbundenen (Mit-)Entscheidungsgewalt bei der Versetzung. Folglich muss der Lehrer sich intensiv mit seinen inneren Bildern von einem »guten« bzw. »schlechten« Lehrer auseinandersetzen. Er braucht genügend »Standing«, um sich nicht vereinnahmen zu lassen sowie die Fähigkeit, die Balance von Nähe (als Ansprechpartner und Berater) und Distanz (als Ausbilder) zu halten.

Trotz aller kreativen Freiheit beim Einsatz psychodramatischer Arrangements muss der Lehrer vertreten, dass Unterricht eben Unterricht bleiben muss. Die Beachtung der jeweiligen Formate seines Handelns ist unabdingbare Voraussetzung für das Gelingen psychodramatischer Arbeit. Dies geschieht z. B. durch bewusste Raumwechsel bei Beratungen, Änderungen der Sitzordnung, klare Vereinbarungen der jeweiligen Ziele des Handelns (wer will was, von wem und warum) und anderes mehr. Für die konkrete psychodramatische Arbeit stehen dem Lehrer eine Reihe von Methoden zur Verfügung. In der Fachdidaktik des Unterrichts sind dies eher die kleinen Arrange-

ments, z. B. Skulpturen oder Vignetten und Aufstellungsarbeiten wie sie Buer (2005) mit Bezugnahme auf Morenos frühe soziometrische Arbeiten begründet.

22.1.5 Die Jugendlichen

Kummer beschreibt die Eigenarten der Pubertät folgendermaßen:

>> Für die Phase der Adoleszenz ist bedeutsam, dass alles Alte, was sich bisher im Sinne des Lebensstils und der mit ihm verbundenen Rollen, Muster und Arrangements verfestigt hat, erneut aufgebrochen und in Frage gestellt wird. Bisher ruhige und liebe Kinder werden fast über Nacht zu Rebellen, zu unausgeglichenen, launischen Wesen, die sich selbst nicht mehr kennen und über sich erschrecken, auch wenn sie das schwer zuzugeben vermögen. Was bisher als Wert erschien, ist es nicht mehr – »alles ist sinnlos geworden«, sagen viele – und eine unbestimmte Trauer überfällt sie. In Beziehungen sind Jugendliche plötzlich seltsam gehemmt, werden von den kleinsten kritischen Bemerkungen verunsichert, vergleichen mehr als bisher und versuchen, sich gleichzeitig unabhängiger als je zu zeigen. Ihr eigener Körper wird ihnen fremd und oft unannehmbar, die sexuellen Regungen haben oft etwas Befremdendes, aber auch Faszinierendes, und der Bereich der Gefühle scheint sich auf eine nie gekannte Art selbständig zu machen. (…) Häufig stoßen Jugendliche gerade in dieser extremen Verunsicherung auf Kritik und Ablehnung. Sie sollten bleiben, wie sie waren oder sein, wie sie noch gar nicht sein können. Die Übergangszeit wird von den andern als solche negiert oder verurteilt. (…) In diesem Prozess gibt es fast für alle Jugendlichen, die ihn überhaupt zulassen können, Momente, in denen sie glauben, den Boden

▼

völlig unter den Füßen zu verlieren, keine Identität mehr zu haben und in Sinnlosigkeit abzustürzen. Diese Krisen können nur im Raum der Beziehung aufgehoben und eingelöst werden. (Kummer, 1986, S. 20 f.)

Erst durch die erfolgreiche Bewältigung dieser Vielzahl problematischer Themen kristallisiert sich am Ende so etwas wie Lebensstil heraus. Der soziale Kontakt zur »Peer-Group«, also der Entwicklungsgleichen, gewinnt mit zunehmendem Alter immer mehr an Bedeutung. Viele Werte und Normen werden hier überprüft und allmählich eigene Überzeugungen entwickelt. All dies ist mit enormen Unsicherheiten verbunden, sodass die Jugendlichen immer wieder Schutz suchen und brauchen. Im Prozess der Findung des eigenen Lebensstils brauchen sie den Halt klarer und verlässlicher Strukturen, die ihnen gleichzeitig genug Raum zum Experimentieren lassen. Das 45- bzw. 90-Minuten-Raster bietet bei aller berechtigten Kritik eine solche klare Struktur. Wenn sie außer Kraft gesetzt ist, z. B. in außerunterrichtlichen Projekten, muss sie durch andere Strukturen ersetzt werden. Rollenspiele, Aufstellungen und szenische Interpretationen aller Art bieten einen Raum, in einer Vielfalt von Als-Ob-Situationen mit den Unsicherheiten umzugehen und Neues auszuprobieren.

Viele Themen der Pubertät sollten nur verschlüsselt behandelt werden, und auch persönliche Auswertungen sollten in der vertrauten Kleingruppe aufgehoben bleiben. Für Protagonistenspiele, wie sie aus der Therapie bekannt sind, und die Frage, woher der Protagonist das Erlebte aus seiner Biografie kennt, ist an der Schule fast kein Platz (Engelbertz u. Kuchenbecker, 2004). Ohnehin haben das Hier und Jetzt der Gruppe und die Themen des Unterrichts Vorrang vor den Themen des Einzelnen. Um Missverständnisse zu vermeiden: Natürlich können im Unterricht akute Konflikte der Schüler nicht ignoriert werden, sondern brauchen eine Bearbeitung, die auch wieder psychodramatisch geschehen kann. Gleichwohl gilt: Gruppenspiele haben Vorrang vor Protagonistenspielen.

22.1.6 Das 45- bzw. 90-Minuten-Stundenraster

Ein Rollenspiel und die anschließende Auswertung mögen so interessant sein wie sie wollen: Die Glocke zur Beendigung einer Stunde wirkt diktatorisch. Das Spiel und die Auswertung müssen deshalb in diesem zeitlichen Rahmen untergebracht werden. Die → Erwärmung kann z. B. durch Medien verschiedener Art, in einer vorherigen Stunde oder auch in der Hausaufgabe bis hin zu E-Learning (soweit vorhanden) geschehen. In einer Doppelstunde wird auch eine Verschiebung der Zwischenpause akzeptiert, sodass auch große psychodramatische Arrangements inszeniert werden können.

22.1.7 Teilnahmepflicht

Die Schule weckt bei Jugendlichen eine signifikante Eigendynamik: Einerseits werden nur die Veranstaltungen ernst genommen (in dem Sinne, dass regelmäßige Anwesenheit und Mitarbeit gewährleistet ist), die auch am Schluss benotet werden. Andererseits werden außerunterrichtliche freiwillige Angebote nur von einer kleinen Gruppe wahrgenommen, die am Thema interessiert ist. Die freiwillige Teilnahme an Angeboten zum sozialen Lernen und zur Persönlichkeitsentwicklung hat sich – noch – nicht etabliert. Woran liegt das?
1. Für Jugendliche bis zum 18. Lebensjahr besteht Schulpflicht, unabhängig von der Schulform. Die Schüler müssen am Unterricht – außer an AGs – teilnehmen. Die Pflicht gilt unabhängig davon, ob ihnen der Lehrer, das Thema oder die Arbeitsmethode zusagt oder nicht. Die Teilnahmepflicht differenziert sich nach der 9. oder 10. Klasse dahingehend, dass die Jugendlichen grundsätzlich die Art ihres Schulabschlusses wählen können. Es besteht dann bis zum 18. Lebensjahr Wahlpflicht.
2. Eine tragende Säule des deutschen Schulsystems ist die Benotung. Viele Jugendliche haben das Gefühl, die Lehrer würden mit einem allezeit latent gegenwärtigen Notenbuch im Kopf arbeiten. In der Tat: Jede Form der Mitarbeit

im Unterricht unterliegt einer Lern- und Leistungskontrolle, also auch einer Benotung. In vielen Bundesländern gilt dies für alle Fächer. Die im Spiel gemachten Erfahrungen werden also immer auch mit Theorie z. B. in Form von Textarbeit untermauert und ergänzt, gegebenenfalls sogar korrigiert. Die Schüler der Oberstufe klagen dies unter Umständen ein. Der Lehrer bewertet natürlich nicht das Engagement im Rollenspiel, sondern diese Theoriearbeit mit Noten und bestimmt über die schulische Weiterentwicklung mit. Andererseits steigen die Leistungen, weil das psychodramatische Spiel am ehesten den von der Lernpsychologie formulierten Lernbedingungen entspricht (▶ Abschn. 22.2).

❗ Die Darstellung der Besonderheiten der Schule und ihres Bildungsauftrags verdeutlicht: Eine psychotherapeutisch verstandene Psychodrama-Konzeption kann und darf auf die Schule nicht – auch nicht partiell – übertragen werden. Biografische Erfahrungen werden weder im Unterricht noch in AGs aufgearbeitet. Dazu hat der Psychodramatiker in der Schule keinen Auftrag. Die Jugendlichen erlernen soziale Kompetenz nicht an eigenen biografischen Erfahrungen, sondern in der Bearbeitung der von den Lehrplänen vorgegebenen didaktischen Inhalte oder im Rahmen von speziellen Programmen des sozialen Lernens. Daher verbietet sich in der Regel auch die Frage, woher aus dem eigenen Leben man die gemachten Erfahrungen kenne.

22.2 Potenziale des Psychodramas als handlungsorientiertes Verfahren im Arbeitsfeld Schule

In der Schule sind weder die Prinzipien der »Ganzheitlichkeit« und »Handlungsorientierung« noch Rollenspiele signifikanter Ausweis psychodramatischer Arbeit. Ganzheitliches Lernen wird auch in anderen Konzepten umgesetzt und erprobt (Fat-

zer, 1998). Dazu gehört die Gestaltpädagogik (Pädagogik, 1995; Burow, 1993). Auch der Ansatz der themenzentrierten Interaktion (TZI) arbeitet teilnehmer- und situationsorientiert (Löhmer u. Standhardt, 1995). Gudjons' Darstellung des handlungsorientierten Unterrichts Mitte der 1990er-Jahre zeigt in mittlerweile der 8. Auflage ihre Aktualität. Sie zeigt auch, dass »Handlungsorientierung« mehr beinhaltet als nur Rollenspiele. Rollenspiele gibt es seit langem an der Schule. Lehrer können dazu auf eine Fülle von Literatur zurückgreifen, die mit einer beeindruckenden Ungenauigkeit der Begrifflichkeit im wissenschaftlichen Sinne aufwartet. Das Darstellende Spiel hat in einigen Bundesländern den Rang eines eigenen Unterrichtsfachs. Sie alle sind als Verbündete des Psychodramatikers in der schulischen Arbeit anzusehen. Psychodrama im Unterricht spielt mit im Konzert erfahrungsbezogener und reformpädagogischer Ansätze (Buer, 2000) und einer Vielfalt von Rollenspielverfahren.

Moreno hat in seiner charakteristischen Art und Weise Forderungen an die Lernstoffvermittlung skizziert, die ich heute als frühe Liste einer handlungsorientierten Pädagogik bezeichnen würde. Sie seien hier kurz aufgelistet (zitiert nach Springer 1992, S. 8):

» ▬ Der Auseinandersetzung mit Lebendigem (Menschen, Tieren, Pflanzen) ist Vorrang vor der Auseinandersetzung mit leblosen Materialien (z. B. Büchern) zu geben. (vgl. Moreno [1946], S. 146)
▬ Alle Lehr- und Lerntechniken müssen die Spontaneität und Kreativität anregen. (vgl. Moreno [1946], S. 146)
▬ Der Lehrende muss teilnehmer- und situationsorientiert vorgehen. (vgl. Moreno [1946], S. 145)
▬ Es ist wesentlich, den gesamten Organismus des Lernenden durch ganzheitliches Lernen (mit Körper, Geist und Seele) zu fördern. Das Überbetonen einzelner Funktionen (wie z. B. Denken) ist zu vermeiden. (vgl. Moreno [1946], S. 147)
▼

22

- Jeder **Lernstoff** muss **erfahrbar** gemacht werden. (vgl. Moreno [1946], S. 146)
- Wo immer es möglich ist, muss ein **direkter Kontakt zum Lernstoff** (z. B. zu Bäumen) hergestellt werden. (vgl. Moreno [1946], S. 147 f.)
- **Ganzheitliches, praktisches Tun** ist zu fördern (z. B. Lernen über Pflanzen durch das Anlegen eines Gartens). (vgl. Moreno [1946], S. 148 f.)
- **Handlungen** ist stets der Vorrang vor Reden einzuräumen. (vgl. Moreno [1946], S. S. 145)
- Jede **fachwissenschaftliche Analyse** des Lernstoffs darf stets erst nach einer ganzheitlichen, erfahrungsbezogenen **Kontaktaufnahme** zum Lernstoff vorgenommen werden. (vgl. Moreno [1946], S. 145, 147 f.)
- Die Welt ist dem Lernenden als **ganzheitliches**, **zusammenhängendes System** erfahrbar zu machen (vgl. Moreno [1946], S. 147). Dies bedeutet auch, dass dem Lernenden ein Verständnis für seine **Beziehung zum Lernstoff** ermöglicht wird.

Heute arbeiten sehr viele Lehrerinnen und Lehrer nach den von Moreno skizzierten Grundsätzen der »ganzheitlichen« und »handlungsorientierten« Didaktik, indem sie den »direkten Kontakt zum Lernstoff« ermöglichen, »praktisches Tun (z. B. Lernen über Pflanzen durch das Anlegen eines Gartens)« fördern und Handlungen Vorrang vor dem Reden einräumen. Gleichwohl kommt die Umsetzung heute oft ganz ohne szenische Arbeit aus.

Psychodramatiker verstehen in der Fachdidaktik der Schule unter »Handlungsorientierung« das Agieren in Szenen, in denen Körper, Geist und Seele zugleich angesprochen werden. Hinzu kommt die theoretische Reflexion, die durch Tafelanschriebe und Hefteinträge festgehalten wird. Es geht ihnen im Sinne Morenos um »catharsis of integration« (durch das Einverleiben des Lernstoffs; Moreno, 2000, S. 7). In diesem Sinne ist die Arbeit mit Psychodrama in der Schule als »ganz-

heitlich« zu verstehen. In dieser Tradition steht auch das Konzept der »psychodramaturgie linguistique« (Dufeu, 1993) und der relationellen Pädagogik (Feldhendler, 2000).

Dementsprechend bedienen sich Psychodramatiker in der Schule keineswegs nur psychodramatischer Arrangements, sondern arbeiten mit verschiedenen Rollenspielformen. Sie können diese qualifiziert anwenden, weil sie in besonderer Weise die jeweilige Tiefe der Selbsterfahrung einschätzen können. Sie nutzen sie für Warming-Up oder einfach deshalb, weil sie in Bezug auf die didaktischen Entscheidungen die angemessenere Methode darstellen. Aufgrund des oben genannten Schutzbedürfnisses der Jugendlichen ist die Arbeit in der Fachdidaktik – genauso wie in außerunterrichtlichen AGs – gruppenorientiert. Für Protagonistenspiele ist an der Schule wie gesagt – fast (!) – kein Platz.

Psychodrama arbeitet passgenau zu den Erkenntnissen der Lernpsychologie. Diese besagen, dass wir etwa

- 10% dessen behalten, was wir lesen,
- 20% dessen, was wir hören,
- 30% dessen, was wir sehen,
- 50% dessen, was wir hören und sehen,
- 70% dessen, was wir selbst sprechen und
- 90% dessen, was wir selbst ausprobieren und ausführen.

Die psychodramatische Arbeit im Unterricht erhebt den Anspruch, diesen Ergebnissen Rechnung zu tragen. Besondere lernpsychologische Qualitäten ergeben sich aus der erlebnisaktivierenden Wirkung des Psychodramas: Durch die Integration von Kognition und Emotion ist der »Kontakt zum Lernstoff« in besonderem Maße möglich. Psychodrama im Unterricht ermöglicht Lernen durch »handelnde Selbsterfahrung«. Durch die empathiefördernde Wirkung der Rollenübernahme, das »Laufen in den fremden Mokassins« von Menschen, deren Leben im Sprachunterricht, im Deutschunterricht und in den Gesellschaftswissenschaften angesprochen wird, ermöglicht die psychodramatische Arbeit im Unterricht trotz der oben beschriebenen Schwierigkeiten neben der reinen Wissensvermittlung immer noch gleichzeitig soziales Lernen.

22.3 Psychodramatische Arbeit in der schulischen Praxis

Die Darstellungen in diesem Abschnitt gehen von einer grundlegenden Unterscheidung von Fachdidaktik im Regelunterricht und außerunterrichtlichen Angeboten aus. Ein Kernunterschied liegt darin, dass die außerunterrichtlichen Angebote keinen so strikten Lehrplanvorgaben unterliegen wie der reguläre Unterricht. Ein zweiter wesentlicher Unterschied ist, dass die außerunterrichtlichen Angebote keiner Leistungsbemessung unterliegen. Dies gilt auch für die Angebote des sozialen Lernens, für die Teilnahmepflicht besteht (Aichinger u. Holl, 1995; Pruckner, 1995).

22.3.1 Außerunterrichtliche Angebote zur Förderung sozialer Kompetenzen

Beunruhigende Medienberichte der letzten Jahre haben das Augenmerk der Öffentlichkeit und der Pädagogen auf Defizite der sozialen Kompetenz gerichtet. Es ist nicht mehr zu leugnen, dass im Bereich der Gewaltprävention ein großer Bedarf besteht, dass Schülermobbing mehr als nur ein Randproblem ist. Untersuchungen haben gezeigt, dass eine der Hauptursachen in einem zu geringen Selbstwertgefühl zu finden ist. Soziales Lernen als längerfristige Maßnahme an allgemeinbildenden Schulen braucht besondere Beauftragungen und gesonderte Rahmenbedingungen, z. B. »Tutorstunden« (Ziesenitz-Albrecht, 1992; Aichinger u. Holl 1995; 1997; 2002). In den entstehenden gebundenen Ganztagsschulen werden sich neue langfristige Möglichkeiten einer Zusammenarbeit, besonders für Programme des »sozialen Lernens«, ergeben. Schon jetzt können außerschulische Einrichtungen und Beratungsstellen, die längerfristige Konzepte entwickelt haben und zur Durchführung an Schulen gehen, die Zahl der Anfragen kaum noch bewältigen. Die finanzielle Honorierung wird sich dabei in engen Grenzen halten.

Soziales Lernen als Gewaltpräventionsmaßnahme arbeitet nicht biografiebezogen an den Ursachen des Einzelnen, sondern bleibt im Hier und Jetzt. Diese Arbeit baut auf die zwar verdeckten, gleichwohl vorhandenen Ressourcen der Kinder und Jugendlichen. Nach Schaller (2005, S. 14) »werden in der Gesundheitspsychologie drei Formen von präventivem Handeln im Interesse eines Selbstmanagementtrainings unterschieden. [...]

- **Primärprävention:** es werden Maßnahmen getroffen, damit unerwünschte Verhaltensweisen wie Gewalt einen weniger guten Nährboden haben. Durch die Förderung von Handlungskompetenzen von Erziehenden und/oder den Selbstkompetenzen von Kindern sollen Ressourcen aktiviert und langfristig die Bereitschaft zu Gewaltanwendung verringert werden.
- **Sekundärprävention:** Training mit Risikogruppen, die direkt oder indirekt von Gewalthandlungen betroffen sind. Mittelfristige Zielsetzung: das Ausmaß der Gewaltbereitschaft zu reduzieren, indem strukturelle Verbesserungen vorgenommen werden und prosoziale Fähigkeiten vermittelt werden.
- **Tertiärprävention:** Training mit antisozial-aggressiven Wiederholungstätern und/oder den zuständigen Erziehenden mit der kurzfristigen Zielsetzung, das antisoziale Verhalten zu unterbinden und Rückfälle zu vermeiden.«

In der Schule sind nur Programme der Primärprävention umsetzbar und erfolgreich, weil sie zum einen die Gruppenfähigkeit der Teilnehmer voraussetzen und zum zweiten mit Gruppen in Klassengröße arbeiten. Die Arbeit mit Programmen der Sekundär- und der Tertiärprävention setzt kleine Gruppen zwischen 5 und 10 Teilnehmern sowie andere institutionelle Rahmen als die Schule voraus. Diese Programme arbeiten nach dem Modulprinzip in dem Sinne, dass aus einer Fülle von möglichen Spielen die für die Gruppe und ihre Situation angemessenen Spiele ausgewählt werden. Zur Konkretisierung sei auf Schallers maßgebliche Publikation verwiesen (2005).

Aichinger und Holl haben ein beeindruckendes Konzept und Beispiele von sozialem Lernen für Kinder bis etwa 6. Klasse vorgelegt (Aichinger u. Holl, 2002). Für diese Altersgruppe ist zu beachten: »Kinder inszenieren anders« (Fryszer, 1995; Aichinger u. Holl, 1997; → Kap. 21). Sie beschreiben als Grundvoraussetzung für das Gelingen dieses Angebots in der Schule, dass es auch von der Schulleitung zu den von den Leitern genannten Bedingungen mitgetragen wird. Das bedeutet: Die Schulleitung trifft während oder unmittelbar nach Abschluss des Projekts keine gruppenrelevanten Entscheidungen. In der nachfolgenden Übersicht wird dieses Konzept kurz zusammengefasst.

Merkmale des Konzepts zum sozialen Lernen nach Aichinger u. Holl (2002)

- Die Sitzungen werden von ausgebildeten Psychodramatikern geleitet. Die mitspielenden Leiter und Klassenlehrer übernehmen untergeordnete Rollen, aus denen heraus sie den Fortgang der Geschichte stützen und weiterentwickeln können. So erfahren die Kinder ihre Lehrer anders als im Schulalltag fördernd, versorgend und bewundernd. Dies wird in der Vorbereitung erprobt, durchgespielt und im Rollentausch mit den Kindern gefestigt. Dies ermöglicht den Lehrern später, an die erlebten Erfahrungen zu erinnern und eine tatsächliche Verhaltensänderung zu erreichen.
- Die Arbeitseinheiten finden in den Klassenräumen oder anderen großen Räumen der Schule statt. Die vorhandenen Gegenstände werden für die Kulisse genutzt und durch Requisiten (z. B. Tücher) der Spielleiter ergänzt. Das Konzept ist nach dem Baukastenprinzip aufgebaut. Das Programm erstreckt sich mit Unterbrechungen über mehrere Monate und gewährleistet somit auch eine stabile Nachhaltigkeit.
- Im ersten Baustein wird das Selbstwertgefühl durch Inszenierung von Ideal-Selbst-Fantasien gestärkt. Die gespielten Geschichten werden von den Kindern ausgedacht. Der Protagonist gibt hier im Groben die Rahmengeschichte vor, die von den Leitern in der Weise angereichert wird, dass einerseits die gesamte Klasse mitspielen kann und andererseits der Prota-

▼

gonist die gewünschte Aufwertung auch erfährt. Deshalb achten die Leiter darauf, dass die Aufwertung nicht auf Kosten anderer geschieht. Konsequenterweise sind es Spiele ohne Verlierer, also auch keine Wettkämpfe.
- Im zweiten Baustein, der die sozialen Beziehungen von Untergruppen fördern soll, werden dagegen die Geschichten von den Leitern vorgegeben. Das Ziel ist hier die Beziehungs- und Konfliktfähigkeit im Sinne eines kooperativen Verhaltens.
- Im dritten Baustein geht es um Konfliktbearbeitung. Dieses Modul wird intensiv mit den Lehrern in der Weise vorbereitet, dass zunächst der Konflikt herausgearbeitet wird, ob es sich z. B. um verdeckte Gewalt oder die Dominanz von Gruppen auf Kosten anderen geht. Die Kinder spielen verfremdet ihre eigenen Konflikte. Der Fokus liegt auf der Lösung und einer problemfreien Zukunft.
- Die Erwärmung geschieht durch die spannende Erzählung der Leiter. In der Auswertung werden nur positive Rückmeldungen zugelassen, da sonst die gute Erfahrung wieder verloren ginge.

Die starke Nachfrage hat die Autoren inzwischen dazu veranlasst, ein Weiterbildungsprogramm zu entwickeln, das Lehrer in die Lage versetzt, auch unabhängig entsprechende Maßnahmen zu leiten.

Natürlich gibt es auch andere Konzepte für soziales Lernen an allgemeinbildenden Schulen (beispielsweise im Rahmen von »Tutorstunden«, vgl. Ziesenitz-Albrecht, 1992) sowie an anderen Schulformen, z. B. an einer Schule für Erziehungshilfe (Feinauer, 1992). Sie alle arbeiten mit verschiedenen szenischen Arrangements, z. B. Darstellendem Spiel, Forumtheater, Soziodramen und »educational drama«. Außerunterrichtliche Angebote sozialen Lernens werden von Psychodramatikern also zu Recht als besonderes Potenzial psychodramatischer Angebote angesehen. Die grundlegende Voraussetzung für einen nachhaltigen

Erfolg ist, dass die Klassenlehrer das Programm nicht nur »einkaufen« und dann Aufsicht führen, sondern als Anleiter oder Mitspieler pädagogisch mitwirken.

Aber auch der Unterricht bietet Möglichkeiten.

22.3.2 Wissensvermittlung mit dem Psychodrama im Unterricht

In der allgemeinbildenden Schule bleiben trotz aller Reformbemühungen die Wissensvermittlung und der Wissenserwerb im Rahmen des Unterrichts das »Kerngeschäft«. Wer psychodramatische Arrangements im Unterricht anwenden will, kommt an folgender Grundbedingung nicht vorbei: »Unterricht muss Unterricht bleiben« (Rietz, 1995, S. 316). Die Anwendung psychodramatischer Arrangements unterliegt dieser Zielvorgabe. Manche Schüler begegnen der szenischen Arbeit anfangs verunsichert (»Ist das so richtig?«), wenn sie in ihrem bisherigen Schulunterricht eher kognitive Arbeitsformen verwenden und dementsprechend eine rezipierende Haltung eingenommen haben. Nicht nur deshalb ist es sinnvoll, mit kleinen szenischen Arrangements, wie sie z. B. aus dem Darstellenden Spiel bekannt sind, anzufangen. Neben den Spielanteilen bleiben kognitive und theoretische Arbeitsformen bestehen. Deshalb geht die psychodramatische Arbeit vielfältige Verbindungen mit anderen pädagogischen Verfahren ein.

Psychodramatische Arbeit im Unterricht reiht sich ein in eine schon lange bestehende Tradition von Rollenspielarbeit. Grundsätzlich wird der Lehrer ständig zwischen verschiedenen Rollenspielverfahren wechseln. Diese Vorgehensweise ist im Englischsprachigen Raum seit über 50 Jahren unter dem Begriff »education in drama« (Meixner, 2001) bekannt. Im Folgenden wird es darum gehen, im Sinne dieser Tradition nur die psychodramatischen Arrangements vorzustellen.

Der Psychodramatiker arbeitet im Unterricht zur Lernstoffvermittlung wesentlich strukturierender als in der therapeutischen Arbeit. Wie in der Unterrichtsvorbereitung üblich, wählt der Lehrer das psychodramatische Arrangement in Bezug auf das Thema und das Lernziel aus. Soziodramatische Spielabläufe werden entweder gemeinsam verabredet (Ziesenitz-Albrecht, 1992) oder sind – wie z. B. im Literaturunterricht (Freudenreich u. Sperth, 1993; Lensch, 2000) – durch eine Story des Unterrichtsmaterials vorgegeben. Gruppenzentrierte Arrangements – Aktionssoziometrien, Standbilder, Skulpturen, Aufstellungen und Soziodramen – haben Vorrang. Protagonistenspiele sind z. B. bei Referaten möglich (→ nachfolgende Ausführungen). Die Arrangements werden von den Schülern in kreativer Weise als Angebote für den eigenen Lernfortschritt genutzt und ausgestaltet. Die Auswertung aus den Rollen erfolgt nicht offen (»Was habe ich in der Rolle erlebt?«), sondern themen- und lernzielbezogen.

Die von Springer (1992) vorgeschlagene Form, dass der Lehrer die Rollen eindoppelt und dabei die Inhalte als heimlicher »Vertreter« des Protagonisten vermittelt, erinnert meines Erachtens an die Arrangements von Hellinger. Die Leiterposition wird unzulässig mit der des Protagonisten vermischt. Einen kritischen Vergleich zwischen Psychodrama und Hellingers Aufstellungsarbeit nimmt u. a. Buer (2005) vor. Im Psychodrama aber will der Lehrer die Jugendlichen lernen lassen. Zudem ist meines Erachtens die Gefahr zu groß, dass der Lehrer mit seiner Spielfreude die Schüler in ihrer Kreativität und Spontaneität hemmt. Er sollte nur in Nebenrollen das Spiel am Laufen halten und den Spielern helfen, im Spiel zu bleiben.

Die Möglichkeiten des Psychodramas für die Wissensvermittlung im Unterricht werden im Folgenden aufgezeigt.

Rechtschreibregeln im Deutschunterricht (Skulpturarbeit)

Das Thema der Stunde ist die Substantivierung des Adjektivs. Die Erwärmung erfolgt über eine Sammlung schon bekannter Wortarten. Dann übernehmen nacheinander die Jugendlichen die Rolle der Wortarten. Im Interview durch den Lehrer (»Wie schreibst du dich?«, »Auf wen kannst du nicht verzichten?«) gelingt ihnen die Entdeckung der jeweiligen besonderen Eigenschaften der betreffenden Wortart. Ergänzungen werden durch → Doppeln eingebracht. Die an das Adjektiv gerichtete Frage »Wer ist oft in deiner Nähe?« ruft

z. B. das Substantiv auf die Bühne. Dessen Spieler sucht sich seinen angemessenen Platz. Die Unterschiede der Groß- und Kleinschreibung werden durch die Ausgestaltung der → Skulptur verdeutlicht, etwa wie folgt:

Indem das Adjektiv die Artikel und Mengenwörter als »Verbündete« gewinnt, kann es – zumindest für kurze Zeit – auch einmal auf den großen Stuhl steigen. Durch die Frage im Rolleninterview »Welche Eigenschaft lässt dich denn auch auf den Stuhl steigen?« erspüren die Spieler recht schnell die Großschreibung und dass dafür zusätzlich die Artikel und Mengenwörter nötig sind. Verständnisfragen der Jugendlichen können entweder über den → Rollentausch oder die → Spiegeltechnik beantwortet werden (Roesinger, 1995, Allgemeines zur Skulpturarbeit ▶ Abschn. 3.7).

Ein Referat halten

In einem Grundkurs evangelischer Religion wird ein Referat vergeben zum Thema »Das Verhältnis von Katholischer Kirche und Staat im '3. Reich'«. Die Schüler haben bereits Erfahrungen mit verschiedenen psychodramatischen Spielformen gemacht. So kann als Aufgabe für die Präsentationsform gestellt werden, die Inhalte jeweils bestimmten Rollen zuzuweisen. Zur Vorbereitung erstellt der Referent Rollenkarten. Im Unterricht bittet der Referent in einer Mischung von Protagonistenspiel, → Soziodrama und → Playbackelementen seine Mitschüler, die jeweiligen Rollen zu übernehmen. Er stellt die Rollen entweder im → Rollentausch oder durch Eindoppeln vor. So entsteht zunächst eine Skulptur als Ausgangsposition für ein soziodramatisches Spiel. Es folgen die Verhandlungen zum Konkordat mit anschließender themenzentrierter Auswertung. Je nach Rollenspiel-Tradition wird die Position des Referenten mal als die des Regie-Stuhls (→ Playback), mal als → Spiegelposition (Psychodrama) oder auch nur als Außenposition für eine Aufstellung bezeichnet.

Präsentation einer Gruppenarbeit (→ Soziodrama)

Gruppenarbeit. Die 10. Klasse hat im Religionsunterricht zwei Doppelstunden unter dem Oberthema »Das Leiden in der Welt« zu verschiedenen Themenaspekten gearbeitet. Eine Gruppe beschäftigte sich mit dem Thema »Umgang mit AIDS«. Die Schülerinnen und Schüler dieser Gruppe wollten die gesellschaftliche Ausgrenzung der Infizierten thematisieren. Aus den Materialien hatten sie von den Überlegungen der 1880er-Jahre erfahren, die Ausweise der AIDS-Infizierten mit einem »A« zu versehen. Sie erfuhren daraus auch von irrationalen Reaktionen auf HIV-Infektionen, z. B. der Planung präventiver Tests. Diese Aspekte erschienen ihnen für ihre Absicht besonders geeignet. Für die Präsentation plante die Gruppe das folgende soziodramatische Spiel, für das eine Doppelstunde zur Verfügung stand. Vor der Stunde wurde im Klassenraum ein von einer Trennlinie durchteilter »Untersuchungsraum« eingerichtet. Die Mitschüler bekamen eine Stunde vorher die Hausaufgabe, ihren Ausweis mitzubringen. Die Gruppe hatte für sich schon bestimmte Rollen festgelegt.

Präsentation. Ein Schüler in der Rolle eines Elternvertreters teilt zu Beginn der Stunde der Klasse vor der Klassentür mit, dass ein Fall von AIDS-Infektion in der Schule aufgetreten sei und deshalb als Präventivmaßnahme alle Schüler auf eine HIV-Infektion untersucht werden sollten. Die Schüler kommen in 3er-Gruppen in den »Untersuchungsraum«, in dem ihnen eine »Blutprobe entnommen« wird. Der anschließende Schnelltest stellt vier »Infektionen« fest. Die vier Betroffenen kommen auf die eine Seite der Trennlinie, die anderen Schüler auf die andere Seite. Der »Elternvertreter« teilt nun der Gruppe mit, dass die »Infizierten« in eine »Sonderschule« überwiesen werden sollen. Ihr Ausweis wird mit einem »Stempel« gekennzeichnet. Daran schließt sich ein Stegreifspiel an. Nach einiger Zeit erfolgt ein kollektiver Rollentausch der »Infizierten« mit den Befürwortern der »Überweisung in eine Sonderschule«. Nach dem Spiel erfolgt zunächst eine Auswertung aus den Rollen heraus. Anschließend werden alle Schüler aus ihren Rollen entlassen. Anschließend gibt es noch die Möglichkeit, Rückfragen zu stellen.

Darstellung historischer Prozesse (→ Aktionssoziometrie)

Im Geschichtsunterricht soll zum Abschluss einer Einheit über die Weimarer Republik der Prozess zusammengefasst werden, der zur Machtübergabe an die Nationalsozialisten führte. Die Schüler übernehmen die Rollen der verschiedenen Gruppierungen und Parteien. Sie positionieren sich im ersten Schritt auf einer Zeitleiste in das ihrer Einschätzung nach passende Jahr. Schon in dieser Phase korrigieren sie sich selbst aus den Rollen heraus. Auf den Impuls des Leiters hin streben sie dem Jahr 1933 zu. Die themenbezogene Auswertung nimmt das Erleben der Schüler während des Spiels als Ausgangspunkt für die Frage, welches kollektive Erleben in den 1930er-Jahren die Machtübernahme begünstigt haben könnte.

Auf Beispiele zum Fremdsprachenerwerb und die Darstellung didaktischer Konzeptionen verweise ich aus Platzgründen auf die Fachartikel (Wallner, 1994; Feldhendler, 2000; Wittinger, 2000).

Zusammenfassung

Der in der Schule tätige Psychodramatiker richtet sich nach den vielfältigen dort vorzufindenden Formaten (Beratung, Unterricht, AGs, Projektwoche etc.). Im Zentrum des Augenmerks stehen Angebote für soziales Lernen innerhalb von im Stundenplan vorgesehenen Stunden (»Tutorstunden«), außerunterrichtliche Angebote (befristete Maßnahmen mit externen Referenten, Projektwochen) und die Lernstoffvermittlung. In allen Bildungsangeboten im Rahmen der Schule hat die Gruppenorientierung Vorrang vor der Einzelorientierung, Protagonistenspiele werden deshalb nur im Einzelfall angewendet. In Angeboten des sozialen Lernens werden die Spiele sowohl von den Leitern aufgrund didaktischer Entscheidungen ausgewählt als auch von der Gruppe im Rahmen des Lernprozesses vereinbart. Im Unterricht zur Lernstoffvermittlung entscheidet in der Regel der Lehrer, welche Arrangements verwendet werden. Auswahlkriterium sind die didaktischen Inhalte und Lernziele. Im Unterricht wechseln Spielphasen mit theoretischen Phasen ab. Im Rahmen dieser Konzeption kann das Psychodrama vielfältige Verbindungen mit anderen pädagogischen Verfahren eingehen.

Literatur

Aichinger, A. & Holl, W. (1995). Der Gewalt begegnen – Psychodrama mit Schulklassen. *Psychodrama,8 (2)*, 189–208.

Aichinger, A. & Holl, W. (1997). *Psychodrama-Gruppentherapie mit Kindern*. Mainz: Grünewald.

Aichinger, A. & Holl, W. (2002). *Kinder-Psychodrama*. Mainz: Grünewald.

Buer, F. (2000) Zur Theorie psychodramatischer Bildungsarbeit. In T. Wittinger (Hrsg.), *Psychodrama in der Bildungsarbeit* (173–204). Mainz: Grünewald.

Buer, F. (2005). Aufstellungsarbeit nach Moreno in Formaten der Personalarbeit in Organisationen. *Zeitschrift für Psychodrama und Soziometrie, 4 (2)*, 285–310.

Burow, O.-A. (1993). *Gestaltpädagogik*. Paderborn: Junfermann.

Dufeu, B. (1993). Die Sprachpsychodramaturgie. In R. Bosselmann, E. Lüffe-Leonhardt & M. Gellert (Hrsg.), *Variationen des Psychodramas. Ein Praxis-Handbuch* (122–134). Meezen: Limmer.

Engelbertz, G. & Kuchenbecker, M. (2004). Lust und Lebendigkeit, Soziodrama mit Jugendlichen und jungen Erwachsenen. In T. Wittinger (Hrsg.), *Die ganze Welt auf der Bühne, Handbuch zum Soziodrama* (65–81). Opladen: Leske & Budrich.

Fatzer, G. (1998). *Ganzheitliches Lernen*. Paderborn: Junfermann.

Feinauer, E. (1992). Wenn Saurier, Batman und Weißkopfseeadler Schule machen. Psychodrama-Gruppenspiele in der Schule für Erziehungshilfe. *Psychodrama, 5 (1)*, 31–50.

Feldhendler, D. (2000). Psychodramatische und dramaturgische Arbeitsformen in der Sprachvermittlung. In T. Wittinger (Hrsg.), *Psychodrama in der Bildungsarbeit* (11–29). Mainz: Grünewald.

Freudenreich, D. & Sperth, F. (1993). *Stundenblätter – Rollenspiele im Literaturunterricht* (3. Aufl.). Stuttgart: Klett.

Fryszer, A. (1995). Das Spiel bleibt Spaß. Kinder inszenieren Psychodrama anders als Erwachsene. *Psychodrama, 8 (2)*, 169–187.

Gerster, P. & Nürnberger, C. (2001). *Der Erziehungsnotstand*. Berlin: Rowohlt.

Guggenbühl, A. (2002). *Die PISA-Falle* (2. Aufl.). Freiburg: Herder.

Hentig, H. von (1999). *Bildung. Ein Essay*. Weinheim: Beltz.

Kummer, I. (1986). *Beratung und Therapie bei Jugendlichen*. München: Kösel.

Lensch, M. (2000). *Spielen, was (nicht) im Buche steht*. Münster: Waxmann.

Löhmer, C. & Standhardt, R. (1995). *TZI. Pädagogisch-therapeutische Gruppenarbeit* (3. Aufl.). Stuttgart: Klett-Cotta.

Meixner, J. (2001). *Das Lernen im Als-Ob*. Tübingen: Narr.

Moreno, J. L. (1946). *Psychodrama* (vol.1). Beacon: Beacon House.

Moreno, J. L. (2000). Die Spontaneitätstheorie des Lernens. In T. Wittinger (Hrsg.), *Psychodrama in der Bildungsarbeit* (240–246). Mainz: Grünewald.

Pädagogik (1995). Themenheft »Lebendig lehren und lernen«. *Pädagogik, 47 (5)*.

Pruckner, H. (1995). Wiener Schnitzel, Piefke, Kümmeltürken … Soziodrama in der interkulturellen Arbeit mit Kindern und Jugendlichen. *Psychodrama, 8* (2), 209–219.

Rietz, U. (1995). Lehrerinnen- und Lehrerfortbildung mit TZI. In C. Löhmer & R. Standhardt (Hrsg.), *TZI. Pädagogisch-therapeutische Gruppenarbeit* (3. Aufl., 316–325). Stuttgart: Klett-Cotta.

Roesinger, C. (1995). Der Einsatz von Methoden des Psychodramas in der Grundschule. *Pädagogik,47 (11)*, 17–21.

Schaller, R. (2005). *Wege, an sie ranzukommen*. Weinheim: Juventa.

Springer, R. (1992). Moreno und die Pädagogik. Zum gegenwärtigen Entwicklungsstand der »Psychodrama-Pädagogik« in Deutschland. *Psychodrama,5 (1)*, 5–14.

Springer, R. (1995). *Grundlagen einer Psychodramapädagogik*. Köln: inScenario.

Wallner, H. (1994). Psychodrama im Fremdsprachenunterricht. In F. Buer (Hrsg.), *Jahrbuch für Psychodrama, psychosoziale Praxis & Gesellschaftspolitik* (45–65). Opladen: Leske & Budrich.

Wittinger, T. (Hrsg.) (2000). *Psychodrama in der Bildungsarbeit*. Mainz: Grünewald.

ZEIT-Dokument (3/2002). *Schock für die Schule*. Hamburg: DIE ZEIT.

Ziesenitz-Albrecht, T. (1992). »… So sind wir gar nicht!« *Psychodrama, (1)*, 15–30.

Psychodrama
in der Erwachsenenbildung

E. Serafin

In der Erwachsenenbildung besteht die Anforderung für den Psychodramatiker darin, dass er den Kontext des Anwendungsfelds erfasst, um die Bedingungen von Auftraggebern, Zielgruppen-Motivationen und Bildungszielen zu einem fruchtbaren Boden für die Vielfalt des psychodramatischen Genres werden zu lassen. Es reicht nicht aus, sich von der Dynamik der Gruppen zu leiten lassen. Vielmehr müssen Psychodramatikerinnen hier umsichtig agieren und sowohl die übergreifenden als auch die sequenzbezogenen Aspekte berücksichtigen, um den Sachbezug herstellen zu können.

»Wir werden in die Widersprüche der Welt hineingeboren und entgehen ihnen nicht. Wie es unmöglich ist, nicht zu kommunizieren, so ist es unmöglich, nicht »co-creator« eigener Träume, aber auch sozialer Wirklichkeiten zu sein« (Bleckwedel, 1990, S. 113). Um diese »Mit-Gestaltung« des eigenen Lebens und der sozialen Wirklichkeit geht es (auch) in der Erwachsenenbildung, denn die Bildungsangebote sollen die Teilnehmenden in der Mitgestaltung ihrer sozialen Wirklichkeit unterstützen.

Moreno geht davon aus, dass der Mensch über Rollen verfügt, auf die er in unterschiedlichen Situationen zurückgreifen kann, um seine Ausdrucksmöglichkeiten zu erhöhen. Der Rückgriff auf eine bereits angeeignete Rolle – die **Rollenkonserve** –, bietet die Möglichkeit, innerhalb einer Situation mit Hilfe dieser konservierten Rolle einen Ansatz zu handeln zu finden. In der Rollenkonserve speichert der Mensch seine bisherigen Erfahrungen und Verhaltensmuster, sie ist daher (über)lebensnotwendig. Anderseits birgt der Rückgriff auf Rollenkonserven jedoch die Gefahr, mit alten Rollen inadäquat auf neue Situationen zu reagieren. Durch **Kreativität** und **Spontaneität** können erstarrte Rollen überwunden werden. Das bedeutet, dass es im Sinne der Persönlichkeitsentfaltung, des sozialen Lernens und der Entwicklung zum gesellschaftlichen Subjekt wichtig ist, das persönliche Rollenrepertoire zu erweitern und über ein möglichst breites Rollenspektrum zu verfügen.

23.1 Das Anwendungsfeld Erwachsenenbildung

Was heißt es, Morenos Handlungskonzept in der Erwachsenenbildung umzusetzen? Die Tätigkeit der Psychodrama-Leiterin erfordert eine grundsätzlich andere Herangehensweise als die der Therapeutin und ein vielfältiges Wissen über Einsatz und Wirkungsweisen psychodramatischer Techniken und Settings. Die Aufgabe der Psychodrama-Leitung im Bildungsbereich ist es, die Auseinandersetzung der Teilnehmenden mit den Veranstaltungsthemen zu ermöglichen, und zwar sowohl auf der Inhalts- als auch auf der Beziehungsebene. Psychodramatische Interventionen haben daher das Ziel, die Bezugspunkte zwischen dem Seminarthema und den Teilnehmenden erfahrbar, bewusst und über das Seminar hinaus bearbeitbar zu machen, oder sie zielen darauf ab, die Gruppenkohäsion zu stärken, damit die zielgerichtete Arbeitsfähigkeit hergestellt wird. Die Psychodramatikerin stellt sich also immer wieder die Frage, was sie inhaltlich erreichen will und welches Ausmaß an Gruppenkohäsion dazu erforderlich ist.

In der Erwachsenenbildung ist man mit einer Vielfalt von Erscheinungsformen und Praxisbezügen konfrontiert. Allgemein umfasst Erwachsenenbildung Bildungsformen, die ausschließlich Erwachsene als **Zielgruppe** haben, und sich damit von schulischer und außerschulischer Bildung abgrenzen, sofern diese sich an Kinder und Jugendliche richtet. Üblicherweise wird die universitäre Bildung auch nicht zur Erwachsenenbildung gerechnet, obwohl auch hier Erwachsene die Zielgruppe darstellen.

Mit ihrem **Bildungsanspruch** hebt sich also Erwachsenenbildung von anderen Anwendungsfeldern ab, deren Zielgruppe Erwachsene sind: die Psychotherapie und die Sozialarbeit, aber auch die Selbsterfahrung und Konfliktberatung, wobei die Zuletztgenannten – wie auch Persönlichkeitsbildung insgesamt – stets als Bestandteile von Bildungsprozessen zu betrachten sind und nie allein stehen können.

Weitere Überschneidungen gibt es auch

- mit der Supervision (▶ Kap. 25, z. B. in Bildungsseminaren mit integriertem Praxisbezug anhand mitgebrachter Fallbeispiele),
- in der interkulturellen Arbeit (diese Bezeichnung trifft zunächst nur eine Aussage über das Themenfeld) sowie
- mit der Personalentwicklung und Organisationsberatung (▶ Kap. 24).

Erwachsenenbildung und Personalentwicklung überschneiden sich, da Bildungsveranstaltungen ein integraler Bestandteil der betriebsinternen Aus- und Weiterbildung von Beschäftigten sind; der Rahmen, der thematische Fokus und die Form des angestrebten Praxistransfers ergeben sich aber aus dem Qualifizierungsbedarf des Betriebs bzw. der Organisation.

Als wissenschaftliche Disziplin erfreute sich die Erwachsenenbildung Ende der 1960er-Jahre einer Blütezeit, die über mehrere Jahrzehnte andauerte. In den 1970er- und 1980er-Jahren wurde auch ihre Bedeutung im Vorfeld von unmittelbaren lehr- und interventionsbezogenen Handlungsbestrebungen wissenschaftstheoretisch rege diskutiert. Parallel hierzu entstand neben den klassischen Bildungsträgern (Volkshochschulen, Kirchen, parteinahen Stiftungen und Gewerkschaften) eine breite Landschaft von Veranstaltern und Erwachsenenbildungsträgern. Bildungspolitische Willensäußerungen sowie die Möglichkeiten und Notwendigkeiten der wirtschaftlichen Konjunkturverläufe förderten diese Entwicklung.

Seit den 1990er-Jahren werden sowohl die Theorie als auch die Praxis der Erwachsenenbildung von Kosten-Nutzen-Gesichtspunkten stark beeinflusst. Schlagwörter wie Zielorientierung und Qualitätsmanagement haben Hochkonjunktur. Wenngleich die leerer werdenden Kassen den Ausgangspunkt dieser Entwicklung darstellen, so wurde sie aber auch als Chance zur Professionalisierung der Bildungsarbeit und des Bildungsmanagements gesehen (Gieseke, 2000a; 2000b). In den letzten Jahren haben etliche Bildungsanbieter ihre Angebote quantitativ stark reduziert. Gleich-

zeitig haben sich Handlungs- und Zielorientierung als erfolgskritische Momente etabliert. In anderen Worten: Bildung als allgemeiner Wert ist nicht (mehr) Legitimation genug.

Die Anforderung, das eigene Tun zu begründen und methodisch auch die Rahmenbedingungen des Handelns im Blick zu behalten, kann sowohl für Akteure der Bildungsarbeit als auch für ihre Nutzer von Vorteil sein. Ein Psychodramatiker, der in einem komplexen Handlungsfeld seine Rolle und seine Interventionen auch im größeren Zusammenhang reflektiert, ist ein Gewinn für alle Beteiligten. Neben den persönlichkeitsbildenden Elementen müssen Sinnzusammenhänge erkennbar sein und formuliert werden können. Beim Konzipieren einer Veranstaltung sind daher die folgenden Fragen und ihre Reihenfolge als **Orientierungspunkte** sinnvoll:

- Beinhalten die zu vermittelnden Lehrinhalte **Themen** des zwischenmenschlichen Kontakts (z. B. in Dienstleistungsberufen), über das Miteinander in gesellschaftlichen Bereichen oder über die Rollenklärung der teilnehmenden Akteure?
- Was sind die **übergreifenden Ziele** (im Hinblick auf die Philosophie, Mission, Kultur und Werte des Trägers) einer Bildungsveranstaltung?
- Welche **veranstaltungsbezogenen Ziele** hat der Veranstalter?
- Wie sind die **Motivationslagen** der Teilnehmenden?
- Wie soll das **Design** der Veranstaltung konzipiert werden?

Das Design leitet sich im Idealfall aus den ersten drei Punkten (Themen, Ziele, Motivationen) ab und korrespondiert mit den einzelnen Veranstaltungssequenzen mit deren jeweiligen Zielen.

Psychodramatiker können vor diesem Hintergrund erkennen, in welchem Gestaltungsrahmen sie sich bewegen. Mit diesen Einblicken sind sie in der Lage zu entscheiden, ob, wann und welcher psychodramatische Ansatz geeignet ist. Darüber hinaus geben die Orientierungspunkte Hinweise auf die erforderlichen Feldkompetenzen.

23

23.1.1 Themenbereiche und Trägerlandschaft

Die Angebote der Volkshochschule gelten als klassische Themenbereiche der Erwachsenenbildung. Ein Blick auf die Veranstaltungen zeigt, je nach Region, politischer Ausrichtung und personeller bzw. finanzieller Ausstattung, eine Spannbreite von Themenfeldern und Zielrichtungen der Erwachsenenbildung:

- Berufliche Bildung (z. B. EDV-Lehrgänge) mit Zertifikatsabschluss,
- Abendgymnasium für Erwachsene, die auf dem zweiten Bildungsweg das Abitur nachholen wollen,
- Gesundheitsbildung,
- Elternkurse,
- Sprachvermittlung,
- politische Bildung, usw.

Die Sondierung der Rahmenbedingungen über die konkrete Einzelveranstaltung hinaus hilft, den Auftrag zu klären und vorzubereiten. Sie macht nicht nur die Vielschichtigkeit der Anforderungen und Erwartungen durchschaubar, sondern umreißt auch den Handlungsspielraum für psychodramatische Herangehensweisen.

Der vielfältigen Struktur der Trägerlandschaft entspricht auch das weitläufige Netz von landes- und bundesweiten Zusammenschlüssen in Dach- und Trägerverbänden. Trotz ähnlicher Themenwahl können sich die verschiedenen Träger unterschiedlichen Aufgaben widmen. Beispielsweise kann in der Personalentwicklung das Thema Kommunikation im Sinne der Teambildung oder der Mitarbeiterführung angeboten sein; in der gewerkschaftspolitischen Bildung kann dagegen der Schwerpunkt auf die innerbetriebliche Kommunikation als Instrument der Mitbestimmung gelegt werden und in der gesellschaftspolitischen Bildung auf die Bearbeitung sozialer Konflikte und Gewaltprävention (◘ Tab. 23.1).

Die Finanzierungsart des Veranstaltungsträgers kann gleichfalls auf übergreifenden Zielsetzungen hinweisen, und auf den Rahmen, in dem sich die Psychodramatikerin während der Bildungsveranstaltung bewegt. Das sind beispielsweise:

- Volkshochschulen (öffentliche Mittel der Städte oder Gemeinden) oder
- berufliche und vorberufliche Lehrgänge (nach Sozialgesetzbuch III / Arbeitsämter oder aber durch den Arbeitgeber finanziert);
- interkulturelle Bildung (Vereine, teilweise öffentlich subventioniert, z. B. mit Mitteln der Jugendhilfe oder der politischen Bildung);
- gewerkschaftliche Bildung (Mitgliedsbeiträge bzw. Finanzierung nach Betriebsverfassungsgesetz oder Personalvertretungsgesetz). Immer mehr Träger von Veranstaltungen der Erwachsenenbildung arbeiten auf der Grundlage von Mischfinanzierungen.

◘ **Tab. 23.1.** Zielrichtungen des Themenbereichs »Kommunikation«

Themenbereich	Träger	Trägerziel / Trägeraufgabe können z. B. sein	Veranstaltungsziel ist beispielsweise
Kommunikation	Gewerkschaft	Gewerkschaftspolitische Bildung	Effektivierte betriebliche Interessenvertretung
Kommunikation	Kirchen	Gesellschaftspolitische Bildung	Soziale Konflikte sind bearbeitet; Gewaltprävention
Kommunikation	Betrieb / Organisation	Personalentwicklung	Teambildung und Kenntnisse der Mitarbeiterführung sind verbessert
Kommunikation	Vom Arbeitsamt für diese Veranstaltung geförderter Träger	Maßnahmen zur beruflichen Orientierung	»Know-how« für die Arbeitswelt ist vermittelt

Ausschlaggebend sind also das Aufgabenfeld des Trägers und die Zielsetzung der Veranstaltung. Vor diesem Hintergrund können die Ziele der konkreten Bildungssequenzen einer Veranstaltung festgelegt werden.

Aus den verwendeten Parametern ergibt sich auch der Zeitrahmen für die psychodramatische(n) Sequenz(en). Im nächsten Schritt lässt sich aus dem Zeitrahmen und der persönlichen Motivation der Teilnehmenden die geeignete Abstraktionsebene beziehungsweise psychodramatische Tiefe ableiten, die anvisiert wird und auf der sich die Psychodramatikerin mit der Gruppe bewegt. Im Vorfeld kann es hierzu nützlich sein, fiktive Reaktionen im Ablauf zu durchdenken. Im Idealfall leitet also die Psychodramatikerin durch ihre Interventionen zur angemessenen Bearbeitungstiefe hin, um den Teilnehmenden eine handlungs- und zielorientierte Reflexionsphase zu ermöglichen und dennoch innerhalb der vorgegebenen Zeit den Sachbezug zum Veranstaltungsziel herzustellen.

23.1.2 Zielgruppen und Motivationen

So verschieden die Felder der Erwachsenenbildung sind, so unterschiedlich sind auch die Zielgruppen. Zwei Faktoren sind entscheidend, um die psychodramatische Vorgehensweise auszuwählen:

1. die Ziele der Veranstalter,
2. die konkreten Motivationslagen der Teilnehmenden.

Beide Faktoren sind nicht zwangsläufig deckungsgleich. Um sich als Psychodramatiker in diesem Spannungsfeld nicht überraschend in einer »double bind«-Situation wiederzufinden, bietet sich Informationsrecherche und gründliche Auftragsklärung an. Dilemmata zwischen widersprüchlichen Anforderungen sind in der Praxis keine Seltenheit und eine reflektierte Planung hilft, wenn es darum geht Loyalitätswidersprüche zu vermeiden.

— Welche Themen sollen mit welchem Ziel und unter welchen Rahmenbedingungen bearbeitet werden (▶ das Beispiel »Erfahrungen und Perspektiven in der Arbeitsgesellschaft«)?

— Wie wird die Motivation der Teilnehmenden eingeschätzt?

Die Höhe des Kostenbeitrags, der durch die einzelnen Teilnehmenden geleistet werden muss, kann ein Motivationskriterium darstellen. Teilnehmerbeiträge sind in der Regel von den Trägerzielen und Finanzierungsmöglichkeiten abhängig. Sie enthalten aber auch einen Selektionsmaßstab. Nach dem Motto: »Was nichts kostet, ist nichts wert« können Veranstaltungen mit niedrigen Beiträgen auch Teilnehmer mit vielfältigen, aber eher nebulösen Motivation anziehen. Hohe Teilnahmegebühren dagegen sieben Interessenten mit diffusen Motivationslagen aus; sie können jedoch gleichzeitig eine (unerwünschte) Hürde für Engagierte, aber Finanzschwache darstellen. In diesem Fall kann die Psychodramatikerin davon ausgehen, dass die Teilnehmenden bereits ein klareres Motivationsbewusstsein haben und die Herangehensweise nachhaltiger kontraktiert werden kann. Über die Tragfähigkeit der Vereinbarung entscheidet dennoch nicht nur die Klarheit der (auf das Bildungsthema bezogenen) Motivationslage, sondern auch Leitungs-Authentizität, Durchschaubarkeit und Sachbezug der Methoden und Interventionen.

Ob die Teilnehmenden aus bildungsnahen oder -fernen Schichten kommen, ist meines Erachtens kein Kriterium für die erfolgreiche Anwendung von Psychodrama. Der innere Widerstand gegen Herangehensweisen, die als »irgendwie psycho« empfunden werden, ist eher auf die Angst vor persönlicher Übergriffen und Grenzverletzung (»Ich mache mich hier doch nicht lächerlich.«) zurückzuführen. Diese Haltung kann auch im Zeit-Sachzusammenhang der Veranstaltung auftreten, wenn Teilnehmende den persönlichen Nutzen nicht klar erkennen können (»Wozu diese Umwege?«).

Auch in Bildungszusammenhängen sind Vereinbarungen über die Herangehensweise in Form eines → Kontrakts angezeigt. Im Vorfeld der Veranstaltung erhalten die Teilnehmenden Informationen durch eine Ausschreibung, durch den Veranstalter oder über Dritte. Je nach Motivationslage melden sich Interessenten mit bestimmten Erwartungen für die Veranstaltung an. Es ist wichtig, zum Veranstaltungsbeginn die Vorinformationen und die Erwartungen der Teilnehmenden mit dem Angebot der Psychodrama-Leiterin in Einklang zu bringen. Die Teilnehmenden erhalten einen Überblick über die geplanten Themen, und sie brauchen zumindest einen Hinweis auf die geplante Arbeitsform. Wenig sinnvoll ist jedoch eine ausführliche Erörterung der gewählten Methoden, da sich die Teilnehmergruppe einer Bildungsveranstaltung nach dem Sachthema richtet. Die psychodramatische Herangehensweise ist Mittel zum Zweck, nämlich das Bildungsziel zu erreichen. Ein Erwachsenenbildner, der den Eindruck erweckt, dass ihm seine Methoden wichtiger sind als das Thema, wird Schwierigkeiten haben, eine sachorientierte Arbeitsbeziehung mit den Teilnehmenden herzustellen. Ferner sollten die geplanten Methoden mit allgemein verständlicher Ausdrucksweisen umschrieben werden, da die Teilnehmenden selten psychodramatische Erfahrungen mitbringen. Der gedankliche Rollentausch mit den Teilnehmenden kann nützlich sein, um die geeignete Form und die notwendige Informationstiefe zu erfassen; er setzt jedoch Kenntnis und Wertschätzung der Lebenswelt der Teilnehmenden voraus. Darüber hinaus gilt das Prinzip der Verführung: Es muss sinnvoll, nutzbringend und verlockend wirken, ein Thema mit dieser Methode zu bearbeiten.

23.1.3 Das Netz von Veranstaltungszielen und Motivationen

In meiner Beratungspraxis mit Bildungsarbeiterinnen und Bildungsarbeitern kristallisiert sich immer wieder die Frage heraus: Wie bewege ich mich als Psychodramatikerin im Netz von Veranstaltungszielen und Motivationslagen? In der schulischen Bildung ist an diesem Punkt häufig verkürzt von »Motivationsproblemen« die Rede. Im folgenden Abschnitt wird diese Fragestellung für die Erwachsenenbildung am Beispiel des Themenbereichs »berufliche Orientierung« erörtert. Gleiche oder ähnliche Spannungsfelder treten auch in der politischen Bildung und anderen Bereichen der Erwachsenenbildung auf.

Kurse zur beruflichen Orientierung werden in erster Linie von Menschen besucht, die einen Beruf bzw. einen Arbeitsplatz suchen. Sie besuchen den Kurs nur ersatzweise, weil sie mit der Arbeitssuche bisher keinen Erfolg hatten (»Wenn ich eine Stelle bekommen hätte, wäre ich nicht hier.«). Unter diesen Umständen stellen sich für die Psychodramatikerin folgende Fragen:

- Wie viel Geduld hat der Teilnehmer, um einen Schritt zurückzutreten und in diesem Abstand Orientierung zu suchen, damit das persönliche Ziel erreicht werden kann?
- Wie viele »Umwege« sind für die Teilnehmenden akzeptabel?
- Wie häufig und mit welcher Stringenz muss der Sachbezug zum Bildungsziel verdeutlicht werden?

Die Teilnehmenden erhoffen Entlastung von dem Gefühl, an ihrer Lage selbst schuld zu sein. Sie sind aufgrund ihrer mangelnden Perspektiven verunsichert, enttäuscht und verärgert; sie suchen im Grunde genommen eine schnelle Lösung. Dies gilt insbesondere, wenn sie »nicht freiwillig« im Seminar sind, was oft der Fall ist, z. B. wenn ihnen das Arbeitsamt die Teilnahme vermittelt, die Kosten übernommen hat und eine Nichtteilnahme als Arbeitsverweigerung bewertet wird. Die Teilnehmenden haben in diesem Fall eine Odyssee der Stellensuche hinter sich und ihnen wurde mehr als einmal vermittelt, dass ihre Qualifikation nicht gebraucht wird, dass ihre Arbeitskraft uninteressant ist bzw. dass sie als Person nicht gefragt sind. Sofern sie diese Erfahrung noch nicht persönlich gemacht haben, können sie dennoch von Menschen berichten, denen es so ergangen ist. Andere Teilnehmende werden der Meinung sein, dass sich »der ganze Aufwand« sowieso nicht lohne; sie gehen grundsätzlich von negativen Ergebnissen aus oder versuchen sich vor weiterer Frustration zu schützen. Wieder andere verlieren ihre Ziele immer wieder aus den Augen, sei es, weil es noch viele andere, offene Fragen in ihrem Leben gibt, oder weil sie zu wenig Erfolgserfahrungen im Lösen von Konflikten gemacht haben. Schließlich hängt über allen Erfahrungen die drückende Realität des Arbeitsmarkts.

Auf der anderen Seite verlangt der Veranstalter, den Nachweis der sachgemäßen Verwendung der Finanzmittel. Für ihn kann es unter Umständen ausreichen, wenn die Veranstaltung den entsprechenden Titel trägt und mit einer angemessenen Zahl von Teilnehmenden durchgeführt wurde. Längerfristig kann für ihn ausschlaggebend sein, dass genügend Teilnehmende im Anschluss der Bildungsmaßnahme nachweislich vermittelt werden können. Daher stellt sich die Frage: Was genau an der konkreten Bildungsveranstaltung nutzt den Teilnehmenden auf dem Arbeitsmarkt? Möglicherweise ist aber die Veranstaltung Teil eines längerfristigen Qualifizierungslehrgangs. Unter solchen Umständen ist für den Veranstalter die Motivation und das Durchhaltevermögen der Teilnehmenden wichtig. Demnach müsste der Schwerpunkt der konkreten Veranstaltung darauf liegen, Perspektiven für das zukünftige Berufsleben fassbar und erstrebenswert zu machen. Für die Psychodramatikerin kann dies einerseits bedeuten, dass sie sowohl den Träger als auch die Teilnehmenden zunächst für ihre Herangehensweise gewinnen muss. Vorausgesetzt, er ist von der Kompetenz der Kursleiterin überzeugt, ist dem Träger womöglich die gewählte Methode gleichgültig, solange der Veranstaltungstitel stimmt und Zeitrahmen sowie Ziel eingehalten werden.

23.1.4 Feldkompetenz, Fachkompetenz und Leitungskompetenz

Für Psychodramatiker, die im Feld der beruflichen Orientierung arbeiten, ist es sinnvoll, auf der fachlichen Ebene über Berufswege, Stellenmärkte und betriebliche Bedingungen Bescheid zu wissen, denn dies ist die erste Ebene der Vertrauensbildung (Fachkompetenz). Schließlich kommen die Teilnehmenden, um eben diese Informationen zu erhalten. Unzureichende Kenntnisse führen dazu, dass die Fachkompetenz dem Kursleiters abgesprochen wird: »Wie kann mir jemand zum Ziel verhelfen, der sich in meinem Bereich nicht auskennt?!« In diesem Punkt wird eine Überlegenheit des Kursleiters nicht nur akzeptiert, sondern gefordert. Der Kursleitung sollte aber auch die Lebenswelt der Teilnehmenden, also die Ausgangslage hinsichtlich Berufslaufbahnen und Hindernisse nicht völlig fremd sein.

Feldkompetenz beschreibt das Vermögen, sich in dem derzeitigen bzw. zukünftigen Praxisfeld der Teilnehmenden kompetent bewegen zu können. Hierzu gehört die Auseinandersetzung mit den Lebenswelten der Teilnehmenden sowie mit den übergreifenden Zielen des Trägers, der Struktur und der Kultur der beauftragenden Organisation, ihren Mitgliedern, Kunden und Beschäftigten. Beispielsweise kann die psychodramatische Rollenklärung bei einer gewerkschaftspolitischen Bildungsveranstaltung mit Betriebsräten nur dann erfolgreich sein, wenn bekannt ist, welche Funktion ein Betriebsrat hat und auf welcher gesetzlichen Grundlage er agiert.

Dagegen erwarten die Teilnehmenden auf der persönlichen Ebene des Arbeitskontakts keineswegs Überlegenheit; gefordert sind vielmehr eine Haltung der verstehenden Akzeptanz verbunden mit pragmatischer Sachbezogenheit. Darüber hinaus sind Menschen, die aufgrund ihrer persönlichen Erfahrungen an Ideen wie Chancengleichheit kaum glauben können, sensibel in Bezug auf Gerechtigkeit und die Berechenbarkeit von Leitungspersonen. Zur Leitung gehört auch die Verfahrenskompetenz – also in unserem Fall das Psychodrama – und hier geht es darum, die Vielfalt des Genres zu kennen und für die jeweilige Situation das geeignete Mittel auszusuchen (Leitungskompetenz).

23.1.5 Planung und Durchführung eines Workshops »Erfahrungen und Perspektiven in der Arbeitsgesellschaft«

Die Teilnehmenden werden durch das Psychodrama erreicht, wenn sie persönlich die Sinnhaftigkeit der Herangehensweise erleben. Diese Sinnhaftigkeit hat immer einen Themenbezug und wird im Geflecht von Zielen und Motivationen durch die Vielfalt des psychodramatischen Genres entwickelt.

Bei Kurzzeitveranstaltungen und Teilnehmenden, die keine Erfahrung mit psychodramatischen Herangehensweisen haben, bedeutet dies vor allem eine besondere Anforderung für die Vorbereitung und Leitung.

Ausgangslage

Der Auftraggeber. Auftraggeber ist die Bildungsstätte eines Trägers der Sozialarbeit. Die Bildungsveranstaltung wird dort im Fachbereich der politischen Bildung angeboten.

Die Auftragsklärung. Das vom Auftraggeber formulierte Ziel lautet, die Teilnehmenden sollen Kenntnisse über die Mechanismen der Arbeitsgesellschaft gewinnen. In einem ersten Auftragsklärungsgespräch wird deutlich, dass eine geschlossene Gruppe des Qualifizierungslehrgangs zum Energie- und Ökologieberater teilnimmt. Für diese Veranstaltung kooperiert der Auftraggeber als politischer Bildungsträger mit einem vom Arbeitsamt geförderten Träger der beruflichen Weiterbildung. Ein Vorgespräch mit den Teilnehmenden ist nicht möglich, da sie sich bis zum Kurs an verschiedenen Praktikumsplätzen befinden. Infolgedessen gibt es ein zweites Klärungsgespräch mit dem Kooperationspartner, um weitere Informationen über die Teilnehmendengruppe sowie einen umfassenden Einblick in das Geflecht von Interessen, Zielen und Motivationen zu erhalten. Auch der Kooperationspartner möchte, dass sich die Teilnehmenden in der Arbeitsgesellschaft orientieren, allerdings mit der konkreten Erwartung, dass sie dadurch eine höhere Vermittlungschance auf dem Arbeitsmarkt erhalten. In diesem Sinne hat er die geplante Veranstaltung den Teilnehmenden gegenüber angekündigt.

Das Konzept. Das konkrete Workshopdesign entsteht nach der Auftragsklärung. Es setzt sowohl an der Motivation als auch an der persönlichen Erfahrung der Teilnehmenden an. Fokussiert werden die persönlichen Stärken, um in diesem Bewusstsein Mechanismen der Arbeitsgesellschaft zu erfassen. Auf dieser Grundlage sollen Rollenflexibilität und Handlungskompetenz entwickelt werden. Dies kann entscheidend sein, um sich auf Neues einlassen, aber auch um Neues schaffen zu können. Davon ausgehend, dass die Teilnehmenden ein starkes Interesse an der Weiterentwicklung ihrer individuellen beruflichen Laufbahn haben, wird mit dem Auftraggeber vereinbart, dass die Handlungsorientierung sich auf die persönliche Berufslaufbahn konzentrieren kann.

An dieser Stelle wird die Bedeutung des Geflechts von Zielen und Motivationslagen deutlich: Bei anders gelagerten Veranstaltungszielen könnte das Konzept beispielsweise auf die Rechte und Interessenvertretung von Arbeitnehmern in der betrieblichen beziehungsweise gesellschaftlichen Mitbestimmung ausgelegt sein.

Beginn

Form. Die Veranstaltung wird in Form eines Workshops durchgeführt. Er dauert drei Tage und soll Orientierungen für den Arbeitsmarkt sowie Bewerbungstraining beinhalten.

Die Teilnehmenden. Die Teilnehmenden stammen überwiegend aus technischen bzw. naturwissenschaftlichen Berufen. Alle verfügen über Berufserfahrung in der ehemaligen DDR und sind hochqualifiziert, konnten sich aber nach der Wende nicht beruflich stabilisieren. Zum Zeitpunkt des Kurses befinden sie in der Endphase einer vom Arbeitsamt geförderten, befristeten Qualifizierungsmaßnahme. Die Teilnehmenden kennen sich bereits untereinander. Sie haben aufgrund ihrer individuellen Geschichte gemeinsame Gruppenerfahrung erworben und stehen vor einem weiteren Scheideweg ihres Berufslebens, der sie wieder in individuellen Wettbewerb führt.

Erwärmung. Nach der persönlichen Vorstellung der Psychodrama-Leitung folgt eine → **aktionssoziometrische Übung zum Kennenlernen**. Berufe, Ausbildungen, Berufsjahre, aber auch die aktuelle Stimmung und die Haltung zum Thema werden abgebildet; einzelne Teilnehmende werden kurz interviewt. Ein anschließendes Gruppengespräch trägt die Erwartungen der Teilnehmenden zusammen:

- Es wird der Wunsch formuliert, man möchte am liebsten Arbeitsplätze vermittelt bekommen und ersatzweise lernen »wie man sich am besten verkauft«.

▼

- Das hauptsächliche Ziel ist, in Zukunft ein Auskommen zu finden.
- Die zukünftige Tätigkeit soll zur eigenen Person passen.
- Die Arbeit soll Spaß machen oder zumindest erträglich sein. Es herrscht eine zurückhaltende bis skeptische Grundstimmung. Teilweise erscheint die Arbeitswelt als feindselige fremde Übermacht. Auf den Workshop könne man sich aber einlassen.

❗ **In der Erwachsenenbildung ist das aktionssoziometrische Interview, d. h. das Interview innerhalb einer aktionssoziometrischen Sequenz, ein wichtiges Instrument. Es ist auch mit Psychodrama-Unerfahrenen bereits in der Anfangsphase einer Veranstaltung durchführbar.**
Das Ziel ist, den Ist-Zustand zu erkennen. Die Aussagen der Teilnehmenden können aufgegriffen und zu Themen für die weitere Bearbeitung verdichtet werden.

❯ **Vorstellung des geplanten Programms und Kontrakt mit den Teilnehmenden**
Die Teilnehmenden akzeptieren die von der Leitung vorgestellten Workshopinhalte; das Programm soll noch um das Thema der beruflichen Selbstständigkeit ergänzt werden. Zur methodischen Herangehensweise weist die Leitung auf das bereits erfahrene soziometrische Kennenlernen hin und kündigt weitere »kreative und handlungsorientierte Herangehensweisen« an. Dies trifft auf Zustimmung.

Eine denkbare methodische Möglichkeit für die anschließende Arbeit wäre das psychodramatische Ausspielen einer Utopie über die eigene berufliche Entwicklung (oder alternativ, eine Phantasiephase ohne szenisches Spiel), um berufliche Entwicklungswünsche zu reflektieren und eigene Ressourcen zu aktivieren. Aus verschiedenen Gründen ist dieses Vorgehen jedoch in dem hier dargestellten Kontext nicht zu empfehlen: Aufgrund der individuellen Vorerfahrungen könnte diese Intervention die Ängste der Teilnehmenden aktivieren, sich lächerlich zu machen. Sie könnten befürchten, vermeintlich übersteigerte Ansprüche zu stellen (»Seit wann geht es denn darum, was ich will?«).

Für einige ist der Zugang zu den eigenen Wünschen in dieser Situation blockiert. Auch ein gesundes Maß an Frustrationsprophylaxe und Skepsis ist im Spiel. Eine utopieorientierte Intervention an den Anfang zu stellen, hieße, die Teilnehmenden mit ihrem aktuellen Empfinden nicht ernst zu nehmen. Darüber hinaus liefe die Kursleitung Gefahr, in den Augen der Teilnehmenden keine realistische Vorstellung zu haben, wie es auf dem Arbeitsmarkt in dieser Region zugeht, also, keine »Ahnung vom Thema« zu haben. In Anknüpfung an die Aussagen der vorangegangenen Sequenz erfolgt daher zunächst die Überleitung zu den »Lebenslinien«.

❯ **Psychodramatisch inszenierte Lebenslinien**
Die Zielsetzung dieses bereits vorgestellten Arrangements (▶ Abschn. 3.8) besteht an dieser Stelle darin, den Teilnehmenden zu verdeutlichen, mit welchen Fähigkeiten und Kompetenzen sie ihre eigene Biografie mitgestaltet haben. Positive Eigenschaften und Fähigkeiten sollen bewusst gemacht werden. In der vorliegenden Variante legt ein Teilnehmer ein langes Seil als »Zeitlinie« durch den Raum. Indem er sich entlang dieser Linie bewegt, versetzt er sich zurück in wichtige Perioden und Ereignisse, die seine Entwicklung geprägt haben. Durch Symbole wird die Bedeutung der Ereignisse für den Protagonisten augenscheinlich gemacht. Die Leiterin begleitet den Protagonisten und arbeitet positive Eigenschaften und Fähigkeiten heraus. Die Zeitlinie mit den symbolisierenden Gegenständen wird mit einer Polaroidkamera fotografiert und das Foto wird dem Protagonisten zu Verfügung gestellt. Die anderen Teilnehmenden malen jeweils ihre Lebenslinie; anschließend werden die Zeichnungen in Kleingruppen vorgestellt und nach positiven Kriterien ausgewertet.
Im anschließenden Gruppengespräch folgt eine Auswertung unter dem Aspekt der gesellschaftlichen Veränderungen, die in den einzelnen Lebenslinien sichtbar werden. Die Einschätzungen und Attributionen der Teilnehmer über ihre eigene Berufsbiografie werden durch diese Sequenz gegenüber dem Beginn des Workshops deutlich differenzierter. Die individuellen Befindlichkeiten
▼

haben sich durch die Darstellungen verbessert, die Gruppenstimmung ist durch die Stärkung des Selbstbewusstseins gestiegen. Die im Workshop bis dahin erlebten handlungsorientierten Herangehensweisen wirken sich positiv aus, sodass die Teilnehmenden für ein Gruppenspiel weiter angewärmt sind.

> ### Psychodramatisches Gruppenspiel »Klassentreffen«
>
> Ziel ist die kreative Entwicklung von Zukunftsphantasien und -wünschen bzw. die Auseinandersetzung mit Zukunftsängsten. Ähnlich wie bei einer Traumreise führt die Leiterin die Teilnehmenden aus der letzten Szene ihrer Lebenslinie weiter vorwärts durch die Zeit, bis sie die kommenden fünf Jahre durchschritten haben und eine Einladung zu einem »Klassentreffen« der ehemaligen Kursteilnehmenden erhalten. Im → Rollentausch mit sich selbst zu diesem zukünftigen Zeitpunkt beginnt ein Gruppenspiel. Die Leiterin befragt die Teilnehmenden im psychodramatischen Interview aus der Rolle einer Journalistin, die einen Filmbericht über berufliche Werdegänge machen will. In der Auswertungsrunde liegt der Fokus auf der Frage »Wie habe ich mich in der Rolle gefühlt«, um dann durch die persönliche Nähe bzw. Distanz zu dieser Rolle den Übergang zu realistischen Zukunftsperspektiven zu finden.

Die Tatsache, dass auch die Leiterin eine Rolle übernimmt, kann aktivierende Effekte für das Gruppenspiel beinhalten: »Wenn auch die Leiterin mitspielt, fühlt man sich nicht so beobachtet … und nicht bewertet …?«

> ❗ In der Erwachsenenbildung kommt dem psychodramatischen Interview eine große Bedeutung zu, vor allem wegen dessen rollenstabilisierender Wirkung. Das Hineinfinden in eine Rolle und das spielerische Ausfüllen dieser Rolle kann insbesondere bei darin ungeübten Gruppen mit Hemmnissen verbunden sein. Hilfreich sind daher Variationen des psychodramatischen Interviews, wenn diese Technik dadurch eingebettet ist, dass die Psychodrama-Leiterin eine moderierende Rolle innerhalb des Spiels einnimmt. Dies ist
> ▼

> insbesondere bei großen Gruppenspielen hilfreich, wenn es keine zuschauenden Teilnehmer mehr gibt, die als zusätzliche externe Rollenstabilisierung wirken können. Als moderierende Rolle im Spiel eignet sich die »Reporterin«, die unsichere Spieler in ihrer gewählten Rolle anspricht und befragt. Dabei kann auch eine Variation des Zur-Seite-Sprechens angeregt werden (▶ Abschn. 4.2). Außerdem kann durch die Moderation aus dieser Rolle heraus der raum-zeitliche Kontext des Spiels (z. B. Ort, Zeit, Wetter) deutlich gemacht und damit eine Orientierung für den Spielverlauf geboten werden.

In ▶ Abschn. 23.3.2 wird beispielhaft eine Variation des Gruppenspiels dargestellt. Bei der dort beschriebenen Inszenierung wird Vorgegebenes von einer bestimmten Stelle an (weiter-)gespielt, um dann eine abschließende Entscheidung zu treffen. Auch hier übernimmt die Leitung eine Rolle, durch die die psychodrama-ungeübte Gruppe Stabilität gewinnt. Aus dieser Rolle heraus kann sie die Spielenden zu ihren Eindrücken und Ansichten befragen, um das Geschehen für alle Beteiligten deutlicher zu machen.

> ### Einzelarbeit »Zukunftsplanung«
>
> Ziel dieser Sequenz ist es, realistische Zukunftsperspektiven zu entwickeln und konkrete Schritte für die nächsten Monate zu erarbeiten: Was kann, was will, was muss ich tun? Mithilfe vorgegebener Fragen werden Lebensziele von einer allgemeinen auf immer konkretere Ebenen gebracht. Anschließend werden die Arbeitsergebnisse in der Gesamtgruppe in Form eines Rollenwechsels vorgestellt: »Ich bin die Lebensplanung von … (die eigene Person)«. Da sich die Gruppe mit immer größerem Vergnügen in die Arbeit mit dem → Rollentausch begeben hat, verläuft auch der Rollenwechsel mit einem Abstraktum recht humorvoll. Die personifizierte »Lebensplanung« gibt auch Auskunft über das Verhältnis des Planers zu seiner Planung, insbesondere seiner Befürchtungen und Hoffnungen, ohne dass die Planung selbst infrage gestellt wird. Es folgt eine Sequenz zum Thema »Ich mache mich selbständig – was ist dabei zu beachten?«.
> ▼

Psychodramatische Inszenierung von Bewerbungssituationen

Das Ziel dieser Einheit, bei der die Teilnehmenden die Rollen möglicher Arbeitgeber übernehmen, ist die Reflexion eigener Verhaltens- und Kommunikationsweisen sowie die Überprüfung von Phantasien der Teilnehmenden über das Verhalten potenzieller Arbeitgeber. Bei dieser Sequenz wird den Psychodrama-Ungeübten einiges abverlangt, insbesondere wenn sie in die realitätsnahe Rolle eines Arbeitgebers schlüpfen und dem Bewerber aus dieser Rolle heraus Feedback geben sollen. Die Rahmensituation sollte detailliert festgelegt werden, die Spieler müssen gut eingedoppelt sein, und gegebenenfalls muss die Arbeitgeberrolle von der Koleitung übernommen werden. Auswertungen erfolgen über das → Rollenfeedback, aber auch im Wesentlichen über das Feedback des »Publikums«.

Mit Teilnehmenden von Kurzzeitbildungsveranstaltungen, die in der Regel keine Erfahrungen mit psychodramatischen Methoden mitbringen, ist die Möglichkeit, Antagonistenrollen von den Gruppenmitgliedern spielen zu lassen, eingeschränkt. Beim oben genannten Beispiel gilt: Sachbezug geht vor Persönlichkeitsentwicklung der Gruppenmitglieder.

◗ Seminarabschluss »Rucksackpacken«

Nacheinander packen die Teilnehmenden einen fiktiven Rucksack (»Was nehme ich mit auf den weiteren Weg? Was lasse ich hier?«). Auf diese Weise kann im Kurs Gelerntes und Erfahrenes über das Seminar hinaus präsent gehalten und für die Mobilisierung eigener beruflicher Aktivitäten nutzbar gemacht werden.

23.2 Soziometrische Verfahrensweisen in der Bildung

In der Bildungsarbeit besteht das Ziel soziometrischer Arbeit (▶ Kap. 15) darin, dass die Teilnehmer über sich selbst in Bezug zu den übrigen Gruppenmitgliedern Erkenntnisse gewinnen. Um die Potenziale der Gruppe zu nutzen, ist das soziometrische Verfahren so gestaltet, dass die Grup-

penmitglieder zu einem Höchstmaß an spontaner Beteiligung und Ausdruck angeregt werden. Die Gruppenstruktur wird zu einem bestimmten Zeitpunkt in Bezug auf eine bestimmte Fragestellung abgebildet.

In der Erwachsenenbildung beziehen sich die soziometrischen Fragen auf
- Haltungen (z. B. »Mein Verhältnis zum Seminarthema ist …«),
- Meinungen (z. B. »Behinderte sollen gemeinsam mit Nichtbehinderten Ferien machen können«) und
- Erfahrungen (z. B. »Die Atmosphäre bei jenem Gespräch war angenehm«) zu einer bestimmten seminarbezogenen Frage.

Neben diesem Aspekt der Informationsgewinnung stellt die soziometrische Arbeit in der Bildungsarbeit auch stets eine gruppendynamische Intervention dar: Soziometrie bietet nicht nur eine Methodik zur Messung und Erklärung, sondern auch für die Gruppenbildung (vgl. Wiese, 1967). Soziometrische Methoden fallen in den Bereich der Aktionsforschung. »Die Soziometrie als Teil des Psychodramas geht davon aus, dass es Aufgabe jedes Menschen ist, seine Wahl zu treffen und damit selbst seine Position im gesellschaftlichen Gefüge zu bestimmen« (Buer, 1992, S. 74). Dieses Handlungsmoment als das Motiv, ein »… Höchstmaß an spontaner Beteiligung jedes einzelnen …« (Moreno, 1989, S. 57) herzustellen, wirkt auf die Gruppendynamik wie ein Katalysator, insbesondere da dieses Handlungsmoment mit einem nahezu gleichzeitigen Gruppenfeedback gekoppelt ist. Alle Positionen werden sichtbar. Soziometrie kann also »nicht nur als messendes und analysierendes Verfahren, als Methode der beobachtenden Prozessanalyse von Gruppen angewandt werden. Das Erkennen kann selbst Prozesselement sein, in dem sich die Teilnehmer in ihren sozialen und emotionalen Positionen bewusst erleben« (Seeger, 1993, S. 15). Wichtig ist hier auch – je nach Situation und Bildungsziel – die Möglichkeit, soziometrische Tests und Abbildungen mit psychodramatischen Interviewformen oder mit der Erläuterung der eigenen, gewählten Position zu verknüpfen: Die Teilnehmenden können also im soziometrischen Interview nach ihrer Motivation gefragt werden:

»Was hat Sie bewegt, sich für diesen Platz zu entscheiden?«. Durch die Antworten erfahren alle, welche verschiedenen Positionen möglich sind und existieren. Durch einen wertschätzenden Interviewstil kann Pluralität und Toleranz vermittelt werden. Hinzu kommt, dass eine soziometrische Intervention, obwohl sie die Beteiligung aller initiiert, dennoch vergleichsweise niedrige Anforderungen an die Teilnehmenden stellt. Dies gilt insbesondere dann, wenn der verbale Teil stark minimiert wird – z. B. durch das Vollenden von angefangenen Sätzen – oder ganz wegfällt.

→ Aktionssoziometrie kann Vorbehalte zu einem Thema sichtbar und damit bearbeitbar machen. Sie kann in der Integrationsphase als Rückmeldung mit integrativem Charakter dienen. Sie kann aber auch bei einem blockierten bzw. ins Stocken geratenen Diskussionsverlauf (»Wo stehen wir gerade?«) das Geschehen wieder in Fluss und zu einem Abschluss bringen.

23.3 Psychodrama in der politischen Bildung

Aufgabe der politischen Bildung ist es, demokratisches und rechtsstaatliches Handeln in allen Lebensbereichen zu fördern. Im politischen Handeln der Teilnehmenden sieht die Politikdidaktik ein Ziel der politischen Bildung (Gagel, 1995). Hierbei ergänzen sich politische Bildung, Politikvermittlung und -beratung:

- Politikvermittlung zielt auf die Vermittlung von Informationen über Politik oder auf die Informationen aus der Gesellschaft in die Politik.
- Politikberatung ist die Vermittlung von Kenntnissen und Handlungskompetenzen, die auf die unmittelbare Verbesserung der Handlungsfähigkeit politischer Akteure zielt (z. B. Training von Kommunikationskompetenzen).
- Politische Bildung »… organisiert Lernprozesse, die an Lernzielen orientiert und auf sie hin didaktisch-methodisch strukturiert sind. Sie erstrebt mit erprobten Lernmethoden dauerhafte Wirkungen im Bereich der Einstellungen, Kenntnisse, Orientierungen, Verhaltensweisen, Kompetenzen und Emotionen der Teilnehmer« (Meyer, 1993, S. 276).

Die Aufgabe der Psychodrama-Leiterin in der politischen Bildung besteht darin, der Gruppe zu ermöglichen, ihre eigenen Themen einzubringen, zu beleuchten und im Rahmen der Veranstaltungsziele zu bearbeiten. Sie unterstützt die Gruppe darin, das persönliche Erleben in Verbindung mit individuellen, sozialen und politischen Aspekten des Themas zu bringen. Dazu gehört die diagnostische Wahrnehmung im Spannungsfeld von Individuum und Gesellschaft. In den Auswertungsrunden werden mit Hilfe von → Rollenfeedback, Identifikation und → Sharing die Verbindungslinien und Handlungsspielräume für die Gesamtheit der Gruppenmitglieder bewusst gemacht. Die Handlungsorientierung setzt an der eigenen Person an und bezieht sich auf das Miteinander in den sozialen Rollen eines gesellschaftlichen Felds.

Zentrale **psychodramatische Arrangements und Arbeitsformen** für die politische Bildung sind die soziometrische Abbildung, das psychodramatische Gruppenspiel und das → Soziodrama (▶ Kap. 6).

23.3.1 Psychodramatisches Gruppenspiel und Soziodrama in der politischen Bildung

In jedem konkreten → Soziodrama spiegelt die gesellschaftliche Mikroebene, d. h. die Ebene der Gruppe, ein Teil der soziokulturellen Gemeinschaft der Makroebene wider. Das Soziodrama eröffnet die Möglichkeit, im Spiel neue Erfahrungen zu machen. Aufgrund dieser Erfahrung kann jede Person für sich selbst und für ihr eigenes öffentliches Handeln (neue) Entscheidungen treffen. Es ist daher ein geeignetes Instrument, eine Meinung zu bilden und Eigenverantwortung zu übernehmen. Im Soziodrama geht es also nicht um die individuelle, sondern um die soziale Rolle. Dennoch ist der individuelle Gestaltungsraum dieser Rolle von besonderer Bedeutung, da hier der Ansatz für → Kreativität und → Spontaneität und damit die Möglichkeit zur Überwindung von Kulturkonserven liegt.

Nicht jedes Soziodrama ist per se politische Bildung, z. B. dann nicht, wenn soziale Rollen zwar im Spiel vorkommen oder gar vorgegeben sind, aber ausschließlich auf der individuellen Ebene ausgewertet werden. Dennoch ist die Auswertung einer psychodramatischen Inszenierung auf der individuellen Ebene auch im Rahmen von politischer Bildung möglich, insbesondere wenn die Motivation der Teilnehmenden durch deren Funktion als politische Akteure begründet ist (z. B. bei Kommunikationsseminaren für Betriebsräte) und wenn die Veranstaltungsziele im Bereich der Politikberatung verortet sind. Eine weitere Indikation liegt vor, wenn die Wechselwirkung zwischen Individuum und gesellschaftlichen Gegebenheiten ergründet werden soll, um eine Basis für politisches Handeln zu entwickeln.

❯ Planung und Durchführung eines Kommunikationsseminars

Ausgangslage

Das Seminar findet als einwöchige Bildungsurlaubsveranstaltung mit Teilnehmenden aus Büroberufen statt und wird von einem gewerkschaftlichen Träger veranstaltet.

Ziel des Seminars ist Wissen über Kommunikationszusammenhänge zu vermitteln, es in den persönlichen Handlungsspielraum der Teilnehmenden zu integrieren und Konfliktlösungskompetenzen zu erweitern. Durch den Einsatz psychodramatischer Methoden sollen die Teilnehmenden die Gelegenheit erhalten, ihr Rollenspektrum zu erweitern. Außerdem ist beabsichtigt, mikrosoziologisch an der gruppenspezifischen Dynamik entlang zu arbeiten: Die sozialen Themen der Gruppe sollen als Kommunikationsinhalte aufgegriffen und bearbeitet werden.

Die Seminarkonzeption basiert auf dem Gedanken, dass Kommunikation auf verschiedenen sozialen Ebenen stattfindet. Kommunikationstheoretische Modelle werden ergänzt und auf ihre politischen Dimensionen hin differenziert. Im Seminar werden die Kommunikationsebenen als Wissensgegenstand vermittelt und als Orientierungsrahmen für psychodramatische Inszenierungen angeboten:

Ebene 1: Intrapersonal: Persönliche, individuelle Ebene (z. B. mit sich ein Zwiegespräch führen)

Ebene 2: Interpersonal: Kommunikation zwischen zwei Personen (Sender-Empfänger-Modell von Schulz von Thun; z. B. Schulz von Thun, 1981)

Ebene 3: Gruppenebene: Gruppenkommunikation

Ebene 4: Gruppen in Institutionen, Interessenvertretungen als Gruppen und ihre gruppenexternen Gegensätze und Sichtweisen (betriebliche und politische Mitbestimmung)

Ebene 5: Politische Dimension der Verständigung: Internationale Begegnungen, Völkerverständigung, Umgang mit Fremden

Bei den Gruppenspielen geht es vor allem darum, dass die Gruppe ein Thema der Ebenen 3-5 einbringt, durch die Inszenierung konkretisiert und anschließend hinsichtlich der Kommunikation und seiner gesellschaftspolitischen Aspekte bearbeitet.

Seminareinstieg

Am ersten Tag des Seminars machen sich die Teilnehmenden bereits in der Vorstellungsrunde mit der Technik des → Rollenwechsels vertraut: Sie stellen sich aus der Rolle einer nahe stehenden Person vor und lassen sich in dieser übernommenen Rolle auch zu ihren realen Seminarerwartungen interviewen. Nach einem kurzen Impulsreferat mit knappen Erläuterungen zum Begriff Kommunikation werden die Teilnehmenden aufgefordert, eine Szene zum Thema zu entwickeln.

Einführung und Verlauf des Gruppenspiels

Der Seminareinstieg wirkt gleichermaßen als Erwärmung für die psychodramatische Arbeit: Die meisten Teilnehmenden können bereits in der Vorstellungsrunde ohne große Hemmungen und aus dem Stegreif eine Rolle übernehmen und halten sowie spontan und kreativ ausfüllen. Da bei Psychodrama ungeübten Gruppen nicht mit einer solchermaßen großen Spielbereitschaft und Rollensicherheit zu rechnen ist, wird die Gruppe in zwei Kleingruppen geteilt. Jede Teilgruppe erfindet eine eigene Szene zum Thema, die sie der an-

▼

▼

deren Gruppe aus dem Stegreif »vorspielt«. Auf diese Weise wird eine externe Hilfestellung zur Rollenstabilität gegeben. Eine kleinere Gruppe erleichtert auch die gemeinsame Entscheidung für eine bestimmte Szene, verkürzt damit den Prozess der Themen- und Rollenfindung und fördert daher die Spontaneität. Schließlich haben die Teilnehmenden in diesen zwei Szenen eher die Möglichkeit ihre thematischen Interessen auszudrücken. Wenn die Gruppenmitglieder keine Schwierigkeit mit spontaner Rollenübernahme hatten, wird die Gruppenteilung aufgrund der letztgenannten Überlegungen beibehalten. Die Teilnehmenden sind darüber informiert, dass »Szenen zum Thema« die Möglichkeit bieten durch Rollenwahl, Ort der Handlung und inhaltliche Auswahl eigenständig thematische Schwerpunkte zu setzen. »Szenen zum Thema« sollen auf assoziativem Weg entstehen und in Stegreif-Manier spontan umgesetzt werden. Dabei soll sich die Gruppe auf eine Szene einigen, speziell auf den Ort und – grob skizziert – das Geschehen. Jedes Gruppenmitglied kann sich eine Rolle aussuchen. Alle sind Protagonisten und spielen ihre Version der Handlung aus der eigenen Rolle heraus in Aktion und Reaktion mit den anderen Spielenden.

Nach diesen Vorgaben entstehen zwei Spielszenen: Im ersten der beiden Gruppenspiele sitzt eine Familie im Restaurant. Mangels konstruktiver innerfamiliärer Kommunikation kommt aber keine Bestellung zustande. Durch die Technik des Zur-Seite-Sprechens wird die Situation für alle deutlich: Obwohl sich die Kellnerin große Mühe gibt, bleiben alle ohne Nahrung bzw. verderben sich den Appetit.

Die zweite Szene findet in einem Sozialamt statt. Sachbearbeiterinnen, Sachbearbeiter und Verwaltungsangestellte arbeiten auf engem Raum, mehrere Klientinnen und Klienten warten gereizt und versuchen, nacheinander ihre Anliegen voranzubringen. Parallele Kommunikation verhindert zum Teil bereits aus akustischen Gründen die Verständigung. Alle zeigen nach kurzer Zeit deutliche Stresssymptome. Eine noch wartende Klientin ausländischer Herkunft wird in der Warteschlange übergangen. Sie deutet dies als Ausländerfeindlichkeit und reagiert entsprechend wütend und

▼

impulsiv, was sich wiederum auf die weiterlaufenden Gespräche und Telefonate auswirkt.

Integrationsphase

Die Nachbesprechung beginnt mit einem Rollenfeedback. Alle Spielerinnen und Spieler beschreiben das eigene Befinden und wie ihre eigenen Interessen in der Rolle verfolgt, erschwert, durchgesetzt, »abgebügelt« oder in Kompromisse umgesetzt wurden.

Die Auswertung durch → Identifikationsfeedback und → Sharing macht deutlich, dass einige Teilnehmende persönliche Erlebnisse als Sozialhilfeempfangende im Spiel wiedererkennen können. Für manche steht dies im Vordergrund der Nachbesprechung. Andere identifizieren sich stark mit den Rollen der Angestellten, genauer gesagt, mit den dargestellten Arbeitsbedingungen: Räumliche Enge, hoher Geräuschpegel, Zeitdruck, schwierige Kundengespräche, unklare Entscheidungsspielräume. Hier wurde die eigene berufliche Arbeitssituation zum Thema.

Darüber hinaus werden Ausländerfeindlichkeit und eigene Diskriminierungserlebnisse thematisiert. Die rassistische Diskriminierung innerhalb der Szene wird durch Rückfragen und entsprechende Rollenfeedbacks erörtert. Im Vorfeld des Rollenspiels hatten die betreffenden Spieler ausländischer Herkunft besprochen, dass das Übergehen der wartenden Klientin lediglich ein stressbedingtes Versehen sein soll. Im Auswertungsgespräch entsteht zunächst eine Tendenz, die »Übergangene« für ihre »inadäquate« Reaktion zu verurteilen. Es geht dann aber um die Verarbeitung realer Diskriminierungserlebnisse und wie schwierig es sein kann, vor diesem Hintergrund offen für Begegnungen zu sein, und schließlich, welche Interaktionsformen möglich sind. Im Lauf der Nachbesprechung kann immer wieder auf Einzelheiten des inszenierten Beispiels zurückgegriffen werden. Abschließend wird der Prozessverlauf reflektiert. Die thematischen Schwerpunkte und die wesentlichen Kommunikationsaspekte werden zusammengefasst. Letzteres geschieht bereits im Hinblick auf das Thema »Kommunikationsmodelle« des folgenden Seminartags.

Die hier beschriebene Sequenz hat soziodramatische Anteile: Die Teilnehmenden wählen eine Szene, die soziale Rollen und Konfliktstoffe enthält – die politische Brisanz von Arbeitsabläufen im Sozialamt und deren Auswirkung auf sogenannte sozial Schwache in unserer Gesellschaft, auf Arbeitsbedingungen und Wertsysteme in einer Institution. Dennoch handelt es sich um ein psychodramatisches Gruppenspiel, da die sozialen Gegebenheiten in ihrer Wirkung auf das Individuum und auf der persönlichen Ebene ausgewertet wurden: Analyse der Kommunikationsmerkmale und deren Auswirkung, Besprechen und Aufarbeiten persönlicher Diskriminierungserlebnisse, kritische Betrachtung von Vorurteilen, Befürchtungen und Erwartungen an das eigene Berufsleben als Angestellte in Büroberufen.

▶ Planung und Durchführung eines Seminars »Grundgesetz-Grundrechte-Persönlichkeitsrechte«

Ausgangslage

Das Seminar zum Grundgesetz der Bundesrepublik Deutschland findet in Berlin als eintägiger Bildungsurlaub unter gewerkschaftlicher Trägerschaft mit Teilnehmenden aus der Einzel- und Großhandelsbranche statt.

Die Konzeption des Seminars berücksichtigt folgende Punkte:

- In den alten Bundesländern hat das Grundgesetz allein schon wegen des jahrzehntelangen Bestehens eine andere Identifikationskraft als in den neuen Bundesländern, in denen das Grundgesetz später übernommen wurde.
- Die Gesetze werden landläufig als abstrakt empfunden und müssen daher in Bezug zu persönlichen Belangen gestellt werden, was in der Bildungsarbeit am ehesten durch Handlungsmethoden zu bewerkstelligen ist.
- Grundrechte sind Menschenrechte.

In diesem Seminar sollen abstrakte Gesetze durch die Entwicklung persönlicher Bezüge begreifbar gemacht und mit Leben gefüllt werden. Gleichzeitig sollen Wege erkennbar sein, wie persönliche Rechte vertreten werden können. Darüber hinaus sollen Meinungsbildungsprozesse gefördert und

▼

die Sinnhaltigkeit von Interessensgemeinschaften und demokratischen Interessenvertretungen vermittelt werden.

Seminarablauf

Erwärmungsphase. Die Vorstellungsrunde wird durch einen aktionssoziometrisch gestalteten Einstieg ersetzt. Erfragt werden Wohn- und Geburtsorte (Ost- und Westbezirke in Berlin), berufliche Tätigkeit und Bezug zum Seminarthema; das Grundgesetz wird dabei in Form eines Symbols in die Mitte gelegt und alle positionieren sich in der entsprechenden Nähe bzw. Distanz.

Es folgen (unter Anwendung von verschiedenen Methoden außerhalb des psychodramatischen Repertoires): Informationen und Gespräche zur Entstehung des Grundgesetzes, seinen wesentlichen Merkmalen, seiner Hintergründe und Zielrichtungen. Grundgesetzartikel und insbesondere die Persönlichkeitsrechte werden durch Beispiele aus dem eigenen Lebenshintergrund konkretisiert. Die Gruppe erarbeitet mithilfe vorbereiteter Metaplankarten eine »Rechtspyramide«, aus der ersichtlich wird, dass das Grundgesetz das »oberste« aller Gesetze ist und von keinem »untergeordneten« Gesetz gebrochen werden darf. Deutlich wird, dass die anderen Gesetze und rechtlichen Bestimmungen dennoch für die Konkretisierung der Rechte sachdienlich und notwendig sind. Auch Arbeitsverträge dürfen übergeordneten Rechtsgrundlagen nicht widersprechen. Das folgende Gruppengespräch dreht sich darum, dass das Grundgesetz und die Realität nicht unbedingt zusammenfallen. Was geschieht also, wenn Grundrechte verletzt werden? Beispiele von anhängigen Rechtsstreiten und erfolgreich durchgesetzten Forderungen nach Umsetzung der Grundrechte sind vorbereitet und werden diskutiert.

Als Vorbereitung für das bevorstehende psychodramatischen Gruppenspiel wird ein kurzer Film gezeigt: In einem Bauvorhaben in Hamburg sollen Behindertenwohnungen und eine Integrationskindertagesstätte entstehen, während die Nachbarn auf Erstattung der dadurch entstehenden Wertminderung ihrer Grundstücke klagen.

Nach einem kurzen Gespräch über die verschiedenen Interessenslagen wird zu einem insze-

▼

23

nierten Gruppenspiel übergeleitet: Ausgangslage ist hier eine Klage vor Gericht, bei der eine Familie Schadensersatz verlangt, weil sie im Speiseraum ihres Urlaubshotels zusammen mit behinderten Hotelgästen ihre Mahlzeiten einnehmen mussten (das Amtsgericht Flensburg hat in einem solchen Fall im Jahr 1992 der Familie Recht zugesprochen). Für das Gruppenspiel gibt es vorbereitete Rollenblätter, die die jeweilige Gruppe (nicht aber die einzelnen Personen), deren Interessen und Hintergründe beschreiben. Die Gruppen sind:

- Eltern von behinderten Kindern,
- Behinderte,
- nichtbehinderte Urlauber,
- Verfassungsrichter.

Die Rollenblätter, Informationstexte und Ausgaben des Grundgesetzes werden den Gruppen zu Verfügung gestellt. Die Gruppen bereiten sich vor, indem sie ihre Texte diskutieren und jede Person eine persönliche Rolle im Rahmen der beschriebenen Gruppe findet.

Aktionsphase. Es folgt die psychodramatische Inszenierung einer Verhandlung, bei der auch die Seminarleitung eine Rolle übernimmt: Sie vertritt die internationalen Beobachter für Menschenrechte. Die Inszenierung endet mit einem Rechtsspruch. Der gefällte Rechtsspruch gleicht in diesem Gruppenspiel dem faktisch gefällten Urteil des Flensburger Gerichts – dies wird den Teilnehmenden an dieser Stelle zur Kenntnis gegeben –, findet aber deutlichen Protest in den Spielgruppen »Eltern behinderter Kinder« und »Behinderte«.

Integrationsphase. Die Nachbesprechung beginnt mit einem → Rollenfeedback. Jeder beschreibt die eigenen Interessen in der Rolle, und wie es ihm mit der Vertretung dieser Interessen ergangen ist. Hier wird Ärger und Empörung, aber auch Unverständnis und Indifferenz benannt.

Das Rollenfeedback hat in diesem → Soziodrama auf der individuellen Ebene die Aufgabe, im Spiel Nichtgesagtes auszusprechen zu können und mit diesen Anliegen gehört zu werden. Während im Spiel selbst die Vertretung der Interessen einer so-

zialen Rolle im Vordergrund steht, kommt es hier darauf an, die unterschiedlichen Sichtweisen ohne Handlungsdruck (Argumentation) aufnehmen zu können.

🛇 **Die Auswertungsrunde des Soziodramas in der politischen Bildung ist nicht als Einstieg in die Bearbeitung persönlicher Erlebnisse vorgesehen, zumal wenn eine Rückführung auf die politische Handlungsebene zeitlich nicht möglich ist. Vielmehr sollen weitere Aspekte des Themas für die Teilnehmenden bewusst werden.**

Die Auswertung durch → Identifikationsfeedback und → Sharing macht das inszenierte Dilemma noch einmal auf einer sozialen Ebene deutlich. Unter Einbezug der zuvor benannten persönlichen Erfahrungen oder Befürchtungen (»wenn ich ein behindertes Kind hätte, wie würde da mein Leben aussehen?«) werden soziale und politische Dimensionen greifbar. Das Spannungsverhältnis im Abwägen von Persönlichkeitsrechten wird in der Seminargruppe offenkundig und kann auch über die individuellen Rollen hinaus erkannt werden. Weitere Themen kommen in der Auswertungsrunde auf und werden unter Rückbezug auf die »Rechtspyramide« bearbeitet.

> **Zusammenfassung**
>
> Das Psychodrama bietet eine Fülle von Möglichkeiten um die Themen der Erwachsenenbildung wirkungsvoll zu bearbeiten. Für die Auswahl psychodramatischer Arrangements ist der jeweilige Kontext entscheidend. Die Kontextbedingungen zu berücksichtigen mag zunächst als Einschränkung erlebt werden, ist aber letztlich die Grundlage für ein breites Anwendungsfeld, in dem die Reichhaltigkeit des psychodramatischen Genres volle Wirkung zeigen kann.
>
> Veranstaltungen der Erwachsenenbildung, in denen psychodramatische Herangehensweisen eingesetzt werden, sind häufig Kurzzeitveranstaltungen. Die Teilnehmenden sind mit der psychodramatischen Herangehensweise
>
>

in der Regel nicht vertraut. Der Handlungsspielraum der Psychodramatikerin wird in der Auftragsklärung mit dem Träger der Veranstaltung und den Teilnehmenden ausgelotet. Das Sachthema steht im Vordergrund, Methoden sind Mittel zum Zweck und müssen den Motivationslagen und Veranstaltungszielen angemessen sein. Sinnvoll ist es, bereits zu Beginn der Veranstaltung handlungsorientierte Methoden zur Förderung der Gruppenkohäsion und zur thematischen Hinführung zu verwenden.

Die Teilnehmenden kommen nicht mit der vorrangigen Motivation, sich selbst zu erfahren. Selbsterfahrung und deren Reflexion sind, sofern sie durch Kontrakt und Auftrag abgedeckt sind, in den Seminaren sinnvoll, aber nicht ausreichend. Der Einsatz und die Tiefe der psychodramatischen Methoden richten sich nach der zeitlichen Dauer einer Sequenz einschließlich des Rückbezugs zum Sachthema. Bildung geht im Allgemeinen mit Persönlichkeitsbildung einher, aber Bildung ist darüber hinaus ein intendierter Lernprozess. Dies bringt einerseits Einschränkungen in der psychodramatischen Tiefe mit sich, andererseits findet die Vielfalt der psychodramatischen Methoden ein ebenso vielfältiges Praxisfeld in den Themen und Zielgruppen in der Erwachsenenbildung. Schließlich fördert die psychodramatische Handlungsorientierung den persönlichen Bezug zum Thema und macht die Bearbeitung zu einem persönlichen, lebendigen und nachhaltigen Vorgang.

Literatur

Bleckwedel, J. (1990). Zeiträume – zwischen Träumen und Realität. *Psychodrama, 4 (1),* 113–129.

Buer, F. (1992). Psychodramatische Beratung im pädagogischen Kontext. *Psychodrama, 5* (1),63–78.

Gagel, W. (1995). *Geschichte der politischen Bildung in der Bundesrepublik Deutschland 1945–1989.* Opladen: Leske & Budrich.

Gieseke, W. (2000a). Bildungsmanagement und Programmplanung. Vom Leiten, Planen und gestalten. *DVVmagazin Volkshochschule, 7 (3),* 27–28.

Gieseke, W. (2000b). Programmplanung und Bildungsmanagement. *Hessische Blätter für Volksbildung,50 (6),* 242–252.

Meyer, T. (1993). Politische Weiterbildung für eine Gesellschaft im Wandel. *Außerschulische Bildung,24 (3),* 271–276.

Moreno, J.L. (1989). *Psychodrama und Soziometrie.* Köln: Edition Humanistische Psychologie.

Seeger, U. (1993). Der soziogenetische Prozeß klinischer Psychodramatherapie. *Psychodrama, 6,* 5–37.

Schulz von Thun, F. (1981). *Miteinander Reden I. Störungen und Klärungen. Allgemeine Psychologie der Kommunikation.* Reinbek: Rowohlt.

Wiese, L. von (1967). Vorwort. In J. L. Moreno, *Grundlagen der Soziometrie* (2. Aufl.,V-II). Opladen: Westdeutscher Verlag.

Weiterführende Literatur

Wittinger, T. (Hrsg.) (2000). Psychodrama in der Bildungsarbeit. Mainz: Grünewald (250 Seiten).
Darin besonders Buer: »Zur Theorie psychodramatischer Bildungsarbeit« und Serafin: »Die psychodramatische Konzeption in der politischen Bildung – ein Missing Link zwischen Individuum und Gesellschaft«. Darstellung theoretischer Bezüge zwischen politischer Bildung und Psychodrama; ausführlich erläuterte Praxisbeispiele der Bildungsarbeit z. B. mit Zielgruppen aus dem Gesundheitswesen.

Psychodrama in Personal-, Team- und Organisationsentwicklung

F. von Ameln, R. Gerstmann, J. Kramer

> Morenos (…) Ansatz (…) hat zentrale Elemente der Theorie und Praxis der Organisationsentwicklung vorweggenommen. Besonders deutlich wird dies durch die Tatsache, dass bei Moreno immer Individuum und Gruppe zugleich und interdependent verknüpft Ziel der (…) Arbeit sind. (…). In der Organisationsentwicklung (…) ist genau diese Korrelation der Entwicklung von Individuum und Organisation – hier: das Lernen von Menschen und Systemen – das bestechende Merkmal des theoretischen und methodischen Konzeptes. (Gairing, 1994, S. 31 f.)

Wie kann man Organisationen beweglicher, flexibler, anpassungsfähiger und gleichzeitig menschlicher gestalten? Für diese Kernfrage der psychologischen Beratung von Organisationen hat das Psychodrama eine Palette von Antworten zu bieten. Während sich die systemische Organisationsberatung großer Verbreitung und Popularität erfreut, konnte sich das Psychodrama bislang nur punktuell als Verfahren für die Arbeit in Organisationen etablieren. Das ist erstaunlich, denn es hat nicht nur zahlreiche Möglichkeiten für systemisch fundierte Interventionen zu bieten, sondern weist auch enge historische und konzeptuelle Bezüge zur Organisationsberatung auf.

24.1   Grundlagen

Organisationsberatung ist eine professionelle Dienstleistung, die von einer externen Beraterin bzw. einem Beraterteam in enger Abstimmung mit den Beteiligten durchgeführt wird, um Veränderungen in einer Organisation zu erzielen. Potenzielle Auftraggeber sind dabei nicht nur Wirtschaftsunternehmen, sondern auch öffentliche Verwaltungen, Schulen und Universitäten, Kirchen, Verbände, Krankenhäuser und andere Organisationen. Psychodramatikerinnen werden in der Regel als externe Beraterinnen hinzugezogen. Sie schließen einen (mehr oder minder) klar umrissenen → Kontrakt mit der Personalabteilung oder der Geschäftsführung der betreffenden Organisation, in dem Ziele, zeitliche und finanzielle Rahmenbedingungen festgelegt sind.

Wenn wir von Organisationsberatung sprechen, beziehen wir uns auf psychologische Organisationsberatung, die z. B. von EDV-Beratung oder von Beratungsleistungen, die sich auf rein betriebswirtschaftliche Aspekte der Unternehmensführung beziehen, abzugrenzen ist. Sie interveniert auf drei Ebenen, um die angestrebten Veränderungen zu erreichen (◻ Abb. 24.1):

Individuelle Ebene. Interventionen auf der Ebene des einzelnen Mitarbeiters umfassen Qualifikationsmaßnahmen zur Steigerung der fachlichen Qualifikation (z. B. EDV-Schulungen), der methodischen Fähigkeiten (z. B. Präsentationstrainings) sowie der sozialen Kompetenz (z. B. Kommunikationstrainings).

Gruppenebene. Ziel ist es hier, die Zusammenarbeit zwischen den Mitgliedern einer Gruppe zu verbessern, etwa durch eine Klärung der gegenseitigen Rollenerwartungen. Im Fokus steht nicht mehr primär der einzelne Mitarbeiter, sondern die Beziehungen zwischen den Mitarbeitern.

Organisations-/Intergruppenebene. Fasst man Organisationen als Systeme auf, geht es auf dieser Ebene darum, die Leistungsfähigkeit des Systems als Ganzem nach innen und außen zu erhöhen, indem man Reibungsverluste zwischen den Subsystemen minimiert, die Adaptivität des Systems an Geschehnisse in der Umwelt erhöht, die Integration der Systembestandteile fördert etc. Im Fokus stehen hier nicht die Beziehungen zwischen einzelnen Mitarbeitern innerhalb einer Gruppe, sondern die Beziehungen zwischen größeren sozialen Aggregaten (z. B. Abteilungen, Filialen).

Personal-, Team- und Organisationsentwicklung unterscheiden sich danach, auf welcher der drei Ebenen der Schwerpunkt der Intervention

Ebenen der Intervention

Individuelle Ebene	**Gruppenebene / überindividuelle Ebene**	**Organisations- / Intergruppenebene**
Fokus auf den einzelnen Mitarbeiter	Fokus auf Gruppenprozesse	Fokus auf Strukturen und Prozesse der Gesamtorganisation
(Fachliche Qualifizierung, Selbst- und Zeitmanagement-Training, Führungstraining...)	(Wie gehen wir miteinander um? Wie können wir die Qualität unserer Zusammenarbeit verbessern? Wie können wir Konflikte konstruktiv lösen? Was sind unsere gemeinsamen Normen / Werte? u.a.)	(Wie kann die interne Kommunikation optimiert werden? Wie unterstützt / behindert unsere Organisations- und Führungskultur die Zielerreichung? Inwieweit werden Leitbilder gelebt? u.a.)

◘ **Abb. 24.1.** Ebenen der Intervention in Organisationen

liegt (◘ Abb. 24.2), wobei die drei Ebenen in der Praxis oft eng miteinander verflochten sind.

Personalentwicklung

Personalentwicklung (PE) umfasst

» alle planmäßigen person-, stellen- und arbeitsplatzbezogenen Maßnahmen zur Ausbildung, Erhaltung oder Wiedererlangung der beruflichen Qualifikation. Die berufliche Qualifikation (…) besteht vorwiegend aus Fähigkeiten, Fertigkeiten und Kenntnissen. Aber auch die Motivation, Einstellungen und Interessen und andere Verhaltensdispositionen sind wichtige Bestandteile der beruflichen Qualifikation. Die Personalentwicklung setzt vorwiegend bei einzelnen Mitgliedern an (…). (Holling u. Liepmann, 1993, S. 286)

Typische Personalentwicklungsmaßnahmen sind Seminare oder Trainings, z. B. zu Themen wie Führung, Kommunikation oder Konflikt, aber auch zu Fachthemen (beispielsweise Dienstrecht, EDV, Arbeitssicherheit). Auch wenn in diesen Fäl-len der Lernprozess in der Gruppe stattfindet, ist die fokussierte Interventionsebene das einzelne Individuum, dessen Qualifikationen ausgebaut werden sollen.

Unter die Personalentwicklungsmaßnahmen ist auch das **Coaching** von Führungskräften zu subsumieren. Coaching ist ein (in der Regel) längerfristiger Prozess der situativen und fallbezogenen Praxisberatung, bei der ein Berater – der

	Ebene des Individuums	Gruppen- ebene	Organi- sations- ebene
Personal- entwicklung	●		
Team- entwicklung	·	●	
Organi- sations- entwicklung	●	●	●

◘ **Abb. 24.2.** Personalentwicklung, Teamentwicklung und Organisationsentwicklung

»Coach« – einer Führungskraft unterstützende, gelegentlich auch konfrontative Hinweise und Rückmeldungen zu ihrem Führungsverhalten gibt. Im Gegensatz z. B. zur Schulung allgemeiner sozialer Kompetenzen im Rahmen von Führungstrainings bezieht sich Coaching meist auf konkrete Situationen aus der Praxis der Führungskraft, die der Coach im Idealfall durch teilnehmende Beobachtung – etwa an Teambesprechungen – verfolgen kann. Personalentwicklung als Handlungsfeld des Psychodramas haben wir in ▶ Abschn. 24.2, die Möglichkeiten des Psychodramas im Coaching in ▶ Kap. 26 ausführlicher dargestellt.

Teamentwicklung

Teamentwicklung (TE) zielt darauf ab, neu gebildeten Teams zu voller Leistungsfähigkeit zu verhelfen oder die Leistungsfähigkeit bestehender Teams zu verbessern (Comelli, 1995). Maßnahmen, um dieses Ziel zu erreichen, umfassen

- die Klärung der Rollenbeziehungen,
- die Verbesserung der teaminternen Kommunikation,
- die Klärung von Konflikten sowie
- die Stärkung der Teamkohäsion.

Im Fokus von Teamentwicklungsmaßnahmen steht damit nicht – wie bei PE-Maßnahmen – der einzelne Mitarbeiter, sondern die Zusammenarbeit zwischen den Mitarbeitern (ungeachtet der Tatsache, dass zur Erreichung dieser Ziele unter Umständen flankierende PE-Maßnahmen erforderlich sind). In TE-Maßnahmen mit ihrem Fokus auf die Rollen- und Beziehungsebene kann insbesondere das Soziodrama interessante Möglichkeiten entfalten, die wir in ▶ Abschn. 24.3 kurz darstellen.

Organisationsentwicklung

Organisationsentwicklung (OE) beabsichtigt die Veränderung der gesamten Organisation – nicht nur einzelner Mitarbeiter oder Abteilungen (Comelli, 1987) – mit dem Ziel »… einer gleichzeitigen Verbesserung der Leistungsfähigkeit der Organisation (Effektivität) und der Qualität des Arbeitslebens (Humanität)« (Gesellschaft für Organisationsentwicklung, 1980, zitiert nach Becker u. Langosch, 1990, S. 5). Veränderungen auf der Ebene

der Organisation werden v. a. durch strukturelle Maßnahmen erreicht, z. B. durch einen neuen Zuschnitt der Organisation, durch die Einführung von Qualitätszirkeln oder durch Veränderungen der Führungsstruktur. Darüber hinaus sind TE- oder PE-Maßnahmen reguläre Bestandteile umfassender OE-Strategien. Auch wenn OE primär auf der strukturellen Ebene ansetzt, können psychodramatisches Denken und psychodramatische Interventionen auf verschiedenen Ebenen zur Unterstützung des Veränderungsprozesses hilfreich sein.

Offizielle Ziele, latente Funktionen und »hidden agendas« in Beratungsprozessen

Personal-, Team- und Organisationsentwicklung werden, wie beschrieben, als Mittel zur Leistungssteigerung der Organisation, zur Kompetenzsteigerung der Mitarbeiter usw. verstanden und in Organisationen auch im Sinne dieser Zielsetzung eingesetzt. Parallel dazu können jedoch auch andere, nicht offiziell kommunizierte Zielsetzungen (»hidden agendas«) oder nicht bewusste latente Funktioen eine Rolle spielen, zum Beispiel

- Beratung als Professionalitätsnachweis: Hier wird Beratung in Anspruch genommen, um Erwartungen von externen und internen Stakeholdern (Geldgebern, Banken, Aufsichtsbehörden, dem eigenen Vorstand) genüge zu tun. Ob sich dabei real etwas verbessert, ist nebensächlich. Ein Beispiel hierfür ist Qualitätsmanagement, wenn es nur um des Zertifikates willen durchgeführt wird.
- Beratung als Spielball in mikropolitischen Spielen: Das Thema Macht erscheint in Theorie und Praxis der Beratung häufig allenfalls am Rande. Das Hinzuziehen eines Beraters dient aber vielfach auch als Schachzug im mikropolitischen Taktieren der Organisationsmitglieder, z. B. um die eigenen Karrierechancen zu verbessern oder um die Position der eigenen Organisationseinheit zu stärken.
- Beratung als Problemverschiebung: Menschen empfinden die Auseinandersetzung mit Problemen, Krisen und eigenen Schwächen in der Regel als unangenehm und versuchen sie daher (bewusst oder unbewusst) zu vermeiden. Bera-

tung kann im Zusammenhang mit solchen Vermeidungsstrategien eine Rolle spielen. Wenn z. B. in Teamsupervisionsprozessen bestimmte Themen immer wieder »umschifft« werden, hat man sich zwar oberflächlich mit dem Klärungsbedarf im Team befasst, die eigentlich kritischen Punkte aber ausgeklammert (»Wir arbeiten hart an den Problemen, nur nicht an denen, um die es eigentlich geht.«).

Wenn Beratungsprojekte häufig scheitern – einige Studien sprechen von ca. 40% –, liegt dies sicherlich vielfach daran, dass solche verborgenen Ziele nicht erkannt oder berücksichtigt wurden. Die Sensibilität für solche versteckten Zielsetzungen ist somit entscheidend, wenngleich sie häufig schwer zu erkennen sind. Eine gründliche Auftragsklärung ist in diesem Zusammenhang wichtig, aber nicht immer ausreichend. Eine ausführliche Auseinandersetzung mit verborgenen Zielen in Organisationsberatungskontexten findet sich in Ameln, Kramer u. Stark (in Vorbereitung).

24.1.1 Grundprinzipien der Organisationsberatung

Trotz der ausgesprochenen Vielfalt möglicher Interventionen beruhen alle OE-(PE-, TE-) Maßnahmen auf bestimmten Grundprinzipien, über die in der Literatur weitestgehend Konsens herrscht. Wir stellen diese Grundprinzipien der OE dar und vergleichen sie mit denen der Arbeit mit dem Psychodrama.

Prozessberatungsmodell

Die Organisationsberaterin hat die Aufgabe, den Klienten bei der Realisierung seiner eigenen Ziele zu unterstützen, indem sie ihre fachliche und methodische Kompetenz einbringt. Auch das Psychodrama folgt diesem Prozessberatungsmodell (▶ Abschn. 7.1; für eine differenzierte Betrachtung der Rolle der Organisationsberaterin vgl. Fredrich, 1994).

Systemansatz

Nicht erst seit der zunehmenden Verbreitung systemischer Verfahren fasst die OE Organisationen als komplexe soziale Systeme auf (French u. Bell, 1994; Luhmann, 2000). Der umfassende Anspruch von OE-Interventionen resultiert aus der Forderung, die komplexen Wechselwirkungen sowohl innerhalb der Organisation als auch im Verhältnis der Organisation zu ihrer Umwelt zu berücksichtigen: Ein Systemelement kann nicht isoliert von den übrigen Systembestandteilen verändert werden, und Veränderungen in einem Teil des Systems haben immer auch Auswirkungen auf andere Teile des Systems (vgl. den Trailer zu diesem Kapitel). Moreno ist ein »Exponent ökologischen Denkens« (Buer 1992, S. 187) und gehörte zu den Pionieren systemischen Denkens in der Beratung (Schlippe u. Schweitzer, 2002, S. 18; Compernolle, 1981).

Humanistisches Menschen- und Wertebild

Das humanistische Menschen- und Wertebild hat in der historischen Entwicklung der OE schon immer als Leitlinie des beraterischen Handelns gedient: »Arbeitshypothese der OE ist die (…) Annahme, dass Leistungsoptimierung und Humanisierung der Arbeit einander nicht ausschließen, sondern sich wechselseitig bedingen und in engem Zusammenhang mit bestimmten (gegenwärtigen und zukünftigen) Veränderungen der gesamtgesellschaftlichen Umwelt stehen« (Becker u. Langosch, 1990, S. 14). Das Menschen- und Wertebild der OE entspricht damit dem des Psychodramas.

Drei-Phasen-Modell von Lewin

Die drei von Lewin (1951) beschriebenen Phasen »unfreezing« – »changing« – »refreezing« sind grundlegend für den Ablauf von OE-Prozessen (Becker u. Langosch, 1990, S. 67). Auf die Parallelen dieses Modells zu den drei Phasen des klassischen Psychodramas (Erwärmung – Aktion – Integration) haben wir bereits in Teil II dieses Buchs hingewiesen.

Partizipation

Aus der Sicht der OE kann eine Veränderungsmaßnahme in einer Organisation nur dann erfolgreich sein, wenn die von der Veränderung Betroffenen ihre Wünsche und Vorstellungen einbringen und die Maßnahme aktiv mitgestalten können. Ein wichtiger Leitsatz für den OE-Berater lautet daher »Betroffene zu Beteiligten machen«.

Aktionsforschung / »Survey-Feedback«

Die Aktionsforschung mit der Survey-Feedback-Methode bildet das Handlungsmodell der OE, das eine partizipative Gestaltung des Beratungsprozesses gewährleisten soll. Die Survey-Feedback-Methode basiert darauf, dass die in der Analysephase gesammelten Daten an das Klientensystem zurückgemeldet werden. Die gemeinsame Diskussion der Daten bildet dann die Grundlage für die Handlungsplanung. Aktionsforschung impliziert aber nicht nur ein Modell für den Beratungsprozess, sondern auch ein Modell für die Rolle des Beraters: Er erscheint nicht als distanzierter und letztlich der Verantwortung entbundener Forscher, sondern als verantwortlicher Partner und Mitgestalter in einem dialogischen Prozess. Das Ziel der Aktionsforschung ist somit »… nicht nur (…) das Erforschen des sozialen Umfeldes, z. B. der Geschehnisse in Gruppen und Institutionen, sondern auch (…) die Veränderung dieses sozialen Umfeldes« (Becker u. Langosch, 1990, S. 62).

Die Bezüge dieses Ansatzes zu Morenos Werk (insbesondere zur → Soziometrie) sind deutlich. Petzold (1980a, b) hat auf der Basis umfangreicher Recherchen nachgewiesen, dass nicht – wie allgemein angenommen – Lewin, sondern Moreno als Begründer der Aktionsforschung angesehen werden muss. So kann Morenos bereits 1934 in »Who shall survive« beschriebene soziometrische Arbeit an der Hudson-Schule als frühes Beispiel für Aktionsforschung gelten.

Prozessorientierung

Jede Intervention hat Auswirkungen, die aufgrund der Komplexität des Systems nicht vollständig vorhersehbar sind und daher ständig neu bewertet werden müssen. Daher müssen OE-Maßnahmen nicht nur im Vorfeld gut geplant, sondern auch während des Prozesses entsprechend der aktuellen Erfordernisse nachgesteuert werden. Das Gleiche gilt für die Arbeit mit dem Psychodrama, wie in ▶ Abschn. 7.5 ausgeführt.

Erfahrungsorientiertes Lernen

»Der Mensch ändert seine Einstellung und sein Verhalten nur durch praktische „Erfahrung am eigenen Leib"«, schreiben Becker u. Langosch (1990, S. 43) unter der Überschrift »Kriterien der OE«. Die besonderen Möglichkeiten des Psychodramas für eine solche erfahrungsorientierte Arbeit stehen im Mittelpunkt der folgenden Ausführungen.

24.1.2 Besonderheiten beim Einsatz des Psychodramas in der Organisationsberatung

Im vorangegangenen Abschnitt ist deutlich geworden, dass Psychodrama und OE hinsichtlich ihrer normativen Grundorientierungen, ihres Prozessmodells und der Rollenbilder der Beraterin weitestgehend übereinstimmen. Diese für manchen möglicherweise überraschende Übereinstimmung ergibt sich unter anderem daraus, dass Moreno mit seinen Arbeiten die Entwicklung der OE in ihrer Pionierphase mitgeprägt hat. Auf Moreno als – heute oft vernachlässigten – Wegbereiter der OE weisen u. a. French u. Bell (1994) und Richter (1994) hin. Die bisweilen anzutreffenden Vorbehalte gegenüber psychodramatischer Arbeit in der Organisationsberatung resultieren zum einen daraus, dass das Psychodrama heute überwiegend als psychotherapeutisches Verfahren betrachtet wird. Dabei wird übersehen, dass Moreno selbst in einem sehr viel breiteren Spektrum von Arbeitsfeldern psychodramatisch tätig war, darunter auch in der Industrie (Moreno u. Borgatta, 1989).

Iding (2000, S. 34) führt darüber hinaus die verhaltene Rezeption Morenos seitens der OE darauf zurück, dass Moreno auf die Gruppe und nicht auf die Organisation fokussiert.

Weitere Bedenken mögen sich drittens aus einem verzerrten Image des Psychodramas als tiefenpsychologisch-hermeneutischem und daher für die OE ungeeignetem Verfahren ergeben. Die psychodramatische Theorie ist jedoch eher ressourcenorientiert als tiefenpsychologisch ausgerichtet (▶ Kap. 14), und auch Moreno selbst verstand das Psychodrama als darstellendes und übendes, d. h. in seiner Ausrichtung mit den Zielen der OE kompatibles, Verfahren.

Ein vierter Grund für die bislang geringe Verbreitung des Psychodramas in der OE dürfte der im Wirtschaftskontext abschreckend wirkende Name des Verfahrens sein. Psychodramatische Konzepte, die den Begriff »Psychodrama« vermeiden und stattdessen von »erlebnisaktivierender Fallberatung« oder dergleichen sprechen, erzielen deutlich höhere Verkaufszahlen (z. B. Schulz von Thun, 1996).

Trotz dieser zahlreichen Anknüpfungspunkte muss das psychodramatische Vorgehen in mehrerlei Hinsicht auf das Arbeitsfeld Organisationsberatung abgestimmt werden.

Methodik

Das klassische große Protagonistenspiel wird nur punktuell in der PE verwendbar sein, wo Zeit und Themenstellung eine so intensive Fallarbeit rechtfertigen. Häufig wird man stattdessen mit kleineren → Arrangements (z. B. → leerer Stuhl), einzelnen psychodramatischen Techniken (z. B. → Rollentausch) und verschiedenen Aktionen auf der Gruppenebene (▶ Kap. 6) arbeiten.

Eine zu starke → Erwärmung der Teilnehmer für emotionale Prozesse kann leicht die Grenzen dessen überschreiten, was im Rahmen von Arbeitsfeld und Setting bearbeitet werden kann. Die Leiterin sollte daher äußerst behutsam vorgehen. Mit dem Psychodrama vertraute Personen bedenken häufig nicht, welches Ausmaß an Erlebnisaktivierung schon eine vermeintlich »harmlose« Intervention wie der Rollentausch auf die Teilnehmer eines Seminars haben kann.

Transparenz

Die erlebnisaktivierende Arbeit mit dem Psychodrama kann bei den Teilnehmern Unsicherheiten und Ängste auslösen. Die Leiterin kann diese Reaktionen reduzieren, indem sie ihre Vorgehensweise für die Teilnehmer verständlich erläutert. Wenn szenische Arbeit vorgesehen ist, sollte die Leiterin deutlich machen, warum ein bestimmtes Thema auf der Bühne und nicht verbal bearbeitet wird. Sie sollte einen Ausblick auf den Prozess geben (»Zuerst machen wir …, heute Nachmittag folgt dann …« usw.) und alle methodischen Schritte erläutern.

In der Organisationsberatung ist durch den Kontrakt ist lediglich die Arbeit an Themen abgedeckt, die unmittelbar das berufliche Handeln berühren. Die Grenzen des Thematisierbaren fallen mit den Grenzen zwischen privater und öffentlicher Person zusammen – wenn z. B. in einem Protagonistenspiel biografische Bezüge erkennbar werden, ist allenfalls ein kurzer Hinweis möglich wie beispielsweise »Ich kann mir vorstellen, dass dieses Erlebnis bei Ihnen einiges anstößt, was wir jetzt hier nicht bearbeiten können – wir werden hier bei der beruflichen Thematik bleiben«.

Löhrs (2008, S. 273–277) hilfreiche Hinweise zum Einsatz des Psychodramas in Trainingsgruppen sind gekürzt in folgendem Kasten aufgelistet.

Hinweise zur psychodramatischen Arbeit in Trainingsgruppen (aus Löhr, 2008, S. 273–277)

- Wenden Sie selbstbewusst Psychodrama an, aber überlegen Sie sich einen Begriff für Ihr Vorgehen, das zum Setting passt.
- Gestalten Sie die Anfangsphase zügig und gut strukturiert. Die Teilnehmer brauchen Orientierung und müssen Sie als kompetent, effizient und zugewandt erleben, um Vertrauen aufbauen zu können.
- Benennen Sie das Ziel jedes methodischen Schritts kurz und präzise. Dann haben Sie gute Chancen, dass die Gruppe mitgeht.
- Bringen Sie die Gruppe früh in Bewegung. Warm-up Übungen werden auch von Trainings- und Managementgruppen gerne angenommen.
- Klären Sie vor jeder Einzelarbeit den Auftrag präzise – und gehen Sie erst dann auf die Bühne.
- Der Auftrag des Auftraggebers und das Anliegen des einzelnen Teilnehmers können stark divergieren. Auf der Bühne hat der Auftrag des Protagonisten absoluten Vorrang.
- Seien Sie so sparsam wie möglich mit Hilfs-Ichs. Je weniger Personen auf der Bühne sind, desto effizienter können Sie arbeiten.
- Schließen Sie die psychodramatische Einzelarbeit immer mit einer kognitiven Ergebnissicherung ab: Fassen Sie die Lern-Ergebnisse in allgemeiner Form zusammen, erarbeiten Sie mit der Gruppe praktische Lösungs-Alternativen, Vorge-

▼

hensweisen und konkrete Formulierungen, die auf ähnliche Situationen übertragbar sind.

- Schreiben Sie die Ergebnisse auf.
- Professionelle Fassaden sind überlebenswichtig – beschädigen Sie keine Fassade und entlassen Sie die Teilnehmer so, dass sie auch nach dem Training erfolgreich in ihren professionellen Rollen agieren können.
- Arbeiten Sie mit dem Protagonisten nicht nur in der Szene. Bieten Sie ihm den Regiestuhl oder die »dritte Position« an.
- Doppeln Sie nicht zu viel auf der emotionalen Ebene: »Ich fühle …« ist im Traningskontext meist deplaziert.
- Sharings sind wichtig. Investieren Sie Aufmerksamkeit in die präzise Anleitung zum Sharing.
- Halten Sie inneren Abstand und zeigen Sie Mut zu Autorität. Sie brauchen diese auch dazu, um Teilnehmer schützen zu können.
- Greifen Sie die Sprache Ihrer Teilnehmer auf. Sie signalisiert Zugehörigkeit und Kompetenz. Sie geben Ihren Teilnehmern damit Sicherheit.
- Beziehen Sie die Gruppe auf der Bühne mit ein: soufflierendes Doppeln und Formulierungsvorschläge sind oft produktiver als zahlreiche Hilfs-Iche.

24.2 Psychodrama in der Personalentwicklung

Psychodrama ist – trotz seines Rufs als Gruppenmethode – ein Verfahren, das sich hervorragend für den Einsatz in der Einzelberatung wie etwa im Führungscoaching eignet. Dabei sind einige methodische Besonderheiten zu beachten, die in ► Kap. 5 und 26 näher beschrieben sind.

Personalentwicklung zielt auf die Qualifikation einzelner Mitarbeiter ab, die jedoch auch im Rahmen von Gruppentrainings und Seminaren erfolgen kann. Die Qualifikationsbereiche umfassen dabei z. B.

- Führung,
- Kommunikationsfähigkeit,
- Konfliktfähigkeit,
- Rhetorik,
- Moderation,
- EDV,
- Stressbewältigung,
- Zeitmanagement.

Neben Vorträgen, Gruppendiskussionen und -übungen, Fallstudien und Planspielen kommen dabei häufig auch Rollenspiele zum Einsatz, mit denen Situationen des beruflichen Alltags analysiert und alternative Verhaltensmöglichkeiten eingeübt werden sollen. Das Psychodrama ist in dieser Funktion eine Alternative, die dem Rollenspiel in mehrfacher Hinsicht überlegen ist (► das Einführungskapitel zu diesem Buch).

»Lebendiges Lernen« – Psychodramatische Gestaltung eines Kommunikationstrainings

Nach einer Einstiegsphase, die mit → aktionssoziometrischen Mitteln gestaltet wird (für Fallbeispiele aus der Organisationsberatung ► Kap. 1 »Erste Schritte« und ► Abschn. 3.11), werden die Teilnehmer mit einigen theoretischen Grundlagen der Kommunikationspsychologie vertraut gemacht, etwa mit dem quadratischen Modell der Kommunikation oder dem Modell des »inneren Teams« von Schulz von Thun (2003). Um den praktischen Bezug zwischen diesen Modellen und der Arbeitswelt der Teilnehmer herzustellen, wird das Erarbeitete in der psychodramatischen Darstellung vertieft und angewendet. Jeder Teilnehmer bringt eine Situation aus der jüngeren Vergangenheit ein, in der sich die berufliche Kommunikation für ihn schwierig gestaltet hat. Die Gruppe entscheidet sich gemeinschaftlich für das Thema eines Teilnehmers, das anschließend auf der Seminarbühne bearbeitet wird. Je nach Art des Kommunikationsproblems können im Spiel verschiedene Schwerpunkte gesetzt werden:

- Im → Rollentausch kann der Thementräger (→ Protagonist) **Einfühlung und Verständnis für das Handeln seiner Mitmenschen** erlangen;

▼

- unterstützt durch die psychodramatischen Verbalisierungstechniken und die → Doppeltechnik kann der Protagonist Aufschlüsse über mögliche **Hintergründe seines Verhaltens** gewinnen, die ihm bislang verborgen waren;
- dem Protagonisten kann eine **Rückmeldung** über die Wirkung seines Handelns auf die Interaktionspartner gegeben werden, indem er mit Hilfe der → Spiegeltechnik die Szene von der Position des außenstehenden Beobachters aus betrachtet;
- schnell eskalierende Konflikte können mit Hilfe der → **Zeitlupentechnik** verlangsamt nachgestellt werden, um herauszufinden, welche Äußerungen zur Eskalation beigetragen haben.

Der Protagonist bringt zwar seine persönliche Geschichte auf die Bühne, die jedoch immer einen gemeinsamen Erfahrungshintergrund anspricht: Jeder der Teilnehmer kennt schwierige Kommunikationssituationen am Arbeitsplatz. An diesen gemeinsamen Erfahrungshintergrund knüpft das → **Sharing**, das erste Element der an das Spiel anschließenden → Integrationsphase, an. Der Austausch über die gemeinsamen Erfahrungen ist nicht nur ein Schutz für den Protagonisten, der sich in seinem Spiel mit seinen Schwierigkeiten exponiert hat, sondern bringt auch transferfördernde didaktische Wirkungen für alle Teilnehmer mit sich. Im → **Rollenfeedback** berichten die Mitspieler, wie sie sich in ihren Rollen gefühlt haben und wie das Verhalten des Protagonisten auf sie gewirkt hat. Damit ist eine nochmalige Rückmeldung und Perspektivenerweiterung für den Protagonisten verbunden. In der **Auswertungsphase** wird die im Spiel dargestellte Kommunikationssituation unter Rückgriff auf die zuvor erarbeiteten theoretischen Modelle betrachtet. So kann man z. B. die Teilnehmer erarbeiten lassen, auf welcher der vier Ebenen des Kommunikationsmodells von Schulz von Thun (1981) jeweils »gesendet« und »empfangen« wurde, und in welcher Weise die aufgetretenen Diskrepanzen zwischen diesen Ebenen zu den Kommunikationsschwierigkeiten geführt haben. Auf diese Weise wiederholen und vertiefen die Teilnehmer das Gelernte in der unmittelbaren Anwendung auf eine reale Situation und profitie-
▼

ren zugleich von den sich auf diese Weise eröffnenden Erklärungsmöglichkeiten.

In einem weiteren Schritt können Möglichkeiten für einen besseren Umgang mit der Situation entwickelt und wiederum in der psychodramatischen Darstellung erprobt werden. Durch das realistische Setting kann sofort überprüft werden, wie sich die Situation entwickelt, wenn der Protagonist sich anders verhält und ob die erarbeitete Handlungsalternative »funktioniert«.

24.3 Psychodrama in der Teamentwicklung

Die möglichen Anlässe und Arbeitsfelder für Teamentwicklungsmaßnahmen sind vielfältig:

- Das Kollegium einer berufsbildenden Schule will sich mit Konflikten zwischen jüngeren und älteren Lehrern beschäftigen und zieht eine externe Moderatorin hinzu.
- In einem Krankenhaus ist es wiederholt zu peinlichen Pannen gekommen: Hygienische Mängel, Patienten wurden bei der Essensverteilung vergessen, wichtige Unterlagen waren nicht auffindbar. Das beauftragte Consulting-Unternehmen stellt – neben anderen Problemen – Mängel in der Abstimmung der Beteiligten fest und schlägt einen TE-Workshop vor.
- Das Umweltamt einer norddeutschen Großstadt beschließt im Rahmen der Umgestaltung der Verwaltung, ein kundenorientierteres Konzept zu implementieren. Neben Weiterbildung in Kommunikation etc. ist auch eine TE vorgesehen, um auf die notwendigen Veränderungen in der Kooperation der Mitarbeiter untereinander vorzubereiten.
- Zwei Abteilungen einer Computerfirma sollen zusammengelegt werden; eine TE soll das Zusammenwachsen der Teams erleichtern.

Zu Beginn des TE-Prozesses stehen die Auftragsklärung mit dem Auftraggeber sowie diagnostische Gespräche mit den Teammitgliedern und deren Leitung. Dabei sollten nach Comelli (1995) folgende Fragen geklärt werden:

- Wie wird das Problem / der Entwicklungsbedarf von den Betroffenen gesehen?

24

- In welchem Ausmaß liegt Kooperationsbereitschaft vor?
- Was soll mit der Maßnahme erreicht werden?
- Welche »Spielregeln« für die Zusammenarbeit sollen festgelegt werden (z. B. Vertraulichkeit)?
- Wie sieht die zeitliche Perspektive aus?
- Welche diagnostischen Verfahren sollen eingesetzt werden?
- Welche gegenseitigen Erwartungen haben Moderatorin und Auftraggeber aneinander?

Ziele und Maßnahmen der TE können den Schwerpunkt auf eine oder mehrere von sechs Dimensionen legen, die für die Arbeit im Team relevant sind:

Verhaltensweisen, Fähigkeiten, Haltungen des Individuums. Auf dieser Dimension liegt das Ziel darin, die persönliche und soziale Bewusstheit unter den Teammitgliedern zu erhöhen und die Voraussetzungen für einen menschlicheren und insgesamt befriedigenderen Umgang miteinander zu schaffen.

Erwartungen (Rollen, Normen, Werte, Konflikt). Hier stehen nicht die Haltungen und Fähigkeiten der Einzelnen im Vordergrund, sondern die formalen und informalen Rollenstrukturen des Teams, die Rollenerwartungen jedes Teammitglieds, die Verantwortlichkeiten der Teammitglieder und die Normen und Werte des Teams.

Ziele des Teams. Ohne präzise Ziele und eine geteilte Vision davon, »wo es hingehen soll«, kann kein wirklich einmütig koordiniertes und motiviertes Handeln stattfinden. Eine TE-Maßnahme, die den Schwerpunkt auf diese Dimension legt, wird also darum kreisen, eigene Ziele zu reflektieren und gemeinsame »mission statements« zu formulieren bzw. weiterzuentwickeln.

Kohäsion, Identifikation, Motivation. Hohe Kohäsion, Identifikation und Motivation in einer Gruppe werden mit besseren Arbeitsleistungen und größerer Arbeitszufriedenheit in Verbindung gebracht. Daher sind kohäsionssteigernde Maßnahmen Bestandteil fast jeder TE-Maßnahme.

Fähigkeiten, Arbeitstechniken und Verfahren. Dieser Ansatz beschäftigt sich mit der konkreten Art und Weise, wie das Team die anstehenden Aufgaben löst. Dabei werden unter anderem der Einsatz der Fähigkeiten der Teammitglieder, der Umgang mit Informationen und die Ressourcen des Teams im Kontext der Organisation betrachtet. Ziel ist es, vor allem Arbeitstechniken zu vermitteln wie z. B. Metaplantechnik, Systemtechniken nach Kepner u. Tregoe (1971), Kreativitätstechniken, Techniken der Entscheidungsfindung usw.

Diagnostische Kompetenzen und gruppendynamisches Wissen. Das Ziel jeder auf Nachhaltigkeit angelegten Arbeit besteht darin, nicht nur die aufgetretenen Störungen im System zu beheben, sondern vor allem in der Aktivierung der »Selbstheilungskräfte« des Systems. TE besteht daher auch darin, die Teammitglieder selbst zu Experten für Gruppendynamik zu machen, um das Team in die Lage zu versetzen, zukünftig alleinverantwortlich und ohne externe Hilfe zurechtzukommen.

Psychodrama, Soziodrama und Soziometrie eignen sich in besonderer Weise für den Einsatz in der Teamentwicklung (Ameln, 2005). Sie bieten Möglichkeiten für die Arbeit auf allen sechs Dimensionen. Unser Fallbeispiel zeigt, wie mit einem → Stegreifspiel **Rollenmuster und Normen** eines Teams reflektiert und die **Kohäsion** des Teams gefördert werden können (diesen TE-Baustein haben wir in Kramer u. Bielefeld, 1997 ausführlich dargestellt). Weitere Anregungen für die Planung und Durchführung psychodramatischer TE-Einheiten sind ► Kap. 6 sowie dem Themenheft »Teamentwicklung/Teamberatung« der Zeitschrift für Psychodrama und Soziometrie (2005) zu entnehmen.

> **»Auf der Spur der verborgenen Teamstruktur« – Das Stegreifspiel als Methode der TE**

> Wie gut »läuft« unsere Zusammenarbeit? Wie fühle ich mich im Team? Wer hat offiziell das Sagen, wer ist der »heimliche Chef«, wer steht eher am Rand? Wie wird mit Meinungsverschiedenheiten und Konflikten umgegangen? Was ist in der Zusammenarbeit verbesserungswürdig?

> ▼

Diese Themen sind in TE-Prozessen von zentraler Wichtigkeit, sie sind aber meist durch den »blinden Fleck« der eigenen Wahrnehmung verborgen und kommen somit in der Regel gar nicht erst zur Sprache. Im psychodramatischen Gruppenspiel, das wir hier vorstellen, nehmen die Teilnehmer Phantasierollen ein, die (vordergründig) nichts mit ihrer Person zu tun haben, wodurch Widerstände umgangen werden. Natürlich bringen die Teilnehmer sich dennoch gewollt oder ungewollt in die Rolle ein: Struktur und Dynamik des realen Arbeitsteams spiegeln sich auf der Surplusebene des Spiels wider (→ Surplus Reality), und die solchermaßen sichtbar gemachten verborgenen Teamstrukturen können anschließend gemeinsam analysiert und reflektiert werden. Zunächst stellt der Trainer das Szenario vor:»Stellen Sie sich vor, wir sind eine Gruppe von Outlaws, die gemeinsam einen Banküberfall begehen will. Es soll das perfekte Verbrechen werden: Wenn Sie den Coup gut planen, wird jeder von Ihnen reich, Sie brauchen nie wieder zu arbeiten, und keiner wird Ihnen je auf die Schliche kommen. Überlegen Sie sich, welche Aufgabe Sie bei dem Bankraub übernehmen und welche besonderen Fähigkeiten Sie mitbringen.« Nach einer kurzen Vorbereitungszeit nehmen die Teilnehmer ihre Rollen ein. Um dies zu erleichtern, sucht sich jeder ein passendes Symbol (z. B. ein Kleidungsstück oder ein Werkzeug). Der Psychodramatiker interviewt jeden Teilnehmer kurz in seiner Rolle zu Fragen wie

- »Welche Aufgabe haben Sie bei dem Bankraub?«
- »Welche besondere Fähigkeit bringen Sie ein?«
- »Haben Sie vorher schon einmal einen Bankraub begangen oder im Gefängnis gesessen etc.?«

Anschließend spielen die Teilnehmer die Planung und Durchführung des Banküberfalls im freien Spiel. Die Dramaturgie obliegt den Teilnehmern, der Leiter greift nicht steuernd ein, sondern stellt allenfalls Fragen, um transparent zu machen, was gerade passiert.

An das Spiel schließt sich ein Bericht aus den Rollen an, in dem die Teilnehmer von ihren Erfah-

▼

rungen während des Spiels berichten. Dies bringt oft bereits eine große Erkenntniserweiterung mit sich, da die Teilnehmer erkennen, wie verschieden die Einzelnen die gleiche Situation erlebt haben. Später wird die informale Rollenverteilung im Spiel analysiert (»der Mutige«, »der Anführer«, »der Bequeme« usw.) und mit der realen Teamstruktur in Verbindung gebracht. Dabei zeigt sich häufig, dass die Teilnehmer unbewusst die Rolle einnehmen, die sie auch in ihrem Arbeitsalltag verkörpern. Auch Reibungspunkte in der Zusammenarbeit des Teams kommen auf der Surplusebene zum Ausdruck: Jeder hat seinen eigenen Plan im Kopf, Ziele und Aufgaben werden nicht klar kommuniziert, keiner will die unangenehme Arbeit tun, der eine versucht den anderen auszubooten usw.

24.4 Psychodrama in der Organisationsentwicklung

Im Zentrum von OE-Maßnahmen im engeren Sinne stehen nicht die Beziehungen zwischen einzelnen Gruppenmitgliedern (wie in der TE), sondern die Beziehungen zwischen Organisationseinheiten. Mögliche Ziele sind die Optimierung
- der Strukturen, die den Ablauf der Organisation bestimmen (Kommunikationswege, Definitionen von Aufgaben und Rollen),
- der Leitbilder (Visionen, »mission statements«, Ziele),
- der Organisations-, Kommunikations- oder Führungskultur,
- der Lernfähigkeit der Organisation und
- der Integration der Organisation.

Ein Aufgabenfeld für das Psychodrama im Rahmen der OE ist die Bearbeitung von **Intergruppenkonflikten**, die wir im nachfolgenden Fallbeispiel beschreiben. Hier erfüllt neben der → Soziometrie und dem → Begegnungskonzept vor allem der → Rollentausch eine wichtige Funktion. ▶ Kap. 6 enthält weitere Hilfestellungen für den Einsatz des Psychodramas in der OE.

»Ein Tag im Leben meines Kollegen« – der kollektive Rollentausch als Mittel der Konfliktbearbeitung in der OE

Die Autoren dieses Artikels haben für das Sozialamt einer norddeutschen Großstadt eine OE-Maßnahme durchgeführt. In einer Abteilung der Behörde gab es seit längerer Zeit Spannungen zwischen dem »Außendienst« (den Sozialarbeitern, die die Klienten »vor Ort« betreuen) und dem »Innendienst« (Verwaltung). Interviews in einer der Intervention vorausgehenden Analysephase hatten gezeigt, dass die Beziehung zwischen den beiden Gruppen stark von Vorurteilen, Stereotypen und Zuschreibungen geprägt war. In der Bearbeitung des Konflikts erschien es uns daher wichtig, diese negativen Zuschreibungen zu bearbeiten und zu beseitigen. Hierfür wurden die Teilnehmer gebeten, sich im Raum nach Gruppenzugehörigkeit zu positionieren – »Außendienstler« auf die eine, »Innendienstler« auf die andere Seite – und in diesen Gruppen gemeinsam Vorwürfe an die jeweils andere Gruppe zu sammeln. Die Vorwürfe wurden anschließend jedoch nicht veröffentlicht, sondern es wurde ein kollektiver Rollentausch durchgeführt – die Außendienstmitarbeiter verwandelten sich in Innendienstler und umgekehrt. Dann sollten die Teilnehmer aus der jeweiligen Gegenrolle abermals Vorwürfe an die andere Gruppe sammeln. Schließlich bekamen alle Teilnehmer die Aufgabe, sich (von Hilfestellungen der Leiter unterstützt) intensiv in die antagonistische Rolle, in der sie sich noch immer befanden, einzufühlen und jeweils eine kurze Szene zu entwickeln und zu spielen, die »einen Tag im Innendienst« (gespielt von den Außendienstmitarbeitern) bzw. »einen Tag im Außendienst« (gespielt von den Innendienstmitarbeitern) darstellen sollten. Anschließend wurden die in der Gegenrolle gemachten Erfahrungen im Plenum ausgetauscht. Diese relativ kurze Sequenz hatte eine große Wirkung auf die Teilnehmer – seit Jahren bestehende Konflikte zeichnen sich ja dadurch aus, dass der »imaginäre Rollentausch« mit dem Konfliktgegner nicht mehr stattfindet und somit Verständnis und Einfühlung verloren gehen. Das psychodramatische Erleben, unterstützt von Hilfestellungen der Leitung (z. B. in Form von → Doppeln), kann ein erster Schritt dahin sein, diese Einfühlung wiederzugewinnen.

Das Psychodrama kann nicht nur für die Bearbeitung von Intergruppenkonflikten, sondern auch für zahlreiche andere OE-Anwendungen von Nutzen sein. Ein Beispiel ist die nachfolgend beschriebene psychodramatische Einheit, die die Autoren im Rahmen eines **Restrukturierungsprozesses** eingesetzt haben. Die konzeptuelle Grundlage dieser Maßnahme bildet die → Soziometrie, das → Begegnungskonzept und die psychodramatische Technik der → Zukunftsprojektion.

»Ein psychodramatischer Start in die Zukunft« – Das Psychodrama zur Unterstützung von Restrukturierungsprozessen

Ein großes Bauunternehmen ändert seine Organisationsstruktur. In einer von den Autoren moderierten ganztägigen Führungskonferenz sollen die ca. 100 Führungskräfte mit der neuen Struktur vertraut gemacht werden. Dabei geht es nicht nur darum, die Beteiligten zu informieren, sondern auch um eine Kontaktaufnahme und einen ersten fachlichen Austausch unter zukünftigen Kollegen sowie um den Abbau der möglichen Befangenheit gegenüber der neuen Struktur.

Für die Führungskonferenz wurden die Tische, an denen die Teilnehmer sitzen, so gruppiert, wie es der gegenwärtigen Struktur der Organisation entspricht. Nach einer kurzen Einführung wird das neue Organigramm mit einem Beamer an die Wand projiziert und die Teilnehmer werden gebeten, die Tische so umzuräumen, dass die neue Anordnung die im Organigramm sichtbare Struktur wiedergibt. Nun sind 100 Führungskräfte zu sehen, die auf der Suche nach ihren zukünftigen Kollegen durch den Raum eilen, sich zurufen, Tische schleppen. Dieses Vorgehen dient dazu, gemäß den psychodramatischen Prinzipien den neuen, unbekannten Zustand nicht nur zu besprechen, sondern erlebbar zu machen. Die Phase des Chaos und der Neuordnung mittels körperlichen Aktivität hat außerdem die Funktion eines Übergangsrituals: Die alte Ordnung wird durch die neue Struktur ersetzt, was den Abschied von der bisherigen, vertrauten Ordnung erleichtert.

In der neuen Zusammensetzung stellen sich die Teilnehmer zunächst gegenseitig vor, soweit dies erforderlich ist. Anschließend ist Raum für eine

▼

erste fachliche Absprache. Als Abschlussintervention bittet die Leitung die Teilnehmer, sich 1 Jahr in die Zukunft zu versetzen und in dieser vorgestellten Situation über Vorzüge und Nachteile der alten Organisationsstruktur zu sprechen. Damit soll das Bestehende noch einmal in seinen positiven Seiten gewürdigt werden, um es leichter loslassen zu können; Vorzüge der Umstrukturierung sollen bewusst gemacht werden, um die Motivation für eine aktive Mitgestaltung des Restrukturierungsprozesses zu fördern.

Ein Instrument, das auch außerhalb der Psychodrama-Community zunehmend für die Reflexion von Veränderungsnotwendigkeiten im Rahmen von OE-Prozessen eingesetzt wird, ist die Systemaufstellung. Mit diesem aus dem Psychodrama stammenden und vor dem Hintergrund systemischer Konzepte weiterentwickelten Arrangement, das in ▶ Abschn. 3.7 ausführlicher beschrieben ist, können informelle und latente Organisationsynamiken mit Fokus auf eine bestimmte Frage (z. B. »Wie lässt sich die Nachfolge in einem Familienunternehmen regeln?«) mithilfe von Stellvertretern (Hilfs-Ichen) verkörpert und auf die Bühne gebracht werden. Die Stellvertreter können für Organisationsmitglieder und -einheiten stehen, aber auch für Kunden, Projekte, Ziele, Werte, Produkte etc. Distanzen im Raum, Zuwendung und Abwendung der Stellvertreter, Körperhaltungen etc. werden dabei als Metaphern für die Verhältnisse im aufgestellten System interpretiert. Ausgehend von den Rückmeldungen der Stellvertreter wird deren Positionierung in der Aufstellung so lange verändert, bis sich ein weitestgehend konfliktfreier, von allen Stellvertretern als positiv erlebter Zustand einstellt. Den Abschluss bildet die Reflexion der Frage, wie der im »Labor« der Aufstellungsarbeit erarbeitete Wunschzustand in der Wirklichkeit umgesetzt werden kann.

Wangen (2003) beschreibt, wie Veränderungsprozesse mit einer Vielzahl psycho- und soziodramatisch inspirierter Methoden begleitet werden können, von der Bearbeitung von Widerständen bis hin zur Reflexion und zum Feiern des Erreichten.

Anregungen zur Arbeit mit großen Gruppen finden sich im Themenheft 2/09 der Zeitschrift für

Psychodrama und Soziometrie. Weitere Beiträge zur Anwendung von Psychodrama, Soziodrama, Soziometrie und anderer erlebnisaktivierender Methoden im Kontext von PE, TE und OE stammen von Barry (1994), Blumberg u. Hare (1999), Jones (2001), Lüffe-Leonhardt u. Birth (1993) sowie von Storch u. Rösner (1995).

Zusammenfassung

Das Psychodrama bietet zahlreiche Möglichkeiten für die erlebnisaktivierende Arbeit in Organisationen. In der **Personalentwicklung** ermöglicht das Psychodrama als didaktisches Mittel soziales Lernen, fallbezogene Praxisreflexion und Rollentraining, z. B. innerhalb von Führungs-, Kommunikations- oder Konflikttrainings. In der **Teamentwicklung** kann das Psychodrama helfen, etablierte Rollenmuster in einer Gruppe bewusst zu machen und gegebenenfalls zu verändern. Es dient dabei nicht nur als diagnostisches Instrument, sondern auch als Mittel zum Aufbau von Gruppenkohäsion. In der **Organisationsentwicklung** können Intergruppenstrukturen und -prozesse mit dem Psychodrama erleb- und bearbeitbar gemacht werden. In Konflikten zwischen verschiedenen Gruppierungen lässt sich mithilfe des kollektiven Rollentauschs ein tieferes Verständnis der verschiedenen Standpunkte und Interessenlagen erreichen.

Bei der Arbeit mit dem Psychodrama muss das Vorgehen dem Arbeitsfeld angepasst werden, z. B. hinsichtlich der Grenzen des Thematisierbaren und der Privatsphäre. Das Psychodrama steht der Organisationsentwicklung historisch, theoretisch und methodisch nahe; das Potenzial des Verfahrens für die OE ist bislang jedoch bei weitem noch nicht voll ausgeschöpft worden.

Weiterführende Literatur

Ameln, F. v. (2006). Organisationen in Bewegung bringen. Psychodrama und Soziodrama als systemische Verfahren der Personal-, Team- und Organisationsentwicklung. *Organisationsentwicklung, 25 (2),* 32–39.

Ameln, F. v. (2007). Psychodrama in Personalentwicklung und Coaching – Lern- und Veränderungsprozesse mit »Kopf, Herz und Hand« gestalten. In M. Schmid, S. Laske & A. Orthey (Hrsg.), *Personal-Entwickeln. Das aktuelle Nachschlagewerk für Praktiker* (Kapitel 8.33, 116. Ergänzungslieferung Oktober 2007). Köln: Wolters Kluwer.
Kompakte Darstellungen der Möglichkeiten von Psychodrama / Drama in Beratung, Training und Coaching.

Ameln, F. v. & Kramer, J. (2007). *Organisationen in Bewegung bringen. Handlungsorientierte Methoden in der Personal-, Team- und Organisationsentwicklung.* Berlin: Springer.
Praxishandbuch zu Psychodrama, Soziodrama, Rollenspiel, Planspiel, Outdoor Training, Unternehmenstheater und anderen handlungsorientierten Methoden und ihrer Anwendung in Training und Beratung.

Becker, H. & Langosch, I. (1995). *Produktivität und Menschlichkeit: Organisationsentwicklung und ihre Anwendung in der Praxis* (4.Aufl.). Stuttgart: Enke (380 Seiten).
Sehr straffe, aber dennoch differenzierte Darstellung der konzeptionellen Grundlagen und der Praxis der OE.

Gellert, M. & Nowak, C. (2007). *Teamarbeit, Teamentwicklung, Teamberatung: Ein Praxisbuch für die Arbeit in und mit Teams* (3. Aufl.). Meezen: Limmer. (420 Seiten)
Ausgezeichnetes Arbeitsbuch für die Teamentwicklung und –beratung mit verständlich aufbereiteten Hintergründen (z. B. zu Rollentheorie oder Gruppendynamik), vielen Übungen, Checklisten und Teilnehmerunterlagen.

Schuler, H. (Hrsg.) (1995). *Lehrbuch Organisationspsychologie* (2. Aufl.). Bern: Huber (540 Seiten).
Das Lehrbuch von Schuler stellt nicht nur PE, TE und OE dar, sondern gibt einen breiten Überblick über die in der Organisationsberatung relevanten Themen:Arbeitspsychologie, Eignungsdiagnostik, Organisationsdiagnose, Führung, Gruppenarbeit und andere.

Zeitschrift für Psychodrama und Soziometrie (2005). Themenheft »Teamentwicklung / Teamberatung«. 4 (1).
Umfangreiche Hinweise und Interventionsvorschläge zum Thema Teamentwicklung.

Literatur

Ameln, F. v. (2005). Teamentwicklung und Psychodrama – Theoretische und methodische Grundlagen. *Zeitschrift für Psychodrama und Soziometrie, 5 (1)*, 29–39.

Ameln, F. v., Kramer, J. & Stark, H. (in Vorbereitung). *Organisationsberatung beobachtet. Hidden Agendas und Blinde Flecke.* Wiesbaden: VS.

Barry, D. (1994). Making the invisible visible: Using analogically-based methods to surface unconscious organizational processes. *Organization Development Journal, 12 (4)*, 37–48.

Becker, H. & Langosch, I. (1990). *Produktivität und Menschlichkeit: Organisationsentwicklung und ihre Anwendung in der Praxis* (3. Aufl.). Stuttgart: Enke.

Blumberg, H. H. & Hare, A.P. (1999). Sociometry applied to organizational analysis: A review. *International Journal of Action Methods: Psychodrama, Skill Training and Role Playing, 52 (1)*, 15–37.

Buer, F. (1992). Über die Wahrheit der psychodramatischen Erkenntnis. *Gruppenpsychotherapie und Gruppendynamik, 28*, 181–203.

Comelli, G. (1987). Verbesserung von Kooperation und Teamarbeit in einem mittleren Unternehmen. In L. von Rosenstiel, H. Einsiedler, R. Streich & S. Rau (Hrsg.), *Motivation durch Mitwirkung* (159–177). Stuttgart: Schäffer.

Comelli, G. (1995). Teamentwicklungstraining. In L. von Rosenstiel, E. Regnet & M.Domsch (Hrsg*.), Führung von Mitarbeitern – Handbuch für erfolgreiches Personalmanagement* (3. Aufl.; 387–409). Stuttgart: Schäffer-Poeschel.

Compernolle, T. (1981). J. L. Moreno: Ein unbekannter Wegbereiter der Familientherapie. *Integrative Therapie, 8(2)*, 166–172.

Fredrich, A. (1994). Haben Sie ein Problem zu lösen oder sind Sie Teil desselben? Teamentwicklung im betrieblichen Bereich: Die Rolle des Beraters als Klärungs- und Prozesshelfer. *Organisationsentwicklung, 13 (4)*, 54–62.

French, W. L. & Bell, C. H. jr. (1994). *Organisationsentwicklung: Sozialwissenschaftliche Strategien zur Organisationsveränderung* (4. Aufl.). Bern: Haupt.

Gairing, F. (1996). *Organisationsentwicklung als Lernprozess von Menschen und Systemen.* Weinheim: Beltz.

Holling, H. & Liepmann, D. (1993). Personalentwicklung. In H. Schuler (Hrsg.), *Lehrbuch Organisationspsychologie* (285–316). Bern: Huber.

Iding, H. (2000*). Hinter den Kulissen der Organisationsberatung. Qualitative Fallstudien von Beratungsprozessen im Krankenhaus.* Opladen: Leske & Budrich.

Jones, D. (2001). Sociometry in team and organizational development. *British Journal of Psychodrama and Sociodrama, 16*, 69–78.

Kepner, C. H. & Tregoe, B. B. (1971*). Management-Entscheidungen vorbereiten und richtig treffen.* München: Moderne Industrie.

Kramer, J. & Bielefeld, B. (1997). Teamentwicklung mit Psychodrama. In C. Obermann & F. Schiel (Hrsg.), *Trainingspraxis – 22 erfolgreiche Seminare zu Vertriebstraining, Führung, Teambuilding und Unternehmensentwicklung* (273–285). Köln: Bachem.

Lewin, K. (1951). *Field Theory in the Social Sciences.* New York: Harper & Row.

Löhr, J. (2008). Kommen Sie mir bitte nicht mit Rollenspiel! Oder: Was hat das Psychodrama in der betrieblichen Weiterbildung verloren? *Zeitschrift für Psychodrama und Soziometrie, 7 (2)*, 270–280.

Luhmann, N. (2000). *Organisation und Entscheidung. Opladen:* Westdeutscher Verlag.

Lüffe-Leonhardt, E. & Birth, G. (1993). Leitbilder weiblicher Führung. Der Einsatz des Psychodramas in der Fortbildung von Frauen in Führungspositionen. In R. Bosselmann, E. Lüffe-Leonhardt & M. Gellert (Hrsg.), *Variationen des Psychodramas. Ein Praxis-Handbuch* (338–346). Meezen: Limmer.

Moreno, J. L. (^{1}1934,1953). *Who Shall Survive? Foundations of Sociometry, Group Psychotherapy and Psychodrama. Beac*on: Beacon House.

Moreno, J. L. & Borgatta, E. F. (^{1}1951, 1989). Ein Experiment mit Soziodrama und Soziometrie in der Industrie. In J. Fox (Hrsg.). *Psychodrama und Soziometrie. Essentielle Schriften* (223–263). Köln: Edition Humanistische Psychologie.

Petzold, H. (1980a). Moreno – nicht Lewin – der Begründer der Aktionsforschung. *Gruppendynamik, 2,* 142–160.

Petzold, H. (1980b). Moreno und Lewin und die Anfänge psychologischer Gruppenarbeit. *Zeitschrift für Gruppenpädagogik, 6 (1),* 1–18.

Richter, M. (1994). *Organisationsentwicklung. Entwicklungsgeschichtliche Rekonstruktion und Zukunftsperspektiven eines normativen Ansatzes.* Bern: Haupt

Schlippe, A. v. & Schweitzer, J. (2002). *Lehrbuch der systemischen Therapie und Beratung* (8. Aufl.). Göttingen: Vandenhoeck & Ruprecht.

Schulz von Thun, F. (1981). *Miteinander Reden 1. Störungen und Klärungen. Allgemeine Psychologie der Kommunikation.* Reinbek: Rowohlt.

Schulz von Thun, F. (1996). *Praxisberatung in Gruppen. Erlebnisaktivierende Methoden mit 20 Fallbeispielen zum Selbsttraining für Trainerinnen, Trainer, Supervisoren und Coachs.* Weinheim: Beltz.

Schulz von Thun, F. (2003*). Miteinander Reden. Kommunikationspsychologie für Führungskräfte.* Reinbek: Rowohlt.

Storch, M. & Rösner, D. (1995). Soziodrama und Moderation als Methoden der Organisationsentwicklung. *Psychodrama, 8 (1),* 77–94.

Wangen, K. (2003). Den Wandel erleben. Change Management, psychodramatisch. *Zeitschrift für Psychodrama und Soziometrie, 3 (2),* 269–292.

Zeitschrift für Psychodrama und Soziometrie (2009). Themenheft »Arbeit mit großen Gruppen« *9 (2).*

Psychodrama in der Supervision

F. Buer

Zur Ausbildung von Psychodramatikern gehört es, dass sie supervisorisch begleitet werden, wenn sie das gerade Gelernte in ihrer Praxis anwenden wollen (Ausbildungssupervision). Diese Supervision wird von Supervisoren durchgeführt, die von den Ausbildungsinstituten dazu ernannt wurden, weil sie besonders erfahrene und qualifizierte Psychodramatiker sind. Zum Zweiten werden Psychodramatikerinnnen als Supervisorinnen angefragt, wenn sie über die nötigen Kenntnisse in den Arbeitsfeldern ihrer Supervisanden verfügen. Zum Dritten wollen manche Ausbildungskandidatinnen Psychodrama lernen, um es ohne weitere Umwege als Verfahren sofort im Format Supervision anzuwenden. Dann wird die Ausbildungssupervision zur Supervisionsausbildung. Oder man besucht viertens spezielle Aufbaukurse in Supervision. Dieser Weg ist inzwischen nicht nur in Deutschland, sondern auch in fast allen europäischen Ländern weitgehend ersetzt durch eine explizite Ausbildung zum Supervisor. Ausbildungssupervision ist dann nur noch ein Randgebiet.

Es geht in der Supervision um die Begleitung von Professionellen, die direkt mit Menschen arbeiten, und das in allen möglichen Feldern. In vielen der speziellen Supervisionsausbildungen spielt das Psychodrama keine Rolle, in manchen eine ergänzende, in einigen wenigen eine zentrale. In diesem Kontext, in dem auch der Autor tätig ist, ist ein Konzept der psychodramatischen Supervision ausgearbeitet worden, das möglichst viel aus dem Psychodrama für die Supervision nutzt, aber auch die notwendigen Ergänzungen systematisch einbezieht. Die folgende Darstellung beruht auf den Ergebnissen dieser praktischen, theoretischen und empirischen Arbeit (Berker u. Buer, 1998; Buer, 1999b; 2001a).

25.1 Zur gesellschaftlichen Produktion der Supervision

Wer haupt- oder nebenberuflich Supervision ausübt, muss sich Anfragen stellen, die sich in unserer modernen arbeitsteiligen Gesellschaft herausgebildet und die in der gegenwärtigen Phase der Gesellschaftsentwicklung – zumindest in den Wirtschaftszentren Europas – eine besondere Färbung erhalten haben (Buer, 2004; 2009a; Siller, 2008; Buer & Siller, 2004). Diese Anfragen an die Supervision lassen sich in drei Feldern verorten:

1. Supervision als Antwort auf die Dilemmata professioneller Beziehungsarbeit;

2. Supervision als Antwort auf die Flexibilisierung professioneller Dienstleistung;
3. Supervision als Antwort auf die Dynamisierung der Arbeitsorganisationen.

25.1.1 Supervision als Antwort auf die Dilemmata professioneller Beziehungsarbeit

Supervision ist schon vor über 100 Jahren in Sozialarbeit und Psychotherapie entstanden, um die direkte Arbeit mit Klienten professionell abzusichern. Inzwischen wird sie auch von Lehrern, Erwachsenenbildnern, Trainern, Beratern, Wissenschaftlern (Buer, 2001g), Ärzten, Pflegekräften, Rechtsanwälten, Justizmitarbeitern oder Seelsorgern nachgefragt. Diese Nachfrage entsteht, weil die hier ausgeübte Beziehungsarbeit äußerst fragil ist, denn sie ist durch unvermeidbare Dilemmata gekennzeichnet (Schütze, 2000). In einem **Dilemma** befindet sich jemand, wenn er gezwungen ist, sich zwischen zwei vorgegebenen gleichwertigen und gegensätzlichen Alternativen zu entscheiden. Diese Alternativen sind gegensätzlich, weil sie auf Antinomien beruhen, also auf unvereinbaren Gegensätzen, die als dialektische Widersprüche aus ein und demselben sozialen Prozess resultieren. Beziehungsarbeiterinnen haben es unvermeidlich unter anderem mit folgenden Antinomien zu tun:

- Identifikation versus Differenz: Der Beziehungsarbeiter muss sich mit dem Klienten identifizieren, um dessen Lage, dessen Interessen, dessen Problematik erkennen und erspüren zu können. Er muss sich aber auch von ihm unterscheiden, um nicht vereinnahmt zu werden und noch eine fachliche Einschätzung gewinnen zu können.
- Engagement versus Gleichgültigkeit: Um die Mitarbeit des Klienten zu gewinnen, muss er sich mit ihm verbünden und sich für ihn einsetzen. Auf der anderen Seite verdient er mit dieser Arbeit sein Geld. Ob das nun mit diesem oder mit jenem Klienten geschieht, kann ihm gleichgültig sein.
- Mitmachen versus Abgrenzung: Er muss also ein Stück am Leben seiner Klienten teilnehmen. Um sich jedoch selbst nicht zu überfordern und auszubrennen, muss er sich aber auch genügend abgrenzen und seine Klienten gegebenenfalls im Stich lassen.
- Unterstützung versus Kontrolle: Wenn er für eine Organisation tätig ist, muss er die Unterstützung seiner Klienten immer auch mit Kontrolle verbinden: Sein Einsatz muss sich rechnen (Effizienz) und in irgendeiner Weise das Ziel der Anpassung an gesellschaftliche Normen verfolgen (Effektivität).
- Vertrauensvorschuss versus Skepsis: Er muss eine Verbesserung der Lage des Klienten für möglich halten und darauf vertrauen, dass der Klient Kräfte entwickelt, an dieser Verbesserung mitzuarbeiten und sie auch zu sichern. Andererseits weiß er aber auch, dass das Vertrauen in vielen vergleichbaren Fällen enttäuscht wurde.
- Umfassende versus kategoriale Sicht: Er wird zunächst tätig, weil eine Problematik vorliegt, die seinen Einsatz fachlich und rechtlich rechtfertigt. Er muss also die Problematik auf bestimmte vorgegebene Kategorien reduzieren. Um aber helfen zu können, ist oft eine umfassendere Sicht notwendig, um das Zusammenspiel von belastenden wie entlastenden Faktoren angemessen einschätzen zu können.

Die Balancierung dieser Antinomien geschieht aber in einer intimen »face-to-face«-Situation, die kaum von außen kontrollierbar und damit auch nicht direkt evaluierbar ist. Hier können schnell von Seiten des Professionellen Fehler gemacht werden, sodass die Würde des Klienten verletzt und ihm die nötige Hilfe vorenthalten wird. Auch kann sich die Beziehungsarbeiterin zu sehr verausgaben, sodass sie nicht mehr effizient und effektiv genug arbeitet. Supervision wurde erfunden, um einangemessenes Gleichgewicht dieser Antinomien in einer vertrauensvollen Beziehung wiederherzustellen zu können und zu gewährleisten (Schütze, 1984). Genau diese Arbeit ist die Kerntätigkeit der Supervisoren. Sie ist unverzichtbar und kann durch nichts ersetzt werden.

25.1.2 Supervision als Antwort die Flexibilisierung professioneller Dienstleistung

Gegenwärtig hat eine Tendenz zur Flexibilisierung der Arbeitskraft auch die professionellen Dienstleister erfasst (Pongratz, 2004). Die Arbeitskraft wird dann als individualisiertes Halbfertigprodukt betrachtet, das über Schlüsselqualifikationen einschließlich Selbstmanagementkompetenzen verfügt und je nach Arbeitsauftrag die erforderlichen Fähigkeiten erwirbt. Das entspricht einer Organisationskultur, in der im Rahmen einer kooperativen Führung die Selbstkontrolle der Arbeitskraft entscheidend ist. Die temporären Arbeitsaufträge werden permanent zwischen Auftraggeber und Auftragnehmer ausgehandelt. Die existenzielle Absicherung erfolgt individuell. Aktives Marketing und permanente Fortbildung sind erforderlich. Hoch anspruchsvolle Arbeit wechselt ständig mit einfachen Arbeiten und Phasen der Erwerbslosigkeit. Diese Arbeitsform ist mit hoch individualisierten kontingenten Lebensstilen verbunden, die eine »Verbetrieblichung« der Lebensführung und variable Arrangements zwischen Arbeit und Familie bzw. Freizeit erfordern. Die Lebens- und Berufsverläufe sind sehr friktional und begünstigen eine »Patchwork-Identität«.

Dieser Trend hat sicher in hohem Maße Trainer, Berater, Coaches, Psychotherapeuten, Erwachsenenbildner, Wissenschaftler erfasst. Er trifft aber zunehmend auch auf Sozialarbeiterinnen, Seelsorger, Ärzte, auch manche Lehrergruppen zu.

Hier entsteht ein Bedarf nach supervisorischer Begleitung bei der Umstellung von einer verberuflichten, festen, geregelten Arbeit auf die Tätigkeit als selbstständiger »Arbeitskraftunternehmer«:

- Bei zu hoher Belastung geht es um Abgrenzung, Kompensation und Übersicht.
- In Phasen der Erwerbslosigkeit geht es um Verarbeitung dieser Kränkungserfahrung, die Planung weiterer Karriereschritte und notwendiger Qualifikationsprozesse.
- Allgemein geht es um die Förderung von Selbstorganisationskompetenz, die einmal Durchsetzungsfähigkeit, ein andermal Kooperationsbereitschaft erfordert. Das umfasst eine hohe kommunikative Kompetenz und die Bereitschaft Verantwortung zu übernehmen.

25.1.3 Supervision als Antwort auf die Dynamisierung der Arbeitsorganisationen

Mit der beschleunigten Globalisierung ist auch in Deutschland ein ungeheurer Druck auf alle Arbeitsorganisationen entstanden, ständig nach Einsparmöglichkeiten zu suchen und sie konsequent zu nutzen. Permanent müssen neueste kostensparende Technologien in die Arbeitsabläufe integriert werden. Dazu werden stetig die Aufbau- und Ablaufstrukturen angepasst. Die Arbeitskräfte müssen sich auf diesen unaufhörlichen Wandel einstellen. Dazu werden permanent neue Prozesse des »change managements« eingeführt und abgebrochen. Führungskräfte werden zu Moderatoren dieses Prozesses und zu Coaches ihrer Mitarbeiter. Jeder Mitarbeiter soll »interner Unternehmer« werden, der nicht nur Verantwortung für seine spezifische Aufgabe, sondern für die Gesamtorganisation übernimmt. Dieser Prozess hat inzwischen alle Wirtschaftsbranchen erfasst und bestimmt zunehmend auch die staatlichen Behörden, die Non-Profit-Organisationen, insbesondere auch alle sozialen Dienstleistungseinrichtungen.

Das bedeutet für die Führungskräfte, sich für diese neue Rolle weiterzuqualifizieren und ihre Etablierung »on the job« auszuprobieren. Ebenso müssen die Mitarbeiter mehr Verantwortung und Eigeninitiative übernehmen und sich kontinuierlich zur Bewältigung neuer Aufgaben selbstständig weiterqualifizieren. Gelingt das der Organisation nicht auf breiter Front, hat sie ein Problem im Wettbewerb.

Supervision wird angefragt, sowohl die Führungskräfte bei der Ausgestaltung ihrer neuen Rolle zu unterstützen, als auch die Mitarbeiter zu befähigen, Teamfähigkeit und Selbstorganisationskompetenz zu erwerben. Die Mitarbeiter, die hier nicht mitkommen, müssen besonders gefordert und gefördert werden. Professionalität zeigt sich hier also nicht nur als Fachkompetenz, sondern zunehmend auch als Organisationskompetenz (Buer, 2008c). Supervision soll hier dazu beitragen, den unvermeidlichen Wandel zu bewältigen.

25.2 Zur Professionalität psychodramatischer Supervisoren

Um auf diese Herausforderungen angemessen antworten zu können, müssen die Supervisorinnen selbst eine entsprechende Professionalität entwickeln. Sie müssen entscheiden, wie sie diese gesellschaftlichen Prozesse bewerten und welche Lösungen sie anbieten und verantworten können. Dazu bedarf es der Einbindung in eine »professional community«, in der in Kooperation mit den einschlägigen »scientific communities« relevantes Wissen generiert, in der adäquates Können angeeignet und in der berufsethische Normen begründet und ihre Einhaltung gesichert werden.

Zuvor muss jedoch die Professionalisierbarkeit der Supervision selbst aufgezeigt werden.

25.2.1 Zur Dialektik von Supervision und Psychodrama

> **Definition**
>
> Supervision nenne ich ein Format, Psychodrama ein Verfahren der Beziehungsarbeit (Buer, 2001b; 2007a; 2007b; 2007c).

Jegliche Beziehungsarbeit von Psychotherapeuten, Beratern, Lehrern, Trainern, so auch von Supervisoren, bedarf eines Formats. Damit ist ein Rahmen gegeben, der sie für Anbieterinnen und Adressaten, aber auch für Staat und Gesellschaft, überschaubar und handhabbar macht. Denn Beziehungsarbeit beruht (s. o.) auf einem offenen und ehrlichen, eben einem nicht instrumentalisierten und nicht entfremdeten Kontakt, der gerade deswegen nicht direkt kontrolliert werden kann (Buer 2004). Damit dieser nicht einseitig nur den Interessen der Anbieter auf Kosten der Nutzer oder den Interessen der Nutzer zu Ungunsten von Staat und Gesellschaft dient, ist er strengen Regeln und Qualitätsstandards unterworfen, die öffentlich legitimiert sein müssen. Erfinder und Kontrolleure dieser Regeln und Standards sind die Professionen, die dazu von Staat und Gesellschaft direkt oder indirekt Mandat und Lizenz erhalten haben. Aus diesem Grund müssen die Formate klar von einander abgegrenzt sein. Daher ist Supervision als etwas anderes definiert als Coaching, Psychotherapie, Beratung, Training, Unterricht oder Selbsterfahrung (Buer 2009a)

Diese Formate dienen somit der Beschränkung, aber auch der Ermöglichung von Beziehungsarbeit. In diesen Rahmungen kann nun die eigentliche Arbeit stattfinden. Dazu bedarf es wiederum der Verfahren, die die Beziehungsarbeiter in die Lage versetzen sollen, in seinem konkreten Handeln trotz aller Reglementierungen einen unmittelbaren, spontanen und ehrlichen Kontakt aufzunehmen.

Verfahren nenne ich einen in sich konsistenten Handlungsansatz zur Steuerung anspruchsvoller Beziehungsarbeit, wie z. B. Psychoanalyse, themenzentrierte Interaktion, Gruppendynamik, Transaktionsanalyse, Systemik, Gestaltarbeit, personzentrierte Gesprächsführung oder eben auch Psychodrama.

Während also das Format der hochsensiblen Beziehung Sicherheit bietet, soll das Verfahren Bewegung in erstarrte Beziehungen bringen. So stehen Format und Verfahren in einem dialektischen Spannungsverhältnis zueinander. Beziehungsarbeit ist aber auf beide angewiesen:

- Ohne Format kann ein Verfahren nicht in einem gesellschaftlichen Kontext verortet werden.

- Ohne ein Verfahren kann in einem Format nicht konkret gehandelt werden.

Das gilt auch für die Supervision als einem besonderen Format. Welches Verfahren der Supervisor aber verwendet, das hängt zum einen von der Aufgabe ab, die er übernommen hat, und zum anderen von den Kompetenzen seiner Adressaten, beim Einsatz dieser Verfahren mitzuarbeiten. Entscheidend jedoch ist, ob das Verfahren mit dem persönlichen Lebens- und Arbeitsstil des Supervisors, d. h. seinen Überzeugungen, seinen Verhaltensweisen, seinen Vorlieben, seinen Fähigkeiten übereinstimmt. Es kommt nämlich primär darauf an, dass dieses Verfahren ihm Möglichkeiten bietet, für sich und seine Adressaten ein Arbeitsklima zu schaffen, das klare Erkenntnisse und kreative Lösungen aufsteigen lässt. Ob eine Supervisorin also Arrangements und Techniken aus dem Psychodrama, der Psychoanalyse oder der Gruppendynamik verwendet oder alles in einem kreativen Mix, ist so lange kein Problem, wie sie selbst gut damit für die Klienten arbeiten kann.

Allerdings stehen hinter diesen verschiedenen Verfahren oft völlig konträre Philosophien. Wenn hier keine Brücken geschlagen wurden, dann können Adressaten stark verunsichert werden. Sie merken durchaus, dass vieles nicht zueinander passt. Zumeist sind sie aber nicht in der Lage, diese Widersprüche selbst zu integrieren. Supervisorinnen sollten also vor Anwendung einer Kombination von Verfahren prüfen, ob sie diesen Mix den Adressaten überhaupt zumuten können.

25.2.2 Die Aufgabe der Supervision

Welche Aufgabe der Supervision zukommt, ist deskriptiv wie präskriptiv bestimmt (Buer, 2007a; 2009a). Zum einen muss ein Beratungsbedarf bestehen, wie oben skizziert. Zum anderen muss es eine Gruppe in der Gesellschaft geben, die auf diesen Bedarf eine Antwort formuliert. In Kenntnis dieser Antwort kann aus dem Bedarf dann eine konkrete Nachfrage werden. Daraus entsteht dann möglicherweise eine berufliche Tätigkeit, die als Basisaktivität einer Profession angesehen werden kann. Supervision ist deshalb professionalisierbar,

25

- weil sie sich auf eine besondere Dienstleistung – die Beziehungsarbeit – bezieht, die für das Funktionieren unserer Gesellschaft und die Sicherung der Lebensqualität der Bevölkerung von unverzichtbarer Bedeutung ist (Buer 2009a),
- weil sie als spezifisches Format für die angemessene Austarierung der unvermeidbaren Antinomien der Beziehungsarbeit in einzigartiger Weise geeignet ist.

Die »professional community« der Supervisoren hat damit eine wichtige gesellschaftliche Aufgabe übernommen: die Sicherung der Beziehungsarbeit. Um ihre eigene Qualität zu sichern, muss aber auch sie Standards aufstellen und ihre Umsetzung überprüfen, damit ihre Adressaten sich jedem ihrer Mitglieder anvertrauen können.

Damit sichert die Profession aber auch die Autonomie ihres Handelns. Sie hat zwar die Anfragen ihrer Kunden zu berücksichtigen. Sie muss sie aber fachlich, gesellschaftspolitisch und ethisch bewerten. Erst dann kann die Supervisorin dem Kunden ein Angebot machen. Akzeptiert der Kunde dieses Angebot, wird er zum Klienten, der sich dann dem Reglement der Supervision zu unterwerfen hat. Die empirisch vorhandenen Kundenwünsche müssen also mit den normativen Einschätzungen des Professionellen austariert werden. Erst dann ist ein Arbeitsbündnis gegeben.

Generell kann man sagen: Supervision dient der Qualitätsverbesserung professioneller Beziehungsarbeit. Insofern diese Arbeit in einem organisatorischen Kontext stattfindet, muss sie auch eine Verbesserung dieser Kontexte anstreben. Da jegliche professionelle Beziehungsarbeit Formate und Verfahren kombinieren muss, muss die Supervisorin auch über Grundkenntnisse dieser Formate und Verfahren verfügen:

- Wer Psychotherapeuten supervidiert, muss etwas von Psychotherapie in den hier infrage kommenden Varianten und den geeigneten Verfahren verstehen.
- Wer Lehrer supervidiert, muss Kenntnisse im Unterrichtsfach, der angemessenen Methodik und Didaktik und der Schulorganisation haben.

- Wer Personalentwickler supervidiert, muss sich in Trainings, Workshops und Coachings und den angemessenen Verfahren auskennen.

Feldkompetenz der Supervisorin heißt eben nicht nur, die Felddynamik verstehen zu können. Sie muss auch das fachliche Handeln beurteilen können, um Defizite überhaupt sehen zu können. Supervision setzt also bei ihren Adressaten voraus, dass sie selbst über fachliches Können und einschlägiges Wissen in ihrem Format und ihrem Feld verfügen. Daran kann Supervision anknüpfen. Das unterscheidet unter anderem Supervision vom Coaching, das weder unbedingt professionelle Kompetenz voraussetzt noch primär auf Beziehungsarbeit fokussiert ist (Buer, 2009a). Dafür können im Coaching alle Fragen jenseits der Qualitätssicherung der Arbeit aufgegriffen werden: auch Fragen der Ratsuchenden nach Glück und Verantwortung in Arbeit und Leben (Buer & Schmidt-Lellek, 2008).

Supervisorinnen müssen also über das nötige Wissen verfügen, d. h. sie müssen in der Lage sein, stets das relevante wissenschaftliche wie professionelle Wissen zur Verfügung zu haben. Sie müssen damit methodisch in der Supervision umgehen können. Ihr Handeln muss mit dem Grundgesetz und den Menschenrechten übereinstimmen. Das bedeutet aber auch: Supervisoren müssen auch Aufgaben, deren Übernahme sie nicht verantworten können, ablehnen. Das erfordert ein Handeln, das an einem hohen Berufsethos orientiert ist.

25.2.3 Das Psychodrama und der Pragmatismus

Ein Supervisionskonzept muss drei Ebenen umfassen:
- Philosophie,
- Interpretationsfolien und
- Praxeologie.

Nun macht das Psychodrama zweifellos auf allen drei Ebenen wichtige Angebote (Buer, 1999a; Hutter, 2000). Es macht auf philosophischer Ebene Aussagen zur Erkenntnistheorie, Anthropologie, Gesellschaftstheorie und zur Ethik. Es bietet als Interpretationsfolie für die Erzählungen der Supervisandinnen wie für das Geschehen in der Supervision eine Handlungstheorie, die die Konzepte von → Rolle, kulturellem Atom, → Begegnung, → Tele, Netzwerk, Sozialatom mit → Spontaneität, Kreativität und Konserve verbindet. Darüber hinaus bietet sie eine Praxeologie, die den Einsatz vielfältiger → Arrangements und Techniken vor dem Hintergrund einer Theorie kreativen Lernens begründet (Buer, 2000a; 2001e; 2008b).

Die psychodramatische Theorie muss aber anschlussfähig für die Konnektierung mit anderen Erkenntnissen und Theorien, da Supervisorinnen stets auf der Höhe des aktuellen Wissens sein müssen. Der Pragmatismus bietet eine Metaperspektive, in die sowohl das Psychodrama eingeordnet werden kann, die aber auch das Andocken weiterer sozialwissenschaftlichen Wissens ermöglicht. Der Pragmatismus in der Tradition von James, Dewey, George H. Mead oder Rorty ist dazu geeignet,

- weil er die Verbesserung des Handelns in den Mittelpunkt seiner Reflexion stellt,
- weil er eine pluralistische Wahrheitskonzeption vertritt,
- weil er an demokratischen Verhältnissen interessiert ist,
- weil er eine offene, einzig an einer Verbesserung menschlichen Lebens orientierte Ethik vertritt,
- weil er an den zukünftigen positiven Auswirkungen gegenwärtigen Handelns interessiert ist,
- weil er ein prozessorientiertes Konzept zyklischen Erfahrungslernens vertritt.

Moreno hat den Bezug seines Ansatzes zum Pragmatismus selbst hergestellt (vgl. Buer, 1999b, S. 37-72; 2007d; 2008a).

Unter dem Schirm des Pragmatismus lassen sich nun weitere Ansätze versammeln, die mit dem Psychodrama kompatibel sind und die notwendigen Ergänzungen für die Supervision in Organisationen bereithalten (Buer, 2001f):

- der symbolische Interaktionismus mit seinen sozialphänomenologischen Erweiterungen und

seiner Bedeutung für die Professions- und Organisationstheorie,
- die Akteurtheorie der Mikropolitik in Organisationen,
- die Theorie der Organisationskultur.

25.3 Das Konzept pragmatisch-psychodramatischer Supervision

Aus diesen Vorüberlegungen hat sich ein Handlungskonzept für die Supervision ergeben, das wiederum der praktischen Erprobung und der entsprechenden reflexiven Auswertung unterworfen war. Daraus haben sich vielfältige Modifikationen und Erweiterungen der üblichen supervisorischen (Belardi, 2002; Boeckh, 2008; Pühl, 2009a; Rappe-Giesecke, 2002; Schreyögg, 2004), wie auch der üblichen psychodramatischen Praxis ergeben. Hier können nur einige wenige Punkte hervorgehoben werden.

25.3.1 Die fünf Kommunikationsmodi

In der Supervision lassen sich fünf Kommunikationsmodi unterscheiden, die in der psychodramatischen Arbeit in unterschiedlichem Maße genutzt werden (◘ Abb. 25.1). Das Psychodrama versucht alle Erzählungen der Klienten in Handlungen umzusetzen, seien es Inszenierungen oder Aufstellungen. Damit verfährt es nach einem Kommunikationsmodus, den ich **Experiment** nenne. Dabei nutzt es eine präsentative Symbolik, die ästhetische Darstellungen und rituelle Praktiken umfasst. In diesem Modus wird durch eine Erweiterung der Wahrnehmung Selbsterkenntnis ermöglicht. In der Supervision ist dieser Modus angezeigt, wenn das Beratungsgespräch durch auffällige Hemmungen, Beschränkungen, Routinen oder Widerstände gekennzeichnet ist. Hier können relativ schnell kreative Lösungen entstehen. Ferner können in diesem Modus nonverbale Aspekte wahrnehmbar werden, die wichtige Hinweise für Komplikationen wie unbeachtete Ressourcen geben. Auch können die Konkretisierungen helfen, neue Lösungen handhabbar zu machen. Diesen

25

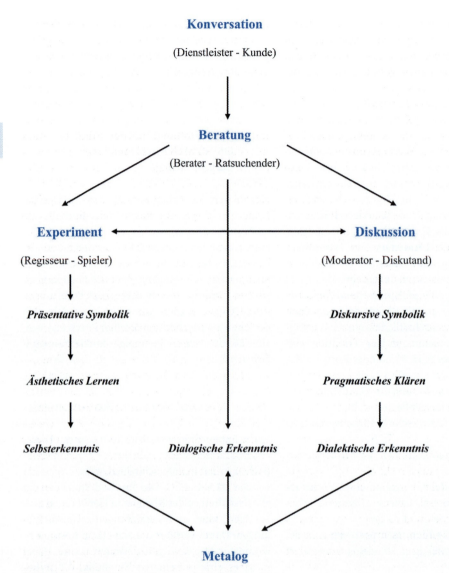

Konversation

(Dienstleister - Kunde)

Beratung

(Berater - Ratsuchender)

Experiment   **Diskussion**

(Regisseur - Spieler)   (Moderator - Diskutand)

Präsentative Symbolik   *Diskursive Symbolik*

Ästhetisches Lernen   *Pragmatisches Klären*

Selbsterkenntnis   *Dialogische Erkenntnis*   *Dialektische Erkenntnis*

Metalog

◼ **Abb. 25.1.** Die fünf Kommunikationsmodi in der Supervision

Modus wird der gelernte Psychodramatiker vornehmlich nutzen wollen. Hier liegt das spezifische Potenzial dieses Konzepts. In der Supervision können in diesem Modus aber auch Methoden aus der Theaterarbeit, der Kunst- und Kreativtherapie, wie der Arbeit mit Visualisierungen und Musik eingesetzt werden.

Nun geht es aber in der Supervision nicht nur um Selbsterkenntnis, sondern auch um die Klärungen fachlicher Fragen im Arbeitszusammenhang. Daher sehe ich als Grundmodus das Bera-

tungsgespräch an. Da hierzu das Psychodrama kein Konzept erstellt hat, bieten sich die kompatiblen Konzepte der Gesprächsführung nach Rogers bzw. der Dialogik nach Buber an.

Müssen Sachfragen geklärt werden, muss die diskursive Symbolik einer wissenschaftlich-fachlichen **Diskussion** bemüht werden. Hier bietet der Pragmatismus eine Orientierung. Der Supervisor wird in diesem Fall aber nicht zum Experten, der eine Expertise zu erarbeiten und vorzustellen hat. Er hat vielmehr die Aufgabe, eine pragmatische

Klärung zu moderieren, nach der die vorgetragenen Positionen auf ihre verantwortbaren Folgen hin untersucht werden, um so zu einer vorläufigen Entscheidung zu kommen. Hier können auch die Diskursregeln nach Apel u. Habermas als Orientierung zur Hilfe genommen werden.

Die Kunst des Vorgehens besteht darin, zwischen diesen drei Modi zu wechseln, je nach Prozessverlauf. So kann der Wechsel von der **Beratung** zum **Experiment** zu mehr Anschaulichkeit und kreativer Aktivierung führen. Entsteht ein fachlicher Streit in einem Team müssen nach den pragmatischen Diskursregeln verschiedene Positionen einer Folgenabschätzung unterworfen werden. Dann kann von der **Diskussion** zum **Experiment** gewechselt werden, um in einer Realitätsprobe die Lösung einem Praxistest zu unterziehen.

Nach mehreren Durchläufen eines Themas in verschiedenen Kommunikationsmodi kann dann der Supervisor versuchen, die Erkenntnisse auf einer neuen Stufe zusammenfassen. Diesen Modus nenne ich **Metalog**.

Bevor jedoch der eigentliche Supervisionsprozess beginnt, haben Supervisorin und Kundin in einem Vorgespräch Nachfrage und Angebot abzustimmen und in einem → Kontrakt ein passendes Setting auszuhandeln. Da die Kundin erst nach Abschluss des Kontrakts zur Supervisandin geworden ist, können hier noch nicht die Regeln der Supervision gelten und die erwähnten vier Kommunikationsmodi eingesetzt werden. Hier sind Informationen zu erheben und zu geben, hier müssen Ängste reduziert werden, es muss Vertrauen gewonnen und letztlich von beiden Seiten getestet werden, ob ein Arbeitsbündnis möglich ist. Dieses Gespräch verlangt nach einem eigenen Kommunikationsmodus, den ich **Konversation** nenne.

Hier zeigt sich, dass Psychodramatiker sicher viel Neigung und Erfahrung für den Modus des Experiments mit bringen. Wissen und Können für den Einsatz der anderen vier Modi und ihre Kombination müssen sie zumeist erst noch erwerben.

25.3.2 Die Prozessphasen

Supervision versteht sich als Begleitung von professionellen Tätigkeiten, die prozesshaft über einen längeren Zeitraum hin verbessert werden sollen. Obwohl dieser Prozess von der Ausgangslage und dem Auftrag wie auch von der Anzahl und dem Beziehungsgeflecht der Supervisanden abhängt und zudem stark von äußeren Ereignissen beeinflusst ist, kann oft ein gewisser Phasenverlauf festgestellt werden: Anfängliche Skepsis oder übertriebene Hoffnung müssen Stück für Stück mit dem tatsächlich Machbaren konfrontiert werden. Je mehr es gelingt, positiv bewertete Veränderungen in der Praxis zu realisieren, desto mehr richtet sich die Arbeit darauf, diese Erfolge auf Dauer zu sichern. Allgemeine Ziele, die zu Beginn aufgestellt wurden, werden im Prozess konkretisiert, modifiziert, aufgegeben oder durch neue ersetzt. Damit daraus nicht eine unendliche Supervision wird, die Abhängigkeit in Kauf nimmt, müssen immer wieder Zwischenauswertungen durchgeführt werden, die einen sinnvollen Abschluss des Prozesses ermöglichen.

Wie der Prozess in einem einzelnen Supervisionstreffen verläuft, hängt neben den oben genannten Faktoren sicher auch davon ab, an welcher Stelle des Gesamtprozesses dieses Treffen stattfindet. Trotzdem kann sich die Supervisorin an einem Ablaufschema orientieren, das aber stets kreativ angepasst werden muss (Buer, 2001a, 2001e). Dieses Schema unterscheidet sich vom üblichen Verlauf einer Psychodrama-Sitzung erheblich:

1. Nach einer Befindlichkeitsrunde berichten zunächst die Supervisanden, die beim letzten Treffen konkrete Veränderungen für ihre Praxis erarbeitet haben. Ist diese Umsetzung noch nicht zufriedenstellend, kann das als neues Thema eingebracht werden. Dann werden weitere Themen gesammelt. Es werden die Themen ausgewählt, für die die Teilnehmer erwärmt sind und die einer dringlichen Bearbeitung bedürfen.

2. In einem dialogischen **Beratungsprozess** zwischen Supervisor und Supervisand wird zunächst der Fall geschildert und erörtert.

3. Je nachdem kann hier in den Modus des **Experiments** gewechselt werden, sodass eine ästhetische Darstellung erfolgt. Hier sind vor allem kleine Arrangements aus dem Psychodrama einzusetzen, da wenig Zeit zur Verfügung steht und es nicht um eine tiefe Katharsis geht, son-

25

dern um eine überraschend neue Sicht der Dinge. Dabei werden Gruppenteilnehmer als Mitspieler eingesetzt.

4. Falls vorhanden, kann sich danach der beobachtende Teil der Gruppe einbringen. Er kann zunächst seine Assoziationen und Fantasien, dann auch → Identifikationsfeedback, detaillierte Wahrnehmungen, zum Schluss auch Interpretationsangebote mitteilen. Die Mitspieler bringen ihr → Rollenfeedback ein.

5. Wenn sich in einer Gruppe kontroverse Fachdiskussionen ergeben, wird in den Modus der **Diskussion** gewechselt. Verschiedene Sichtweisen werden auf ihre Folgen für die Praxis hin geprüft.

6. Der Supervisand wertet nun wieder im Modus der **Beratung** gemeinsam mit dem Supervisor seine neuen Erfahrungen aus und prüft die alternativen Sichtweisen der Gruppenmitglieder, bis er sich für eine bestimmte Sichtweise entschieden hat.

7. Gelingt ihm das noch nicht, kann wieder die Gruppe eingeschaltet werden, die dann weitere Sichtweisen und Lösungsmöglichkeiten vorschlagen kann. An dieser Stelle kann der Supervisand verschiedene Alternativen in einer Realitätsprobe austesten.

8. Danach muss er sich für eine Lösung entscheiden, deren Umsetzung er sich konkret vornimmt, sodass die Realisierung überprüft werden kann. Im Beratungsgespräch muss diese neue Sicht in seine bisherige Weltanschauung integriert werden.

9. Am Ende kann auf der Ebene des **Metalogs** eine neue »Ein-Sicht« festgehalten werden. Die anderen Gruppenteilnehmerinnen können dann → Sharing geben und darüber hinaus mitteilen, was sie in diesem Prozess für ihre Praxis gelernt haben.

10. Hier kann sich eine kurze Einschätzung des Treffens anschließen.

In einem längeren Treffen können auch zwei oder mehre Themen behandelt werden. In einem längeren Supervisionsprozess kann auch die Beziehungsdynamik zwischen den Teilnehmern sowie zum Supervisor Thema werden, sofern sie den Supervisionsprozess bzw. die Umsetzung des Erarbeiteten in die Praxis behindert. In der Supervision ist Beziehungsklärung aber immer nur Mittel zum Zweck, nämlich eine bessere Praxis zu ermöglichen.

25.3.3 Die vier Interpretations- und Arbeitsebenen

Im Gegensatz zum Format Psychotherapie, bei dem es um die Förderung des Gesundungsprozesses des Klienten geht – vor allem in seiner psychischen Dimension –, zielt die Supervision darauf ab, den Supervisanden zu unterstützen, seine Aufgabe klar zu bestimmen und alles fachlich Notwendige zu tun, diese Aufgabe im Interesse des Auftraggebers, des Adressaten wie der betroffenen und beteiligten Gruppen zu erfüllen. Der Supervisand muss diese Tätigkeit verantworten können. Sie sollte zudem seinem eigenen Interesse an einer glückenden und somit glücklich machenden Arbeit entsprechen (Buer, 2009b). Daher kann in der Supervision nicht nur die Innenwelt des Klienten und seine Lebenswelt betrachtet werden. Ich unterscheide vier Ebenen, die bei der Analyse eines Themas und ihrer Bearbeitung mehr oder weniger beachtet werden müssen (Abb. 25.2):

- Im Zentrum der Supervision steht die **Systemik**. Damit bezeichne ich in der Tradition des symbolischen Interaktionismus und der Sozialphänomenologie die Ebene der Arbeitswelten, die sich aus den Lebenswelten der Klienten, der Kunden, und der Adressaten der jeweiligen Beziehungsarbeit sowie der Welt der jeweiligen Arbeitsorganisation zusammensetzt. Diese Arbeitswelten werden durch einen symbolischen Interaktionsprozess von Menschen erzeugt und nur von diesen aufrechterhalten und weiterentwickelt. Das Psychodrama verfügt mit den Konzepten der sozialen Inszenierung wie des sozialen Netzwerks über eine eigenständige systemische Betrachtungsweise der tatsächlichen Handlungsverläufe und mit der soziometrischen Aktionsforschung über eine eigenständige Methodologie der systemischen Veränderung.

- Die psychodramatische Supervision geht also von einer Akteurperspektive aus, die inner-

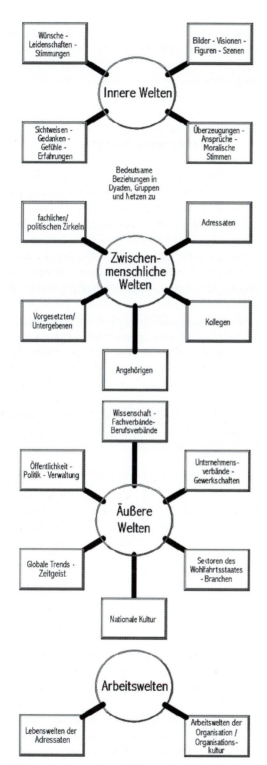

Wünsche -
Leidenschaften -
Stimmungen

Bilder - Visionen -
Figuren - Szenen

Innere Welten

Sichtweisen -
Gedanken -
Gefühle -
Erfahrungen

Überzeugungen -
Ansprüche -
Moralische
Stimmen

Bedeutsame
Beziehungen in
Dyaden, Gruppen
und Netzen zu

fachlichen/
politischen Zirkeln

Adressaten

**Zwischen-
menschliche
Welten**

Vorgesetzten/
Untergebenen

Kollegen

Angehörigen

Wissenschaft -
Fachverbände-
Berufsverbände

Öffentlichkeit -
Politik - Verwaltung

Unternehmens-
verbände -
Gewerkschaften

**Äußere
Welten**

Globale Trends -
Zeitgeist

Sectoren des
Wohlfahrtsstaates
- Branchen

Nationale Kultur

Arbeitswelten

Lebenswelten der
Adressaten

Arbeitswelten der
Organisation /
Organisations-
kultur

◻ **Abb. 25.2.** Die vier Interpretations- und Arbeitsebenen der Supervision

halb von festen Strukturen Spielräume auslotet. Diese institutionalisierten Strukturen werden als Ergebnis von kollektiven Handlungsprozessen betrachtet, die wiederum zirkulär durch diese Strukturen gestützt werden. Dann wird deutlich, dass die Ebene der **Dialogik** für die supervisorische Arbeit genau so bedeutsam ist, da hier die Vermittlung zwischen Person und Struktur gestaltet wird. Die Betrachtung der Geschehnisse auf dieser Ebene konzentriert sich auf die Interaktionen, die als Konkurrenz oder Kooperation zwischen überschaubaren Akteuren Rollenhandeln ermöglichen.

— In die Dialogik gehen die subjektiven Perspektiven ein, die die einzelnen Akteure in die jeweiligen Handlungszusammenhänge einbringen. Diese Ebene der inneren Welten nenne ich **Psychik**. Mit den protagonistenzentrierten Arrangements und Techniken bietet das Psychodrama hervorragende Möglichkeiten, die bewussten und unbewussten Wünsche, Ansprüche, Gefühle, Erfahrungen, Bedenken, aber auch Sichtweisen, Vorurteile, Denkmuster und Visionen zu erkunden.

— Diese drei Ebenen sind nun von einer Ebene umschlossen, die ich den **Kontext** nenne. Während mit den inneren Welten ein Ich-Gefühl verbunden ist und die interpersonalen Welten ein Wir-Gefühl ermöglichen, nehmen wir hinter diesen Mit-Welten immer auch Um-Welten an, für uns fremde Welten, zu denen wir uns nicht zugehörig fühlen. Da sie uns aber zweifellos beeinflussen, müssen wir uns mit ihnen befassen. Gerade in der Supervision sind so manche Prozesse nur von hier her verständlich. Ihre Einbeziehung kann ent- wie belasten.

25.3.4 Die pragmatisch-psychodramatische Haltung

Nun nützt das ganze Wissen und Können nichts, wenn in der konkreten Situation nicht intuitiv erfasst wird, welches Wissen und welches Können angemessen sein könnte. Um offen für solche Inspirationen zu sein, ist eine bestimmte Haltung notwendig. Hier können wir von Moreno lernen (Buer, 2000a). Ihm ging es darum, dass jeder Mensch »Meister seines Lebens« wird. Das heißt konkret: Er soll auf seine Wünsche, Ideale, Ansprüche, Ängste, also auf seine innere Stimme, seinen »Daimon« hören lernen, aber ebenso auf die Wünsche und Anforderungen seiner Mitwelt und Umwelt. In der konkreten Auseinandersetzung mit diesen Stimmen in jeweils konkreten Situationen soll er seine einmalige Antwort geben und verantworten (Buer, 2000b). In der alltäglichen Berufspraxis reicht es normalerweise aus, wenn die üblichen und bewährten Antworten gegeben werden. In unübersichtlichen, konflikthaften oder belastenden Situationen fällt die Antwort aber schwerer. Hier sollte man sich in eine Spontaneitätslage bringen, um neuartige und damit angemessenere Antworten zu finden. So gelten gerade auch für Supervisandinnen die drei Grundmaximen des Psychodramas:

❗ — **Sei spontan! Folge in einem geschützten Rahmen deinen Impulsen und spüre wohin sie dich führen!**
— **Sei bereit zum Rollentausch! Lass die Befindlichkeit deiner Klienten, Kunden, Mitarbeiter, Vorgesetzten, Verhandlungspartner in dieser Situation so nah an dich heran, als sei sie deine eigene!**
— **Triff deine Wahl! Gestalte deine Arbeitswelten durch Auswahl deiner Beziehungen.**

Die psychodramatische Supervisorin muss immer wieder Arrangements anbieten, in denen die Supervisandin nach diesen Maximen probehandeln kann. Dazu bedarf es der richtigen, d. h. richtungsweisenden Haltung. Sie ist durch drei Orientierungen gekennzeichnet:
— Das Setzen auf die Kraft der Phantasie, der Imagination, der Einbildungskraft lässt kreative Lösungen aufsteigen (Emergenz).
— Durch die Reinszenierungen der eingebrachten Geschichten in konkreten Aktionen werden die Fälle in einen umfassenden Handlungszusammenhang gestellt, die Akteure aktiviert und handlungsrelevante Fortschritte erarbeitet.
— Durch die Kooperation in den Modi der Beratung, Diskussion und Experiment werden synergetische Kräfte aller Beteiligten aktiviert und genutzt.

Diese Orientierungen werden durch die pragmatische Einstellung noch verstärkt und ergänzt. Vor allem die Offenheit allen Vorstellungen gegenüber, die Antizipation zukünftiger Folgen für die Praxis, wenn man diesen Vorstellungen folgt, die bescheidene Fokussierung nicht auf endgültige Lösungen, sondern auf schlichte Verbesserungen gegenüber dem Ausgangspunkt und die Bereitschaft zur Verantwortungsübernahme für Worte und Taten, all das führt zu einer Haltung, die im Grunde durch die Spannung von Gelassenheit und Entschiedenheit gekennzeichnet werden kann. Diese Haltung des Supervisors kann dann stilbildend wirken und vergleichbare Haltungen der Supervisanden hervorrufen.

Eine solche supervisorische Kultur ist durch die Ausrichtung an folgenden Arbeitsregeln charakterisiert, wie sie für eine psychodramatische Bildungsarbeit typisch sind (Buer, 2000a):

❗ — **Zeigen und Mitansehen, was der Fall ist.**
— **Bereit sein, leidvolle und freudige Erfahrungen zu machen.**
— **Die Angelegenheiten von allen Seiten betrachten.**
— **Eindrucksvolle Bilder gestalten.**
— **Auf Ansprüche der Szene hören, der inneren Stimme folgen.**
— **Den Geschehnissen Bedeutung geben und für die künftige Praxis Konsequenzen ziehen.**
— **Tun, was im Hier und Jetzt tatsächlich möglich ist.**
— **Die Führung übernehmen und die Initiative ergreifen.**

25.4 Die Praxis

25.4.1 Bedarf, Zielgruppen, Aufträge und Fokussierungen

Wenn Supervisorinnen sich als Angehörige einer Profession verstehen, dann können sie nicht jeden Bedarf aufgreifen und jeden Auftrag annehmen. Sie haben sich zu konzentrieren auf die Qualitätsverbesserung professioneller Beziehungsarbeit. Adressaten sind also (Buer, 2009a):

- Professionelle, die mit Menschen in schwierigen Lebenslagen umgehen müssen (z. B. bei schweren Krankheiten, bei Traumatisierungen, bei schweren Rechtsverletzungen, in existenziellen Krisen);
- Fachkräfte, die sich mit benachteiligten und verarmten Bevölkerungsteilen beschäftigen;
- Leitungskräfte in sozialen Einrichtungen, die neben fachlicher Qualitätsentwicklung auch Managementleistungen zu erbringen haben;
- Arbeitsgruppen und -teams, die mit professionellen Dienstleistungen befasst sind;
- Professionelle Beziehungsarbeiter, die ihre Professionalität sichern und ihr Können überprüfen wollen.

An neuen Zielgruppen kommen gegenwärtig und zukünftig hinzu:

- professionelle Führungskräfte, die beim Umgang mit den Führungsdilemmata (Buer, 2002), der Stressbearbeitung, der Entscheidungsvorbereitung, der Karriereplanung sowie bei der Umstellung von extrem hohen zu extrem niedrigen Anforderungen Begleitung nachfragen;
- Fach- und Führungskräfte, die bei ethisch schwierigen, folgenreichen Entscheidungen Beratung benötigen (Buer, 2000b; Buer u. Schmidt-Lellek, 2008);
- Fachkräfte bei der Umstellung auf die Existenz als frei flottierender Arbeitskraftunternehmer;
- ehrenamtliche Helfer, um eine ausreichende fachliche Qualität ihrer Arbeit zu sichern;
- freigesetzte Fach- und Führungskräfte, um diese schwierige Situation zu bewältigen und auf einen Wiedereinstieg in die Arbeitswelt vorzubereiten und
- Teilnehmer an Maßnahmen der Personal- und Organisationsentwicklung, bei denen Supervision als begleitende Ergänzung angeboten wird.

Hier muss die Supervisorin autonom entscheiden, inwieweit diese Nachfrage in einen fachlich, gesellschaftspolitisch und ethisch verantwortbaren Auftrag verwandelt werden kann.

In der Supervision mit diesen Zielgruppen kann die Arbeit verschiedene Fokusse haben (Buer, 1999b):

- Fallarbeit,
- Psychohygiene,
- berufliche Rolle und Identität (Buer, 2000b; 2001g),
- Konzeptentwicklung,
- Teamentwicklung (Buer, 2003a),
- Projektarbeit,
- Arbeit am Leitbild,
- Konfliktmanagement,
- Leitungsrolle (Buer 2001c, 2001d; 2002),
- Organisationsentwicklung in einem überschaubaren Rahmen (Buer, 2001d; 2003a).

25.4.2 Formen und Settings

Aus den verschiedensten Settings, in denen Supervision seit ihren Anfängen stattgefunden hat, haben sich unterschiedliche standardisierte Formen herausgebildet. Heute lassen sich folgende drei Bereiche unterscheiden.

Organisationsunabhängige Supervision

Organisationsunabhängige Supervision findet im Auftrag von Einzelnen und Gruppen außerhalb einer Arbeitsorganisation statt und dient der Reflexion beruflichen Handelns. In der **Einzelsupervision** kann die Supervisandin in der Dyade ihre berufliche Rolle reflektieren, den Umgang mit Klienten bzw. Kunden verbessern, eine berufliche Krise meistern, Stress und Überforderung verarbeiten, berufliche Entscheidungen vorbereiten, die Balance zwischen privater und beruflicher Sphäre neu austarieren oder sich bei einer neu übernommenen Position unterstützen lassen (Buer, 2001b, 2001c; 2001g). In der **Gruppensupervision** treffen sich Fach- bzw. Führungskräfte, die in keinem festen Arbeitszusammenhang stehen. Hier können ähnliche Themen wie in der Einzelsupervision verabredet werden. Die Gruppenarbeit hat den Vorteil, dass die Gruppenbeziehungen einerseits mehr Möglichkeiten bieten, erstarrte Beziehungen aus dem Berufsalltag in die Gruppenrealität zu transferieren (Spiegelphänomene), ebenso umgekehrt den Transfer kreativer, kooperativer Beziehungen von der Supervisionsgruppe in die verschiedenen Berufswelten der Gruppenmitglieder. Diese Art der Gruppierung ist der einer Psychodrama-Selbsterfahrungsgruppe ähnlich.

Organisationssupervision

Organisationssupervision (Scala u. Grossmann, 1997; Pühl, 2009b) findet im Auftrag der Organisationsleitung unter Zustimmung der Supervisanden innerhalb der Arbeitszeit und meist auch innerhalb der Räumlichkeiten der Organisation statt. Hier ist ein Dreieckskontrakt zwischen Supervisorin, Supervisanden und Auftraggeber abzuschließen. Sie kann sich auf Einzelne (Führungskräfte oder Fachkräfte in schwieriger Lage), auf Teams oder bestimmte Subgruppen der Organisation beziehen (eine Berufsgruppe, eine Abteilung, die Führungsebene, eine Projektgruppe).

Intervision

Von Intervision oder Kollegialer Beratung wird gesprochen, wenn sich die Gruppenmitglieder gegenseitig supervidieren. Sie dient meist der Fallarbeit und läuft nach bestimmten Regeln, in bestimmten Phasen und mit bestimmten Rollen ab.

Supervisorinnen haben in den Vorgesprächen zu klären, welches Setting sie zur Erreichung der Ziele und bei den gegebenen Möglichkeiten für sinnvoll halten.

25.5 Supervisionsrelevante psychodramatische Methodik

Die Supervisorin kann in ihrer Arbeit an das Konzept der Aktionsforschung anknüpfen, wie es von Moreno in den 1930er-Jahren (Buer, 2001h) und von Lewin in den 1940er-Jahren in den USA als Alternative zur damals vorherrschenden objektivistischen Sozialforschung begründet wurde, und wie es heute in den Konzepten des Organisationslernens wieder aufgegriffen wird. Im Gegensatz zur objektivistischen Sozialforschung ist die Aktionsforschung

- holistisch: Sie versucht den Gesamtzusammenhang einzufangen und nicht ein Detail herauszulösen;

- naturalistisch: Sie untersucht »natürliche« Lebenszusammenhänge und nicht »künstliche« Verhältnisse in Laborsituationen;
- situationistisch: Sie konzentriert sich auf konkrete Situationen mit bestimmten Menschen in bestimmten institutionellen Konstellationen und ist weniger an abstrakten, allgemein gültigen Gesetzen (nomothetischem Wissen) interessiert;
- melioristisch: Sie möchte die Handlungszusammenhänge, die sie erforscht, auch verbessern helfen.

Diese Orientierung ist in allen Formen der Supervision grundlegend. Besonders wichtig wird sie, wenn Supervisoren sich in Organisationszusammenhänge begeben und hier Veränderungsprozesse begleiten sollen (Buer, 2001a; 2001d; 2001f; 2003a). In den zeitlich begrenzten Treffen von einer bis zu drei Stunden können psychodramatische Methoden eh nur an bestimmten Stellen im Modus des Experiments eingesetzt werden (Buer, 2001b, 2001e; 2008b). Große Rahmentechniken oder Arrangements, wie ich sie nenne, (z. B. psychodramatische Inszenierung, → Rollenspiel, → Stegreifspiel, → Soziodrama, → Zauberladen), werden daher nur selten zum Einsatz kommen. Stattdessen muss sich der Supervisor auf kleine Arrangements wie → Vignette, → leerer Stuhl, Standbild / Skulptur (→ Abschn. 3.7), → soziales Atom, Spektrogramm und soziometrische Landkarte (→ Aktionssoziometrie) konzentrieren. Dabei sind die üblichen Handlungstechniken einsetzbar. Hier geht es aber nicht darum, tiefe kathartische Prozesse, sondern neue, unerwartete Einsichten zu ermöglichen. Es wird also viel schneller von einer ästhetischen Darstellung in den Modus der Beratung und der Diskussion gewechselt. Trotzdem kommt dem Einsatz psychodramatischer Methodik eine große Bedeutung zu, weil oft erst in diesen Arbeitsphasen kreative Einsichten und Lösungsmöglichkeiten aufsteigen, die erfahrungsgemäß in langwierigen verbalen Reflexionsprozessen nicht erarbeitet werden.

Anknüpfungspunkt für die Supervision ist also weniger das protagonistenzentrierte Psychodrama, sondern eher die soziometrische Aktionsforschung (Buer, 1999b, S. 132 f.; Krall, 2008). Dann ist ersichtlich, dass die → Aktionssoziometrie eine hervorragende Basis auch für Aufstellungsarbeit in Organisationen bietet (Buer, 2003b; 2005; 2007e). Dabei kann die Aufstellung aus der Sicht einer Person, wie aus der interpersonalen Sicht einer Gruppierung in der Organisation erfolgen. Mit der Entscheidung, wer in den Aufstellungsraum kommt, wird eine Grenze innerhalb eines größeren Systems gezogen, die für veränderbar gehalten wird. Die Aufstellung nach Nähe und Distanz sowie Ausrichtung kann durch Elemente der Haltungsgestaltung und der spontanen Äußerung von Schlüsselsätzen ergänzt werden. Durch die Einnahme der verschiedenen Positionen, wie die Beobachtung des Systems von außen, kann das Einfühlen in verschiedene Beteiligte und Betroffene mit einer distanzierten Übersicht verbunden werden. Im Beratungsgespräch mit dem Supervisor wird dann auf bestimmte Auffälligkeiten fokussiert. Plötzlich werden die informellen unterschwelligen → Teleströmungen wahrgenommen und Koalitionen wie Grenzziehungen deutlich erkannt. Es können dann Wunschveränderungen ausprobiert und wieder von innen wie von außen auf ihre Stimmigkeit und Umsetzbarkeit hin getestet werden. Dann kann zum Schluss eine Konstellation in Eigenverantwortung gestaltet werden, die das Machbare mit dem Wünschbaren verbindet.

Diese Aufstellungen können sich auch auf abstrakte Aspekte einer Organisation beziehen, die dann von Personen verkörpert werden. In der Einzelsupervision können die Positionen durch Symbole besetzt werden.

Damit bietet die Aufstellungsarbeit nach Moreno eine Alternative zu den heute gängigen Ansätzen: Im Gegensatz dazu basiert sie auf wissenschaftlichen Grundlagen, verfügt über eine lange Tradition, kann durch den Einsatz vielfältiger psychodramatischer Methodik noch wirksamer gemacht werden und setzt auf die kreativen Potenziale aller am Prozess Beteiligten zur Selbstbestimmung in Freiheit und Verantwortung, statt auf Einfügung in vorgesetzte Ordnungen.

Zusammenfassung

Das Format Supervision befasst sich mit den Dilemmata professioneller Beziehungsarbeit im Rahmen der gegenwärtigen Flexibilisierung professioneller Dienstleistungen und der Dynamisierung der Arbeitsorganisationen. Die Aufgabe der Supervision besteht darin, die Qualität dieser Tätigkeiten zu sichern und zu verbessern, sodass die Lebensqualität der Bevölkerung gewährleistet ist. Dabei hat sie fachliche, gesellschaftspolitische und ethische Normen zu beachten. Das Verfahren Psychodrama bietet dazu wichtige theoretische Orientierungen und praktische Handlungskonzepte an. Um anschlussfähig zu neueren Entwicklungen in Sozialwissenschaft und Supervision zu bleiben, wird der Pragmatismus als Metaperspektive herangezogen. Aus der Kombination von Supervision und Psychodrama ergibt sich dann ein Handlungskonzept, das sich vor allem durch die Nutzung verschiedener Kommunikationsmodi auszeichnet. Entscheidend für die supervisorische Arbeit ist jedoch die pragmatisch-psychodramatische Haltung, die die nötige Offenheit für das Richtige ermöglicht. Für die Auswahl der angemessenen Arrangements und Techniken aus dem reichhaltigen Methodenrepertoire des Psychodramas bietet das Konzept der Aktionsforschung nach Moreno die entscheidende Orientierung bei der Arbeit im Format Supervision.

Weiterführende Literatur

Buer, F. (Hrsg.) (2004). *Praxis der Psychodramatischen Supervision. Ein Handbuch* (2. Aufl.). Wiesbaden: VS (356 Seiten). *Dieses Handbuch bietet vielfältige anschauliche Darstellungen und fallbezogene Reflexionen konkreter supervisorischer Praxis. Es enthält unter anderem Aufsätze zu speziellen Formen (Kurzzeitsupervision, Gruppensupervision, Team- und Organisationsentwicklung), speziellen Methoden (aus dem Bereich des Psychodramas und verwandter Verfahren) und speziellen Feldern (Beratung von Pflege- und Adoptiveltern, Migrationsarbeit, Facharztausbildung, Promotion, Unternehmenswandel), der Supervision.*

25

Pühl, H. (Hrsg.) (2009). *Handbuch der Supervision 3. Modelle, Praxis, Perspektiven*. Berlin: Leutner.
In diesem Handbuch sind die wichtigsten Aspekte des Formats Supervision durch anerkannte Fachautorinnen und -autoren vertieft dargestellt. Es stellt ein wichtiges Grundlagen- und Nachschlagewerk dar.

Schreyögg, A. (2004). *Supervision. Ein integratives Modell. Lehrbuch zu Theorie und Praxis* (4. Aufl.). Wiesbaden: VS.
Dieses Buch bietet eines der wenigen ausgearbeiteten Konzepte der Supervision. Es konzentriert sich auf organisatorische und interaktive Phänomene, mit denen es die Supervision zu tun hat. Neben der Gestalttherapie wird vor allem das Psychodrama als Verfahren einbezogen. In der Anwendung stehen Gruppen- und Teamsupervision im Fokus.

Literatur

Belardi, N. (2002). *Supervision. Grundlagen, Techniken, Perspektiven*. München: Beck.

Berker, P. & Buer, F. (Hrsg.) (1998). *Praxisnahe Supervisionsforschung*. Münster: Votum.

Boeckh, A. (2008). *Methodenintegrative Supervision. Ein Leitfaden für Ausbildung und Praxis*. Stuttgart: Klett-Cotta.

Buer, F. (Hrsg.) (1999a). *Morenos therapeutische Philosophie. Zu den Grundideen von Psychodrama und Soziometrie* (3. Aufl.). Opladen: Leske & Budrich.

Buer, F. (1999b). *Lehrbuch der Supervision. Der pragmatisch-psychodramatische Weg zur Qualitätsverbesserung professionellen Handelns*. Münster: Votum.

Buer, F. (2000a). Psychodramatische Supervision in der Bildungsarbeit. In T. Wittinger (Hrsg.), *Psychodrama in der Bildungsarbeit* (106–128). Mainz: Grünewald.

Buer, F. (2000b). Supervision als Ort moralphilosophischer Besinnung. Oder: Was auch in der Arbeitswelt entscheidend ist. *Supervision 2000 (4)*, 4–20.

Buer, F. (Hrsg.) (2001a„ 2004).*Praxis der Psychodramatischen Supervision. Ein Handbuch*. Opladen:Leske & Budrich (1. Aufl.), Wiesbaden: VS (2. Aufl.).

Buer, F. (2001b, 2004).Einführung in die Psychodramatische Supervision. In F. Buer (Hrsg.*),Praxis der Psychodramatischen Supervision. Ein Handbuch* (9-27). Opladen: Leske & Budrich.

Buer, F. (2001c, 2004). Psychodramatische Kurzzeitsupervision in der dyadischen Form. In F.Buer (Hrsg.), *Praxis der Psychodramatischen Supervision. Ein Handbuch* (51–65). Opladen: Leske & Budrich.

Buer, F. (2001d, 2004).Team- und Organisationsentwicklung im Rahmen der Organisationssupervision. In F. Buer (Hrsg.), *Praxis der Psychodramatischen Supervision. Ein Handbuch* (75–100). Opladen: Leske & Budrich.

Buer, F. (2001e, 2004). Methoden in der Supervision – psychodramatisch angereichert. In F. Buer (Hrsg.), *Praxis der Psychodramatischen Supervision. Ein Handbuch* (103–126). Opladen: Leske & Budrich.

Buer, F. (2001f, 2004).Typische Handlungsmuster in Arbeitsorganisationen. Eine soziologisch-soziodramatische Interpretationsfolie für die Supervision. In F. Buer (Hrsg.), *Praxis der Psychodramatischen Supervision. Ein Handbuch* (165–190). Opladen: Leske & Budrich.

Buer, F. (2001g, 2004). Supervision mit PromovendInnen. In F. Buer (Hrsg.*),Praxis der Psychodramatischen Supervision. Ein Handbuch* (245–259). Opladen: Leske & Budrich.

Buer, F. (2001h). Moreno. Die Grundlagen der Soziometrie. In S. Papcke & G. W. Oesterdieckhoff (Hrsg.), *Schlüsselwerke der Soziologie* (352–355). Wiesbaden: Westdeutscher.

Buer, F. (2002). Führen – eine professionelle Dienstleistung. Oder: Wozu Führungskräfte Supervision benötigen. *Supervision*, 43–54.

Buer, F. (2003a). Team-Entwicklung in der Supervision. Zwischen Fallarbeit und Organisationsentwicklung. *OSC, 10 (2)*, 121–135.

Buer, F. (2003b). Aufstellungsarbeit in Organisationen – der klassische Ansatz nach Moreno. *Supervision ,2 ,*42–54.

Buer, F. (2004). Über die professionelle Kompetenz, Professionalität kompetent darzustellen. Und welche Rolle die Supervision heute dabei spielt. In F. Buer & G. Siller (Hrsg.), *Die flexible Supervision* (161–201). Wiesbaden: VS.

Buer, F. (2005). Aufstellungsarbeit nach Moreno in Formaten der Personalarbeit in Organisationen. *Zeitschrift für Psychodrama und Soziometrie, 2*, 285–310.

Buer, F. (2007a). Beratung, Supervision, Coaching und das Psychodrama. *Zeitschrift für Psychodrama und Soziometrie, 2*, 151–170.

Buer, F. (2007b). Zehn Jahre Format und Verfahren in der Beziehungsarbeit. Zur Rezeption einer bedeutsamen Unterscheidung. *OSC, 14 (3)*, 283–300.

Buer, F. (2007c). Coaching, Supervision und die vielen anderen Formate. In A. Schreyögg & Ch. Schmidt-Lellek (Hrsg.), *Konzepte des Coaching* (117–136). Wiesbaden: VS.

Buer, F. (2007d). Unsicherheiten im Beratungsdiskurs. Wozu Berater und Beraterinnen Philosophie brauchen – Pragmatismus zum Beispiel. In A. Schreyögg & C. Schmidt-Lellek (Hrsg.), *Konzepte des Coaching* (117–136). Wiesbaden: VS.

Buer, F. (2007e). Dilemmaaufstellungen in der Gruppensupervision mit Gewerkschaftssekretär(inn)en. In F. v. Ameln & J. Kramer (Hrsg.), *Organisationen in Bewegung bringen* (257–260). Heidelberg: Springer.

Buer, F. (2008a). Erfahrung – Wissenschaft – Philosophie. Drei Wissenssorten zur Konzipierung von Supervision und Coaching. In H. Krall, E. Mikula & W. Jansche (Hrsg.), *Supervision und Coaching. Praxisforschung und Beratung im Sozial- und Bildungsbereich* (223–238). Wiesbaden: VS.

Buer, F. (2008b). Imaginatives Rolleninterview durch einen Vertrauten. In H. Neumann-Wirsig (Hrsg.), *Supervisions-Tools*. Bonn: ManagerSeminare.

Buer, F. (2008c). Funktionslogiken und Handlungsmuster des Organisierens und ihre ethischen Implikationen. Eine dramatologische Perspektive. *OSC 15 (3)*. 240–259.

Buer, F. (2009a). Die Supervision und ihre Nachbarformate. Was soll, was kann und was sollte das Besondere an der Supervision sein? In H. Pühl (Hrsg.), *Handbuch der Supervision 3*. Berlin: Leutner.

Buer, F. (2009b). Verantwortetes Glücksstreben ergibt Sinn – auch in der Arbeit. Oder: Warum es in der Beratung von *professionals* im Grunde geht. In H. Pühl (Hrsg.), *Supervision und Organisationsentwicklung* (3. Aufl.). Wiesbaden: VS.

Buer, F. & Schmidt-Lellek, Ch. (Hrsg.) (2008). *Life-Coaching. Über Sinn, Glück und Verantwortung in der Arbeit*. Göttingen: Vandenhoeck & Ruprecht.

Buer, F. & Siller, G. (Hrsg.) (2004). *Die flexible Supervision. Herausforderungen – Konzepte – Perspektiven. Eine kritische Bestandsaufnahme*. Wiesbaden: VS.

Hutter, C. (2000). *Psychodrama als experimentelle Theologie. Rekonstruktion der therapeutischen Philosophie Morenos aus praktisch-theologischer Perspektive*. Münster: Lit.

Krall, H. (2008). Psychodrama und Soziometrie in Supervision und Coaching – Anknüpfungspunkte in der qualitativen Sozialforschung. In: H. Krall, E. Mikula, W. Jansche (Hrsg.), *Supervision und Coaching. Praxisforschung und Beratung im Sozial- und Bildungsbereich* (251–268). Wiesbaden: VS.

Pongratz, H.J. (2004). Der Typus „Arbeitskraftbesitzer" und sein Reflexionsbedarf. In F. Buer & G. Siller (Hrsg.), *Die flexible Supervision* (7–34). Wiesbaden: VS.

Pühl, H. (Hrsg.) (2009a). *Handbuch der Supervision 3*. Berlin: Leutner.

Pühl, H. (Hrsg.) (2009b). *Supervision und Organisationsentwicklung* (3. Aufl.). Wiesbaden: VS.

Rappe-Giesecke, K. (2002). Die konzeptionelle Entwicklung der Supervision in den letzten zwanzig Jahren. *Supervision 2002* (2), 55–65.

Scala, K. & Grossmann, R. (1997). *Supervision in Organisationen. Veränderungen bewältigen – Qualität sichern – Entwicklung* fördern. Weinheim: Juventa.

Schreyögg, A. (2004). *Supervision. Ein integratives Modell. Lehrbuch zu Theorie und Praxis* (4. Aufl.). Wiesbaden: VS.

Schütze, F. (1984). Professionelles Handeln, wissenschaftliche Forschung und Supervision. Versuch einer systematischen Überlegung. In N. Lippenmeyer (Hrsg.), *Beiträge zur Supervision* (262–389). Kassel: GH Kassel.

Schütze, F. (2000). Schwierigkeiten bei der Arbeit und Paradoxien professionellen Handelns. Ein grundlagentheoretischer Aufriss. *Zeitschrift für qualitative Bildungs-, Beratungs- und Sozialforschung, 1 (1)*, 49–96.

Siller, G. (2008). *Professionalisierung durch Supervision. Perspektiven im Wandlungsprozess sozialer Organisationen*. Wiesbaden: VS.

Psychodrama im Coaching

F. von Ameln, J. Kramer

26

> Strategische Neuausrichtungen, organisatorische Restrukturierungen, Fusionen oder Übernahmen: Die Märkte und damit die Unternehmen verändern sich fortlaufend und zum Teil dramatisch. Neben der Veränderung von Strukturen und Arbeitsprozessen muss auf allen Ebenen des Unternehmens immer wieder eine neue mentale Grundorientierung, eine neue »Philosophie« und Vision geschaffen werden. Das faktische Verhalten und die mentalen Einstellungen der Führungskräfte und Mitarbeiter müssen dauernd weiterentwickelt werden. Dem Coaching kommt in solch turbulenten Verhältnissen eine zentrale Funktion im Bereich der Managemententwicklung zu: Es schafft Freiräume zur Reflexion des Tagesgeschäfts und gewährt eine individuelle und ganz persönliche Unterstützung. Coaching setzt somit wirksame Handlungsimpulse für die täglichen und die strategischen Herausforderungen im Business.
> Kein anderes Instrument der Führungskräfteentwicklung geht so individuell auf den einzelnen Menschen, seine Persönlichkeit und seine Unternehmenssituation ein. Es schafft für jene aktiven und zum Teil rastlosen Führungskräfte, die vom Primat der Tat getrieben sind, jene Freiräume der Reflexions- und Selbstkontrolle, die nötig sind, um zu verhindern, dass aus dem Primat der Tat ein bloßes »Tatprimaten«-Verhalten wird (Böning, 2005a, S. 2).

Seit einigen Jahren ist es für Top-Führungskräfte selbstverständlich, manchmal auch geradezu schick, Coaching in Anspruch zu nehmen. Demgegenüber haftet Coaching in bestimmten Organisationskulturen – oft vor allem in der öffentlichen Verwaltung – der Ruch des Therapeutisierenden an: Wer Coaching braucht, tut dies, weil er auf die Couch gehört. So oder so – Coaching ist aus der heutigen Organisationslandschaft nicht mehr wegzudenken und wird auch in den nächsten Jahren weiter an Bedeutung gewinnen. Der wachsende Bedarf an Coaching resultiert aus dem spezifischen Reflexions- und Professionalisierungsbedarf von Führungskräften. Führung ist eine hochkomplexe, anspruchsvolle und unsicherheitsbehaftete Aufgabe. Führungskräfte stehen unter hohem Leistungsdruck und unter ständiger Beobachtung von inner- und außerhalb der Organisation. Sie müssen trotz unübersichtlicher Lage schnell und zuverlässig entscheiden. Sie tragen die Verantwortung für den Erfolg der Organisation, für die Arbeitsplätze der Mitarbeiter, unter Umständen auch für das Leben anderer Menschen (z. B. bei Führungskräften im Rettungsdienst). Sie müssen die zahlreichen Paradoxien und Dilemmata der Führungsrolle (z. B. »Eigenständigkeit der Mitarbeiter fördern versus Kontrollieren« oder »Fördern versus Sanktionieren«, um nur zwei prominente Beispiele zu nennen) souverän meistern. Sie müssen stets professionell, situations- und rollenadäquat agieren und dürfen sich keine »Patzer« erlauben, obwohl sie meistens keine spezifische Ausbildung durchlaufen haben (von einigen wenigen Seminaren abgesehen), die sie auf die Anforderungen der Führungsrolle vorbereitet hätte.

Dabei haben Führungskräfte typischerweise für den Reflexionsbedarf, der im Rahmen der zahlreichen Anforderungen dieser Rolle entsteht, innerhalb der Organisation keinen Ansprechpartner. Über Unsicherheiten, Probleme und Fehler zu sprechen, ist gegenüber den Mitarbeitern inadäquat, gegenüber den eigenen Vorgesetzten will man sich keine Blöße geben, und gegenüber Kollegen auf derselben Hierarchieebene besteht oft ein Konkurrenzverhältnis. Ein Coach als neutraler Außenstehender mit professioneller Qualifizierung für die Begleitung von Führungsthemen kann dann ein wertvoller Sparringspartner sein, um die eigene Ausgestaltung der komplexen Führungsrolle kritisch zu hinterfragen, um Ansichten und Anregungen von einer außen stehenden Person zu bekommen, aber auch, um Unterstützung und Stärkung in einem konfliktträchtigen, oftmals belastenden Handlungsfeld zu erfahren. Gemeinsam mit dem Coach sollen Ziele und Handlungsmöglichkeiten, Kommunikationsmuster und Rollenkonstellationen, Überzeugungen und Werthaltungen, Wahrnehmungen, persönliches Auftreten in bestimmten Situationen und mögliche blinde Flecke reflektiert werden. Der Coach agiert dabei als einfühlsamer Zuhörer, unterstützender Partner, kritisch-wohlwollender Provokateur und als Experte, der der Führungskraft mit konkreten Tipps und Handlungsoptionen zur Seite steht.

Gleichlaufend mit dieser Entwicklung ist in den vergangenen Jahren eine Vielzahl von Büchern und Artikeln zum Thema Coaching erschienen. An dieser Stelle soll nicht wiederholt werden, was anderswo bereits beschrieben ist, z. B. in den Übersichtswerken von Kaweh (2008), Migge (2007) oder Rauen (2005). Stattdessen werden spezifisch psychodramatische Gestaltungsmöglichkeiten für Coaching-Prozesse dargestellt und anhand von Fallbeispielen veranschaulicht. Eine systematisch entwickelte psychodramatische Coaching-Konzeption steht bislang noch aus.

Konsens besteht darüber, dass es sich bei Coaching um eine Form der personenbezogenen Beratung handelt. Innerhalb des weiten durch diese Definition gesteckten Rahmens hat sich eine Vielzahl von Spielarten des Coachings ausdifferenziert. Angeboten werden Coaching zu Lebensthemen (Life-Coaching), Partnerschaftsfragen und besonderen Ängsten, Coaching für Eltern, Existenzgründer und Patienten, ja sogar Coaching für Katzenhalter oder Astro-Coaching. Am verbreitetsten ist das Coaching für Führungskräfte, und auch hier gibt es verschiedene Varianten (◘ Abb. 26.1 nach Böning, 2005a). Eine grundle-

gende Unterscheidung (z. B. Rauen 2005) differenziert nach Art des Settings (Einzel- vs. Gruppencoaching) und nach Art des Coachs (Externer Coach/Interner Stabs-Coach/Vorgesetzter als Coach). Wenn wir im Rahmen dieses Kapitels von Coaching sprechen, ist von Einzelcoaching mit einem externen Coach die Rede – die am weitesten verbreitete Coaching-Variante.

Ebenso vielfältig wie die angebotenen Formen von Coaching sind die Coaching-Definitionen (eine Übersicht gibt Böning, 2005b).

Typische Anlässe für Coaching sind nach Studien von Böning, der 70 Personalmanager befragte:

- Organisationale Veränderungsprozesse
- neue Aufgaben / Funktionen / Rollen / Positionen
- Führungskompetenzentwicklung
- Bewältigung von Konflikten
- Persönlichkeits- und Potenzialentwicklung
- die Bearbeitung persönlicher beruflicher Probleme sowie
- Karriereplanung/Neuorientierung/Weiterentwicklung (dargestellt in Böning, 2005b).

Neben diesen offiziellen Zielsetzungen ist unserer Erfahrung nach bei allen Formen der Organisationsberatung mit (gezielten oder unbewussten) Versuchen seitens der Organisation zu rechnen, die Beratung zu instrumentalisieren. Dies gilt für das Coaching in besonderem Maße. Häufig wird dem Klienten von einem Vorgesetzten »angeraten«, Coaching in Anspruch zu nehmen. Dabei kann es sich um eine Würdigung von dessen guten

◘ **Abb. 26.1.** Coaching-Formen im Überblick (nach Böning, 2005a, S. 3)

Leistungen handeln, häufig werden aber auch Sanktionsabsichten oder die Bearbeitung von Konflikten, denen sich die Führungskraft nicht stellen möchte, in das Coaching verschoben, etwa im Sinne von: »Herr X muss endlich einmal zuverlässiger werden, und bevor ich mich selbst mit ihm darüber auseinandersetze, schicke ich Herrn X lieber zum Coaching – der Coach wird schon erkennen, wo das Problem liegt und Herrn X im Sinne meiner Erwartungen 'erziehen'.« Solche Erwartungen werden manchmal explizit formuliert, häufig bleiben sie aber im Verborgenen, und der Coach läuft dann Gefahr, als »Ersatz-Führungskraft«, als »Vollstrecker« innerhalb der Organisation nicht kommunizierter Sanktionen oder als Puffer für nicht ausgetragene Konflikte in die Dynamik der Organisation hineingezogen zu werden (Ameln, Kramer u. Stark, in Vorbereitung; Taffertshofer, 2006).

26.1 Das Potenzial des Psychodramas für die Gestaltung von Coaching-Prozessen

Das Psychodrama ist eines von mehreren Verfahren, das innerhalb des Formats Coaching Anwendung finden kann (zur Unterscheidung von Format und Verfahren vgl. Buers Überlegungen in ▶ Abschn. 25.2.1). Ähnlich wie in anderen Kontexten der Personal-, Team- und Organisationsentwicklung (▶ Kap. 24) oder der Supervision (▶ Kap. 25) wird man dabei nur selten mit der »großen« psychodramatischen Inszenierung arbeiten. Vielfach werden es eher einzelne psychodramatische Elemente oder auch »nur« ein psychodramatisch inspirierter Fokus bei der Gesprächsführung sein. In jedem Fall gibt es eine Reihe von Argumenten, die dafür sprechen, dem Psychodrama einen hohen Stellenwert in der eigenen Coaching-Konzeption einzuräumen, wie wir anhand einiger für das Coaching typischer Fragestellungen illustrieren möchten (◘ Abb. 26.2):

Reflexion der Führungsrolle. Eine zentrale Fragestellung des Coachings ist die Ausgestaltung der Führungsrolle. Von *der* Führungsrolle zu spre-

chen, ist im Grunde zu einfach, denn die soziale Rolle »Führung« umfasst ein ganzes Bündel von (in Morenos Worten) psychodramatischen Rollen (für eine ausführliche Darstellung der Rollen der Führung vgl. z. B. Staehle, 2001). Die psychodramatische Rollentheorie (▶ Abschn. 14.3) bietet zahlreiche Erkenntnisse, auf die man im Coaching-Prozess zurückgreifen kann.

Person-Rollen-Konflikt. Das Ziel von Coaching ist die Reflexion berufsbezogener Themen – nichtsdestoweniger geht es dabei immer auch um die Stimmigkeit des eigenen Agierens in der Führungsrolle vor dem Hintergrund der eigenen Person mit ihren privaten Rollen und Prägungen. Dies gilt besonders, wenn sich ein Konflikt zwischen Berufsrolle und anderen Anteilen der Person abzeichnet, z. B. ein Wertekonflikt oder ein Work-Life-Balance-Thema. Hier bietet sich im Coaching-Prozess eine psychodramatische Arbeit mit inneren Anteilen an, wie sie in ▶ Abschn. 26.4 beschrieben ist.

Wie trete ich auf, wie gestalte ich Kommunikation? Die Reflexion der Wirkung des eigenen Agierens und der Führungsrolle gehört ebenfalls zu den zentralen Themen in Coaching-Prozessen. In der szenischen Arbeit mit dem Psychodrama kann das Auftreten in kritischen Situationen (z. B. in einem Vorstandsmeeting oder einer Pressekonferenz) analysiert werden, und zwar sowohl im Rückblick als auch im Vorgriff im Sinne eines Rollentrainings. Die szenische Darstellung lässt dabei eine sehr viel realitätsnähere Einschätzung des Kommunikationsverhaltens (insbesondere mit seinen nonverbalen Anteilen) zu als ein bloßes »Sprechen-über«. Mit der Spiegeltechnik (▶ Abschn. 4.5) kann der Klient eine direkte Rückmeldung über die Wirkung seines Auftretens bekommen.

Dynamik der Interaktion. Bei der Reflexion und Optimierung des eigenen Führungshandelns kann man viel aus der Analyse konkreter Situationen lernen. Das Psychodrama bietet mit der szenischen Arbeit und den verschiedenen Handlungstechniken zur Erweiterung des Dargestellten ein einmaliges Instrumentarium, um die Interaktionsdy-

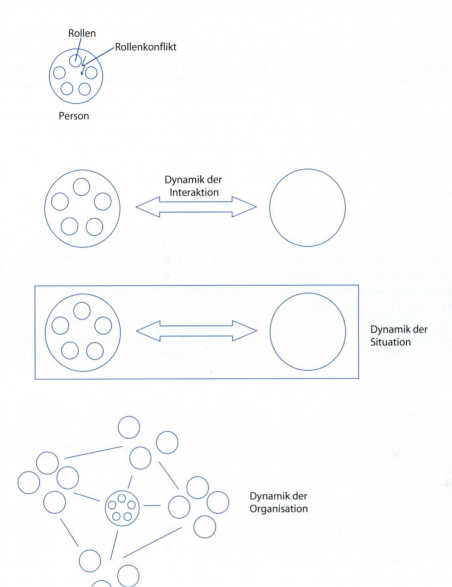

□ **Abb. 26.2.** Typische Fragestellungen im Coaching

namik kritischer Führungssituationen herauszuarbeiten. Mit dem Rollentausch kann das Verständnis des Coaching-Klienten für die Position des Gegenübers und vertieft und herausgearbeitet werden, welche Wirkung das Verhalten des Klienten auf andere Menschen hat.

Dynamik der Organisation. Dass latente Dynamiken in Organisationen eine zentrale Rolle spielen, gehört mittlerweile zum akzeptierten Grundwissen. Nichtsdestoweniger mangelt es an Methoden, die diese Dynamiken erfassen und thematisierbar machen könnten. Das Psychodrama verfügt hier mit den psychodramatischen Systemaufstellungen, dem Soziogramm und dem → sozialen Atom über Instrumente, die verborgene Dynamiken innerhalb kürzester Zeit auf den Punkt bringen.

In der Evaluationsstudie von Behrendt (2006) wurde psychodramatisches Coaching von den Klienten wesentlich besser bewertet als ein Vergleichscoaching, in dem ohne psychodramatische Elemente gearbeitet wurde. Dabei zeigte sich, dass ein anfängliches Misstrauen gegenüber der Methodik überwunden werden musste, die Akzeptanz und Bewertung des Coachings sich jedoch mit fortschreitendem Verlauf des Prozesses verbesserte. Voraussetzung war dabei allerdings, dass das Psychodrama »gezielt« und nicht »flächendeckend« eingesetzt wurde. Diese Ergebnisse stützen die These, dass Psychodrama ein wertvolles Verfahren zur Gestaltung von Coaching-Prozessen sein kann, dass seine Anwendung andererseits aber unbedingt in eine zielgruppen- und auftragsadäquate, dem Format angepasste Gesamtkonzeption eingebunden sein muss. Wichtig erscheint uns dabei vor allem der ausbalancierte Wechsel von psychodramatisch-experimentellen und eher kognitiv orientierten Phasen. Buers in ▶ Abschn. 25.3.1 beschriebenes Konzept der fünf Kommunikationsmodi bietet hier einen wertvollen Orientierungsrahmen. Darüber hinaus sollte der Coach die wichtigsten Schritte seines Vorgehens auf verständliche Weise erklären und begründen, um dem Klienten Orientierung zu geben und ihn in der Rolle des Gestalters seines eigenen Lern- und Entwicklungsprozesses anzusprechen.

In den folgenden Abschnitten zeigen wir anhand einiger Beispiele, welche psychodramatischen Methoden auf welche Weise zur Bearbeitung der verschiedenen für das Coaching typischen Fragestellungen beitragen können. Weitere Anregungen zur Gestaltung von Coaching-Prozessen finden sich in ▶ Kap. 6 (Psychodrama in der Einzelarbeit), ▶ Kap. 24 (Psychodrama in der Personal-, Team- und Organisationsentwicklung) und ▶ Kap. 25 (Supervision).

26.2 Klärung unübersichtlicher Prozesse mit Zeitlinien

Ein »klassisches« Coaching-Thema ist das Spannungsfeld von Berufsrolle und persönlichen Zielen, Prägungen und Werten. Zu Beginn des Prozesses ist es daher sinnvoll, einen »Gesamtein-

druck« vom Klienten und seiner Lebensgeschichte zu erhalten. In Ergänzung zu einem biografischen Interview lassen sich die wichtigsten Stationen, Phasen und Ereignisse aus dem beruflichen und privaten Leben des Klienten entlang eines Zeitstrahls auf einem Flipchart-Bogen festhalten. Auch hier bieten sich Möglichkeiten der szenischen Erweiterung, wie in ▶ Abschn. 3.8 beschrieben (vgl. auch Lazardzig, 2007).

26.3 Klärung kritischer Führungssituationen mit szenischer Darstellung

Ein gängiges Vorurteil lautet, dass das klassische, szenisch arbeitende Psychodrama in Personalentwicklungskontexten nicht einsetzbar sei, weil die damit verbundene Erlebnistiefe für dieses Setting inadäquat sei und sich die Klienten ohnehin nicht auf derartige »Spielereien« einließen. Unsere Erfahrung, die Erfahrung vieler Kolleginnen und Kollegen sowie die Rückmeldungen vieler Coaching-Klienten zeigen, dass diese Vorbehalte unberechtigt sind (sofern einige Grundregeln professionellen Arbeitens berücksichtigt werden). Zum einen besteht die Möglichkeit, die erlebnisaktivierenden Elemente des Psychodramas in ihrer Intensität zu steuern und kontextadäquat gestuft einzusetzen. Wenn eine zu hohe Involviertheit des Klienten vermieden werden soll, gibt es hierfür eine Vielzahl von in diesem Buch beschriebenen Möglichkeiten, vom → Eindoppeln von Rollen durch den → Protagonisten (statt längeren Agierens in der Rolle) über die Arbeit aus der → Spiegelposition und die Arbeit mit dem → leeren Stuhl bis hin zur Möglichkeit, Teile der Aktion zu imaginieren statt sie tatsächlich zu inszenieren. Szenische Elemente haben in unserer Coaching-Konzeption einen wichtigen Stellenwert, da sie es ermöglichen, kritische Situationen sehr viel realistischer, komplexer und prägnanter zu beleuchten als es mit den Mitteln der Sprache allein möglich wäre. Kommunikationssituationen werden nur zu einem geringen Anteil dadurch bestimmt, was »objektiv« gesagt wird. Nonverbale Kommunikationsanteile wie stimmlicher Ausdruck, Körperhaltung, Gestik, Mimik etc. sind für das Gelingen von Kommunikation entscheidend, und gerade diese nonverbalen Kommunikationsanteile sind es, die mit den Mitteln der szenischen Darstellung sehr viel besser in ihrer Bedeutung für das Interaktionsgeschehen verdeutlicht und analysiert werden können. Unser Fallbeispiel zeigt, wie szenische Arbeit im Coaching genutzt und mit einigen wichtigen psychodramatischen Handlungstechniken erweitert werden kann.

Wer ist hier der Chef?

Frau C. ist vor einigen Monaten zur Bürgermeisterin der Stadt F. gewählt worden. Ihre Wahl, so berichtet Frau C. dem Coach, sei in der Kleinstadt ein unerhörter Vorgang – noch nie ist ein Auswärtiger auf diesen Posten gewählt worden, und jetzt auch noch eine Frau! Ihr Stellvertreter, Herr V., lasse sie am deutlichsten spüren, dass sie in der verfilzten Vetternwirtschaft nicht willkommen ist, zumal er selbst für den Bürgermeisterposten kandidiert hatte. Herr V. stelle ihre Autorität in Frage und provoziere immer wieder neue Machtkämpfe. Frau C. weiß nicht, wie sie Herrn V. begegnen soll und wünscht sich, im Coaching konkrete Verhaltensmöglichkeiten zu erarbeiten. Als Beispiel für eine typische Szene beschreibt Frau C., wie sie in Herrn V.s Büro kommt und dieser im Gespräch die Füße auf den Tisch legt.

Der Coach stellt einen Tisch sowie einen Stuhl auf, der Herrn V. repräsentiert. Nachdem Frau C. ihren Stellvertreter beschrieben hat, fordert der Coach sie zu einem ▶ Kap. Rollentausch (▶ Abschn. 4.3) auf und befragt sie in der Rolle von Herrn V., wobei sie aufgefordert ist, nicht nur den Tonfall, sondern auch die Körperhaltung samt auf den Tisch gelegter Füße zu übernehmen. Auf diese Weise kann sie sich der Macht dieser Rolle bewusst werden – als Kernaussage für Herrn V. benennt Frau C.: »Ich bin hier der Chef!«

Im nächsten Schritt wird das Gespräch zwischen Frau C. und Herrn V. rekonstruiert. Frau C. spricht in sehr sachlichem Ton, was sie damit begründet, dass sie sich nicht provozieren lassen wolle. Um ihr eine Rückmeldung über die Wirkung ihres Verhaltens zu geben, übernimmt der Coach die Rolle von Frau C. und wiederholt ihre Aussagen, während Frau C. einige Schritte abseits steht und die Szene

▼

von außen betrachtet (→ Spiegeltechnik, ▶ Abschn. 4.5). »Man kann richtig sehen, wie ich in der Situation meinen Ärger wegdrücke«, kommentiert sie.

Im Gespräch wird herausgearbeitet, dass Frau C. so lange keine Chance im Machtkampf gegen ihren Stellvertreter hat wie sie seine unausgesprochene Beziehungsdefinition »Ich bin hier der Chef« nur auf der Sachebene beantwortet, auf der Beziehungsebene aber unwidersprochen lässt. Der folgende Schritt besteht daher in einem Rollencoaching für Frau C., in dem sie verschiedene Handlungsmöglichkeiten entwickelt, um die Definitionsmacht über die Rollenbeziehung zurückzuerlangen. Der Coach unterstützt sie, indem er immer wieder hinter sie tritt und sie aus ihrer Rolle heraus mit dem Satz »… und übrigens: **Ich** bin hier der Chef, nicht Sie!« unterstützt (→ Doppeltechnik, ▶ Abschn. 4.4).

Zum Abschluss überreicht der Coach Frau C. eine Moderationskarte mit dem Satz »**Ich** bin hier der Chef«, die Frau C. in der Hosentasche bei sich tragen und mehrmals täglich anschauen soll.

In der nächsten Sitzung berichtet Frau C., dass das provokante Verhalten von Herrn V. bereits nachgelassen habe – langsam wächst Frau C. in die Rolle hinein, die sie im Coaching eingeübt hat.

Die Gestaltung des Abschlusses in unserem Fallbeispiel illustriert, wie lösungsorientierte, systemische Elemente in die psychodramatische Arbeit einbezogen werden können. Der Fokus auf Lösungen, Effizienz der Arbeit und für den Klienten direkt umsetzbare Handlungsmöglichkeiten sollte im Kontext zeitlich oft sehr straff geführter Prozesse im Coaching besonders beachtet werden.

❗ Mithilfe szenischer Darstellung lassen sich im psychodramatischen Coaching kritische Führungssituationen prägnant darstellen. Die die Interaktion prägenden Einflussfaktoren lassen sich leicht und für den Coaching-Klienten nachvollziehbar herausarbeiten. Psychodramatische Handlungstechniken ermöglichen es, wichtige und bisher zu wenig beachtete Aspekte zu identifizieren und zu reflektieren. Dabei stehen Lösungsorientierung, direkt umsetzbare Erkenntnisse und übendes Rollentraining im Vordergrund.

26.4 Selbstklärung durch Arbeit mit inneren Anteilen

Eine Klärung als schwierig erlebter Situationen ist häufig erst durch eine Klärung der inneren Verfasstheit der Führungskraft möglich. Klares Auftreten nach außen setzt innere Klarheit voraus, wie das folgende Fallbeispiel deutlich macht.

> **Herr S. überrascht sich selbst (Teil I)**
>
> Herr S., Führungskraft bei ABC-Energy, einem Zulieferer für den Kraftwerksbau, hat Schwierigkeiten mit einem Projektmanager, Herrn K. Herr K. hat den Auftrag, mit einem Team aus der Linienorganisation abgezogener Projektmitarbeiter ein Großprojekt für einen wichtigen Referenzkunden technisch und kalkulatorisch zu planen. In den vergangenen Wochen hat Herr K. Herrn S. mehrfach wegen Problemen im Projektablauf kontaktiert, und zwar – wie Herr S. findet – allzu häufig und in allzu fordernder Art und Weise. Bei jedem Zusammentreffen mit Herrn K. muss Herr S. sich anstrengen, um die Contenance und Höflichkeit zu bewahren. Im Coaching berichtet Herr S., er habe vor einer Woche beschlossen, sich nicht mehr über Herrn K. aufzuregen. In einem Gespräch mit einem Kollegen habe er erkannt, dass die Häufigkeit und erlebte Penetranz, mit der Herr K. seine Rolle ausübe, ein Ergebnis der mangelhaften Art und Weise sei, wie bei ABC-Energy Projekte aufgestellt würden. Diese Überlegung, so Herr S., hätte ihm vor Augen geführt, dass Herr K. ihn nicht persönlich ärgern wolle, sondern nur seine Aufgabe als Projektmanager so gut es geht erfülle. Insofern sei er entspannt in das nächste Gespräch mit Herrn K. gegangen. Als Herr K. ihn in dem Gespräch gebeten habe, den bereits bewilligten Urlaub eines Projektmitarbeiters aus seiner Abteilung zu widerrufen, sei er dann aber plötzlich und für ihn selbst völlig überraschend »explodiert« und habe Herrn K. kurzerhand vor die Tür gesetzt. Herr S. möchte im Coaching der Frage nachgehen, was ihn zu dieser heftigen Reaktion bewogen hat, um eine Erklärung für sein eigenes Handeln zu finden und einen Weg für die weitere Zusammenarbeit mit Herrn K. zu finden.

Für eine solche Selbstklärung im Rahmen des Coachings gibt es eine Reihe von Konzepten, darunter die bekannte Analyse des »inneren Teams«

nach Schulz von Thun (2005; Schulz von Thun u. Stegemann, 2004): Innere Stimmen, die sich in einer Situation zu Wort melden, werden mit der »Botschaft«, die sie an den Klienten senden, am Flipchart festgehalten und benannt. Auf der Basis dieser Bestandsaufnahme kann dann das Zusammenspiel der inneren Stimmen analysiert werden: Welche der Stimmen ist am lautesten? Welche Konflikte im »inneren Team« haben dazu geführt, dass sich der Klient so verhält, wie er es getan hat und welche Dynamik im »inneren Team« hält ihn davon ab, sich anders zu verhalten?

> **Herr S. überrascht sich selbst (Teil II)**
>
> Im Fall von Herrn S. könnten sich mit einer solchen Arbeit am Flipchart beispielsweise die folgenden inneren Stimmen identifizieren lassen:
>
> Verständnis »Er tut nur seinen Job.«
> Ärger »Mir reicht´s!«
> Vernunft »Reg dich nicht auf.«
> Stratege »Reiß dich zusammen, du musst noch mit ihm arbeiten.«
>
> In einer psychodramatischen Erweiterung dieses Vorgehens könnte die räumliche Anordnung der inneren Teammitglieder um Herrn K. als Mittelpunkt herum exploriert werden, beispielsweise indem die inneren Teammitglieder durch leere Stühle verkörpert werden. Der Coach kann dann den jeweiligen Anteilen eine Stimme verleihen, indem er sich auf die Stühle setzt und die den Anteilen zugeordneten Botschaften verbalisiert.

Angesichts des knappen Zeitbudgets und dem durch das Setting vorgegebenen Gebot, die Intensität der Arbeit nicht zu weit zu erhöhen, sind auch psychodramatisch inspirierte Interventionen möglich, die mit weniger Aufwand und weniger erlebnisaktivierender Inszenierung verbunden sind, wie der 3. Teil des Fallbeispiels zeigt.

> **Herr S. überrascht sich selbst (Teil III)**
>
> Aufgrund der Problemschilderung des Klienten entwickelt der Coach die Hypothese, dass Herrn S.´ zunächst so konstruktiv erscheinende Einstimmung auf das Gespräch die zuvor vorhandene Balance zwischen Ärger und Vernunft gestört hat. Er überprüft die These mit einem Experiment, indem
> ▼

er zwei Hilfs-Objekte für Ärger (Kaffeetasse) und Vernunft (Untertasse) wählt und Herrn S. bittet, diese so zu positionieren wie es seiner inneren Situation in den letzten Wochen entspricht. Herr S. nimmt die Kaffeetasse in die Hand und stellt die Untertasse vor sich auf den Boden (d. h. Ärger und Vernunft sind präsent, wobei sich die Vernunft etwas weiter im Hintergrund befindet). Nachdem die Situation kurz besprochen wurde, bittet der Coach Herrn S., die beiden durch die Objekte verkörperten Anteile so zu positionieren wie es seinem Empfinden vor der letzten Gesprächssituation, die später eskalierte, entspricht. Herr S. nimmt nun die Untertasse in die Hand und stellt die Tasse (als Symbol des Ärgers) in eine weit entfernte Ecke des Raumes. Diese Gesprächssituation wird in beiden Konstellationen kurz angespielt (Tasse in der Hand, Untertasse auf dem Boden/Tasse in der Ecke, Untertasse in der Hand), wobei der Coach aus der Rolle von Herrn K. agiert. Herr S. bekundet in der letzteren Konstellation (d. h. bewusst eingenommene Vernunfthaltung bei Verdrängung des Ärgers) ein Gefühl der Irritation und Handlungsfähigkeit. In der Auswertung des Experiments wird herausgearbeitet, dass es wichtig sein könnte, den Ärger zukünftig wieder stärker wahrzunehmen. Es werden – jeweils weiterhin unterstützt durch die Darstellung auf der metaphorischen Ebene – Möglichkeiten besprochen, sowohl die Vernunft- als auch die Ärgeranteile konstruktiv für die Beziehungsgestaltung mit Herrn K. zu nutzen.

❗ **Bei der Selbstklärung ist die Arbeit mit inneren Anteilen hilfreich. Die bekannte Arbeit mit dem »inneren Team« nach Schulz von Thun kann psychodramatisch erweitert werden, wobei die Intensität des Vorgehens durch verschiedene methodische Varianten auftrags- und kontextabhängig gestaltet werden kann.**

26.5 Klärung latenter Organisationsdynamiken mit soziometrischen Methoden

Organisationen bilden entlang von Sympathie und Antipathie, unterschwelligen Konfliktlinien, Gruppenkulturen und dem mikropolitischen Agieren der Beteiligten verwirrende, nur schwer einzuschätzende informelle Geflechte aus, die für das Führungshandeln meist entscheidender sind als das, was sich an der Oberfläche der Organisation abspielt. Diese latenten Dynamiken werden im Coaching aus verschiedenen Anlässen immer wieder zum Thema:

- Ein Abteilungsleiter nimmt eine gruppendynamische Störung in seiner Abteilung wahr und fühlt sich nun aufgerufen, eine Klärung und damit Arbeitsfähigkeit wiederherzustellen.
- Der Klient möchte die möglichen Auswirkungen von Entscheidungen oder kommunikativen Botschaften auf das informelle Gefüge der Organisation reflektieren.
- Der Klient fühlt sich von anderen im Machtspiel der Organisation instrumentalisiert.
- Die Führungskraft möchte Wege entwickeln, um sich im Machtgefüge der Organisation strategisch positionieren zu können (z. B. um Aufstiegsmöglichkeiten zu sichern oder um gegenüber Konkurrenten einen Vorteil zu erlangen).

Die von Moreno entwickelte Soziometrie (► Kap. 15) hat viel dazu beigetragen, dass wir solche latenten Dynamiken theoretisch beschreiben, empirisch erfassen und im Beratungskontext bearbeiten können.

Soziogramme eignen sich dafür, komplexe Beziehungsgeflechte in einem relevanten Ausschnitt der Organisation strukturiert und übersichtlich darzustellen. Dazu bittet man den Coaching-Klienten, die Beziehungen z. B. in einem ihm unterstellten Projektteam, so wie er sie subjektiv wahrnimmt, nach einem bestimmten Kriterium (etwa »Wer kann gut mit wem zusammenarbeiten?«) auf einem Flipchart-Bogen aufzumalen. Die Darstellung folgt dabei einfachen Regeln (► Abschn. 15.4): durchgezogene Linien stellen positive Beziehungen dar, gestrichelte Linien Konflikte, Dreiecke stellen Männer, Kreise Frauen dar. Die resultierende Skizze wird mit Hilfe bestimmter Leitfragen (► Abschn. 15.4) ausgewertet, wobei sich häufig interessante neue Erkenntnisse ergeben.

Das **soziale Atom** stellt die soziometrischen Beziehungen zwischen der Führungskraft und wichtigen Personen in ihrem Umfeld dar. Die Regeln für die Darstellung sind dabei im Prinzip die gleichen wie im Falle des Soziogramms beschrieben.

Organisationsaufstellungen sind in den vergangenen Jahren als Instrument zur Darstellung von latenten Organisationsdynamiken populär geworden. Obwohl sich die Aufstellungsmethodik aus dem Psychodrama ableitet, wird sie vorwiegend mit den systemischen Verfahren assoziiert. Erst vor kurzem hat sich das Psychodrama auf diese effektive Methode zurückbesonnen. Wir stellen die Grundzüge der psychodramatischen Aufstellungsarbeit in ▶ Abschn. 3.7 vor. Eine Aufstellung im eigentlichen Sinne ist nur in der Gruppe möglich. Die Wahrnehmungen der Gruppenmitglieder, die als Stellvertreter für die zentralen Elemente des zu erforschenden Systems (also Personen oder Abteilungen einer Organisation, aber auch Kunden, Ziele, Projekte etc.) fungieren, werden dabei als Inferenz für die latente Dynamik des Systems selbst genutzt. Nachdem auf diese Weise Konfliktlinien und andere Veränderungsbedarfe erkannt worden sind, werden die Stellvertreter schrittweise so umgruppiert, dass sich ein »Lösungszustand« ergibt. Der letzte Schritt besteht dann darin, mit dem Fallgeber gemeinsam herauszuarbeiten, was dieser dazu beitragen kann, dass sich die jetzige Situation dem Lösungszustand annähert.

Das Prinzip, die Struktur und Dynamik eines Systems zu explorieren, indem die Systemelemente im Raum so einander gegenübergestellt werden, dass ihre Position zueinander (Nähe/Distanz, Zu- oder Abgewandtheit etc.) die Beziehungsdynamik des Systems abbildet, ist jedoch auch im Einzelcoaching nutzbar. Dabei werden alle vom Klienten benannten Positionen nacheinander vom Coach übernommen. Er fungiert als Stellvertreter für die Elemente des Systems, und seine Wahrnehmung wird für die Erkundung der Systemdynamik genutzt. Auch der Coaching-Klient kann einzelne Positionen im Rollenwechsel übernehmen, um Unterschiede zwischen den verschiedenen Positionen »am eigenen Leibe« zu erleben.

Eine weitere, gegenüber der klassischen Aufstellung etwas reduzierte Möglichkeit der Nutzung dieses Prinzips ist die Arbeit mit dem Systembrett

oder ähnlichen symbolischen Darstellungsmedien. Hier wird die räumliche Anordnung der Systemelemente, die in der Aufstellung durch Personen verkörpert wird, mit Figuren nachgestellt. In einer Minimalvariante lässt sich die Anordnung der Systemelemente zueinander natürlich auch auf einem großen Papierbogen aufzeichnen oder mit Moderationskarten nachstellen, wobei darauf geachtet werden muss, dass zumindest die »Blickrichtung« der abgebildeten Personen (Gruppen etc.) zueinander deutlich gemacht wird (beispielsweise mit einem Pfeil).

> **Zusammenfassung**
>
> Das Psychodrama kann in Coaching-Prozessen dazu beitragen, innere Klärungsprozesse, die Reflexion kritischer Führungssituationen und die Analyse latenter Organisationsdynamiken anschaulich, facettenreich und effektiv zu gestalten. Wichtig ist dabei eine an den Klienten, den Auftrag und das Setting angepasste Vorgehensweise. Das bedeutet, einzelne Psychodrama-Elemente gezielt im Rahmen eines Gesamtkonzeptes einzusetzen, in dem sich szenische und andere Gestaltungsmittel (z. B. Gesprächs- und Fragetechniken) abwechseln und ergänzen.

Weiterführende Literatur

Migge, B. (2007). *Handbuch Coaching und Beratung* (2. Aufl.). Weinheim: Beltz (633 Seiten).
Migge stellt in seinem umfangreichen, mit vielen Fallbeispielen und Übungen versehenen Buch nicht nur Basiswissen zum Coaching dar, sondern gibt auch Hinweise zur Arbeit mit zentralen Themenfeldern des Coachings (z. B. Gesundheitsstörungen, Krisen, Konflikte) sowie einen Einstieg in lern- und systemtheoretische Grundlagen. Migge bezieht sich nicht nur auf Coaching für Führungskräfte, sondern auch auf Lebensberatung.

Kaweh, B. (2008). *Das Coaching-Handbuch für Ausbildung und Praxis* (2. Aufl.). Kirchzarten: Vak (286 Seiten).
Kompakte Einführung in Theorie und Praxis des Coachings mit vielen Instrumenten und Checklisten.

Literatur

Ameln, F. v. (2006). Führung im Spannungsfeld von Politik, Bürgerinteresse und eigenen Zielen. *NST Nachrichten, 34 (1)*, 1–4.

Ameln, F. v., Kramer, J. & Stark, H. (in Vorbereitung). *Organisationsberatung beobachtet. Hidden Agendas und Blinde Flecke*. Wiesbaden: VS.

Behrendt, P. (2006). Wirkung und Wirkfaktoren von psychodramatischem Coaching. Eine experimentelle Evaluationsstudie. *Zeitschrift für Psychodrama und Soziometrie, 5 (1)*, 59–87.

Böning, U. (2005a). Coaching. In M. Schmid, S. Laske & A. Orthey (Hrsg.), *Personal Entwickeln. Das aktuelle Nachschlagewerk für Praktiker* (Kompaktwissen). Köln: Wolters Kluwer.

Böning, U. (2005b). Coaching: Der Siegeszug eines Personalentwicklungs-Instruments – Eine 15-Jahres-Bilanz. In C. Rauen (Hrsg.), *Handbuch Coaching* (3. Aufl., 21–54). Göttingen: Hogrefe.

Kaweh, B. (2008). *Das Coaching-Handbuch für Ausbildung und Praxis* (2. Aufl.). Kirchzarten: Vak.

Kramer, J. & Ameln, F. v. (2005). Führung aus neuer Perspektive – die Reflexion und Konstruktion von Wirklichkeiten in der psychodramatischen surplus reality. *OSC Organisationsberatung, Supervision, Coaching, 12 (2)*, 101–116.

Lazardzig, T. (2007). Psychodramatische Verfahren und Techniken in fokussierten Coachingprozessen. *Zeitschrift für Psychodrama und Soziometrie, 6 (2)*, 303–312.

Migge, B. (2007). *Handbuch Coaching und Beratung* (2. Aufl.). Weinheim: Beltz.

Rauen, C. (2005). Varianten des Coachings im Personalentwicklungsbereich. In ders. (Hrsg.), *Handbuch Coaching* (3. Aufl., 111–136). Göttingen: Hogrefe.

Schulz von Thun, F. (2005). *Miteinander Reden, Band 3: Das innere Team und die situationsgerechte Kommunikation*. Reinbek: Rowohlt.

Schulz von Thun, F. & Stegemann, W. (2004). *Das innere Team in Aktion. Praktische Arbeit mit dem Modell*. Reinbek: Rowohlt.

Staehle, W. H. (2001). *Handbuch Management. Die 24 Rollen der exzellenten Führungskraft*. Wiesbaden: Gabler.

Taffertshofer, A. (2006). Funktionen von Coaching in Organisationen. Offizielle Wirkungen, informelle und latente Funktionen. Unveröffentlichtes Arbeitspapier, Universität München (Download: www.hsu-hh.de/download-1.4.1.php?brick_id=HjCLS1xfyuDo8hEC, Stand: 10. November 2008).

Psychodrama in Konfliktberatung und Mediation

B. Fichtenhofer, K. Richter, T. Uh-Tückardt

Konflikte sind unser Geschäft.
Konflikte setzen Energien frei.
Konflikte gehören zum Leben.
Jeder Mensch erlebt Konflikte mit sich selbst, mit anderen Menschen, in Gruppen, am Arbeitsplatz, in Sozialpartnerschaften und zwischen Staaten. Entscheidend ist, wie wir mit Konflikten umgehen: Es gibt produktive und destruktive Umgehensweisen. Ungeklärte Konflikte können in einen Teufelskreis von nicht endendem Streit führen. Die daraus resultierende Situation bindet Energien und führt zu Unsicherheit und Entscheidungshemmungen bis hin zur Lähmung. Konflikte drängen auf Entscheidungen und Handlungen. Ihre produktive Seite beinhaltet Entwicklungschancen.

27

In der Konfliktmediation bieten wir als unparteiische Dritte den Konfliktparteien als »Vermittlerinnen« oder Moderatorinnen Unterstützung. Unser Ziel besteht darin, allen Beteiligten Klarheit über Grund und Struktur der Auseinandersetzung zu vermitteln, sich der Gemeinsamkeiten und der Unterschiede bewusst zu werden und Handlungsmöglichkeiten für die Zukunft zu entwickeln.

Das Psychodrama bietet hierbei die Chance, Beziehungen, Entwicklungen und Anliegen bildhaft und emotional erfahrbar zu machen und nachhaltige Bewusstseins- und Verhaltensänderungen zu bewirken.

Wir konzentrieren uns in diesem Beitrag, ebenso wie in unserer praktischen Arbeit, auf den Einsatz psychodramatischer Methoden in der Konfliktberatung und -moderation in Betrieben und Projekten, also auf Konflikte im beruflichen Umfeld. Dabei erheben wir keinen theoretisch fundierten Anspruch auf einen umfassenden Katalog der Konfliktformen und -felder und deren Bearbeitung, sondern stellen die Erfahrungen zur Verfügung, die wir auf verschiedenen Gebieten sammeln konnten. Im Vordergrund steht für uns die praxisorientierte Grundstruktur der psychodramatischen Methoden und deren Wirkung.

27.1 Typische Aufgabenfelder der Konfliktberatung und Mediation

Nach unserer Erfahrung werden Konfliktmoderation und -beratung vor allem in drei speziellen Feldern nachgefragt: in Projektzusammenhängen, bei Konflikten (auch mit interkulturellem Hintergrund) zwischen Arbeitskollegen und Arbeitskolleginnen, sowie bei Konflikten zwischen Geschäftsleitung und Betriebsratsgremien. Die wesentlichen Hintergründe und Fragestellungen dieser Konfliktfelder beleuchten wir im Folgenden.

27.1.1 Konflikte in Projekten

Rollenunklarheiten und schwelende Kompetenzfragen gehören zu den wesentlichen Konfliktpunkten in Projektzusammenhängen. Dies ist nicht weiter erstaunlich wenn man bedenkt, wie zahlreiche Projekte entstehen und in hektischer Betriebsamkeit installiert werden: Wenn bei ausgelasteten Kapazitäten in der Linienorganisation und einem minimalen Budgetspielraum ein neues Produkt für einen wichtigen Kunden doch noch bewältigt werden soll, greifen viele Manager zum Projekt. Doch die Hoffnung auf ein »Wundermittel« wird regelmäßig enttäuscht: Es scheint so, als bringe Projektmanagement die Linie durcheinander und führe zu Konflikten.

Konfliktpotenzial besteht vor allem

- zwischen Projektleitung und Team (Projektleitung ist insofern eine besondere Form der Leitung als der Projektleiter einem Teil der Projektmitarbeiter in der Linienorganisation häufig »untergeordnet« ist);
- zwischen den Mitgliedern des Projektteams und

- zwischen Projektleitung und Linienorganisation (der Projektleiter ist in der Regel sowohl dem Auftraggeber als auch der Linienorganisation verpflichtet).

Um eine reibungslose Zusammenarbeit zwischen Projektleitung, Team und Linie zu erreichen, ist es daher wichtig, bestimmte Fragen zu klären:
- Welche Kompetenzen stehen der Projektleitung zu?
- Welche Verantwortung hat die Projektleitung?
- Gibt es eine offizielle und eine heimliche Projektleitung?
- Wer übernimmt welche Rolle im Projektteam?
- Welche Verantwortlichkeiten und Erwartungen werden von den übrigen Beteiligten daran geknüpft?
- Welche Absprachen müssen z. B. mit Abteilungsleitern getroffen werden? Welche Belohnungssysteme müssen und können installiert werden?

Erfolgt z. B. aus Zeitmangel keine Auftragsklärung, in der diese Fragen erörtert werden, so tauchen sie regelmäßig als Konfliktstoff im Projektverlauf wieder auf. Besonders deutlich werden die Reibungspunkte
- in Unternehmen, die Multiprojektmanagement praktizieren, sodass Mitarbeiter in diverse Projekte eingebunden sind, ohne dass eine ausreichende Koordination und Verzahnung erfolgt;
- in Projekten, in denen mit dem Gedanken der »schlanken Hierarchie« gearbeitet wird und Leitung mit negativen Emotionen besetzt ist (»Wir sind alle gleich – es gibt keine Leitung«).

27.1.1 Konkurrenz und interkulturelle Konflikte zwischen Kollegen/Kolleginnen

In Zeiten der Rationalisierung und des massiven Stellenabbaus wächst der Arbeitsdruck, und es entwickelt sich der Nährboden für eine zuneh-

mende Konkurrenz unter den Beschäftigten. Hieraus entstehen natürlich Konflikte: Muss ich womöglich für meine Kollegin »mitarbeiten«? Telefoniert der nicht zu viel? Oder raucht? Sucht mein Kollege regelmäßig den Kontakt zum Vorgesetzten?

In unserer praktischen Arbeit wird für uns immer deutlicher: Gerade Konflikte mit interkulturellem Hintergrund werden durch die zunehmende Angst vor der eigenen Entlassung verschärft. Das Konfliktpotenzial nimmt hier erheblich zu, handelt es sich doch bei Zuwanderern der 2. und 3. Generation deutlich nicht mehr um »Gastarbeiter«, die das Land und damit auch das Unternehmen in absehbarer Zeit wieder verlassen wollen. Die Auseinandersetzung mit unterschiedlichen Kulturen – auch der eigenen – hilft dabei, Konflikte zu klären und eine Zusammenarbeit zu ermöglichen.

27.1.2 Konflikte zwischen Betriebsratsgremien und Geschäftsleitung

Die Mitglieder eines Betriebsrats und einer Geschäftsleitung vertreten in einem Unternehmen unterschiedliche und teilweise gegensätzliche Interessen. Beide Seiten stehen vor den Fragen: Was können wir gemeinsam machen? Wo aber sind unsere Interessen so gegensätzlich, dass wir getrennte Wege gehen und Ergebnisse aushandeln müssen? Dies ist mitunter ein Spagat. Schließlich haben beide Seiten ihre jeweiligen Aufgaben zu erfüllen, nämlich die Interessen derer zu vertreten, die sie gewählt bzw. eingestellt haben, und dennoch eine konstruktive Zusammenarbeit zu wahren. Die Aufgabe erfordert demnach eine deutliche Rollenklarheit, für die einzelnen Beteiligten ebenso wie für diejenigen, deren Interessen vertreten werden. Beide Seiten verfügen über ein Instrumentarium an Druckmitteln: Vom Betriebsverfassungsgesetz bis zur Drohung, die Produktion zu verlagern und Arbeitsplätze abzubauen.

27.2 Theoretische und methodische Grundlagen der Konfliktberatung und Mediation

> **Definition**
>
> **Mediation** ist eine strukturierte Form der Konfliktaustragung, bei der die Konfliktbeteiligten mit Unterstützung eines neutralen Mittlers nach gemeinsamen Lösungen für bestehende Auseinandersetzungen und Probleme suchen. Dabei werden die Interessen aller Streitparteien berücksichtigt, auch wenn sie zunächst gegensätzlich erscheinen.

❗ Ziel der Mediation ist eine einvernehmliche Konfliktklärung durch die Konfliktbeteiligten.

Konfliktlösungen werden also nicht von Vorgesetzten oder übergeordneten Instanzen »von oben« bestimmt, sondern alle von der Auseinandersetzung betroffenen Parteien sind an der Klärung beteiligt.

Damit fördert Mediation die selbstbestimmte Konfliktbearbeitung. Im Optimalfall wird eine Lösung erreicht, von der alle Beteiligten profitieren – die sogenannte »Win-win-Lösung«. Dabei ist natürlich die Bereitschaft der Konfliktparteien, an einer Klärung mitzuwirken, wesentliche Grundvoraussetzung für eine erfolgreiche Mediation. Im Unterschied zu förmlichen Entscheidungsverfahren (z. B. vor Gericht) beruht Mediation auf der freiwilligen Teilnahme der Konfliktbeteiligten. Die Ergebnisse sind nicht von vornherein rechtlich bindend.

Eine Mediation gliedert sich in verschiedene Phasen: Die **Vorphase** beinhaltet die Vorbereitung und Anbahnung des eigentlichen Mediationsgesprächs; dabei geht es zunächst darum, den Kontakt mit den beteiligten Konfliktparteien herzustellen. Auch das **Mediationsgespräch** selbst folgt einer klaren Struktur:

1. Einleitung,
2. Sichtweisen,
3. Konflikterhellung,
4. Problemlösung und
5. Übereinkunft.

Für die anschließende **Umsetzungsphase** wird eine Überprüfung und gegebenenfalls eine Korrektur der getroffenen Übereinkunft verabredet.

Einen guten Einblick in die Grundlagen und Methoden der Mediation bietet Besemer (1999). Praktische Anwendung fand das in den USA entwickelte Verfahren in Deutschland zunächst in familiären Auseinandersetzungen (Familienmediation), bei der Klärung umweltrelevanter Konflikte (Umweltmediation) und in Schulen. Mittlerweile wird Mediation auch vermehrt in Arbeitskonflikten und sogar zur Unterstützung in tariflichen Auseinandersetzungen angewandt (Wirtschaftsmediation).

27.2.1 Zurück zu den Wurzeln des Konflikts

❗ Eine unabdingbare Voraussetzung für die erfolgreiche Moderation eines Konflikts besteht nach unserer Erfahrung darin, die aktuelle Erscheinungsform des Konflikts nicht mit den Ursachen zu verwechseln.

In der Regel werden Konfliktmoderatorinnen erst eingeschaltet, wenn ein Konflikt schon länger andauert und bereits eskaliert ist. Die ursprüngliche Konfliktursache hat sich dann meist schon verformt, es ist eine Reihe von Nebenschauplätzen hinzugekommen.

Womöglich kann sich an den Ausgangspunkt der Auseinandersetzung kaum noch jemand erinnern. In der Vergegenwärtigung der Wurzeln, der Geschichte und der tatsächlichen Ursachen des Konflikts liegt häufig der Schlüssel zur Klärung.

> Bei der Jubiläumsfeier haben einige Mitarbeiter den feierlichen Ablauf gestört und boykottiert – darüber waren andere wütend. In der Konfliktberatung gibt es Schuldzuweisungen, bezogen auf das gegenseitige Verhalten auf der Feier (Wirkung). Es wurde deutlich, dass fehlende Absprachen darüber, wer für die Planung zuständig war, mangelhafte Information und divergierende Planungen auf unterschiedlichen Informationsebenen zu dem Konflikt geführt hatten. Dadurch
> ▼

wurde die Konfliktursache deutlich: die Kommunikationsstruktur in der Abteilung. Durch die Aufdeckung konnte erreicht werden, dass alle Beteiligten von der emotionalen affektiven Ebene auf die Sachebene zurückfanden. Dadurch war es der Gruppe möglich, Verabredungen auf der strukturellen Ebene zu finden, die eine Wiederholung des Konflikts verhinderten.

27.2.2 Konfliktformen und -eskalation

Der gezielte Einsatz einer Konfliktintervention richtet sich danach, um welche Konfliktform es sich handelt und in welcher Eskalationsstufe er sich befindet. Ein Grundlagenwerk hierzu hat Glasl mit seinem Buch »Konfliktmanagement. Ein Handbuch für Führungskräfte, Beraterinnen und Berater« (1999) verfasst. Dort beschreibt er die Eskalationsdynamik von Konflikten und liefert damit wichtige Impulse dafür, wann eine Vermittlung durch Dritte in Konflikten sinnvoll und aussichtsreich ist (◘ Tab. 28.1).

27.2.3 Konfliktstile

Durch unterschiedliche Konfliktstile der Beteiligten werden Auseinandersetzungen im Verlauf häufig verschärft. Das Wissen um diese Stile und ihre jeweiligen Chancen und Risiken hilft bei der Entschärfung, aber auch bei der Konfliktprävention und der Entwicklung einer Konfliktkultur.

Alle vier Konfliktstile haben ihre eigene Berechtigung und ihren spezifischen Sinn, gleichsam bergen sie natürlich auch ihre Risiken in sich (▶ Übersicht).

Konfliktstile

Konfrontation
Die Situation wird klar angesprochen und damit sichtbar gemacht.
Chancen:
- Verschafft Klarheit.
- Jeder kann Position beziehen.   ▼

- Das Aufhäufen von Verletzungen und/oder Ärger kann beendet werden.
- Eine schnelle Klärung ist möglich.
Risiko:
- Es wird ein falscher Zeitpunkt gewählt, z. B. »zwischen Tür und Angel«.

Kooperation
Suche nach einer gemeinsamen Vorgehens- und Verfahrensweise.
Chancen:
- Jeder muss Abstriche machen.
- Eine gemeinsame Handlungsfähigkeit bleibt erhalten.
Risiken:
- Hoher Zeitaufwand.
- Einer Partei »geht die Puste aus«.

Vermeidung
Die Konfliktsituation wird nicht thematisiert.
Chancen:
- Kann (soziales) Überleben sichern.
- Zeitgewinn
Risiken:
- Konflikt wird verlagert und nicht geklärt.
- Alles bleibt scheinbar beim Alten.
- Konflikt entwickelt eine Eigendynamik.

Anpassung
Dabei wird der Konflikt zwar deutlich, aber die eigenen Interessen werden vorerst zurückgestellt.
Chancen:
- Der Konflikt wird »geparkt«, bis die Situation »reif« ist.
- Die Erkenntnis: Es ist doch nicht so wichtig!
Risiken:
- Eigene Interessen gehen unter.
- Interessen werden nicht deutlich sondern vernebelt.

27.2.4 Aufbau einer Konfliktmediation/ -moderation

Die folgende Übersicht (◻ Tab. 27.1) zeigt den Aufbau einer Konfliktmediation bzw. -moderation in der Praxis.

In der klassischen Konfliktmoderation wird überwiegend mit Sprache und Visualisierung in Form von Karten- und Flipcharteinsatz gearbeitet. Verbale Kommunikation ist ein zentrales und unverzichtbares Instrument zur Austragung und Klärung von Konflikten. Darüber hinaus ermöglichen psychodramatische Methoden nach unserer Erfahrung eine tiefergehende Dimension der Klärung: Prozesse werden erleb- und erfahrbar; Handlungsoptionen können sofort ausprobiert werden. Durch die »Verbildlichung« und Inszenierung haben die Beteiligten die Möglichkeit, sich selbst, die andere Konfliktpartei und den Konflikt als Ganzes aus einer anderen und neuen Perspektive wahrzunehmen.

Setting
- Vorbereitung der Konfliktmoderation
- Angemessener Termin (keine Konfliktklärung »zwischen Tür und Angel«)
- Zeitraum
- Neutraler Raum
- Ablenkungen vermeiden (z. B. Telefon und Handy abstellen)
- Schweigepflicht / Vertraulichkeit aller beteiligten Personen sichern
- Gleichgewicht in der Personenzahl der Konfliktparteien ist sinnvoll

▼

◻ **Tab. 27.1.** Neun Stufen der Konflikteskalation. (Nach Glasl, 1999, S. 215 ff.)

1. Verhärtung	Standpunkte prallen aufeinander	Konfliktlösung ist aus eigener Kraft möglich, wenn die Beteiligten miteinander reden und ihre Argumente und Interessen abwägen	**Win-win-Bereich**
			Kritik am Verhalten
	Pochen auf eigene Ideen und Lösungsvorschläge		Meist gibt es noch den Sachbezug
	Durchsetzungs- und Beharrungswille		Normen werden eingehalten
2. Debatte	Konkurrenz, Überheblichkeit und Arroganz (Unterton)	Wunsch nach Beziehungserhalt meist noch vorhanden – Eskalation kann noch aus eigener Kraft gestoppt werden	Eine eigene Konfliktlösung durch die Parteien ist möglich, Tendenz abnehmend
	Polarisierung		
	Kompromissbereitschaft gilt als Schwäche		
3. Taten	Unvereinbarkeit von Worten und Taten	Den Parteien ist bewusst, dass eine Beilegung sinnvoll und möglich wäre – sie geben das aber nicht zu; Kontrollverlust	
	Strategie der vollendeten Tatsachen		
	Der andere trägt die Schuld an der Eskalation und am eigenen »Reagieren«		

⬛ Tab. 27.1. (Fortsetzung)

4. Images / Koalitionen	Imagekampagnen Werben um Anhänger (Hilfstruppen) Schwarz-weiß-Malerei mit glorifiziertem Selbstbild Konflikt wird personalisiert	Jetzt geht es ums eigene Gewinnen, der andere soll verlieren Positive Merkmale des anderen können nicht mehr benannt werden	**Win-lose-Bereich** Die beteiligten Personen werden wechselseitig angegriffen Eine Klärung ohne externe Unterstützung ist kaum noch möglich Man selbst ist der Engel, der andere der Teufel Lösung mit Unterstützung Dritter
5. Gesichtsverlust	Öffentliche Diskriminierung, der andere soll bloßgestellt und entlarvt werden Es treffen Welten und Weltanschauungen aufeinander	Totaler Vertrauensbruch, Ekel und Abscheu prägen die Beziehung Glaube an Klärung ist verloren	
6. Drohstrategien	Drohungen und Gegendrohungen Angst wird verstärkt - irrationales Handeln	Überstürzte Aktionen, letzte Möglichkeit zu stoppen	
7. Begrenzte Vernichtungsschläge	Eigene »Verluste« werden jetzt hingenommen Hauptsache der andere hat den größeren Schaden Gewaltspirale wird verstärkt	Gegenpartei hat angeblich keine menschliche Qualität	**Lose-lose-Bereich** Offener Bruch der Normen Ziel ist die Vernichtung des Gegenübers Konfliktklärung nur, wenn ein mächtiger Dritter sich einschaltet
8. Zersplitterung	Zerstörung des feindlichen Systems Skandalgeschichten sollen den »Feind« isolieren	Macht- und Existenzgrundlage des anderen sollen zerstört werden Noch wird die eigene Existenz geschützt	
9. Gemeinsam in den Abgrund	Vernichtung um den Preis der Selbstvernichtung	Lösung aus eigener Kraft ist unmöglich	

Einleitung
- Allparteilichkeit[1] der Leitung
- Bereitschaft der Konfliktbeteiligten zur Klärung abfragen (auf einer Skala von 0–100)
- Erwartungen der Konfliktparteien abfragen (»Welches Ergebnis möchten Sie heute erreichen?«)
- Regeln und Absprachen treffen
▼

- Grenzen klären (Wann brechen die Konfliktbeteiligten den Kontakt ab?)
▼

---

[1] Wir haben uns für den Begriff der Allparteilichkeit an Stelle des Begriffs der Neutralität entschieden, da wir davon ausgehen, dass Menschen nicht neutral sind, sondern über eine eigene Meinung verfügen. Wichtig ist jedoch für die Mediation, dass die Leitung das Wohl aller beteiligten Parteien im Auge hat.

27

Sichtweisen
- Ist-Stand des Konflikts
- Erscheinungsform des Konflikts
- Benennen des Konflikts aus der jeweiligen Sicht, z. B. durch Formulierung eines »Titels« oder einer »Überschrift« für den Konflikt

Konfliktgeschichte –
Zurück zu den Wurzeln
- Auslösersituation des Konflikts – wann hat er begonnen?
- Geschichte des Konflikts – welchen Verlauf hat der Konflikt genommen?
- Beteiligte
- Konfliktstile

Motoren des Konflikts
- Was hält den Konflikt »am Laufen«, was sind die Motoren des Konflikts?
- Ziele und Interessen der Beteiligten
- Gegebenenfalls Konsequenzen bei Nichtklärung thematisieren

Entwicklung von Handlungsoptionen
- Wünsche an den Anderen / die Andere?
- Was bin ich selbst bereit, für eine Verbesserung zu tun?
- Ideen sammeln (ohne Bewertung)
- Prioritätenliste der Vorschläge
- Abgleichen
- Gegebenenfalls Konsens oder Kompromiss
- Gegebenenfalls Abmachungen für die nächste Zeit

Vereinbarungen
- Schriftlich festhalten (situationsbedingt)
- Umsetzung und Controlling klären

27.3 Methoden des Psychodramas in der Praxis der Konfliktmediation bzw. -moderation

Das Psychodrama nach Moreno als Aktionsmethode hat zum Ziel, Begegnung zwischen Menschen herzustellen bzw. diese zu verbessern, damit alle Beteiligten Handlungsfähigkeit erreichen. Im Extremfall kann dieses bedeuten, dass es in »Blockadesituationen« darum geht, überhaupt wieder handlungsfähig zu werden. In anderen Situationen steht die Verbesserung bzw. der Ausbau der Handlungsmöglichkeiten im Vordergrund. Beides führt häufig zu einer höheren Motivation. Im Psychodrama wird eine Situation nicht nur verbal beschrieben, sondern dargestellt – auch aus unterschiedlichen Sichtweisen. Gefühle, die mit diesem Erleben verbunden waren, werden nicht aus der Erinnerung erzählt, sondern in der jetzigen Darstellung aktuell erlebt. Dadurch können unter anderem Motoren eines Konflikts wahrgenommen und aufgedeckt werden.

❗ **Durch die Handlungstechnik des → Rollentauschs haben die Beteiligten die Möglichkeit eines Perspektivenwechsels, d. h. sie schauen auf sich selbst, auf die anderen und auf den Konflikt aus einer anderen Perspektive.**

Dadurch ist es ihnen unter anderem möglich, Vorurteile aufzulösen bzw. sich selber neue Handlungsschritte vorzuschlagen, die anschließend in der eigenen Rolle ausprobiert und überprüft werden können. In einer Gruppensituation spielen die Rückmeldungen der »Nichtagierenden« eine zentrale Rolle.

Entwickelt wurde das Psychodrama ursprünglich als Gruppenpsychotherapiemethode. Erfahrungen zeigen jedoch, dass es sich auch hervorragend in der Konfliktbearbeitung einsetzen lässt, insbesondere zur Konflikterhellung, zur Klärung verschiedener Sichtweisen, der Konfliktgeschichte und den Motoren des Konflikts sowie zur Entwicklung von Handlungsoptionen. Der Fokus liegt dabei auf drei Bereichen:

1. die Darstellung des Systems, in dem der Konflikt aufgebrochen ist;

2. die Anteile des oder der Beteiligten sichtbar und bearbeitbar zu machen;
3. die Wahrnehmung der unterschiedlichen Perspektiven der Beteiligten und die Unterscheidung von Ursache und Wirkung (▶ Abschn. 27.2.1).

Zur Einleitung und zur Klärung des Controllings greifen wir auf klassische Moderationsmethoden zurück.

Psychodrama ist im beruflichen Umfeld grundsätzlich für alle Konfliktfelder, Branchen und Hierarchieebenen geeignet. Wir haben in unserer beruflichen Praxis bislang nicht feststellen können, dass z. B. Mitarbeiter der Produktion anders auf psychodramatische Methoden reagieren als die Mitglieder einer Geschäftsleitung.

27.3.1 Die Rolle der Leitung

Bevor im Folgenden verschiedene Anwendungsbeispiele dargestellt werden, möchten wir einen Blick auf die **Rolle der Leitung** werfen. Das Psychodrama wird häufig als eine »konfrontative« Arbeitsweise angesehen. Das stimmt unter dem Aspekt, dass eine Person, die eine Situation dargestellt hat, nicht sagen kann: »Das habe ich so nicht gemeint!« Die Beteiligten müssen sich bei ihrer Darstellung mit ihren eigenen Gefühlen konfrontieren, was den großen Vorteil hat, schnell an das Zentrum des Konflikts zu kommen.

Für die Leitung bedeutet dies, dass sie eine Vertrauensebene zu den Beteiligten herstellen und halten muss. Dazu gehört als Grundvoraussetzung, dass die Leitung nicht parteiisch ist. Ansonsten wäre der Manipulation Tor und Tür geöffnet, wobei es schon schädlich wäre, wenn die Beteiligten lediglich das Gefühl hätten, die Leitung sei für die eine und gegen die andere Partei.

In der psychodramatischen Arbeit beinhaltet Leitung bis zu drei unterschiedliche Rollen, die über den gesamten Prozess zum Tragen kommen können, aber nicht immer müssen:

Die Rolle des Helfers. In dieser Rolle unterstützt die Leitung bei Blockaden, gibt Hilfestellungen für die Beteiligten, um handlungsfähig zu werden

bzw. zu bleiben. Dabei ist die → Doppeltechnik hilfreich.

Die Rolle des Regisseurs. Die Leitung macht Vorschläge für die szenische Umsetzung, indem sie z. B. auf die Symbolebene wechselt, um den Beteiligten einen Perspektivenwechsel zu ermöglichen.

Die Rolle des Kämpfers. In der Rolle des Kämpfers konfrontiert die Leitung, z. B. um Widersprüche bei den Beteiligten aufzudecken. Dabei ist die Grundhaltung zu beachten, dass Leitung mit und nicht gegen einen Widerstand arbeitet.

Diese drei Rollen sollten der Leitung zur Verfügung stehen, um sie einsetzen zu können, wenn es der Konfliktlösung dient.

27.3.2 Praktische Anwendungen in unterschiedlichen Settings

❗ Die Methoden des Psychodramas erfordern immer die Vorüberlegung der Leitung: »Warum schlage ich diese Intervention vor, und wem bzw. wozu nützt sie?«

Das hat zur Folge, dass Methoden variiert werden müssen – bezogen auf den Konfliktinhalt und das Setting, in dem man sich gerade befindet. Im Folgenden unterscheiden wir drei Settings:

❗ 1. Bearbeitung eines Konflikts zwischen zwei Personen (ohne andere Anwesende),
2. Bearbeitung eines Konflikts zwischen zwei Personen innerhalb einer anwesenden Gruppe,
3. Bearbeitung eines Konflikts zwischen Gruppierungen.

Die folgende Aufzählung kann natürlich nur eine Auswahl sein und erhebt nicht den Anspruch der Vollständigkeit.

27.3.3 Methoden für die Klärung und Bearbeitung des Konflikts

Was ist unser Konflikt?

Innerhalb einer Konfliktklärung kommt es häufig vor, dass die Beteiligten von unterschiedlichen

Wahrnehmungen ausgehen, worin für sie der Konflikt besteht. Die Folge sind Missverständnisse und das Gefühl »mein Gegenüber hört mir nicht zu«, das wiederum andere Gefühle bzw. eine neue Konfliktebene eröffnen kann. Um dies zu verhindern, macht das Psychodrama mithilfe von Symbolen bestimmte gedachte Sachverhalte sichtbar (anzuwenden bei allen in ▶ Abschn. 27.3.2 aufgeführten Settings).

Methodisches Vorgehen. Die beteiligten Personen sitzen sich gegenüber, zwischen sie wird ein Tuch gelegt (auch ein anderes Symbol ist möglich), und die Personen sollen den Konflikt aus ihrer Sicht benennen.

Wirkung. Durch die Benennung wird sichergestellt, dass sich beide verständigen, worum es in der Konfliktklärung gehen soll. Die Missverständnisebene ist (in diesem Punkt) aufgehoben. Mitunter – wenn die Auseinandersetzung noch nicht eskaliert ist – lässt sich ein Konflikt schon durch diese Benennung klären und beilegen: Die Konfliktparteien können sich mitteilen, was die Missverständnisse bei ihnen ausgelöst haben.

Alternative Methode. Die beteiligten Personen sitzen sich gegenüber – zwischen sich legen sie Tücher und benennen dabei, was aus ihrer jeweiligen Sicht zwischen ihnen liegt. Beide müssen begründen, warum sie das als »Hindernis« empfinden.

Wirkung der alternativen Methode. Diese Intervention bietet sich bei komplexeren Konflikten an. Es werden unterschiedliche Facetten bzw. unterschiedliche Konfliktebenen sichtbar, die vielleicht auch getrennt behandelt werden müssen. In der Begründung wird der Stellenwert der einzelnen symbolisierten Aspekte sichtbar und unterschiedliche Gefühlsebenen treten zutage. (Ärgert mich das Verhalten, enttäuscht es mich, ist es eine Wiederholung, vermute ich eine bestimmte Absicht dahinter?) Mit diesen Informationen kann die Leitung anschließend gezielter arbeiten.

Zurück zu den Wurzeln

In dem oben angeführten Beispiel (▶ Abschn. 27.2.1), in dem der Konflikt sich an den Ursachen

und nicht an seinen Wurzeln festgemacht hat, kann das Psychodrama dies mithilfe der → Soziometrie sichtbar machen (anzuwenden bei den Settings 2 und 3). Eine Methode hierfür ist das Erstellen einer Zeitschiene.

Zeitschiene. Die Eskalation bei der Jubiläumsfeier wurde szenisch dargestellt und alle suchten einen Schuldigen. Um an die Wurzeln des Konflikts zu gelangen, wurde eine Zeitschiene gelegt (▶ Abschn. 3.8), die aus verschiedenen Strängen bestand, auf denen markiert wurde, zu welchem Zeitpunkt wer mit wem etwas für die Jubiläumsfeier überlegt hat oder dazu etwas entschieden wurde. Dies wurde von allen chronologisch zusammengetragen. Jeder erfuhr von jedem, »was habe ich erfahren, unternommen, nicht getan«.

Wirkung. Durch diese, in diesem Fall sehr komplexe, Darstellung wurde für alle sichtbar, dass alle Beteiligten einen sehr unterschiedlichen Informationsstand hatten. Dieses Defizit konnte ausgeglichen und so Missverständnisse ausgeräumt werden. Auf der persönlichen Ebene wurden Motoren und Eigeninteressen, der persönliche Aktions- und Verweigerungsgrad sichtbar; auf der strukturellen Ebene taten sich gravierende Mängel in der Kommunikationsstruktur auf. Dadurch war es für das Team möglich, den Konflikt auf den verschiedenen Ebenen wahrzunehmen und auch jeweils dort zu bearbeiten.

Konflikterhebung in Teamzusammenhängen

In manchen Teams ist ein Konflikt spürbar, ohne dass er ausgesprochen wird. Die Arbeitsleistung sinkt und das Arbeitsklima leidet. Jeder ahnt, dass es um das Team, möglicherweise um Konkurrenz, geht, letztlich verbleibt jedoch alles im Vagen. Hilfreiche Methoden für die Konflikterhebung sind z. B. (anzuwenden bei den Settings 2 und 3):

Arbeitsplatzsoziogramm. Um zu überprüfen, wie die einzelnen Teammitglieder ihr Team sehen, erstellt jedes Teammitglied ein »Arbeitsplatzsoziogramm«. Dabei werden Nähe und Distanz, positive und spannungsreiche Beziehungen eingezeichnet. Diese → Soziogramme werden verglichen, vorgestellt und begründet. Mögliche Konfliktpunkte können dabei benannt und anschließend bearbeitet werden.

Metapher und Rollen. Es wird eine symbolische Metapher für das Team festgelegt (z. B. Schiff) und jeder weist jedem Teammitglied (sich selbst natürlich auch!) eine Rolle zu (Kapitän, Steuermann, Schiffskoch usw.). Die Rollenzuweisung wird von allen Beteiligten vorgestellt und begründet.

Teamskulptur. Allen Teilnehmern wird die Aufgabe gestellt, eine Skulptur des Teams zu bauen. Je nach Themenlage kann es eine Skulptur für die Innen- oder Außenwirkung sein, oder eine für die derzeitige Arbeitsleistung. Jede Skulptur wird begründet (zur Skulpturarbeit ▶ Abschn. 3.7).

Rangreihe. Eine methodische Zuspitzung besteht darin, dass jedes Teammitglied eine Rangreihe zu einem bestimmten Kriterium aufstellt (z. B. »Auf wen kann bei uns derzeit am wenigsten verzichtet werden?«) und diese begründet.

Wirkung. Bei diesen Methoden bietet das Psychodrama eine Möglichkeit, sich dem Thema bzw. dem möglichen Konflikt anzunähern, ihn deutlich aufzuzeigen und damit bearbeitbar zu machen. Das Arbeiten mit einer Metapher erleichtert es häufig, bestimmte Dinge zu benennen. Dabei ist die Hauptaufgabe der Leitung, dies wieder auf die Realitätsebene »zu übersetzen«. Wichtig ist für alle Beteiligten, zu berücksichtigen, dass es sich um subjektive Bilder der Einzelnen handelt und nicht um allgemeingültige Aussagen. Um aber eine Vergleichbarkeit auch auf dieser subjektiven Ebene zu ermöglichen, ist es wichtig, dass die Einzelpersonen sich selbst in ihre »Bilder« einbauen.

Durch Doppeln zu den Motoren des Konflikts

Dieses Vorgehen bietet sich in Situationen an, in denen die Konfliktparteien sich eine »verbale Schlacht« liefern, die meist ineffektiv ist, da sie sich im Kreis dreht, über gegenseitige Schuldzuweisungen nicht hinauskommt und nicht zu den Ursachen (Motoren) des Konflikts gelangt. Um dies zu stoppen bzw. neue Impulse zu setzen, ist es

hilfreich, die → Doppeltechnik einzusetzen (anzuwenden bei 1, 2, 3) bzw. allgemein das Potenzial der Gruppe zu nutzen (anzuwenden bei 2).

Methodisches Vorgehen. Die verbale Auseinandersetzung wird gestoppt. Die anderen Gruppenmitglieder werden gebeten mitzuteilen, was sie gehört bzw. wahrgenommen haben, worum es ihrer Ansicht nach in diesem Konflikt geht, und wie sie ihn benennen würden. Die Gruppenmitglieder können befragt werden, welche Themen die Protagonisten aus ihrer Sicht vermeiden. Anschließend setzen die Konfliktpartner ihr Gespräch fort.

Alternative. Die verbale Auseinandersetzung wird gestoppt. Die Leitung bzw. die Gruppenteilnehmer doppeln, was bisher nicht ausgesprochen wurde. Mögliche Motoren des Konflikts können benannt werden, es können mögliche Gründe dafür gesammelt werden, dass die Konfliktpartner aus der Beschuldigungsschleife nicht herauskommen. Anschließend setzen die Konfliktpartner ihr Gespräch fort.

Wirkung. Über die Mitteilung der Wahrnehmungen der Gruppe bzw. durch das Doppeln werden den Konfliktpartnern neue oder zurückgehaltene Facetten und Gefühle angeboten, die in das weitere Gespräch einfließen können. Dies kann einerseits durchaus als Konfrontation wahrgenommen werden (die einen Schritt nach vorn bewirken kann), andererseits aber auch als eine Form der Hilfestellung, da andere unterstützend mitdenken und mitempfinden. Für das Psychodrama ist es eine wesentliche Haltung, das Potenzial einer vorhandenen Gruppe zu nutzen, wenn es für die Konfliktbewältigung hilfreich ist.

Nonverbale Begegnung

Nonverbale Begegnung lässt sich methodisch einsetzen, wenn die Konfliktparteien sich »verweigern«, indem sie zu einer verbalen Klärung nichts beitragen. Ebenso gibt es Situationen, in denen die Konfliktparteien zwar reden, aber nichts aussagen. In solchen Fällen ist es hilfreich, auf die nonverbale Ebene zu gehen und dort zu agieren, um die Bearbeitung wieder in Gang zu bringen (anzuwenden bei 1, 2).

27

Methodisches Vorgehen. Die beiden Konfliktpartner stellen sich in zwei gegenüberliegende Ecken des Raumes, von wo aus sie auf die andere Seite wechseln. Einerseits sollen die Teilnehmer dabei erspüren, welche Formen und Möglichkeiten der Kontaktaufnahme bzw. der Verweigerung sie praktizieren; andererseits können sie ausprobieren, wie sie die Begegnung erleben wollen. Wird eine Vermeidung durch hohes Tempo ausgelebt, kann die Übung auch in → Zeitlupe wiederholt werden.

Wirkung. Beiden Personen wird durch diese Übung ermöglicht, in Kontakt zu ihren, auf die andere Person bezogenen, Gefühlen zu kommen. Sie nehmen wahr, welches der Motor ihrer Verweigerung ist, stellen aber auch fest, welchen Sinn diese Verweigerung hat bzw. welche Unsinnigkeit sie enthält. Durch Gesten kann die Haltung zum Gegenüber ausgedrückt und anschließend verbalisiert werden. Auch dabei erweist sich das → Doppeln häufig als hilfreich. Wichtig: Beide Personen müssen gedoppelt werden (Vermeidung der Parteilichkeit)! Da diese Übung Gefühle verstärkt, muss die Leitung darauf vorbereitet sein, dass sich die Konfliktpartner in einer solchen Situation angreifen. Unkontrollierte Angriffe müssen im Ansatz gestoppt werden. In diesem Fall ist dann wichtig zu erfragen, welches der auslösende Impuls ist, da dieser Hinweise auf die Hintergründe des Konflikts bzw. auf Übertragungsanteile gibt, an denen weiter gearbeitet werden kann.

Szenische Darstellung

Auch die szenische Darstellung macht einen Konflikt für die Kontrahenten und die möglichen Zuschauer erlebbar und damit bearbeitbar (anzuwenden bei 1, 2, 3 in Variation).

Methodisches Vorgehen. Sind sich beide Konfliktpartner über die Szene und den Ablauf einig, wird auf der »psychodramatischen Bühne« die Konfliktsituation aufgebaut und durchgespielt. Mögliche andere anwesende Personen in der Szene werden durch andere Gruppenmitglieder bzw. durch → leere Stühle dargestellt. Mitspielende Personen erhalten durch Eindoppeln Informationen zur Person und zu deren Verhalten in der

Situation. Der Ablauf der Handlung kann immer wieder unterbrochen werden, durch das Zur-Seite-Sprechen können die Kontrahenten Gefühle formulieren, sodass die beiden Konfliktpositionen bewusst werden. Auch hier kann durch ein Symbol der Konflikt benannt werden.

Vorszene und innerer Monolog. Um an die Ursachen bzw. Motoren eines Konflikts heranzukommen, wird eine »Vorszene« dargestellt. Bevor die Personen sich begegnen, halten sie jeweils einen »inneren Monolog«, in dem sie aussprechen, wie es ihnen jetzt geht, was sie vorhaben, wie vorurteilsfrei oder -beladen sie in die Begegnung gehen. Der Monolog wird durch ein Interview der Leitung unterstützt. Dies verdeutlicht, ob der Konflikt eine frühere Ursache bzw. einen früheren Beginn hat. Wenn nötig, kann die eigentliche »Auslöseszene« dargestellt werden.

Spiegeln. Die → Spiegeltechnik (eine Person schaut von außen auf sich und die Szene) ermöglicht, eine andere Perspektive zu gewinnen und alternative eigene Verhaltensweisen zu visualisieren. Weiterhin können Lösungsvorschläge oder Vorschläge zur Deeskalation wahrgenommen werden, die dann in der Szene umgesetzt werden können. Diese Vorschläge an sich selbst und an andere können im Spiel (»Probehandeln«) überprüft und differenziert werden.

Sharing und Feedback. Innerhalb einer Gruppe schließen sich nach der Aktionsphase das → Sharing, das → Rollenfeedback und das → Identifikationsfeedback an. Die anderen Teilnehmer geben dabei wichtige Rückmeldungen und Wahrnehmungen aus ihrem Erleben wieder. Diese stellen für die Konfliktpartner noch einmal zusätzliche Facetten dar, die in ihre zukünftigen Handlungen mit einbezogen werden können.

Wirkung. Durch die szenische Darstellung werden der Konflikt, die Vorschläge zur Deeskalation und zur Lösung nicht beschrieben, sondern erlebt. Dadurch erreichen die Konfliktpartner einen hohen Grad der eigenen Verbindlichkeit in ihrem Handeln. Der innere Monolog als Vorszene kann für beide Beteiligten vieles aufhellen und zur Bearbeitung des eigentlichen Konflikts beitragen. Der Perspektivwechsel durch das → Spiegeln erhöht die Bandbreite der eigenen Aktionsmöglichkeiten.

❗ **Die Effizienz des psychodramatischen Spiegels in der Konfliktberatung resultiert daraus, dass sich die Konfliktpartner selbst Handlungsanweisungen geben, statt diese durch Dritte von außen zu erhalten.**

Die Rückmeldungen in Sharing und Rollenfeedback verstehen sich als Reflexionsangebot, niemals jedoch als »absolute Wahrheit«. Ratschläge Dritter müssen in dieser Phase unterbunden werden, da sie die Beteiligten eher unter Druck setzen als ihnen einen Handlungsraum zu öffnen. Stattdessen bietet das Psychodrama eine spezielle Form des »Probehandelns« an (anzuwenden bei 2).

Probehandeln. Entweder wird die Szene gestoppt oder die Leitung schlägt das Probehandeln am Ende der Szene vor, wenn die Konfliktparteien zu keiner Lösung gekommen sind. Die anderen Gruppenmitglieder werden nach Ideen befragt, wie sie sich in der jeweiligen Situation verhalten würden. Sie gehen in die Rolle einer Konfliktpartei und die Szene wird nun mit diesem Handlungsvorschlag gespielt. Im Nachhinein begründet die Person ihre Handlungsidee und erklärt, wozu sie dienen sollte.

Wirkung. Die jeweiligen Konfliktpartner hören nicht nur, sondern erleben die neuen Vorschläge und können so überprüfen, ob sie diese als angemessene Lösung empfinden oder nicht. Bei Bedarf können auch Handlungsvorschläge von den beteiligten Konfliktpartnern selber ausprobiert werden. Die Gruppe übernimmt bei dieser Vorgehensweise eine hohe Mitverantwortung für die Lösung des Konflikts. Hauptaufgabe der Leitung ist es dabei, die Vorschläge zu hinterfragen und zu überprüfen, ob sie Bestand haben bzw. wirklich eine Lösung für alle Beteiligten darstellen.

Konsequenzräume

Diese Methode beschäftigt sich weniger mit dem Konflikt selbst als mit den Konsequenzen des jeweiligen Konfliktverhaltens. Die psychodrama-tische Sichtbarmachung dient dazu, diese überhaupt wahrzunehmen, zu überprüfen, einzuschätzen und daraus Entscheidungen für das weitere Verhalten zu treffen. Ausgangspunkt für dieses Beispiel ist eine Situation, in der es innerhalb eines Teams einen Konflikt zwischen zwei Personen gibt (anzuwenden bei 1, 2).

Methodisches Vorgehen. Auf der Psychodrama-Bühne werden mithilfe von Tüchern zwei »Konsequenzräume« geschaffen. Der eine Raum hat die Überschrift: »Wenn wir so weitermachen, wie bisher«, der andere: »Wenn wir einen Neuanfang wagen«. Beide Konfliktpartner benennen im ersten Raum aus ihrer Sicht Konsequenzen, legen sie symbolisch mit Tüchern und begründen sie. Sie müssen sich dann der Frage stellen, ob sie bereit sind, diese Konsequenzen zu tragen und warum. Im zweiten Konsequenzraum erläutern beide Konfliktpartner mit Tüchern, welche Konsequenzen ein Neuanfang für ihr eigenes Verhalten hat, welche Grundvoraussetzungen sie fordern und welche Verbesserungen dies für das Arbeitsklima hätte. Im dritten Schritt sollen sie sich für einen der beiden Räume entscheiden und dies auch begründen.

Alternative. Die beiden Konfliktpartner werden direkt mit den Konsequenzen konfrontiert, können diese aber auch direkt abarbeiten. Wichtig für die Leitung ist dabei, dass beide Personen immer im Gespräch miteinander bleiben, um das Problem gemeinsam zu lösen. Allein dadurch kann es für beide eine Erfahrung geben, dass sie etwas gemeinsam schaffen können. Sind die übrigen Teammitglieder anwesend, können diese aus ihrer Sicht auch Konsequenzen »legen«, zu denen die beiden Konfliktpartner Stellung beziehen müssen. (Z. B. »Wenn ihr so weitermacht wie bisher, wollen wir mit euch beiden nichts mehr zu tun haben!«).

Wirkung. Durch die gelegten Tücher spüren die Beteiligten, was es bedeutet, sich in diesem »Raum« aufzuhalten; das Gefühl wird dadurch intensiver, als wenn nur Begriffe genannt werden. Die jeweilige Begründung verhindert, dass erwünschte Konsequenzen gelegt werden, die zwar die eigene

Konfliktposition verbessern würden, aber unrealistisch sind. Dies wahrzunehmen und zu überprüfen ist Aufgabe der Leitung im psychodramatischen Interview. Die Aufforderung, sich am Schluss zu entscheiden, zwingt die Betroffenen, direkte Verantwortung für ihr Tun zu übernehmen. Gelingt es ihnen nicht, sich für einen Raum zu entscheiden, so wird genau diese »Unmöglichkeit« fokussiert und weiter bearbeitet.

Entsprechendes ist möglich in einer Situation, in der ein Team eine Person »rauswerfen« will. Mögliche Fragestellungen wären dann: Welche Lücken entstehen im Arbeitsprozess, welche Arbeitsbelastung bedeutet das für mich, welche Erleichterung empfinde ich? Selbstverständlich müssen alle Äußerungen begründet werden. Durch diese Übung kann eine vermeintliche Lösung differenziert werden, oder es kann sich herausstellen, dass das vom Team geplante Vorgehen tatsächlich die beste Lösung für alle darstellt.

27.3.4 Methoden für die Entwicklung von Handlungsoptionen und Vereinbarungen

Um die persönliche Ebene der Verbindlichkeit zwischen den Beteiligten stärker zur Geltung zu bringen, kann es hilfreich sein, Wünsche und Erwartungen an mein Gegenüber und an mich selbst zum Ausdruck zu bringen. Auch hierbei bedient sich das Psychodrama der Symbolebene, um einen »handgreiflichen Kontakt« an die Erwartungen und Wünsche herzustellen (anzuwenden bei 1, 2, 3).

Methodisches Vorgehen. Am Ende der Klärung bekommen die Beteiligten die Aufgabe, Wünsche für die Zukunft (damit sich dieser Konflikt nicht wiederholt) an ihr Gegenüber zu richten. Diese sollten tatsächlich in Form von Wünschen und Erwartungen und nicht in Form von Forderungen formuliert werden. Jede Person wählt pro Wunsch ein Tuch, hält es in der Hand, formuliert den Wunsch und gibt es dem Konfliktpartner. Dieser kann entweder sofort oder bei einem späteren Kontrolltermin zu den Wünschen Stellung beziehen. Im zweiten Schritt wählt jede Person jeweils ein Tuch für die Aussage: »Was bin ich selbst bereit zu tun, damit die gefundene Lösung auch erfolgreich ist?«

Wirkung. Das Symbol des Tuchs in der Hand spricht die Gefühlsebene an. Es konzentriert die Konfliktpartner darauf, was ihnen wichtig ist (affektive Ebene) und nicht nur, was ihnen wichtig sein sollte (kognitive Ebene). Bei den Mitteilungen über die eigene Bereitschaft zur Mitwirkung an der Konfliktlösung ist dieser Aspekt besonders wichtig, handelt es sich doch eine eigene Überprüfung der inneren Überzeugung der Beteiligten. Je sicherer die Einzelnen sind, desto größer ist die Wahrscheinlichkeit der Umsetzung der gefundenen Konfliktlösung.

Kollektiver Rollentausch um Lösungen zu konkretisieren

Besteht über einen Konflikt zwischen verschiedenen Gruppierungen, Sparten oder Abteilungen eine hinreichende Klarheit, kann zur Konkretisierung von Lösungen der kollektive Rollentausch benutzt werden (anzuwenden bei 3).

Methodisches Vorgehen. Jede Konfliktpartei sammelt für sich als Gruppe Lösungsvorschläge. Jeweils ein Vertreter aus jeder Gruppe kommt in die Mitte des Raums und trägt die Ergebnisse seiner Gruppe mit Begründung vor. Anschließend kommt es zweimal zum kollektiven Rollentausch, d. h. jede Gruppierung übernimmt die Rolle der anderen Gruppierungen. Dort sammelt sie aus der »gegnerischen« Sicht Lösungsvorschläge, die entsprechend (mit Begründung) vorgetragen werden. Danach erörtern alle Gruppen die genannten Vorschläge, um dann einen – gegebenenfalls modifizierten Vorschlag – mit Begründung vorzustellen. Im letzten Schritt versuchen sich die Gruppen zu einigen.

Wirkung. Der kollektive Rollentausch zwingt alle Beteiligten in einen Perspektivenwechsel, um Verantwortung für das Gesamte zu übernehmen. Sie versuchen damit nicht nur das Beste für sich herauszuschlagen, sondern berücksichtigen auch die

Interessen der anderen. Das ist für den Bestand einer Lösung sehr hilfreich. Die Begründungen sind unbedingt notwendig, um zu verhindern, dass eine Gruppierung in einer anderen Rolle ihre eigene Position aufwertet, indem sie die Position der gerade eingenommenen Rolle abwertet. In der Begründung wird dies entlarvt und verhindert.

Wie aus der Reihe der Beispiele sichtbar wird, bieten Psychodrama und Soziometrie eine Vielfalt von Methoden und Variationen für die Konfliktbearbeitung an. Zu bedenken ist allerdings, dass die Anwendung für die Leitung ein hohes Maß an Verantwortung und Einfühlungsvermögen in die Personen und die Situationen verlangt.

27.4 Ausblick: Von der Konfliktmoderation zur Konfliktkultur

Konflikte sind der Motor für Veränderungen. Sie ermöglichen – bei einem konstruktiven Umgang –Entwicklungen und Innovationen. Die Moderation bzw. die Vermittlung eines Konflikts trägt als »einzelnes Ereignis« dazu bei, dass in einer Organisation oder in einem Unternehmen dieses Potenzial genutzt werden kann. In manchen Fällen mag schon eine Moderation einen Einfluss darauf haben, wie die Beteiligten künftig mit Konflikten umgehen werden. Will man allerdings einen konstruktiven Umgang mit Konflikten im Unternehmen, im Team oder im Projekt dauerhaft etablieren, so erfordert dies eine Auseinandersetzung mit der bestehenden und der zukünftig angestrebten Konfliktkultur. Gerade bei der Entwicklung und Installation von strukturrelevanten Projekten wäre die frühzeitige Evaluation von Konfliktpotenzialen zur Implementierung einer nachhaltig konfliktsensiblen Unternehmenskultur von zentraler Bedeutung. Diese Konfliktkultur würde Teil der Unternehmens- bzw. Organisationskultur. Die Chance, strukturrelevante Umgestaltungen hierfür zu nutzen, wird leider erst in Ansätzen erkannt.

Im Folgenden skizzieren wir die Fragestellungen, die für diesen Prozess eine Rolle spielen.

Die Geschichte der letzten Jahre – Ereignisse – Veränderungen
- Gab es kulturelle Werte und Normen des Unternehmens, die im Wandel waren oder sind?
- Welche Konfliktfelder entstanden daraus?
- Welche spielen heute noch eine Rolle, offen oder als Geheimthemen?

Heute – Ist-Stand
- Welche Konfliktstrategien und -stile werden angewandt, mit welchen Auswirkungen?
- Welche Interessen werden verfolgt?
- Was wollen wir als Kultur beibehalten, was verändern?
- Wie könnte ein Frühwarnsystem aussehen?

Zukunft
- Zukunftsszenarien entwickeln
- Welche Schritte wollen wir als nächstes machen?

Als besonders wichtig erachten wir es, dass die Beteiligten in die Entwicklung der künftigen Konfliktkultur von Anfang an einbezogen werden und sie mitgestalten. Konflikte werden so immer stärker als Normalität verstanden, dürfen benannt und dadurch auch bearbeitet und geklärt werden.

Zusammenfassung
Konflikte zu vermeiden ist in der Regel nicht möglich – allerdings nicht einmal wünschenswert, denn das hieße, auf ihr innovatives Potenzial zu verzichten. Natürlich sind Konflikte auch nicht per se positiv und konstruktiv, denn wenn sie nicht zufriedenstellend geklärt werden, können sie in einen zerstörerischen Kreislauf führen. In einer Konfliktmoderation werden die Konfliktparteien durch eine externe und allparteiliche Moderation auf dem Weg zu

▼

einer nachhaltigen Lösung unterstützt. Dabei sind Konfliktmoderatoren in erster Linie für den Prozess und das methodische Vorgehen der Bearbeitung zuständig; die inhaltliche Verantwortung bleibt bei den Konfliktparteien selbst. Die klassische Moderation lässt sich gut mit den Methoden des Psychodramas und der Soziometrie verknüpfen. Diese Verbindung ermöglicht es, Prozesse, Beziehungen und Hintergründe zu verbildlichen und damit die emotionale Seite von Konflikten sehr effektiv in die Bearbeitung einzubeziehen.

Weiterführende Literatur

Beck, R. & Schwarz, G. (1995). *Konfliktmanagement*. Alling: Sandmann. (130 Seiten)
Der kompakte Reader von Beck u. Schwarz fasst viele zentrale Punkte aus Glasls und anderen Grundlagenwerken zusammen, wobei naturgemäß einige Differenzierungen wegfallen. Diese Straffung und die Ergänzung mit gut verständlichen, aber nicht trivialen Ausführungen zur systemischen Diagnose und Bearbeitung von Konflikten machen das Buch zu einem für die Beratungspraxis hilfreichen Arbeitsmittel.
Berkel, K. (1999). *Konflikttraining. Konflikte verstehen, analysieren, bewältigen* (6. Aufl.). Heidelberg: Sauer. (120 Seiten)
Berkels kompaktes Bändchen fasst die wichtigsten psychologischen Grundlagen der Entstehung und Bewältigung von Konflikten zusammen. Zwischendurch schlägt Berkel viele Übungen vor, die den Leser zur Selbstreflexion anregen, um so die im Text beschriebenen Phänomene an der eigenen Anschauung zu verdeutlichen. Diese und weitere bei Berkel beschriebene Übungen lassen sich auch in Konflikttrainings einsetzen.
Glasl, F. (1990). *Konfliktmanagement: Ein Handbuch für Führungskräfte und Berater*. Bern: Haupt. (460 Seiten)
Sehr umfangreiches Werk zu Grundlagen und Diagnose von Konflikten, Strategien und Rollenmodellen der Konfliktintervention und vielem mehr. Insbesondere Glasls Konflikteskalationsmodell, das auf über 100 Seiten dargestellt wird, hat sich als wichtiger Bestandteil von Trainings und Workshops zum Thema entwickelt. Zwar erläutert Glasl Erscheinungsformen und Dynamik von Konflikten an zahlreichen Fallbeispielen, um das Buch als Hilfsmittel für die Entwicklung von Interventionen zu nutzen, ist jedoch einige »Übersetzungsarbeit« seitens der Leser erforderlich.
Schwarz, G. (1999). *Konfliktmanagement. Konflikte erkennen, analysieren, lösen* (4. Aufl.). Wiesbaden: Gabler. (330 Seiten)
Hier werden die verschiedenen Konfliktarten (persönliche Konflikte, Paar-, Dreiecks-, Gruppen-, Organisationskonflikte usw.) besonders ausführlich behandelt; die Ausführungen zu Lösungs- und Interventionsstrategien sind dagegen recht kurz gehalten. Einfache Sprache, mit vielen Abbildungen illustrierter Text.

Literatur

Besemer, C. (1999). Mediation – *Vermittlung in Konflikten* (6. Aufl.). Baden: Werkstatt für gewaltfreie Aktion.
Glasl, F. (1999). *Konfliktmanagement. Ein Handbuch für Führungskräfte, Beraterinnen und Berater* (6. Aufl.). Bern: Haupt.

Das Psychodrama in der qualitativen Markt- und Sozialforschung

D. Weller, J. Hartlaub

> Vielfach tendieren Forscher und Kunden [in der Marktforschung, die Autoren] dazu, nur das explizit Gesagte, eventuell bereinigt um verzerrende gruppendynamische Störeffekte, als einzig gültiges Datum zu akzeptieren. Dies geschieht zumeist unter dem Hinweis auf die dadurch bewahrte Objektivität. Solche Beschwörung der Objektivität ist nun keineswegs voraussetzungslos. Wird hier doch angenommen, dass die Verbraucher sich ihrer Motivationszusammenhänge bei der Verwendung von Produkten und Marken immer bewusst seien und sie einfach verbalisieren könnten, würden sie daran nicht z. B. durch Gruppendruck gehindert (Dammer u. Szymkowiak, 1998, S. 40).

28.1 Qualitative Marktforschung – Rolle, Aufgaben, Methodenspektrum

Die Entdeckung neuer Welten jenseits der Nutzenmaximierung

Es mag zunächst überraschen, die »Wirtschaft« als Anwendungsfeld in einem Lehrbuch über Theorie und Methodik des Psychodramas zu finden, weshalb der Hintergrund dieser thematischen Verknüpfung erläutert werden soll.

Mit der Entwicklung immer engerer, hinsichtlich der Produkt-Qualität homogenerer Märkte, die zugleich immer schnellerem Wandel und immer kürzeren Innovationszyklen unterlagen, stieß das einfache Modell des »homo oeconomicus«, der immer im Sinne seines größten ökonomischen Nutzens handelt, an seine Grenzen. An den Märkten sind zunehmend Anbieter überlegen, welche sich differenzierter in ihre Zielgruppen hineinversetzen und in Rechnung stellen, dass das menschliche Konsumverhalten ebenso komplex und vielschichtig determiniert ist wie das gesamte Erleben und Verhalten des Menschen überhaupt. Das Wirtschaften in postkonventionellen und post-rationalen Märkten versucht daher zunehmend, die Erkenntnismöglichkeiten der Psychologie (sowie der Soziologie und weiterer Humanwissenschaften) in ihre Strategien und Entscheidungen einzubeziehen.

Dabei erwies sich, dass der Einbezug der Psychologie keine generalisierte Lösung erlaubt, sondern bei jeder einzelnen Fragestellung erneut empirische Erforschung der relevanten Faktoren und Mechanismen erfordert – eine immer neue Aufgabe für eine relativ junge Disziplin, die psychologische Marktforschung.

Neben der quantitativen Ausprägung der Marktforschung entwickelte sich früh auch ein Bereich, der mit »offenen«, »nicht-standardisierten« Methoden und Verfahren arbeitete, um in dialogischen Prozessen überhaupt erst an die relevanten Dimensionen und Faktoren und Beziehungen untereinander zu gelangen.

Im Bereich dieser qualitativen Marktforschung kamen folgerichtig zunehmend theoretische Konzepte erfolgreich zur Anwendung, die von konstruktivistischen, systemischen, ethnologischen und vor allem tiefenpsychologischen Paradigmen beeinflusst sind. Die meistverbreiteten Verfahren in der qualitativen Markt- und Sozialforschung sind das qualitative Interview bzw. »Tiefeninterview« sowie die Gruppendiskussion.

Zielgruppen verstehen – offen, dynamisch und multiperspektivisch

Qualitative Marktforschung hat die Aufgabe, zu rekonstruieren, was Zielgruppen bewegt. Zentrale Herausforderung hierbei ist die Integration der Perspektiven Erleben, Handeln, Kommunikation und Umwelt (Weller u. Grimmer, 2004). Ebenfalls differenziert und integriert werden müssen die Aspekte unterschiedlicher Typen, spezifischer (Alltags-)Verfassungen und Entwicklungsphasen oder -zyklen (Weller, 2004). Hierfür ist sowohl ein umfassendes methodisches Spektrum erforderlich als auch ein hinreichend breiter theoretischer Hintergrund. So kann qualitative Marktforschung helfen, Entscheidungen auf ein multidimensionales Zielgruppenverständnis zu fundieren. Typischerweise liegen solche Entscheidungen in der Konzeptionsphase von Marktaktivitäten, wenn es um die Frage geht, welche Anforderungen und motivationalen Anknüpfungspunkte auf Zielgruppenseite überhaupt bestehen.

28.2 Psychodrama und wirtschaftspsychologische Erkenntnisgewinnung

Verstehen und Handlungsoptionen – Ableiten statt Verändern und Transformieren

Das aus dem Psychodrama abgeleitete Marktforschungs-Psychodrama ist in diesem Zusammenhang ein sehr ausführliches und mit vielfältigen methodischen Elementen durchgeführtes Gruppenverfahren.

Analog zu den Verfahren Gruppendiskussion und Tiefeninterview stehen bei der Anwendung des Psychodramas in der Markt- und Sozialforschung nicht die Teilnehmer und ihre persönliche Befindlichkeit oder Entwicklung (sei es bei der Überwindung spezifischer persönlicher Probleme oder im Bemühen um allgemeines Persönlichkeitswachstum) im Vordergrund, sondern ihr Erleben einer marktrelevanten Thematik und Fragestellung. Dieses Erleben und das ihm entsprechende Verhalten im Alltag sind der Studiengegenstand, in dessen Dienst die Durchführung des Psychodramas steht. Die Teilnehmer sind sozusagen das »Medium«, über das die psychologischen Wirkfaktoren des fraglichen Marktes empirisch zugänglich werden.

Die Nutzung der »szenischen Information« im Sinne von Argelander (2007) wird in der tiefenpsychologisch fundierten Marktforschung auch in den Verfahren Tiefeninterview und Gruppendiskussion durchaus als Erkenntnisquelle herangezogen. So weisen Dammer u Szymkowiak (1998) unter dem Stichwort »szenische Analyse« darauf hin, es sei »für die Suche nach Implikationen oft hilfreich, die dramatische Inszenierung zu analysieren, die die Gruppe zum Zeitpunkt der betreffenden Aussage betrieben hat«. Dies bezieht sich hier auf das Setting der Gruppendiskussion, bei

dem nonverbale Informationen im Verhältnis zu den verbalen Beiträgen eher subtile atmosphärische und gesprächsdynamische Phänomene sind. Demgegenüber wird im Marktforschungs-Psychodrama die szenische Dimension geradezu ins Zentrum gestellt und zum hauptsächlichen Informationsträger.

Implizites und Unbewusstes »spontan« entdecken

»Die dramatische Qualität des Motivationsprozesses beruht [dabei] nicht nur auf der Wirksamkeit von widersprüchlichen Regungen und Wünschen. Sie wird dadurch intensiviert, dass nur ein Teil dieser Wünsche bewusst ist, während andere Wünsche unbewusst wirksam sind« (Dammer u. Szymkowiak, 1998, S. 49). Eine besondere Anforderung an qualitative Methoden ist es also, auch unbewusste Aspekte aufdecken zu können.

Das Psychodrama wird innerhalb der qualitativen Verfahren der Markt- und Sozialforschung den indirekten Methoden zugerechnet. Kirchmair (2007) ordnet es in seiner Systematik den **Ausdruckstechniken** als Untergruppe der **projektiven Verfahren** zu. Es gibt jedoch auch unübersehbare und bedeutsame Bezüge zu den **assoziativen** und den **kreativen Verfahren** seiner Systematik. Erlebensinhalte, die sich nach Prinzipien spontaner Assoziationen entfalten, werden auf ein Setting projiziert und dort kreativ umgesetzt. Dem Durchführenden stehen zur Erkenntnisgewinnung nicht nur Mittel des Befragens, sondern in besonderem Maße auch des gezielten psychosozialen Experimentierens sowie Beobachtens zur Verfügung.

Diese methodische Breite erfordert in der Umsetzung ihren Raum: Ein volles Psychodrama dauert typischerweise einen Tag (in Einzelfällen auch mehrere Tage), also mit Pausen etwa 8 Zeitstunden. Es ist jedoch möglich, auch in 4-stündigen Workshops einzelne psychodramatische Elemente oder Sequenzen gewinnbringend einzubinden.

In den Spielszenen des Psychodramas werden die Teilnehmer mit Arrangements konfrontiert, in denen sie spontan Stellung beziehen müssen. Fruchtbar wird diese Vorgehensweise durch ihren »dualen Anregungscharakter« mit einer dialektischen Verknüpfung von Nähe und Distanz:

Der Spielcharakter begünstigt eine identifikatorische Distanzierung vom eigenen Agieren, wodurch die Teilnehmer von Selbstdarstellungszwängen weitgehend befreit werden.

Der emergierende spontane Handlungs- und Interaktionsfluss lässt die Teilnehmer zugleich jedoch sehr authentisch und »selbst-nah« agieren.

Die Teilnehmer erleben im »Hier-und-Jetzt« (»hic et nunc«) Gefühle und Gedanken, die gleichsam das »Interferenz-Muster« ihrer Individualität mit dem überindividuellen Thema bilden. So werden die dargestellten Handlungen (bspw. eine Produktverwendung in der Vergangenheit) aktualisiert und direkt erlebbar gemacht. Über dieses »acting out« (Moreno, 1959a, S. 316) werden die mit der Handlung verbundenen Motive und Emotionen inklusive verborgener Gedanken oder Impulse verbalisierbar.

Zentrale Anwendungsfelder des Psychodramas in der Marktforschung

Ein Großteil der klassischen Fragestellungen der Marktforschung kann mit dem Psychodrama untersucht werden. Einige sind besonders prädestiniert für diesen Zugang (◘ Tab. 28.1).

Eine typische Fragestellung von Entscheidern aus der Wirtschaft bezieht sich auf Entwicklungsspielräume und -grenzen. Wieweit kann ich etwas Bestehendes in eine bestimmte Richtung ausbauen, ohne einen Bruch zu riskieren? Das kann heißen: Wie weit kann ich eine Marke »verjüngen«, ohne dass sich die älteren Kunden verraten oder veralbert fühlen? Wie kann ich eine Marke an ein verändertes Umfeld oder an veränderte Werte annähern, ohne dass ihre Kontinuität verloren geht? Wie viele Untermarken kann ich unter einem Markendach platzieren, ohne dass Beliebigkeit und überforderndes Produktflimmern erlebt werden? Oder anders herum: Wie lange kann ich eine erfolgreiche Marke einfach so lassen wie sie ist, bevor sie als langweilig und altbacken erlebt wird? Das Psychodrama stellt den direktesten Weg zur Erkundung von Fragestellungen dieses Typs dar. Hier wird unmittelbar offensichtlich, bis wohin etwas als stimmige Szene funktioniert, und an welchem Punkt es »kippt« und zu etwas anderem wird.

Nicht nur die Produktlebenszyklen werden immer kürzer, sondern ganze Märkte und Akteurssysteme ändern sich immer schneller. Hier kann das Psychodrama einen direkten Zugang zu erlebten Beziehungsgefügen schaffen. Beispielsweise wenn es um die Frage geht, wer im Gesundheitswesen den schwarzen Peter hat, und wie ein Akteur hier aus Patienten-, Kunden- oder Bürgersicht möglicherweise eine konstruktivere Rolle einnehmen könnte.

Ethische Aspekte des Psychodramas in der Marktforschung

Immer, wenn Menschen zu wissenschaftlichen Studienobjekten gemacht werden, und sei es auch

◘ Tab. 28.1. Anwendungsfelder und Forschungsthemen für das Psychodrama in der Marktforschung

Strategisches Feld	Umsetzung
Kaufmotivanalysen	Grundlagen- und Ad-hoc-Studien zum Verbraucherverhalten / Kauf- und Konsumverhalten
Markenkern-, Markenpotenzial-, Positionierungsanalysen	Exploration von Marken- und Unternehmensimages
Produktentwicklung und -innovation	Aufdeckung und Deutung des psychologischen »Funktionierens« von Produkten und Dienstleistungen
Customer Relationship Management, Mitarbeiterschulungen	Förderung konfliktlösender und kundenfreundlicher Verhaltensweisen
Werbewirkungsforschung	Auswahl und Optimierung gezielter Kommunikationsstrategien und -mittel

mit indirekter Absicht wie in der Marktforschung, stellt sich die Frage nach den ethischen Anforderungen an ein solches Tun (Maas, 2003). Dies gilt umso mehr bei einer hochgradig involvierenden und emotional tiefgreifenden Methode wie dem Psychodrama. Neben den Kriterien der Freiwilligkeit, der Aufgeklärtheit und der angemessenen Aufwandsentschädigung gilt in der Marktforschung üblicherweise das Kriterium des Datenschutzes (Anonymität und Datenvernichtung nach Projektabschluss). Beim Psychodrama sind zusätzliche Kriterien anzulegen: Der Moderator sollte ein für gruppendynamische Methoden angemessen qualifizierter Psychologe sein oder über eine gleichwertige Qualifikation verfügen und seine Moderationsverantwortung konservativ auslegen. Es ist im Zusammenhang mit Marktforschung nicht angemessen, Teilnehmer krisenhafte Inhalte und Zuspitzungen ungebremst durchleben zu lassen. Vielmehr sind bei Bedarf frühzeitig und sensibel Distanzierungshilfen anzubieten und stabilisierende Interventionen (sowie ggfs. ein Nachbesprechungsangebot) einzusetzen.

Eine weitere Frage mit ethischer Relevanz besteht darin, ob man eine humanistisch geprägte Methode herabwertet, wenn man sie einem anderen Werteschema, nämlich den Profitperspektiven von Marktteilnehmern, unterwirft. Dies ist im Einzelfall sicherlich gesondert zu beurteilen. In Betracht zu ziehen ist jedoch die umgekehrte Blickrichtung, inwieweit es gelingt, langfristig die profitorientierte Logik zu erweitern und aufzuwerten, indem man sie mit humanistischen Methoden und Kategorien in Austausch bringt. Insofern Marktakteure ein umso höheres Erfolgspotenzial haben, je besser sie die permanent evolvierenden Wünsche ihrer Zielgruppen treffen und weiterführen können, wird erfolgreiche Marktteilnahme schlussendlich eine Frage gelungener und konstruktiver Empathie. Diese Perspektive ist es, in der Kofman (2006) von der Transformation von »Gier in Güte« durch postmoderne Märkte spricht und die den Einsatz auch des Psychodramas zu Marktbearbeitungszwecken in einen Kontext jenseits einer Reduktion auf wertfreies Profitdenken zu stellen vermag.

28.3 Rahmenbedingungen

Auftragsumfeld und Vorbereitung

Die Durchführung qualitativer Marktforschung folgt häufig einem typischen Muster der Angebotseinholung durch einen potenziellen Auftraggeber und Angebotserstellung inklusive einer Methodenberatung durch ein Marktforschungsinstitut. Die Einbindung der psychodramatischen Methode in das Studienangebot impliziert dabei einerseits eine relative Aufwendigkeit und Hochpreisigkeit der Methode – dieser Mehraufwand muss sorgfältig ins Verhältnis zum Erkenntnispotenzial gestellt und entsprechend beargumentiert werden. Auf der anderen Seite hat die Methode den Bonus einer ungewöhnlichen und nichtalltäglichen Maßnahme in der Marktforschung, der einen neuartigen oder vertieften methodischen Blickwinkel verspricht.

Der Auftraggeber ist in einem übergeordneten Sinne der »Fallgeber«, dessen Anliegen die Ziele vorgibt. Der Auftragnehmer übersetzt die vorgegebene Themenstellung in eine psychologische Frage, indem ein geeignetes Thema sowie ein schlüssiger Umsetzungsentwurf erarbeitet werden. Die Offenheit einer qualitativen Methode impliziert, dass die Zwischenergebnisse immer Einfluss auf das weitere Vorgehen haben können. Im Falle einzelner Arrangements und Szenarien werden damit durchaus auch einzelne Teilnehmer zu »Fallgebern«, indem von ihnen berichtete Alltagssituationen, die mit einem Thema zusammenhängen, zum Ausgangspunkt eines szenischen Arrangements werden. Durch diese Offenheit für Ad-hoc-Arrangements können sich die Phänomene in ihrer Eigenlogik entfalten.

Um die zentralen Fragen einer Thematik treffsicher in einem Leitfaden und vorbereiteten Arrangements aufgreifen zu können, hat es sich bewährt, vor dem Psychodrama einen Untersuchungsschritt mit 10–15 Tiefeninterviews oder 1–2 Gruppendiskussionen durchzuführen. Nach Abschluss des Psychodramas hingegen kann es anstehen, zentrale Ergebnisse in einer quantitativen Erhebung zum selben Thema aufzugreifen.

Setting-Faktoren

Teilnehmer. Im Marktforschungskontext nehmen neben dem Forscherteam pro Psychodrama ca. 8 bis 12 Probanden teil, die wie bei Gruppendiskussionen in enger Abstimmung mit dem Auftraggeber quotiert und rekrutiert werden (z. B. nach Alter, Marken- oder Produktverwendung, ggf. Reaktanz gegenüber Rollenspielen etc.).

Die Teilnahme von Mitarbeitern des auftraggebenden Unternehmens kann unterschiedlich gehandhabt werden: Die teilnehmende Beobachtung eines Auftraggeber-Mitarbeiters ist aus berufsständlichen Gesichtspunkten (Anonymität, Trennung von Auftraggeber und Probanden) sowie dessen emotionaler Verstrickung in die Forschungsfrage (Gefahr für einen ausgewogenen ergebnisoffenen Explorationsprozess) als problematisch einzustufen. Eine bewährte Möglichkeit besteht daher darin, die Gruppe mittels Einwegspiegel oder Videoübertragung aus einem Nebenraum zu beobachten und eine Veränderung der Vorgehensweise in den Pausen mit dem Moderatorenteam zu besprechen.

Die Psychodramen werden zu Auswertungszwecken in der Regel videografiert, wobei strenge datenschutzrechtliche Bestimmungen einzuhalten sind. Daraus resultierende Hemmungen werden in der Regel innerhalb weniger Minuten abgebaut.

Räumliche Gegebenheiten und Requisiten. Bei der Auswahl eines geeigneten Teststudios sollte beachtet werden, dass der Raum eine gewisse Mindestgröße aufweist, um eine Unterteilung in verschiedene »Zonen« zu ermöglichen (klassische Diskussionsrunde am Tisch; abgeteilte Bühne, um die Privilegiertheit des Ortes »Bühne« zu unterstreichen und kollektives Spiel nicht mit der allgemeinen Gruppenaktivität zu vermischen; mehrere Nebenräume für Kleingruppenarbeit).

Requisiten, welche den »Als-ob-Charakter« bzw. den »Spielcharakter« fördern oder zur Symbolisierung von verschiedenen Eigenschaften des Untersuchungsgegenstandes eingesetzt werden, sollten bereitgehalten werden.

28.4 Aufbau und Struktur von Marktforschungs-Psychodrama

Erwärmungsphase

Die Erwärmungsphase (▶ Kap. 8) dient in erster Linie dazu, ein Vertrauensverhältnis zwischen den Teilnehmern untereinander sowie zwischen den Teilnehmern und dem Moderatorenteam zu schaffen. Dabei werden organisatorische Gegebenheiten, Datenschutzrechtliche Bestimmungen und der Ablauf des Tages genau dargelegt.

Äußerst wichtig dabei ist es, bereits zu Beginn Hemmungen abzubauen und Befürchtungen entgegenzuwirken. So sollen Tendenzen zu sozial erwünschtem Antwort- und Spiel-Verhalten minimiert sowie den Teilnehmern Wertschätzung und Respekt vor ihrer Perspektive vermittelt werden.

Ähnlich wie in anderen Gruppenverfahren der Marktforschung folgt im Anschluss daran eine Vorstellungsrunde der Teilnehmer – klassisch in der Runde am Tisch oder als Überleitung zur Spielphase mit kreativen bzw. szenischen Elementen, sofern diese von der Gruppe akzeptiert werden. Des Weiteren können Phantasiereisen eingesetzt werden, an deren Ende die Probanden erste Spontanassoziationen zum Untersuchungsgegenstand äußern.

Aktionsphase

Grundprinzipien. Der Untersuchungsgegenstand wird in der Aktionsphase (▶ Kap. 9), anders als im therapeutischen Setting, nicht von den beteiligten Spielern, sondern vom Psychodrama-Leiter in Anwaltschaft des Auftrages bestimmt, wobei die Fragen zunächst unspezifisch formuliert werden. Ziel dabei ist es, eine möglichst große Offenheit für Spontaneität in den (meist) zwei oder drei Teilgruppen herzustellen, die jeweils das gleiche Thema meist in Rollenspielen, aber auch in Soziogrammen und Kreativtechniken bearbeiten.

Während der Aktionsphase gelten unabhängig von der Art der Arrangements (also z. B. sowohl bei realen als auch bei fiktiven Rollenspielen) auf der Bühne die Prinzipien des »hic et nunc« sowie des »So-tun-als-ob«.

Bearbeitungs-Phasen einzelner Arrangements bzw. Spielszenen. Für jede einzelne Spielszene muss zunächst eine allgemeinverständliche Instruktion erfolgen, die beispielsweise die Ausgangslage und Intention der einzelnen Protagonisten umfasst. Dabei sind verschiedene Varianten möglich:

1. Instruktion geben und danach Akteure aussuchen und umgekehrt,
2. für die gesamte Runde transparente Instruktionen versus Rollenbezogen nur für den vorgesehenen Protagonisten,
3. offene oder konkrete Instruktion.

Auf die Instruktionsphase erfolgt die erste Spielrunde, in der häufig nochmals Unsicherheiten zu klären, Instruktionsinhalte zu wiederholen oder zu spezifizieren sind. Nach kurzer Zeit kommt jedoch ein lebhaftes und »selbsttragendes« kreatives Umsetzen in Gang.

Es empfiehlt sich, den Spielfluss nicht zu kleinteilig zu unterbrechen, um den Hemmungsabbau der Teilnehmer zu unterstützen. Interventionen sollten aber spätestens dann erfolgen, wenn sich eine Szene im Kreis zu drehen beginnt oder versandet. Nach einer Intervention kann das Spiel noch einmal aufgenommen werden.

Nach intersubjektivem »Abschluss« einer Spielszene werden zunächst die Protagonisten, dann die Beobachter der Szene zum Erlebten befragt. Es kann eine Diskussionsphase folgen, aus der sich Variationsmöglichkeiten für Wiederholungen der Spielsequenz ergeben (z. B. wenn Protagonisten ihre Rolle noch einmal anders spielen wollen, wenn ein »Kritiker« aus dem Beobachterkreis »seine Version« darstellen möchte oder wenn ein Rollentausch angemessen erscheint).

Der Zirkel aus Spiel, Reflexion und Variation kann mehrfach durchlaufen werden, bis alle wesentlichen latenten Inhalte eines Arrangements sichtbar geworden sind.

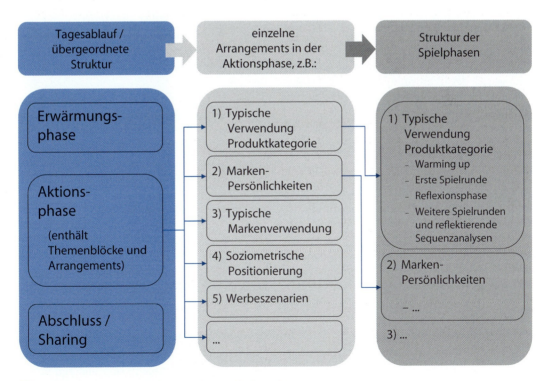

■ **Abb. 28.1.** Struktur eines marktforscherischen Psychodrama-Tages

Sharing-Phase / Abschluss. Grundsätzlich ist eine Stellungnahme der Teilnehmer zum Erleben der Veranstaltung und deren wichtigsten Aspekten sinnvoll. Üblicherweise reicht ein zügiges »Blitzlicht« aus. Je nach Thema und Gruppenverlauf kann auch eine stabilisierende → Sharing-Phase (▶ Abschn. 10.2) angemessen sein (z. B. bei Psychodramen zu Erkrankungen oder bei hoher Belastung einzelner Teilnehmer).

28.5 Inhaltliche Konzeption des Marktforschungs-Psychodramas

Der Leitfaden und seine Handhabung

Abhängig von der Zielsetzung der Studie wird der idealtypische Tagesablauf konzipiert. Idealtypisch deshalb, weil aufgrund der Gruppenzusammensetzung, der Gruppendynamik und der Ergebnisse aus den ersten Methodenbausteinen häufig eine spontane Adaption des Leitfadens an die Situation und die Gruppendynamik erfolgen muss. Ein breites Methodenrepertoire und die Antizipation verschiedener Entwicklungen sind daher die Voraussetzung für das Gelingen eines Psychodramas.

So kann z. B. ein Leitfaden mit dem Forschungsziel der Erarbeitung einer potenziellen Produktlinien für eine Kosmetikmarke die folgenden Schritte umfassen:

1. Szene, die für die Produktkategorie typisch ist (Erfassung von Verwendungsmotiven der Produktkategorie),
2. Erfassen der Markenpersönlichkeit,
3. Szene, die für die Markenverwendung typisch ist (Erfassung von Verwendungsmotiven der Marke),
4. Soziometrische Darstellung von möglichen Erweiterungsprodukten und deren Entfernung zum Ausgangsprodukt, zur Ursprungsmarke sowie zu Wettbewerbsmarken,
5. Entwickeln von Möglichkeiten, diese Produkte werblich zu kommunizieren.

Innerhalb der Befragungsblöcke können und sollen Methoden flexibel zum Einsatz kommen. Insbesondere die Ausdehnung einiger Rollenspiele, deren Einfrieren oder deren Nachspielen mit anderen Darstellern oder deren leichte Variation, z. B. durch den Austausch einer Marke durch eine andere, sollte im Vorfeld nicht strikt festgelegt werden.

Ergibt sich im Verlauf ein unvorhergesehener interessanter Aspekt, der bei der Anlage der Studie im Sinne eines »blinden Fleckes« übersehen wurde, muss dieser spontan mitbearbeitet und erfasst werden.

Konzeption von themenbezogenen Rollenspielen und verwandten Übungen

Das Psychodrama in der Marktforschung besteht überwiegend aus themenzentrierten Spielen, Elementen, die aus der Soziometrie entlehnt sind, und weiteren klassischen Interviewtechniken, Kreativtechniken und projektiven Techniken.

Den Hauptteil bilden jedoch Rollenspiele. Je nach Fragestellungen kommen sowohl spontane Rollenspiele ohne Drehbuch oder Vorgabe von Handlung und Rolle (Stegreifspiel) als auch in Kleingruppen kurz vorbereitete Drehbuch-Rollenspiele zum Einsatz. Ein Stegreifrollenspiel kann als Einstieg in ein stärker strukturiertes und vorbereitetes Drehbuch-Rollenspiel genutzt werden. Dabei herrscht generell kein Spielzwang, d. h wenn ein Teilnehmer nicht spielen möchte, wird dies akzeptiert.

Neben Rollenspielen, die relativ unabhängig von der Fragestellung bzw. in leichter Abwandlung eingesetzt werden können, wird der Großteil der Gruppenaktivitäten speziell für die Fragestellungen konzipiert. An dieser Stelle seien zwei Methoden exemplarisch vorgestellt, die häufig zur Hinführung zur Thematik eingesetzt werden (für weitere Arrangements ◘ Tab. 28.2).

Der → Zauberladen (»magic shop«). Jeder Proband kommt in der Rolle seiner Lieblingsmarke zum Zauberladen, um eine Eigenschaft der Marke gegen eine andere Eigenschaft einzutauschen, die der Marke am dringendsten fehlt. Dadurch wird deutlich, welche Eigenschaft eine Marke unbedingt erhalten sollte, um einen USP zu generieren. Zudem kann erfasst werden, welche Eigenschaften der Marke weniger wichtig sind und ggf. in der Kommunikation vernachlässigt werden können.

Tab. 28.2. Weitere beispielhafte Arrangements

Aufgabenstellung	Hintergrund
»Kaffee-Kränzchen«: »Stellen Sie sich vor, sie wären jeweils ihre Mütter, die sich über die Marken-Gewohnheiten ihrer Kinder unterhalten und was sie davon so halten.«	Durch das Herstellen einer lockeren »Kaffee-Klatsch«-Atmosphäre und die Rollen, die sich zugleich nah und fern sind, wird eine freie Entfaltung der Thematik, wie auch ein nur scheinbar distanzierter Zugang gewährleistet.
Rechtfertigungsspiele, z. B. »Käufer-Nachbar-Verkäufer«:»Stellen Sie sich vor, Sie kaufen gerade xy. Plötzlich steht Ihr Nachbar neben Ihnen.«	Mit dieser Art von Spiel wird das Für und Wider einer Marke aus verschiedenen Perspektiven erlebbar. Der eine Kaufentscheidung typischerweise begleitende innere Dialog wird rekonstruierbar und damit beeinflussbar.
Aktionärsversammlung: »Aktionäre« kritisieren den »Vorstand«, diese müssen bestimmte Aspekte verteidigen oder die Aktionäre durch Präsentation ihrer Lösungen beruhigen.	In dieser Spielsequenz kann analysiert werden, welche Handlungsmöglichkeiten einer Marke von Kundenseite zugebilligt werden und in welchen Handlungszwängen man diese sieht. Außerdem können Reaktionen auf bestimmte Weichenstellungen durchgespielt werden.
Konsumsimulation: »Spielen Sie uns einmal vor, wie sie diese Zeitschrift / diese Marke xy in ihrem Alltag verwenden! Suchen sie ggf. Mitspieler!«	In den Feinheiten und stilistischen Einfärbungen der Darstellungen wird deutlich, worauf es bei der Verwendung einer Marke »wirklich« ankommt. Dabei können ganz unerwartete Seiten zutage treten.

Beispiel: eine Marke für Biomüsli

Die Eigenschaften »dunkle Farbe der Produktverpackungen« und der »zu starke Fokus auf die Gesundheit« werden gegen »nur mit Zutaten aus der Region« und »Genuss ohne Reue« eingetauscht. Hier ergeben sich erste Hinweise auf die Motive »Genuss auch beim Verzehr von Bioprodukten« und »Vertrauen in die Rohstoffe«, die für den weiteren Verlauf des Psychodramas bzw. dessen Interpretation herangezogen werden können.

Typische Verwendungssituation. Durch die genaue Darstellung der typischen Produktverwendung sowie den Einsatz verschiedener Techniken (z. B. → Doppeln, Einfrieren, → Zeitlupe) können wichtige Einblicke in Stärken und Schwächen des Produktes gewonnen werden. Durch die zeitliche Dehnung einzelner Szenen können eine Handlung begleitende Gefühle und Emotionen weiter intensiviert und besser sichtbar gemacht werden. Zudem kann durch die Wiederholung einzelner Szenen (mit denselben oder anderen Darstellern) ein tiefgreifenderes Verständnis für das Erleben und Verhalten der Probanden gewonnen werden, als dies in der realen Nutzungssituation möglich wäre.

Beispiel: Fleckentferner

Die Probanden spielen frei das Entfernen von Flecken an Polstermöbeln. Der Protagonist entfernt den Fleck, ein anderer Proband mimt den Fleckentferner und ein weiterer Proband das Möbelstück. Das Möbelstück wehrt sich zunächst gegen den Einsatz des Fleckentferners, da dessen Farbe nicht der Farbe des Bezugsstoffes entspricht und durch den scharfen Geruch ein Ausbleichen befürchtet wird. Ähnliche Befürchtungen werden vom Protagonisten geäußert. Der Fleckentferner vermag die Befürchtungen nicht zu entkräften, da auch die Farbe der Verpackung sehr aggressiv anmutet.

Anschlussrollenspiel: Die gleiche Szene wird mit einem idealen Fleckentferner nachgespielt. Hier zeigt sich, dass durch eine adäquate Verpackungskommunikation die aufgetretenen Unsicherheiten ausgeräumt werden können. Der Geruch bleibt dabei weiterhin chemisch – wird er entschärft, gewinnen Zweifel hinsichtlich der Wirksamkeit die Oberhand.

28.6 Techniken des Marktforschungs-Psychodramas

Zirkuläre Erkenntnisvertiefung

In Anlehnung an den Situationskreis von Uexküll kann der Erkenntnisprozess im marktforscherischen Psychodrama als ein Zirkulieren zwischen psychodramatischer → Surplus Reality und einem gegenüberliegenden Reflexions-Pol verstanden werden. Auf den Wegstrecken zwischen den Polen kommen jeweils unterschiedliche Ebenen von Übergängen und Interventionen zum Einsatz (◘ Abb. 28.2).

Rollen-Interview

Interview vor und nach dem Rollenspiel. Anders als üblich kann schon im Vorfeld eines Rollenspiels ein Interview zur Einstimmung der Darsteller auf die Szene (z. B. Gefühle vor der Kaufentscheidung) durchgeführt werden. Wichtiger sind aber die den Rollenspielen nachgeordneten, sehr kurzen und ausschließlich auf die in der gezeigten Szene relevanten Aspekte (z. B. Gefühlsänderungen beim Austausch der Lieblingsmarke) und mit der Fragestellung verknüpften Anschluss-Interviews, da durch den nahezu realen Charakter der Szenen Äußerungen leichter fallen.

Rolleninterview. Bei der Intervention auf der Handlungsebene werden die Teilnehmer in ihrer Rolle befragt. Beispielsweise kann der Leiter mit in die Szene kommen, entweder als eine völlig außenstehende Person (z. B. rasender Reporter) um Verständnisfragen zu klären oder als eine Person, Marke, Gegenstand etc., die sich ins Spiel integrieren lässt und dem Spiel eine Wendung geben kann (z. B. Einbringen einer Wettbewerbsmarke, um unterschiedliche Motive bei der Verwendung der Marken zutage zu fördern).

Anregung zum Selbstgespräch. Werden Szenen nicht automatisch von den Teilnehmern kommentiert, kann ein Selbstgespräch initiiert werden. In der Rolle kann ein tieferes Verständnis für das Handeln durch sehr spontane und damit authentische Aussagen generiert werden, als im Anschluss daran, wenn selbstideal-dissonanzträchtiges Verhalten möglicherweise gerechtfertigt wird und bereits die ersten Vergessenseffekte auftreten.

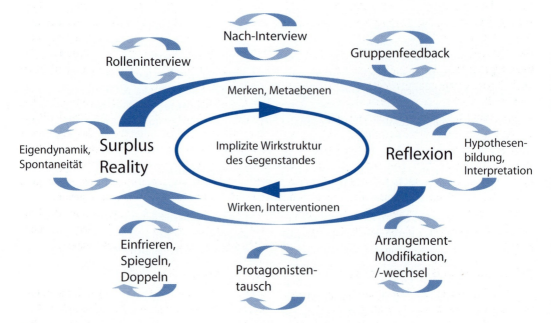

◘ **Abb. 28.2.** Spiralförmiger Austausch zwischen Surplus Reality und Reflexion

Die Aussprache der Beweggründe für das eigene Handeln kann auch von einer doppelnden Person (s. u.) übernommen werden. Der Protagonist stimmt dieser Person dann zu oder äußert »reflexartig« seine eigene Sicht auf seine Beweggründe.

Doppeln

Alle Formen des → Doppelns (▶ Abschn. 4.4) können zum Einsatz kommen. Besonders geeignet im Einsatzbereich der Marktforschung sind jedoch das einfühlende bzw. stützende Doppel und das explorierende Doppel.

Anders als im therapeutischen Kontext wird keine Verhaltensänderung angestrebt, sondern es gilt, weitere Facetten der Fragestellung zu beleuchten. Daher können neben dem Protagonisten auch mehrere Darsteller gleichzeitig gedoppelt werden.

Ein oder mehrere Doppelnde stellen sich hinter den Protagonisten und sprechen dessen (vermutete) Gefühle während des Umgangs mit dem Produkt aus. Im Sinne der gegenseitigen Anregung können so möglichst viele Facetten durch den Einsatz verschiedener Doppler eruiert werden. Zum Beispiel könnte eine schwierig zu öffnende Verpackung für einige Befragte als Qualitätskriterium gelten, da kein versehentliches Öffnen im Laden möglich ist, für andere Probanden könnte jedoch die Kaufbereitschaft sinken, aus Angst, beim Abreißen des Deckels zu kleckern. Der Hersteller sollte reagieren, indem die positiven Eigenschaften beibehalten, die negativen jedoch durch einen anderen Verschlussmechanismus (z. B. zischender Drehverschluss statt Verschluss zum Abziehen) minimiert werden.

Beim explorierenden Doppeln regt das Doppel zum Selbstgespräch (s. o.) an, wobei besonderer Wert auf die in der Situation latent vorhandenen Emotionen gelegt wird (z. B. Klärung der Gefühlslage in den verschiedenen Phasen der Anwendung eines Fleckentferners, um dem Hersteller Hinweise auf wichtige Aspekte in der Kommunikation zu geben).

Rollentausch und Rollenwechsel

Bei den Techniken des Rollentauschs (reziprok) und des Rollenwechsels (einseitig, ▶ Abschn. 4.3) steht im themenzentrierten Marktforschungs-Psy-

chodrama die Zielsetzung im Mittelpunkt, alle relevanten Facetten eines Themas sichtbar werden zu lassen und sie durch die psychologische Spiegelung in unterschiedlichen Persönlichkeiten klarer hervortreten zu lassen. Durch die gegenseitige Ergänzung verschieden besetzter Spiel-Formationen entsteht schnell ein rundes, psychologisch vollständiges Bild, das über die verschiedenen Persönlichkeitsprofile und Erfahrungshorizonte einzelner Teilnehmer hinausgeht und sich durch Wiederholungen mit neubesetzten Rollen schrittweise vom eher naheliegenden zu zunehmend impliziten und überraschenden Bewusstseinsinhalten vorarbeitet.

Sowohl der kollektive Rollenwechsel als auch der Rollentausch zwischen Protagonist und Hilfs-Ich(en) ist möglich. Beispielsweise können in einem Verkäufer-Kunden-Rollenspiel im Rollentausch zwischen Kunde und Verkäufer weitere, ggf. besser auf die Kundenbedürfnisse passende Verhaltensweisen des Verkäufers ermittelt werden.

Spiegeln

Spiegeln (▶ Abschn. 4.5) wird eingesetzt, wenn eine Verhaltensweise im Umgang mit einem Produkt oder einer Marke sehr ungewöhnlich erscheint, wenn Unklarheiten bestehen, wie diese Verhaltenweise (Mimik oder Gestik) zu interpretieren ist, oder wenn die Protagonistin diese Verhaltensweise im Umgang mit dem Produkt / der Marke etc. im Sinne eines blinden Flecks nicht zu bemerken scheint.

Wie im therapeutischen Setting ahmt ein Hilfs-Ich (oder auch der Leiter) das Verhalten der Protagonistin nach. Dabei kann bspw. das Verdrehen der Augen bei der Beschäftigung mit einem Produkt oder einer Werbemaßnahme überzogen dargestellt werden, um den Protagonisten anzuregen, eine Erklärung für sein Verhalten zu geben.

Dabei stehen (je nach Fragestellung) die Produktfeatures, Marke und /oder Kundenbeziehung/Kommunikation im Zentrum des Interesses.

Soziometrische Elemente

Die der → Soziometrie (▶ Kap. 15) entlehnten Elemente innerhalb eines marktforscherischen Psychodramas geben beispielsweise Aufschluss über

Zusammenhänge zwischen verschiedenen Produktkategorien oder Marken. Nicht die »Messung zwischenmenschlicher Beziehungen« wie bei Moreno (Moreno, 1959b, S. 19), sondern die Messung von Beziehungen zwischen Produktkategorien oder Marken interessiert in diesem Kontext. Wie in der klassischen Soziometrie können bspw. Subgruppen und Außenseiter herausgearbeitet werden, indem sich die Teilnehmer zusammen verschiedene Positionierungen unterschiedlicher Marken im dreidimensionalen Raum erarbeiten. Möglich ist auch die Umpositionierung einzelner Marken, um Auswirkung und Wahrnehmung aus Sicht der anderen Marken und der Teilnehmer außerhalb der Rolle zu eruieren bzw. Optimierungspotenziale in Richtung der neuen Positionierung zu erarbeiten.

28.7 Ergebnis-Analyse und Ableitung von Handlungsempfehlungen

Ein konstituierendes Merkmal qualitativer Forschung ist ihre Offenheit. Durch sie wird der Studienprozess zum Teil seines eigenen Ergebnisses – bereits während der Durchführung erfolgt eine

ständige Hypothesenbildung, die durch geeignete Fortführung überprüft und weiterentwickelt wird. Durch diese Beweglichkeit und durch die ständige Überschneidung von Datenerhebung und Interpretation besteht überhaupt das hohe Potenzial der qualitativen Forschung, neuartige Erkenntnisse zu generieren.

Zugleich bedeutet dieses mehrdimensionale Vorgehen in einem halboffenen Prozess eine ständige Herausforderung in Hinblick auf die Transparenz und Nachvollziehbarkeit des Weges zu den Ergebnissen. Es gibt keine durchstrukturierten Rezepte, aber es gibt typische Merkmale und Phasen der Analyse, die dem jeweiligen Auftraggeber weitestmöglich nachvollziehbar gemacht werden sollten (Abb. 28.3).

28.8 Exemplarische Zielgruppen und Themenfelder

Handlungsorientiertes Forschen mit Kindern

Zieht man Kinder oder Jugendliche als Zielgruppe der Marktforschung heran, muss man sich aus dem eigenen, »erwachsenen« Denken herausbewegen und verhindern, spektakuläre Befunde über

kursorische Phänomen-Durchsicht	Auffälligkeiten, Durchgängiges, Widersprüchliches
Bezug zu Interpretationsfolie(n)	Psychodynamische, Sozialpsychologische, Kognitionspsychologische Modelle relevant?
Sammeln von Polaritäten	Eckpunkte, Verhältnisse, Wendungen in den Phänomenen
Priorisieren und Clustern von Polaritäten	Definition der prägnanten Dimensionen
Bildung eines spezifischen erklärenden Modells	Funktionale Verknüpfung der zentralen Dimensionen
Anwendung des Modells auf konkrete Einzelfragen	Durchdeklinieren des Modells auf die Forschungsfragen
Ableitungen	Konsequenzen des Modells für die Forschungsfragen
Ergebnisdarstellung	Strukturierte und umsetzungsorientierte Aufbereitung

Abb. 28.3. Analyseschritte

die Gesamtheit der Kinder und Jugendlichen zu stülpen (vgl. Dammler, Barlovic u. Melzer-Lena, 2000, S. 22).

Die gängigen Verfahren der Kindermarktforschung (Einzelexploration, Gruppendiskussion oder Minigruppe) erfüllen zwar den erhobenen Anspruch nach einer kindgerechten Behandlung, jedoch sind diese Methodenbausteine zeitlich relativ stark begrenzt, weshalb Sachverhalte meist nicht ganzheitlich behandelt werden können. Das Psychodrama trägt ferner dem zentralen kindlichen Verhalten »Spiel« stärker Rechnung. Dabei gilt es »dieses natürliche Rollenspiel, in ein gezieltes überzuleiten« (Moreno, 1953, zit. nach Shearon, 1980, S. 266).

Durch die längere Dauer (bei Kindern ca. 3-4 Stunden mit genügend Pausen und freiem Spiel zwischendurch) und den spielerischen Charakter wird ein geschützter und von Vertrauen geprägter Raum etabliert, der die Aufmerksamkeitsspanne von Kindern berücksichtigt und dem natürlichen Bedürfnis nach Bewegung und Spiel nachkommt. Im Spiel ist durch dessen »Als-ob-Charakter« und dessen Spontaneität die Gefahr sozial erwünschter Antworten sehr gering ausgeprägt.

Im Rahmen eines Psychodramas mit Kindern können die im allgemeinen Abschnitt beschriebenen Techniken eingesetzt werden, wobei diese je nach entwicklungspsychologischem Stand der Kinder abgewandelt bzw. vereinfacht werden.

Kinder müssen häufig weniger zum Spiel aufgefordert werden, sondern eher gebremst und an die Regel »So-tun-als-ob« erinnert werden. Das Spielgeschehen muss häufiger eingefroren werden, um Nachfragen zu ermöglichen (vgl. Aichinger u. Holl, 1997, S. 44 ff.).

Handelsformen

Ergebnisreiche Psychodramen wurden zu Themenstellungen aus dem Bereich Einkaufs- und Bezugsformen durchgeführt. Dabei wurden in Studien beispielsweise die motivationalen Wirkungsprofile und alltagspsychologischen Entwicklungsspielräume von Einkaufsformen wie stationärem Einzelhandel, katalogbasiertem Versandhandel, sowie internetgestütztem Online-Shopping durchgespielt und analysiert. Eine spezifischere Studie thematisierte die Entwicklung im Arzneimittel-

markt und die psychologischen Chancen und Grenzen von Offizin- versus Versandapotheken.

Dies sind Beispiele für Studien, bei denen auf ganz unterschiedlichen Abstraktionsebenen Rollenspiele angesiedelt werden können. Auf einer ganz konkreten Ebene wurden einzelne Kaufakte und ihre Variationsmöglichkeiten durchgespielt, um das Zusammenwirken einzelner Erlebensfacetten zu verstehen. Auf einer alltagsferneren Ebene konnten die einzelnen Kauf-Formen als personalisierte Rollen miteinander in Interaktion treten. Auch typische Strebungen des Kaufinteressenten (möglichst aufregend / möglichst schnell / möglichst »nebenbei« etc.) wurden personalisiert und ergebnisreich mit den verschiedenen Kaufformen in Interaktion gebracht. Andere Spielformen inszenierten beispielsweise eine familiäre «Krisensitzung», in welcher eine bestimmte Einkaufsform problematisiert wurde und die unterschiedlichen Familienmitglieder etwas dazu beitrugen, wie diese Einkaufsform den nächsten Entwicklungsschritt doch noch würde schaffen können.

Forschungsfeld Krankheitsbewältigung

Hochgradig polyvalent und daher nur über tiefenpsychologisch fundierte Studien zu verstehen ist ebenfalls das Thema Krankheitsbewältigung. Jede Indikation wird dabei reguliert über spezifische Muster psycho-sozio-behavioraler Bewältigungsstrategien.

In einer Studie zum Umgang mit Lippenherpes entfalteten sich ungeahnte Dynamiken bei der Inszenierung einzelner Phasen des Krankheitsausbruches. Personifiziert wurden nicht nur unterschiedliche Gefühls-, Interpretations- und Handlungstendenzen des Betroffenen, sondern ebenfalls die Viren, Apotheker, Freunde und Familie und insbesondere auch bestehende und mögliche Marken von Behandlungsmitteln.

Ähnlich »dramatisch« entfaltete sich die Inszenierung des Themas Kopfschmerzen. Hier kamen komplette über Generationen weitergegebene oder mit dem Generationswechsel ins Gegenteil gekehrte vorbewusste Schmerzbewältigungskulturen und -philosophien zum Vorschein, die teilweise in ein und derselben Person ihre Konkurrenz ausfochten.

Auch Indikationen mit zentralerer Relevanz der Figur des Arztes können erfolgreich psychodramatisch thematisiert werden.

Zusammenfassung

Das aus Morenos Psychodrama für die Marktforschung abgeleitete Vorgehen erweist sich als sinnvolles methodisches Medium für ziel- und zweckgerichtete Erkenntnisprozesse in der anwendungsorientierten Forschung. Sein besonderer Wert liegt in diesem Anwendungsfeld in tiefenscharfer Sicht auf Wirklichkeitsaspekte, die mit anderen Verfahren kaum zugänglich sind. Insbesondere können im Bereich der Marktforschung mit der Methode des Psychodramas intersubjektive Bedingungen experimentell durchgespielt und bestimmt sowie Abstrakta konkretisiert und anschaulich gemacht werden. Darin liegt die Chance der validen Beantwortung der Frage, wie ein wirtschaftliches Handlungsfeld anders als bisher, aber eben »psychologisch funktionierend«, gestaltet werden kann.

Betrachtet man den ökonomischen und zeitlichen Druck, unter dem Marktforschung üblicherweise stattfindet, ist es bemerkenswert, dass diese aufwendige Methode in dieser Branche überhaupt Eingang gefunden hat. Schließlich erfordert nicht nur die Durchführung selbst erhebliche Ressourcen, sondern auch die Vermittlung an potenzielle Auftraggeber sowie die Aneignung der erforderlichen Qualifikation und Erfahrung stellen zusätzliche Hürden dar. Die erfolgreiche Anwendung trotz dieser Faktoren basiert darauf, dass ein realer Mehrwert vorhanden ist und es auch praktisch möglich ist, diesen freizulegen. Allerdings muss ebenfalls festgestellt werden, dass die Methode in Hinblick auf ihre Verbreitung derzeit weit unter ihren Möglichkeiten steht. Das bedeutet zugleich, dass Unternehmen, die ihre Vorteile nutzen, sich damit einen nicht zu unterschätzenden Vorsprung bei der empirischen Fundierung ihrer Marktaktivitäten verschaffen können.

Literatur

Aichinger, A. & Holl, W. (1997). *Psychodrama – Gruppentherapie mit Kindern*. Mainz: Grünewald.

Argelander, H. (2007). *Das Erstinterview in der Psychotherapie* (7. Aufl.). Darmstadt: Wissenschaftliche Buchgesellschaft.

Dammer, I. & Szymkowiak, F. (1998). *Gruppendiskussion in der Marktforschung*. Opladen: Westdeutscher Verlag.

Dammler, A., Barlovic, I. & Melzer-Lena, B. (2000). *Marketing für Kids und Teens. Wie Sie Kinder und Jugendliche als Zielgruppe richtig ansprechen*. Landsberg am Lech: Moderne Industrie.

Kirchmair, R. (2007). Indirekte psychologische Methoden. In G. Naderer & E. Balzer (Hrsg.), *Qualitative Marktforschung in Theorie und Praxis* (321–342). Wiesbaden: Gabler.

Kofman, F. (2006). *Metamanagment – Der neue Weg zu einer effektiven Führung*. Bielefeld: Kamphausen.

Maas, J. (2003). Probandenethik ist Berufsethik. Eine polarisierende Betrachtung der Haltung von Marktforschern gegenüber Befragten. *planung & analyse, 30 (1)*, 8–10.

Moreno, J. L. (1959a). Das Psychodrama. In V. E. Frankl, E. Freiherr v. Gebsattel & J. H. Schultz (Hrsg.), *Handbuch der Neurosenlehre und Psychotherapie*. (Bd. IV, 312–317). München: Urban & Schwarzenberg.

Moreno, J. L. (1959b). *Gruppenpsychotherapie und Psychodrama. Einleitung in die Theorie und Praxis* (3. Aufl.). Stuttgart: Thieme.

Shearon, E. M. (1980). Psychodrama mit Kindern. *Acta paedopsychiatrica. The European Journal of Child and Adolescent Psychiatry, 45 (5)*, 253–268.

Uexküll von, T. (2000). Der Situationskreis. In T. von Uexküll & W. Wesiack, *Theorie der Humanmedizin*. (3. Aufl.). München: Urban & Fischer.

Weller, D. (2004). Konsumentenpsychologie auf dem Weg zur Einheit? Ansatz einer integralen Konsumforschung. *Wirtschaftspsychologie aktuell, 11 (2)*, 52–56.

Weller, D. & Grimmer, W. (2004). Qualitative Methoden als Bestandteil einer Integralen Marktforschung. *planung & analyse, 32 (3)*, 61–65.

28

Psychodrama in der Sozialarbeit

J. Müller

29

Begegnung mit Moreno auf Umwegen

Es war Anfang der 1970er-Jahre. Ich absolvierte als junger Mann meine Sozialarbeitsausbildung in St. Gallen. Und plötzlich kam in unserer Schule Unruhe auf: Moreno kommt nach Zürich, hieß es. Ein imposanter Mann sei er, den müsse man gesehen haben. Von Psychodrama war die Rede. Ich weiß noch sehr genau, wie ich damals darauf reagierte: Mit Psycho… habe ich nichts am Hut. Ich bin Sozialarbeiter. Mein Engagement lag in der Politik. Ich beschäftigte mich mit Fragen der Macht. Dies alles hatte für mich nichts mit Psycho… und erst recht nicht mit Psycho… und …Drama zu tun. So ließ ich meine Studienkolleginnen und -kollegen allein nach Zürich zu Moreno fahren.

Kurze Zeit nach dieser »Nicht-Begegnung« mit Dr. J. L. Moreno begann ich meine berufliche Tätigkeit im ambulanten und stationären Suchtbereich. Als Berufsanfänger mühte ich mich mit der sogenannten Gruppentherapie ab. Meine Instrumente dafür kamen aus der sozialen Gruppenarbeit, wie ich sie in meiner Ausbildung gelernt hatte. Mit Politik und Macht war mir jetzt nicht geholfen. Man riet mir, meine Grundlagen zu vertiefen und schickte mich zur Psychodrama-Weiterbildung. Dort konnte ich erfahren, wie das Psychodrama und Moreno als Person eng mit der Sozialarbeit und Sozialpädagogik verbunden sind. Moreno hat das psychodramatische System aus konkreten Lebenssituationen entwickelt. Er hat die Schwierigkeiten der Menschen mit deren konkreten Lebenssituation in Verbindung gebracht und hat aus dieser Situation soziale Beziehungen umgestaltet. So hat er Menschen angeregt, ihre Welt neu zu gestalten und so in die eigene Hand zu nehmen. Es ging Moreno von Anfang an um die Erziehung zu Kreativität und Spontaneität.

Ich habe erst dann erfahren, dass Morenos triadisches System von Soziometrie, Psychodrama und Gruppenpsychotherapie sehr wohl seine Bedeutung in der Auseinandersetzung mit Fragen der Macht und der Politik hat. Was ist denn Soziometrie und die Gruppenpsychotherapie bzw. Gruppenpädagogik anderes als dies: »'Who shall survive' – Wer soll überleben«, wie Moreno sein berühmtes 1934 erschienenes Buch zur Soziometrie betitelte (Moreno, 1996)? Moreno untersuchte die Soziodynamik in Gruppen und größeren Gemeinschaften. Mit dem Gesetz der sozialen Gravitation zeigte er, wie Anziehung und Abstoßung als elementare Kräfte in einer Gruppe und in einer größeren Gemeinschaft wirken (Schwehm, 1994, S. 167). Dabei erkannte er das soziodynamische Gesetz (Moreno, 1996, S. 448), wonach soziometrisch Benachteiligte und Isolierte dazu neigen, auch in formellen Ordnungen isoliert und wenig beachtet zu bleiben, während im Soziogramm Überbevorzugte dazu neigen, überbevorzugt zu bleiben. Der soziodynamische Effekt konfrontiert die Soziometrikerin und den Soziometriker mit einer Art gruppendynamischen Sozialdarwinismus, gegen den sich Moreno mit seinem psychodramatischen System wandte. Die Offenlegung des soziodynamischen Effekts mit dem soziometrischen Test eröffnet die Chance, diesen mit dem Psychodrama und dem Soziodrama zu beeinflussen und vorhandene Konstellationen zu verändern (Schwehm, 1994, S. 170). Auf dem von ihm beschriebenen Weg zur Neuordnung der Gesellschaft bezeichnete sich Moreno als »Soziater«. Unter Soziatrie versteht er die Wissenschaft der Heilung sozialer Systeme (Moreno, 1996, S. 385). Es ging ihm um weit mehr, als in seiner Rolle als Psychiater, der mit der Heilung kranker Menschen beschäftigt ist, stehenzubleiben. Moreno hatte immer auch gesellschaftspolitische Aspekte im Auge.

29.1 Lebensbewältigung und soziale Integration als gemeinsame Ziele von Sozialarbeit und Psychodrama

Sozialarbeit und Psychodrama streben gemeinsame Ziele an: Befähigung zur Lebensbewältigung und Unterstützung zur sozialen Integration.

29.1.1 Sozialarbeit

Mit der wachsenden Verarmung in den Kommunen einerseits und der Zunahme von Klienten andererseits wächst die Tendenz zur Klientenverwaltung in der Sozialbürokratie. Dem gegenüber besteht aber gleichzeitig auch der Wille vieler Träger sozialer Arbeit, respektvoll im Interesse der betroffenen Menschen im Sozialraum gestaltend zu wirken und Steuerungsdimensionen zu wählen, die durch die Lebenswelt der Klientel und weniger durch die Bürokratie bestimmt sind. Erst damit können die Sozialarbeitsziele der Lebensbewältigung und der sozialen Integration wirklich nachhaltig angestrebt werden. Morenos Konzept des Psychodramas, der Soziometrie und der Gruppenpsychotherapie / Gruppenpädagogik bietet für die Sozialarbeit ein hoch kompatibles methodisches Werkzeug, die strukturellen und zwischenmenschlichen Prozesse zu analysieren und Veränderungsprozesse zu gestalten.

Soziale Arbeit befasst sich mit einzelnen Menschen und sozialen Systemen in Problemsituationen und schwierigen Lebenslagen, die aus eigener Kraft nicht (mehr) bewältigt werden können. Sie zielt darauf ab, mit professionellen Dienstleistungen den Zugang zu den eigenen Ressourcen zu eröffnen, deren Stärkung zu fördern und soziale Benachteiligungen zu verhindern (Fachschule Aarau, 2001). Damit hat die soziale Arbeit nicht nur einen gesellschaftlichen Integrationsauftrag, der ihre Interventionen legitimiert. Es gehört auch zum professionellen Verständnis, soziale Teilhabe zu ermöglichen und die (Re-)Integration von Menschen in prekären Lebenssituationen zu unterstützen. Sie orientiert sich dabei an einem multiperspektivischen biografischen Fallverstehen auf der Grundlage einer Alltags-, Lebens- und Sozialraumorientierung und hat so einen sozialtherapeutischen Hintergrund. Das psychodramatische Handlungsverfahren lässt sich mit diesen Sozialarbeitskonzepten sehr gut verbinden.

Gegenstand der Sozialarbeit ist die kumulative soziale Randständigkeit aufgrund mehrfacher – genauer gesagt kumulativer – sozialer Probleme. Sozialarbeitsprobleme sind demnach die Folgen der Kumulation mehrfacher Marginalisierung aufgrund von Ausstattungs-, Austausch- und Macht- bzw. Verknüpfungsproblemen, wie sie von Staub-Bernasconi (1994, S. 46 ff.) mit der prozessual-systemischen Denkfigur beschrieben werden. Dies hat spezielle Auswirkungen auf die Sozialisation und die Sprachdifferenzierung der Klientel. Die Klienten verfügen über spezifische Kommunikationsweisen, denen in der sozialarbeiterischen Beratung mit dem Verfahren des Psychodramas besonders Rechnung getragen werden kann.

Unter dem Motto »Verstehen lernen« postuliert Spies (2002) das biografische Fallverstehen als Grundlage bedarfsgerechter Intervention. Dabei haben sich Verfahren der Biografieforschung als geeignet erwiesen, Lebenspraxis, Biografien, Familienkonstellationen und Arbeitsleben sowie institutionelle Alltagswelten und soziale Milieus zu erkunden. Mittels des psychodramatischen Verfahrens kann die Biografie vom Klienten und vom Sozialarbeiter in der Aktion gemeinsam erforscht werden. Diese Aktionsforschung bringt für die Diagnostik und die Intervention eine Menge zusätzlicher Informationen über Lebensumstände und -antriebe des Individuums, auf deren Grundlage ein vertiefter Verstehensprozess initiiert werden kann.

»Einen gelingenderen Alltag ermöglichen« will Thiersch (1986, S. 42) mit seiner Theorie einer alltags- und lebensweltorientierten Sozialarbeit. Für Thiersch zielt Alltagsorientierung auf das Handeln in konkreten Situationen. Das Zielverständnis des Lebensweltansatzes ist die Hilfe zur Selbsthilfe, die Stärkung alltagsbezogener Handlungskompetenzen und Formen der Solidarität. Eine lebensweltorientierte soziale Arbeit engagiert sich für die Stützung primärer Hilfebeziehungen und nimmt generell eine Perspektive ein, die an den subjektiven Sichtweisen, Bedürfnissen und Möglichkeiten der Hilfesuchenden anknüpft. Diese Alltags- und Lebensweltorientierung war von Anfang an Morenos Anliegen. Aus ihr heraus hat er das psychodramatische Verfahren entwickelt.

In der Weiterentwicklung der Lebensweltorientierung wird heute in der Sozialarbeit von Sozialraum- und Ressourcenorientierung gesprochen. Eine bedeutende Dimension im Alltag vieler, gerade benachteiligter Menschen ist der »Sozialraum«, also der Ort, an dem sie leben (Springer, 1995).

Sozialraumorientierte Sozialarbeit folgt drei Prinzipien:

- Die Sozialarbeit knüpft an die artikulierten und erfragten Interessen und Bedürfnisse der Menschen an. Dabei geht es darum, das Leben der Klienten zu begreifen.
- Die Sozialarbeit aktiviert die Menschen und ihre Ressourcen. Dabei geht es um die Gestaltung des Lebens der Klienten.
- Die Sozialarbeit nimmt die von den Menschen definierten Sozialräume zum Ausgangspunkt. Der Sozialraum wird zum Spielraum.
- Psychodramatische Aktionsforschung ermöglicht es, Leben zu begreifen und zu gestalten.

Ausgehend von den kumulativen Folgen sozialer Probleme und den sich daraus ergebenden Aufgaben entwickelt sich mit dem biografischen Fallverstehen und der Alltags-, Lebenswelt- und Sozialraumorientierung ein sozialtherapeutisches Verständnis für die Sozialarbeit. In der Sozialtherapie (Müller, 1989) werden mittels Begleitungs- und Vernetzungskompetenzen helfende heilende Interventionen und Beziehungen in Gang gesetzt und gute Netzwerke aktiviert. Damit wirkt Sozialtherapie auf Lebensbewältigung und soziale Integration hin. Sie kann durch den Einsatz des psychodramatischen Verfahrens nachhaltig unterstützt werden.

29.1.2 Psychodrama

Auch Moreno verfolgt mit seinem triadischen System der Soziometrie, des Psychodramas und der Gruppenpsychotherapie / Gruppenpädagogik das Ziel der Lebensbewältigung und der sozialen Integration.

In der Sprache des Psychodramas sprechen wir im Zusammenhang mit Sozialarbeitsproble-

men auch von Spontaneitäts- und Kreativitätshemmung (▶ Abschn. 14.1), die zur Desintegration führen. Das Psychodrama will Integrationshilfe sein.

Das Psychodrama in der Sozialarbeit und Sozialpädagogik ist alltags- und lebensweltorientiert und dort auch wirksam. Es ist ein Verfahren, das durch das Handeln am natürlichen Lernen andockt. Dabei sind die Klienten im psychodramatischen Beratungsprozess nicht einfach Objekt, sondern teilnehmendes, über die Aktion selbst forschendes Subjekt der Beratung. Psychodrama ist demnach ein Aktionsforschungsverfahren.

Moreno ist in die Lebenswelt der Menschen gegangen und hat an ihr teilgenommen. Daraus ist sein triadisches System der Soziometrie, des Psychodramas und der Gruppenpsychotherapie/ Gruppenpädagogik entstanden (Moreno, 1996, S. 385). Es geht ihm um die Erweiterung der → Spontaneität und → Kreativität mittels Erhöhung der Rollenflexibilität und des Perspektivenwechsels, vor allem mit der zentralen Psychodrama-Technik des → Rollentauschs. »Spontaneität treibt den Einzelnen zu angemessenen Reaktionen auf eine neue Situation oder zu neuen Reaktionen auf eine alte Situation« (Moreno, 1996, S. 13).

Die biografischen Schritte in der Zeit seines frühen Wirkens sind:

1. Die Arbeit mit den Kindern im Wiener Prater;
2. sein Mitwirken bei der Gründung des Prostituiertenvereins 1913 in Wien;
3. seine erste soziometrische Arbeit als Arzt im Flüchtlingslager Mitterndorf;
4. der Aufbau seines Stegreiftheaters in der Wiener Maysedergasse;
5. später, nach seiner Emigration in die USA, die Arbeit mit schwer erziehbaren Mädchen in einer geschlossenen Einrichtung in Hudson, aus der wichtige soziometrische Untersuchungen hervorgingen;
6. 1931 seine Tätigkeit mit Sträflingen im Gefängnis Sing-Sing.

Das klingt nach einer typischen Sozialarbeiterbiografie. Moreno selbst bezeichnet sich als Soziater – er spricht von der »Soziatrie als Wissenschaft der Heilung sozialer Systeme« (Moreno, 1996, S. 385). Seiner Meinung nach darf ein wirklich therapeutisches Verfahren nichts weniger als die ganze Menschheit zum Objekt haben (Moreno, 1996). Dieser gesellschaftliche Anspruch bringt seine sozialtherapeutische Haltung zum Ausdruck.

29.2 Zur Wirksamkeit des Psychodramas in der Sozialarbeit

Der Berufsalltag der psychodramatisch orientierten Sozialarbeiter findet hauptsächlich im Setting der Alltagswelt der Klientel statt. Wer hier das Psychodrama anwendet, wird verblüfft sein über die Wirkung. Dazu vier Beispiele:

> **Die Methode ist praktisch überall – in situ – anwendbar, d. h. fast an jedem Ort auf der Erde kann spontan eine Bühne geschaffen werden.**
> Ich denke an den Waldspaziergang mit einem Klienten. Wir sind ins Gespräch über ein Arbeitsplatzproblem vertieft. Und schon entsteht eine Szene mit einem Baumstamm, der auf dem Boden liegt, einem Ast und drei anderen Hölzern, die dazu gelegt werden, einem großen Pflanzenblatt und zwei Steinen – eine Bühne, die dem Protagonisten in Erinnerung bleiben wird.
> Eine Supervisandin berichtete mir von einem Psychodrama im Pferdestall, wo sie spontan eine Bühne mit einem Mädchen eingerichtet hat, das sich nicht entscheiden konnte, in den sozialpädagogischen Reiterhof einzutreten. Dabei erhielt das Pferd die Rolle des Hilfs-Ichs und hat das Mädchen im Rollentausch beraten.
> Eine Kollegin schilderte, wie sie mit alten und kranken Menschen die Psychodrama-Bühne auf der Bettdecke einrichtet. Durch die Arbeit mit dem → sozialen Atom werden die emotional bedeutsamen Beziehungsnetze der Klienten deutlich. So kann miteinander daran gearbeitet werden, wer die Klienten demnächst einmal besuchen soll.

Klienten erleben die Wirkung des Psychodramas unmittelbar und können sie direkt in ihren Lebensalltag umsetzen.
Einige Zeit nach seinem Protagonistenspiel erzählt mir ein Klient folgendes: »Bei Meinungsverschie-

▼

denheiten am Arbeitsplatz versuche ich mich zuerst in die andere Person einzufühlen, bevor ich wütend reagiere. Das habe ich im Psychodrama gelernt.«

Psychodrama ist keine abstrakte Methode, in der mit dem Klienten als Objekt etwas geschieht. Im Psychodrama ist er teilnehmendes Subjekt und bemächtigt sich der Methode, um sie in seinem Leben umsetzen zu können.
Eine Klientin berichtete mir folgendes: »Persönlich hat mir das Psychodrama in meiner Partnerbeziehung geholfen. Wenn ich von meinem Partner etwas verlange, das er nicht geben kann, kann ich mit ihm sinnbildlich die Rolle tauschen, um ihn besser zu verstehen. In seiner Rolle merke ich, was ihn an meiner Anspruchshaltung ärgert und ich kann mich entsprechend zurücknehmen.
Wir sprechen hier von Empowerment, Bemächtigung, d. h. Befähigung zur Teilhabe und zur Verwendung des psychodramatischen Verfahrens im Alltag der Lebenswelt. Dies sind zentrale Begriffe in der Sozialarbeit.

Klienten erleben, dass Handeln heilender ist als Reden.
Eine Klientin berichtet: »Ich habe es als interessant erlebt, was man mit dem Psychodrama herausfinden kann. Ich habe das Gefühl, es geht irgendwie tiefer als bloßes Reden. Ich würde jederzeit wieder Psychodrama machen.« Die Klientin hat erfahren, wie das Aufstellen einer Familiensituation ihr Zusammenhänge aufzeigte, die sie vorher nie wahrgenommen hat. Vor allem durch den → Rollentausch mit den einzelnen Familienmitgliedern und dem damit erfolgten Perspektivenwechsel wurde es ihr möglich, im psychodramatischen Spiel neue Handlungsspielräume zu erproben und damit ein neues Rollenrepertoire zu entwickeln. Ein anderer Klient erzählt: »Das Psychodrama-Spiel eines Protagonisten, der die Wut auf seine Mutter bearbeitete, hat mir Angst gemacht. Aber gerade dieses Gefühl hat mir geholfen, meine Probleme mit meiner Mutter klarer zu sehen. Ich habe das Psychodrama als einfachen Weg erlebt, mir und anderen Menschen verständlich zu machen, wo ein Problem liegt.«

▼

29

Für diese Klienten war das Psychodrama ein Initialzünder zu mehr Selbstsicherheit, Spontaneität, Kreativität und Rollenflexibilität. Sie haben gelernt, sich für sich einzusetzen und mithilfe des Rollentauschs zu einem besseren Verständnis der eigenen Situation zu gelangen.

29.3 Erziehung zu kreativem und spontanem Handeln

Grundlegend für das Psychodrama waren vor allem die Erfahrungen mit dem Stegreiftheater, das Moreno 1922 in der Maysedergasse in Wien gründete. Unter aktiver Beteiligung der Zuschauer wurden problematische Lebenssituationen spontan gespielt.

> » Es war eine »Bühne ohne Zuschauer« und ohne Podium. Morenos Ziel seiner frühen Theaterexperimente lag in der Erziehung zu kreativem und spontanem Handeln. Im Umgang mit der Lebenswirklichkeit sollte kreative Konfliktlösung, selbständiges und selbstverantwortliches Handeln angestrebt werden. (Zeintlinger-Hochreiter, 1996, S. 13).

Nach Moreno (1996, S. 13) ist Spontaneität (▶ Abschn. 14.1) die angemessene Reaktion auf eine neue Situation oder eine neue Reaktion auf eine alte Situation.

Durch die spontane szenische Darstellung erfährt die Thematik der Klienten eine unmittelbare Konkretisierung. Es handelt sich hier um eine »szenische Kommunikationsform« wie wir sie als Kommunikationsmuster vieler Sozialarbeitsklientinnen und -klienten kennen. Das Psychodrama als Methode ist geeignet, Defizite zu überbrücken, die häufig aufgrund der Sozialisation, der soziomateriellen Ausstattung und der mangelnden sprachlichen Differenzierungsfähigkeiten der Klienten vorhanden sind.

> Ich erinnere mich an eine italienische Raumpflegerin, die mir eine Begebenheit berichten wollte. Sie erzählte von einem Erlebnis, indem sie die Rolle der Mitbeteiligten in der Ich-Form ausfüllte und
> ▼

die Reaktion der jeweils anderen Person darstellte. Gleichzeitig veränderte sie laufend ihren Standort, damit ich begreifen konnte, in welcher Rolle sie gerade sprach. Damit nahm sie mich regelrecht ins Geschehen mit hinein. Ich staunte, wie sie mir ein Psychodrama vorführte.

Mit dem Psychodrama kann man sich der speziellen Kommunikationsweise der Klientel anpassen, die von einer verbalen und nonverbalen Kommunikation im Rollenhandeln und im Rollentausch geprägt ist. Dies zeigt das folgende Fallbeispiel eines Sozialarbeiters des Jugendamts bei einem Hausbesuch.

> **Psychodrama in situ beim Hausbesuch durch einen Sozialarbeiter des Jugendamts**
> Ein Sozialarbeiter eines Jugendamts traf bei einem Hausbesuch eine Mutter an, die stets abgehetzt von der Arbeit nach Hause kam. Der Sohn, der wenig später ebenfalls nach Hause kam, wurde als Folge der Überforderung seiner Mutter als erstes angemurrt, ob er heute keinen Unsinn gemacht habe. Der Sozialarbeiter lud die Frau zu einem Experiment ein. Sie gingen miteinander zur Wohnungstür und spielten im Rollentausch die Szene nach, in der sie die Rolle des Jungen, der von der Schule nach Hause kommt, übernahm. Dabei wurden der Mutter ihre Überforderung und die Bedürfnisse ihres Sohnes deutlich. Sie spürte in der Rolle des Jungen, wie es ist, so von der Mutter begrüßt zu werden. Sie merkte, was sie sich in der Rolle des Jungen von der Mutter gewünscht hätte: Etwas zu trinken! Am nächsten Mittag setzte sie gleich die neu gewonnene Einsicht in Handlung um. Sie empfing ihren Sohn freundlich und konnte damit den obligatorischen Streit vermeiden. Im psychodramatischen Spiel erlebte sich die Protagonistin als Aktionsforscherin in Bezug auf ihre und die komplementäre Rolle des Gegenübers. Die Klientin erlebte dabei nicht nur ein ihr entsprechendes aktives und direktes Beratungsverhalten, sondern auch eine Beratungsarbeit, die sich an ihrem situativen Problemlösungsverhalten mit den sachlich-konkreten Inhalten orientierte. Das Vorgehen war für sie durchsichtig und nachvollziehbar.

Am Beispiel einer Suchtberatungsstelle lässt sich die breite Anwendungspalette des Psychodramas in den folgenden vier Bereichen zeigen.

Einzel- und Paarberatungen

Bei Einzel- und Paarberatungen von Suchtkranken und ihren Angehörigen sowie weiterer Bezugspersonen (z. B. Arbeitgeber) arbeiten Berater häufig im Sinne des Monodramas mit dem → Rollentausch. Der Klient baut seine Beziehungen im Raum auf, schlüpft in die Rollen, die der Leiter dann hinter dem Stuhl → doppeln kann. So kann eine Aktion und Interaktion zustande kommen. Die nicht anwesende Person wird durch den Berater verkörpert, sodass der Klient sich mit ihm auseinandersetzen kann. Umgekehrt kann natürlich auch der Klient in die Rolle der abwesenden Person treten. Bei Verständigungsschwierigkeiten in Paarberatungen ist es oft angebracht, dass der Leiter die Rolle eines der beiden anwesenden Gesprächspartner übernimmt und auf diese Weise zu Klärungen beiträgt.

Gruppenarbeit

Hier wird das Psychodrama zum Teil planmäßig, zum Teil spontan eingesetzt. So kann in der Suchtarbeit der Gruppenteilnehmer jemanden auswählen, der für ihn sein Suchtmittel verkörpern kann, und jemand anderen, der seinen Widerstand dagegen darstellen kann. Im Rollentausch lässt der Leiter die drei nun miteinander streiten. Einerseits ergibt gerade dieses Psychodrama-Spiel eine Reihe wichtiger diagnostischer Hinweise, andererseits ermöglicht es einen guten Einstieg zur persönlichen und biografischen Aufarbeitung der Suchtursachen und -hintergründe.

Freizeitgruppen

Gerade auch mit Klienten, die als therapeutisch nicht mehr ansprechbar gelten, lassen sich mit dem Psychodrama gute Wirkungen erzielen.

> Im Silvester-Hüttenlager z. B. arbeitete ich bevorzugt mit Märchen- oder Fantasiespielen. Auch ließ ich Wünsche für das kommende Jahr zusammentragen, um sie anschließend szenisch zu gestalten. Damit wurden sie Wirklichkeit und gewannen auch für die Zeit nach dem Ferienlager große Bedeutung.

Prävention

Präventionsarbeit findet häufig in größeren Gruppen statt. In Rollenspielen können Jugendliche z. B. üben, sich einer Situation, auf die sie sich nicht einlassen wollen, zu entziehen. Sie werden darin gestärkt, auch unter Gruppendruck »Nein« zu sagen. Eine andere Form bildet das Rollenspiel, in dem in entfremdeter Art ein Klassentreffen in 20 Jahren gespielt wird. Jemand ist alkoholkrank geworden. Wie verhält er sich? Wie gehen die anderen mit ihm um? Daraus ergibt sich sehr viel Diskussionsstoff zur Vertiefung, aus dem sich wiederum kleine Spielszenen entwickeln können.

29.4 Psychodrama in der Beratung von Personen der sozialen Unterschichten

Die Sozialisationsforschung der 1960er-Jahre deckte Erziehungsunterschiede auf, die vor allem als Bildungsdefizite der unteren Sozialschichten erscheinen (Iben, 2002). Es sind gerade die Angehörigen dieser Schichten, die aufgrund der Kumulation von verschiedenen Ausstattungsdefiziten bzw. -überschüssen zu sozialarbeiterisch relevanten Problemstellungen neigen, aufgrund derer sich gesellschaftliche Desintegration entwickeln kann (Staub-Bernasconi, 1994, S. 46 ff.). Untersuchungen über Beratungen bei Klientinnen und Klienten der Unterschichten und der Randgruppen (Koschorke, 1973) zeigen, dass Methoden und Techniken dann erfolgreich sind, wenn sie sich an den spezifischen Bedürfnissen und den Kommunikations- und Verhaltensgewohnheiten der Klienten ausrichten. Hier zeigt sich, dass das Psychodrama gerade für die Personen der Unterschichten, besonders geeignet ist (Müller, 1986).

❗ **Psychodramatische Sozialarbeit orientiert sich an den Kommunikationsstilen der Klientel (Koschorke, 1973):**
1. **Durchführung von Beratung in Aktion**
2. **Aktion und direktives Beratungsverhalten**
3. **Orientierung an situativem Problemlösungsverhalten**
4. **Ausrichtung auf schnelle Erfolgserlebnisse**

▼

5. Durchführung in überschaubarem Zeitraum mit kurzen Sequenzen
6. Anpassung an die verbale und nonverbale Kommunikationsweisen
7. Orientierung an sachlich-konkreten Inhalten
8. Durchsichtigkeit und Nachvollziehbarkeit der Beratungstätigkeit
9. Orientierung an geringer räumlicher und sozialer Distanz

29.4.1 Orientierung der Beratungsarbeit am aktionsorientierten Problemlösungsverhalten der sozialen Unterschichten

Das in den Unterschichten verbreitete aktionsorientierte Problemlösungsverhalten verlangt von der Beraterin und dem Berater
1. die Durchführung von Beratungen in Aktionen sowie
2. ein aktives und direktives Beratungsverhalten.

Durchführung von Beratung in Aktionen

Es gilt, das eigene Handeln der Klienten zu betonen und sie zum Zupacken, zum Tun (häufig mit dem Schwerpunkt auf körperliche Aktivität) anzuregen, anstatt zu reden. Während sich die Beratung bei Mittelschichten in der Regel mehr in der Form von Kommunikation statt Aktionen vollzieht, leuchtet es Ratsuchenden der Unterschichten wenig ein, dass Reden etwas ist, das Probleme beseitigt. Zudem versetzt diese Art von Beratung das Klientel in eine relative Passivität und mutet ihnen so den Transfer von Kommunikation in Aktion in ihren praktischen Alltag zu.

Das Psychodrama ist auf Aktion ausgerichtet. Moreno hat schon während seiner Wiener Zeit in der Arbeit mit dem Stegreiftheater (Moreno, 1973, S. 14) festgestellt, dass durch das darstellende Spiel bei Protagonist und Antagonist der sogenannte »Aktionshunger« gestillt wird. Das Handeln ist ein zentraler Punkt beim Psychodrama bis hin zum körperlichen Zupacken, z. B. dort, wo es um das Einrichten der Bühne als Vorspann für eine Spielszene geht. Moreno spricht auch davon, dass

das Handeln im Psychodrama die »... seelische Wahrheit an den Tag bringt ...« (Moreno, 1973, S. 77). Durch das direkte Erlebnis im Psychodrama entfällt der Transfer von Kommunikation in Aktion.

Wenn die Angehörigen der Unterschichten sich trotz aktiver Bemühungen als der schwierigen Situation im Alltag unterlegen und ohnmächtig erfahren, kann die Aktivität schnell umschlagen in Resignation, Rückzug aus der Konfliktsituation, Alkoholismus und Apathie. Hier kann das Psychodrama als prophylaktische Hilfe verstanden werden, die Gelegenheit zum aktiven Üben von Verhalten in zukünftigen Situationen gibt. Den Klienten entsprechende Alternativen können erprobt werden. So erweitern sie ihre Rollenflexibilität und können sich neuen Konfliktsituationen erfolgreicher stellen.

Aktives und direktes Beraterverhalten

Ratsuchende aus den Unterschichten erwarten in der Regel auch vom Berater mehr Aktivität. Sie wünschen sich einen aktiven Berater, der sich auch direktiv verhält und konkrete Anweisungen zur Situationsbewältigung liefert. Abstinenz des Beraters im Hinblick auf Äußerungen über seine Person und im Weitergeben persönlicher Ansichten und Ratschläge führt bei Angehörigen der Unterschichten zu noch stärkerer Frustration als in den Mittelschichten. Der Klient aus den Unterschichten möchte etwas Konkretes hören. Er will einen Rat vom »Studierten«, nicht einfach seine Solidarität. Hilfe wird dadurch erfahren, dass ihm der andere spontan und mit der ganzen Person zur Verfügung steht.

Im Psychodrama verhält sich der Leiter oder Therapeut sehr aktiv. Er ist der Regisseur. Mit seiner Aktivität führt er aber den Klienten nicht in eine relative Passivität und Abhängigkeit, sondern er schafft den Freiraum dafür, dass der Klient seine kreativen Möglichkeiten zur Lebensbewältigung bestmöglich entfalten kann. Auf der Bühne wird in Aktion zunächst ein Erlebnis ermöglicht, das er danach als Aktion in seinen Alltag übertragen kann.

Im Weiteren hat der Psychodrama-Leiter Gelegenheit, sich in der → Erwärmungsphase und in der abschließenden Gesprächsphase – z. B. im

→ Sharing und im → Identifikationsfeedback, bei einem Monodrama als Einzelberatung auch im → Rollenfeedback – mit seiner ganzen Person einzubringen. Damit minimiert er die Übertragung des Klienten und ermöglicht ihm mehr Unabhängigkeit und Emanzipation. Er schafft bessere Voraussetzungen dafür, dass der Klient selbst aktiv werden und im Psychodrama auf die Handlungsebene kommen kann.

29.4.2 Orientierung der Beratungsarbeit am situativen Problemlösungsverhalten der sozialen Unterschichten

In den Unterschichten findet sich über den unmittelbaren Arbeitsbereich hinaus ein den sozialen Bedingungen zunächst angemessenes, situatives Problemlösungsverhalten. Die Arbeitsbedingungen von Personen der Unterschichten sind meist gekennzeichnet durch strenge, von außen kommende Vorschriften, geringen Entscheidungsspielraum sowie direkte Überwachung und Sanktionierung. Unter diesen Umständen ist positive Situationsbewältigung gleichbedeutend mit Anpassung an den extremen Situationsdruck. »Situativ« heißt nun: sich den Erfordernissen des jeweiligen Situationsdrucks entsprechend verhalten, eher spontan, impulsiv und mehr aus dem Augenblick heraus lebend als aufgrund der Übersicht über größere Zusammenhänge und Zeiträume.

Ausrichtung auf schnelle Erfolgserlebnisse für den Klienten

In den Unterschichten besteht wenig Verständnis für einen lang dauernden Beratungs- oder Therapieprozess, ja für Beratung und Therapie überhaupt. Man möchte eher vom Symptom befreit werden, als sich einer umfassenden Behandlung der »Krankheitsursachen« zu unterziehen. Von daher überwiegen unterstützende Kurzberatungen diesen Klienten, während in den oberen sozialen Schichten häufiger Psychotherapie und analytisch orientierte Beratung anzutreffen sind.

Das Psychodrama eignet sich sowohl für die tiefenpsychologische Behandlung als auch für die Kurzberatung. Psychodrama ist in vielen Situationen spontan anwendbar, sei es bei einem Einzelgespräch, bei einem Hausbesuch oder bei einem Vortrag vor vielen Menschen. Die Beteiligten kommen in kürzester Zeit zu Einsichten und damit zu einer Befriedigung, die eine rein verbale Kommunikation nicht ermöglicht hätte.

So erfährt der Klient eine Beratung, in welcher der Berater aktiv führt, sich direktiv verhält und als Regisseur im psychodramatischen Spiel konkrete Vorschläge zur Situationsbewältigung liefert. In akuten Krisen treten relativ schnell erste Erfolgserlebnisse ein, die zur Weiterführung der Beratung motivieren.

Beratung in überschaubaren Zeiträumen mit kurzen Sitzungen

Für Klienten aus den Unterschichten sind Beratungen geeignet, die auf überschaubare Zeiträume mit kurzen Sitzungen angelegt sind. Die Schwelle zur Gruppenteilnahme wird mit einer überschaubaren Anzahl von 5-8 Sitzungen von je 1,5 Stunden deutlich gesenkt. Häufig erhöhen die Psychodrama-Gruppenteilnehmer ihren Kontrakt nach einer guten Erwärmungsphase auf acht, zwölf oder 15 Sitzungen, und viele Teilnehmende melden sich für einen weiteren Block an.

Orientierung an sachlich-konkreten Inhalten

Klienten aus den Unterschichten erleben eine Beratung als sinnvoll, wenn sie sich an aktuellen Krisen und Fragen bzw. an Symptomen orientiert. Es geht also zuerst einmal um die sachlich-konkreten Inhalte und nicht um gefühlsmäßige Inhalte, die im Mittelpunkt einer Beratung stehen. Im Psychodrama ergibt es sich fast von selbst, dass auch die zugehörigen Gefühle bei der Darstellung eines Problems auf der Bühne Raum finden.

Mit dem Psychodrama ist es nicht schwierig, beispielsweise eine »Depression« als sachlich-konkreten Inhalt anzupacken, dazu Szenen darstellen zu lassen und so vor allem mittels des → Rollentauschs im Klienten trotzdem gefühlsmäßige Einsichten zu wecken. Dadurch macht er Erfolgserlebnisse, die ihn zur Weiterführung der Beratung mit dem Psychodrama motivieren.

Es darf aber nicht unerwähnt bleiben, dass nach meiner Erfahrung fast bei jedem Gruppenblock in der ersten oder zweiten Sitzung ein oder zwei Teilnehmer »ausgestiegen« sind. Sie haben gespürt, dass hier Veränderungen angestoßen werden, denen sie sich nicht aussetzen wollen. Hier gilt es, auf der sachlich-konkreten Ebene weiterhin Motivationsarbeit zu leisten und so Ängste vor Gefühlen und Veränderungen zu minimieren.

Häufig erleben Gruppenteilnehmer auch, dass das Spiel eines → Protagonisten derart viele Emotionen ausgelöst hat, dass Symptome wie z. B. Schlaflosigkeit auftraten. Da schon geringste psychodramatische Aktionen bei unerfahrenen Klienten große gefühlsmäßige Reaktionen hervorrufen können, sollte Folgendes beachtet werden:

1. Eine die Psychodrama-Gruppe ergänzende Einzelberatung kann Entlastung bringen.
2. In der Leitung einer Psychodrama-Gruppe mit Klienten aus den Unterschichten sollte man sowohl in der Erwärmungsphase der Sitzung wie auch zu Beginn des protagonistenzentrierten Spiels mit sachlich-konkreten Inhalten beginnen. Nur so können die Spielwiderstände gering gehalten werden.

Durchsichtigkeit und Nachvollziehbarkeit der Beratertätigkeit

Für den Angehörigen der Unterschichten ist es wichtig, dass er seine Beratung als durchsichtig erlebt und sie nachvollziehen kann. Erst dann erlebt er sie als sinnvoll und angstfrei, und erst dann ist sie für ihn förderlich. Technokratische und bürokratische Hilfe beispielsweise bei Behörden geschieht anonym und unpersönlich und ist häufig schwer durchschaubar. Dazu kommt die Unbeholfenheit im Vertreten persönlicher Angelegenheiten. Der Klient erlebt sich relativ schutzlos ausgeliefert und damit abhängig und machtlos.

Im Psychodrama erlebt der Klient eine Methode, in der er ein hohes Maß an Selbstbestimmung leben kann. Er muss sich nicht blind vertrauend ausliefern, sondern kann die einzelnen Schritte selbst nachvollziehen und mit seinem Alltagswissen beurteilen.

29.4.3 Orientierung der Beratertätigkeit in den sozialen Unterschichten am Wir-Gefühl in der Gruppe

Angehörige der Unterschichten fühlen sich im Kollektiv und in der Gruppe stark. Sicherheit und Geborgenheit erfährt der Arbeiter in der Schicht, zu der er gehört, aus der Gruppe, in der er ruht, aus dem »Wir« heraus. Erfolge und Verbesserungen ihrer Situation erreichen sie in solidarischer Aktion, oft gegen Institutionen und nicht im individuellen »An-die-Tür-klopfen« und Reden. Diese Menschen haben wenig Geld, dafür aber als Ressource Zeit und persönliche, z. B. handwerkliche Kompetenzen, die sie gegen andere Leistungen eintauschen können.

In den Unterschichten gilt deshalb eine »Ethik der Gegenseitigkeit« auf kollektiver Grundlage, die sich in Werten wie Solidarität, Kameradschaftlichkeit, spontaner Freigiebigkeit und Hilfsbereitschaft äußert. Psychodrama wird sehr häufig in Gruppen angewendet. Durch das gemeinschaftliche Handeln in der Gruppe erleben die Klienten der Unterschichten sich gespiegelt in ihren schichtspezifischen, auf die Familie gegründeten Werten. Oft resultiert daraus ein entsprechender Selbsthilfeeffekt. Gleichzeitig werden andere Gruppenteilnehmer durch die Erfolgserlebnisse eines Protagonisten ermutigt, selbst → Protagonist zu werden. In der Antagonistenrolle bekommen sie Informationen über andere Menschen und deren Situation und erfahren so eine Erweiterung ihrer Rolle und ihrer eingeschränkten Lebensräume.

29.4.4 Anpassung der Kommunikation in der Beratungsarbeit an die verbale und nonverbale Kommunikationsweise der Klienten aus der Unterschicht

Ein letzter, sehr wichtiger Punkt in der Beratung von Angehörigen der Unterschichten ist, dass die Sprache der Klientel angepasst sein muss. Die Kommunikation der Angehörigen der Unterschichten ist, soweit sie verbal erfolgt, stark affektgeladen. Sie geschieht oft in kurzen und abgebrochenen Sätzen. Vieles wird nonverbal mitgeteilt. Einem breiten Strom nonverbaler, stark emotionsgeladener Verständigung sind die sprachlichen Äußerungen aufgesetzt. In den Mittelschichten erfolgt indessen auch die Mitteilung von Emotionen überwiegend durch den Kanal der Sprache, gleichsam durch ein Ventil hindurch.

Kommunikationsschwierigkeiten zwischen dem Berater und den Ratsuchenden aus den Unterschichten liegen oft darin begründet, dass für beide die Sprache eine unterschiedliche Funktion hat. Das allerdings merkt der Berater gerade dann nicht, wenn er den Ratsuchenden gut zu verstehen glaubt, weil er den Hintergrund des Gesagten nicht voll erfassen kann.

Das Handeln im Psychodrama schafft hier eine Brücke. Durch die Aktion lässt der → Protagonist seinen Berater und die anderen Gruppenteilnehmer ganzheitlich an seinen Problemen teilhaben. Insbesondere der → Rollentausch ermöglicht es auch dem → Hilfs-Ich, zur Sprache des Protagonisten zu finden. Ein langjähriges psychodramatisches Training führt den Berater zu einer Rollenflexibilität, aus der heraus er die Sprache einer anderen sozialen Schichtung nicht nur verstehen, sondern auch nacherleben, nachempfinden kann.

Die Bedeutung dieser besonderen Kommunikationsweisen nimmt im Besonderen im Hinblick auf die große Zahl von Menschen zu, die von funktionalem Analphabetismus betroffen oder als Ausländer der deutschen Sprache nicht mächtig sind.

> **Psychodramatische Kommunikation mit ausländischen Personen**

Viele Menschen verhalten sich in ihrem Alltag als Psychodramatiker, indem sie in Gesprächssituationen ihre Kommunikationsstrategie rollenspielend erweitern.

Es handelt sich um eine Begegnung mit einem russischen Fotografen in St. Petersburg, der mehr schlecht als recht die deutsche Sprache beherrschte.

Wir saßen in der Küche seiner Familie, und er berichtete mir von einem Erlebnis mit einem Menschen aus früheren Zeiten. Während er erzählte, stand er plötzlich auf und setzte sich auf die Bank

▼

gegenüber. Damit begab er sich in die Rolle jenes Menschen und berichtete jetzt aus dessen Rolle. Danach setzte er sich auf seinen Platz zurück und erzählte wieder in der eigenen Rolle. Er wiederholte diese Aktion mehrere Male.

Dies hat mir »anschaulich« mithilfe des Rollentauschs geholfen, die Situation zu verstehen, die mir mein Bekannter mit seinen bescheidenen Sprachkenntnissen darstellen wollte.

Dieser Kommunikationsstil kann häufig bei Angehörigen der sozialen Unterschichten und bei Menschen aus andern Kulturen beobachtet werden. Sie gleichen ihr Sprachdifferenzierungsdefizit beim Erzählen auf ganz selbstverständliche Art und Weise durch das spielerische Einnehmen verschiedener Rollen aus.

Dieses Beispiel zeigt auf drei Arten, was die psychodramatische Wirkung ausmacht:

1. Psychodrama überwindet Sprachbarrieren, ersetzt sprachliche Differenzierungsdefizite.
2. Psychodrama erlaubt auch bei geringen Ressourcen durch die bildhafte Botschaft das Abstraktionsniveau zu erweitern.
3. Psychodrama ist Aktionsforschung: Eine Erzählung kann engagierter miterlebt werden, als wenn sie nur in Worten berichtet wird.

29.5 Psychodramatische Aktionsforschung

Psychodramatische Aktionsforschung ermöglicht es, Leben zu begreifen und zu gestalten. Indem die Klienten ihre Lebenswelt und ihre Sozialräume auf der Bühne präsentieren, wird der Berater in ganz anderer Weise in die Lage versetzt, ihre Lebenszusammenhänge zu verstehen. Gleichzeitig begreifen auch die Klienten vertieft und gewinnen so Ressourcen für ihre Lebensgestaltung.

Es ist das Wesen der Aktionsforschung, dass sowohl die forschende Person als auch die Person, die den Forschungsgegenstand bildet, lernt. In der psychodramatischen Aktionsforschung geschieht Begegnung von Subjekten. Sie ist nicht die Analyse von Objekten.

In der psychodramatischen Bühnenarbeit ist mit den Protagonisten, mit dem Regisseur und der

Gruppe eine Triade angelegt. Nicht nur der Protagonist profitiert von seinem Spiel, indem er sein Leben klarer begreift und die weitere Ausgestaltung erarbeitet. Auch der Psychodrama-Leiter profitiert in der Begleitung des Protagonisten, indem er dessen Lebenswelten und Sozialräume kennenlernt. Der Leiter gewinnt einen Reichtum an Spontaneität, die seine Beratungskompetenz und sein Verständnis erhöht. Schließlich erfährt auch die Gruppe den Reichtum dieser Begegnung.

Aktionsforschung macht gleichzeitig neugierig.

> Ich lud eine junge Frau ein, mit Hilfe von Holzperlen, die ich immer in einem Säckchen bei mir trage, ihre Familie darzustellen und sie in Nähe und Distanz zueinander zu setzen. Ich ließ sie eine Perle für sich, ihre Mutter, ihre Schwester und den Freund ihrer Mutter auswählen. Mithilfe des → sozialen Atoms ergab sich eine → Soziometrie ihres familiären Sozialraums. Sie war erstaunt zu realisieren, welche Position sie darin einnimmt. Sie hat etwas von ihrem Leben verstanden. Sie wollte sofort wissen, wie es weitergeht und wir haben mit dem Bild der Holzperlen ihre nächsten Schritte erarbeitet. Sie erlebte einen Spontaneitätszuwachs und konnte weitere Ressourcen mobilisieren.

Psychodramatische Sozialarbeit ermöglicht die bildliche emotionale Wahrnehmung und Verarbeitung. Bei kleinsten psychodramatischen Interventionen in der Lebenswelt der Klienten zeigen sich oft große Wirkungen. Die Neuropsychologie lehrt uns heute, wie wirksame Veränderungsstrategien entstehen und unterstützt werden: Der Mensch denkt und erinnert sich szenisch. Ein Bild bleibt abgespeichert und kann wieder abgerufen werden, während sich Sprache rasch verflüchtigt.

Die rechte Gehirnhälfte gilt als das biografische Gedächtnis mit seinen emotionalen, autobiografischen und zeitbezogenen Erinnerungen. Die linke Gehirnhälfte beinhaltet das Gedächtnis für Faktenwissen. Beides zusammen ermöglicht erfahrendes, ganzheitliches Lernen. Damit ist Psychodrama immer auch Bildung. Es leistet mit dem Erziehen zu spontanem und kreativem Handeln in der Sozialarbeit einen besonderen Beitrag für erfolgreiche Lebensbewältigung und soziale Integration.

Zusammenfassung

Einleitend wird dargelegt, wie Morenos triadisches System von Psychodrama, Soziometrie und Gruppenpsychotherapie eng mit der Sozialarbeit verbunden sind. Moreno gestaltete als Soziater aus der konkreten Lebenssituation soziale Beziehungen um. Im 1. Abschnitt werden die Lebensbewältigung und die soziale Integration als gemeinsame Ziele von Sozialarbeit und Psychodrama benannt. Dabei wird auf verschiedene, heute gängige Sozialarbeitskonzepte Bezug genommen und eine Verbindung mit dem Psychodrama hergestellt. Der 2. Abschnitt beschreibt verschiedene Wirkungen des Psychodramas aus der Sicht von Sozialarbeitsklientinnen und -klienten. Das Verfahren ist, wie der 3. Abschnitt zeigt, praktisch überall – in situ – anwendbar und die Klientel kann die Erkenntnisse direkt in ihrem Lebensalltag umsetzen. Im 4. Abschnitt werden verschiedene Einsatzformen des Psychodramas in der Sozialarbeit unter Morenos Leitsatz »Erziehen zu kreativem und spontanem Handeln« dargestellt. Im 5. Abschnitt werden Kriterien der Beratung von Personen aus den sozialen Unterschichten beschrieben und mit dem Psychodrama in Verbindung gebracht. Diese Kriterien spielen gerade auch bei der Arbeit mit ausländischen Klienten eine zentrale Rolle und lassen sich mithilfe psychodramatischer Interventionen gut erfüllen. Den Schlusspunkt setzt im 6. Abschnitt die Auseinandersetzung mit der psychodramatischen Aktionsforschung. Hier geschieht Begegnung von Subjekten, die gleichsam alle vom psychodramatischen Geschehen profitieren: Der Protagonist, der Psychodrama-Leiter und die Gruppenteilnehmerinnen und -teilnehmer. Psychodrama ist als erfahrendes Lernen immer auch Bildung. Es leistet mit der Erziehung zu spontanem und kreativem Handeln in der Sozialarbeit einen besonderen Beitrag für erfolgreiche Lebensbewältigung und soziale Integration.

Literatur

Fachschule Aarau (2001). *Soziale Arbeit*. Aarau: Fachschule.

Iben, 0. (2002). Schichtspezifische Erziehung. In M. Wolf (Hrsg.), *Fachlexikon der sozialen Arbeit* (5. Aufl., 797–798). Frankfurt: Deutscher Verein für öffentliche und private Fürsorge.

Koschorke, H. (1973). Unterschicht und Beratung. *Wege zum Menschen, 4,* 137–146.

Moreno, J. L. (1973). *Gruppenpsychotherapie und Psychodrama* (2. Aufl.). Stuttgart: Thieme.

Moreno, J. L. (1996). *Die Grundlagen der Soziometrie* (3. Aufl.). Opladen: Leske & Budrich.

Müller, J (1986). Psychodrama in der ambulanten Sozialarbeit im Alkoholbereich. *Gruppenpsychotherapie und Gruppendynamik, 22 (2),* 186–197.

Müller, J. (1989). Psychodrama und Sozialtherapie am Beispiel eines Kinderferienlagers. *Gruppenpsychotherapie und Gruppendynamik, 24 (3),* 250–253.

Schwehm, H. (1994) .Soziometrie – Die Methode der Wahl. *Psychodrama, 2,* 165–178.

Spies, A. (2002). Verstehen lernen. *Sozialmagazin, 7-8,* 60–65.

Springer, W. (1995). Alltag und Sozialer Raum als Focus sozialpädagogischen Handelns. *Neue Praxis, 3,* 281–285.

Staub-Bernasconi, S. (1994). Soziale Probleme – Soziale Berufe – Soziale Praxis. In M. Heiner (Hrsg.), *Methodisches Handeln in der Sozialen Arbeit* (11–101). Freiburg: Lambertus.

Thiersch, H. (1986). *Die Erfahrung der Wirklichkeit. Perspektiven einer alltagsorienterten Sozialpädagogik.* Weinheim: Beltz.

Zeintlinger-Hochreiter, K. (1996). *Kompendium der Psychodrama-Therapie. Analyse, Präzisierung und Reformulierung der psychodramatischen Therapie nach J. L. Moreno.* München: inScenario.

Psychodrama in der Exerzitienarbeit

K. Schweitzer

> Gottes Handeln ist, wie der katholische Theologe Karl Rahner sagt,
>
> »… nicht gleichsam ein Monolog, den Gott für sich allein führt, sondern ein langer, dramatischer Dialog zwischen Gott und seinem Geschöpf, in dem Gott dem Menschen die Möglichkeit einer echten Antwort auf sein Wort erteilt und so sein eigenes weiteres Wort tatsächlich davon abhängig macht, wie die freie Antwort des Menschen ausgefallen ist. Die freie Tat Gottes entzündet sich immer auch wieder an dem Handeln des Menschen. Die Geschichte ist nicht bloß ein Spiel, das Gott sich selber aufführt und in dem die Geschöpfe nur das Gespielte wären, sondern das Geschöpf ist ein echter Mitspieler in diesem gottmenschlichen Drama der Geschichte.« (Rahner, 1997, S. 373).
>
> Um die freie Antwort des Menschen geht es in der Exerzitienarbeit, um sein ganzheitliches Mitspielen auf der Bühne der Welt-Geschichte.

Die Bühne ist hell beleuchtet mit zwei Scheinwerfern. Katja denkt nach über ihre schwierige Beziehung mit ihrem Freund Klaus. Sie holt »das Bittere« als Hilfs-Ich auf die Bühne. Im Rollentausch damit erzählt sie: »Ich bekomme ständig neue Nahrung und werde immer bitterer. Klaus ist ungenießbar. Die Beziehung ist Wüste. Ich habe mir das alles anders vorgestellt. Das macht mich bitter.« Rollentausch zurück. Katja bricht in Tränen aus. – Stille – »Kannst du sagen, was dich jetzt bewegt, Katja?« Es ist der Abend des vierten Tages von acht Exerzitientagen in einem kirchlichen Bildungshaus in Passau. Exodus 15,22–25.27 »Auf dem Weg zum Sinai« war am Morgen vorgelesen worden:

>> Mose ließ Israel vom Schilfmeer aufbrechen, und sie zogen zur Wüste Schur weiter. Drei Tage waren sie in der Wüste unterwegs und fanden kein Wasser. Als sie nach Mara kamen, konnten sie das Wasser von Mara nicht trinken, weil es bitter war. Deshalb nannte man es Mara (Bitterbrunn). Da murrte das Volk gegen Mose und sagte: Was sollen wir trinken? Er schrie zu Gott, und Gott zeigte ihm ein Stück Holz. Als er es ins Wasser warf, wurde das Wasser süß … Dann kamen sie nach Elim. Dort gab es zwölf Quellen und siebzig Palmen; dort am Wasser schlugen sie ihr Lager auf. (Einheitsübersetzung, 1998)
>
> ▼

»Ich selbst bin bitter, ungenießbar für andere!« Langsam, mit Schluchzen kommen diese Worte und Katja weint. »Aber es ist nicht zu spät, glaube ich. Ich sehe nur noch nicht das Stück Holz, mit dem sich alles verändern kann. Vielleicht brauche ich eine andere Brille. Ich glaube, ich bleibe jetzt mal im Gebet dabei und warte.«

Die Protagonistin ist erschüttert und geht zugleich entspannter und mit einer gewissen Zuversicht von der Bühne. Im anschließenden → Rollenfeedback und → Sharing zeigt sich die Betroffenheit aller Teilnehmenden und was dieses Spiel in ihnen in Bewegung bringt. Und darum geht es in Exerzitien, um das Sich-Betreffen-Lassen, Bewegtwerden und Sich-Bewegen-Lassen durch den Geist Gottes. Ignatius von Loyola formuliert es so: »Denn nicht das viele Wissen sättigt und befriedigt die Seele, sondern das Innerlich-die-Dinge-Verspüren-und-Schmecken« (Ignatius von Loyola[1], 1978, S. 12, Anm. 2).

30.1 Was sind Exerzitien?

»Exerzitien« heißt übersetzt einfach »Übungen«. Geistliches Üben gab es schon immer in der Geschichte suchender und glaubender Menschen und der Religionen. Ignatius von Loyola (1491–

---

[1] Im Folgenden mit »EB« für Exerzitienbuch abgekürzt; die Nummerierung bezeichnet die im EB angegebenen Abschnitte.

1556), ein baskischer Adliger und Ritter, gab mit seinem Exerzitienbuch (exercicios spirituales) dem geistlichen Üben eine neue Gestalt. Was er unter Exerzitien verstand, sagt seine erste Anweisung im Exerzitienbuch:

> » Unter dem Namen geistliche Übungen versteht man jede Art, das Gewissen zu erforschen, sich zu besinnen [meditar], zu betrachten [contemplar], mündlich und rein geistig zu beten und andere geistlichen Tätigkeiten, wie später noch erklärt wird. Denn so wie Spazierengehen, Marschieren und Laufen körperliche Übungen sind, gleicherweise nennt man geistliche Übungen jede Art, die Seele vorzubereiten und dazu bereit zu machen, alle ungeordneten Neigungen von sich zu entfernen, und nachdem sie abgelegt sind, den göttlichen Willen zu suchen und zu finden in der Ordnung [disposicion] des eigenen Lebens zum Heil der Seele. (EB 1)

Damit das Leben eines Menschen glückt, wollen Exerzitien eine Hilfe dazu sein, tiefer zur Ursehnsucht des Lebens zu finden: Zu Gott. Von diesem Ziel her zeigt sich ein Weg der geistlichen Übungen, wobei verschiedene Mittel eine Hilfe auf dem Weg sein können, das Ziel zu erreichen. Letztlich geht es Ignatius um einen Freiheitsprozess, in dem der Mensch beziehungsfähiger und liebesfähiger wird (vgl. die Bezüge zu Morenos Menschenbild, ▶ Kap. 13). Das Leben eines Menschen soll so gefördert werden, dass es selbst zur Antwort auf Gottes schöpferisches, befreiendes, anrufendes, lebensförderndes Wort der Liebe wird. Der Weg dahin ist ein Wandlungsprozess, ein Gebets-, Übungs- und Entscheidungsweg, der im Exerzitienbuch in »vier Wochen« aufgezeigt ist. Diesem Vier-Wochen-Prozess ist das »Prinzip und Fundament« (EB 23) als Kurzformel des gesamten Exerzitiengeschehens vorgeschaltet und »Die Betrachtung, um Liebe zu erlangen« (EB 230–237) nachgestellt. Damit zeigt sich nach Ignatius folgender Exerzitienweg:

30.2 Einblick in das Arbeitsfeld Exerzitienbegleitung

Prinzip und Fundament (EB 23)

Zeigt eine Lebensperspektive, aufgrund einer basisorientierten Lebensbejahung. Eröffnet eine Vision, die Grunddynamik einer Lebensbewegung.

Die »Erste Woche« (EB 24–90)

Zeigt die Krisen, Brüche, Scherben, Verwundungen menschlichen Lebens, die dunkle, ungeordnete, schmerzliche Schattenseite der Lebensperspektive, die spannungsvolle Realität der Heilsbedürftigkeit des Menschen und der barmherzigen, zuwendenden Liebe Gottes. Diese Phase entspricht dem Umkehrruf des Evangeliums.

Die »Zweite Woche« (EB 91–169)

Zeigt, wie sich das Leben eines Menschen mit wachsender innerer Freiheit im Blick auf Jesus / Gott hin neu ordnen kann und so Sinn, Ausrichtung und Sendung erfährt.

Die »Dritte Woche« (EB 190–209)

Zeigt, wie ein Mensch seinen Weg im Horizont des Todes verstehen und annehmen lernen kann. Die Erfahrungen von Dunkelheit im eigenen Leben, Nacht, Kreuz, Scheitern, Sinnleere, Einsamkeit werden vom Menschen erlitten und im Gebet ausgehalten. Es reift ein tiefes inneres Erfassen des Geheimnisses der Passion Jesu.

Die »Vierte Woche« (EB 218–229)

Zeigt Leben als umfassende Freiheitserfahrung im Lichte der Auferstehungsbotschaft Jesu. Die Liebe ist stärker als der Tod.

Die »Betrachtung, um Liebe zu erlangen« (EB 230–237)

Zeigt noch einmal die ganze Dynamik der Exerzitienbewegung, in der es darum geht, sich selbst, die Menschen und Gott mehr und mehr zu lieben und Gott in allem zu suchen und zu finden.

30

Der oben dargestellte geistliche Weg ist ein Lebensprozess. Er kann mithilfe von Exerzitien als Übungszeiten bewusst(er) im Sinne eines Wandlungsprozesses gelebt werden. Dazu werden von der katholischen (und in wachsendem Maße auch von der evangelischen) Kirche Exerzitien für die verschiedensten Zielgruppen angeboten: für geistlich Suchende, für Schüler und Studenten, für Frauen und Männer aller Altersschichten, für Hauptamtliche in der Kirche und andere mehr.

Schon in der Bibel gibt es besondere Orte und Ereignisse der Gottesbegegnung wie auf dem Berg Sinai oder Tabor. Viele Exerzitienzeiten finden aus diesem Grund in Exerzitienhäusern, Klöstern oder Bildungshäusern statt, die eine entsprechend hilfreiche Atmosphäre des Schweigens und der Sammlung bieten. Aber auch der Alltag und Alltägliches ist der Raum, in dem Gott sich offenbart. »Exerzitien im Alltag« sind darauf ausgerichtet, den Alltag selbst geistlich zu leben und als einen Ort der Gegenwart Gottes zu entdecken, also Gott in allem zu suchen und zu finden (nach EB 1). Aufmerksamkeitsübungen, sowie die Einladung zum Gebet mit alt- und neutestamentliche Texten werden als »Stoff« für den Alltag mitgegeben. Sie können zu Herzen sprechen, Augen, Ohren und alle Sinne neu öffnen und Perspektiven und Sinn im Blick auf das Geheimnis Leben schenken. Ein wöchentliches Treffen der Teilnehmenden an »Exerzitien im Alltag« mit einer Gesprächsrunde über Erfahrungen zeigt den persönlichen Weg und unterstützt und stärkt die »Übenden«. Solche Exerzitienzeiten können unterschiedlich lang dauern (5, 8, 30 Tage oder als »Exerzitien im Alltag« 5, 6, 10, 50 Wochen). Die untenstehende Übersicht gibt einen kleinen Einblick in die verschiedenen, sich immer neu entfaltenden, Exerzitienangebote.

> **Formen von Exerzitien**
> - Wanderexerzitien – gemeinsames Unterwegssein mit Schweigezeiten, Impulsen, Meditationszeiten
> - Trekkingexerzitien, z. B. Wüstentrekking
> - Exerzitien im Alltag, z. B. in der Fasten- oder Adventszeit als eine Zeit geistlich gestalteten Zugehens auf ein kirchliches Festgeheimnis ▼

> - Kurzexerzitien, meistens 5 Tage mit einer Gruppe in einem dafür geeigneten Haus, mit Schweigezeiten, Impulsen, Gebets- bzw. Meditationszeiten, Leibübungen, Austausch in der Gruppe und dem Angebot für persönliche Begleitgespräche
> - Einzelexerzitien mit Gemeinschaftselementen, 7 Tage, ausgerichtet auf den Weg der Einzelnen, der durch Erfahrung und Austausch in der Gemeinschaft unterstützt wird; tägliches Begleitgespräch und durchgehendes Schweigen
> - Einzelexerzitien (8 Tage oder bis zu 30 Tagen)

> Ein Überblick an Exerzitienangeboten findet sich im Internet z. B. unter http://www.exerzitien.org (Homepage der Arbeitsgemeinschaft Deutscher Diözesan-Exerzitien-Sekretariate) oder unter http://www.gcl.de (Homepage der Gemeinschaft Christlichen Lebens).

Grundanliegen ignatianischer Exerzitien, die für alle dargestellten Angebote gelten, sind:
- Es geht um den **ganzen Menschen**, mit Leib und Seele, mit Kopf und Herz, mit seiner Lebensgeschichte und seiner Lebensperspektive, mit allen Kräften (auch der Aggression und Sexualität), Fähigkeiten, Erfahrungen, Grenzen, Schatten, Brüchen.
- Exerzitien zielen ab auf eine **existenzielle Betroffenheit** des Menschen.
- Sie wollen zur Begegnung mit **Gott** (Gottes Liebe) führen und sind auf **Jesus Christus** bezogen (die Mensch gewordene Liebe Gottes). Damit zielen sie darauf, spirituelle und zwischenmenschliche Kommunikation und Beziehung zu fördern.
- Sie sind **übungsorientiert**, d. h. ein Weg innerer Erfahrungen wird beschritten.
- Sie sind **prozesshaft**, der jeweils eigene existenzielle Weg des Menschen wird berücksichtigt.

Exerzitienbegleiter (Frauen und Männer) arbeiten entsprechend dieser Grundanliegen mit Gruppen und in der Begleitung Einzelner.

30.3 Psychodrama in der Exerzitienarbeit

Ignatius von Loyola und Moreno geht es um den Menschen in seiner leibseelischen Einheit, der einen persönlichen Wandlungsweg geht und dabei seiner eigenen Wahrheit näher kommen will. Ignatius verfolgt dieses Ziel mit geistlichen Übungen, persönlichem Gebet mit biblischen Schriften und dessen verwandelnder Kraft, Moreno mit dem Psychodrama. Beide haben im Hinblick auf das Ziel wie auf methodische Aspekte eine deutliche Affinität zueinander und lassen sich sinnvoll miteinander verbinden.

30.3.1 Ignatius und die Funktion der Bilder

Ignatius, dessen Zeit gekennzeichnet war sowohl von Bildersturm als auch von barocker sinnenhafter Prachtentfaltung, war »… ein Mann von ungewöhnlicher imaginativer Sensibilität, dessen spiritueller Reifungsweg von einer Fülle von Bildern begleitet ist« (Kolvenbach, 1987, S. 10).

Bilder können seiner Erfahrung nach in Bewegung bringen, verwandeln und einen Weg zu Gott öffnen. Sie können jedoch auch täuschen, besetzen, den Menschen in sich verschließen, den Blick auf die Realität verstellen und als Götzenbilder entlarvt werden. Ignatius lehrt die kluge »Unterscheidung« im Umgang mit den (imaginativen) Bildern, damit sie dem Leben dienen, bis Gott selbst durch alle Bilder hindurch leuchtet. In Jesus Christus hat Gott sich mit Antlitz und Gestalt gezeigt. Er »… ist das Bild des unsichtbaren Gottes« (Einheitsübersetzung, 1998, Brief an die Kolosser 1,15a).

30.3.2 Den »Schauplatz« bereiten

Wie bin ich derzeit unterwegs? Wo stehe ich auf meinem Weg? Was bewegt mich? Was ist meine Sehnsucht? Wie ist meine Perspektive? Wer bin ich? Wer ist Gott für mich jetzt? Mit solchen Fragen beginnen Menschen häufig ihre Exerzitienzeit und suchen Antworten in Meditation und Gebet.

Zwölf Personen haben sich zu Einzelexerzitien mit Gemeinschaftselementen in einem Exerzitienhaus eingefunden. Meditations- bzw. Gebetszeiten, durchgängiges Schweigen, täglich ein Gespräch mit dem Begleiter oder der Begleiterin über ihre inneren Bewegungen und Leibübungen sollen dem Einzelnen helfen, sich auf einen inneren Weg einzulassen.

Wir beginnen am ersten Abend nach einer Begrüßung mit → Aktionssoziometrie zum Kennenlernen und Erwärmen. Ein Interview zu zweit und die Vorstellung im Kreis durch den Interviewpartner bzw. -partnerin schließen sich an. Die Frage Jesu: »Was willst du?«, die in den neutestamentlichen Schriften, insbesondere in Heilungsgeschichten auftaucht, wird den Teilnehmenden am folgenden Morgen von der Exerzitienleiterin gestellt. Sie zielt darauf, die eigene Sehnsucht für diese Exerzitienzeit zu formulieren. Nach etwa 7 Minuten Besinnungszeit im Schweigen wird angeregt, eine Metapher, ein Bild, eine Farbe, Form oder Melodie für den Ausdruck dieser Sehnsucht zu finden. Nun folgt die Einladung, die eigene Sehnsucht auf die Bühne zu bringen, als pantomimische Darstellung, als Skulptur oder → Stegreifspiel. In Dyaden können dazu Umsetzungsmöglichkeiten gesucht und eingeübt werden. Anschließend gestaltet die Protagonistin oder der → Protagonist ihre bzw. seine Bühne und besetzt die Rollen:

- Der erste Protagonist zeigt einen laufenden Motor, der sich mehr und mehr aufheizt. Es fehlt das Öl. Seine Sehnsucht für die Exerzitienzeit: Entdeckung der Langsamkeit und herausfinden, was er wirklich zum Leben braucht.
- Eine Protagonistin zeigt Verstrickungen und Knoten. Ihre Sehnsucht: Das Leben entwirren, ordnen.
- Ein Protagonist zeigt pantomimisch, wie er sich immer weiter nach oben ausstreckt. Er verliert dabei mehr und mehr den Boden unter den Füßen. Seine Sehnsucht: Sich wieder gut zu erden und erspüren, wo und wie er verwurzelt ist im Leben bzw. wo und wie er sich mehr verwurzeln kann.
- Eine Protagonistin zeigt ihre Suche. Ein → Hilfs-Ich hält in die verschiedenen Richtungen Ausschau. Ein anderes Hilfs-Ich schaut in einen

▼

imaginären Spiegel. Die Protagonistin geht mit nach oben ausgestreckten Armen durch den Raum. Ihre Sehnsucht: Beten, meditieren lernen und so Gott suchen und finden.

- Ein Protagonist zeigt mit schwarzen Tüchern auf dem Boden liegend seinen Schmerz und seine Trauer über den frühen Tod seiner Frau. Seine Sehnsucht: Zeit haben, dieser Trauer Raum zu geben. Bei der anschließenden Reflexion zeigen sich die Teilnehmenden überrascht, wie die eigene Bühne und die der anderen ihnen geholfen hat, ihrer Sehnsucht auf die Spur zu kommen. Eng verknüpft mit den psychodramatischen Elementen sind dann die Hinweise zu den Gebetszeiten zu sehen.

Ignatius gibt eine Anleitung zum Gebet mit einer biblischen Schriftstelle, die übersetzt in heutige Sprache so lautet:

1. Intention: Sich wahrnehmen im Leib. Ganz gegenwärtig sein. Ein Vorbereitungsgebet sprechen (EB 46).
2. Mithilfe der Imagination den »Schauplatz«, die Bühne bereiten (EB 65), d. h. den biblischen Handlungsraum vergegenwärtigen.
3. Um das bitten, was ich ersehne (EB 48). Für die Wirklichkeit empfänglich werden, die Gott durch diese biblische Geschichte mir mitteilen will.
4. Das biblische Handlungsgeschehen vergegenwärtigen: Die Personen sehen, hören, was sie sagen, betrachten, was sie tun. Sich in die Protagonisten der biblischen Geschichte hineinversetzen und mitempfinden was in ihnen vorgeht, in welcher Beziehung sie untereinander stehen, welche Gefühle, Freuden, Ängste, Wünsche, Zweifel in ihren Worten und ihren Verhaltensweisen zum Ausdruck kommen und was dies für sie bedeutet.
5. Sich auf sich selbst und auf die eigene Situation besinnen, um einen geistlichen »Gewinn« daraus zu ziehen (vgl. EB 116). Wahrnehmen, was das aktive und passive Verhalten der Protagonisten der biblischen Geschichte in mir auslöst und welche Bedeutung das für mich hier und jetzt hat. Ziel der Übung bleibt die »innere Erkenntnis Gottes / Jesu Christi«.
6. Vor Gott zur Sprache bringen, was mich bewegt, als Antwort auf seine Barmherzigkeit. Mich berühren lassen von seiner Mensch gewordenen Liebe in Jesus Christus (EB 71; vgl. Köster, 1999, S. 81 f.).

Bei dieser Gebetsanleitung fällt die Parallele zum Ablauf von → Erwärmungs- und → Aktionsphase beim Psychodrama auf. Der »Aufbau des Schauplatzes« ist im Psychodrama ein wesentliches Element, allerdings bleibt es hier nicht bei einer imaginären Zurichtung der Bühne.

Wird der »Schauplatz« bereitet und das biblische Handlungsgeschehen vergegenwärtigt, beginnen sich für die Exerzitanten die Räume der biblischen Bilder zu erschließen und damit auch ihr geistliches und psychisches Potenzial. Bei dieser Weise der Gebetsübung geht es nicht um reine Wiederholung der biblischen Szenen, sondern um eine Vergegenwärtigung im Jetzt.

> Es ist der fünfte von 8 Tagen Einzelexerzitien mit Gemeinschaftselementen. Die Exerzitienleiterin liest am Morgen den neutestamentlichen Text aus dem Johannesevangelium 5:1–13a:

>> Es war ein Fest der Juden, und Jesus ging hinauf nach Jerusalem. In Jerusalem gibt es beim Schaftor einen Teich, zu dem fünf Säulenhallen gehören; dieser Teich heißt auf hebräisch Betesda. In dieser Halle lagen viele Kranke, darunter Blinde, Lahme und Verkrüppelte. Dort lag auch ein Mann, der schon achtunddreißig Jahre krank war. Als Jesus ihn dort liegen sah und erkannte, dass er schon lange krank war, fragte er ihn: Willst du gesund werden? Der Kranke antwortete ihm: Herr, ich habe keinen Menschen, der mich, sobald das Wasser aufwallt, in den Teich trägt. Während ich mich hinschleppe, steigt schon ein anderer vor mir hinein. Da sagte Jesus zu ihm: Steh auf, nimm deine Bahre und geh! Sofort wurde der Mann gesund, nahm seine Bahre und ging. Dieser Tag war aber ein Sabbat. Da sagten die Juden zu dem Geheilten: Es ist Sabbat, du darfst deine Bahre nicht tra-

gen. Er erwiderte: Der Mann, der mich gesund gemacht, sagte zu mir: Nimm deine Bahre und geh! Sie fragten ihn: Wer ist es denn, der zu dir gesagt hat: Nimm deine Bahre und geh? Der Geheilte wusste aber nicht, wer es war. (EB 1998)

Folgende Rollen werden nun von den Teilnehmenden benannt und auf der Bühne eingenommen:

- »Ich bin die Liegengebliebene.«
- »Ich bin die Angst vor dem selbstverantworteten Leben.«
- »Ich bin der Wartende, dass andere etwas für mich tun.«
- »Ich bin die Enttäuschung.«
- »Ich bin die Bahre.«
- »Ich bin das Aufstehen.«
- »Ich bin der Verantwortungslose.«
- »Ich bin das Vertrauen.«
- »Ich bin das Nichtwissen.«

Biblische Szenen hängen vom Hier und Jetzt der einzelnen Personen ab. Indem die Szenen lebendig und bewegt werden, kann sich auch beim Übenden etwas bewegen und sich ein nächster Schritt oder ein Weg andeuten. Damit rechnet Ignatius fest und er sagt:

> Wenn der, der die Übungen gibt, spürt, dass dem, der sich übt, keinerlei geistliche Regungen in die Seele kommen, wie Tröstungen oder Trostlosigkeiten, und er auch nicht von verschiedenen Geistern bewegt wird, dann muss er ihn viel in Bezug auf die Übungen fragen, ob er sie zu ihrer festgesetzten Zeiten hält und auf welche Weise. (EB 6)

In Exerzitienangeboten mit Psychodrama-Elementen kann jeden Morgen ein biblischer Text angeboten werden. Der »Schauplatz« wird bereitet, in dem jeder Teilnehmende seine Rolle sucht, auf der Bühne den eigenen Platz in der entsprechenden Haltung und Gestik einnimmt und auf die Frage der Leiterin oder des Leiters »Wer bist du?« antwortet. Um noch mehr Bewegung »in Gang« zu bringen, können sich Fragen anschließen wie: »Wie fühlst du dich? Kannst du noch etwas zu dir sagen? Was brauchst du?« Die ganze Übung kann zeitlich auf eine Stunde begrenzt werden. Am Abend des Tages wird diese Bewegung, die im Laufe des Tages in Meditations- bzw. Gebetszeiten weiterbewegt werden konnte, wieder im gemeinsamen Gebet und psychodramatischen Spiel aufgenommen.

30.3.3 Tagesrückblick in liebender Aufmerksamkeit

»Der Tag ist mein Buch – hier trage ich Leben ein« (nach Rose Ausländer)

Wie schaut das Drehbuch meines Tages aus? Wer führt Regie in meinem Leben? In einer gemeinsamen Gebetszeit am Abend werden in der Stille die äußeren und inneren Bewegungen des Tages möglichst ohne Wertung, mit liebender Aufmerksamkeit angeschaut. Dann tauschen sich die Teilnehmenden in Dyaden 15 Minuten darüber aus und erwärmen sich so für ihre Themen. Es besteht die Möglichkeit, ein psychodramatisches Spiel (als → Vignette) anzuschließen.

> »Ich bin die Bahre« – mit dieser Rolle hatte Claudia am Morgen auf der Bühne gestanden.»Ich bin eine Zeit lang gebraucht worden, hatte meine Aufgabe, jetzt bin ich überflüssig, fühle mich sogar als Ballast für andere«. Am Abend möchte sie auf die Bühne mit folgendem Thema: Wozu hat mir die Rolle, »Bahre« zu sein, im Leben gedient? Welchen Gewinn habe ich dabei? Die Gruppe ist bereit, eine Psychodrama-Vignette mit Claudia zu spielen. Nach dem Spiel folgen → Sharing und → Rollenfeedback. Mit einer Zeit von 10 Minuten Stille blicken wir auf den Tag zurück, danken Gott und bitten um eine ruhige Nacht und gute Träume.

30.3.4 Mit der »Kulturkonserve« Bibel Lebensperspektive gewinnen

> Als Endprodukt des schöpferischen Prozesses beinhaltet sie selbst [die Kulturkonserve, Anmerkung der Autorin] keine Spontaneität und Kreativität mehr. Von neuen Generationen belebt, vermag sie jedoch neue Menschen zu bewegen und zu eigener schöpferischer Tätigkeit anzuregen. (Moreno, 1956, o. S., zitiert nach Leutz, 1974, S. 58).

Die Bibel kann heute und zu Zeiten des Ignatius als das gesehen werden, was Moreno unter → »Kulturkonserve« versteht. Biblische Texte wurden »konserviert« und über Jahrtausende tradiert. Unabhängig davon, ob ein Mensch gläubig ist oder nicht, gehören sie bei Völkern der christlichen Tradition zu den Urbildern der Seele – ein Potenzial, das bei vielen allerdings ins Unbewusste gesunken ist und fruchtlos bleibt, wenn es nicht neu angesprochen und geweckt wird. Mithilfe von Exerzitien und psychodramatischen Elementen kann dieses Potenzial belebt und genutzt werden. Haas (1985) schreibt in seiner Erklärung zur zweiten Anweisung des Ignatius im Exerzitienbuch:

» Der entscheidende Angelpunkt der Anweisung ist wohl in dem Satzteil zu sehen: (…) »irgendeine Sache entdeckend (findend), welche die Geschichte ein wenig mehr aufhellt oder verkosten lässt …«. Der Übende muss also darauf hinstreben, eine Entdeckung in der dargebotenen Geschichte zu machen, diese Entdeckung braucht nicht sachlich bedeutend sein, sondern ist nur (…) irgendeine Sache, die existenziell für den Übenden neu ist und darum für ihn
1. die Geschichte ein wenig erhellt und
2. die Geschichte von der gemachten Entdeckung her »verkosten«, »verspüren« lässt. Die existenzielle Neuentdeckung ist wie ein Eindringen in den Innenraum des vorgelegten Geheimnisses oder der »Geschichte«, und zwar nicht durch eine großartige Pforte, sondern durch irgendeine kleine Tür (…), die man aber entdecken muss und durch die man eintreten muss. Bedeutungsvoll wird die Sache erst, wenn man eingetreten ist: Man sieht jetzt etwa den Raum einer Kathedrale von innen, die gotischen Fenster beginnen von innen zu leuchten, und man fängt an, langsam etwas von der Herrlichkeit des ganzen Baus von innen zu verspüren. Alles hängt davon ab, dass man die kleine Tür findet, die in den Innenraum der Kathedrale führt.

▼

So hängt wohl auch für den Übenden in den geistlichen Übungen alles davon ab, ob er in der dargebotenen Geschichte irgendeine Sache – und sei sie noch so unbedeutend in sich – für sich persönlich entdeckt. Denn an dieser Neuentdeckung hängt die ganze Frucht der Übung:(…) das Verspüren und Verkosten der Dinge von innen her. (Haas, 1985, S. 131).

Biblische Geschichten wollen in die eigene Wirklichkeit hineinsprechen und sie »verlebendigen«. Sie beschreiben und begünstigen den Weg der Individuation des Menschen, der durch Brüche, Krisen und Untergänge hindurchgeht, um Lebensperspektiven und »Leben in Fülle« (Johannes 10,10) zu gewinnen. Der Psychotherapeut Görres (1965) sieht in den Exerzitien »… das Modell eines Individuationsweges (…), der den Übenden gerade aus der Bindung an kollektive – auch fromme –Klischees heraus zu der ihm und nur ihm eigenen Weise des christlichen Daseins führen soll« (S. 505).

30.3.5 Psychodrama? Je nachdem!

Die »gemeinsame Bühne« von Psychodrama und Exerzitienarbeit öffnet die Möglichkeit, persönliche Themen zu vertiefen und zugleich die Dimension des sozialen und kirchlichen Bewusstseins mit einzubeziehen. Die geistlichen Übungen der Exerzitien, die in erster Linie begleitete Gebetsübungen sind, kommen durch die Unterstützung psychodramatischer Methodik schnell in eine Bewegung. Ein Rollentausch beispielsweise bewirkt häufig einen Perspektivenwechsel. Eine eindimensionale Sichtweise der Realität wird aufgebrochen und die Wahrnehmung erweitert. Bisher fremde Rollen oder Rollenanteile und das, was im Leben nicht oder wenig zugelassen wurde, können integriert werden. Auch die Betrachtungen der verschiedenen Rollen des Ignatius zielen auf Perspektivenerweiterung. Ihm geht es um ein »magis«, ein »Mehr« an Leben und darum, »je nachdem« das zu wählen, was mehr zum Leben hilft. Die Übungsweise des Ignatius wie auch das Spiel bei Moreno haben Auswirkungen auf die politische Dimension menschlichen Lebens: Morenos präzisiert seine Vision, indem er formuliert: »Versetzen Sie sich an die Stelle des Opfers der Ungerechtigkeit und teilen Sie seinen Schmerz. Tauschen Sie die Rolle mit ihm« (Moreno, 1947, o. S. zitiert nach Yablonsky, 1998, S. 239). Der Perspektivenwechsel soll ein vertieftes Verständnis und Mitleiden bewirken und somit Hoffnung auf eine Veränderung der ungerechten Situation schaffen. Ignatius hätte vermutlich dazu eingeladen, die Rolle mit Jesus zu tauschen, von ihm her, aus der Perspektive dessen, der ein Herz hat für die Armen, Entrechteten, Ausgegrenzten, und der selbst Ohnmacht und Leid zutiefst erlitten hat, die Welt und alles Leben zu sehen und dann für Gerechtigkeit, Frieden, Liebe, für das Reich Gottes auf Erden einzutreten. Die psychodramatische Bühne bietet die Möglichkeit, konkrete Handlungsspielräume zu erproben und lässt dabei die eigenen Kräfte und Ressourcen spürbar werden (Schweitzer, 2003).

Die gemeinsame Bühne von Psychodrama und Exerzitienarbeit ermöglicht ein neues Lernfeld für beide Seiten. Im Psychodrama kommt dem Spielleiter eine wesentliche Funktion zu. In der Exerzitienarbeit übernimmt der Leiter vorwiegend Begleitfunktion. Er fungiert als »Regieassistent«. Die eigentliche Regie zu übernehmen bleibt Sache Gottes.

Zusammenfassung

Die Geschichte ist nicht bloß ein Spiel, das Gott sich selbst aufführt, wir sind als freie Mitspieler in diesem gott-menschlichen Drama auf die Bühne der Weltgeschichte gerufen. Die gemeinsame Bühne von Psychodrama und Exerzitienarbeit ist ein spannendes Feld, das Handlungsspielräume eröffnet. Kreatives, psychodramatisches Arbeiten mit biblischen Texten ermöglicht es, der Wahrheit der Bibel näherzukommen und im Hier und Jetzt um die eigene Wahrhaftigkeit zu ringen. Das Wort Gottes kann so Fleisch werden und Hand, Fuß und Herz bekommen. Persönliche Themen von Exerzitanten können vertieft werden und

▼

in Bewegung kommen. Der »Stoff«, mit dem gespielt wird, ist die Innen- und Außenwelt einer jeden Person mit ihrer Lebensgeschichte, ihren Beziehungen, ihren Freuden, Krisen, Brüchen, Ängsten und Hoffnungen. In allem geht es um ein »Mehr« an Leben und darum, Gott in allem zu suchen und zu finden.

Literatur

Einheitsübersetzung der Heiligen Schrift (1998). Gesamtausgabe (3.Aufl.). Stuttgart: Katholisches Bibelwerk.

Görres, A. (1965). Ein existenzielles Experiment. Zur Psychologie der Exerzitien des Ignatius von Loyola. In H. Kuhn, H. Kahlefeld & K. Forster (Hrsg.), Interpretation der Welt (497–517). Würzburg: Echter.

Haas, A. (Hrsg.) (1985). Ignatius. Geistliche Übungen. Freiburg: Herder.

Loyola v. Ignatius (1978). Geistliche Übungen und erläuternde Texte (übersetzt und erklärt von Peter Knauer). Leipzig: St. Benno.

Leutz, G. A. (1974). Das klassische Psychodrama nach J. L. Moreno. Berlin: Springer.

Kolvenbach, H.-P. (1987). Images et imagination dans les Exercices Spirituels. Centre Ignatien de Spiritualite, 54, 9–24.

Köster, P. (1999). Zur Freiheit befähigen. Kleiner Kommentar zu den Großen Exerzitien des hl. Ignatius von Loyola. Leipzig: St. Benno.

Moreno, J. L. (1947). The social atom and death. Sociometry, 10, 80–84.

Moreno, J. L. (1956). Sociometry and the Science of Man. Beacon: Beacon House.

Rahner, K. (1997). Sämtliche Werke (Bd.4). Freiburg: Herder.

Schweitzer, K. (2003). »Hat Kopf, Hand, Fuß und Herz« (Paul Klee) – Psychodrama und Exerzitienarbeit. Korrespondenz zur Spiritualität der Exerzitien, 53 (2), 48–54.

Yablonsky, L. (1998). Psychodrama. Die Lösung emotionaler Probleme durch das Rollenspiel. Stuttgart: Klett-Cotta.

Teil VII
Psychodrama-Wirkungsforschung

Einführung in das Thema

Jacob Levy Moreno, der Begründer des Psychodramas, hat sich immer sowohl als Praktiker als auch als Sozialforscher verstanden. Dennoch gilt die empirische und theoretische Fundierung des Psychodramas als unbefriedigend. Dass das Psychodrama im Vergleich zu anderen Verfahren – namentlich der Verhaltenstherapie – eine geringere Zahl empirischer Belege für seine Gültigkeit ins Feld führen kann, liegt an der problematischen Operationalisierbarkeit zentraler Konzepte wie → Spontaneität, → Kreativität oder Rollenflexibi-

lität, an der häufig anzutreffenden Skepsis von Psychodramatikern gegenüber empirischer Forschung, vor allem aber wohl an den eng begrenzten Möglichkeiten, außerhalb etablierter Netzwerke und Institutionen Forschung zu betreiben, die – allein im Hinblick auf Design und Stichprobengröße –den Ansprüchen der Wissenschaft genügt. Dennoch kann das Psychodrama eine Reihe solider empirischer Belege und ernst zu nehmender theoretischer Argumente für seine Wirksamkeit vorweisen.

VII

Wirkfaktoren des Psychodramas

> Alle Therapie versucht im weiteren Sinne, die Beschreibungen zu verändern, über die Wirklichkeit erfahren wird. Therapie ist (…) ein gemeinsames Ringen um Wirklichkeitsdefinitionen. Alle psychologischen Maßnahmen verändern, wenn sie erfolgreich sein sollen, die Art und Weise, wie (…) über Probleme, über psychische Störungen, Krankheit und die damit zusammenhängenden Optionen gesprochen wird. Sie verändern also die (…) Sinnstrukturen im Kontext eines jeweiligen Systems. Und dabei braucht es (…) neben neuen kognitiven Konzepten auch neue Erfahrungen, nicht nur der Kopf muss eine neue Geschichte erfinden, sondern der Leib muss sie neu erfahren.' Veränderung wird geschmiedet im Feuer der Affekte', sagte Walter Kempler einmal. (Schlippe, 1995, S. 23 f.)

Für eine theoretisch begründete, empirisch fundierte und optimal an die Bedürfnisse der Klienten angepasste Arbeit mit dem Psychodrama ist es wichtig zu wissen, welche Wirkungen die einzelnen methodischen Komponenten haben (z. B. im Vergleich mit anderen Verfahren) und wie diese Wirkungen erklärbar sind. Trotz umfangreicher Wirksamkeitsforschung gerade im psychotherapeutischen Bereich sind diese beiden Fragen in Bezug auf das Psychodrama, aber auch in Bezug auf andere Verfahren, wie etwa die systemische Therapie, nicht vollständig geklärt – viele Verfahren sind in ihrer Wirkungsweise nur unzureichend untersucht und verstanden. Die vorliegenden Studien zum Psychodrama leiden zudem häufig unter methodischen Mängeln, z. B. zu kleinen Stichproben, unzureichender Randomisierung, ungeeigneter Patientenauswahl und fehlenden bzw. unzureichenden katamnestischen Untersuchungen. Problematisch ist auch, dass die Individualität von Leiter/Therapeut und Klient weitestgehend ausgeblendet bleibt, obwohl Faktoren wie z. B. der Leitungsstil eine so enorme Varianz erzeugen, dass die Vergleichbarkeit der Daten extrem problematisch ist (vgl. Bozok u. Bühler, 1988).

Die Psychotherapieforschung bezieht sich auf drei Klassen von Variablen:

1. **Inputvariablen** (z. B. Eigenschaften des Klienten und des Therapeuten),
2. **Outcomevariablen** (z. B. die Wirkungen der Intervention auf den Klienten und sein soziales Umfeld) und
3. **Prozessvariablen** (die Faktoren, die in der Interaktion von Klient und Leitung für die therapeutischen Wirkungen verantwortlich sind; Howard u. Orlinsky, 1972).

Im Mittelpunkt dieses Kapitels stehen Fragen
- nach der **empirischen Wirksamkeit** des Psychodramas und
- nach **theoretischen Erklärungen** für dessen Wirkungen

sowohl aus der Outcome- als auch aus der Prozessperspektive. Wirksamkeitsforschung wird so gut wie ausschließlich im psychotherapeutischen Bereich betrieben, jedoch sollten die Prozessvariablen, die die Wirkung des Psychodramas ausmachen, grundsätzlich auch in anderen Arbeitsfeldern zum Tragen kommen.

31.1 Outcomevariablen: Empirische Befunde zu den Wirkungen des Psychodramas

Nach der Meinung der meisten Experten »… handelt es sich beim Psychodrama um eine bisher nicht besonders intensiv und auf jeden Fall nicht ausreichend untersuchte Therapieform« (Grawe, Donati u. Bernauer, 1994, S. 110). So weist Grawes Metaanalyse nur sechs kontrollierte Studien zum Psychodrama nach. Doch der erste Eindruck trügt: In den verschiedenen Überblicksartikeln zur Psychodrama-Forschung (Becker, 2002; Kellermann, 1987a; Kipper, 1978; Kipper & Ritchie, 2004) werden bis zu 200 Studien aufgelistet. In einer auf 25 englischsprachigen Studien (mit mindestens einer Kontrollgruppe, Gesamtprobandenanzahl = 1.325) basierenden Meta-Analyse errechneten Kipper & Ritchie (2004) eine Gesamt-Effektstärke von $d=0,95$ ($p<0.01$), die sich vor allem auf den Einsatz der Techniken Rollentausch und Doppeln zurückführen ließ. Danach ist die Wirksamkeit des Psychodramas als gut anzusehen und liegt etwas höher als die Werte, die für die Wirksamkeit von Gruppentherapie berichtet werden. Die Autoren weisen jedoch darauf hin, dass die analysierten Studien aus einem Zeitraum von 3 Jahrzehnten stammen und zum Teil methodische Mängel aufweisen. Dieses Problem betrifft die Psychodrama-Forschung insgesamt, was insbesondere auf – im Vergleich z. B. zur Verhaltenstherapie – relativ geringe institutionelle und finanzielle Möglichkeiten zur Durchführung aufwendiger Untersuchungen zurückzuführen sein dürfte. Weitere Aufschlüsse über die Wirkungen des Psychodramas lassen sich aus der Forschung zum Rollentausch, zur Gruppenpsychotherapie und zu anderen erlebnisaktivierenden Verfahren (Greenberg, Elliott u. Lietaer, 1994) ableiten.

31.1.1 Einstellungsänderung

Zu Einstellungsänderungen durch den Perspektivenwechsel im Rollentausch haben insbesondere Janis und King geforscht (Janis u. King, 1990). Die Probanden von Janis u. Mann (1965), die an einem Rollenspiel zu den negativen Folgen des Zigarettenkonsums teilnahmen, zeigten nach dem Spiel einen deutlich **reduzierten Konsum** auch über einen längeren Follow-up-Zeitraum hinweg (Mann u. Janis, 1968). In einer Vergleichsgruppe, die Audioaufnahmen der Rollenspiele gehört, aber nicht selbst teilgenommen hatte, sowie in der Kontrollgruppe trat der Effekt in weitaus geringerem Maße auf.

Von ähnlichen Ergebnissen berichten Elms (1966) und Sarbin u. Jones (1955).

31.1.2 Zunahme an Empathie

Der Bedeutung des → Telekonzepts folgend ist Empathieförderung ein wichtiges Ziel der psychodramatischen Arbeit. Instrumente, um dieses Ziel zu erreichen, sind vor allem → Rollentausch, → Doppel und → Sharing.

Bohart (1977) zeigte, dass der Rollentausch in der Arbeit mit dem → leeren Stuhl **Ärger reduziert** und **aggressive Haltungen** gegenüber Personen **abbaut**, mit denen man einen ungelösten Konflikt hat. Kipper u. Ben-Ely (1979) ließen einen Probanden eine vorgegebene Situation spielen (z. B. »Du sitzt in Deinem Zimmer und wartest auf Deine Verabredung, die schon 15 Minuten zu spät ist – wie fühlst Du Dich?«); ein zweiter Proband hatte die Aufgabe, aus der Doppelposition heraus mögliche Gefühle und Gedanken des Spielers auszusprechen. Diese Psychodrama-Bedingung führte zu wesentlich stärkeren Veränderungen auf der »Accurate Empathy Scale« von Truax (1961) als eine Vorlesung, kein Treatment (Kontrollgruppe) oder die Reflexion der Situation (Proband A stellt die Situation vor, Proband B äußert sich über Gefühle der Person in der Situation).

Gunkel (1989) untersuchte mit dem SYMLOG-Verfahren (Bales u. Cohen, 1982) die Fähigkeit zur Voraussage
- des Fremdbilds (»Wie sieht B mich?«) und
- des Selbstbilds (»Wie sieht B sich selbst?«).

SYMLOG ist ein Klassifikationssystem, das die Messung und den Vergleich sozialen Verhaltens ermöglichen soll. Mehrere Beurteiler stufen das Verhalten einer Versuchsperson dabei auf drei Dimensionen ein, wobei jeweils drei Ausprägungen kodiert werden können:
- soziale Macht und sozialer Einfluss (Einfluss nehmend, neutral, auf Einfluss verzichtend),
- sozioemotionale Orientierung (freundlich, neutral, unfreundlich) und
- Aufgaben- und Zielorientierung/Expressivität (aufgaben- und zielorientiert, neutral, gefühlsbestimmt).

Durch Kombination dieser Bewertungsdimensionen und -ausprägungen ergibt sich ein dreidimensionales Würfelmodell mit $3 \times 3 \times 3 = 27$ Teilwürfeln, die spezifische Qualitäten des zu bewertenden Verhaltens beschreiben. So kann beispielsweise empathisches Kommunikationsverhalten (z. B. Zuhören, Nachfragen, Paraphrasieren) als auf Einfluss verzichtend, freundlich und gefühlsbestimmt klassifiziert werden.

In der erwähnten Studie zeigte sich, dass die Psychodrama-Gruppe hinsichtlich der Fähigkeit zur Voraussage des Fremdbilds stärker profitierte als eine Kontrollgruppe. Gunkel (1989) schließt daraus, »… dass perspektivenverändertes Handeln in psychodramatischen Rollen die Rollenübernahmefähigkeit bzw. empathische oder soziale Wahrnehmungsfähigkeiten stärker verbessert als herkömmliche nicht-aktionale Interaktionstechniken« (S. 164; Hervorhebung durch die Autoren). Einschränkend ist allerdings zu sagen, dass die Fähigkeit zur Voraussage des Selbstbilds in der Psychodrama-Gruppe gegenüber der Kontrollgruppe sogar leicht zurückging; eine weitere Schwäche der Studie ist die geringe Probandenzahl (Psychodrama-Gruppe =14; Kontrollgruppe =5).

Weitere Befunde zur empathiefördernden Wirkung des Psychodramas finden sich bei Kelly (1976) sowie Pilkey, Goldman u. Kleinman (1961).

31.1.3 Rollenerweiterung

Die Erweiterung des Rollenspektrums gehört zu den wichtigsten Interventionszielen des klassischen Psychodramas. In der Untersuchung von Schneider-Düker (1989) versahen Protagonisten, Leiter und Gruppenmitglieder die auf der Bühne gespielten Protagonisten- und Hilfs-Ich-Rollen mit je drei beschreibenden Adjektiven. Diese Beschreibungen wurden mit Hilfe des Atlasses von Orlik den Dimensionen des SYMLOG-Modells (freundlich versus unfreundlich, zielgerichtet versus gefühlsbestimmt, einflussnehmend versus auf Einfluss verzichtend) zugeordnet (vgl. Schneider-Düker, 1989). Bei den Probanden handelte es sich um eine Selbsterfahrungsgruppe (12 Psychologiestudenten, 16 Sitzungen à 3 Stunden) sowie eine offene Therapiegruppe mit wechselnder Anzahl von Teilnehmern (N=8-11, 33 Sitzungen). Die Einstufungen der Selbsterfahrungsgruppe deuten darauf hin, dass sich das Rollenspektrum der Teilnehmer insofern erweitert hat als die von ihnen gespielten Rollen im Verlauf der Gruppe in den dreidimensionalen SYMLOG-Raum expandieren. Die Teilnehmer der Therapiegruppe verharren dagegen längere Zeit in einem engeren Rollenspektrum, was auf die klinische Population, auf Probleme mit dem Ratingverfahren, aber auch auf den geringen Psychodrama-Anteil (nur 11 Spiele in 33 Sitzungen) zurückgeführt werden kann.

31.1.4 Änderungen im klinischen Symptombild

Psychotherapiestudien haben eine Reihe von günstigen Auswirkungen des Psychodramas auf das Symptombild der Klienten nachgewiesen. Wir können hier nur einige Befunde der methodisch robusteren Untersuchungen darstellen.

Peters u. Jones (1951) behandelten 10 Patienten mit schizophrener Störung einmal wöchentlich mit Psychodrama-Gruppensitzungen in einer Klinik. Im Testintervall von 4 Monaten zeigte sich gegenüber einer Kontrollgruppe (N=n) eine deutliche Verbesserung der sozialen Anpassung.

In der Doppelblindstudie von Lapierre, Lavallee u. Tetreault (1973) erhielten die Patienten eine Psychodrama-Therapie sowie ein Neuroleptikum (Mesoridazin, N=12) oder ein Placebo (N=12). Neben den medikamentenspezifischen Wirkungen zeigte sich in beiden Gruppen nach anfänglichem Anstieg eine signifikante Verbesserung der Psychopathologiewerte.

Die Studie von Wood et al. (1979), die besonders wegen ihrer hohen Probandenzahl positiv auffällt (N=101), belegt, dass das Psychodrama in der Behandlung von Alkoholikern zu einer Steigerung von Aktivität, Vertrauen und emotionaler Stabilität führen kann. Zu den eingesetzten Messinstrumenten zählten hier unter anderem die Kurzform des »Minnesota Multiphasic Personality Inventory« (MMPI) und das »StateTrait Anxiety Inventory« (STAI).

Bender et al. (1979) untersuchten mit einer Reihe unterschiedlicher Messinstrumente die Effekte der Psychodrama-Behandlung auf eine Population von Neurose- und Psychosepatienten (N=n). Im Vergleich mit einer Kontrollgruppe (Freizeitaktivitäten) zeigten sich signifikante Verbesserungen auf folgenden Dimensionen:

- **Klinisch-psychiatrische Symptomatik:** Apathie, Hostilität, Hypochondrie, Katatonie (AMP 3-Skala der Arbeitsgemeinschaft für Methodik und Dokumentation in der Psychiatrie, 2000; Gesamtscore der Psychodrama-Gruppe =180, Gesamtscore der Kontrollgruppe =220);
- **soziale Anpassungen** der Psychodrama-Gruppe ergaben sich zum Zeitpunkt der Nachunter-

suchung signifikante Verbesserungen (p<0,05) im Gesamtscore und im Rollengebiet Freizeit; in der Kontrollgruppe wurden keine signifikanten Veränderungen festgestellt.

- **Befindlichkeit:** Ein Rückgang um sechs Skalenwerte ergab sich für die Skala »emotionale Gereiztheit« der Eigenschaftswörterliste (EWL; Janke u. Debus, 1978).

Im MMPI-Profil zeigte sich am Ende der Behandlung zwar eine signifikante Verbesserung vor allem auf den Dimensionen Paranoia und Schizoidie, die Werte sanken beim Follow-up 3 Monate nach Therapieende aber wieder auf das Ausgangsniveau ab; zudem war hier kein signifikanter Vorteil des Psychodramas gegenüber der Kontrollgruppe erkennbar. Darüber hinaus ergaben sich Hinweise für eine differenzielle Wirkung der Psychodrama-Behandlung auf Neurotiker und Psychotiker.

In einer weiteren Studie desselben Teams (Bender et al. 1981) bestätigte sich diese differenzielle Wirkung. Durch die Psychodrama-Behandlung kam es unter anderem zu einer signifikanten Verbesserung der **Gesamtpsychopathologie**, wobei die Neurosepatienten (N=5) deutlich stärker von der Therapie profitieren als die Psychosepatienten (N=5). Eine Zusammenschau der Ergebnisse und der fachlichen Diskussion bringt die Autoren zu dem Schluss, dass das Psychodrama als alleiniges Behandlungsverfahren für Psychosepatienten weniger geeignet ist. Im stationären Setting und bei gleichzeitiger Pharmakotherapie jedoch »... ergaben sich keinerlei Schwierigkeiten und die Psychosepatienten erschienen durchaus und ohne besondere Gefährdung therapiefähig im Psychodrama« (Bender et al., 1981, S. 130). Aufgrund der geringen Fallzahl und des Fehlens einer Kontrollgruppe sollten diese Ergebnisse jedoch vorsichtig interpretiert werden.

Schramski et al. (1984) verglichen Psychodrama und andere Gruppenmethoden in der Arbeit mit Inhaftierten. Als Messinstrumente wurden die »Correctional Institutions Environmental Scale« (CIES; Moos, 1974) sowie die »Hopkins Symptom Checklist« von Derogatis u. Cleary (1977), deren revidierte Fassung als »Symptom Checklist« (SCL-90-R) bekannt wurde, eingesetzt. Das Psychodrama

erwies sich auf verschiedenen Subskalen der Minimalbehandlung sowie auf dem »Global Severity Index« (GSI; Ausmaß und Intensität der Symptome) allen anderen Behandlungsformen überlegen.

In der groß angelegten PAGE-Studie mit 12 Therapeuten und 169 Psychodrama-Patienten Verbesserungen hinsichtlich folgender Maße (vgl. Tschuschke u. Anbeh, 2007):

Globales psychiatrisches Funktionsniveau. Beurteilung durch die Therapeuten (GAF); Anstieg von durchschnittlich 58 (»mäßig / ernst«) auf 71 (»psychisch gesund«); hohe Effektstärke (ES =1,35, p =.000).

Erreichung der Therapieziele. Selbsteinschätzung der Patienten; hohe Effektstärke (ES =1,60, p =.000).

Interpersonelle Probleme. Inventory of Interpersonal Problems (IIP), Selbsteinschätzung der Patienten; mittlere Effektstärke (ES =0,50, p =.000).

Symptombelastung. Global Severity Index (GSI) der SCL-90-R; Selbsteinschätzung der Patienten; Mittlere Effektstärke (ES =0,57, p =.000).

In der Diskussion weisen die Autoren auf die Diskrepanz zwischen dem durch Patienten und Behandler festgestellten hohen subjektiven Gewinn auf der einen Seite und den eher geringen objektiven Verbesserungen (Symptomverlust bzw. Rückgang interpersoneller sozialer Schwierigkeiten) auf der anderen Seite hin. Offen bleibt die Frage, ob dieser Befund auf die »Euphorie« am Behandlungsende zurückgeht oder ob die Therapiedauer nicht ausgereicht hat, um deutlichere Verbesserungen zu erreichen. Vor dem Hintergrund der Daten aus der Studie gelangen die Autoren zu folgender Bewertung:

- »Psychodramatische Gruppenpsychotherapie wirkt im Schnitt über verschiedene Ergebnis-Maße in vergleichbarem Ausmaß wie andere psychotherapeutische Verfahren (...).
- Subjektive Zufriedenheit wird durchaus mit der Behandlung erreicht, auch sehen Therapeuten ihre Patienten allgemein auf höherem psychischem Funktionsniveau. Die Symptoment-

lastung ist allerdings relativ gering, und strukturelle Verhaltensmuster mit ziemlicher Zeitstabilität (»traits«) werden kaum verändert.

- Detailliertere Betrachtungen werfen die Frage nach der Dauerhaftigkeit der erzielten Effekte auf.
- Die Zeitfrage stellt sich auch für das Psychodrama: Wie viel Dosis (sprich Sitzungen) benötigen welche Patienten, um welche Effekte zu erzielen?« (Tschuschke u. Anbeh, 2004, S. 93).

Eine von Wieser zusammengestellte, nach den Kategorien der »International Classification of Diseases« (ICD-10) gegliederte Übersicht über Studien zur Psychodrama-Therapie findet sich im Internet unter:
http://members.tripod.com/~portaroma/
studies_in_treatment_effects.htm (27.02.2009).

31.1.5 Surplus Reality und autobiografisches Gedächtnis

Werden in der Surplus Reality Ereignisse aus der Vergangenheit des Protagonisten reinszeniert, können die erlebnisaktivierenden Wirkungen des Psychodramas den Abruf von Inhalten des autobiografischen Gedächtnisses erleichtern. Diese These haben die Autoren des Buches in einer Pilotstudie überprüft. Es erhielten 20 Probanden die Aufgabe, sich an ein unangenehmes Ereignis aus ihrer Grundschulzeit zu erinnern. Das Ereignis wurde in der Experimentalgruppe mit psychodramatischen Mitteln inszeniert (N=10), in der Kontrollgruppe (N=10) wurde das Ereignis lediglich verbal besprochen. Anschließend füllten die Probanden einen Gedächtnisfragebogen aus, der Selbstaussagen über die Erinnerungsleistung und über das phänomenale Erleben während der Sitzung (»Erlebnisaktivierungs-Skala«) erfasste.

Der **Fragebogen zur Erinnerungsleistung** setzte sich zusammen aus Items der Form »Während der Sitzung habe ich mich genau an die Gedanken erinnert, die ich in der Situation hatte«, die auf einer 7-stufigen Skala (1= stimmt überhaupt nicht bis 7= stimmt genau) eingeschätzt wurden. Wie in ◘ Tab. 31.1 zu sehen, ist die subjektiv eingeschätzte Erinnerungsleistung der Pro-

◘ **Tab. 31.1.** Ausmaß der Erinnerung an Ort, Zeit, Handlungen, Gedanken, Emotionen und Personen – Psychodrama versus verbal

	Psycho-drama	Verbal	
Ort	5,9	5,8	p=0,796
Zeit	5,4	3,4	p=0,011*
Handlungen	6,0	4,5	p=0,002**
Gedanken	6,0	3,8	p=0,000***
Emotionen	6,8	5,1	p=0,000***
Personen	5,44	4,8	p=0,211

1= sehr gering; 7= sehr hoch
Signifikanzen berechnet mit dem Mann-Whitney-U-Test (exakte Signifikanzen unter Berücksichtigung der tatsächlichen Verteilung) *p<0,05; **p<0,01; ***p<0,001

◘ **Tab. 31.2.** Erlebnisaktivierung – Psychodrama versus verbal

	Psycho-drama	Verbal	
1. Gedanken	5,5	3,4	p=0,004**
2. Emotionen	6,0	4,3	p=0,006**
3. Bilder	6,3	5,2	p=0,031*
4. Geräusche	4,2	2,3	p=0,022*
5. Gerüche	3,5	2,6	p=0,144
6. Geschmack	3,0	2,3	p=0,247
7. Tastsinn	4,6	4,3	p=0,490
Erlebnisaktivierung insgesamt	4,73	3,49	p=0,012*
Erlebnisaktivierung insgesamt ohne 1–7	5,50	3,80	p=0,002**

1= sehr gering; 7= sehr hoch
Signifikanzen berechnet mit dem Mann-Whitney-U-Test (exakte Signifikanzen unter Berücksichtigung der tatsächlichen Verteilung) *p<0,05; **p<0,01; ***p<0,001

banden der Psychodrama-Gruppe bezüglich der Handlungen, Gedanken und Emotionen des Klienten in der Situation sowie in Bezug auf den Zeitpunkt des Ereignisses signifikant höher, als die der Kontrollgruppe. Die in Anlehnung an die »Phenomenal Experience Scales« von Brewer (1988) entworfene Erlebnisaktivierungs-Skala erfragte das phänomenale Erleben der Klienten auf verschiedenen Sinneskanälen (Wiedererleben von Gedanken und Emotionen, visuelles, auditorisches, olfaktorisches, gustatorisches und taktiles Wiedererleben) in der Form »Während der Sitzung war es so, als könnte ich die Geräusche von damals hören / als hätte ich die Bilder von damals vor Augen«. Auch hier zeigte sich bei Gedanken, Emotionen und den beiden wichtigsten Sinnesmodalitäten (Bilder und Geräusche) eine deutliche Überlegenheit des Psychodramas gegenüber der rein verbalen Vorgehensweise (◘ Tab. 31.2).

31.2 Prozess-Variablen: Wirkfaktoren des Psychodramas

Mit der Erkenntnis, dass ein Verfahren bestimmte systematische Wirkungen auf den Klienten hat, ist bereits viel gewonnen. Die Frage, die sich anschließt, lautet jedoch: Wie lassen sich diese Wirkungen erklären? Erst wenn diese Frage beantwortet ist, kann die Intervention fallweise auf die Anforderungen der Praxis abgestimmt werden. In der psychodramatischen Prozessforschung besteht nach wie vor Erklärungsbedarf. Der wohl am häufigsten zitierte, genuin psychodramatische Wirkfaktor ist die → Katharsis. Darüber hinausgehende Wirkungen, so Ploeger (1990), sind vom Konzept der Leitung abhängig: Im klassischen und behavioralen Psychodrama steht das Üben neuer Verhaltensweisen, in der tiefenpsychologisch fundierten Psychodrama-Therapie Handlungseinsicht und Neustrukturierung von Motivationsmustern im Vordergrund.

In der Psychotherapieforschung unterscheidet man zwei Klassen von Wirkfaktoren:

1. **spezifische Wirkfaktoren,** die auf eine gezielte und verfahrensspezifische Intervention (z. B. Rollentausch) zurückgehen und

2. **unspezifische Wirkfaktoren,** die ihre therapeutische Wirkung über methodenunspezifische Qualitäten der Beziehung zwischen Leiter und Klient (z. B. Verständnis, Respekt, Interesse, Ermutigung, Anerkennung, Wärme, Empathie) entfalten. Da ihre Wirkung nicht auf eine verfahrensspezifische, beschreibbare Intervention zurückgeht, spricht man gelegentlich auch von einem Placeboeffekt (Fish, 1973).

Während über die Bedeutung unspezifischer Wirkfaktoren Einigkeit herrscht, ist der Status spezifischer Wirkfaktoren umstritten. Gelegentlich ist eine Trennung zwischen beiden Faktoren schwierig. Dennoch haben wir versucht, unsere Überlegungen zu den Prozessvariablen des Psychodramas anhand dieser Unterscheidung zu gliedern.

31.2.1 Unspezifische Wirkfaktoren

Wirkfaktoren des Psychodramas im Modell von Yalom

Die wohl bekannteste Zusammenstellung von Wirkfaktoren für die Gruppenpsychotherapie stammt von Yalom (2001, ► Übersicht).

Wirkfaktoren nach Yalom
- Akzeptanz oder Kohäsion
- Altruismus
- Anleitung
- Einsicht
- interpersonales Lernen – Output (Verhaltensänderungen)
- Katharsis
- Universalität des Leidens
- Einflößen von Hoffnung
- existenzielle Faktoren
- Identifizierung / stellvertretendes Lernen
- Interpersonales Lernen – Input (Feedback)
- Selbstöffnung
- Wiederbeleben der Primärfamilie

Bosselmann (1993) und Becker (2002) haben die verschiedenen methodischen Elemente des Psychodramas den Wirkfaktoren von Yalom (2001) zugeordnet. Der Aufbau von **Kohäsion** steht für Psychodramatiker stets im Vordergrund. Er ist in Form der → Erwärmungsphase fester Bestandteil des psychodramatischen Prozesses und wird durch Arbeit auf der Gruppenebene (z. B. → gruppenzentrierte Spiele) explizit gefördert. **Selbstöffnung** stimuliert das Psychodrama in der Eingangsrunde, in der Erwärmungsphase, in der Aktionsphase (als Protagonist) und im → Sharing. **Altruismus** erfährt der Protagonist durch den Leiter, insbesondere aber im Sharing durch die Gruppe. Auch die **Universalität des Leidens** kommt im Sharing sowie im → Doppel zum Ausdruck. **Interpersonales Lernen (Input)** geschieht im Psychodrama vor allem in der Integrationsphase (→ Rollenfeedback, Sharing), aber auch bereits während der Aktionsphase, z. B. im psychodramatischen → Spiegel sowie in Gruppenspielen. **Einsichtsprozesse** werden vor allem durch → Rollentausch und → Doppel angestoßen. **Wiederbeleben der Primärfamilie** ist der zentrale Wirkfaktor tiefenpsychologischer Psychodrama-Konzeptionen. Der Wirkfaktor **Katharsis** nimmt im Psychodrama eine Sonderstellung ein – er wird in ► Abschn. 31.2.2 näher besprochen.

Verschiedene Autoren (z. B. Yalom, 2001) identifizieren übereinstimmend Katharsis, interpersonales Lernen (Input), Einsicht und Kohäsion als im Kontext der Gruppenpsychotherapie bedeutsamste Faktoren, wobei die Bedeutung der einzelnen Faktoren in situativer Abhängigkeit vom Setting, vom Entwicklungsstand der Gruppe und von den individuellen Bedürfnissen und Charakteren der Klienten variiert. Dies sind die Faktoren, die – zusammen mit der Universalität des Leidens und dem interpersonalen Lernen (Output) – im Psychodrama wohl am stärksten angesprochen werden. Tschuschke u. Dies (1994) belegten in einer methodisch anspruchsvollen Studie die Bedeutung der Faktoren Kohäsion, Selbstöffnung, interpersonales Lernen (Input) und Wiederbeleben der Primärfamilie.

Wirkfaktoren nach Grawe

Grawe hat tausende Evaluationsstudien ausgewertet und vier Wirkprinzipien ermittelt (vgl. Grawe, Donati u. Bernauer, 1994), die einen großen Teil der empirisch festgestellten Wirkungen von Psychotherapie erklären und nachfolgend vorgestellt werden.

Ressourcenaktivierung

Ein ressourcenaktivierendes Vorgehen konzentriert sich auf die Stärken und Fähigkeiten des Klienten und ihre Nutzbarmachung für den therapeutischen Prozess. Dieser Faktor ist insbesondere von den systemischen Verfahren herausgestellt worden; er umfasst aber auch vieles, was in der Psychotherapieliteratur als »unspezifische Wirkfaktoren« bezeichnet wird. Hierzu gehört insbesondere die Nutzung der therapeutischen Beziehung als Ressource:

>> Es kommt vor allem darauf an, in welchem Ausmaß der Patient sich selbst als fähig zu einer guten Beziehung erleben kann. Der Therapeut sollte mit seinem eigenen Beziehungsverhalten also vor allem darauf hinarbeiten, dass der Patient sich selbst als wertvollen und fähigen Beziehungspartner erleben kann. (Grawe, 1995, S. 136)

Eine bewusste Nutzung dieser wichtigen Dimension kommt nach Grawes Ansicht häufig zu kurz:

>> Schon fast eintausendmal ist in empirischen Untersuchungen ein bedeutsamer Zusammenhang zwischen der Qualität der Therapiebeziehung und dem Therapieerfolg gefunden worden (…) Wie viele Male muss ein Ergebnis repliziert werden, damit es Einfluss auf die therapeutische Praxis nimmt und auf die Ausbildungsgänge, die darauf vorbereiten sollen? (…) Die Qualität der Therapiebeziehung gehört zu den am besten bestätigten Wirkfaktoren, und wer diesen wichtigen Wirkfaktor nicht reflektiert und gekonnt einsetzen lernt, kann nicht für sich in Anspruch nehmen, die Regeln der Kunst zu beherrschen. (Grawe, 1994, S. 357)

Problemaktualisierung

Problemaktualisierung nach Grawe besteht darin, die Themen des Klienten im therapeutischen Setting für ihn erfahrbar zu machen: »Was verändert werden soll, muss in der Therapie real erlebt werden. Oder: 'Reden ist Silber, real erfahren ist Gold'« (Grawe, 1995, S. 136). Probleme, so Grawe (1995), können am besten in einem Setting bearbeitet werden, in dem die Probleme auch erfahren werden können:

- zwischenmenschliche Schwierigkeiten in der Gruppentherapie,
- Paarprobleme in der Paartherapie,
- familiäre Probleme in der Familientherapie,
- Schwierigkeiten in bestimmten Situationen (z. B. Höhenangst) durch Aufsuchen dieser Situationen.

Klärungsperspektive

Die Art und Weise, wie der Mensch sich selbst und seine Welt erlebt, ist maßgeblich von der Bedeutung abhängig, die er seinen Wahrnehmungen zuschreibt. In der Therapie werden die Bedeutungen, in denen sich der Patient im Verhältnis zu sich selbst und zu seiner Umwelt erfährt, re- und neu konstruiert.

Bewältigungsperspektive

Dieser Aspekt bezeichnet konkrete Hilfestellungen zur unmittelbaren Veränderung einer problematischen Lage oder eines problematischen Verhaltens des Klienten. Verhaltenstherapeutische Trainingsprogramme oder die Sexualtherapie gehören zu diesen konkreten Hilfeansätzen. Hier geht es darum, »… dass der Patient durch die in der Therapie vermittelten Erfahrungen mehr Zutrauen bekommt, etwas zu können, was er vorher nicht konnte oder sich nicht zutraute und gegebe-

nenfalls die dazu erforderlichen Fähigkeiten oder das dafür erworbene Wissen neu erwirbt« (Grawe, 1995, S. 138).

Eine Vierfeldertafel (◘ Tab. 31.3) ermöglicht die Einordnung verschiedener therapeutischer Verfahren auf diesen vier Dimensionen. Die klassische Psychoanalyse stellt beispielsweise Problemaktualisierung und Klärung in den Vordergrund und ist daher in Feld 3 anzusiedeln. Die meisten verhaltenstherapeutischen Methoden (z. B. die verschiedenen Reizkonfrontationstechniken) sind dagegen auf Problemaktualisierung, Problembewältigung und Kompetenzerwerb ausgerichtet und daher Feld 4 zuzuordnen.

Gemessen an Grawes Kriterien setzt das Psychodrama Akzente in allen 4 Feldern. Diese Zuordnung lässt sich an der Theorie, der Methodik und der Praxis des Verfahrens festmachen.

Das Grundprinzip der psychodramatischen → Surplus Reality, die Externalisierung der subjektiven Wirklichkeit des Klienten, berührt die Dimension der Problemaktualisierung. Hier siedelt auch Grawe (1995) das Psychodrama an. Sein Leitsatz »Reden ist Silber, real erfahren ist Gold« erscheint wie eine Umformulierung von Morenos These »Handeln ist heilender als Reden«. Die heute vorherrschende tiefenpsychologische Ausrichtung des Psychodramas legt nahe, das Psychodrama in Feld 3 (Problemaktualisierung / Klärung) zu verorten. Andererseits hat Moreno selbst das Psychodrama eher als übendes, den Zielen der Verhaltenstherapie nahestehendes Verfahren verstanden (Petzold, 1982), was eine Zuordnung zu Feld 4 (Problemaktualisierung/Bewältigung) rechtfertigen würde.

Des Weiteren ist die therapeutische Beziehung im Psychodrama explizit als wichtiger Wirkfaktor angelegt. Dabei beschränkt sich das Psychodrama

◘ **Tab. 31.3.** Wirkfaktoren der Allgemeinen Psychotherapie. (Nach Grawe, 1995)

	Motivationaler Aspekt/ Klärungsaspekt	Aspekt des Könnens versus Nicht-könnens/Bewältigungsaspekt
Aspekt der Ressourcenaktivierung	1	2
Aspekt der Problemaktualisierung	3	4

nicht auf die von Grawe kritisierten abstrakten Hinweise zur Bedeutsamkeit der Beziehung zwischen Klient und Therapeut, sondern stellt mit dem Begegnungskonzept als zentraler Säule der Psychodrama-Theorie (▶ Abschn. 14.2.2) eine unhintergehbare Leitlinie für die Gestaltung dieser Beziehung auf. Damit entspricht die Philosophie des Psychodramas Grawes Forderung: »Der Therapeut sollte mit seinem eigenen Beziehungsverhalten also vor allem darauf hinarbeiten, dass der Patient sich selbst als wertvollen und fähigen Beziehungspartner erleben kann« (vgl. Grawe, 1995, S. 136) in wesentlich stärkerem Ausmaß, als es bei anderen Verfahren der Fall ist. Aufgrund dieser zentralen praktischen Bedeutung des Begegnungskonzepts setzt das Psychodrama einen Schwerpunkt auf der Dimension »Ressourcenaktivierung«.

Der Fokus auf die Ressourcen statt auf die Probleme ist auch im humanistisch geprägten Menschenbild des Psychodramas angelegt. Therapeutische Veränderung geschieht durch die Aktivierung

- positiver Kräfte wie → Spontaneität und → Kreativität, die jedem – auch dem psychisch kranken – Menschen innewohnen und
- durch die Aktivierung von zu wenig genutzten, positiv besetzten Rollen aus dem Rollenrepertoire des Klienten.

Auf der Psychodrama-Bühne geht es darum, die Ressourcen des Klienten für diesen erfahrbar zu machen (**Feld 1**: Ressourcenaktivierung / Klärung) und im spielerischen Probehandeln lösungsorientiert zu integrieren (**Feld 2**: Ressourcenaktivierung/Bewältigung). Die Schwerpunkte des Psychodramas auf den verschiedenen Dimensionen von Grawes Schema sind in ▫ Tab. 31.4 dargestellt.

Wirkfaktoren des Psychodramas aus der Sicht der Klienten

In verschiedenen Studien wurde untersucht, welche Faktoren der psychodramatischen Behandlung die Klienten für hilfreich hielten. Diese Selbstaussagen können die aus anderen Quellen gewonnenen Daten ergänzen.

Die Probanden von Bender et al. (1979) hoben folgende Aspekte als hilfreich hervor:

▫ **Tab. 31.4.** Wirkfaktoren des Psychodramas auf den Dimensionen der Allgemeinen Psychotherapie. (Nach Grawe, 1995)

Wirkfaktor	Psychodrama
Ressourcen-aktivierung	Begegnungskonzept, Spontaneitätskonzept, Kreativitätskonzept, Rollentheorie
Problem-aktualisierung	Bühne, Hilfs-Ich, psycho-dramatische Arrangements und Techniken
Klärungsaspekt	Tiefenpsychologisch orientiertes Psychodrama, Katharsiskonzept
Bewältigungs-aspekt	Rollenspiel, Rollentraining, Realitätsprobe

- Einsicht und Teilnahme an den Problemen anderer,
- Gefühl, nicht allein zu stehen,
- Gefühl von Geborgenheit,
- Abbau von Hemmungen, weil man akzeptiert wird,
- Möglichkeit, Gedanken und Gefühle frei zu äußern und
- Freude an der spielerischen Bewältigung von Problemen.

Kellermann (1985) ermittelte, dass Einsicht, Katharsis und persönliches Lernen als besonders hilfreich empfunden werden. In der Studie von Kellermann (1987b) erhielten folgende Items die höchsten Bewertungen:

- emotionales Wiedererleben und Ausdruck von Gefühlen aus der Vergangenheit;
- Glaube an die Therapiemethode;
- Teilhabe an der Welt anderer Menschen und ihre Teilhabe an meiner Welt;
- Dinge anders bzw. in einem neuen Licht sehen;
- Gefühle vokal, verbal und körperlich ausdrücken;
- aufgestaute Gefühle freisetzen;
- »Dampf ablassen«;

- emotionale Spannungen abbauen, die lange Zeit in mir gefangen waren;
- Schmerz aus einem traumatischen Ereignis der Vergangenheit ausdrücken;
- etwas erkennen, das ich schon lange wusste, aber dieses Mal hat es »klick« gemacht und ich dachte »aha!«.

Kellermann (1987b) selbst weist darauf hin, dass die Antworten der Probanden durch Suggestion, Erwartungseffekte oder andere externe Variablen beeinflusst sein könnten. In der Arbeit mit einem anderen Therapeuten oder in einem anderen Kontext könnten die Antworten dann unter Umständen ganz anders ausfallen.

Insgesamt bestätigen die Aussagen der Klienten aber die Bedeutung von Yaloms Faktoren Katharsis, Kohäsion und Einsicht (Yalom, 2001).

Psychodrama als Ritual

Die systemische Therapie hat die Möglichkeiten der therapeutischen Nutzung von Ritualen wieder ins Bewusstsein gerufen (vgl. z. B. Imber-Black, Roberts u. Whiting, 1995). Rituale haben die Funktion, Übergänge in neue Identitäten zu erleichtern und die Kohäsion des sozialen Netzes zu erhöhen, und dies nicht nur in traditionellen Stammesgesellschaften, sondern auch in den sich rational gebenden Gesellschaften der Moderne: Man denke an Taufe, Abiturfeier, Polterabend, Hochzeit, Trauerrituale und vieles mehr. Psychotherapie thematisiert nicht nur die Rituale des Einzelnen und der Gemeinschaft, sondern sie kann auch selbst als Ritual aufgefasst werden (Fish, 1973). Damit rückt die Rolle des Psychotherapeuten in die Nähe der Rolle des Priesters oder des traditionellen Heilers. (Dies wird gelegentlich als Abwertung des Berufsstands empfunden, ist aber eine nüchterne soziologische Beschreibung).

Diese rituellen Züge sind in der Konzeption des Psychodramas von Moreno explizit verankert worden. Er befasste sich intensiv mit der Analyse der Folgen der Säkularisierung und bezeichnete das Psychodrama als »therapeutisches Ritual« (Moreno, 1991, S. 31). Entsprechend kann »... die gesamte Psychodrama-Prozedur als eine Art von Ritual, als Heilungszeremonie mit symbolischer Bedeutung für den Protagonisten ...« (Keller-

mann, 1996, S. 131) aufgefasst werden. Hutter (2000, S. 326 ff.) nennt folgende gemeinsame Elemente von Ritual und Psychodrama:

- ihr unbedingter Gemeinschaftsbezug (rituelles ebenso wie psychodramatisches Handeln hat immer eine soziale und soziotherapeutische Dimension);
- eine klare Rollenverteilung (z. B. Protagonist als Repräsentant eines schmerzhaften Geschehens, Zuschauer als Zeugen);
- die Überschreitung der Alltagsrealität ($\rightarrow$ Surplus Reality);
- ein klar abgegrenztes Setting als Schutzraum sowie die Dynamik zwischen diesem Schutzraum und der spontaneitätsfördernden Wirkung des psychodramatischen / rituellen Handelns (vgl. den Artikel »Psycho-Drama. Ein antirituelles Ritual« von Buer u. Sugimoto, 1995);
- der Verlauf, der den Protagonisten aus dem gesellschaftlichen Kontext über die Realität der Gruppe in die Surplus Reality und zurück führt.

Leicht erkennbar wird der ritualisierte Charakter des Psychodramas z. B. bei der soziometrischen Protagonistenwahl, bei der Auswahl und Entlassung der Hilfs-Iche, beim Abräumen der Bühne oder beim Sharing.

31.2.2 Spezifische Wirkfaktoren

Das Konzept der Katharsis

Die erste Verwendung des Katharsiskonzepts in einem psychotherapeutischen Kontext geht auf Freuds »Studien über Hysterie« (Breuer u. Freud, 1893) zurück. Freud nahm an, dass Triebregungen und Emotionen eines adäquaten Ausdrucks bedürfen, da sie sich sonst wie Dampf in einem Druckkessel aufstauen. Die kathartische Abfuhr von Emotionen – zunächst durch Druck auf die Schläfen, später durch das therapeutische Gespräch gefördert – war die Hauptmethode in der frühen Phase der psychoanalytischen Behandlung von Hysterie.

Freud selbst wandte sich später vom kathartischen Gedanken ab, und der Status des Konzepts ist bis heute umstritten.

Auf der einen Seite ist eine heilsame Wirkung kathartischen Erlebens vielfach postuliert und auch von der Forschung als bedeutender Wirkmechanismus der Psychotherapie nachgewiesen worden. Ein prominenter Fürsprecher des Katharsiskonzepts in der Gruppenpsychotherapie ist Yalom (2001).

Gegner des Katharsiskonzepts (z. B. Lewis u. Bucher, 1992) hingegen weisen auf die Gefahren hin und fordern, emotionale Abreaktion zu minimieren. Die durch eine emotionale Abreaktion bewirkte Erleichterung, so ihr Argument, sei nur vorübergehender Natur. Außerdem reduziere der emotionale Ausdruck (z. B. Weinen) nicht unbedingt die Emotion selbst (z. B. Traurigkeit). Die empirische Forschung zeigt, dass emotionaler Ausdruck ein wichtiges therapeutisches Mittel darstellt, dass die kathartische Erfahrung allerdings auch durch kognitive und verbale Ausdrucksformen ergänzt werden muss, um sie in das übrige Denken und Empfinden des Klienten zu integrieren. Bohart (1977) verglich vier verschiedene therapeutische Strategien zur Bearbeitung eines ärgerlichen Ereignisses aus der Vergangenheit:

- intellektuelle Analyse,
- Ausdruck des Ärgers gegenüber einer imaginären Person,
- Rollenspiel und
- einfaches Erinnern an das Ereignis.

Die Rollenspielgruppe zeigte nach der Bearbeitung die deutlichste Ärgerreduktion und die geringste Bereitschaft, eine andere Person zu bestrafen. Diese Befunde zeigen, dass sowohl emotionaler Ausdruck als auch kognitive Veränderung notwendig sind, um Ärger und Feindseligkeit zu reduzieren (Bohart, 1980; vgl. Bemak u. Young, 1998). Weitere allgemeine Überlegungen zum Konzept der Katharsis finden sich im allein diesem Thema gewidmeten Buch von Scheff (1983).

Katharsis im Psychodrama

Das psychodramatische Verständnis von Katharsis trägt der Notwendigkeit einer breiteren, nicht auf das psychoanalytische Triebmodell allein bezogenen Anlage des Konzepts Rechnung. Der Ausgangspunkt für Morenos Arbeiten zur Katharsis (Moreno, 1940; 1989) liegt im ursprünglichen Katharsiskonzept der altgriechischen Dramentheorie, nicht bei Freuds eingeschränktem Begriffsverständnis. Im aristotelischen Drama bezeichnet der Begriff der Katharsis nicht nur den Ausdruck von Emotionen des Protagonisten, sondern eine ganzheitliche Erfahrung, eine »Läuterung« (katharsis [griech.] = Reinigung, Läuterung) von Gefühl und Verstand, die sowohl die Spieler als auch das Publikum erfasst. Morenos facettenreiche Katharsiskonzeption wird oft nur ausschnitthaft wahrgenommen.

In der Psychodrama-Literatur werden vor allem zwei Dimensionen von Katharsis unterschieden.

Die **Abreaktionskatharsis** ist Kulminationspunkt eines Erwärmungsprozesses: Sie ist »die besondere Erfahrung von Erleichterung, die auftritt, wenn sich ein lang andauernder Zustand innerer Mobilisierung (Erwärmung) in Handlung entlädt« (Kellermann, 1986, S. 49), z. B. wenn der Protagonist seinen Ärger gegenüber einem Interaktionspartner ausdrückt. Leider verbindet man mit dem Psychodrama häufig das forcierte Ausagieren von Emotionen, insbesondere von Aggressionen. So berichtet Ploeger (1990) von einem Spiel in Beacon, bei dem der Protagonist dazu ermuntert wurde, gegen seine vor einer Wand stehende Mutter (verkörpert durch ein Hilfs-Ich) vorzugehen, indem er verbeulte Bleche mit brachialer Gewalt und verbalen Injurien gegen die Rückwand des Theaters schleuderte. Diese Form der psychodramatischen Arbeit, die Ploeger (1990) »kathartisches Psychodrama« nennt (was angesichts der vorstehenden Ausführungen zum Katharsisbegriff sehr verkürzend ist), ist problematisch, denn auf diese Weise

> **»** … wird (…) eigentlich kein Konflikt im psychodynamischen Sinne behandelt, wenn wir darunter sich unvereinbar entgegenstehende, ungelöste Gefühlsregungen verstehen. In der kathartischen Psychodramaform wird vielmehr nur eines der am Konflikt beteiligten Gefühle aufgegriffen und das Antriebspotenzial dieses einen Gefühls in Handlungsvollzüge umgesetzt. Dabei handelt es sich immer um den Gefühlsanteil, welcher in der
> **▼** externen Dimension dieses Konfliktes,

also gegenüber dem Konfliktpartner der Kindheit, Befriedigung vermittelt. Der Gefühlskonflikt als solcher, als eine ungelöst internalisierte und in der eigenen intrapsychischen Dynamik verdrängte Spannung, wird dabei nicht angesprochen. (Ploeger, 1990, S. 95)

Auf diese Weise werde die Abwehr des Protagonisten gegen das Erkennen eigener Anteile am Konflikt gestärkt, sein persönliches Problem auf die abgewerteten Bezugspersonen verschoben und eine psychosoziale Abwehr gegenüber den Konfliktpartnern aufgebaut. Auch Krüger (1997; S. 74 f.) warnt:

» Handeln ist nicht nur deshalb, weil es Handeln im Psychodrama ist, auch schon kreatives Handeln, das in sich körperliches und sprachliches Handeln, Wahrnehmen, Prüfen und Gestalten vereint. Gerade wenn es um zentrale Konflikte eines Patienten oder des Therapeuten geht, wird das Psychodrama mit seinen Techniken unbewusst oft zur primärprozesshaften Wunscherfüllung oder bloßen energetischen Abreaktion benutzt (…)

Abreaktion als vorrangiges oder alleiniges Ziel entspricht nicht dem Geiste des Psychodramas – mit den Worten von Krüger (1989; S. 65): »Auf dem Grabstein von Moreno steht auf seinen Wunsch eingemeißelt der Satz: **»Hier ruht der, der das Lachen in die Psychiatrie gebracht hat.«** Es steht nicht da, dass er die aggressive Abreaktion in die Psychiatrie gebracht hätte.« Die Abreaktionskatharsis darf daher nicht für sich allein stehen, wie immer wieder betont wird:

» Wir befürworten nicht einen unüberlegten Ausdruck von Emotionen nur um diese loszuwerden; vielmehr versuchen wir eine (…) Umgebung zu schaffen, in der bislang zurückgehaltener Ärger erspürt, beobachtet und verstanden werden kann. Wir streben nicht notwendigerweise nur eine Abreaktionskatharsis an, sondern eine Integrationskatharsis, in der der aus dem Bewusstsein abgespaltener Ärger gespürt werden kann und

▼ tener Ärger gespürt werden kann und

verstanden werden kann hinsichtlich der Frage, worum es dabei ging und wie er das Selbst-System und die Beziehungen beeinflusst hat. Das Ziel ist eine Reintegration mit neuer Einsicht und neuem Verständnis. (Dayton, 2005, S. 50)

Die **Integrationskatharsis** ist also die notwendige Ergänzung zur Abreaktionskatharsis: was zuvor (emotional) ausgedrückt wurde, muss nun (kognitiv) integriert werden. Dies bedeutet unter anderem die ausgedrückten Emotionen zu benennen und zu ordnen, Bewältigungsstrategien zu erwerben, Wege zur Neugestaltung sozialer Beziehungen zu entwerfen (Kellermann, 1986). Kellermann (1986, S. 55) zitiert in diesem Zusammenhang Freuds Diktum »Wo Es ist, soll Ich werden«.

Im Psychodrama erlebt der Protagonist (z. B. durch die → Doppeltechnik, vor allem aber im → Sharing), dass er nicht allein, sondern in ein soziales Netzwerk mit positiven (telischen) Beziehungen eingebettet ist. Diese soziale Dimension des kathartischen Erlebens bezeichnet Blatner (1985, S. 162) als **»spirituelle/kosmische Katharsis«**, die auch die Gruppe einbezieht. Auch hier zeigt sich ein deutlicher Kontrapunkt zur Abreaktionskatharsis, wie Moreno selbst betont: »Wenn die Interaktion therapeutischen Charakter hat, kann man von einer 'integralen Katharsis' in der Gruppe sprechen, im Gegensatz zur abreaktiven, dissoziativen Katharsis, die beobachtet wird, wenn die Individuen voneinander isoliert bleiben« (Moreno, 1959, S. 65).

Eine problematische Tendenz besteht darin, Katharsis als festen Bestandteil jeder psychodramatischen Darstellung »einzuplanen«, so wie es z. B. das Psychodrama-Prozessmodell von Hollander (▶ Abschn. 9.5.3) nahelegt. Das Ziel des Leiters sollte nicht darin bestehen, eine Katharsis zu erzwingen, sondern, den Ausdruck der Gefühle des Protagonisten zu fördern, ihm bei der Überwindung von Widerständen zu helfen und seine → Spontaneität anzuregen. »Katharsis kann man als Therapeut nicht machen. Sie ist ein Geschenk, wo sie geschieht« (Krüger, 1989, S. 65). Wenn dann im Spielverlauf starke Emotionen auftreten, sollte der Leiter daraufhinarbeiten, die diesen Emotionen zugrunde liegende unvollendete Handlung zu vollenden und die kathartische Erfahrung zu integrieren. Katharsis darf nicht zum Selbstzweck werden:

> » Auch wenn Katharsis in bestimmten Kontexten einen großen Wert hat, sollte sie nicht so idealisiert und romantisiert werden, dass sie funktionelle Autonomie gewinnt und dadurch zum Zweck an sich wird statt zum Mittel für die Erreichung eines Ziels. Während der Ausdruck von Emotionen, Kognitionen und Handlungen zentral für den psychotherapeutischen Prozess ist, ist er nur in Kombination mit anderen Faktoren heilsam. (Kellermann, 1986, S. 55)

Zu diesem Postulat passen die Ergebnisse einer Befragung von Pennebaker (1990): 40 der 50 Befragten äußerten, dass aus ihrer Sicht die positiven Wirkungen der Therapie nicht durch die Äußerung negativer Emotionen, sondern durch ein vertieftes Verständnis für die eigene Person entstehen.

Katharsis, so Cornyetz (1947), ist »… der Ausgangspunkt für die Aufgaben der Psychotherapie und nicht der Endpunkt« (S. 62, für weitere interessante Überlegungen zum Thema Katharsis vgl. auch Wartenberg u. Kienzle, 1991).

❶ **»Katharsis« ist ein bedeutsamer Wirkfaktor des Psychodramas, der vielfach verkürzend als Abreaktion von Emotion und Aggression verstanden wird. Moreno wendet sich jedoch gegen eine solche bloße Abreaktion und sieht Katharsis immer auch als Ereignis, bei dem emotionaler Ausdruck und kognitive Verarbeitung integriert werden müssen. Die Bedeutung beider Faktoren wird durch die Befunde der modernen empirischen Forschung belegt.**

Erlebnisaktivierung in der Surplus Reality

Der Begriff der Erlebnisaktivierung ist für das Psychodrama zentral, bislang aber nicht ausreichend expliziert. Aufbauend auf den Arbeiten von Lorenzer (1983) und auf den Ergebnissen der modernen Kognitionsforschung geht das Psychodrama davon aus, dass menschliches Erleben grundsätz-lich in Form von szenischem Erleben stattfindet: »Szenen sind subjektiv strukturierte und erlebte Wirklichkeit« (Petzold, 1981, S. 48). Die erlebten Szenen werden – wie Lorenzers »Interaktions-formen« – im Gedächtnis gespeichert, das somit ebenfalls grundsätzlich in Szenen organisiert ist:

> » Jede Szene (…), die ich wahrnehmend und handelnd gestalte, wird in mir eingegraben. (…) So schreite ich von Szene zu Szene, die sich mir leibhaftig einprägen, in meinem Gedächtnis verankert werden. Das Gedächtnis wird so ein unendliches Reservoir von Szenen: szenisches Gedächtnis. Es archiviert meine Geschichte als Geschichte von räumlichen, zeitlichen und sozialen Konfigurationen (…). (Petzold, 1981, S. 48)

Eine Szene ist als ineinander verschränktes Ensemble von visuellen, auditorischen und olfaktorischen Erinnerungen, Emotionen, Gedanken usw. im Netzwerk des Gedächtnisses repräsentiert. Von einem »Einstiegspunkt« aus (z. B. der Erinnerung an den Geruch an einem bestimmten Urlaubsort) kann man auch Zugang zu den übrigen mit der betreffenden Szene zusammenhängenden Erinnerungen (den Geschehnissen an diesem Ort, den Namen des Hotels, in dem man wohnte usw.) erlangen. Diese Form der Gedächtnisorganisation ist z. B. dafür verantwortlich, dass Erinnerungen an traumatische Szenen durch ähnliche Szenen ausgelöst werden können.

Autobiografische Gedächtnisinhalte sind im Wesentlichen vorsprachlicher Natur; sprachliche Inhalte stellen nur einen kleinen und eher untergeordneten Teilaspekt dar. Langers Unterscheidung von
- »diskursiven«, sprachlichen Symbolen (Sprache folgt der diskursiven Symbolik aufgrund der Tatsache, »… dass wir unsere Ideen nacheinander aufreihen müssen, obgleich Gegenstände ineinander liegen (…)«, (Langer, 1965, S. 88) versus
- »präsentativen« Symbolen (z. B. Gemälde und andere Kunstwerke, die dieses »Ineinanderliegen« der Gegenstände auf nichtsprachliche Weise abbilden) folgend, können wir daher davon ausgehen, dass ein wichtiger Teil der

menschlichen Erfahrungswelt über präsentative Symbolik eher zugänglich ist als über einen diskursiven Zugang. Daher bieten vorwiegend mit Sprache arbeitende Beratungs- und Therapieverfahren nur eine begrenzte Zugangsmöglichkeit. In Anbetracht dessen, so konstatiert Lorenzer (1983, S. 98) mit Bezug auf die Psychoanalyse,

>> … ist die »sprachliche« Natur von Verfahren und Gegenstand nicht nur ein Grundmerkmal der Psychoanalyse, sondern auch ihr Grundproblem. Denn weil das Erkenntnisziel der Psychoanalyse das Unbewusste ist, geraten wir in eine merkwürdige Widersprüchlichkeit: Psychoanalyse sucht mit Sprachmitteln das Nichtsprachliche zu erkunden. Oder, anders ausgedrückt: Sie sucht das Nichtverständliche zu verstehen. Eine recht ausweglose Lage.

Man beachte, dass diese Aussage nicht von einem Psychodramatiker stammt, sondern von einem der bedeutendsten Vertreter der Psychoanalyse!

Erlebnisaktivierende Arbeit verfolgt den Anspruch, mit ihrem methodischen Instrumentarium gerade die nichtsprachlichen Aspekte des menschlichen Gedächtnisses anzuregen. Um dies zu erreichen, soll der Klient über die verbale Interaktion mit dem Leiter hinaus **auf verschiedenen Ebenen des sinnlichen und emotionalen Erlebens stimuliert werden**. Auf diese Weise sollen möglichst viele Fragmente der Erinnerung an das ursprüngliche Ereignis angesprochen werden, die dann das Erleben der Ursprungsszene aktivieren und für die Bearbeitung und Bewältigung präsent machen:

>> Die erlebnisaktivierenden Methoden dramatischer Therapie (…) vermögen (…) Details, die aus dem Hintergrund der persönlichen Geschichte in die Gegenwart ragen, ins Erleben zu heben. Die Fokussierung auf ein solches Detail evoziert die vergangene Szene, lässt den Hintergrund in den Vordergrund, in das Hier-und-Jetzt treten: Gegenwärtigsetzung. (Petzold, 1981, S. 52)

Der Körper als Fokus der Intervention ist vor allem insofern von Bedeutung, als die Theorie erlebnisaktivierender Verfahren von der Existenz eines »Körpergedächtnisses« ausgeht, das Erinnerungen auf nichtzentralnervöser Ebene speichert:

>> Über das gezielte und bewusste Ausführen von Haltungen und Bewegungen in der Therapie aktivieren wir unser Körpergedächtnis und lösen emotionale Prozesse aus. In solchen Verkörperungen verdichten sich Empfindungen und Erfahrungen für deren Erarbeitung man in der rein verbalen Vorgehensweise viele Stunden brauchen würde. (Seidel, 1989, S. 198)

Weth (1985) schreibt: »Neben dem kortikalen Gedächtnis werden über die Aufforderung zur Konkretisierung lebensgeschichtlicher Szenen auch das Körpergedächtnis angesprochen und so zum Teil Erinnerungslücken, die sich insbesondere auf verschüttete Gefühle beziehen, geschlossen« (S. 79).

Die psychodramatische Surplus Reality (▶ Abschn. 14.5) als spezifischer Modus der Re- und Neukonstruktion der Wirklichkeit des Protagonisten ist der Ort, an dem die erlebnisaktivierenden Wirkungen des Psychodramas realisiert werden. Diese Arbeit in der Surplus Reality bildet einen wichtigen Wirkfaktor des Verfahrens, der in unterschiedlicher Weise relevant wird.

Surplus Reality als Sinnkonstruktion

Das Konzept der Surplus Reality bietet Anknüpfungspunkte für ein konstruktivistisch und symboltheoretisch begründetes Wirkungsmodell des Psychodramas. Aus der Sicht des Konstruktivismus (vgl. Ameln, 2004) stellt sich unsere Wirklichkeit nicht als Niederschlag passiv aufgenommener Sinnesdaten, sondern als aktive Konstruktion dar. Wir konstruieren jedoch nicht nur unsere Umwelt, sondern auch uns selbst. Dabei scheint es ein Grundbedürfnis des Menschen zu sein, seine Wirklichkeit so zu konstruieren, dass sie für ihn »Sinn« ergibt (zum konstruktivistischen Sinnbegriff vgl. Luhmann, 1984), und das gilt für das Bild, das sich jemand von sich selbst macht, noch in sehr viel stärkerem Maße als für das Bild, das er sich von seiner Umwelt macht. Unser Selbstbild enthält Persönlichkeitseigenschaften, Werte und

Ideale, Erfahrungen, Überzeugungen, Glaubenssätze usw., und wir sind in der Regel bestrebt, diese Elemente unseres Selbstbilds so zusammenzufügen, dass sie in unseren Augen ein geschlossenes Ganzes, einen konsistenten Sinnzusammenhang, eine wahrnehmbare Identität ergeben. Gegenüber diesem Bild unserer Identität entwickeln wir starke Bindungen. Wird es durch innere oder äußere Ereignisse infrage gestellt, passen wir diese Ereignisse so weit möglich in das vorhandene Bild von uns selbst ein. Wenn dies nicht gelingt, fühlen wir uns unwohl oder geraten gar in eine »Identitätskrise«. Wie wir am Beispiel von depressiven Störungsbildern erkennen können, neigen Menschen unter Umständen sogar eher dazu, an einem negativen Selbstbild festzuhalten als das Bild zu hinterfragen, das sie sich von sich selbst gemacht haben. Während Identitätskonzepte auf der einen Seite etwas sehr individuelles sind, ist doch andererseits ihr Bezug zu überindividuellen Sinn- und Bedeutungssystemen oft von entscheidender Wichtigkeit: Menschen verleihen ihrem Leben einen Sinn, indem sie sich auf ethische Prinzipien, kulturelle Traditionen, religiöse Glaubenssysteme beziehen, sich als Mitglieder sozialer Gruppen definieren usw.

> ❗ Identität besteht also zusammenfassend in der Gestalt der sinnhaften Verweisungen innerhalb der Persönlichkeit eines Menschen, aber auch in der Gestalt der Verweisungen, die das Individuum mit »größeren«, überindividuellen Sinnkontexten verbinden.

Die psychodramatische Surplus Reality bildet diese Sinnstrukturen in Form von szenischen Arrangements ab, um subjektiv gegebenen Sinn zu rekonstruieren und neue Sinngehalte zu schaffen.

Surplus Reality als Symbolschöpfung und -deutung

Langer (1965) hält Symbole für den Schlüssel zum geistigen Leben. Bestimmte Aspekte des menschlichen Seins lassen sich, wenn man Hülst (1999) zustimmt, nur durch Symbole ausdrücken:

> ❱❱ Einem speziellen Ausschnitt von Grundfragen der menschlichen Existenz ist es vorbehalten, allein durch Symbolisierung
> ▾ darstellbar zu sein. Dazu zählen Phäno-

mene wie Angst vor Unbekanntem oder Unordnung, »Grenzerfahrungen«, Leben, Tod, Sinn der Existenz, Konzepte der eigenen Person oder von Selbstidentität, dazu zählen aber auch sämtliche sozialen Beziehungen, an deren Erhaltung und Pflege oder auch Veränderung und Aufkündigung den Gesellschaftsmitgliedern gelegen ist: Verwandtschaft, Zugehörigkeit, Über- und Unterordnung, habitualisierte Leistungen, institutionalisierte Verhaltensformen, Vertrauen usw. Alle derartigen Begriffe, für die hier nur ein Ausschnitt exemplarisch benannt wird, bezeichnen Konzepte oder gedankliche Konstrukte, die sich geistig vorstellen, sich jedoch nicht unmittelbar beobachten oder wahrnehmen lassen. (…) Symbole stellen insofern etwas dar, das sich auf keine andere Weise ausdrücken lässt. (S. 362 f.)

Die präsentative Symbolik (s. o.) der Wirklichkeit des Protagonisten ist ohne Bruch in die psychodramatische Surplus Reality übersetzbar. Aus dem symbolischen Charakter der psychodramatischen Szene ergibt sich die besondere Eignung der Surplus Reality als Medium für die Re- und Neukonstruktion von Sinn: Sinngehalte aus der Wirklichkeit des Protagonisten werden in eine Symbolszene überführt, die wiederum auf die Sinnschöpfung des Protagonisten zurückwirkt (◘ Abb. 31.1).

> ❗ Symbole sind zentrale Sinnträger der menschlichen Identität. Die Arbeit in der psychodramatischen Surplus Reality aktiviert diese symbolische Ebene und ermöglicht damit die Re- und Neukonstruktion der sinntragenden Elemente der Wirklichkeit des Protagonisten. Die erlebnisaktivierenden Wirkungen des Psychodramas sind möglicherweise darauf zurückzuführen, dass das symbolische Handeln in der Surplus Reality einen spezifischen Informationsverarbeitungsmodus im Sinne einer Integration analoger und digitaler, bewusster und unbewusster Prozesse aktiviert. Dafür spricht z. B. der Hinweis, dass das Psychodrama den Abruf autobiografischer Gedächtnisinhalte erleichtern kann.

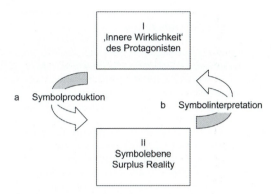

Abb. 31.1. Symbolproduktion und -interpretation in der psychodramatischen Surplus Reality

Zusammenfassung

Die Wirkfaktoren des Psychodramas sind weder theoretisch befriedigend ausgearbeitet noch empirisch ausreichend erforscht. Die wenigen methodisch robusten Studien sprechen jedoch dafür, dass das Psychodrama in klinischen und nichtklinischen Kontexten mit alternativen Verfahren durchaus konkurrieren kann. Unter den Wirkfaktoren des Psychodramas werden häufig genannt:

- der durch den Rollentausch bzw. Rollenwechsel erreichte Perspektivenwechsel, verbunden mit einer Steigerung von Empathie;
- die Katharsis, der eine wichtige Rolle bei der Bewältigung belastender emotionaler Erlebnisse zugesprochen wird;
- die besondere Qualität der Beziehung zwischen Leitung und Klient, die durch die psychodramatischen Konzepte von Begegnung und Tele besonders fokussiert wird.

Unserer Ansicht nach ist die Erlebnisaktivierung in der psychodramatischen Surplus Reality ein bedeutsamer Wirkfaktor, unter anderem hinsichtlich der Konstruktion von Bedeutungsgehalten und der Wirkungen auf den Abruf von Gedächtnisinhalten.

Eine intensivere theoretische und empirische Forschung zu den Wirkfaktoren des Psychodramas ist ein wichtiger Faktor bei der Stärkung des Psychodramas im Wettbewerb der therapeutischen und beraterischen Verfahren.

Literatur

Ameln, F. von (2004). *Konstruktivismus* (UTB Wissenschaft). Tübingen: Francke.

Bales, R. F.& Cohen, S. P. (1982). *SYMLOG. Ein System für die mehrstufige Beobachtung von Gruppen.* Stuttgart: Klett-Cotta.

Becker, J. (2002). Denn Sie wissen was Sie tun? Wirkfaktoren im Psychodrama. *Zeitschrift für Psychodrama und Soziometrie, 1 (1),* 7–17.

Bemak, F. & Young, M. E. (1998). Role of catharsis in group psychotherapy. *International Journal of Action Methods: Psychodrama, Skill Training & Role Playing, 50 (4),* 166–184.

Bender, W., Detter, G., Eibl-Eibesfeldt, B., Engel-Sittenfeld, P., Gmelin, B., Wolf, R. & Zander, K.-J. (1979). Psychodrama-versus Freizeitgruppe: Effekte einer 25-stündigen Gruppenpsychotherapie bei psychiatrischen Patienten. *Fortschritte der Neurologie, Psychiatrie und ihrer Grenzgebiete, 47,* 641–658.

Bender, W., Eibl-Eibesfeldt, B., Lerchl-Wanie, G. & Zander, K.-J. (1981). Psychodramatherapie mit Neurose- und Psychosepatienten unter Einsatz von Video-Feedback. *Psychotherapie, Psychosomatik, Medizinische Psychologie, 31,* 125–131.

Blatner, A. (1985). The dynamics of catharsis. *Journal of Group Psychotherapy, Psychodrama & Sociometry, 37 (4),* 157–166.

Bohart, A. C. (1977). Role-playing and interpersonal conflict reduction. *Journal of Counseling Psychology, 24,* 15–24.

Bohart, A. C. (1980). Toward a cognitive theory of catharsis. *Psychotherapy: Theory, Research and Practice, 17,* 92-201.

Bosselmann, R. (1993). Das Psychodrama und seine »Heilfaktoren« – über Wirkungen und deren Ort im psychodramatischen Prozeß. In R. Bosselmann, E. Lüffe-Leonhardt & M. Gellert (Hrsg.), *Variationen des Psychodramas. Ein Praxis-Handbuch* (161–164). Meezen: Limmer.

Bozok, B. & Bühler, K.-E. (1988). Wirkfaktoren der Psychotherapie – spezifische und unspezifische Einflüsse. *Fortschritte der Neurologie und Psychiatrie, 56,* 119–132.

Breuer, J. & Freud, S. (1893). Studien über Hysterie. In S. Freud, *Gesammelte Werke* (Bd. I, 75–312). Frankfurt am Main: Fischer.

Brewer, W.F. (1988). Memory for randomly sampled autobiographical events. In U. Neisser & E. Winograd (eds.), *Remembering Reconsidered: Ecological and Traditional Approaches to the Study of Memory* (21–90). Cambridge: University Press.

Buer, F. & Sugimoto, E. T. (1995). Psycho-Drama. Ein antirituelles Ritual. In F. Buer (Hrsg.), *Jahrbuch für Psychodrama, psychosoziale Praxis und Gesellschaftspolitik 1994* (119–140). Opladen: Leske & Budrich.

Cornyetz, P. (1947). Action catharsis and intensive psychotherapy. *Sociatry, 1,* 59–63.

Dayton, T. (2005). *The Living Stage. A Step-by-Step Guide to Psychodrama, Sociometry and Experiential Group Therapy.* Deerfield Beach: Health Communications.

Derogatis, L. R. & Cleary, P. A. (1977). Confirmation of the dimensional structure of the SCL-90: A study in construct validation. *Journal of Clinical Psychology, 33,* 981–989.

Elms, A.C. (1966). Influence on fantasy ability on attitude change through role playing. *Journal of Personality and Social Psychology, 4,* 36–43.

Fish, J. M. (1973). *Placebo Therapy.* San Francisco: Jossey-Bass.

Grawe, K. (1994). Psychotherapie ohne Grenzen. Von den Therapieschulen zur Allgemeinen Psychotherapie. *Verhaltenstherapie und psychosoziale Praxis, 26 (3),* 357–370.

Grawe, K. (1995). Grundriß einer Allgemeinen Psychotherapie. *Psychotherapeut, 40,* 130–145.

Grawe, K., Donati, R. & Bernauer, F. (1994). *Psychotherapie im Wandel. Von der Konfession zur Profession* (2. Aufl.). Göttingen: Hogrefe.

Greenberg, L., Elliott, R. & Lietaer, G. (1994). Research on experiential psychotherapies. In A. E. Bergin & S. L. Garfield (eds.), *Handbook of Psychotherapy and Behavior Change* (509–539). New York: Wiley.

Gunkel, S. (1989). Empathie im psychodramatischen Rollenspiel: Training der Perspektivenübernahme. *Integrative Therapie, 15 (2),* 141–169.

Howard, K. I. & Orlinsky, D. E. (1972). *Psychotherapeutic processes.* Annual Review of Psychology, 23, 615–668.

Hülst, D. (1999). *Symbol und soziologische Symboltheorie. Untersuchungen zum Symbolbegriff in Geschichte, Sprachphilosophie, Psychologie und Soziologie.* Opladen: Leske & Budrich.

Hutter, C. (2000). *Psychodrama als experimentelle Theologie. Rekonstruktion der therapeutischen Philosophie Morenos aus praktisch-theologischer Perspektive.* Münster: Lit.

Imber-Black, E., Roberts, J. & Whiting, R. A. (Hrsg.) (1995). *Rituale: Rituale in Familien und Familientherapie* (2. Aufl.). Heidelberg: Auer.

Janis, I. L. & King, B. T. (1990).The influence of role playing on opinion change. In E. E. Maccoby, T. M. Newcomb & E. L. Hartley (eds.), *Readings in Social Psychology* (3rd vol., 472–482). London: Methuen.

Janis, I. L. & Mann, L. (1965). Effectiveness of emotional role-playing in modifying smoking habits and attitudes. *Journal of Experimental Research in Personality, 1,* 84–90.

Janke, W. & Debus, G. (1978). *Die Eigenschaftswörterliste EWL – eine mehrdimensionale Methode zur Beschreibung von Aspekten des Befindens.* Göttingen: Hogrefe.

Kellermann, P. F. (1985). Participants' perception of therapeutic factors in psychodrama. *Journal of Group Psychotherapy, Psychodrama & Sociometry, 38,* 123–132.

Kellermann, P. F. (1986). The place of catharsis in psychodrama. In P. F. Kellermann (ed.), *Therapeutic Aspects of Psychodrama* (47-59). Dissertation, Universität Stockholm.

Kellermann, P. F. (1987a). Outcome research in classical psychodrama. *Small Group Behavior, 18 (4),* 459–469.

Kellermann, P. F. (1987b). Psychodrama participants' perception of therapeutic factors. *Small Group Behavior, 18 (3),* 408–419.

Kellermann, P. F. (1996). *Focus on Psychodrama. The Therapeutic Aspects of Psychodrama* (2nd edn.). London: Kingsley.

Kelly, G. (1976). Evaluating a psychiatric hospital program. *Group Psychotherapy, 29,* 15–22.

Kipper, D. A. (1978). Trends in the research on the effectiveness of psychodrama: Retrospect and prospect. *Group Psychotherapy, Psychodrama & Sociometry,* 31, 5–18.

Kipper, D. A. & Ben-Ely, Z. (1979). The effectiveness of the psychodramatic double method, the reflection method, and lecturing in the training of empathy. *Journal of Clinical Psychology, 35 (1),* 370–376.

Kipper, D. A. & Ritchie, T. D. (2004). Die Effektivität psychodramatischer Techniken: eine Metaanalyse. *Zeitschrift für Psychodrama und Soziometrie, 3 (2),* 247–266.

Krüger, R. T. (1989). Der Rollentausch und seine tiefenpsychologischen Funktionen. *Psychodrama, 2 (1),* 45–67.

Krüger, R. T. (1997). *Kreative Interaktion. Tiefenpsychologische Theorie und Methoden des klassischen Psychodramas.* Göttingen: Vandenhoeck & Ruprecht.

Langer, S. K. (1965). *Philosophie auf neuem Wege. Das Symbol im Denken, im Ritus und in der Kunst.* Frankfurt am Main: Fischer.

Lapierre, Y. D., Lavallee, J. & Tetreault, L.(1973). Simultaneous mesoridazine and psychodrama in neurotics. *International Journal of Clinical Pharmacology, Therapy and Toxicology, 7 (7),* 62–66.

Lewis, W. A. & Bucher, A. M. (1992). Anger, catharsis, the reformulated frustration-aggression hypothesis and health consequences. *Psychotherapy, 29,* 385–392.

Lorenzer, A. (1983). Sprache, Lebenspraxis und szenisches Verstehen in der psychoanalytischen Therapie. *Psyche, 37 (1),* 97–115.

Luhmann, N. (1984). *Soziale Systeme: Grundriß einer allgemeinen Theorie.* Frankfurt am Main: Suhrkamp.

Mann, L. & Janis, I. L. (1968). A follow-up study on the long-term effects of emotional role playing. *Journal of Personality and Social Pschology, 8 (4),* 339–342.

Moos, R.-H. (1974). *Correctional Institutions Environmental Scale.* Palo Alto: Consulting Psychologists Press.

Moreno, J. L. (1940). Mental catharsis and the psychodrama. *Sociometry, 3,* 220–240.

Moreno, J. L. (1959). *Gruppenpsychotherapie und Psychodrama. Einleitung in die Theorie und Praxis.* Stuttgart: Thieme.

Moreno, J. L. (1989). *Psychodrama und Soziometrie. Essentielle Schriften.* Köln: Edition Humanistische Psychologie.

Moreno, J. L. (1991). Globale Psychotherapie und Aussichten einer therapeutischen Weltordnung. In F. Buer (Hrsg.), *Jahrbuch für Psychodrama, psychosoziale Praxis & Gesellschaftspolitik 1991* (11–44). Opladen: Leske & Budrich.

Pennebaker, J. W. (1990). *Opening up: The Healing Power of Confiding in* Others. New York: Morrow.

Peters, H. N. & Jones, F. D. (1951). Evaluation of group psychotherapy by means of performance test. *Journal of Consulting Psychology, 15,* 363–367.

Petzold, H. (1981). Integrative Dramatherapie – Überlegungen und Konzepte zu einem integrativen Ansatz erlebnisaktivierender Therapie. *Integrative Therapie, 1,* 46–61.

Petzold, H. (1982). Behaviourdrama als verhaltenstherapeutisches Rollenspiel. In ders. (Hrsg.), *Dramatische Therapie: neue Wege der Behandlung durch Psychodrama, Rollenspiel, therapeutisches Theater* (219-233). Stuttgart: Hippokrates.

Pilkey, L., Goldman, M. & Kleinman, B. (1961). Psychodrama and empathic ability in the mentally retarded. *American Journal of Mental Deficiency, 65,* 595–605.

Ploeger, A. (1990). Heilfaktoren im Psychodrama. In H. Lang (Hrsg.), *Wirkfaktoren der Psychotherapie* (86-97). Berlin: Springer.

Sarbin, T. R. & Jones, D. S. (1955). An experimental analysis of role behavior. *Journal of Abnormal and Social Psychology, 51,* 236–241.

Scheff, T. (1983). *Explosion der Gefühle. Über die kulturelle und therapeutische Bedeutung kathartischen Erlebens.* Weinheim: Beltz.

Schlippe, A. von (1995). »Tu was Du willst« – Eine integrative Perspektive auf die systemische Therapie. *Kontext, 26 (1),* 19–32.

Schneider-Düker, M. (1989). Rollenwahl und Gruppenentwicklung im Psychodrama. Eine empirische Untersuchung an Therapie- und Selbsterfahrungsgruppen. *Gruppendynamik, 20 (3),* 259–272.

Schramski, T. G., Feldman, C. A., Harvey, D. R. & Holiman, M. (1984). A comparative evaluation of group treatments in an adult correctional facility. *Journal of Group Psychotherapy, Psychodrama & Sociometry, 36 (4),* 133–147.

Seidel, U. (1989). Psychodrama ohne Gruppe. Basistechniken in der Einzelarbeit. *Psychodrama, 2,* 193–205.

Truax, C. B. (1961). A scale for the measurement of accurate empathy. *Psychiatric Institute Bulletin, 1,* 12. University of Wisconsin: Wisconsin Psychiatric Institute.

Tschuschke, V. & Anbeh, T. (2004). Therapieeffekte ambulanter Psychodrama-Gruppenbehandlung – Ergebnisse der PAGE-Studie. *Zeitschrift für Psychodrama und Soziometrie, 3* (1), 85–94.

Tschuschke, V. & Anbeh, T. (2007). *Ambulante Gruppenpsychotherapie.* Stuttgart: Schattauer.

Tschuschke, V. & Dies, R. R. (1994). Intensive analysis of therapeutic factors and outcome in long-term psychotherapy. *International Journal of Group Psychotherapy, 44,* 185–208.

Wartenberg, G. & Kienzle, J. (1991). Die Katharsis im psychodramatischen Spiel. In F. Buer (Hrsg.), *Jahrbuch für Psychodrama, psychosoziale Praxis & Gesellschaftspolitik 1991* (49–78). Opladen: Leske & Budrich.

Weth, E.-J. (1985). Monodrama mit Studenten. *Integrative Therapie, 11,* 75–96.

Wood, D., Del Nuovo, A., Bucky, S. F., Schein, S. & Michalik, M. (1979). Psychodrama with an alcohol abuser population. *Group Psychotherapy, Psychodrama & Sociometry, 32,* 75–88.

Yalom, I. D. (2001). *Theorie und Praxis der Gruppenpsychotherapie. Ein Lehrbuch* (6. Aufl.). Stuttgart: Pfeiffer.

Anhang

A

Informationen zum Psychodrama im Internet

Informationen zum Psychodrama im Internet

http://www.psychodrama-deutschland.de
Deutscher Fachverband für Psychodrama; Informationen zur Psychodrama-Weiterbildung in Deutschland und Links zu den vom Deutschen Fachverband für Psychodrama (DFP) anerkannten Weiterbildungsinstituten.

http://www.pdh.ch
Psychodrama Helvetia (PDH); schweizerischer Arbeitskreis für Psychodrama mit Adressen.

http://www.asgpp.org
American Society of Group Psychotherapy and Psychodrama (ASGPP).

http://members.tripod.com/~portaroma/iagp_pd.htm
International Association of Group Psychotherapy (IAGP), Sektion Psychodrama; zahlreiche Links, unter anderem zu Homepages von Psychodrama-Instituten, Psychodramatikern und Psychodrama-Zeitschriften in aller Welt.

http://www.psychodrama-austria.at/
http://www.psychodramatherapie.at
Österreichischer Arbeitskreis Gruppenpsychotherapie und Gruppendynamik (ÖAGG), Fachsektion Psychodrama, Soziometrie und Rollenspiel; Informationen zur Psychodrama-Weiterbildung in Österreich.

http://www.psychodrama.org.uk
British Psychodrama Association (BPA).

http://pdbib.org/
Sehr umfangreiche Psychodrama-Bibliografie (ca. 4.500 Einträge), aber leider auch recht fehlerhaft. Neuigkeiten über Termine, Publikationen usw. zum Thema Psychodrama.

http://members.tripod.com/~portaroma/studies_in_treatment_effects.htm
Sammlung empirischer Studien über das Psychodrama, geordnet nach Kategorien der ICD-10.

Stand: Januar 2009

Glossar

Glossar

Aktionsphase. In der Aktionsphase, die sich an die → Erwärmungsphase anschließt, wird das Anliegen des Protagonisten bzw. das Thema der Gruppe szenisch bearbeitet. Wichtige Schritte der Aktionsphase sind die Exploration des Themas, die Auftragsklärung, die Eröffnung und Einrichtung der Bühne, die Besetzung der Hilfs-Ich-Rollen, die Aktion, die Entlassung der Hilfs-Iche und der Abbau der Bühne (▶ Kap. 9).

Aktionssoziometrie. Bei der Methode der Aktionssoziometrie werden Gruppenstrukturen (Anziehung versus Abstoßung, Gemeinsamkeiten, Subgruppen, Koalitionen, Normen etc.) sichtbar gemacht, indem die Gruppenmitglieder sich zu einem bestimmten Kriterium im Raum gruppieren. Das Kriterium »Ausmaß an Erfahrung mit dem Psychodrama« kann z. B. als Kette dargestellt werden, in der der Teilnehmer mit der geringsten Psychodrama-Erfahrung das erste, der Teilnehmer mit der meisten Psychodrama-Erfahrung das letzte »Glied« (▶ Abschn. 3.12).

Arrangement. Von Buer eingeführter Begriff zur Bezeichnung methodischer Elemente, die bestimmen, in welcher Form die Wirklichkeit des Protagonisten bzw. der Gruppe sichtbar und bearbeitbar gemacht wird. Typische psychodramatische Arrangements sind beispielsweise die → Aktionssoziometrie, die → Zukunftsprojektion oder der → Zauberladen (▶ Kap. 3).

Aufstellung. Die Aufstellungsarbeit hat das Ziel, Spannungen, Konfliktpotenziale, Entwicklungsperspektiven usw. in einem System (z. B. einer Familie) zu erforschen und auf dieser Basis Lösungsansätze zu entwickeln. Dazu werden die Elemente des Systems (z. B. Mitglieder einer Familie) aus der Sicht eines Systemmitglieds, das das Thema einbringt, so im Raum um den Thementräger herumgruppiert, wie es dessen Wahrnehmung entspricht. Auf der Grundlage der in den verschiedenen Rollen entstehenden Wahrnehmungen und Veränderungsimpulsen wird die Aufstellung dann so umgestellt, dass die vorhandenen Spannungen so weit wie möglich gelöst werden. Die psychodramatische Aufstellungsarbeit kombiniert klassisch-

psychodramatische Vorgehensweisen und Techniken mit Entwicklungen aus der systemischen Therapie und Beratung (▶ Abschn. 3.7).

Axiodrama. Mit dem Begriff Axiodrama bezeichnet Moreno die handelnde Umsetzung von Werten. So könnte man ein → themenzentriertes Spiel zur Frage des Schwangerschaftsabbruchs als axiodramatische Arbeit bezeichnen. Als klassische Beispiele für Axiodramen »in situ« nennt Moreno das Leben von Jesus oder Buddha.

Begegnung. Morenos Begegnungskonzept ist das Leitkonzept für die Beziehung aller am Psychodrama Beteiligten. Begegnung beruht nicht nur auf bloßer Interaktion oder kommunikativer Verständigung, sondern auf einem existenziellen Sich-in-Beziehung-Setzen, einem »intuitiven Rollentausch« (▶ Abschn. 14.2.2).

Bühne. Im engeren Sinne bezeichnet der Begriff den materiellen Handlungsraum des Psychodramas. In den meisten Fällen handelt es sich dabei nicht um eine Theaterbühne, sondern um einen Teil des Gruppenraums, der durch den Stuhlkreis der Gruppenmitglieder definiert wird. Im weiteren Sinne ist die Bühne die symbolische Handlungswelt des Psychodramas, die als Medium dient, die die innere Welt des Protagonisten bzw. der Gruppe zu konkretisieren und erfahrbar zu machen. (▶ Abschn. 2.1).

Doppel. Bei der klassischen Variante der Doppeltechnik stellt sich ein Teilnehmer oder der Leiter hinter den → Protagonisten und spricht aus dessen Rolle heraus (d. h. in der Ich-Form) Gedanken oder Gefühle aus, die er beim Protagonisten zu erkennen glaubt, die dieser aber nicht äußert. In anderen Formen des Doppels können auch explorierende Fragen gestellt oder Deutungen angeboten werden. Das Doppel ist ein Reflexionsangebot an den Protagonisten und Ausdruck mitfühlenden Verständnisses (▶ Abschn. 4.4).

Doppelgänger. Der Doppelgänger ist ein → Hilfs-Ich, das dem Protagonisten über eine längere Phase des Spiels hinweg zur Seite steht, um ihn in schwierigen Spielsituationen zu unterstützen (▶ Abschn. 4.4.2).

Erwärmung. Moreno geht davon aus, dass jede intensive persönliche Arbeit einer kognitiven, emotionalen und körperlichen Erwärmung bedarf. Die → Erwärmungsphase ist daher fester Bestandteil des psychodramatischen Prozesses. Auf der anderen Seite schafft die intensive Auseinandersetzung mit einer Thematik im Psychodrama Erwärmungen bei allen Beteiligten, etwa durch die Identifikation der Hilfs-Iche mit ihren Rollen oder dadurch, dass das Thema des Protagonisten bei den Zuschauern Erinnerungen an ähnliche Erlebnisse anstößt. Diese Erwärmungen müssen unter Umständen bearbeitet werden, bevor die Sitzung geschlossen werden kann (▶ Abschn. 8.1).

Erwärmungsphase. Die Erwärmungsphase dient dazu, die Beteiligten emotional, kognitiv und körperlich auf ein Spiel vorzubereiten, bedeutsame Themen zu identifizieren und Spielhemmungen abzubauen. Dafür stehen eine Reihe spezifischer psychodramatischer Arrangements zur Verfügung (▶ Abschn. 8.3), grundsätzlich kann die Erwärmungsphase aber auch mit nichtpsychodramatischen Mitteln gestaltet werden (▶ Kap. 8).

Gruppenzentriertes Spiel. Beim gruppenzentrierten Spiel stehen nicht eine einzelne Person, sondern Strukturen und Dynamiken eine Gruppe im Mittelpunkt des Interesses. Das Ziel kann in der Stärkung der Gruppenkohäsion, der Bearbeitung soziometrischer Strukturen, der Reflexion von Normen, der Auseinandersetzung von Konflikten etc. liegen (▶ Abschn. 6.3).

Hilfs-Ich. Bezeichnung für die Mitspieler im protagonistenzentrierten Psychodrama, die abwesende Interaktionspartner des Protagonisten verkörpern (▶ Abschn. 2.3).

Identifikationsfeedback. Im Identifikationsfeedback, das einen optionalen Bestandteil der → Integrationsphase darstellt, sprechen die Gruppenmitglieder über ihre Identifikationen mit den verschiedenen Rollen, die im Spiel des Protagonisten vorkamen (▶ Abschn. 10.4).

Integrationsphase. Die Integrationsphase schließt sich an die → Aktionsphase an. Sie umfasst im protagonistenzentrierten Spiel → Sharing, → Rollenfeedback und gegebenenfalls → Identifikationsfeedback (in der Arbeit auf der Gruppenebene sind Modifikationen notwendig). Das Ziel liegt darin, nach einem Spiel die verschiedenen Rollenerwärmungen (Protagonist, Antagonist, andere Hilfs-Iche, Zuschauer) aufzufangen und zu integrieren. Ferner werden dem Protagonisten in der Integrationsphase eine Stärkung durch die Gruppe und weitere Möglichkeiten zur Vertiefung seines Themas angeboten (▶ Kap. 10).

Interpretationsfolie. Ausdruck von Buer zur Bezeichnung theoretischer Modelle, mit deren Hilfe die Thematik des Protagonisten bzw. der Gruppe erklärt werden kann. Eine wichtige psychodramatische Interpretationsfolie ist z. B. die Rollentheorie. Je nach gewählter Interpretationsfolie ergeben sich unterschiedliche → Prozessziele und Handlungsanweisungen.

Katharsis. Der Begriff stammt aus der griechischen Dramentheorie, wo er eine Läuterung der Gefühle der Zuschauer durch die Teilhabe an einer dramatischen Handlung. Moreno nimmt an, dass die Wirkung des Psychodramas hauptsächlich in diesem kathartischen Effekt begründet liegt, der nicht nur den Protagonisten, sondern auch die Mitspieler und das Publikum erfasst (▶ Abschn. 31.2.2).

Kontrakt. Der Kontrakt ist eine (meist mündliche) Vereinbarung zwischen dem Leiter als Anbieter und dem Kunden (beispielsweise die Personalabteilung eines Unternehmens oder der Klient selbst) als Abnehmer einer Dienstleistung. In diesem Kontrakt werden die Rahmenziele für das im Prozess zu Erreichende sowie wichtige Kontextbedingungen (Honorar, Zeitbudget usw.) festgelegt (▶ Abschn. 7.3).

Kreativität. Kreativität ist für Moreno die »Ursubstanz«, die allen schöpferischen Prozessen im Universum zugrunde liegt. Gemeinsam mit dem »Erzkatalysator« Spontaneität ist sie für die Entstehung organischen Lebens, das kindliche Spiel, die Problemlösungen des Erwachsenen und andere Phänomene verantwortlich. Das Psychodrama soll unter anderem Spontaneität fördern, um die Entwicklung kreativer Anpassungslösungen möglich zu machen (▶ Abschn. 14.1).

Kulturkonserve. In Morenos Kreativitätstheorie sind Kulturkonserven das Endprodukt im Zyklus kreativen Handelns. Der kreative Prozess des Komponierens führt z. B. zu einem Musikstück in Form einer ausgearbeiteten Partitur. Dieses Stück wird zur Kulturkonserve, deren kreativer Wert erloschen ist, wenn sie ständig aufs Neue reproduziert wird. Kulturkonserven können allerdings auch Ausgangspunkt neuer kreativer Prozesse werden, z. B. wenn ein Dirigent oder Musiker die Noten neuartig interpretiert (▶ Abschn. 14.1).

Leerer Stuhl. Leere Stühle werden im Psychodrama häufig als Stellvertreter für Hilfs-Iche eingesetzt, beispielsweise in der Einzelarbeit, in der Skulpturarbeit oder wenn die betreffende Rolle so negativ besetzt ist, dass sie nicht mit einem Mitspieler besetzt werden soll (▶ Abschn. 3.6).

Maximierung. Die verschiedenen Maximierungstechniken des Psychodramas basieren auf der Überhöhung, der die Dynamik der Szene tragenden Elemente. Eine Maximierung besteht z. B. darin, dass der dominante Antagonist des Protagonisten sich auf einen Stuhl stellt und von dort aus weiter spielt (▶ Abschn. 4.10).

Monolog. Bei dieser Verbalisierungstechnik äußert der Protagonist Gedanken und Gefühle, die er in der zu spielenden Situation nicht geäußert hat, in Form eines Monologs (▶ Abschn. 4.2).

Organisationsaufstellung. Siehe Aufstellung.

Playbackspiel. Im Playbackspiel inszeniert die Gruppe eine Szene aus dem Leben des Protagonisten nach dessen Vorgaben. Der Protagonist sitzt als »Regisseur« am Bühnenrand oder im Zuschauerraum, von wo aus er das Geschehen betrachtet. Die im Playbackspiel erzeugte Möglichkeit, sich emotional zu distanzieren, ist z. B. für die Bearbeitung traumatischer Situationen wichtig (▶ Abschn. 3.11).

Protagonist. Im »klassischen« Psychodrama bringt ein Thementräger, der Protagonist, sein Anliegen ein, das dann von der gesamten Gruppe bearbeitet wird. Der Protagonist spielt sein Spiel aber auch stellvertretend für die Gruppe, da andere Gruppenmitglieder durch Identifikation und Modelllernen von seinem Spiel profitieren (▶ Abschn. 2.2).

Prozessanalyse. In der Prozessanalyse wird das zuvor abgelaufene psychodramatische Geschehen gemeinsam analysiert, z. B. hinsichtlich der Frage, wie die Hypothesen der Leitung oder gruppendynamische Mechanismen das Spiel beeinflusst haben. Dabei soll der eigene Anteil am Ausgang des Spiels reflektiert und mit anderen möglichen Vorgehensweisen kontrastiert werden. In der Praxis wird die Prozessanalyse häufig stark modifiziert oder weggelassen (▶ Abschn. 11.2).

Prozessschritt. Prozessschritte sind methodische Schritte, die Leiter und Protagonist gemeinsam unternehmen müssen, um das inhaltliche Ziel des Protagonisten zu erreichen. Sie leiten sich aus den → Prozesszielen ab und werden in ihrer Abfolge durch den sogenannten »roten Faden« der Leitung verbunden (▶ Abschn. 9.5.3).

Prozessziel. Prozessziele sind methodisch definierte Ziele, die der Leiter aufgrund diagnostischer Erwägungen festlegt, um das inhaltliche Ziel des Protagonisten zu erreichen. So mag z. B. die Lösung eines Konflikts (inhaltliches Ziel) ein tieferes Verständnis des Konfliktpartners (Prozessziel) voraussetzen. Ein solches tieferes Verständnis kann im Psychodrama z. B. durch den Rollentausch (→ Prozessschritt) verfolgt werden (▶ Abschn. 9.5.2).

Realitätsprobe. Wenn der Protagonist im Psychodrama eine Lösung für eine problematische Situation entwickelt hat, kann in der psychodramatischen Realitätsprobe diese Situation auf der Bühne inszeniert werden, um zu testen, inwieweit die erarbeitete Lösung umsetzbar ist (▶ Abschn. 3.5).

Rolle. Die Rollentheorie ist eine der Errungenschaften Morenos. Sie fungiert im Psychodrama als wichtiges diagnostisches und normatives Modell. Der Rollenbegriff beschreibt bei Moreno ein sozio-kulturell vorgegebenes Handlungsmuster, das gewisse individuelle Gestaltungsspielräume aufweist. Jeder Mensch spielt in unterschiedlichen Kontexten verschiedene Rollen, die gemeinsam seine Identität ausmachen: Das Selbst entsteht aus Rollen. Handeln im Allgemeinen und in sozialen Kontexten im Besonderen ist daher immer auch ein Produkt einer Interaktion von Rolle und Komplementärrolle (▶ Abschn. 14.3).

Rollenfeedback. Im an das Spiel anschließenden Rollenfeedback geben die Hilfs-Iche dem Protagonisten eine Rückmeldung darüber, wie sie ihre Rolle empfunden haben und wie das Verhalten des Protagonisten in dieser Rolle auf sie gewirkt hat. Das Rollenfeedback ist im heutigen Psychodrama fester Bestandteil der → Integrationsphase (▶ Abschn. 10.3).

Rollentausch. Beim Rollentausch nimmt Person A (z. B. der Protagonist) die Rolle von Person B (z. B. seiner Schwester) ein und umgekehrt. Der Rollentausch kann mit real anwesenden Personen (z. B. in der Paarberatung) oder mit → Hilfs-Ichen vorgenommen werden, die die abwesende Person vertreten. Ziel des Rollentauschs ist es, die Einfühlung in die betreffende Rolle zu verbessern oder allgemein die Situation aus einer neuen Perspektive betrachten zu lernen (▶ Abschn. 4.3).

Rollentraining. Im Rollentraining werden neue Möglichkeiten des Rollenhandelns auf der Bühne eingeübt. Anregungen für neue Handlungsmöglichkeiten können dabei von der Gruppe, vom Leiter oder vom Protagonisten selbst stammen. Das Rollentraining eignet sich für den Einsatz in der Psychotherapie, aber auch in der Schule oder in Seminaren und Trainings der betrieblichen Weiterbildung (▶ Abschn. 3.4).

Rollenwechsel. Beim Rollentausch übernimmt Person A (z. B. der Protagonist) eine Rolle B, während der Wechsel von B zu A nicht vollzogen wird. Dies ist z. B. in der Einzelberatung der Fall, wenn mit dem leeren Stuhl statt mit Hilfs-Ichen gearbeitet wird (▶ Abschn. 4.3).

»Roter Faden« der Leitung. Siehe Prozessschritt.

Sharing. Im an das Spiel anschließenden Sharing teilen die Gruppenmitglieder dem Protagonisten mit, welche Aspekte seiner Thematik sie aufgrund eigener Erfahrungen nachvollziehen können. Dadurch erlebt der Protagonist, dass er nicht alleine steht, und dass andere Verständnis für seine Situation aufbringen können. Das Sharing ist fester Bestandteil der → Integrationsphase (▶ Abschn. 10.2).

Soziales Atom. Dieser von Moreno geprägte Begriff bezeichnet einerseits ein theoretisches Konzept – das Beziehungsgeflecht eines Individuums mit seinen Bezugspersonen (▶ Abschn. 14.2.3) –, andererseits eine Technik, um diese Struktur zu erfassen (▶ Abschn. 15.5).

Soziodrama. Das Soziodrama dient der Erkundung und Umgestaltung der Wirklichkeit eines sozialen Systems, d. h. einer Gruppe, einer Organisation oder eines Ausschnittes der Gesellschaft (Sozio) mit den Mittel des szenischen Handelns (drama). Je nach Fragestellung lassen sich das gruppenzentrierte, das themenzentrierte und das soziokulturelle Soziodrama unterscheiden. In einem Teil der (vor allem deutschsprachigen) Psychodrama-Literatur bezeichnet der Begriff »Soziodrama« nur das soziokulturelle Soziodrama. Moreno entwarf das Soziodrama als Instrument zur Reflexion und Umgestaltung sozialer Gemeinschaften und steht daher in engem Bezug zur → Soziometrie. (▶ Kap. 6).

Soziokulturelles Soziodrama. Das soziokulturelle Soziodrama ist eine Form der Arbeit auf der Gruppenebene, die die gesellschaftlich-kulturelle Dimension im Erleben und Handeln des Individuums thematisiert. Das soziokulturelle Soziodrama wird unter anderem in der politischen Arbeit eingesetzt, um Stereotype und Vorurteile aufzudecken und zu reflektieren (▶ Abschn. 6.4).

Soziometrie. Die Soziometrie ist – neben dem Psychodrama und der Gruppenpsychotherapie – die dritte Säule von Morenos Denksystem. Sie bezweckt die Messung von Gruppenstrukturen, wobei das Ziel nicht allein in der wissenschaftlichen Erkenntnisgewinnung, sondern auch in der Veränderung des diagnostizierten Systems mit dem Ziel eines besseren Zusammenlebens liegt (► Kap. 15).

Soziometrischer Test. Der soziometrische Test misst die Beziehungen in einer Gruppe im Hinblick auf ein bestimmtes Kriterium. Ein prototypischer soziometrischer Test umfasst die gemeinsame Festlegung der Kriterien (z. B. »Wer ist für mich in der Zusammenarbeit hilfreich?«), die Erfassung der Wahlen mithilfe von Erhebungsbögen, deren Auswertung und die Rückmeldung der Ergebnisse an die Gruppe, an die sich die Bearbeitung der soziometrischen Strukturen anschließt (► Abschn. 15.2).

Spiegel. Bei der Spiegeltechnik wird der Protagonist durch ein → Stand-In ersetzt; anschließend wird die Szene erneut durchgespielt, wobei Protagonist und Leitung das Geschehen vom Bühnenrand aus betrachten. Durch diese distanzierte Außenposition soll der Protagonist Aspekte erkennen, die ihm aus der Innenperspektive nicht zugänglich wären (► Abschn. 4.5).

Spontaneität. Spontaneität ist für Moreno der »Urkatalysator«, der alle schöpferischen Prozesse im Universum antreibt. Spontane Handlungen sollen neuartig, aber situationsangemessen sein und daher zu kreativen Lösungen für bestehende Probleme führen. Die Förderung von Spontaneität und die Auflösung von Blockaden gehören zu den wichtigen Zielen des Psychodramas (► Abschn. 14.1).

Stand-In. Hilfs-Ich, das den Protagonisten in bestimmten Spielsituationen (insbesondere während des psychodramatischen → Spiegels) vertritt.

Stegreifspiel. Beim Stegreifspiel wird der Gruppe lediglich ein grobes Szenario vorgegeben; die Gruppenmitglieder können dann innerhalb dieses Szenarios ihre Rollen selbst wählen und diese in freier Interaktion ausspielen. Das Stegreifspiel dient dazu, die Spontaneität und Kreativität der Spieler zu fördern, aber auch als gruppenzent-

riertes Spiel, um Gruppenstrukturen aufzudecken und zu analysieren (► Abschn. 3.10).

Surplus Reality. Psychodrama-Spiele zielen darauf ab, erlebte Realität zu reinszenieren, aber sie sind nicht die erlebte Realität selbst. Sie spielen sich stattdessen in einem Zwischenbereich des Erlebens ab, den wir als Surplus Reality bezeichnen. Die Surplus Reality ist eine symbolische Handlungswelt, eine äußere Entsprechung der inneren Wirklichkeit des Protagonisten, die auf dessen innere Wirklichkeit zurück wirkt. Sie ist das konstituierende Merkmal, das das Psychodrama von anderen Verfahren unterscheidet und zentraler Wirkfaktor des Psychodramas (► Abschn. 14.5).

Systemaufstellung. Siehe Aufstellung.

Tele. Moreno nimmt an, dass zwischen den Menschen elementare Kräfte der Anziehung und Abstoßung wirken, die z. B. für die Qualität von Beziehungen und die Entstehung von Gruppenkohäsion verantwortlich sind. Diese Kräfte nennt er Tele. Positives Tele ist nach Morenos Konzeption mit einem vollständigen gegenseitigen Gewahrwerden des Denkens und Fühlens der anderen Person verbunden Moreno spricht von »Zwei-Fühlung« im Gegensatz zur einseitigen Einfühlung (► Abschn. 14.2.1).

Themenzentriertes Spiel. Das themenzentrierte Spiel ist eine Form der Arbeit auf der Gruppenebene, bei der ein gemeinsames Sachthema erarbeitet wird. Ein Beispiel für themenzentrierte Arbeit ist das Arrangement der lebendigen Zeitung, bei dem die Gruppenmitglieder tagespolitische Ereignisse aus Zeitungsartikeln nachspielen, um die Dynamik der Thematik zu erfahren und zu reflektieren (► Abschn. 6.2).

Vignette. Kurzes Protagonistenspiel, meist nur aus einer Szene bestehend (► Abschn. 3.2).

Zauberladen. Bei diesem Arrangement, das vor allem in der Erwärmungsphase zum Einsatz kommt, wird auf der Bühne ein Zauberladen (vom Leiter) bzw. mehrere Zauberläden (von den Gruppenmitgliedern) eingerichtet, in denen die Teilnehmer Persönlichkeitsanteile, Tugenden und andere nicht-materielle Qualitäten eintauschen können. Der Zauberladen dient der Reflexion der eigenen Werte, Stärken und Defizite (▸ Abschn. 3.15).

Zeitlupe. Handlungstechnik, mit der die Geschwindigkeit der Aktion auf der Bühne verlangsamt wird, um schnell ablaufende Prozesse (z. B. eskalierende Konflikte) gründlicher erspürbar und reflektierbar zu machen, oder um Distanzierungsmöglichkeiten durch Verfremdung zu erreichen (▸ Abschn. 4.8).

Zeitraffer. Handlungstechnik, mit der die Geschwindigkeit der Aktion auf der Bühne erhöht wird, um lange, für die Thematik irrelevante Zeitabstände zu überbrücken (▸ Abschn. 4.9).

Zukunftsprojektion. Bei diesem Arrangement werden in der Zukunft liegende Szenen im Hier-und-Jetzt der Surplus Reality inszeniert, um die zukünftigen Auswirkungen gegenwärtiger Entscheidungen zu explorieren, oder um zuvor erarbeitete Problemlösungen auf ihre Tauglichkeit zu prüfen (▸ Abschn. 3.5).

Autorenporträts

Alfons Aichinger

- Dipl.-Theologe, Dipl.-Psychologe, Psychologischer Psychotherapeut.
- Geboren am 16.02.1947; verheiratet, 3 Kinder.
- Seit 1975 als Psychologe an der psychologischen Beratungsstelle für Eltern, Kinder und Jugendliche der Caritas Ulm tätig, seit 1977 Leiter dieser Einrichtung.
- Seit 1980 Weiterbildungsleiter am Moreno-Institut Stuttgart, Entwicklung eines Ausbildungscurriculums für Psychodrama-Kindertherapie.

Ausgewählte Publikationen

Aichinger, A. & Holl, W. (1997). Psychodrama-Gruppentherapie mit Kindern. Mainz: Grünewald (Dieses Buch ist in Polen erschienen und wird gerade ins Russische übersetzt).

Aichinger, A. & Holl, W. (2002). Kinderpsychodrama. In der Familien- und Einzeltherapie, im Kindergarten und in der Schule. Mainz: Grünewald.

Falko von Ameln

- Dr. phil., Dipl.-Psychologe.
- 1970 in Bergisch Gladbach geboren.
- Studium der Psychologie in Bonn; Promotion an der Universität Dortmund
- Lehraufträge u. a. an der Universität Dortmund und der European Business School Schloss Reichartshausen.
- Tätigkeit als Organisationsberater, Autor und Musiker.
- Beratender Herausgeber der Zeitschrift für Psychodrama und Soziometrie sowie der Zeitschrift »Gruppendyamik und Organisationsberatung«
- Arbeitsschwerpunkte: »Train the Trainer«, Kommunikation, Konfliktmanagement, Führung, Qualitätsmanagement, Supervision.

Ausgewählte Publikationen

Ameln, F. von (2004). Konstruktivismus. Tübingen: Francke.

Ameln, F. von & Kramer, J. (2007). Organisationen in Bewegung bringen. Handlungsorientierte Methoden für die Personal-, Team- und Organisationsentwicklung. Berlin: Springer.

Heike Argstatter

- Dipl.-Psychologin, MA.
- 1977 in München geboren.
- Studium der Psychologie und Musikwissenschaft/Pädagogik (MA) in Regensburg und Bergen (Norwegen).
- Nach dem Studium zunächst in der Forschung an der Justus-Liebig-Universität Gießen tätig, derzeit als Musikpsychologin am Deutschen Zentrum für Musiktherapieforschung (Viktor Dulger Institut; DZM e. V.) in Heidelberg beschäftigt.
- Seit 2001 Ausbildung in Psychodrama am Institut für Psychologie, Psychodrama und Training (ifpt) Heidelberg.
- Sie hat ihre eigenen psychodramatischen Erfahrungen im Sinne des Psychodramas nicht verbal beschrieben sondern kreativ in grafischer Form umgesetzt – die als Illustrationen und Abbildungen dieses Buch bereichern!

Ferdinand Buer

- Prof. Dr. phil.
- Geboren 1947.
- Studien in Erziehungswissenschaft, Psychologie und Soziologie, 1972 Dipl.-Pädagoge, 1977 Promotion in Münster.
- 1977-1994 wissenschaftliche Tätigkeit an den Universitäten Münster und Göttingen.
- Seit 1979 Psychodrama-Leiter (Ella Mae Shearon).
- 1989 Gründung des Psychodrama-Zentrums Münster, seitdem dort Leiter und Dozent.
- Seit 1989 Ausbilder für Psychodrama-Theorie und Supervisor am Psychodrama-Institut Münster sowie an weiteren Instituten.
- Seit 1982 Tätigkeit in Supervision, Weiterbildung und Organisationsberatung, seit 1994 in eigener Praxis.
- Seit 2000 Tätigkeit als Coach von Fach- und Führungskräften.
- Gegenwärtige Arbeits- und Publikationsschwerpunkte: Supervision, Weiterbildung, Coaching, Beratung, Organisations- und Führungsforschung, Psychodrama, Soziometrie, Aufstellungsarbeit, Ethik für Fach- und Führungskräfte.

Ausgewählte Publikationen

Buer, F. (1999). Lehrbuch der Supervision. Münster: Votum.

Buer, F. (Hrsg.) (1999). Morenos therapeutische Philosophie (3.Aufl.). Opladen: Leske & Budrich.

Buer, F. (Hrsg.) (2004). Praxis der psychodramatischen Supervision (2. Aufl.). Wiesbaden: VS.

Buer, F. & Schmidt-Lellek, C. (2008). Life-Coaching. Über Sinn, Glück und Verantwortung in der Arbeit. Göttingen: Vandenhoeck & Ruprecht.

Jörg Burmeister

- Dr. med.
- 1956 in Düsseldorf / Rheinland geboren.
- 1978-1985 Studium der Humanmedizin in Granada und Düsseldorf.
- 1985-1992 Ausbildung in verschiedenen Psychotherapieverfahren: Psychodrama, Verhaltenstherapie, Beziehungsanalyse, Katathymes Bilderleben. Heute als Lehrtherapeut / Supervisor in Psychodrama und Verhaltenstherapie tätig.
- Seit 1993 Facharzt für Psychiatrie und Psychotherapie in Deutschland und der Schweiz.
- Seit 1998 stellvertretender Chefarzt einer Klinik für Psychiatrie und Psychotherapie in Littenheid/ Schweiz.
- Gremienarbeit: Seit 1994 im Vorstand der AVM-CH, von 1997-2003 1.Vorsitzender des DAGG und Mitglied des »Board of Directors« der IAGP, seit 2003 Mitglied des »Executive Board« der IAGP.

Ruth Gerstmann

- Dipl.-Psychologin
- Geboren in Berlin.
- Pädagogik-Studium an der Pädagogischen Hochschule Berlin; Ausbildung in Schauspiel und Theaterpädagogik in Freiburg und Ulm; Ausbildung in Psychodrama in Köln; Studium der Psychologie an der Universität Heidelberg.
- Ehemalige Leiterin eines Jugendheims in Berlin; ehemalige Lehr- und Ausbildungsleiterin für Psychodrama am Institut für Psychodrama (Ella Mae Shearon) in Köln.
- Gründerin des Instituts für Psychologie, Psychodrama und Training (ifpt) in Heidelberg.

Jasmin Hartlaub

- Dipl.-Psychologin mit den Vertiefungsfächern Organisationspsychologie und Verhaltensmodifikation.
- Studium in Bamberg und La Réunion (Frankreich).
- Diplomarbeit zum Thema Kinderpsychodrama in der Marktforschung.
- umfangreiche Erfahrungen in der Auswertung von Gruppendiskussionen und Psychodramen.
- seit 2005 tätig bei der psychonomics AG mit dem Schwerpunkt Qualitative Marktforschung in den Bereichen Handel und Konsum.

Bernd Fichtenhofer

- Dipl.-Pädagoge.
- Jahrgang 1948.
- Studium der Erziehungswissenschaften mit Schwerpunkt Erwachsenenpädagogik.
- Psychodrama-Leiter (DAGG/DFP), Supervisor (DGSv); 14 Jahre Pädagogischer Leiter des Amtes für Jugendarbeit im evangelischen Kirchenkreis Berlin-Tempelhof mit Schwerpunkt Erwachsenenbildung, Supervision und gruppendynamische Trainings; Leiter des Psychodrama-Zentrums Berlin; Weiterbildungsleiter und Lehrsupervisor für Psychodrama und Supervision an verschiedenen Ausbildungsinstituten.
- Seit 1991 in freier Praxis tätig; Durchführung von Trainings im Bereich Personalentwicklung, Coaching, Kommunikations- und Konflikttraining.

Josef Kramer

- Dr. phil., Dipl.-Psychologe, Dipl.-Pädagoge.
- Studium der Psychologie und Pädagogik in Münster.
- Psychodrama-Therapeut (DFP / DAGG), Supervisor (BDP).
- 1984-1990 Fachpsychologische Gesamtleitung einer langzeittherapeutischen Fachklinik für Psychosomatik und Abhängigkeitserkrankungen.
- Seit 1990 selbstständig, Vorstand der Management System Anwendung (MSA) AG, Institut für angewandte Personalentwicklung in Köln.
- Weitere Tätigkeiten als Führungscoach, OE-Berater, Gruppentrainer und Supervisor.

Weitere Publikation

Ameln, F. von & Kramer, J. (2007). Organisationen in Bewegung bringen. Handlungsorientierte Methoden für die Personal-, Team- und Organisationsentwicklung. Berlin: Springer.

Jakob Müller

- Dipl.-Sozialarbeiter.
- Geboren 1948 in der Schweiz.
- Diplom als Dozent für Sozialarbeit (SASSA), 5 Jahre Rektor der höheren Fachschule für Sozialarbeit Aarau, über 10 Jahre im ambulanten und stationären Suchtbereich tätig gewesen, heute im Ruhestand.
- Weitere Tätigkeiten: 1973-2006 Psychodrama-Ausbilder und -Supervisor (DFP / DAGG, PDH) am Moreno-Institut Überlingen;Supervisionspraxis in Deutschland und der Schweiz; Lehraufträge an Bildungseinrichtungen im In- und Ausland (Russland) mit Schwerpunkt Psychodrama in der Sozialarbeit / Sozialpädagogik und im Suchtbereich; Leitung des Nachdiplomstudiums Psychodrama-Pädagogik an der Höheren Fachschule für Sozialpädagogik in Luzern.
- Gründungsmitglied des Interessenverbands Psychodrama Helvetia (PDH), über 10 Jahre Vize-Präsident mit Ressort Weiterbildung.
- Bürgermeister des Wohnorts im Kanton Thurgau, Mitglied des kantonalen Parlaments.

Michaela Reinig

- Dipl.-Psychologin.
- Geboren 1966.
- Ausbildung in Psychodrama.
- Langjährige Tätigkeit in der psychosozialen Arbeit mit politischen Flüchtlingen in München.
- Arbeitet in verschiedenen Projekten zur beruflichen Bildung und Förderung Jugendlicher und junger Erwachsener.

Kerstin Richter

- Politik- und Literaturwissenschaftlerin (M.A.).
- Jahrgang 1969.
- Industriekauffrau, Mediatorin mit Schwerpunkt Wirtschaftsmediation; Gründung und Leitung von TAKE, der Gesellschaft für Konflikt-Kultur und Mediation mbH, Berlin.
- Trainings- und Beratungsschwerpunkte: Konfliktkultur und Mediation, Interkulturelle Kommunikation, Coaching und Qualifizierung im Projekt.

Kyrilla Schweitzer

- Dipl.-Religionspädagogin.
- Geboren 1956 in Hagen (Westfalen), wohnt in Augsburg.
- Ausbildung zur Schreinerin; Zusatzausbildung in Exerzitienbegleitung und geistlicher Begleitung (Gruppe ignatianischer Spiritualität und Gemeinschaft Christlichen Lebens) sowie Psychodramaassistentin am Institut für Psychologie, Psychodrama und Training (ifpt) Heidelberg.
- Tätig als Exerzitienreferentin in der katholischen Kirche, Leiterin von Ausbildungsseminaren für Exerzitienbegleitung und geistliche Begleitung.

Eva Serafin

- Dipl.-Soziologin.
- Organisationsberaterin, Psychodrama-Leiterin, Supervisorin (DGSv) und systemische Beraterin.
- Langjährige Tätigkeit als pädagogische Leiterin einer gewerkschaftlichen Bildungsstätte; Aus- und Weiterbildung für Seminarleiterinnen und Trainer.
- Lehrbeauftragte der Freien Universität Berlin und der Universität Kassel, Gastdozentin an Psychodrama-Instituten.
- Von 2001-2007 interne Beraterin (Projektberatung, Supervision, Coaching, Teamentwicklung) und Referatsleiterin Personalentwicklung-Organisationsentwicklung beim Bundesvorstand der Vereinten Dienstleistungsgewerkschaft ver.di.
- In freier Praxis tätig.

Tamara Uh-Tückardt

- Dipl.-Psychologin.
- Jahrgang 1952.
- Studium der Rechtswissenschaften und Psychologie; Schwerpunkt Arbeitspsychologie, Psychodrama-Therapeutin (DFP / DAAG); 7 Jahre als Betriebspsychologin in einer GmbH für Umwelttechnologie und Berufsperspektiven tätig.
- Leiterin des Psychodrama-Zentrums Berlin; Gründung und Leitung der TAKE GmbH.
- Arbeitsschwerpunkte: Psychodrama und Konfliktkultur / Konfliktmanagement, interkulturelles Projektmanagement, »Global Business Behavior«.

Dirk Weller

- Dipl.-Psychologe.
- Studium in Mainz und Köln.
- Nach Erfahrungen als freiberuflicher Marktforscher und Unternehmensberater seit 2000 bei der psychonomics AG tätig, dort stellvertretender Leiter der qualitativen Forschung.
- Als Senior Projektmanager verantwortlich für Studien im Bereich Healthcare.
- Beim Bundesverband deutscher Markt- und Sozialforscher (BVM) seit 2007 im Planungsteam des Arbeitskreises Qualitative Markt- und Sozialforschung.

Thomas Wittinger

- Pfarrer der Evangelischen Kirche in Hessen und Nassau (EKHN) und Religionslehrer an zwei Gymnasien.
- Nebenberufliche Tätigkeit in der Fort- und Weiterbildung, Lehrauftrag an der Goethe-Universität Frankfurt am Main, Gastdozent an verschiedenen Psychodrama-Instituten.

Stichwortverzeichnis

Printing: Krips bv, Meppel, The Netherlands
Binding: Stürtz, Würzburg, Germany